Yearbook

The Authorized Offical Annual Report

2008

中国茶业年鉴

China Tea Yearbook

The World Largest Tea Producing Country
The Authorized Official Annual Report

中国茶业年鉴编辑委员会　编

中国农业出版社

《中国茶业年鉴》编辑委员会

[序 言]

茶产业是具有悠久历史和深厚文化底蕴的产业，茶叶的利用可以追溯到神农时代，在数千年的历史长河中，茶的魅力长盛不衰，既传统又时尚。如今，全球有20多亿人饮茶，茶叶当之无愧地成为世界三大饮料之首。中国是世界上最早发现、栽培和利用茶树的国家，创造了丰富多彩的茶类和绚丽灿烂的茶文化，为人类文明作出了重要贡献。

新中国成立以来，特别是改革开放以来，我国茶产业迅速发展，取得了巨大成就。2007年，我国茶园面积达到161万公顷，比1950年增长8.5倍；茶叶总产量达116万吨，比1950年增长17.6倍；茶叶出口总量28.94万吨，占茶叶总产量的24.9%。1966年，我国茶园面积超过印度，是世界上茶树种植面积最大的国家。2004年，我国茶叶产量超过印度，成为世界上最大产茶国。21世纪以来，我国进入全面建设小康社会的新时期，经济实力不断增强和人民群众生活水平不断提高，这为茶业发展带来了大好机遇；同时，增加农民收入给茶业赋予更大的责任。茶叶生产布局逐步向优势区域集中，茶叶生产专业化、规模化进程加快，涌现出一批茶叶生产专业大县，茶业成为其支柱产业；茶叶企业的规模不断扩大，龙头企业在茶产业中所占地位提高，茶叶品牌的影响开始显现，到2008年底，全国有17家企业入选农业产业化国家重点龙头企业，茶业科技水平有明显提高，茶树良种普及率、茶叶加工机械化加速推进，丰富多彩的新产品推向市场，茶叶深加工形成新的产业，产业链拉长，科技创新对茶业发展的贡献增大。

全面记录我国茶业发展历程，总结茶业发展取得的辉煌成就，对规划我国茶业未来发展思路、促进茶业持续健康发展具有重要意义。为此，中国茶叶学会、中国国际茶文化研究会决定共同组织编辑出版《中国茶业年鉴》。在相关涉茶部门、茶叶产销地区有关单位的通力支持下，经过近两年的努力工作，年鉴首卷将与读者见面，这是茶业界一项具有开创性的工作，是一件振奋人心的大喜事。年鉴的出版凝聚着编委会、撰稿人和编辑人员的心智和汗水。年鉴首卷资料翔实，全面回顾了改革开放以来特别是新世纪以来，全国及各地区茶叶生产和贸易、茶业科技、茶业人才培养以及茶文化等领域的发展历程，充分展示了全国茶业各领域取得的成就，描绘了茶产业未来发展趋势。相信《中国茶业年鉴》一定会成为有关政府部门和社会公众了解茶业现状和变化的窗口，成为茶业界同仁的精神食粮。《中国茶业年鉴》的出版不仅见证了我国茶业的发展，而且将对促进茶业的进一步发展具有积极的作用。

年鉴犹如远征的航船。首卷的出版意味着航船启程，驶向希望的彼岸。希望《中国茶业年鉴》的组织单位和工作人员继续努力，精心策划，严把稿件质量关；希望茶业界更加关心和支持年鉴工作。祝愿《中国茶业年鉴》越办越好！

舒惠国

2009年10月

前言

中国是世界第一产茶大国，有着几千年的茶叶产、制、饮历史，也是世界茶叶的重要发源地之一，在世界茶产业中地位举足轻重。中国茶叶出口量居世界第三，位于肯尼亚、斯里兰卡之后，茶产业已成为主产区的重要支柱产业和出口创汇的优势产业，对促进农业结构调整、增加农民收入、扩大就业、建设社会主义新农村发挥着重要作用。

改革开放30年来，中国茶产业有了飞速发展。作为产茶大国，产区辽阔，茶类丰富，全国有20个省、自治区、直辖市产茶，绿茶、黄茶、黑茶、白茶、乌龙茶和红茶六大类均有生产，且中国是世界上最大的绿茶生产、加工和出口国。据统计，2007年中国茶园面积达到161万公顷，茶叶总产量116万吨，居世界首位，占世界茶叶总产量的31%，茶产业总产值约600亿元。2007年茶叶出口总量28.94万吨，占茶叶总产量的24.9%，出口额6.07亿美元，创历史新高。

为了全面、翔实地记载中国茶业发展历程，总结成绩与经验，充分展示中国茶业的丰硕成果，促进中国茶产业持续健康发展，中国茶叶学会、中国国际茶文化研究会决定与中国农业出版社联合编辑出版《中国茶业年鉴》。该年鉴作为全面反映中国茶业情况的权威性资料工具书，具有政府公报性质，不仅可以作为对外宣传的窗口，而且具有决策咨询、信息交流和史料积累的重要作用。

《中国茶业年鉴》编辑委员会由农业部、中国茶叶学会、中国国际茶文化研究会、各茶叶主产省、自治区、直辖市农业厅等部门和单位的领导、专家、学者、企业家等组成。特邀编辑由各茶叶主产省、自治区、直辖市相关主管部门和茶叶（业）协（学）会的有关人员担任。

《中国茶业年鉴》（2008）主要记载2007年中国茶业发展方针、政策和措施；全面反映中国茶业发展现状，包括茶叶生产、加工、市场、消费等整个产业链发展的基本态势；登载中国茶业重要科技成果、高等教育概况以及茶业企业发展的典型经验和业绩；登载国家重要茶业标准、行业大事记；登载国内外茶业统计资料等。

《中国茶业年鉴》（2008）的编辑、出版工作得到了各主产区农业厅、业务主管部门、协会、科研教学单位、主要企业和茶业专家、学者的大力支持与帮助，谨此表示诚挚的感谢。

2009年10月

编辑说明

一、《中国茶业年鉴》是一部全面、系统反映中国茶业建设成就、经验及其发展动态的大型资料工具书。每年一卷，限收上年度信息资料。

二、《中国茶业年鉴》的基本任务是，面向市场、面向基层、面向未来，为茶业行政机关、茶业广大生产经营单位、国内外茶业投资者、茶业研究人员和茶文化爱好者提供茶叶产销信息、国家和地方有关政策法规、茶叶进出口贸易等资料。

三、首卷（2008），以2007年资料为主，同时也收录以前的重要文献资料，全卷120万字。

四、首卷统计数据来源于国家统计局、中国海关总署，所录资料，除特别说明外均不含台湾省及香港、澳门特别行政区。各省、自治区、直辖市按行政区划排列。国际统计数据来源于联合国粮农组织（FAO）、国际茶叶委员会（ITC）。

五、年鉴编排按内容分类。

六、年鉴文稿编撰，由农业部种植业管理司、中国茶叶学会、中国国际茶文化研究会以及各地茶叶行政管理部门、茶叶（业）协（学）会、茶文化学会承担。

七、年鉴计量单位、文字撰稿、资料选用均执行国家现行法规。

八、条目、文章，一律署名，文责自负。

中国茶业年鉴编辑部

1958年建立的中国农业科学院茶叶研究所，几十年来，为茶产业的发展提供了大量科技成果

设在杭州的中国茶叶博物馆，全方位展示了中国茶的历史文化，馆藏丰富

1990年召开的首届国际茶文化研讨会

茶的国际学术交流频繁开展，图为在陕西举办的“中日韩茶文化学术研讨会”（2004年4月）

历年来茶界举办了多次茶及茶文化学术研讨会，有力地促进了茶产业的发展。图为在浙江省安吉县召开的《大观茶论》与安吉白茶研讨会（2003 年 11 月）

倡导“茶为国饮”，是一项促进社会和谐与茶产业发展的战略举措，中国茶都——杭州，首先作出了榜样（2005 年 4 月）

采摘名优茶

陕西省午子绿茶茶园

湖南省茶业公司茶园

萧氏进口洁净化、智能化名优绿茶生产线一景

四川省峨嵋山竹叶青茶业有限公司精制车间

茶浓缩汁生产线

茶粉

茶饮料

高香冷溶速溶茶产品

新型茶馆业是中华茶文化的一大亮点，全国有几万家茶馆，图为杭州和茶馆

中国茶艺、茶道起源于唐代，图为仿唐宫廷茶艺表演

“振兴古国茶文化，扶植民族艺术花”，图为北京老舍茶馆

茶歌茶舞是茶文化的重要组成部分，图为杭州开茶节采茶姑娘在茶园里表演的采茶舞

云南省澜沧县邦葳过渡型古茶树（高11.8米，基部干径1.14米，树幅9米）

四川省宋代“茶马司”旧址纪念碑碑文

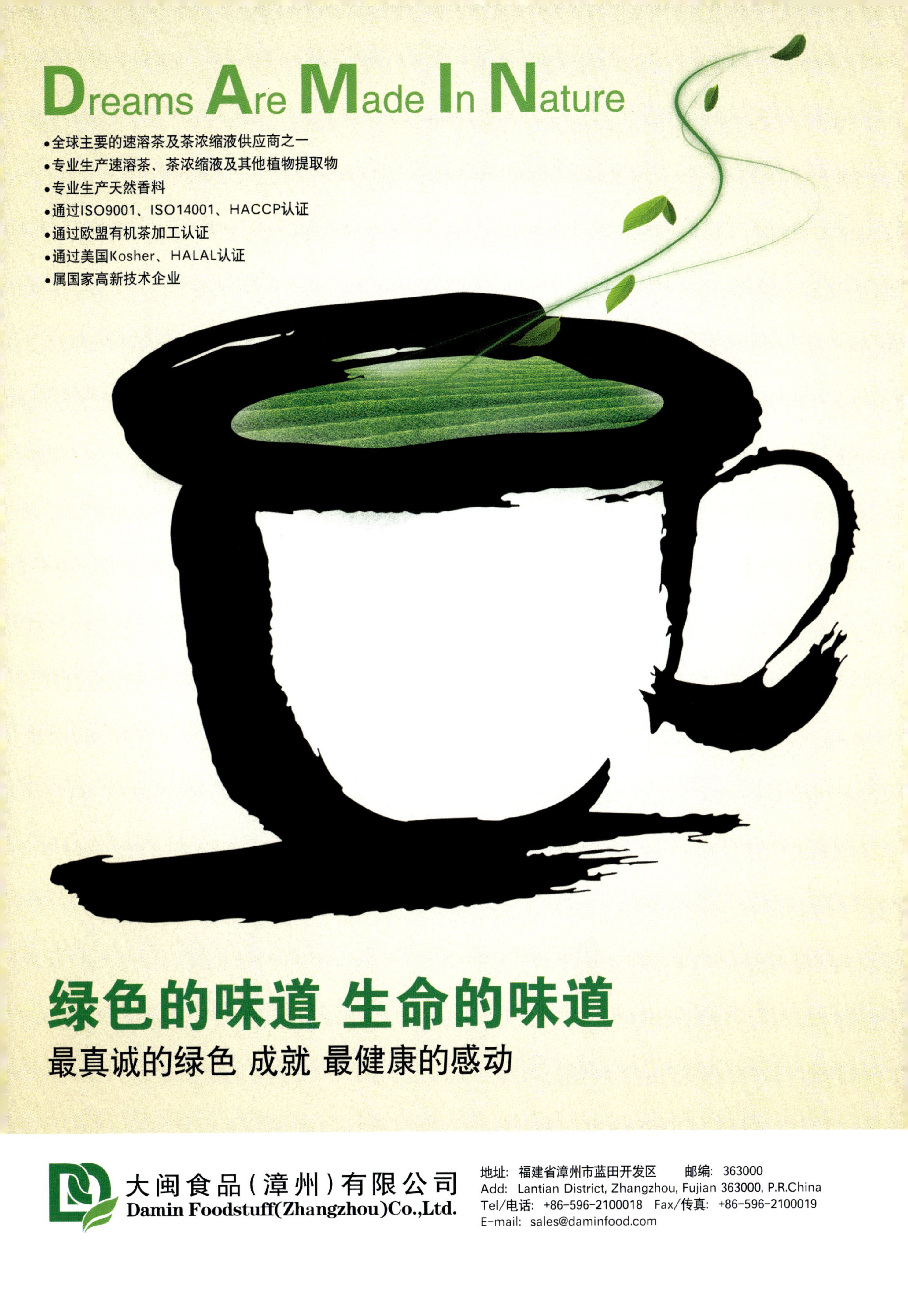
Dreams Are Made In Nature
•全球主要的速溶茶及茶浓缩液供应商之一
•专业生产速溶茶、茶浓缩液及其他植物提取物
•专业生产天然香料
•通过ISO9001、ISO14001、HACCP认证
•通过欧盟有机茶加工认证
•通过美国Kosher、HALAL认证
•属国家高新技术企业
绿色的味道 生命的味道
最真诚的绿色 成就 最健康的感动
大闽食品(漳州)有限公司
Damin Foodstuff(Zhangzhou)Co.,Ltd.
地址: 福建省漳州市蓝田开发区 邮编: 363000
Add: Lantian District, Zhangzhou, Fujian 363000, P.R.China
Tel/电话: +86-596-2100018 Fax/传真: +86-596-2100019
E-mail: sales@daminfood.com

和藏
黑茶
HEZANGTEA
天地人和，
至尊之礼，
藏蕴于心，
贵乃法宝。
曰：和藏
茶性温和
HEZANGTEA
润泽五藏
不含任何添加物，是百分百的健康茯茶；
純天然發酵，越陳越香，適宜送禮收藏；
消食健胃、促進新陳代謝，在降三高方面有一定作用，實乃養生佳品！

重庆茶业（集团）有限公司经重庆市人民政府批准成立，由重庆市二圣茶业有限公司控股，集茶树种植、茶叶加工与销售、茶技推广、品牌建设于一体的大型综合企业。

重庆茶业（集团）有限公司拥有西南地区最大的生态茶园，茶园位于海拔1 000~2 000米的巴渝茶山，该地险峰群山环拥，烟涛云海缭绕。

集团生产的巴南银针、定心·巴渝银针、明望·巴渝银针荣获中国品牌农产品、中国鼎尖名茶、2005年亚太城市市长峰会唯一指定用茶等众多荣誉称号，在消费者心中有极高的美誉度。

重庆茶业（集团）有限公司，专心做茶30年，努力打造中国绿茶第一品牌，誓做中国绿色生态茶产业领军者。

Chongqing Tea Co., Ltd. (CTCL), approved by People's Government of Chongqing, is held by Er'sheng Tea Co., Ltd.. It is a large-scale enterprise integrating tea planting, tea processing and marketing, tea technology extension and brand building.

CTCL boasts the biggest ecological tea garden in southwest region. The tea garden, surrounded by steep mountains and winding cloud, lies in Bayu tea hill with an altitude of 1 000~2 000 meters. Group production of "Banan needles", Calmness Bayu Silverneedle and Renown Bayu Silverneedle have won "the Chinese brand names agricultural Laurel award", "the top Chinese renown tea" and "the exclusive tea brand of 2005 APCS(Asia Pacific Cities Summit)" etc. and shares an extremely high reputation among consumers.

CTCL, specialized in tea-making for 30 years, is striving to build the first brand of Chinese green tea as well as swearing to take the lead in Chinese green ecological tea industry.

宜昌萧氏茶叶集团有限公司

萧氏茶叶集团是融茶叶生产、加工、销售、科研为一体，跨农特、地产、商贸、物流、品牌策划等多领域的农业产业化集团。是湖北省农业产业化、林业产业化双重龙头企业，湖北省十佳名优茶加工企业和中国茶叶行业百强企业。

萧氏集团下属公司10余家，辐射宜昌3县2区近20万茶农，现拥有自主经营有机茶园533.33公顷，绿色食品茶叶基地3 333.33公顷，年生产能力7 000吨。按照“市场＋公司＋基地＋农户”的链接模式，萧氏茗茶营销网络遍布全国1 500多家网点，实施“一站式”经营管理，完善售后服务机制，推出了专卖店、加盟店、商场超市、大宗客户“四线营销”模式，满足高中低档不同客户群体的消费需求，受到了广大消费者的普遍欢迎。

紧紧围绕科技创新的发展主题，利用产学研合作平台，公司先后与中国农业科学院茶叶研究所、湖北省果茶所、华中农业大学、浙江上洋机械有限公司，日本川崎株式会社等单位合作，积极研究和引进新技术、新工艺、新产品，2009年，茶叶清洁化连续化加工工艺技术获得“湖北省重大科研成果”，并从日本引进了全自动化蒸青、炒青绿茶生产线，精制生产线，拥有科技园1个，实验室及科研、生态旅游、高效示范基地66.67公顷。产学研合作国家级科研项目2项，其他科技项目20多个，成效显著。

目前，萧氏集团正在兴建“茶产业高新科技工业园”，重点建设茶食品、茶饮料、茶化工（茶袜子、茶枕头、茶鞋垫、茶内衣等）、茶粉、茶多酚、茶包装、茶机械（清洁化连续化生产线为主体）等项目，并形成相关项目的技术需求，计划总投资15亿元，一期茶食品、茶饮料项目计划年底投产。本公司将积极倡导科技创新，把工业园建成中国茶叶深加工的亮点和对外交流的窗口，建成国内综合性最强的产业集群。

萧氏牌茶叶系列产品以“绿色、健康、安全”为主题，产品先后荣获中国国际博览会金奖、湖北省消费者满意商品、消费者喜爱十大名茶等荣誉100余项，以及湖北省名牌产品、中国质量过硬服务放心信誉品牌、湖北省十大名茶和湖北省著名商标，2006年获得“湖北茶叶市场绿色健康第一放心品牌”。萧氏牌金香品雪荣获首届世界绿茶大会金奖。

多年以来，萧氏茶叶沿袭了千年巴楚种茶、制茶的深厚渊源，辅以现代科技技术、优质质量管理和品牌运营策略，将三峡文化的壮观与唯美，向更广泛的区域传播。

萧氏集团中国茶产业高新科技工业园

茶树鲜叶清洗自动化系统

智能化、洁净化加工生产线

生态高效观光茶园

萧氏茗茶形象专卖店

地址：湖北省宜昌市夷陵区三峡国际茶城A3-16　电话：0717-7858666　传真：0717-7858618

黎明

黎明茶韵　品味一生。。。

云南勐海七子饼茶

孔雀之乡七子饼茶
越陈越香

云南勐海七子饼茶

孔雀之乡七子饼茶

云南勐海七子饼茶
普洱金毫

孔雀之乡七子饼茶

早春银毫

云南勐海七子饼茶

云南七子饼茶

孔雀之乡七子饼茶
越陈越香

ISO9001-2000质量管理体系认证
ISO22000：2005食品安全卫生管理体系认证
出口食品生产企业卫生注册
荣获2007年、2008年中国茶业行业百强企业称号

DIANHONG

云南滇红集团股份有限公司

滇紅集團

润思
安徽省著名商标
皇家礼茶
极品祁门红茶
1875

东裕简介

Introduction of dongyu

陕西东裕茶业有限公司是集茶叶种植、生产加工、精制精选、科研开发、市场营销为一体的全国茶行业百强企业。

公司在陕西南部大别山一带的汉中市西乡、勉县茶区拥有3个生态茶园基地，严格按照食品生产卫生控制标准构建厂房，配置以蒸汽杀青机为主的当今国内最先进的清洁化制茶设备，年产汉中仙毫、特级炒青、东裕毛尖等各类名优有机绿茶100多吨。公司在茶叶种植、精选加工中，全面推行现代化、标准化、生态化管理，通过了ISO9001质量管理体系认证、ISO14001环境管理体系认证，推广实施了有机茶标准认证（中国农业科学院茶叶研究所），使茶叶从种植到加工、从销售到消费者的杯中，彻底杜绝了农药、化肥污染，达到了“绿色、有机”的国家标准。产品深受国内外消费者喜爱，远销北京、上海、深圳、香港等地，并批量出口到俄罗斯、加拿大等国家和地区。

公司产品在连续7年获得省、市、县赛茶大会名优绿茶金奖的基础上，2007年4月，在汉中市秦巴赛茶大会上，东牌汉中仙毫获得了中华最具魅力的历史文化名城汉中市“汉中茶王”称号；2007年6月东牌汉中仙毫荣获中国民众满意品牌奖；2007年8月，东牌汉中仙毫荣获全国第七届中茶杯名优绿茶评比一等奖；2007年9月，东牌汉中仙毫荣获了陕西省第一届茶博会名优绿茶金奖；2007年和2008年10月，在第四届、第五届中国国际茶叶博览会上，东牌汉中仙毫荣获“金奖”。

2004年4月，国家主席胡锦涛在汉中视察工作期间，东牌汉中仙毫被选做国家主席及随行人员的招待用茶；全国人大副委员长李建国、陕西省常务副省长赵正永出访俄罗斯及北欧时，将陕西东裕茶业有限公司东牌汉中仙毫作为国礼，赠送给俄罗斯总统普京和其他政府要员。

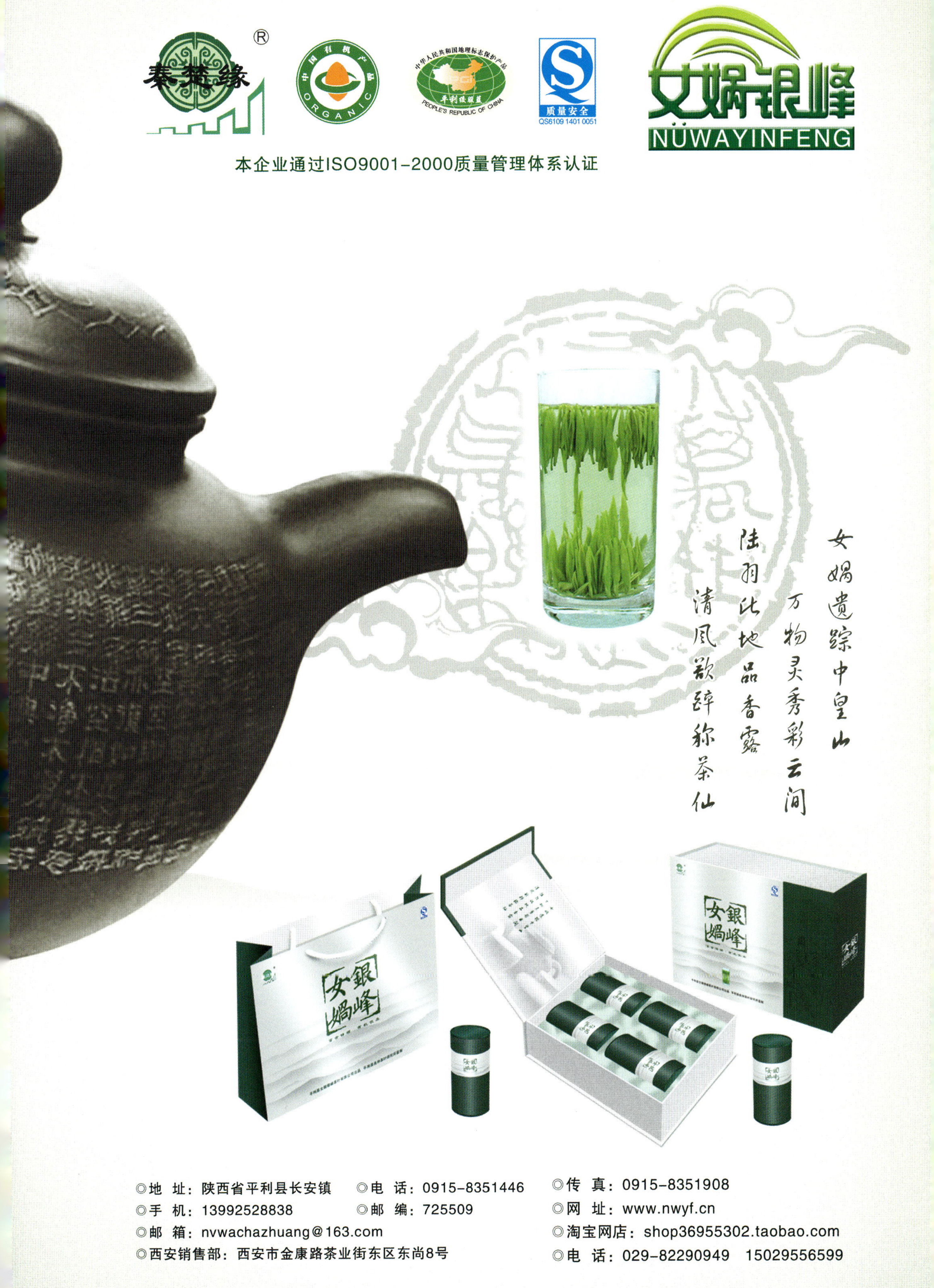
秦楚缘®
ORGANIC
PEOPLE'S REPUBLIC OF CHINA
质量安全
QS6109 1401 0051
女娲银峰
NÜWAYINFENG
本企业通过ISO9001-2000质量管理体系认证
女娲遗踪中皇山
万物灵秀彩云间
陆羽比地品香露
清风欲醉称茶仙
◎地　址：陕西省平利县长安镇
◎电　话：0915-8351446
◎传　真：0915-8351908
◎手　机：13992528838
◎邮　编：725509
◎网　址：www.nwyf.cn
◎邮　箱：nvwachazhuang@163.com
◎淘宝网店：shop36955302.taobao.com
◎西安销售部：西安市金康路茶业街东区东尚8号
◎电　话：029-82290949　15029556599

宜兴阳美茶
宜兴市农林局
电话：0510-87951090
传真：0510-87951004
地址：江苏省宜兴市宜城镇东山西路62号
邮编：214206
茗香飘千年 茶洲展新业

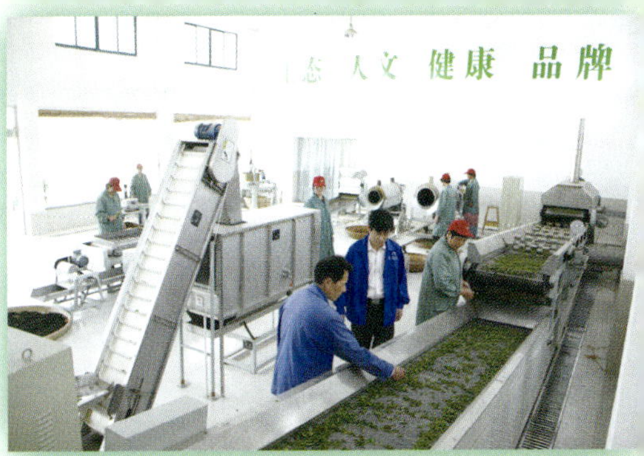

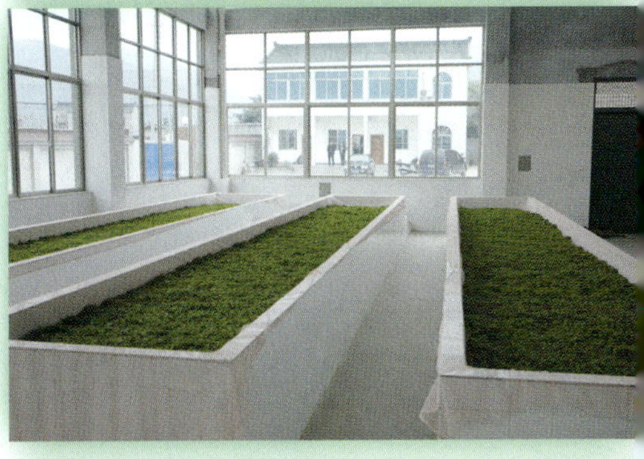

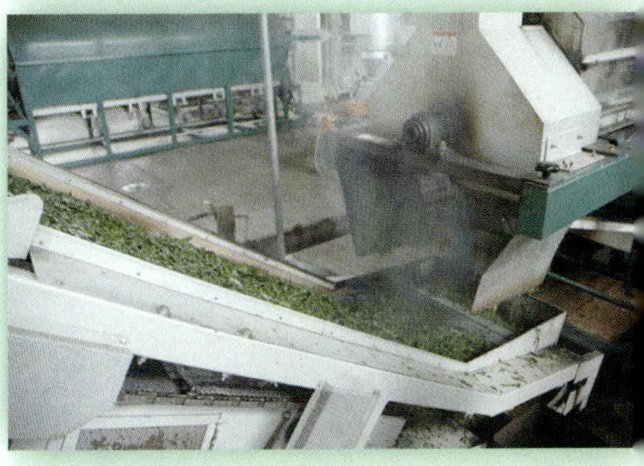

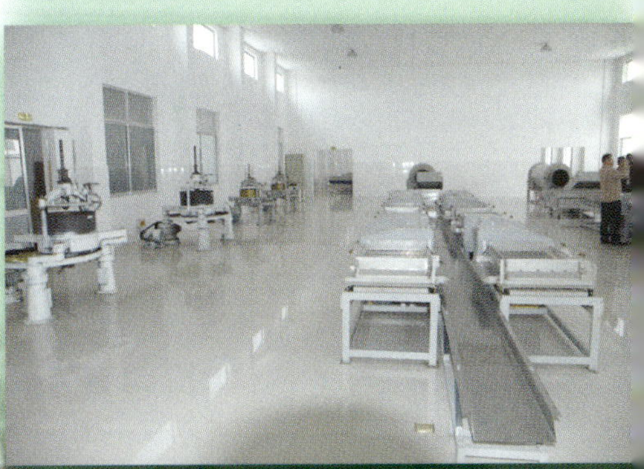

阳羡茶区主要分布在南部丘陵山区，这里山青水秀，溶洞幽藏，气候湿润，独特的自然条件形成了“雨洗青山四季春”的宜茶环境，优越的生态环境造就了阳羡茶的优异品质。

宜兴现有茶园面积5 000公顷，其中开采茶园3 333.33公顷，是江苏省最大的产茶县，全国首批20个无公害茶叶生产基地示范县之一，年产各类干茶6 300多吨，年产值近3亿元，出口创汇500多万美元。

阳羡茶创制的阳羡雪芽、荆溪云片茶在20世纪80年代获得全国名茶称号。在历届全国中茶杯、江苏省陆羽杯名特茶评比中，阳羡茶屡获殊荣，享有盛誉。

名特茶的年产值占全市茶叶总产值的近70%。茶叶已成为宜兴市致富山区农民的主导产业，平均公顷产值达7.5万元，最高的达18万元。

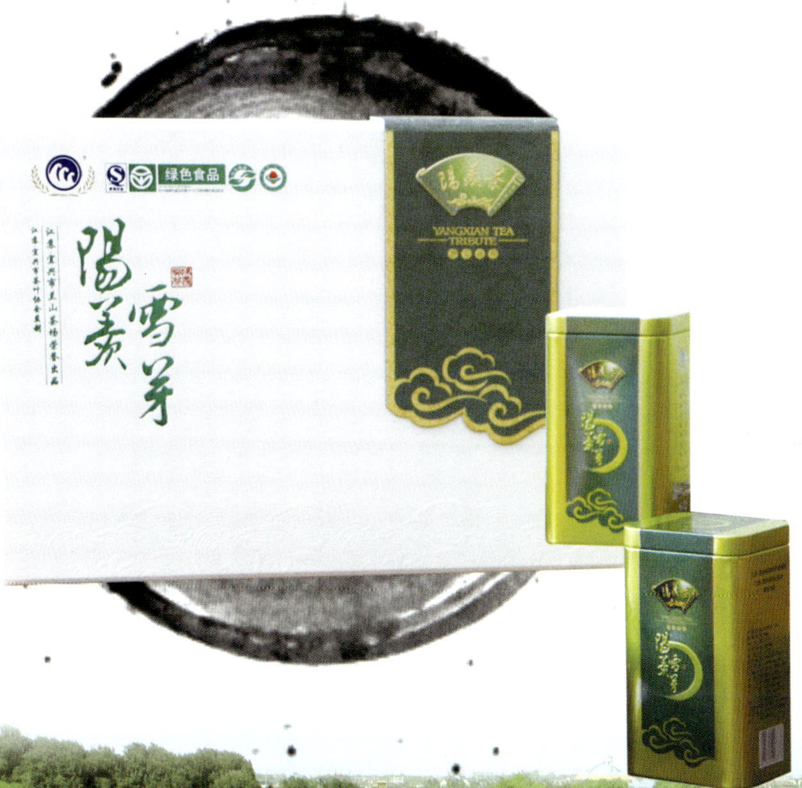

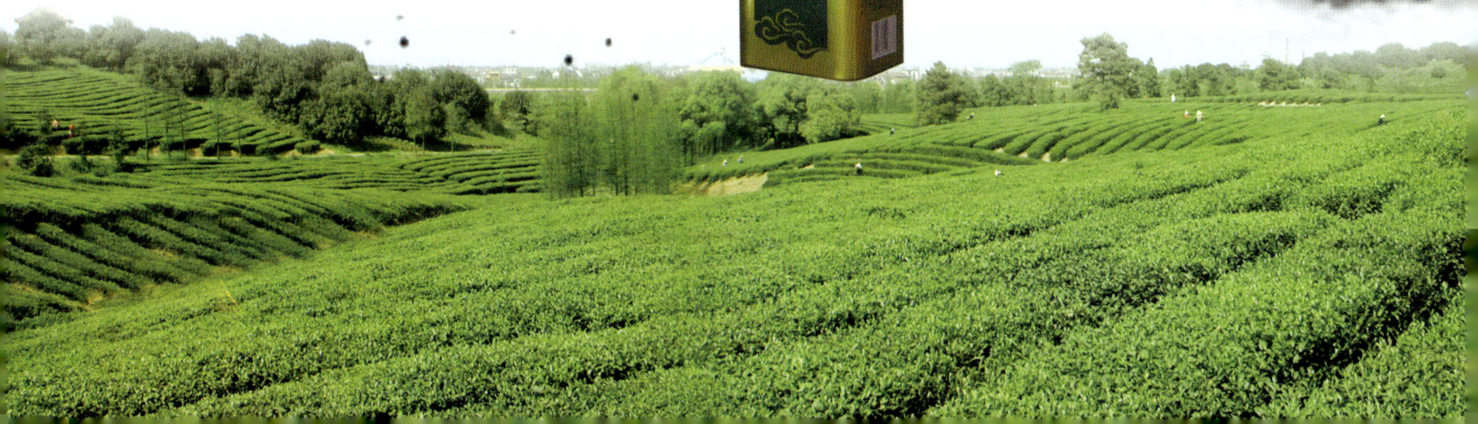

浙江嵊州

越乡龙井
越乡龙井

中国(嵊州)茶叶品牌建设高峰论坛暨
越乡龙井品牌建设研讨会

越乡
品越乡茶
享人生乐
浙江省名牌产品
浙江省著名商标
越乡
YUE XIANG LONG JING
龙井
茶
Tea
嵊州市越乡名茶协会（礼品专用）

【品越乡茶　享人生乐】

浙江名牌
浙江名牌产品认定委员会
二〇〇五年

浙江省著名商标
浙江省嵊州市越乡茶业有限公司：
经认定，你单位注册并使用在30类茶叶商品上的商标为浙江省著名商标。
（有效期三年）
浙江省工商行政管理局
二〇〇四年一月一日

浙江省嵊州市
中国茶叶之乡
宣传纪念
国务院发展研究中心农村发展研究部
中国农学会特产经济专业委员会
中国特产报社
一九九六年三月

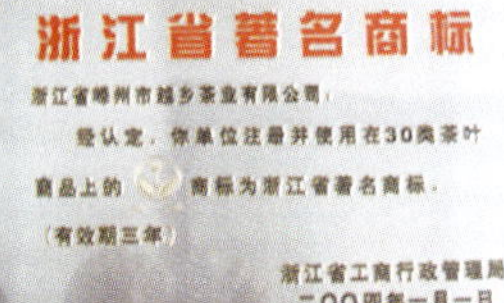

开化建县于北宋太平兴国六年即公元981年，距今有1000多年历史，有着悠久的历史文化和浑厚的人文底蕴。

开化县地处钱塘江源头，是浙、皖、赣三省七县交界的中国『绿茶金三角』地区。山清水秀，素有中国的『亚马孙雨林』的美誉。山林总面积18.67多万公顷，森林覆盖率达80.4%，是天然氧吧，全境地表水水质达一类水标准，大气质量、水体质量、生物丰度指数、植被覆盖指数均列国内前十位，生态环境总体质量位居全国第十六位，是我国17个具有全球意义的山地保护地区之一，全国9个生态良好地区之一，也是我国17个具有全球意义生物多样性保护的关键地区之一。此地『晴日遍地雾，阴雨满云山』，土肥林茂，云蒸霞蔚，应了陆羽『阳崖阴林』之境，乃孕育出白云深处那一丛丛聚天地精华之开化龙顶。开化出好茶历史悠久，有记载：龙顶茶在明代入贡。每年清明前，都是用快马飞舟进京岁贡，深受皇帝宠爱，以致年年朝贡，愈演愈烈。至清光绪二十四年，县志有『名茶朝贡时黄绢袋袱旗号篓，专人专程进贡』的记载。光绪之后为国内眉茶主要产区。民国以来为出口茶叶基地县，所产茶叶素以『味精』角色拼配在大宗茶叶中使大宗茶叶提香气、上档次，一度是『皇帝的女儿』不愁嫁。如今，开化龙顶以其无污染、香高味醇、清纯脱俗、可品可赏之天生丽质，赢得越来越多消费者青睐，昔日皇家贡品已走进寻常百姓家。

开化县现有生产基地6 666.67公顷，年产1 250吨。产品覆盖全国并通过欧盟低农药残留检测标准，批量出口欧盟、日本等国际市场。

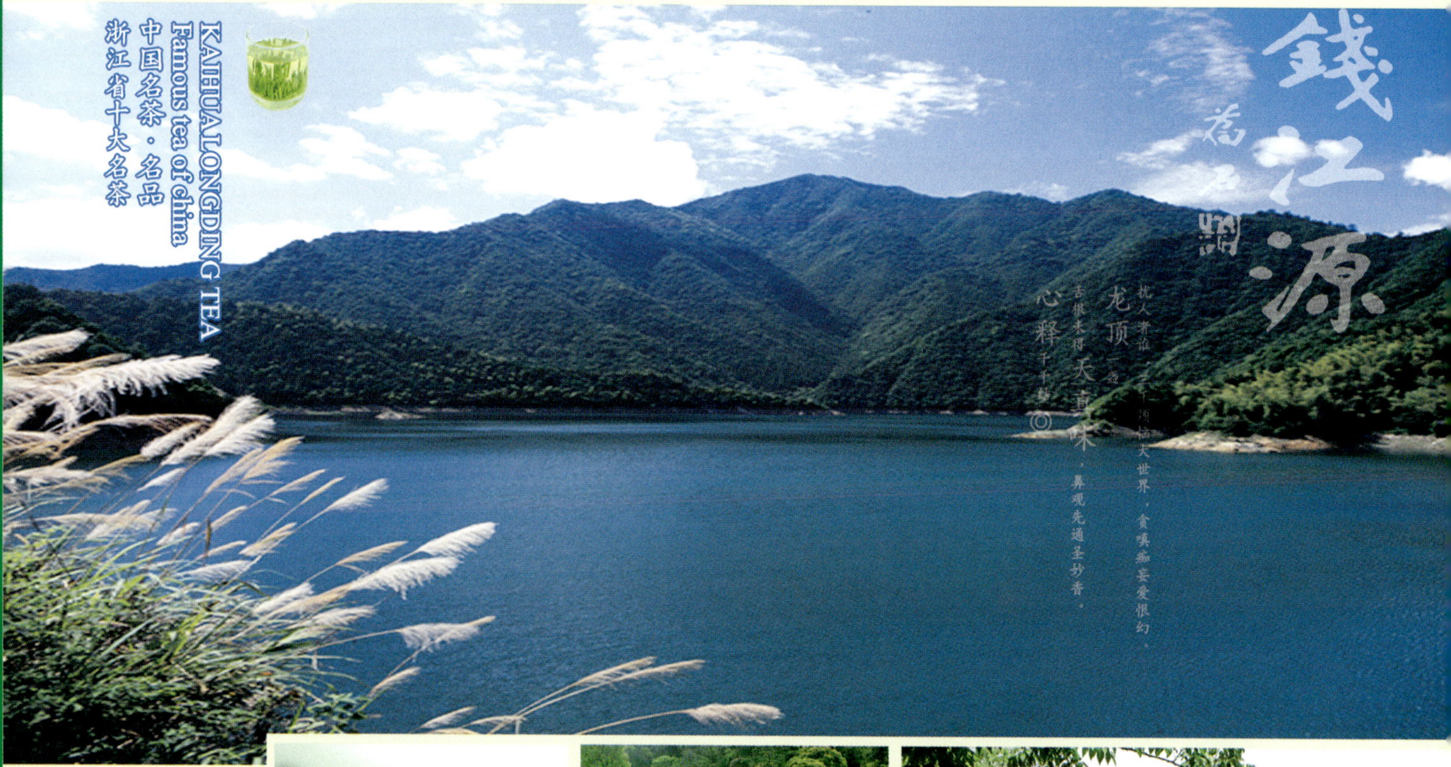

KAIHUALONGDING TEA
Famous tea of china
中国名茶·名品
浙江省十大名茶

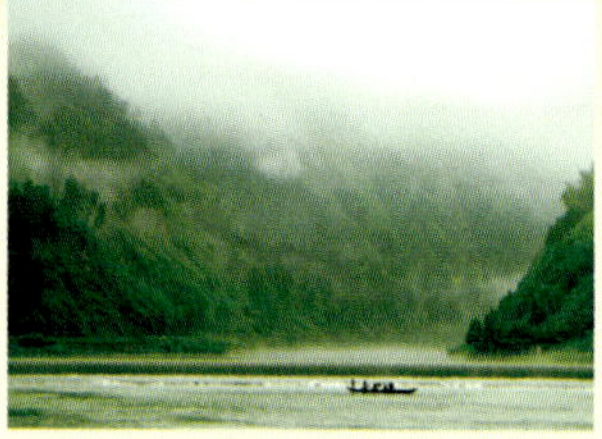

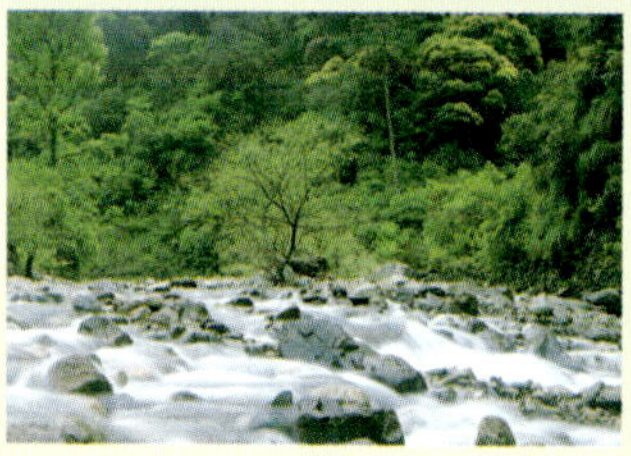

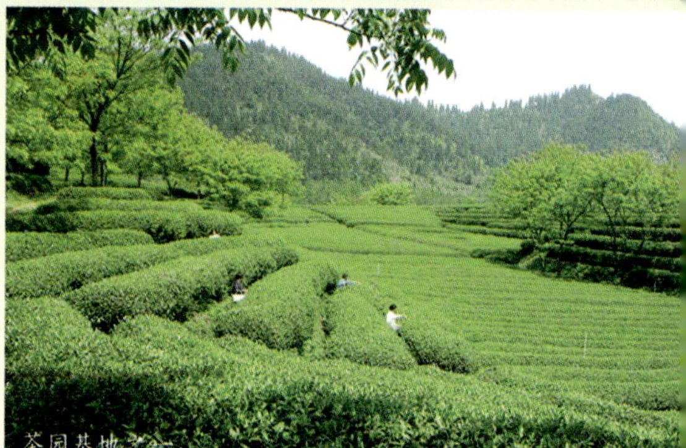

钱江源

茶园基地之一

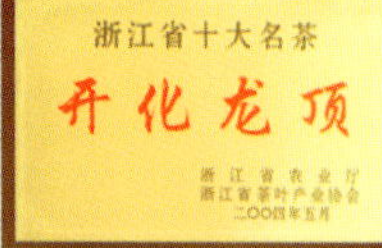

中国十大历史名茶

六安瓜片原产地

浮梁县位于江西省东北部，居“六山二湖”（黄山、九华山、庐山、武夷山、龙虎山、三清山；鄱阳湖、千岛湖）中心位置，是长江三角洲、长江中游经济区、“9+2”泛珠三角区和京九铁路经济带结合部的中心地区。1997年被农业部命名为中国红茶之乡，2005年被农业部授予全国无公害茶生产示范基地县，2007年被农业部列为国家级茶叶标准化示范县建设单位。浮梁茶2007荣获江西省名牌农产品称号，2008年获中国绿色食品博览会金奖、中国地理标志产品年度金奖。

闻于天下

婺源林生实业有限公司标准化良种茶园

婺源鄣公山茶叶实业有限公司有机茶基地

欧盟茶叶专家考察婺源大鄣山绿色食品有限公司有机茶基地

婺源县茶业局

电话（传真）：0793-7343468

E-mail：jxwycyj@163.com

地　址：江西省婺源县紫阳镇书乡路18号

邮　编：333200

婺源地处江西省东北部，森林覆盖率82.5%，是个“八分半山一分田，半分水路和庄园”的典型江南山区县，素有书乡、茶乡之称，是我国著名的文化与生态旅游县，被誉为中国最美的乡村之一。山青水秀，气候温润，雨量充沛，土壤肥沃，光照适度，得天独厚的地理条件和良好的生态环境，孕育了婺源绿茶“颜色碧而天然，口味香而浓郁，水叶清而润厚”的独特品质。“绿丛遍山野，户户飘茶香”，婺源是中国绿茶金三角核心产区，在国内外享有很高的声誉。现已建成绿色食品原料（茶叶）标准化生产基地7 333.33公顷，有机茶基地3 466.67公顷。婺源绿茶荣获中国名牌农产品称号，获国家地理标志产品保护。1785年美国威廉·乌克斯所著《茶叶全书》中盛赞“婺源茶不独为路庄绿茶之上品，且为中国绿茶中品质之最优者”。现代有机茶专家则称“婺源绿茶是世界上口感最美妙的绿茶”。

大树茶故里——南川

南川区茶业办公室

电话：023-71420704　传真：023-71417656

E-mail：ncslw@163.com

地址：重庆市南川区南大街33号

邮编：408400

南川在唐代就产饼茶，其制作技术精细，饮用方法讲究，被列为贡茶，为涪州名茶之首。五代十国毛文锡所著《茶谱》中有“涪州出三般茶，宾化最上，制于早春……”的记载。金佛山生长有大量野生大树茶，据茶叶专家测定，最古老的一株已有1 400多年的树龄，被誉为“茶树王”，金佛山野生大树茶按发芽分早、中、晚3大类18个品系，是茶树资源的巨大基因库。

南川茶园面积4 238.7公顷，是重庆市最大的茶区。20世纪80年代被定为国家红碎茶生产基地县，是农业部2005年规划建设的全国100个茶叶优势区域县（区）。

峨眉牌红碎茶1986年在第二十五届日内瓦国际食品博览会上获得金奖，在布鲁塞尔世界食品博览会上获世界精品食品奖金奖。

浙江上洋机械有限公司
Zhejiang Sunyoung Machinery Co.,Ltd.

SUNYOUNG 上洋机械

浙江名牌/省著名商标

诚心为茶业 精心制茶机

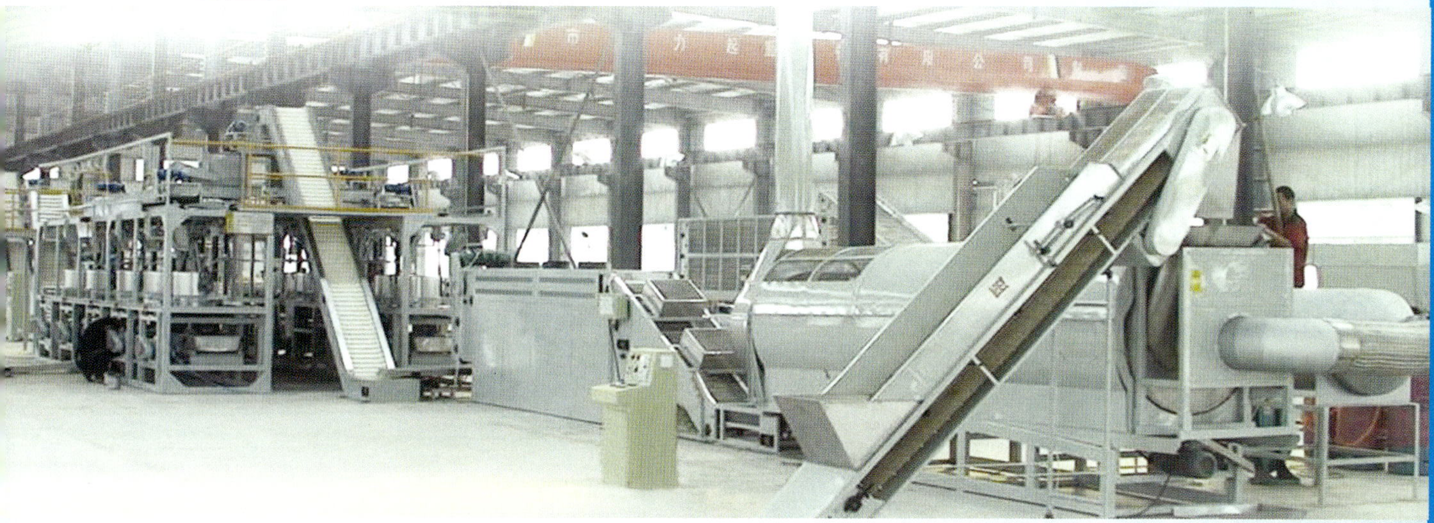

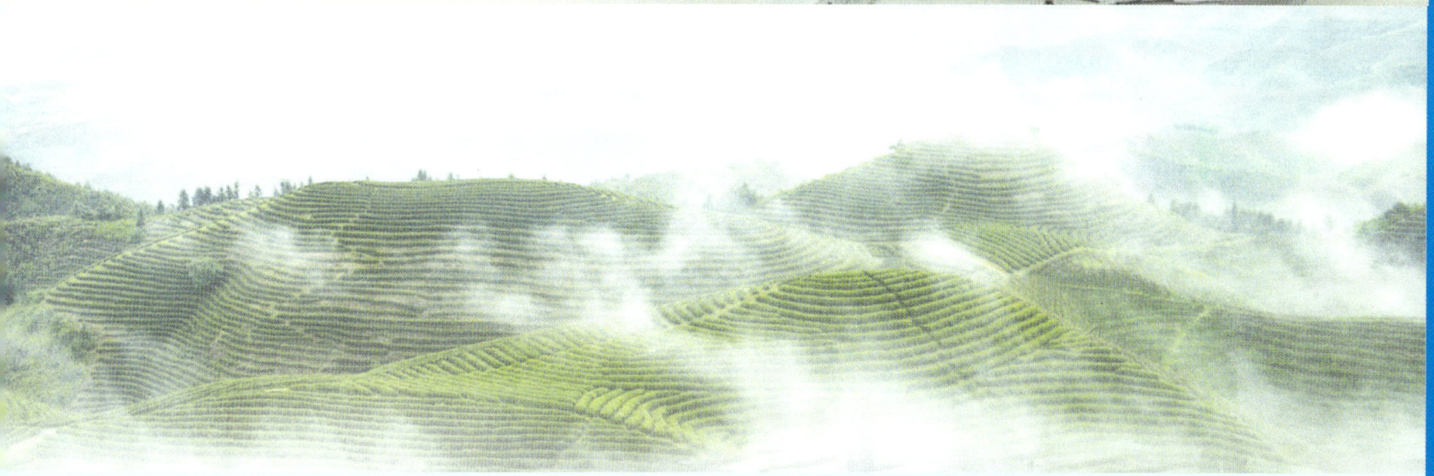

浙江上洋机械有限公司创建于1988年2月，经过20年的创新创业，成长为浙江省高新技术企业、浙江省专利示范企业、浙江省诚信企业，拥有省级茶叶加工机械高新技术研究开发中心，是农业部南京农业机械化研究所浙江上洋中试基地。公司现有员工200余人，其中专业技术人员50多人，占地1.33公顷，实现产值6 800多万元，是国内最大的名优茶加工成套机械装备研发和制造企业之一。

公司一直以“诚心为茶业、精心制茶机”为己任，联合高校院所，自主技术创新，获得了4项发明专利、40项实用新型专利和2项外观设计专利，经历了茶叶加工单机研发、成套加工装备提升和清洁化流水线创新等三次飞跃，形成了具有自主知识产权的8大系列、160余种规格型号的茶机产品，畅销全国20多个产茶省（自治区、直辖市），并进入国际市场。近几年来，公司自主创新的适用于各类名优茶加工的清洁化流水线更是供不应求，200多条流水线遍布大江南北，受到全国茶叶加工龙头企业的青睐。上洋牌茶机也被评为浙江省名牌产品。

公司地址：浙江省衢州市经济开发区凯旋南路8号　**邮编**：324000　**网址**：www.cn-syjx.com　**邮箱**：syjx@cn-syjx.com

销售热线：0570-3866956　3866165　**服务热线**：0570-3866262　3662513　**传真**：0570-3866363

圣唐古驿
BEIJING SHENGTANG GUYI
15年的不懈探索
Fifteen years of unremitting explore
150家专业茶艺馆设计经验
Professional design experiences of 150 tea houses

以陶为媒 以壶会友

【现代 何道洪 腰元竹春茶具】

【清 黄玉麟 鼓腹壶】

【现代 汪寅仙 松竹梅壶】

【清 味泉 梨形壶】

【明万历年间 无款】

【中华民国 冯桂林 四方折角】

【现代 蒋蓉 茨菇花壶】

【现代 顾景舟 匏尊壶】

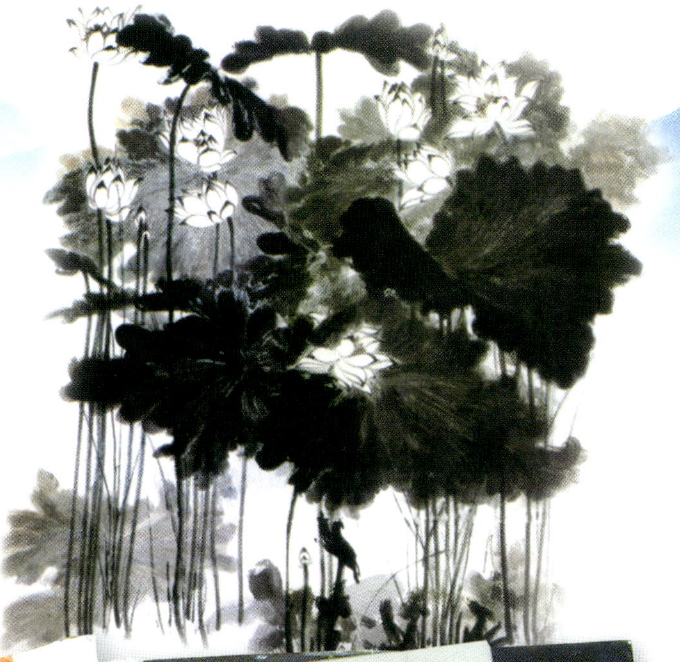

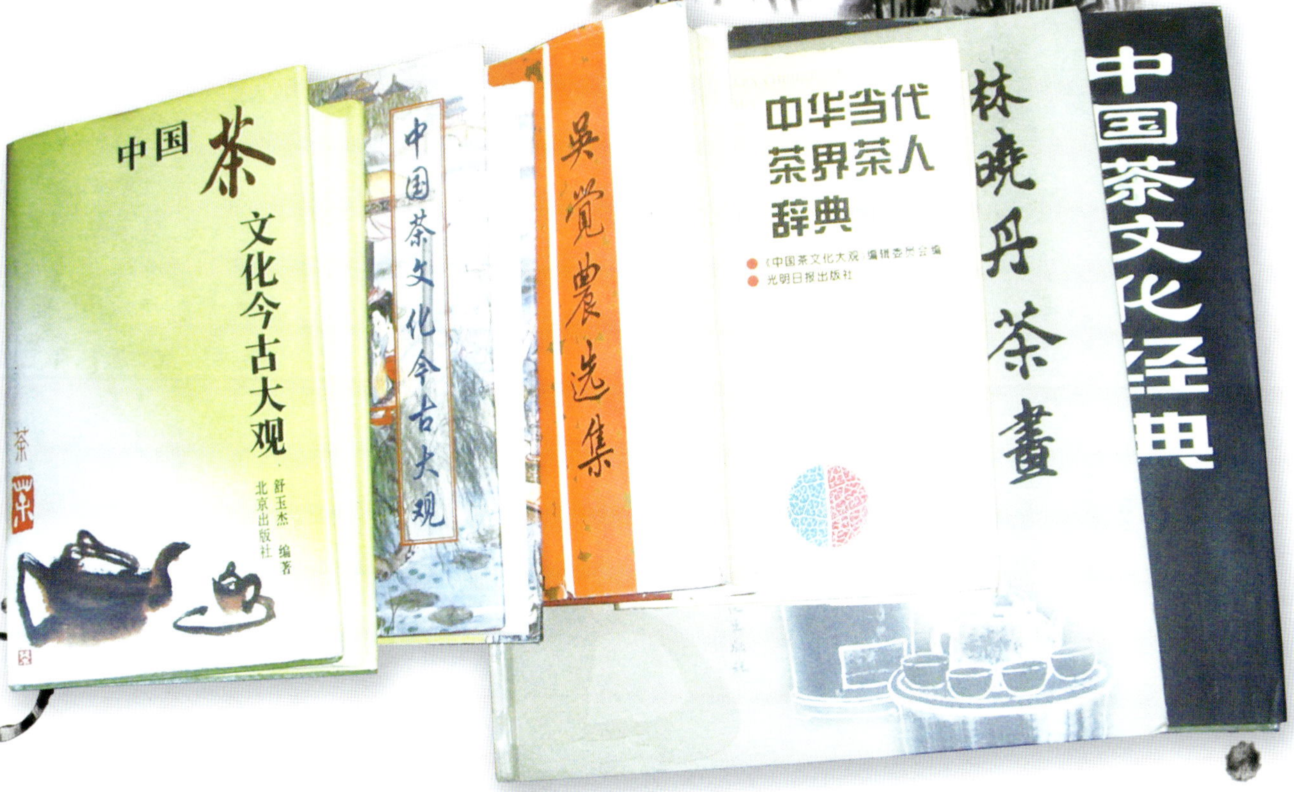

茶香萬
茶道傳情

中华茶文化
安溪铁观音和谐健康高峰论坛

目录

茶叶质量与标准

茶　文　化

各 地 茶 业

茶业大事记

茶 业 企 业

茶 叶 之 乡

茶业统计资料

茶业社会团体、商会和基金会

茶 人 介 绍

附　　录

中国茶叶生产概况

农业部种植业管理司经济作物处调研员　封槐松

中国是茶树的原产地，是世界上发现和利用茶树最早的国家。中华人民共和国成立以来，特别是改革开放以来，茶叶产业得到了迅速发展。目前，全国有20个省、自治区、直辖市生产茶叶，涉茶人员约8 000万人。茶叶产业已成为主产区重要支柱产业和出口创汇的优势产业，对促进农业结构调整、增加农民收入、扩大农民就业和建设社会主义新农村发挥着重要的作用。

（一）茶叶生产稳定发展

中华人民共和国成立以来，茶叶生产迅速发展，取得了巨大成就。茶园面积从1950年的16.95万公顷扩大到2007年的161万公顷，增长8.5倍；总产量由1950年的6.22万吨增加到2007年的116万吨，增长17.6倍；单产由1950年的每公顷366.9千克提高到2007年的722.4千克，增长近1倍。2007年与2006年比较，茶园总面积增加了18.20万公顷，增长12.7%；总产量增加了13.74万吨，增长13.4%；毛茶总产值298.8亿元，增加了40.5亿元，增长15.7%；名优茶产量43.5万吨，增长11%，占茶叶总产量的37.5%，产值约240亿元，增长28%。

中国茶叶生产经历了4个发展时期。一是快速扩张期（1949—1969）。这一时期以垦殖、扩大面积为主，茶园面积年均增长7.3%，茶叶产量年均增长5.9%。二是稳定发展期（1970—1979）。稳定扩大茶园面积，着力改善茶园结构，努力提高茶园单产。1979年茶园面积105万公顷，产量27.72万吨，出口茶叶10.68万吨，分别是1950年茶园面积、产量和出口量的6.2倍、4.5倍和5.7倍。三是效益提升期（1980—2002）。茶园面积基本稳定在110万公顷左右，总产量从1980年的30.4万吨增加到2002年的70.5万吨，增长1.3倍，总产量增加主要是靠改善茶园结构和提高茶园单产实现的，单产从1980年的每公顷292千克增加到2002年的621千克。从这一时期开始，中国茶叶发展摆脱了单纯依靠扩大面积来增加产量之粗放型增长轨道，进入了依靠科技提高茶园管理水平之路，通过提高单产和开发名优茶叶增加茶叶效益的新时期。四是全面发展期（2003年至今）。面积从2003年的120.7万公顷增加到2007年的161万公顷；总产量从2003年的76.81万吨增加到2007年的116万吨。这一时期，茶叶结构和区域布局趋于合理，科技含量增加，茶园单产进一步提高，茶叶质量水平显著提升，效益大幅增长，茶叶产业化进程显著加快，茶文化日益兴盛，近5年来已接待40多个国家和地区近80万人次专业考察和访问交流。中国茶叶进入了从传统茶叶向现代茶叶发展的过渡时期。

（二）茶叶质量不断提高

首先，质量安全合格率不断提高。中国政府对茶叶质量安全始终非常重视，在计划经济年代，从上到下都有质量安全管理员；进入市场经济时期，国家和行业管理部门制定了一系列的茶叶质量安全标准。特别是对农药残留采取的措施越来越严厉，有效地促进了茶叶质量安全卫生水平不断提高。一是从2000年起中国茶叶生产实行“无公害生产”，2001年颁布了《无公害食品茶叶生产技术规程标准》（NY/T5018—2001），其中包括新的农药最高残留限量（MRL）标准。2003年又进行了修正和补充。二是茶叶生产中大力推广和普及防治病虫害的综合治理技术，大大减少了茶叶生产中化学农药的施用量。三是茶叶生产中禁止使用一些稳定性和内吸性的高毒高残留农药，包括六六六、DDT、三氯杀螨醇、氰戊菊酯、甲胺磷、对硫磷、乐果、噻嗪酮、哒螨酮和甲氰菊酯等。四是提倡使用低毒、高效、低残留、水溶解度低和易于降解的农药，以及植物性农药和微生物农药。五是重视农药在水中的溶解度问题。根据实验结果，我国禁止了在茶叶生产中使用水溶性高的农药，如乐果、马拉硫磷、敌百虫和敌敌畏等。六是建立农药安全间隔期制度。即在喷施农药后与采收期之间必须经过一定的间隔期。这样可使喷施在茶树叶表的农药在间隔期内降解，使得在间隔期后采摘的鲜叶加工的成品茶，其农药残留低于MRL标准。采用上述措施后，从总体上保证了中国茶叶卫生质量安全。据农业部茶叶质检中心检测，近几年茶叶质量安全普查抽样送检合格率均在95%以上。

其次，名优茶所占比重逐渐上升。名优茶取代大宗茶成为茶产业的主导产品，大大提升了茶叶质量和效益。1978年以来，名优茶发展经历了传统名茶挖掘、恢复、试制时期（1978—1983）和新名茶的研制、创新、示范、推广时期（1984年以后），名优茶热持续升温，高速发展。2007年全国名优茶产量达43.5万吨，比1991年2.7万吨增加15倍，名优茶产值约240亿元，比1991年7.8亿元增加近30倍；名优茶产量比重由5%上升到38.2%，产值比重由21%上升到80%。

再次，无公害茶园和有机茶园快速发展。2007年无公害茶园面积新增5.9万公顷，全国推广无公害标准化生产技术的茶园面积达133.3万公顷，占总面积的90%；

有机茶园面积进一步扩大到5.7万公顷。

（三）茶叶布局日趋合理

一是茶叶生产布局转移。中国共有20个省、自治区、直辖市生产茶叶，由于比较效益的影响，全国茶叶生产布局出现了从东部向西部、从经济较为发达地区向相对不发达地区转移。1980年茶叶产量位居前3位的浙江、湖南、安徽3省，2007年产量比重分别由1980年的25%、20%、11%下降到14%、7%和6%。二是茶叶生产向优势区域集中。全国茶叶生产进一步向优势区域集中，浙江、福建、云南、四川、湖北、安徽等15个主产省的茶园面积达到150.4万公顷，占全国茶园总面积的98%；产量达107万吨，占全国总产量的99%。长江中下游名优绿茶、东南沿海名优乌龙茶、长江中上游特色绿茶和西南红茶及特色茶等4个特色优势产业带正在逐步形成。三是特色茶区快速发展。近年来，由于各地大力调整农业及农村经济结构，特色茶区快速发展，这些茶区以畅销产品为依托，发展迅速，已经成为中国茶叶发展的新亮点，如新昌龙井产区、平江银针产区、云南普洱茶产区、陕西午子茶产区和安吉白茶产区等。

（四）六大茶类均衡发展

中国茶叶制作工艺丰富，传统茶类有红茶、绿茶、乌龙茶（青茶）、黄茶、白茶和黑茶等六大类，此外还有花茶、紧压茶等再加工茶类。改革开放以来，中国茶叶生产格局发生了根本性变化，传统的茶叶产业焕发出勃勃生机，产品结构不断优化，六大茶类均衡发展。一是绿茶、红茶、乌龙茶三大茶类的比重发生变化。1980—1986年绿茶、红茶、乌龙茶产量占茶叶总产量比重分别为59.1%、20.1%、3.8%，1991—1997年变化为69.6%、11.4%、8.0%，2000—2006年进一步变化为73.7%、5.6%、10.5%。从发展趋势上看，绿茶作为中国第一茶类的所占比重稳步上升，2007年占全国茶叶总产量的70%以上；乌龙茶跃居第二，占茶叶总产量的10%以上；红茶产量比重不断下降，已不足5%。二是其他茶类均衡发展。20多年前，以北京为中心的华北、东北、西北等北方市场，花茶消费占95%以上，目前已下降到不足60%。近几年，随着传统区域性消费习惯改变，茶叶消费呈现多元化趋势。2004—2007年，普洱茶成为内销市场上的热点，产量快速增长，2005年普洱茶产量达到5.2万吨，同比增长160%，2006年、2007年的增产幅度分别在50%和25%左右。紧压茶主要满足边销，市场销量变化不大，生产稳定，1990年以后年产量稳定在2.5万吨上下。

中国绿茶生产与加工

浙江省农业厅厅长　孙景森

中国是茶叶的故乡，茶类丰富，绿茶、红茶、黄茶、乌龙茶、白茶、黑茶等六大茶类都有生产。绿茶在中国历史最悠久、产区最辽阔、品种最丰富、产量最多、消费区域最广，系中国第一大茶类。2007年全国茶园总面积161万公顷，茶叶总产量116万吨，毛茶总产值298.8亿元，其中，绿茶面积和总产量约占3/4。

（一）绿茶的起源

中国是世界上发现和利用茶树最早的国家，也是世界上最早生产绿茶的国家。在几千年的历史长河中，绿茶的发展大致经历了从原始的咀嚼茶树鲜叶、生煮羹饮、烧烤后煮饮、晒干收藏、原始晒青、原始烘青、原始炒青、蒸青粗茶、蒸青末茶、蒸青散茶、蒸青饼茶、炒青和烘青散茶、掺香绿茶、窨花绿茶，直到近代千姿百态的名优绿茶。

据考证，中国绿茶生产的最早文字记载可追溯到三国魏时张揖（230年前后）的《广雅》中有关采茶作饼的内容，文中提到了三国时期的蒸茶作饼，并将茶饼晒干后储藏的做法。到了唐代，蒸茶作饼的制法已逐渐完善，在陆羽《茶经·三之造》中记述："晴，采之，蒸之，捣之，拍之，焙之，穿之，封之，茶之干矣。"这就是一种简单蒸青绿茶的加工技术。到明代，绿茶加工技术有了较大的发展，特别是明太祖朱元璋于洪武二十四年（1391）9月16日下了诏，废团茶兴叶茶，从此蒸青散茶便取代团饼茶而成为主流。此后，炒青绿茶开始出现并逐渐盛行，各地涌现出不少炒青绿茶名品，如徽州的松萝茶、杭州的龙井茶、歙县的大方、嵊州的珠茶、六安的瓜片等。在绿茶工艺的基础上，中国又相继创制了黄茶、黑茶、白茶、乌龙茶和红茶。

（二）中国绿茶在国际和国内茶叶中的地位

长期以来，在世界茶叶生产与消费结构中，红茶一直占据主导地位。但近年来，由于绿茶保健作用的日益发现和产品推广力度的加大，全球绿茶平均以年均7%左右快速增长，增速明显快于红茶。如图1所示，1985年，全球茶叶贸易中红茶占87%，绿茶仅占8%；到2006年，红茶比例下降到66%，而绿茶比例则上升到28%。

中国绿茶在世界绿茶贸易中占有绝对主导作用。2007年，中国绿茶出口量22.4万吨，约占世界绿茶贸易总量的80%。中国已成为名副其实的全球最大绿茶生产、加工和出口国。

绿茶一直是中国茶叶产业的重要支柱，特别是近一段时期以来，由于受国内外绿茶需求增长和良好经济效益推动，中国绿茶生产规模不断扩大，产量日渐增加。中国绿茶产量在1991年为36万吨，2005年增加到69万吨，增长了92%。从绿茶在中国茶叶总产量中所占比重来看，在经历一段快速增长后，近10年来一直相对稳定，保持在

75% 左右（图 2）。2007 年中国茶叶出口总量 28.94 万吨，出口金额 6.07 亿美元。其中，绿茶出口 22.4 万吨，占茶叶出口总量的 77%；创汇 4.3 亿美元，占茶叶出口创汇总额的 71%（图 3）。

在中国众多产茶省、自治区、直辖市中，除了福建主产乌龙茶、云南主产普洱茶外，多数以生产绿茶为主。如浙江省，作为中国绿茶生产、加工和出口大省，2007 年共有产茶县（市、区）72 个，茶农 150 万户，绿茶生产面积 16.9 公顷，产量 15.86 万吨，产值 56 亿元。绿茶产业已列入浙江省十大农业主导产业之一，成为农业增效、茶农增收和茶区新农村建设的重要产业（图 4）。

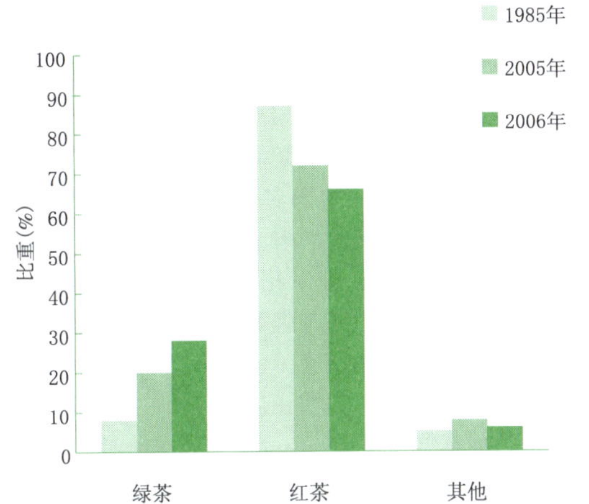

图 1　国际茶叶贸易中绿茶、红茶等的比重及其变化

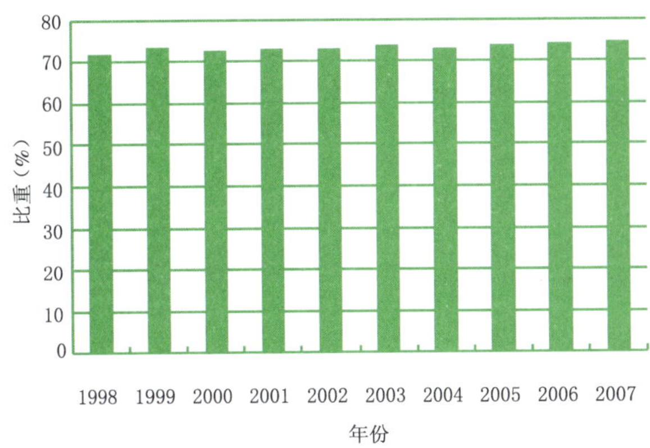

图 2　1998—2007 年绿茶在中国茶叶中的比重及其变化

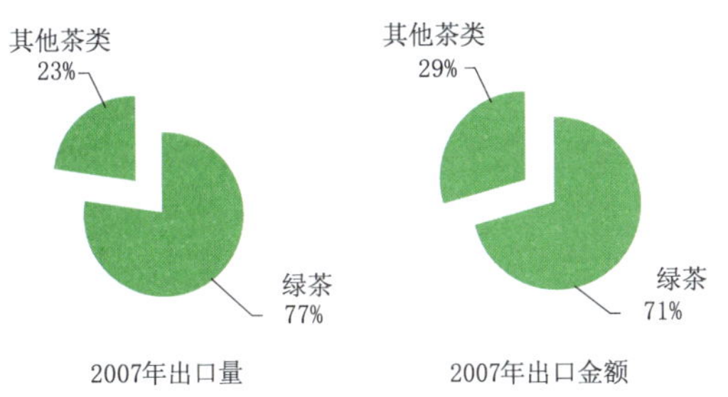

图 3　2007 年中国绿茶在出口茶类中所占比重

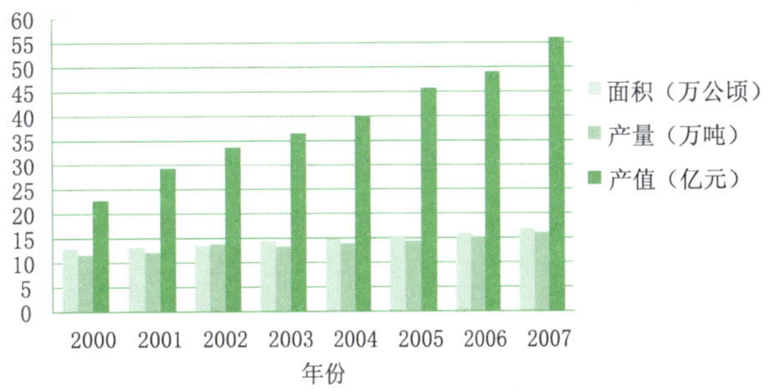

图 4　2000—2007 年浙江绿茶发展情况

（三）产区分布

中国现有云南、四川、贵州、重庆、西藏、陕西、甘肃、广西、广东、海南、湖北、湖南、江西、安徽、江苏、浙江、福建、河南、山东和台湾共 20 个省、自治区、直辖市栽培和加工茶叶，从北纬 18°（海南榆林）至 37°（山东荣成）、东经 94°（西藏米林）至 122°（台湾东岸）的地域中，都有绿茶生产。长江流域是绿茶的主产区。绿茶生产量较多的省、直辖市是浙江、安徽、江西、湖南、湖北、江苏、贵州、四川、重庆。

中国绿茶产区大致可划分为以下四个区域：即江南绿茶区、江北绿茶区、华南绿茶区和西南绿茶区。

1. 江南绿茶区　包括长江中、下游南部的浙江、江西、湖南等省和皖南、苏南、鄂南等茶区，该区气候温和，四季分明；年平均气温为 15～18℃，冬季绝对最低气温一般为 -8℃，年降水量 1 400～1 600 毫米，春夏季雨水最多，占年降水量的 60%～80%。这种气候十分适应中小叶种茶树的生长，是中国绿茶的主产区，也是传统出口绿茶的主要基地。浙、皖南、赣生产的眉茶和浙江生产的珠茶，是中国出口绿茶的主要品种。江南茶区中，名优绿茶比重较大，浙江的龙井茶、安徽的黄山毛峰、江苏的碧螺春、江西的庐山云雾茶、湖南的高桥银峰、湖北的邓村绿茶，都是全国知名度较高的名优绿茶，而且市场份额较高。

2. 江北绿茶区　包括长江中、下游北岸的河南、陕西、甘肃、山东等省和安徽、江苏、湖北三省的北部茶区。该区年平均气温为 15～16℃，冬季绝对最低气温一般为 -10℃左右，年降水量 700～1 000 毫米，分布较不均匀。这一茶区的茶园主要分布在皖北、苏北和鄂北地区。该区由于纬度较高，昼夜温差大，只适宜中小叶种茶树生长，但茶树干物质积累较多，茶叶的滋味浓度往往较好。这一茶区，也盛产名优绿茶，如山东的日照绿茶、安徽的六安瓜片、河南的信阳毛尖等。

3. 华南绿茶区　包括中国南部的广东、广西、福建、台湾、海南等茶区。这里除闽北、粤北和桂北等少数地区外，年平均气温为 19～22℃，最低月（1 月）平均气温为 7～14℃，茶树的年生长期长达 10 个月以上，年降水量为 1 200～2 000 毫米，其中台湾省的年降水量超过 2 000 毫米。这样的气候适合所有类型的茶树生长。这里虽然盛产乌龙茶和红茶，但也有不少绿茶。其中，广东的乐昌白毛茶、广西的凌云白毛茶、福建的南安石亭绿、海南的白沙绿茶等，都有一定的知名度。

4. 西南绿茶区 包括中国西南部的云南、贵州、四川、重庆四省、直辖市及西藏东南部的茶区。其中的云贵高原是茶树原产地的中心地带，茶树品种资源丰富，是中国最古老的茶区。这里地形复杂，海拔高低悬殊，气候差别很大，大部分地区属亚热带季风气候，冬不寒冷，夏不炎热。该区生产的绿茶芽叶肥壮多毫，内含物质丰富，滋味浓度较高。知名度较高的名优绿茶有：贵州的都匀毛尖，四川的蒙顶甘露、竹叶青，重庆的永川秀芽，云南的南糯白毫，西藏的珠峰圣茶等。

（四）主栽品种

中国是茶树原产地，茶叶种质资源丰富，目前已收集保存茶树种质资源 3 500 多份，是当今世界上收集茶树种质资源最多的国家。同时，中国也是世界上茶树品种数量最多的国家，全国已通过审（认）定的国家级茶树良种 95 个，其中有性系品种 17 个，无性系良种 78 个。此外，各产茶省、自治区、直辖市还审（认）定了省级良种 119 个。

不同的茶树品种有不同的茶类适制性。总的来说，适制绿茶的品种以中小叶种为主，一般叶形较小、叶色较绿，内含物中氨基酸含量较高，茶多酚含量适中。同时，不同的绿茶对茶树品种性状又有具体的特殊要求。如龙井茶要求叶片翠绿而少毫，多种植龙井 43、龙井长叶等品种；毛峰茶要求芽叶多毫，常选用福鼎大白茶、迎霜等。20 世纪 80 年代以前，中国绿茶产区主要采用茶籽直播发展新茶园，其中以鸠坑群体种面积最大、分布最广。近 20 多年特别是近 10 年来，全国认真贯彻农业部提出的“淘汰种子直播和移栽实生苗的传统做法，实现无性系良种化”的方针，普遍加大了无性系良种推广力度。目前中国无性系良种茶园面积已达 43.3 余万公顷，占总面积的 21.7%。如浙江省近年来重点推广了龙井 43、龙井长叶、浙农 113、浙农 117、迎霜、翠峰、嘉茗 1 号、白叶 1 号和银猴等品种。据 2000—2005 年统计，全省累计新增上述 9 个品种茶园，占全省同期新发展茶园总面积的 77.4%。至 2007 年，全省共有无性系良种茶园 8.2 万公顷，无性系良种比重已从 1999 年的 8.5% 上升到 2007 年的 50.2%，不仅提高了茶树无性系良种化和名优绿茶产业化水平，而且取得了巨大的经济、社会和生态效益。

（五）中国绿茶的品牌

中国绿茶品牌由来已久。早在 1 200 年前，茶圣陆羽在《茶经》中称浙江长兴的紫笋茶为“茶中极品”，这实际上是对茶叶品牌的一种表达。产于浙江省景宁县的惠明茶于 1915 年获巴拿马万国博览会金质奖章，此后一直被称为“金奖惠明茶”。家喻户晓的中国十大名茶实际上是消费者对茶叶品牌认可的一种具体体现，其中西湖龙井、洞庭碧螺春、黄山毛峰、六安瓜片、信阳毛尖、都匀毛尖等均为绿茶。改革开放后，绿茶品牌在市场经济条件下更是如雨后春笋般地涌现，并在国内外获得多项大奖。如 1984、1986 年天坛牌特级珠茶和特级珍眉分获第 23 届、第 25 届世界优质食品金奖，1988 年狮峰牌极品龙井茶荣获第 27 届世界食品评选最高荣誉奖——金棕榈奖，1992、1996 年骆驼牌特级珍眉和特级珠茶分获第 31 届、第 35 届世界优质食品金奖。

各个不同历史时期，中国绿茶的品牌创建工作始终未曾间断，并由此大大提高了中国绿茶在国内外市场的声誉。其中天坛牌和骆驼牌珠茶在历届广交会上为第一抢手的商品，客商云集展位，排队购买珠茶，当时有人曾形容珠茶在广交会上是“一颗一颗”地卖。在国内市场上，各地名优绿茶品牌发展一路高歌猛进，不少茶区按照“一县一品”开展品牌培育与整合，出现了一批绿茶名牌。2006 年获首届中国名牌农产品称号的绿茶有：贡牌西湖龙井、竹叶青牌竹叶青、君山牌君山银针、汪满田牌黄山毛峰、采花牌采花毛尖、文新牌信阳毛尖、雄鸥牌蒸青绿茶、敬亭绿雪牌绿茶。2007 年获第二届中国名牌农产品称号的绿茶有：玉品牌碧螺春茶、徽六牌六安瓜片、婺源绿茶、大明山牌绿茶、白沙牌绿茶、巴南牌银针、仙芝竹尖牌绿茶。

作为主产绿茶的浙江省，近年来，在品牌建设上也取得了显著业绩。以出口为主的骆驼牌产品获全国茶叶行业唯一的出口名牌，并列入商务部首批“重点培育和发展的出口名牌”。2004 年，大佛龙井、开化龙顶、安吉白茶、西湖龙井、武阳春雨、松阳银猴、径山茶、金奖惠明茶、望海茶、绿剑茶等浙江省“省十大名茶”的成功推出，使浙江名优绿茶名声大振，对产业发展起到强有力的推进作用。目前，一个以企业品牌为基础，以省十大名茶品牌为骨干，以区域性品牌为龙头的金字塔形“浙江绿茶”品牌雏形已初步形成。2007 年，浙江省政府提出“打造‘浙江绿茶’品牌、构建世界绿茶生产加工中心”的宏伟目标，计划在“十一五”期间，进一步深化现有绿茶品牌整合，重点引导与支持“浙江绿茶”和“龙井茶”地理标志证明商标、“省十大名茶”等区域性品牌和骆驼、皇帝等出口品牌建设，把“浙江绿茶”打造成中国绿茶的代表、著名的国际茶叶品牌和含金量较高的浙江名片。

（六）中国绿茶产品的分类与加工

1. 分类与加工 由于绿茶产区范围大，茶树品种特性各异，加工工艺千差万别，消费习惯多样，便产生了丰富多彩的中国绿茶产品。据估计，中国绿茶产品多达数百种。这些绿茶如何进行分类，目前尚无统一的分类标准和方法。

（1）按加工方法分类。绿茶初加工的基本工艺流程分为杀青、揉捻（造型）、干燥三个阶段。目前，中国绿茶杀青的主要方式有加热杀青（锅式杀青、滚筒式杀青）和蒸汽杀青两种，也有个别采用捞青方式。干燥方法有锅式或滚筒炒干的，有烘干机烘干的，也有炒干与烘干相结合的，个别地区还有利用日光干燥的。因此，按加工方法分，中国绿茶一般可分为：蒸青绿茶、炒青绿茶、烘青绿茶、半烘炒绿茶、晒青绿茶等。

绿茶经过再加工，可进一步制成袋泡绿茶、花茶、绿茶饮料、速溶绿茶、绿茶粉等。

（2）按茶叶形态分类。中国绿茶由于加工中采用的造型方法不同，形状千姿百态，主要可分为扁形绿茶、单芽形绿茶、针形绿茶、毛峰形绿茶、兰花形绿茶、曲螺形绿茶等。

扁形绿茶：多数以一芽一叶或一芽二三叶为原料，经过杀青、理条并逐步压扁炒干而成。外形扁平光滑，一般翠绿无茸毛，清汤叶绿，香气多为清香型或栗香型，芽叶完整。如浙江的龙井茶、安徽的大方、四川的竹叶青等。

单芽形绿茶：采摘单个茶芽为原料，经杀青、轻揉、烘（炒）干而成。外形为略扁的单芽，形如宝剑，也有像雀舌，外形长短整齐一致，披毫或无毫，汤色清澈透明。冲泡后，茶芽竖立于杯中，如浙江的雪水云绿、绿剑茶，江苏的金山翠芽等。

针形绿茶：采摘一芽一叶或一芽二叶为原料，经过杀青、理条、搓条、干燥而成。外形圆紧细直如松针，色绿多显毫，香气多为嫩栗香，滋味鲜醇，芽叶完整。如江苏的南京雨花茶、江西的庐山云雾、河南的信阳毛尖等。

毛峰形绿茶：多数采摘一芽二三叶为原料，经过杀青、揉捻、炒干或烘干而成。外形弯曲细紧，显毫，色绿，汤色嫩绿明亮，香高持久，滋味鲜浓爽口，耐冲泡。如安徽的黄山毛峰、浙江的径山茶等。

兰花形绿茶：采摘一芽二叶为原料，经杀青、翻炒、烘干而成。外形松散如兰花，色绿，香气清鲜，滋味鲜爽，芽叶成朵。如安徽的舒城兰花、河南的仰天雪绿、浙江的江山绿牡丹等。

曲螺形绿茶：采摘一芽一二叶为原料，经杀青、揉捻、反复搓团抖散、干燥而成。外形卷曲似螺，满披白毫，色银绿，香气清鲜，滋味鲜爽。如江苏的碧螺春，浙江的临海蟠毫、奉化曲毫等。

此外，还有珠粒形绿茶（如浙江的珠茶、泉冈辉白，安徽的涌溪火青）、球形绿茶（如福建的龙珠）、片状绿茶（如安徽的六安瓜片）、扎花形绿茶（如安徽的绿牡丹、江西的婺源墨菊）等。

2. 深加工与综合利用　随着世界范围对绿茶研究的深入，绿茶被誉为具调节人体生理功能的功能性食品、保健食品。为了适应不同消费者需求，近年来，除了传统泡饮之外，在绿茶深加工与综合利用方面也卓有成效，进一步拉长了中国绿茶产业链（图 5）。

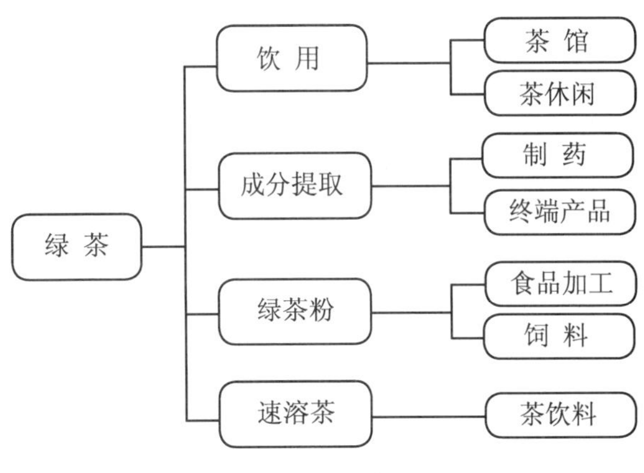

图 5　中国绿茶产业链

绿茶新开发的产品主要有四大类：

一是茶饮料。如罐装饮料，市场销售量近年来迅速扩大，已经成为百姓最主要保健饮品之一。目前，全国已有茶饮料生产企业 300 余家，产量约 500 万吨，主要分布在东部沿海省份，生产规模较大的有娃哈哈、康师傅、三得利、农夫山泉与茶研工坊等；速溶茶生产企业 30 余家，产量近 1 万吨，分布在福建、广东与浙江。

二是茶药品、保健品。由于绿茶具有降血压、降血糖、抗癌、抗菌等功效，生产提取的茶多酚在医药保健上得到广泛应用，以心脑健为主的药用产品已正式用于临床，包括茶亦宝、东茶宝、茶爽等品牌的保健产品，近年来消费者大量增长。

三是含绿茶粉食品。如生产超微绿茶粉作为食品辅料，目前抹茶酸奶、茶糖、茶饼干、茶面食、茶冰激凌等在全国各大城市均有上市。

四是日用化工用品。有茶化妆品，茶叶香波、绿茶香水等洗涤用品，茶袜子、茶 T 恤等。

（七）中国绿茶的标准与质量安全评价

1. 标准种类　标准化正在绿茶产销中发挥越来越重要的作用。到目前为止，中国制定的涉及茶叶的国家标准、行业标准和地方标准超过 470 余项（其中国家标准 85 项、行业标准 58 项，涉及产品质量的标准 39 项，技术规程 8 项，方法标准 81 项，物流标准 2 项，基础标准 13 项）。上述标准从内容上已覆盖了绿茶的品质指标、卫生指标、检测方法、包装材料、储藏运输、产地环境、茶树品种、种植、加工、茶叶机械、茶叶制品、茶叶加工场所、茶叶良好农业规范（GAP）、有机茶、绿色食品茶、无公害茶、地理标志产品等，使中国成为世界上绿茶标准种类最多、内容最齐全的国家。

2. 标准水平　绿茶指标评价可分解为感官指标、理化指标、安全指标三部分。近几年来，中国对茶叶感官品质、卫生质量标准和相应的检测分析方法进行了大量研究，2004 年颁布的 NY5244—2004《无公害食品　茶叶》标准规定了水分、灰分、水浸出物等 3 项理化指标和铅、联苯菊酯等 9 项安全指标，其水平已高于联合国粮农组织（FAO）

和日本标准，已与欧盟标准相当；A级绿色食品茶叶的标准已高于国际和欧盟标准，AA级绿色食品茶和有机茶的农药残留限量标准均为LOD级（即为仪器对农药的检测极限）。自2005年10月1日起，GB2762《食品中污染物限量》、GB2763《食品中农药最大残留限量》两个新的国家茶叶产品质量安全标准开始实施，标准中主要农药残留数据与国际食品法典委员会（CAC）的要求基本相同。在中国，申请获得无公害食品、绿色食品和有机茶标志的产品不断增多。

从感官指标和理化指标来说，中国标准已处于国际水平。对于安全指标，目前NY5244—2004《无公害食品 茶叶》中涉及的氯氰菊酯、敌敌畏、杀螟硫磷等农药残留指标都已达到国际先进水平。

3. 出口检验 在出口方面，绿茶作为中国重要的出口农产品，被列为国家法定检验商品，茶叶检验机构遍布全国主要产茶省份和主要港口。随着对质量要求的不断提高，检验项目已从原来的感官品质、水分、灰分、着色等增加到感官品质、水分、灰分、粉末、包装、卫生、农药残留量、重金属含量、放射物污染、黄曲霉毒素及含量、重量等指标。迄今为止，中国已建立了包括珍眉、珠茶等绿茶贸易标准样、特种茶标准样（龙井等）、小包装贸易标准样等出口茶叶贸易标准样（实物样），并定期换制。

4. 质量安全评价 中国政府对绿茶质量安全工作十分重视。2001年农业部组织实施了“无公害食品行动计划”，制定并发布了无公害食品茶叶的产地环境、生产技术规程、加工技术规程和产品标准，规定禁止在茶园中使用21种高毒农药，组织实施从茶园到茶杯全程质量安全控制，特别是开展茶园使用禁用农药的专项整治，一批茶叶生产企业建立了稳定的生产基地，按标准要求组织生产。通过多年努力，茶叶获得无公害、绿色、有机认证的产品达2 199个，年产量28.68万吨，成为广大消费者青睐的安全优质产品。据2006年农业部对中国茶叶主产区绿茶的农药残留等进行的质量安全普查结果表明，产品合格率为91.9%，其中经“三品”认证的绿茶合格率达96%以上。据浙江省食品安全委员会2007年对全省11个市的市售绿茶进行评价抽查，共抽取样品220批次，批次合格率为97.7%。因此，中国绿茶的质量安全是有保障的。

中国乌龙茶生产概况

福建省农业厅副厅长　姜绍丰

乌龙茶又名青茶，在国际市场上的英文译名为Oolong Tea，属六大茶类之一，为中国独有。近几年来，乌龙茶以其浑然天成、千香百味的品质特征，精湛独特的加工技艺，博大精深的文化内涵和富含功能性保健功效，成为健康时尚的饮品，当之无愧为茶产业最为亮丽的一朵奇葩，发展前景十分广阔。

（一）历史渊源及主产区生产现状

1. 起源概述 福建是乌龙茶的原产地，乌龙茶的起源与福建茶叶生产发展史有着一脉相承的关系。虽以现有的资料仍无法确定它的确切诞生时间，但它脱胎于历史上更早的茶类，约肇始于明代，盛于清代已是不争之实。至于乌龙茶的发祥地则有武夷山源说和安溪源说之分。武夷山自宋末就是贡茶中心，明洪武年间（1392）改蒸青团茶为炒青绿茶，15世纪末16世纪初创制小种红茶，清同治年间（1862）创制青茶（岩茶、乌龙茶）。这一脉络是武夷山源说的史据推定，陈宗懋院士主编的《中国茶经》支持这一观点。而安溪源说则以清郭柏苍所撰《闽产录异》为依据，认为在1886年之前乌龙茶制法由安溪传入武夷山，陈椽教授所编《茶业通史》肯定这一说法。实际上，对于乌龙茶发源地的争议过程本身恰恰体现了乌龙茶独特人文魅力和现实价值所在。总之，首创于明清时期，并以福建安溪和武夷山为代表的南北茶区为乌龙茶的诞生、发展，以及相继向广东、台湾传播作出了卓越的贡献。

2. 主要产区生产现状及产品特征 福建、广东和台湾是中国乌龙茶的主产区，三产区的产量占全国乌龙茶产量的98%以上，其中又以福建最为突出。在全国茶类发展布局中，业界历来就有“南红北绿中间乌”一说，闽、粤、台三产区恰是“中间乌”的集中所在，三产区融合了乌龙茶发展的地理、气候等资源要素，在发展中各有所长，各具特色。

（1）福建产区。福建是乌龙茶的故乡，也是全国乌龙茶面积、产量、出口创汇第一大省。2007年全省乌龙茶面积8.67万公顷，产量11.11万吨，分别占全国乌龙茶（含台湾，下同）总面积12万公顷和总产量14.5万吨的72.3%和79.3%。全省乌龙茶出口1.35万吨，创汇3 364万美元，分别占全国乌龙茶出口总量2.17万吨和出口金额5 608万美元的62%和60%。全省乌龙茶栽培面积超过666.67公顷（1万亩*）的县有18个，产量超过1 000吨的县有14个。

福建乌龙茶根据品种、产地和加工工艺不同，总体上可分为风格各异的三个类别。一是以安溪铁观音为代

*1亩=1/15公顷

表的闽南乌龙茶。这类茶做青时发酵程度较轻，干茶色泽较砂绿润，汤色金黄或浅金黄，其代表为安溪铁观音。安溪铁观音香高韵长，醇厚甘鲜，呈天然花果香，特别是独具悠、活、雅的观音韵是闽南乌龙茶品质特征的最高境界，由此也引发了无数人的追寻、探究与回味。二是以武夷岩茶为代表的闽北乌龙茶。这类茶做青时发酵程度较重，干茶色泽较乌润，汤色橙黄或橙红，大红袍就是其佼佼者。大红袍品质最突出之处是香气馥郁显兰花香，岩韵明显，香高持久，冲泡七八次仍有余香，“臻山川精英秀气所钟，品具岩骨花香之胜”就是其优异品质的生动体现。三是清香型乌龙茶。这类茶是以福建优良的茶树品种鲜叶为原料，在吸收台湾乌龙茶轻发酵工艺的基础上，对传统闽南乌龙茶进行工艺革新，运用空调做青技术加工而成。其品质特征为外形圆结紧实，色泽润绿，香气较传统乌龙茶更清香，高雅悦鼻，花香显，滋味醇和鲜爽。近几年，清香型乌龙茶因其独特的品质在国内外市场异军突起，深受消费者青睐。

（2）广东产区。广东既是中国华南地区主要产茶省份之一，也是中国乌龙茶的主产区，乌龙茶产量占广东省茶叶产量的 34.5%，2007 年为 1.71 万吨。广东乌龙茶主要分布在粤东潮州市、揭阳市、梅州地区以及粤北、粤西的少数地区。广东乌龙茶主要有单丛茶、乌龙茶及色种茶三大类别，以岭头单丛茶和凤凰单丛茶最著名。岭头单丛茶素以香、醇、韵、甘、耐泡、耐藏六大特色而负盛名，条索紧结、重实，色泽黄褐光艳，内质香气甘芳四溢，蜜韵悠远。凤凰单丛茶有 80 多个品系，制成的茶叶以香馥高爽、味美甘醇、爽口宜人、多次冲泡茶韵犹存等特色闻名海内外，被誉为乌龙茶中珍品。

（3）台湾产区。台湾乌龙茶发展被认为从 1810 年由福建武夷山引入茶籽开始，茶树品种和产制技术皆由先民自福建传入。1959 年台湾茶园面积为历史最多，达 4.5 万公顷，此后因产业结构的调整，土地资源日趋紧张，茶园面积逐渐减少，2000 年为 2 万公顷，2005 年为 1.7 万公顷。随着茶园面积减少台湾茶叶总产量一路下滑，从 1970 年的 2.8 万吨减少到 2005 年的 1.9 万吨，但是同期乌龙茶却是呈递增趋势，从 1970 年 0.93 万吨增加到 2000 年的 1.9 万吨，此后基本稳定在 1.8 万～1.9 万吨之间。2005 年乌龙茶产量为 1.82 万吨，占茶叶总产量的 96.8%。台湾在日本占据时期发展清香包种茶，1925 年以后逐渐取代传统乌龙茶，清香包种茶已成为台湾乌龙茶的代表。现在，台湾乌龙茶种类花色繁多，但以文山包种茶、冻顶乌龙茶、木栅观音茶、白毫乌龙茶为主要特色茶，其中包种茶（条形、半球形）是目前台湾生产乌龙茶中数量最多的一种。台湾包种茶品质别具一格，其干茶色泽深绿色，具有兰花清香，冲泡后茶香芬芳，汤色黄绿清澈，回甘力强，具有香、浓、醇、韵、美五大特色，因其具有清香、舒畅的风韵，又被称为清茶。值得一提的是，近几年台湾乌龙茶产业已由依靠资源要素的投入转而开始依托资本和技术要素的投入，以科技带动乌龙茶产业的发展，逐步实现产业的转型。

（二）生产现状及特点

1978 年党的十一届三中全会以后实行农村联产承包责任制，1984 年茶叶购销管理体制的重大变革，以及 2002 年茶叶缓征特产税，接着全面取消农业税，是乌龙茶产业全面快速发展的三个重要节点，特别是 2000 年以来的 8 年间，中国乌龙茶产业的发展发生了根本的、深刻的变化，突出表现在以下 5 个方面。

1. 生产不断发展 长期以来，乌龙茶产区主要集中在福建、广东、台湾三省，2000 年以后扩展到了全国 8 个产茶省、自治区，现在浙江、湖南、广西、贵州、云南也有少量乌龙茶生产，2007 年全国乌龙茶栽培面积已达 12 万公顷。从福建省来看，传统的乌龙茶产区主要在以安溪为中心的闽南产区和以武夷山为中心的闽北产区共 18 个县（市、区），现在全省所有产茶区都有乌龙茶栽培与生产。2007 年有 35 个县（市、区）被国家列为乌龙茶地理标志产品保护区域。随着面积的扩大，乌龙茶产量也逐年增加，1980 年全国乌龙茶产量仅 1.83 万吨，2000 年为 8.7 万吨，此后每年以 8% ～ 10% 的速度递增，到 2007 年达到 14.5 万吨，比 2000 年增加了 66.7%。同时乌龙茶产量占茶叶总产量的比例也由“九五”时期的平均 9.3% 提高到“十五”时期的 10.6%。

2. 对发展农村经济、增加农民收入作用凸显 首先经济效益明显。目前乌龙茶平均价格为 80 元 / 千克，远远高于全国茶叶价格 24 元 / 千克的水平，种植优质乌龙茶，每亩年收入可达 6 000 ～ 8 000 元，好的超过万元。10 年前，安溪农民人均纯收入仅 3 345 元，其中茶叶收入不到三成。10 年后，安溪因茶致富，80 万安溪人从中受益，2006 年安溪农民人均纯收入 5 781 元，其中茶叶收入 3 100 元，占 53.6%。短短十几年间安溪县实现了贫困脱帽、进入福建省经济发展十佳县、跻身于县域经济基本竞争力全国百强县的历史性跨越。可以说乌龙茶创造了安溪县经济发展的奇迹，安溪县成就了乌龙茶的历史辉煌。其次延长产业链，提高附加值。对乌龙茶产品深加工和系列开发，不仅扩大了消费领域，还大大提高了产品附加值，目前仅以乌龙茶为原料的茶饮料销售已达 100 多万吨，销售额达 70 多亿元。第三带动农村二、三产业，增加非农收入。乌龙茶产业的快速发展，极大地带动了包装印刷、机械制造、交通运输、旅游文化、营销品饮等产业的发展，扩大了就业机会，增加了非农收入。据统计，2006 年全国茶叶店、茶艺馆达 5 万多家，销售收入 150 多亿元，提供就业近 100 万人，其中乌龙茶的份额占 12% ～ 15%。

3. 产业化水平日益提高 进入 20 世纪 90 年代后，在政府引导和市场推动的共同作用下，中国乌龙茶产业化得到不断发展，涌现出一大批以私有经济为主、多种成分并存、具有明显区域特征、辐射带动能力强的龙头企业，促进并加快了乌龙茶产业化进程。同时，随着产业化进程的加快，乌龙茶品牌创建也不断跃上新台阶，开发、创新出一大批知名乌龙茶品牌，市场影响力逐步扩大。至目前，福建省乌龙茶企业中有 4 家国家级龙头企业、13 家省级龙头企业，96 家地市级龙头企业，共有 3 个产品获得全国驰名商标、3 个获得全国名牌农产品、19 个获得省级名牌产品、9 个获得地理标志产品。在市场建设方面，福建、广东先后在不同产区建立了 10 多个茶叶市场、乌龙茶专业市场，这些市场的集散、销售、辐射、引导、带动能力不断增强。2001 年建成的“安溪中国茶都”，其功能之齐全、营销总额之大，已成为全国茶叶市场的领军者，2006 年营销总额达 12 亿元。著名的广州南方（芳村）茶叶市场，通过改造，逐步完善基础设施，目前已有 2 000 多家茶商驻点经营，年交易额 15 亿元以上。正在兴建的中国（福安）海峡大茶都，占地 133.33 公顷，总投资 12 亿元，正努力将其打造成全国档次最高、品种最全、管理最为先进的中国茶叶专业市场。

4. 产业科技取得长足进步

（1）优质高效乌龙茶品种得以开发应用。目前生产乌龙茶栽培品种或品系有上百个，其中以福建乌龙茶种质资源最为丰富，栽培品种最多。福建省在对茶树种质资源征集、保存、鉴定、利用的基础上，选育、推广了 26 个适制乌龙茶的省级以上茶树良种。同时在福建还建立了乌龙茶品种资源圃，征集培育了 60 多个乌龙茶品种资源和 200 多份种质与类型，为今后的进一步开发利用与创新打下了良好基础。

（2）栽培加工技术进步明显。茶叶加工机械的开发与利用，使茶叶加工由原来的全手工发展到现在的半机械化、机械化生产，使乌龙茶产品品质得以较大提高和稳定；通过对乌龙茶传统工艺的改进与创新，开发出清香型闽南乌龙茶与轻火型闽北乌龙茶，形成了独特风格，满足了市场需求。近 10 年来共制（修）定各类乌龙茶标准 50 多个，将先进的科学技术与成熟的经验进行组装配套，达到高产、优质、高效的目的。

（3）产品卫生质量水平不断提高。从 20 世纪 90 年代中后期开始，中国乌龙茶致力发展无公害、绿色、有机茶叶，并把其贯穿于生产、加工全过程。通过建立、健全植保防控体系，加强对茶农的培训，建立茶叶质量检测体系，提升了乌龙茶的卫生质量水平。至目前，福建省共有 23 个乌龙茶产品获得无公害认证、31 个获得绿色食品认证、49 个获得有机茶认证。

（4）对乌龙茶的内含生化成分及药用保健机理研究取得较大进展。以铁观音为突破口，对乌龙茶的内含生化成分分析、研究取得较大进展，在此基础上，初步探明了乌龙茶的品质形成的生化原理，为指导生产实践提供重要理论依据。同时对乌龙茶特殊的药用保健功能及机理也开展了全面系统研究。研究表明，乌龙茶除具抗肿瘤、抗辐射、减少自由基等作用外，还具有降低血脂、预防蛀牙、延缓衰老及抗炎症、减肥等良好功效，这些成效的取得对消费者提高对乌龙茶药用价值的认识，加快对乌龙茶的深度、系列开发发挥了积极作用。

5. 海峡两岸合作成果瞩目 改革开放后，中国内地乌龙茶的发展过程始终与海峡两岸茶叶合作联系在一起。特别是近 20 年来，闽台乌龙茶合作与交流成果瞩目，福建省共引进台湾省茶树品种金萱、翠玉、四季春、软枝乌龙等 10 多个。总计有 213 家台商在福建创办各类茶叶生产基地，其中漳平永福的台湾农民创业园，共有 24 家台商企业投资 1 亿多元，垦殖 1 466.67 公顷茶园，2006 年产茶 110 吨，产值 2 300 多万元。台湾的资本、技术、市场营销、管理经验、销售网络等现代农业生产要素与福建的土地、劳动力、生态环境等的有机结合，实现了两地资源的优势互补，闽台乌龙茶产业的合作已经成为海峡两岸农业合作与交流的成功典范。

中国乌龙茶产业发展虽然取得令人瞩目的成就，但在产业发展中也存在一些不足之处，主要是产业的快速发展与合理利用资源、实现环境友好方面的矛盾；以家庭经营为主的组织方式与现代农业所要求的规模化、集约化之间的矛盾；现有的产品品种结构与国内外市场对产品多样化、优质化需求结构之间的矛盾。

中国黑茶生产与加工

云南省农业厅副厅长　汤克仁

黑茶为中国特有的传统茶类，是六大茶类之一。黑茶在加工过程中经过长时间的渥堆发酵，茶的叶色转化为黑褐色或黑色，故称黑茶。

黑茶是中国边疆少数民族日常生活的必需品，在新疆、西藏、内蒙古等边疆地区，素有“宁可三日无食，不可一日无茶”、“无茶则病”之说。饮茶对于他们具有特别的意义，因为他们的饮食以高蛋白、高脂肪的牛羊肉和奶类等不易消化的食物为主，需饮用浓茶帮助消食，加之较少食用新鲜蔬菜和水果，人体所需的某些营养成分需从茶中得到补充。

（一）发展历史

据历史文献记载，黑茶生产至今已有 1 700 多年的历史。三国时期，云南普洱府境内已开始种茶，到唐代茶叶已成为主要商品。茶叶产自普洱府辖区，并在当时的云南南部经济文化中心进行交易，因此，来自这里的茶叶被称之为“普洱茶”。在古代，由于茶叶的包装、仓储条件的限制，用天然的竹箬（竹笋壳）和竹筐包装，密封性差，加之没有公路，没有汽车，交通不便，茶叶的运输只能依靠人背马驮。为减少体积，将茶叶蒸压成饼，经过长途跋涉，日晒雨淋，茶叶逐渐地进行了自然后发酵，成为陈化普洱茶。清代普洱茶岁岁入贡朝廷，闻名遐迩，成为华茶之名品。据史书记载，早在11世纪就有黑茶，即北宋熙宁年间（1074）就有用绿毛茶做色变黑的记载。虽然当时是由绿茶改制（做色）而成的，但其品质较接近后来的黑茶品质。16世纪末期（1585），湖南黑茶兴起。据记载，湖南黑茶始产于安化，清代光绪年间安化黑茶产量已达到7 000～7 500吨。之后，由于帝国主义列强的侵略，中国经济衰退，中国茶叶及其黑茶生产随之下滑。1886—1949年是中国茶叶生产的衰落时期，从发展高峰一落千丈，1940—1949年黑茶平均年产量仅3 000吨左右。

1949年中华人民共和国成立后，中央人民政府十分重视边疆少数民族同胞所需物资的供应，为确保茶叶的供应，大力发展茶叶生产，并下达"边销茶"指令性的产销计划，专门满足边疆少数民族地区的茶叶需求。经过多年的努力，黑茶产业得到了较大的发展。20世纪80年代初至90年代末，黑茶年产量达到了5万吨左右，除了满足中国边疆少数民族地区的需要外，还有一部分供出口和国内其他地区消费。

历史上的普洱茶，是用晒青绿茶压制成各种规格的紧压茶（主要是七子饼茶），经长时间的自然后发酵成为陈化普洱茶。1973年为适应国际市场对普洱茶的需要，云南茶叶进出口公司在昆明茶厂用晒青绿茶进行人工促成后发酵和陈化处理，所形成的茶叶品质与陈年普洱茶相似，因此称之为人工后发酵普洱茶和熟茶，以后在全省大叶种茶区推广。

（二）生产现状

黑茶主要产于湖南、四川、湖北、广西和云南等省、自治区。黑茶按地域分布，主要分为湖南黑茶、四川黑茶、湖北黑茶、广西黑茶及云南普洱茶。2001年全国黑茶年生产量约5万吨。占全国茶叶总产量的6.4%。其中，以湖南省最多，约2.2万吨，占全国黑茶总产量的45%；四川省1万吨，云南省1万吨，湖北省0.6万吨，广西等地0.2万吨。

近年来，随着社会经济的快速发展，人们生活水平不断提高，对普洱茶有益健康的认识与实践，需求扩大，在普洱茶快速发展的同时，带动了整个黑茶产业的发展。2007年全国黑茶年产量达到了17万吨左右，占全国茶叶总产量的15.5%，比2001年增加了12万吨，增长2.4倍。其中，云南生产的普洱茶产量达到了9.9万吨，增长8.9倍，占全国黑茶总产量的58.2%。

黑茶作为边销茶的主流产品，主要销往新疆、西藏、内蒙古、四川、甘肃、青海、宁夏、云南等省、自治区。各地对黑茶的需求也不尽相同。如湖南的茯砖、花砖、黑砖、青砖、花卷等产品主销新疆、青海、甘肃、宁夏、内蒙古等省、自治区，少量出口；湖北的老青砖主销内蒙古；四川的康砖、金尖销往西藏和青海，茯砖和方包销往新疆、青海、甘肃等省、自治区；作为边销茶的云南普洱茶销往西藏、新疆和内蒙古等省、自治区，大量的普洱茶销往广东、上海、北京、香港和台湾等全国各地。

（三）加工工艺与品质特征

不同的原料（茶树品种、产地、鲜叶等级、采摘季节等）形成不同的黑茶品质。不同的加工工艺生产的黑茶品质特征也有一定的差异。

1. 黑茶的加工工艺 黑茶的基本加工工艺可分为两类。

（1）湖南、四川等省、自治区黑茶的基本加工工艺。湖南、四川、湖北和广西等省、自治区的黑茶初加工的基本工艺流程为：中小叶种鲜叶经杀青、揉捻、渥堆、干燥（烘烤或日晒）等四道工序加工成为黑毛茶。黑茶与绿茶初加工方法（绿茶初制工艺：杀青、揉捻、干燥）有类似之处，不同之处是黑茶增加了"渥堆"工序。渥堆是把揉捻后的叶子，进行保温保湿渥堆到一定的程度。不同的地方加工工艺不尽相同，但基本原理是一致的，如湖南黑毛茶和广西六堡茶经杀青、初揉、渥堆、复揉、干燥等五道工序而制成，增加了一道"复揉"工序。

黑毛茶经过精加工或再加工后成为成品黑茶。黑茶的成品茶按外形分有紧压茶和散茶，大多数是通过蒸压制成不同形状、不同大小的紧压茶，如砖形、饼形等，多数为砖形。因产地和产品特征等因素的不同，黑茶的花色品种很多，主要有：湖南生产的湘尖、茯砖、黑砖、花砖、花卷，四川生产的康砖、茯砖、金尖和方包，湖北生产的老青砖等。

（2）普洱茶的基本加工工艺。普洱茶是指以符合地理标志保护范围内（北纬21°08′～25°43′，东经97°30′～105°38′的区域）的云南大叶种晒青绿茶为原料，按特定的加工工艺生产，具有独特品质特征的茶叶。普洱茶分为青茶（生茶）和熟茶两大类。熟茶又分散茶和紧压茶两大类。普洱茶的基本加工分为初加工和再加工两个阶段。

①初加工工艺：云南大叶种鲜叶经过杀青、揉捻、日光干燥后成为云南大叶种晒青绿茶（毛茶）。

②再加工工艺包括：

普洱青茶加工工艺。云南大叶种晒青绿茶经过精制加工（筛分、风选、除杂、分级、拼配等工序）后，进行蒸热和压制成所需要的产品形状（如饼茶、砖茶、沱茶等）。

普洱熟茶加工工艺。有以下两种：

普洱散茶：云南大叶种晒青绿茶经过渥堆（微生物后发酵）、干燥，精制加工后，成为普洱散茶（熟茶）。

普洱紧压茶：将普洱散茶（熟茶）进行蒸热和压制成所需要的产品形状（如饼茶、砖茶、沱茶等）。

（3）普洱茶的主要产品。普洱青茶有七子饼茶（青饼)、沱茶(青沱)、砖茶(青砖)等不同形状的产品。普洱熟茶：紧压茶有七子饼茶(熟饼)、沱茶(熟沱)、砖茶(熟砖)、方茶和圆茶等不同形状的产品;散茶有特级、一级、三级、五级、七级和九级等不同级别。

2. 黑茶的品质特征

(1) 湖南、四川、湖北等省黑茶的品质特征。干茶外形色泽黑褐,汤色橙黄,叶底黄褐,香味醇厚,滋味醇和。这些区域的黑茶采用中小叶种茶树鲜叶为原料，茶多酚、儿茶素和水浸出物等含量较低，因此滋味较为醇和。

(2) 普洱茶的品质特征。青茶的品质特征为：外形色泽墨绿，汤色绿黄清亮，香气清纯，滋味浓强甘醇,叶底肥厚黄绿。熟茶的品质特征为:外形色泽红褐，汤色红浓明亮，香气独特陈香，滋味醇厚回甘，叶底红褐。

云南大叶种茶树品种对形成普洱茶独特的品质风格有重要作用，所含的茶多酚、儿茶素、咖啡碱、茶氨酸和水浸出物含量都高于中小叶种茶树。因此，茶树品种对普洱茶产品的形成极为关键，尤其对形成普洱茶的汤色红浓明亮、滋味醇厚回甘及独特香气——陈香的品质特征极为关键。

普洱茶(熟茶)由于经过了微生物“后发酵”等工序，因此其内含成分与红茶、绿茶有很大差异，主要表现为茶多酚和儿茶素类化合物明显下降，茶黄素和茶红素的含量也不高，但形成了许多特异的香气成分及茶多酚氧化产物，从而构成了独特的品质特征。

过去，由于茶叶供不应求，黑茶大都采用粗老的原料加工，“黑茶”给人们的印象是粗老茶、低档茶。由于茶叶生产发展，茶叶的供求关系逐步平衡，加之人们生活水平的提高，对茶叶品质的要求越来越高，近年来，黑茶生产采用的原料正在向细嫩的高档原料方向发展，加工技术在不断地改进，产品品质逐渐提高。黑茶已经不是粗老茶、低档茶的概念了。

(四)黑茶的保健功效

黑茶具有特殊的保健功效。如普洱茶特殊的药效早在许多古籍中有记载,如清代赵学敏《本草纲目拾遗》云：“普洱茶生性温和……味苦性刻，解油腻牛羊毒，虚人禁用。苦涩。逐痰下气，刮肠通泄。普洱茶膏黑如漆，醒酒第一，绿色者更佳。消食化痰，清胃生津，功力尤大也。”“普洱茶膏能治百病。如肚胀、受寒，用茶汤发散，出汗即可愈。口破,喉嗓受热疼痛,用五分噙口过夜即愈。”这是对普洱茶药用功效的较早记载。

1978年法国圣安东尼医学考察团到内蒙古、新疆一带考察时，发现游牧民族三餐以肉为主食，经抽取血液化验时其血液中所含胆固醇、三酸甘油酯都低于正常人之标准而大为惊讶，因而把他们日常饮用的普洱茶带回巴黎进行临床实验。人体临床实验证明，普洱茶对40%以上的人有不同程度的减肥效果，其中50岁以上者更为显著，而对人体三酸甘油酯的影响更明显，有30%的人降低了胆固醇。

饮用普洱茶具有解油腻、消食、暖胃、化痰生津、促进脂肪新陈代谢；降低人体所含三酸甘油酯、胆固醇、血尿酸、预防心血管疾病;降血压、降血脂、减肥;抗衰老、抗辐射、减烟毒、醒酒解毒等功效，且长期饮用无副作用。这些保健功效得到了中外医学机构和专家的临床实验证明。

(五)黑茶的发展前景

茶叶已经成为中国茶区农民脱贫致富的主导产业。在党和国家建设社会主义新农村的重大历史进程中，茶叶产业居于突出的地位。茶区人民需要发展茶业。茶叶是茶区不可替代的产业，广大茶农和茶叶企业发展茶业的积极性较高。茶区各级政府十分重视黑茶产业的发展，如云南省人民政府为推动边疆少数民族贫困山区农民脱贫致富，把茶叶产业纳入社会主义新农村建设的议事日程，明确提出今后的发展目标：力争到2010年，茶叶总产量达20万吨，其中普洱茶13万吨，使茶叶产业成为主产区农民增收和财政增长的支柱产业。

发展黑茶有利于推动地方经济发展，有利于广大消费者的身体健康。今后，在推广高产优质茶园栽培技术、提高茶园管理水平和充分发扬优良传统技术的同时，加大研发力度，形成传统工艺与现代先进技术相结合的现代黑茶生产技术，实行标准化生产，严把质量关，规范市场，加强监管，黑茶产业将会不断发展壮大。

中国红茶生产发展概况

广东省农业科学院副院长　陈　栋
中国农业科学院茶叶研究所副编审　翁　蔚

红茶，是中国六大茶类中最具影响力的茶类之一。中国也是世界上最早生产和饮用红茶的国家。早在明代初期(1311—1375)就有生产红茶的记载(刘基,字伯温,《多能鄙事》:“兰膏红茶”、“酥签红茶”);17世纪初，福建省武夷山已盛产小种红茶。1610年，荷兰东印度公司首次将中国小种红茶(souchong)——武夷(Bohea)运往荷兰，1618年和1650年又相继将中国红茶运往英国、西欧和北美等国家，从此，中国的红茶文化及其生产技术打开了向世界传播的大门，激发了19世纪中叶以后世界红茶生产、贸易与消费的蓬勃发展，也使红茶成为西欧、北美和俄国等发达国家人民最时尚的健康饮料。

（一）中国红茶生产的基本情况概述

1. 世界历史地位与发展历程 早在1 500年以前，中国红茶就从陆上“丝绸之路”销往国外。17世纪初，中国武夷红茶首次从海上运往欧洲。公元1684年开放海禁，开通了从广州通往欧洲的海上“丝绸之路”，大大拓展了中国茶叶向世界传播的渠道，促进了中国红茶生产和贸易的发展。1842年鸦片战争，中国政府被迫签订了《南京条约》，实行五口通商，更进一步地打开了中国对外开放的大门，促使中国红茶生产和贸易进入了前所未有的鼎盛时期。据史料记载，中国茶叶出口从1843年的8 048吨剧增到1886年的13.40万吨（主要是红茶），连续43年年均增长36.40%。1886年的茶叶出口量约占当时世界茶叶贸易总量的82%，出口创汇占当时全国各类出口商品创汇总额的60%，是旧中国茶叶出口的最高记录。自此之后，由于政局多变、战火连燃、经济衰退、民不聊生，更加之两次世界大战爆发和印度、斯里兰卡等国家红茶生产和贸易的崛起，使中国红茶产销每况愈下，一蹶不振。中国茶叶产量占世界茶叶总产量的比例，从1896年的42.1%下降到了1920年的6.5%。1949年中华人民共和国成立后，中国红茶伴随着中国茶业政策、体制和科技的不断改良进步而得到快速恢复和发展，在世界茶坛上逐步开创了新的历史篇章。1984年，中国茶叶出口总量首次超越1886年的历史最高记录，达到13.93万吨，创汇2.97亿美元，其中红茶7.23万吨、1.49亿美元。到1989年，中国茶叶出口总量突破20万吨大关，2005年又突破创汇5亿美元，2007年出口达到28.94万吨、6.07亿美元，跃居世界第二茶叶出口大国。其中，中国红茶出口量于1988年突破10万吨大关（以红碎茶为主，约90%），创下了中华人民共和国成立后的最高水平。到2007年，中国茶园面积、茶叶总产量达到161万公顷、116万吨，分别比1950年16.95万公顷、6.22万吨增长8.5倍和17.6倍。其中，中国红茶总产量由1950年约0.3万吨也剧增到1989年约13.13万吨后，又下调到2007年的5.32万吨，分别为1950年的43.8倍和17.7倍；红茶占各类茶的比重由20世纪80年代（1980—1986)的20.1%左右急降到21世纪(2000—2007)的5.6%。

2. 分布区域及其气候条件 中国红茶生产区域东起浙江省宁波市舟山群岛和台湾省东岸，西至云南省腾冲市盈江茶区，南起海南省五指山区南麓的通什茶场，北至湖北神农架以南的茶区；分布范围大致为北纬21° 18′～31° 30′，东经122° 12′～95° 30′；地跨中国华南、江南茶区全部，西南茶区大部和江北茶区少部，涉及海南、广东、广西、云南、四川、重庆、湖北、湖南、江西、福建、浙江、安徽、江苏、台湾等14个省、自治区、直辖市。

中国红茶产区的地域分布广阔、地理条件复杂，气候条件多样，造就了各具特色的红茶品种和生产区域。

（1）乔木和小（半）乔木型大叶品种红茶产区。主要分布在华南茶区（包括海南、广东、广西）和西南茶区南部（云南省和四川、贵州省南部）的中热带和南亚热带气候区，年均气温18～20℃，≥10℃以上活动积温6 000～6 500℃，年均降水量1 000～1 500毫米，无霜期300～365天，最适宜栽种大叶红茶品种，是中国第一、二套样出口红碎茶和大叶种工夫红茶的主产地。这是中国最优秀的红碎茶和创新名茶主产区，代表产品有滇红、英德红茶、海南CTC红碎茶和高香型金毫茶等。

（2）以小（半）乔木型中叶品种为主的红茶产区。主要分布于西南茶区中部和江南茶区中南部的中亚热带季风气候区，年均气温15.5～17.0℃，极端最低气温-8℃，≥10℃以上活动积温5 500℃以上，年降水量1 000～1 400毫米，无霜期230～280天，山脉延续，海拔较高，土壤pH5.0～5.5，有机质丰富，是中国传统工夫红茶和第三套样出口红碎茶的主产地。该地区最著名的红茶有安徽省的祁门红茶、福建省的正山小种、江西省的宁红工夫和湖南省的湖红工夫红茶等。

（3）灌木型小叶品种红茶产区。分布于气候比较寒冷的江南、西南茶区北部和江北茶区，是中国小叶种工夫红茶和第四套样出口红碎茶的主产地，其最出名的红茶有宜红工夫、川红工夫和越红工夫。

3. 种类、品质特点及其生产规模 根据茶叶的外形和品质特征不同，中国红茶可划分为小种红茶、工夫红茶和红碎茶三大类。前两者因初精加工费时，工艺复杂，故名曰“工夫”，其外形是条索状的，又曰“条红茶（红条茶）”；后者外形为细小的颗粒状或片、末状。1988年，中国红茶总产量11.43万吨，其中红碎茶约10万吨，工夫红茶和小种红茶近2万吨，前者主要用于出口，后者主要用于内销。到2007年，由于绿茶、乌龙茶和特种茶价高好销，中国红茶产量调整到5.32万吨，其中出口红碎茶3万余吨，内销工夫红茶和小种红茶1.5万吨。各类红茶的品质特点和生产规模简介如下。

（1）小种红茶。小种红茶17世纪初原产于福建省崇安县星村乡桐木关一带，故又称“桐木关小种”或“星村小种”；有正山小种和山外小种之分。产自武夷山北段星村乡的条索状红茶称为“正山小种”，其外形条索肥实，色泽乌润，茶汤红浓，香气高长带松烟香，滋味醇厚，有桂圆韵味；而产自政和、坦洋、北岭、屏南、古田、沙县和江西省铅山等地的小种红茶，质量稍次，统称“外山小种”或“人工小种”。19世纪70年代，小种红茶年产量1 200吨，远销欧美市场；1949年几乎绝迹；20世纪50年代恢复生产，目前年产量1 000～1 500吨。

（2）工夫红茶。工夫红茶和小种红茶一样，是中国特有和世界最早的红茶花色，也是中国的传统出口商品，在鸦片战争以前，几乎垄断了世界红茶市场的贸易。中国有20个省、自治区、直辖市产茶，其中有14个先后生产工夫红茶。按照产地来分，中国工夫红茶可划分为祁门工夫（含浮梁工夫、霍山工夫）、滇红工夫、粤红工夫（英德、鹤山工夫）、宁红工夫、宜红工夫（含石门工夫）、川红工夫（含黔红工夫）、湖红工夫、闽红工夫（坦洋、白琳、政和工夫）、越红工夫、台湾工夫和江苏工夫等；按制作工夫红茶的鲜叶原料不同，又可分为大叶工夫红茶和小叶工夫红茶两种。大叶工夫红茶以乔木和小（半）乔木大叶种茶树鲜叶为原料加工而成，又称红叶工夫，以滇红工夫和粤红工夫为代表；而小叶工夫红茶以小乔木和灌木型中小叶种茶树鲜叶为主要原料制作而成，因其干茶色泽乌润，又称黑叶工夫，以祁门工夫和宜红工夫为代表。

中国工夫红茶商品共分7个等级，其中滇红工夫和祁门工夫分1～7个等级，其他工夫红茶只生产2～7级。据统计，1840—1895年间，中国工夫红茶年产销约5万吨左右，目前不足2万吨。

工夫红茶因茶树品种、地域条件和加工方法有所不同而品质各具特色。一般而言，黑叶工夫红茶外形条索紧秀或紧结肥壮、锋苗好，色泽乌润，其中祁门工夫干茶泛灰色宝光，宁红工夫紧结圆直略显红筋，宜红工夫、川红工夫和闽红工夫条索紧结肥壮或紧细，有金毫；内质汤色红亮，香气甜醇高长，滋味醇厚，其中祁门工夫蜜香浓郁高长，蕴藏有兰花香韵，回味隽永，因其独特的祁门香，与印度大吉岭茶、斯里兰卡乌伐季节茶并列为世界公认的三大高香红茶；川红工夫因其内质香气清鲜带糖香，1979年川红名茶珍品——早白尖每吨出口价7 320美元，创下中国红茶出口价格的最高记录。而红叶工夫红茶一般外形紧结肥硕（壮），干茶色泽乌润，金毫特显，汤色红艳明亮，香气鲜郁高长，滋味浓厚鲜爽，有甜韵、富刺激性，叶底红匀嫩亮，为中国工夫红茶的后起之秀。20世纪90年代，由广东省英德最早创制和云南省21世纪初制作的名优工夫红茶——金毫茶，为中国工夫红茶中的精品，其外形紧结肥硕匀齐，金毫满披，汤色铜红明亮，毫香花韵细长持久，滋味浓厚有奶香或山韵，叶底铜红嫩亮。制作金毫红茶，以英红九号、仁化白毛和云抗系列无性系大叶良种为最佳，采摘标准一般为一芽一叶到一芽二叶初展。目前，中国高香型名优工夫红茶（含金毫茶）年产量约2 000吨，市场售价是出口红碎茶的30倍左右，以内销为主。

（3）红碎茶。早在鸦片战争以前，在中国广东鹤山等红茶产区，就将工夫红茶切成碎短条和片末状，经筛分后的产品从广州出口欧洲，这是中国最早的红碎茶。中国直接利用茶树鲜叶加工红碎茶则始于1958年，至今只有50年历史。目前，红碎茶仍是国际茶叶市场的大宗产品，占世界茶叶总出口量的比重从20世纪70年代的90%逐步下降到目前约70%，中国则由20%左右下降到不足6%。

红碎茶制法分为传统制法和非传统制法两类。非传统制法又分为转子（洛托凡，Rotorvane）制法、CTC制法、莱格制法和LTP制法等。各类制法的红碎茶品质风格各异，但花色分类及其外形规格标准则基本一致，共分为叶茶、碎茶、片茶、末茶4种花色规格。其中叶茶是传统制法红碎茶的一种，外形呈短条状，要求条索紧结，颖长，匀齐，色泽纯润，有金毫（少金毫或无金毫），汤色红艳或红亮，滋味鲜浓有刺激性；碎茶外形呈颗粒状，要求颗粒重实匀齐，含毫或无毫，色泽乌润，汤色红浓，滋味鲜爽浓强；片茶外形呈木耳形片状，要求尚重实匀齐，汤红亮，香气浓爽；末茶外形呈沙粒状，要求重实匀齐，色乌润，汤色红浓稍暗，香气浓强，味微涩。以上4种，叶茶中不能含碎片茶，碎茶中不含片末茶，末茶中不含茶灰，规格清楚，要求严格。

中国红碎茶1958年在湖南安化采用传统制法试制一举成功。1964年分别在云南勐海、广东英德、四川新胜、湖北芭蕉、湖南瓮江、江苏芙蓉6个茶场（厂）布点，开始大规模试制，同时开展红碎茶专用机械、制造技术、品质规格等技术研究，为中国发展红碎茶生产奠定了坚实的基础。1967年，外贸部根据国际市场对红碎茶品质规格的要求，结合中国广大茶区的具体情况，制定并颁发了4套红碎茶加工统一标准样，供各地区对照标准加工和验收之用。第一套样适用于云南省采用云南大叶种生产的红碎茶，计17个花色，设17个标准样；第二套样适用于广东、广西和四川南部等地的大叶种红碎茶，共计11个花色，设11个标准样；第三套样适用于贵州、四川、湖北、湖南部分地区中小叶种制成的红碎茶，共计19个花色，设19个标准样；第四套样适用于浙江、江苏、湖南等小叶种生产的红碎茶，共计16个花色，设16个标准样。1980年，中国土畜产进出口总公司根据出口需要和国内转子、CTC制法的发展所引起品质上的变化，在维持原有品质水平的基础上，对4套样进行了简化改革，第一套样由17个改为8个标准样；第二套样由11个改为7个标准样；第三套样由19个改为7个标准样；第四套样由16个改为6个标准样。1982年海南定安县南海茶厂首次引进CTC成套加工生产线，正式生产CTC红碎茶。20世纪70年代末到80年代中，中国广东省粤西农垦局和海南农垦局开始研究CTC成套加工机械，并投放使用，年产CTC红碎茶约3 000吨。1980年湖南瓮江和广西百色采用LTP设备试制红碎茶，因存在色泽不润等缺点而未被推广。

50多年来，中国红碎茶生产迅速发展，1988—1990年，年产红碎茶约10万吨，目前保持每年3万～4万吨不等。传统制法红碎茶，颗粒紧实呈短条状，色泽乌黑油润，内质汤色红浓，香味浓度好，叶底红匀。该类产品外形美观，但因内质香味刺激性较小，成本较高，品质难以提高，故在中国仅在很少地区生产。

转子红碎茶于20世纪70年代先后在广东英德、江苏芙蓉等地率先研制成功。英德茶机厂仿照洛托凡机械研制出中国第一批转子机及转子红碎茶。该法所制的红碎茶，亦分为叶茶、碎茶、片茶、末茶四类产品。其中碎茶外形紧卷呈颗粒状，重实匀齐，色泽乌润或棕黑油润，内质汤色浓亮，香味浓、较鲜，具有较强的刺激性，叶底匀齐红亮。转子红碎茶除具有外形美观和色泽乌润的优点外，内质浓强度较传统红碎茶好，而且成本较低。广东英德利用转子机生产的秋香红碎茶，花香浓郁细长，滋味鲜爽，曾得到英国女王的高度赞扬。现在，中国大部分红碎茶厂都按此法生产。

此外，20世纪80年代后期以来，中国研制开发了一系列的创新红茶，如花香型金毫茶、奶香型高级红茶、荔枝红茶、无咖啡碱红茶、速溶红茶和调味型红茶饮料等，深受国内消费者的青睐。

（二）红茶产量及其比重的变化趋势

从1886年中国红茶创造了历史的辉煌之后，便开始逐步走向衰落，到1949年跌至历史最低谷。从1950年开始，中国茶业又进入了一个新的恢复和发展时期，茶园面积从16.95万公顷发展到2007年161万公顷，增长8.5倍；茶叶总产量由6.22万吨增加到116万吨，增长17.6倍；但是，中国红茶的产量并没有呈现持续增长的趋势，而是表现为头38年（1950—1988）呈现快速同步增长趋势，年均增长31.90%，于1989年达到13.13万吨历史新高后，随即逐年大幅度下降；1988—2007年间年均减产5.7%；与此同时，红茶产量占全国各类茶叶总产量的比重也表现“低—高—低”的变化趋势，其中：1950—1988年红茶比重年均增长0.2个百分点，而1989—2007年则年均减少1.8个百分点。总的趋势是，随着中国各类茶叶产量的逐年快速增长，中国红茶的绝对产量和相对产量均呈现出先同步增长而后逐年减少的趋势，在过去的57年里，仅年均增长9.54%，比茶叶总产量的增长少了近19个百分点。究其原因，主要是外销红茶价格低迷、内销市场快速增长和绿茶、乌龙茶、白茶、黑茶、花茶等茶类价格走俏，供不应求，使原红茶主产地大幅度转产茶类所致。

中国茶叶加工及深加工概况

中国农业科学院茶叶研究所副所长　江用文

中国是茶叶的故乡，是世界上最早栽培茶树、加工和饮用茶叶的国家。据茶史专家们考证，相传远在4 700多年前的神农氏时期，我们的祖先就已经发现茶的药用价值，即“神农尝百草”之说。茶叶作为饮品，最初是直接嚼食鲜叶，周代出现将鲜叶晒成干茶的饮用方式，并持续了大约900年。从魏代开始人们学会了制作团茶，使得原生晒茶的涩味、青草气和淡味得到了极大改善，这个时期大约持续了1 000年。公元1391年，中国茶叶制作技术进入新的阶段，形状上由汽蒸的团饼茶转变为自然加工的散茶。以不“发酵”的绿茶为基础，黄茶、黑茶、白茶、红茶、乌龙茶以及花茶等再加工茶相继创造出来。

近代随着生活水平的提高以及生活节奏的加快，人们对茶叶产品的要求在保持传统风味的基础上，逐渐向方便化、液态化、保健化方向发展。伴随新技术、新设备的迅猛发展，大量茶叶新产品如高茶氨酸及γ-氨基丁酸茶、低咖啡因和脱咖啡因茶、超细微茶粉、茶酒以及深加工产品如速溶茶、茶多酚片剂和胶囊、茶饮料、茶食品等不断涌现，从而呈现出饮茶与“吃”茶并存的局面。

（一）中国茶叶加工产业的现状

1. 茶叶产品结构　近年来，中国茶叶加工业以市场为导向，产品结构不断调整优化，有资源比较优势和市场竞争力的产品发展迅速。

绿茶：优势地位进一步稳固，产品档次进一步提高。2006年产量达到76.4万吨，比2005年增长10.6%，占茶叶总产量的74.3%，位居第一。其中，名优绿茶产量达到39.2万吨，比2005年增长41.3%，占绿茶总产量的一半。

乌龙茶：保持稳步发展。2006年产量11.6万吨，比2005年增长11.5%，占茶叶总产量的11.3%，保持第二。

普洱茶（黑茶类）：发展迅速。2006年产量8万吨，比2005年增长29%，占茶叶总产量的7.78%，跃居第三。

红茶：受出口效益下降的影响，处于停滞状态。2006年产量4.8万吨，与2005年基本持平，仅占茶叶总产量的4.67%。

茉莉花茶（再加工茶类）：2006年由于茉莉花产区气候异常，茉莉花产量比2005年下降了10%，2006年茉莉花茶产量约为8万吨。

茶叶深加工产品：包括茶饮料、速溶茶、茶多酚等。近年来，茶叶深加工由前两年快速发展转变为稳步发展。2006年，茶饮料生产量达到500万吨，产值200亿元；茶多酚生产量约为2 000吨，产值约5亿元。深加工用茶由2000年的3万吨增加到2006年的6万吨，约占茶叶总产量的6%。

2. 茶叶加工企业规模 目前全国有茶叶初制加工厂6.7万家，平均每个加工厂的年加工能力约15吨；茶叶精制加工厂有1 100多家，平均每个精制加工厂的生产规模约500吨；有专业茶业机械制造厂100余家，其中省级定点茶业机械专业生产厂30多家；还有数十家茶叶深加工企业。据抽样调查，在中国茶叶企业中年销售额在1 000万元以上的企业只占20%，其中5 000万元以上的企业仅占4%。

近年来，茶叶加工企业受以下因素影响开始呈现数量减少、规模扩大的趋势。第一，在政府政策引导下，一些经营业绩较好的企业主动整合、兼并，使加工企业规模扩大；第二，实施QS认证，使一部分条件简陋的茶叶加工厂被淘汰；第三，茶叶企业引进外来资金，扩大生产能力；第四，其他行业的企业投资茶产业。

茶叶龙头企业不断发展壮大。有8家企业入选国家级农业产业化龙头企业。各茶叶主产省也涌现出一批省级农业产业化龙头企业，据对浙江、福建、四川、云南、湖北、湖南、安徽等重点产茶省调查，有省级农业产业化龙头企业67家。

茶叶深加工企业集聚度进一步提高。全国有茶饮料、速溶茶、茶多酚生产企业近40家，其中生产茶饮料的大中型企业有15家，康师傅、统一、娃哈哈三大企业占主导地位，其销售额占整个行业的1/3。同时，世界著名食品饮料公司百事可乐、可口可乐、雀巢等也进入了中国茶饮料市场。茶叶提取物加工企业已达到40多家，主要分布在浙江、江苏、湖南、安徽和四川省，国外企业如日本太阳化学株式会社、日本三井农林株式会社、诺和诺德公司等在中国投资从事茶天然产物的制备。

（二）茶叶加工技术水平

近年来，中国以茶叶质量为中心，在茶叶加工过程中，不断采用新工艺、新技术，各类茶叶加工的环境和加工条件不断获得改善，茶叶加工机械化明显加快。

1. 茶叶加工工艺和技术的进步 近年来，绿茶加工技术攻克的重点放在提高绿茶色泽绿润、香高味醇。绿茶加工技术的创新，首先从鲜叶管理开始，优化鲜叶摊放的条件，包括温度、湿度、摊放时间，使鲜叶的失水速率可控，为绿茶加工提供良好的鲜叶原料。杀青技术改进，一是引进、消化和吸收日本的蒸汽杀青技术及设备。由于蒸汽穿透能力强，杀青彻底，有利于改进绿茶的色泽。二是研制出热风杀青和汽热杀青技术，不仅使酶活性钝化彻底，而且杀青叶香气良好。三是研制微波杀青技术。蒸汽杀青、热风杀青和汽热杀青技术已在茶叶加工中较普遍应用，微波杀青作为传统杀青的辅助杀青，在茶叶加工中开始示范推广。揉捻工序主要创新是使揉捻机的自动进叶、出叶、加压、减压和揉捻时间等实现自动控制。干燥工序重点是提高绿茶的香气，将远红外线技术、焙干提香技术应用于绿茶，收到良好效果。

中国细嫩绿茶（名优绿茶）外形要求严格，做形作业历来依赖人工。改革开放以来，随着人们生活水平的提高，名优绿茶生产发展很快，于是做形技术和设备的研究速度加快，先后研制出理条机、扁形茶炒制机、曲毫形茶炒制机、针形茶炒制机等机械。

乌龙茶具有花香浓郁、滋味醇厚的品质特点，传统乌龙茶的叶底具有“绿叶红镶边”的特色。近年来，根据市场需求的变化，乌龙茶的加工逐渐向轻发酵方向发展。做青是形成乌龙茶风格的关键工序，采用空调做青技术，使做青在控温、控湿状态下进行作业，从而使做青质量处于可控状态，显著提高了乌龙茶的加工质量。

中国红茶加工，近年来已采用了可控式供氧发酵、流化床式烘干和烘干机输送带供热干燥等技术，从而使红茶加工品质显著提高。

白茶同样是中国的特有茶类。白茶萎凋以往是采用晒青的方式，由于茶季雨水较多，白茶加工质量往往难于保证，近年来开发的可控式白茶萎凋系统，使白茶的萎凋可在室内进行，各项萎凋技术指标实现自控，加之干燥工序也适当应用了机械，保证了白茶的加工品质。

黑茶是一种靠湿热作用后发酵的茶类，被用做紧压茶的原料茶，渥堆是黑茶加工的关键工序。普洱茶是黑茶中一种重要产品，普洱茶晒青和渥堆的条件现已获得显著改善。首先，把晒场、渥堆场所的清洁化作为普洱茶技术改革的重点，使加工条件符合食品卫生的要求。其次渥堆温度、湿度和喷水等初步实现自控，机械翻堆也在加紧研究中。

花茶加工技术也取得明显进步，主要表现在：一是采用连续湿窨技术。以往，茶坯每次窨花后，均要进行烘干后再窨。通过研究，发现在茶坯含有一定水分状态下，花香吸收更好，故在窨花过程中，适当减少窨花后的烘干次数，可提高花茶产品的香气并可节约鲜花用量。二是发明了隔离窨花技术，即在窨花作业中，茶坯和鲜花不再混合，而分别置于不同的密闭容器中，两容器以管道相连，使鲜花中的香气由交替气流携带，不断通过茶层被茶叶吸收。实践证明，这种窨花技术，由于鲜花损伤小，窨制的花茶鲜灵度好，并且节约鲜花。

2. 茶叶加工机械化的进展 20世纪80年代以前，中国的大宗茶生产基本实现了机械化。80年代以来，为适应名优茶生产的发展，成功研制了适于各类名优茶加工的名优茶加工机械，如滚筒式名茶杀青机、名茶揉捻机、名茶理条机、名茶烘干机等。特别是一批名茶做形机械，如龙井（扁形）茶炒制机、曲毫形茶炒制机、针形茶炒制机等，可完成扁形、曲毫形、球形、针形名茶特殊形状的做形，大大减少了名优茶加工时的体力消耗，并显著提高了劳动生产率。同时，围绕着制茶质量、提高生产率、适应清洁化和连续化生产要求，还先后研制出鲜叶摊放机、热风杀青机、微波杀青干燥机、空调式在制叶冷却机、连续式理条机、远红外茶叶烘干机、远红外连续提香机等，大部分已应用于生产，推动了茶产业的发展。

为适应茶叶规模化和集约化加工需求，茶机行业加大了茶叶连续化生产线的研制力度。例如有关茶机厂与科研单位和高等院校合作研制的毛峰茶连续化生产线、龙井（扁形）茶连续化生产线、芽形茶连续化生产线、高级绿茶连续化生产线、珠茶精制连续化生产线等，已经在大中型茶叶企业获得应用。这些生产线除注重于单机开发和改进，使其尽可能满足连续化生产需要外，并且配备适当输送和连接设备，特别是在局部或整条生产线配备机电控制系统，使中国的茶叶加工在基本实现了机械化的基础上，部分实现连续化，并且部分开始实现自动控制，逐步向着自动化方向迈进。

与此同时，茶叶机械行业不断发展壮大，以浙江省为例，2005 年有大小茶叶加工机械制造厂近 300 家，经过整顿至 2007 年还有 100 余家，较规范和规章制度较健全者有近 60 家，2007 年总产值 14 亿元，茶业机械产量约占全国总产量的 70%。其中年产值 1 000 万元以上者约 20 余家，有 6 家企业年产 1 万台左右、年产值在 5 000 万元上下。按浙江省数字对全国茶业机械厂家数量进行推算，全国各类较成规模的茶叶机械厂在 300 家左右。目前全国茶业机械企业茶业机械年生产能力已达到 10 万台以上，年总产值约达 20 亿元，全国茶叶加工机械保有量达 100 万台以上，茶叶机械总共有近 100 个品种和约 300 个型号，已能基本覆盖各类茶叶产品的加工，能初步满足茶产业发展的需求。同时，中国的茶业机械制造业，正不断向福建、江苏、四川等茶叶主产省辐射，如乌龙茶加工机械目前就主要集中在福建省生产；微波茶叶杀青干燥机械又主要集中在江苏省生产；四川等省茶机开发速度也明显加快。

（三）茶叶深加工技术水平

随着人们生活水平的不断提高和生活节奏不断加快，茶叶消费逐渐向快捷、方便、营养、保健等方向发展。20 世纪 80 年代，灌装液态茶饮料在日本开发成功，逐步发展成为国际饮料市场上增长速度最快、最具发展潜力的饮料产品之一。90 年代初，中国的茶饮料开始产业化，90 年代后期得到快速增长，近年来国内液态茶饮料年产量达到 400 万～ 500 万吨，固体速溶茶达 8 000 ～ 10 000 吨，总产值超过 200 亿元人民币。茶叶深加工对提高茶叶附加值，支撑茶产业的可持续发展发挥了重要作用。

通过 10 多年的快速发展，中国茶饮料加工技术水平得到了明显提高，生产装备接近国际先进水平，多数加工设备已实现国产化。目前国内茶饮料主要包括液态茶饮料和固体速溶茶两大类产品。

1. 液态茶饮料加工技术　近些年来，逆流提取、膜分离、超高温瞬时杀菌（UHT）、膜冷除菌、无菌冷灌装（ACF）等各类新技术、新工艺逐渐开始应用于传统茶饮料加工中，使液态茶饮料产品质量获得明显提高，基本解决了影响茶饮料品质的关键技术问题。目前中国内地茶饮料加工中：①水处理已广泛采用了反渗透膜（RO）技术；②生产用原料主要采用传统茶进行拼配，极少量采用鲜叶直接加工，在专用原料茶加工技术研究方面取得明显的进展；③在加工工艺中，提取一般采用吊篮式或逆流技术，澄清一般采用高速离心和膜分离技术，灭菌一般采用 UHT 技术，灌装采用热罐装或 ACF 技术，吹瓶采用一步法或二步法。中国茶饮料生产主要集中在年产 10 万吨以上的大型企业，加工技术采用 UHT/ACF 技术，另外极少数企业开始尝试膜冷除菌 /ACF 技术，可实现全程常温加工，从而显著提升了产品质量。

2. 固体速溶茶加工技术　近年来，逆流提取、酶工程、膜分离、膜浓缩、冷冻干燥、SCC 等新技术开始广泛应用于传统速溶茶产品的生产，使产品质量有了大幅度的提高，部分产品的加工技术达到了国际先进水平。目前中国内地速溶茶加工技术根据企业的产品定位不同分为明显的两大类：①主要采用传统工艺，走低成本策略，产品为热溶性产品，主要用做调味型茶饮料的原料。茶汁提取主要采用单罐浸提或逆流提取技术，茶汁澄清主要采用高速离心工艺，浓缩采用薄膜真空浓缩技术，干燥采用喷雾干燥技术；②采用各类新技术、新工艺，走高质量策略，产品为热溶性或冷溶性产品，可用做一般液态即饮茶的原料，或开发即饮型终端小包装产品。茶汁浸提主要采用逆流提取技术，澄清采用高速离心和膜分离组合方式，浓缩采用膜分离技术及其与薄膜真空浓缩的组合方式，采用喷雾干燥或冷冻干燥技术。

3. 茶饮料类产品生产设备　目前中国内地茶饮料企业所选用的生产设备多数已实现国产化。除部分超滤膜组件、反渗透膜（RO）组件、无菌冷罐装设备等还需进口外，连续逆流提取、超高温瞬时灭菌 UHT 机、超滤设备、热罐装设备、吹瓶机、高速离心机、冷冻干燥机等常用设备的制造工艺和技术水平取得了明显的进步，性价比较高，可满足目前一般企业的生产要求。

4. 茶叶天然产物的制备　中国自从 20 世纪 70 年代开始茶多酚的提取研究以来，茶叶提取物的研究取得了显著的进展，应用茶天然产物研究成果而形成的产业已初具规模。

茶叶提取物最突出的产品是茶多酚、茶色素、茶氨酸、茶皂素等。目前，茶多酚生产量达到 2 000 吨，深加工用茶达到 4 万吨，约占茶叶总产量的 4%。

茶叶提取物的制备技术，主要包括提取技术、分离技术、浓缩技术、干燥技术、灭菌技术和包装技术。提取技术主要采用逆流技术；分离技术主要采用溶剂萃取、膜分离、柱层析和树脂分离技术；浓缩技术主要采用热浓缩、反渗透技术；干燥技术主要采用喷雾干燥、冷冻干燥技术；灭菌技术主要巴氏灭菌、超高温瞬时灭菌。由于常规技术所用的设备性能比以往有明显改进，因此常规技术还会存在。

随着现代科学技术的发展，一些现代的高新技术得到了重视，并且在茶叶提取产物的研究中得到了应用，例如膜分离技术、逆流色谱技术、超临界流体二氧化碳萃取技术、微波提取技术、冷冻干燥技术、固定化酶技术等。这些现代的高新技术，如何提高生产过程的清洁化水平、减少对环境的污染、提高产品安全质量、降低使用成本等问题，将是近阶段茶叶提取物加工技术研究的重点。

据预测，茶叶提取物在21世纪有着广阔的市场前景。茶多酚可以用做食品添加剂，也可广泛应用于动植物油脂和含油食品；茶多酚的药用也得到了良好的发展，由茶多酚为原料生产的药品，于2006年11月首度获得了欧洲和美国食品和药物管理局（FDA）的认可；由茶叶提取物加工而成的保健食品或膳食补充剂，已经在国内面市并形成了较大的规模，据初步统计，茶多酚片剂或胶囊剂即有20多个品种，护肤美容、抗衰保健等产品种类也有10多个。茶多酚的其他功效，包括防治心血管疾病、防龋齿、消炎解毒、抗癌、抗突变、抗辐射、降血压、抗过敏等，有望继续在药品或功能食品的开发方面获得新突破；茶色素、茶多糖、茶皂素、咖啡碱等茶叶天然胶物，也将得到更为广泛的开发利用。由此可知，随着茶叶深加工研究的深入，新用途的开辟和市场需求的扩大，将加快茶叶功能食品的开发进程，促进茶叶天然产物更快发展。

中国茶叶机械的发展现状

中国农业科学院茶叶研究所研究员　权启爱

在茶产业快速发展形势的促进下，在国家和茶叶界的高度重视下，近年来中国茶叶机械的研制开发获得快速发展。

（一）中国茶叶机械发展的现状

20世纪80年代以前，中国的茶叶机械研制和生产，主要集中在大宗茶加工机械的研制开发上，据统计，70年代末期全国有专业茶业机械制造厂60余家，茶叶机械生产能力4万台，全国茶叶机械保有量约40余万台，使当时85%以上的大宗茶初、精制加工实现了机械化。80年代以来，中国的名优茶生产迅速发展，2007年全国名优茶总产量达到43.5万吨，产值达240亿元，在全国茶叶总产量中的比重上升到38.2%，在总产值中的比重上升到80%。正是由于名优茶的快速发展，促进了中国以名优茶加工机械为主的茶叶机械的快速发展。根据浙江省茶叶协会和浙江省农业机械协会的调研，浙江省2005年有大小茶叶加工机械制造厂近300家，经过整顿到2007年还有近200家，较规范和规章制度较健全者有近60家，全省年产茶叶机械约8万台，茶叶机械总产值15亿元，占全国茶叶机械总产量和总产值的70%左右。其中年产值1 000万元以上茶叶机械生产厂约20余家，大多集中于浙江省的富阳、绍兴、衢州等县（市），这些厂家中年产万台左右、年产值在5 000万元上下的有6家。若按浙江省数字对全国茶叶机械厂家数量进行粗略推算，则全国较成规模的茶叶机械厂家在300家左右。把常规茶叶加工机械、新开发的微波等新型机械、乌龙茶、紧压茶、袋泡茶及茶叶包装机械等均估算在内，当前，全国茶叶机械企业茶叶机械的年生产能力约为10万台左右，其中名优茶加工机械占70%，年总产值约20亿元，全国茶叶加工机械保有量约100万台，有近100个品种和约300个型号，已能基本覆盖各类茶叶产品的加工，除大宗茶已基本上实现机械化加工外，名优茶的机械化加工水平也达到80%以上。

（二）中国茶叶机械发展的特点

近年来，由于中国茶产业出现了以名优茶生产为主、各类茶产品深入发展的特点，故茶叶机械的发展也出现了一些新特点。

1. 名优茶机械发展迅速　20世纪80年代以后兴起的名优茶加工，由于使用的鲜叶原料采摘细嫩，加工精细，中国原有的大宗茶加工机械大多不能使用，造成名优茶发展开始阶段几乎全部为手工加工。为了适应和促进名优茶的迅速发展，80年代中期，茶叶机械研制开发的重点开始向名优茶加工机械转移。通过努力，在90年代首先开发成功并使用的名茶杀青机、揉捻机、解块机、烘干机等名优茶加工机械，不仅可用于毛峰茶加工，使毛峰茶加工实现了机械化，并且还可在卷曲形、针形、球形等名优茶加工中的部分工序应用，与此同时，名优茶整形机械的研制开发也开始加速。以龙井茶为代表的扁形茶，是中国生产量最多、平均卖价最高的名优茶，靠手工炒制需将十大手法交替使用，才能加工出光扁平直、色泽绿翠、香高味醇的产品，十分费工和费力。20世纪末，多槽式扁形茶炒制机和长板式扁形茶炒制机研制的成功，使扁形茶炒制基本上实现了机械化加工。多槽式扁形茶炒制机炒制时，将茶条投入往复加热的槽锅内，茶条便一边失水、一边被逐步理成直条，然后投入圆形压棒，随着压棒的滚动茶条被压扁，完成炒制。它理条功能良好，虽尚存在成茶色泽较暗的不足，但炒制的扁形茶，茶条扁直和整齐划一程度好于人工炒制。长板式扁形茶炒制机，使用直径约60厘米加热的半圆锅，蒸汽透散性能良好，并使用敷有弹性表层的长板为炒制部件，炒制时对茶条有压、捺、磨等功能，虽理条功能尚欠不足，但炒制的扁形茶的色泽绿翠程度明显好于人工炒制，并且茶条扁平光滑也较多槽式机型好，香气、滋味也与人工炒制较接近。生产中将上述机型合理配套使用，有的还用少量手工配合，可加工出质量较好的扁形茶，目前包括龙井茶在内，80% 以上的扁形茶几乎已经全部使用机器进行炒制。实践表明，将 1 台 6CS40 型滚筒杀青机、2 台 6 厘米 D60 型多槽式扁形茶炒制机、4 台 6CB60 型长板式扁形茶炒制机配套成为一个机组，每小时可加工扁形茶 20 千克以上，可代替 80 个左右的人工炒制，显著减轻了劳动强度。与此同时，近年来中国还开发研制出卷曲形和球形等名优茶做形用的卷曲形名茶炒干机、碧螺春茶烘干机、针形茶整形机等机械，使这些类型名优茶的炒制均有机械可供选用，加速了名优茶生产的发展。

乌龙茶是中国的特种茶类，加工工艺复杂，以往也是基本依赖人工制作。近年来福建省开发出了人工环境温、湿度控制的做青设备，将做青室的温度控制在 22 ～ 25℃，湿度控制在 75% 左右，使原来人工常常需要 20 小时以上时间的做青工序，缩短到 10 个小时左右，并显著节约了能源和 70% 以上的车间面积，减轻了做青的劳动强度。随后福建省又开发出智能控制式乌龙茶做青机，可将有经验技工的实际做青过程编制成数学模型，然后输入智能控制系统，实现了做青过程的自动控制。20 世纪 90 年代，台湾的乌龙茶加工已实现机械化，所开发的乌龙茶杀青机以石油液化气为燃料，加热均匀，操作方便；乌龙茶包揉机，可比人工包揉提高工效 10 倍以上，代替了人工包揉的繁重劳动，使劳动强度大为降低，包揉质量也好于人工；乌龙茶烘干机和提香机增强了对茶叶的烘焙提香功能，使加工出的乌龙茶更显花香。这些乌龙茶加工设备在内地普及推广后，使内地乌龙茶区很快实现了乌龙茶的全程机械化加工，原需上百人的手工作业，由一套乌龙茶加工设备即可代替。

2. 新机型和新机种不断涌现 为改善茶叶加工条件，提高名优茶的加工品质，提高设备生产能力，适合连续化生产，近年来中国特别重视新机种和新机型的研制开发。如开发成功的网框式鲜叶摊放机，可用木材和不锈钢加工制造，结构简单，使用方便，加上可在贮青间内安装空调，以控制摊青温度并加快水分蒸发，显著提高了鲜叶摊放品质，并节约摊青车间面积 60% 以上。开发成功的蒸汽杀青机、热风式杀青机和微波杀青干燥机，使用热风、蒸汽和微波为杀青介质，杀青匀透，杀青叶色泽绿翠，台时产量高，可连续作业，已被大型茶叶加工企业广泛使用。为解决茶叶加工过程中的回潮，研制开发出网带式回潮机和滚筒式微波回潮机，均可连续作业，改变了长期以来回潮作业依赖车间内摊放、费时和费车间面积的现状。开发成功的连续理条机，改变了现行理条机断续作业状态。研制成功的热风筒式动态烘干机、连续滚筒式炒干机等，能使这些工序的作业实现连续，并提高了机器生产能力。这些新机种和新机型的研制开发，不仅将诸如微波、远红外、计算机控制等众多高新技术应用于茶叶机械领域，使机器具备连续化作业功能，而且使用了液化石油气、天然气、柴油、电、煤等多种燃料，在燃煤热风炉上还进行了节煤和水箱除尘等系统的开发，可适应清洁化生产的需要。

3. 连续化生产线的开发速度加快，自动化控制开始起步 为适应近几年茶叶加工产业化和集约化发展的需求，在进行上述新机种和新机型研制开发基础上，茶业机械行业加大了茶叶加工连续化生产线的研制与开发。针对不同茶叶产品连续化生产工艺的需求，进行了各类输送设备和装置的设计，特别是针对如揉捻机一些目前还难于实现连续化作业的单机，将多台单机按加工需求组成机组，然后设计配备了加工叶的上、下料输送装置和分配及向揉桶内送料装置，并配备单片机进行程序控制，使原来无法连续生产的设备能够满足连续化生产需求，从而利于整条连续化生产线的设计。据统计，目前一些形式不同、有些还局部实现计算机控制的毛峰茶、芽形茶、扁形茶和高级绿茶等约 300 条连续化生产线已在各地茶区投入应用，并且发展势头很快，支持着一些国家级、省级和各地方茶叶龙头企业的茶叶加工，加速了中国的茶叶产业化的发展。

4. 茶叶深加工机械的开发和选型配套提上日程 茶叶深加工产品生产主要有袋泡茶、液体茶饮料、速溶茶和功能成分产品等。袋泡茶包装机是一个国家机械制造业机器制造精密度和工艺水平的标志，目前仅意大利、阿根廷、德国和中国等少数国家能够生产，它能将内包装滤纸、外包装纸和标签纸等的传输、内外包装制袋、装料、挂线、粘标签、光电配准、计数、制盒和装盒等一系列功能在一台机器上完成，结构复杂，操作简单。中国的袋泡茶包装机生产厂在 20 世纪末仅有一两家，近几年已发展到近 10 家，中小型袋泡茶包装机已能满足国内需求。液体茶饮料、速溶茶和功能成分产品等深加工产品生产所用的设备，大多从食品、化工和中成药加工设备中选取，并通过大量工艺参数试验与摸索和必要的设备改进与配套，近两年已基本能满足生产需求，其中广泛使用的逆流提取设备、膜过滤、浓缩设备、真空灌装设备、冷冻干燥设备等，均为高新技术设备。使我国液体茶饮料生产总量目前已达到 600 万吨，速溶茶达到 1 万吨，茶多酚为主的功能成分产品达到 3 000 吨，深加工产品总产值达到 200 亿元以上，消耗茶叶总量 10 万吨以上，拓宽了中国茶产业的发展道路。

5. 茶园作业机械有待加大研制开发力度 茶叶生产中，茶园作业用工最多，仅采摘用工就占整个茶叶生产的80%左右，而且有些作业如深耕、施肥和深修剪等劳动异常繁重，随着农村劳力大量向着城市和其他行业转移，茶叶生产所需劳动力出现紧缺，工资也逐年提高，已成为茶叶生产发展尤其是名优茶发展的主要瓶颈。当前有一些茶园作业已逐步实现机械化，如目前约有40万台以上各类喷药机械在茶园中使用，喷灌、滴灌和渗灌等灌溉机械在茶园中使用也已较普遍，而目前茶园机械化要求最迫切和实现难度最大的项目是采茶和耕作。中国的采茶机研制虽起步较早，经历过推广自行研制的小型采茶机，从日本引进单、双人采茶机建厂仿制生产并推广，但未能坚持下去。现国内使用的采茶机和茶树修剪机，仍依靠从日本进口零部件装配供应。由于国内外所使用的采茶机和茶树修剪机，均采用切割式工作原理，采茶时无法实现对茶芽的良好选择，故目前主要还是用于大宗茶等鲜叶的采摘，一台双人采茶机4人作业，可代替80～100个采茶工的手工采茶劳动，单人采茶机2人作业，可代替30个采茶工的劳动，采摘成本为手工采摘的30%～40%，目前全国茶区采茶机保有量为1万多台，如浙江省现在已有近10万公顷茶园不同程度地使用采茶机进行采摘，而茶树修剪机的使用在全国各茶区已比较普遍。此外，目前国内有关科研单位正在开展名优茶机器采摘技术的研究，通过机器改进、茶园栽培技术和加工技术的配套，争取尽快在大众消费的名优茶鲜叶采摘中应用。20世纪末中国曾研制成功C12型茶园专用拖拉机，使用履带式行走机构并采用流线形的外观设计，能顺利进入茶行作业，中耕除草，工效可达0.33公顷/小时，深耕深度20～25厘米，工效达近0.13公顷/小时，可代替20～30人的繁重体力劳动，耕作质量良好。后来又研制成功2.2千瓦茶园小型中耕施肥机，用于中耕除草和施化肥，耕深15厘米，工效可达0.05公顷/小时，在部分茶区获得应用，但比例甚小，急需加大研究力度。

中国茶叶进出口贸易综述

中国食品土畜进出口商会茶叶分会秘书长　蔡　军

2007年中国茶叶出口继续保持近年来稳中有升的态势，据中国海关总署统计，2007年中国茶叶出口量28.94万吨，与2006年相比略有增加，出口额6.07亿美元，继2006年历史性突破5亿美元后大幅增长11.2%，突破6亿美元大关，再创历史新高。如此成绩是在中国茶叶生产成本大幅提高、国内市场销售旺盛严重冲击出口茶原料以及人民币汇率大幅上升和国际市场贸易壁垒依然影响的情况下取得的，实属不易，可喜可贺。

（一）中国茶叶贸易情况

据中国海关总署统计，2007年中国茶叶出口仍以绿茶为主，红茶和特种茶出口数量略有下降，出口额均有所上升（表1）。

表1　2007年中国茶叶出口分国家和地区前10位

单位：万吨、万美元、%

国家和地区	出口量	出口额	出口量同比	出口额同比
摩洛哥	5.76	11 654.91	1.37	6.09
日本	2.54	6 489.76	-8.35	-1.21
乌兹别克斯坦	2.04	1 701.94	7.15	65.24
美国	1.99	3 936.59	6.25	11.28
俄罗斯	1.79	3 380.19	8.05	24.98
中国香港	1.37	5 363.22	-10.32	22.78
加纳	1.25	2 982.23	1.77	14.15
阿尔及利亚	1.07	2 384.96	-1.95	3.70
毛里塔尼亚	1.06	2 797.04	18.89	29.23
塞内加尔	0.93	2 329.59	31.46	37.45
合计	**28.95**	**60 762.41**	**0.98**	**10.99**

绿茶：出口到102个国家和地区，出口量22.4万吨，出口额4.3亿美元，同比分别增长3.25%、10.54%（表2）。中国对北非、西非、独联体和欧盟市场绿茶出口继续保持增势；对俄罗斯、乌兹别克斯坦、毛里塔尼亚、塞内加尔、德国、贝宁、阿富汗、马里、法国、多哥、突尼斯、土库曼斯坦等国家绿茶出口呈现大幅上升；对日本、冈比亚、喀麦隆、巴基斯坦绿茶出口有明显下降；对摩洛哥、加纳、美国和阿尔及利亚出口量维持稳定。在中国各茶叶主产省份中，浙江省出口绿茶16.05万吨，金额3.03亿美元，均占全国绿茶出口总份额70%以上，保持了绿茶出口的龙头地位；上海市企业2007年出口绿茶大幅增长达146%，出口额列全国第二；湖南、安徽、江西绿茶出口额分列三至五位。随着行业和企业加大对市场的拓展力度，绿茶对人体的保健功能作用越来越得到国外消费者的认可，中国绿茶出口将稳步上升。

表 2　2007 年中国绿茶出口分国家和地区前 10 位

单位：万吨、万美元、%

国家和地区	出口量	出口额	出口量同比	出口额同比
摩洛哥	5.75	11 630.30	1.68	6.66
乌兹别克斯坦	1.99	1 663.99	5.87	62.86
加纳	1.25	2 982.23	1.79	14.23
阿尔及利亚	1.07	2 388.27	-1.60	3.90
毛里塔尼亚	1.06	2 800.57	18.89	29.23
俄罗斯	0.99	2 048.78	28.96	39.32
美国	0.96	1 756.21	-4.78	-0.80
塞内加尔	0.93	2 324.71	31.15	37.16
贝宁	0.86	1 068.71	95.71	171.46
日本	0.79	1 907.13	-22.10	-14.68
合计	22.37	43 139.90	2.25	10.54

红茶：全年出口量 3.03 万吨，同比下降 4.05%，出口额 4 318 万美元，同比增长 1.72%。中国对美国、巴基斯坦、蒙古、突尼斯、英国等国出口量大幅上升，对中国香港和波兰、德国、俄罗斯等国家和地区有不同程度下降（表 3）。上海市 2007 年红茶出口量 4 944 吨，出口额 805 万美元，同比分别增长 188％和 49％，从 2006 年的全国红茶出口额第四位上升至第一位；湖南、安徽红茶出口小幅增长，分列第二、三位；重庆、浙江和江苏均有不同程度减少，分列第四至六位。中国红茶出口面对各红茶生产国的强大竞争，且红茶品质先天不足，出口呈萎缩趋势。

表 3　2007 年中国红茶出口分国家和地区前 10 位

单位：万吨、万美元、%

国家和地区	出口量	出口额	出口量同比	出口额同比
美国	0.91	1 125.09	21.57	16.44
俄罗斯	0.61	761.52	-16.97	1.38
中国香港	0.34	590.32	-29.08	-12.69
巴基斯坦	0.24	136.32	89.74	85.53
蒙古	0.14	66.04	123.32	136.25
英国	0.12	206.66	15.53	-27.19
德国	0.12	297.98	-22.68	-10.47
波兰	0.07	116.92	-26.67	-26.19
突尼斯	0.07	82.47	91.08	120.46
荷兰	0.05	69.49	-24.73	-2.17
合计	3.03	4 318.30	-4.05	1.72

乌龙茶：全年出口量 2.17 万吨，出口额 5 608 万美元，同比分别增长 3.12% 和 8.1%（表 4）。日本实行肯定列表制度后，将中国乌龙茶列为命令检查对象，至 2007 年底中国对日本出口乌龙茶共被检出 27 批次超标，中国对日本乌龙茶出口节奏有所放缓，企业负担较重。但由于中国主要会员企业在肯定列表制度实施之前做了较为充足的准备，在这一年间一定程度上恢复了日本进口商的经营信心，使中国茶叶对日本出口避免遭受致命打击。2007 年福建省乌龙茶出口量 13 522 吨，出口额 3 364 万美元，同比分别增长 7.09% 和 13.03%，均占全国乌龙茶出口份额 60% 左右，是中国最主要乌龙茶出口大省；北京、广东企业虽出口均有下降，但仍排在全国乌龙茶出口额第二、三位；浙江、上海企业乌龙茶出口额呈大幅上升，分列第四、五位。

表 4　2007 年中国乌龙茶出口分国家和地区前 10 位

单位：吨、万美元、%

国家和地区	出口量	出口额	出口量同比	出口额同比
日本	15 535.04	3 846.69	3.35	8.82
中国香港	4 149.68	884.86	6.37	10.1
马来西亚	444.98	225.30	-1.77	-5.89
美国	438.88	237.27	44.96	59.65
新加坡	301.33	140.21	35.41	62.02
印度	261.14	39.76	-22.03	-15.27
俄罗斯	180.42	87.27	-12.05	-32.27
泰国	66.16	19.87	-41.94	-38.85
中国澳门	62.38	22.56	52.55	62.08
德国	38.37	13.49	-9.47	-15.98
合计	**21 683.66**	**5 609.84**	**3.12**	**8.10**

花茶：出口量 7 691 吨，同比下降 5.44%，出口额 3 338 万美元，同比上升 13.27%。中国对俄罗斯、新加坡、德国、英国出口大幅上升，对日本、美国和中国香港等国家和地区出口下降明显（表 5）。花茶大幅下降主要原因：一是有关国家农药残留标准提高对中国花茶影响较大；二是国内原料价格大幅上涨冲击中国花茶出口。福建省出口花茶 2 323 吨，出口额 994 万美元，继续稳居全国第一的位置；浙江省出口量虽然大幅下降，但出口额却大幅上升，仍居第二位；湖南省、上海市企业出口额增长迅猛，分别上升至第三、四位；广东省出口额下降明显，退居第四位。

普洱茶：出口量 6 131 吨，同比下降 14.35%，出口额 4 309 万美元，同比上升 30.91%，平均单价上升 52.84%。出口量下降的主要原因：一是普洱茶原料价格大幅上升，抑制了普洱茶的出口；二是在国际市场未形成普洱茶消费热，影响了普洱茶出口的持续发展；三是普洱茶出口大部分集中在中国周边国家和地区，随国内市场走势而出现波动。广东省出口额大幅增长，不但保持了全国普洱茶出口第一的位置，而且拉大了与第二位云南省的差距；湖南、福建分列三、四位；上海市企业普洱茶出口出现大幅增长，上升至全国第五位。

总体上看，中国各茶类出口将随着国际市场的需求和价格的调整呈上升态势。

表5 2007年中国花茶出口分国家和地区前10位

单位：吨、万美元、%

国家和地区	出口量	出口额	出口量同比	出口额同比
俄罗斯	1 672.46	467.65	25.14	37.82
日本	1 278.99	496.30	-15.16	-4.32
中国香港	1 276.68	454.37	-7.28	-8.11
美国	745.78	766.27	-11.30	27.31
斯里兰卡	502.78	127.52	-2.19	8.16
新加坡	287.40	92.65	17.22	21.14
德国	216.31	165.39	65.22	83.11
英国	210.90	102.07	59.10	46.44
乌克兰	182.16	47.72	-7.21	-0.83
澳大利亚	141.25	77.86	12.74	33.91
合计	7 690.15	3 335.72	-5.44	13.27

（二）市场特点

据中国海关总署统计分析，2007年中国茶叶出口至110多个国家和地区，主要集中在五大市场：

1. 西亚、非地区伊斯兰国家市场 摩洛哥是中国茶叶出口第一大市场，也是中国绿茶出口传统市场，2007年中国对摩洛哥出口绿茶5.76万吨，金额1.17亿美元，同比分别增长1.37%和6.09%，显示了该市场的稳定对中国绿茶产业发展的重要性。近年来，中国茶叶生产成本大幅上升及人民币升值，进口商并未适当调整进口价格，而是一味压价，致使中国茶叶出口企业利润难以保证。部分生产商为迎合出口商的利益和维持市场份额，不惜掺杂使假、以次充好来降低生产成本，已引起进口商和消费者的不满，影响了中国茶叶在当地市场的良好声誉。中东伊斯兰国家是世界主要茶叶进口消费市场，埃及、巴基斯坦均位列世界五大茶叶进口国。因该市场主销红茶，加之部分国家战事频繁，中国茶叶在该市场所占份额较小。

2. 独联体市场 2007年中国对该地区出口茶叶约4.5万吨，金额约5 900万美元，同比分别增长6.5%和32%，其中对俄罗斯出口茶叶1.79万吨，金额3 380万美元，同比分别增长8%和25%；对乌兹别克斯坦出口2.04万吨，金额1 702万美元，同比分别增长7%和65%。俄罗斯及独联体各国是世界主要茶叶消费市场，年茶叶进口消费量约24万吨，其中俄罗斯约占17万吨，是中国茶叶出口重点开拓市场。该地区大多数人爱喝红茶，随着社会的开放和生活水平的提高、变化，中国绿茶和特种茶逐渐被该地区消费者认识和接受。虽然近些年来中国红茶向该地区出口呈下降趋势，但绿茶出口量的快速上升和特种茶市场的逐步开拓基本弥补了这一缺口。该地区消费市场巨大，对进口茶叶检验标准较欧盟宽松，但受经济发展水平限制，在贸易中货款结算始终存在较大风险。

3. 欧盟市场 据中国海关总署统计，2007年中国对欧盟（27国）茶叶出口量2万吨，出口额5 309万美元，同比分别增长13.6%和17.4%。欧盟市场中主要茶叶进口国均为经济发达国家，购买力强，销价较高，但欧盟严苛的茶叶检测标准在一定程度上制约和影响了中国茶叶出口规模的扩大。近年来，由于中国建立了较为广阔的有机茶园和无公害茶园，国家质检部门严把茶叶出口质量关，中国对欧盟茶叶出口质量声誉逐年提高，出口量呈恢复性增长。但要进一步扩大市场份额，除进行必要的整体正面宣传外，还需对消费者的饮茶习惯、偏好进行研究，生产适合的产品进行有针对性的市场营销。

4. 美国市场 2007年中国对美国茶叶出口量2万吨，出口额3 937万美元，同比分别增长6.25%和11.28%。

其中，绿茶出口量 9 581 吨，出口额 1 756 万美元，同比分别下降 4.78% 和 0.8%；红茶出口量 9 071 吨，同比增长 21.57%，出口额 1 125 万美元，同比上升 16.44%；花茶出口量 747 吨，同比下降 11.3%，出口额 768 万美元，同比上升 27.3%；乌龙茶出口量 439 吨，出口额 237 万美元，同比分别上升 44.96% 和 59.65%。美国市场的茶叶消费方式、类别日益多样化，绿茶、特种茶及有机茶逐渐成为美国人心目中理想的健康饮料。但由于中国对美进行整体茶叶形象宣传缺乏，且受消费习惯的影响，中国对美茶叶出口增长缓慢，市场占有率仍不高。

5. 日本市场 日本是中国茶叶出口传统主销市场，对日本茶叶出口关系到中国整个乌龙茶、蒸青茶生产和出口的稳定。2007 年中国对日本出口茶叶 2.54 万吨，金额 6 490 万美元，同比分别下降 8.35% 和 1.21%。日本先后对中国乌龙茶和绿茶实行命令检查，给茶叶出口企业增加了较多负担和经营风险，且媒体的负面宣传报道，影响了进口商经营信心和消费者的消费需求。

（三）中国茶叶出口存在的问题

近年来，中国茶产业得到了突飞猛进的发展，茶叶行业国际影响力显著增强，市场份额不断提高，出口企业在资本投入、设备更新改造、质量监控、清洁化生产、现代化管理等方面都取得了长足进步，特别是一些有实力的企业实际生产、仓储水平已经居于世界领先水平，但我们也清楚地看到，中国茶叶在国际市场仍然缺乏整体形象，尚缺少国际茶叶知名企业与品牌，产品缺少科技含量，附加值低。同时，中国茶叶主要销往发展中国家和经济欠发达地区，难以打入发达国家主流市场，这些都限制了中国茶叶出口规模的进一步扩大。

全国茶出口主要地区与企业

2007 年全国茶叶出口主要地区

单位：吨、万美元、%

地　区	出口量	占全国比重	出口额	占全国比重
全　国	289 436.24	100	60 713.58	100
浙　江	179 518.85	62.02	33 472.65	55.13
安　徽	24 699.35	8.53	4 120.88	6.79
福　建	22 041.96	7.62	6 427.06	10.59
湖　南	19 406.98	6.71	3 809.54	6.27
广　东	8 935.76	3.09	2 749.71	4.53
上　海	8 192.12	2.83	2 569.73	4.23
重　庆	8 034.43	2.78	579.61	0.95
江　西	6 032.96	2.08	1 624.16	2.68
云　南	5 404.00	1.87	3 470.24	5.72
江　苏	2 036.84	0.70	488.94	0.81

数据来源：中国海关总署，统计口径按关别统计，不完全按行政区划。

2007 年全国茶叶出口主要企业

企业名称	地　区
浙江新迪国际食品有限公司	浙　江
浙江华发茶业有限公司	浙　江
浙江省茶叶集团有限公司	浙　江
安徽茶叶进出口有限公司	安　徽
上海杉杉进出口有限公司	上　海
湖南省茶业有限公司	湖　南
杭州乐盟进出口有限公司	浙　江
宁波宇超进出口有限公司	浙　江
嵊州市大鹏茶业有限公司	浙　江
浙江余姚茶厂	浙　江

数据来源：中国海关总署。
本表以出口数量为序。

全国绿茶出口主要地区与企业

2007 年全国绿茶出口主要地区

单位：吨、万美元、%

地　区	出口量	占全国比重	出口额	占全国比重
全　国	223 665.05	100	43 139.90	100
浙　江	172 970.01	77.33	31 899.07	73.94
安　徽	18 594.86	8.31	3 164.59	7.34
湖　南	12 080.27	5.40	2 524.02	5.85
上　海	5 802.37	2.59	1 739.58	4.03
江　西	5 132.18	2.29	1 348.46	3.13
广　东	1 659.05	0.74	432.68	1.00
福　建	1 574.83	0.70	639.50	1.48
江　苏	1 553.40	0.69	343.35	0.80
湖　北	1 221.89	0.55	508.64	1.18
云　南	1 030.29	0.46	238.09	0.55

数据来源：中国海关总署，统计口径按关别统计，不完全按行政区划。

2007 年全国绿茶出口主要企业

企业名称	地 区
浙江新迪国际食品有限公司	浙 江
浙江华发茶业有限公司	浙 江
浙江省茶叶集团有限公司	浙 江
安徽茶叶进出口有限公司	安 徽
杭州乐盟进出口有限公司	浙 江
上海杉杉进出口有限公司	上 海
宁波宇超进出口有限公司	浙 江
嵊州市大鹏茶业有限公司	浙 江
湖南省茶业有限公司	湖 南
浙江余姚茶厂	浙 江

数据来源：中国海关总署。
本表以出口数量为序。

全国红茶出口主要地区与企业

2007 年全国红茶出口主要地区

单位：吨、万美元、%

地 区	出口量	占全国比重	出口额	占全国比重
全 国	30 266.55	100	4 319.54	100
重 庆	7 975.80	26.35	568.42	13.16
安 徽	5 796.88	19.15	826.65	19.14
湖 南	5 233.70	17.29	729.16	16.88
浙 江	3 400.30	11.23	423.60	9.81
广 东	2 979.02	9.84	491.29	11.37
上 海	2 013.50	6.65	512.32	11.86
云 南	1 071.80	3.54	298.60	6.91
广 西	847.93	2.80	159.72	3.70
湖 北	325.62	1.08	98.31	2.28
福 建	273.36	0.90	133.06	3.08

数据来源：中国海关总署，统计口径按关别统计，不完全按行政区划。

2007 年全国红茶出口主要企业

企业名称	地　区
上海杉杉进出口有限公司	上　海
安徽茶叶进出口有限公司	安　徽
湖南省茶业有限公司	湖　南
江苏汇鸿国际集团食品进出口有限公司	江　苏
重庆市荣昌县宏发茶业有限公司	重　庆
重庆市荣发茶叶进出口有限公司	重　庆
重庆市同发茶业有限公司	重　庆
上海迪贝曼国际贸易有限公司	上　海
重庆市荣昌县兴荣茶叶有限公司	重　庆
浙江余姚茶厂	浙　江

数据来源：中国海关总署。
本表以出口数量为序。

全国乌龙茶出口主要地区与企业

2007 年全国乌龙茶出口主要地区

单位：吨、万美元、%

地　区	出口量	占全国比重	出口额	占全国比重
全　国	21 683.66	100	5 609.84	100
福　建	17 232.48	79.47	4 445.20	79.24
浙　江	1 964.87	9.06	465.71	8.30
广　东	1 502.04	6.93	435.25	7.76
江　苏	340.90	1.57	90.90	1.62
湖　南	250.03	1.15	40.95	0.73
江　西	150.00	0.69	33.19	0.59
安　徽	99.64	0.46	34.99	0.62
湖　北	56.76	0.26	24.94	0.44
上　海	53.70	0.25	20.11	0.36
山　东	11.98	0.06	1.65	0.03

数据来源：中国海关总署，统计口径按关别统计，不完全按行政区划。

2007年全国乌龙茶出口主要企业

企业名称	地 区
上海杉杉进出口有限公司	上 海
安徽茶叶进出口有限公司	安 徽
湖南省茶业有限公司	湖 南
江苏汇鸿国际集团食品进出口有限公司	江 苏
重庆市荣昌县宏发茶业有限公司	重 庆
重庆市荣发茶叶进出口有限公司	重 庆
重庆市同发茶业有限公司	重 庆
上海迪贝曼国际贸易有限公司	上 海
重庆市荣昌县兴荣茶叶有限公司	重 庆
浙江余姚茶厂	浙 江

数据来源：中国海关总署。
本表以出口数量为序。

全国花茶出口主要地区与企业

2007 年全国花茶出口主要地区

单位：吨、万美元、%

地 区	出口量	占全国比重	出口额	占全国比重
全 国	7 690.15	100	3 335.72	100
福 建	2 820.52	52.22	1 145.25	34.33
湖 南	1 565.52	33.68	427.02	12.80
浙 江	1 023.37	4.53	637.89	19.12
广 东	731.06	2.78	245.96	7.37
江 西	692.23	2.61	224.78	6.74
上 海	318.91	2.30	287.50	8.62
安 徽	139.05	1.12	71.99	2.16
广 西	136.14	0.31	40.32	1.21
云 南	98.49	0.24	60.44	1.81
江 苏	63.14	0.06	35.51	1.06

数据来源：中国海关总署，统计口径按关别统计，不完全按行政区划。

2007 年全国花茶出口主要企业

企业名称	地　区
福建茶叶进出口有限责任公司	福　建
浙江省茶叶集团有限公司	浙　江
湖南登凯贸易有限公司	湖　南
南昌市春之茗实业有限公司	江　西
湖南省茶业有限公司	湖　南
广东佛山茶叶进出口有限公司	广　东
湖南省华盛经贸有限公司	湖　南
广东茶叶进出口有限公司	广　东
中国茶叶股份有限公司	北　京
广东江门市佳怡贸易有限公司	广　东

数据来源：中国海关总署。
本表以出口数量为序。

全国普洱茶出口主要地区与企业

2007 年全国普洱茶出口主要地区

单位：吨、万美元、%

地　区	出口量	占全国比重	出口额	占全国比重
全　国	6 130. 83	100	4 308. 58	100
云　南	3 201. 29	52. 22	2 869. 73	66. 61
广　东	2 064. 60	33. 68	1 144. 53	26. 56
湖　南	277. 47	4. 53	88. 39	2. 05
广　西	170. 20	2. 78	37. 13	0. 86
浙　江	160. 30	2. 61	46. 38	1. 08
福　建	140. 77	2. 30	64. 04	1. 49
安　徽	68. 93	1. 12	22. 66	0. 53
海　南	19. 24	0. 31	5. 58	0. 13
湖　北	14. 46	0. 24	13. 02	0. 30
上　海	3. 64	0. 06	10. 22	0. 24

数据来源：中国海关总署，统计口径按关别统计，不完全按行政区划。

2007年全国普洱茶出口主要企业

企业名称	地　区
肇庆盈力外贸开发有限公司	广　东
广东茶叶进出口有限公司	广　东
广东帝华实业发展有限公司	广　东
佛山茶叶进出口有限公司	广　东
广州开发区工业进出口贸易有限公司	广　东
中国土产畜产云南茶叶进出口公司	云　南
云南海湾茶业有限公司	云　南
云南下关沱茶（集团）股份有限公司	云　南
广西梧州茶叶进出口公司	广　西
昆明博洱茶叶有限公司	云　南

数据来源：中国海关总署。
本表以出口数量为序。

全国茶叶消费概况

农业部种植业管理司经济作物处调研员　封槐松

茶叶已经成为全球性的天然饮料，近10年来，全球茶叶消费量一直以年均3%的增幅递增，我国则达到5%，专家预测“21世纪将是茶饮料的天下”。

（一）国内消费不断增长

从1949年中华人民共和国成立至1978年间，茶叶一直是短缺产品。为了增加茶叶出口创汇，政府对茶业确定“保证边销，适当增加内销，积极扩大外销”的方针政策，国内茶叶消费受到抑制。1978年以后，茶叶产量增长较快，内销市场逐步放开。到1984年茶叶内、外销市场完全放开，实行议购议销。茶叶内销量快速增长，1978年茶叶内销量为18万吨，2000年提高到45.6万吨，2006年则达到66万吨。1978年中国人均茶叶消费量只有0.2千克，2000年增加到0.36千克，2006年达到0.45千克。

从消费茶类看，中国茶叶消费以绿茶为主，消费量逐年增加。2006年绿茶消费量为38.5万吨，占国内茶叶总消费量的58%；乌龙茶与花茶消费量已经接近，各为8万吨左右，各占国内茶叶总消费量的12%；红茶消费量为1.5万吨，约占国内茶叶总消费量的2%；其他包括紧压茶、普洱茶、白茶、黄茶共10万吨，占国内茶叶总消费量的15%。

从消费区域看，华南地区以乌龙茶为主，华中地区以绿茶为主，华北地区以花茶为主，但各地区各类茶兼而有之。从近年来茶叶消费变化看，绿茶增长仍是主流，特别是华北市场，绿茶消费大幅上升。据对北京市场调查，北方花茶1990年消费比率为90%，到2006年已降到55%左右，同期绿茶从8%上升到近40%。同时，乌龙茶特别是铁观音的销售快速增长，铁观音由过去在少数地区消费逐渐向全国大中城市拓展。另外，普洱茶消费增长也较快，在媒体宣传下，居民对普洱茶的认知度提高，部分不曾饮用普洱茶的居民开始尝试，促使近年来市场需求成倍增长。各类茶叶中，名优茶是消费的主流，1990年名优茶消费量不到3万吨，现在已超过40万吨，年均增长18%。目前名优茶消费已占国内整个市场份额的60%左右，销售额占到85%以上，说明目前我国茶叶消费仍是名优茶的天下。同时，绿色食品茶、有机茶已大范围受到市场追捧。

（二）茶叶消费多样化

人们随着生活水平的提高和生活方式的转变，对茶叶的消费越来越向方便、健康、经济、多样化的方向发展。常规茶仍将是主要的消费对象，而符合饮料发展潮流的新兴茶叶饮料品种如袋泡茶、液态茶饮料、速溶茶、保健茶等，已经被广大消费者接受，茶叶中天然活性成分产品市场逐渐扩大，成为一个新的增长点。第一，茶饮料快速发展。1997年全国茶饮料销售量不足20万吨，2000年达到185

万吨，2006年超过600万吨，茶饮料占软饮料市场份额由2000年的12%提高到20%，超过果汁饮料，与碳酸饮料相当。第二，袋泡茶市场看好。全国现有袋泡茶生产企业300多家，袋泡茶年销售量超过2万吨。第三，速溶茶市场开始启动。20世纪90年代以后，随着膜技术、冷冻干燥技术应用于速溶茶制备，速溶茶生产技术趋向成熟，速溶茶逐渐复苏，1998年全国速溶茶销量不足100吨，2000年达到1 000吨，2006年超过6 000吨。第四，茶多酚快速发展。1996年以前，茶多酚主要内销，年销售量约40吨。从1999年开始，茶多酚的需求由国内转向国外，2001年销售量达到600吨，2006年超过2 000吨。

茶饮料、速溶茶等茶叶深加工产品的发展，彻底改变了茶叶的传统消费方式，使饮茶不受传统冲泡法的条件限制；在口味上，也使消费者有更多的选择，扩大了消费群体，消费量得以增加。深加工用茶消费量由2000年的5万吨增加到2006年的10万吨，促进了茶叶产业链的延伸，使全国茶叶供需仍基本平衡。

（三）茶文化促进茶叶产业发展

茶源于中国，兴于亚洲，传播于世界。我国利用茶叶历史已达5000多年。中华茶文化源远流长，有着旺盛的生命力。茶文化的发展对我国茶叶经济的发展有着直接或间接的影响，茶文化的推广、普及，有力地促进了茶叶的多元化消费，促进了我国茶叶生产、贸易、旅游的发展。中华茶文化在中晚唐、两宋之际、晚明时期形成了3次高峰，与此同时，唐、宋、明是我国茶叶经济发展较快时期。而鸦片战争以来的相当长一段时间，中华茶文化衰微，我国的茶叶经济发展曲折，茶叶贸易大国的地位也在下降。但自20世纪80年代以后，中华茶文化再度复兴，我国的茶叶经济发展又进入快车道。近年来，茶艺馆业蓬勃兴起，据不完全统计销售收入达到100亿元，提供就业100万人。就目前而言，茶文化发展缓慢的地区，茶叶经济发展也缓慢；而茶文化活动繁荣的地区，茶叶经济发展也较快。茶叶已成为全球推崇的绿色饮品。博大精深的中华茶文化，渗透于人们物质生活、精神生活和社会生活的各个方面，正在为人类的文明进步发挥着积极作用。茶文化对茶叶整个产业链的影响，茶经济与茶文化互动发展，正在提升我国茶产业的竞争力和促进世界茶叶消费方面发挥着越来越重要的作用。

全国及各地区城镇居民人均消费量与支出

全国及各地区城镇居民人均茶叶消费数量和金额（一）

(1995—2007)　　单位：千克/人、元/人

地　区	1995		2000		2005		2006		2007	
	数　量	金　额	数　量	金　额	数　量	金　额	数　量	金　额	数　量	金　额
全　国	0.22	7.85	0.23	12.64	0.23	19.19	0.24	22.15	0.28	27.38
北　京	0.36	25.12	0.53	61.56	0.48	71.94	0.47	78.96	0.52	95.01
天　津	0.15	10.61	0.23	19.08	0.28	27.68	0.28	29.76	0.25	30.47
河　北	0.06	3.90	0.12	12.99	0.23	25.78	0.22	27.93	0.26	36.24
山　西	0.04	3.43	0.08	7.66	0.11	9.44	0.13	12.20	0.19	21.16
内蒙古	0.57	4.90	0.25	6.76	0.17	11.90	0.18	15.04	0.20	19.73
辽　宁	0.09	6.53	0.08	11.70	0.19	18.35	0.21	22.96	0.24	27.74
吉　林	0.02	1.85	0.03	3.90	0.09	12.35	0.08	10.91	0.13	19.15
黑龙江	0.08	5.39	0.05	6.10	0.07	9.04	0.09	9.91	0.10	12.65
上　海	0.16	13.05	0.14	14.05	0.17	18.45	0.17	16.74	0.26	24.58

全国及各地区城镇居民人均茶叶消费数量和金额（二）

(1995—2007)

单位：千克／人、元／人

地区	1995		2000		2005		2006		2007	
	数量	金额	数量	金额	数量	金额	数量	金额	数量	金额
江苏	0.10	7.88	0.13	11.66	0.16	14.85	0.17	17.19	0.18	19.83
浙江	0.10	6.48	0.14	11.02	0.17	21.39	0.17	22.31	0.17	22.98
安徽	0.07	4.51	0.42	25.77	0.42	39.15	0.51	49.89	0.61	48.31
福建	1.03	29.94	0.67	29.75	0.36	38.49	0.32	45.44	0.39	59.97
江西	0.04	2.30	0.05	2.82	0.10	6.21	0.09	5.76	0.06	5.44
山东	0.24	13.69	0.30	18.96	0.28	21.83	0.28	26.29	0.33	31.60
河南	0.01	0.79	0.10	6.20	0.11	9.73	0.13	11.90	0.15	16.19
湖北	0.10	4.76	0.14	9.44	0.13	9.57	0.12	9.60	0.14	13.01
湖南	0.11	3.71	0.10	3.96	0.15	7.96	0.15	7.47	0.20	9.05
广东	0.29	13.99	0.36	26.25	0.40	31.86	0.46	40.38	0.55	52.01
广西	0.04	2.33	0.06	4.30	0.08	5.08	0.07	5.50	0.10	8.79
海南	0.06	3.13	0.04	2.89	0.09	4.63	0.10	7.97	0.08	7.30
重庆	0.29	9.39	0.37	13.27	0.28	16.06	0.31	16.62	0.21	16.00
四川	0.44	16.54	0.41	18.07	0.25	15.33	0.25	17.55	0.42	27.73
贵州	0.28	6.35	0.37	9.99	0.37	14.31	0.32	16.23	0.25	17.37
云南	0.10	1.92	0.51	11.59	0.56	22.06	0.63	26.34	0.57	31.39
西藏	—	—	—	—	0.63	56.41	0.56	21.57	0.66	38.32
陕西	0.16	5.18	0.23	10.84	0.22	13.41	0.21	16.35	0.22	16.54
甘肃	0.43	10.90	0.34	15.87	0.25	14.14	0.29	17.83	0.38	24.39
青海	1.68	10.03	0.94	10.23	0.23	10.07	0.22	10.48	0.23	11.31
宁夏	0.20	8.20	0.18	10.88	0.20	14.57	0.20	14.51	0.23	17.79
新疆	0.50	7.16	0.37	8.08	0.30	8.03	0.33	9.17	0.37	11.97

数据来源：国家统计局。

本表以2007年交易额为序。

本表中城镇居民茶叶消费量统计范围为城镇居民通过家庭购买的茶叶消费量，在其他场所消费和别人赠送的茶叶不包括在内。

全国36个大中城市城镇居民人均茶叶消费数量和金额

(1995—2007) 单位：千克/人、元/人

城市	1995		2000		2005		2006		2007	
	数量	金额	数量	金额	数量	金额	数量	金额	数量	金额
城市平均	**0.08**	**3.89**	**0.09**	**5.97**	**0.29**	**27.44**	**0.29**	**30.21**	**0.36**	**42.84**
北京	0.12	8.31	0.18	21.37	0.48	71.94	0.47	78.96	0.52	95.01
天津	0.05	3.59	0.08	6.55	0.28	27.68	0.28	29.76	0.25	30.47
石家庄	0.03	1.34	0.05	4.18	0.34	40.89	0.31	40.32	0.39	55.75
太原	0.04	3.00	0.04	4.09	0.12	12.39	0.13	20.10	0.14	27.65
呼和浩特	0.35	2.22	0.14	5.78	0.26	17.88	0.22	17.84	0.26	21.87
沈阳	0.03	2.19	0.05	5.38	0.23	23.15	0.25	29.38	0.34	38.64
大连	0.06	4.95	0.05	6.27	0.18	29.50	0.22	36.95	0.24	38.65
长春	0.00	0.71	0.01	2.57	0.13	24.79	0.12	21.78	0.26	46.78
哈尔滨	0.05	3.36	0.04	4.79	0.14	25.89	0.18	30.10	0.24	38.47
上海	0.06	4.90	0.05	5.00	0.17	18.45	0.17	16.74	0.26	24.58
南京	0.05	4.23	0.08	5.95	0.25	20.26	0.26	25.56	0.26	27.80
杭州	0.05	4.92	0.07	6.41	0.28	48.69	0.26	40.23	0.32	52.06
宁波	0.02	2.17	0.01	1.06	0.09	11.07	0.10	9.51	0.09	13.44
合肥	0.09	6.02	0.04	4.57	0.58	57.53	0.60	67.43	0.69	89.14
福州	0.12	3.66	0.15	5.66	0.22	13.57	0.19	16.12	0.18	16.56
厦门	0.37	12.28	0.43	17.25	0.76	71.09	0.72	96.40	0.69	129.78
南昌	0.01	0.88	0.02	1.15	0.15	9.90	0.14	9.49	0.05	7.53
济南	0.15	6.58	0.19	9.72	0.46	34.05	0.49	36.56	0.75	45.50
青岛	0.10	7.51	0.13	11.71	0.51	44.19	0.58	66.25	0.66	79.98
郑州	0.02	1.79	0.03	2.09	0.21	21.70	0.28	26.06	0.26	24.52
武汉	0.04	2.23	0.08	6.07	0.18	14.24	0.13	12.57	0.20	19.29
长沙	0.07	2.46	0.06	2.64	0.37	17.27	0.41	18.46	0.52	22.90
广州	0.08	3.82	0.11	7.97	0.41	41.21	0.47	48.56	0.65	50.39
珠海	0.03	1.90	0.04	4.26	0.25	32.61	0.26	36.89	0.27	46.84
南宁	0.01	0.42	0.03	1.16	0.09	6.92	0.10	6.71	0.12	15.09
海口	0.03	1.77	0.02	1.31	0.10	6.75	0.11	10.23	0.12	9.92
重庆	0.10	3.33	0.13	4.48	0.28	16.06	0.31	16.62	0.24	18.98
成都	0.14	6.46	0.11	6.34	0.28	21.99	0.27	19.90	0.63	35.83
贵阳	0.18	4.77	0.13	5.30	0.38	19.83	0.33	21.44	0.39	29.12
昆明	0.23	4.46	0.17	3.43	0.53	24.41	0.58	32.81	0.57	38.68
拉萨	—	—	—	—	0.63	56.41	0.62	65.83	0.40	84.17
西安	0.05	2.09	0.05	4.74	0.22	14.94	0.17	16.87	0.22	19.90
兰州	0.08	2.61	0.10	4.75	0.30	16.87	0.39	17.57	0.46	29.33
西宁	0.18	2.74	0.06	2.45	0.22	10.57	0.24	11.40	0.17	10.49
银川	0.09	4.03	0.10	6.73	0.28	21.52	0.26	18.96	0.31	25.08
乌鲁木齐	0.07	2.48	0.03	1.36	0.15	6.90	0.18	8.06	0.22	13.06

数据来源：国家统计局。

本表以2007年交易额为序。

全国重点茶叶批发市场

单位：万平方米、个、亿元、万吨

名称	开业时间	建筑面积	营业面积	规划铺位	摊位	年交易额	年交易量
广州市芳村南方茶叶市场	1993	15	8	2 500	—	20	—
安徽江南第一茶市	1988	14	13.5	1 160	2 400	16	—
安溪中国茶都集团茶叶批发市场	2000	18	12	1 800	3 000	15.80	1.50
山东济南茶叶批发市场	1996	10	7.6	1 000	680	13.80	4.60
大西南茶叶专业批发市场	—	5.18	—	1 000	—	10	10
云南康乐茶叶市场	2004	3.76	1.64	350	—	8.60	—
佛山市南海凯民茶博城有限公司	—	13	6.50	1 000	—	8	1.10
福州市五里亭茶叶批发市场	—	5	5	923	—	8	—
广西横县西南茶城	1993	2.06	1.10	202	199	7.70	2.87
新昌江南名茶市场	—	10	—	1 500	—	6.50	0.60
丽水松阳浙南茶叶市场	2003	5.60	5.4	200	10 000	6.7	3
杭州千岛湖茶叶市场	1999	2.96	—	300	—	5.62	0.50
中国大别山绿色商城	2004	18	8.7	—	—	5	0.82
山东潍坊茶叶批发市场	1997	2	—	300	—	4～5	0.80～1
武汉中南第一茶市	2000	1.37	—	248	—	4.20	2
宜昌三峡国际旅游茶城	2003	9.18	6.30	1 200	—	10.10	3.45
北京马连道茶城	—	6.80	—	400	—	3～4	—
上海大宁国际茶城	1996	5	1.50	390	—	3.20	—
河北石家庄佳农茶叶市场	—	1.90	—	208	—	3.20	0.72
北京茶叶总公司批发市场	—	3	—	320	—	3	—

数据来源：国家统计局。

本表以2007年交易额为序。

知名茶市介绍

广州市芳村南方茶叶市场

南方茶叶市场坐落于广州市荔湾区石围塘街洞企石路地段，以经营茶叶、茶具及茶相关产品为主。该市场从20世纪70年代形成后，通过多次升级改造，规模不断扩大，现占地面积13万多平方米，总建筑面积15万多平方米，商铺面积11万多平方米。市场包括中心区（包括A馆、B馆、C馆、宏天楼）、南区、北门、洞企石路沿线商铺等。市场内汇集了潮汕、福建、云南、台湾等地区1 200多家茶商；经营的茶叶品种主要有汕头凤凰单枞、福建安溪铁观音、云南普洱茶、台湾高山茶等上千个品种。

该市场在2001年被定为广州市四大重点专业批发市场之一；2002年被农业部审定为“定点市场”；2003年被中国市场指导委员会授予“全国最具竞争力市场百强企业”称号；2004年被中国茶叶流通协会授予“全国重点茶市”称号;2005年初,被广州市认定为“广州市农业龙头企业”。

南方茶叶市场经过20多年的培育和发展，现已成为国家定点专业市场。但随着市场经济的蓬勃发展，相继在浙江、福建、云南及广州市周边等地区亦建起同类大型的茶叶专业批发市场，市场竞争日益激烈。要使南方茶叶市场立于不败之地，就必须在原来良好的基础上，运用现代市场营销策略，改革创新，以提高管理人员的服务意识和增加市场文化资本等为突破口，制定科学、灵活的经济发展策略，增强区域竞争力，将市场做大做强。主要表现在以下几个方面：

1. 打破单一的建筑模式，建设国家级的茶叶交易市场 按照功能完整、设施先进、服务周全、管理规范等要素，规划建设高标准的茶叶市场。相应配备交易区、观光旅游区、展销展览区、仓储物流区、货物配送中心、商业服务中心、数字化管理中心，为与国际接轨提供必要的条件。

2. 改变现有的市场管理模式

（1）从管理人员素质抓起，聘用有专业知识、适应力强、创造性强、责任心强的人员从事管理工作，从而提高管理水平。

（2）摒弃旧的市场管理制度，采用先进的数字化管理模式，对市场内的保安、消防、环卫、绿化、交通等实施规范化的管理，使市场的运作向国际化靠拢。

（3）设立专业的业务管理办公室，简化手续，提高工作效率。

3. 将信息网络技术应用于商品流通管理环节 进一步拓展“南方茶叶网”的利用率，充分发挥数字信息网络具有的及时性和互动性特点，一方面为顾客提供及时充分的商品信息，另一方面亦实现顾客与茶商之间的直接沟通。茶商在通过网络检索顾客需求信息时，根据商户要求对产品作出改进、创新，从而提高商品的品质和促进网上交易供应量，增加与国际商贸接轨的途径。

4. 通过组织参加各项交流会和举办各类学习培训班，提高市场茶商的经营管理能力及茶叶销售人员素质 组织茶商参加各类推介交流会和学习培训班，提高市场茶商的经营管理能力及茶叶销售人员素质，开拓商户的业务新渠道。组织茶商前往国外、外省市区等地进行实地考察活动，使茶商从中得到启发和借鉴。

5. 合作建立茶叶生产基地 通过优势互补，与有土地和人力资源优势的“老、少、边、贫”地区，建立互惠互利、共同发展的联结机制。由当地提供土地和人力资源，在茶叶生产、加工和销售等方面，南方茶叶市场提供资金和技术扶持。通过这种联结机制，一方面可以改变市场单一的经营结构，同时亦带动“老、少、边、贫”地区的经济，解决相当部分农村剩余劳动力的就业，切实帮助贫困地区脱贫致富，同时增强市场抗风险的能力。

6. 提高茶叶质量、品质，走科技和创新发展之路 市场茶叶产品的质量，是市场成败的关键，好的口碑令人称道，坏的口碑让人嗤之以鼻。为确保市场内所销售茶叶的质量，保障食品卫生安全，首先从源头上抓起，以科研部门的技术为依托，从茶叶种植、制作、加工等环节加以指导，促进茶叶质量的提高，杜绝假冒伪劣茶叶从产茶区流向市场。同时，在市场内率先设立茶叶质量检验检测中心，随时监控茶叶质量，确保消费者买到健康、放心的茶饮品。

7. 对茶叶销售进行标准化管理 自2006年12月起，茶叶纳入国家13类食品质量安全市场准入制度的其中一类，为了配合这项工作，市场建成了200平方米的茶叶质量检验检测中心，并申报QS认证，使市场销售的茶叶取得QS认证。对提高茶叶卫生质量、有效地保护消费者的安全和健康、推动我国茶叶企业顺利进入国际市场具有重要作用。

8. 制定市场长远发展战略 为确保市场在竞争中保持区域竞争力和挖掘潜在发展力，南方茶叶市场根据现有资源，制定了立足广东，奋力“北进、南拓”的策略。所谓“北进”就是让茶商以南方茶叶市场为总部，建立全国性的连锁经营的营销策略，开拓黄河以北的各大中城市市场，创立南方茶叶市场茶叶品牌；“南拓”就是让茶商通过各种渠道，利用电子网络向国际市场推介茶文化知识、茶商动态和各类商业茶文化活动，把南方茶叶市场的商品打入国际市场。

南方茶叶市场现已成为全国规模最大、品种最齐全、辐射面最广的茶叶集散地，在提供无限商机、为社会创造巨大经济效益的同时，也给社会提供了许多就业机会，我们将按照大市场、大流通的需要，积极培育和引进现代管理人才，通过规范化管理把南方茶叶市场做大做强，成为中国茶市场真正的第一品牌。

（广州市芳村南方茶叶市场）

安徽江南第一茶市——峨桥茶市

安徽江南第一茶市——峨桥茶市位于安徽芜湖市三山区峨桥镇，始建于20世纪80年代初，它随着国家改革开放不断地深入而日益发展壮大。到20世纪末，迎来了茶叶市场发展史上的辉煌，实现年交易量3.8万吨，交易额16亿元人民币，日均人流量上万人次，4.5万人的茶叶经销人员遍布除台湾省外的全国各地。云南、贵州、福建、四川、江苏、广东、广西、湖南、湖北、浙江以及省内各茶产区客商纷纷落户峨桥，从事茶叶批零贸易。一时间，峨桥茶市以“不是茶乡，胜似茶乡”而称誉于世，被国家有关部委确定批准为“全国茶叶专业批发市场”、“全国重点联系市场”、“全国重点茶市”、“绿色批发市场示范单位”。党和国家领导人李鹏、朱镕基、温家宝等亲临峨桥茶市，并给予高度评价。1992年，全国政协副主席王光英欣然题字“江南第一茶市”。峨桥茶市在发展中经历了萌发恢复、零散露天集市、固定摊位市场和批发市场等几个阶段，现已成为峨桥经济第一品牌，芜湖经济的一大特色，安徽经济的一个亮点。它在活跃一方经济、带动群众致富、解决农村剩余劳力就业、发展特色产业等方面发挥着积极重要的作用。

1. 茶市建设情况 峨桥茶市由茶市一路、二路、外经路、梅地亚大道和峨桥国际茶城组成，总占地15万平方米，经营面积13.5万平方米。茶市一路建于1991年，1994年竣工，峨桥建筑公司承建；茶市二路1992年动工，1994年竣工，1994年10月18日启用，由繁昌县建筑公司承建；外经路建于1997年，由省外经贸委建筑工程公司承建；梅地亚大道和峨桥国际茶城始建于2000年，2003年工程建设基本结束，峨桥国际茶城占地7.45公顷，建筑面积7 500平方米，总投资5 100万元，其建设经历两个阶段，前期由港联（香港）国际投资公司开发建设中国峨桥国际茶城，2000年4月兴建，2002年6月结束；2002年8月繁昌县新城房地产开发有限公司介入续建。

2. 茶市经营门面情况 峨桥茶市经营门面1 160个，其中茶叶批零308个；茶杯茶具批零16个；茶包装批零12个；商店65家；旅馆11家；饭馆32家；其他服务业44户;闲置门面672个。1 160个门面中，茶市一路147个；二路156个；外经路310个；梅地亚大道90个；国际茶城457个。闲置门面外经路277个，国际茶城395个。

3. 茶市保鲜仓储情况 因峨桥茶市起步较早，茶叶保鲜仓储建设因此也较早。如今，茶市用于保鲜仓储的大小冻库500余家，超过1 000立方米的有3家，冻库大多数集中在茶叶市场内，少数分散在繁昌县繁阳镇和三山区龙湖办事处。冻库仓储总容量在6万～7万立方米，根据茶叶品种不同、储藏量不同，按每立方米储存8个标准箱，每箱平均30千克计，一次性储存14 400～16 800吨茶叶，每年皖南黄山、泾县等产茶区茶叶一部分运来峨桥租用冻库储存。

4. 茶市物流情况 目前，峨桥茶市有物流公司7家，主要从事茶叶运输业务，其中“中原物流”年运输量2 800吨，主要流向安徽、山东、山西、湖北、北京等地；“芜湖市长江园鹏程货运部峨桥分部”年运输量60吨，主要流向江西、湖南等地；“峨桥金铃物流中心”年运输量1 200吨，流向全国各地；“芜湖万家物流峨桥分部”年运输量2 200吨，主要流向江浙一带；“芜湖准点物流峨桥分部”年运输量50吨，流向江浙一带；“天山物流”年运输量210吨，流向全国各地。总量测算，峨桥茶市年均经本地物流公司直接运送茶产品1 650吨，另有相当一部分的茶叶及其产品通过芜湖市有关物流公司运往各地。

5. 峨桥茶业实体公司情况 峨桥现有茶业实体公司21家，正在兴建的有7家。从事茶叶深加工的有10家；从事茶包装的有7家；从事茶杯制造的3家；拥有自主品牌商标的公司有11家，其中“梅地亚”商标获得省级著名商标称号，通过认证的公司企业有10家。21家公司中，规模较大的公司有梅地亚、绿地、兴乐、麒麟、中峨等。其中，梅地亚公司职工人数250人，绿地公司职工人数230人，兴乐公司职人数180人，麒麟公司职工人数200人，中峨公司职工人数120人。

6. 茶业公司工商税务情况 峨桥茶业实体公司除一般纳税人按章纳税外，工商注册的个体工商户168户，全部免征国、地税。

7. 峨桥茶市茶业科技工业集群基地建设情况 峨桥茶业科技工业园建于2003年，现有梅地亚、绿地、中峨、兴乐等7家企业入驻。为科学合理地规划好茶业科技工业园，镇政府于2006年8月委托安徽信达工程技术咨询有限公司重新编制茶业科技工业园建设发展规划，按照规划，新兴企业陆续入园办厂。

8. 峨桥茶市二路经营情况 茶市二路经营门面有156个，露天摊位有252个，如今实际摆放约212个。市场上的茶叶，绝大部分集中在二路销售，露天摊位摆放的茶叶几乎全部来自茶市一路和国际茶城的经营户。

9. 茶市的实践与探索 峨桥作为商贸中心集镇，历史悠久。明清以来，因漳河舟楫之利，便有肩挑手提走村串巷式经销茶叶传统。1981年，少数当地农民改走村串巷为坐地零售，从此越聚越多，政府因势利导，从20世纪90年代初开始大规模建设茶叶交易场所，先后建成茶市一路、二路、外经路、梅地亚大道和峨桥国际茶城。为规范经营，促进发展，原繁昌县政府于1997年元月成立“繁昌县峨桥茶叶市场管理委员会”，专门负责峨桥茶市的管理工作。峨桥茶市从萌发时的坐地零售单一的形式发展到占地15万平方米，经营门面1 100余家，固定摊位3 000多个，经营品种多达1 200余种，以茶叶营销、加工、包装、仓储保鲜为主，兼生产经营茶包装、茶具、根雕等系列产品。并成功举办两届中国国际（芜湖）茶叶交易博览会，已成为国家茶叶批发销售的大型市场。峨桥茶市的发展，是农民自发和政府政策引导相结合的产物，是遵循市场经济规律的成功范例。

随着新区的建立，未来峨桥茶市的发展将依托龙窝湖的开发、桐山、浮山寺旅游景点的开发，响水涧蓄能电站的建设等优势，结合三山新区集旅游、观光、休闲、购物为一体的规划目标，把峨桥茶市打造成功能齐全、设施完善、服务一流的绿色精品市场。我们的宗旨是：交流合作，互惠双赢。凡来峨桥茶市投资经营，我们将给予政策扶持，热情服务。使来者安心，去者愉快。我们热忱欢迎国内外客商来峨桥投资创业。

（安徽江南第一茶市）

安溪中国茶都——打造大市场、发展茶产业

安溪地处闽南金三角，产茶历史悠久，是名茶铁观音发源地。农业部命名“中国乌龙茶（名茶）之乡”。文化部命名“茶文化艺术之乡”，铁观音制作工艺列为国家非物质文化遗产，正在申报世界非物质文化遗产。茶业是安溪的民生产业。几年来，县委县政府实施工业强县、茶业富民的战略决策，坚持建基地、提品质、树品牌、拓市场的茶产业发展之路。2000 年投建安溪中国茶都茶叶批发市场，促进了茶叶产品流通，茶产业持续健康发展。

1. 市场概况 市场占地 16.67 公顷，建筑面积 18 万平方米，总投资 5 亿元，建有 1 800 间（套）商住两用店铺，两个茶叶交易大厅，可容纳 3 000 个茶农交易摊位。配套建设有：茶叶质量检测中心、茶都商务网站、茶文化博览馆、茶科技咨询服务中心、茶叶价格指导服务中心、茶叶竞价交易中心、茶都客运站、茶都酒店、文化广场、诗词长廊等一系列配套设施，是目前国内同类市场投资最多、规模宏大、品位高雅、配套功能最完善的茶叶专业市场。被农业部批准为“定点市场”，商务部“双百市场工程”农产品批发市场，中国茶叶流通协会授予“全国重点茶市”，国家旅游局授予“农业旅游示范点”，福建省“农产品标准化批发市场”、“十佳农牧业龙头企业”，2007 年通过绿色市场认证。

2. 市场的特色

（1）起步资金少。靠 3 万元起步，政府搭台商家唱戏，两年就实现无负债经营，现在的工程规模投资 5 亿元，全靠融社会资金、滚动发展，累积固定资产原值 3 000 万元。

（2）建设速度快。第一期工程 2000 年春季动工，当年底开业。2002 年启动第二期工程，2003 年建设第三期工程，4 年迈出三大步，成就了规模。

（3）效益明显。市场入住商户从 2001 年近 300 家，发展到现在 1 500 多家，交易额从 2001 年 2.8 亿元、2003 年 5.6 亿元到 2006 年 11.2 亿元，实现了 3 年交易额翻一番，2007 年茶叶交易量 1.5 万吨，交易额达 13.8 亿元。在面临金融危机的挑战，市场交易仍逆势上扬，1～5 月同比交易量增 20%，单价上扬 15%，交易额增长 40%，已达近 6 亿元。

（4）配套齐全促规范。市场融茶农交易、店家产地批发、质量检测、物流酒店、电子信息、电子商务、文化设施为一体，集茶叶贸易、信息交流、茶文化研究、旅游传播、质量品牌打造的现代气息，促进茶产业、茶产品流通的健康发展，经济效益和社会效益同步显现。

3. 市场的作用 市场的建设与发展促进安溪县茶产业生产力和生产关系良性循环、和谐发展。

（1）促进了茶叶产品流通。市场搭建了供需交易大平台，改变了以前销售渠道小、散、信息不灵、茶农肩挑手提推销的落后销售方式，产销见面，降低了成本，加快流通，提高知名度，销区逐年扩大到全国各地和世界 60 多个国家和地区。每年春秋茶上市，海内外采购商云集茶都，产茶高峰期茶叶交易大厅交易量达 100 多吨，全年每天有 70 多吨茶叶运往全国各地市场。

（2）促进了茶叶品质提高，价格提升，茶农明显增收。通过市场流通，调动茶农种好茶、做好茶的积极性，推动茶叶特色基地建设，带动了茶业的科技进步，促进了茶叶品质提高，茶农得到丰厚的实惠。市场统计，2001 年茶农生产普通乌龙茶毛茶平均价每千克 35.6 元。2008 年市场毛茶平均价每千克 75.2 元。2007 年农民人均纯收入 6 500 元，有 56% 来自茶产业。

（3）促进了产业链形成。市场带动了茶业印刷包装业，茶叶机械制造业、运输业、旅游餐饮服务业的发展，一业兴、百业旺。

（4）促进了就业。市场直接增加就业人员 6 000 多人，通过行业带动间接增加就业 20 000 多人，促进了农村剩余劳动力转移，还辐射周边 10 多个市、县的茶产业发展。

（5）促进了品牌建设。茶都市场的推广和宣传，推动了茶叶质量和品牌建设步伐。全县已有 28 家通过 ISO9000 质量管理体系认证，8 家通过无公害农产品认证，7 家通过有机茶基地认证，5 家获得中国驰名商标，10 多家获得福建省名牌产品，评选出十佳茶叶品牌和十佳茶叶企业。

（6）促进了财政增收。市场建设，促进了土地增值和建安税、房地产税的收入，农业特产税取消以后，增加流通环节茶叶的税收每年近 1 000 万元，还累积了国有固定资产原值 3 000 多万元。

市场流通促进了安溪茶产业发展，全县 20 世纪末茶园 2.67 万公顷，年产茶 4 万吨，产值 20 亿元，发展到 2008 年茶园 4 万公顷，年产茶 6 万吨，涉茶产值 65 亿元。茶业兴、百业旺，为安溪的县域经济快速发展发挥了积极作用。

（安溪中国茶都集团有限公司）

中国茶产业科技创新

中国工程院院士　陈宗懋

21世纪以来，中国茶产业以稳健的步伐在世界上进入前列，茶园面积和茶叶产量均居世界首位，茶叶出口居世界第二。在国内茶产业也以很高的速度向前迈进，2007年茶叶产量达116万吨，比2006年增长13.4%；产值达660亿元，比2006年增长20%；茶叶出口28.94万吨，比2006年略有增长。

茶产业已成为山区农村的一项受欢迎的产业，2007年茶园面积达161公顷，比2006年增长12.7%，比2000年增长48.1%。

展望未来，中国茶产业能否像以往10年那样的实现可持续发展的良好趋势？能否保持在世界上的优势地位？能否继续为山区茶农致富增收？应该清醒地认识到，尽管中国茶产业步履稳健，但仍然存在若干隐患和差距，让我们以科学的态度进行分析和思考。

（一）差距

与世界主要产茶国相比，中国茶产业还存在如下差距：

1. 产值偏低　茶与咖啡、可可三大非酒精饮料，茶是除水以外，世界上最普遍的一种饮料。据加拿大统计，除了水以外，茶作为饮料占世界饮料总量的40%，但如果换算成产值则只占9%，这说明茶的产值仍然低于咖啡、可可和其他饮料，这也说明茶叶的产值还有很大的增加潜力。

2. 消费量不平衡　1992—2002年，据联合国粮农组织颁布的各种农作物产量的年增长率数值中可见，茶叶在1992—2004年10年间平均年增长2.0%，其中进口国年均消费增长2.5%，而生产国消费年均增长1.3%。据2007年国际茶叶委员会颁布数字，中国人均消费量为0.45千克，印度为0.69千克，而消费国英国的平均人均消费量为2.17千克，伊拉克为2.40千克，而生产国中的中国、印度是世界上人口最多的国家，因此增加生产国消费者的消费量将会对世界茶叶消费量产生明显的影响。

3. 单产低　与其他产茶国相比，中国的单位面积产量低，2004年中国茶园单产为662.7千克/公顷，而肯尼亚为2 285千克/公顷，日本为1 760.6千克/公顷，印度为1 851.9千克/公顷，与世界平均单产相比，中国只有世界平均单产的61%。

4. 无性系比例不高　世界产茶国的发展趋势是种植无性系茶树，目前中国无性系良种普及率在30%左右，而日本的无性系普及率为91%，斯里兰卡为57%，肯尼亚为50%，印度为40%。

5. 出口茶价格低　主要以夏秋茶原料加工的出口茶在国际上的买价持续走低，国际竞争力低。1992年以前中国的出口茶价格每千克在2美元以上，1993年、1999年在1.63～1.70美元之间，2000年1.52美元，2001年1.36美元，2007年1.83美元/千克，仅是斯里兰卡的1/2左右。

6. 茶厂装备差，自动连续化程度低　中国名优茶和大宗茶生产的机械化程度已达80%，但机械设备陈旧，90%茶厂仅为单机作业，未能实现连续化、自动化，大多数机械仍沿用20世纪70～80年代的设备，50%以上的使用年限已超过15年。

（二）科学技术对茶产业发展的推动作用

科技创新是用创新性思维构建新颖的理论，成功实现为新的或改进的产品或技术，茶叶作为一个产业，在20世纪有长足的进步，20世纪初世界茶叶产量30万吨，到21世纪初产量302.1万吨，增加9倍，在前50年中世界茶叶产量平均年增长2.26%，后50年平均年增长7.12%，这与前50年中发生过两次世界大战，但更主要的是反映了后50年科技创新的作用。回顾20世纪茶叶科技的发展，如下八项对世界茶产业的发展起着重要作用。

1. 无性系的应用　无性系品种的发展和推广改变了世界茶树种植业的面貌，推动了现代化茶园的建立，并为茶园机械化提供树冠条件，无性系茶树最早出现在200多年前的中国福建省，据传，清代冠盖如云安溪县农民魏钦即育成了铁观音，这是世界上最早的无性系品种。日本在20世纪30年代发展无性系品种，印度、斯里兰卡、印度尼西亚等国在20世纪40年代开始推广。

2. 短穗扦插技术的推广　短穗扦插技术的成功加速了无性系良种推广速度，据传最早中国福建茶农林氏用第二、三叶的茶树插穗扦插获得成功。印度在1931年报道采用短穗扦插，其后在斯里兰卡（1932）、印度尼西亚（1933）相继推广，这项技术的推广应用对加速良种繁殖起到了重要作用。

3. 采茶机的应用与推广　据统计，茶叶成本的40%是用于劳动力，而劳动力开支中的80%用于采摘，采摘的及时与否与茶叶的品质和价格关系极为密切。因此解决采茶的劳动力是降低茶叶成本的关键。早在20世纪20年代日本率先开展采茶机研究并开始推广应用。1961年日本推出小型动力单人采茶机，1966年推出动力双人采茶机，到70年代日本茶园中采用动力采茶机采茶已达80%，80年代已达 90%以上，该项技术的推广使工效提高 13 倍以上，成本降低 50%以上，同时鲜叶质量也有所提高。

4. 红茶萎凋槽和 CTC 工艺的发展 长期利用茶厂地面的 70%～80%用以摊放萎凋叶，先后开发萎凋槽滚筒（印度尼西亚，1908）和大型萎凋机（英国，1927），但均未达满意效果。20 世纪 30 年代末非洲原比属刚果创制的萎凋槽在 1956 年传至印度，并向世界主要红茶产茶国扩展，一直沿用至今，这种机器的创制成功突破了红茶机械化制茶的一个难点，使得能源耗量减少一半，劳动力节约 2/3，占用厂房面积减少 3/4，对世界红茶生产的发展起了重要作用。CTC 机 1955 年由英国 C. McKercher 在印度试验成功，这种 CTC 红茶工艺的发展，使红茶的内在品质有明显提高。由于这种工艺使叶组织破碎度提高，发酵过程的快速进行，使发酵时间缩短 50%以上，品质提高，汤色红艳浓强，冲泡快，已成为当今世界红茶市场上的主要产品，2006 年 CTC 红茶占世界红茶生产总量的 60%以上。这种工艺的应用使得同样数量产品的冲泡量增加了近 1 倍，同时销售价格也有明显提高。这两项创新对世界红茶的生产和销售具有极其重要的作用。

5. 袋泡茶技术的发展 袋泡茶在 1940 年开始问世，1966 年第一台袋泡茶机出现，尽管从全世界范围来看，袋泡茶只占总量的 25%左右，但欧洲各国的饮茶方式主要是袋泡茶，从 1965 年占 5%的消费量上升到 90%左右，英国 2000 年袋泡茶消费占消费总量的 85%，法国占 98%，荷兰和加拿大占 89%。

6. 罐装茶饮料的兴起 茶饮料的发展始于日本（1981），从 1984 年生产的 500 万罐增加到 2002 年的 4.4 亿罐，增加近 100 倍。中国台湾省的茶饮料也由 1987 年的 5.0 亿新台币销售额增加到 2002 年的 86 亿新台币（100 新台币约合 21 元人民币，2009），增加 16 倍。中国内地茶饮料从 1997 年起步（20 万吨），每年以增加 1 倍的速度增长，到 2007 年估计已达 450 吨，目前还在迅速增长。据统计，每年中国茶叶饮料所用的茶叶原料占中国茶叶产量的 3% 左右，但产值则占总产值的 30%，在 100 亿元以上。罐装茶饮料的兴起使茶叶的产值有明显增值。随着旅游业的发展，罐装茶饮料可以预期还会有迅猛的增长。

7. 绿茶加工机械的创新 珠茶是中国传统的出口茶类，远销北非和欧洲等 20 多个国家和地区，外形圆紧，色泽绿润，由于外形浑圆似珍珠，因此加工工艺独特，长期用手工炒制，耗时费力，生产率低下。1968 年浙江省嵊县（现更名为嵊州市）马传进等创制珠茶炒干机，结构简单，性能优良，每锅可炒 30～35 千克，6～8 小时完成，产品质量好，颗颗似珠，解决了生产上一大难题。

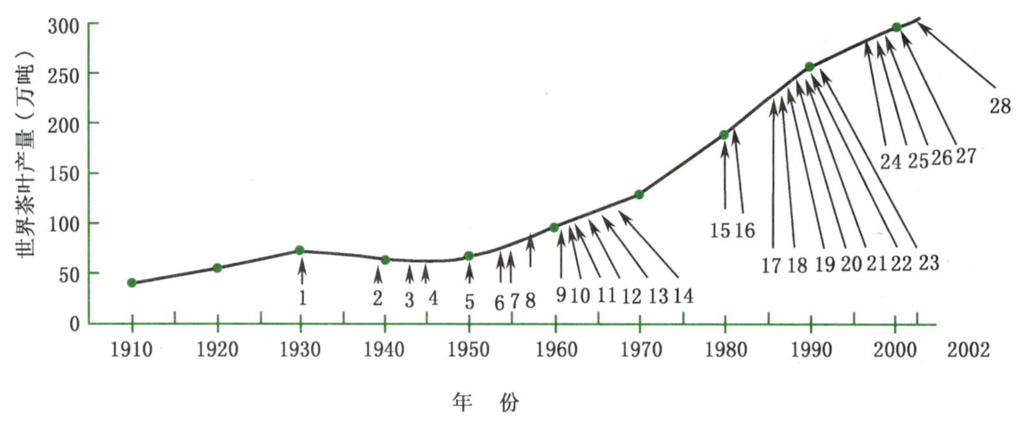

图 1 科技创新和茶产业发展

1. 无性系品种的育成和短穗扦插技术的推广（1931）; 2. 袋泡茶进入市场（1940）; 3. 第一个喷雾干燥法制备速溶茶专利的诞生（1943）; 4. EGCG 分离成功（1946）; 5. 茶氨酸分离成功（1949）; 6. 茶树缺镁症的确定（1954）; 7. 红茶萎凋槽问世（1955）; 8. CTC 机和 Rotovane 机问世（1958）; 9. 小型动力采茶机推广应用（1961）; 10. 茶树缺锌症的确定（1962）; 11. 茶黄素和茶红素分离成功（1950—1962）; 12. 茶饼病测报系统的建立（1967）; 13. 茶树细胞离体培养成功（1968—1975）; 14. 珠茶炒干机的发明（1968）; 15. 茶小卷叶蛾性信息素的合成成功并商品化（1980）; 16. 茶液体饮料开发成功（1981）; 17. 茶叶中儿茶素抗氧化活性的最早报道（1985）; 18. 茶叶有效组分降血压、降血脂功能的发现（1986）; 19. 电脑和电子技术在茶叶加工上的最早应用（1986）; 20. 最早发现 EGCG 在活体外可抑制人体癌细胞繁殖（1987）; 21. 茶叶中有效组分的提取和商品化生产（1987）; 22. 平衡施肥理论的确立（1988）; 23. 第一个有机茶产品在欧洲市场出现（1989）; 24. 名特茶加工机械的出现（1995）; 25. 以茶氨酸为主要成分的 Suntheanine 产品在欧洲上市和获奖（1998）; 26. 现代绿茶加工自动化线出现（1999）; 27. EGCG 与抗癌药物有增效作用的发现（1999）; 28. 将绿茶纳入日本全民的两阶段癌症预防计划（2002）

图 1 是 100 年来世界产量的发展，由图可见它的发展速度和茶叶科技创新有明显关系。

8. 儿茶素类对人体生理调节功能的研究使得茶叶从一种饮品成为保健品 自从 1987 年日本富田勋最早报道 EGCG 对人体癌细胞具有活体外抑制作用以来，数以千计的报告揭示了茶叶中有效组分抗氧化、抗癌、降压、降脂、防龋、降血糖、抗衰老、杀菌、抗病毒、抗过敏等多种生理调节功能，日本已将绿茶列入两阶段的癌症预防计划，第一阶段针对一般人群，预防和延迟癌症发生；第二阶段将绿茶和抗癌药物混合使用以提高抗癌效果，减轻副作用。美国也已批准将绿茶作为预防癌症的药物在临床应用。

（三）依靠科技创新，发展茶产业

中国茶产业近10年来持续发展，但同样存在一些隐患，这对未来中国茶产业的发展会产生潜在的影响。必须针对存在问题，依靠科技创新，发展中国茶产业。

1. 种植业 种植业包括栽培、育种和有害生物治理。茶树栽培的科技创新主要围绕着环境安全、降低成本上。茶树的营养施肥重点是如何实现因需施肥，改变20世纪90年代以前强调高氮肥的施用量，以最大限度减少对环境的污染和降低成本，同时还研究测定土壤中氮素水平和需肥量的自动化茶园传感系统（ASSTF）和装置，这是栽培管理上的一项创新，既节省了成本，使地下水污染问题也获得很大改进。同时更新了施肥上的观念。

另一项研究也具有创新的特点，日本、印度、马拉维等国都在集中研究如何降低茶树呼吸作用的消耗。印度资料表明，光合作用的产物中65%消耗于呼吸作用。东北印度是63%～66%，南印度是65%，如何降低呼吸作用的消耗和保证充分二氧化碳供应使得光饱和值可以提高。

在茶树育种上，近10年来的进展较快。过去采用传统方法选育优质单株的成功率为40 000：1，因此，选择一个茶树品种需要很长的周期，在日本为22～25年。90年代以来采用分子生物学的方法大大加速了育种所需年限。2006年田中淳一报道了用标记物辅助的选育（MAS）方法进行茶树育种，用DNA标记物和DNA提取方法相结合来评价其抗寒性、抗虫性和多样性，方法简便、价廉、快速，对加速茶树育种工作有明显作用。2008年日本加藤史子等报道用简单反复配列标记物作为茶树品种鉴别之用，最少只须用2个标记物即可对40多个品种进行鉴别。日本2005年采用种间杂交方法用大理茶和茶树耐寒性晚生绿茶品种奥武藏杂交育成茶“中间母本农6号”，该品种生长旺盛，花青素含量在1%以上，由于花青素有降血压、抗氧化活性强等功能，因此作为机能性茶的开发，提供新的资源，还育成梦香（ゆめかずり）品种，对日本严重的桑盾蚧和轮斑病有强抗性。印度、肯尼亚、印度尼西亚近年育出了TRE1、S15/10和GMB6—GBM10，产量均在3 000～5 000千克/公顷，兼具抗病性和良好品质。

在有害生物的治理上，日本更重视基础研究，山口卓宏等（2006）对近年来全球气候变暖对茶树害虫发生的宏观研究，结果认为平均气温升高2℃可使起始温<10℃的害虫（如茶卷叶蛾、茶小卷叶蛾、茶黄蓟马、桑盾蚧、神泽红叶螨等）的发生峰期提早15天，并有可能增加每年发生世代数。在茶树有害生物的治理上最具说明力的创新成果是日本对茶小卷叶蛾性信息素的研究，从1969年起步研究，由昆虫学、化学、微电子学、农药加工等学科的联合研究，先是分离发现了茶小卷叶蛾雌虫分泌的性信息素成分有2种，当化学合成了这2种成分后，在田间应用发现效果不好，进一步研究又分离出3种微成分，其中2种对引诱雄蛾有促进作用，一种有忌避作用，于是将2种有促进的成分加入，又把有忌避作用、而且化学结构上和其中的1种很相似的成分去除，结果这4种信息素成分混合成的制剂效果非常好，用它进行迷向防治效果甚至优于化学农药，这项成果在日本全国区中推广应用，已取代了化学农药，这是一项具典型创新性的成果，不仅有良好防治效果，而且对环境安全、对茶叶不污染。目前中国正在开展采用化学生态学方法防治的绿色防治技术，相信在不久的将来会在生产中大量应用。

2. 加工业 种植业为茶产业提供资源，加工业则是茶产业的中心环节，加工业的核心是质量、安全和多样化。在加工上有一个创新的范例，这就是联合利华这个企业，它是一个英国的企业，经营范围包括食品、化妆品、生活用品，其中包括茶叶，在英国没有茶园，但它的茶叶销售量占世界总销售量的16%，联合利华提出的口号是“茶叶品质是由人设计出来的”。它的产品在任何时候，任何地方的产品都具有同一规格和品味，这是决定于其拼配技术来实现的，国际上目前流行一句口号，就是“一杯好茶的关键是拼配”。中国是一个茶区范围广、资源丰富的国家，因此，根据不同茶叶和品种的品质特征，研究出一种科学的拼配技术和方法是一项具有创新性的工作。

茶叶的理化审评在许多国家中进行，但迄今仍未能代替感官审评。日本味香战略研究所2008年报道了一种味觉的传感器可以使茶叶滋味数值化，为理化审评提供了一个手段。

3. 精深加工 精深加工是实现增值的一个重要途径。通过深加工，产值可以增值10～100倍。日本通过茶叶精深加工而创造的产值估计在100亿美元。在茶叶精深加工中茶饮料的发展可以认为是茶产业中的一项创新科技。茶饮料最早在日本出现，从1981年起步，到2005年，产量已近500万吨，其后在中国台湾省和欧洲、亚洲等许多国家发展，中国从90年代中期开始起步，到2007年已达450万吨，用中国茶产量的3%左右的原料，加工成茶饮料后创造了中国茶叶总产值的30%，可以预期，茶饮料在中国还将继续发展，据估计，600万吨上下将是茶饮料在中国发展的峰值，600万吨茶饮料估计将创造出近200亿元的产值。这不仅是技术上的创新，也是茶产业经营销售上的一个胜利。

在精深加工上的另一个创新实例是袋泡茶的生产与发展。袋泡茶在20世纪40年代开始出现，由于它的方便，所以发展迅速，目前欧美各国80%～90%的消费方式采用袋泡茶，此外袋泡茶机的问世和发展，各种开头的滤纸袋，从普通的长方形纸袋发展到圆形、立体形、金字塔形，使得袋泡茶日益受到消费者的欢迎。从袋泡茶的发展看到一种产品的消费还需要有适合于消费的形式和不断的创新。

4. 健康 尽管茶叶在中国古代，最早是以治病的方式出现的，其后由于种植面积的扩大，逐渐由药用转为饮用。现代茶与健康的研究始于20世纪80年代，特别是 1987 年日本富田勋报道了茶叶中的有效成分可以抑制人体癌细胞，从此掀起了茶与人体健康的研究高潮，从 80 年代后期起一直到 2007 年，每年发表的论文数从几十篇到 500 多篇。目前已证明茶叶中的有效成分具有防龋、消炎、降血压、降血脂、杀菌、抗癌、抗突变。在抗癌的研究方面，到 90 年代中期已基本完成了茶叶抗癌的活体外实验、活体内实验和临床实验，这些研究都证明了茶叶对皮肤癌、肺癌、肠癌、胃癌、前列腺癌、肝癌、食道癌、口腔癌等多种脏器的癌症均呈现良好的预防效果和一定治疗效果，从 90 年代中期起开始转入流行病学研究，结果在东方人群进行的结果大部呈阳性结果，也就是饮茶越多的人群，癌症的发生率越低，但在西方国家进行的研究，许多结果呈现非显著性差异，因此从 90 年代末期到 21 世纪初大量研究投入到多酚类化合物在人体中的代谢和可利用性研究，这项研究对明确各种儿茶素在人体脏器中的分布和数量有很重要的作用，对进一步的流行病学研究具有指导作用，最近几年来大量研究集中在茶叶中有效成分对脑退化性疾病（包括老年性痴呆和帕金森氏病）有良好效果。

科技创新是发展茶产业的支持和力量源泉，从上面引列的实例中可以看出，在以往的历史长河中，世界和中国茶产业的发展与科技创新密切联系。21 世纪的茶叶显示了科技创新对产业发展的巨大潜力。依靠科技创新必将实现中国茶产业的兴旺发展，实现茶产业在世界上的腾飞。

中国茶叶科研体系及其研究进展

中国农业科学院茶叶研究所所长　杨亚军

（一）中国茶叶科研体系

1. 研究机构设置　中华人民共和国成立以来，中国从中央到地方相继建成了一批从事茶叶科研的茶叶专业研究机构和农业大学，形成了包括由国家到地方，有高校、农科院（所）等专业研究机构以及企业组成的中国茶产业技术研发体系。中国内地目前有省级以上（包括直辖市）茶叶研究所 13 家，其中全国性茶叶专业研究机构 2 家，安徽、福建、江西、湖北、湖南、广东、广西、重庆、四川、贵州、云南等 11 个省、自治区、直辖市茶叶研究所 11 家；地、市级茶叶研究所 8 家。全国有 11 所大学、11 所专科学校设置茶学专业，从事本专科生、硕士生、博士生等不同层次的高级人才培养，建立了一批博士后流动站学科点。同时，也从事茶叶研究和技术服务。

建成了一批野外观测台站、重点实验室、茶叶质量检验测试中心和各类具有特定功能和目标的中心或科技平台。主要有国家种质杭州茶树圃（含勐海分圃）、国家茶树资源保存中心、国家茶树改良中心（杭州中心和安徽分中心）、国家茶树原种保存基地、福建乌龙茶种质资源圃等。建有农业部茶叶化学工程重点开放实验室、农业部茶叶生物化学与生物技术重点实验室和省级茶业科学与工程重点实验室等 8 个。建有国家和农业部茶叶质量监督检验测试中心，江西、安徽、福建、河南、湖南和山东等地分别建有省级茶叶专业检测中心，其他产茶省也相继建立了综合性的农产品质量检测中心（站），初步建立了由国家、省部组成的茶叶质量安全检验检测体系，能基本满足茶叶产品检测和质量评价的需要。在建的国家级科技平台有国家茶产业工程技术研究中心、国家农产品加工技术研发中心茶叶加工专业分中心等。

目前，国家农业科技创新体系建设工作已经启动，茶叶科技也将紧随全国农业科技创新步伐，按照即将出台的全国茶叶优势区域发展规划，依托具有创新优势的中央和地方茶叶科研资源，构建起由国家茶产业技术研发中心（由若干功能研究室组成）和国家茶产业技术综合试验站两级组成的茶叶现代农业产业技术体系。

2. 研发队伍　目前，中国已形成了一支包括院士、知名专家在内的从事茶叶教学、研究的科技人员队伍，在职副高以上职称或硕士以上学位茶叶科技人员 300 多人，其中正高职称 80 余人，副高职称 150 余人。国家级研究机构中在职副高以上职称或硕士以上学位的茶叶科技人员有近 80 人，大专院校中有近 120 人，省级、地市级茶叶研究所中有 120 多人。在全国科研人员中，40 岁以下人员占 35%；有博士生导师近 30 人，硕士生导师近 90 人。

3. 研究开发领域　中国茶叶研究开发领域齐全，涵盖了茶叶产前、产中、产后诸环节，包括茶树种质资源、遗传育种、茶园生态、茶树营养、茶树生物技术、病虫害防治、农药残留、茶叶生理生化、茶叶加工与新产品开发、天然产物提取与应用、茶叶经济管理等。国家级科研院所和部分大学具有较强的研究力量，承担了大部分的基础研究和应用基础研究，如国家“863”计划、国家自然科学基金、支撑计划等项目；省级科研院所以应用研究为主。

（二）中国茶叶科研进展

1. 茶树育种进展

（1）茶树品种选育概况。1990 年在位于浙江省杭州市的中国农业科学院茶叶研究所建立了国家种质杭州茶树圃；在云南省勐海的云南省农业科学院茶叶研究所建立了国家种质勐海茶树分圃，作为永久的茶树资源迁入保存基地。目前，国家种质杭州茶树圃共保存包含茶组植物所有种、变种的各类茶树资源 2 900 多份，已对其中的 1 500 多份资源进行了形态特征、生物学特性、品质特性、抗逆性和抗病虫性等系统鉴定评价，筛选出一批优异和特异资源供生产和育种利用。各茶叶主产省也建有资源圃，以保存地方资源为主。

截至2008年3月，育成通过国家审（认）定的无性系茶树新品种67个，其中适制红茶品种10个、适制绿茶品种22个、红绿茶兼制品种29个、适制乌龙茶品种6个；省级审（认）定无性系品种100多个；目前还有45个新品种（系）在全国9个区试点参加第三轮全国区试，22个新品种（系）在7个区试点参加第四轮全国区试。

全国茶园无性系良种发展较快，良种茶园比例从20世纪80年代的不足10%提高到2006年的33.1%，其中部分地区（如福建省、浙江省永嘉县、贵州省湄潭县等）达到90%以上。

(2) 茶树育种技术进展。常规育种技术（以单株选择为主，辅之以杂交育种和辐射诱变）仍是中国茶树育种的主要技术手段。近年来，育种新技术研究取得了较好的进展。

开展了茶组植物种间远缘杂交技术研究，通过结合使用杂交胚的早期挽救培养技术，获得了远缘杂交后代。^{60}Co-γ射线、N^{+}离子、快中子和EMS等物理和化学诱变技术等应用于茶树育种，通过辐射诱变育成国家和省级审定的新品种与品系。同时，工厂化快繁育苗技术在育种实践中的应用研究，为缩短育种材料和新品系的繁育时间，加速茶树育种进程提供了可能。

RAPD、AFLP、ISSR和EST-SSR等分子标记已广泛应用于茶树种质资源遗传多样性、品种分子鉴别等研究，并初步构建了基于AFLP等分子标记的茶树遗传连锁图谱，使茶树育种早期鉴定从主要研究某些形态性状与产量、品质、抗性的简单相关，发展到利用通径分析、多元回归、主成分分析等生物统计学方法，系统地分析形态、生理生化等多个变量与茶树产量、品质、抗性的关系，再发展到现在的DNA分子水平。

分离和克隆获得茶树类黄酮代谢和茶叶香气形成相关重要功能基因10多个；21世纪初期开始茶树功能基因组研究，构建了2个茶树表达基因文库，测序获得5 000多个茶树EST序列，代表1 200多个功能基因部分序列，明确了茶树新梢和幼根的基因表达谱特征，研制出第一张中等密度的茶叶基因芯片；茶树转基因研究也已起步。

2. 茶树栽培技术研究进展 阐明了茶树新梢数量是构成茶叶产量的主导因子。提出了高产茶园的栽培技术指标，即种植密度每公顷6万株左右，树冠覆盖度80%～90%，树高70～80厘米，土层厚度60厘米以上，土壤有机质含量1.5%以上，pH 4.0～5.5，质地为中壤土至重壤土，最适田间持水量80%～90%等。针对名优绿茶以采摘春茶为主的特点，提出轻修剪的时期从以往采用的春茶前修剪改为春茶适度提前结束后或秋茶结束后进行。

阐明了品种落后、树势衰败、土壤肥力贫瘠等是造成茶园低产低效的主要成因，提出更新换植优良无性系品种、修剪复壮树冠、增施肥料改土培肥等改造技术。研究了长期种植茶树的环境效应，提出了适量施用石灰、增加有机肥等措施改良改种换植茶园的土壤性质，解决这些茶园土壤酸化、养分缺乏、有害病原物和微生物累积等问题。提出了茶树改造嫁接技术，具有简单易行、成活率高、节约成本和见效快的特点，嫁接后翌年就可采摘，比挖茶树改种法提早3～4年获得收益。

在茶树施肥和土壤管理技术研究方面，研究中国主要茶叶产区茶园土壤养分资源状况，阐明土层浅薄、土壤酸化、有机质含量低、养分供应能力差和元素比例不协调等主要障碍因子，提出优质高效高产茶园土壤营养诊断指标，建立了根据产量水平对氮肥实行总量控制分期调控、磷钾镁肥测土与平均适宜施用量推荐相结合的茶园养分综合管理技术；针对土壤特点研制出适合不同类型茶园的茶树系列专用肥及其配套使用技术，进行了大面积应用；研究开发了具有控制氮素形态和释放速率能力的茶树控释长效专用肥，初步引用显示能显著提高肥料的利用效率，改善茶叶的生化品质。

分析了典型茶园的土壤肥力和环境质量状况，借助GPS、GIS技术对茶园土壤的环境质量进行调查评价。初步明确风险元素（铝、氟）和重金属元素（铅、砷、铜等）在茶树中的累积特性、根际过程和重要影响因子，揭示大气沉降物对茶叶重金属元素特别是铅含量有重要影响，提出了防控或阻断治理技术措施。

在茶叶机械化采摘技术方面取得突破并广泛应用。研究了机械化采摘的效果和技术，制定了《机械化采茶技术规范》，提出了与机采配套的修剪与培肥技术措施，与手采相比，机采提高工效10倍，降低成本40%以上。

设施栽培技术得到长足发展。夏季茶树覆盖遮阳网，不仅降低篷面温度，而且能促进茶树对养分的吸收，增加氨基酸、咖啡碱等物质的含量，从而改善夏秋茶的品质。提出了冬、春季在茶园内覆盖塑料薄膜以提早春茶萌发的新型栽培技术，冬季和早春搭盖塑料棚使春茶在一般年份可提早10～20天采摘高档名优茶，并能避免冬季和春季霜冻危害，特别是能减轻春季“倒春寒”对萌动新梢造成的伤害，可使茶叶产量提高15%～20%。

制定无公害、有机茶叶产地环境条件、生产技术等系列标准和规程，构成了指导中国当前无公害茶叶和有机茶生产的基础和纲领性科技文件，对改善中国茶叶卫生水平、实现安全清洁生产具有重要的指导意义。

3. 茶树病虫害防治技术研究进展 通过全国性的茶树病虫普查，初步明确中国有茶树害虫814种、茶树病害138种。目前已对茶尺蠖、假眼小绿叶蝉、长白蚧、茶橙瘿螨、茶饼病和茶云纹叶枯病等近100种茶树病虫害进行了深入或比较深入的研究，明确了这些病虫的生物学特性、发生规律和防治方法。

在茶园病虫天敌资源研究与利用方面，已初步查明中国茶园病虫天敌资源有1 100多种，主要是寄生性天敌昆虫、捕食性天敌昆虫、蜘蛛、捕食螨、其他食虫动物和病原微生物等几大类。研究明确了数十种天敌（寄生蜂、捕食性天敌昆虫和捕食螨等）对茶树主要害虫的自然控制作用。分离获得茶树害虫虫生真菌 35 种、昆虫病毒 80 余种。开展了天敌优势种中多种虫生真菌（白僵菌、细脚拟青霉、韦伯虫座孢菌等）和昆虫病毒（茶尺蠖 NPV、茶毛虫 NPV、油桐尺蠖 NPV、茶刺蛾 NPV、茶小卷叶蛾 GV 等）的形态学、生物学、大量繁殖方法、实用剂型及田间防治效果等方面的研究，并进行了大面积示范试验，真菌和病毒的防治效果分别可达 75% 和 90% 以上。白僵菌、茶尺蠖病毒和油桐尺蠖病毒等已达到了规模化生产水平，形成了系列生物制剂产品，茶尺蠖病毒制剂已完成了产品登记，推广应用面积累计达 6.7 万公顷。

在化学生态学研究方面，相继研究明确了茶尺蠖、茶毛虫、茶卷叶蛾、茶细蛾、茶蚕和大尺蠖等害虫的性信息素成分，开展了田间防治茶毛虫、茶尺蠖等害虫的示范试验，取得了不同程度的田间防治效果。近年来开展了害虫—天敌间利他素及茶树—害虫—天敌三级营养化学通讯机制的研究，明确了茶毛虫与黑卵蜂、黑刺粉虱与长角广腹细蜂、茶尺蠖与绒茧蜂之间的利他素，探明了茶树—主要害虫（假眼小绿叶蝉、茶尺蠖、茶蚜、黑刺粉虱）—天敌（绒茧蜂、草蛉、瓢虫、白斑猎蛛、三突花蛛）三营养级之间的化学通讯机制，确定了素馨黄和芽绿等 10 余种色彩在茶树—害虫—天敌之间的通讯效应。利用色板或色板与信息素组合防治假眼小绿叶蝉和黑刺粉虱技术已开始进入田间应用阶段。

在茶园农药使用技术和茶叶中农药残留的研究方面，筛选出有机氯、有机磷、拟除虫菊酯类、氨基甲酸酯类、昆虫生长调节剂等化学农药近 100 个品种，提出了这些农药品种防治茶树病虫害的使用技术，先后在生产上推广应用；完成了 50 余种农药在茶叶中残留降解动态的研究，制定了 20 余项茶叶中农药安全使用标准。近年来筛选并推广应用了植物源农药苦参碱、印楝素和矿物源农药农用喷淋油，对茶树部分鳞翅目害虫和茶树螨类防效显著。研究制定了茶尺蠖、假眼小绿叶蝉等 15 种主要茶树病虫的化学防治指标。通过不同喷雾器、不同容量、不同喷雾方式下农药雾点分布规律等多方面的研究，提出了一套比较完善的茶园农药优化使用技术。

在茶树病虫害综合防治方面，集成了茶树病虫无公害防治技术，并进行了大面积推广应用。以灯光诱杀、信息素引诱、昆虫病毒释放、植物源农药和矿物源农药的使用为重点，以农业防治为基础、化学防治相协调，集成了茶树病虫无公害防治技术体系；通过建立示范点，以点带面在全国茶区进行了大面积推广应用，有效地解决了中国茶叶生产中突出的农药残留问题，改善了茶园的生态环境。

4. 茶叶加工技术研究进展 在传统茶加工方面，近年来名优绿茶机械化加工取得显著进展，相继开发出多种适合不同风格名茶加工的名优绿茶加工机械，如扁形茶炒制机、曲毫机、多功能理条机、长板式名茶（扁形茶）炒制机、连续理条机等，对名优绿茶发展起到了极大的推动作用。蒸汽杀青、微波杀青和热风杀青等技术的研究与应用，使大宗绿茶的品质得到明显提升，已研制成功多条大宗绿茶连续化生产流水线。

空调做青技术和提香技术在乌龙茶加工中已得到广泛应用，保证了乌龙茶品质的稳定和提高。

“湿窨”技术和“隔离窨花”技术的开发使花茶的质量安全水平得到进一步提高。

普洱茶“渥堆”工艺参数的研究和发酵菌种的研制，已为普洱茶标准化生产奠定了良好的基础。

在新型茶加工方面，研究了热水浸提法生产低咖啡因茶的加工工艺及关键设备，茶叶中的咖啡因脱除率超过 50%，并实现了工业化生产；研制出超微绿茶粉的保绿技术、脱茎梗技术和超微粉碎技术等关键技术，提出超微绿茶粉整套生产工艺流程，建立超微绿茶粉中试生产线。生产的超微绿茶粉产品叶绿素保留率为 70.7%，粒度达到 300 目以上。开发出 γ-氨基丁酸茶加工新工艺，其中 γ-氨基丁酸绿茶中 GABA 含量最高可达 6.62 毫克 / 克，γ-氨基丁酸红茶中 GABA 含量最高可达 4.13 毫克 / 克。目前正在开展高茶多酚绿茶、高 EGCG 绿茶、高 GCG 绿茶和高 EGCG3”Me 绿茶等新型茶加工技术的研究。

5. 茶叶精深加工技术研究进展 在速溶茶加工技术方面，连续逆流提取、低温提取、微波和超声波辅助浸提、膜超滤和反渗透、冷冻干燥等技术得到进一步研究和应用，速溶茶品质得到显著提高。其中以中国农业科学院茶叶研究所开发的高香冷溶速溶茶为代表，该产品集多项新技术于一体，产品在 10℃以下的水中全溶时间≤ 30 秒，最大限度地保持了原茶的色、香、味。

在茶饮料加工技术方面，研究了茶饮料专用原料的加工、高质量茶浸出液制备技术、茶浸出液抗氧化褐变技术、茶饮料灭菌技术、无菌冷灌装技术、茶饮料生产的 HACCP 品质控制技术等，开发和生产出以乌龙茶、绿茶、茉莉花茶、红茶为原料的多种调味茶饮料产品。

在茶叶天然产物提取制备技术方面，茶多酚的提取工艺日益成熟，产品质量不断提高，具体表现在茶多酚产品中 EGCG 含量可达到 60% 以上，无溶剂残留和不含咖啡因；儿茶素单体的分离技术得到进一步发展，如儿茶素单体 EGCG 和 ECG 的逆流色谱分离技术、柱层析分离技术等已实现了产业化生产。有关茶多酚的分子修饰等研究进一步深入，如脂溶性茶多酚、茶多酚脂质体的制备，茶多酚锰、茶多酚锗、茶多酚硒和茶多酚镧的合成等。

茶氨酸的提取制备技术取得很大进展，提出了从茶多酚工业废液中提取制备茶氨酸的专利技术，工业化产品的纯度达到 40% 以上；成功构建茶氨酸生物合成的基因工程菌，最高产量达到 27 克 / 升；大规模茶叶细胞悬浮培养合成茶氨酸的工艺、L- 茶氨酸化学合成及新型酶法制备工艺得到进一步研究。

茶黄素的生产工艺得到进一步开发，目前，中国已申请专利的茶黄素生产工艺可分为化学法、游离酶法、固定化多酚氧化酶法及柱层析分离法 4 类，产品的茶黄素总量可达到80%以上。采用高速逆流色谱、柱层析分离等方法分离茶黄素单体的技术日趋成熟，可制备4种高纯度茶黄素单体（TF、TF-3-G、TF-3′-G、TFDG）。茶多糖的分级纯化及组成研究得到进一步深入。

在茶叶保健食品方面，已开发出多个以茶多酚、儿茶素为主剂的具有降血脂、降血糖、增强免疫力和美容等功能的保健食品。目前正在研制以茶黄素为主剂的降血脂产品和以茶氨酸为主剂的改善睡眠功能的产品。

6. 茶叶标准及质量安全研究进展 “十五”以来，茶叶标准和质量安全工作取得了长足的进展。逐步建立了茶叶质量安全保障体系，制定了从产前到产后的系列标准，建设了质量监督检验机构，开发了茶叶检验方法，保障了消费安全。

建立了茶叶质量安全保障体系。研究了茶树上的高毒高残留农药，并禁止其在茶树上使用，有效地抑制了茶叶农药残留超标现象。自实施无公害食品行动计划以来，研究了无公害食品茶叶、绿色食品茶叶和有机茶生产技术，实现了从茶园到茶杯全过程的控制，为茶叶质量安全提供了技术保障。政府将茶叶纳入食品质量安全准入制度管理，实现了生产许可证制度、产品强制检验制度以及产品标志制度，强制培训了茶叶审评员和检验员，改造了茶叶加工厂，提高了茶叶加工、贸易环节的管理水平。此外，研究了适合中国茶叶产业的茶叶良好农业规范（GAP），并开始在企业试运行，引入ISO9000质量管理体系、HACCP体系在茶叶行业的应用，提高了茶叶产业的管理水平和安全水平。

制（修）订了茶叶标准，形成了较完善的茶叶标准体系。“十五”以来先后制定了绿茶、红茶、黄茶、乌龙茶、紧压茶等大类产品标准，龙井茶、黄山毛峰茶等10个地理标志产品标准；制定了茶叶抽样、术语等基础性标准；产地环境、技术规程、安全限量等标准。标准涉及茶叶产前如茶树种苗，产中如农药使用规范、茶叶生产技术规范、茶叶加工技术规范，产后如包装、储运等，以及茶叶检测方法标准，覆盖了茶叶生产、加工、贸易、流通全过程，已制定茶叶及相关的国家标准85项、行业标准58项，形成了较完整的茶叶标准体系。还参与了CODEX茶叶农药残留标准、ISO茶叶标准以及FAO茶叶标准的研究和制定工作，标准修改采用ISO标准8项，非等效采用ISO标准1项，保持与国际标准的一致性。

中国为国际植物新品种保护联盟（UPOV）制定了茶树新品种特异性、一致性和稳定性（DUS）测试指南，成为UPOV成员共同遵循的国际规则。

研究了茶叶的安全风险因子。主要研究了化学农药在茶叶上的降解规律，提出了22种农药限量。研究了茶树中铅、氟等元素的形成规律，进行了风险调查，提出了7种元素的限量；对茶叶中的微生物进行研究，提出了大肠菌群的限量指标。目前，正在开展10种农药的风险评估。

在茶叶质量检测技术研究方面，一方面引进了国际标准，另一方面开发出适合茶叶产品的检测方法。中国部分茶叶检测方法标准等同采用ISO标准。近年来，气相色谱、气质联用、液相色谱、液质联用以及电感耦合等离子体发射光谱检测仪器应用于茶叶检验，农药残留、污染物、重金属的检测方法从单项检测技术发展到分类检测和全项检测，现已研究出专门用于茶叶检测的标准方法达34个，计60个参数。目前，一次进样，检测80多种农药残留的方法正在研究之中，另外，茶叶基质对农药效应的研究、茶叶质量指纹图谱、近红外快速检测技术、农药速测技术的研究还在进行之中。

加强对茶叶进口国标准的研究，采取预警措施，确保茶叶出口。中国加入WTO后，有关部门成立了专门的研究小组，应对国外的技术壁垒，在欧盟修订标准、日本实施农产品肯定列表时，及时发出预警，企业采取了相应的措施，保证了中国茶叶出口的稳定。

（三）发展趋势

1. 茶树育种趋向高产优质专用化方向发展 育种目标从高产、优质向优质、高抗和专用，以及满足多样化需求等方向发展。基层单位和个人育种的积极性不断提高，申请新品种保护将会比较普遍。无性系良种的比例将会有进一步的提高。

2. 茶树栽培向资源高效利用和清洁化方向发展 在追求高产优质的同时，注重茶叶的安全品质、茶树和茶园资源的高效利用和保护，更加强调在保持适当的投入、维持较高产出基础上的可持续、清洁、安全和环境友好的栽培技术。信息技术与现代栽培技术的结合应用和田间机械化作业技术将得到加强。

3. 病虫害防治趋向无害化方向发展 加强对重要害虫发生期和发生量的中长期预测预报，制定新的生产和市场形式下的害虫防治指标，在准确测报和防治指标的基础上，协调昆虫信息素制剂与虫生真菌、昆虫病毒和苏云金杆菌制剂，以及植物源农药和矿物源农药的配合使用，以强化无害化治理。从分子水平上研究昆虫信息素产生的机理，查明调控重要的茶树互利素比如MeSA和Methyl Jasmonate，以及害虫重要的利他素的产生、运转和作用的机制，继续研制高效信息素制剂，为抗虫育种、生物防治提供参考。

4. 提升传统茶叶质量和开发高附加值新产品成为今后发展方向 通过新技术的广泛应用及传统工艺的优化，不断提高传统茶叶质量，降低生产成本；提升产业的技术水平和竞争力，将成为中国茶产业今后永恒的主题。随着国内社会经济发展和劳动力成本的不断提高，为摆脱茶叶加工过程中由于人为因素而造成品质不稳定、卫生质量较差的状况，传统茶产业从劳动密集型向技术密集型过渡，手工制作向机械化、连续化和清洁化生产转化已成为今后国内茶产业发展最重要的方向。

在茶叶精深加工方面，膜技术、酶工程技术、纳米技术、超高压技术等应用会更加普遍；无污染、无有毒有害物质残留的绿色提取加工技术将成为茶叶精深加工技术的发展方向。新产品将不断被开发，特别是功能茶及茶叶保健食品将得到快速发展和产业化。

中国茶学高等教育概况

安徽农业大学　宛晓春　李大祥　张正竹　方世辉

中国是茶的原产地，是世界上最早发现和利用茶的国家。在中国茶叶5 000年的实践中，创造了丰富的茶文化，传播世界，造福全人类。中国作为茶的发源地，拥有世界上最为丰富的茶树品种资源。同时还有世界上最丰富的茶类，除了世界主贸易量的红茶外，还有绿、黑、青、黄、白五大茶类，并且还有琳琅满目的再加工茶和深加工茶制品。中国有20个省、自治区、直辖市生产茶叶，茶农8 000万人，茶叶企业6.7万家，规模茶馆近5万家。茶产业已广泛渗透到第一、第二、第三产业，是中国一个巨大的民生产业，也是中国具有丰厚文化底蕴的特色产业。

茶学是一门具有悠久历史和鲜明特色的传统学科，也是一门涉及自然科学和人文科学的现代学科。茶学高等教育在中国独具特色，在支撑中国茶产业的发展中起着重要作用。

（一）中国茶学高等教育概况

中国茶学研究与教育历史悠久，8世纪60～70年代唐代宗年间，陆羽完成了世界第一部茶学专著《茶经》，标志着古代中国茶学体系的形成。“茶学学科”作为一门系统的、独立的二级学科，也首先出现在中国。初始于1930年广州中山大学农学院成立茶蔗部，设有茶作和蔗作两学科，开创了中国茶学高等教育之先河。1939年冬至1940年，复旦大学创立茶叶专修科，这是中国在高等学校中独立设置的第一个茶叶专业系科。中华人民共和国成立以后，10余所高等农业院校设立了茶叶专业，50年代开始招收茶学本、专科生，60年代招收茶学硕士研究生，80年代招收茶学博士研究生。如今浙江大学茶学学科为国家重点学科，安徽农业大学茶学学科为安徽省重点学科、农业部重点学科和国家重点（培育）学科。2003年，原中国农业科学院茶叶研究所所长、博士生导师陈宗懋当选为中国工程院院士。这些标志着中国茶叶教育取得了巨大成就。

目前中国设有茶业系或茶业专业（方向）的高等院校（含高职）有19所，分别是：浙江大学、安徽农业大学、湖南农业大学、西南大学、福建农林大学、四川农业大学、云南农业大学、华南农业大学、华中农业大学、山东农业大学、南京农业大学、西北农林科技大学、青岛农业大学（原莱阳农学院）、广西职业技术学院（原广西农垦职工大学）、信阳农业科技学院（筹）（信阳农业高等专科学校）、江西上饶职业技术学院、宜宾职业技术学院、泉州师范学院（原泉州师范专科学校）、天福茶职业技术学院。此外，还设有茶文化、茶艺或茶叶经营与管理方向等涉茶专业的高等院校5所，浙江林学院、浙江树人大学、江苏省农林职业技术学院（原句容农业学校）、江苏省食品职业技术学院、杭州万向职业技术学院（原杭州农校）。随着全国高校招生规模的扩大，各校茶学专业的招生规模大多在60～90人左右。在上述的24所高等院校中，除高职院校外，绝大多数的本科大学均招收硕士学位研究生。同时，有权授予茶学博士学位的院校有浙江大学、湖南农业大学、西南大学、安徽农业大学、福建农林大学、南京农业大学等6所。此外，中国农业科学院茶叶研究所也培养博士、硕士研究生。

因茶学（090203）隶属于农学门类一级学科园艺学的二级学科，因此一些具有一级学科园艺学（0902）博士、硕士学位授权点的院校也可招收茶学硕士和博士研究生，如中国农业大学、河北农业大学、山西农业大学、东北农业大学、吉林农业大学、甘肃农业大学、石河子大学和扬州大学。

经过一个多世纪几代人的不懈努力，中国茶学高等教育从无到有，从点到面，从落后到繁荣。据不完全统计，全国从事茶学高等教育的教学人员近300人，60多年中培养了近2万名茶叶系科毕业生、800多名研究生和一批外国留学生、进修生。中国已构建起不同层次的以本科教育为主、含专科（高职）、硕士、博士研究生教育的系统体系，建立起世界上最为庞大的茶叶教育和科技人才库，为中国茶产业的发展发挥着重要的引领、推动和支撑作用。

（二）中国茶学教育发展思路

尽管茶学教育在中国茶产业发展过程中发挥了重要作用，但中国茶叶科技与日本、美国等发达国家相比，在茶园管理、茶叶加工、茶叶深加工和茶的综合利用方面还存在较大差距。因此，中国的茶学教育应根据世界茶产业发展趋势要求，加强师资建设，加快学科融合，注重复合型人才培养，通过产学研合作，强化实践技能，弘扬茶文化精髓，促进中国茶产业的可持续发展。

1. 加强教师队伍建设，引进跨学科师资力量　人才资源是社会第一资源。师资队伍建设是茶学学科建设的核心问题，发扬茶业一贯的“传、帮、带”的优良作风，加大对青年教师的培养力度，培养造就一批具有丰富实践经验的创新型茶学专业教师队伍。近年来，各校茶学专业师资队伍建设成效显著，但青年教师普遍缺乏专业实践锻炼，缺少解决生产实际问题的能力，迫切需要加强和改进。

近20年来以茶饮料、速溶茶、茶保健品为代表的茶叶深加工发展极为迅速，业已成为茶产业新的增长点。以老舍茶馆为代表的茶（艺）馆已越发蓬勃发展。世界茶产业的发展越来越多地从传统的农业产业向工业、医药、文化及服务业等扩展。因此急需加强学科交叉，吸引国内外优秀人才竞聘教学、科研带头人岗位。同时要着力提高中青年教师的素质和水平。建立一支结构优化、素质优良、治学严谨、忠于茶学教育事业、乐于奉献、具有创新和团结协作精神、年龄结构合理的教师队伍。

2. 加强复合型人才培养、强化实践技能 茶学是一门实践性极强的应用学科，坚持理论与实践相结合是茶学教育一贯遵循的原则。根据茶叶商品的属性和文化载体的属性，强化学生市场营销实践和茶艺实践，强化学生创新能力和实践技能的培养，培养一专多能的学生。随着全球经济一体化过程的加速和以互联网为代表的信息时代飞速发展，对茶学人才的培养提出了更高的要求。学生不仅要懂茶、做茶、品茶、艺茶，而且要会说普通话、懂英语、用电脑、会网络，以便更好地适应当前世界快速发展条件下对复合型茶学人才的要求。因而培养能力型应用型人才为主、专家型人才为辅的茶学人才培养体系是今后发展的重点。

3. 中国茶学教育内容应符合世界茶产业发展趋势

（1）加强市场品牌教育。如今茶叶市场已经开始进入品牌经营的时代。没有品牌，就没有市场。目前中国茶产业整体上还停留在产品阶段，茶产品“重产地、轻品牌”已成为中国茶叶市场发展的瓶颈。因此在茶学教育中应加强市场营销和品牌知识教育，在全国形成品牌是企业灵魂的理念。

（2）加强食品安全教育。茶叶是一种既可以喝的饮料，又是一种可以吃的食品，因此急需在全社会加强食品安全教育，加大无公害茶叶、绿色食品、有机食品等茶叶产品认证体系的宣传教育工作；加强食品质量安全认证制度（QS 认证制度）、茶叶良好农业规范（GAP）、良好操作规范（GMP）、危害分析与关键控制点（HACCP）、ISO9000质量认证体系、ISO14000 质量认证体系等质量保证体系的宣传教育工作；加大对国外有关“综合农场保证——茶叶”（Integrated Farm Assurance—tea）和“生物动力农业”（Biodynamic Agriculture）等茶场生产规范或茶场认证的教育宣传力度。

4. 密切产学研合作 教学是高校的中心任务，是人才培养的主要环节；科研是提高教师水平，丰富教学内容，提高教学质量的保证；科技成果的转化是提高产业科技含量、提升产业水平的动力；只有产学研有机结合，贯彻“优势互补、资源共享、互利互惠、共同发展”的方针，才能提高教师的教学、科研水平，提高人才培养质量，推动产业稳定、健康、快速发展。在高等院校中，还可通过产学研合作，解决茶产业中急需的关键技术、核心技术，培养创新型人才，建设科技创新平台，转化科技成果，提高中国茶产业的技术水平和竞争力。

5. 进一步弘扬茶文化在茶学教育中的作用 中国茶文化是物质文明和精神文明的结合，是自然科学与社会科学的联姻，也是文学艺术与社会风尚的融汇，它既给予人们物质的享受，同时又给予人们精神的愉怡和熏陶。“21 世纪是中国茶的世纪”，挖掘和传播中国博大精深的茶文化显得尤为重要。校园文化教育有助于缓解学生精神压力，修身养性，激发青年学生的爱国热情，增强民族的自信心和民族自豪感，摒弃拜金主义、享乐主义、个人主义，有利于学生的健康成长。在社会教育中，应广泛宣传茶是天然的绿色健康饮料，大力倡导“茶为国饮”，设立“中华爱茶日”，在全民尤其是在青少年中开展“健康饮茶”教育。茶文化的繁荣和传播对中国和谐社会的建设将发挥重要作用。

全国茶叶主要科研机构*

中国农业科学院茶叶研究所

中国农业科学院茶叶研究所
Tea Research Institute, Chinese Academy of Agricultural Science

所长、党委副书记 杨亚军
党委书记、副所长 陈 直
副所长 江用文 鲁成银
联系人 李灵光

电话 0571-86650444
传真 0571-86650056
网址 www.tricaas.com
地址 浙江省杭州市梅灵南路 9 号
邮编 310008

中国农业科学院茶叶研究所 1956 年 6 月由国务院科技规划委员会批准筹建、1958 年 5 月在浙江省杭州市成立，是我国唯一的国家级茶叶综合性科研机构。2001 年增挂浙江省茶叶研究院牌子。

茶叶研究所现设有办公室、科技处、财务处等 3 个职能部门，茶树资源与改良研究中心、茶树种植工程研究中心、茶叶加工工程研究中心、茶叶质量标准与检测技术研究中心、茶叶质量认证发展研究中心、茶业经济与信息研究中心、农产品质量安全研究中心、茶业职业技能培训中心、茶叶试验场等 9 个业务部门；杭州龙冠实业有限公司是研究所的科技型企业；农业部茶叶质量监督检验测试中心、杭州中农质量认证中心设在所内；中国茶叶学会挂靠

*全国茶叶主要科研机构以行政区划为序；各所内正高级专家以姓氏笔画为序。

在所内。现有在职人员190余名，其中专业技术人员140多人，正高级职称人员14名、副高级职称人员30名。陈宗懋研究员是目前我国茶叶界唯一的院士。现有国家级突出贡献专家1名，省部级突出贡献专家4名，享受政府特殊津贴专家18名；中华农业英才奖1名，全国优秀科技工作者1名；浙江省“151”人才21名，中国农业科学院二级岗位杰出人才3名、三级岗位杰出人才8名，“跨世纪学科、开发推广带头人”5名；博士9名，硕士36名。

茶叶研究所坚持立足浙江、面向全国、走向世界的办所方针，以应用研究为主，围绕着茶叶优质、高产、高效和茶叶行业的关键、共性科技问题开展攻关创新。研究领域涵盖茶叶产前、产中、产后各环节，以茶树种质资源和遗传育种、茶树营养生理、茶树有害生物防治、现代茶叶加工工程、茶叶化学成分、茶树生物技术、茶叶质量标准与安全等为研究重点。现建有国家茶产业工程技术研究中心、国家茶树资源保存中心、国家茶树改良中心、农业部茶及饮料植物产品加工与质量控制重点开放实验室、浙江省茶产业科技创新服务平台。

建所以来，先后进行了500余项课题研究，取得了近200多项科研成果，获奖成果95项，其中全国科学大会奖1项、国家发明奖2项、国家科技进步奖4项、国家星火奖1项、省部级奖35项。“八五”期间获得农业部命名的“百强研究所”称号。2004年，在中国农业科学院农业信息研究所公布的全国农业科研机构评估结果中，综合实力排名第13位。所内80%左右的科技成果推广应用于生产，产生了显著的社会效益和经济效益，多次获得国家科委、农业部和财政部联合颁发的农业科技成果转化奖。

自1982年开始招收硕士研究生，1987年开始联合招收博士研究生，2003年获博士学位授权资格，现有博士生导师4名，年招收研究生20多名。

研究所十分重视国际合作与交流，先后与美国、日本、韩国、英国、法国、加拿大、德国、瑞士等20多个国家开展合作研究，选派科技人员出国考察和参加学术会议，并主办了5次国际茶叶学术研讨会。技术援助马里、摩洛哥、几内亚、巴基斯坦、斯里兰卡等国家建立茶场和茶叶加工厂。

研究所科研条件比较优越，建有院士实验室、茶树生物技术实验室、分子生物学实验室及“开放实验室”。拥有液相色谱仪、高速冷冻离心机、气质联用仪、全谱直读光谱仪、近红外分析仪、等离子发射光谱仪等先进仪器设备和大型人工气候室。

所内图书馆藏书4万余册，是我国最大的茶叶专业图书馆。主办、编辑出版《中国茶叶》、《茶叶世界》专业期刊，编辑出版《茶叶科学》专业期刊。

院士

陈宗懋

正高级专家

刘新成　浩　江用文　阮建云　杨亚军
陈　亮　林　智　梁国彪　韩宝瑜　鲁成银

中华全国供销合作总社杭州茶叶研究院

中华全国供销合作总社杭州茶叶研究院
All China Federation of Supply and Marketing Cooperatives Hangzhou Tea Research Institute

院　长	毛志方	**传　真**	0571-86092735
副院长、书记	郑国建	**网　址**	www.co-tea.com
副院长、副书记	俞其坤	**E-mail**	teains@mail.hz.zj.cn
联系人	赵伟民	**地　址**	杭州市采荷路41号
电　话	0571-86043886	**邮　编**	310016

中华全国供销合作总社杭州茶叶研究院于1978年经国务院国科发字［1978］356号文批准成立，是直属于中华全国供销合作总社的国家级科研院所。由于国务院机构改革和隶属关系的调整，单位名称先后为“中华全国供销合作总社杭州茶叶蚕茧加工科研所”、“商业部杭州茶叶加工研究所”、“国内贸易部杭州茶叶研究所”、“中华全国供销合作总社杭州茶叶研究所”，2000年3月更名为“中华全国供销合作总社杭州茶叶研究院”。

该院是集茶叶科学研究、质量监督检验、茶叶职业技能培训鉴定、技术信息服务和开发生产经营为一体的综合性研究机构，是浙江省茶产业科技创新服务平台的核心单位，也是ISO国际茶叶标准化技术委员会在中国的唯一技术归口单位和全国茶叶标准化技术委员会秘书处所在单位。

研究院的主要机构有：国家茶叶质量监督检验中心、全国茶叶标准化技术委员会秘书处、茶叶加工科技创新中心、全国茶叶科技情报中心站（《中国茶叶加工》、《茶叶信息》编辑部）、国家劳动和社会保障部特有工种（茶叶）职业技能培训鉴定中心、杭州亨达茶业技术开发公司等。

研究院创建30年来，通过全院科技人员、干部职工的努力建设，拥有了先进的科研条件和雄厚的技术力量，科技创新和开发能力逐步增强，科学技术为农业产业化服务，为“三农”服务，取得了丰硕的成果：承担了国家、省部级科研项目和接受全国大中型茶叶企业委托的工程设计及技术服务项目100余项，承担了全国现今实施的大部分的茶叶标准项目的制（修）订工作；作为国家劳动和社会保障部确定的首个茶叶特有工种职业技能鉴定中心，在全国率先开展茶叶职业技能培训及鉴定工作，为企业和社会（包括日本、美国、瑞典、韩国等外籍人员）培训了大量的茶叶理化检验、感官审评和茶叶加工工艺等技术人员；国家茶叶质量监督检验中心主要承担国家级茶叶产品质量监督抽查任务和为行业、企业与消费者的委托检验工作，为保障和促进我国茶产业的健康发展发挥了重要作用。

研究院作为中国参与ISO国际茶叶标准化技术委员会的唯一技术归口单位，近20年来一直代表中国行使国际间茶叶标准项目的国际环试及表决的工作，参与ISO及欧盟等国际茶叶组织的会议和活动，并与多个国家和地区的茶叶科研、茶文化专家开展广泛的学术交流和课题协作活动。

正高级专家

骆少君

江苏省茶叶研究所

江苏省茶叶研究所
Jiangsu Tea Research Institute

所　长	徐德良	**传　真**	0510-85510963
党支部书记	周静峰	**网　址**	www.jscys.com
副所长	曹伯春	**E-mail**	deliangx@163.com
联系人	汤茶琴	**地　址**	无锡市钱荣路74号
电　话	0510-85528700	**邮　编**	214063

安徽省农业科学院茶叶研究所

安徽省农业科学院茶叶研究所
Tea Research Institute of Anhui Academy of Agricultural Sciences

所长、党委书记	周　坚	**传　真**	0559-4516197
副所长	廖万有　陈长庚	**网　址**	ahcotton.cn/tea
联系人	廖万有　张必桦	**E-mail**	aaastea@163.com
电　话	0559-4512744　4516197　4513707	**地　址**	安徽省黄山市祁门县文峰南路1号
		邮　编	245600

安徽省农业科学院茶叶研究所，其前身始于1915年北京政府农商部在安徽省祁门县南乡平里建立的“农商部安徽模范种茶场”，1917年11月改名为“农商部茶业改良场”，这是我国最早建立的茶叶专业研究机构。至中华人民共和国成立前，该机构名称与隶属关系多次变动，但试验示范从未间断，在创建初期，我国老一辈的茶叶专家陆荣、吴觉农、胡浩川、冯绍裘、庄晚芳、钱梁等曾在这里艰苦创业，30～40年代已具一定规模，成为当时国内茶叶科技工作者向往的学习、实验基地，曾被誉为“茶叶科研艰苦创业的典范”和“茶叶专家的摇篮”。中华人民共和国成立后，1950年2月更名为祁门茶叶试验场，先后由中茶公司皖南分公司及安徽省农业厅领导；1962年改名为安徽省农业科学院祁门茶叶研究所，成为安徽省农业科学院直属的专业研究所之一；1999年，安徽省委下文定名为安徽省农业科学院茶叶研究所。

历经90多年的创业，全所现拥有试验、示范茶园40余公顷，科研、示范生产用房7 254平方米；各类仪器设备230余台（套），尤其是拥有液相色谱仪、气相色谱仪、原子吸收光谱、荧光分光光度计、紫外分光光度计、核酸蛋白质检测仪、薄层扫描仪等一批大型仪器，使该所的检测分析手段和能力得到较大提高；有红、绿茶初制微型设备各1套，可开展红、绿茶各种样品的研制；有名优、大宗红、绿茶初、精制中试加工设备90余台（套），促进了成果的转化；有图书资料、中外期刊1.7万余册，立卷科研档案852卷，茶叶科技资料8 247卷。国家茶树育种安徽分中心，依托本所现已建成3 000平方米智能温室，1 200平方米育种中心实验室，新置茶树生理、品质生化及组培微繁仪器设备115台（套）。目前，全所在职职工79人，其中科技人员29人（高级技术人员9人，中级技术人员10人，初级技术人员10人）。所内设国家茶树育种安徽分中心、综合栽培研究室、机械制茶研究室、化验质检研究室暨安徽省农业科学院茶叶质量检测中心、所办公室、财务科、示范茶场等。

多年来，该所立足安徽茶区，以应用研究为主，重点解决茶叶生产中的关键技术难题。长期以来科研工作的重点是：围绕茶叶无公害高产优质高效栽培，开展茶树新品种选育及繁殖技术、茶园施肥与土壤培育、茶树采摘与修剪等技术研究；茶树主要病虫害发生规律、测报技术、综合防治、新农药效果及安全使用等研究。在茶叶加工方面，以提高红、绿茶品质为核心，开展制茶新工艺、名优茶创制与精深产品开发、茶叶加工机械化及配套技术等研究。在茶叶品质及质量安全方面，开展新标准、新技术、新方法的应用研究，与国际接轨不断提高检测能力和水平，以满足安徽茶叶生产全程质量安全监控的需要。此外，该所在2009年启动的国家茶叶产业技术体系建设中，承担营养与栽培研究室土壤肥料岗位专家和黄山综合试验站的工作任务。

中华人民共和国成立以来，全所共取得各类科研成果116项，其中1978年以来，主持和共同主持的省、地（市）级获奖成果59项。为总结交流科研成果，编印了《茶叶试验研究资料集刊》1～6集，发行万余册。自1960年起编辑《茶叶科学简报》（后为《安徽茶叶科技》）内部刊物128期，发行省内外，1993年因办刊经费所限，暂停刊。同时主编出版了《安徽茶叶生产技术》、《祁红》、《茶叶科技问答》、《茶叶生产二百题》；参与编写了《中国茶树栽培学》、《中国农业百科全书茶叶卷》、《中国茶树品种志》等多部书籍。据统计，中华人民共和国成立以来全所科技人员在省级以上公开出版刊物上发表论文700余篇。

为加速科技创新与成果推广，该所将继续坚持以市场为导向，以效益为目标，抓住机遇，进一步对外开展各种形式的合作研究与开发，为安徽和全国茶业的持续发展作出更新、更大的贡献。

正高级专家

周　坚　廖万有

福建省农业科学院茶叶研究所

福建省农业科学院茶叶研究所
Tea Research Institute of the Fujian Academy of Agricultural Sciences

所长	尤志明	**传真**	0593-6610388
党委书记、副所长	刘寿国	**网址**	www.faas.cn/dept/cys/index.html
副所长	吴光远	**E-mail**	keguan08@163.com
联系人	高香凤	**地址**	福建省福安市社口镇湖头洋1号
电话	0593-6618066（行政办公） 0593-6610388（科研办公）	**邮编**	355015

福建省农业科学院茶叶研究所前身为福建省建设厅福安茶业改良场，始建于1935年8月，所址福建省福安市社口镇，张天福先生是第一任场主任。1949年中华人民共和国成立后，由中国茶业公司福建省分公司阳头茶厂接管。1961年1月改隶省管，直属福建省农业科学院，定名“福建省农业科学院茶叶研究所”。1970年4月再次下放，归属福安专区革命委员会，改名“福安专区茶叶试验场”、“福建省宁德地区茶业科学研究所”等。1975年9月再次改隶福建省农业科学院，恢复使用现名至今。

全所占地面积4.67公顷，山地茶园64公顷，拥有茶叶初、精制加工厂，乌龙茶、红绿茶实验车间，茶叶农药残留实验室等设施。现有在职员工96名，其中研究员6名（国务院政府特殊津贴专家3名），副研究员5名，博士、硕士（生）21名，入选福建省“百千万人才工程”1名。内设育种与栽培研究室、植物保护研究室、制茶与机械研究室、信息化研究室、茶叶生物技术重点实验室、茶叶试验场、办公室、保卫科等职能机构。改革开放以来，荣获国家、部省级成果奖53项。

20世纪50年代开始开展茶树品种资源与品种选育研究，建立了全国首个、福建最大的茶树品种资源圃和福建省乌龙茶种质资源圃，后者已成为我国乌龙茶品种资源收集保存与鉴定利用中心。2004年国家科技部星火计划办公室批准设立“福建省乌龙茶科技成果转化中心”；2005年建立“农业部福安茶树资源重点野外科学观测试验站”；2008年农业部批准设立“国家现代茶产业技术体系宁德综合试验站”。

60年代在国内率先开展茶树人工杂交育种研究，育成7个国家级良种、12个省级良种，福云6号是目前国内推广种植面积最大的人工杂交育成的国家级茶树良种。金牡丹、黄玫瑰被评为“九五”国家重点科技攻关项目一级优异种质，现有14个新品种参加全国区试、22个新品种参加省区试。新品种的育成加快了茶叶生产无性系良种化的进程，福建无性系茶树品种推广普及率达95%。

70年代开始开展以生物防治为主的茶树病虫综合防治技术的研究，自主开发了茶毛虫NPV杀虫剂、白僵菌871和韦伯虫座孢菌等生物农药，“茶毛虫NPV杀虫剂的研制与应用”等7项成果获省科技进步奖，为福建茶叶的质量安全作出了应有的贡献。

80年代初对乌龙茶做青工艺与设备进行了系统的研究，实现了乌龙茶做青的机械化、人工智能化作业，该成果已在乌龙茶区广泛应用，对我国乌龙茶生产产生了深远的影响；90年代根据市场需求，研制开发的绿茶、乌龙茶、白茶、红茶、茉莉花茶等41个茶叶新产品获省部以上名优茶奖，为引领福建名优茶的开发起到了重要的推进作用。

编著国内第一本《中国茶树品种志》、编著出版茶叶科技书37部，发表科技论文1 300多篇，1960年创办的《茶叶科学技术》期刊已发行200多期等，为推进福建省茶产业的跨越式发展提供了强有力的技术支撑。

正高级专家

吴光远　张方舟　陈荣冰　郭吉春

江西省蚕桑茶叶研究所

江西省蚕桑茶叶研究所
Jiangxi Serichlture and Tea Research Institute

所长、党委书记	饶建如	**网　址**	www.agripark.cn
联　系　人	胡昌华	**E-mail**	eco@agripark.cn
电　　话	0791-5023239	**地　址**	江西省南昌县黄马梁家渡
传　　真	0791-5021391	**邮　编**	330202

江西省蚕桑茶叶研究所创建于1958年，隶属江西省农业厅，为差额拨款农业科研事业单位，主要从事蚕桑、茶叶科学研究、技术推广、良种繁育和蚕茶产品的开发。经过近50年的努力，已初步形成了蚕种、绿化苗木、茶业及果业四大产业。除有专门从事科研的研究机构外，还有江西井冈蚕种科技有限公司、江西金乔园林有限公司、江西省茶树良种繁育场、资产经营部、江西昌南生态园有限公司5个生产单位，机关、学校、医院3个事业单位，机关包括党政办公室、财务科、科技服务科、工会及保卫科5个职能科室。

江西省蚕桑茶叶研究所为红壤丘陵地形，土层深厚，海拔平均高度40.2米，最高高程49.7米，最低高程23.4米，相对高度差小于30米。位于南昌县黄马乡与向塘镇交界处，东临抚河，北靠浙赣铁路和316、320国道，南有沪昆高速公路黄马出口，西距京九线上的向塘站10公里。离昌北国际机场60余公里，距南昌市八一广场35公里。

全所绿树成荫，植被覆盖率达85%以上，基本实现了农田园田化，丘陵旱地梯田化。全所拥有苗木151.94公顷，茶园141.34公顷，桑园4.30公顷，果园30.22公顷，草莓、蔬菜等6.66公顷，水面47.21公顷。先后被评为“江西省园林化单位”、“南昌市园林化单位”、“江西省可持续农业示范基地”、“江西省青少年科普教育基地”、“南昌市青少年科普教育基地”，2005年被南昌市批准建设南昌植物园。

20世纪90年代以来共获得省厅级科研成果奖励11项，其中省级一等奖1项（蚕桑高产技术及配套示范）、二等奖1项（江西省桑树病虫种类发生规律及控制研究）、三等奖1项（桑基鱼塘综合技术研究）、厅级奖励8项。获国家发明专利授权2项（蚁蚕酒的制作、一种桑叶除臭脱涩加工工艺）。同时为充分发挥科技人才及科技优势，近5年共派出150多人次的蚕桑、茶叶技术干部到省内蚕区、茶区开展技术指导。尤其是蚕桑产业，每年都有30多名技术人员常年在东乡、修水、万年、高安、丰城、乐安等地开展技术指导，为全省蚕桑产业的发展作出了贡献。

江西省蚕桑茶叶研究所确立了以融入南昌市“两江”生态农业走廊及县域经济发展，依托生态环境优势、产业优势及城郊区位优势，实现建设集科研、生态、旅游于一体的农业生态示范园的总体目标。立足于农业科技服务、农业良种产业，适度发展农产品深加工业，着眼于生态旅游业、土地开发经营，是全所产业未来的发展方向，近期围绕苗木、桑树、茶苗、果树，打造江西省农业公园，南昌植物园，支持建设“两江”生态农业走廊的发展思路，积极加快产业发展和生态环境建设，扩大招商，不断提升全所发展潜力。

正高级专家

杨普香

湖北省农业科学院果树茶叶研究所

湖北省农业科学院果树茶叶研究所
Institute of Fruit And Tea Hubei Academy of Agricultural Sciences

所　　长　曹宏云
党委书记　方祥亮
副 所 长　甘宗义　王友平　秦仲麒
联 系 人　彭文莉
电　　话　027-87987982
传　　真　027-87987820
网　　址　www.hbaas.com
E-mail　wenlipeng@163.com.cn
地　　址　武汉市江夏区金水闸
邮　　编　430209

湖北省果树茶叶研究所始建于1958年，其前身为中南农业科学研究所园艺系。1978年6月23日，经中共湖北省委批准，使用“湖北省农业科学院果树茶叶研究所”全称至今（其间2001—2004年曾更名为湖北省农业科学院果茶蚕桑研究所），是省政府直属的具有独立事业法人资格的科研所。2006年和2007年依托研究所，分别组建了“湖北省茶叶工程技术研究中心”和“湖北省农业科技创新中心果茶分中心”，为湖北果茶技术研发和成果转化提供了更高层次的技术平台。现承担国家、省（部）级科技攻关项目26项，项目总经费1 300万元，研究内容包括：果茶种质资源的创新及保存利用，果茶新品种选育及安全高效配套栽培技术研究，特色时令果筛选，有机茶（果）栽培、加工工艺研究，农业区域生态规划研究等。在职职工135人，其中科技人员55人（高级职称18人、中级职称17人）；博士4人，硕士17人。博导1人，硕导1人，客座研究员2人；享受国务院政府特殊津贴专家5人，享受省政府专项津贴的专家5人；省农业科学院首席专家1人（孙中海教授），省新世纪高层次人才工程人选1人；国家农业现代产业技术体系梨、茶叶产业岗位科学家2人，梨、桃、葡萄、茶叶产业综合试验站站长4人。研究所实行一级核算，二级管理，下设4个管理机构，2个研究机构、4个创新团队，2个附属机构。

国家果树种质武昌砂梨圃由农业部于1986年和2003年两次投资建设，占地面积5.4公顷，收集保存了包括来自中国（含台湾省在内的19个省、直辖市）的砂梨地方良种和主栽品种，部分日本梨、韩国梨和英国、美国、意大利的西洋梨品种的梨资源700余份；湖北省猕猴桃资源圃于1986年兴建，是国内最早从事猕猴桃野生资源收集和研究利用的单位之一，育成的新品种“金魁”连续两次获全国猕猴桃评比第一名；湖北省桃资源圃2007年兴建，已定植桃等各类品种资源500多份。湖北省茶树种质资源圃2002年建成，收集保存茶树种质资源1 200份。武汉砂梨国家野外科学观测研究站2007年10月获科技部批准并授牌。同时，研究所还集聚了一批初具规模的柑橘、葡萄、海棠、板栗、枇杷、李、柿等果树资源，为果茶科技创新夯实了根基。

“六五”以来，该所共获得国家、省（部）级科技成果奖励50余项，国家发明奖1项，省发明奖1项，起草制定省级地方标准13项。金水梨1号、2号（有“南方鸭梨”之称）1978年获全国科学大会奖；国家果树种质武昌砂梨圃的建立1993年获国家科技进步二等奖；茶树新品种鄂茶1号选育及应用2003年获湖北省科技进步一等奖。先后育成金水梨1号、2号、3号，鄂梨1号、2号，猕猴桃新品种鄂猕猴桃1号、2号、3号，金硕，鄂柑1号，鄂苹1号，板栗新品种金栗王、罗田乌壳栗和八月红，鄂茶1号、5号、6号等多个省级特优果茶新品种。鄂茶1号2002年被审定为国家级茶树良种。拥有自主知识产权、自主设计创制的金水翠峰、金水翠毫、金水雪剑、碧雪迎春等系列名茶，多次在国内评茶会上获奖。

研究所位于长江之滨、武汉市南郊，面积2.3平方公里，距市区38公里，离中山舰陈列馆仅3公里。拥有果树试验基地35公顷，茶叶试验基地25公顷，现代化的茶叶加工库房1 200平方米，常年出圃果茶优质种苗200余万株。为了增强果茶创新竞争力，院所正在加大基础设施建设力度，进一步改善科研条件和办公环境。院所投资共建的“果茶综合实验室”已于2005年建成使用，面积1 200平方米，设有消化室、色谱室、分子生物学实验室、生理生化实验室等15个功能室，拥有实验仪器设备近200台（套），可开展果茶品质分析、植物营养分析、土壤理化性状分析、食品农药残留检测及分子标记、分子生物学研究、组织培养技术研究等工作。

正高级专家
龚自明

湖南省农业科学院茶叶研究所

湖南省农业科学院茶叶研究所
Tea Research Institute of Hunan Academy of Agricultural Sciences

所　　长　包小村
党委书记　张曙光
副 所 长　谭正初 王沅江
电　　话　0731-84690716
E-mail　tptea@hntptea.com
地　　址　长沙市芙蓉区远大二路 702 号
邮　　编　410125

广东省农业科学院茶叶研究所

广东省农业科学院茶叶研究所
Tea Research Institute of Guangdong Academy of Agricultural Sciences

所　　长　赵超艺
党委书记、副所长　吴家尧
联 系 人　凌彩金
电　　话　020-87585379
传　　真　020-87590503
网　　址　www.gdtea.gov.cn
E-mail　lingcaijin@163.com
地　　址　广州市天河区五山路
邮　　编　510640

广西壮族自治区桂林茶叶科学研究所

广西壮族自治区桂林茶叶科学研究所
Guilin Tea Research Institute of Guangxi Zhuang Autonomous Region

所长、党委书记　林朝赐
党委副书记　覃永全
副 所 长　陈新强　苏孔武　韦静峰　廖勤明
联 系 人　覃秀菊
电　　话　0773-5604975
传　　真　0773-5603602
网　　址　www.hcykxyjs1.b2b.hc360.com
E-mail　qinxiuj@163.com
地　　址　桂林市金鸡路 17 号
邮　　编　541004

重庆市农业科学院茶叶研究所

重庆市农业科学院茶叶研究所
Tea Research Institute of Chongqing Academy of Agricultural Sciences

党委书记　丁远学
副 所 长　周正科（主持工作）
联 系 人　杜丽先
电　　话　023-49863962
传　　真　023-49863962
网　　址　www.cqaas.cn
E-mail　dlx008@yeah.net
地　　址　重庆市永川区桂山路 2 号
邮　　编　402160

重庆市农业科学院茶叶研究所始建于 1951 年，在四川省灌县（现都江堰市）建所。1962 年迁入永川，隶属四川省农业科学院。1997 年重庆直辖，整体划转重庆市，更名为重庆市茶叶研究所。2006 年，参与组建重庆市农业科学院，更名为重庆市农业科学院茶叶研究所。半个多世纪的科研底蕴与历史积淀，其科技创新能力居省级同类机构前茅。

1. 学科领域优势突显　建所 50 余年来，围绕茶产业中各个环节的重大科技问题和关键共性技术，开展了 230 余项课题研究，获奖成果 86 项（国家、省部级奖 54 项），获国家专利授权 6 项（发明专利 4 项），编制发布地方标准 2 个，出版专著 5 部，发表科研论文 1 000 余篇，育成拥有自主知识产权的茶树国家级良种 10 个、省级良种 4 个，收集入圃保存茶树种质资源材料 550 余份。

2. 体制机制独具特色 重庆市农业科学院作为我国内地最后成立的一个省级农业科研机构，得到了国家、市级的系列优惠政策支持，特别是在体制机制方面独具优势。已成立了 11 个研究所、2 个中心，实行“一级法人二级管理”。新组建的茶叶研究所作为一个创新团队，完成了学科机构和人员结构的重组，并建立健全内部运行与绩效管理机制，茶叶与相关学科领域的交叉联合，渠道将更畅通，程序将更简捷。

3. 创新团队逐步形成 研究所现有在职专业技术人员 25 人，其中正高级 4 人、副高级 7 人、中级 5 人，国家现代茶叶产业技术体系岗位专家 1 人、试验站站长 1 人。设有茶树遗传育种、茶园生态栽培、制茶工程、茶资源综合利用 4 个研究室，与本院相关研究所建立了跨学科联合攻关机制，长期与国内茶叶科研教学单位开展合作研究，先后与韩国、巴基斯坦、日本等建立交流与合作关系，聘请了中国农业科学院茶叶研究所、西南大学、四川农业大学的客座研究员 6 人，一支精干高效、柔性流动、以中青年为主的科技创新人才队伍逐步形成。

4. 科研平台日益完善 地处国家级森林公园“茶山竹海”，占地面积 101.7 公顷，其中科研试验茶园 54.9 公顷，是西南大学的教学实习基地，依托建有国家茶叶现代产业技术体系病虫害预测预报专家岗位和重庆综合实验站。建有重庆市茶叶工程技术研究中心，已建成种植规范、设施先进、生态良好的名优茶示范基地，宽敞明亮、清洁卫生、环境优美的标准化车间 4 000 平方米，技术先进、工艺流畅、设备配套的中试生产线 3 条，拥有液相、气相、原子吸收等先进设备的茶叶品质检测分析试验室 200 余平方米，永川秀芽茶叶科技示范观光基地成功创建为全国农业旅游示范点，装备先进、设施配套的茶叶科研与中试转化平台日益完善。

5. 转化载体规模壮大 重庆云岭茶业科技有限责任公司是研究所创办的一家科技型企业，研制开发的永川秀芽，多次荣获国家、省级优质名茶奖，已成为地方主导产品。通过项目实施、科技服务、联合开发等多种形式，与周边茶叶主产区建立了广泛而良好的合作关系，共建科技示范基地 1 333.33 公顷。近年来，新研制了颗粒茶、超微茶粉、花香绿茶等新产品，开发了荷叶茶、薄荷茶、苦丁茶、甜茶等非茶类茶饮料，拓宽了产品领域，提高附加值，取得了显著的社会经济生态效益，科技成果转化载体的规模日益壮大。

6. 产业带动成效显著 在致力于科技创新的同时，强化科技兴农工作，利用科技资源和专家优势，在西南茶区推广拥有自主知识产权的蜀永、渝茶系列茶树良种 3.33 万公顷，相当于重庆茶园总面积的 1.3 倍；在茶区开展技术服务与科技扶贫，成功开发各类名优茶系列产品累计 2 000 吨，创经济效益 3.2 亿元，科技成果推广应用率达 70% 以上。通过开发云岭永川秀芽，带动了岚峰松针、金佛玉翠等针形茶的产业化发展，形成独具重庆地域特色的高档名优绿茶产业。

正高级专家

李中林　侯渝嘉　徐　泽　彭　萍

四川省农业科学院茶叶研究所

四川省农业科学院茶叶研究所

Institute of Tea Research of Sichuan Academy of Agricultural Sciences

所　长	王　云	**电　话**	028-84504175
党委书记	杨胜廷	**传　真**	028-84504435
副 所 长	杨胜廷　罗　凡	**E-mail**	sctea2004@yahoo.com.cn
联 系 人	王　云	**地　址**	四川省成都市静居寺路 20 号
		邮　编	610066

四川省农业科学院茶叶研究所原建于 1951 年 2 月，是四川省专门从事茶学科研、新技术新产品开发及生产技术指导的唯一省级研究所。主要从事茶树育种、栽培、植保、茶叶加工、生理生化、新产品开发及茶叶经济等方面研究，以茶叶应用和开发研究为主，同时有重点地开展茶学基础理论研究。

研究所现有人员 42 人，在职 30 人（在岗 26 人），其中科技人员和行政管理干部 13 人，在科技人员中：研究员 2 人，副研究员 5 人，国务院政府特殊津贴专家 2 人，国家茶叶创新体系岗位科学家 1 人，实验站站长 1 人，四川省有突出贡献专家 1 人，四川省学术与技术带头人 1 个，四川省学术与技术带头人后备人选 1 人，四川省茶叶技术创新体系首席专家 1 人，岗位专家 1 人，博士 1 人，硕士 4 人，本科及中级职称人员多人。完全能主持和承担各级

各类重大科研及开发项目，并具有较强的推广能力。

研究所拥有一个条件较好的茶叶试验基地，其中有12公顷集中成片的试验茶园和拥有先进加工设备的现代化实验茶厂，尤其有一个分析仪器设备齐全、检测手段在全国省级茶科所中处于最先进的茶叶生化分析室。其分析设备主要有：等离子发射光谱仪、气相色谱仪、液质联用仪、紫外分光光度计及精密电子天平等。因而，为各级各类科研项目的承担和完成创造了良好的物质基础和手段。

研究所科研及技术优势明显，建所50多年来，已取得科研成果80余项，其中获奖成果73项，获奖成果中，有省部级科技进步一、二等奖以上成果14项，省部级科技三等奖成果40余项，市、厅级成果18项，在省级和国家级学术刊物上发表论著400余篇（本），育成国家级茶树新品种8个、省级茶树新品种10余个，8个国家级良种占全国47个茶树育成品种的17.2%，是全国新品种育成数量最多的单位之一。在名优茶、茉莉花茶、红茶、乌龙茶加工新工艺和茶园营养诊断及配方施肥、高山茶区速成丰产栽培技术等方面研究取得了重大突破。尤其“名茶品质的形态效应及应用研究”、“名优茶机制集成技术研究与应用”、“扁、曲形名优茶加工新工艺及系列产品开发”、“茶叶吸附茉莉花芳香成分规律研究”等成果突破了名优茶、花茶等茶类传统的加工工艺技术。成果应用推广后，在全省茶区新创国际、国家级及省级金奖名茶50余个，产生经济效益40余亿元，成果先后获得了四川省科技进步一、二等奖。此外，开发的翠毫香茗、天岗玉叶、川秀、兰箭、翠芽、银锋茶等10余个名茶曾先后获得了省级以上优质名茶奖，其中翠毫香茗、天岗玉叶1995年荣获第二届中国农业博览会金奖，成为国家级金奖名茶。翠毫香茗、山原春毛峰又于2004年荣获第八届国际茶文化节“蒙顶山杯”国际名茶金奖。目前，已具备采用不同茶树品种原料，开发生产针形、扁形、卷曲形、毛峰形等各类优质名茶的成熟工艺技术，并在全国处于领先或先进水平，有的达国际领先水平。

值得一提的是，“十五”以来，在院党委院行政及有关部门的大力支持和关心下，全所职工在王云所长的带领下，艰苦创业，勇于拼搏，坚持求真务实，自主创新，不断开拓进取，取得了骄人成绩。据统计，“十五”以来，全所共争取国家级、省部级重大科研项目41项和科研经费204万元，取得省部级获奖科研成果6项，其中，四川省科技进步一等奖1项、二等奖2项、三等奖2项，获国家发明专利1项、新型实用专利1项，选育省级以上茶树新品种5个，制定省级以上茶叶技术标准20余个，发表论文100余篇，出版专著8部，为省级有关部门及地市州县政府制定茶叶发展规划10余部，创制名优茶新产品12个，其中获国际、国家级名茶金奖3个、省级名茶奖9个，系列成果在省内外（主要在四川省）茶区应用推广累积新创产值30余亿元，从而为四川“三农”经济发展和农民增收作出了重大贡献，多次受到各级政府及有关部门的高度赞扬和行业界的一致好评。

研究所在抓科研工作的同时，十分注重科技成果的应用和转化，长期为全省茶区培养技术人才，开展技术咨询、技术服务和技术示范，为茶农提供产前产中产后系列化服务，并为当地政府及有关部门提建议，当参谋，积极促进地方和四川省茶叶经济的发展。据不完全统计，通过成果的示范推广、茶叶系列实用技术在生产实践中的应用所产生的经济效益为60亿元，其技术应用在四川省茶叶生产中的覆盖率为67.0%以上，从而为四川茶叶经济的发展和四川茶叶科技进步作出了重大贡献。

正高级专家

王　云　李春华

贵州省茶叶研究所

贵州省茶叶研究所
Guizhou Tea Institute

所　　长	罗显扬	**电　话**	0852-4221750
党委书记	王兴乾	**传　真**	0852-4221750
党委副书记	赵志清	**网　址**	www.gztea.cn
副所长	梁远发　郑道芳	**E-mail**	lxy1d8@163.com
联系人	崔晓明、喻云春（所党政办公室）	**地　址**	遵义市湄潭县湄江镇桂花村省茶研所
		邮　编	564100

贵州省茶叶研究所位于遵义市湄潭县城，距历史文化名城遵义74公里，贵州省省会贵阳市220公里，是贵州省唯一的茶叶科学技术专业研究机构。

贵州省茶叶研究所建立于1939年，始称“中央农林部中央实验所湄潭实验茶场”，1949年改称“贵州省湄潭桐茶试验站”，1983年更名为“贵州省茶叶科学研究所”，2006年11月8日，划归贵州省农业科学院管理，并更名为贵州省茶叶研究所，内设机构为党政办公室、茶学研究室、科技管理科、中心实验室、科技开发科、试验示范基地。全所占地6.6公顷，科研业务用房3 986平方米。已建立茶化、土化、生理、植保等实验室和茶树害虫标本室，馆藏资料1万余册（份）；茶树昆虫标本2万号，已整理、鉴定的茶树害虫230种，天敌昆虫324科，在茶叶生产、教学和科研工作中发挥了重要作用。

全所现有职工146人，其中在职职工81人，离休干部1人，退休职工65人（其中享受国务院、省政府特殊津贴专家4人）。现有高级职称8人，中级职称13人，初级职称3人，管理人员10人，专业技术人员24人，技术工人53人。拥有一支现代专业知识和管理知识的队伍，在茶树育种、栽培、植保、加工和茶文化等研究方向已涌现出一批学术带头人和青年专家，其中：遵义市市管专家1人，贵州省茶叶质量评审委员会专家1人，贵州省农业综合开发办公室项目评审专家4人，国家有机产品注册检查员3人。

自1978年全国科学大会以来完成各类科研项目175项，共取得科技成果133项，获奖77项（省部级奖37项，地厅级40项）。在各类刊物上发表文章1 000余篇，正式出版专著10部（4部为参加编著），内部出版专著4部，成果资料汇编13部，科普读物8本。培训科技人才1.5万人次。主办有内部期刊《贵州茶叶》，每年出版4期，现已连续办刊36年。贵州省茶叶研究所是农业部指定的茶树良种区试点，一直承担着全国茶树良种区试任务，为我国茶树良种的培育作出了积极贡献。

贵州省茶叶研究所选育的黔湄系列良种419号、502号、601号、701号、809号以及湄潭苔茶良种被审定为国家良种，在省内外推广面积达上万公顷；“茶树密植免耕快速高产”技术成果推广到全国16个省、自治区，面积达14万公顷；“茶树害虫生物防治研究”获贵州省科学大会奖；红碎茶初制“揉切分”连续化生产工艺技术研究和名优高档茶生产机械化技术研究在国内茶学界产生了较大影响；“茶树组合密植研究”于1993年获得联合国科技信息促进系统的“发明创新科技之星”奖，并被《世界优秀专利技术精品》收录；“茶树害虫自然天敌的保护利用研究”成果被广大茶区采用；“茶树害虫病毒资源调查及利用研究”新发现的22个新记录，为国内外首次报道。1980年7月9日，贵州省野生茶调查课题组在晴隆县发现的茶籽化石，送经中国科学院南京古生物研究所郭双兴研究员和中国科学院贵阳地球化学研究所专家初步鉴定为新生代晚第三纪（约100万年）四球拟茶籽化石。

（1）获专利5项。茶叶包装盒（夜郎茗茶）、定量包装装置、苦丁茶机、标贴（遵义毛峰）、标贴（西部茶海）。

（2）2007年申请品种权保护10项。黔茶8号、黔辐4号、育种材料03-10、育种材料03-22、育种材料8号、黔茶7号、黔茶809、黔茶大花1号、黔茶大花2号、黔茶大花3号。

（3）合作项目。贵州省科技重大专项：贵州茶产业关键技术研究与产业化示范，参加单位有浙江大学、贵州大学、贵州省山地农业机械研究所等13家企事业单位。

近年来贵州省茶叶研究所面向全省开展茶产业技术服务。服务的县（市）有：湄潭、威宁、三都、思南、息烽、丹寨、修文、镇远、遵义、凤冈、余庆、安顺、兴义、兴仁、贞丰、大方、凯里、雷山、正安、黎平、水城、德江、道真、沿河、晴隆、普安、普定、金沙、赤水、开阳、花溪、贵定、罗甸、瓮安、平塘等35个，为贵州省茶产业的快速发展提供了技术支撑。

云南省农业科学院茶叶研究所

云南省农业科学院茶叶研究所
Tea Research Institute of Yunnan Academy of Agricultural Sciences

所　长	汪云刚	**传　真**	0691-5170135
党委书记	石照祥	**网　址**	www.yntri.com.cn
副所长	梁名志　蒲绍柳	**E-mail**	ynscks@bn.yn.cninfo.net
联系人	李　冬	**地　址**	西双版纳州勐海县
电　话	0691-5170139	**邮　编**	666201

云南省农业科学院茶叶研究所，建于1938年4月，前身是民国时期的“思普垦植场”。据民国33年（1944）云南民政厅编制的《思普沿边开发方案》称：“在车里境内（今南糯山）兴办试验种茶场，除制茶外，更从事于种植之改良，前途亦甚有发展。”1957年迁现址勐海县曼真，地处普洱茶故乡。2004年与西双版纳州政府合作，成立了“西双版纳普洱茶研究院”，2005年与中国茶叶股份有限公司合作成立了“中国茶叶股份有限公司普洱茶研究院”，2007年11月，被农业部认定为“国家茶叶加工技术研发分中心”。研究所现有专业技术人员73人（高级7人，中职35人；博士3人，硕士7人）。现设有种质创新、品种选育、有机茶栽培、茶叶加工、普洱茶、茶文化、综合实验等7个研究室和云南省第165职业技能鉴定所及云茶科技有限责任公司等机构。

建所以来，围绕云南大叶茶资源、育种、栽培、加工、普洱茶、茶叶生农化和茶文化等方面开展了研究和示范推广工作，为全省主产茶区提供科技支撑，是一个集科研、科普、茶文化、旅游观光等功能为一体的科研院所。占地面积 86.67 公顷，其中优质、高产生态有机茶园面积 33.33 公顷，先后完成了 150 多项研究课题，共获各级科技成果奖 40 多项。建立一个“国家种质勐海茶树分圃”，占地面积 2 公顷，收集、保存 1 000 余份珍稀茶树资源材料；选育出了云抗 10 号、佛香 1 号等 18 个国家级、省级茶树无性系良种；获国家新品种保护权 2 个（云茶 1 号、紫娟）；拥有红茶、绿茶、普洱茶、保健茶生产线 4 条，年加工能力达 1 000 吨。研制开发了佛香茶、滇红金针等 10 多个国家级、省部级名优新产品和一个具有天然降血压、降血脂特殊疗效的紫娟保健茶。其中佛香茶、紫娟茶的原料品种在国内为该所独有。两个基地被农业部认定为“南亚热带作物良种苗木繁育基地”和“南亚热带作物名优基地”。茶叶研究所的科技成果“密植速成高产栽培技术”，被农业部列为“八五”重点推广项目，在云南省推广 10.67 万公顷；1985 年，该所在全国率先提出生态茶园概念并进行实践，已在全省推广达 1.07 公顷。近年来，开展有机茶园建设研究，目前，有机茶园在全省有 4 667 公顷，大大改善了云南省茶园结构，该所选育的云抗 10 号、云抗 14、长叶白毫、佛香 1 号等 18 个国家级、省级茶树无性系良种在全省茶区大面积推广，全省种植的茶树无性系良种茶叶研究所选育的占 90% 以上，其中国家级无性系茶树良种云抗 10 号在云南茶区推广种植面积达 10 多万公顷。同时通过举办科技示范和科技培训，为广大茶区培养大批实用技术人才，有力地促进了云南茶产业的全面振兴和综合效益的大提升。

茶叶研究所在抓好科研工作、产业开发的同时，始终坚持通过科技推广和科技扶贫等多种形式促进了茶区科技进步和经济发展，为科技兴茶和民族团结进步作出了贡献。1997 年连续 11 年获得州级“文明单位”之后，获得省级“文明单位”称号，2005 年评为全国精神文明建设先进单位。

正高级专家

王平盛

全国茶学主要高等院校*

南京农业大学茶叶科学研究所

学位教育情况 茶学博士、硕士教育授权单位

所　　长 黎星辉
电　　话 025-84395182
传　　真 025-84395182
网　　址 yyxy.njau.edu.cn
E-mail lxh@njau.edu.cn
地　　址 南京市卫岗 1 号
邮　　编 210095

扬州大学园艺与植物保护学院

学位教育情况 茶学硕士教育授权单位

副 院 长 陈学好
电　　话 0514-87971894
传　　真 0514-87347537
网　　址 www.yzu.edu.cn
E-mail xhchen@yzu.edu.cn
地　　址 扬州市文汇东路 12 号
邮　　编 225009

江苏省农林职业技术学院风景园林系

学位教育情况 茶学专科教育单位

系 主 任 周兴元
系副主任 邱国金
电　　话 0511-87291089
网　　址 www.jsafc.net
E-mail gjg2728@163.com
地　　址 句容市长江路 2 号农林学院园林系
邮　　编 212400

*全国茶学主要高校以行政区划为序；各院校茶学系正高级专家以姓氏笔画为序。

浙江大学农业与生物技术学院茶学系

学位教育情况 茶学博士、硕士教育授权单位、本科教育单位

茶叶研究所所长 梁月荣
常务副系主任、茶叶研究所副所长 须海荣
系副主任、系总支书记 龚淑英
茶叶研究所副所长 王校常
电　　话 0571-86971259
传　　真 0571-86971260
网　　址 cab.zju.edu.cn/cab
E-mail cxx.cab@zju.edu.cn
地　　址 杭州凯旋路268号
邮　　编 310029

浙江林学院茶文化学院

学位教育情况 茶学本科教育单位

院　　长 俞益武
院党总支书记 孙勤龙
副 院 长 姚国坤　苏祝成
联 系 人 卜京琼
电　　话 0571-63743301
传　　真 0571-63743301
网　　址 tea.zjfc.edu.cn
E-mail tea@zjfc.edu.cn
地　　址 杭州临安环城北路88号浙江林学院东湖校区15号学院楼
邮　　编 311300

中国国际茶文化研究会与浙江林学院在2006年2月联合设立了浙江林学院茶文化学院，学院当年向全国招收了旅游管理专业（茶文化方向），在我国首创培养本科层次的茶文化专业人才。目前茶文化学院和旅游与健康学院实行一套班子管理。

中国国际茶文化研究会（China International Tea Culture Institute，CITCI）成立于1993年，是由中华人民共和国农业部主管的在国际上最有影响的全国性茶文化研究团体。

学院集双方各自优势，把茶文化学院建成我国水平最高的国际性中华茶文化教育与研究机构，成为中华茶文化教育培训中心、研究中心和国际交流与展示中心。学院培养以本科生、研究生、留学生为主的茶文化推广经营管理型人才和研究、教学型人才；每年为国内外培训各种茶业专业人才2 000～3 000名；将建成茶业产学研一体化体系，在主要饮茶国家设立分支或合作机构，成为将中华茶文化向世界推广的主力军。

茶文化学院现有专职教师13名，其中教授3名，副教授1名；博士1名，硕士11名。除专职教师外，学院还拥有一支经验丰富的外聘教授，全国政协常委、书法家刘枫任名誉校长，茅盾文学奖得主、著名作家兼茶文化策划专家王旭烽任学科带头人。

茶文化学院目前拥有本科专业1个，文化产业管理（茶文化）；学科1个，茶文化学科；实验中心1个，茶文化实验教学中心；研究中心1个，中国国际茶文化研究会茶产品综合开发研究中心。

茶文化专业于2006年9月招收首批毕业生30名，目前拥有在校生93名，其中留学生3名。该专业致力于培养有良好人文素养和熟知管理学与文化学知识；掌握茶制作与品评技术；具备以茶艺为核心的茶文化综合技能，并具有一定的茶品牌策划与茶文化国际交流能力的创新型与应用型人才。

为进一步推动茶文化的对外推广，学院自成立以后已先后接受了美国、法国、英国、韩国、日本等国外访学团体20多个，还为国内多家企事业单位培训茶文化人才500多人次，如中国东方航空公司司乘人员茶文化培训班等。近年来，学院利用师资开展了丰富多彩的茶文化活动，如由王旭烽教授主创、茶文化全体师生主演的茶文化舞台艺术呈现的“中国茶谣”在国内外各种展会上演出，得到了茶学界的好评，并被评为教育部全国校园文化品牌优秀奖、浙江省高校校园文化品牌。茶文化学院师生还远赴瑞典、日本等高校进行茶文化推广交流活动。

正高级专家

王旭烽　俞益武　姚国坤

浙江树人大学人文学院茶文化系

学位教育情况 茶学专科教育单位

系 主 任 朱红缨
系副主任 关剑平
电　　话 0571-88297166
传　　真 0571-88297166
网　　址 www.zjsru.cn
E-mail sdrenwen@163.com
地　　址 杭州树人街8号浙江树人大学
邮　　编 310015

安徽农业大学茶与食品科技学院茶学系

学位教育情况 茶学博士、硕士教育授权单位、本科教育单位

校长、党委副书记	宛晓春	**电话**	0551-5786992
副校长	夏涛	**传真**	0551-5786765
院长	江昌俊	**网址**	cysp.ahau.edu.cn
副院长	张正竹	**E-mail**	chyshp@ahau.edu.cn
茶学系主任	李立祥	**地址**	合肥市长江西路130号
		邮编	230036

安徽农业大学茶学专业1939年创建于复旦大学茶叶专修科，1952年全国院系调整时迁入安徽农学院，1956年开始招收茶学专业本科生，1978年受原国家商业部委托创办机械制茶专业，面向全国招生，1989年增设茶叶经济贸易二年制专科（后改名为农业贸易），2005年创办了茶艺高职专业，培养从事茶艺编创与服务、茶席设计与茶会组织、茶馆经营与管理、茶文化教学与研究等工作的专科学历人才。2007年茶学专业被教育部、财政部批准为全国第一批高等学校特色专业。

茶学学历教育设有茶学本科专业和茶艺高职专业。拥有园艺学（茶学）博士后流动站，茶学博士和硕士学位授权点。学院教学科研基地建设成绩显著，茶叶生物化学与生物技术重点实验室先后被批准为：农业部重点开放实验室（1997）、安徽省重点实验室（1998）、省部共建国家重点实验室培育基地（2003），教育部重点实验室（2003）。重点实验室科研用房总面积达2 200平方米，仪器设备原值1 500万元，万元以上分析仪器和装备100余台套，形成了茶叶生物化学、植物分子生物学、制茶工程及天然产物中试放大等3个主要技术平台，是安徽省产学研联合培养研究生示范基地。2000年学院筹建了中华茶文化研究所，成为安徽农业大学人文社科研究基地，目前是全国高校中唯一的以研究茶叶历史文化、产业经济为特色的科研机构。研究所设有120平方米茶艺中心，成立了茶艺表演队，并面向全国开展茶艺师、评茶员职业技能培训和鉴定，与国内外许多茶文化团体、研究机构建立了良好的合作关系。此外，学院建有0.33公顷茶树品种园、3.33公顷试验茶园、茶叶加工厂、天然产物中试车间、食品工程中试生产线、本科教学实验中心以及专业资料阅览室等。

学院学科建设优势明显，茶学学科1996年被批准为安徽省首批重点学科，1999年被批准为农业部重点学科，2003年获批为安徽省首批"皖江学者"特聘教授设岗学科，2007年被批准为国家重点（培育）学科。学院师资力量雄厚，凝聚了一批国内外知名专家和学科带头人。现有教职工60人，专职教师42人，其中茶业系教师22人，食品科学与工程系教师20人。教学科研队伍中，教授14人，副教授11人；具有博士学位18人，留学回国人员12人，博士生导师9人，硕士生导师34人。学院注重师资队伍建设，关心青年人才的成长。学院有全国模范教师1名，安徽省高等学校省级教学名师1名，安徽省优秀教师1名，安徽省教坛新秀1名，安徽省高校学科拔尖人才、中青年带头人培养对象和高校优秀中青年骨干教师15名，1人享受国务院政府特殊津贴，1人获霍英东教育基金会"优秀教师奖"。2006年"茶树次生代谢和茶叶安全生产"科研团队入选安徽省首批科技创新团队计划。

近5年来先后承担有国家科技支撑计划2项，国家重大基础前期研究专项2项，"863"项目1项，农业部"948"项目3项，国家自然科学基金项目16项，国家星火计划1项，攀登计划1项，农业科技成果转化基金2项，农业部农业结构调整重大专项2项，教育部重点项目2项，博士点基金1项，省级重点项目16项，横向项目10余项，5年科研经费累计达2 500多万元。

近5年获省部级科研成果奖11项，其中二等奖3项、三等奖3项，获省高校科学成果三等奖2项。获各类教学成果奖6项，发明专利6项，实用新型专利4项，登录36多个重要茶树功能基因及近1 000个EST序列。选育"皖农95"、"皖农111"2个国家级良种，"农抗早"等省级良种及"茶农"系列优良品系。制定国家标准、农业部行业标准和地方标准3项，发表论文360多篇，其中国际、国内重点学术期刊134篇，SCI、EI收录35篇。

主编教材有面向21世纪课程教材《茶叶生物化学》（第三版）、"十五"规划教材《茶树育种学》、《茶叶机械》和《茶叶市场营销学》，其中《茶叶生物化学》、《茶树育种学》和《茶叶生物化学实验教程》入选"十一五"规划教材。2005年《茶叶生物化学》获全国高等农业院校优秀教材奖，2007年《茶树育种学》被评为普通高等教育精品教材。现承担着国家级精品课程《茶叶生物化学》和3门省级精品课程《制茶学》、《茶树育种学》和《分子生物学》的建设任务。此外还出版了《中国名茶志》、《中国茶文化大辞典》、《中国茶树害虫及其无公害治理》、《中国茶谱》、《中国绿茶》、《中华茶道》、《中华茶史》和《中华茶艺》等10余部专著。

正高级专家

丁之恩　王志耕　方世辉　江昌俊　杜先锋
李立祥　张正竹　陆　宁　宛晓春　夏　涛
高旭晖　黄龙全

安徽财贸职业技术学院电子商务系茶艺专业

学位教育情况 茶学专科教育单位

系主任	朱孝立	**E-mail**	aftvcdzswx@126.com
电　话	0551-3865859	**地　址**	合肥市翡翠路 900 号
网　址	www.aftvc.com	**邮　编**	230601

福建农林大学园艺学院茶学系

学位教育情况 茶学博士、硕士教育授权单位、本科教育单位

院　长	吴少华	**电　话**	0591-83789281
院党委书记	金心怡	**传　真**	0591-83735681
副书记	陈建辉	**网　址**	www.fafuyy.cn
副院长	赖钟雄　袁弟顺	**E-mail**	swj8103@126.com
系主任	孙威江	**地　址**	福州市金山福建农林大学
系副主任	郭雅玲　孙　云	**邮　编**	350002

福建农林大学是福建省唯一的高等农业院校，福建农林大学茶学专业创建于 1975 年，为福建农林大学特色专业。本专业建设基础与优势如下：

1. 师资力量雄厚 福建农林大学茶学专业师资力量雄厚，现有教授 5 名，副教授 5 名；具有博士学位教师 5 名，具有硕士以上学位教师 7 名，占专任教师的 58%；博士生导师 3 名，硕士生导师 9 名；茶叶加工系列教学团队 2007 年获校教学团队称号;承担国家、省部级课题的教师有 10 人。

近年来，有 2 名教师获“福建省百千万人才”荣誉称号，1 名获“校教学名师”荣誉称号，1 名教师担任《茶叶科学》编委，1 名教师聘为国家茶产业工程技术中心委员，2 名教师担任农业部和福建省茶产业体系岗位专家。

2. 学科基础强势 福建农林大学茶学学科 1993 年获硕士学位授权点，2003 年获博士学位授权点，2005 年被列入福建省重点建设学科。近年来，茶学学科在师资队伍、教育教学、科研成果、实验室建设等方面取得快速发展，在茶叶生产质量安全、茶叶加工工程与茶业机械、特种茶（乌、花、白茶）研究、茶叶经济与茶文化研究等方面优势明显，部分研究居全国先进或领先水平，形成 3 个具有特色与发展前景的研究方向：①茶树育种栽培生物技术与茶叶生产质量安全；②茶叶加工工程与茶叶深加工；③茶叶经济与茶文化。

3. 教育体系完整 目前茶学专业设有本科、硕士、农业推广（园艺）专业硕士点、博士点，已形成本科—硕士—博士完整的学科教育体系。

4. 实践教学条件较完备

（1）较完备的实验室条件。茶学专业拥有 7 个专业实验室：茶树栽培室、茶叶加工室、茶叶生化室、茶叶审评室、茶叶种质资源保存室、茶叶综合利用与精深加工室、茶文化室，实验室面积 2 000 多平方米；茶学专业已被列为省级重点建设专业，近 5 年，共承担科研项目 37 项，其中国家级科研项目 3 项。

（2）较完善的校内外实践教学基地。经过多年建设，茶学专业已建立了多种类型的校内外教学实践基地，丰富和拓展实践教学空间。

现有 1 个茶叶教学试验加工厂、1 个校内茶叶实训基地、6 个校外科教基地，分布于闽南、闽北、闽东 3 个福建各具特色的茶叶主产区。

5. 教学科研成果显著

（1）取得的教学成果。茶学专业的《茶树栽培育种学》课程于 2007 年被评为省级精品课程。

主编和参编普通高等教育“十一五”国家级规划教材，全国高等农业院校“十一五”规划教材《茶树栽培学》（第四版）、《茶树育种学》、《茶叶加工学》、《茶叶机械》等全国统编教材，编著出版《无公害茶叶》、《茶叶加工工程》、《中国白茶》、《武夷岩茶》、《茶叶国际化经营》、《福建茉莉花茶》、《茶业经济与管理》、《茶业企业经营管理》等专著 9 部。

（2）取得的科研成果。近 5 年来，茶学专业承担国家和省部级科技项目 37 项，科研项目经费 1 500 多万元，年均经费约 300 多万元，为福建省重大科研专项实施单位。主持国家科技支撑计划子课题“台湾乌龙茶新品种、新技术与加工关键装备合作创新研究”1 项；国际标准化工作项目“乌龙茶国际标准研究与制定”、“白茶国际标准研究与制定”等 2 项；国家发改委项目“闽台茶树优异品种及珍稀种质快繁与配套高技术产业化”；农业部公益项目“名优绿茶高效栽培及加工关键技术研究”；省科技重大专项专题“名特优茶树栽培与茶叶初加工技术研究及示范”、省科技攻关计划重大项目“绿茶绿色食品标准研究及示范基地建设”；福建省高等学校新世

纪优秀人才支持计划“铁观音茶树基因组 BAC 的构建与鉴定”;主持和参加国家级、省级自然科学基金课题 5 项、省创新基金课题以及省科技厅、省财政厅农发办、省经贸委、省教育厅、省农业厅、省农办等课题。

近 5 年来共发表论文 86 篇,编写出版专著、教材 7 部;获省科技进步二等奖 3 项、三等奖 4 项;6 项茶叶技术成果获国家专利,其中“茶树高 EGCG 的种质资源及外源诱导研究”达国际领先水平,“茶叶质量安全控制关键技术”、“乌龙茶振动做青技术与设备”、“三酶法在 PET 瓶装茶水应用的研究”达国内领先水平。

正高级专家

叶乃兴　孙威江　杨江帆　林金科　金心怡

宁德职业技术学院农业科学系

学位教育情况　茶学专科教育单位

系主任	黄承彪	**网　址**	www.ndgzy.com
系副主任	郭剑雄	**E-mail**	h6338805@163.com
电　话	0593-6150603	**地　址**	福安市福泰路 232 号
传　真	0593-6558600	**邮　编**	355000

天福茶职业技术学院

学位教育情况　茶学专科教育单位

院　长	刘勤晋	**网　址**	www.tftc.edu.cn
电　话	0596-3184047	**E-mail**	tfttc@mail.tenfu.com
传　真	0596-3184051	**地　址**	漳州市漳浦县盘陀镇天鹅湖 1 号
		邮　编	363202

江西上饶职业技术学院

学位教育情况　茶学专科教育单位

院　长	柳雪芳	**网　址**	www.srzy.cn
电　话	0793-8472000	**E-mail**	srzyzsb@163.com
传　真	0793-8472413	**地　址**	江西省上饶市罗桥
		邮　编	334109

山东农业大学园艺科学与工程学院茶学系

学位教育情况　茶学博士、硕士教育授权单位、本科教育单位

系主任	张丽霞	**网　址**	www.sdau.edu.cn
电　话	0538-8249983	**E-mail**	lxzhang@sdau.edu.cn
传　真	0538-8249983	**地　址**	泰安市岱宗大街 61 号
		邮　编	271018

青岛农业大学园林园艺学院茶学系

学位教育情况　茶学硕士教育授权单位、本科教育单位

系主任	丁兆堂	**网　址**	www.qau.edu.cn
系副主任	张新富	**E-mail**	zxftea@163.com
电　话	0532-88030231	**地　址**	青岛市城阳区青岛农业大学园林园艺学院
传　真	0532-88030231	**邮　编**	266109

信阳农业高等专科学校食品科学系

学位教育情况 茶学本科、专科教育单位

系主任	魏明奎	**网址**	www.xyac.edu.cn
系副主任	郭桂义　严佩峰	**E-mail**	ggy6363@yahoo.com.cn
电话	0376-6687681	**地址**	信阳市农专路1号
传真	0376-6695615	**邮编**	464000

华中农业大学园艺林学学院林茶系

学位教育情况 茶学博士、硕士教育授权单位、本科教育单位

系主任	沈宝仙	**网址**	www.hzau.edu.cn
系副主任	倪德江	**E-mail**	chenyq@mail.hzau.edu.cn
电话	027-87281741	**地址**	武汉市洪山区狮子山街1号
传真	027-87282010	**邮编**	410070

宜宾职业技术学院生物与化工工程系

学位教育情况 茶学高等职业教育单位

系主任	赵先明	**网址**	www.ybzy.cn
系副主任	李德立	**E-mail**	zhaoxianming666@163.com
电话	0831-8273621	**地址**	宜宾市西郊新村
传真	0831-8270099	**邮编**	644003

湖南农业大学园艺园林学院茶学系

学位教育情况 茶学博士、硕士教育授权单位、本科教育单位

院长	钟晓红	**传真**	0731-4618734
副院长	罗君武	**网址**	www.hunau.net
系主任	唐和平	**E-mail**	hauyyxy@hunau.net
系副主任	龚志华	**地址**	长沙市芙蓉区湖南农业大学
电话	0731-4618734	**邮编**	410128

湖南农业大学建校于1951年3月9日，1951年3月在农学系作物栽培教研室设立茶作教学组，并在农学专业高年级部分学生中开出茶作学课程。1958年4月29日经湖南省人民委员会批准成立茶学专业，学制4年，1981年经国家教委正式定名为茶学专业，进入国家本科专业目录。茶学系现有教师33人，其中，教授10人、副教授9人、讲师和实验师9人；博士生导师8人、硕士生导师10人；博士17人，硕士6人。50岁以上的2人，40～50岁的10人，30～40岁14人，30岁以下的6人。这支年轻化的师资队伍中，40%的教师有出国留学或合作研究经历，70%的中青年教师可用双语教学。这是一支学科交叉性强、结构合理、高学历、高素质的年轻化的师资队伍。历年来，在教师队伍中，获国家级和省部级党、政、社会团体各种荣誉称号达30多人次，其中全国性的有15人次，省级的有15人次。

1982年被确定为湖南省5个重点专业之一；1992年，茶学专业升格为茶学系；1996年，茶学系与食品科技系合并组建湖南农业大学食品科技学院；2000年和2006年分别入选湖南省“十五”和“十一五”重点建设学科；2004年，由茶学系申请在全国首创“植物资源工程”本科专业（工学学士）获教育部批准，并设立植物资源工程系面向全国招生；2006年，茶学系从食品科技学院分离出来，回归园艺园林学院；2007年，茶学专业被确定为“国家特色专业”及“省级重点专业”。1981年成为全国第一批拥有硕士学位授予权单位之一，1993年获博士学位授予权，1995年成为湖南农业大学博士后流动站的

核心学科点之一，1999 年建立园艺学博士后流动站。

围绕本科教学，茶学系设有 8 个实验室：茶叶加工实验室、茶树栽培育种实验室、茶叶审评实验室、茶叶检验实验室、茶叶生化实验室、茶文化实验室、类茶植物实验室、仪器分析实验室。教学实验用房总面积达 2 500 平方米。茶学实验室现有教学仪器设备 500 台（套），总值 600 万元。1988 年茶学专业在距校园 20 余公里的长沙县干杉乡长安村承包茶园 13.33 公顷，作为茶学专业教学实习基地。1999 年，该茶场定名为湖南农业大学长安综合教学基地。

茶学专业历年主编、参编学术专著和全国高校统编教材共 16 部。在全国高等农业院校统编教材中，陆松侯教授、施兆鹏教授先后主编《茶叶审评与检验》，并两度获得全国优秀教材奖；陈兴琰教授主编《茶树育种学》并获得国家优秀教材奖；施兆鹏教授、刘仲华教授先后主编《茶叶加工学》，谭济才教授主编《茶树病虫防治学》，黄意欢教授主编《茶学实验技术》，黎星辉教授主编《有机茶生产原理与技术》等，这些主编教材展示了本学科在国内茶学相关领域的学术地位。

茶学系坚持“拓宽基础，强化能力，提高素质，增强后劲”的人才培养理念。在教学手段上，全面采用多媒体等现代化教学手段，部分课程采用了双语教学。在教学方法上，重视理论与实践相结合，加强学生动手能力和实践操作能力的培养。近 20 年来，在人才培养模式和培养方法创新研究方面，取得了一系列颇具影响力的教学成果：1990 年“建立实验课新体系，强化实践教学”获湖南省优秀教学成果二等奖；1993 年“自主经营办基地实行教学、科研、生产三结合”获湖南省优秀教学成果二等奖；1996 年“构建茶学专业教学新体系，培养农工贸复合型人才的研究与实践”获湖南省优秀教学成果一等奖；1997 年“构建茶学专业教学新体系，培养农工贸复合型人才的研究与实践”获国家教委优秀教学成果二等奖。

茶学学科专业在科研成果转化与产业化方面一直是茶学系发展中的突出亮点，真正做到了产、学、研良性互动。在创建长沙和润茶业科技有限公司（原湖南农业大学茶厂）、湖南金农生物资源股份有限公司、茶学职业技能培训中心科技产业中，为研究成果推广与转化，近年来每年产生直接经济效益 3 亿多元、社会效益近 15 亿元，取得了突出的业绩。从 1984 年开始，茶学专业开始举办各种培训班，为社会培养急需的茶叶技术人才。2003 年，茶学专业成立湖南农业大学茶学职业技能培训中心，中心是经省劳动及社会保障厅批准成立的湖南省唯一的高等院校茶学职业培训机构。1992 年成立湖南农业大学茶学系茶艺表演队，在茶艺界享有较高的声誉，先后为朱镕基总理、泰国诗琳通公主以及来自美国、俄罗斯、法国、德国、澳大利亚和日本等 40 多个国家和地区的友人表演茶艺，将中华茶文化传播于世界各地。

经过半个世纪的研究探索，随着全球科技不断进步和茶产业发展方向的变迁，湖南农业大学茶学学科凝练了五个主要研究方向：茶叶功能成分化学、茶叶加工理论与新技术、茶树生物技术与种质创新、茶树生理与无公害栽培、茶文化与茶业经济。同时，围绕这些研究方向招收博士后、博士、硕士和国外留学生，是我国高级茶学科技创新人才培养的核心基地之一。茶学学科先后获得国家“973”计划、国家自然科学基金、科技部攻关计划、科技部支撑计划、科技部国际合作计划、科技部科技创新基金、科技部 APEC 基金、国家发改委高新技术重大专项、新世纪优秀人才计划、财政部科教司重点项目、湖南省重大科技专项、湖南省省长基金、湖南省自然科学基金等国家和省部级项目共 100 多项。尤其是近 10 年来，在研究项目的规格和资助额度上得到了较大的提高。

正高级专家

刘仲华　刘德华　朱　旗　肖文军　罗军武

徐仲溪　黄建安　谭济才

华南农业大学园艺学院茶业科学系

学位教育情况　茶学博士、硕士教育授权单位、本科教育单位

院　　长	林顺权	**电　话**	020-85282096 85280208
党委书记	范金凤	**网　址**	xy.scau.edu.cn
党委副书记	丁红星	**E-mail**	wd18211@163.com
副 院 长	陈杰忠　陈厚彬　陆旺金	**地　址**	广州市五山华南农业大学
系主任、茶业科学研究所所长	王登良	**邮　编**	510642
系副主任、茶业科学研究所副所长	曹潘荣		

华南农业大学是我国最早开办茶学专业高等教育的学校之一，早在 1933 年原中山大学农学院就已设置茶学专业课程，并已开展茶学领域的研究。1974 年成立华南农学院茶叶教研室，开始招收茶学本科生，现本科专业设有 3 个专业方向：茶学；茶叶加工贸易；茶艺。每个方向每年计划招收 30 人。较全面系统地进行茶学学科的建设，培养了大批茶叶教学、研究和生产管理人才。1991 年确定为茶学学科硕士点，开始招收茶学硕士研究生，2003 年园艺一级学科博士点覆盖下设立茶学博士点。同年学校批准成立华南农业大学茶叶科学研究所。现有

教授1人，副教授6人；博士4人，在职攻读博士学位2人，硕士生导师3人。人才梯队结构合理。

在茶树高产优质栽培技术，茶叶深加工和综合利用，茶叶加工与机械化配套等方面进行了较深入的研究，并取得了一定的成果，为华南地区茶学研究及茶产业发展发挥了关键作用。茶学学科包括茶业科学系和茶叶研究所，目前茶学实验室设有6个分室，分别是茶树栽培育种实验室，茶叶加工与机械实验室，茶叶生化实验室，茶叶审评与检验实验室，茶饮料加工实验室，茶艺训练与表演室等。

近年购置了一批先进实验仪器，如扫描紫外可见分光光度计、微机型紫外可见分光光度计、电子天平、真空旋转蒸发器、粗纤维测定仪、低速大容量台式离心机、高速台式离心机、台式冷冻离心机、人工气候箱、水分自动测定仪、多媒体电脑、SDE装置、索氏抽提装置。另外，高效液相色谱仪等大型先进科学仪器也正在购置之中。

华南农业大学茶学系位于广州市，是全国茶叶消费量最大的城市，是改革开放的前沿，毗邻港澳，每年的春、秋两次广交会均在这里举行。茶叶深加工和新产品研发具有明显的学科发展优势。同时地处华南地区，属于热带、亚热带区域，气候温暖，阳光充足，雨量充沛，非常适宜茶树生长，具有得天独厚的自然条件，华南农业大学茶树品种资源的收集时间早，也较全面系统。目前该校茶学专业校内教学实习基地约1公顷，在宁西教学基地建设占地约20公顷的茶学专业教学专用茶园，品种资源圃约1.33公顷，校外实习基地有5个，由于长年温暖湿润，全球各地茶树资源在这里均能正常生长，加之广州交通便利，因此，该校茶树品种资源圃具有得天独厚的优势。

茶学系在“九五”和“十五”期间，主持和参加国家和广东省自然科学基金5项，省部级科研项目8项及10项横向联合课题，总经费超100万元。并取得5项成果或专利，3项研究课题通过科研成果鉴定。研制的3个茶叶产品获“名优茶”奖，10多篇论文获“优秀论文”奖。在此基础上，2003年，茶学系主持的“无公害茶叶生产技术推广”获广东省农业技术推广二等奖，获农业部2003年全国农牧渔业丰收奖三等奖。多位教师参加《茶树病虫防治学》（面向21世纪课程教材）、《茶树栽培学》（“十一五”课程教材）、《茶叶加工学》、《茶叶市场营销学》、《茶叶大辞典》等教材和专著的编写工作。

正高级专家

王登良

广西职业技术学院农业技术工程系茶叶教研室

学位教育情况 茶学专科教育单位

室主任 古能平
室副主任 潘龙波
电话 0771-4213061
传真 0771-4213061
网址 www.gxzjy.com
E-mail npgu@163.com
地址 南宁市江南区明阳工业园
邮编 530226

西南大学食品科学学院茶学系

学位教育情况 茶学硕士教育授权单位、本科教育单位

系主任 童华荣
电话 023-68250357
传真 023-68251947
网址 www.swnu.edu.cn
E-mail thuarong@126.com
地址 重庆市北碚区天生路2号
邮编 400715

四川农业大学园艺学院茶学系

学位教育情况 茶学硕士教育授权单位、本科、专科、高等职业教育单位

院长 汤浩茹
总支书记 聂坤伦
系主任 唐茜
系副主任 杜晓
电话 0835-2882143、2882479（茶学系）
传真 0835-2882515（园艺学院）
网址 www.sicau.edu.cn
E-mail sctlab@163.com
地址 雅安市新康路46号
邮编 625014

四川农业大学茶学系前身为1956—1970年的农学系茶叶教研组，茶学专业筹建于1970—1974年，通过整合校内教师和引进人才相结合建设师资队伍，并建设了教学茶厂和茶园设施。于1976正式成立四川农学院园艺系茶叶专业，并招收茶学专科76级，1977年恢复高考，开始招收本科生。1985年学校更名四川农业大学，1991年园艺系和林学系合并组建林学园艺学院，下设茶学系，后成立园艺学院，下设茶学系。经过近30年的建设，茶学系现已发展成为具有农、工、商、文等多学科交叉特色的学科，形成包括硕士、本科、专科和网络教育等多种办学层次的教育体系，茶学本科所设专业方向有茶学、茶文化、茶叶加工贸易和饮品科学工程。于1977年获首批学士学位授权点，2003年被批准为四川省唯一的硕士学位授权点，本学科还属于园艺学一级硕士学位授权学科。2003年被省教育厅批准组建“茶业科学与工程省级重点实验室”，2007年茶学学科被列入四川农业大学“十一五”211三期建设重点学科。

茶学专业成立30年来，师资队伍建设不断发展和提高。1984—1990年有教授1人，副教授8人，讲师10人，教辅人员9人，共计28人，老一代教师中有我国著名茶学家施加璠教授，有喻衣尘、李家光、陈瑜进、王宗尧、江楚平、赵福贞和曾得发等四川著名茶学专家任教。目前，茶学系具有结构合理、精简高效的师资队伍。在职教师中有正教授2人，副教授6人，讲师2人，教学辅助人员5人，共计15人。四川农业大学茶学系为四川茶业人才培养，特别是为四川特色支柱农业产业——茶业发展所需的硕士、博士高层次人才培养方面取得显著成效。

茶学学科加强人才培养工作，有效提高了本科生培养质量，积极发展研究生教育，为社会培养高层次“复合型”人才成效显著。已培养毕业硕士研究生20余人，在校研究生30余人。累计培养本科毕业生1 200余人，为其他院所输送研究生230余人，其中已成为博士、教授等高级专家26人，360余人具有高级专业技术职称，成为大中型茶叶企业总经理的有23名。在发展学历教育同时，本学科积极服务于社会，累计举办各层次茶叶科技培训班28期，为川、渝的各产茶市、区（县）培训茶叶技术骨干18 300余人。四川农业大学茶学学科在川、渝及西南茶业中具有广泛的社会影响与学术地位，本科生培养质量与规模在全国农林院校中达先进水平。

茶学系拥有茶学综合实验室1个、省重点实验室1个，研究开发中心2个。茶学综合实验室下设茶树栽培育种实验室，茶叶生物化学实验室，茶叶加工实验室，茶叶审评与茶文化实验室，研究生实验室等5个专业实验室，实验室总面积2 000平方米。科研与教学仪器设备主要有高速冷冻离心机、数码生物显微镜、紫外－扫描分光光度计、微型喷雾干燥仪、气相色谱仪、液相色谱仪、分子生物学设备及精密电子天平等，共计410台（件），总价值305.6万元。拥有完备的校内教学设施，建有2.4公顷教学茶园，收集品种资源128份；拥有教学实习茶厂面积1 000平方米与成套实验制茶设备。

茶学学科长期坚持“产、学、研”结合，大力推进了学科发展。坚持以科研促进教学，培养复合型研发人才。与16家省茶业产业化龙头企业共建科研教学基地，强化了学科的科技创新能力和社会服务功能。先后主持或完成省部级科研18项，已获授权发明专利2项（申请专利8项），完成产业化示范与技术推广项目11项，完成企业合作项目32项。近5年主编、参编全国统编教材和专著7部，发表学术论文127余篇，其中SCI、EI收录8篇。

正高级专家

齐桂年　杜　晓

云南农业大学龙润普洱茶学院

学位教育情况　茶学硕士教育授权单位、本科、专科教育单位

院　　长	邵宛芳	**传　　真**	0871-5226508
党支部书记	吕才有	**网　　址**	www.ynau.edu.cn
副 院 长	周红杰	**地　　址**	昆明北市区云南农业大学
电　　话	0871-5226508	**邮　　编**	650201

云南农业大学龙润普洱茶学院成立于2005年11月，其前身是始建于1972年的茶学专业。是本校与国际化、知名企业龙润集团共同创建的国内特色鲜明的专业学院。

20世纪70年代初期以前，云南省的茶学高级技术人才全靠省外农科院校输送，远远不能满足需要。高等茶学专门人才的奇缺，成为云南茶叶生产持续发展的限制因素之一。为此，省政府根据经济发展的需要，审时度势批准在云南农业大学开设茶学专业，创建云南高等茶学教育。1972年云南农业大学茶学专业开始筹建，学制为三年制专科，1973年开始招生，开创了云南茶学高等教育的新篇章。1977年云南农业大学茶学专业改为四年制本科。1982年起改隔年招生为年年招生，加快了茶学专门人才培养的进程。1986年为适应全省茶叶生产对专业人才的需求，在招收本科生的同时，又开始招收专科（含农业职业教育专科班），1996年茶学被批准成为硕士学位

点，1997年开始招收硕士研究生。1998年经批准开始招收外国留学生，成为云南农业大学首批招收外国留学生的专业。2000年，茶学面向全国招生，2005年，增设茶学（茶艺茶道）方向，实行文理兼招，填补了茶艺茶道本科教育的空白，满足社会发展的需要。

学院现有茶学本科专业，设茶学及茶学（茶艺茶道）两个方向，一个硕士学位授权点（含农业推广硕士和高校教师在职攻读硕士学位）。在学校及龙润集团的大力支持下，学院办学条件良好，建有茶叶种质资源室、栽培育种实验室、加工实验室、综合利用及包装实验室、茶叶审评实验室、茶叶生理生化实验室、茶叶品质分析实验室、茶叶研究中心、普洱茶示范中心、茶文化实验室等一批特色教学研究场所，在校内有实践教学基地1个，校外有6个，为专业人才的培养提供了良好的平台。

学院现有在职教职工21人，其中正高职3人，副高职8人，70%以上的教师具有研究生以上学历，并在全国聘请了一批知名专家教授作为客座教授。现在，学院形成了函授生、专科生、本科生、硕士研究生、外国留学生的办学模式，还独创以茶学为载体的特色专项教育，举办茶艺师、评茶师、茶叶加工师等国家职业技能资质培训班，为各地培训茶叶专业技术人才。

云南高等茶学教育自创建以来，就十分注重并积极开展国内外学术交流，曾先后派遣了8名教师出国深造；学院先后与英国、法国、日本、韩国、泰国、澳大利亚等国家相关院校和研究机构开展了学术交流，随着办学声誉的提升，留学生的规模也日渐扩大，不断有留学生慕名而来，学院现有在读韩国留学生16名，其中本科生11名，硕士研究生5名。

为了适应云南茶产业的发展，做大、做强、做优普洱茶，经有关部门批准，云南普洱茶研究院于2005年11月19日在云南农业大学正式成立，成为云南高校中唯一的茶叶研究机构。

近3年来，学院教师充分利用专业特长及资源优势，在搞好教学的同时，结合国家和云南社会经济发展需求，坚持不懈地开展茶叶科研工作，研究领域涉及茶树资源、良种选育、茶树生理生态、茶叶高产优质高效、茶叶深加工、茶叶生化、茶叶加工机械、茶叶综合利用、茶叶审评、茶叶储藏和茶文化等方面的研究，其中一些研究已深入到茶学研究的前沿阵地，并取得了一些可喜的科研成果，产生了很好的社会效益和经济效益。近年来，学院承担国家、省、部科研项目30余项，科研经费达5 000余万元。尤其是国家科技支撑计划项目的立项，是学院在茶学学科研究方面进入国家层面的里程碑，为学院学科建设、学术水平的提升搭建了良好的平台。

由于茶学专业在世博会建设等方面所作出的突出贡献，曾获农业部“先进集体”奖，云南省人民政府颁发的世博会茶园工程建设“贡献奖”，云南省人民政府颁发的“云南省茶叶发展先进单位”等多个奖项。

正高级专家

邵宛芳　周红杰　蔡　新

西北农林科技大学园艺学院茶学系

学位教育情况　茶学博士、硕士教育授权单位

党委书记　肖　斌

电　　话　029-87082613

传　　真　029-87082867

网　　址　www.nwsuaf.edu.cn

E-mail　xiaobin2093@sohu.com

地　　址　陕西杨凌国家农业高新技术产业示范区西

邮　　编　712100

全国茶叶主要科研成果

2000—2007年全国茶叶科研机构主要科研成果*

省部级科研成果奖

中国农业科学院茶叶研究所

优质高效茶树系列专用肥的研制与应用

完成单位 中国农业科学院茶叶研究所
主要完成人 韩文炎 阮建云 林 智 吴 洵 许允文
授奖情况 中国农业科学院科技成果二等奖、浙江省科技进步三等奖 2001年；农业部全国农牧渔业丰收奖三等奖 2002年
成果简介 本项目针对我国茶叶向优质高效方向发展和茶园施肥效益低下的现状，通过研究，揭示了铜、锌等微量元素的营养机理和茶园最佳土壤pH，探明了通过增强硝酸还原酶活性来提高茶树氮素利用率和根系分泌有机酸促进土壤难溶性磷有效化的途径；明确了茶园土壤养分供应能力低下且不平衡、有机质贫缺和酸化日趋严重等主要营养障碍因子，提出了优质高效高产茶园土壤有机质、全氮等12项营养诊断指标；在此基础上，研制出适合不同类型茶园的茶树系列专用肥3种及其配套使用技术，取得明显的增产、提质和改土效果。

茶浓缩汁加工关键技术与装备

完成单位 中国农业科学院茶叶研究所 中国农业机械化科学研究院 浙江东方茶业科技有限公司
主要完成人 权启爱 罗龙新 杨钟鸣 尹军峰 孙 成
授奖情况 中国农业科学院科技成果二等奖、浙江省科技进步二等奖 2002年
成果简介 专题历经实验室研究、中间试验和示范生产线等阶段研究，在国内首次确立了以膜技术为中心的茶浓缩汁工业化成套加工工艺技术，茶浓缩汁产品浓度可达20%以上，能保持茶叶原有风味，无沉淀，溶解性好，可去除下档茶涩味等缺陷，品质优良，明显优于目前常用的热浓缩产品。通过研究，系统提出了茶浓缩汁加工关键设备的技术参数，完成了茶汁逆流提取、茶汁超滤去杂和反渗透浓缩等设备的研制，并在此基础上研究筹建了100千克/小时茶浓缩汁示范生产线。

茶叶中农药残留控制技术推广

完成单位 中国农业科学院茶叶研究所 浙江省农业厅经济作物管理局 绍兴市经济特产站 浙江三明茶业有限公司 松阳县农业局 安吉县农业局 诸暨市农业局 绍兴御茶村茶业有限公司
主要完成人 王运浩 肖 强 唐美君 殷坤山 俞燎远
授奖情况 农业部全国农牧渔业丰收奖二等奖 2003年
成果简介 本项目提出了以生物防治、化学农药优化使用和农药安全使用标准为主体技术，农业防治、物理防治和病虫测报为配套技术的茶叶中农药残留控制技术体系。建立了茶树病虫害预测预报体系；推广应用生物防治技术及物理机械防治技术；安全使用新农药技术；制定了无公害茶、有机茶生产技术规程和茶树病虫害防治技术规范。该技术适宜我国广大茶区推广，特别适用于无公害茶和出口茶叶生产基地。

茶叶咖啡因脱除机与低咖啡因茶加工技术

完成单位 中国农业科学院茶叶研究所
主要完成人 权启爱 孙 成 金寿珍 徐向群
授奖情况 浙江省科技进步奖三等奖 2003年
成果简介 本项目经过研究，提出了适于低咖啡因绿茶加工的网板式热水浸渍咖啡因脱除原理，并在此基础上设计出同时可完成咖啡因脱除和杀青的茶叶咖啡因脱除机。该机主要由浸渍槽、链条网板、动力传动系统、加热装置、热水供应系统和冷却装置等组成。热水浸渍叶经过离心脱水、热风脱水、揉捻、干燥等工艺技术处理后，可生产出外形、色泽、滋味、香气、叶底均具有中国绿茶风格特点的低咖啡因绿茶。该技术填补了国内外低咖啡因绿茶加工技术的空白，成果整体水平属国内领先。

* 本科研成果为不完全统计，部分科研单位未提供材料。

高香冷溶速溶茶加工技术

完成单位 中国农业科学院茶叶研究所

主要完成人 尹军峰 林 智 江用文 谭俊峰 金寿珍

授奖情况 中国农业科学院科技成果一等奖、浙江省科技进步奖二等奖 2004年

成果简介 项目通过系统研究，首次提出了速溶茶专用绿茶原料加工技术、新型低温提取技术和酶膜联合技术。将原料的香气释放、微胶囊等技术有机结合形成的全新提取工艺与膜分离、浓缩、冷冻干燥等技术相结合提出了一套完整的高香冷溶速溶茶加工技术，解决了目前速溶茶香低、冷溶性差的两大问题，品质明显提高，产品可作为纯茶饮料的生产原料或直接用冷水冲泡饮用。该项技术在同类研究中居国际先进水平，其中速溶绿茶的高香冷溶和低温提取得率达到国际领先水平。

茶园害虫与天敌的互作关系及生态调控技术

完成单位 中国农业科学院茶叶研究所

主要完成人 韩宝瑜 崔 林 董文霞 张宝书 黄从富

授奖情况 中国农业科学院科技成果二等奖、浙江省科技进步奖三等奖 2004年

成果简介 本项目通过多年研究，揭示了我国常见的自然状态、人工调控、常规生产茶园中天敌与害虫的互作关系，以及我国十几种类型的茶园中，昆虫群落数量时间空间格局和多样性稳定性机理；定量地评价了自然状态、人工调控、常规生产茶园中天敌的自然控制效应。提出了侵染主要害虫黑刺粉虱和蚧类等的强致病真菌——粉虱座壳孢等的生产技术。研制出在人工调控、常规生产茶园中通过合理间作针对主要害虫的生态调控技术，以及组合使用病毒、虫生真菌和农药的调控害虫技术。

超微绿茶粉加工新技术及应用

完成单位 中国农业科学院茶叶研究所

主要完成人 金寿珍 江和源 刘 栩 江用文 林 智

授奖情况 中国农业科学院科技成果二等奖、浙江省科技进步三等奖 2005年

成果简介 通过系统研究，首次提出了适制超微绿茶粉的鲜叶原料要求，筛选出2种超微绿茶粉加工的护绿剂及其应用技术，开发了由蒸汽杀青、微波干燥和脱茎梗技术组合的超微绿茶粉加工工艺，使产品颗粒度达300目以上，叶绿素含量0.54%，实现了叶绿素保留率达70.7%的高保留率。建立了超微绿茶粉中试生产线，生产成本低，产品质量稳定，工艺技术成熟，可适用工业化生产。利用超微绿茶粉为原料开发出的系列食品，风味好，深受消费者欢迎，市场潜力大，推广应用前景广阔。

茶尺蠖病毒杀虫剂的生产技术与推广应用

完成单位 中国农业科学院茶叶研究所 扬州绿源生物化工有限公司

主要完成人 肖 强 殷坤山 唐美君 徐 健 郭华伟

授奖情况 浙江省科技进步奖三等奖 2005年

成果简介 项目通过茶尺蠖病毒大量繁殖技术的研究，首次提出幼虫饲毒最佳日期的预测和病毒收集新方法，建立了简易高产的茶尺蠖病毒生产新的工艺流程。研制出3个适用于不同类型茶园的茶尺蠖病毒杀虫剂制剂，提出了产品质量控制指标和方法，并实现了小批量生产。同时研究提出了茶尺蠖病毒制剂田间科学使用策略和技术。并在茶园中持续大面积应用茶尺蠖病毒杀虫剂，推广面积达8 000公顷，防治效果95%以上，茶园害虫天敌增加1倍，茶叶中的农药残留量下降，新增经济效益1 000多万元。

茶尺蠖绒茧蜂信息素诱集技术及其应用

完成单位 中国农业科学院茶叶研究所

主要完成人 韩宝瑜 崔 林 王仕超 黄从富 周 鹏

授奖情况 浙江省科技进步奖三等奖 2006年

成果简介 通过系统研究，在国内外首次将茶梢互利素、茶树害虫利他素和茶花信息物用于茶尺蠖的无害化防治，通过联用化学信息素和色板对茶尺蠖绒茧蜂的叠加诱集效应，增强了绒茧蜂的自然控制作用，开拓了茶树害虫防治的新途径。发明了具有自主知识产权的茶尺蠖绒茧蜂信息素诱集剂和便携式诱集器，能有效地增加受茶尺蠖危害茶园中的绒茧蜂数量，使下一代茶尺蠖虫口密度降低40%～50%。提出了一套完整的茶尺蠖绒茧蜂诱集技术，并在浙江、安徽和云南等省茶园中应用，取得了明显的生态和社会经济效益。

茶树钾镁营养特性与养分管理技术

完成单位 中国农业科学院茶叶研究所

主要完成人 阮建云 吴 洵 石元值 马立峰 韩文炎

授奖情况 中国农业科学院科技成果一等奖、浙江省科

技进步奖二等奖　2007 年

成果简介　项目开展综合研究，系统地揭示了我国主要茶叶产区土壤钾、镁供应水平和分布特点，明确了钾、镁肥在不同类型的茶园上对茶叶增产提质效果及与土壤钾、镁供应水平的关系，提出了茶园土壤施钾、施镁有效的土壤钾素和镁素含量临界指标、钾和镁肥的适宜用量及比例、施用时期等钾镁养分综合管理技术；在钾、镁及其陪伴阴离子氯对茶树氮素吸收、代谢和游离氨基酸形成、镁在茶树游离氨基酸代谢、运输中的调控作用等方面取得创新性发现，研究成果在国际学术期刊发表后被广泛引用，取得了在国际茶树营养生理相关研究方面的领先地位。

假眼小绿叶蝉和茶蚜等害虫及其天敌引诱技术的研究与应用

完成单位　中国农业科学院茶叶研究所　浙江省建德市茶叶站　浙江省富阳市茶叶站　安徽省敬亭山茶厂　浙江省绍兴御茶村茶业公司　安徽省池州市农业技术推广中心　浙江省宁波市天赐茶业有限公司　浙江省松阳县植保站

主要完成人　韩宝瑜　周　鹏　崔　林　付建玉　王仕超

授奖情况　浙江省科技进步奖三等奖　2007 年

成果简介　通过系统研究，查明了茶树和黑刺粉虱成虫之间化学通讯和光通讯的机制。分离鉴定筛选出强烈诱引黑刺粉虱成虫的茶树信息素，以强诱引信息素为主要组分，研制了黑刺粉虱成虫信息素诱捕剂。选出强烈诱引黑刺粉虱成虫的色彩，与诱捕剂组合成信息素诱捕器，已获国家发明专利授权，并进行了生产应用。

江苏省茶叶研究所

名特茶加工机械化技术

完成单位　无锡市茶叶品种研究所

主要完成人　张　定　孙国华　唐锁海　徐德良

授奖情况　农业部全国农牧渔业丰收奖二等奖　2000 年

成果简介　该项目针对江苏省名茶依然处于手工生产状态，生产效率低，质量不稳定等现状，将名特茶加工机械化技术在全省无性系茶树良种大面积推广。为推动全省名特茶加工机械化生产进程，邀请茶叶加工厂技术人员现场观摩、开展培训。使江苏省名特茶加工技术由传统的凭手感、经验到机械化、数字量化加工一个成功飞跃，提高了茶叶品质和生产效率，推进了茶叶加工机械化进程，经济效益和社会效益显著提高。

有机茶生产技术研究及示范推广

完成单位　无锡市茶叶品种研究所

主要完成人　徐德良　周静峰　田晓兰　李明玉

授奖情况　江苏省厂会协作奖二等奖　2005—2006 年

成果简介　该项目首次较为系统地提出了无锡毫茶有机茶生产技术，编制了无锡毫茶有机茶生产技术规程；提出以杨梅为主的避虫植物与茶树间作，建立复合生态茶园，采用苗床消杀和打顶技术减少新拓茶园虫源；利用适时修剪技术抑制虫口密度；提出苦参碱为主的植物性农药在田间合理使用技术，筛选出有机肥的种类并明确了使用技术。该项目自 2003 年 1 月以来，在江苏省已累计推广 1 066.67 公顷，共有 42 家茶叶加工厂获得杭州中农质量认证中心、中国绿色食品发展中心的有机茶颁证，创产值 1.4 亿元，与周边常规茶园比，年增产值 3 408 万元，年增净收益 4 010 万元。

茶树新品种引种及名优茶开发

完成单位　无锡市茶叶品种研究所

主要完成人　张　定　孙国华　徐德良　李明玉　周静峰

授奖情况　江苏省农业丰收奖一等奖　2007 年

成果简介　该项目根据江苏省的自然条件及生产需求，从相近省份的浙江、湖南、福建等茶区引进 27 个茶树品种，通过对其物候期、产量、品质和抗性等进行系统观察和试验，筛选出适应江苏茶区环境和名茶生产的优良品种 15 个，并形成相应的配套栽培技术，明确了引种的名优茶适制性。引进品种创制的太湖白茶、竹海金茗、金陵春等名优茶获全国“中茶杯”和江苏省“陆羽杯”等名优茶评比特等奖。该项目推广无性系茶树良种 2 373.33 公顷，带动全省新增无性系茶树良种 4 733.33 公顷，无性系良种比例提高 13 个百分点，投产茶园亩产值较常规茶园提高 3 000 元以上，项目总计新增产值 4.3 亿元，经济、社会效益显著。

安徽省农业科学院茶叶研究所

茶树无性系良种快繁技术与高效研究

完成单位　安徽省东至茶树良种繁殖示范场　安徽省农

业科学院茶叶研究所

主要完成人 王华宗 钱六九 黄秋转 王汉权 江济和

授奖情况 安徽省人民政府科技进步奖三等奖 2000年

成果简介 该成果是将茶树无性系良种繁育中建园与建圃的各项技术进行组装配套,达到了加快良种繁育推广、降低建园成本、早投产高效益的目标。提出了以苗育苗的新方法,苗圃地剪穗留桩高度在3厘米,中小叶种快繁法扦插短穗适宜长度为2.75厘米±0.32厘米,达到了短期内快速增加繁殖系数,为无性系良种繁殖推广中解决插穗新途径提供了实用技术。应用苗圃与母本园合用的快繁技术比常规法能提早1～2年投产,经济效益十分显著。

万亩有机茶基地建设及质量安全体系研究

完成单位 黄山市翡翠绿茶有限公司、安徽省农业科学院茶叶研究所

主要完成人 高守清 管亚明 廖万有 周 坚 施丰声

授奖情况 安徽省人民政府科技进步奖三等奖 2004年

成果简介 本成果针对黄山茶区的生态优势,立足高起点的有机茶开发,率先引入国际上公认的食品安全最有效的控制体系——危害分析与关键控制点(HACCP)技术,提出了黄山茶区有机茶生产、加工的关键环节,建立了一套系统化的有机茶质量安全控制体系,主要包括:农药残留、重金属、有害生物、物理性夹杂物等预防与控制。项目建成的800公顷外销有机绿茶生产、加工、销售等全程质量达到国家有机茶标准,通过了瑞士IMO有机认证,成果推广3年来单位面积茶叶产值平均增长2倍以上。

外销绿茶清洁化生产关键技术的研究与集成应用

完成单位 黄山市松萝有机茶叶开发有限公司、安徽省农业科学院茶叶研究所

主要完成人 王光熙 廖万有 丁 勇 周 坚 许家宏

授奖情况 安徽省人民政府科技进步奖三等奖 2007年

成果简介 本成果针对我国出口茶叶中存在的农药残留、重金属、有害微生物及非茶类夹杂物等超标的难题,开展关键技术研究与集成应用,提出了出口茶叶基地建设、茶园清洁化种植及管理控制、绿茶清洁化初、精制加工等关键技术,并集成引入食品加工新技术,较好地突破了国际茶叶市场的"绿色壁垒",提升了安徽茶叶出口竞争力。集成应用上述关键技术,建成5 333.33公顷外销绿茶清洁化茶园基地,生产的屯绿眉茶41022、9371以优良的品质得到中外客户的赞誉,并获"安徽省名牌农产品"称号,产品畅销亚、欧、美、非洲等20多个国家。

福建省农业科学院茶叶研究所

高香型优质乌龙茶新品种丹桂的选育与推广

完成单位 福建省农业科学院茶叶研究所

主要完成人 陈荣冰 黄福平 郭元超 杨燕清 邬龄盛

授奖情况 福建省人民政府科学技术奖二等奖 2000年

成果简介 历经20年,从武夷肉桂的天然杂交后代经系统选育出高香、高产的无性系茶树新品种——丹桂。春茶开采期比肉桂、铁观音提早10天左右。产量高,比肉桂、黄旦、铁观音高20%以上。抗逆性强,适应性好。扦插成活率与定植成活率高。制乌龙茶品质优异,有特殊花香,滋味醇厚。制红茶、绿茶亦花香显,滋味浓爽。曾获得"中茶杯"名优乌龙茶一等奖、国际名茶金奖、省名优红茶奖等。在茶区推广种植,具有显著的社会、经济和生态效益。

乌龙茶新品种黄观音、黄奇选育与推广

完成单位 福建省农业科学院茶叶研究所

主要完成人 郭吉春 叶乃兴 张文锦 杨如兴 何孝延

授奖情况 福建省人民政府科学技术奖二等奖 2002年

成果简介 历时20多年首次育成铁观音与黄棪的杂交种黄观音、黄棪与白奇兰的自然杂交种黄奇,通过省级与国家级审定,解决了杂交一代保持亲本优异品质性状、实现定向培育的难题,该成果居国内同领域的领先水平。2个新品种杂种优势强,产量、无性繁殖力、抗性与适应性均超过亲本;开采期早;适制乌龙茶、绿茶、红茶、白茶,花香显,品质优异;制优率高。适宜在长江以南茶区推广。省内外大面积推广,产生了巨大的经济、社会效益,应用前景广阔。

茶树新品种茗科1号(金观音)、悦茗香的选育与应用

完成单位 福建省农业科学院茶叶研究所

主要完成人 郭吉春 杨如兴 叶乃兴 张文锦 何孝延

授奖情况 福建省人民政府科学技术奖二等奖 2004年

成果简介 历时20多年育成铁观音与黄棪的杂交种茗科1号(又名金观音)、赤叶观音的天然杂交

种悦茗香，通过省级与国家级审定，首次解决了杂交一代保持铁观音优异品质性状、实现定向培育的难题，该成果居国内同领域的领先水平。2个新品种产量高，无性繁殖力、抗性与适应性强；开采期早或较早；适制乌龙茶或绿、红、白茶，花香显，品质优异；制优率高。适宜在长江以南茶区推广。省内外大面积推广，产生了巨大的经济、社会效益，应用前景广阔。

白僵菌871与韦伯虫座孢菌毒理毒力及其应用技术研究

完成单位　福建省农业科学院茶叶研究所

主要完成人　吴光远　曾明森　王庆森　林阿祥　孙椒德

授奖情况　福建省人民政府科学技术奖三等奖　2002年

成果简介　自主分离获得白僵菌871和韦伯虫座孢菌2个菌株，并对防治茶丽纹象甲、茶椰圆蚧、黑刺粉虱的毒理和毒力及发酵工艺进行了研究，该菌对椰圆蚧的毒力达80%，茶园防效达80%以上，一年后持续防效达60%。同时还进行了Bt与苦参碱混剂（首次应用）等生物农药防治茶树主要害虫的研究，并在茶园大面积推广应用，已在茶区推广应用1.67万公顷，创经济效益3 657.9万元，已成为茶叶绿色食品和有机茶生产的关键技术，适应茶叶生产可持续发展需求，应用前景广阔。

可持续发展高优茶业系统调控技术及良种示范基地建设研究

完成单位　福建省农业科学院茶叶研究所等

主要完成人　陈荣冰　刘　波　张方舟　吴光远　孙威江

授奖情况　福建省人民政府科学技术奖二等奖　2003年

成果简介　育成省级茶树良种春兰，春茶开采期比母本铁观音早，增产10%以上，制成乌龙茶品质优异；开发研制茶叶名优新产品5个，制定出茶叶加工企业标准3个；筛选出适宜的生物农药，提出以生物防治为主的病虫害综合防治技术；提出良性生态茶园调控技术；并在安溪、福鼎等茶区建立科技示范基地。通过茶树良种的选育推广、以生物农药为主的综合防治技术与名优茶叶加工新工艺等系统调控技术的研究与应用，显著提高社会、生态和经济效益。

绿色食品茉莉花茶标准化生产技术体系研究

完成单位　福建省政和科技示范茶场　福建农林大学　福建省农业科学院茶叶研究所

主要完成人　杨江帆　郑乃辉　张见明　叶乃兴　杨　广

授奖情况　福建省人民政府科学技术奖二等奖　2007年

成果简介　本研究首次采用GIS软件研究制定项目实施区茉莉花气候区划，提出福建茉莉花茶产业化对策；应用SPME/GC-MS、GC-MS/MS技术对茉莉花茶香气组分和农药残留进行检测。优化农药残留检测条件；采用动电修复技术去除茶园土壤重金属污染；系统研究提出湿窨工艺的技术参数；建立了绿色食品茉莉花茶标准化生产技术与HACCP体系。此项创新性研究成果的推广与应用，为福建省无公害、绿色食品、有机茉莉花茶的食品安全生产、提高茉莉花茶品质和降低生产成本提供了有力的技术支撑。

湖北省农业科学院果茶蚕桑研究所

鄂茶1号茶树新品种选育及应用

完成单位　湖北省农业科学院果茶蚕桑研究所

主要完成人　邹德炎　闵彩云　贾尚智　许淑琼

授奖情况　湖北省人民政府科技进步奖一等奖　2003年

成果简介　本成果选育出的茶树新品种鄂茶1号具有单株发芽整齐、芽叶直立、节间较长、移栽成活率高、适应性强、成园快、生长势旺、持嫩性强等品种优势。全国区试期间平均亩产鲜叶683.95千克，比对照福鼎大白茶高98.80%，并富含氨基酸，其中秋茶含量4.04%，比对照高69.04%，制绿茶内质优异，香气独特；在同批全国茶树品种区域试验中品质及产量性状优势明显。从1993年通过品种审定以来，示范推广范围迅速扩大到省内外20多个县（市），取得了显著的经济和社会效益。

鄂茶5号新品种选育及应用

完成单位　湖北省农业科学院果树茶叶研究所

主要完成人　闵彩云　贾尚智　杨小林　陈福林　高士伟

授奖情况　湖北省人民政府科技进步奖二等奖　2006年

成果简介　该品种2002年通过湖北省农作物品种审定，发芽特早，正常年份3月上旬可采摘一芽一叶，比国家级早芽种福鼎大白茶（CK）早11天，比群体种早25天以上；休眠期晚、年生长期长；育芽力强、生长势旺、产量高，五年生茶树3年平均单位面积产量比CK增产30.54%；芽叶持嫩性强、制绿茶品质优良；抗性强，移栽成活率达97%，扦插出圃率达

88% 以上。1997—2006 年分别在省内外 20 多个县（市）区域试种与示范推广，取得了显著的经济效益和社会效益。

湖北省有机茶系列标准

完成单位 湖北省农业科学院果树茶叶研究所、湖北省果品办公室

主要完成人 龚自明 宗庆波 李传忠 匡 胜 卢素芳

授奖情况 湖北省人民政府科技进步奖三等奖 2005 年

成果简介 本成果通过开展茶园地建设技术、土壤培肥技术、病虫草综合治理关键配套技术研究，有机茶加工储运销售和产品重金属农药残留卫生指标研究，有机茶对产地区域、空气、土壤、灌溉水等环境条件要求的研究工作，制定了《有机茶栽培技术规程》、《有机茶加工技术规程》、《有机茶》和《有机茶产地环境条件》等系列标准。本系列标准作为湖北省首套有机食品标准颁布实施，填补省内空白，开创了湖北省有机食品标准化之先河。

茶树良种无性系引繁利用技术研究与推广

完成单位 湖北省农业科学院果茶蚕桑研究所

主要完成人 李传忠 龚自明 刘付璆

授奖情况 湖北省人民政府科技成果推广三等奖 2002 年

成果简介 本项目从引进的 14 个国家级、省级良种中遴选出 8 个品种作为湖北选择发展的主选品种。针对茶树扦插繁殖开展了相关试验研究。结果表明：新的遮荫方法显著优于其他 4 种遮荫方法；茶枝梢头是可以利用的好插穗；春扦插同秋扦插并没有明显区别，在湖北可以当年扦插当年出圃。本成果在省内 15 个县（市）推广应用，发展无性良种茶园 850 公顷，创产值 1.73 亿元，新增利税 6 506 万元，建立无性繁殖圃 4.5 公顷，累计出圃苗木 4 000 多万株，取得了显著的社会、经济效益。

五峰茶叶亿元工程关键技术研究

完成单位 五峰县科技局 湖北省农业科学院果茶蚕桑研究所

主要完成人 李传忠 龚自明

授奖情况 湖北省人民政府科技进步奖二等奖 2002 年

成果简介 一是调查分析全县茶园树冠结构及土壤状况，制定肥、水、采、剪、管配套技术方案，达到了低产变高产、丰产再丰产目的。二是开展了无性系良种茶园建设及成园技术研究，实现了“一年栽、二年摘、三年亩产鲜叶收入过千元”的经济目标。三是进行了五峰采花毛尖规范工艺研究及名茶创制，制定了《五峰毛尖产品标准》，创制良种名茶“采花毛尖王”，国内首创，并获国家专利。应用本成果全县茶叶平均单产增至 37.3 千克 / 亩，全县名优茶比例增加到 40.7%。

广东省农业科学院茶叶研究所

高香优质大叶红茶品种秀红、五岭红选育研究

完成单位 广东省农业科学院茶叶研究所

主要完成人 李家贤

授奖情况 广东省人民政府科技进步奖三等奖 2001 年

成果简介 秀红、五岭红系 1971 年从印度阿萨姆亲缘种英红 1 号天然杂交后代中单株分离，经 20 多年系统选育、区试示范研究育成的早芽高产、高香优质的无性系大叶红茶良种，其主要特点：早芽高产。秀红、五岭红发芽早，芽叶粗壮，育芽力强，栽培成园快。品比研究，秀红 8 年平均亩产干茶 196 千克，五岭红 5 年平均亩产干茶 227.7 千克，分别比云南大叶增产 20.4% 和 56.78%，统计分析达显著和极显著水平。适制花香型高档红茶，品质优异，经济价值高 1～2 倍。秀红、五岭红芽叶生化物质丰富，含茶多酚分别为 38% 和 36%，儿茶素 17.7% 和 17.8%，氨基酸 2.0% 和 2.4%，咖啡碱 5.31% 和 4.78%，水浸出物 46%。生产适应性好，抗寒、抗旱能力强，易栽培，成园快。在广东茶区省外广西、湖南、四川、贵州等茶区均适宜种植。

名优乌龙茶（单枞、黄金桂）加工创新技术研究与应用

完成单位 广东省农业科学院茶叶研究所

主要完成人 伍锡岳 苗爱清 庞 式

授奖情况 广东省人民政府科技技术奖三等奖 2003 年

成果简介 本项目针对广东省优势名优乌龙茶岭头单从、黄枝香单枞及黄金桂加工技术及配套设备滞后的状况，在总结乌龙茶传统工艺的基础上，开展加工创新工艺技术和设备研究。通过在名优乌龙茶鲜叶采摘标准、修剪技术、单枞茶香气形成机理、多茶类复合式开发、晒青工艺及设备、加工工艺技术等方面开展近 10 年的系统研究，建立了名优乌龙茶（单枞、黄金桂）采制加工工艺技术及产品开发

体系。发明“乌龙红茶制作方法”、“冰鲜乌龙茶制作方法”2项专利技术。项目研究成果经鉴定居国内领先水平。

仙湖名优绿茶生产技术研究及产业化开发

完成单位 东源县茶果公司 广东省农业科学院茶叶研究所
主要完成人 邝维清 刘建峰 邱易生 赵超艺
授奖情况 广东省人民政府科技技术奖三等奖 2005年
成果简介 本成果包括传统广东绿茶优良品种选育、仙湖茶茶园无公害栽培管理技术体系、茶青标准技术体系、仙湖茶加工技术规程及生产技术标准体系和仙湖茶产品标准体系等集成技术。其创新点主要包括优良广东小叶乌龙茶新品系利用、先进的山地茶园无公害栽培管理技术、新的加工工艺以及其独具特色的仙湖茶叶质量标准。技术达国内同类研究先进水平。本成果技术适用于广东传统小叶茶树品种的生产、加工、质量控制等，也适合广东传统茶叶风格开发利用。

广西桂林茶叶科学研究所

桂绿1号茶树新品种选育研究

完成单位 广西桂林茶叶科学研究所
主要完成人 覃秀菊 韩志福 陈新强 林朝赐 李良活
授奖情况 广西科学技术厅 广西科技成果鉴定证书 2005年；全国农业技术推广服务中心 全国农作物品种鉴定证书 2006年
成果简介 桂绿1号属灌木型中叶种，发芽特早；品质优，氨基酸含量高，创制的“漓江翠茗”茶获全国“中茶杯”名优茶一等奖1项，获广西“桂茶杯”名优茶特等奖、银奖3项；投产快，产量高，分枝能力强，呈立体发芽，产量比国家级对照种福顶大白茶高104.4%，种植第二年即可投产；节间短，一芽二叶仍可制作松针茶和扁形茶；适制性广，适制绿茶、红茶、六堡茶及乌龙茶；抗逆性强，抗低温临界温度-9℃，高温临界温度40℃。

茶树苗圃连作与快速出圃新技术研究

完成单位 广西桂林茶叶科学研究所
主要完成人 覃秀菊 林朝赐 韦静峰 卢依森 陈新强
授奖情况 广西壮族自治区人民政府 广西科学技术进步奖三等奖 2004年
成果简介 主要探讨茶树苗圃持续多年连作和快速出圃、提高出圃率的技术。①用不同灭菌技术和不同覆盖物代替国内现在一直采用的苗床铺黄心土育苗技术，该技术每亩新增利税5 771.0元，投入产出比为1∶30.5。②用短穗长侧枝扦插技术代替国内常用的短穗扦插育苗技术，每亩增收9 870.0元，节支924.1元，降低费用68.0%，生长期间不锄草施肥，可持续多年连作，4～5个月出圃，比国内现有技术缩短育苗期6个月以上。该成果还可用于花卉、竹子、绿化苗木等的繁育。

无公害茶园主要病虫害生物防治技术研究

完成单位 广西桂林茶叶科学研究所 广西国有北耀农场
主要完成人 文兆明 赖传碧 黄 猛
授奖情况 广西壮族自治区人民政府 广西科学技术进步奖三等奖 2003年
成果简介 该项目针对治虫技术滞后和茶叶农药残留严重超标问题，把茶园具有重大影响的害虫定为防治对象，筛选高效安全、有效控制期长、低（无）残留的药剂，建立示范基地，对关键技术进行系统研究，用技术创新来减少农药用量和防治次数，达到既能保护生态环境又经济有效地控制茶园害虫，使茶叶农药残留不超标的目的。该项目对326.67公顷茶园应用，经济效益达120万元，符合国家质检标准，成果适用于所有茶区。

重庆市农业科学院茶叶研究所

不同季节优质名优茶综合技术

完成单位 重庆市茶叶研究所
主要完成人 周正科 王 敏 李中林 徐 泽 吴 全
授奖情况 重庆市人民政府科学技术进步奖三等奖 2000年
成果简介 本项目根据夏秋季茶树生理代谢规律，应用先进测试手段，在揭示不同品种和外形名茶手工、机制工艺内含化成分变化规律与茶叶品质关系的基础上，深入分析遮阳网遮荫改变夏秋茶品质的化学实质，探索适宜重庆茶区的遮荫时间和遮光度。通过创新针形名茶技术提高春季名茶品质，通过遮阳网遮荫技术开发夏秋名优茶，形成春、夏、秋季优质名优茶的栽培、加工配套综合技术。

名优茶树新品种选育及高产栽培加工技术

完成单位 重庆市茶叶研究所
主要完成人 陆锦时　周正科　吴　全　李中林　李廷元
授奖情况 重庆市人民政府科技进步奖三等奖　2001 年
成果简介 本成果系统、深入地研究了名优绿茶的良种选育、早市栽培、机械化加工技术及大宗绿茶机械化采摘技术，选育出绿茶新品种 2 个，形成茶叶机械化采摘技术规程、名优绿茶机械化加工技术规程及产品标准各 1 套，为实现重庆茶区茶叶生产的"四化"奠定了坚实的基础。同时，解决了大叶茶树品种加工技术难点，改变了大叶茶树品种不能加工高档名优绿茶的传统观念，在茶叶加工理论上有了新的发展。

茶叶优良品种及先进高效栽培技术

完成单位 重庆市茶叶研究所
主要完成人 吴　全　李中林　谢金峰　彭　萍　徐　泽
授奖情况 农业部全国农牧渔业丰收奖三等奖　2002 年
成果简介 略。

优质高抗绿茶新品种选育及繁育技术研究

完成单位 重庆市茶叶研究所
主要完成人 钟渭基　李中林　徐　泽　侯渝嘉　彭　萍
授奖情况 重庆市人民政府科学技术进步奖二等奖　2003 年
成果简介 本成果自主育成早白尖 5 号、南江 2 号、南江 1 号、崇枇 71-1 等 4 个优质高抗绿茶新品种，并进行"名优绿茶良种扦插繁育技术与示范"研究，以本所茶树良种繁育试验基地为平台，每年不断向茶区繁育场提供原原种和茶树扦插繁育技术，扩建母本园，迅速扩繁优质高抗绿茶新品种，满足茶区对茶树良种苗子的需要。育成的品种品质优、抗性较强、能满足茶苗市场的需要；扦插繁育技术可操作性强，经济适用。

茶树新无性系繁育及示范推广

完成单位 重庆市茶叶研究所
主要完成人 侯渝嘉　彭　萍　徐　泽　李中林　胡　翔
授奖情况 农业部全国农牧渔业丰收奖三等奖　2004 年
成果简介 本成果利用自主育成的国家级、省级茶树新品种，以"优质高抗绿茶新品种选育及繁育技术研究"、"名优茶树新品种选育及高产栽培、加工技术"等为基础，综合集成茶树良种繁育、无公害栽培、名优茶开发等实用技术，以落实责任专家、核心示范户为重点，在茶区进行大面积的示范推广，有力地推动了茶树良种化进程，促进了茶叶产品结构的调整和茶农增收，加速了科技成果转化，取得显著社会、经济效益。

茶叶中农药残留控制技术研究与示范

完成单位 重庆市茶叶研究所
主要完成人 彭　萍　徐　泽　侯渝嘉　胡　翔　林　强
授奖情况 重庆市人民政府科技进步奖三等奖　2004 年
成果简介 该成果针对茶叶中突出的农药残留问题，以有害生物自然控制、优化使用化学农药为核心，应用农业防治、生物防治和植物源农药的综合防治措施，提高茶园生态系统的调节功能，恶化害虫食源和栖息场所，抑制害虫的发生，减少茶园农药用量；推广抗性品种，加强茶园病虫测报，掌握主要害虫的演替和发生规律，制定优势种害虫防治指标，提高茶园科学用药水平，从生产源头控制茶叶农药残留量，确保茶产品的质量安全。

茶园生态系统的建设及控制技术研究

完成单位 重庆市农业科学院
主要完成人 彭　萍　李中林　侯渝嘉　徐　泽　胡　翔
授奖情况 重庆市人民政府科技进步奖三等奖　2006 年
成果简介 本项研究成果针对常规茶园生境脆弱、物种单一、昆虫群落稳定性差等问题，应用生物多样性的原理和方法，通过改变茶园种植模式，增加园区植物多样性，扩大立体生态位，诱发生物多样性，改善微域气候，配套茶树综合栽培管理技术，促进茶园生态系统良性循环。项目实施期间，获得技术发明专利 1 项、发表论文 8 篇，通过在重庆市和四川省达州地区技术示范推广 1 666.67 公顷，取得了较显著的社会、经济效益。

山地茶园保土培肥及针形名茶加工技术研究与示范

完成单位 重庆市农业科学院
主要完成人 李中林　吴　全　徐　泽　姚永宏　彭　萍
授奖情况 重庆市人民政府科技进步奖三等奖　2006 年
成果简介 针对重庆市山地茶园栽培、加工现状，研究并提出了具有国内领先水平的茶园复合种植技术、有机培肥技术、夏秋季免耕栽培技术和针形名茶加工等技术，在改善土壤结构、提高茶园土壤肥力水平的同时，在重庆市茶区特别是三峡库区水土治理、生态茶园建设、茶鲜叶增值加工等领域突破多项技术瓶颈。

四川省农业科学院茶叶研究所

名茶品质的形态效应及应用研究

完成单位 四川省农业科学院茶叶研究所
主要完成人 李春华 王 云 罗 凡 唐晓波 段新友
授奖情况 四川省人民政府科技进步奖一等奖 2005年
成果简介 系统地分析和研究了名茶不同形状对名茶品质的影响；探明了不同形状对名茶品质影响的生化机理；创造性地研究提出了名茶品质的形态效应这一新概念新理论。首次在国内外把产品外形纳入茶叶品质的影响因素范畴。根据以上新理论，创造性地研究提出了大、中、小3种不同茶树品种原料适宜加工的外形名茶工艺技术，这一研究结果填补了名茶外形适制性的空白，从而丰富了茶学理论及其加工技术。该成果应用后已取得显著的社会和经济效益。

名优茶机制集成技术研究与应用

完成单位 四川省农业科学院茶叶研究所
主要完成人 王 云 段新友 李春华 张冬川 罗 凡
授奖情况 四川省人民政府科技进步奖二等奖 2005年
成果简介 研究了鲜叶摊放对机制名优茶品质的影响；研究了鲜叶摊放对机制名优茶品质影响的生化机理；研究了机制名优茶与手工名优茶的品质差异及其生化机理，比较分析了二者的经济效益；系统而综合地研究制定了扁形、毛峰形、针形、卷曲形、自然形等五大类8种机制名优茶工艺技术。项目技术水平先进，应用该成果能显著提高名优茶品质；成果应用后，提高了四川省茶叶产业化水平，并使四川省机制名优茶比重由以前的空白提高到目前的70%以上，从而取得了显著的社会和经济效益。

茶树特色新品种的选育与引进应用研究

完成单位 四川省农业科学院茶叶研究所
主要完成人 王 云 李廷松 李春华 罗 凡 段新友
授奖情况 四川省人民政府科技进步奖二等奖 2007年
成果简介 先后选育出国家级和省级茶树特色新品种6个。其中：①特早213、名山早311是特早芽新品种，是四川省的重点推广品种。②天府茶11、花秋1号氨基酸含量分别高于对照6.89%和40.0%，其产品香气和鲜爽度明显优于对照，属四川省乃至全国少有的高鲜型茶树新品种。③名山早311产品香气栗香浓郁持久，滋味鲜醇，属浓香型茶树新品种。④名山白毫131属高产毫香型茶树新品种，是四川省和全国的主推品种。10多年来，上述品种先后在省内外进行了大面积推广，取得了显著的社会经济效益。

贵州省茶叶研究所

优化茶叶自然品质的栽培技术研究

完成单位 贵州省茶叶研究所
主要完成人 梁远发 田永辉 王家伦 周国兰
授奖情况 贵州省人民政府科技进步奖三等奖 2001年
成果简介 该研究探索总结出了一套成熟的、系统的、综合的优化茶叶自然品质的栽培技术，可应用于茶叶栽培管理及新茶园建设的土壤规划。该技术在土壤选择、茶叶主要成分与年周期、日周期变化、高档茶采摘时间、有机肥施用及优化茶叶自然品质的综合措施上具有创造性。在全省共推广应用1 472公顷，黄平东坡农场，1997—1999年新增利润135万元，新增税收30万元(200公顷)；正安桴焉茶场，年新增经济收入在20万元以上(133.33公顷)，为茶场、茶农提高了经济收入。

黔湄809茶树良种选育

完成单位 贵州省茶叶研究所
主要完成人 李祥明 安永政 鄢东海 周正邦
授奖情况 贵州省人民政府科技进步奖三等奖 2001年
成果简介 黔湄809茶树品种经育种、品比、区域试验及生产示范，对植物学特征、生化成分、产量、品质及抗性等进行鉴定表明，该品种综合性状好，属大叶类中偏早品种，抗寒性较强，扦插育苗移栽成活率高，适应性广，生长旺盛。与国家级红茶良种黔湄419相同，制片形、毛峰类名优茶色泽绿润显毫，条索秀丽，香气高，滋味鲜爽，汤色浅绿清澈，叶底嫩绿有光泽，是一个制红绿茶及名优茶品质均优的多茶类兼制型品种，达到了国内茶树品种领先水平。

苦丁茶资源调查及产品开发研究

完成单位 贵州省茶叶研究所
主要完成人 郑文佳　李祥明　鄢东海　周富裕　申　东
授奖情况 贵州省人民政府科技进步奖三等奖　2001 年
成果简介 基本查清贵州省苦丁茶资源的主要种类及分布情况；提出并论证了贵州省苦丁茶在民间称贵州苦丁茶，理论上定名苦茶叶的观点；研究了贵州苦丁茶的植物特征、内含成分、基本适生条件、初深加工技术、品质特征及形成机理、药用及保健功效；详细调查了贵州省苦丁茶的利用现状，分析其发展的有效措施；在中国首次系统地研究了木犀科日本毛女贞苦丁茶，明确提出它是贵州省特有的经济植物。该研究对合理开发利用贵州省的苦丁茶资源，起到积极促进作用。

茶园根际氮磷钾有益微生物群落研究

完成单位 贵州省茶叶研究所
主要完成人 田永辉　魏　杰　卢天国　令狐昌弟
授奖情况 贵州省人民政府科技进步奖三等奖　2002 年
成果简介 本研究提出茶树品种选育中根际三类微生物多的品种，提出茶树根—水—肥耦合效应，从而提高肥料利用和转化，减少肥料流失，提出从茶树根系活力和根际土壤酶活性测定作为良种地下部鉴定方法以及利用酶活性强弱促进肥料转化和利用，从物种群落水平特征指数提出茶园生态系统优良性以及微生物资源评价，经过初步应用提出茶园有益微生物利用模式。开创茶树根系微生态学的研究方向和内容，初步形成茶树根系微生态学。

乌江流域茶叶优质栽培及生态效益研究

完成单位 贵州省茶叶研究所
主要完成人 梁远发　田永辉　王国华　王家伦　周国兰
授奖情况 贵州省人民政府农业科技进步奖一等奖　2004 年
成果简介 应用多年多点定位测试方法，对乌江流域茶园规划种植、人工生态茶园生态效益、不同条件对茶叶生化成分的影响以及主要害虫防治技术研究，结果表明，以合理规划种植、构建人工生态茶园为核心的综合技术，使乌江流域茶园水土流失基本控制、生态环境改善、主要害虫减轻、茶叶品质得以提高。

贵州小叶苦丁茶多种类及产品品系研究

完成单位 贵州省茶叶研究所
主要完成人 郑文佳　龙明树　赵志清　罗显扬　刘晓霞
授奖情况 贵州省人民政府科技进步奖三等奖　2007 年
成果简介 项目提出贵州小叶苦丁茶产品分类学方法及理论，建立了贵州小叶苦丁茶 2 个种类的产品品系，从理论上完成了贵州小叶苦丁茶产品的系统性分类。成功研制出高档贵州小叶苦丁红茶、精品贵州小叶苦丁红茶和精品贵州小叶苦丁绿茶 3 个类别产品，完成其产品品质、加工技术及工艺定型。制定了贵州小叶苦丁红茶的产品标准。本项目研制的 3 个类别均属新创产品。获得的实用新型苦丁茶机专利填补了贵州省小叶苦丁茶加工机械研究方面的空白。

云南省农业科学院茶叶研究所

名优绿茶杂交新品种——佛香 1 号选育研究

完成单位 云南省农业科学院茶叶研究所
主要完成人 王朝纪　包云秀　刘德和　凌光云　王平盛
授奖情况 云南省人民政府科技进步奖三等奖　2005 年
成果简介 采用人工杂交育种方法，选用大叶良种与小叶良种做亲本，从 F_1 中选育出生产上需要的良种佛香 1 号。制绿茶香气清高嫩香，滋味醇和，汤色黄绿明亮；扦插和移栽成活率高，属高香、优质、丰产、抗逆性强，适制名优绿茶的杂交新良种，2003 年 10 月审定为云南省茶树新品种。从 2000 年至今已在临沧、西双版纳、保山、思茅等地区示范推广种植面积达 200 公顷以上，在投产的 121.3 公顷茶园中实现产值 1 410.92 万元，实现销售利税 404.45 万元，实现每年每亩茶园产值 4 350 元。比云抗 10 号每年每亩增收 1 350 元。该项目技术研究达国内领先水平，并荣获西双版纳州 2004 年度科学技术进步一等奖。

国家发明专利

中国农业科学院茶叶研究所

茶叶咖啡因脱除机

专 利 号　99242589.1
发 明 人　权启爱　孙　成
授权时间　2000年8月2日
专利简介　略

一种降低砖茶含氟量的加工制作方法

专 利 号　02137323.X
发 明 人　林　智　舒爱民　蒋　迎　尹军峰
授权时间　2003年8月13日
专利简介　略

一种提取葛根中多种有效成分的方法

专 利 号　02155132.4
发 明 人　江和源　蒋　迎　江用文
授权时间　2004年6月23日
专利简介　略

消减固定相的逆流色谱分离方法

专 利 号　02155131.6
发 明 人　江和源
授权时间　2004年6月23日
专利简介　略

一种提高γ-氨基丁酸含量的茶叶加工方法

专 利 号　200310109054.3
发 明 人　林　智　尹军峰　谭俊峰　江用文　杨亚军
授权时间　2004年11月17日
专利简介　略

一种昆虫病毒繁殖中的收集方法

专 利 号　03150442.6
发 明 人　殷坤山　肖　强　唐美君　郭华伟
授权时间　2005年2月23日
专利简介　略

茶叶保鲜剂

专 利 号　200510062020.2
发 明 人　尹军峰　袁海波　陈建新　汪　芳
授权时间　2006年5月24日
专利简介　略

绿茶常温生物保鲜剂及其应用方法

专 利 号　200610049831.3
发 明 人　陈小强　成　浩
授权时间　2006年8月16日
专利简介　略

茶树工厂化育苗方法

专 利 号　200510060922.2
发 明 人　成　浩　周　健　曾建明　王丽鸳
授权时间　2006年3月8日
专利简介　略

茶树专用控释复合肥

专 利 号　ZL03128868.5
发 明 人　韩文炎　阮建云　马立峰　石元值
授权时间　2006年9月27日
专利简介　略

一种提取葛根中三种有效成分的方法

专 利 号　ZL02155132.4
发 明 人　江和源　蒋　迎　江用文
授权时间　2006年8月30日
专利简介　略

机械装置解绞的大容量逆流色谱仪

专 利 号　ZL200520101173.9
发 明 人　江和源
授权时间　2006年5月17日
专利简介　略

茶园天敌昆虫诱集方法

专 利 号　ZL200410018059.X
发 明 人　韩宝瑜　陈宗懋　董文霞　崔　林
授权时间　2006 年 8 月 16 日
专利简介　略

茶园假眼小绿叶蝉成若虫和黑刺粉虱成虫诱捕方法

专 利 号　ZL200410018062.1
发 明 人　韩宝瑜　董文霞　崔　林
授权时间　2006 年 2 月 22 日
专利简介　略

一种茶叶汁的提取方法

专 利 号　ZL200310108149.3
发 明 人　尹军峰　林　智　陈建新　汪　芳
授权时间　2006 年 10 月 25 日
专利简介　略

鲜叶摊放贮青机

专 利 号　ZL200520015394.4
发 明 人　叶　阳　尹军峰　林　智　袁海波　权启爱　周锡平
授权时间　2006 年 12 月 6 日
专利简介　略

龙井茶做形机

专 利 号　ZL200620101928.X
发 明 人　孙　成
授权时间　2007 年 8 月 22 日
专利简介　略

一种蒸青珠茶的加工工艺

专 利 号　ZL200410066260.5
发 明 人　林　智
授权时间　2007 年 1 月 24 日
专利简介　略

一种茶氨酸的提取工艺

专 利 号　ZL200310109053.9
发 明 人　林　智
授权时间　2007 年 7 月 11 日
专利简介　略

安徽省农业科学院茶叶研究所

绿茶杀青叶冷冻储藏法及采用冷冻茶杀青叶制茶的方法

专 利 号　ZL200310106305z
发 明 人　王文杰
授权时间　2006 年 4 月
专利简介　该发明取茶杀青叶作储藏对象，先在 -20 ～ -70℃快速冻结，再于 -10 ～ -30℃环境储藏，可以使绿茶在储藏期间有效地保留其生化品质成分及香气成分。特别是由于香气物质在杀青叶阶段大部分以香气前体物形式存在，不易挥发，更加有利于保存。可以随时向市场供应新加工的名优绿茶。

江西省蚕桑茶叶研究所

一种桑叶除臭脱涩加工工艺及桑凉茶的制造方法

专 利 号　ZL03125418.7
发 明 人　黄伍龙　杨普香
授权时间　2006 年 3 月 15 日
专利简介　本发明公开一种桑叶除臭脱涩加工工艺及桑凉茶的制造方法。本发明的优点在于：产品口感清凉而有回甘，香气清香，具有清热解毒、清咽利喉、润肺之功效，适合各种人群饮用，是一种居家、旅行、四季皆宜的清凉饮品。

广东省农业科学院茶叶研究所

乌龙红茶制作方法

专 利 号　ZL00130895.5
发 明 人　伍锡岳　苗爱清　庞　式　胡海涛　曾文伟
授权时间　2003 年 5 月 28 日
专利简介　一种乌龙红茶制作方法，其特征在于：工艺步骤包括：采摘茶树鲜叶→晒青→晾青→做青→揉切→发酵→干燥→精制。本发明制成的产品既具有乌龙茶花香鲜灵持久，又具有红茶鲜爽浓强的滋味冲奶茶香味极佳的特点，加奶后汤色棕红或玫瑰红，芳香味浓爽，冷、热茶汤均能口齿留香。同时提高了茶叶的经济效益，比现在市场红碎茶价格高 5 ～ 8 倍。

冰鲜乌龙茶制作方法

专 利 号　ZL01130117.1
发 明 人　伍锡岳　苗爱清　庞　式　赵超艺　曾文伟　凌彩金

授权时间 2005年6月29日
专利简介 一种冰鲜乌龙茶制作方法，其特征在于：工艺步骤包括：采摘茶树鲜叶→晾青→晒青→凉青→碰青→炒青→揉条→真空包装→速冷冻。用本发明方法制成的产品以湿态形态流通和品用，外形色泽黄绿鲜亮，绿腹红镶边相映生辉，容易冲泡出浓郁的自然花香味，香气高锐芬芳，茶汤滋味显花香、清醇鲜爽、回味生津、口腔留香持久。由于冰鲜茶不需经高温长时间干燥或很短时间干燥，所以也具有比干态乌龙茶的花香鲜灵度高、茶叶营养成分保留较多的特点。

一种防治癌症肿瘤的绿茶药物及其制备方法与应用

专 利 号 ZL200510036860.1
发 明 人 罗一帆　赵超艺　凌彩金　许　旋　唐劲驰
授权时间 2007年3月21日
专利简介 本发明公开了一种防治癌症和肿瘤的绿茶药物及其制备方法与应用。该绿茶药物，由下述重量份的组分组成：绿茶500～800，绿茶提取物50～100；2种组分混合后，用高效液相方法检测其混合物中EGCG、ECG、EGC、EC、TFG 5种单体化合物的含量，根据检测结果，加入相应的单体化合物，使得EGCG、ECG、EGC、EC、TFG 5种物质的重量份分别为25～35，25～35，15～25，5～15，0.5～1.0。本发明的绿茶药物在防治癌症和肿瘤上疗效显著；同时，本发明的制备方法简单，成本低，副作用小，市场应用前景广阔。

重庆市农业科学院茶叶研究所

一种针形绿茶的制备方法

专 利 号 ZL03117589.9
发 明 人 赵铸成　狄化炤　郑定贵　周正科
授权时间 2005年4月
专利简介 本发明是将茶鲜叶原料通过选料、汽热杀青、初揉捻、复揉捻、做形、干燥至成品；其中做形为理条或/和搓条制成针形。本发明提供的针形绿茶外形紧直细秀，汤色清澈绿亮，香气鲜嫩高长，滋味鲜醇回甘。

四川省农业科学院茶叶研究所

全程机制紧条形名茶加工方法

专 利 号 ZL00109967.1
发 明 人 谭和平　黄　苹
授权时间 2002年7月31日
专利简介 本专利研究发明了紧条形名茶加工全程机械化的生产技术方法。加工出的名茶产品质量优异，风格独特，比手工劳动强度大大降低，生产效率显著提高，增收节支效果明显。

2000—2007年全国茶学高等院校主要科研成果*

国家级科研成果奖

湖南农业大学

茶叶提取物系列产品研究与开发

完成单位 湖南农业大学
主要完成人 刘仲华　施兆鹏　黄建安　王增盛　朱　旗
授奖情况 国家科技进步奖二等奖　2006年
成果简介 该项目从原料拼配技术着手，创建了确保速溶茶品质稳定，降低生产成本，提高制率的原料拼配技术；在茶多酚和儿茶素提制过程中，解决了有机溶剂残留的重大问题，在各产品系列中，都能达到低溶剂或无溶剂残留检出，使产品在国际市场上得到了充分的肯定；在茶多酚和儿茶素生产中，独创了适应于产业化生产的脱咖啡碱技术，降低了成本，提高了产品质量和安全性；在儿茶素提纯技术中，在工业化生产中采用国内生产的大孔树脂，摒弃了昂贵的进口分离材料，生产出了低成本、高含量（>95%）的儿茶素系列产品；采用本分离富集技术，在提取茶多酚后的废弃液中（水相），成功地回收并生产出保健功能成分——茶氨酸，既提高了效益，又填补了国内从茶叶中提取茶氨酸，并进行工业化生产的空白；该项目研究成果，开发了一系列适合各种市场需求的速溶茶、儿茶素及茶氨酸产品，行销国内外市场，获得了巨大的经济效益。

* 本科研成果为不完全统计，由部分高校提供。

省部级科研成果奖

安徽农业大学

葛根种植及深加工综合利用研究

完成单位 安徽农业大学　淮南市绿亿生物医药技术研究所　安徽黄何生化葛业有限公司　淮南市绿亿生物医药技术研究所　安徽黄何生化葛业有限公司

主要完成人 宛晓春　杜先锋　黄继轸　张保刚　何飞翔

授奖情况 安徽省自然科学奖二等奖　2007年

成果简介 项目从不同产地收集了葛根种质资源20份，根据总黄酮和淀粉含量的测定结果，筛选出野葛和粉葛品种（或类型）各2个。项目采用能显著提高植物细胞壁破坏率，葛根素提取率可由0.5%～0.8%提高到0.8%～1.2%，同时通过膜分离技术结合低压逆流色谱和重结晶技术分离葛根素、大豆苷元等单体，优化工艺参数，使葛根素单体的纯度达到99%以上。项目优化了葛根淀粉的生产工艺，设计出年产500～2 000吨的葛根淀粉工业化生产线，并进行了速溶即食葛根粉的研制。

茶多酚酸性氧化制取茶色素研究

完成单位 安徽农业大学

主要完成人 李立祥　箫伟祥　吴红梅　箫　慧

授奖情况 安徽省高等学校优秀科技成果奖三等奖　2006年

成果简介 略

茶叶糖苷类香气前体的生物化学与分子生物学基础研究

完成单位 安徽农业大学

主要完成人 宛晓春　张正竹　江昌俊　夏　涛　李叶云

授奖情况 安徽省自然科学奖三等奖　2006年

成果简介 项目系统地研究了香气前体及相关内源水解酶的生物化学与分子生物学基础问题。项目证实内源β－葡萄糖苷酶与茶叶糖苷类香气前体的释放有关，并建立了茶叶中键合态香气前体的分析方法，分离鉴定了茶树鲜叶中的糖苷类香气前体；研究了茶叶糖苷类香气前体在不同季节和绿茶、红茶、乌龙茶加工过程中的消长规律；发现了香叶醇等挥发态苷元对叶面病原菌的抑制作用，提出了茶树叶片中由信号诱导的挥发物酶促糖苷化途径。

茶油精深加工关键生产技术的研究

完成单位 黄山市徽山食用油业有限公司　安徽农业大学

主要完成人 涂立新　文　汉　王经雄　叶忠东　王松桂

授奖情况 安徽省人民政府科技进步奖三等奖　2006年

成果简介 项目通过对茶油精加工过程中关键工艺和技术的调整改进解决了茶油精炼中的难点问题，在脱色工艺中，通过选择不同类型的活性白土，调节Na型和Ca型白土的比例并适量添加活性炭，既保证了脱色的效果、茶油的品质，也防止了成品油的返色问题。有效助剂的使用解决了脱臭工艺中成品油的返色难题，经检验助工剂在成品中无残留。

淀粉分子结构与功能性质的研究

完成单位 安徽农业大学、江南大学

主要完成人 杜先锋　许时婴　王　璋　宛晓春

授奖情况 安徽省人民政府科学技术进步奖三等奖　2004年

成果简介 项目通过研究影响淀粉结构的分子因素以及添加物与淀粉结构之间的内在联系及影响，对淀粉大分子进行定向改造，以及向淀粉类食品体系中添加适当的物质，提高其玻璃化相变温度，研究淀粉类食品玻璃化保存的可行性，达到改善淀粉类食品的品质，提高其储存稳定性，延长其货架寿命的目的。从链段水平及分子水平上研究直链淀粉和支链淀粉这两者天然高分子热力学相容性，使共混体系的加工性能、形态结构和食用性能达到理想的要求。

茶鲜叶匀浆悬浮发酵工艺学及红茶品质形成机理研究

完成单位 安徽农业大学、浙江大学

主要完成人 夏　涛　高丽萍　童启庆　萧伟祥

授奖情况 安徽省高等学校优秀科技成果奖三等奖　2003年

成果简介 略

皖农111茶树新品种选育

完成单位 安徽农业大学、麻姑山茶茧场

主要完成人　林知兴　陈秀珠　林　峰　房国兵

授 奖 情 况　安徽省人民政府科学技术进步奖三等奖 2003 年

成 果 简 介　项目应用 ^{60}Co 辐照云南大叶种子育成的茶树新品种。运用 ^{60}Co 辐照和抗寒锻炼后，在 -5℃左右让其自然越冬，并反复筛选育出此品种。皖农 111 属半乔木型，树姿半开展，大叶类早芽种，生长期一年发 5 轮，产量比对照高 3.2%，叶片有效生化成分高。氨基酸含量 4.71%，茶多酚 30.44%，咖啡碱 5.88%，分别比对照高 38%、10.05% 和 28.35%，且酚氨比协调，适应性强。

红茶色素形成机理及制备技术研究

完 成 单 位　安徽农业大学

主要完成人　宛晓春　萧伟祥　夏　涛　高丽萍　李大祥

授 奖 情 况　安徽省自然科学奖二等奖　2003 年

成 果 简 介　项目通过儿茶素化学氧化体系，双液相酶促氧化体系及茶鲜叶匀浆发酵体系对儿茶素的氧化机理、茶色素的形成途径进行了研究，揭示了氧气、pH、温度等条件对儿茶素氧化形成茶色素的影响作用，发现儿茶素氧化的新途径，并首次将双液相发酵系统引入儿茶素氧化，建立了生产富含茶黄素的茶色素制品的新工艺。该研究结果探明了茶色素形成机理和影响因素，同时为茶色素制备及产品检测提供了有效的技术方法。

福建农林大学

茶叶质量安全控制关键技术研究与示范

完 成 单 位　福建农林大学

主要完成人　孙威江　杨　芳　余文权　郭玉琼　郭素枝

授 奖 情 况　2007 年通过省级科技成果鉴定

成 果 简 介　①明确了水胺硫磷、八氯二丙醚、氰戊菊酯等是当前福建农药污染主要来源；制定绿茶绿色食品卫生质量标准一套；通过研究福建省茶区主产地土壤中重金属背景值，建立了一套符合福建茶园土壤重金属背景值的标准。②探明茶树鲜叶中的铅与土壤 pH、有机质含量的关系。③确定燃料中煤和制茶机械中揉捻机、包揉机的污染程度最重。④ S421 在茶叶和茉莉花中残留及降解动态以及控制技术。⑤探明了茉莉花污染对花茶农药残留量的影响不大。⑥建立 2 000 公顷绿色食品、有机茶和出口欧美及日本的茶叶基地。

无公害茶叶产业化生产综合技术研究

完 成 单 位　福建农林大学

主要完成人　孙威江　袁弟顺　艾洪木　孙　云　詹梓金

授 奖 情 况　福建省科学技术奖三等奖　2003 年

成 果 简 介　在对福建省茶叶主产区茶园生态环境质量进行监测和评价的基础上，根据茶树主要病虫害及其天敌在常规茶园和无农药茶园的发生规律，应用生态调控原理，创造不利于病虫害发生的环境来控制病虫害发生；筛选和研制无公害农药，辅以其他防治措施，有效地控制茶树主要病虫害，从而使茶叶中没有农药残留（有机茶或 AA 级绿色食品茶）或基本没有农药残留（低于 MRL 标准）；在施肥方面，充分利用茶园自身物质的循环和施用有机肥（有机茶）或筛选配施部分化肥（低残留茶及 A 级绿色食品茶）；在加工包装和储运方面，实行全程卫生质量控制，防止茶叶的二次污染，保证茶叶品质的稳定。3 年来本课题研究成果在全省几十个茶场（厂）基地推广实施，推广面积达 200 公顷，遍及闽东、闽北、闽南等主要茶区；每年生产无公害茶叶 300 吨，出口欧盟、美国和日本等。该项目成果处于国内领先水平。应用该成果技术，可以控制茶叶的食品质量安全，生产符合有机茶、绿色食品茶、无公害茶以及出口欧盟、美国和日本等国的茶叶。

绿色食品茉莉花茶标准化生产技术体系研究

完 成 单 位　政和科技示范茶场　福建农林大学和福建省农业科学院茶叶研究所

主要完成人　杨江帆　郑乃辉　张见明　叶乃兴　杨　广

授 奖 情 况　福建省科学技术奖二等奖　2007 年

成 果 简 介　对绿色食品茉莉花栽培技术，茉莉花茶的农药残留和香气组分检测技术、加工技术以及质量安全保障技术体系等进行了系统研究。首次采用 GIS 软件研究制定项目实施区茉莉花气候区划，提出福建茉莉花茶产业化对策；应用 SPME/GC-MS、GC-MS/MS 技术对茉莉花茶香气组分和农药残留进行检测，提出优化检测条件；采用动电修复技术去除茶园土壤重金属污染；系统研究提出湿窨工艺的技术参数；建立了绿色食品茉莉花茶标准化生产技术与 HACCP 体系。

茶叶有机栽培及系列产品加工技术产业化示范

完成单位 福建农林大学园艺学院　漳浦农业园艺科技发展有限公司　漳浦天福食品开发有限公司
主要完成人 孙　云　陈清西　王建文　郑连金　袁地顺
授奖情况 福建省科学技术奖二等奖　2006 年
成果简介 ①开展茶园生态环境检测研究，总结出包括茶园建设标准化、茶园管理科学化、病虫害防治多样化的茶叶有机栽培配套技术及台式乌龙茶加工技术，重点开展了 EM（有效微生物群制剂）在茶叶有机栽培中的应用，茶叶产品均达到无公害标准。②从引进的 20 多个优良茶树品种中，筛选出金萱、翠玉、四季春、青心乌龙等 4 个台湾乌龙茶优良品种，并进行示范推广。③开发出绿茶牛轧、绿茶果冻、乌龙茶果冻、茶香梅、茶香橄榄、茶香姜、茶金橘、茶青豆、玫瑰茶杏仁、绿茶瓜子、绿茶蜜酥、八宝菊花茶、绿茶奶茶等 13 种系列茶叶食品，并确定了较为成熟的加工工艺。④研制筛选出适合女性消费的花草茶，具有新颖性和独特性。

无公害高效优质茶叶基地建设及新型茶开发

完成单位 武夷山市永生岩茶厂　福建农林大学
主要完成人 孙威江　游玉琼　金心怡　余文权　魏日凤
授奖情况 2005 年通过省级科技成果鉴定
成果简介 提出一套武夷岩茶优质栽培和加工技术，建设第一套武夷岩茶自动拼配生产流水线，开发成功一套乌龙茶电脑综合做青技术，建设 300 公顷的绿色食品和出口欧盟乌龙茶基地，首次研发冷冻乌龙茶、冷冻花茶和高香保绿绿茶。

青黛等 5 种福建地道药材 GAP 产后关键技术研究

完成单位 福建农林大学园艺学院
主要完成人 孙威江　黄丽玲　陈菁瑛　傅立雯　金心怡
授奖情况 2007 年通过省级科技成果鉴定
成果简介 ①制定泽泻、太子参、鱼腥草、莲子、青黛、枇杷叶、绿衣枳实、蔓荆子、橄榄和乌梅等 10 种中药材采收、产地加工、包装、运输储藏操作规程。②研究制定了马兰的产地加工技术工艺与参数，进行了青黛的元素分析与质量控制；莲子、蔓荆子和太子参农药残留与重金属分析。修定了短葶山麦冬的质量标准，测定了多糖等成分含量，制定了多糖提取工艺；提出了莲子心的最佳干燥技术与设备。

武夷岩茶有机栽培及标准化加工技术研究与示范

完成单位 星愿（中国）茶业有限公司　福建农林大学
主要完成人 孙威江　陈泉宾　李　方　吴成建　黎飞雄
授奖情况 2007 年通过省级科技成果鉴定
成果简介 ①分别建成有机武夷岩茶示范基地和茶树品种园 87.33 公顷、2 公顷。②建成电脑远程控制做青设备 1 套。③研发清香型武夷岩茶、高 γ－氨基丁酸岩茶产品各 1 种。④制定有机武夷岩茶标准综合体 1 套。

乌龙茶振动式做青新技术

完成单位 福建农林大学
主要完成人 陈济斌　金心怡　林清矫　孙威江　郝志龙
授奖情况 2006 年通过省科技厅项目成果鉴定
成果简介 ①采用振动式摇青方法，研制出户用可控环境一体式乌龙茶做青设备，研发出相应做青新技术。②该设备集振青、晾青、做青环境控制于一体，结构紧凑，省工省力，节约能源，做青过程青叶不落地，能显著提高乌龙茶卫生与品质。③项目总体研究成果达到国内同类研究领先水平。

湖南农业大学

速溶茶系列产品开发研究

完成单位 湖南农业大学
主要完成人 施兆鹏　刘仲华　黄建安　王增盛　陈惠衡　徐仲溪
授奖情况 湖南省人民政府科技进步奖一等奖　2002 年
成果简介 该项目从原料拼配技术着手，创建了确保速溶茶品质稳定、降低生产成本、提高制率的原料拼配技术；开发出了一次性浸提技术，该技术是加工技术的重大创新。首次创建了优化低温浸提与膜分离技术相结合的方法，成功地解决了冷后混浊与沉淀等难题；该项目应用低温干燥技术生产的高品位速溶茶保全了有益元素，提高了产品安全性。所创建的泡沫射流喷雾干燥技术，解决了产品颗粒造型（薄壳、多孔、均一、流动性好）、速溶、冷溶的难题，工艺新颖独特，产品在国际博览会上获得多项金奖。

茶树新品种——湘妃翠

完成单位 湖南农业大学

主要完成人　刘富知　周跃斌
授 奖 情 况　2003 年湖南省非主要农作物品种
成 果 简 介　湘妃翠于 2003 年 3 月通过湖南省农作物品种审定委员会审定。该品种具有夏秋茶茶多酚含量偏低简单儿茶素含量较多，因而具有夏秋茶基本无苦涩味的显著特点；用湘妃翠的鲜叶原料做成的绿茶具有外形条索紧细、绿翠、有毫，滋味鲜醇、香高，内质总分略高于对照品种（国家级标准绿茶品种——福鼎大白茶）；湘妃翠春茶萌发早，年生育期长，分枝性好，营养芽萌发力强，新梢生长势好，树冠开阔，因而产量显著高于对照品种；湘妃翠叶片偏薄，细胞吸水力强，因而具较强的抗旱、抗寒性；湘妃翠短穗扦插繁殖成苗率高，根系发达，移栽成活率明显高于对照品种。

深度开发七叶参新产品新技术研究

完 成 单 位　湖南农业大学
主要完成人　刘仲华　肖文军　向　前　高文化　陶栋材
授 奖 情 况　湖南省人民政府科技进步奖三等奖　2004 年
成 果 简 介　项目通过对七叶参、绿茶原料的加工适应性筛选，并采取科学配方和天然澄清剂等加工技术，有效地解决了茶饮料易褐变和混浊沉淀等技术难题，生产出适合三类人群消费的七叶参茶饮料；经法定检测机构检测，产品符合质量卫生要求；项目实现了七叶参茶饮料、速溶七叶参提取物（＞20%）和绞股蓝皂苷高纯提取物（≥88%）的高新技术工业化生产，具有显著社会效益和经济效益；项目成果达到国际先进水平，在采用上述高新技术进行优化组合，应用于工业化生产方面居国际领先地位。

出口优质高效低农残茶与有机茶产业化关键技术的研究与示范

完 成 单 位　湖南农业大学
主要完成人　谭济才
授 奖 情 况　湖南省人民政府科技进步奖三等奖　2004 年
成 果 简 介　根据生产基地的具体情况确定低农残茶、绿色食品茶及有机茶的生产基地类型，设计出各生产基地的配套技术方案。在生产基地进行关键技术研究，为生产基地制定质量管理体系。运用系统研究的原理，保护茶园生态环境，保证茶叶原料出自良好的生态环境；通过施用有机肥来改良土壤，选育和推广良种等提高茶叶内质；通过破坏茶树病虫草害生存的繁殖环境，改善害虫天敌的栖息条件，结合茶树生物防治和生态调控来防治病虫害，减少农药残留；通过质量保证体系控制茶叶加工、包装、储运过程中的卫生质量，减少二次污染；对低农残茶及有机茶的生产工艺进行全面创新，使茶叶生产加工工业化、标准化；通过采用“公司＋基地＋农户”的产业化模式和研究→试验→示范→推广的技术路线，在全省基地推广应用。保证“从土地到餐桌全程质量体系”的实施。

名优绿茶储藏与保鲜技术研究

完 成 单 位　湖南农业大学
主要完成人　刘仲华　肖文军　胡详文　肖力争　龚志华
授 奖 情 况　湖南省人民政府科技进步奖二等奖　2006 年
成 果 简 介　项目“名优绿茶储藏保鲜技术研究”基于传统单因子名优绿茶储藏保鲜技术的研究与应用现状，在全面分析名优绿茶储藏期间常规品质成分、物理性状、感官品质、儿茶素、香气等变化规律为基础的条件下，先后完成了名优绿茶储藏保鲜剂的筛选、名优绿茶储藏品质劣变机理、名优绿茶高效储藏保鲜方法的筛选以及保鲜储藏后在货架期的品质变化规律等研究，获得了以焦亚硫酸钠与维生素 C 按 5∶5 的比例进行配方，再按复合保鲜剂：名优绿茶 =1∶50 的比例进行装袋，并放于 0℃的条件下储藏，名优绿茶能较好地保持其品质的结论。

丘陵茶园茶叶优质安全高效生产技术研究与应用

完 成 单 位　中国科学院亚热带农业生态研究所　湖南农业大学
主要完成人　黎星辉　刘仲华
授 奖 情 况　湖南省人民政府科技进步奖三等奖　2007 年
成 果 简 介　该项研究针对我国亚热带丘陵茶园土壤贫瘠、保肥保水能力差、夏秋季节性干旱频繁、高温强光、害虫杂草严重等生态问题，在开展丘陵茶园茶叶优质安全高效生产技术研究与应用方面取得了很好的成果。项目紧密联系生产实际，紧贴市场需求，着力解决茶叶产业化发展的重大技术问题，通过实施茶叶优质安全高效生产规程，采用调温摊青的加工工艺，研制开发出白露毛尖茶，其综合品质达到早春名优茶的水平；以喷施功能氨基酸叶面肥为田间调控的关键技术，通过选用液态厌氧处理等关键加工工艺，研制出了消除不良气味、感官品质优良的 γ－氨基丁酸茶。

华南农业大学

无公害茶叶生产技术

完成单位 华南农业大学 广西凌云县人民政府 广东兴宁茶叶示范场

主要完成人 王登良 罗超文 钟学文

授奖情况 农业部全国农牧渔业丰收奖三等奖 2003 年

成果简介 全国农牧渔业丰收计划项目“无公害茶叶生产技术”于 2003 年 2 月通过农业部组织的鉴定。该项目在技术配套集成研究上有创新，完善形成的配套技术体系处于国内领先水平。并发表了“有机茶生产技术指标初探”、“发展山区优势、开辟无公害茶园”、“广西山区开发有机茶大有前途”等论文，出版著作《名茶栽培与加工》。

无公害茶生产技术推广

完成单位 华南农业大学 广东兴宁名茶示范场

主要完成人 王登良 陈 弈 钟学文 张灵枝

授奖情况 广东省科学技术推广奖二等奖 2003 年

成果简介 该项成果首次提出无公害茶园生产管理的施肥低限指标；投入纯有机氮与茶叶产出比；以及控制害虫在危害水平以下天敌与害虫的平衡系数，对指导有机茶生产具有重要参考价值，达国内领先水平。在推广应用中获得茶农广泛好评，带来了可观的经济效益。并发表了“福云 6 号‘三高’茶园综合技术初探”等论文。

云南农业大学

云南省茶叶发展先进单位

完成单位 云南农业大学龙润普洱茶学院

主要完成人 邵宛芳 吕才有 周红杰 蔡 新 张亚萍

授奖情况 云南省人民政府先进单位奖 2007 年

成果简介 茶学专业自 1972 年创办以来，坚持教书育人，按专业培养目标，依照国家、省的经济发展需要，不断修订教学计划，突出时代特征，确立教学中心地位，抓好本科教学工作，培养合格人才。学院充分利用资源优势，结合国家和云南社会经济发展需求，经过几代人的不懈努力，在茶树种质资源、云南普洱茶、茶的综合利用、茶文化等方面均取得了大的突破。教学、科研、人才培养等方面取得了许多成果，为促进云南茶叶产业的发展作出了突出贡献。

国家发明专利

安徽农业大学

天然高香液体茶的加工方法

专利号 ZL03132239.5

发明人 张正竹 宛晓春 夏 涛

授权时间 2006 年 2 月 22 日

专利简介 本发明公开一种天然高香茶的加工方法，所要解决的技术课题是收集液体茶加工过程中茶叶萃取后剩余的茶渣，用酸水解的方法释放其中的键合态香气物质，再将释放后的香气物质回收后重新添加到液体茶中以提高液体茶香气品质。

应用 $K_3Fe(CN)_6$ 氧化制备茶色素的方法

专利号 ZL00112566.4

发明人 宛晓春 李大祥 萧伟祥

授权时间 2003 年 5 月 14 日

专利简介 本发明利用 $K_3Fe(CN)_6$ 将绿茶中儿茶素氧化成茶黄素，通过萃取、浓缩、干燥等手段，制得高茶黄素类含量的茶色素。同时，可对氧化条件进行调控，得到一系列茶黄素含量由低到高的茶色素制品，以满足不同的市场需求。

自动加压茶叶揉捻机

专利号 ZL200620068789.5

发明人 李尚庆 宛晓春 程玉明

授权时间 2007 年 3 月 28 日

专利简介 自动加压茶叶揉捻机，属制茶机械技术领域。提供一种自动加压茶叶揉捻机，它能够在已知茶叶老嫩程度和重量的情况下自动控制揉

盖上下移动的位置，从而实现揉捻机自动加压和解压的目的。

高平稳低噪音茶叶滚筒杀青机

专 利 号 ZL200620068788.0
发 明 人 李尚庆 宛晓春 程玉明
授权时间 2007 年 8 月 8 日
专利简介 克服现有技术之不足，提供一种高平稳低噪音茶叶滚筒杀青机。托辊外缘设有由高分子弹性材料构成的外包层，可有效地防止和避免其在与钢制滚筒接触时所产生的噪音和运转时的不平稳性。

设有防尘除尘装置的茶叶滚筒炒干机

专 利 号 ZL200620068785.7
发 明 人 李尚庆 宛晓春 程玉明
授权时间 2007 年 11 月 21 日
专利简介 提供一种能够有效地降低现有的茶叶滚筒炒干机在茶叶制作加工过程中、茶尘自由飞扬和扩散所造成的环境和空气污染的新型茶叶滚筒炒干机。其技术要点是在滚筒的进、出茶口处设有防尘除尘装置，使茶厂和制茶车间实现清洁生产。

改进的茶叶自动链板式烘干机

专 利 号 ZL200620068787.6
发 明 人 李尚庆 宛晓春 程玉明
授权时间 2007 年 11 月 21 日
专利简介 提供一种能够减小摊叶链板运动阻力、并且烘箱内的高温摊叶链板也要运动到烘箱外去的茶叶自动链板式烘干机。将输送带分为烘箱外倾斜输送带和烘箱内平行输送带两条，既减小了输送阻力，又使其各自运行，节约热能。

茶干的制备工艺

专 利 号 ZL200410041332.0
发 明 人 周裔彬 杜先锋 张 强
授权时间 2007 年 2 月 21 日
专利简介 本发明涉及一种用优质黄豆精制再用天然香料卤制而成的茶干可以延长其保鲜期的制备工艺，无须添加任何防腐剂、抗氧化剂的情况下，在 25℃左右保存，可达 6 个月之久，其生产状况不受季节的限制，自然延长了茶干的保质期和保鲜期。

膜技术分离纯化葛根素的方法

专 利 号 ZL200510094996.8
发 明 人 杜先锋 宛晓春 张雪波 施 燕
授权时间 2007 年 12 月 19 日
专利简介 发明了一种膜技术分离纯化葛根素的方法，即陶瓷膜粗滤去杂、超滤膜超滤分离脱色、纳滤分离纯化并浓缩、乙醇重结晶，最后将晶体真空干燥，产品纯度达 99.9%，简化工艺并降低生产成本，实现规模化生产。

湖南农业大学

银杏叶速溶茶

专 利 号 CN95110806.9
发 明 人 刘仲华 曾建国
授权时间 2000 年
专利简介 本发明公开了一种银杏叶速溶茶，包含银杏叶提取干粉和茶叶提取干粉，该速溶茶可以防治心、脑血管疾病，还具有增进脑部血液循环，提高记忆力、注意力，增强人体免疫力，消除疲劳等保健作用，可即冲即饮，使人们寓保健于日常饮料之中。

一种高效名优绿茶保鲜剂

专 利 号 200510136639
发 明 人 刘仲华 萧文军 胡祥文
授权时间 2006 年
专利简介 该保鲜剂由 40% ～ 60% 的焦亚硫酸钠（重量）、40% ～ 60% 的维生素 C 混合而成，该保鲜剂在储藏绿茶时有明显的保鲜效果，能较好地保持绿茶原有的干茶外形、香气、滋味、汤色等感官品质特征；能有效保留茶叶中各生化成分，其中水浸出物、茶多酚、氨基酸、咖啡碱、维生素 C 、脂肪酸的保留量多，也能更好地保留绿茶在储藏过程中的儿茶素组分。

四川农业大学

原花红色素的提取、分离及其衍生物的制备方法

专 利 号 ZL200410021650.0
发 明 人 杜 晓 石 碧
授权时间 2007 年 3 月 7 日
专利简介 略

植物单宁降解为低聚体、单体化合物的催化氢解制备方法

专 利 号 ZL200410022616.5
发 明 人 石 碧 杜 晓
授权时间 2006 年 4 月 5 日
专利简介 略

云南农业大学

一种米曲霉真菌及其在普洱茶生产中的应用

专 利 号 ZL200510010942.9
发 明 人 周红杰
授权时间 2005 年
专利简介 本发明涉及一种米曲霉真菌及其在普洱茶生产中应用，属生物技术领域。该真菌有提高普洱茶品质的作用，可应用于普洱茶的生产工艺中。本发明的优点在于：将 PAsp0502 按一定的比例用于普洱茶的大生产过程中，其普洱茶中的茶多糖含量为 2% ～ 4%、茶褐素含量为 10%～ 12%，普洱茶的品质有明显的提高，并缩短了加工时间，对普洱茶品质的稳定和提高发挥重要作用。

一种酿酒酵母真菌及其在普洱茶生产中的应用

专 利 号 ZL200510010940.X
发 明 人 周红杰
授权时间 2005 年
专利简介 本发明涉及一种酿酒酵母真菌及其在普洱茶生产中的应用，属生物技术领域。本发明的真菌有提高普洱茶品质的作用，可应用于普洱茶的生产工艺中。本发明的优点在于：将 PSac0501 菌株按一定的比例用于普洱茶的大生产过程中，其普洱茶中的茶多糖含量为 2%～ 4%、茶褐素含量为 10%～ 12%，普洱茶的品质有明显的提高，并缩短了加工时间，对普洱茶品质的稳定和提高发挥重要作用。

普洱茶提取物及其应用

专 利 号 200510010871.2
发 明 人 周红杰
授权时间 2005 年
专利简介 本发明涉及一种普洱茶提取物及其应用，属茶制品技术领域。普洱茶提取物可作为制备普洱茶口服液、软胶囊、胶囊及含片原料的应用。本发明普洱茶提取物富含茶多糖、茶褐素类及蛋白质等物质，营养价值高，生理活性物质丰富，用其提取物为原料制备的普洱茶口服液、软胶囊、胶囊及含片是人体保健的理想物质，具有食用及携带方便的优点。

紫外光灭菌技术在普洱茶加工中的应用

专 利 号 ZL200510010973.4
发 明 人 周红杰
授权时间 2005 年
专利简介 本发明涉及一种紫外光灭菌技术在普洱茶加工中的应用，属光学应用技术领域。本发明利用紫外线可杀灭各种微生物，及穿透空气和对物品表面消毒能力强的特点，将紫外光灭菌技术应用于普洱茶的加工中，具体用于普洱茶原料和车间的消毒。本发明的优点在于：紫外光灭菌操作简单、作业环境清洁、安全性高，将紫外光灭菌用于普洱茶的大生产过程中，对普洱茶品质的稳定和提高可发挥重要作用。

全国茶叶产品质量综述

国家茶叶质量监督检验中心

质量是社会进步和产业发展的标志之一。在国内外广泛关注食品质量安全问题的今天，茶叶作为一种天然、健康的饮品，其质量安全状况也备受社会各界关注。可以说，茶叶产品质量安全状况日益影响着茶叶的消费水平，也关系茶叶行业的可持续发展。

（一）茶叶产品质量回顾

20 世纪 90 年代初，受市场经济秩序不太规范等因素的影响，我国茶叶产品曾一度出现较为严重的质量问题。一是部分企业为牟取不正当利益，屡屡制假售假，致使市场上，特别是一些农贸市场，出现了不少假冒伪劣产品，既损害了消费者利益，又严重影响了茶叶产品的声誉和茶叶行业的健康发展。二是农药残留超标问题比较严重。来自全国各地的样品中，农药残留超标率平均达 20% 以上；个别地区，农药残留超标率甚至高达 30% 以上。三是茶叶感官品质较差。在市场上抽取的产品中，茶叶感官品质合格率只有 60% ～ 70%。四是产品标签、标示普遍不规范。产品生产日期、生产企业名称和地址、标准代号、质量等级等基本内容的标示符合要求的不到 30%，大部分产品标签严重不符合国家标准要求。

90 年代中期，随着市场经济制度的不断健全和完善，以及产品质量监管力度的加强，我国茶叶产品质量有明显好转。假冒伪劣现象基本得到遏制，特别是劣质产品显著减少。茶叶农药残留超标问题有较大好转，来自全国各地的样品中，农药残留超标率减为 15% 左右。茶叶感官品质明显提高，在市场上抽取的产品中，感官品质合格率上升到 85% 左右。产品标签、标示不规范情况也有所改变。

90 年代末期，茶叶产品质量再次出现较为严重的问题。由于在这一时期，茶叶行业的经济结构发生重大变化，大量原有国有、集体企业纷纷改制为个体、私营企业，而政府的质量监管工作一时难以跟上，致使茶叶产品质量明显下降。一是假冒伪劣现象时有发生。特别是一些个体、私营企业屡屡制假售假。二是农药残留问题比较突出。来自全国各地的样品中，农药残留超标率高达 30% 以上，个别年份甚至高达 40% 以上。这种情况引起了国务院有关部门和地方各级政府的高度重视。1999 年，由农业部、国家质量监督检验检疫总局、中华全国供销合作总社和国内贸易局四部门联合下发了《关于严格控制茶叶农药残留量加强茶叶质量监督管理的通知》。三是茶叶感官品质明显下降。在市场上抽取的产品中，茶叶感官品质合格率下降到 60% ～ 70%。

进入 21 世纪以来，茶叶产品质量总体上稳步提升。一是在社会各界的共同努力下，特别是政府部门的有效监管下，茶叶农药残留合格率逐步回升。到 2003 年，来自全国各地的茶叶样品中，按当时国家、行业、地方和企业相关标准规定的检验项目及指标进行检验和判定，农药残留合格率已上升到 85% 左右。这是一个很了不起的成绩。二是在消费需求的带动和监督机制的作用下，茶叶感官品质日益提高。到 2003 年，在市场上抽取的产品中，茶叶感官品质合格率已恢复到 80% 以上。此后，我国茶叶感官品质总体上保持稳定状态。但假冒伪劣问题仍然存在，特别是仿冒名优茶、有机茶等高端产品的现象屡有发生。三是产品标签、标示不规范问题基本得到解决。近几年，标签合格率已达 90% 以上。

根据综合分析结果，2000 年以来，我国茶叶产品质量有明显改善。从全国主要大中城市随机抽取的各类茶叶产品和由全国各地企业送检的各类茶叶产品，按当时国家、行业、地方和企业相关标准规定的检验项目及指标进行检验和判定，剔除不可比因素后按几何平均数计算，综合合格率 2000 年为 60%，2001 年为 67%，2002 年为 72%，2003 年为 79%，2004 年为 80%，2005 年为 79%，2006 年为 80%，2007 年为 82%。

（二）目前我国茶叶产品存在的主要质量问题

我国茶叶产业发展到今天，茶叶产品质量已跃上新的台阶。根据国家茶叶质量监督检验中心和地方各级质量检验机构对检验结果的分析显示，近几年茶叶产品综合合格率、感官品质合格率、理化指标合格率、卫生指标合格率等质量指标均在历史最高水平上徘徊，这标志着我国茶叶产品质量已处于稳定阶段。2007 年，我国茶叶产品存在的主要质量问题有以下几个方面：

1. 部分产品农药残留量超标　在国家及地方有关部门的严格监管和大力支持下，特别是近几年全国各地建立无公害、绿色和有机茶基地以来，我国茶叶农药残留超标现象得到有效控制。大量检测结果表明，我国绝大部分茶叶的农药残留量符合强制性国家标准——

GB2763《食品中农药最大残留限量》要求。近几年，茶叶中检出率和超标率较高的主要是三氯杀螨醇、氰戊菊酯等少数几种农药。但近期的检验结果显示，茶叶中残留的农药品种又有新的变化，一些以前很少被检出的农药最近屡被检出。随着美国、欧盟、日本等发达国家和地区对茶叶农药残留要求的日益严格，我国出口茶的农药残留问题仍会显得十分突出。对此应引起高度重视。

2. 少数产品铅、稀土和氟含量超标 我国现行的国家标准对茶叶中的铅和稀土含量作出了限量规定。检测结果表明，大部分茶叶中的铅和稀土含量都符合标准要求，即使有少量超标现象，也不会对饮用者健康造成危害。但由于各种原因，有少数茶叶产品的铅和稀土含量不符合强制性国家标准——GB2762《食品中污染物限量》要求。另外，也有部分茶叶产品的氟含量不符合相关国家标准要求。这些问题给企业的生产和销售造成了较大的影响。

3. 个别产品水分和总灰分超标 水分含量过高的茶叶，容易变质，不易储存；总灰分含量过高的茶叶，卫生状况较差。在产品质量监督抽查和日常检测中，茶叶水分和总灰分不符合相关国家、行业、地方和企业标准要求的情况偶有发现。

4. 有害微生物和非茶类物质问题不容乐观 由于我国有不少茶叶加工企业存在设备、环境、管理等方面的问题，茶叶在加工、仓储、运输过程中经常会受到有害微生物的污染。这些微生物主要有大肠杆菌、沙门氏杆菌等。另外，个别企业在茶叶中添加着色剂、滑石粉、糯米粉、山芋粉、香精等非茶类物质，给消费者身体健康造成了一定的影响，也严重影响了我国茶叶产品的质量和声誉。这些问题要引起高度重视。

5. 感官品质不合格现象时有发生 随着制茶技术的推广应用和茶叶加工设备的不断改进，我国茶叶感官品质整体上越来越好。尤其是近几年在市场需求的带动下，各地的大部分名优茶都精工细作，使色、香、味、形各具特色。但问题依然存在，有的是质量等级达不到产品包装上明示的等级，如有的特级茶还达不到一级、二级茶的要求；有的是不具备该类茶叶应有的品质特征，如有的碧螺春茶，根本没有碧螺春茶独特的外形；有的是在香气、滋味方面有明显的问题；有的是有异味、非茶类夹杂物，以及着色、霉变等问题。近几年，国家茶叶质量监督检验中心从全国各大城市抽查的样品中发现，仍有10%左右的茶叶产品感官品质不合格。

6. 包装和标签还存在一些问题 茶叶包装作为茶叶产品不可分割的组成部分，其质量与茶叶感官品质一样，在消费需求的带动下不断提高，在满足其基本功能的前提下，不断向多样化、高档化、美观化、功能化方向发展。但值得注意的是，包装材料的卫生质量存在一定问题，必须改进。从近几年监督抽查情况来看，茶叶产品的标签还存在一些问题，如果严格按国家标准来衡量，还有不少差距；有的是产品标准、质量等级等内容标示错误或不规范，有的是产品名称、厂名、厂址、生产日期、净含量、储存要求等内容标示错误或不规范。这些问题给消费者选购茶叶和政府的监督管理带来了困难，同时在一定程度上也反映了茶叶企业的质量管理水平和企业信誉状况。

全国茶叶产品质量标准

中国农业科学院茶叶研究所副所长 鲁成银

茶叶是人们日常生活中的重要饮料。茶叶产品分为绿茶、黄茶、黑茶、白茶、青茶和红茶六大基本茶类，经过再加工后形成的有各种花茶、袋泡茶、紧压茶和速溶茶等。各类茶叶之间，彼此的外形与内质有明显差异。为了稳定和提高茶叶产品质量，保护企业自身和消费者利益的需要，规范茶叶市场秩序，迄今，我国已制定出了茶叶产品质量国家标准31项、行业标准22项和地方标准104项（表1、表2、表3）。另外，还有众多的企业产品标准。

表1 茶叶产品国家标准目录（一）

标准代号	标准名称	标准代号	标准名称
GB/T 18650—2002	原产地域产品 龙井茶	GB/T 19691—2005	原产地域产品 狗牯脑茶
GB/T 18957—2003	原产地域产品 洞庭（山）碧螺春茶	GB/T 19698—2005	原产地域产品 太平猴魁茶
		GB/T 18665—2002	原产地域产品 蒙山茶
GB/T 19460—2004	原产地域产品 黄山毛峰茶	GB/T 20354—2006	地理标志产品 安吉白茶

表1 茶叶产品国家标准目录（二）

标准代号	标准名称	标准代号	标准名称
GB/T 20605—2006	地理标志产品　雨花茶	GB/T 9833.3—2002	紧压茶　茯砖茶
GB/T 20360—2006	地理标志产品　乌牛早茶	GB/T 9833.4—2002	紧压茶　康砖茶
GB/T 21003—2007	地理标志产品　庐山云雾茶	GB/T 9833.5—2002	紧压茶　沱茶
GB/T 18745—2006	地理标志产品　武夷岩茶	GB/T 9833.6—2002	紧压茶　紧茶
GB/T 19598—2006	地理标志产品　安溪铁观音	GB/T 9833.7—2002	紧压茶　金尖茶
GB/T 21824—2007	地理标志产品　永春佛手	GB/T 9833.8—2002	紧压茶　米砖茶
GB/T 14456—1993	绿茶	GB/T 9833.9—2002	紧压茶　青砖茶
GB/T 13738.1—1997	第一套红碎茶	GB/T 17356.5—1998	西洋参袋泡茶分等质量标准
GB/T 13738.2—1992	第二套红碎茶	GB 2762—2005	食品中污染物限量
GB/T 13738.4—1992	第四套红碎茶	GB 2763—2005	食品中农药最大残留限量
GB/T 9172—1988	花茶级型坯	GB 14928.10—1994	大米、蔬菜、柑橘、茶叶中喹硫磷最大残留限量标准
GB/T 9833.1—2002	紧压茶　花砖茶		
GB/T 9833.2—2002	紧压茶　黑砖茶		

表2 茶叶产品行业标准目录

标准代号	标准名称	标准代号	标准名称
NY 5244—2004	无公害食品 茶叶	NY/T 784—2004	紫笋茶
NY 5122—2002	无公害食品 窨茶用茉莉花	NY/T 785—2004	蒸青煎茶
NY/T 288—2002	绿色食品 茶叶	NY/T 863—2004	碧螺春茶
NY/T 456—2001	茉莉花茶	NY/T 864—2004	苦丁茶
NY/T 779—2004	普洱茶	QB 2499—2000	茶饮料
NY/T 780—2004	红茶	SB/T 10167—1993	祁门工夫红茶
NY 5196—2002	有机茶	SB/T 10168—1993	闽烘青绿茶
NY/T 482—2002	敬亭绿雪茶	NY 659—2003	茶叶中铬、镉、汞、砷及氟化物限量
NY/T 600—2002	富硒茶	NY 660—2003	茶叶中甲萘威、丁硫克百威、多菌灵、残杀威和抗蚜威的最大残留限量
NY/T 781—2004	六安瓜片茶		
NY/T 782—2004	黄山毛峰茶	NY 661—2003	茶叶中氟氯氰菊酯和氟氰戊菊酯的最大残留限量
NY/T 783—2004	洞庭春茶		

表 3 茶叶产品地方标准目录（一）

标准代号	标准名称	标准代号	标准名称
DB 32/T 142—2001	南京雨花茶	DB 33/T 258.4—2000	越乡茶 第4部分:商品茶
DB 32/T 417—2000	无锡毫茶	DB 33/T 286.6—2000	珠茶 第6部分:商品茶
DB 32/T 444—2002	茅山长青茶	DB 33/T 294.4—2000	长兴紫笋茶 第四部分:商品茶
DB 32/T 446—2002	绿杨春茶	DB 33/T 304.4—2001	莫干黄芽茶 第4部分:商品茶
DB 32/T 502—2001	翠柏茶	DB 33/T 325.4—2001	普陀佛茶 第4部分:商品茶
DB 32/T 503—2001	太湖翠竹茶	DB 33/T 377.4—2002	安吉白茶 第4部分:商品茶
DB 32/T 634—2003	无公害农产品 阳羡雪芽茶	DB 33/T 388—2002	青砖茶
DB 32/T 700—2004	无公害农产品 金山翠芽茶	DB 33/T 404.1—2003	乌牛早茶 第1部分:商品茶
DB 32/T 751—2004	超微绿茶粉	DB 33/T 407.5—2003	苦丁茶 第5部分:苦丁茶叶
DB 32/T 807—2005	辐照茶叶卫生标准	DB 33/T 469.3—2004	蒸青煎茶 第3部分:商品茶
DB 33/T 225.1—2004	开化龙顶茶	DB 331126/T 05.4—2001	庆元银屏茶 第4部分 商品茶
DB 33/T 225.4—2004	开化龙顶茶 第4部分:质量安全要求	DB 332523/T 02—1998	仙宫雪毫茶叶
DB 33/T 257.3—2005	径山茶 第3部分:质量安全要求	DB 34/T 236—2002	黄山毛峰茶
DB 33/T 460.3—2003	无公害玉露茶 第3部分:商品茶	DB 34/T 257—2002	太平猴魁茶
DB 33/T 171—1993	浙江名茶——西白毛尖	DB 34/T 237—2002	六安瓜片茶
DB 33/T 172—1993	浙江名茶——开化龙顶	DB 34/T 238.3—2002	有机茶 第3部分:商品茶
DB 33/T 173—1993	浙江名茶——盘安云峰	DB 34/T 364—2003	松萝茶
DB 33/T 181—1994	浙江名茶——天目青顶	DB 34/T 365—2003	九华佛茶
DB 33/T 183—1994	浙江名茶——松阳银猴	DB 34/T 426—2004	天华谷尖茶
DB 33/T 185—1995	浙江龙井茶	DB 34/T 428—2004	天柱剑毫茶
DB 33/T 225—1998	开化龙顶茶	DB 34/T 430—2004	岳西翠兰茶
DB 33/T 228.5—1998	大佛龙井茶 第5部分:商品茶	DB 35/T 361—1999	天山绿茶
DB 33/T 236.5—2004	平阳早香茶 第5部分:商品茶	DB 35/T 405—2000	安溪乌龙茶
DB 33/T 245.4—2003	江山绿牡丹茶 第4部分:商品茶	DB 35/T 121.10—2001	闽北水仙成品茶
		DB 35/T 103.7—2000	安溪乌龙茶标准综合体 毛茶
		DB 35/T 121.10—2001	闽北水仙成品茶
DB 33/T 253.5—1999	绿剑茶 第5部分:商品茶	DB 35/T 121.8—2001	闽北水仙毛茶

表3 茶叶产品地方标准目录（二）

标准代号	标准名称	标准代号	标准名称
DB 35/T 147.7—2001	白芽奇兰毛茶	DB 45/T 70—2003	窨茶用茉莉花
DB 35/T 147.9—2001	白芽奇兰茶	DB 45/T 78—2003	苦丁茶
DB 35/T 148.7—2001	绿茶标准综合体 绿茶(烘青)毛茶	DB 46/ 31—2004	白沙绿茶
DB 35/T 148.9—2001	绿茶标准综合体 绿茶(烘青)成品茶	DB 46/T 38—2004	澄迈火山岩苦丁茶
DB 35/T 152.15—2001	白毛茶	DB 50/ 20—1998	茉莉茶花
DB 35/T 152.17—2001	白茶	DB 50/ 26—1999	特种花茶基限
DB 35/T 405—2000	安溪乌龙茶	DB 50/ 27—1999	绿名茶基限
DB 35/T 91.19—1999	茉莉花茶	DB 50/ 26—1999	特种花茶基限
DB 35/T 97.7—2001	八仙茶标准综合体 毛茶	DB 50/ 27—1999	绿名茶基限
DB 35/T 97.9—1999	八仙茶成品茶	DB 50/T 108—2003	半烘炒绿茶
DB 36/T 421—2004	狗牯脑茶	DB 51/ T326—2001	南路边茶原料
DB 36/T 438—2004	浮梁茶	DB 52/ 433—2001	都匀毛尖茶
DB 33/T 389—2002	茯砖茶	DB 52/ 454—2004	余庆苦丁茶
DB 41/T 335—2004	信阳毛尖茶	DB 52/ T469—2004	原产地域产品 梵净山翠峰茶
DB 41/T 336—2004	无公害信阳毛尖茶	DB 52/ 469—2005	梵净山翠峰茶
DB 41/T 407—2005	桐柏玉叶茶	DB 52/ T470—2004	原产地域产品 梵净山绿茶
DB 42/ 210—2002	英山云雾茶	DB 52/ 470—2005	梵净山绿茶
DB 42/T 144—2002	东湖名优绿茶	DB 52/ 478—2005	湄潭翠芽茶
DB 42/T 195—2000	五峰毛尖茶	DB 52/T 442.1—2003	特种绿茶 卷曲形绿茶
DB 42/T 218—2002	有机茶	DB 52/T 442.2—2003	特种绿茶 针形绿茶
DB 42/T 289—2004	来凤藤茶	DB 52/T 442.3—2003	特种绿茶 扁形绿茶
DB 43/T 145.4—2000	石门银峰茶综合标准 第4部分:石门银峰	DB 52/T 447—2003	贵州绿茶
DB 43/T 205—2004	古丈毛尖茶	DB 52/T 448—2003	贵州小叶苦丁茶
DB 4403/T 22—2002	无公害茶叶	DB 53/ 100.5—2002	思茅有机茶综合标准 第5部分:思茅有机茶
DB 440300/T 22—2002	无公害茶叶	DB 53/T 103—2003	普洱茶
DB 45/ 32.4—2000	无公害农产品生产 茶叶	DB 61/T 307.1—2003	天然富硒茶

全国有机茶发展概况

杭州中农质量认证中心主任　傅尚文

1990年根据浙江省茶叶进出口公司和荷兰阿姆斯特丹茶叶贸易公司的申请，加拿大的国际有机认证检查员Joe Smillie先生受荷兰有机认证机构SKAL的委托，对位于浙江省和安徽省的2个茶园和2个茶叶加工厂实施了有机认证检查，此后，浙江省临安县的裴后茶园和临安茶厂获得了荷兰SKAL的有机颁证，从此启动了我国有机茶生产，由此成为我国有机产品的首发地。

随着世界有机农业的迅速发展，加速我国有机产品的开发，1994年国家环保总局南京环境科学研究所成立了有机食品发展中心，并制定了《有机（天然）食品生产和加工技术规范》，开始对我国有机食品和有机茶进行认证。1999年3月中国农业科学院茶叶研究所经批准成立有机茶研究与发展中心（简称OTRDC），参照《有机（天然）食品生产和加工技术规范》，结合我国茶叶行业标准和茶产业具体情况，制定了《有机（天然）茶生产和加工技术规范》和《有机茶颁证标准》。按照IFOAM标准，参照认证机构规定，结合茶叶行业的实际情况，制定建立了一套较为完善的、与国际通行做法接轨的有机茶认证程序，尝试进行有机茶专业认证，由此初步规范了有机茶生产技术，促进了有机茶发展，取得了较好的社会效益和经济效益；同年，浙江省农业厅启动了“有机茶工程”，从而大大推动了浙江省有机茶生产发展。为了进一步规范浙江省有机茶生产，浙江省茶叶进出口公司、浙江省农业厅经济作物管理局、中国农业科学院茶叶研究所、浙江省供销合作联合社和浙江省质量技术监督局等单位联合起草了浙江省有机茶地方标准DB33/T266—2000《有机茶》，2000年2月18日由浙江省技术监督局发布，它成为我国第一部有机茶地方标准，OTRDC在浙江省有机茶认证时参照DB33/T266—2000，由此浙江省有机茶生产方兴未艾，不断扩大和发展；多数主产省也纷纷仿效浙江的做法，先后启动了“有机茶工程”，制定地方标准，开展有机茶生产，从而大大推动和促进了我国有机茶的生产和发展。

2001年10月31日至11月6日，由中国农业科学院茶叶研究所承办的第5届亚洲有机农业科学大会（包括全球指导委员会会议、有机标准研讨、亚洲会员大会和参观）在杭州顺利召开，更加快了中国有机茶的发展速度。

2002年，农业部为了规范全国有机茶生产，委托中国农业科学院茶叶研究所和农业部茶叶质量监督检验测试中心等共同起草了有机茶农业行业标准，经广泛收集意见和修改后，NY5196—2002《有机茶》、NY/T5197—2002《有机茶生产技术规程》、NY/T5198—2002《有机茶加工技术规程》和NY5199—2002《有机茶产地环境条件》4个关于有机茶的行业标准于2002年7月25日由农业部颁布，全面规范了全国有机茶生产，使有机茶生产正式向产业化方向发展。2002年7月农业部在《全面推进“无公害食品行动计划”的实施意见》（农市发[2002]12号）中指出，“绿色食品、有机食品作为农产品质量认证体系的重要组成部分，要按照“政府引导、市场运作”的发展方向，加快认证进程，扩大认证覆盖面，提高市场占有率。”，2003年8月，农业部出台《关于进一步加强茶叶质量安全管理的通知》指出“大力发展无公害茶、绿色食品茶和有机茶”；2005年，为扩大无公害农产品、绿色食品和有机农产品生产供应的要求，全面提高农产品质量水平，切实保障农产品消费安全，大力增强农产品市场竞争力，促进农业增效和农民增收，现就无公害农产品、绿色食品和有机农产品发展，农业部出台《关于发展无公害农产品绿色食品有机农产品的意见》。由此有机茶生产在全国范围内进入快速发展的阶段。

2003年5月经国家认证认可监督管理委员会批准，中国农业科学院茶叶研究所有机茶研究与发展中心改建并注册成立“杭州中农质量认证中心”，按农业部有机茶4个行业标准开展有机茶认证，使我国有机茶生产向产业化发展迈进了一大步，市场信誉度大为提高。国家为加强对有机认证的监督管理，2004年底国家质量监督检验检疫总局发布《有机产品认证管理办法》、2005年发布《有机产品》国家标准，统一和规范了全国的有机茶认证，这不仅进一步加速了我国有机生产健康发展，同时也促进了我国有机茶生产和认证向标准和规范化方向发展的进程。2007年5月，中国农业科学院茶叶研究所主持的国际商品共同基金资助项目“有机茶发展、生产与贸易”正式启动，由此拉开了中国有机茶走向世界的大门。

截至2007年，全国认证的有机茶园面积达2.5万公顷，认证的有机茶叶产量达2万多吨，认证企业达600多家，并取得了良好的经济效益、社会效益和生态效益。

通过有机茶这一切入点，带动了全国茶叶无公害化生产水平的迅速提高，大大提升了我国茶叶质量安全水平，一些有机茶的管理模式在茶叶生产中得到广泛应用。有机茶的开发，为山区农业结构调整及茶农增收作出了重要贡献，改善了茶园的生态环境，降低了暴发性病虫害发生的频率。有机茶的开发使许多企业增效，农民增收，并激活了区域性茶叶经济的效益，一批知名企业和著名的有机茶产地诞生。有机茶的开发引入了可持续发展的理念，强调了遵从自然规律，更加注重生态环境保护、生物多样性的发展。改变了传统的生产观念，提高清洁化生产意识，更加注重环境、生态、安全和质量等方面的问题。最终实现人与自然的和谐发展。

随着有机茶的迅速发展，也存在一些亟待解决的问题，如有机茶生产的地区不均衡，一些关键技术未能突破，市场开拓滞后，政策支持强度低，媒体宣传力度不够强等，解决了这些问题，有机茶生产将会进一步发展，为我国山区经济发展和社会主义新农村建设将作出新的、更大的贡献。

全国茶叶产品国家监督抽查结果

绿茶产品质量国家监督抽查结果

国家质量监督检验检疫总局　产品质量监督司

为了维护消费者的合法权益，进一步规范茶叶行业的健康发展，国家质量监督检验检疫总局组织对绿茶产品质量进行了国家监督抽查，共抽查了上海、江苏、浙江、安徽、福建、河南、湖北、贵州、云南等9个省、直辖市41家企业生产的50种产品，产品抽样合格率为84%。

本次抽查依据GB2763—2005《食品中农药最大残留限量》等强制性国家标准，重点对绿茶的农药残留量（包括六六六、滴滴涕、三氯杀螨醇、氰戊菊酯、联苯菊酯、氯氰菊酯、溴氰菊酯、氯菊酯、甲胺磷、乙酰甲胺磷、杀螟硫磷、喹硫磷、乐果、敌敌畏、氟氰戊菊酯、顺式氰戊菊酯等）、重金属铅的含量，以及感官品质和标签等项目进行了检验。抽查结果表明，大部分生产企业的产品质量较好，但部分小型企业的产品质量仍然存在问题。

抽查中发现的主要质量问题：

1. 个别产品农药残留量超标　其中有1种产品的三氯杀螨醇含量为0.62 毫克／千克，是标准规定限量（≤0.1 毫克／千克）的6.2倍。

2. 个别产品感官品质不合格　感官品质是反映茶叶档次和饮用价值的一项重要指标。抽查中发现有个别产品感官品质不符合标准要求，主要是质量等级不符或有异味等。

针对抽查中反映出的主要质量问题，国家质量监督检验检疫总局已责成各地质量技术监督部门严格按照产品质量法等有关法律、法规的规定，对抽查中产品质量不合格的企业依法进行处理，限期整改。同时，公布抽查中质量较好的产品及其生产企业，引导消费者正确选购。国家质量监督检验检疫总局将继续对该类产品质量进行跟踪抽查，以促使茶叶产业整体质量水平的提高，为消费者创造出安全满意的消费环境（见下表）。

绿茶产品质量国家监督抽查部分质量较好的产品及其企业名单

企业名称	产品名称	商标	等级	规格	生产日期
黄山市徽州漕溪茶厂	黄山毛峰	漕溪	壹级	100克／袋	2006-05-10
杭州西湖龙井茶叶有限公司	西湖龙井茶	贡	贰级	250克／包	2006-09-10

国家质量监督检验检疫总局产品质量监督司于2007年2月27日对我国50种绿茶产品质量国家监督抽查结果,排名不分先后。

茉莉花茶、红茶产品质量国家监督抽查结果

国家质量监督检验检疫总局　产品质量监督司

为保障广大消费者的合法权益，促进茶叶行业的健康发展，国家质量监督检验检疫总局组织对茉莉花茶和红茶两类茶叶产品质量进行了国家监督抽查，共抽查了北京、天津、辽宁、上海、浙江、安徽、福建、山东、河南、湖北、湖南、广东、广西、四川、重庆、云南等16个省、自治区、直辖市49家企业生产的50种产品，产品抽样合格率为70%。

本次抽查依据GB2763—2005《食品中农药最大残留限量》等强制性国家标准，重点对茉莉花茶和红茶产品的农药残留量、重金属含量等涉及人体健康安全的卫生指标，以及感官品质和标签等项目进行了检验。抽查结果表明，大型企业的产品质量安全性有保障，产品抽样合格率为90%。但部分小型企业的抽样合格率为60.7%，产品质量存在不少问题。

抽查中发现的主要质量问题：

一是部分产品卫生指标不合格。抽查中有部分产品滴滴涕、三氯杀螨醇、铅含量超标。

二是部分产品质量等级不符。茶叶感官品质是反映茶叶档次和饮用价值的一项重要指标。抽查中有部分产

品感官品质不符合标准要求。

三是标签、标示不规范。食品标签不仅能指导消费者选购食品，同时也是生产企业向消费者承诺食品质量水平的重要依据。抽查中有个别产品标签、标示不规范，主要是厂名厂址、产品标准以及产品质量等级未标示或标示不规范等。

针对抽查中反映出的主要质量问题，国家质量监督检验检疫总局已责成各地质量技术监督部门严格按照产品质量法等有关法律、法规的规定，对抽查中产品质量不合格的企业依法进行处理，限期整改；对抽查中质量较好的产品及其生产企业，加大宣传力度。国家质量监督检验检疫总局将继续对该类产品质量进行跟踪抽查，促使茶叶行业整体质量水平的提高，为消费者创造放心满意的消费环境（见下表）。

茶叶产品质量国家监督抽查部分质量较好的产品及其企业名单

企业名称	产品名称	商标	等级	规格	生产日期
北京张一元茶叶有限责任公司	茉莉花茶	张一元	10 号	100 克 / 袋	2006-02-14
重庆新胜实业有限责任公司	茉莉花茶	金凤	特级	250 克 / 袋	2006-04-30
四川龙都茶业（集团）有限公司	龙都香茗	龙都	特级	250 克 / 袋	2006-01-11
福建宁德市仙山茶厂	茉莉银毫	憩园		250 克 / 袋	2006-05-02

注：国家质量监督检验检疫总局产品质量监督司于 2007 年 1 月 8 日对我国 50 种茉莉花茶、绿茶产品质量国家监督抽查结果，排名不分先后。

全国茶叶认证机构

无公害食品（茶）认证机构

机构名称	批准号	有效期	联系人	电话	地址	邮编
农业部农产品质量安全中心	CNCA-R-2003-055	2010 年 1 月 30 日	陈生斗	010-62191443	北京市海淀区学院南路 59 号	100081

绿色食品（茶）认证机构

机构名称	批准号	有效期	联系人	电话	地址	邮编
中国绿色食品发展中心	CNCA-R-2002-106	2010 年 12 月 10 日	张劲松	010-62191402	北京市海淀区学院南路 59 号	100081

有机食品（茶）认证机构（一）

机构名称	批准号	有效期	联系人	电话	地址	邮编
中国质量认证中心	CNCA-R-2002-001	2010年12月10日	王克娇	010-83886666	北京丰台区南四环西路188号9区	100070
杭州万泰认证有限公司	CNCA-R-2002-015	2010年12月10日	汤凯珊	0571-87901598	杭州市西湖区杭大路黄龙世纪广场A座9楼-B座8楼	310007
方圆标志认证集团有限公司	CNCA-R-2002-002	2010年12月10日	高　军 刘怀昊	010-88411888	北京海淀区增光路33号	100048
广东中鉴认证有限责任公司	CNAS C007-P	2012年3月4日	易旭华	020-87369055	广州市广州大道中227号华景大厦四楼	510600
浙江公信认证有限公司	CNCA-R-2002-013	2010年12月10日	周加倍	0571-85067764	杭州市密渡桥路15号新世纪大厦25楼	310005

有机食品（茶）认证机构（二）

机构名称	批准号	有效期	联系人	电话	地址	邮编
中食恒信（北京）质量认证中心有限公司	CNCA-R-2002-084	2010年12月10日	王贵际	010-52227546	北京丰台区南四环西路188号七区7号楼	100070
上海质量体系审核中心	CNCA-R-2002-003	2010年12月10日	孙纯一	021-52387700 52388977	上海长宁区武夷路258号	200050
北京中安质环认证中心	CNCA-R-2002-028	2010年12月10日	李海英	010-58673399	北京朝阳区东三环南路58号富顿中心A座22层	100023
中环联合（北京）认证中心有限公司	CNCA-R-2002-105	2010年12月10日	陈燕平	010-58205886	北京朝阳区育慧南路1号A座10层	100029
北京五洲恒通认证有限公司	CNCA-R-2003-115	2011年6月24日	李国秋	010-63180681 63180691	北京宣武区广安门内广义大街4号	100053
北京中绿华夏有机食品认证中心	CNCA-R-2002-100	2010年12月10日	韩沛新	010-64270308 64228888	北京朝阳区光熙门北里15号	100028
辽宁方园有机食品认证有限公司	CNCA-R-2004-122	2012年3月24日	袁助人	024-86806565 86808585	沈阳市皇姑区黄河南大街106号丽阳商务大厦A座11层	110031
辽宁辽环有机食品认证中心	CNCA-R-2004-128	2012年3月24日	毕　彤	024-86806249-516	沈阳市皇姑区泰山路88巷3号	110031
北京五岳华夏管理技术中心	CNCA-R-2004-129	2012年3月24日	赵　晨	010-63310558	北京平谷区兴谷工业开发区2区92号	100055
新疆生产建设兵团环境保护科学研究所	CNCA-R-2004-131	2012年3月24日	万　勤	0991-2819402	乌鲁木齐市水磨沟区红山路159号	830002
西北农林科技大学认证中心	CNCA-R-2004-133	2012年3-24日	孙武学	029-87091495 87091496	陕西杨凌西农路28号	712100
南京国环有机产品认证中心	CNCA-R-2004-134	2012年3月24日	肖兴基	025-5411206 5425370	南京市玄武区蒋王庙8号	210042
安徽中兴产品认证有限公司	CNCA-R-2005-082	2009年9月5日	田素润	0551-3356508	合肥市包河区经三路与纬五交口	230051
北京东方嘉禾认证有限责任公司	CNCA-R-2006-145	2010年6月15日	张征远	010-62827900	北京海淀区天秀路10号 中国农业大学创业园5019室	100193

有机食品（茶）认证机构（三）

机构名称	批准号	有效期	联系人	电话	地址	邮编
杭州中农质量认证中心	CNCA-R-2003-096	2011年5月6日	杨亚军	0571-86650449	杭州市云栖路1号	310008
湖南欧格有机认证有限公司	CNCA-RF-2006-47	2011年9月26日	宾秋实	0731-4637041	长沙市芙蓉区隆平高科技园	410127
吉林省农产品认证中心	CNCA-R-2006-142	2010年1月3日	孙　平	0431-5337527	长春市卫星路7370号	130022

中国茶文化发展概况

中国国际茶文化研究会副会长　程启坤

中国是茶的故乡，中国茶文化的发展已经历了数千年的历程。近20年来，中国实行改革开放的政策，经济快速发展，各项文化事业兴旺发达，茶文化也因此获得高速发展的机遇。

（一）历史文物古迹不断发现而得到保护

由于中国茶文化具有悠久的历史，茶文化的传播和发展地域辽阔。近20多年来，各地的考古调查发现、挖掘出土的有关茶的文物、古迹不断有报道。

在陕西法门寺出土了一套唐代宫廷御用的金银茶具，这是唐代饮茶器具中最完整、最精美的发现。

在浙江长兴顾渚山，发现了唐代贡茶院遗址、金沙泉遗址和一些茶事摩崖石刻。

在四川古蔺黄荆发现一处古茶窑，被认为是唐宋时期制茶用的焙茶窑。

在福建建瓯南雅镇挖掘出土一套12件矮圈足铜音盏，既是茶盏，敲击时又能发出音质清脆的不同音阶，据考证属宋代铜音盏。

在福建建瓯，发现并考证了记载宋代“北苑贡茶”摩崖石刻80字全文。

在河北宣化出土的古墓中发现有辽代的古茶具和不少有关煮茶、奉茶、饮茶的壁画。

在福建武夷山发现了有“竞台”二字的宋代斗茶遗址。

在云南镇沅千家寨的原始森林中发现了大片的野生茶树群落，其中一株高25米的大茶树，专家估计树龄约2 700年，是迄今为止发现的最古老的野生大茶树。在云南其他不少地方也发现有大面积成片分布的野生茶树林。

在浙江磐安发现保存完好的宋代茶叶交易市场——茶场庙（玉山古茶场）。

从瑞典哥德堡号沉船上打捞上来的封存比较完好的茶叶——松萝茶与一些青花瓷茶具与世人见面。

在浙江长兴唐代贡茶院遗址附近挖掘出唐代制造顾渚紫笋贡茶的捣茶臼。

这些考古发现，对研究茶的历史、文化具有重要的意义。与此同时，对过去发现保存下来的文物古迹采取进一步的保护措施，使之更长久地为后人参观考察和研究提供方便。

（二）组织、社团、展馆纷纷建立

1980年12月，中国台湾成立了“陆羽茶艺中心”，该中心20年来在开发茶具、教学茶道、出版茶书、举办茶文化活动方面做了大量工作。此后，在中国台湾还带头发起成立了“中华茶艺协会”、“中华茶艺业联谊会”、“泡茶师联合会”、“国际无我茶会推广协会”等。

近几年来，在中国国际茶文化研究会成立并开展茶文化活动取得积极成效的影响下，北京、上海、山东、浙江、四川、江西、福建、贵州、云南、河南、河北、江苏、辽宁、宁夏、重庆、新疆、广州、宁波等地都纷纷建立了茶文化研究会、促进会之类的社团。另外，北京大学、上海复旦大学、浙江大学、江西省社会科学研究院等高等院校和科研单位，也纷纷成立了“茶文化研究中心”之类的学术团体。与此同时，在这些茶文化组织社团的推动下，中国各级茶叶学会也从纯自然科学的团体，转向兼从事茶的人文科学的探讨，为掀起中国的茶文化热，起到了推波助澜的作用。

这些茶文化组织、社团、展馆的建立，为弘扬中华茶文化、普及茶文化知识，开展国内外茶文化学术交流与研讨，推动茶文化事业的发展等，都发挥了积极的作用。其中特别是中国国际茶文化研究会，通过两年一届的国际茶文化研讨会，联络国际上各方面的茶文化人士，广泛开展各种形式的茶文化活动，对中国茶文化事业的发展，起着带头与推动的作用，在国际上的影响越来越大。

（三）茶文化的研究更加深入，茶文化论文、著作的发表空前高涨

近20多年来，由于茶文化活动的频繁开展，参与茶文化研究的队伍越来越大，除茶学界外，不少从事文化、历史、文物、艺术、新闻、商业、食品、卫生等方面的人士和社会活动家都对茶文化的研究产生了兴趣。中国国际茶文化研究会为了发挥各地的专业优势，已成立专业研究中心19个，进行茶文化研究。另外，不少高等学校、科研单位、博物馆和茶文化研究团体都加强了茶文化的研究。研究内容广泛，涉及历史、文化、茶俗、名茶、茶人、茶书、茶诗、茶书画、茶歌舞、茶禅、茶文学、茶具、茶饮、茶德等诸多方面。

报道研究成果、论述茶文化的杂志刊物有：江西社会科学院办的《农业考古》的《中国茶文化专号》、中国国际茶文化研究会办的《茶博览》、中华茶人联谊会办的《中华茶人》、中国茶叶流通协会办的《茶世界》、上海市茶叶学会办的《茶报》、中国农业科学院茶叶研究所办的《茶世界》、广州茶文化促进会办的《茶文化》、中国台湾陆羽茶艺中心办的《茶艺月刊》、湖北天门陆羽研究会办的《陆羽研究集刊》、云南普洱茶协会办的《普洱茶》，等等。除此以外，各地办的茶叶杂志中也有茶文化的研究报道。

各地出版茶文化著作空前高涨，有普及茶文化知识的，也有茶文化专著、大型诗画集、摄影集和画册。专著有《中国茶叶历史资料选辑》、《茶经述评》、《中国茶文化》、《中国茶经》、《中华茶叶五千年》、《中国古代茶叶全书》、《中国茶文化经典》、《中国名茶志》、《中国茶叶大辞典》、《中国茶文化大辞典》、《中国历代茶书汇编》、《陆羽茶经解读与点校》、《中国唐宋茶道》、《中国茶文化研究》、《中国古代茶具》、《茶学概论》、《茶文化学》、《中国绿茶》、《中国普洱茶》、《长江流域茶文化》和各种茶文化研讨会的论文集等。大型画册、诗画集有《中国茶道》、《中华茶艺》、《中国——茶的故乡》、《图说浙江茶文化》、《灿烂的十五年》、《品茶说茶》、《茶韵》、《中华茶韵》等。除此之外，近年还出现了电子出版物《中华茶文化》多媒体光盘。关于普及茶文化知识的茶文化通俗读物数量更多，近几年就出版了上百种。

茶文化论文、著作的大量发表，标志着茶文化研究的深入和茶文化知识的普及，这对弘扬中华茶文化，推动茶文化事业的发展，都是非常有利的。

（四）不少历史名茶得以恢复，新创名茶迅速发展

随着市场的变化和茶类结构的调整，中国名优茶的发展速度很快。2007 年中国名优茶产量已达 43.5 万吨，占年总产量的 40.2%，名优茶产值为 240 亿元，占总产值的 80%左右。

中国产茶历史悠久，茶类品种之多为世界之首。自唐代以来，贡茶制度延续千余年，这虽是加害百姓的腐朽制度，但同时也促进了制茶技术的改进，形成了名目繁多的历史名茶。诸如龙井茶、紫笋茶、惠明茶、黄山毛峰、老竹大方、碧螺春、君山银针、庐山云雾、信阳毛尖、大红袍、铁观音、凤凰单枞，等等。这些历史名茶，都具有独特的工艺和品质特点。中华人民共和国成立后，特别是近 20 年来，随着经济发展和市场需求，各地对若干历史名茶进行了调查、整理和恢复。与此同时，各茶叶主产区，还根据当地的历史文化、人文景观和生态特点，积极开展研究创制新的名优茶，因此，一大批新创名茶不断涌现出来。如雪水云绿、千岛玉叶、大佛龙井、南京雨花茶、无锡毫茶、太湖翠竹、峨眉竹叶青、福云曲毫、婺源茗眉、浮来青、高桥银峰、广西桂花茶、黄金桂乌龙茶，等等。这些名优茶投放市场后，深受消费者欢迎。

另外，近年来，国家有关部门及各地政府，经常举办“名优茶评比”、“茶王赛”等活动，将评出的金奖茶或茶王茶进行拍卖，有时 1 千克茶竟会创下数万元甚至数十万元的高价，这在一定程度上，也刺激了名优茶的生产与消费。

如今，全国名优茶的品目已达千种以上，名目繁多、色香味各具特色的名优茶，为消费者提供了广阔的选购余地。中国当代新发展起来的茶艺馆，一般都有数十种茶叶可供消费者挑选，这是中国大力发展名优茶的结果，也是茶文化事业的一大进步。

（五）现代新型茶馆业蓬勃兴起，各种茶具有了创新与发展，泡茶艺术不断完善

随着经济的发展、时代的进步，文化休闲气息浓郁的现代茶馆、茶艺馆、茶吧，在各地纷纷开办。尤其是在经济较发达地区的大中城市，在茶文化事业发展的推动下，一批设施考究、古色古香、各具地方特色的现代茶馆，像雨后春笋般地冒了出来。北京、上海、杭州、成都、南昌、长沙、福州、广州等大城市，开办的茶馆都有数百家之多。不少茶馆，不仅茶叶花色品种多，茶好、水好、冲泡技艺好，而且具有浓郁的文化氛围和舒适的休闲条件。这些茶馆已成为现代城市一道靓丽的风景线，不少城市将这些茶馆业的发展纳入了建设文化名城的重要内容。

在茶文化热的推动下，茶具也有了创新和发展，江苏宜兴与浙江长兴的紫砂艺术家的名品紫砂壶身价百倍，在中国香港和台湾及世界华人区域有很广泛的影响。同时，由于茶道艺术的发展，包括储茶、分茶、取茶、煮水、冲泡、闻香、品味等各种成套性茶具不断创造出来，使之更加完整、更具有艺术装饰性和科学实用性。另外，一些纯粹为观赏和收藏的各种精雕细刻的石茶具、紫砂茶具、瓷茶具、竹木茶具、漆器茶具等，五花八门，很有观赏价值。

近 20 多年来，中国的泡茶艺术有了较大发展，各种茶的冲泡更加艺术化、科学化。各地举办的各种茶文化活动中，都少不了安排有群众喜闻乐见的茶艺、茶道表演。这些茶道表演有的接近真实的泡茶艺术，比较生活化，艺术性也很强，属高雅艺术范畴；有的则载歌载舞，气氛热烈更接近于舞台表演艺术。各地举办的各种茶艺大赛，也在某种程度上促进了中国茶艺事业的发展。与此同时，各地还派出了一些茶艺表演队走出国门，到欧、美国家的一些城市，配合推广中国茶与茶文化，进行中国式的各种茶艺表演，受到了广泛的关注，给予了高度评价。

（六）广大茶区加强了文化性建设，以茶为内容的旅游事业得到发展

中国广大茶区，不少都有名山、名胜和文化古迹，如浙江长兴顾渚山的唐代贡茶院遗址、天台的国清寺、杭州龙井的十八颗御茶和虎跑泉、余杭的径山寺，四川蒙山的汉代仙茶，湖北天门的陆公祠，福建武夷山的大红袍、建瓯的宋代贡茶摩崖石刻，江西庐山的天下第一泉，云南的古茶树和古老传统的普洱茶作坊等，旅游资源非常丰富。这些旅游胜地出产的名茶，如杭州的西湖龙井、黄山的毛峰、苏州的碧螺春、武夷山的岩茶、舟山的普陀佛茶、蒙山的蒙顶茶、庐山的云雾茶、雁荡山的毛峰茶，等等，深深地吸引着广大游客。

近年来，不少重点产茶区，在挖掘、修复有关名胜古迹的同时，还根据各地特点，加强了文化性建设，使秀丽的茶园风光更具有魅力，有的则增加了不少旅游设施，使之更符合现代旅游的要求。如四川永川的“茶山竹海”、广东梅州的“雁南飞”、福建武夷山的“御茶园”、安溪的“铁观音发源地”、杭州的“老龙井”及“梅家坞、龙井茶文化村”、江苏溧阳的“天目湖茶文化休闲区”、福建漳州的“天福茶博物院”等，每年都吸引了不少游客。

（七）各地十分重视茶文化知识的普及和茶文化人才的培养

随着茶文化热的掀起，各种宣传媒体——广播、电视、报刊等都加强了茶文化知识的宣传与普及。1993年中央电视台开播《中华茶文化》8集电视专题片，1995年又摄制成18集电视系列片《话说茶文化》。2008年浙江林学院创作并演出了大型茶文化歌舞剧《中国茶谣》。与此同时，浙江、福建、四川、广东、安徽、山东、河南等地方电视台也经常编导播出有关茶文化的专题片，并大量报道各种茶文化活动。上海广播电台还开办了“空中茶馆”，深受广大听众欢迎。中国国际茶文化研究会组织专家编写《图说中国茶》、《科学饮茶 有利健康》、《茶之初》等普及读本，并多次举办茶文化图片展，宣传、普及茶文化，效果很好。

此外，专业博物馆的开办，各种茶文化展示会的展出，以及各种茶文化普及读物的出版发行，都有助于茶文化知识的普及与传播。中国茶叶博物馆自1991年建成开馆以来，以其大面积展区和丰富的茶文化内容，迎来了数万人的参观。此外，在四川雅安、峨眉山、福建漳州、山东青岛、重庆永川、云南昆明和普洱等地也建有一些茶文化性质的博物馆。在现代中国，茶文化已逐渐深入人心。

为了加强茶文化人才的培养，江西、北京、上海、杭州、广州等地的茶文化机构，出于对茶文化的热爱和宣传普及茶文化知识的需要，举办了各种类型的茶文化培训班和讲座。江西南昌女子职业学校、浙江华韵职业技术学校等还设立茶文化、茶艺师培训班，进行有关茶道、茶艺、茶文化的职业教育，培养茶文化专业人才。近年来，在高等院校茶学专业中还开设了“茶文化学”课程，有的还开办了茶文化专业，如浙江树人大学就有“应用茶文化”专业。2006年中国国际茶文化研究会与浙江林学院合作开办了“茶文化学院”，专门培养茶文化本科人才。可见近年来中国对培养茶文化人才的重视。

（八）积极倡导茶为国饮，充分发挥茶的社会功能，促进了社会的文明与进步

近年来，通过一系列的宣传普及活动，“茶为国饮”在全国范围内已深入人心、成为共识。不仅如此，海外很多茶人和团体把中国“茶为国饮”的思想精神传播到了很多国家和地区，茶已成为更广泛的世界性饮料。

倡导“茶为国饮”的现实意义：有利于增进国民的身体健康，有利于社会的精神文明建设，有利于密切人际关系、促进国际交流，有利于茶产业的发展与山区农民的致富。

自古以来，人们就知道饮茶有利于健康。随着科学技术的发展，不少科研机构开展了饮茶与健康关系的研究。已经探明，茶叶中确实存在着多种有利于健康的成分。有些成分已经被提炼出来，还制成了多种保健品和药品，用于某些疾病的预防与治疗已取得显著的效果。因此，越来越多的人，更加崇尚饮茶健身、饮茶康乐，这对提高全民族的身体素质是十分有益的。

另外，很多学者认为，茶文化的内涵，既是物质的，也是精神的。传统的茶文化与人们社会生活的关系，向来就是非常密切的，无论是历史文人生活中的“琴棋书画酒诗茶”，还是平民百姓生活中的“柴米油盐酱醋茶”，茶都是不可缺少的。茶文化发展至今，茶的社会功能更加突出，归纳其重要方面有：以茶会友、以茶联谊、以茶倡廉、以茶养性、以茶做诗、以茶健身等诸多内容。积极倡导弘扬茶文化的庄晚芳先生提倡“廉美和敬”的中国茶德，并把它解释为“廉俭育德，美真康乐，和诚处世，敬爱为人。”多年来，从事茶文化事业的广大茶人，正是本着宣传茶德和无私奉献的茶人精神，在弘扬茶文化的伟大事业中发挥了积极的作用。茶文化事业的发展，也促进了社会的文明与进步。

中国第一批国家级非物质文化遗产——茶类*

宜兴紫砂陶制作技艺

名称	批准批次	批准编号	申报地区	申报单位
宜兴紫砂陶制作技艺	国家级首批	国发 2006—18 号第八类 351 Ⅷ -1	江苏省宜兴市	宜兴市人民政府

茶具是随饮茶的风尚而演变的。唐时的茶器，茶圣陆羽称以越窑青瓷为上，因其有“夺千峰翠色”的绿来衬托“数片浅含黄”的茶色；到宋代，盛行饼茶，“斗茶”要看茶水表面“疏星皎月”的鲜白色，故茶器以建窑的油滴盏和兔毫盏为上，因天目釉之黑褐色能显现龙团凤饼之乳白色。明代废龙团而尚炒青茶，出现了冲泡法，于是能旋瀹旋啜的紫砂壶应运而生，且“壶黜金银及闽豫瓷，而尚宜兴陶”。后起之秀的紫砂壶最终赢得“世间茶具称为首”的美誉。这绝非偶然，是由紫砂壶无可比拟的优势决定的。

（一）材质

紫砂泥矿土是宜兴特有的一种含铁质、黏土质、粉砂岩的自然特殊矿土，被称为“岩中岩”、“泥中泥”。大致可分紫泥、本山绿泥、红泥三种。这种矿土经风化、粉碎、炼制以后的泥料具有可塑性好、干燥收缩率小以及透气性好的特点。经浴火成陶后，具有双重气孔结构，一为闭口气孔，是团聚体内部的气孔；一为开口气孔，是包裹在团聚体周围的气孔群，这使紫砂器具有良好的透气性。气孔的细密度高，具有较强的吸附力。“本山土砂，能发真茶之色香味”（周高起《阳羡茗壶系》）。“茶壶以砂者为上，盖既不夺香，又无熟汤气”。古人的这些观点是有科学依据的。近代实验证明，紫砂壶暑天泡茶，不易变味，汤色清润；寒天注入沸水，不易爆裂；加水炖烧、烹蒸，不会开裂。一壶在手，温润宜人，无怪乎文人雅士要奉为书房雅供而爱不释手了。

（二）工艺

紫砂壶的成型工艺是独特的拍打镶接法，总体可分模具成型、半模具半手工成型和全手工成型，尤其是传统的全手工成型工艺，从打泥片、拍身筒、镶身筒、装嘴把到最后的“明针”功夫，不仅是艺人为了达到“千奇万状信手出”的造型，更重要的是其每一步的适当处理，都是应顺泥料的特性，有利于“发茶”的。以打泥片为例，手工捶炼的泥料，如千百层叠加而方向始终不乱；再经捶打成为 2.5 毫米的泥片，如千百层泥层的延伸，均匀而强度大，耐拍打。在拍打成片时，多打则“泥门”被打松，少打又达不到效果。顾景舟大师曾要求只能打 13 下左右，因为这将影响到壶的坯体，从而关系到茶事的功能。也曾有人尝试过注浆成型或拉坯成型等工艺，也能做出茶壶，但这种工艺制出的壶是不利于茶事的。所以有人说，紫砂壶手工成型工艺是“为茶而生的工艺”。

（三）造型

紫砂壶的造型“方非一式，圆不一相”，业内大致分为三类即光素货、花货与筋囊货，但不论何种造型，总要做到“理”与“趣”的统一。所谓“理”即是日用性，即壶的宜茶功能;而“趣”即是艺术性，即壶的赏玩功能。有理无趣，固然影响审美；但有趣无理，则不能称之为紫砂壶了。故紫砂壶总要出水流畅，把握舒适，赏用兼优。且要因不同的茶、茶艺而选用不同造型的壶。例如冲泡红茶宜用高而深的紫砂壶；而沏泡绿茶则壶之造型“宜小不宜大，宜浅不宜深”；吃功夫茶，则必选用朱泥小壶——水平壶。如今有些爱动脑筋的紫砂艺人，正在为不同的茶、茶艺量身定做不同造型的壶，真正做到壶、茶的结合，是值得提倡的。

（四）装饰

紫砂壶的装饰手法很多，有泥绘堆塑、贴花、印版、绞泥、陶刻等。历史上曾一度流行均炉釉、包银包锡、镶嵌金玉等，但这些装饰手法或破坏了紫砂壶的透气性（如炉均釉、包锡包银），或过于富丽堂皇而损害了紫砂壶朴雅的本性，故大都未能长久流行，而只有不损害砂壶宜茶性能的“本土”装饰手法（包括像花货、绞泥那样的自体装饰）才被人们接受，而其中又以集书画、文学、篆刻于一体的陶刻成为砂壶装饰的主流，说到底还是装饰应服从于实用即为了更适应茶事的。

（五）文化

紫砂壶自文人雅士介入以后，不断提高文化品位，在壶名、壶铭和印款上，集中反映了中国的传统文化。尤其是短小隽永的壶铭，或切壶切形，或切情切景，或托物言志，或触景生情，或如格言警句，或如人生哲理。其中又以切茶切茗者最多。如:“一杯清茗，可沁诗脾”（时大彬壶铭），“茶山之英，含土之精、饮其德者、心怡神宁”

*见《国务院关于公布第一批国家级非物质文化遗产名录的通知》（国发 [2006]18 号文件），《第一批国家级非物质文化遗产名录》中第八类传统手工技艺类。

（汪森题壶铭），“世间绝品人难识，闲对茶经忆故人”（林逋诗句作壶铭），“松风竹炉，提壶相呼”（东坡句作壶铭），“荆溪水味同三峡，阳羡茶香过六安”（子冶壶铭），“仿得东陵式，盛来雪乳香”（陈鸣远壶铭），“茶已熟，雨正，戴笠来，苏长公”（赧翁壶铭）。在砂壶的造型和铭文上作出重要贡献“允推壶艺中兴”的文人县令陈曼生及其幕客，他们撰写的壶铭中更不乏切茗咏茶的：“平台留小啜，馀味待回甘”、“东阁招邀，梅花一瓢”、“青山个个伸头看，看我庵中吃苦茶”、“笠阴，茶去渴，是二是一我佛无说”、“方山子，玉川子，君子之交淡如斯”（玉川子：是写《七碗茶歌》的唐代大诗人卢仝）、“鸿渐于磐，饮食，是为桑 翁之器，垂名不刊”（桑翁，是茶圣陆羽的别号）……总之，紫砂壶铭中切茶的最多。

紫砂壶以其优良的宜茶功能被誉为“世间茶具之首”。紫砂工艺是一项因茶而生，为茶所用的工艺。壶文化中少不了茶文化，茶文化也离不开壶文化。壶文化与茶文化应该是同根同脉，共生共荣的。

（宜兴陶瓷行业协会）

武夷岩茶制作技艺

名称	批准批次	批准编号	申报地区	申报单位
武夷岩茶（大红袍）制作技艺	国家级首批	国发 2006—18 号第八类 413 Ⅷ -63	福建省武夷山市	武夷山市人民政府

（一）历史渊源

山川载物，岁月传情；武夷山中，物华天宝。时光的流淌谱写了一曲生命的礼赞，历史的积淀成就了武夷岩茶举世无双的工艺流程。武夷山产茶历史悠久，是红茶、乌龙茶创制工艺的发源地，独占世界三大茶类（绿茶、红茶、乌龙茶）中的两大类。武夷岩茶（属乌龙茶类）的起源，有特定的因素和历史渊源。考诸历史，循着武夷茶叶发展历史进程的脉络可以看出：早在唐代就制作有名的蒸青饼茶“研膏”、“蜡面”；宋代制成精致的龙团凤饼茶；元代建立皇家御茶园成为贡茶中心；明代制出散茶和发酵茶；明末清初在原有基础上研制出半发酵乌龙茶。由此可见，武夷岩茶制作工艺是脱胎于最早的茶类并逐步演变发展而成，据专家、学者考证，乌龙茶制作工艺起源于武夷山，是武夷茶人率先发现鲜叶跳动互相摩擦产生的变化，并通过利用旋转的动态和晾青的静态，循序渐进相互谐调，相互延续的技术处理，在原有基础上研制出具有自然花香的半发酵乌龙茶。如清代僧人阮文锡在其《武夷茶歌》中，详细描述了武夷茶的复兴过程、采制时间、加工方法及获得优良品质的关键，这既是概括了乌龙茶做青工艺的经验，也是传递乌龙茶制作的第一手资料。而后还有清代王草堂（浙江钱塘布衣文人）的《茶说》和清代陆延灿的《续茶经》中都对武夷岩茶的制作技术进行详细的论述，《茶说》详述了武夷岩茶制作工艺：“武夷茶……茶采后，以竹筐匀铺，架于风日中。名曰晒青，俟其青色渐收，然后再加炒焙。阳羡片，只蒸不炒，火焙以成。松萝、龙井皆炒而不焙，故其色纯。独武夷炒焙兼施，烹出之时，半青半红，青者乃炒色，红者乃焙色也。茶采而摊，摊而（摇的意思）香气发越既炒，过时不及皆不可。既炒既焙，复拣去其中老叶、枝蒂，使之一色。”古人对武夷独特制作技艺的描述与记录，给后人留下了弥足珍贵的资料，对此，当代茶圣吴觉农评述是：“直到现在，属乌龙茶类的武夷岩茶初制法，还离不开上述的基本特点”。中国茶叶界泰斗陈椽也全面概括地说：“武夷岩茶的创制技术独一无二，为全世界最先进的技术，无与伦比，值得中国劳动人民称雄世界”。此外，当代茶叶专家，乌龙茶泰斗张天福说：“武夷茶自元至清一直处于兴盛时期。史籍中留下的可贵记载，说明乌龙茶制造技术与历史上的武夷茶制作技术有着一脉相承的联系。……乌龙茶继绿茶之后，为半发酵茶，产地由武夷传到建瓯、安溪各地，并传入中国台湾。”所以，武夷岩茶工艺技术的创立及流传至今，是武夷茶乡一代又一代茶农智慧的结晶，是人类的宝贵遗产。武夷岩茶传统制作技艺已被国家列为首批非物质文化遗产加以保护。

（二）初制工艺

武夷岩茶传统制作工艺宛如一支古朴的歌谣，流淌在武夷的山山水水之间，成为中国茶界最典雅的一曲乐章。武夷岩茶传统制作工艺，源之于民间，它吸取红茶、绿茶制法精华，加上不断完善的技术措施，形成了一套独特的、完整的、精湛的工艺流程，它采摘要求极其严格，制作技术相当精细，焙制方法非常考究，每道工序，均包涵有表现鲜明地方特征和卓越高超技能及科学要义、决定品质的关键工艺，制作方法极具科学性。其主要的制作程序有：采摘、萎凋（日光或加温萎凋）、做青（晾青、摇青、发酵）、炒青、揉捻 、初焙、复焙（足火、文火慢炖）。

1. 采摘 武夷岩茶采摘时期因品种不同而定，一年基本上采三次（俗称“三春”）。春茶（亦称“头春”）一般在谷雨后、立夏前开采；夏茶（称“二春”）约离“头春”下山后 30 ～ 40 日，视茶山耕作情况而定，一般在夏至前；

秋茶（亦称“三春”）在立秋后开采。鲜叶的采摘标准，以新梢芽叶伸育均臻完熟，形成驻芽后采一芽3～4叶，按这种标准采下的青叶，叶子的细胞组织结构及其内含物质，从物理和化学性质来说，都是适合于乌龙茶做青工艺及品质特征要求。采摘优良品种有特殊要求：雨天不采，有露水不采，烈日不采。一天中最佳采摘时间是在9～14时之间。采下的鲜叶，置于挂肩茶篮内，待挑青工人挑回制作，不得紧压久放。采摘的鲜叶力求保持新鲜，尽量避免折断、破伤、散叶、热变等不利于品质的现象发生，可见采摘要求极其严格。

2. 萎凋 萎凋是形成岩茶香味的基础，目的在于蒸发水分，软化叶片，促进鲜叶内部发生生理变化。萎凋失水程度，要恰到好处，这对提高岩茶品质十分重要，萎凋必须根据日光程度、鲜叶老嫩及不同品种，灵活把握，俗称“看青晒青”。初采茶青，因水分多，富有弹性，经日光晒后叶片渐呈萎软状，光泽渐退，将两筛并为一筛，摇动数下，再晒片刻，即移入室内晾青架上，称“晾青”。晒青原则“宁轻勿过”，这样才能在晾青中有利于恢复青叶一部分弹性，才有利于做青的进行。

3. 做青 武夷岩茶特殊品质的形成关键在于做青。做青是岩茶初制过程中特有的精巧工序，其特殊的制作方法是形成岩茶色、香、味、韵及“绿叶红镶边”的优良特质。其制作过程中每一次的技术工序，都关系到茶叶品质的优劣，因此要有高超的技能和丰富的经验。武夷岩茶特有的做青工艺，是通过摇青与晾青交替进行，即通过摇动破坏青叶叶缘细胞，又要通过静放挥发水分促进青叶变化，做青中时而摇动，时而静放，动静结合，摊青前薄后厚，摇青前轻后重，灵活掌握。如何做到“看天做青，看青做青、走水还阳”恰到好处，都全凭丰富的经验来判断、操作才能把握好。

武夷岩茶以自然的花香和醇厚的滋味赢得人们的喜爱，而这品质的形成主要是在做青阶段完成的。做青奠定了品质基础，是武夷岩茶品质形成的关键工艺。做青的过程十分讲究，来不得半点马虎，尤其是做青还必须根据不同品种和当时的气候、温度、湿度，采取适当措施。茶青在做青过程中，随着工艺的进展，香气变化过程主要表现为：青香—清花香—花香—花果香。

做青阶段完成后即可将茶青装入大青弧，抖动翻拌数下，然后装入软篓，送至炒青间炒揉。

4. 炒青 炒青的目的是利用高温火力，破坏酶的活性，中止发酵，稳定做青已形成的品质，纯化香气。高温炒青之后青叶表面带有水点，柔软如棉，即取出揉捻。再经复炒、复揉对品质的提高至关重要，特别是对香气、滋味能产生有利的影响。

初焙，俗称“走水焙”，其主要目的是利用高温使茶叶中一些物质受热转化。

岩茶初焙，是为了抑制酵素，固定品质，因此要在高温下短时间内（仅十一二分钟）进行，这样可最大限度地减少茶叶中芬芳油等物质的损失，又可使酵素失去活力。

茶索经初焙后水分蒸发过半，叶呈半干状态，此时茶叶的化学变化暂时停止。

（三）传统制作工艺——文火慢炖

茶叶在足干的基础上，再进行文火慢炖。炖火：即独特的技术措施，是武夷岩茶传统制法的重要工艺，也是独特的技术措施。岩茶经过低温久烘，促进了茶叶内含物的转化，同时以火调香，以火调味，使香气、滋味进一步提高，达到熟化香气、增进汤色、提高耐泡程度的效果。炖火的高超技术，为武夷岩茶所特有。

炖火的火温，传统的方法是用手背靠在焙笼外侧，有一定的热手感即为适度，或用眼睛靠近焙笼内的茶叶（约20厘米）利用火温对视觉的热冲击来把握温度。炖火的温度以85℃左右为宜。为了避免香气丧失，焙笼还须加盖。对优良品种及名丛，在炖火时，还须垫上“小种纸”（为包茶特用的纸俗称“种纸”）来保护茶条。炖火的过程，需8个小时左右，每个时段的动态温度、火候的掌握，全凭手感和温度对视觉的冲击力来判定。在焙制中，观察茶的变化极为重要，同时根据茶在焙笼中的变化，及时调整火温并进行翻焙处理。低温久烘时间的长短，依据茶叶内质和市场消费者要求不同而定。同时还应根据茶叶的变化，及时进行翻焙处理。优质的武夷岩茶在火候掌握好的情况下焙至足火，会在茶叶表面呈现特有的宝石色、油润，闻干茶具有特殊的“花果香”、“焦糖香”，这是优质岩茶特征的体现。这种焙法是武夷岩茶工艺的一大特色，武夷岩茶“性温不伤胃，耐久藏，耐冲泡”是和它独特的工艺分不开的。清代梁章钜对武夷岩茶的焙制工艺也发出了“武夷焙法实甲天下”的赞叹。焙火的高超技术，为武夷岩茶仅有。

炖火后的茶叶须趁热装箱。此时箱中茶叶叶温尚可保持50～60℃，这对武夷岩茶起了热处理的后熟催化作用，达到提高滋味、增进香气的目的。这过程为其他茶类所没有，也是一个非常独特的工艺。

在制作武夷岩茶的整个工艺流程中，每一个环节都极其重要，不容忽视，每道工序，一环扣一环，互相影响，互相促进。一些精湛独特的工艺技术中蕴涵着厚重古拙的历史印记，全都凝聚在馥郁清醇的茶香中，挥之不去。当您品尝着独具“岩骨花香”之岩韵的武夷岩茶时，这个集天地灵气，山川精华，天籁般神化之物的茶品，不仅奉献给世人天然健康之饮，更揭示出一种自然天人合一的精神，同时还流淌着武夷茶农质朴的情愫。

武夷岩茶（大红袍）制作技艺是武夷山茶农生存发展的技能，每年依据传统技艺做出的岩茶销售达8亿元，成为武夷山市传统的支柱产业。

2008年9月武夷岩茶（大红袍）制作技艺为申报主体以中国乌龙茶制作技艺之名正式向联合国申报人类非物质文化遗产代表作名录。

（武夷山市茶业局）

中华茶文化向东亚的传播

安徽农业大学中华茶文化研究所副所长　丁以寿

韩国与中国唇齿相邻，日本与中国一衣带水，中、日、韩三国自古以来就有着政治、经济和文化的联系。茶文化是三国源远流长的文化交流内容之一，作为中、日和中、韩文化交流的纽带，一直起着重要作用。中、韩和中、日茶文化交流的历史悠久、源远流长，1 000 多年来绵延不断。

（一）唐五代时期（公元 7 世纪初至 10 世纪中）

唐五代是从公元 7 世纪初至公元 10 世纪中，值朝鲜半岛上的新罗统一时期，日本“大化革新”至奈良、平安时代中期。这个时期在中国，饮茶风俗普及，中国茶道——煎茶道形成并流行，茶文学兴盛，茶具独立发展，茶书画初起，茶馆萌芽。在中晚唐，形成了中华茶文化的第一个高峰。

1. 中华茶文化向新罗的传播

（1）新罗饮茶之始。新罗饮茶始于善德女王（632—647）时期。新罗文武王即位那年（661），祭祀宗庙，用茶祭祖。

（2）新罗饮茶的发展。在宫廷，茶为祭祀品中至要之物。景德王（741—765）每年三月初三集百官于大殿归正门外，置茶会，并用茶赐臣民；在宗教界，释忠谈精于茶事，每年三月初三及九月初九在庆州的南山三花岭于野外备茶具向弥勒菩萨供茶，忠谈也曾煎茶献于景德王。

兴德王三年（828）：“冬十二月，遣使入唐朝贡，文宗召对于麟德殿，宴赐有差。入唐回使大廉持茶种子来，王使命植于地理山。茶自善德王有之，至于此盛焉。”新罗使者金大廉于唐得茶籽，植于地理山（智异山），韩国开始种茶。

（3）新罗的饮茶法。新罗当时的饮茶方法是采用唐代流行的饼茶煎饮法，茶经碾、罗成末，在茶釜中煎煮，用勺盛到茶碗中饮用。

2. 中华茶文化向日本的传播　日本人饮茶始于奈良时代（710—794）初期。天平元年（729）4 月，朝廷召集百僧到禁廷讲《大般若经》时，曾有赐茶之事。805 年，从中国留学归来的最澄和尚带回茶籽，种在日吉神社的旁边，形成日本最古的茶园。

弘仁六年（815），嵯峨天皇巡幸近江国，过崇福寺，大僧都永忠亲自煎茶供奉。后来嵯峨天皇下令在畿内、近江、丹波、播磨各国种植茶树，每年都要上贡。在当时的首都，一条、正亲町、猪熊和大宫的万一町等地也设有官营的茶园，以供朝廷之用。

日本当时的饮茶法与中国唐代流行的饼茶煎饮法完全一样。

这一时期的日本茶文化，是以嵯峨天皇、永忠、最澄、空海为主体，以弘仁年间（810—824）为中心而展开的，是日本古代茶文化的黄金时代，称之为“弘仁茶风”。弘仁茶风随着差嵯峨天皇的退位而衰退，特别是由于宇多天皇宽平六年（894），永久停止遣唐使的派遣，加上僧界领袖天台座主良源禁止在 6 月和 11 月的法会中调钵煎茶，于是中日茶文化交流一度中断。

（二）宋元时期（公元 10 世纪中至 14 世纪中）

宋元时期是从 10 世纪中至 14 世纪中，值朝鲜半岛上的高丽王朝时期，日本的平安中后期至室町初期。这个时期在中国，点茶茶道形成并流行，茶文学和茶具文化日益繁荣，茶馆兴起，茶书画始兴。在北宋后期，形成了中华茶文化的第二个高峰。

1. 中华茶文化向高丽的传播　高丽王朝时期，是朝鲜半岛茶文化的兴盛时代。高丽的茶道——茶礼在这个时期形成，茶礼普及于王室、官员、僧道、百姓中。

（1）王室及朝廷茶文化。每年燃灯会和八关会必行茶礼。燃灯会为二月二十五日，供释迦。八关会是敬神而设，对五岳神、名山大川神、龙王等在秋季之十一月十五日设祭。由国王出面敬献茶于释迦佛，向诸天神敬祷。

太子寿日宴，王子王妃册封日，公主吉期均行茶礼，君王、臣民宴会有茶礼。朝廷的其他各种仪式中亦行茶礼。

（2）佛教茶文化。高丽以佛教为国教，佛教气氛隆盛，禅宗中兴，禅风大化。中国禅宗茶礼传入高丽成为高丽佛教茶礼的主流。高丽的僧人遂效仿中国禅门清规中的茶礼，建立韩国的佛教茶礼。

（3）儒道两家的茶文化。高丽末期，由于儒者赵浚、郑梦周和李崇仁等人的不懈努力，接受了朱文公家礼。在男子冠礼、男女婚礼、丧葬礼、祭祀礼中，均行茶礼。

道家茶礼，焚香、叩拜，然后献茶，其源出于宋。

（4）庶民日常用茶。高丽时代百姓可买茶而饮，在冠礼、婚丧、祭祖、祭神、敬佛、祈雨等典礼中均用茶。

（5）饮茶方法。高丽时期，早期的饮茶方法承唐代的煎茶法；中后期，采用流行于两宋的点茶法。

2. 中华茶文化向日本的传播　日僧荣西两度入宋求法，得禅宗临济宗黄龙派禅法。他不仅潜心钻研禅学，而且亲身体验了宋代的饮茶文化。第二次入宋回国时，他在登陆的第一站——九州平户岛上的富春院，撒下茶籽。在九州的背振山也种了茶，不久繁衍了一山，形成了名为“石上苑”的茶园。荣西还送给京都拇尾高山寺明惠上人 5 粒茶籽，明惠将其种植在寺旁。由于那里的自然条件十分有利于茶的生长，所产茶的味道纯正，由此被后人珍重，人们将拇尾高山茶称作“本茶”，将这之外的茶称为“非茶”。

镰仓幕府将军源室朝一次醉酒得病，荣西为之献茶一盏，并献一书《吃茶养生记》。荣西根据自己在中国的体验和见闻，记叙了当时的末茶点饮法。自荣西渡宋回国再次输入茶、茶具和点茶法，茶又风靡了僧界、贵族、武士阶级而及于平民。

荣西之后，日本茶文化的普及分为两大系统，一是禅宗系流，一是律宗系流。禅宗系统包括荣西及其后的拇尾高山寺的明惠上人，律宗系统则有西大寺的叡尊、极乐寺的忍性。饮茶活动以寺院为中心，并且是由寺院普及到民间，这是镰仓时代茶文化的主流。

平安时代的日本茶文化，无论从形式上还是精神上，可以说是完全照搬陆羽《茶经》。镰仓时代，日本接受了中国的点茶道文化。镰仓末期，茶文化以寺院为中心，普及到了日本各地，各地都出现了茶的名产地。寺院茶礼确立。

（三）明清时期（公元 14 世纪后至 20 世纪初）

明清时期是从 14 世纪后期到 20 世纪初，值朝鲜李朝时期，日本的室町、安土、桃山、江户时代和明治时代。这个时期在中国的明朝后期，弃团饼而用散茶的泡茶道形成并流行，紫砂茶具独领风骚。茶文学艺术兴盛，茶馆繁荣。在晚明时期，形成了中华茶文化的第三个高峰。进入清朝中期，中华茶文化由盛转衰，特别是鸦片战争以后，茶文化衰落。

1. 中华茶文化向朝鲜的传播 朝鲜前期的十五六世纪，受明代茶文化的影响，饮茶之风颇为盛行，散茶壶泡法和撮泡法流行。随着茶礼器具及技艺化的发展，茶礼的形式被固定下来，更趋完备。朝鲜中期以后，酒风盛行，致使茶文化一度衰落。至朝鲜晚期，幸有丁若镛、崔怡、金正喜、草衣大师等的热心维持，茶文化渐见恢复。

2. 中华茶文化向日本的传播 日本室町时代，模仿宋代的“斗茶”，出现具有游艺性的斗茶热潮。特别是在室町时代前期，豪华的“斗茶”成为日本茶文化的主流。到了室町时代的中后期，斗茶内容更复杂、奖品种类也更多。

在室町的中后期，出现了一种“书院茶”，书院茶是在书院式建筑里进行，主客都跪坐，主人在客人前庄重地为客人点茶的茶会。没有比赛的内容，也没有奖品，茶室安静，主客问茶简明扼要，一扫室町斗茶的杂乱、拜物的风气。

在室町时代末期，饮茶文化大众化，出现了由一般百姓主办参加的茶会，如“云脚茶”、“淋汗茶”。云脚茶会自由、开放、轻松、愉快，受到欢迎，逐渐取代了烦琐的斗茶会。淋汗茶的茶室建筑采用了草庵风格，这种古朴的乡村建筑风格，成为后来日本茶室的风格。

日本茶道的鼻祖村田珠光（1423—1502），曾在京都大德寺酬恩庵的一休宗纯（1394—1481）那里参禅，获得一休的印可。他将禅宗思想引入茶道，形成了独特的草庵茶风。珠光通过禅的思想，把茶道由一种饮茶娱乐形式提高为一种艺术。

日本茶道宗师武野绍鸥（1502—1555）承前启后，他将日本的歌道理论导入茶道，为日本茶道的进一步民族化作出了巨大贡献。

武野绍鸥的弟子千利休（1522—1592）是日本茶道的集大成者。千利休被迫自杀后，其第二子少庵继续复兴利休的茶道。少庵之子千宗旦继承其父，终生不仕，专心茶道。宗旦去世后，他的第三子江岑宗左承袭了他的茶室不审庵，开辟了表千家流派；他的第四子仙叟宗室承袭了他退隐时代的茶室今日庵，开辟了里千家流派；他的第二子一翁宗守在京都的武者小路建立了官休庵，开辟了武士者路流派，合称三千家。400 年来，三千家是日本茶道的栋梁与中枢。

除了三千家之外，继承利休茶道的还有利休的七个大弟子。他们是：蒲生化乡、细川三斋、濑田扫部、芝山监物、高山右近、牧村具部、古田织部，被称为“利休七哲”。其中的古田织部（1544—1615）是一位卓有成就的大茶人，他将利休的市井平民茶法改造成武士风格的茶法。古田织部的弟子很多，其中最杰出的是小掘远州（1579—1647）。小掘远州是一位多才多艺的茶人，他一生设计建筑了许多茶室，其中便有被称为日本庭园艺术的最高代表——桂离宫。

片桐石州（1605—1673）接替小掘远州作了江户幕府第四代将军秀纲的茶道老师，他对武士茶道作了具体的规定。石州流派的茶道在当时十分流行，后继者很多，其中著名的有松平不昧（1751—1818）、井伊直弼（1815—1860）。

在中国明清泡茶道的影响下，日本茶人又参考抹茶道的一些礼仪规范，形成了日本的煎茶道。公认的“煎茶道始祖”是中国去日僧隐元隆琦（1592—1673），他把中国当时流行的壶泡茶艺传入日本。经过“煎茶道中兴之祖”卖碳翁——柴山元昭（1675—1763）的努力，煎茶道在日本立住了脚。又经田中鹤翁、小川可进的整理，确立了煎茶道的地位。

明清时期，是日本茶文化的灿烂辉煌时期，日本在长期吸收、消化中国茶文化后，终于形成了具有本民族特色的日本抹茶道、煎茶道。

中国茶旅游发展概述

东南大学旅游学系教授　周武忠

（一）茶旅游的含义

茶旅游就是凭借茶旅游资源而开展的形式多样、内容丰富的系列旅游活动，是旅游的新兴项目，也是茶产业发展的新出路。它以茶区秀美多姿的自然生态环境和茶业生产为基础，以茶区多样性的自然景观和人文景观为依托，以茶为物质载体，以茶文化为主题，涵盖观光、体验、求知、习艺、娱乐、商贸、购物、保健、度假等多种旅游功能。

（二）发展茶旅游的意义

发展茶旅游对于弘扬中国茶文化、振兴茶业经济、活跃旅游市场等均具有十分重要的意义。从文化角度看，文化性是旅游的本质属性，茶旅游的开展有助于中华茶文化的发掘、继承与弘扬，增强民族自豪感。同时，开展茶旅游广泛吸引中外游客，有助于促进民族团结和中外经济文化交流；从经济角度看，茶旅游有助于茶产业与旅游业的共同发展。一方面，茶旅游有效拓展了茶产业链，有助于提高茶产业的附加值，培育茶人，促进茶消费，振兴茶业经济；同时，茶旅游开发有助于优化调整茶区产业结构，扩大劳动就业，带动相关产业发展，推动茶区社会经济发展；另一方面，茶旅游可丰富旅游内容，优化旅游产品结构，有助于提升旅游文化品位，增强旅游吸引力，拓展旅游市场；从社会角度看，茶文化具有以茶雅心、以茶敬客、以茶行道等社会功能，有助于陶冶个人情操、协调人际关系、净化社会风气，提高社会的文明程度；从生态角度看，旅游者对于自然生态环境的高质量要求，促使人们自觉保护茶区自然生态环境，有利于实现茶区生态环境的可持续发展。

（三）中国开展茶旅游的优势

1. 市场优势——中国步入旅游休闲时代　国际经验表明，一个国家人均GDP达1 000美元是该国进入旅游时代的门槛。1999年以来，中国人均GDP逐年升高，2006年达到16 084元，表明中国已进入旅游休闲时代。同时，城镇居民家庭恩格尔系数的逐渐降低，说明随着闲暇时间和可自由支配收入的增多，人们的消费观念悄然发生变化，生存型消费逐渐向发展享受型消费过渡。1999—2006年，国内旅游人数的快速增加则表明中国的旅游事业已经步入快车道，旅游休闲已经成为人们生活的重要组成部分，这为中国茶旅游发展提供了庞大的客源市场基础（见下表）。

中国旅游相关指标数据

指标	1999	2000	2001	2002	2003	2004	2005	2006
人均GDP（元）	7 159	7 858	8 622	9 398	10 542	12 336	14 103	16 084
城镇居民家庭恩格尔系数(%)	42.10	39.40	38.20	37.70	37.10	37.70	36.70	35.80
国内旅游人数（亿人次）	7.19	7.44	7.84	8.78	8.70	11.02	12.12	13.94

资料来源：中华人民共和国国家统计局／中国统计年鉴。

2. 资源优势——得天独厚的茶旅游资源　中国是茶的故乡，又是世界茶文化的发源地和中心，茶旅游资源丰富、内涵深厚。首先，中国茶区面积辽阔，茶园面积大约有100余万公顷，居世界首位。茶区多为山川秀美之地，生态环境优良，从而成为现代人回归自然、返璞归真的理想之所；其次，中华茶文化源远流长，拥有丰富的茶产品资源和茶俗、茶礼、茶艺、茶事等茶文化资源，从而赋予茶旅游以丰富的文化内涵和较高的文化品位，提升了旅游吸引力；最后，茶的药用价值和保健功能自古以来被人们充分利用，开发出了类型多样的茶保健旅游产品。因此，茶旅游可满足现代旅游者追求养生保健、返璞归真和文化品味的多样化旅游需求，市场前景广阔。

（四）发展历史

茶旅游是一项历史悠久而又是新兴开发的旅游项目。说历史久远，是指茶与旅游自古以来就结下了不解之缘。陆羽在《茶经》中称“茶之为饮，发乎神农”，说明中国有着悠久的饮茶历史。自唐代以来，历经宋元，直至明清，文人士大夫嗜茶成瘾，饮茶之风盛行。茶有着独特的“山水情节”，名山、名水、名茶相映生辉，而自古中国文人雅士“一生好入名山游”，历代文人墨客在饱览祖国大好山河的同时，也念念不忘茶情、诗意。如唐代大诗人李白、白居易、陆羽、卢仝与孟郊以及“茶圣”陆羽，宋代大诗人苏东坡、陆游、欧阳修，明代大旅游家徐霞客，清代文学家袁枚以及乾隆皇帝等，均喜游历名山胜景，也十分喜爱品茗，常常汲清泉、品佳茗、赋新诗，为后人留下了许多茶文化与旅游的佳作，同时也造就了诸多茶文化胜迹，为现代茶旅游提供了宝贵的旅游资源；说新兴项目，是指作为现代意义上的茶旅游始于 20 世纪 90 年代，正处于起步和不断完善的阶段。十几年来，茶旅游的发展丰富了旅游产品的内容，同时也为茶文化发展注入了新的活力。随着文化旅游和生态旅游的兴起，茶旅游正以其独有的“生态性”和“文化性”双重属性，越来越受到旅游者的青睐。

（五）开发现状、概况

中国茶旅游作为旅游业的新兴领域，虽起步较晚，但正以其独特的魅力，处于快速发展阶段。总体而言，中国茶旅游日趋成熟，逐渐形成了以下几种开发形式：

1. 观光游览型 “好山好水出好茶”，如西湖龙井茶、安溪铁观音、洞庭碧螺春、黄山毛峰、武夷岩茶等名茶原产地，都是风景旅游胜地，山清水秀，古迹众多。清新的茶园、独特的茶文化，迎合了现代人返璞归真和文化体验的需要，绿色生态茶文化观光旅游日趋流行。

2. 休闲体验型 中华茶文化具有独特的休闲体验性。游客于茶田之中体味茶业生产的天然乐趣，于茶馆、茶楼（如北京的老舍茶馆、上海的湖心亭茶楼等）之中品茗休憩，欣赏、参与精湛的茶艺表演活动，在物质上和精神上获得美的享受，也体会到中国博大精深的茶文化内涵。

3. 生态度假型 茶区大多是山水秀丽之地，绝佳的自然生态环境为开展山地、乡村休闲度假旅游提供了理想的场所。如广东梅州雁南飞茶田度假村，是融茶叶生产、生态观光和生态度假功能于一体的开放型旅游度假区，已被评为“国家 4A 级旅游景区”，茶旅游走在了全国前列。

4. 修学求知型 中国茶文化历史悠久，古韵悠然，为国内外游客、茶文化爱好者、茶界人士提供了丰富多彩的科普知识、历史知识、文学知识，满足了他们寻求异质文化体验，求新、求奇、求知的旅游需求。此类茶旅游地如浙江余杭的径山、台州的天台山、陕西扶风的法门寺等。

5. 人文考古型 福建武夷山以“大红袍”为中心的众多摩崖石刻、茶树名丛和重修的御茶园等茶文化景观，河北宣化出土的辽代古墓道煮茶、奉茶、饮茶的壁画等茶文化古迹，作为中国茶文化的历史见证，如今已成为众多国内外专家考察的对象，也是旅游观光的新文化景观。

6. 民俗风情型 中国有着丰富多彩的茶俗旅游资源，吸引了四方的游客，如白族的“三道茶”、土家族的“擂茶”、纳西族的“龙虎斗茶”、傣族的“竹筒茶”等。此外，各民族古老的茶传说、茶趣闻轶事和茶歌舞等丰富了茶文化的内容，为游客提供了异彩纷呈的茶俗文化体验。

7. 康体保健型 随着生活水平的提高，人们对健康的重视程度越来越高，对康体保健旅游产品的需求大增，依托茶的药用价值及保健功能开发的生态保健游日益升温。目前，国内已经开发出了茶园健身游、茶浴等各类康体保健产品，宣传了茶的康体保健知识，备受旅游者的青睐。

8. 文化商贸型 当前以茶文化为主题的研讨会、展示会及节庆活动呈现出持续上升的趋势，如“国际茶文化研讨会”、日照茶博会、景德镇茶文化旅游节等，推动了国际茶文化的交流，在宣传和弘扬中华茶文化的同时，为茶旅游发展创造了新的契机，带动了地方茶业经济发展。

（六）目前存在的问题

中国茶旅游作为旅游业的新兴一族，尚处于起步阶段，发展过程中仍存在着许多问题，主要表现在：中国茶区多为边远山区和丘陵地区，交通不便，信息闭塞，经济文化不发达，地方财力有限，旅游开发资金缺乏，旅游配套设施落后；茶旅游产品设计与开发滞后，独立的茶旅游线路开发不足，旅游活动的文化内涵和品位还有待提高；茶旅游从业人员素质和服务水平有待进一步提高，高层次的茶旅游管理专业人才相对缺乏；茶旅游宣传、营销力度远远不够，旅游市场开拓力度有待进一步加强；茶旅游购物品须加强研发工作力度，进而实现茶旅游商品的系列化、多样化、特色化；此外，受利益驱动，茶旅游商品以次充好，冒牌茶叶商品层出不穷，欺骗损害游客利益的事件屡有发生，给茶旅游市场带了不良影响等。上述问题制约着中国茶旅游的健康发展，今后工作需着重加以解决。

中国现代茶馆风格与文化品味

北京圣唐古驿创意文化有限公司

伴随着中国现代饮茶文化的发展，茶馆的风格也越来越趋于多元化，各种特色鲜明的茶馆如雨后春笋般崛起，遍布大街小巷：既有民俗韵味浓郁的各色乡土式茶馆，也不乏把户外美景引入室内的庭院式茶馆，还有洋溢着浓郁异国风情的茶馆，以及众多结合了古典与现代、娱乐与休闲的时尚茶艺馆。

（一）园林庭院式

当“自然”越来越为城市稀缺时，把大自然搬入室内，在室内营造自然美景的做法已经日益风行。园林庭院式茶馆便在人们的这种需求中应运而生。它以中国园林建筑为蓝本，模仿古代私家花园或古典皇室宫廷而建。

极富典型特色的一类是具有江南园林特色的茶馆。小桥、流水、亭台、假山、拱门，被从室外移入室内，一应俱全，使人恍若置身烟花三月的江南。不经意间，秀美的山石中，已经映现了几分闲情野趣，而那清宁质朴的氛围，使人更能真切地融入到久违的大自然之中。此外，在风格别具的文化主题概念点缀中，抑或还有几分古朴的民俗韵味。北京的水之榭茶艺馆、湖南的白沙源茶艺馆是这类茶馆的典型代表。

另一类园林庭院式茶馆应属风格高贵而典雅的宫廷式茶馆。它汲取中国古代皇室建筑的精粹，模仿宫廷或士大夫厅堂建成。这类茶馆通常面积较大，结构也比较复杂，给人一种恢弘和大气的感觉。其建筑和结构布局，多使用对称手法营建，以体现尊贵宏大的皇室气派。宫廷式茶馆的内部陈设一般极其精致考究。室内普遍应运各类象征皇室尊严的文化元素，雕梁画栋、红木家具、龙凤金饰，以及一些具有身份象征意义的用具，都被赋予了一种符号般的象征和点缀效果。茶馆各处还陈列很多名人字画、古玩家珍和工艺精品，既创造出优雅的饮茶氛围，也沉淀了诸多文化韵味。北京的老舍茶馆四合茶院、西安福宝阁是宫廷式茶馆的代表。

（二）民族乡土式

如果说怀旧和思乡永远是人们心中难解的心绪，那民族和乡土式茶馆就是那么一块供人小憩和回归的地方。浓郁的地域色彩和乡土氛围不仅营造出茶馆别致生动的室内情调，也使人再次重温亲切和质朴的民俗韵味。

民族乡土式茶馆借鉴特有的乡土建筑手法来营造室内空间。比如借用徽派建筑特色的徽派茶馆，模仿特殊吊脚楼建法的傣族茶馆等，通常，为了烘托乡土风味和民俗情韵，茶馆内部陈设有诸如竹木家具、牛车、蓑衣、石磨、水桶、水车等带有地域风情的日常生活用具，以追求一种民族乡村的气息。四川成都顺兴老茶馆是这类茶馆的典型代表。

（三）古典与现代相结合式

茶文化历史源远流长，茶馆也素以古色古香的情调来传承有数千年传统的饮茶习俗。因此，大量茶馆室内都借用众多中国古典符号作为装饰，以烘托茶文化本身独具的古韵古风。同时在现代新型茶艺馆中，也结合应用了诸多具有时代风尚的现代元素，制造出东西合璧的效果。事实上，这种古典与现代结合的做法，在现代茶馆中极为常见。西方现代实用的生活方式，以及东方别具风韵的情调，取两者之长，才能营造出真正意义上的现代休闲空间。而对古韵古风所做的新的诠释和演绎，则是现代人对古典文化最真切的理解

（四）异国风情式

许多国家都有历史悠久的饮茶传统。把优秀的异域茶文化引入现代茶馆的设计中，即使茶馆本身显得风情别具，也能让饮茶人体会到多姿多彩的异域风情。异国风情式的茶馆可以包括欧式、泰式、东南亚式、日式等。无论哪种式样，都会在尽力吸收各国建筑和茶文化精粹的同时，也力图使其能够融入中国茶文化背景之中。比如，日式茶馆就由日本茶馆演变而来。茶馆内使用推拉门，室内陈设矮桌和榻榻米，同样，按照日本饮茶风俗，入室一般需穿拖鞋，包间顶部悬挂纸灯笼，背靠屏风或矮墙做成的隔断。

（五）时尚休闲式

茶馆发展到今天，早已逾越了单纯提供饮茶的功能。现代新型茶艺馆的发展，已经呈现出一种多元化的趋势，在其中异军突起的，便是时尚休闲类的茶馆。这类茶馆，多使用现代感强烈、节奏明快的元素，以营造出轻松愉悦的氛围。在提供饮茶的同时，他们同时还提供制陶、看书、上网等多种休闲形式，在时尚休闲类的茶馆内，茶的作用几乎退居其次，或者说，茶馆已经更加成为一种休闲娱乐的载体。

茯茶与茶之煮饮文化

湖南泉笙道茶业有限公司董事长　易蔚明

“茶之为饮，发乎神农氏，饮自鲁周公”，中国喝茶的风尚，源远流长，上下五千年。茶具有“止渴、清食、少睡、利水道、明目、益思、除烦、去腻”（明·钱椿年：《茶谱》）之功效，但更让人回味无穷的是其蕴涵着的丰富的人生意趣。煮茶品茗，是一门具有文化意味闲暇艺术，盖因不论贵贱雅俗、贫富穷达，茶之为道，总是存在于人们的休暇生活中。

而现代人饮茶都习惯泡饮，煮茶之风慢慢被湮没，其实煮茶相对泡茶来说好处更多，而且煮茶也是中国茶文化的一种复兴和人们生活方式的一种回归。总结来说，煮茶有三宜：

（一）贵族生活方式的体现

煮茶之风是在唐代兴起，已有1 000多年的历史，其中最有名就是陆羽煮茶，陆羽煮茶同时也是唐代饮茶文化的主体，是陆羽在总结前人饮茶经验的基础上，通过亲身体验，提出了煮茶的理论并付诸实践，开创了饮茶新风尚。煮茶渐渐成为上层贵族的一种生活习惯，以茶交友，以茶论德。如在中国许多影视作品中就有煮茶的情景。

魏晋以来，天下骚乱，文人无以匡世，渐兴清谈之风。这些人终日高谈阔论，必有助兴之物，于是多兴饮宴，所以最初的清谈家多酒徒。如竹林七贤。后来清谈之风发展到一般文人，但能豪饮终日不醉的毕竟是少数，而茶则可常饮且始终保持清醒，于是清谈家们就转向好茶。所以后期出现了许多茶人。“吾年向老世未薄，所好未衰惟饮茶”，北宋时茶道盛行之时，唐宋八大家之一的欧阳修向世人坦言“所好未衰惟饮茶。”

宋代，煮茶已经成为朝廷官场待下之礼，多见于送人笔记，王国维《茶汤遣客之俗》已有考证，云：“今世官场，客至设茶而不饭，至客人延客茶，则仆从一声呼送客矣，此风自宋已然。”

（二）益于健康

英国科学家发现，和用沸水泡茶相比，用茶壶煮茶可以让茶叶释放出更多的抗癌物质，抗癌效果更好。研究表明，茶叶在壶中煮沸5分钟，可以使吸收癌症中有害物质的抗氧化剂的浓度达到最高峰，饮用在壶中煮制5分钟的茶水1小时后，血液中的抗氧化剂水平上升了45%。研究还发现，茶叶在壶中泡制更长时间并不会产生更多的有益成分，反而会减少；如果向茶水中添加牛奶，并不会影响茶的抗氧化剂成分。

用壶煮茶，煮茯茶最宜。茯茶是黑茶类紧压茶的一支奇葩，以其解腻、降脂、助消化的突出功效，千百年来与奶、肉一起成为中国西北各民族的生活必需品，现在它更受到都市人的垂青。茯茶带给人一种新鲜细致感，它的外形不同于红茶、绿茶那纤细的身段，也不同于另一些茶叶的奇形异状，它只是个棕黑色的小茶砖，形象、颜色虽不气派，倒也略显古朴，使人不由得想起那悠悠漫漫的丝绸古道，掰开茶砖闻一闻，一股茯茶特有的馨香轻轻地、淡淡地散开来，仿佛在低声述说茶马古道上那遥远的故事……

烹煮茯茶，汁液红亮透明，随馨袅袅飘升的水汽，杯里送来缕缕茶香，虽与茯苓不沾边，可这醇香中分明夹着茯苓等的香气，喝上一口细细品味，你会发现同样醇香的滋味过后又有微微的甘甜，好像远游归来，身上还带着那草地、那山林、那旷野的气息。

（三）可怡情、怡身、怡心

煮茶可以在二人或二人以上进行，也可以独个自煮（水）、自点（茶）、自品，它给人带来的身心感受，能换来无穷的回味。

煮茶是非常讲究的，茯茶种类繁多，有昂贵的、有平价的、有低廉的，其实都是茶，区别在哪里？不在于茶本身的品质，而在于喝茶人的心境。

都市人的悲哀就在于总是在钢筋混凝土的垃圾废墟中找寻一种返璞归真的所谓闲情雅致，所以免不了在空虚与无聊中为烦躁与浮华找寻些许的清宁。对白领和时尚人群来说，红泥小炉、紫砂小壶过于烦复，置一台黑茶煮茶机正好，虽不能得到茶味之绝妙，倒还让茯茶的色、香、味悠然滴落，时尚在弥漫。蒸汽袅袅，茶香四溢。倾身提壶，将一漾红波倒入杯中，啥时只见水光潋滟，山色空蒙，香雾缭绕，浑然不知身在何方，甘爽的味道交织于舌尖，残留的余香久久不能褪去，愈久愈让人沉醉。闭目凝神，让往日的愁苦和着淡淡不肯散去的茶香的清苦，在空气中交织缱绻。难怪有人说：茶道者，煮茶之乐同饮茶之乐各居其半，是为乐也。

与朋友相约，众人围坐，倾心而谈，听着茶水沸腾的声音，不禁让人想起孟德煮酒论英雄，只不过，此时所煮不过茯茶而已，较之孟德不同。

起身煮茶，少了那种豪气与心计，多的是温馨与怡情。围壶而坐，享受煮茶的乐趣，茶的浓香似已胜过美酒。

哈尼族的"哈尼节节"和"哈尼公主茶"

云南民族茶文化研究会学术委员会

云南省普洱县勐先乡、同心乡等地，分布着许多哈尼族山寨，这里传承着哈尼人那代代相传的茶文化。

哈尼族是云南独有的少数民族之一。哈尼族是我国西北羌人的后裔，是勐海及普洱一带的世居民族，随着历史的推进，他们逐渐南迁至红河和澜沧江的中间地带：即哀牢山、无量山之间的广大山区，在晋王朝时期，战乱频繁，社会动荡不安，带来了许多民族的迁徙扩散，哈尼族也就在此时大量南迁到思茅、西双版纳。

自古以来哈尼人就与茶叶结下了不解之缘，不仅擅长于种茶、制茶；日常生活更离不开茶，继而形成了独具特色的哈尼族茶文化。据考证，哈尼人种植茶树已有千年的历史，是世界上种植茶叶最早的民族之一。

哈尼族世代住在深山老林里，传说很久以前，哈尼祖先在山里用土锅烧水，山风吹来，树叶掉进锅里，顿时香气四溢，喝后苦中回甜，于是发现了茶树，并将茶叶称为"拉白"，将吃茶称为"哈尼节节"，并将吃茶、种茶世代延传下来，成为哈尼人生活的一部分。哈尼人认为：金山银山花得尽，牲口粮食吃得光，留下拉白保健康。他们极尊重山上的一草一树，万物皆有灵性，对茶树更如对天神般虔诚、对生命般爱惜，对茶有无比的依恋。

走进哈尼族山寨，哈尼姑娘那清脆的歌声已随着山风吹来。山寨旁的茶山上，可见穿着鲜艳上衣、及膝短裙，头戴着亮丽银饰的哈尼姑娘们正在忙着采茶。哈尼族是好客的民族，每逢有客人来到山寨，哈尼姑娘就会上山去采鲜嫩的茶叶为客人制一杯清茶解渴。

阳光、时而云雾飘荡的茶山、袅袅炊烟、采茶人组成一幅美丽的图画。在哈尼族山寨，热情的哈尼姑娘会吹奏着哈尼族特有的乐器"阿木把拉"，献上她们的哈尼茶道——"哈尼节节"。

在各种茶树中，哈尼人最钟爱一种叫"酸枣茶树"上的茶，它生长在云雾缭绕的深山，一般树龄200多年，香气十分独特，在众茶中显得高贵芬芳，用心采摘、用心来喝，会让你疲惫的身心得到安抚，让你的忧伤化为快乐，于是哈尼人骄傲地称她为"哈尼公主茶"，能喝上这种美妙的茶，成了每一位前往哈尼茶乡者的向往。

"欢迎你，远方的客人，请喝一杯'哈尼节节'，解除你路途的疲劳。"盛装的哈尼族姑娘双手捧着竹筒敬上她们亲手采制的"哈尼公主茶"。这满载盛情的竹筒，这香气袭人的"哈尼公主茶"，让人忍不住一饮而尽。顿时，甘草般的凉苦在味蕾旁散开来。少时只觉得茶的清新和一种不知名的植物的甘甜在舌间滑动。

"哈尼节节"是现做现喝的茶。每逢有贵客光临和喜庆之时，哈尼族姑娘才会从茶山里采回新鲜的"哈尼公主茶"。哈尼小伙子把新鲜的"拉白"放在簸箕里揉制杀青。待茶叶条索成形，再加入一种叫"节节"的植物，放入瓦罐，待水沸腾了，一锅味醇汤浓、气味芬芳的"哈尼公主茶"就制成了。整个过程环环相扣，一气呵成。

"哈尼公主茶"汤色浓似琥珀，味香如兰。据说，有极好的保健功效。哈尼族世世代代用心来崇敬着他们的公主茶，用他们无比的依恋喝着这种茶，一路从远古走来。

一个哈尼姑娘对我们说："我们天天都离不开'哈尼节节'。每天劳动后只要坐下来喝上一杯，一天的疲劳就没有了。我们的愿望是能让更多的人喝到'哈尼节节'。也许到那时会有更多的人知道我们，更多的人知道我们的茶叶，我们的生活也将更好……"

四川茶馆的古往今来

四川省农业科学院茶叶研究所所长　王　云

"茶馆文化"是茶文化的重要组成部分，与民众生活有着千丝万缕的联系。四川茶馆大约萌芽于西晋而兴于中唐。西晋时期，四川有挑茶粥担沿街叫卖者。至唐代，茶馆应运而生。《封氏见闻记》说："自邹、齐、沧、棣，渐至京邑城市，多开店铺，煮茶卖之，不问道俗，投钱取饮。"距长安不远、繁华冠九州的锦城（成都）自然也不例外，那里早就有卖茶兼卖药的茶楼。明清后，四川茶馆遍及城乡，是人们消闲打盹儿、掏耳修脚、斗雀买猫、打牌算命的自由天地和评书、扬琴、清音、杂耍的表演场所，又是说买卖的民间交易所，也是讲道理、赔礼信、断公道的民间公堂。

茶客中有着长袍马褂的官绅商贾，有穿短衣短裤的力行大哥，有小本经营的老板掌柜，有歪戴帽子斜穿衣的三教九流人物，有手提鸟笼、口哼川戏的公子哥儿，也有沿街叫卖的小商贩，本地人、下江人，东西交融，老广、老陕，南北荟萃。

吃早茶的人天刚亮就往茶馆跑，堂倌老远招呼茶客，有脸面的士绅、商人争先恐后为熟人付茶费。有一种吃茶不给钱的，叫“喝家搬茶”，此辈不敢正大光明地登堂入座，而是趁茶客离去，堂倌来不及收走残茶，乘机顶上去接着喝。茶馆无逐客规矩，只要茶客愿意，一碗茶坐一天，堂倌照掺不误，人们称吃茶又叫“坐茶馆”。

茶馆是人们谈论时政、传播消息以及摆龙门阵的场所，不分生人、熟人，萍水相逢，围坐闲谈，不管你是体面官绅，还是布衣百姓，进了茶馆各说各的，互不干涉。民国末年，社会不稳，茶馆忌谈政治，墙上往往贴有“莫谈国事”的警语。《四川月报》第七卷第 1 期载有成都取缔名茶社的消息，规定每个公园内只准开设茶社一处，茶社较密集的地方，斟酌取缔，准许经营的茶社，也是每天早晚限卖茶 6 小时。灌县（现都江堰市）国民党驻军团长兼城防司令潘寅颁布告示：“为维持后方治安，努力推行新生活，革除有害社会民众之事，县城原有大小茶馆数十家，一律禁闭，全城只限存在四家。”

茶馆的坐椅是斑竹和“硬头黄”编成，柔软舒适，高低适度，又有扶手靠背，可任意坐躺休息。茶具为三件头：茶碗、茶盖、茶船。茶碗、茶盖为瓷器，茶船为金属制品，正中有圆形凹坑，茶碗圈足刚好放入，茶盖在冲茶后覆盖碗口，可视茶叶浸泡程度和水温高低调整角度；茶盖又可用来搅和茶叶，阻挡浮叶入口。茶船有端茶不烫手、溢茶不湿衣的妙处，人们称这种饮茶方式为“吃盖碗茶”。

四川人自古以来爱用盖碗泡茶。据传，四川使用盖碗始于唐代。据《资暇集》载，茶托子始于唐建中时期西川节度使崔宁之女“以茶杯无衬，病其熨指，取碟子承之。既啜而杯倾，乃以蜡环蝶子之央，其杯遂定。即命匠以漆环代蜡，进于蜀相。蜀相奇之，为制名而话于宾亲。人人为便，用于代是。后传者更环其底，愈新其制，以至百状焉”。到唐德宗贞元初（785）人们又把茶船改为荷叶形，以衬茶碗，这种荷叶形的茶托一直沿用至今。

四川人坐茶馆可大饱耳福：听围鼓、听川戏、听评节、听扬琴，真是“锣声、鼓声、檀板声，声声入耳；川调、曲调、扬琴调，调调开心”。街坊茶事，三五人一桌，一杯清茶，几碟瓜子、花生，谈天说地，评古论今，国事、家事，家长里短，社会新闻，人情世故，都成话题，一人讲，众人听，好不热闹。而且，一进茶馆就会找到感觉，好像人人都会吹牛，个个都是侃爷，天南海北，五花八门，说些俏皮话，讲点歇后语，发发牢骚，大家一笑了之，胸中之闷气、怨气、不平之气全消。如此看来，茶馆之妙不仅在于听，尤其在于说。

有人说四川茶馆有五大特色：茶叶、茶具、茶壶、茶椅、掺茶师。最有代表性的还得算掺茶师。掺茶师又称为幺师、堂倌、茶博士，称得上是茶馆里的灵魂人物。不管来客多少，是他招呼安座，并可根据来客的身份安排到最适当的地方。不管多么拥挤，他都可以来去自如，端茶掺水恰到好处。资深的茶博士都有自己的绝招，只见他一手提壶，滴水不洒；另一手端十来副茶具，四平八稳。客人坐下，他手中的茶船向桌面一撒，恰到好处地停放在每位客人面前。更为神奇的是，掺茶师提壶高悬，离桌一两尺，一条热气腾腾的白色水柱凌空而下，不偏不倚，注入茶碗，不多不少，刚好八九分。在茶馆喝茶，遇上这样的掺茶高手，更可大饱眼福，得到精神上的享受。

陈锦的《四川茶铺》（1992 年，四川人民出版社）记载，四川现代型的茶馆始于清末，至民国初年已全境推广。四川茶馆遍及城乡，茶叶的消费数量很大。据《成都通览》载，1909 年，成都有街巷 514 条，茶馆 454 家。《新新新闻》1935 年 9 月统计，成都沿街 667 条，茶馆 599 家。每天都来坐茶馆的老茶客约占成都人口总数的 1/5（约 12 万人）。成都茶馆的名字也新奇典雅，各有特色，如芙蓉亭、槐园、竹园、掬春楼、停月居、映江亭、诗清阁、青草亭等；有突出临江位置的，如枕流、三洞桥、攀桂楼等；有标榜方便顾客的，如各说各、忙里闲等；有招徕文人学子的，如一品轩、凌烟阁、儒林等；有供宗教界人士休憩交往的，如妙高楼、蓬莱、禅鸣、十二楼等；有方便商贾聚会的，如荣盛、鸿头、安乐寺、庆余，等等，形形色色，各具个性，正是“一去二三里，茶馆四五家，楼台六七座，八九十枝花”。

随着社会和经济的发展，如今，四川饮茶之风更加盛行。在县以上的城市中，除原有的老茶馆外，一大批装饰豪华、典雅大方的现代茶楼、茶坊（内有空调、软座、雅间、插花盆景、高档音响等）如雨后春笋般不断涌现。尤其是四川省会成都，高中档茶楼、茶坊数量之多，生意之火暴堪称全国之最。目前，成都市区大大小小的茶馆至少在 5 000 家以上，其中，中高档茶楼、茶坊至少在 600 家以上。在这些茶楼、茶坊中，消费者除可品饮用各类高档名优茶外，还能充分享受现代文明和茶文化的特有温馨。茶楼、茶坊已成为人们议事、休闲、娱乐、交流、会友、传播文化和感受艺术的重要场所，更成为这座现代化国际大都市的一道靓丽风景线。

现代文学作品也有不少写四川茶馆的，如四川作家沙汀的小说《在其香居茶馆里》，已搬上荧屏。雅安市荥经籍作家周文的《一家茶店》、《茶包》，李劼人的《死水微澜》和陈锦的画册《四川茶铺》也有四川茶馆的记述。在文艺作品中要写出点川味来，就更离不开写点四川茶事，其中的捷径便是“泡茶馆”。

“四川茶馆冠天下，成都茶馆甲四川”。自古以来，四川茶馆名扬世界。各种茶楼、茶坊，可大体分为七类：一是以顺兴老茶馆、雅州茶府等为代表的仿古（明清）茶楼；二是以圣淘沙为代表的南洋风格茶楼；三是以曾记为代表的欧式茶楼；四是以易园为代表的园林式茶楼；五是以阳光茶楼为代表的生态茶楼；六是以皇城老妈坝调茶社为代表的陈列式文化茶楼；七是以子云亭为代表的现代茶楼。

江苏宜兴阳羡紫砂陶博物馆

阳羡紫砂陶博物馆坐落于著名陶都丁蜀镇，它东濒太湖，风光旖旎，南眺均山，窑址悠久，背靠蠡河，山隽水秀，西邻茶山竹海，重峦叠嶂，更有著名江南游览胜地善卷、张公、灵谷、慕蠡洞天世界，相距不足十公里，是镶嵌在陶都风景线上的一颗璀璨的明珠。

阳羡紫砂陶博物馆集中荟萃名陶精华，馆藏珍宝丰富，尤以紫砂为最，上至明代紫砂稀品，中至清代紫砂珍品，下至民国当代大师精品，不下三五百件之多，以展示久负盛誉的阳羡名陶为己任，弘扬宜兴陶文化、紫砂文化为根本宗旨，配以历史图片、文字资料专业著作，以及国家领导人、知名人士题字书匾，以陶为媒，以壶会友，广交文人墨客，营造浓厚的紫砂文化氛围。无锡太湖书画院艺术创作中心亦挂牌于此，增加了艺术气氛。原全国人大副委员长王光荣、周光召为其题名、题词，紫砂大师纷纷挥毫题写“阳羡名陶”题名、题词，已故的紫砂巨匠蒋蓉大师生前担任博物馆顾问，德艺双馨的汪寅仙大师担任艺术总监，更是增添光彩。

阳羡紫砂陶博物馆内设阳羡名陶苑，集中培植中青年技艺人员，集研究、创新、设计于一身，以个性化创作、作坊化生产见长的陶艺工作室形式和特色的推荐优势，将以紫砂为代表的宜兴陶艺走向世界，搭建全新的平台。

阳羡紫砂陶博物馆以其高雅品位，将以崭新的面貌迎接众多的文人墨客、八方来客。

北京老舍茶馆

北京老舍茶馆有限公司创建于1988年12月，由北京市大碗茶文化发展有限公司尹盛喜先生创办的，以人民艺术家老舍先生及其名剧《茶馆》命名的京城第一家大茶馆。

20世纪80年代末，面对社会上受西方思潮的影响，深受中国传统文化熏陶和影响的大碗茶公司创始人尹盛喜先生，决心在刚刚投资兴建的大碗茶商场三层辟出一块地方，开办北京老舍茶馆，将中国的传统戏曲、北京小吃、各种名优茶汇集一起，运用茶馆舞台空间，向中外宾客宣传和展示中国灿烂悠久的民族艺术与深厚的文化底蕴，同时为处在低谷中徘徊的国粹艺术、北京戏曲艺术提供了一个复苏、传承的宝贵阵地。

创办初期，老舍茶馆营业面积仅700平方米，但它是艺术家的园地、民族艺术的殿堂。在不大的舞台上，先后有京剧界、昆曲界、评剧界、曲艺界、话剧界的众多艺术名家们登台演出。每天上演北京琴书、京韵大鼓、单弦等许多优秀的地方传统节目。曾几致失传的含灯大鼓、双簧等民间艺术在这里得到了新生和发扬。1989年时任国家主席杨尚昆同志在老舍茶馆观看天桥八怪之一——艺名“大狗熊”孙宝才惟妙惟肖的双簧表演后，对这一表演形式的再现和老艺人的艺术功力给予了高度评价。同年，时任国务院总理李鹏同志为企业题写“努力办好社会主义集体企业”。

1992年10月，党的十四大报告中提出“完善文化经济政策”，为老舍茶馆坚定了经营信心。1993年，大碗茶公司再次投资300万元，将大碗茶商场三层工艺品厅扩建为老舍茶馆演出大厅。原有场地在保留其功能的同时，增加餐饮服务，开办大碗茶酒家。从1994年起，吸引着众多的海外宾朋来到北京访问旅游。这时的老舍茶馆每天已是宾客云集，座无虚席。中外宾客围坐在古朴的八仙桌边，用细瓷盖碗泡一杯浓郁的香片，尝一块北京人引以为豪的宫廷细点，听一折铿锵有力的京剧段子，充分享受着文化的魅力。

（1）传播茶文化，发展茶经济。1992年，老舍茶馆组建成立茶艺表演队，先后推出宫廷茶、茉莉花茶、文士茶、乌龙茶等茶艺表演，为消费者提供茶文化、茶艺技能展示服务。1997年，曾六次应邀赴日本进行中国茶推广。2004年8月，老舍茶馆茶艺表演队在第二届全国茶艺表演大赛中荣获铜奖；2006年10月，荣获全国茶艺职业技能大赛银奖。2007年1月，老舍茶馆茶艺表演队将五环茶茶艺表演带到了我国台湾，受到我国台湾同胞的热烈欢迎。

弘扬古国茶文化，不能没有好茶，茶是传播茶文化的载体。2000年，老舍茶馆现任“掌门人”尹智君总经理亲赴福建、浙江、江苏、云南等地与茶叶产区洽谈合作，先后引进了各类名优茶品；在福建福安、浙江新昌、云南永德建立茶叶生产加工合作基地，推出老尹牌茶叶系列产品。

2004年老舍茶馆开始举办一年一度的茶文化节活动，将中国茶文化历史、茶文化知识以及中国茶道精神在社会各阶层进行了有效传播。2007年，尹智君总经理创意推出的五环茶茶艺将中国茶道“和”之精神与奥林匹克运动所表达的和平友好、公平竞争的意愿进行了完美的结合。

（2）创新演出产品，拓展戏曲舞台。创办初期老舍茶馆主要演出表演形式有京剧、戏曲、杂技、魔术等。为满足中外宾客的不同需求，增添了中、英、日文对照的电子显示屏，重新包装传统说唱节目，融入川剧变脸、皮影戏、手影、原生态歌舞、新民乐演奏等节目。演出收入从1995年500万元，增长到2007年的1 410万元。

（3）建造茶馆文化，打造茶馆精品。2003年底，投资200万元将大碗茶商场二层500平方米的闲置场地，依照老北京四合院风貌进行装修，创办京城第一座楼宇中的四合院，取名为前门“四合茶院”。2006年，重新装修楼体外立面，在一层开设新京调茶餐坊，将宣南民俗中的诸多市井文化融入之中。2007年10月，扩建改造一层接待大厅和场所公共空间，将北京建城纪念阙、明正统年间的正阳门地貌等文化景观融入场所之中，开设以经营宫廷茶菜和小满汉菜肴的高档食府“品珍楼”，将中华美食文化与千年茶文化、传统饮食与中国茶道有机融合。

现今的老舍茶馆已成为一处老北京茶馆文化的地标，一张地道的京城文化名片，一扇闪亮的民族文化之门。累计接待有70多位世界各国元首政要，近300多万中外宾客；2005年中国国民党主席连战先生曾率领中国国民党和平之旅大陆访问团做客老舍茶馆，演出结束后，连战先生为老舍茶馆赠言“振兴茶文化，祥和两岸情”。2007年国际奥委会主席罗格先生的夫人安妮·罗格女士在观看老舍茶馆五环茶茶艺表演后，写下：非常感谢你们的热情接待，让我们了解到中国茶在奥林匹克中的魅力。

2007年，老舍茶馆全年实现演出销售收入2 335万元，销售利润74万元，上缴税金129万元。相继通过了ISO9001质量管理体系认证和QS认证。先后荣获国家文化产业示范基地、全国百佳茶馆、首都精神文明单位标兵、首都文明服务示范窗口、北京市“五一”劳动奖状和北京市商业优秀特色门店等荣誉。

山西紫金源茶友会馆

——传播茗茶文化　光大晋商精神

紫金源茶友会馆是龙城并州发展相对早的茶艺馆。

2002年10月，在北望省委大楼、西临滨河、北靠劲松公寓所谓闹中取静的劲松路上开了这条街上有史以来的第一间茶馆，不幸的是在2003年就遇到“非典”，可谓生不逢时，直弄得“门庭冷落车马稀”，但我们卧薪尝胆，积极应对，不断完善内部管理，下半年开始陆续委派员工十余人次去北京茶艺学校、杭州中国茶叶学会学习茶艺知识、评茶知识，并考取茶艺师资格证和评茶师资格证，2004年、2005年通过全员共同学习，将所学知识融会到茶馆的经营工作中，使本茶馆在山西同行业中崭露头角，靠着信念和韧劲，我们艰难地度过生存期逐渐走向发展期。

几年来，既向产茶区老师虚心学习，又不断和本地茶友切磋，博采茶馆发达地区的先进经验，结合山西本地文化及风土人情，2006年9月我们又在劲松路北端投资创建了现在的山西紫金源茶友会馆，得到了广大消费者和茶友爱好者认可。

会馆以“交茶人之友、做茶人之家”为宗旨，以弘扬中华民族茶文化为己任，以晋商精神为灵魂，努力实现晋商诚实守信的经营伦理观、顾客至上的经营伦理观和承担社会责任的经营伦理观。为山西新晋商的崛起添砖加瓦。

紫金源茶友会馆是一个以茶带餐、以餐助茶、休闲娱乐为一体，经营面积近千平方米的多功能复合型茶馆。

茶馆拥有20余间古典高雅、风格各异的雅厅；在此，您既可以欣赏名人书画、陶瓷玉器，还可领略中国工夫茶艺、茶俗等表演，更能品尝到具有特色的地方佳肴。茶馆创办6年以来，接待了数以万计的宾客，赢得了顾客的美誉。

在紫金源大厅正对面抬头一望，你会看到墙上的“和合”二字。“和合”二字在甲骨文、金文中就已各自单独出现。春秋时期，“和合”二字开始连用，“和合”概念

因此出现。

紫金源里所有厅堂雅间均以“和”字命名，且出处都在古书之中。和美、和鼎、和润、和惠、和悦、和泰、和敬、和霁、和源、和乐、和宁、和膳、和清、和雅……这其实就是对古典文化的一个展示。不但如此，紫金源人还将“和”文化作为工作的指导思想来具体实践：适应大环境，积极响应国家和政府的“构建社会主义和谐社会”的号召，遵纪守法、诚信经营；无论对宾客、对供应商、对员工都设身处地地为对方考虑，制造和谐氛围，以“和”为贵，与时俱进，共同发展。

为了体现地域文化，我们将三晋、当现代名人的历史照片及其生平以 POP 的形式陈列在店里的每个角落，令观赏的人们发出阵阵感叹。其中有山西静乐人中共早期著名的政治活动家、理论家高君宇及其恋人山西平定人石评梅，有革命先驱山西定襄人国务院原副总理、原中共中央顾问委员会常务副主任薄一波，山西五台人十大元帅之一、原中华人民共和国中央军委副主席徐向前，山西交城人曾任国家主席的华国锋，山西省曲沃县人原全国人大常委会主任彭真，山西临猗人曾任中国第三任外交部长的姬鹏飞，有山西沁水人作家赵树理，山西洪洞画家、书法家董寿平，山西灵石人版画家力群，当代艺术家山西平遥人郭兰英，歌唱家阎维文，山西省新绛县人青年歌唱家谭晶，还有祖籍山西省泽州县的中国台湾鸿海精密集团董事长郭台铭，山西阳泉人百度总裁李彦宏……这些令我们骄傲而自豪的三晋英豪所代表的精神振奋并激励着三晋后人努力拼搏。而晋商的杰出代表“白手起家通天下　诚信为本数乔家”的乔贵发，“货通俄蒙领风骚　外贸世家是常家”的常威，太谷巨富“三多堂”商铺规模数曹家的曹三喜，蔚字五联竞潇洒　票号世家是侯家的侯兴域，声名卓著“长裕川”祁县大户是渠家的渠氏三兄渠敬信、渠于信、渠忠信，明清两代聚千两　山西首富数亢家的亢氏，甲第联辉名当世“世袭皇商”是范家的范毓宾，大名鼎鼎“财神爷”、“最后风光”是孔家的孔祥熙等这些晋商前辈，实是中华民族的楷模、三晋大地的骄傲，山西这片土地真是：物华天宝，龙光射牛斗之墟；人杰地灵，徐孺下陈蕃之榻。作为我们后来人还有什么理由不砥砺勤勉、奋起直追。

对于消费者来说，茶楼最大也最直接的魅力是茶楼文化。

对于经营者来说，独到的茶楼文化是茶楼立足的根本，是最大的资本，也是走向成功的捷径。无论是宏观的民族传统文化还是微观的茶文化、“和”文化、“晋商文化”都无一例外地给予我们厚积薄发、举重若轻的巨大支持，文化是个好生意！

文化的经营不仅对于消费者和经营者有益，对于整个茶馆行业的多元化经营、良性竞争等方面也同样具有深远的意义。

紫金源将坚定不移地继承和发扬晋商先辈们的精神，一如既往地弘扬中华民族传统文化，用优质的服务、精湛的技艺传播茶文化、实践茶文化，引导山西人懂茶、爱茶，使“茶为国饮”深入人心！

北 京 市

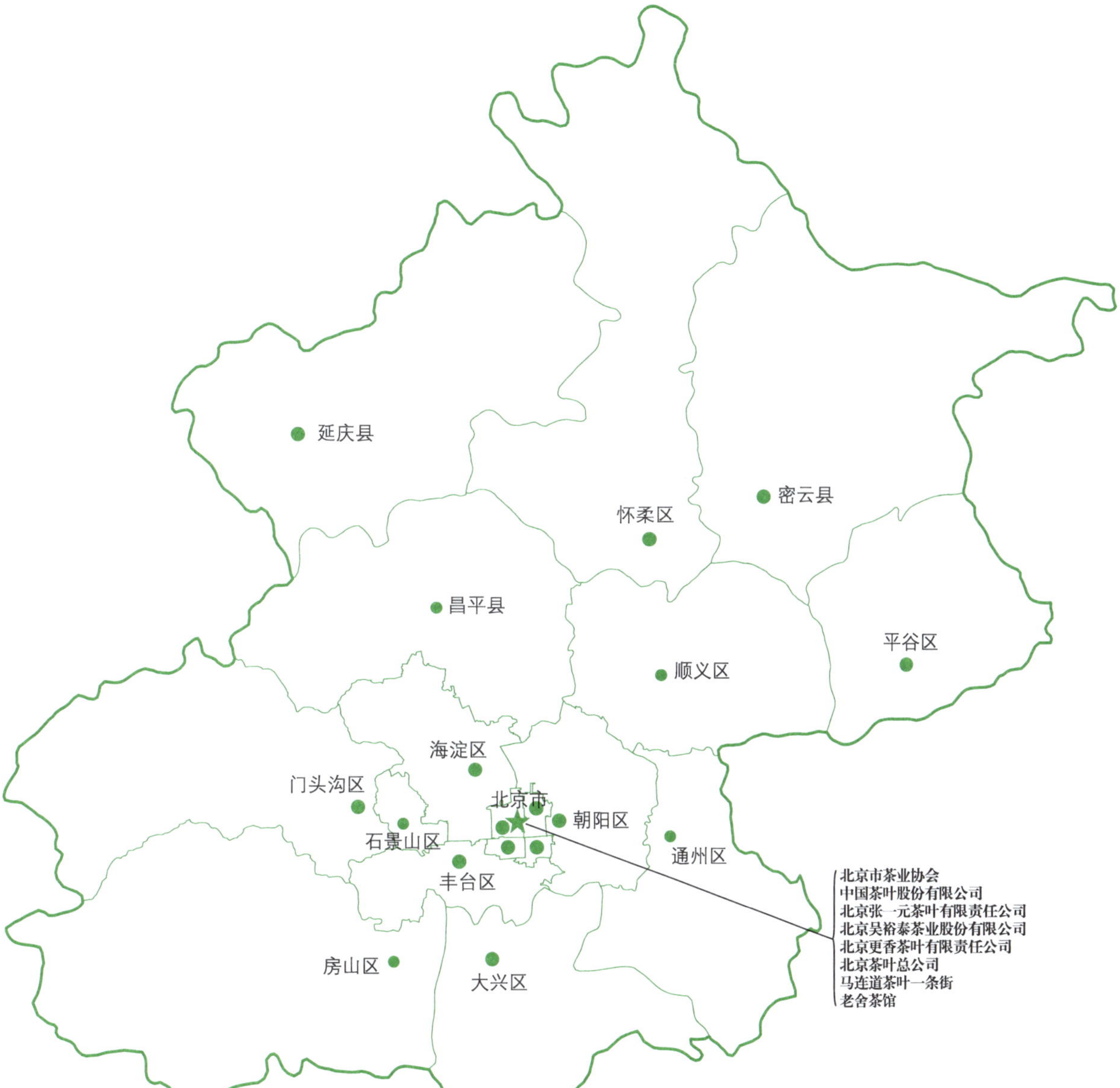

延庆县
密云县
怀柔区
昌平县
平谷区
顺义区
海淀区
门头沟区
北京市
朝阳区
石景山区
通州区
丰台区
房山区
大兴区

北京市茶业协会
中国茶叶股份有限公司
北京张一元茶叶有限责任公司
北京吴裕泰茶业股份有限公司
北京更香茶叶有限责任公司
北京茶叶总公司
马连道茶叶一条街
老舍茶馆

北京是一座具有3 000多年的悠久历史、850多年的建都史和灿烂文化的东方名城，是中华人民共和国首都，全国的政治、经济、交通和文化中心。北京地区饮茶历史悠久，茶文化绚丽多彩、凝聚厚实。改革开放以来，茶叶消费量逐年上升，成为全国最大的茶叶销售城市之一，呈现出多种经济成分、多种流通渠道、多种经营方式并存的市场新格局。

发展历史

北京地区饮茶历史悠久，历代文人雅士倡导饮茶健身、清心。民间社会延续下来的茶会、茶礼、茶俗，形成绚丽多彩的茶文化和凝聚厚实的文化积淀。北京曾是辽的陪都南京及金、元、明、清的都城，茶叶在不同历史时代深入社会生活，从物质到精神的方方面面，在经济、政治、军事、外交、文化和生产、生活诸多方面起着不同的作用。

北京茶业的发展与全国茶业经济的兴衰是紧密相连的。封建社会中，由于受到众多因素的约束，限制了茶业的发展和茶业事业的繁荣。20 世纪初，茶业经济延续了 19 世纪的衰退，到 30 年代进入低谷，40 年代处于濒临崩溃的边缘。中华人民共和国成立后，茶业开始复苏，60 年代至 70 年代发展曲折，80 年代实行改革开放政策，解放和发展了生产力，茶业经济逐步繁荣。随着首都地位的提高、地域的扩大、人口的增长，茶叶消费量逐年上升，茶叶品类琳琅满目，销售网点遍布城乡，涉业人员累千及万，茶文化活动丰富多彩。相应的茶叶经营机构应运而生，茶叶采购、运储、批发、零售的服务规范不断完善，茶叶专业人才不断涌现出来。90 年代，国家经济进入结构性调整时期，在“总量平衡、结构合理、效益提高”的原则下，我国茶叶的产销逐步走上“高产、优质、高效”的发展道路。北京茶叶市场形成了多种经济成分、多种流通渠道、多种经营方式的新格局。茶叶流通体制结构性的变化，茶业事业有了长足的进步。一批具有生命力的民营企业，激活了一批老字号企业，使北京市茶叶市场缤纷多彩、蓬勃繁荣。目前，老字号企业已形成连锁经营的业态，北京市涌现出了 10 余家茶城，形成了一条中国特色街——马连道茶叶街。

茶叶市场

北京市茶叶市场经营大致形成以下态势：一是中华老字号企业凭借品牌优势，发展连锁经营模式，连锁店遍布城区，并向郊区县延伸；二是产地茶商集居马连道茶叶街，批发兼零售，目前已形成国内外知名度很高的特色商业街，在这条街上已有 10 个具有相当规模的现代化茶城；三是分散在城区但在北京经营茶叶已创出品牌的民营企业，在超市、酒店、宾馆占领了市场一定份额，稳步发展。

2007 年，北京市主要茶叶贸易企业及销售额：中国茶叶股份有限公司，133 181 万元；北京张一元茶叶有限责任公司，38 530 万元；北京吴裕泰茶业股份有限公司，36 578 万元；北京更香茶叶有限责任公司，28 000 万元；北京茶叶总公司，12 000 万元；北京憩园仙山茶叶有限公司，5 700 万元；北京元长厚茶叶有限公司，2 000 万元；北京江南村茶叶有限公司，1 500 万元；北京正兴德茶叶有限公司，1 052 万元。

北京市主要茶叶批发市场

单位：万平方米、个、亿元、吨

名　　称	市场面积	规划铺位	年交易额	年交易量
北京马连道茶城	6.80	400	3～4	—
北京茶叶总公司批发市场	3	320	3	—
北京京闽茶城	2	170	0.17	1 300
北京茶缘茶叶批发市场	1.20	—	0.11	—

本表以市场面积为序。

茶叶消费

北京市市民茶叶销售随着茶产业的发展而产生了消费结构的变化。突破了改革开放前茉莉花茶一统天下的局面。北京地区传统喝茶嗜好茉莉花茶，但随着产茶区依据地域特有的环境条件，开始突出地域特色，使茶产业六大茶类相继提升发展空间，而在北京地区对各类茶的知识及文化广为普及和宣传，百姓的健康饮茶知识在不断充实，使北京地区茶叶消费市场发生了变化。茉莉花茶在市场上还是传统的必不可缺的茶品，但所占份额已从 70%以上降到 2007 年的 50%左右，绿茶、乌龙茶相继占有了市场空间，其他各类茶所占比例虽不大，但百姓对各类茶的认知度有了很大的提高。

茶文化

北京是有着深厚底蕴的文化古城，茶产业的发展与茶文化的传承、发扬是密不可分的，茶文化及茶叶知识已渗透到百姓的生活中。北京市茶业协会曾组织拍摄“京城话茶”电视片，共 52 集，每周 1 集，历时 1 年。也组织全国茶艺职业技能大赛北京地区选拔赛，荣获了金、银、铜奖。自2005年开始，每年组织“北京春茶节”，引领企业向社会及消费者公布诚信承诺，推荐质量合格、质价相符的茶叶品种，宣传茶文化，普及茶知识。2007年，承接了奥运服务工作部委托的奥运会运动员村、媒体村中国茶艺室的服务工作，向世界展示了中国茶及中华茶文化的东方魅力。

北京市知名茶馆有许多家，如老舍茶馆，2007年营业面积为3 300平方米，营业额达2 335万元；更香茶楼（北京更香文化有限公司），2007年营业面积为2 600平方米，营业额达3 500万元。

大事记

2007年1月6日　北京市茶业协会安溪铁观音分会在北京银建召开成立大会。

2007年1月21日　北京市茶业协会在北京张一元茶叶有限公司召开2006年年会。

2007年2月8日　北京老字号启元茶叶有限公司在改建后的花市大街重张开业。

2007年2月27日　北京奥运会奥运服务工作部委托北京市茶业协会承接奥运会运动员村、媒体村中国茶艺室的筹建、服务工作。

2007年3月13日　2007普洱茶质量安全、诚信经营承诺新闻发布会在北京更香茶叶有限公司召开。

2007年4月15日　北京吴裕泰茶业股份有限公司茶文化创意大赛在北京交通大学中心办公厅举行。

2007年4月20日　2007北京春茶节在北京更香茶叶有限公司举办新闻发布会，向企业颁发“质量合格、质价相符”茶叶品种证书。

2007年5月8～11日　北京市茶业协会安溪铁观音分会组织考察安溪铁观音产区。

2007年6月6日　奥运会中国茶艺室召开首次工作会议。

2007年6月13日　北京茶叶总公司成功从联合利华回购“京华”品牌，召开“京华”回归新闻发布会。

2007年7月14日　“吴裕泰”杯第五届北京青少年茶文化大赛暨迎奥运茶艺小使者北京选拔赛决赛。

2007年10月14日　由北京奥运经济研究会茶产业专家委员会、北京国际茶城、河南省安化县人民政府、唐山市社会科学联合会主办的茶火炬点燃活动在马连道茶城举办。

2007年11～12月　奥运会中国茶艺室承接企业方案落实，筹备工作全方位启动。

（北京市茶业协会　刘　珏）

天 津 市

蓟县

宝坻区

武清区

宁河县

汉沽区

北辰区

天津市茶业协会
天津国际茶文化研究会
正兴德茶叶
海雅实业
珠江道茶城
一商茶叶交易中心
闽龙茶叶城
海峡茶叶城
珠江道茶叶批发市场

天津市

西青区

东丽区

塘沽区

津南区

静海县

大港区

天津的茶商业和天津人的饮茶都有较长的历史。1888 年，京、津、塘火车贯通，加之贯穿南北的大运河，天津就以优越的地理位置及便利的水陆交通，逐渐发展成为我国北方的重要商埠，南方茶叶通过水陆交通源源不断地运到天津。到 20 世纪 30 年代，天津已发展成为一个北方茶叶集散地。60 年代初，因自然灾害影响，茶叶产量大幅下滑，茶叶经营也跌入低谷，最低年销量仅为 900 吨，被迫实行定量供应。70 年代，国家加快了经济建设步伐，天津的茶业也有了起色。改革开放以来的 20 多年间，天津的茶叶市场发生了巨大的变革。由当时的计划经济逐渐步入了市场经济的大潮中，也由当时天津市茶业公司独家经营，发展到现在的各种经济实体并存，并统治了茶叶大市场的格局。至 2007 年底，天津已有大小规模的茶叶批发市场 13 个，入驻市场的商户约有五六百家，遍布全市各区的大小茶庄也已达几千家。

发展历史

天津的茶商业和天津人的饮茶都有较长的历史。

清嘉庆年间（1796—1820），我国大的茶叶市场有3个，即汉口、上海、福州。汉口的茶叶来自湖南、江西、安徽及湖北，茶叶经汉口转运至河南、陕西、青海及新疆，并出口俄罗斯，皆为砖茶；上海当时已有一个可观的茶叶市场，通过上海，安徽的红、绿茶转售欧美各国；浙江绍兴的茶，多售至美国；宁波茶售至日本；福州茶多售至美洲及南洋群岛。除以上3个市场外，又有广州、天津和烟台（当时称为芝罘）3处茶叶集散地。

1888年，京、津、塘火车贯通，加之贯穿南北的大运河，天津就以它优越的地理位置及便利的水陆交通，逐渐发展成为我国北方的重要商埠，南方茶叶通过水陆交通源源不断地运到天津。20世纪初，一些茶商相继来天津批发经营茶叶，将各地茶叶汇聚天津，他们对天津茶商业的发展起到了积极的推动作用。到20世纪30年代，天津已发展成为一个北方茶叶集散地。当时通过天津流转的茶叶已辐射到华北、东北和西北、山东及河南的一部分地区。30年代至40年代初，天津茶叶市场的年销量约为4 500～6 000吨，其中70%销往外省，已具有一定的规模和扩展优势。

天津在中华人民共和国成立之初，国家开始对资本主义工商业进行改造，加强了国有经济在市场上的主导地位和领导作用，打击投机倒把，稳定茶叶价格，进而稳定了茶叶市场，也稳定了民心。据统计，1950年天津共有茶商241户，其中批发商87户，零售商154户。1950年，天津茶行国营与私营的比重为：17.9∶82.1，1951年为32.5∶67.5，1952年为52.6∶47.4，1953年为71∶29。1953年天津茶叶销售达到最高峰的7 900吨，创下记录。1954年国家对茶叶实行了统一购销政策，结束了私营茶叶的批发活动，同时，开始对茶叶零售商供应统一加工的分级茶，国有公司统一了茶叶行业的价格、规格和质量。1955年1月，当时的250户零售商统一转为国有公司的经销点，并于1956年完成了私营改造，实行了公私合营。

20世纪60年代初，因自然灾害影响，茶叶产量大幅下滑，天津市的茶叶经营也跌入低谷，最低年销量仅为900吨，被迫实行定量供应。70年代，国家加快了经济建设步伐，天津的茶业也有了起色。随着茶叶产区生产的恢复和发展，调入天津的茶叶数量增加，天津于1971年7月1日取消茶叶定量，敞开供应。当时的天津市茶叶加工厂（天津市茶业公司前身）在发展和稳定茶叶市场方面发挥了重要作用。

1984年，随着经济体制的改革，国务院决定茶叶放开经营，由二类商品改为三类商品，实行议购议销，多渠道经营。茶叶放开以后，各地二、三级茶叶批发站和集团消费可以直接与产地联系，免去了中间环节。这样，通过天津流转的茶叶数量就越来越少。据不完全统计，1985年，华北、东北等8个省、直辖市销售茶叶总量已达到25 000吨，比1953年天津最高集散量的7 900吨高出2.16倍。天津作为我国北方茶叶集散地的功能在逐渐减弱。

茶叶市场

改革开放以来，天津的茶叶市场发生了巨大的变革。由当时的计划经济逐渐步入了市场经济的大潮中，也由当时天津市茶业公司独家经营，发展到现在的各种经济实体并存，并统治了茶叶大市场的格局。至2007年底，天津已有大小规模的茶叶批发市场13个，入驻市场的商户约有五六百家，遍布全市各区的大小茶庄也已达几千家。

目前，国有企业尚存1家（天津市茶业公司），老字号“正兴德”的3家公司均已改制为股份制企业，“天福茗茶”为台资企业，其余部分都是私营企业或是个体经营者。

天津市主要茶叶贸易企业有：天津市茶业公司，天津市正兴德茶叶有限公司，天津市海雅实业有限公司，天津市御品轩茶超市，天津市九州茶叶有限公司，峰芽大佛龙井茶天津直销部，天津市芳心园商贸有限公司，天津市神古园茶庄，天津市联合馨意德茶叶经销部。

天津市主要茶叶批发市场

单位：万平方米、个

名　称	营业面积	规划铺位
天津珠江道茶城	1.50	270
天津一商茶叶交易中心	1.40	150
天津闽龙茶叶城	0.80	120
天津海峡茶叶城	0.80	95
天津珠江道茶叶批发市场	0.80	70
天津康茗园茶叶市场	0.40	65
天津西青道茶城	0.35	70
天津珠江茶城	0.32	60

本表以营业面积为序。

茶叶消费

1. 天津茶叶的销量及消费品种 据不完全统计，改革开放前，天津茶叶年销量在 3 000 ～ 3 500 吨左右，金额在 0.7 亿～ 1 亿元，品种以茉莉花茶为主，约占全部销量的 90%，绿茶、乌龙茶等只占 10% 左右。

20 世纪 90 年代中期，天津茶叶年销量升至 5 000 吨，金额 2 亿～ 3 亿元。茉莉花茶占全部销量的 80% 左右，绿茶销量开始逐年上升，已占有 15% 的份额。

进入 21 世纪后，随着人民生活水平的提高，天津茶叶的销量大幅增长，饮茶习惯也在悄然发生变化，越来越多的人喜欢饮用绿茶，近两年又有很多人喜欢上了铁观音等乌龙茶。近几年，天津茶叶的销量约在 7 500 吨左右，金额 6 亿～ 7 亿元。茉莉花茶仍占有 60% 的主导份额，绿茶、乌龙茶销量大幅增长，占据了 1/3 的市场份额。

2. 天津茶叶市场的经营状况 就天津目前茶叶市场情况看，在经营上可分为以下四大类：

（1）以老字号“正兴德”、天津市茶业公司及“天福茗茶”等为代表的加工及分装企业。这些企业有自己加工分装的产品，有自己的连锁店。和平、南开、红桥 3 个区的“正兴德”总共约有 60 多家连锁店，“天福茗茶”在津连锁店也达到 40 ～ 50 家，这部分企业的销售约占全市总量的 25% 左右。

（2）13 家茶叶批发市场（茶叶城）。这些市场分布在各区，其中：和平区 1 家，河西区 4 家，红桥区 3 家，南开区 1 家，河东区 2 家，河北区 2 家。这些茶叶城规模大小不一，情况各异。最大的茶城可容纳 200 余家商户，中等规模的茶城有四五十家商户，小规模茶城则只有 10 多家商户。这些茶城在管理、服务、信誉度及布局上差异很大，其中有 5 家是由企业或是公司在经营管理，其余均为个人或是合股经营。以上茶城的销售约占全市总量的 35% 左右。

（3）数千家茶叶经营者。这些经营者的网点遍布市内、郊区及郊县的各个地域（包括规模大小不一的茶庄、超市大卖场内的茶叶专柜、综合商店内的茶柜、临街食品小卖部的窗口、农贸市场的摊位等）。这些茶叶零售网点的存在，方便了消费者，也给消费者提供了更多的选择余地。这类经营者的销售量大约可以占到全市总量的 40% 左右。

（4）不容忽视的茶馆业。茶艺馆（社）近年来发展较快，天津目前有大小规模不一、各种类型的茶馆（社）数百家。这些茶馆虽然消费较高，但其典雅幽静的环境仍然吸引了众多的消费者，其中不乏文人墨客，不乏那些寻求优雅环境进行商务洽谈的商界人士。一些贴近平民百姓的茶馆举办相声专场和曲艺演出，备受欢迎。

天津市知名茶馆

单位：平方米、万元、个

名称	营业面积	年营业额	连锁店
天津妙云轩休闲茶艺馆	1 586	486	5
天津海雅茶园	1 500	1 000	8
天津清茗雅轩茶艺馆	800	100	2

本表以营业面积为序。

（天津市茶业协会　谭肇荣）

河 北 省

河北省位于东经113°04′～119°53′，北纬36°01′～42°37′，地处华北，本不产茶。20世纪90年代，张占义等人试验“南茶北移”获得成功。1998年，南茶北移在河北省农林科学院立项定植667平方米。2001年0.67公顷茶园通过技术鉴定。2002年进行了样茶化学分析和感观审评。2007年茶园20公顷，产茶200千克。但目前茶叶生产尚未形成规模。

河北省是茶叶消费大省，在11个地市当中，拥有茶叶批发市场20余家，茶庄和茶叶专卖店5 000余家，这在产茶区省份是不多见的，拥有茶馆2 000多家，也是中国拥有清茶馆最多的一个省份。

发展历史

1. 历史 河北省向来有燕赵大地之称，它所处的地域是古老而悠久的，从5 000年仰韶文化时期先商祖先在这里繁衍，这里成了历史文明之区，在这块富饶的燕赵大地，给后人留下了多少怀古凭吊的遗产；农耕工织，为人类的进步写下了多少辉煌的篇章；名人辈出，演绎着一幕幕燕赵之士慷慨悲壮的故事；古桥塔楼，在历史的航道上树立起了一座座里程碑。

河北也是茶文化历史资源大省，有着值得世人骄傲的文化瑰宝，给人类留下了灿烂的茶文化遗产，其中以唐代传承下来的赵州“吃茶去”禅门公案——这在中华茶文化史上占有主导地位的精神文化遗产最为世人著称，并且被人们称之为“一张递向世界的精神名片”。

2. 发展 河北省本不产茶，20世纪90年代，张占义等人试验“南茶北移”获得成功。近年来，在以河北省茶文化学会秘书长舒曼为代表的一批茶文化专家和茶文化爱好者的共同努力下，通过对河北省茶文化历史资源的深度挖掘和对茶叶市场的有效引导，河北茶人紧密团结，使得河北茶业出现了健康、繁荣的大好景象。

1998年，南茶北移在河北省农林科学院立项定植667平方米。2001年0.67公顷茶园通过技术鉴定。2002年进行了样茶化学分析和感观审评。2007年茶园20公顷，产茶200千克。

茶叶市场

目前，河北市场上的茶商有60%以上来自福建、浙江等南方茶产区，另有少部分来自四川、云南等地。原属国有茶叶公司大多基本停业。在石家庄省城，有正定北方茶城、佳农茶叶批发市场、南三条现代商城茶叶市场、乐模茶叶市场、怀特茶城、中储茶叶市场等。在各地市区，也有一定数额的茶叶批发市场，如保定茶叶批发市场、唐山新天地茶叶批发市场。

河北省主要茶叶批发市场

单位：万平方米、个、亿元、万吨

名　　称	市场面积	规划铺位	年交易额	年交易量
正定北方茶城	5	400	—	—
石家庄怀特茶城	5	200	—	—
石家庄佳农茶叶批发市场	1.9	208	3.2	0.72

本表以市场面积为序。

茶叶消费

河北虽不产茶，但河北人爱喝茶，善品饮。一直以来，河北百姓以喝茉莉花茶为主，但最近十几年来喝绿茶、乌龙茶、普洱茶、白茶的人群逐年增加，需求茶叶品位也在提高。据近年我们从茶商方面了解，目前河北喝花茶的人数已比以前降低50%左右，而喝绿茶和乌龙茶的人数已上升到30%～40%，还有10%的爱茶人对黑茶(含普洱茶)、白茶表示了需求和青睐。

在河北喝茶人群当中，有20%是从茶叶批发市场购茶，50%从茶叶零售店和超市购买，20%从茶馆购买，10%为获赠茶。在河北，规模较大的茶叶专营店有天福、八马、华祥苑、安溪铁观音集团、更香等，这些店在各个地市都设有连锁店，以优质的产品，贴心的服务，深得广大消费者的好评。

茶文化

河北省茶文化活动的正式兴起和交流始于1999年。当年，一批以舒曼先生为首的茶文化爱好者共同在石家庄石门公园举办了河北省第一届金秋茶会，并形成了一个不成文的规定：每年举办一届金秋茶会。2002年在河北省社会科学院时任院长李仲华先生的关注下成立了“河北省茶文化研究中心”。2003年12月4日，依托河北省燕赵文化研究会，在省民政厅民间社团管理局注册成立了“燕赵文化研究会茶文化专业委员会”二级机构(简称：河北省茶文化专业委员会)。是年，又成立了省一级组织机构：河北省茶文化学会，积极开展茶文化学术研究和学术活动。

学术研究是宣传和弘扬茶文化，繁荣茶文化虚空的重要方法和手段。为此，河北省茶文化学会自成立以来积极组织和参与全国茶文化的学术研讨，并取得了一定的成就。

2006年2月1日，河北省茶文化学会《河北茶文化》(现更名为《吃茶去》)杂志正式创刊，开创了河北省茶文化学术研究和学术活动新的里程碑。自学会成立以来，学会许多同志发表的一批学术论文，已分别发表在江西的《农业考古·中国茶文化专号》杂志、广东的《茶艺》杂志、浙江的《茶博览》杂志、上海的《上海茶业》杂志、福建的《海峡茶道》杂志、广州的《茶文化》杂志、山东的《中国茶品牌》杂志、河北的《河北茶文化》杂志、北京的《中国政协报》和《中华合作时报·茶周刊》，以及韩国的《茶的世界》杂志等。有的学术论文已被收入中国国际茶文化研究会文库正式出版发行，有的学术论文被国际和国内举办的茶文化高峰论坛直接邀请宣读。

河北是中国茶文化历史资源大省，有许多的茶文化历史资源有待开发、挖掘和整理，还有一条漫长而又艰辛的路要走。如河北邢窑、定窑、磁窑等生产瓷器之地与茶文化的关系，在河北张家口宣化辽代古墓群中，挖掘出震惊中外的辽代茶道图与古代张家口茶马互市的关系，赵州“吃茶去”的禅学理论，在河北诞生有中国“茶仙”之称的卢仝与其《七碗茶歌》的背景，以及《晋书・艺术传》上记载的禅和茶最早的结合地——邯郸临漳县昭德寺等，不一一叙述。总之，研究河北茶文化的重任，需要付出艰辛的努力和汗水，任重道远。

河北省知名茶馆

单位：平方米、万元、个

名　称	营业面积	年营业额	连锁店
钱塘茶人	2 000	186	1
三字禅茶院	2 000	160	1
三剑茶艺馆	800	235	1
白鹭原茶艺馆	800	550	1
老寒茶馆	660	125	3
静园茶艺馆	660	116	1

本表以营业面积为序。

大事记

2000 年 9 月 30 日　在河北省博物馆广场举办了“河北省第二届金秋茶会”，河北省心连心艺术团为本次活动演出了精彩的节目。

2001 年 12 月 19 ～ 20 日　河北省第三届金秋茶会与赵州柏林禅寺举办的“中韩两国禅茶一味”学术研讨会合并举行。同时，在石家庄电视塔 195 米的高空中举办了“空中论茶”交流会。这是河北省茶文化学会第一次参加国际交流活动。

2002 年 9 月 22 日晚　河北省第四届金秋茶会以“一轮明月，万般茶情”为主题，在石门公园扶桑茶庭举行，这届茶会被外界誉为“月美、茶美、境美、心灵更美”的评价。

2004 年 10 月 13 ～ 14 日　河北省茶文化学会与“金古月”企业在美丽的凤凰城唐山共同举办了“河北省第五届金秋茶会”，开启了河北省茶文化学会跨地区举办茶文化活动之先河。来自全省各地市茶界代表以及唐山市领导约 200 余人参加了本次盛会。本次大会邀请到了华侨茶业研究基金会、吴觉农茶学思想研究会、北京老舍茶馆、天津书画院的领导和专家与河北茶界同仁进行面对面的交流。这次金秋茶会，有书画展，有紫砂展，有研讨，有茶艺表演，有古琴演奏，在唐山市引起了轰动，赢得了良好的口碑。

2005 年 5 月 25 日　河北省茶文化学会与三剑茶艺馆在牛城邢台共同举办了“首届牛城茶文化交流大会”。来自全省各地市茶界代表和邢台市领导，以及河北省社会科学院、燕赵文化研究会、河北日报、燕赵都市报领导、专家约 200 余人参加了本次盛会。现时，本次大会还邀请到了欧盟中华茶文化协会秘书长以及国内茶文化专家同大家一起交流

2005 年 10 月 19 ～ 21 日　河北省茶文化学会协同河北省佛教协会、赵州柏林禅寺，在石家庄人民会堂和柏林禅寺举办了规模盛大的“天下赵州禅茶文化交流大会”。来自国内外茶佛界 1 000 多人参加此次大会。河北省茶文化学会邀请了全国茶文化和茶学专家、学者、教授以及全国各地茶艺表演团体，组织海内外专家学者参观石家庄知名茶馆。并把“河北省第六届金秋茶会”与此一并举行，故在大会期间，同时举办了“河北省首届紫砂艺术展览”和“首届河北省茶馆业经营与管理论坛”。特邀中国社会科学院茶产业发展研究中心、澳门特别行政区茶道会专家与河北省茶文化学会茶馆业主进行交流。为推动河北省茶馆业、茶经济和茶文化的发展，起到了积极的促进作用，赢得了国内外茶界的高度评价。

2005 年 11 月 2 ～ 8 日　河北省茶文化学会组织的燕赵茶人访台团终于梦想成真，实现了河北省第一支由民间自发组织的茶文化代表团访台夙愿。并在阿里山茶园与台湾同胞共同体验了采茶生活以及在桃园市友竹茶艺

馆举行了“台冀两地茶文化交流会”，从此，开创了冀台两地茶文化交流新的局面。

2005年12月28日　韩国《茶的世界》杂志社一行专程来到石家庄，与河北省茶文化学会在三字禅茶院举行了“中韩两国茶文化交流”。交流内容在2006年第一期韩国《茶的世界》杂志上作了详尽的介绍。

2005年12月21日　河北省茶文化学会在邢台市三剑茶艺馆举办了“首届普洱茶文化节”。在本次会上，河北茶界代表与中国茶叶流通协会、中国社会科学院茶产业发展研究中心等专家以及北京市茶界代表进行了广泛交流，针对普洱茶趋于上升的态势进行了讨论。

2006年2月1日　《河北茶文化》(现《吃茶去》)正式创刊。

2006年3月14日　河北省茶文化学会与三剑茶艺馆共同创办的中国禅茶网正式启用，并在邢台举行了中国禅茶网的开通仪式及中国禅茶文化精神（正、清、和、雅）诞生地揭牌仪式，来自国内外禅茶界的专家代表和邢台市有关领导参加了本次盛典。中国佛教协会副会长、著名高僧大德净慧长老和政协邢台市主席崔宝玉先生共同点击中国禅茶网。

2006年4月初　在河北省茶文化学会的关注和支持下，河北省第一家茶艺师专业学校在唐山市诞生，并列入了唐山市职业中专招生计划。现学校运行良好，并且有了较高的知名度。

2006年4月25日　河北省茶文化学会特邀泰国上议院副议长碧茶·碧他诺一行来到学会所在地——三字禅茶院进行中泰茶文化交流，原石家庄市领导魏秉礼先生参加了本次交流。

2006年5月20日　河北省茶文化学会根据河北省劳动厅的要求，组织全省国家茶艺师考评员培训。来自石家庄、衡水、邯郸、唐山、廊坊、沧州等地的学员参加了由学会组织的第二批国家级茶艺师考评员的培训工作。培训期间，学会组织考评员来到真际禅林与到访的中国禅茶文化研究学者和真际禅林明憨法师等举行了“禅茶文化讲座”。

2006年5月21日　河北省茶文化学会与到访的时任台湾茶协会理事长、中台科技大学教授区少梅女士在三字禅茶院进行了茶文化交流，石家庄市副市长王刚先生参加了本次交流。

2006年9月1～3日　河北省茶文化学会与赵州柏林禅寺共同举办了“冀台两地茶文化交流大会”。以台湾中华茶禅文化协会理事长圣轮法师为团长，台湾茶协会理事长区少梅为领队的台湾佛法山心灵禅茶道代表团一行40余人参加了这次活动。

2006年9月9日　河北省茶文化学会联手真际禅林、河北省绿色之音志愿者协会在石家庄全民植树基地小碧林生态湖举行“放生普茶会”。

2006年10月1日　河北省茶文化学会与石家庄三字禅茶院组织禅茶界人士赴秦皇岛祖山进行参禅问茶活动。

2006年10月28日　河北省茶文化学会与河北省国学研究促进会筹委会、三字禅茶院举行“重阳雅聚”活动。

2006年11月22日　由河北省茶文化学会主办的“河北省十佳茶艺馆颁奖典礼暨河北省第二届茶馆业经营与管理论坛”在石家庄境界茶楼举行，河北省社会科学院、河北省民政厅的有关领导以及赵州柏林禅寺的住持等出席了本次大会。并把“河北省第七届金秋茶会”予以合并举行。省内各媒体给予了广泛关注和报道。

2006年11月24日　河北省茶文化学会和唐山市茶文化学会在唐山共同举办了“茶文化与和谐社会研讨会”。

2006年11月26日　河北省茶文化学会在邢台钱塘茶人举办了“泉与茶文化论坛”。

2007年1月18日　河北省茶文化学会同金古月企业在唐山举办了“迎新春促和谐社会各界茶话会”。唐山市政府、市人大、市政协有关领导出席了这次茶会。

2007年4月7日　中国茶道专业委员会主任张大为一行访问河北省茶文化学会，并同河北茶界同仁举行了茶文化交流。

2007年4月24日　由河北省茶文化学会组织的太行山踏青采茶活动正式启动，来自省会各茶馆的茶艺师们共70余人前往灵寿县五岳寨进行春季采茶活动。

2007年4月28日　河北省茶文化学会为推举坚持做清茶馆，倡导精神文明的典范，在邯郸市举行了金杭茶楼喜获全国百家茶馆、河北省十佳茶馆的“双佳”新闻发布会。邯郸市精神文明委、文化局、市作协、电视台的有关领导参加了这次新闻发布会。来自北京的专家和媒体共同出席了这次会议。金杭茶楼也因此被邯郸市政府授予“邯郸文化名店”的称号。

2007年5月18日　由河北省茶文化学会邀请台湾著名散文作家林清玄先生和台湾著名女作家曹又方女士来到石家庄，分别在柏林禅寺、三字禅茶院、钱塘茶人同河北茶界举行了禅茶文化的交流。

2007年7月5日　河北省茶文化学会参与协办“兰州第二届中国茶博览交易会”，这是河北开始走向全国、为弘扬茶文化而“协同作战”的第一步。

2007年7月5日　由河北省茶文化学会举办的中外友人品茗会在三字禅茶院举行。来自18个国家和地区的外国友人参加了品茗交流活动。

2007年6月6日　河北省茶文化学会在三字禅茶院为由《燕赵老年报》组织的“老年人与茶文化活动”的几十名老年朋友举办了“中国茶文化讲座”。

2007年7月11日　河北省茶文化学会与云南省土特产进出口公司、云南云茶印象茶业有限公司在河北工会大厦和三字禅茶院联合举办了普洱茶品评交流会。

2007年7月14日　河北省茶文化学会与秦皇岛市劳动和社会保障局合作联合举行了“秦皇岛市首届国家茶艺师职业技能鉴定考核”。这也是学会第一次跨地区进行茶艺师的培训和考核。

2007年9月初 河北省茶文化学会在三字禅茶院为茶艺师举办了“茶席设计讲座”。

2007年9月8日 河北省茶文化学会协同北京奥运经济研究会、中华茶人联谊会、中国社会科学院茶产业发展研究中心、唐山市社科联、金古月茶超市等，在唐山联合举办了“迎奥运第三届茶经济论坛”。

2007年9月29日 河北省茶文化学会组织同仁到北京与来访的台湾茶协会理事长圣轮法师等在国际茶城进行茶事交流。

2007年10月14日 河北省茶文化学会协同北京奥组委、北京奥运经济研究会，唐山市社科联、金古月企业等单位，先期在唐山纪念碑广场举行迎奥运圣火传播茶文化活动之后，又把6把用茶制作的茶火炬传递到北京国际茶城。北京奥组委、北京奥运经济研究会有关领导出席了这次活动，并作了奥运精神的演讲。

2007年10月26日 河北省茶文化学会协同北京国宏生态科技发展公司在石门公园举办了“河北省第八届金秋茶会”。

2007年11月28日 为了繁荣地方茶经济和优秀茶品牌的展示，河北省茶文化学会在邢台三剑茶艺馆举办了“邢台市名茶品鉴会”。

2007年12月15日 河北省茶文化学会协同河北省作家协会、河北省社会科学院、河北省书法家协会、河北省文学馆、河北省燕赵文化研究会等，举办了中国著名作家书画系列展——河北省茶文化学会副会长“蔡子谔书法展”。

（河北省茶文化学会 舒 曼 王子东）

山　西　省

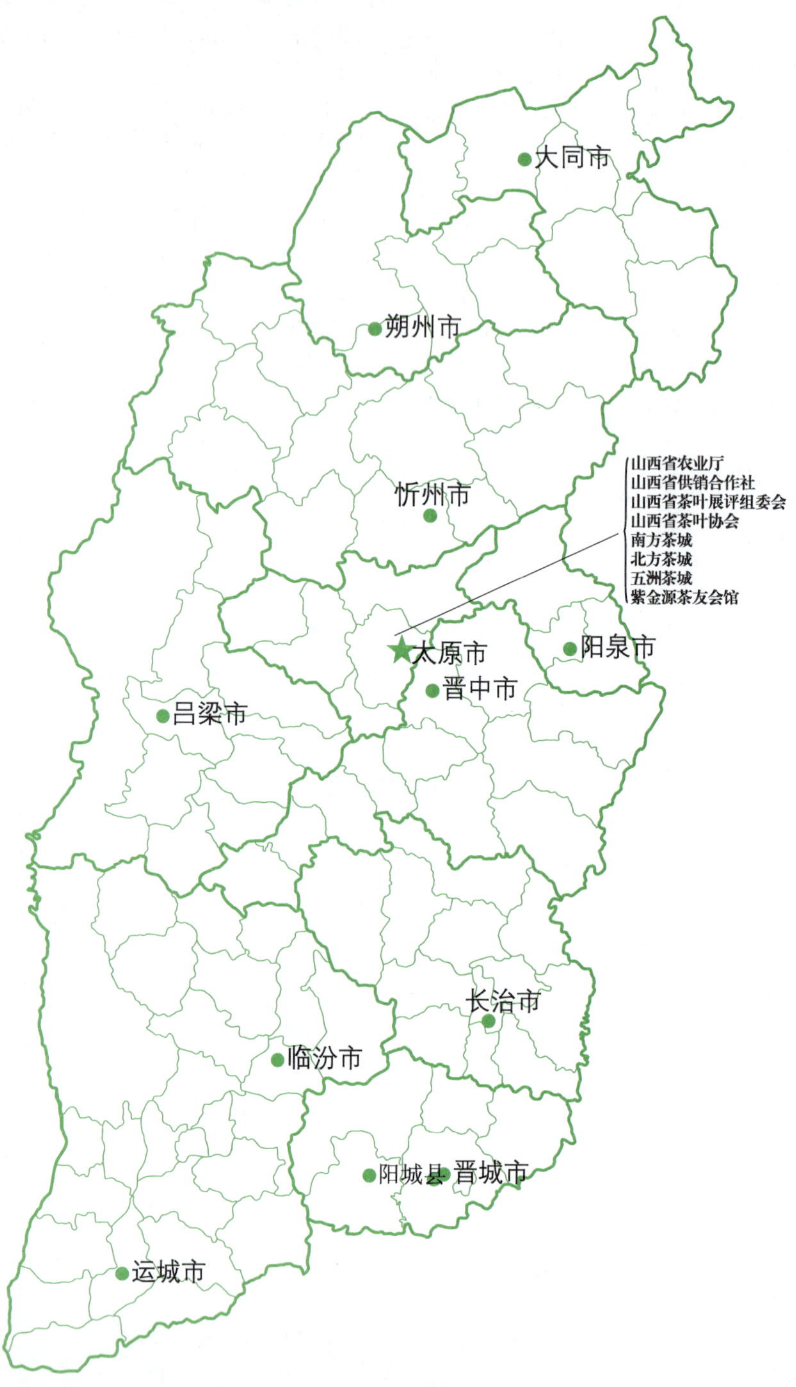

山西省地处黄土高原。"茶之为饮，发乎神农氏"，传说中的神农氏炎帝曾在山西晋东南一带活动，后有尧、舜、禹三代均在山西南部建都，故有中华民族摇篮之称。历史上，号称中国十大商邦之首的晋商善于经营茶业，曾开辟过万里茶路，创造过灿烂的茶商文化。早在明末清初年代，茶叶已成为晋商经营的重要商品。山西虽不产茶，但山西人爱喝茶，善品饮。现代山西百姓们仍以喝茉莉花茶为主，但最近几年来喝绿茶、乌龙茶、普洱茶、白茶的人群逐年增加，需求茶叶品位也在提高。目前，山西喝茉莉花茶的人数已由历史上的98%降至50%左右，而喝绿茶和乌龙茶的人数已上升到30%～40%，还有10%的爱茶人对黑茶（含普洱茶）、白茶表示了需求和青睐。

发展历史

1. 万里茶路 山西省地处黄土高原，古老的黄河沿着西、南边界注入东海。“茶之为饮，发乎神农氏”，传说中的神农氏炎帝曾在山西晋东南一带活动，后有尧、舜、禹三代均在山西南部建都，故有中华民族摇篮之称。晋南洪洞作为明代山西向外移民的集散地，声名远播，“问我祖先何处来，山西洪洞大槐树”成为世界华人认祖归宗的重要依据。

历史上号称中国十大商邦之首的晋商善于经营茶业，曾开辟过万里茶路，创造过灿烂的茶商文化。早在明末清初年代，茶叶已成为晋商经营的重要商品。他们每年都要“挟资裹粮”，以舟船、牛车、马帮、驼队长途贩运，远行几千里赴南方茶区采办茶叶。他们最初采办茶叶的地点是安徽、湖南等地，但最主要的是在当时已成为全国著名茶区的福建武夷山下梅茶叶市场。据衷干《茶市杂咏》所载：“清初、茶市在下梅……茶叶均系西客经营，由江西转河南运销关外。西客者，山西商人也。每家资本约二三十万至百万，货物往还络绎不绝。”这就足以说明，下梅茶市之茶叶基本上为晋商包销。例如祁县茶商开设的“大玉川”茶庄在武夷山植茶330公顷，开办茶场7座。其时，晋商戮力经营茶叶贸易，逐渐开辟了一条茶叶商路：由福建武夷山启程，入江西，至铅山县装船顺信江下鄱阳湖，出九江口入长江，溯江抵武昌，转汉水至樊城起岸，经河南省境进入山西泽州（晋城），经潞安（长治）、祁县、榆次等地出娘子关，西走杀虎口，东走张家口，或赶马车，或牵骆驼，穿过千里荒漠，把茶叶分别运至内蒙古包头、外蒙古库伦（今蒙古乌兰巴托）和沙俄的恰克图，最后运往俄国以及欧洲各地。

清朝后期，由于太平天国运动兴起，武夷山经长江水路北上受阻，晋商采办茶叶的地点改至湖北羊楼洞、山楼司。这条万里茶叶商路虽有官府所发“引票”保护，更重要的是在晋商的苦心经营下，基本上畅通无阻，做到了晋商贸易茶通天下，汇通天下。

晋商在大力开展茶叶贸易的同时，还从事茶叶的种植、采摘、加工，因而形成了生产、加工、运输、贸易一条龙经营模式。晋商将采购来的茶叶分类加工为砖茶，用白纸缄封，别有红笺，上面印有“川”、“西商监制”、“本号监制”等字样。极盛时期，在湖北、湖南交界的羊楼洞、山楼司地区的18家茶庄和茶叶加工厂统由晋商经营。

2. 晋商茶德 茶道即商道，晋商开拓“万里茶路”，靠的是几代商人企业家艰苦创业、不断传承、不断奉献的“诚信”茶德和“骆驼”精神。

晋商在经营茶叶中，坚持“诚信礼义、和衷为贵”的茶商之道。清代康熙、乾隆年间，俄、蒙的重要商埠、河北张家口有茶商百余家，大多由晋商经营。其中，最负盛名的是祁县茶商经营长裕川、长盛川、大昌川、大玉川茶庄。其中大玉川茶庄为清廷御贴备案的商家，持有清帝赐予的“双龙红贴”，受到各方保护。乾隆皇帝还赐给“大玉川”一块双龙石碑，上面记载着大玉川茶庄对蒙、俄茶叶贸易的盛况以及对“大玉川”功绩的赞扬。

清代祁县茶商在经营作风上坚持诚信礼义之道，虽以盈利为目的而凡事以道德信义为标准。“诚信礼义”要求“慎待相与”，以“管鲍之风”为榜样，做到“买卖不成情义在”；对待客户坚持一视同仁，做到“秤平、斗满、尺足”、童叟无欺、利以义制人。当时，他们用的16两杆秤不用黑星用金星，据说是指做买卖不能黑心，不能昧良心。又每斤16进位各代表北斗七星、南斗六星和福、禄、寿三星。交易中少1两就是“损福”，少2两就是“伤禄”，少3两为“折寿”，再少就触及天上星宿之位，则天理难容。

人见其茶，茶见其人。清代祁县茶商的人格与茶德也反映在对待茶叶的品质方面。他们经营的篓装千两茶（合31.25千克），有精致牢固的圆辊型包装，易储、耐泡、味醇，深受百姓喜欢。有趣的是他们把千两茶按“天、地、人和”分级，统称三和茶，既体现了茶中之道，茶之品味，又如实反映出一分价钱一分货的茶品高低。祁商销往边陲的砖茶，均用木箱妥为包扎，把砖茶装箱数分为二四、二六、三二、三六、三九等不同规格，满足各地不同需要。砖茶采制均为早春鲜嫩二三叶，经手工精选、发酵、高温蒸叶、檀木模具压型、木炭火烘焙等工序，做到外形方正美观、色泽青褐，内质滋味醇厚、汤色红亮，深受我国边陲牧民厚爱。1911年，从长裕川分出的长甡川茶庄制作的砖茶曾荣获巴拿马国际博览会金奖。当时，祁商零售的花茶统称香片，他们在卖给饮茶者时，总是礼尚推介，包退包换，用双层粉纸包裹，方方正正，不松不散，表现出方正做人、和气生财的人道与茶道。

“茶品即人品，人品即茶品”。早在清代，祁县茶商就主张善待员工，以人为本，在历史上首推包含银股与身股的联号制与股份制，从而将商号的经营与员工的切身利益密切结合起来。商号用人讲究不用三爷（姑爷、舅爷、少爷），招工需有亲友介绍、担保，经面试、试用合格才正式录用。商号定有号规，严禁员工赌、嫖、吸毒以及买空卖空、法外经营。商号不断完善经营管理，重点是培养员工打算盘、习字、学外语、抄录信稿、记账、熟习商品性能等业务知识；同时精心培养员工的商德，主要是重信义、除虚伪、节情欲、敦品行、贵忠诚、鄙利己、奉博爱、薄嫉恨、喜辛苦、戒奢华等方面。现今在祁县“长裕川”茶庄院门顶上仍留存老掌柜渠仁甫题书“道德为原本”五字，可见其对茶商人格的重视。

山西历史上还有许多茶文化名人，例如写茶诗最多的唐代诗人白居易，陆羽《茶经》中提到的一句诗歌成茶人的魏晋诗人孙楚，明末清初大书法家、医学家傅山先生等，他们的茶文化遗作至今仍为现代三晋茶人所传承和发扬。

茶叶市场

目前山西市场上的茶商有60%左右来自福建、浙江等南方茶产地。原国有企业山西省茶叶公司已停业，所属地、县茶叶公司也基本停业，在省城太原市只有老字号“乾和祥”茶庄和太原市果品茶叶公司所属“一品香”茶庄尚在营业，并有一定的经营活力。

目前山西省有太原市尖草坪区“南方”、“五洲”、“北方”，万柏林区“现代”、“中奥”、“温州”、“千峰”，迎泽区“五一”，小店区“永康”、“千禧”、“茶文化一条街”等大小不一批零兼营的11个茶叶集散地。

地、县中只有运城、阳泉、忻州、临汾等地有小规模（10几家）的茶叶批发市场。

山西省主要茶叶批发市场

单位：万平方米、个、亿元

名　　称	市场面积	规划铺位	年交易额
太原市尖草坪茶叶批发市场南方茶城	0.35	50	0.56
太原市尖草坪茶叶批发市场北方茶城	0.21	40	0.35
太原市尖草坪茶叶批发市场五洲茶城	0.20	40	0.48

本表以市场面积为序。

茶叶消费

山西虽不产茶，但山西人爱喝茶，善品饮。现代山西百姓们仍以喝茉莉花茶为主，但最近几年喝绿茶、乌龙茶、普洱茶、白茶的人群逐年增加，需求茶叶品位也在提高。据2006年初我们从茶商方面的调研显示，目前山西喝茉莉花茶的人数已由历史上的98%降至50%左右，而喝绿茶和乌龙茶的人数已上升到30%～40%，还有10%的爱茶人对黑茶（含普洱茶）、白茶表示了需求和青睐。

在山西，百姓饮茶80%左右从茶叶专营店购买散茶，20%左右的人从超市购买定量包装茶，其中多为送礼、赠友。茶叶专营店的价位一般为批发价的1.5～2.0倍，但茶店的优势是茶商地点、茶叶质量较稳定，先尝后买，退换方便，茶商与消费者容易沟通，从而建立茶情、茶谊。从1998年开始，山西茶叶展评组委会在质检、工商、卫生等配合下，先后在全省推出30多家“质量服务诚信示范”茶叶店，消费者反映在这些茶店买到的不仅是好茶，更是一种“感情茶”。

茶文化

据不完全统计，2007年，全省有茶商（专营）1 500余家，其中省城太原占一半多。全省茶馆业有600余家，其中省城太原占2/3以上。规模较大的茶叶专营店有天福、八马、御茶园、安溪铁观音集团等在太原、大同、阳泉、晋城、临汾市的加盟连锁店，太原玉记茶庄、太原灵芝茶庄、太原台伟茶行、太原日盛增茶业、太原市果品副食公司一品香、乾和祥茶庄、太原更香茶行、兰茶坊茶行、建华茶行、梦龙香茶行、正清和茶行、尖草坪天天香茶行等各具特色、经济效益好、知名度高的中小茶叶店。规模较大的茶馆有太原紫金源茶友会馆、太原清竹茶艺馆、山西迎泽宾馆四季茶园、山西天瑞商务酒店绿雪芽茶园、太原万柏林茗香聚茶楼、大同市裕盛祥茶馆、山西柳林康茗茶馆等。

山西省知名茶馆

单位：平方米、万元、个

名　　称	营业面积	年营业额	连锁店
太原紫金源茶友会馆	1 000	300	1
泓瑞茶艺馆	700	170	4
柳林康茗茶馆	500	—	—
朔州德茗缘茶馆	500	—	—
太原清竹茶艺馆	400	—	—
太原江郎茶茵缘茶文化传播有限公司	400	—	6

本表以营业面积为序。

大事记

2000年　由山西省供销合作社主办、山西省副食茶叶公司承办的山西省茶业协会注册成立。之后，因省公司领导更换、改制、停产等原因，至今未能有效开展工作。2001年初，山西省晋商文化博物馆在祁县古城内原“长裕川”茶庄（老字号）旧址成立了晋商茶庄博物馆，再现了三晋茶商在明、清年代从事茶叶贸易的艰辛历程与辉煌业绩。同年3月，由杨力主编的《走近茶道》一书由山西人民出版社出版，在国内外发行。书中特别向国内外茶人介绍了彰显山西茶人商道商德的晋商茶道。

2006年1月　山西茶叶展评组委会茶文化专家组成员、高级工程师杨力，副教授方改娥等协同山西省茶文化艺术协会人员在山西省图书馆免费举办“元旦、春节茶文化讲座”共8次。

2006年2月　由山西茶叶展评组委会偕同省城有关新闻媒体、文联举办了“龙城茶语演讲暨颁奖大会”。

2006年　山西茶叶展评组委会茶文化推广中心在省城唱经楼开办“茶知识系列讲座及名茶品评”学习班，并适时举办“科学饮用、理性收藏普洱茶”讲座、研讨会。期间，山西籍就读云南大学茶学系的研究生赵婷婷应邀回家乡太原讲学。

2006年4月8日　山西各界茶人在太原全晋会馆举行“2005年三晋激情茶人表彰暨五台山礼佛茶艺演示会”。会上由省政协副主席张正明先生、中国茶文化研究会副秘书长杨力先生代表山西茶叶展评组委会向忻州知名茶人李亚民，祁县知名茶人胡育先，太原知名茶人曹六荣、刘治平和知名茶商王建华、刘泽南，以及知名茶文化书法家赵铎、银杏茶研制人刘荣魁、茶网络工作者郭晟、五台山礼佛茶艺演示主泡手（高级茶艺师）李远菊等颁发了“三晋激情茶人”荣誉证书及荣誉奖牌。

2006年4月15～17日　山西茶叶展评组委会偕同太原桃园诗社等文化社团在太原桃园二巷秀水商场举办了茶书画展览及龙井茶手工炒茶技艺演示。

2006年5月3日、2007年5月4日　三晋部分知名茶人在省城迎泽公园连续两届成功举办了“无我清心茶会”。

2006年5月　山西茶叶展评组委会制定《山西茶叶市场自律规范》并在中国茶叶流通协会主办的《茶叶·经济信息》发布，得到省城尖草坪南方茶城、五洲茶城、北方茶城等的积极响应。

2006年5～6月　由山西茶叶展评组委会组团先后参加“第九届青岛国际茶文化研讨会”、“安徽黄山茶叶北京推介会”，从而与省外产茶大省的茶友建立了广泛联系。

2006年9月12日　知名品牌“龙生”普洱茶在山西开设“兰茶坊”专卖店，由山西茶叶展评组委会偕同山西黄河电视台等省级新闻媒体在三晋国际酒店举行了“龙生普洱走进山西新闻发布暨中秋品茶会”。

2006年12月　太原理工大学大学生茶艺队成立，经个人申请，山西茶叶展评组委会茶文化专家组偕同学校工会领导考核，首次入队人员为40名。

2006年11～12月　电视剧《乔家大院》在CCTV-1热播，引起各界对历史上晋商创造的辉煌成就及茶商茶德的关注。为此，福建武夷山市政府在当地下梅立碑，以纪念清朝三晋茶商在开辟南起福建武夷山下梅北达蒙、俄的“万里茶路”中的辉煌业绩，同时提出了在武夷茶人和新晋商之间开发茶文化旅游合作的建议。

根据国家质量监督检验检疫总局规定，截至2006年12月底，山西境内所有茶叶分包装商未领取QS认证的一律停止散茶分包装生产，而“福建安溪恒岩茶厂太原总经销”则成为山西省首家取得茶叶（绿茶、花茶、乌龙茶）分装资格并申领到QS认证证书的茶叶营销、分装企业。2007年12月，太原日盛增茶叶有限公司获准分装茉莉花茶生产许可资格，从而成为山西省第二家取得QS认证证书的茶叶营销企业。

2007年1月　由山西省文化厅主办的山西省茶文化艺术协会成立，法人代表白权武先生。

2007年3月　山西茶叶展评组委会专家组杨力等编写的《习茶知识300问答题》（分茶叶、茶艺、茶文化三部分各108条目）完成，并由河北茶文化学会主办、山西茶叶展评组委会协办的茶文化期刊《吃茶去》从第13期开始连载。

2007年6月　由三晋知名茶人杨力先生和著名老篆刻家孔庆云先生创作的四尺（1.33米）幅《金石·佳茗》篆刻作品在省城太原展示。作品由孔老先生亲自选石掌刀，历经160个日日夜夜，为中国39种名茶及陆羽圣像和茶文化、茶健康名句治印45方，配以版刻双龙衬底，实为古今罕见之茶文化佳作。

2007年6月19～21日　中国国际茶文化研究会副会长梁朝清、副秘书长吴笑梅到山西考察成立三晋茶文化研究发展中心筹备工作，并到太原、祁县等地参观了太原尖草坪茶叶批发市场、天福茗茶总店、祁县乔家大院、祁县长裕川茶庄博物馆。山西省农业科学院薛春生副院长、山西省质监局常大明副局长、太原市委宣传部宋建国处长、中国国际茶文化研究会副秘书长、山西茶叶展评组委会主任杨力陪同考察、参观，并汇报了山西近年来茶业发展和茶文化研究的成果，梁朝清副会长对山西茶文化的研究与发展提出了建议和希望。

2007年11月1日　三晋茶人、山西茶叶展评组委会主任杨力、常务理事宋晓鸿（柳林县康茗茶馆总经理）、谭海蓉（山西迎泽宾馆四季茶园经理）等应邀参加在江西庐山东林寺召开的“第三届世界禅茶研讨会”。全体参会茶人捐款立碑，镌刻了“茶禅一味”铭文及参会茶人姓名（江西省九江市庐山东林寺为佛家净土宗圣地，最早为东晋时代山西原平籍慧远法师住持）。2007年11月

8日，杨力等又应邀参加“第五届广州国际茶文化节暨泛珠三角（9+2）茶文化节产业高峰论坛”。

2007年12月31日　由山西茶叶展评组委会主办，福建天湖茶叶有限公司协办，太原理工大学茶艺队承办的“大学生名茶品评暨绿雪芽白茶推广会”在太原理工大学举行。来自省城太原各界茶人代表、大学生和白茶产区福鼎的茶农、茶艺师共同研讨了白茶的加工工艺、品质特点、保健效果和冲泡方法。与会茶人都认为，白茶有益健康，口感也好，一定能够获得山西茶人喜欢，值得推广。

从2004年开始，由山西茶叶展评组委会偕同宜兴“唐人陶艺”在山西举办“让茶艺走进千家万户”活动，至2007年底已为500余名“三晋知名茶人”制作了近500余把宜兴紫砂“知音”壶，寓意茶人与茶人、茶人与茶、茶人与壶之间为知己、知音，以茶构建和谐和美家庭。有幸获得“知音”壶的“三晋知名茶人”有太原理工大学宋先奇书记、方改娥教授、山西省测绘局局长牛来有、《山西经济日报》社长尚晋生等行政事业单位茶人，也有茶商、茶馆优秀业主，还有老书画家、新闻工作者、文艺界、行政执法部门以及中小学少儿茶艺员等。范围在不断扩大，人数逐年增多，从而成为山西茶文化可持续发展的一大亮点。

（山西茶叶展评组委会专家组　杨　力　薛春生　张晓鸿　夏云秀　吴厚彦）

上 海 市

上海是华东地区主要的茶叶消费和流通中心，市民饮茶比例较高。据统计，2007 年全市有 5 家大型批发交易市场，6 000 多家茶叶专业经营店，各类茶馆、茶楼、茶坊的数量超过 3 000 家；市民每年人均茶叶消费量超过 1 千克，明显高于全国平均水平，茶叶的年销售总量在 1.7 万吨以上。

发展历史

针对上海市场中高档茶叶消费趋旺的特点，无公害、有机茶叶市场前景看好。茶农种植技术是决定茶叶品质高低的重要环节。目前，开化、祁门、安溪等茶叶产地已经意识到种植环节品质控制的重要性，引导茶农加强管理，打出无公害、有机的概念，受到消费者的欢迎。

茶叶市场

随着人们对健康饮品关注度的不断提高，我国茶叶消费市场还会有新的增长空间。近年来上海兴建、改建了许多大型茶叶批发交易市场，吸引了大批来自浙江、安徽、福建、云南等地的茶商。专家指出，为了更好地挖掘上海茶叶消费市场的商机，经营者应当掌握当地消费者的饮茶喜好，重点选择符合其口味的品种。

从多年来的销售数据分析，上海市民饮茶的地域性消费特点依然比较明显，清香型茶叶仍是消费者的首选。绿茶占 60%，其排列为龙井、毛峰、其他名优茶；各种花茶占 15%；乌龙茶占 15%；其他茶类占 10%。

2007 年，上海市主要茶叶贸易企业及销售额：上海天坛国际贸易有限公司，49 714 万元；上海群峰茶业有限公司（黄山市汪满田茶业有限公司），12 500 万元；上海大不同天山茶城有限公司，8 675 万元；上海黄山茶叶有限公司，2 710 万元；上海古峰茶业有限公司，2 000 万元；上海茶叶有限公司，1 802 万元；上海茶恬园茶业有限公司，1 513 万元。

上海市主要茶叶批发市场

单位：吨、亿元、万平方米

名　　称	年交易量	年交易额	市场面积
上海大不同天山茶城	—	0.96	2.3
上海九星茶叶市场	—	—	2.0
上海大宁国际茶城	—	3.20	1.5
上海满堂春茶城	3 180	—	1.2
上海帝芙特国际茶叶市场经营管理有限公司	—	1.50	0.6

本表以市场面积为序。

茶叶消费

近几年，上海茶叶消费市场整体上一直呈现稳步增长的态势。从销售额来看，每年增长的幅度为 5% ～ 10%，不包括上海市民前往临近的浙江、江苏等产区购买茶叶消费金额。从消费结构来看，绿茶仍占据主体地位，但近年来比重有所下降。由于茶叶的传统区域性消费习惯，绿茶受到绝大多数上海消费者的偏爱，在整个茶叶市场占 60% 左右的份额，其中，龙井、黄山毛峰的销量比较大。特别是龙井，其销售额可以占到绿茶销售总额的 40% ～ 50%。绿茶另一个主要品种碧螺春，因为水分较高、不易保存，且假冒较多，在上海市场销量一般。

1990 年之前，上海每年人均消费茶叶 200 克，经 10 多年茶知识传播、茶文化弘扬，倡导不吸烟、少喝酒，多饮茶、饮好茶，饮茶讲科学，品茶讲艺术的以茶养生之道，已被市民接受。适合年轻消费群体的茶饮料、茶类饮品值得关注。得益于健康理念的普及，碳酸饮料的销售增长已经放缓，各种以茶叶为原料的茶饮料受到越来越多年轻消费者的青睐。除了统一、康师傅、麒麟、娃哈哈等品牌，可口可乐公司也推出了“原叶”系列调味茶饮料。据统计，上海市场茶饮料的年销售增幅达 30% 左右，远远高于传统茶叶。此外，对茶叶进行深加工，提取茶多酚等物质，在医药、日化、食品添加剂等领域都有比较广阔的应用前景。

茶文化

自 1983 年上海市茶叶学会成立以来，上海弘扬茶文化活动已轰轰烈烈坚持开展了 25 年，上海国际茶文化节已办了 15 届，上海少儿茶艺活动已开展 17 年，上海造就茶业人才职业培训已坚持 11 年，上海茶文化进社区活动开展了 15 年，上海人民广播电台第一家空中茶馆连续办了 10 年。茶文化的弘扬、茶知识的传播大大促进了上海茶产业的发展，使上海人均年饮茶量猛增 5 倍，由 200 克增加为 1 千克。

2007年，上海市知名茶馆收营业面积：颐品茶道，1 600平方米；唐韵茶坊，1 500平方米；秋萍茶宴馆，547平方米；春风得意楼，250平方米；湖心亭茶楼，200平方米。

大事记

2007年1月11日　学会在茶恬园召开六届四次理事会，40人出席，黄汉庆主持，6项议程，会议重点讨论理事会如何实践“三新”、“三个服务”，达到三个目标——经济上有突破、文化上同世博会挂上钩、学会上三星级。

2007年3月1日　学会六届六次秘书长会议在茶恬园召开。

2007年3月18日　学会与虹口区综合办、民政局等多家政府部门举行“虹口茶文化恳谈会”。

2007年3月　为提高茶馆从业人员素质，在虹口区劳动局支持下，学会专门为60多位外来务工人员开办了短期茶艺培训班。

2007年3月26日　学会所属16家会员单位茶馆获“2005—2006年度全国百佳茶馆”称号。

2007年4月2日　学会在茶恬园召开六届二次单位会员大会，80多人出席，胡舜龄、刘启贵主持，市技监局朱明处长与国家茶叶检测中心翁昆老师就执行QS认证中遇到的问题作了指导。

2007年4月4日　学会协助科协举办“科学饮茶，艺术品茶”主题活动，工程院院士叶淑华等300多位市科协的专家、学者出席。

2007年4月14日　学会举行“纪念当代茶圣吴觉农先生诞辰110周年大会暨吴觉农纪念馆开馆两周年”庆典活动。并成功举办了“做大做强中国茶产业”吴觉农茶学思想论坛和林晓丹画册首发、觉农舜毫品茗会，200多人出席。王家扬、梅峰、王广智、林晓丹、徐光华、王镇恒、刘祖生、童启庆等到会祝贺。

2007年4月18～22日　学会与闸北区府等13个单位联合举办的“第14届2007上海国际茶文化节”在浦东上海东方艺术中心举行开幕式文艺晚会，本次主题仍为“茶·品味健康生活”，500多人出席。在大宁国际茶城举行“中国新品名茶博览会”，有70多个展位展出。22日在昆明市举行闭幕式。

2007年5月15日　学会接待美国茶叶协会主席乔·辛拉尼带领的18位美国茶叶代表团，参观了上海茶叶进出口公司、宋园茶艺馆、上海大宁国际茶城。

2007年5月29日　学会尹在继、王镇恒等7位老茶人荣获吴觉农茶学思想研究会颁发的“觉农勋章”奖；费蓉雅等23位老茶人荣获吴觉农茶学思想研究会颁发的“老茶人贡献”奖。上海有18位茶人当选为第二届吴觉农茶学思想研究会理事。

2007年6月9～13日　学会协办的茶文化展示活动首次亮相“2007上海民俗民间文化博览会”，受到组委会和观众的一致好评。

2007年6月12日　为庆祝香港回归十周年，上海26位老茶人（馨悦茶艺社）赴港交流。

2007年6月23日　学会六届七次秘书长会议在七宝亿霖茶楼召开。

2007年6月30日　学会在百佛园举行“马帮贡茶万里行，沪上祭拜茶圣吴觉农”活动，200多人出席。

2007年7月2日　学会在天山路1800号职业培训指导中心接待来自美国的华美文化交流中心20多位客人。

2007年7月2～6日　学会协办的由中国茶叶学会主办的“2007年第三届全国少儿茶艺夏令营”在香港举行，上海43位师生参加。

2007年7月10日　学会在静然轩召开六届五次理事会，有30多人出席。黄汉庆主持会议，4项议程。会议充分肯定了上半年13项工作所取得的成绩，通过了下半年的工作安排。

2007年7月15日　学会蔡东联等5位同志代表学会参加“中国茶叶学会第八次全国会员代表大会”。黄汉庆被选为副理事长，周星娣、阮华根当选理事，蔡东联为名誉理事。

2007年8月18日　学会协助市台联会在宋园茶艺馆举行“缘聚申城，茶溢飘香——两岸中学生茶艺交流活动”，有100名两岸中学小茶人参加，中央候补委员林明月及黄喜惠、黄汉庆到会祝贺。

2007年8月21日　学会和茶业职业培训中心联合召开“上海茶艺师、茶叶审评师自主创业交流会”，70余人出席，受到媒体关注。

2007年9月22日　学会荣获上海市科协授予的“三星级学会”称号。

2007年10月2日　2007年世界夏季特奥会在上海举行，学会长青树茶道队、叙友茶庄茶艺队、吴中路小学小茶人茶艺队分别在徐汇、卢湾、浦东为来自世界各地的特奥运动员作精彩茶艺表演，受到客人一致好评。

2007年10月12日　学会和中国茶叶学会在大宁国际茶城举行“爱老、敬老、健康、快乐、和谐”为主题敬老名茶品赏会，200多人出席，周智修、黄汉庆到会祝贺。

2007年11月4日　学会与教委联合在黄浦区青少年活动中心召开“上海少儿茶艺创建15周年庆祝大会”，有600多人出席，周星娣主持，宋少祥、周智修、梅峰、曹大立、黄汉庆、杨燕、卢晓明等到会祝贺。大会对15年来培育、推广少儿茶艺作出贡献的个人和单位进行表彰。

2007年11月17日　学会馨悦茶学社茶艺队和浙江省茶叶学会老茶缘茶道队联袂在大宁国际茶城举行

“2007沪杭两地老年茶艺交流”活动，100人出席。

2007年11月30日　学会在大宁国际茶城召开六届二次常务理事（扩大）会议，黄汉庆主持，会议讨论并通过了2008年学会工作计划以及人事安排事宜的决定。

2007年11月　学会组织编写的新版职业资格培训教材《茶叶审评师》（初级、中级、高级）1套3册，由中国劳动社会保障出版社出版发行。

2007年12月　学会“茶科技文化与和谐社会建设”项目被确定为市科协学会建设示范项目。

（上海市茶叶学会　刘启贵）

江　苏　省

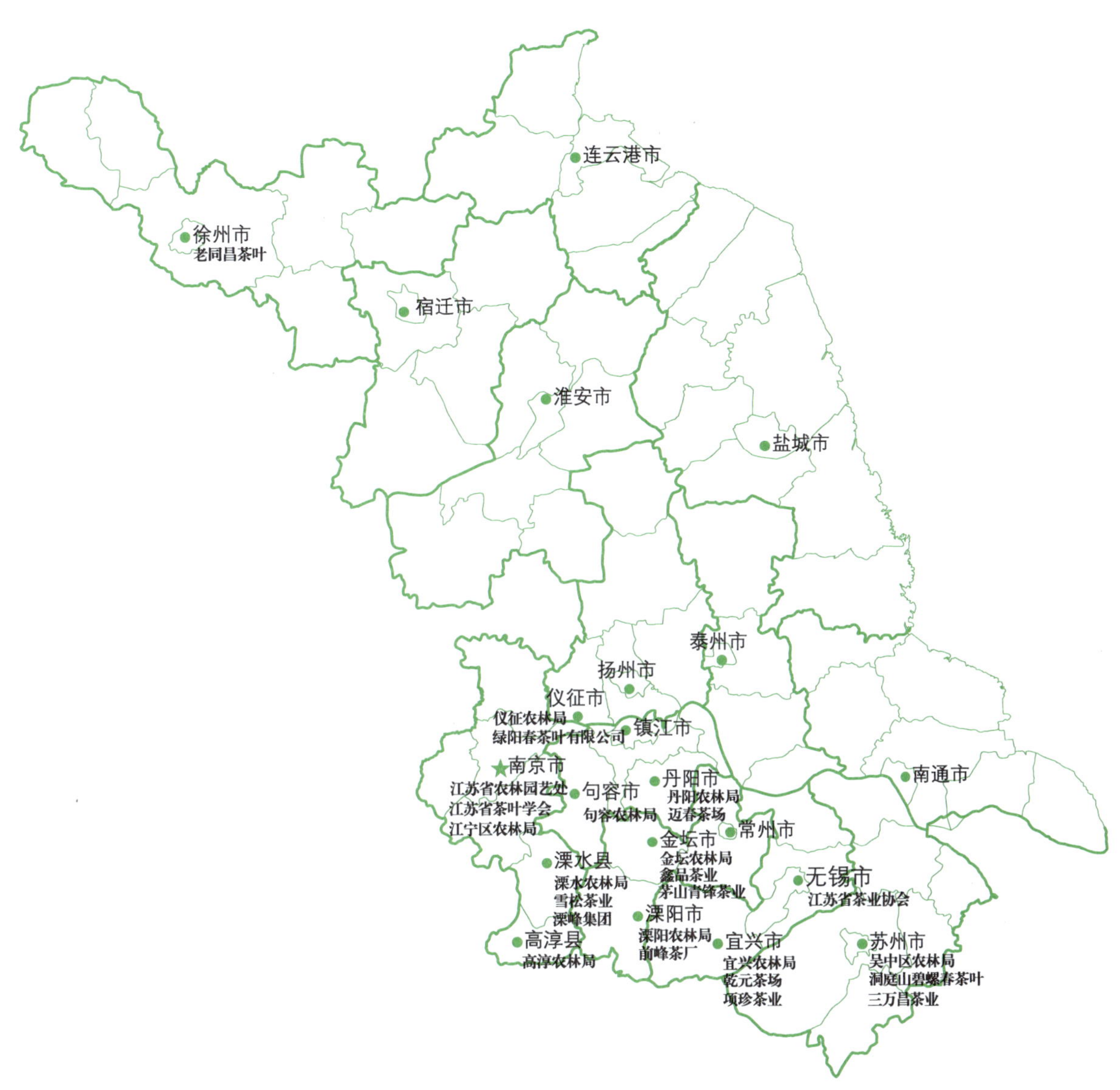

江苏省地处我国茶区北缘，境内多平原水网，丘陵山地仅占总面积的14.9%，茶园主要分布在沿江和苏南丘陵山区，是茶叶的小产区、大销区。江苏茶叶以建园科学规范、栽培管理精细、制茶技术精湛而见长。全省茶园面积2.86万公顷，2007年产茶1.48万吨，产值12.4亿元，产茶县（市、区）29个，从业人员40多万人。茶产业已成为丘陵山区农业的重要支柱产业，是高效农业的重要组成部分，对促进农业产业结构调整、增加农民收入、扩大就业、推动山区新农村建设发挥着重要的作用。

江苏省茶业基本情况

项　目	数　量	单　位	项　目	数量	单　位
茶园面积	2.86	万公顷	产值	12.4	亿元
茶叶产量	1.48	万吨	年加工能力	3.50	万吨
茶农户数	4	万户	城镇居民茶叶消费	0.18	千克 / 人
企业数（通过QS认证）	1 050(259)	个			

发展历史

江苏茶叶利用始于东汉末。《三国志·吴志》有孙皓宴请丹阳人韦曜“密赐茶荈以代酒”的记载。西晋时期苏南民间已采叶生煮羹饮。5 世纪的《桐君录》有“晋陵皆出好茗”的记载。晋陵即今常州,产茶之地指今宜兴。

唐代是江苏历史上产茶的鼎盛时期，产地遍及大江南北，其中义兴（今宜兴）已有“一山和数山弥谷盈岗”的成片茶园，所产阳羡茶官方专设茶舍每年清明前采办，急送朝廷赶“清明宴”，岁供万两。众多诗人名家诗咏江苏茶叶，茶圣陆羽也曾寓居江苏，并亲自考查江苏茶与泉。

宋元时期贡茶重心南移，江苏茶区收缩，仅保留苏南少数连片茶园。这一时期制茶技术由唐代的紧压茶改革为散茶，苏州的“水月茶”、“白云茶”都是散茶上品。宋代全国实施榷茶制，茶叶官买官卖，江苏就先后有真州（仪征）、海州（连云港）、江宁、镇江等多个批销茶叶的榷货务。乾隆、道光年间，朝廷下诏 2 400 万缗（1 千钱称缗，同贯）茶叶销售额，其中建康 1 200 万缗，镇江 400 万缗，占销售额的 2/3。

明代制茶技术开始由蒸青散茶发展为炒青散茶制作。江苏产区主要集中在宜兴和苏州，其中又以苏州最盛，茶品层出，史籍有“苏州茶饮遍天下”之说。是时茶叶分贡茶、官茶、商茶和私茶，以商茶为主。宜兴张渚成了当时江苏茶叶的重要集散地，嘉靖十六年（1537）南京户部给张渚的茶引（商人买卖茶叶交税的凭证，50 千克领 1 引）有 3 298 引，即 164.9 吨。

清代江苏茶叶继续发展，各地方志中见产茶记述的就涉及 20 多个市县 130 多处。清道光年间，仅宜兴就有茶园 195 公顷。全国著名的碧螺春就得名于康熙年间。康熙二十二年（1683）江南销茶定额 6 万引（3 000 吨），其中江宁府最多达 5.3 万引。雍正初年，苏州花茶开始运销东北、华北、西北市场，出现了一批专营茶叶的“茶号”,从安徽、浙江、江西等地收购毛茶,在苏州精制窨花,到销区设茶庄销售。清代后期,苏州花茶年销量达250吨。

清末至民国初年，由于印度、锡兰（现斯里兰卡）、印度尼西亚等国家茶业的兴起，中国茶叶出口锐减，江苏茶业也随之回落，据《宜荆续志》（1920）载，光绪六年（1880），宜兴仅存茶园 33.1 公顷。光绪三十四年（1908），由两江总督支持在南京建立了被视为中国茶叶科研发端的江南商务局植茶公所；宣统年间，在南京由政府举办了茶叶讲习所；有识之士李逢庆、宋盈之等先后办起了阳羡垦牧树艺公司、茅麓树艺公司，建立了经初步设计的有一定规格的茶园。宣统二年（1910），在南京举办的南洋劝业会上苏州的碧螺春茶荣获金奖。宜兴戴长卿制作的雨前雀舌在巴拿马赛会上荣获金奖。

民国时期江苏茶叶生产继续萎缩，产区仅存宜兴、吴县、金坛。民国八年（1919），产茶最多的宜兴年产量仅 135 吨。至 1949 年全省仅存 1 000 公顷衰老间作茶园，年产茶叶 255 吨，且以粗老红茶为主。

中华人民共和国成立后，江苏茶叶生产大致经历五个发展阶段：

1949—1957 年为恢复和发展起步阶段。1952 年以前，主要是对宜兴、吴县、金坛老茶区荒芜茶园进行复垦。1952 年，江苏省农林厅设立了茶叶指导所，建立了第一座集科研和生产于一体的江苏省宜兴茶叶实验场，并同时兴建了一批大中型国有茶场。推行了合理规划、条播密植技术；幼龄茶的定型修剪技术；采春茶、留养夏秋茶的采摘制度；引进了部分制茶机械，建成了第一座机械化制茶厂——茅麓茶场初制厂，使江苏茶叶生产开始步入现代科学技术指导的起步阶段。到 1957 年，全省茶园面积达 2 500 公顷，比 1949 年扩大 1.5 倍，茶叶产量 1955 年达 370 吨，比 1949 年增长 48%。1957 年因扦插育苗，剪取穗条或留养茶籽，产量下降为 185 吨。

1958—1970 年为曲折发展阶段。1958 年国务院批转农业部《关于全国茶叶生产会议的报告》，提出“三年超过锡兰，五年赶上印度”的口号。在此形势下，江苏设立了省山区经济作物局。全省茶叶生产出现第一次大发展，新建了一大批地方国有茶场。并集中全省茶叶科技人员的智慧，于 1959 年创制成功江苏第一个名茶——雨花茶。到 1960 年，全省茶园面积达 3 867 公顷，年产茶叶 760 吨，比 1957 年分别增长 1.55 倍和 3 倍；中华人民共和国成立初期建立的国有茶场初步实现了红茶初制机械化；全省大规模推广了短穗扦插育苗技术。

20 世纪 60 年代初期，江苏省茶叶生产下滑。除国有茶场外，集体茶场几乎全部停办，退茶还农，1963 年全省茶园面积为 3 067 公顷，比 1960 年减少 21.7%，年产茶叶 916 吨，比 1960 年增长 20.5%。直到 1964 年、1965 年两次全国蚕茶会议后，在农业部资金和政策的支持下，60 年代中期下滑趋势才有所遏制。1965 年宜兴县陆续兴建了一批规模大、资金负担和劳力分配等经营体制较为合理、规划设计科学的社、队办茶场，为全省树立了样板。同时芙蓉茶场作为全国 6 个试点之一，成功地试制了红碎茶，并直接由上海茶叶进出口公司出口，开创了江苏加工大宗茶批量出口的历史；全省炒烘青绿茶初制基本实现机械化。到 1970 年，全省茶园面积达 4 680 公顷，年产量 2 835 吨。

1971—1984 年为快速发展阶段。1974 年 4 月全国茶叶会议上国务院领导指示：“全国要搞一百多个左右年产 2 500 吨左右的重点县，作为茶叶生产基地”。江苏茶叶生产快速发展，茶园面积相继于 1973 年、1976 年突破了 6 666.67 公顷和 1 万公顷，1977 年茶叶年产量突破 5 000 吨，到 1984 年全省茶园面积达 1.49 万公顷，年产茶叶 7 838 吨。这段时期不仅新茶园发展速度快、规模大，而且在土地、劳力使用中处理好茶场和生产队的关系，推行场长负责、集体承包形式的生产责任制；

开展了密植速生丰产栽培、低产茶园改造和提高红碎茶质量等多项技术研究；开始了无性系茶树良种的引进和推广；大部分茶场实现了红绿茶初精制加工一体化。

1984—1997 年为巩固提高、稳定发展阶段。20 世纪 80 年代中期茶叶产销体制开始由计划经济向市场经济过渡，1984 年茶叶购销全面放开，形成了“多渠道销售、多口岸出口”的购销机制。1986 年出口红碎茶 3 963 吨，创历史最高水平。在激烈的市场竞争中，全省茶叶开始由“扩大面积，提高产量”向“提高单产，提高质量，增加花色，拓宽用途”方向转化。积极创制名特茶，种类迅速增加到 30 多个。全省各地陆续制定了 100 多个各种名茶的企业标准，促使江苏茶叶产销跨入标准化、规范化的起步阶段，名优茶的生产在产量和质量上都取得了长足的发展。与此同时，江苏茶叶生产技术水平也进一步提高，一批先进实用的生产技术如茶叶专用肥、机械修剪、机械采摘、复合膜袋除氧剂包装、茶叶专用冷库储藏等迅速推广；各地积极推行塑料大棚栽培技术；无性系良种逐步转向以早芽、优质、抗性强为目标，推广了一批新品种；名优茶逐步采用机械加工。1993 年全省茶叶总产量达 15 138 吨，投产茶园每公顷产 1 327.5 千克，都创下了历史最高水平。

1997—2007 年为全面提升产业水平阶段。无性系茶树良种迅速发展，引进推广了福鼎大白、龙井 43、龙井长叶、安吉白叶、浙农 113、浙农 117、浙农 139 等一批无性系品种，面积从 1997 年 567 公顷，占茶园总面积 3% 发展到 6 533 公顷，占茶园总面积 22.9%。茶类结构大幅度调整，绿茶产量占 90% 以上，名优茶机械化加工技术全面推广，名优茶成为支柱产品，2007 年名优茶产量增至 5 100 吨，占茶叶总产量的 35%。无公害生产、清洁化加工技术迅速推广，产值持续上升，2007 年茶叶总产值达 12.4 亿元，其中名优茶产值占 70% 以上，2.17 万公顷开采茶园平均产值 58 125 元 / 公顷。

茶叶生产

2007 年江苏茶叶呈持续稳定的发展势头，茶园总面积 2.86 万公顷，比 2006 年增长 6.7%；茶叶总产量结束了多年的徘徊，达 1.48 万吨，恢复到历史最高水平；总产值持续增加，达 12.4 亿元，较 2006 年增长 17%。产业不断提升。2007 年名茶产量、产值分别达到 5 100 吨、9.5 亿元，增长幅度分别为 6.3%、10.5%。江苏茶叶坚持质量第一，实施精品战略，在业内得到普遍赞同，社会影响力和市场知名度得到迅速提升。

（1）茶园基础得到加强。各茶区继续以发展茶树无性系为重点，大力加强茶园基础建设。据统计，2007 年无性系良种茶园面积逾 6 533 公顷，无性系良种茶园的普及率提高到 22.9%。推广林茶、果茶间作等复合生态型茶园建设，形成了一批路沟渠配套、林网配套的现代化茶叶生产新基地，全省通过认定的无公害茶园面积达 90% 以上，绿色食品、有机茶也有很大发展。为了提高茶园抗御自然风险能力，2007 年春，针对早春晚霜危害频繁的特点，部分茶园开始尝试建立茶园防霜冻风扇、遮阳网等设施，取得较明显的效果。

（2）清洁化加工实现重大突破。全省茶叶加工设备技术改造步伐全面加快，引进应用环保型汽热杀青机、微波杀青机等茶叶加工机械。推广标准化、系列化的新机械及名优茶的加工技术，名茶机械加工的普及率全省已达 90%，实施茶叶加工环境的绿化、美化、净化工程，茶叶加工厂环境得到综合整治，杜绝加工污染源，符合现代食品卫生要求的崭新的茶叶加工厂不断增多。制定和执行茶叶清洁化加工的规章制度，严格管理和监控加工过程的茶叶质量安全。改善储藏、包装条件，全面普及推广茶叶低温冷藏保鲜技术，实施茶叶生产全程质量安全控制，使全省茶叶质量安全状况明显改观，质量信誉不断提高。通过 QS 认证的企业 259 家，在农业部组织的全国茶叶质量安全抽检中，连续 5 年合格率达到 90% 以上。

（3）民营经济发展迅速。民间资本投资茶园建设、开发茶产业继续保持增长，民营经济已成为产业的发展主体，全省民营茶园面积比重已达 80%，经济总量已占全省茶叶的 90% 以上。民营经济具有起点高、上规模、与市场结合紧密的特点，它的迅速崛起，为江苏茶产业发展注入了活力，推进社会资源的有效配置，产业内部的组合优化，加速了江苏茶叶的健康发展。茶区的专业合作经济组织建设发展迅速，已建立茶叶行业协会的市、县（市、区）有南京、苏州、无锡、常州、镇江、金坛、句容、锡山、吴中、仪征等。各地还成立了白茶合作社、外贸茶叶合作社、碧螺春茶叶合作联社等多种形式的茶叶专业合作社。组织化程度的提高对提高竞争力、适应市场经济发展起到了积极的推动作用。

（4）品牌优势日益显现。茶产业是步入市场经济最早的产业之一，经过多年激烈市场竞争的磨炼，全行业无论是各级领导还是经营者、茶农，质量标准意识、市场意识、品牌意识普遍增强。有一定规模的茶场都有独立的注册商标、企业标准、名茶品牌，全省已制定茶叶地方标准 42 部，拥有省著名商标 13 个，省级以上名牌农产品 18 个，已通过绿色食品、有机食品认证的茶叶单位 50 多家。各地为弘扬茶文化，引导茶消费，举办诸如南京雨花茶节、苏州碧螺春茶文化旅游节、溧阳茶叶节、宜兴阳羡茶文化节、仪征绿杨春早茶文化节等多种茶叶节庆，宣传推介产品，扩大茶产业影响。

（5）产业发展空间拓宽。茶叶深加工和休闲观光农业的发展成为江苏省茶产业链延伸的重要方向。以茶多酚、速溶茶、超微粉茶为主的深加工产品生产和销售有了较大幅度的增长，其中速溶茶年加工消耗原料 1.5 万吨，茶多酚的销售突破 1.5 亿元，超微粉茶的生产销售连年翻番，其应用涉及食品、医药、化工等领域，显示了茶叶深度加工产品的广阔发展远景。茶文化和休闲观光农业的兴起，成为产业发展的新亮点。茶叶企业利用周边的旅游环境，涉足观光休闲茶园、茶楼建设，增强了企业活力，提高企业形象，开拓经营渠道方面，收到了良好效果。这不仅推动了茶叶的消费，而且带动了其他三产的发展，活跃和发展了农村经济，改变了茶区面貌，致富了山区农民，推动了山区新农村建设。据不完全统计，全省从事休闲观光农业的茶叶企业达100家，年经营额数亿元。各种茶叶节庆和茶艺茶事活动频繁，品茗休闲，茶文化旅游逐步兴起，从不同的侧面激活了市场，开拓消费需求，促进产业的发展。

江苏省茶叶主产地区

单位：吨、公顷

地区（地级市）	茶叶产量	茶园面积	茶树品种	主要品牌
无锡市	6 791	5 730	福鼎大白、福鼎大毫、龙井系列、浙农系列、鸠坑种、槠叶种	阳羡雪芽、无锡毫茶、太湖翠竹、竹海金茗
常州市	3 317	7 200	福鼎大白、龙井系列、浙农系列、鸠坑种、槠叶种	金坛雀舌、茅山青锋、天目湖白茶、翠柏、寿眉
南京市	2 109	6 107	龙井系列、鸠坑种、槠叶种	雨花茶、翠眉、金陵春
镇江市	1 276	4 171	福鼎大毫、龙井系列、浙农系列、槠叶种	金山翠芽、茅山长青、吟春碧芽

本表以2007年茶叶产量为序。

江苏省茶叶主产县

单位：吨、公顷

县（县级市）	茶叶产量	茶园面积	茶树品种	主要品牌
宜兴市	6 352	4 993	福鼎系列、龙井系列、浙农系列、槠叶种、鸠坑种、宜兴群体种	阳羡雪芽、竹海金茗、碧螺春
溧阳市	1 782	4 401	安吉白叶茶、福鼎大白、槠叶种、鸠坑种	天目湖白茶、水西翠柏、南山寿眉、沙河桂茗
金坛市	1 300	2 465	福鼎大白、龙井系列、浙农系列、槠叶种	金坛雀舌、茅山青锋
高淳县	648	935	福鼎大白、龙井系列、槠叶种	雨花茶、金陵春
南京江宁区	607	2 417	龙井系列、槠叶种	雨花茶
溧水县	603	1 441	龙井系列、槠叶种	雨花茶、翠眉
句容市	495	2 395	福鼎大毫、龙井系列、浙农系列、槠叶种	茅山长青、金山翠芽、春毫
仪征市	456	2 062	槠叶种、鸠坑种、宜兴群体种	绿杨春
丹阳市	441	767	福鼎大白、槠叶种、鸠坑种	吟春碧芽、凤美剑毫
苏州吴中区	295	1 833	洞庭山群体种	碧螺春

本表以2007年茶叶产量为序。

产业政策

江苏省经济发达，劳动力成本高，宜茶自然资源有限，是茶叶的大销区小产区，自产茶产量约占省内销量的1/3。因此，近年来，江苏茶产业发展定位于“优质、省工、清洁、节能”，发挥名茶优势、质量优势和效益优势，坚持实施精品战略，以名优茶为支柱产品，积极发展深加工茶制品和再加工茶叶产品，巩固提高大宗绿茶。扩大无性系良种面积，推广复合生态茶园建设、茶树病虫害综合防治、名茶加工机械化、清洁化加工、茶园灾害防除设施应用等技术，积极开拓市场，宣传推介品牌、全面提升茶产业整体水平。根据上述产业发展总体思路，各级财政给予相应的资金扶持。一是通过国有茶场茶园更新改造、农业三项更新工程、丘陵山区农业开发等项目对发展无性系良种给予补贴，补贴标准4 500～11 250元/公顷；二是通过项目对开展清洁化加工，进行厂房改造、机械设备更新给予20%的经费补贴；三是在农机补贴，对茶场购置保鲜冷库、杀青机等给予定额补贴；四是鼓励建设无公害、绿色、有机产品基地和品牌创建，对通过“三品”认证和获得各级名牌产品称号给予1 000～5 000元奖励；五是把茶叶纳入农业标准化建设，每个标准的制定和宣传给予2万元补贴；六是建设省级茶树基因库和地方品种种质资源保护圃，以及省级茶树良种繁育示范场。

茶叶加工

江苏省主要茶叶加工企业

单位：万元、吨、公顷、吨/年

名　　称	销售额	茶叶产量	茶园面积	加工能力	品牌
南京溧峰集团	1 200	240	307	400	溧峰
江苏鑫品茶业有限公司	1 200	100	133	200	鑫品、鑫园
苏州洞庭山碧螺春茶叶有限公司	1 200	10	133	15	玉品
茅山青锋茶业有限公司	1 100	75	133	150	金鹿
丹阳市迈春茶场	1 000	20	80	50	吟春碧芽
宜兴市盛道茶业有限公司	900	20	67	40	盛道
宜兴市乾元茶场	850	15	60	30	宜竹
南京雪松茶业有限公司	700	1 000	667	1 000	雪松
江苏省前峰茶厂	600	100	87	200	前峰
仪征市绿阳春茶叶有限公司	500	100	133	150	捺山

数据来源：江苏省茶叶学会，以2007年销售额为序。

茶叶市场

江苏是茶叶的大销区、小产区，地产茶叶以内销为主，部分名茶和低档绿茶出口。内销茶除传统名茶洞庭（山）碧螺春外，其他以本地直销为主，很少进入市场流通。占据江苏茶叶市场的主要是来自省外各茶叶主产区的产品，门市销售方式有传统茶叶老店、连锁店、产区直销店和商场专柜。较大的茶叶专业批发市场主要分布在南京、苏州和溧阳，其他在茶叶集中产区有一些小型、季节性茶叶产地批发市场。

2007年，江苏省茶叶贸易主要企业及销售额：徐州老同昌茶叶有限责任公司，3 800万元；苏州三万昌茶业有限公司，3 325万元；宜兴市项珍茶业合作社，2 667万元；扬州市大自然茶业有限公司，1 150万元。

2007年，江苏省主要茶叶批发市场及市场面积：南京江苏正大茶城，9 200平方米；苏浙皖边界市场茶叶交易中心，8 000平方米；南京下关茶叶市场，8 000平方米；苏州市茶叶市场，6 000平方米。

茶文化

江苏茶文化底蕴深厚，早在唐代就有诗人皮日休和陆龟蒙分别以茶坞、茶人、茶笋、茶赢、茶舍、茶灶、茶焙、茶鼎、茶瓯、煮茶为题写就的《茶中杂咏并序》和《奉和皮子十咏》组诗，为后人留下一段茶人佳话。茶圣陆羽曾在江苏游历考察，留下诗作、遗迹；与茶有关的地名、传说遍及江苏各地，如无锡的天下第二泉、镇江的江南第一泉、茶亭、茶山等，有待进一步发掘整理。近年来，为弘扬茶文化、引导茶消费，发展茶产业，各地举办了以茶为主题、内容丰富、形式多样的茶事节庆，开发了一批以茶产业为基础的休闲观光景点，这是近年江苏茶文化发展的两个特点。

茶事节庆

溧阳茶叶节　江苏最早的茶事节庆，溧阳市政府主办，1991 年第一届，到 2001 年每年一届，2003 年开始每两年一届，举办时间在 4 月下旬，其间进行名茶评比、展示，经贸洽谈，茶文化书画展，大型文艺表演等，推动溧阳市茶产业发展，打响了天目湖系列茶品牌。

南京雨花茶节　南京市人民政府和江苏省农林厅主办，南京市农林局承办，每年 4 月中下旬举行，直接面向市民，展示名茶精品，普及科学饮茶知识，宣传推介品牌。

碧螺春茶文化旅游节　苏州市吴中区人民政府主办，每年 4 月中下旬举行，其间进行碧螺春炒制能手竞赛、民间文艺表演，组织茶乡旅游。

绿杨春早茶文化节　仪征市人民政府主办，每年 4 月下旬举行，组织茶乡旅游、茶书画展、茶文化知识讲座、茶精品展示。

科研教育

1. 科研　江苏茶叶科研可以追溯到光绪 34 年(1908)，在清政府两江总督端木方支持下，江南商务局在南京紫金山麓的霹雷涧设立江南植茶公所，是全国最早的茶叶研究机构，辛亥革命以后停业。

无锡市茶叶研究所　1952 年创建，定名为江苏省宜兴茶叶实验场，1958 年下放为县管，改名为江苏省宜兴县茶叶实验场，1962 年与宜兴阳羡茶场合并为宜兴县茶竹实验场。1964 年与阳羡茶场分开，改名为宜兴县川埠茶场。1981 年 5 月经省政府批准，改名为镇江地区茶叶果树研究所，1984 年 5 月改名为无锡市茶叶研究所，沿用至今。该所以茶树引种、丰产栽培、茶叶加工为主要研究内容。

无锡市茶叶品种研究所　1966 年 4 月经江苏省人民委员会批准，组建无锡市太湖茶果场茶叶试验站。1975 年更名为无锡市梅园茶果场茶叶试验站，1979 年改名无锡茶叶研究所，1984 年改用现名，1998 年增挂江苏省茶叶研究所牌子。该所以茶树品种及种质资源引进和保存、品种选育和配套加工以及茶树病虫害预测预报防治技术为主要研究内容。

2. 高等教育

宜兴农林学院茶叶专业　在省农林厅和省山区经济作物局支持下，1958 年，宜兴农业学校在原中专校的基础上增办大专班，增挂宜兴农林学院牌子，设农学、林学、茶叶 3 个专业，学制三年。茶叶专业师资由浙江农学院引进，1958—1960 年每年各招一个班。1962 年，经省委同意，宜兴县委决定停办宜兴农林学院，至此该校共培养茶叶专业大专毕业生 49 人。

苏州蚕桑专科学校茶叶专业　1978 年经省革命委员会批准在苏州蚕桑专科学校增设茶叶专业，面向全省招生，学制三年，当年招生一个班，基础课在本校上，第三年在安徽农学院茶叶系接受专业课教育。因师资、设备和教学基础等方面的困难，1979 年省革命委员会高教局、农林局报农业部批准，于 1981 年停止招生。

南京农业大学园艺学院茶学专业　2003 年南京农业大学根据学科发展需要在园艺学院增设茶学专业，引进黎星辉博士为学科带头人、聘请江苏省农林厅研究员张定为兼职硕士生导师，当年招收硕士研究生 2 名，2007 年已毕业硕士研究生 3 名，在校硕士生 10 名、博士生 4 名。

江苏农林职业技术学校　2002 年在句容农业学校的基础上升格建立，2006、2007 年两年招收两届茶艺专业学生。

3. 中等教育

宜兴农业学校茶叶专业　1957 年，省农林厅批准在宜兴农业学校增设茶叶专业（中专），由省农林厅、省山区经济作物局技术干部任兼职教师，在宜兴阳羡茶场设分校，三年级学生在茶场学习专业课程，学制三年，1960 年毕业学生 123 人；1958 年招收 4 个班，1961 年毕业 144 人；1959 年招收 1 个班，1962 年毕业 35 人。1962 年经省委同意，宜兴县委决定停办该校。

句容农业学校茶叶专业　1982 年省农林厅报省政府批准，决定在句容农业学校增设茶叶专业，学制三年，面向镇江地区招生。1983 年暑假开始招生，由省农林厅投资新建教学制茶厂房、购置安装制茶机械设备，在原有 2 名茶叶专业教师的基础上先后引进华南农学院、安徽农学院、苏州蚕桑专科学校茶叶专业毕业生组建了茶叶专业教研组。1983—1997 年共招收 10 届 10 个班共计 264 名学生。

大事记

2000 年　农业部“948”项目《超微粉茶加工设备及配套技术》立项实施。

2002 年 5 月　中国茶叶学会第七次代表大会在南京举行。省茶叶学会举办“陆羽杯”名优茶评比 10 周年纪念暨“钟山之韵”电视颁奖晚会。

2003 年　茶产业被省政府列入江苏农业 16 个主导产业之一。

2004 年 4 月　省农林厅、省茶叶学会在南京市清凉山公园举办“2004’江苏茶精品节”，弘扬茶文化，展示茶精品，政府黄莉新副省长、人大俞敬忠副主任亲临现场。“名特茶机械加工和配套技术推广”成果获江苏省政府农业科技推广二等奖。

2005 年 11 月　江苏省茶叶协会在无锡召开成立大会。

2006 年　茶叶清洁化加工列入农业三项更新工程项目，全省范围内茶叶加工厂房设备改造全面展开。

2007 年 3 月　省农林厅在镇江召开茶园防晚霜现场会，镇江市农林局园艺站演示了日本引进防霜冻风扇的使用及效果。无锡市茶叶品种研究所被省农林厅确定为茶树品种基因库。

（江苏省农林厅　张　定）

浙　江　省

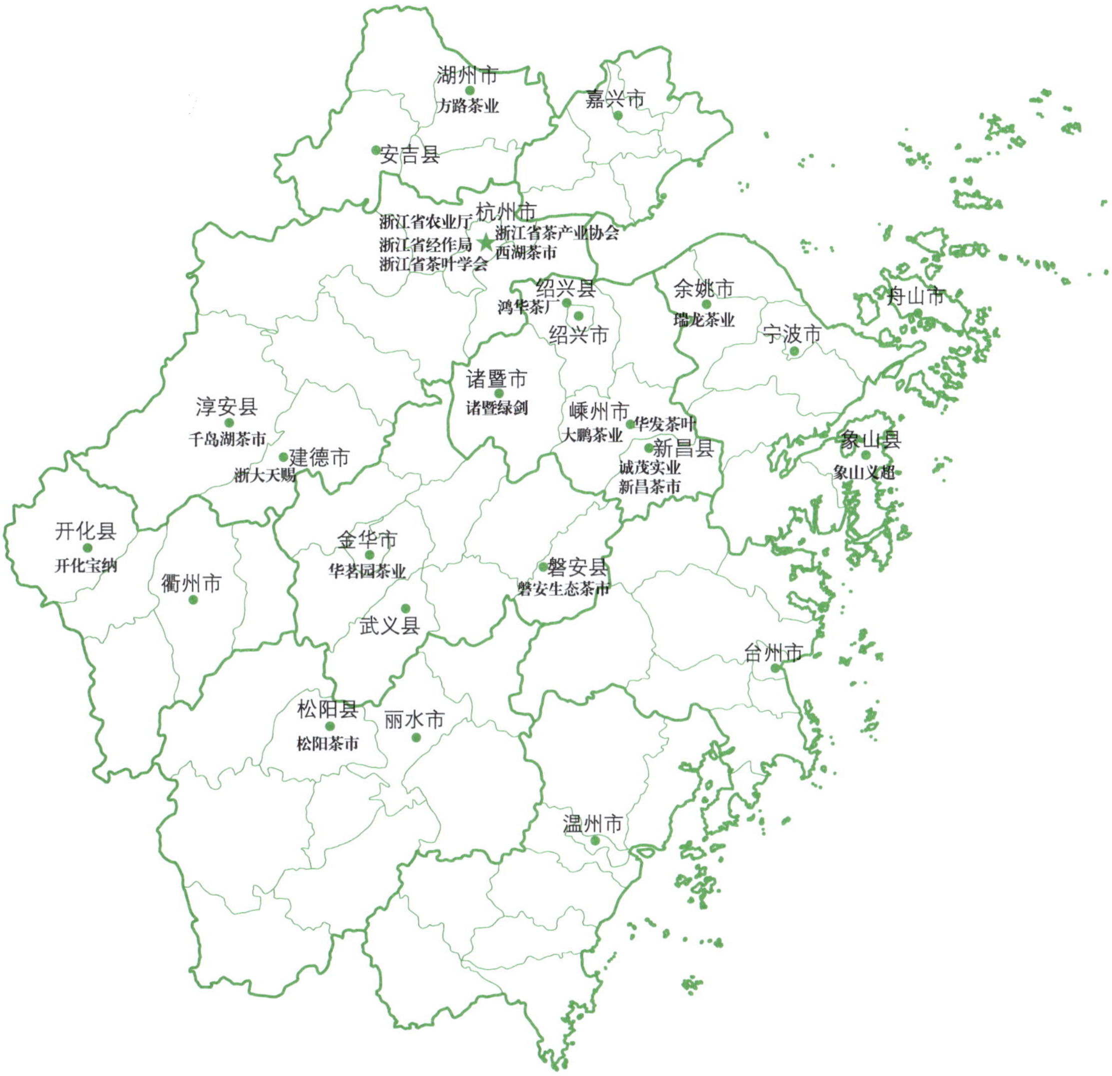

浙江省是茶树最适生产区之一，是全国重点产茶省之一，茶叶生产历史悠久，是传统的优势产业。茶叶生产以绿茶为主，主要集中在浙西北、浙东、浙南三个茶区。珠茶、眉茶、蒸青茶、名优茶等在国际贸易中有较高的市场占有率，出口量占全国绿茶出口总量70%左右，占全球绿茶贸易量的近60%。特别是以龙井茶为龙头的名优茶，以蒸青茶和有机茶为主的新产品，优势突出，市场竞争力强。2007年浙江省茶园总面积16.89万公顷，无性系良种茶园面积8 913公顷，2007年茶叶总产量16.02万吨，产值达56亿元，茶叶出口量、出口额，名茶产量、产值均居全国之首。

浙江省茶业基本情况

项　目	数量	单位	项　目	数量	单位
茶园面积	16.89	万公顷	行业销售额	46.25	亿元
茶叶产量	16.02	万吨	年加工能力	300 000	吨
茶农户数	80	万户	精制茶产量	34 200	吨
企业数	138	个	城镇居民茶叶消费	0.5	千克／人

发展历史

浙江素称“丝茶之府”，产茶历史悠久，从汉代名士丹丘子《神异记》浙江余姚四明山有大茶树、《临海县志》引抱朴子《园茗》葛元植茶、吴兴郡茗岭“课童艺茶”以及乌程侯孙皓以茶代酒等茶事活动中，推论浙江茶叶起源应追溯到汉代以前，距今已有2 000多年历史。

当然从近来学术上争论的跨湖桥遗址出土的“茶树种子”和“茶釜”来看，浙江茶叶种植可追溯到8 000年前。

南朝时期，浙江茶叶已列为贡品，有专做贡茶的御茶园，《吴兴记》记载：“乌程县西二十里有温山，出御荈。”陆羽《茶经·七之事》所引《续名僧传》：“宁释法瑶，姓杨氏，河东人，永（元）嘉中过江，遇沈台真，请至武康小山寺。年垂悬车，饭所饮茶。”

隋代，永嘉就已产茶，《永嘉图经》记载的茶事就在隋初，陆羽《茶经·七之事》：“永嘉县东三百里有白茶山。”

唐代，浙江茶叶已具有相当的规模，茶叶采制、运销、品饮也得到很大发展，唐时浙江茶区有10州55县产茶，与现在浙江省的产茶县市基本接近。浙江茶叶的对外传播也始于唐，唐永贞年间（804），日本和尚最澄来中国学佛，居天台国清寺，学习天台教义，受天台宗教法和《摩诃止观》等书抄本，又受大乘的圆顿戒。805年春，最澄回国时带回大量茶籽，种于日本滋贺县，同时他也将饮茶文化带回了日本，并且借助他作为日本天台宗创始人的影响力，将饮茶活动导入了日本的寺院佛堂、上流社会。

宋代是浙江茶叶的繁荣时期，宋朝迁都杭州后，产茶、制茶技术日益提高，产量和品种也不断增加，尤为突出的是发明了炒青绿茶的制法，宋朝徽宗皇帝赵佶（1082—1135）撰写《大观茶论》这一绝世茶书，把北宋的贡茶推到顶点。

宋代浙江11个州府中除嘉兴外有10个产茶，产茶县达到63个，全省产茶数量达2.77吨。宋代浙江名茶已达40多个品种，以杭州西湖茶区的宝云茶、香林茶、白云茶和绍兴茶区的日铸茶、卧龙山茶等最为著名。

元时的江浙一带盛产茶叶，但在全国率先放弃了复杂的点茶法，而采用了散茶直接泡饮法、煎饮法。浙江有大量的新鲜散茶供给，以致使饮茶者不用为丢掉大量的茶渣而感到可惜。元时是浙江茶叶生产的转折期，各种茶的产品形式都有表现，茶产品多样化带来了饮茶法的多样化。元末的王祯在《王祯农书》（1313）《茶》中作了总结：“茶之用有三。曰茗茶、曰末茶、曰蜡茶。凡茗，煎者择嫩芽，洗以汤泡，去薰气，以汤煎饮之，今南方多效此。然末子茶尤妙，先培芽令燥，以供点试，南方虽产茶，而识此法者甚少。蜡茶最贵，而制作亦不凡，择上等嫩芽，细碾入箩，杂脑子诸香膏油，调和如法，印作饼子制样，任巧候干，仍以香膏油饰之，其制有大小龙团，带胯之翼，此品唯充贡献，民间罕见之。”

明代是浙江茶叶发展的重要时期，历经唐、宋以后，浙江的茶叶采制技术日趋完善，名茶新品也不断涌现，明代贡茶以芽茶、叶茶上贡，至少有10县的名茶入贡，贡茶推动了名茶的掘起，著名于时的品目有：杭州龙泓（龙井）茶，长兴罗岕茶，四明十二雷，昌化桃枝茶，分水贡芽茶，普陀白岩茶，临安天目茶，雁荡龙湫茶，四明慈溪茶，金华碧乳（举岩）茶，临海上云茶，象山朱溪茶，上虞后山茶，黄岩紫高茶，龙游方山茶等。丰富的茶叶品目，为扩大茶叶产销提供了有利的条件，也使茶叶成为海外贸易的主要商品，宁波是元代以后浙江茶叶对外输出的一个重要港口，明代时宁波的海外贸易仅次于广州而胜于上海，茶叶是当时主要出口商品之一，明万历年间，荷兰东印度公司已将中国茶传入英国等一些欧洲国家，明末清初，在舟山群岛的私人海上贸易中，茶叶是最为大宗的一种。

清代浙江茶叶由兴盛走向衰落，清代茶叶加工由明代沿袭下来，但出现了圆形光润的珠茶和扁平光滑的龙井茶，当时珠茶在欧洲市场上售价较高，被誉为“绿色的金子”。道光二十二年（1842），清政府被迫签订“南京条约”，五口通商后，帝国主义在中国大量倾销工业品并大量收购我国的茶叶，这就促进了茶叶的产销，浙江宁波为通商口岸，与上海一起成为茶叶主要出口口岸，光绪十二年（1886），我国出口茶叶13.4万吨，达到历史高峰。

清代，除继承大部分历史名茶外，还创制了不少新品名茶，如西湖龙井、严州苞茶、泉岗煇白、莫干黄芽、富阳岩顶、九曲红梅、温州黄汤，还有参加巴拿马万国博览会荣获金奖的云和惠明茶、龙泉贡茶、长兴贡茶等，名气最大的是西湖龙井茶，乾隆皇帝曾在乾隆十六年（1751）专程到杭州龙井茶区观看龙井茶的采制，先后到过天竺与云栖等地。

民国时期，浙江茶叶先盛后衰，民国前期，浙江茶叶较为兴盛，从事茶叶购销的茶行、茶栈纷纷兴起，杭州、绍兴、宁波、温州等地是茶叶的主要集散地，精制茶作坊、茶栈林立，设在产地的精制作坊则更多。

抗战爆发，浙江茶叶产销逐渐衰落，据《浙江经济年鉴》统计资料：1940年浙江53县产茶，种茶面积3万多公顷，产茶1.35万吨，外销量在1万吨左右。到了抗战中期，沿海口岸被日军封锁，茶叶外销几乎停滞，国内市场也十分混乱萧条，茶叶价格越压越低，平水、淳安、遂昌等主要产茶地的茶园大部分荒芜，毁茶种粮者到处可见，到了1949年，浙江茶园面积仅剩2.12万公顷，茶叶产量只有0.72万吨。

中华人民共和国成立以后，党和政府对茶叶生产高度重视，制定了一系列方针政策，从资金、物资、技术上大力扶持茶叶生产，迅速恢复和发展了茶叶生产，经过30多年的努力，走出了“短缺期”，拓展了国内和国外两个市场，浙江成为全国产茶大省、出口大省和消费大省。

20世纪50年代初，为适应出口苏联的需要，浙江部分茶区改制红茶，争得了茶叶出口贸易，茶叶产量开始稳步上升。1950年浙江茶叶种植面积2.85万公顷，产茶1.22万吨，到了1956年，种茶面积扩大到5.92万公顷，产茶2.22万吨，1958年后的“大跃进”曾使浙江茶叶严重受挫，经过多年的调整才得以恢复，1983年种茶面积达到18.33万公顷，产茶10.2万吨，占全国的1/4，故当时有“国人四杯茶，浙江占其一”的说法。

制茶技术在中华人民共和国成立后不断改进，设备日趋完善，1949年5月，浙江土产公司茶叶部成立后，即着手精制茶厂的建设，当年先后建起6家精制茶厂。1950年1月，中国茶业公司杭州支公司成立，积极研制开发机械制茶设备，在主要茶区相继建起较先进的精制茶厂。20世纪50年代，奠定了浙江制茶工业的基础，国有精制茶厂承担了原料收购、产品加工、供应出口和内销、边销的任务，到了70年代，全省共有18家国有精制茶厂，精制能力达6.3万吨，已形成了一个茶类比较全面的加工体系。80年代后发展了更多小型的乡镇茶厂，这些小茶厂的兴起，改变了过去基本上由国有茶厂独家经营的局面，形成了一个多渠道、多形式发展的新局面，但也出现了重复建设的弊病。

茶叶出口不断扩大，为国家换取大量外汇，中华人民共和国成立后，浙江茶叶一直把出口创汇作为主要任务，80年代以前，茶叶供求关系紧张，每年都有一半以上茶叶提供出口，如1961年产量1.26万吨，出口0.78万吨；1962年产量1.23万吨，出口0.80万吨；1963年产量1.39万吨，出口0.88万吨；1964年产量1.54万吨，出口0.94万吨。80年代后，浙江茶叶自营出口，中国土畜产浙江茶叶进出口公司成立，出口的国家和地区逐步扩大。

中华人民共和国成立后，茶叶科研、教育事业蓬勃发展，1956年就开始筹建的中国农业科学院茶叶研究所和1978年批准成立的商业部杭州茶叶加工研究所，是浙江茶叶科研的带领机构和主导力量，加上杭州市茶叶科学研究所、杭州茶叶机械科学研究所等科研和推广机构，形成了一个茶叶科研、开发和技术推广和网络，极大地推动了浙江茶叶的发展。

浙江茶叶教育形式多样，有大学本科、大学专科和中专，浙江农业大学茶学系是浙江省最早的茶叶高等教育机构，杭州农业学校茶科是最早的茶叶中等教育机构，杭州农业高等专科学校最早培养茶叶大专学生，另外金华农业学校、丽水农业学校、浙江供销学校等也培养了大批茶叶生产和加工的实用性人才，全国第一个硕士研究生和博士研究生导师都毕业于浙江农业大学茶学系。浙江省农业厅、中国农业科学院茶叶研究所、浙江省茶叶公司、杭州茶厂等单位，根据生产需要开展多种形式的茶叶产销培训班，取得了很好的效果。

改革开放以来，浙江茶叶通过茶类结构调整摆脱了生产大起大落的困境，通过名优茶蓬勃发展创出了茶叶经济持续增长的新路，通过标准化生产的推广促进了茶叶生产整体水平的提升，通过良种繁育与推广有力增强了产业发展后劲，通过茶叶品牌建设全面提高了浙江茶叶的影响力，通过茶叶科技进步有效地促进了产业生产力的提高，通过经营、流通体制改革激活了产业适应市场的应变能力，通过茶文化的挖掘与弘扬为产业发展注入了新的动力。茶产业的快速发展与茶经济的联动，不仅确立了在全国科技领先、效益第一、绿茶出口占绝对主导地位的优势，还赢得“中国茶业看浙江”、“中国茶都”的美誉。同时，广泛的茶文化的挖掘与弘扬，也为推动“茶为国饮”与和谐社会建设作出了积极的贡献。

茶叶生产

2007年浙江省茶园总面积16.89万公顷，比2006年的15.88万公顷，增长6.17%，与1983年历史最大面积18.33万公顷相比，仍处于恢复增长之中；产量达16.02万吨，比2006年15.24万吨增长5.26%，产值达56亿元，比2006年增长13%，产量与产值均创历史新高。

全年全省发展无性系良种茶园面积8 913公顷，完成计划0.67万公顷的133.7%，2007年全省无性系良种面积达8.2万公顷，无性系良种率达48.6%。

由于暖春效应，2007年春茶全省于2月20日左右在浙南、浙中、浙东等地普遍开采，比2006年提早10天左右，创历史普遍开采最早记录。同时，四五月相对平稳的气候有利于春茶生产，洪峰基本没有出现，为采摘质量提高与精工细作创造了多年难得的条件，也促进了高中档名优茶比重的增加。据新昌、淳安、武义调查，2007年春茶高中名优茶比重达65%，比2006年提高了近15个百分点。近1万公顷良种茶园的投产与近2.67万公顷早生良种茶园大面积丰收，促进了名优茶获历年罕见的好收成。

同时，2007年浙江茶叶也暴露出了一些始料不及的情况与问题。主要是采摘劳力紧缺，据各地反映，春茶采茶劳力短缺已从往年的主产区与洪峰期，延伸到2007年的大部分产区和整个生产季节，由于采摘不及时而损失的茶叶已近一成，采摘成本平均比2006年提高20%以上。

浙江省茶叶主产地区

单位：吨、公顷

地区	茶叶产量	茶园面积	茶 类	主要品牌
绍兴市	48 027	33 049	绿茶、黑茶	大佛龙井、绿剑茶、越乡龙井、皇帝、会稽龙井、觉农舜毫、平水珠茶、泉岗辉白等
杭州市	28 207	31 200	绿茶	西湖龙井、径山茶、千岛玉叶、雪水云绿、天目青顶、千岛银针、云石三清、眉茶等
宁波市	22 728	12 796	绿茶	望海茶、余姚瀑布仙茗、奉化曲毫、四明龙剑、天池翠、平平顶芽茶、珠茶等
金华市	17 898	20 769	绿茶、黑茶	武阳春雨、更香有机茶、磐安云峰、浦江春毫、婺州举岩、东白春芽、兰溪毛峰、道人峰等
丽水市	17 491	23 229	绿茶	松阳银猴、金奖惠明、梅峰、仙都笋峰、龙谷丽人、凤阳春、香茶

本表以 2007 年茶叶产量为序。

浙江省茶叶主产县

单位：吨、公顷

县（区、县级市）	茶叶产量	茶园面积	茶 类	主要品牌
嵊州市	17 406	11 749	名优绿茶、珠茶	越乡龙井、华发茶叶、泉岗辉白
诸暨市	11 777	6 566	名优绿茶、珠茶	绿剑、龙井
绍兴县	9 244	5 461	名优绿茶、珠茶、蒸青	会稽龙井
余杭区	8 884	3 511	名优绿茶、蒸青、炒青茶	径山茶
鄞州区	7 098	2 542	名优绿茶、珠茶	东海龙舌、它山堰绿茶
武义县	6 580	7 043	名优绿茶、珠茶、黑茶	武阳春雨、更香有机茶、汤记高山茶
松阳县	6 388	6 703	名优绿茶	松阳银猴、香茶
余姚市	6 259	3 841	名优绿茶、珠茶	余姚瀑布仙茗、四明龙尖
淳安县	6 122	11 603	名优绿茶、炒青	千岛玉叶、鸠坑毛尖
新昌县	5 898	6 353	名优绿茶、珠茶、黑茶	大佛龙井

本表以 2007 年茶叶产量为序。

产业政策

为了加快农业主导产业的发展，省政府出台了《浙江省人民政府关于加快发展农业主导产业推进现代农业建设的若干意见》（浙政发 [2007]17 号），明确茶产业工作重点：“实施‘浙江绿茶全球化推广工程’，全力打造‘浙江绿茶’品牌。优化改造茶厂和茶园，推进茶树无性良种化、茶叶采制机械化，全面推行 QS 认证，着力构建世界绿茶生产、加工、贸易和文化中心。”。同时，加快并进一步明确茶产业发展的目标、实施与政策扶持措施，组织制定了《关于加快发展浙江茶叶产业的实施意见》（浙农产发 [2007]15 号），为浙江省茶产业规范健康发展提供了政策保障。2007 年度特色优势农产品生产基地茶叶及良种繁育基地项目实际下达 17 个，8 个县的先进技术推广得到了专项扶持，累计支持资金 1 100 多万元。

茶叶加工

随着名茶加工机械的不断完善和技术培训力度的加大，2007 年名茶机制技术的推广再掀高潮，全省现有名优茶加工机械 15.94 万台，比 2006 年增 19 000 多台套，是近年来推广应用最多的一年，机制名优茶产量与产值分别达 4.92 万吨和 47.01 亿元，分别占名优茶总产量、总产值的 88.8% 和 85.7% ，名优茶加工机械得到了进一步推广，有效地促进名茶加工工艺规范、名茶质量稳定规格和加工生产力的提高。同时，结合茶厂优化改造工程建设的推进，为解决单家独户无法做到规模化、标准化、清洁化加工的矛盾，出现了专业合作组织联合加工与名茶加工集聚区（加工中心）等新型加工模式。嵊州市通过市、乡、农户共同出资，共投资 1 000 多万建成集聚区 32 家，配置茶叶机械 2 000 多台，解决了 1 000 多户茶农茶叶标准化加工、QS 认证等一系列的问题，取得了明显的示范效应。

随着市场准入制度的实施与质量意识的全面提高，2007 年各地茶叶质量监管和推进 QS 认证工作明显加强。一是进一步扩大了无公害标准应用覆盖率，到 2007 年底，全省已超过 12.6 万公顷实行标准化栽培管理，比 2006 年增加 0.87 万公顷。二是抽检与执法检查工作普遍加强，省、市、县三级抽检制度基本配套。特别是安吉、余杭、临海、新昌、西湖区等实行地理标志、证明商标管理的产区，品牌、质量管理与市场执法、打击不法商贩、维护广大消费者的合法权益的活动已制度化展开，据农业部对浙江省新昌、嵊州、开化、安吉等县 180 个无公害基地茶样抽检，产品质量合格率为 100%；浙江省农业厅抽检 40 个茶叶样品中，合格 39 批次，合格率 97.5%。三是名优茶精制加工比例不断增加、产品质量进一步规范，如新昌县随着经营户投资办厂逐渐增多，龙井茶精制加工条件不断成熟，对茶叶进行了复火干燥与整理拼配的工艺普遍应用，对提升大佛龙井整体质量水平起到了很好的作用。四是随着各地宣传教育力度的加大、政策引导与市场变化，茶厂 QS 认证进度明显加快，全省通过认证的企业达 490 余家。

浙江省主要茶叶加工企业

单位：万元、吨、公顷、吨/年

企业名称	销售额	茶叶产量	茶园面积	加工能力	品牌
浙江华发茶业有限公司	36 223	26 300	10 800	30 000	皇帝
宁波象山义超茶叶有限公司	31 120	18 000	670	2 000	好妈妈
浙江省诸暨绿剑茶业有限公司	30 000	2 300	3 500	3 000	绿剑
宁波瑞龙茶业有限公司	23 000	20 000	3 500	18 000	长城
绍兴嵊州市大鹏茶业有限公司	21 032	16 000	3 333	28 000	ASKIA、PENGYU、祁山
湖州方路茶业有限公司	17 500	50 000	18 700	28 000	方路
浙江鸿华茶厂	15 775	—	—	18 000	大善塔
浙江开化宝纳制茶有限公司	14 000	—	—	—	—
浙江华茗园茶业有限公司	10 008	—	2 400	3 000	华茗园
杭州浙大天赐生态科技有限公司	7 232	1 183	470	1 500	怡可

本表以 2007 年销售额为序。

茶叶市场

2007 年的名优茶产销总体上体现了质量提高、价格上场、交易兴旺的特点。全省产地市场交易量达 7.54 万吨、交易额达 49.85 亿元，比 2006 年分别增 20.8% 和 18.5%。大宗茶中炒青由于市场需求增加，价格有较大幅度上升，平均比 2006 年同期涨 20% 左右；珠茶由于货源吃紧平均每吨上涨 600 ~ 1 000 元，是近年来涨幅最大的一年。但蒸青茶由于出口大幅压减，生产量仅为 2006 年的 60% 左右，蒸青茶鲜叶收购价比 2006 年略低，蒸青茶积压严重，全年出口量仅为 2006 年的 35% 左右。

2007 年全省出口茶叶 19.35 万吨，比 2006 年 18.78 万吨略增，这是浙江茶叶出口首次突破 19 万吨，实现收汇 3.67 亿美元，比 2006 年的 3.3 亿美元增 11.2%。其中，绿茶出口与创汇分别达 16.05 万吨和 3.03 亿美元，分别占全国绿茶出口总量与总值的 71.65% 和 70.5%。2007 年浙江出口茶叶成交均价为 1.9 美元 / 千克，比 2006 年的 1.76 美元 / 千克提高 8%，保持了自 2002 年以来，浙江出口茶叶价格持续恢复性增长的发展势头。

2007 年，浙江省主要茶叶贸易企业：浙江华发茶业有限公司，浙江省茶叶集团有限公司，宁波宇超进出口有限公司，嵊州市大鹏茶业有限公司，宁波瑞龙茶业有限公司（浙江余姚茶厂）等。

浙江省主要茶叶批发市场

单位：万平方米、个、亿元、万吨

名　　称	建筑面积	规划铺位	年交易额	年交易量
绍兴新昌江南名茶市场	10	1 500	6.50	0.60
丽水松阳浙南茶叶市场	5.60	10 000	5.60	2.30
杭州千岛湖茶叶市场	2.96	300	5.62	0.5
金华磐安浙中生态茶叶市场	3.50	678	—	—
杭州西湖茶叶市场	0.60	150	2	0.30

本表以建筑面积为序。

茶叶消费

发达的经济促成了浙江也是茶叶重点销区之一，频繁而忙碌的经济活动与广泛而又密切的迎来送往，带来大量名优绿茶礼品茶的消费，浙江生产的高档名优绿茶50%以上是这类群体消费的。其次浙江休闲消费与文化品位消费也占有较大份额，星罗棋布的茶馆、方兴未艾的农家乐等是茶叶消费的重要场所。第三是办公用茶消费。第四是家家户户客来客往用茶，从这点讲，客来敬茶的传统在浙江可谓传承千秋万代，深入千家万户。

茶文化

1. 茶树良种先进县的评选活动　2007年，浙江省农业厅组织开展了浙江省茶树良种先进县的评选活动，评出富阳市、东阳市、诸暨市、永嘉县、文成县、龙泉市、云和县、天台县、奉化市、普陀区等10个县（市、区）为2006年度浙江省茶树良种化先进县。

2. 茶厂优化改造工程　2007年全省改造618家，完成计划目标500家的123.6%，组织评选了临安市、松阳县、武义县、嵊州市等19个县（市、区）为2006年度浙江省茶厂优化改造先进县，评定了龙泉市金福茶业有限公司、松阳县越玉兰茶业有限公司等27个茶厂为第三批浙江省示范茶厂；同时，为了配合省“强龙兴农”工程的组织实施，配套制定了《强龙兴茶省级示范茶厂标准规划要求与验收办法》、制定了《茶叶强县、茶叶强镇》标准等。

3. 茶叶品牌建设　2007年4月20～22日在杭州成功举办了中国（杭州）国际名茶暨第二届浙江绿茶博览会，成功举办了浙江绿茶高峰论坛；4月20日，省农业厅在省人民大会堂组织召开了“浙江绿茶品牌建设高峰论坛”；组织三家省级龙头企业参加了于5月28至6月2日在莫斯科召开的第五届世界茶和咖啡节、5家企业参加9月中旬莫斯科国际食品节，取得了宣传浙江绿茶、了解国外市场、拓展绿茶贸易业务的良好效果。

4. 2007年茶事活动接连举行　2007年3月6～7日分别由新昌县人民政府举办的“大佛龙井”省人民大会堂拍卖和由苍南县人民政府举办的第二届温州（苍南）开茶节拉开序幕。接着第五届温州早茶节、“武阳春雨”新茶节、首届“千岛玉叶”名茶节暨2007千岛湖“国际茶旅”高峰论坛、浙江省“雪水云绿”敬老茶会、杭州市西湖国际茶文化节等大中型活动接连举行。

由浙江省农业厅与杭州市人民政府举办的包括浙江绿茶高峰论坛、磐安与宁海县的茶叶推广会、名优茶集中展示展销、《浙江绿茶、休闲生活手册》发放等内容的中国（杭州）国际名茶暨第二届浙江绿茶博览会把全省的茶事活动再次推向高潮，充分展现了产茶大省的风采与主导产业特有的茶文化氛围。

绍兴、金华与开化、安吉、诸暨、桐庐等市、县也分别举办了各有特色的茶文化节等活动，2007年县以上举办的茶事活动达40余次，是浙江近年来最为丰富的一年。

浙江省知名茶馆

单位：平方米、万元、个

名称	营业面积	年营业额	连锁店
杭州心源茶楼	3 000	1 000	5
杭州门耳茶坊	1 600	500	6
杭州和茶馆	1 200	700	6
杭州湖畔居茶楼	1 000	—	2

本表以营业面积为序。

大事记

2007年1月23日　浙江省质量技术监督局批准发布了《茶叶生产企业场所与设备条件》省地方标准（DB33/T 627—2007）。该标准适用于对实施食品生产许可证管理茶叶生产加工或分装企业，于2007年2月23日正式实施。

2007年2月4日　由中国国际茶文化研究会和中国茶叶学会主办，浙江省茶叶产业协会、浙江省茶叶学会等单位联办的“2007迎春茶话会”在杭州黄龙饭店举行。中共浙江省委副书记、省政协主席周国富和省级老领导、老茶人、老艺术家等约500人出席。

2007年2月24日　淳安县千岛湖茶叶市场、开化龙顶名茶市场被浙江省工商行政管理局认定为“省区域重点市场”。

2007年3月5日　由苍南县人民政府等单位主办的“第二届温州（苍南）开茶节”在有温州“梅家坞”之称的苍南县五凤乡举行。

2007年3月6日　大佛龙井茶拍卖会在杭州浙江省人民大会堂举行，杭州通策集团公司以8.3万元人民币拍走200克大佛龙井茶。

2007年3月6～7日　连续两日的倒春寒给湖州德清、安吉、长兴三县茶农造成重大损失。

2007年3月9日　“乌牛早”“第五届温州早茶节”在温州体育中心开幕。

2007年3月13～14日　全省桑茶果工作座谈会在湖州召开。

2007年3月16日　为期8天的“武阳春雨新茶节”在武义拉开帷幕。

2007年3月20日　由淳安县人民政府与中国茶叶流通协会、香港阳光卫视联合举办的“首届‘千岛玉叶’名茶节暨2007千岛湖‘国际茶旅’高峰论坛”在淳安开幕。

2007年3月31日　浙江省茶叶学会、桐庐县人民政府在杭州钱王祠联合举办2007年“雪水云绿”敬老茶会。

2007年4月9日　“华发杯”第九届嵊州龙井炒制茶王赛在嵊州市崇仁镇举行。

2007年4月10日　新昌县人民政府在白云山庄举行大佛龙井“茶王大赛”。

2007年4月15日　金华市名茶推介暨“清茗酬知音”万人品茶大会在金华人民广场举行，39家企业品牌在会上亮相。期间，举行了“明清贡茶——婺州举岩”新品面世新闻发布会。

2007年4月17日　浙江省人民政府下发了《关于加快发展农业主导产业推进现代农业建设的若干意见》文件（浙政发［2007］17号）。

2007年4月19日　为期1周的“2007中国·绍兴茶文化节”在绍兴市启动，所属各县（市）同时举办各种茶文化活动。

2007年4月20日　为期3天的“2007中国（杭州）国际名茶暨第二届浙江绿茶博览会”在杭州浙江展览馆开幕，来自浙江、福建、四川、江苏、台湾等地的500多家茶叶企业参加。同日，“浙江绿茶品牌建设高峰论坛”在杭州浙江省人民大会堂举办。

2007年4月21日　全省机制名茶大赛在杭州武林广场举行，26家茶机制造厂参赛，新昌县恒峰名茶机械厂等获得金奖。

2007年4月25日　宁波市人民政府办公厅公布望海茶、印雪牌白茶、奉化曲毫、三山玉叶、瀑布仙茗、望府茶、四明龙尖、天池翠为首届“宁波八大名茶”。

2007年5月8日　由浙江省茶叶进出口有限公司和印度塔塔茶叶公司共同投资的浙江塔塔茶业科技有限公司合同签字仪式在安吉举行。

2007年5月22日　经浙江省工商行政管理局考核，报省政府批准，松阳浙南茶叶市场等28家市场被确认为“省重点市场”。

2007年5月23日　浙江省农业厅授予临安市、松阳县、武义县、嵊州市等19个县（市、区）为2006年度全省初制茶厂优化改造先进县。

2007年6月7日　台州市人民政府在天台县召开了全市茶叶产业发展工作现场会。

2007年6月29日至7月1日　浙江省茶叶产业协会和新昌等部分重点产茶县联合在甘肃省兰州市举办了“浙江绿茶（兰州）推介会”。

2007年7月3日　庆元县农业局执法大队和福建省政府和县农业局执法大队联合行动，共查处掺假茶叶150余袋，约12吨。

2007年7月18日　浙江省农业厅召开全省农资打假新闻通报会，泰顺县某制茶有限公司生产茶叶农药残留不符合农产品质量安全标准案被通报。

2007年8月15日　浙江省农业厅授予富阳、东阳、诸暨、永嘉等10个县（市、区）为2006年度浙江省茶树良种化先进县。

2007年8月18日　由农业部定点市场——浙江嘉善国际农商城建设的嘉善茶城开业。

2007年8月27日　浙江省农业厅经济作物管理局通过《浙江日报》等媒体向社会公开征集“浙江绿茶”品牌标识。

2007年9月6日　绍兴出入境检验检疫局组织所辖地区29家出口茶叶产销企业召开出口茶叶检验监管专项整治工作会议。

2007年10月20日　衢州上洋机械有限公司举办了“制茶清洁化流水线展示展销和高级论坛”，来自浙江、江西、安徽、四川、湖北等18个省（自治区、直辖市）的代表共560多人出席。

2007年10月22～24日　浙江绿茶品牌建设与科技进步培训班在安吉县举行。

2007年10月30日　径山茶、乌牛早茶、三杯香牌茶叶、安吉白茶、绿剑茶等14个茶叶产品被认定为“浙江名牌农产品”。

2007年11月10日　龙泉市举办了“龙泉青瓷实用茶具设计评比”活动。

2007年11月20日　“松阳银猴”国际茶文化研讨会在松阳县举行。

2007年12月9～11日　在第三届中国茶业经济年会上，中国茶叶流通协会授予18家浙江茶叶企业“中国茶叶百强企业”称号。

2007年12月11日　《扁形茶炒制机质量安全要求》强制性省级地方标准通过审定。

2007年12月17日　“浙江·泰顺茶产业发展论坛”在泰顺县召开。

2007年12月19～21日　浙江省茶叶产业协会在天台召开第四次全省茶叶行业协会工作交流会。

（浙江省农业厅经济作物管理局　罗列万　陆德彪）

杭 州 市

杭州茶叶生产历史悠久，茶道文化更是底蕴深厚，经过千余年的传承和发展，这一传统而古老的产业更加醇香馥郁、生机勃勃。目前，西湖龙井、余杭径山茶、千岛玉叶、雪水云绿、鹳山龙井、天目青顶、千岛银针、云石三清茶、长河桂花茶、九曲红梅等以形见长、以质取胜的杭州十大名茶品牌，经保护、开发、整合、宣传，市场知名度进一步提高，以十大名茶为主的名优茶在全市茶业经济中更是占据了主导地位。杭州茶叶不仅品牌和市场知名度在全国有着无以替代的地位，在整个茶业经济中也同样占有重要一席。

浙江省杭州市茶业基本情况

项 目	数量	单位	项 目	数量	单位
茶园面积	3.12	万公顷	茶叶产量	2.82	万吨

发展历史

1. 杭州茶叶的历史渊源 杭州产茶历史记载最早见于三国时代的《桐君采药录》："武昌、庐江（今安徽境内）、晋陵（今江苏武进）好茗，而不及桐庐。"唐上元初年（760），陆羽曾在余杭北苕溪将军山麓（今双溪镇）隐居，环山种茶，凿井得泉，以井泉沏茶品味，潜心著作《茶经》，成为一代茶圣。当时，茶叶已在杭州境内广为栽培，产地遍及钱塘、余杭、临安、富阳、桐庐、建德、淳安、萧山等县，临安所产天目山茶和淳安青溪所产鸠坑茶已属名品。从唐到宋、元、明、清，杭州茶叶生产不断得到发展，成为大宗土特产品，亦为山区农民赖以生活的主要交换商品。南宋《严州图经》曰："州境山谷居多，地狭且瘠，谷食不足，唯蚕业是务，更蒸茶割漆，以要商贾懋迁之利。"清《于潜县志》记述："民之仰食于茶者十之七。"茶叶的加工工艺、饮用方法也在千年历史中演化翻新，茶道文化亦慢慢地从文士圈内走向市井，雅俗共存。自宋至清，杭州茶叶佳茗迭出：宋时分水贡芽被列为贡品，余杭径山茶引种至日本，明时富阳安顶茶和西湖龙井茶声誉鹊起，清时杭州九曲红梅和严州苞茶相继成名。生产的兴旺还带动了贸易的繁荣，清末明初，杭州和淳安威坪成为全省重要的茶叶集散地，每值新茶应市之时，四方商贾云集，成千上万吨的茶叶经此出口销往境内外。

2. 历史文化地位 杭州茶叶的文化地位由历史形成，如前所述，杭州历史名茶的产生已有千余年的历史，早在5世纪，杭州已设立专产贡茶的"御茶院"。西湖龙井茶经千年历史演变，成为绿茶之王，它不仅汇"色翠、香郁、味甘、形美"四绝于一身，且集名山、名寺、名湖、名泉于一体，构成了独特的龙井茶文化。早在唐代茶圣陆羽所著的《茶经》中，就有杭州天竺、灵隐二寺产茶的记述，而龙井茶之名则始于宋，闻于元，扬于明，盛于清。北宋时期，龙井茶区已初成规模，当时灵隐下天竺香林洞的"香林茶"，上天竺白云峰产的"白云茶"和葛岭宝云山产的"宝云茶"已列为贡品。北宋高僧辩才法师归隐故地，与苏东坡在龙井狮峰山脚寿圣寺品茗吟诗，苏东坡以"白云峰下两旗新，腻绿长鲜谷雨春"之句赞美龙井茶，并手书"老龙井"等匾额。到了南宋，杭州成了国都，龙井茶生产也有了进一步的发展。

元代，有爱茶人虞伯生作《游龙井》饮茶诗："徘徊龙井上，云气起晴画。澄公爱客至，取水挹幽窦。坐我詹卜中，余香不闻嗅。但见瓢中清，翠影落碧岫。烹煎黄金芽，不取谷雨后。同来二三子，三咽不忍漱。"表明当时龙井茶已被识茶人视为佳茗。到了明代，龙井茶名声逐渐远播。明万历年的《杭州府志》有"老龙井，其地产茶，为两山绝品"之说。此时的龙井茶已被列为中国之名茶。清代，龙井茶名声更盛，乾隆皇帝6次下江南，4次曾到龙井茶区观茶品茶赋诗。西湖龙井村狮峰山下胡公庙前被乾隆皇帝亲自采摘过的18棵茶树还被封为"御茶"。从此，龙井茶驰名中外，问茶者络绎不绝，并确立了夺魁地位。

中华人民共和国成立后，龙井茶一直被国家列为专用礼品茶。毛泽东、朱德、周恩来等国家领导人曾多次到西湖龙井茶乡视察，毛主席喝了亲自采摘并用虎跑泉冲泡的龙井茶后，高兴地说："虎跑水泡龙井茶，天下一绝。"径山茶亦是历史名茶，它始栽于唐，闻名于宋，和佛文化有着直接的渊源。清嘉庆《余杭县志》载：唐真庵（径山寺前身）开寺僧法钦"手植茶树数株，采以供佛，逾年蔓延山谷，其味鲜芳，特异他产"。这就是径山茶的由来。

唐时每年春季径山寺僧都要举行茶宴、座谈佛经。宋开庆年间，日本高僧先后来到径山寺研学佛道，归国时引径山茶种至日本，并将径山茶宴传至日国，成为现今日本茶道之一宗。除龙井、径山两大历史名茶外，其他被历史称道的还有：桐庐分水贡芽（现为天尊贡芽）宋时被列为贡品，富阳安顶山茶被明朝开国皇帝朱元璋下诏列为贡品，天目山茶（现为天目青顶）明代被列为"六品名茶"。茶叶历史的深厚底蕴使杭州成为中国茶文化的发祥地，也成为杭州这一历史文化名城重要的构成元素。

3. 当代发展概况 抗日战争使杭州茶叶的生产和流通遭受重创，大批茶园荒芜，茶农被迫毁茶种粮，导致栽培面积锐减，产业长期衰落。至1949年，全市茶园面积仅7 800公顷，总产量不到3 000吨，只有抗日战争前的一半左右。

中华人民共和国成立后，国家制定了一系列扶持茶叶发展的方针和政策，加上一些行之有效的技术和管理措施的推广，使杭州的茶叶生产得到了较快的恢复和发展。至1957年，面积增至1.49万公顷，总产量8 253吨，分别比1949年增长91.7%和175%。"二五"时期（1958—1962）受"大跃进"影响，茶叶生产受到严重破坏，1962年总产量跌到4 693吨，低于1951年水平。在以后的调整经济时期，各地贯彻"巩固老茶园，积极发展新茶园"的茶叶生产方针，实行退粮还茶、价外补贴，面积恢复较快，1965年全市茶叶增至1.45万公顷，总产量上升到6 268吨。"文革期间"茶叶生产未受大的影响，保持了逐年增长水平。

党的十一届三中全会后全市茶叶生产进入快速发展期，各县、区集体专业茶园逐年扩大，到1982年全市茶园面积达到4.07万公顷，总产量27 395吨，均创历史最高记录。1983年后茶叶生产实行多种形式的承包制，面积继续有所增加，1985年达到历史最高峰，为4.34万公顷，但由于承包到户后面积小而分散，管理水平参差不齐，加上国家取消了统销和奖售，导致生产出现了较大波动，茶叶总产量下降，大宗茶明显滞销。1986年后，在商品经济大潮中，各地及时转换经营思路，名优茶生产日益受重视，茶业经济由原来的产量型逐步向质量型转变，面积虽从1985年的4.3万公顷逐年下降到1996年的3.2

万公顷，但效益明显提高。在以后的8年中，全市茶叶生产更是实现了质的飞跃，在面积基本稳定的前提下，产量快速增长，产值持续上升。

茶叶生产

全市茶叶生产区，无害化生产技术被普遍推广，生产和加工环境日趋优化，质量安全监督管理工作也逐步规范化。浙江大学、中国农业科学院茶叶研究所等多家国家级科研单位地处杭州，杭州近水楼台先得月，有关生态茶业发展的科研成果率先得到应用。2004年，科技部“十五”攻关项目《茶叶生产全程安全操作规范与控制集成技术研究应用》由杭州承担，按项目要求，从生产、加工、流通诸环节严格实施全程质量控制，大大提升了杭州茶叶质量的内在水平，杭州在生态茶业的发展上也走在了全国的前列。

（1）茶树良种和先进生产技术得到广泛应用，极大地提高了茶叶的品质和产业经济效益。科技兴茶，是大力提升茶产业、提高茶效益的必由之路。杭州茶业的深厚历史底蕴，赋予了今日茶人传承历史和创新科技双重的使命。在良种的应用上，一方面国家和省级传统有性系良种种质资源被得到良好的保护和应用，如著名的“龙井茶”种、还有品性优良的淳安“鸠坑”种等；一方面加大推广无性系早生良种茶，使效益成倍增长。目前全市通过新发展基地和改良老茶园，每年增加无性系早生良种茶1 333公顷左右，总面积为8 800公顷。

在栽培技术上，良种配以良法，实施标准化生产，以合理的栽培模式、科学的培管方法，培植优质高产茶园，并采取综合措施加快低产茶园的改良优化，提高茶叶生产的整体效益。与此同时，无公害生产技术作为发展可持续茶业的一项重要措施在全市被广泛推行，茶叶的品质不再局限于色香味形，更重要的是内在的安全卫生质量水平要有可靠的保证，绿色、有机成为提高茶业竞争力的最重要元素之一。

（2）产业化经营迈出坚实步伐，生产基地化、基地规模化、经营组织化成为当前茶产业发展的重要特征。设高标准基地是实现产业化经营、提升产业档次的基础。全市茶园面积在过去的20年中缩减了25%，但专业化生产的兴起带动了高标准茶叶基地的建设，出口茶基地实行全程机械化操作，有机茶基地执行严格的生产标准，名茶基地强调茶叶品种的适制性要求。

以名茶生产基地为主，全市新发展的基地和经优化改造的茶园大多呈现出规模化、园林化和集约化的特点，连片种植的优质高效茶叶基地达到2余万公顷，产生了一大批重点产茶乡镇和茶叶生产专业村。尤其是近两年来建设的30余家市级都市农业茶叶示范园区更是对茶叶基地建设上水平、上档次起到了极大的推动作用，这些园区区域布局合理，规模化、集约化程度高，连片面积在67公顷以上，区域规模经营面积达到200公顷以上。随着茶叶经济市场化程度的提高，一批具较强竞争力的龙头企业迅速成为产业发展的推动力量，公司连基地，基地带农户，是目前茶叶产业化经营的主要模式。这些龙头企业有较强的质量意识，其经营的基地大多通过无公害、绿色、有机认证。为提高产业的组织化程度和社会化服务水平，市、县级茶叶产业协会相继成立，茶农专业合作经济组织也应运而生，产业协会和农村专业合作组织的建立，在整合产业资源、实施名茶战略、促进茶叶流通、维护茶农利益等方面起到了积极作用。

杭州市茶叶主产县

单位：吨、公顷

县（区、县级市）	茶叶产量	茶园面积	茶类	主要品牌
淳安县	11 603	6 122	绿茶	千岛玉叶
杭州市区	5 912	10 756	绿茶	西湖龙井
建德市	3 601	3 736	绿茶	千岛银针
余杭区	3 511	8 884	绿茶	径山茶
临安市	3 508	2 132	绿茶	天目青顶
桐庐县	3 417	1 571	绿茶	雪水云绿
富阳市	3 159	3 890	绿茶	鹳山龙井
萧山区	1 315	842	绿茶	云石三清
西湖区	643	658	绿茶	西湖龙井
市直属	343	247	绿茶	长河桂花茶

本表以2007年茶叶产量为序。

产业政策

“杭为茶都”，杭州集茶产业、茶文化、茶旅游之大成，杭州茶业树立新的发展理念，实施新的发展战略，在传承中创新，在创新中发展。

（1）合理规划、科学布局，抓好产业基地建设。以杭州都市农业发展规划为先导，遵循效益最大化原则，根据地域特征、环境条件和生产传统划分茶类生产区，合理有效地利用各地的资源和生产优势。以杭州十大名茶品牌为依托，按规模化、专业化、集约化的要求，建立起布局合理、具有明显区域特色和优势的茶叶产业带。杭州是老茶区，在基本稳定现有栽培面积的前提下，不断加快老基地优化改造步伐，培育优质高产高效新茶园。

（2）加快品种结构调整和新技术推广应用，提升生产力水平。科技兴茶是杭州茶业发展的主要方向。利用杭州得天独厚的区位优势，依托国家、省、市三级雄厚的科研力量，大力研究、推广、应用各类先进生产技术，包括良种良法配套的栽培技术、名茶加工工艺的改良、机制名茶技术的深化研究、生态茶业应用技术等，为产业发展提供科技支撑，使茶业经济的增长方式真正转到依靠科技的进步上来，加快茶业科研成果转化，提高茶叶良种化程度。

（3）实施生态型茶业发展战略，确保茶叶卫生质量安全。在巩固已有工作成效的基础上，充分利用由杭州市承担的科技部“十五”攻关项目《茶叶生产全程安全操作规范与控制集成技术研究应用》成果，加速推进杭州生态型茶业的发展。制定和全面实施茶叶卫生质量安全标准，改善生态环境，严格控制农药化肥等农业投入品的使用，加快茶厂优化改造，实施清洁化生产，扩大生态型茶叶基地。强化茶叶质量安全的监管工作，提高生产者和经营者的质量意识和诚信意识，加快茶叶经营企业 ISO9000 质量认证和无公害、绿色、有机茶基地的认定，逐步实现茶产业从无公害生产向绿色、有机的升级。

（4）做大做响茶叶品牌，进一步增强杭州茶叶的竞争优势。市场竞争最后往往表现在品牌的竞争上，就茶叶而言，品牌是质量、文化的集合体，没有统一标准的质量，不可能成为大品牌。缺失文化的内涵，同样也不可能造就大品牌。杭州在茶文化和茶产业上都独具优势，重要的是要通过品牌建设，将这种独有的优势增强放大。其一，品牌不在多而在强，同一品名的茶叶，品牌绝不可滥，要通过整合捏成拳头，把一个品牌做大做响亮，形成品牌共享效应，进而成为名牌。其二，通过传媒和举办、参加各种形式的茶事活动，更好地宣传、推介杭州名茶，让中外更多的人不仅“听到”杭州名茶，更要看到、喝到杭州名茶，尤其是西湖龙井茶。其三，站在保护历史文化的高度，加强对“西湖龙井”茶的保护，加大打击制假售假力度，维护好历史名茶声誉，也维护好“杭为茶都”这块金字招牌。

（5）打破小农经营格局，倡导大茶业发展理念。吸收社会多元化资本，培育茶叶生产、加工、流通龙头企业，以龙头企业联结基地，带动生产发展，促进产业升级；支持和鼓励组建茶叶产业协会、专业合作社，把分散的个体茶农联结到贸工农一体化的联合组织中来，提高茶农的组织化程度和产业的社会化服务水平，增强茶农发展生产和开拓市场的能力；采取多种形式抓好茶叶流通体系建设。发展大茶业，政府的责任是做好引导、协调和服务工作，主体要交给市场，政府不包办代替。

（6）抓好市场建设，拓展茶业经济发展空间。杭州要打造中国茶都，除抓好生产、消费、旅游三大环节外，市场建设也应予以高度重视。第一要提高品牌名茶专卖店的档次，不仅要品位更要有特色，诚信经营，以扩大市场影响，带动名茶销售。第二要创造条件在杭州建设高标准的茶叶专业市场，力争使杭州成为全省、全国重要的茶叶流通集散地，重现历史辉煌。

（7）以茶文化为核心，进一步抓好休闲观光茶业的发展。杭州茶旅游要打环境牌，杭州是著名国际风景旅游城市，西湖的灵山秀水、临安的真山真水、千岛湖黄金旅游线，为休闲观光茶业的发展提供了广阔的空间；杭州茶旅游还要打文化牌，文化是杭州茶叶的灵魂，充分展示杭州茶叶千百年来积淀的深厚历史文化，杭州的茶旅游就有了永恒的魅力和不竭的生命力。

茶叶市场

杭州市主要茶叶批发市场

单位：万平方米、个、亿元、万吨

名　称	市场面积	规划铺位	年交易额	年交易量
千岛湖茶叶市场	2.96	300	5.62	0.50
西湖茶叶市场	0.60	150	2.00	0.30

本表以市场面积为序。

茶叶加工

在加工技术上，既要防止西湖龙井等传统炒制技艺失传，使无以替代的精湛的传统技艺得以代代相袭，确保精制手工名茶的质量和产量，又要根据现代化生产需求，发展机制名茶等新兴工艺，以提高生产效率，适应大生产大茶业发展的要求。

茶文化

杭州的绮丽山水孕育了西湖龙井这朵奇葩，西湖龙井又为美丽的城市增彩添色。西湖龙井茶深藏于168平方公里的西湖群山之中，和杭州这座历史名城相依相存，是珍贵的历史文化遗产，已成为杭州重要的旅游资源之一。西湖龙井茶不仅得到了国家批准实施原产地保护，现有基地还经地方专门立法得以严格保护。小小茶叶和一座城市有着这样密不可分的关系，这在世界上也是绝无仅有的。近些年来，市政府和相关部门为了充分利用杭州得天独厚的人文和自然资源，进一步弘扬茶文化、发展茶经济，推出了一系列的茶文化旅游项目，梅家坞茶文化村、龙坞休闲茶村、龙井山园的落成，中国茶叶博物馆的整合开放，西湖龙井开茶节的举办，梅家坞、龙井、龙坞都市农业茶叶园区的建设，进一步拓宽了杭州休闲观光旅游的空间，提升了杭州城市的品位，也扩大了西湖龙井茶在国内国际的影响。多少国内游客和外国友人为西湖山水的美和龙井茶叶的绝而赞叹不已。人们在领略了西湖龙井茶的魅力之后，也更多地了解了这个城市丰富的内涵，读懂了她天然去矫饰的美丽。

（杭州市农业局）

绍 兴 市

绍兴县
绍兴县林业局特产站
鸿华茶厂
两溪茶厂
御茶村茶业
和兴茶厂

绍兴市
绍兴市经济特产站
绍兴市农科院茶科所
绍兴市茶叶学会
绍兴市茶产业协会

上虞市
上虞市农林渔牧局农技中心

诸暨市
诸暨市农业局特产站
诸暨绿剑
越都茶业

嵊州市
嵊州市林业局茶叶科
华发茶业
大鹏茶业
春力茶业

新昌县
新昌县农业局茶叶总站
诚茂实业

绍兴是全国最大的产茶地市之一。茶文化历史悠久，底蕴深厚。茶业规模宏大，实力雄厚，茶叶产量约占浙江省 1/3，产值约占全国 1/10，加工出口绿茶占世界绿茶出口量的 60%。绍兴还是茶道的发源地、中国珠茶的发源地和全国最大的"龙井茶"原产地保护区域，也是全国最大的出口茶叶加工基地和茶叶机械制造中心，堪称绿茶之都。

浙江省绍兴市茶业基本情况

项 目	数量	单位	项 目	数量	单位
茶园面积	3.63	万公顷	行业销售额	36	亿元
茶叶产量	4.5	万吨	年加工能力	100 000	吨
茶农户数	25	万户	精制茶产量	80 000	吨
企业数	67	个	城镇居民茶叶消费	0.75	千克/人

发展历史

绍兴地处长江三角洲南翼，下辖绍兴县、诸暨市、上虞市、嵊州市、新昌县和越城区，面积 8 256 平方公里，人口 435 万，其中市区面积 339 平方公里，人口 64 万。绍兴历史悠久，名人荟萃，素有水乡、桥乡、酒乡、书法之乡、名士之乡的美誉，是首批国家级历史文化名城、首批中国优秀旅游城市，是长江三角洲南翼重点开发开放城市。绍兴在培育了古越文化的同时，也培育出众多享誉世界的物产，创造了具有鲜明特色的灿烂文化。在丰富的物产与灿烂的文化中，绍兴茶叶以其悠久的历史、强势的品牌、深厚的文化底蕴、雄厚的产业基础，而成为茶界的佼佼者，一直在全国乃至世界茶业中占有重要地位。

据考证，绍兴茶叶始于汉，兴于唐，盛于宋，至清代进入鼎盛。

始于汉。据《神异记》载：当时上虞东南山区一带已经发现野生大茶树，并开始采制茶叶。

兴于唐。唐代越州（今绍兴）盛产茶叶，由原来的生煮羹饮法改为蒸青法，制团饼茶。

盛于宋。宋代，绍兴府率先用炒青法代替传统蒸青法制茶，日铸茶名声鹊起，吴处厚在《青厢杂记》中云："越州日铸茶，为江南第一。"王安石在《议茶法》中说："夫茶之为民用，等于米盐，不可一日以无。"饮茶已成为人民的生活习惯。宋高宗三十二年（1162），绍兴府产茶 192.5 吨。

清代是绍兴茶业的历史鼎盛时期，绍兴平水一带茶农改革制茶工艺，创制珠茶。康熙年间，珠茶出口英国，价格可与珠宝相比，被称为"绿色的珍珠"。

清末和民国时期，茶业衰落，至 1949 年绍兴 5 县茶叶种植面积仅为 5 160 公顷，产茶 3 580 吨。1936 年在嵊县三界建立了中国第一个茶叶良种改良场和茶厂。

中华人民共和国成立后，特别是 20 世纪 80 年代以来，绍兴茶业得到了快速发展。目前，绍兴市是全国茶业经济最为发达的地区之一。全市茶业基础规模大，集聚程度高，门类齐全，传统特色显著，发展水平领先，产业素质高。已形成从生产、加工、贸易、综合利用、茶机制造到茶文化建设、社会化服务等各个方面协调发展的产业体系。目前，全市茶园面积达 3.6 万公顷，外拓茶叶基地 10 多万公顷，茶叶产值约占全国 1/10、产量占全省 1/3，是全国最大的产茶区和最大的绿茶加工、出口集散地。所属三市两县都是全省乃至全国重点产茶区，其中新昌县是"中国名茶之乡"，嵊州市是"中国茶叶之乡"，诸暨市是"中国无公害茶叶之乡"。2001 年绍兴茶产区被国家质检总局确定为越州龙井茶原产地保护区。大佛龙井、绿剑、越乡龙井、觉农舜毫、会稽龙井等名茶佳品，成为当今名茶谱中的奇葩，畅销海内外。目前，绍兴市正由茶叶大市向茶叶强市、"绿色茶都"迈进。

茶叶生产

2007 年，全市茶叶生产继续保持良好发展态势。全市茶园面积 3.63 万公顷，茶叶总产量 4.5 万吨，产值达 14.6 亿元，其中名优茶产量 1.4 万吨，产值 12 亿元；蒸青茶产量 1 210 吨，产值 5 024 万元；加工珠茶 10 余万吨，茶叶加工、服务产值 21 亿元，整个茶业总产值达 36 亿元。

近几年来，在各级党委、政府的重视和扶持下，研究制订了《绍兴市无公害茶叶生产系列标准》和各茶叶品牌自己相关标准，全市茶叶标准化体系基本形成；茶树品种改良步子大，以每年增加 1 333.33 公顷左右的速度推进茶树良种化，截至 2007 年底，全市无性系良种面积达到 1.67 万公顷，无性系良种覆盖率达到 45%，超过全省平均水平；通过实施"绿色农产品行动计划"、建立"无公害茶叶生产示范基地"和示范县，全市有机茶、无公害茶生产发展迅速。全市共有 32 家有机茶生产单位企业，获得有机茶颁证的茶园总面积达到 2 000 公顷，有机茶产量 922 吨，产值 5 500 万元；全市共建立无公害茶叶生产基地 3.2 万公顷，生产无公害茶 42 761 吨。同时，绍兴茶商以"敢为天下先"的精神，积极走出去，在江西、福建、安徽、湖北等 13 个省、自治区，通过租赁承包、订单收购、合作经营等形式，外建茶叶生产基地 10 万公顷，年外购珠茶原料 7 万多吨，大大增强了绍兴茶叶的规模和竞争力。

绍兴市茶叶主产县（一）

单位：吨、公顷

县（县级市）	茶叶产量	茶园面积	品 种	主要品牌
嵊州市	21 800	178 000	龙井 43、迎霜、乌牛早、白茶一号、群体种等	越乡龙井、泉岗辉白、皇舜皇云尖、皇帝龙井
绍兴县	6 682	83 000	龙井 43、迎霜、浙 113、浙农 117、群体种等	会稽龙井、御茶村龙井、山娃子龙井
诸暨市	6 570	119 000	迎霜、浙农 117、浙农 139、龙井 43、乌牛早、群体种等	绿剑茶、云剑茶、西子丽人茶、笔峰春茶

绍兴市茶叶主产县（二）

单位：吨、公顷

地区	茶叶产量	茶园面积	品　种	主要品牌
新昌县	5 440	110 000	乌牛早、浙农 117、龙井 43、龙井长叶、浙农 113、白茶一号、群体种等	大佛龙井
上虞市	3 454	52 000	乌牛早、迎霜、龙井 43、群体种等	觉农舜毫、龙浦仙毫

本表以 2007 年茶叶产量为序。

产业政策

近年来，绍兴市委、市政府坚持把茶产业作为农业特色优势主导产业来抓，确立了打造绿色茶都、建设茶叶强市的目标。2008 年，绍兴市政府出台《绍兴市人民政府关于加快发展农业主导产业的意见》（绍政发 [2008]20 号），旨在积极推进茶产业现代化、茶产品名牌化、茶行业规范化、茶文化大众化，建设绿色茶都。意见进一步明确了奋斗目标：到 2010 年，无性系良种覆盖率达到 60% 以上，茶园生产管理无害化率达到 95% 以上，茶叶加工场所符合省标准达到 85% 以上，综合机采机制率达到 60% 以上；外拓茶叶基地稳定在 10.67 万公顷以上，茶叶商品率在 95% 以上；绿茶加工出口保持全国领先地位，培育成国家级茶叶品牌 2～3 种，省级品牌 10 种；名优茶产值达到 15 亿元以上，销售产品通过 QS 认证率达到 100%。

绍兴市各地茶区政府历来也十分重视发展茶产业，每年都下拨专款支持茶产业发展。如 2008 年新昌县人民政府继续出台《关于加快茶叶产业发展的若干意见》，这是继 2000 年以来新昌出台的第四个关于茶产业发展的政策文件，该意见进一步明确从 2008 年到 2011 年，县财政每年安排 300 万元茶产业发展专项资金，支持茶产业发展；嵊州市每年出台扶持政策，仅扶持茶叶生产发展的资金年均就达 500 万元，主要用于良种茶发展、无公害茶培育、有机茶基地建设、品牌建设、展示展销、对外宣传以及对龙头企业和购销大户的奖励等；为了鼓励名茶加工中心的建设，诸暨市政府在 2007 年 9 月出台了《诸暨市人民政府办公室关于推动茶叶香榧生产企业 QS 认证促进特色农业健康发展的意见》，对建设名茶加工中心的企业每家给予 15 万～20 万元补助。2008 年诸暨市委、市府办出台《2008 年度推进社会主义新农村建设政策意见的实施细则》中，对良种化、品牌建设、QS 认证、初制茶厂优化改造都给予了资金扶持。

茶叶加工

绍兴市是世界上重要的绿茶加工、集散中心。全市有各类茶叶企业、合作社 2 000 多家，年销售额 5 000 万元以上的企业 15 家，年销售额 500 万元以上的茶企业 65 家，通过 QS 认证的企业 67 家，其中国家级农业龙头企业 1 家，省级骨干农业龙头企业 5 家，市级农业龙头企业 14 家。在全市的 198 家茶叶精制企业中，10 多家具有自营出口权。全市年加工经营外销珠茶近 10 万吨，占全国外销珠茶的 85% 以上，年最高出口蒸青茶 3 000 吨，占全国蒸青茶出口量的 20%。

绍兴市主要茶叶加工企业（一）

单位：万元、吨、公顷、吨/年

名　称	销售额	茶叶产量	茶园面积	加工能力	品　牌
浙江华发茶业有限公司	36 110	26 300	10 800	30 000	皇帝
浙江省诸暨绿剑茶业有限公司	30 000	2 300	3 500	3 000	绿剑
嵊州市大鹏茶业有限公司	21 032	16 000	3 333	28 000	ASKIA、PENGYU、祁山
新昌县诚茂实业有限公司	20 420	15 000	4 467	25 000	骆驼、福阳
浙江鸿华茶厂	13 510	11 000	533	13 000	—
绍兴县两溪茶厂	12 200	9 000	333	10 000	舜湖
绍兴御茶村茶业有限公司	10 886	7 500	667	20 000	御茶村

绍兴市主要茶叶加工企业（二）

单位：万元、吨、公顷、吨/年

名　称	销售额	茶叶产量	茶园面积	加工能力	品　牌
浙江春力茶业有限公司	10 500	8 000	2 333	20 000	春力、珍珠塔
绍兴县和兴茶厂	8 753	6 500	2 000	15 000	平水珠茶
诸暨越都茶业有限公司	8 623	6 300	267	6 000	骏马

本表以2007年销售额为序。

茶叶市场

绍兴是绿茶生产大市，名优绿茶、珠茶、蒸青茶三类绿茶的销售市场基本稳定。名优绿茶以销国内市场为主，高档名茶主要销往上海、北京等大城市以及日本、美国和中国香港、澳门等国家和地区；珠茶主销国际市场，销售区域遍及非洲、亚洲、欧美等40多个国家和地区；蒸青茶主要出口日本。

目前，全市有规模不等的茶叶专业市场36个，其中浙东名茶市场年交易量达3 500吨，交易额3.8亿元，在全国众多的名茶专业市场中名列前茅。产地名优茶市场成功地解决了一家一户小规模分散经营的名优茶生产的市场销售问题，有力地带动了名优茶生产。全市茶叶生产企业还依托沿边和大城市兴建“窗口”市场，相继在北京、上海、南京、济南、兰州、沈阳等20多个大中城市设立名茶销售中心。如大佛龙井和绿剑茶分别在全国设立了200多个直销窗口，使销量逐年增加。

茶文化

绍兴是绿茶之乡和茶道的发源地。优越的地理环境和深厚的人文积淀孕育了绍兴韵味绵长的茶文化。绍兴的茶文化，从有文字记载的东汉《神异经》算起，已有2 000多年的历史。魏晋南北朝时期，北方战争频繁，物阜民殷的江南水乡绍兴吸引了大批人士、高僧栖居于此，他们或以茶养生，或以茶谈玄，或体味禅茶一味。东晋高僧昙光（286—396），以茶证菩提，被称为“佛茶”之祖。其好茶嗜茶之风，不仅推动了茶业的发展，也极大丰富了茶文化内涵。唐代著名高僧、茶圣陆羽的好友皎然《饮茶歌诮崔石使君》诗云：“越人遗我剡溪茗，采得金芽爨金鼎。”“孰知茶道全尔真，唯有丹丘得如此。”这是茶道在绍兴风行的最好见证。陆羽多次到绍兴寻访茶人、品茗觅泉。唐大历二年（767），陆羽与在越州任职的皇甫冉等人品茗唱和，切磋茶道，《会稽小东山》、《送陆鸿渐赴越》诗流传至今，成为绍兴茶文化史上的一段佳话。唐代中期，在今绍兴县平水镇就形成了颇具规模的茶叶市场，成为浙东茶叶的集散之地。市场的兴起和繁荣，进一步促进了茶业的发展。盛行的茶道，成为浙东“唐诗之路”熠熠生辉的文化内容。宋代，名扬天下的日铸茶（又作日注茶）对蒸青研碾法制作团饼形茶的制作方法作了重大改进，改蒸为炒，改碾为揉，变研膏团为条形散茶，创始炒青之法，茶叶的形、质为之一变，冲泡后色、香更佳。这是我国茶业史上的里程碑事件。清金武祥在《粟香之笔》中说：日铸茶“开千古饮茶之宗”。自从有了炒青，才有撮泡法流波于世，这是绍兴对茶文化的重大贡献。茶业市场得到进一步发展，陆游诗云：“兰亭之北是茶市，柯桥以西多橹声。”“兰亭步江水如天，茶市纷纷趋雨前。”“兰亭美酒逢人醉，花坞新茶满市香。”明代，日铸雪芽（或称兰雪）盛行京师，时人皆以饮兰雪为时尚。清代，绍兴茶人新创了一种外形圆紧，呈颗粒状，色泽绿润，身骨重实，经久耐泡，宛如珍珠的珠茶，并以熙春、贡熙品牌远销欧美和非洲，被称为绿色珍珠。当时，平水成为珠茶加工、出口集散地，“平水珠茶”至今享誉海外，行销不衰。清康熙皇帝巡游江南时，拜谒大禹陵，品饮日铸茶，从此日铸茶成为贡品，采制贡茶的御茶湾，至今茶树青青。乾隆十九年，罢官之后的郑板桥来到绍兴，见城里城外茶馆林立，比之扬州一带，其嗜茶之风尤盛，深感茶道发源之地的不同凡响。

在人文荟萃、茶文化盛行的绍兴，历朝历代先贤无不在吸天地之灵气的佳茗中得到浸润、滋养和陶冶。在流连于稽山鉴水的孟浩然、李白、杜甫、陆羽、白居易、元稹、温庭筠、欧阳修、苏轼、苏辙、晏殊、梅尧臣、范仲淹、郑板桥、龚自珍等文人笔下，芬芳扑鼻的绍兴茶香令人陶醉。阅茶经、读茶诗、谈茶文、诵茶诗、吟茶词、歌茶曲、尚茶联、观茶舞、说茶事……绍兴茶文化因此成为说不尽的话题、写不完的锦绣文章。底蕴深厚的绍兴茶文化，滋养了当代茶圣吴觉农，这是绍兴对茶文化的又一重大贡献。

当今，茶事活动更加丰富多彩。连续举办了中国·绍兴国际茶文化节、茶叶炒制大赛、茶产业发展研讨会等茶事活动，每年组织全市各县（市、区）参加上海、山东、北京、香港等地举办的茶事活动，把绍兴茶文化、茶产品推向国内外。

（绍兴市经济特产站　周煦朝　李腊梅）

安　徽　省

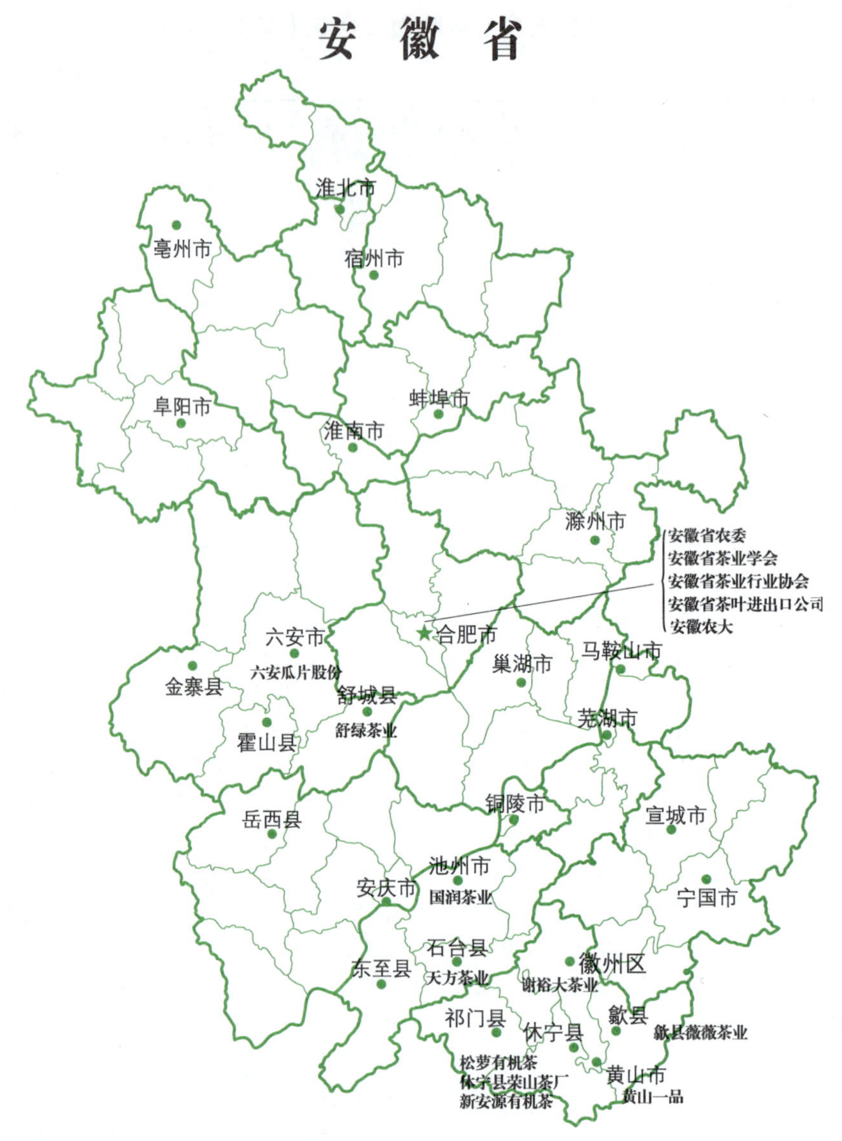

安徽省是中国重要产茶省之一，所产茶类有绿茶、红茶、黄茶和黑茶4种。目前主要是绿茶和红茶，年产量分别占总产量的90%以上和10%以下。安徽茶叶向以品质优异著称，大宗茶叶以屯绿和祁红最为有名，其中祁红以其清香持久，似花似果又似蜜的独特祁门香与印度大吉岭红茶和斯里兰卡乌伐红茶齐名，并称世界三大高香红茶。除此之外，绿茶中历史名茶黄山毛峰、太平猴魁、涌溪火青和六安瓜片等都是中国茶叶名品中的佼佼者。近年来，又有了华山银毫、绿牡丹等令人称奇的新名茶。同时，以霍山黄芽为代表的黄茶、以祁门安茶为代表的黑茶正重新受到市场关注，又将迎来一次发展机遇。全省现有茶园13.6万公顷，其中开采茶园11.5万公顷。年产量7.1万吨，其中各类适合国内市场销售的高档茶叶已达2万吨以上，并也具有很好的国外市场前景。

安徽省茶业基本情况

项 目	数 量	单 位	项 目	数 量	单 位
茶园面积	13.6	万公顷	毛茶平均价格	29.58	元／千克
茶叶产量	7.1	万吨	毛茶产值	21	亿元
茶农户数	100	万户	年加工能力	—	吨
企业数	6 600	个	城镇居民茶叶消费	0.61	千克／人

发展历史

安徽省种茶历史悠久，据史料记载，大约始于2世纪前的东汉时期，距今1 600多年前就开始种植茶树。中国历史上的唐代，陆羽《茶经》中有“舒州、宣州、寿州、歙州”产茶的记述，指的都是安徽境内的茶产区，距今也有1 200多年了。宋代嘉祐六年（1061），全国设13个卖茶山场，安徽就有庐州五同、舒州罗源、太湖，寿州麻埠、霍山5个山场，专卖茶叶，买卖茶叶占当时全国总贸易量45%以上，已成为中国最重要产销区之一。1915年，安徽茶叶产量2.45万吨。1949年，全省茶园面积3.04万公顷（可采面积2.44万公顷），产量7 110吨。中华人民共和国成立后的1949—1978年，安徽一直位于全国前三，1978年后逐渐落后。近几年，一直稳定在面积第六，产量第七的位置。

产业政策

1. 扶持发展阶段 1949—1983年以扶持生产、保障出口为主。为推进茶叶技术进步，自1951年开始征收茶叶生产改进费，截至1981年，按收购金额1%提取，农商按7:3比例使用，省地县按2:2:6分成，一定程度保证了茶叶生产技术改进工作；为促进生产，1954年遵照中央“大力发展茶叶生产”的方针，按收购量给予贷款，增加供应粮食、化肥，协助购买和装备初制茶叶机械，1952—1956年共发放贷款720万元，1952—1958年，全省垦复荒芜茶园1.3万公顷。1958年9月16日，毛泽东主席在舒茶人民公社发出“以后山坡上要多多开辟茶园”的伟大号召。1960年后，为应对三年自然灾害，省委、省政府多次召开山区工作会议，调整经济政策，提出“宜粮则粮、宜林则林、宜茶则茶”的山区生产方针。1968年，安徽省革命委员会在舒茶召开纪念毛泽东视察10周年大会。会后，省主要负责人又提出在皖东发展茶叶生产，由六安地区对口技术扶持。1974—1979年，全省共发放人民公社茶叶初制机械补助资金1 049万元。1978年5月，省委工作会议期间，又召开山区工作座谈会，省委、省政府转发了《山区工作座谈会纪要》，提出因地制宜，贯彻落实山区生产方针，根据山区、半山区、丘陵区、平畈田的不同特点，确定不同的生产重点，实行林粮结合、林茶结合，一业为主，适当集中，多种经营，全面发展的生产布局。省财政支援茶区人民公司信贷483万元。1979年，全省新辟茶园0.47万公顷。

1978年9月16日，农业部、中华全国供销合作总社在舒茶召开纪念毛泽东视察20周年大会。

1981年，省委、省政府又组织考察了江西、浙江茶业政策。8月发出《关于大力发展茶叶生产的决定》（皖发[1981]82号），提出切实加强茶园建设，建立健全生产责任制，合理调整三者利益（国家、集体、个人），经济予以扶持。当年新增茶园9 520公顷，产量上升5 600吨，省农业银行确定贷款340万元。

2. 放任发展阶段 国务院84（75）号文件发布后，茶叶产业、产品结构以及经营机制发生较大调整和动荡。虽然省政府每年均应外贸、供销部门要求出台了多项促进外贸收购的意见、决定等，但对生产方面却采取了观望态度，没有具体的扶持政策。

1983—1989年，国家每年以发布收购指导价的方式指导茶叶企业收购，省里为保障出口货源供应，采取了一些行政计划手段，造成省政府、外贸企业和产区地方政府、地方企业之间产生了许多矛盾和问题，有些一直延续至今仍有影响未除。

为应对市场放开新形势，以农业技术部门为主，针对产销出现的一系列矛盾和问题，主抓了适应内销市场的名优茶开发工作。提出恢复历史名茶、创制新名茶、开辟内销新市场的思路。在外销茶生产上，积极发展初精制联合，鼓励和帮助产区初制企业发展精加工，直接向市场提供成品精制茶，延长产业链，提高生产效益。1985年，农牧渔业部在南京举办全国名茶展评会。共评出名茶11个、优质茶16个，其中安徽省就有名茶3个（天柱剑毫、岳西翠兰、黄花云尖），优质茶1个（泾县特尖）。为鼓励开发名茶，省农牧渔业厅在合肥召开了颁奖会，省政府分管副省长孟富林出席并为获奖单位颁奖。这之后，虽然阻力重重，但在省农牧渔业厅及茶界名人陈椽等的支持下，全省名茶开发工作顺利进行。至1997年省农业厅共举办5届名优茶评比。总体来说，皖西茶区全面行动起来，而皖南茶区由于传统外销意识难以克服，转变困难。皖西茶叶主产县金寨、霍山、岳西、潜山等县农业技术部门组建的名茶开发实体已逐步走出当地向宁、沪、合肥等地推销、宣传新创名茶，取得较好效益。而皖南地区还陷在卡税、卡茶，路卡林立，自我封闭中，并因外销茶购销价差而造成的亏损债务日趋严重。这期间，原购销主渠道的供销系统及所属收购站点和主要精制企业逐步衰落，新的购销体系还未建立起来，茶农和生产企业自产自销，各显神通闯市场。

3. 自主发展阶段 进入20世纪90年代后，省政府层面的作用日益减弱，茶产业在农业技术部门的主导下，主要是立足自身，自我主动适应市场来开展调整发展。名优茶主导的内销市场发展迅猛，稳定了产业，生产效益逐步提高，农民生产积极性得以巩固，扭转了茶叶销售市场仅仅依赖外销一条路的被动局面。并实现从内外并举向内销为主、外销为辅的转变，茶农和生产企业的产销自主权极大提升，同时，产地市场等新生事物也应运而生。90年代初，皖西茶叶重点县岳西县率先在媒体上发布“打开山门、欢迎各地宾客进山购茶”，并减免多种流通税。皖南黄山茶区也开始探索名优茶的生产和开发，市场有所松动。90年代中期，安徽省繁昌县峨桥茶市快速壮大，已被誉为“江南第一茶市”。但省级政府功能的弱化，也带来发展速度不快，整体竞争力提升不大，在全国的位次逐渐下降的新问题，引起了社会各界的关注和质询。虽然2003年把茶业列入省农业十大主导产业之一，但没有实质性思路及措施，整个产业仍处于自主发展的状态。

1998年，安徽省茶业学会和舒城县人民政府联合在舒茶举行了纪念毛泽东视察40周年活动。

进入2000年后，安徽茶产业有了两个变化。一是从2001年起，国务院提出“无公害农产品行动计划”，农业部布置首批实施以鲜食性的茶叶、蔬菜、水果3种作物为主，在全国试点开展。安徽省农业委员会非常重视，在全面布置的同时，落实了茶叶无公害示范经费，从第一年的50万元，逐步增加到每年100万元，一直到2007年，已投入省级财政经费600余万元。省农业委员会以无公害示范为抓手，推动各地开展无公害产地认定和无公害产品认证，从领导层面到社会层面大力宣传食用农产品的质量安全意识，积极迎合市场调整结构，提高效益。至2007年，全省经无公害、绿色和有机认证（定）的茶园面积已达10.7万公顷，占全省总面积的86%，认证产品数量1.5万吨，占全省20%以上，茶产业保持了持续增产增值。二是由于一些主产茶市、县的主要领导人事变动，对地方经济的考虑有了一些新的变化，茶产业地位受到一定重视。如黄山市自2005年起，从民生角度考虑重点打造茶产业。市政府出台了加快发展的意见，制定了发展规划，成立了机构组织，并落实了相应扶持政策，每年市县两级财政共筹集近千万元用于茶叶生产发展，效益显著。4年四大步，每年新增产值效益1亿元以上，70万茶农年人均增收150元左右。产、加、销基础设施建设大为改观，进一步发展实力增强。产值、效益等项指标在逐渐向名优茶开发工作开展较早的皖西茶区的安庆、六安等市靠近。2006年和2007年，安徽省农业委员会特色农产品开发处配合省政府咨询委和省政府政策研究室分别进行了茶产业调研并形成了意见建议，报省政府领导希望引起对茶产业发展的重视。

茶叶生产

安徽省位于中国的东部，介于东经114°54′～119°37′，北纬29°41′～34°38′之间，是一个近海内陆省份。全省南北长约570公里，东西宽约450公里，地跨淮河、长江、新安江三个流域，其中淮河、长江流经安徽的干流长度约在400余公里，把安徽自然分成淮北、江淮、江南三大地理区域。全省土地面积13.96万平方公里，占全国的1.45%，居22位。人口6 675.7万（2007年末统计），占全国5%，居第8位。安徽地处南北气候过渡地带，亚热带和暖温带的过渡线穿过该省中部，从南到北具有南、北方的气候特征，农业生产也具南、北方特色。

安徽省的茶树种植以淮河为界，淮河以北地区不适合茶树生长。全省17个市、105个县（区）中有12个市58个县、市、区产茶，500余万农民从事茶叶生产。2007年统计，全省茶叶面积13.6万公顷，其中开采面积11.5万公顷，年产量7.1万吨。省内茶园面积达1万～5万公顷以上的主产市有黄山、宣城、池州、安庆、六安5市，这5市面积之和达全省面积的80%以上。以长江为界，江南茶园占总面积的74%，产量占总产量近80%；江北茶园占26%，产量占总产量20%多一点。以皖南黄山地区和皖西大别山地区为最主要产区，面积分别占全省50%和10%以上。这两大山区自然环境优越，所产茶叶品质优良，并为著名的旅游胜地，黄山、九华山、天柱山等分布其间。

安徽的茶树品种资源丰富。由于地处南北气候交汇处，江南、江北茶区不同的气候生态条件，蕴育出适宜不同自然条件下生长的优良茶树品种。1980—1984年省农业厅组织对全省茶树品种资源进行普查筛选，共有32个地方品种、2个特异单株入选。其中已有9个被审定为国家级良种，24个省级地方良种。近10多年来，在农业部的支持下，建成了东至、屯溪和金寨茶树良种繁育场，并在祁门省茶科所建立了国家茶树良种育种分中心。目前，全省已建立起多层次的良繁体系，良繁能力达年2亿株左右。

安徽省茶叶主产地区

单位：吨、公顷

地区（地级市）	茶叶产量	茶园面积	茶 类	主要品牌
黄山市	21 318	46 688	绿、红、黑	谢裕大、汪满田
宣城市	20 719	18 294	绿	敬亭绿雪、汀溪兰香
六安市	13 639	20 525	绿	六安瓜片
安庆市	5 614	19 902	绿	天柱、翠兰
池州市	5 107	11 905	绿、红	天方

本表以2007年茶叶产量为序。

安徽省茶叶主产县

单位：吨、公顷

县（县级市）	茶叶产量	茶园面积	茶　类	主要品牌
歙　县	7 334	16 553	绿	汪满田
休宁县	5 577	11 569	绿	新安源、松萝
金寨县	5 481	6 667	绿	安态
祁门县	4 686	10 044	绿、红、黑	祁门香、安茶
霍山县	3 811	3 547	绿	霍山黄芽
岳西县	2 500	8 267	绿	翠兰
东至县	2 348	5 636	绿、红	东至云尖
宁国市	2 030	4 956	绿	瑞草
舒城县	1 926	4 219	绿	舒城小兰花
石台县	1 601	3 659	绿、红	天方、仙霞

本表以2007年茶叶产量为序。

茶叶加工

1. 2007年茶叶加工形势　由于茶叶市场销售形势较好，安徽省各类加工企业均正常经营生产，并且为适应新的市场需求发生两大变化：一是积极寻求全面实现机械化加工成为新热点。各地除了原有的已实现机械加工的茶类外，对一些过去认为只能手工生产的名特茶也开始寻求开发新机型，实现机械化加工。继2003—2005年安徽省农业委员会主持，安徽农业大学为依托，承担农业部“948”项目，在全国率先研制出炒青绿茶初制全自动流水线后，2007年安徽农业大学又攻克了扁形茶的全自动流水线研制，不仅使安徽省的名优特种茶“六安瓜片”、“太平猴魁”等实现机械化加工成为现实，也解决了困扰全国茶界多年的“西湖龙井”等全国类似茶叶实现机械化流水线加工的问题。二是加工企业更新改造，推行清洁化成为新热潮。安徽省新添置各类茶业机械近3 000台（套），资金投入达2 000余万元。特别是安徽省农业机械补贴项目首次覆盖到了茶叶机械，从安徽省地方财政配套的农业机械补助资金中支出149万元，补贴购机1 440台，带动农民投资547.44万元，取得了很满意的效果。

2007年统计，安徽省共有茶叶加工企业6 600余家，年加工量在200吨以上的加工企业200多家，其中外资2家，合资企业数十家（合资方包括国外、省外及行业外资金），地方企业近200家。

2. 主要加工企业及其分布　安徽省的茶叶加工企业主要集中在黄山（4 000余家）、宣城（805家）、安庆（752家）、六安（680家）等市。由于内销市场的不断做大，一直以来，外销企业普遍规模大于内销企业的局面正在发生转化，一批内销企业无论从固定资产规模，还是经营产值、效益都已在省内位居前列。如黄山歙县的汪满田茶场、徽州区的谢裕大茶业有限责任公司、光明茶厂；休宁县松萝有机茶叶开发有限公司、新安源有机茶开发有限公司；六安市的六安瓜片茶叶有限责任公司；池州石台县天方茶业有限责任公司等。

3. 茶叶加工业情况及发展变化　茶叶加工追求机械化，主要是因为劳力愈来愈紧张，人力成本上升快；产品质量要求愈来愈严，食品安全已成为社会关注的焦点之一；市场对规模化、规格化产品的需求愈来愈迫切等原因所致。内销企业不断壮大，是因为内销市场已成为市场主流，成为社会投资、政府扶持的重点，成为茶农增收的重要依靠。

安徽省主要茶叶加工企业（一）

单位：万元、吨、公顷、吨/年

企业名称	销售额	茶叶产量	茶园面积	加工能力	品牌
安徽天方茶业（集团）有限公司	18 438	3 850	2 020	5 500	天方
安徽省六安瓜片茶业股份有限公司	15 320	660	667	482	徽六

安徽省主要茶叶加工企业（二）

单位：万元、吨、公顷、吨/年

名 称	销售额	茶叶产量	茶园面积	加工能力	品牌
黄山市松萝有机茶叶开发有限公司	15 118	8 000	5 333	7 500	松萝山
黄山市歙县薇薇茶业（集团）有限公司	13 962	—	—	—	薇薇
休宁县荣山茶厂（安徽）	12 397	—	—	—	
黄山谢裕大茶业股份有限公司	10 200	—	—	—	漕溪
黄山市新安源有机茶开发有限公司	10 110	6 000	1 667	9 000	新安源
安徽舒绿茶业有限公司	9 145	—	—	—	兰草
安徽国润茶业有限公司	7 624	1 100	1 333	—	润思
黄山一品有机茶业有限公司	6 000	5 000	2 000	8 000	—

本表以2007年销售额为序。

茶叶市场

2007年安徽省茶叶是产销两旺，内销市场和出口市场都取得了不俗的成绩，以峨桥茶市、黄山茶城、霍山大别山绿色商城为主，遍布茶区城乡的产地市场网络起到了沟通产销、促进销售的重要作用。在茶季期间，各地茶市人头攒动，购销两旺。

安徽省茶叶贸易主要企业

单位：万元、吨

名 称	年销售额	年出口量
安徽省茶叶进出口有限公司	56 002	13 000
黄山市松萝有机茶叶开发有限公司	15 118	8 000
黄山市歙县薇薇茶业（集团）有限公司	13 962	7 000
黄山市新安源有机茶开发有限公司	10 110	3 000
安徽国润茶业有限公司	7 623	2 000

本表以2007年销售额为序。

安徽省主要茶叶批发市场

单位：年、万平方米、个、吨、亿元

名 称	开业时间	营业面积	建筑面积	规划铺位	年交易量	年交易额
安徽江南第一茶市	1988	13.5	14	1 160	—	16
霍山大别山绿色商城	2004	—	18	—	8 200	5
黄山茶城	2003	—	5.1	—	4 000	2.3
祁门金东茶市	—	—	4.2	—	2 000	1

茶叶消费

改革开发后，茶叶的购销形式从统购统销变成了自产自销，经济人或企业购销和产地市场购销等多种形式。但产地市场的购销量目前已上升到生产量的70%以上。发生这种变化的原因是因为茶叶生产目前大部分还是以一家一户或数目庞大的小企业生产为主。所以产地市场在集散商品、形成价格、传递信息等方面具有独特的地位，成为茶农了解市场、走上市场的主渠道。

目前内外销茶在茶类生产上没有交叉矛盾，在原料利用上也是分季生产的。从安徽省来说，外销的主要茶类不适合国内销售，购销形式也比较单一。初制产品出来后，基本都是通过精制企业收储和统一加工后，供应口岸或自营出口，和过去差不多。

茶文化

安徽的茶文化积淀是很深厚的。兴盛300年的徽商就是和茶叶的生产、经营、贸易相伴相生的，历史上也留下了许多宝贵的文化遗产，主要存在于皖南的原徽州地区。国务院公布的全国第二批非物质文化遗产目录将黄山毛峰、太平猴魁制作技艺和祁门红茶制作技艺分别选入。

安徽当代茶文化研究与活动开展起步较早。早在20世纪80年代初，安徽农业大学陈椽教授便出版了世界上第一部茶史著作《茶业通史》。1989年，安徽电视台摄制播放4集电视连续剧《茶圣陆羽》。1990年，成立了安徽省茶文化研究会，是全国首个省级茶文化学会。1992年，安徽大学朱世英主编《中国茶文化辞典》，也是首创。1993年陈椽出版《论茶与文化》。2000年，安徽农业大学成立了茶文化研究所。这些，在当时都是开风气之事件，在全国产生较大影响。

21世纪以来，安徽的茶文化研究在全国也有一定的影响。如朱世英、王镇恒、詹罗九主编《中国茶文化大辞典》，詹罗九出版《名泉名水泡好茶》，丁以寿主编《中华茶道》和《中华茶艺》，夏涛主编《中华茶史》，郑建新等编著《徽州古茶事》、《黄山毛峰》、《江南问茶》等。

安徽的茶文化普及推广活动开展不够，没有形成在全国有影响的茶文化节庆活动。中国芜湖国际茶叶博览会有一些茶文化内容，但遗憾的是只举办了3届。霍山县连续举办多届茶文化节，但影响局限在省内。近年来，黄山市、安庆市、六安市开始走出安徽，到北京、上海、武汉、南京等地举办茶文化活动。

总体来说，安徽在茶文化研究方面处于全国领先行列，但在茶文化活动开展方面则处于中间地位。

2007年，安徽省知名茶馆及营业面积：陆和村茶馆，3 000平方米；徽蕴茶楼，2 000平方米；“徽庄”茶餐会所，1 800平方米；御茶园茶馆，1 000平方米。

科研教育

安徽省茶叶科研教学体系也较齐全。1952年全国高校院系调整，复旦大学茶叶专科被调整到原安徽大学农学院，开始茶学本科教育，距今已50余年。目前为部、省重点学科，现有在校生320人；有建所90余年的安徽省农业科学院茶叶研究所和1918年建校的黄山茶叶学校中等专科，培养了大批茶叶科技人员。茶叶专家中最具盛名的是已谢世的陈椽和王泽农两位先生。全省现有数百名专业技术人员工作在茶叶科研、教学和生产、贸易的第一线。

大事记

2003年　全国第一条连续化、自动化炒青绿茶初制生产线（试验）在休宁县茶山茶厂建成。

2005年　产茶大市黄山市人民政府出台了《黄山市茶产业发展规划（2004—2010）》等系列文件。市财政每年拿出200万元茶叶专款，全市筹集800万元以上作为茶业发展专项资金。

2007年3月　在俄罗斯·中国年开幕式上，中国国家主席胡锦涛亲手将由安徽名茶“黄山毛峰、太平猴魁、六安瓜片、黄山绿牡丹”组合成的国礼茶送给时任俄罗斯总统普京。

（安徽省农业委员会特色农产品开发处　杨　庆
安徽农业大学　江昌俊）

黄 山 市

黄山区
黄山区茶业协会
六百里猴魁
猴坑茶业
黟县
祁门县
歙县
汪满田茶业
薇薇茶业
徽州区
谢裕大茶业
松萝有机茶
新安源有机茶
荣山茶厂
休宁县
黄山市人民政府
黄山市农委
黄山市茶业协会
黄山茶业集团
黄山一品有机茶
黄山市
（屯溪区）

天下名山，必产灵草，黄山市处皖南山区，山灵水秀，土质肥沃，茶区云雾弥漫，空气清新，孕育着众多种质资源和名茶精品。黄山市所产名茶黄山毛峰、太平猴魁、祁门红茶名列全国十大名茶之中；屯绿、琅源松萝、白岳黄芽、老竹大方历史悠久，驰名中外；黄山绿牡丹、黄山银钩、黄山翠兰、紫霞莲芯、新安源银毫、黄山松针蓓蕾绽放，享誉全国。

安徽省黄山市茶业基本情况

项 目	数量	单位	项 目	数量	单位
茶园面积	4.67	万公顷	毛茶产值	7.5	亿元
茶叶产量	2.2	万吨	行业销售额	28	亿元
茶农户数	—	万户	年加工能力	—	万吨
企业数	4 000	个	城镇居民茶叶消费	—	千克／人

发展历史

黄山茶业源于汉，闻于唐，兴于清，盛于今。黄山茶业历史悠久，源远流长。早在汉末三国就有种茶，唐代陆羽《茶经》中就有歙州产茶一说，永泰二年（766），杨华在《膳夫经手录》中写到歙州、婺州、祁门、婺源方茶、置制精茶、不杂木叶，自梁、宋、幽、并间，人人皆尚之，赋税所入，商贾所赍，数千里不绝于道路。明崇祯八年（1635），黄山莲花庵一带产黄山云雾茶，“莲花庵地平旷，约2亩（0.13公顷）许，四楹三室，左右映带，篱茨甚幽丽。就石缝养茶，多轻香冷韵，袭人断腭不去，所谓黄山云雾茶是也。”（明·许楚《黄山游记》）明代中叶，僧大方居休宁县北松萝山，创制松萝茶，制法精良，品质优异，是我国早期优质炒青绿茶。清代开始，松萝茶(屯绿鼻祖)、祁红大量出口，徽州茶商抓住这一机遇，开创了300多年的中国茶叶经济辉煌。祁红、太平猴魁在1915年巴拿马万国博览会上获得金奖；之后祁红还获得布鲁塞尔第26届世界食品博览会金奖等。清朝到民国时期，中华茶文化的中心就在古徽州，沉积了丰厚的徽茶文化。尤其是中华人民共和国成立后的30年发展和茶业经济20年转型期的调整，茶园生产体系、茶叶加工体系、产品结构系列日趋合理，为优化茶叶资源配置打下了较好的基础。

产业政策

黄山市委、市政府把茶产业发展作为农业经济工作的头等大事来抓，2004年市政府出台《黄山市茶产业发展规划（2004—2010）》和《关于加快黄山市茶产业发展的若干意见》，指导思想是：紧紧围绕“443”行动计划，以市场为导向，以品牌为龙头，以企业为主体，以基地为依托，以科技为先导，以农民增收为目标，通过实施品牌、基地、企业和文化旅游战略，全面提升黄山市茶产业竞争力。2005年3月成立黄山市茶叶行业协会，借助协会这个平台加强行业自律、规范行业管理、加强交流合作，促进黄山茶产业健康有序地发展。2007年开始制定实施“生态基地、品质提升、品牌塑造和龙头培育”四大工程建设。2005年起，设立市级茶产业发展专项资金，几年来共计投入财政资金1 000多万元，区县配套3 000多万元，带动公司、企业投入技改等资金近2亿元，强有力地推进了茶产业的快速健康发展。

茶叶生产

“天下名山，必产灵草，江南地暖，故独宜茶。”（明·许次纾《茶疏》）。黄山市处皖南山区，山灵水秀，土质肥沃，茶区云雾弥漫，空气清新，孕育着众多种质资源和名茶精品。

黄山市现今拥有黄山种、祁门种、安徽1号、安徽3号、安徽7号、杨树林783、凫早2号等7个国家级茶树良种；柿大茶、茗州12、仙寓早、黄山春韵、滴水香、黄山一秀、黄荆茶、杨树林781、松萝种等一批省级良种和新选育的柿大茶3号、6号、23等优良品系以及近年引进的乌牛早、迎霜、福鼎大白毫、龙井43、平阳特早、浙农139、龙井长叶等良种，为黄山茶叶的品质形成提供了丰富种质资源，为黄山茶叶更好地满足国内外市场对茶叶的不同需求提供了品种基础和保证。

2007年，全市茶业经济取得了较好较快发展。全市共有4.67万公顷茶园，茶叶总产量2.2万吨，产值7.5亿元，同比分别增长8.98%和18.9%，茶叶产值连续4年净增1亿元以上。其中，名优茶产量9 657.1吨，产值5.7亿元，同比分别增长9.3%和17.1%，茶园产值首次突破1 000元/亩，茶农人均增收178.7元，茶业综合产值突破28亿元。

1. 主要品种和分布 黄山市主要产茶品种为黄山毛峰、太平猴魁、祁门红茶、屯绿及新安源银毫、老竹大方等。其中黄山毛峰分布全境，主要集中在徽州区、歙县，太平猴魁主要集中在黄山区，祁门红茶主要在祁门县和黟县部分区域，新安源银毫和老竹大方主要分布在休宁县和歙县。

2. 特种茶生产情况（如有机茶等） 全市“三茶”认证面积共4.56万公顷，其中有机茶园0.69万公顷，绿色食品茶园0.67万公顷，无公害茶园3.18万公顷，占茶园总面积97.6%。

全市97%以上为有机生态茶园，年生产各类有机茶达1万吨以上。

黄山市茶叶主产县

单位：吨、公顷

地区（县和县级市）	茶叶产量	茶园面积	茶树品种	主要品牌
歙　县	6 574	17 800	滴水香等	汪满田、立安
休宁县	4 570	11 614	茗洲种	新安源、松萝、齐云道家茶
祁门县	3 910	10 941	槠叶种等	凫绿、祁门香、新茗堂
黟　县	1 023	1 757	槠叶种等	五溪山
黄山区	990	3 682	柿大茶等	猴坑、六百里、新明
徽州区	906	2 801	黄山大叶种等	漕溪、千秋泉、紫霞、丰瑶泉
屯溪区	334	519	迎霜等	屯绿、汪芳生

本表以茶叶产量为序。

茶叶加工

全市辖区 4 000 多家茶企业，省级龙头企业 3 家，市级龙头企业 10 多家；年产值 100 万元的企业 80 多个，超 1 000 万元的企业 14 个，超 5 000 万元的企业 3 个，超亿元的企业 1 个，1 家企业进入全省出口创汇 50 强。各地政府按照竞争择优的原则，对具有较大发展潜力的企业在政策、资金、项目上予以倾斜，重点扶持，一批高标准，现代化的龙头企业由此脱颖而出，规模效益迅速提升。休宁县荣山茶厂参与农业部“948”项目建设，全国首条炒青绿茶清洁化生产线落户黄山；黄山市松萝有机茶叶开发有限公司，黄山市新安源有机茶开发有限公司入驻休宁万宁工业园区；黄山一品有机茶业有限公司、漕溪茶厂盖起新厂房；松萝有机茶叶开发有限公司，立安茶业有限公司分别投资 1 600 万元人民币和 300 万美元进行技改，年加工能力达到 1 万吨。全市自营出口茶叶 1 000 万美元，占全省 50% 以上。龙头企业群的形成，为黄山市茶业做强做大奠定了坚实的基础。

黄山市茶叶加工企业分布主要是根据其生产加工茶类的不同，而分布于不同的区域。总体来说，黄山毛峰企业主要分布在徽州区、歙县及黄山区、黟县、屯溪区的部分地区；太平猴魁企业基本上位于黄山区境内；祁门红茶主要分布在祁门县和黟县的部分区域；屯绿主要分布在休宁县和屯溪区、歙县部分地区；创新名茶新安源银毫和琅源嫩毫主要分布在休宁县；造型茶主要分布在歙县深山的部分乡镇。

黄山市主要茶叶加工企业

单位：亿元、吨、公顷、吨/年

名　称	销售额	茶叶产量	茶园面积	加工能力	品牌
黄山市松萝有机茶叶开发有限公司	1.20	8 000	5 333	7 500	松萝
黄山谢裕大茶业有限公司	1.00	—	—	—	漕溪
黄山汪满田茶业有限公司	0.70	—	—	—	汪满田
黄山市歙县薇薇茶业（集团）有限公司	0.65	—	—	—	—
黄山市新安源有机茶开发有限公司	0.60	6 000	1 667	9 000	新安源
休宁县荣山茶厂	0.60	—	—	—	齐云道茶
黄山六百里猴魁茶业有限公司	0.50	—	—	—	六百里
黄山市猴坑茶业有限公司	0.50	—	—	—	猴坑
黄山茶业集团有限公司	0.50	—	—	—	—
黄山一品有机茶业有限公司	0.45	5 000	2 000	8 000	屯绿

本表以 2007 年销售额为序。

茶叶市场

黄山市茶叶市场主要包括国内和国际市场，黄山毛峰、太平猴魁等名优绿茶主要供应国内大中城市消费市场，祁门红茶和屯绿主要供应出口。国内主要市场包括：北京、上海、山东、合肥、芜湖、武汉、南京、镇江、扬州以及华北、华中、华南等部分大中城市。国际主要市场包括：美国、英国、法国、德国、西班牙、加拿大、澳大利亚、丹麦、瑞典、芬兰、挪威、阿联酋、伊朗、巴基斯坦、阿富汗、俄罗斯、乌克兰、乌兹别克斯坦、尼日利亚、土库曼斯坦、尼日尔、阿尔及利亚、塞内加尔、毛里塔尼亚、突尼斯、波兰、日本、韩国、新加坡、墨西哥等。

1. 主要茶叶贸易企业　黄山汪满田茶业有限公司、黄山市歙县薇薇茶业（集团）有限公司、黄山市新安源有机茶开发有限公司、黄山市松萝有机茶叶开发有限公司、徽州谢裕大茶业有限公司、休宁县荣山茶厂、黄山六百里猴魁茶业有限公司、黄山猴坑茶业有限公司、黄山凫峰绿色食品开发有限公司。

2. 主要茶叶出口企业　黄山茶业集团有限公司、黄山市歙县薇薇茶业（集团）有限公司、黄山市松萝有机茶叶开发有限公司、黄山市新安源有机茶开发有限公司、黄山市金叶茶业有限公司、黄山一品有机茶业有限公司、休宁县荣山茶厂、黄山祁门香茶业有限公司等。

黄山市主要茶叶批发市场

单位：平方米、个、吨、亿元

名称	开业时间	营业面积	建筑面积	规划铺位	年交易量	年交易额
黄山茶城	2003.4	14 000	76 000	330	10 000	3.2
黄山区茶叶市场	2007.5	8 000	22 000	260	600	0.8
祁门金东茶叶市场	2000.4	7 000	17 000	200	2 300	1.4

本表以营业面积为序。

茶叶消费

目前黄山茶业的整体营销市场范围不断扩大，茶叶内、外营销数量不断增加，茶叶出口量和出口额逐步上升。这主要得益于黄山茶叶的品质不断提升、成品茶种类的不断翻新，加上徽茶文化的发扬光大，黄山茶的内在品质正日益受到广大消费者的认同和喜爱。

茶文化

黄山茶始于汉、名于唐、盛于清、旺于今，历史上清朝曾独领风骚300年。悠久的历史，灿烂的文化，优美的风光，良好的生态，丰厚的物产，赋予黄山这方水土无限之神奇与魅力，孕育出黄山独特的茶文化。黄山毛峰、太平猴魁、祁门红茶名列全国十大名茶；屯绿、顶谷大方驰名中外；新安源银毫被推荐为2008北京奥运指定用茶而赠送给中国体育健儿；黄山毛峰、太平猴魁、黄山绿牡丹更是作为国礼，在2007“中国年”活动期间，由胡锦涛总书记亲手赠送时任俄罗斯总统的普京。

进入21世纪以来，黄山市连续9年分别在北京、上海、香港等大中城市开展一系列中国黄山名茶大型展示推介活动，“高贵典雅身姿、清新亮丽形象”深深吸引每一位国内外消费者眼球，使得国礼黄山茶这一绿色健康饮品的知名度和美誉度不断提升。

黄山市知名茶馆主要有紫藤茶馆、庆艺茶楼、天竺茶楼。

（黄山市茶叶技术指导站　黄山市茶叶行业协会
许乃新　汪　钧）

六 安 市

霍邱县
六安市
六安市农委
六安瓜片股份
金六茶厂
一笑堂茶业
东石笋野茶
肥西县
金寨县
九华山茶业
齐山六安瓜片
金龙玉珠茶业
舒城县
舒绿茶业
兰花茶业
霍山县
圣茗茶叶

六安茶叶种类多，历史久，声誉高，除全国十大名茶六安瓜片、历史传统名茶霍山黄芽外，还有其他历史名茶黄大茶、舒城小兰花、小岘春、抱儿钟秀，省级知名品牌金寨翠眉、素有茶中林黛玉美称的华山银毫以及名优茶新秀石笋翠芽、六安碧毫、白霜雾毫、金龙玉珠等。以上这些名茶，经历漫长的革新和发展，各自都形成了一定生产体系、商品品牌和文化艺术，大多获省优、部优、国优称号，在省内外市场享有一定知名度。在1997年，华山银毫因其嫩而被载入世界基尼斯之最。2001年，中国国际茶业博览交易会广厦杯名茶评比中，六安瓜片又荣获中国茶王桂冠，霍山黄芽等五朵金花被评为金奖，随后六安瓜片、金龙玉珠等名茶先后被指定为国务院办公厅用茶等。

安徽省六安市茶业基本情况

项 目	数 量	单 位	项 目	数 量	单 位
茶园面积	3.11	万公顷	行业销售额	4.60	亿元
茶叶产量	1.34	万吨	年加工能力	30 000	吨
茶农户数	19.4	万户	精制茶产量	10 630	吨
企业数	860	个	城镇居民茶叶消费	0.60	千克／人

发展历史

“天下名山，必产灵草，江南地暖，故独宜茶。大江以北，则称六安。”六安茶叶在中国的茶叶史上，一直占据显著位置。早在唐代，《茶经》就有“庐州六安（茶）”之称；明代科学家徐光启在其著《农政全书》里称“六安州之片茶，为茶之极品”，六安瓜片在清代就被列为贡品，是中国十大名茶之一。霍山黄芽也为唐代近20种名茶之一，唐、宋以后历代以霍山黄芽为御用贡茶，可见霍山黄芽也盛名了数百年。

六安茶叶具有明显的资源优势。一是茶类结构比较丰富。从外形看，有以六安瓜片为代表的片茶，以金龙玉珠为代表的珠茶，以金寨翠眉、华山银毫为代表的针茶，以舒城兰花、霍山黄芽为代表的尖茶等。二是生态环境优越。茶区地处大别山北麓，年均气温在15.3℃以上，年降水量为1 200～1 400毫米，森林覆盖率在50%以上，海拔为200～800米，佛子岭、梅山、龙河口、响洪甸、磨子潭等五大水库贯穿其中，茶树生长季节，空气湿度大，茶树生长快，挂嫩性强，土壤腐殖质层深厚，疏松肥沃，通透性好，有机质和氮、磷、钾含量丰富，茶园大多在坡地上，茶果竹木相间，花木丛生，漫射光充足，有利于茶叶优良品质的形成。同时茶园远离城镇，很少受现代工业“三废”污染，园内多植物共生，茶树病虫害少。三是茶树品种资源丰富。发掘的地方群体品种有舒城县舒茶早，霍山大化坪黄芽产地的金鸡种、霍山炒青产地的棋江种，金安东河口的宽叶茶，还有炒制六安瓜片的中叶型、椭圆大瓜子片品种（又名独山中叶种）。

在市委、市政府的领导下，组织生产、加工、营销大户成立了六安市茶叶产业协会，随后各产茶县区和一些重点产茶乡镇也成立了茶叶协会，组织、协调茶事活动。并且涌现一笑堂、六安瓜片茶业股份公司、金六、雨佳、舒绿等一批较为健全的组织机构和加工、销售网络，在六安茶产业实施品牌战略中，起着龙头作用。

产业政策

为使六安农村经济快速发展，把茶产业建成全市农民特别是山区县区脱贫致富的大产业，六安市人民政府2002年出台了《关于加快全市茶叶产业发展的工作意见》，积极扶持茶叶基地建设、三品认证、茶叶产业化经营和品牌建设工作。2007年六安市人民政府制定了《六安市茶叶产业“十一五”发展规划》和《六安市茶叶产业发展意见》，计划从2007年开始，力争用5年时间，全市茶园面积发展到4万公顷，茶园产值达到2.25万元/公顷，茶叶总产值15亿元，茶农人均茶叶收入1 200元以上。逐步形成茶叶生产区域化、规模化、良种化、标准化和产加销一体化格局。

茶叶生产

中华人民共和国成立以来，六安市茶产业发展大体经历了三个阶段。20世纪80年代中期以前，主要生产外销绿茶，以黄、绿大茶、六安瓜片、舒城兰花为主，同时还生产霍山黄芽、菊花茶、齐山云雾等名茶。据资料记载，1984年，全年茶叶产量7 570吨，其中“舒绿”和“黄大茶”占全市茶叶总产量的97%。80年代中期到90年代末，主要生产内销名优茶，有六安瓜片、霍山黄芽、齐山云雾、抱儿钟秀、舒城小兰花、金刚雨露等，同时还新创大批名优芽茶，金寨翠眉、华山银毫、六安碧毫、白霜雾毫、金龙玉珠、皖西早花等。21世纪以来，在市委、市政府的正确领导和高度重视下，茶叶生产结构又有了很大的变化。以生产健康、生态、无公害、有机产品为主，尤其是通过对历史名茶六安瓜片、霍山黄芽、舒城兰花、舒绿炒青以及新秀金寨翠眉、华山银毫等品牌塑造，在全市已形成了以茶王六安瓜片为首，霍山黄芽、金寨翠眉、舒城兰花、华山银毫、舒绿炒青等五朵金花齐放的品牌名茶发展格局。品牌名茶的生产占名优茶总产量的93%，全市茶产业有了长足的发展。

茶区主要分布在舒城、霍山、金寨、裕安、金安5县区86个乡镇，共有茶园面积3.1万公顷，其中可采茶园面积2.42万公顷。初步统计，2007年产干茶1.34万吨，产值5.02亿元，其中名优茶产量1.063万吨，产值3.75亿元。通过认证有机茶基地1 913公顷，无公害茶叶基地1.37万公顷，绿色食品茶园认证1 467公顷。主产区茶农人均茶叶纯收入1 000元左右。

六安市金寨、霍山两县为全国无公害茶叶生产示范县，全市先后在金寨、裕安、金安三县区境内界定了精极品六安瓜片茶叶生产基地6 667公顷，并对其登记造册，挂牌保护，进行无害化生产。在霍山县重点培育了1 333公顷霍山黄芽生产基地，在金寨和舒城县培育了1 333公顷翠芽生产基地和1 333公顷舒城兰花生产基地，对基地实施有机综合开发，加快生态园建设。

六安瓜片茶质量部级行业标准已于2004年4月颁布实施，霍山黄芽、舒城兰花省级地方标准已制定并颁布实施，其他名茶也先后制定有各自的地方标准和企业标准。全市已有60家茶叶生产、加工企业通过QS认证。

对六安瓜片、霍山黄芽两个品牌的原产地证明商标已被国家工商行政管理总局于2002年12月批准使用。六安瓜片、霍山黄芽均获地理标志产品称号。六安瓜片还成功申报了非物质文化遗产。

六安市茶叶主产县

单位：吨、公顷

县（区）	茶叶产量	茶园面积	茶树品种	主要品牌
霍山县	4 600	7 940	金鸡种及群体种	霍山黄芽
金　寨	4 200	9 470	储叶种、金寨1号、乌牛早、农抗早	六安瓜片、翠眉、金龙玉珠、安态、九华山、天下国茶
裕安区	2 600	8 000	六安瓜片的中叶型、椭圆大瓜子片品种（又名独山中叶种）	六安瓜片
舒城县	1 700	4 400	舒城群体种、舒茶早、福鼎大白茶、龙井43、安徽1、安徽3、安徽7号等	舒城小兰花、万佛山、舒绿、绿皖
金安区	330	1 300	乌牛早、舒茶早、野生品种	华山银毫、石笋翠芽、华山六安瓜片

本表以茶叶产量为序。

茶叶加工

全市现有名优茶精初制加工厂、生产企业约860家。其中，以六安瓜片茶业股份公司为龙头，在金寨、金安、裕安等地已建成年产5 000千克以上规模加工企业50多家，共有15家企业已按照有机茶加工卫生标准进行改建和扩建，以雨佳、绿力、圣茗等集加工、营销为一体的霍山黄芽名茶加工企业已达240多个。

六安市主要茶叶企业

单位：万元、吨、公顷、吨/年

名　称	销售额	茶叶产量	茶园面积	加工能力	品　牌
安徽省六安瓜片茶业股份公司	8 000	500	667	1 000	徽六
金寨县九华山茶业有限公司	8 000	375	2 000	400	九华山
金寨县齐山六安瓜片有限公司	5 000	250	1 333	300	天下国茶
六安市金六茶厂	3 000	350	467	500	金六
安徽舒绿茶叶有限公司（东方茶叶有限公司）	3 000	1 000（炒青绿茶）	1 333	1 500	炒青
金寨县金龙玉珠茶业有限公司	2 800	125	667	150	金龙玉珠
霍山县圣茗茶叶有限公司	1 200	1 000（炒青绿茶）	1 333	1 500	圣茗
舒城兰花茶叶有限公司	1 200	50（名优茶）	200	200	舒城小兰花
安徽一笑堂茶业有限公司	1 000	20（名优茶）	33	200	一笑堂六安瓜片
六安市东石笋野茶开发有限责任公司	1 000	30（名优茶）	133	100	华山银毫、石笋翠芽、石笋野茶及精品六安瓜片

本表以2007年销售额为序。

茶叶市场

六安市现有茶叶初级市场310多个，茶叶集散地110多处，六安茶叶大市场和霍山县大别山绿色商城、六安国际光彩茶叶大市场已成为六安市较具规模的茶叶专业市场。同时，在北京、上海、广州、天津、合肥、南京、河南、芜湖等地建设有六安名茶专营窗口，产品远销欧美、日本、东南亚等50多个国家和地区。

金寨县2007年茶叶生产以绿茶为主，其中名优茶销售以国内市场为主，价格较高；出口茶以炒青为主，主要由河南、浙江、江苏、山东和省内等地出口茶叶生产企业来该县设点收购。该县在油坊店乡朱堂建立皖西最大的毛茶交易市场，年交易量3 000吨，交易额1亿多元，市场面积达5 000平方米。另外，在全县重点产茶乡镇建有16个毛茶和茶青集散市场。

霍山县2007年以霍山黄芽为主的名优茶产量小幅增长，销售价格增长明显，绝大部分内销。黄大茶销售以山东、山西为主。炒青绿茶全部出口。该县主要茶叶市场有霍山县大别山绿色商城、大化坪茶叶市场。

舒城县2007年以舒城小兰花与舒绿炒青为主，舒城小兰花等名优茶以国内市场为主，主要分布在江淮之间及周边大、中城市，价格较高。舒绿炒青主要出口欧盟、中亚、非洲国家。

裕安区茶叶主导产品为六安瓜片，属特种绿茶，产品主要销往沿淮地区及北京、上海等大城市，销售以省内市场为主。近年来，随着六安瓜片宣传力度的加大，一些茶叶销售企业在北京、上海等大城市采取设立办事处、销售处和当地销售商委托代销等多种形式，其销售渠道不断开拓，销量越来越大。

金安区茶叶生产以绿茶为主，其中名优茶销售以国内市场为主，远销美、日、韩等国。该区主要茶叶批发市场为六安茶叶大市场，现有经销企业80多户，目前为皖西入驻经销企业最多的六安茶叶批发市场之一。

茶文化

六安市是全国十大历史名茶六安瓜片的原产地，有悠久的种茶历史和深厚的茶文化底蕴。自2001年开始，六安市已连续在六安、合肥、上海等地举办了9届中国六安瓜片茶文化节。

有关县区为宣传茶叶，扩大品牌影响力，申请注册了舒城小兰花、霍山黄芽证明商标，连续6年举办舒城小兰花，连续8年举办霍山黄芽系列名优茶评比展示活动和现场炒制竞赛，组织企业和大户参加上海国际茶文化节等省内外大型茶叶展示展销和评比活动，同时与六安市旅游资源相结合，利用人文和旅游效应宣传六安茶叶。

（六安市农委农牧局　谢申海）

福 建 省

武夷山市
星愿中国
寿宁县
政和县
福鼎市
建瓯市
福安市
福建省农科院研究所
宁德市
南平市
三明市
闽榕茶厂
春伦茶业
满堂香
五里亭市场
★福州市
福建省农业厅种植业管理局
海峡茶业交流协会
福建农业大学
福建茶叶进出口公司
莆田市
龙岩市
华安县
安溪县
八马茶业
铁观音集团
安溪中国茶都
泉州市
泉州日泰
南靖县
漳州市
厦门市
平和县
大闽食品
天福茶业

世界六大茶类中福建占据乌龙茶（青茶）、红茶、绿茶、白茶四席。安溪铁观音、武夷岩茶为全国十大名茶之一，誉满海内外，具有很强的市场竞争力。福建全年出口茶叶2万多吨。福建是世界红茶发源地、“功夫茶”的故乡。台湾乌龙茶于清嘉庆年间（1796—1820）从福建引入。1915年建瓯闽北水仙、福安坦洋工夫在巴拿马国际博览会上分别荣获金质奖。闽茶在中国乃至世界茶叶发展史上具有重要的历史地位和文化价值。

福建省茶业基本情况

项 目	数量	单位	项 目	数量	单位
茶园面积	16.98	万公顷	行业销售额	62.3	亿元
茶叶产量	22.39	万吨	年加工能力	—	吨
茶农户数	50	万户	精制茶产量	—	吨
企业数	178	个	城镇居民茶叶消费	0.39	千克／人

发展历史

福建省地跨南亚热带和中亚热带，独特的地理气候、土壤条件，形成了得天独厚的福建茶区。丰富的品种资源，精湛的制茶工艺，源远流长的茶文化，为发展福建茶叶奠定了良好的基础。世界六大茶类中福建占据乌龙茶（青茶）、红茶、绿茶、白茶四席。再加工茶类中的茉莉花茶、工艺茶，福建更是佼佼者。安溪铁观音、武夷岩茶为全国十大名茶之一，誉满海内外，具有很强的市场竞争力。

福建产茶源于汉兴于唐而盛于宋，有着光辉的历史。最早文字记载见诸于南安丰州古镇莲花峰石上的摩崖古刻“莲花茶襟太元丙子”(376)，比陆羽《茶经》早404年，距今已有1632年的悠久历史。宋代更以北苑贡茶和斗茶活动闻名于世，可谓是“建溪官茶天下绝，独领风骚数百年”，建州、武夷山、泉州等地设“竞台”比茶品优劣。唐代以来，许多文人墨客在茶学、茶诗、茶文、茶歌、茶画留下了许多古今传颂的佳作。闽茶在中国乃至世界茶叶发展史上具有重要的历史地位和文化价值。

在茶叶出口外销方面，福建早在唐代就开辟了泉州刺桐港，成为“海上丝茶之路”的起点。明代先后开辟漳州月港、厦门港，1842年又开放福州、厦门等5个通商口岸，如今福建全年出口茶叶2万多吨。福建是世界红茶发源地、功夫茶的故乡。台湾乌龙茶于清嘉庆年间（1796—1820）从福建引入。1915年建瓯闽北水仙、福安坦洋工夫在巴拿马国际博览会上分别荣获金质奖。

改革开放的春风吹遍八闽大地，农村经济体制改革，调动了广大农民发展茶产业的积极性；市场机制的培育，推动了福建茶产业迅速发展；闽台交流与合作，促进了福建茶产业上新台阶，有道是“世界茶业看中国，中国茶业看福建”。如今，种茶、制茶、售茶、品茶、斗茶、赛茶等已成为茶乡人民的一种重要生产生活方式，成为福建人文一大特征。

茶叶生产

2007年，全省茶园面积达16.98万公顷，茶叶产量22.4万吨，毛茶产值达62.3亿元，比2006年42.69亿元增长45.6%，涉茶总产值超过200亿元。茶叶产量居全国第一。其中乌龙茶产量12万吨，成为全省第一大茶类，占全国乌龙茶总产量的79.3%；全省茶叶出口2万吨，出口创汇5 166万美元；茶园面积、产值和出口创汇均居全国第二位。

随着茶产业不断发展，涉茶人员激增，经济效益大幅提升。据不完全统计，全省从事与茶叶生产有关的生产、加工、运输、经销、机械制造、生产资料供应等行业的人员超过300万人，占全省农村劳动力的近1/4。安溪、华安等茶叶主产县涉茶人数占全县人口的60%～70%，茶叶主产区人均茶叶收入占农民人均纯收入的30%，其中安溪县达50%。茶叶经济的发展有力地带动了地方经济特别是农村经济的发展，成为增加农民收入的重要来源。

近年来，全省涌现出一批茶叶名牌产品，占有了相当的市场份额。有6个产品获得地理标志产品，35个乌龙茶主产县（市、区）通过“福建乌龙茶”原产地保护。

品种不断更新。福建素有“茶树良种王国”之称。福建省农业科学院茶叶研究所建有全国最早、省级规模最大拥有830多个品种（4 800多份种质材料）的茶树种质资源圃。全省育成国家级良种19个、省级良种21个，有15个新品种正进行全国区域试验。全省良种面积占茶园面积的95%，高出全国平均水平的26%。

福建省茶叶主产地区

单位：吨、公顷

地级市	茶叶产量	茶园面积
宁德市	59 331	53 530
南平市	39 849	32 262
泉州市	39 543	27 319
漳州市	38 757	22 065
三明市	21 959	15 405
福州市	13 143	8 315

本表数据为统计局数字，以2007年茶叶产量为序。

福建省茶叶主产县

单位：吨、公顷

县（县级市）	茶叶产量	茶园面积
安溪县	31 443	16 858
福安市	17 075	13 465
华安县	12 364	7 532
福鼎市	12 085	11 204
寿宁县	11 002	7 963
南靖县	10 007	5 090
政和县	8 517	5 241
武夷山市	8 436	6 739
建瓯市	7 685	5 560
平和县	7 525	5 042

本表以 2007 年茶叶产量为序。

茶叶加工

全省培育和建设国家级茶叶龙头企业 4 家、省级 14 家、市级 96 家，有 12 家企业拥有自营进出口经营权。茶叶企业中有国家级龙头企业 2 家，省级龙头企业 16 家，地市级龙头企业 100 余家，茶叶品牌中有 4 个中国驰名商标，3 个中国名牌农产品，14 个福建名牌产品。近几年，福州、泉州、漳州、宁德等地陆续建立了各种专业性茶叶批发市场，“安溪中国茶都”2007 年营销总额 13.5 亿元，全省涉茶行业产值超 200 亿元。与此同时，不断拓展闽台茶叶合作领域，目前在闽台资茶叶企业达 69 家，开展了茶叶优良品种、生产技术与设备、经营管理经验的交流与合作，逐步实现了海峡两岸茶叶生产要素、茶叶自然资源、茶叶市场的优势互补，台商对福建茶叶的投资呈不断上升趋势。

福建茶叶加工讲究科学，重视创新，向精深发展。改进制茶工艺，更新加工设备，配置新型包揉机、拣茶机，电脑控温的液化气杀青机、烘干机，推广空调恒温抽湿做青、冷藏保鲜等技术，生产出色、香、味、形俱佳的优质茶叶。名优茶产量从 1978 年占全省茶叶总产量的 8%提高到现在的 35%。创新包装技术，注重色彩装潢和品牌标志。福建茶叶包装从传统的陶罐、纸质包装转向锡箔、纸罐、铁罐、锡罐包装，发展为真空塑料或锡箔小包装、精品装和礼品装。

福建省主要茶叶加工企业

单位：万元、吨、吨/年

名　称	销售额	茶叶产量	加工能力
福建省安溪八马茶业有限公司	35 540	5 500	6 000
福建省安溪铁观音集团有限公司	32 525	3 500	5 000
福州市城门敖峰闽榕茶厂	29 852	3 980	5 300
福州春伦茶业有限公司	28 160	3 700	5 200
福建茶叶进出口有限责任公司	26 198	8 195	15 000
大闽食品（漳州）有限公司	23 441	6 300	8 500
福州满堂香生态农业有限公司	23 233	—	2 422
星愿（中国）茶业有限公司	18 840	1 700	2 500
漳州天福茶业有限公司	18 000	593	900
福建品品香茶业有限公司	16 036	—	2 300

本表以 2007 年销售额为序。

茶叶市场

茶市繁荣鼎盛。福州、安溪、华安、福安等新老茶区先后建成五里亭茶叶批发市场、中国茶都、华仙茶都和中国海峡大茶都。福州、厦门、泉州、漳州等沿海城市都有茶店、茶叶市场和茶业一条街。北京马连道被称为“京城茶叶第一街”，2 000 多家茶店中 80％以上是福建茶商。茶叶的连锁经营、加盟经营已成为茶叶销售的一种主要方式。漳州天福集团在全国有 870 多家茶叶连锁店，安溪八马茶业有限公司在广东等地建立 303 个加盟茶店。

福建省主要茶叶批发市场

单位：万平方米、万吨、亿元、个

名　称	营业面积	年交易量	年交易额	建筑面积	规划铺位	开业时间
安溪中国茶都茶叶批发市场	12	1.5	15.8	18	1 800	2000 年
福州市五里亭茶叶批发市场	5	—	8.0	5	923	—

本表以营业面积为序。

科研教育

茶叶研究从过去的品种培育、栽培技术渗透到制茶工艺、产品开发、包装装潢以及茶文化等各个环节，特别是科研与解决难题紧密结合，使茶叶的品质不断提高、品牌不断创新，仅武夷山市就有 18 家民营茶叶科研所。茶业教育蓬勃发展。安溪县兴办了茶业的中专学校和艺术学校。天福集团投巨资在漳浦创办占地 80 公顷的我国首家茶业职业技术学院——天福茶学院。福建通过培育龙头企业，将产业向生产环节和销售环节延伸，逐步形成专业化生产、系列化加工、一体化经营、企业化管理、社会化服务的格局。

茶文化

茶文化风靡八闽。品茶、斗茶、赛茶，茶店、茶庄、茶馆、茶楼、茶道会所到处可见，茶博会、茶艺表演、茶文化节、茶高峰论坛时常举办，还有茶博物馆、茶高等院校，开创了全国茶学、茶艺、茶文化的新天地。漳州天福、福州易安居、安溪龙馨、武夷山幔亭等茶馆装修淡雅，茶具设计古雅，茶品包装优雅，以茶会友、以茶健身、以茶入艺、以茶兴文、以茶育德，使人们脱俗近雅，促进了社会和谐。

福建省知名茶馆

单位：平方米、个

名　称	营业面积	连锁店数量
福州别有天茶艺居	876	1
厦门古道茶艺有限公司	—	6
福州易安居茶道会所	—	4
福州市茶状元茶艺居	576	1
福州闽香阁茶馆	550	1

（福建省农业厅种植业管理局　林景元　何孝延）

南 平 市

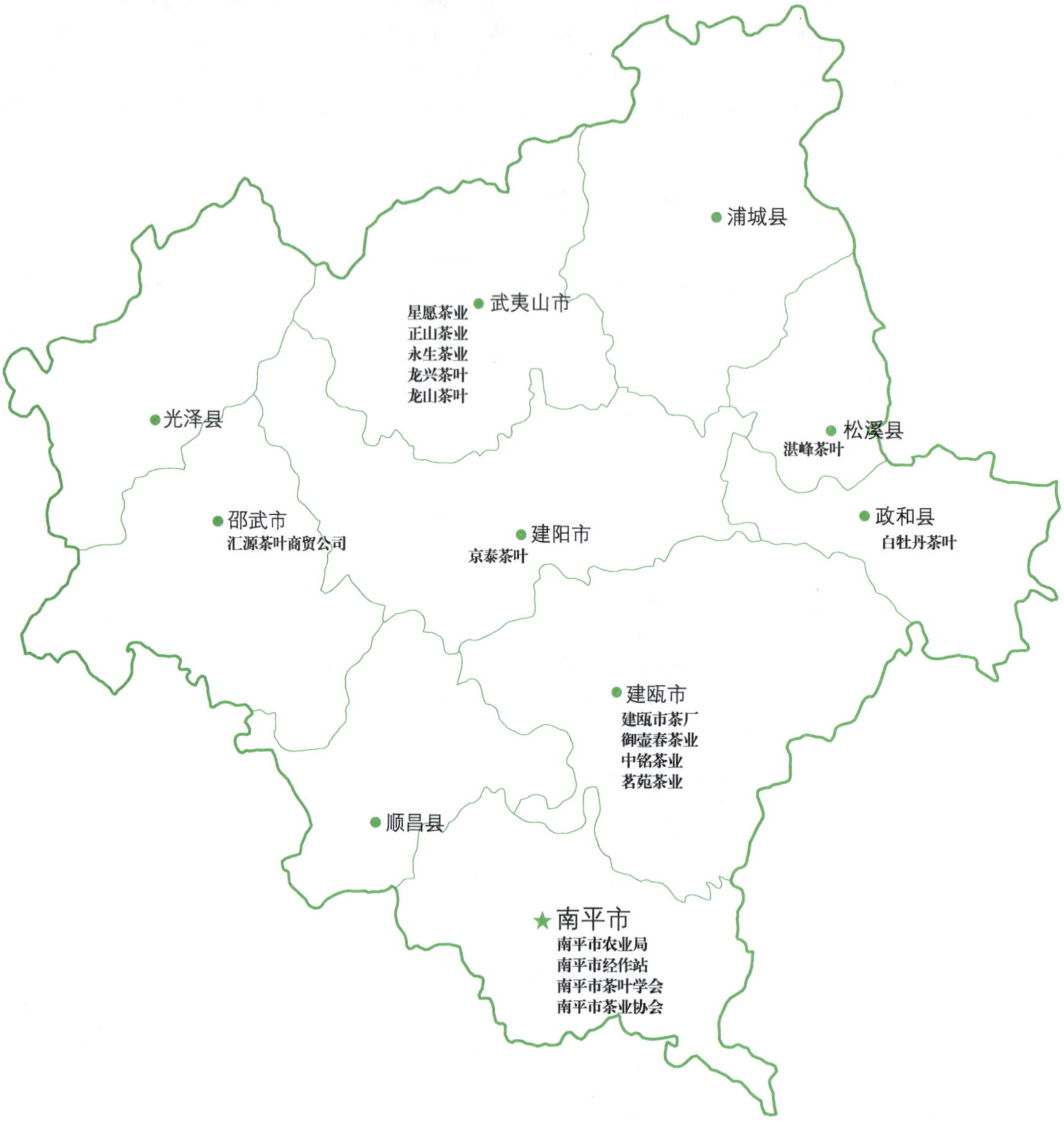

浦城县
武夷山市
星愿茶业
正山茶业
永生茶业
龙兴茶叶
龙山茶叶
光泽县
松溪县
湛峰茶叶
邵武市
汇源茶叶商贸公司
建阳市
京泰茶叶
政和县
白牡丹茶叶
建瓯市
建瓯市茶厂
御壶春茶业
中铭茶业
茗苑茶业
顺昌县
南平市
南平市农业局
南平市经作站
南平市茶叶学会
南平市茶业协会

南平市茶业发展历史悠久。发于唐，盛于宋，北苑龙凤甲天下，是对南平茶业史的真实写照。历经唐、宋、元、明、清，长达千余年，南平均作为最重要的贡茶中心。南平也是茶叶技艺和茶树品种的传播中心之一。中国六大茶类，其中红茶、乌龙茶、白茶三大茶类发源于南平。当今世界产茶大国及我国台湾的茶树品种均与南平有着深厚的历史渊源。截至 2007 年，全市共有茶园 3.23 万公顷，茶叶总产量 3.95 万吨，产值达 5.1 亿元。全市乌龙茶总产量 1.64 万吨。有机茶认证企业 13 家，认证基地面积 913 公顷。

福建省南平市茶业基本情况

项 目	数量	单位	项 目	数量	单位
茶园面积	3.23	万公顷	行业销售额	15.30	亿元
茶叶产量	3.95	万吨	年加工能力	4.80	万吨
茶农户数	9.70	万户	精制茶产量	2.78	万吨
企业数	503	个	城镇居民茶叶消费	0.80	千克 / 人

发展历史

南平市茶业发展历史悠久。发于唐，盛于宋，北苑龙凤甲天下，是对南平茶业史的真实写照。历经唐、宋、元、明、清，长达千余年，南平均作为最重要的贡茶中心。南平也是茶叶技艺和茶树品种的传播中心之一。中国六大茶类，其中红茶、乌龙茶、白茶三大茶类发源于南平。当今世界产茶大国及我国台湾的茶树品种均与南平有着深厚的历史渊源。

产业政策

为发挥独特优势，做强做大茶产业，2005年南平市政府出台了加快茶产业发展的实施意见，明确了指导思想和工作重点，并明确了主要措施和具体扶持政策。各主产县也根据实际情况，出台了茶产业促进意见。

茶叶生产

2007年茶叶生产形势呈现出产销两旺、加速发展态势，全市共有茶园3.23万公顷，茶叶总产量3.9849万吨，其中绿茶2.12万吨，乌龙茶1.64万吨，白茶1.32万吨，红茶0.089万吨，产值达5.1亿元，主要产茶品种为武夷岩茶、闽北水仙、正山小种红茶、政和工夫红茶、政和花茶、松溪绿茶、白毫银针、白牡丹等，主要品种及分布为：水仙主要分布在建瓯、武夷山、建阳，肉桂主要在武夷山，福云6号主要分布在松溪、政和、邵武、浦城等，福安大白茶主要在松溪、政和，政和大白茶主要在政和。全市有机茶认证企业13家，认证基地面积913公顷。

南平市茶叶主产县

单位：吨、公顷

县（县级市）	茶叶产量	茶园面积	茶树品种	主要品牌
政和县	8 517	5 241	政和花茶、白茶、政和工夫	白牡丹城、茗香轩
武夷山市	8 436	6 739	武夷岩茶、正山小种	武夷山大红袍、武夷星、戏球
建瓯市	7 685	5 560	闽北水仙	北苑、节节清
邵武市	5 400	3 174	邵武绿茶	熙春、樵川
松溪县	3 750	4 433	松溪绿茶	湛龙、湛峰
建阳市	2 241	3 186	闽北水仙、小白茶	京泰

本表以2007年茶叶产量为序。

茶叶加工

2007年，茶叶加工改扩建步伐加快，茶叶加工技术装备水平持续提升。新引进茶叶色选机等新设备，大大提高了茶叶加工的效率。本地共有茶叶加工企业503个，年加工量在200吨以上的加工企业达30多家，其中合资企业2个、地方自建企业28个。

主要加工企业及其分布：邵武：邵武绿园茶业有限公司、邵武香江茶业有限公司；武夷山：星愿（中国）茶业有限公司、武夷山市永生茶叶有限公司、武夷山市正山茶叶有限公司、武夷山市凯捷岩茶城有限公司；建瓯：建瓯市龙兴茶叶有限公司、建瓯市茶厂、建瓯市龙山茶叶有限公司、建瓯市茗苑茶叶有限公司、建瓯市御壶春茶叶有限公司、建瓯市中铭茶业有限公司；建阳：福建省京泰茶叶有限公司；松溪：松溪县湛峰茶叶有限公司、松溪县双龙茶业有限公司、松溪县瑞茗茶业有限公司；政和：政和县白牡丹茶叶有限公司、福建政和瑞茗茶业有限公司、政和县茗香轩茶厂等。

南平市主要茶叶加工企业（一）

单位：万元、吨、公顷、吨/年

名　称	销售额	茶叶产量	茶园面积	加工能力	品　牌
星愿（中国）茶业有限公司	18 840	1 700	500	2 500	武夷、武夷星
福建武夷山市正山茶业有限公司	4 000	300	261.70	500	元正
建瓯市龙兴茶叶有限公司	2 600	1 000	800	3 000	光兴
福建省武夷山市永生茶业有限公司	2 189	582	291.70	1 000	戏球
建瓯市龙山茶叶有限公司	2 000	800	600	2 000	节节清

南平市主要茶叶加工企业（二）

单位：万元、吨、公顷、吨/年

名　称	销售额	茶叶产量	茶园面积	加工能力	品　牌
建瓯市茶厂	1 600	800	333.30	2 500	北苑
建瓯市御壶春茶业有限公司	1 500	750	133.30	5 000	胖壶
政和县白牡丹茶叶有限公司	1 500	420	166.70	1 000	白牡丹城
福建省京泰茶叶有限公司	1 200	1 500	112.00	3 000	京泰
松溪县湛峰茶叶有限公司	1 000	400	33.30	5 000	湛峰

本表以2007年销售额为序。

茶叶市场

2007年茶叶市场日趋活跃。闽北乌龙在巩固广东潮汕等传统销区的基础上，努力向长江以北销区拓展。武夷岩茶市场份额稳步提高，市场价格年均增幅达30%以上。建瓯市内外并举，在巩固出口市场的基础上，提升加工和包装水平，大力开拓内销市场，使以建瓯矮脚乌龙、炭焙水仙等为代表的建瓯乌龙茶脱颖而出，市场表现良好。全年实现市场营销产值15.3亿元，出口茶叶8 500吨。

南平市主要贸易企业

单位：万元、吨

名　称	年销售额	年交易量	年出口量
建瓯市龙兴茶叶有限公司	2 600	1 200	750
建瓯市中铭茶业有限公司	1 200	800	700
建瓯市茶厂	1 600	800	650
政和县白牡丹茶叶有限公司	1 500	420	225
建瓯市茗苑茶叶有限公司	1 000	700	600

本表以2007年交易量为序。

茶叶消费

在健康消费理念的引导下，茶叶消费水平持续提高，全市城乡人均消费茶叶0.8千克。而且得益于近年来政企携手，加大对以武夷岩茶为代表的闽北茶叶的宣传，茶叶消费结构有所改变，武夷岩茶、建瓯水仙、正山小种红茶、政和工夫红茶等闽北茶叶日渐占据本地茶叶消费主体。

茶文化

茶文化活动丰富多彩，南平市举办了首届全市性的茶王赛活动，武夷山市举办第七届民间斗茶赛活动，建瓯市在5个主产乡镇举办茶王赛活动等。武夷山大红袍传统制作技艺及习俗列入首批非物质文化遗产目录，是2006年唯一入选此目录的茶叶类项目。

（南平市农业局经作站　徐锦斌）

泉 州 市

泉州市地处福建东南部，依山面海，气候温和，雨量充沛，属南亚热带海洋性季风气候，是茶叶种植的适宜区，茶叶作为泉州市三大经济作物之一，具有较高的比较优势。泉州市以生产乌龙茶为主。现有除石狮市、丰泽区外，有9个县（市、区）产茶。但各县（市、区）发展不平衡，主要集中在内陆山区县，以安溪县、永春县为主，包括南安市、德化县的部分乡镇。泉州市茶叶品种资源丰富，素有“茶树品种宝库”的美誉。据统计，现有茶树品种64个，其中国家级良种有铁观音、本山、毛蟹、大叶乌龙、梅占等6个，省级良种有佛手、杏仁、凤圆春等3个。至2007年，全市茶叶栽种面积2.73万公顷，总产量3.95万吨。年出口量达7 000多吨，主要销往日本、东南亚、欧洲等30多个国家和地区，创外汇2 000多万美元。

福建省泉州市茶业基本情况

项 目	数 量	单 位	项 目	数 量	单 位
茶园面积	2.73	万公顷	行业销售额	70	亿元
茶叶产量	3.95	万吨	年加工能力	3	万吨
茶农户数	30	万户	精制茶产量	0.70	万吨
企业数	4 500	个	城镇居民茶叶消费	0.50	千克 / 人

发展历史

安溪是中国乌龙茶的主产区，种茶历史悠久，唐代已有茶叶出产。安溪境内雨量充沛，气候温和，山峦重叠，林木繁多，终年云雾缭绕，山清水秀，适宜于茶树生长，而且经过历代茶人的辛勤劳动，选育繁殖了一系列茶树良种，目前境内保存的良种有60多个，铁观音、黄旦、本山、毛蟹、大叶乌龙、梅占等都属于全国知名良种，因此安溪有"茶树良种宝库"之称。在众多的茶树良种中，品质最优秀、知名度最高的要数"铁观音"了。

安溪境内有不少古老的野生茶树。在蓝田等地发现的野生茶树，树高7米，冠达3.2米。据专家论证，已有1 000多年的生长历史。此外，在西坪、福前等地也不断发现野生茶树，表明了安溪具有丰富的茶树资源和悠久的产茶历史。

据考证，安溪产茶始于唐末。明清时期，是安溪茶叶走向鼎盛的一个重要阶段。明代，安溪茶叶生产的一个显著特点是饮茶、植茶、制茶广泛传遍至全县各地，并迅猛发展成为农村的一大产业。

安溪铁观音是中国十大名茶之一，是中国茶业界第一枚驰名商标和外商最喜爱的中国唯一农产品品牌。安溪铁观音原产于安溪县西坪镇，在1725年前后被发现并加以繁殖推广。安溪铁观音属于乌龙茶，是一种半发酵茶，兼有红茶的甘醇，绿茶的清香，具有天然的花果香气如兰花香、桂花香和独特的"观音韵"。

安溪铁观音制作工艺独特精湛，初制工艺要经过晒青、晾青、摇青、炒青、揉捻、初烘、包揉、复烘、复包揉、烘干10道工序，形成毛茶，再经拣剔、筛分、风选、拼配、烘焙精制而成。

茶叶生产

泉州市主产茶区主要集中在西北部山区县，以安溪县、永春县为主，辐射南安市、德化县部分山区乡镇。至2007年，茶叶栽种面积2.73万公顷，总产量3.95万吨。全市通过无公害茶叶产地认证7 840公顷，其中永春县经省农业厅认证7 333公顷；通过绿色食品认证企业23家，27个产品，面积3 033公顷，产量3 727吨；通过有机食品认证企业4家，9个产品，面积180公顷，产量231吨。

泉州市茶叶品种资源丰富，素有"茶树品种宝库"的美誉。据统计，现有茶树品种64个，其中国家级良种有铁观音、本山、毛蟹、大叶乌龙、梅占等6个，省级良种有佛手、杏仁、凤圆春等3个。经过推广良种种植和低产茶园改造，泉州市茶叶良种覆盖高达93%以上，100%为无性系品种。

茶业是劳动和技术密集复合型产业，全市近80万人口涉及茶叶的生产、加工、销售，已初步形成区域化优势明显、规模化生产、产业化经营的茶叶产业，是山区县发展现代农业、效益农业的重要产业，成为山区农民增加收入的重要来源。

泉州市茶叶主产县

单位：公顷、吨

县（县级市）	茶叶产量	茶园面积	茶树品种	主要品牌
安溪县	31 443	16 858	铁观音、本山、黄金桂、毛蟹等	安溪铁观音证明商标、凤山、八马、三和
永春县	6 817	7 522	铁观音、佛手、水仙等	莉芳、北硿
德化县	464	1 025	铁观音、毛蟹等	—
南安县	402	1 316	铁观音、本山、毛蟹等	日泰、理想、三竹等

本表以2007年茶叶产量为序。

茶叶加工

泉州市通过QS认证企业有270家，其中安溪县252家，永春县8家。有中国驰名商标产品6个：安溪铁观音证明商标、凤山、八马、三和、日春、泉岩等品牌；中国名牌农产品称号1个：八马品牌；省级名牌产品7个：泉岩牌系列安溪铁观音、安溪铁观音茶叶、凤山牌铁观音、乌龙茶、八马牌乌龙茶、三竹牌有机乌龙茶、日泰牌乌龙茶、理想牌铁观音。有2个地理标志产品保护标志：安溪铁观音与永春佛手。地市级以上龙头企业有19家，其中国家级龙头企业1家为福建省安溪铁观音集团有限公司，省级龙头企业3家分别是福建省安溪铁观音集团有限公司、福建省安溪八马茶业有限公司、安溪茶叶批发市场开发有限公司。每年全市出口茶叶7 000多吨，主要销往日本、东南亚、欧洲等30多个国家和地区，创外汇2 000多万美元。

泉州市主要茶叶加工企业

单位：万元、吨、吨/年

名　称	销售额	茶叶产量	加工能力
福建省安溪八马茶业有限公司	35 540	5 500	6 000
福建省安溪铁观音集团有限公司	32 525	3 500	5 000
泉州市日泰茶业有限公司	18 000	3 500	3 800
福建省安溪县龙馨茶业有限公司	7 000	—	—

本表以2007年销售额为序。

泉州市主要茶叶加工企业还有：福建省安溪岐山魏荫名茶有限公司、安溪华祥苑有机茶园有限公司、福建省安溪县兴溪茶厂、安溪县郁泉茶业有限公司、福建省茗山茶业有限公司等。

茶叶市场

安溪县建有全国最大的茶叶批发市场——中国茶都，近年来在各主产茶乡镇也陆续建立专业的茶叶批发市场。在泉州城区建有闽南茶都茶叶批发市场，茶叶店遍布全市各个街道、乡镇等。据估计，全市茶叶经销企业、店铺大大小小有几万家。

泉州市主要茶叶批发市场

单位：亿元、万吨、万平方米

名　称	年交易额	年交易量	市场面积
安溪茶叶批发市场开发有限公司	15.8	1.5	18

茶叶消费

泉州茶叶消费以乌龙茶为主，主要为安溪铁观音、永春佛手，其他茶类如绿茶、红茶、黑茶也有一部分消费群体，但数量不多。安溪铁观音在本地最受欢迎，价格最高，中高档价格一般在500～6 000元/千克，也有每千克高达2万元的茶叶。据了解，随着乌龙茶市场的不断开拓，全国各大中城市有茶叶市场的几乎都有销售安溪铁观音的茶叶批发零售店，以安溪铁观音为主的乌龙茶深受消费者喜爱。

（泉州市农业局经作站　戴金电）

宁 德 市

宁德产茶历史悠久，早在晋代就有闽东先民产茶和饮茶的记载。据《新唐书·地理志》载："福州贡腊面茶，盖建茶未盛之前也。今古田、长溪近建宁界，亦能采造……"可见福州、古田、长溪（指闽东各县）一带，早在唐代建州北苑茶未兴之前，就已造"腊面茶"等贡茶。宁德茶产业规模大，2007 年全市茶园面积 5.35 万公顷，毛茶总产量 5.93 万吨。全市茶园面积、产量均居全国产茶地（市）之首。茶叶种类繁多。我国有六大茶类，宁德有绿茶、红茶、白茶、乌龙茶和再加工茉莉花茶、艺术茶和鲜茶浓缩汁等，茶类之多为全国各地市之最。茶叶种质资源丰富，宁德素有茶树品种王国之称，拥有国家级良种 11 个，省级良种 19 个，全市无性系良种普及率达 95% 以上，每年繁育茶树苗木达 2.5 亿株，是全国最大的良种繁育基地。

福建省宁德市茶业基本情况

项 目	数量	单位	项 目	数量	单位
茶园面积	5.35	万公顷	行业销售额	32	亿元
茶叶产量	5.93	万吨	年加工能力	6.50	万吨
茶农户数	56	万户	精制茶产量	4.80	万吨
企业数	1 000	个	城镇居民茶叶消费	—	千克／人

发展历史

宁德市（俗称闽东）地处中国东南沿海，福建省东北部，与浙江省交界。位于东经 118° 32′～120° 44′、北纬 26° 18′～27° 4′之间，东面与台湾省隔海相望，西邻南平，南连福州，北接浙江。管辖蕉城 1 个区，福安、福鼎 2 个县级市，霞浦、柘荣、寿宁、古田、屏南、周宁 6 个县。宁德依山面海，气候温和湿润，山地丘陵众多，土壤肥沃，山清水秀，具有发展茶叶得天独厚的优越条件。宁德茶业发展主要有几个特点：一是宁德产茶历史悠久。早在晋代就有闽东先民产茶和饮茶的记载。据《新唐书·地理志》载："福州贡腊面茶，盖建茶未盛之前也。……今古田、长溪近建宁界，亦能采造……"可见福州、古田、长溪（指闽东各县）一带，早在唐代建州北苑茶未兴之前，就已造"腊面茶"等贡茶。宋、元两代，闽东产制团茶、饼茶，均以工艺精湛而著称。至明代，闽东已有大面积植茶。清代闽东的传统名茶坦洋工夫、白琳工夫红茶、白毫银针等名茶走出国门，得到国内外消费者赞誉。同时，闽东茶叶对外贸易也十分活跃，1889 年三都澳开埠之后，即成为福建省最重要的茶叶输出港口，全省约有 50% 的茶叶经此销往世界各地，被誉为"海上茶叶之路"的起点。二是茶产业规模大。宁德市一区二市六县，共 124 个乡镇、街道办，除部分海岛外，所有乡镇均产茶。2007 年全市茶园面积 5.35 万公顷，毛茶总产量 5.93 万吨。全市茶园面积、产量均居全国产茶地（市）之首。三是茶叶种类繁多。我国有六大茶类，宁德有绿茶、红茶、白茶、乌龙茶和再加工茉莉花茶、艺术茶和鲜茶浓缩汁等，茶类之多为全国各地市之最。传统名茶坦洋工夫红茶、福鼎白茶和宁德天山绿茶等闻名海内外。四是茶叶种质资源丰富。宁德素有茶树品种王国之称，拥有国家级良种 11 个，省级良种 19 个，全市无性系良种普及率达 95% 以上，每年繁育茶树苗木达 2.5 亿株，是全国最大的良种繁育基地。五是茶叶品牌独具特色。福安市、福鼎市分别被国家林业局命名为"中国茶叶之乡"和"中国白茶之乡"，中国茶叶学会授予福鼎市为"中国名茶之乡"。福建品品香茶业有限公司生产的品品香牌福鼎白茶获得中国名牌农产品；福安坦洋工夫和福鼎白茶获得国家原产地证明商标和原产地产品保护。坦洋工夫、福鼎白茶、宁德天山绿茶获得福建名茶称号。六是茶业产业化发展初具规模。无公害茶园、绿色食品和有机茶生产迅速发展，2007 年全市有 1 333 公顷茶园基地通过了有机茶认证，居全省榜首；绿色食品和无公害认证也居全市农产品榜首。有 17 个茶叶产品获得绿色食品标志使用权，有 2.67 万公顷茶园通过了无公害产地认证；福鼎市荣获"全国三绿工程茶业示范县"称号；福安市和福鼎市分别获得农业部全国无公害茶叶示范县称号；福安市获得"创建全国绿色食品原料（茶叶）标准化生产基地市"称号。全市共有茶叶企业 1 000 多家，其中农业产业化国家龙头企业 1 家，省级重点龙头企业 7 家，市厅级龙头企业 37 家；全市 7 家企业入选"2007 年中国茶叶行业百强企业"。全市在全国各地开设的茶庄、茶店、茶叶公司等共 1 万多家，并拥有 10 万多人的营销队伍。在北京、上海、山东等地创办了北京马连道京马茶城、上海国际茶城、上海大不同天山茶城、山东临沂茶城、太原坦洋工夫茶城等。在辖区内开发的茶叶专业市场——中国海峡大茶都占地 15.3 公顷，建设面积 26 万平方米。七是茶文化底蕴深厚。闽东茶文化与宁德的历史文化、宗教文化、畲族文化、海洋文化、旅游文化等交相辉映，形成了具有闽东特色的茶文化内涵。

产业政策

为扶持茶产业发展，做大做强茶产业，2003 年宁德市委、市政府出台《关于扶持茶叶支柱产业发展的若干意见》；2007 年宁德市人大通过《宁德市人民代表大会常务委员会关于促进茶产业发展的决定》。为认真贯彻《宁德市人大常委会关于促进茶产业发展的决定》，需要进一步做大做强做优茶产业。

茶叶生产

2007 年宁德市茶业经济效益是 10 多年来最好的一年，茶青价格与商品茶价格都大幅度提高，毛茶产值与商品茶产值分别净增 2 亿元和 5 亿元。全市茶园面积 5.35 万公顷，其中通过认证的有机茶园 1 333 公顷，居全省榜首。茶叶绿色食品基地 4 000 公顷，无公害茶园基地 2.67 万公顷；毛茶总产量 5.93 万吨，其中名优茶产量 1.48 万吨。

宁德市茶叶主产县（一）

单位：吨、公顷

县（县级市）	茶叶产量	茶园面积	茶树品种	品　牌
福安市	17 075	13 465	福安大白、福云 6 号、福云 7 号、本地菜茶、金观音等	坦洋工夫红茶
福鼎市	12 085	11 205	福鼎大毫、福鼎大白等	福鼎白茶

宁德市茶叶主产县（二）

单位：吨、公顷

县（县级市）	茶叶产量	茶园面积	茶树品种	品　牌
寿宁县	11 002	7 963	福云 6 号、福安大白、铁观音、本地菜茶等	御茶园
周宁县	5 465	5 921	福云 6 号、福鼎大白茶、铁观音、本地菜茶等	官思茶
蕉城区	5 084	4 332	福云 6 号、福安大白、福鼎大毫、金观音、本地菜茶等	天山绿茶
霞浦县	3 601	5 364	福鼎大毫、福鼎大白、元宵茶、春波绿等	霞浦元宵茶
柘荣县	2 370	2 425	福鼎大毫、福云 6 号、铁观音、金观音等	仙岩雪峰
古田县	1 475	1 266	福云 6 号、福安大白、铁观音等	翠平湖
屏南县	1 174	1 589	福云 6 号、福鼎大毫、福鼎大白、铁观音等	栗香玉芽

本表以 2007 年茶叶产量为序。

茶叶加工

2007 年本地共有茶叶加工企业 1 000 多家，其中国家部级龙头企业 1 家，省级重点龙头企业 7 家，市厅级龙头企业 37 家；全市 7 家企业入选“2007 年中国茶叶行业百强企业”。全市在全国各地开设的茶庄、茶店、茶叶公司等共 1 万多家，并拥有 10 万多人的营销队伍。年加工量在 200 吨以上的加工企业达 100 多家，其中合资企业（台资）3 个、地方自建企业 1 000 个。每个县（市、区）都有加工企业，但加工规模大的企业主要集中在福鼎、福安、寿宁、蕉城等县（市、区）。

宁德是多茶类茶区。主要生产绿茶、红茶、白茶、乌龙茶、花茶。随着茶叶市场需求的变化，宁德茶叶加工情况也随之变化，从原来以加工生产烘青绿茶和花茶为主，到生产加工名优绿茶、红茶、白茶、乌龙茶，烘青绿茶、艺术茶、花茶和茶浓缩汁。特别是近年来，随着福鼎白茶和坦洋工夫红茶的知名度不断提高，其产量逐年提高；近年来品种结构调整步伐加快，推广的乌龙茶新优品种面积不断扩大，乌龙茶的生产加工量也逐年增加。生产的茶类多，茶叶产品花色齐全，适应市场多样化的需求。

宁德市主要茶叶加工企业

单位：万元、吨、公顷、吨/年

名　称	销售额	茶叶产量	茶园面积	加工能力	品　牌
福建品品香茶业有限公司	16 036	1 820	4 600	2 500	品品香牌福鼎白茶、红茶、绿茶、花茶
福建天湖茶业有限公司	9 049	1 007	2 000	2 000	绿雪芽牌有机绿茶、白茶、红茶、花茶
福建仙洋洋食品科技有限公司	8 000	—	1 200	13 000	仙洋洋牌茶叶浓缩汁、茶粉
福安市城湖茶叶有限公司	7 160	800	1 700	2 000	东湖牌坦洋工夫红茶、绿茶、花茶等
福建天禧御茶园茶业有限公司	6 953	600	3 000	2 000	御茶园牌绿茶、乌龙茶、红茶等
福建省广福茶业有限公司	6 451	1 200	4 000	1 500	广福林牌白茶、红茶、绿茶等
福安市民族茶产业有限公司	5 018	1 500	10 000	7 500	西泰记牌绿茶、花茶等
寿宁县春伦茶业有限公司	4 120	570	1 000	600	春伦牌绿茶、花茶等
福安市天香茶叶有限公司	3 950	450	360	400	隽永牌坦洋工夫红茶、绿茶、花茶等
宁德市赤溪茶业有限公司	3 126	370	2 000	600	屏峰牌绿茶、花茶、乌龙茶等

本表以 2007 年销售额为序。

茶叶市场

宁德市主要贸易企业

单位：万元、吨

名　称	年销售额	年交易量	年出口量
福建品品香茶业有限公司	16 036	1 750	70
福建天湖茶业有限公司	9 049	1 007	95
福安市城湖茶叶有限公司	7 160	800	—
福建绿叶茶业发展有限公司	7 121	300	240
福建天禧御茶园茶业有限公司	6 953	1 500	—
福建银龙茶叶科技有限公司	4 320	810	480
宁德市蓝湖食品有限公司	876	135	135
宁德天保有限公司	558	250	33

本表以 2007 年销售额为序。

宁德市主要茶叶批发市场

单位：吨、万元、万平方米

批发市场	年交易量	年交易额	市场面积
中国海峡大茶都	—	—	26

茶文化

为促进宁德名优茶开发生产和茶叶包装水平的提高，2003—2007 年共举办了 3 届“宁德茶王赛暨茶叶包装评比”活动。为加大福鼎白茶的宣传力度，2007 年宁德市和福鼎市举办了首届中国白茶文化节。2006 年、2007 年福安市和寿宁县、蕉城区都成功举办了“斗茶赛”，通过名优茶展示、茶叶比赛、专家点评、茶艺表演，促进茶叶质量和名优茶加工水平不断提高。举办“坦洋工夫”杯首届海峡茶艺小姐电视公开赛。2007 年 8 月 15 日，由中国茶叶学会、福建省广播影视集团、福安市人民政府主办，福建电视台综合频道、福州华颂文化传播有限公司承办的“坦洋工夫”杯首届海峡茶艺小姐电视公开赛决赛在福建电视台演播厅隆重举行。本次比赛分花茶、乌龙茶、综合组茶艺表演、口才辩论等四个程序进行。从 6 月中旬正式启动，通过上海、北京、厦门、泉州、武夷山、福州、福安等地初赛、复赛几个月的角逐，最终来自上海、甘肃、浙江、湖南、福建福安、安溪、泉州、武夷山、周宁等地 12 名选手参加决赛。经过激烈的争逐，福安市选手杨柳勇夺桂冠，浙江选手范晓晨荣获亚军，武夷山选手李娟荣获季军，福安市选手张伟荣获最佳气质奖。

福鼎白茶入选奥运五环茶。2006 年 4 月，由北京市文联、北京市宣武区政府、中国茶叶流通协会联合主办的第三届老舍茶馆茶文化节暨“五环茶·迎奥运”活动中，组委会精心挑选，评选出云南滇红、君山银针、冻顶乌龙、大佛龙井、云南普洱、福鼎白茶分别作为红、黄、蓝、绿、黑、白六大茶类的代表，入选奥运五环茶。2007 年福鼎又有 5 家企业被列为奥运五环茶合作厂商，同年 11 月福鼎市政府制作的世界最大的奥运主题白茶砖，被评为茶周刊国内茶业行业十大新闻之一。

为反映宁德茶产业发展和宁德茶文化，展示茶叶企业风采，2004 年出版了《宁德茶业志》、《闽东茶文化探源》、《中国名牌商品——宁德茶业》。

（宁德市茶业管理局　陈道兴）

江 西 省

江西地处全国绿茶金三角产区，不仅自然生态条件得天独厚，茶叶品质优良，而且山地资源丰富，发展茶叶潜力巨大。进入 21 世纪以来，特别是最近的 5 年，在江西省委、省政府的正确领导和部署下，在全省茶业界人员的共同努力下，全省茶产业呈现出良好发展势头。

江西省茶业基本情况

项 目	数量	单位	项 目	数量	单位
茶园面积	4.39	万公顷	行业销售额	16.23	亿元
茶叶产量	2.09	万吨	年加工能力	—	万吨
茶农户数	51.20	万户	精制茶产量	1.75	万吨
企业数	263	个	城镇居民茶叶消费	0.06	千克 / 人

发展历史

江西素有“物华天宝，人杰地灵”的美誉，其产茶历史悠久，名茶迭出，茶叶贸易活跃，茶文化底蕴深厚。据《庐山志》载：在晋代，庐山上的“寺观庙宇僧人相继种茶”，庐山东林寺名僧慧远以自种之茶招待陶渊明，吟诗饮茶，叙事谈经，终日不倦。唐代杰出诗人白居易在《琵琶行》中，曾留下了“商人重利轻别离，前日浮梁买茶去”的佳句，描绘的就是当时以浮梁为核心的赣北地区已成为全国主要名茶产区的情景；唐代茶圣陆羽在世界第一部茶学巨著——《茶经》中列举全国著名的茶叶产地时，就记载“歙州茶生婺源山谷”，可见当时江西的婺源就已经是著名的茶区了，享有“绿丛遍山野、户户飘茶香”的盛誉；《宋史·食货》中将婺源茶列为全国六大绝品茶之一；明清年间，婺源绿茶列为贡品，专门进贡皇宫。婺源绿茶在明末清初，外销盛极一时，进入国际市场，扬名四海。乾隆年间就已远销美国。光绪年间，茶商俞杰然所制的“珠兰窨花茶”曾获南洋劝业会金奖。茶商俞仰清制的“珠兰龙井”获得美国赛会奖。1915年，婺源“协和昌”珠兰精茶荣获国际巴拿马万国博览会一等奖。美国《茶与咖啡贸易》杂志主编威廉·乌克斯在其所著的《茶叶全书》中赞道：“婺源茶不独为路庄绿茶之上品，且为中国绿茶中品质之最优者。”故此，用“唐载茶经，宋称绝品，明清入贡，中外驰名”来概括江西茶叶的历史辉煌是最准确不过的。近代以来，江西成为全国知名的红茶产区，其中主产修水、武宁、铜鼓等地区的宁红在光绪十八至二十年（1892—1894），最高年输出量为30万箱（每箱25千克），产量逾1万吨，至光绪三十一年（1905），仍保持9 000吨的水平，值银1 000万元以上，占全省农业收入的一半，故有“茶盖中华，价甲天下”的美誉。1919年，在上海出口时宁红被授有“宁红不到庄、茶叶不开箱”的赞奖。1985年宁红金毫参加全国优质食品评比，博得“宁红金毫为礼品中之珍品”的称誉，获得国家银质奖；1988年在中国首届食品博览会上被评为金质奖，宁红1级工夫茶获铜质奖，并获省优和部优产品奖等共14块奖牌。原中国茶叶学会名誉理事长吴觉农题词：“宁红祁红并称世界之首”。

产业政策

一是大力扶持良繁体系建设。积极争取农业部的支持，已投入800多万元，在江西省蚕茶所、景德镇市茶科所建立了两个国家级茶树良种繁育场，2007年又已立项在修水建立一个投资616万元的国家级茶树良种繁育场。

二是大力扶持茶叶企业发展。省农业厅每年在省级农业产业化资金安排时，都把茶叶企业作为重点优先安排支持，2007年共安排产业化资金130多万元，用于支持省级以上茶叶龙头企业贷款贴息。

三是大力扶持企业参加各类茶事活动。全省每两年定期举办名优茶评比会，2007年江西省首届茶叶博览会在婺源成功举办，开创了省内举办综合性茶叶博览会的先河。省内经常组织企业参加全国性和国际性茶叶博览会和评优活动。省农业厅多次对参展企业的展位费、住宿费实行补贴。

四是率先实行茶业机械补贴。从2007年起，全省在全国率先把茶叶种植、采摘机械等茶业机械纳入了农业购机补贴范畴，实行享受购置粮食机械同等的补贴政策，扩大了茶叶生产的机械化率。2007年共补贴茶叶机械288台，补贴资金70多万元。

五是率先实行茶苗补贴。从2007年开始，省农业厅每年挤出80万元，在全国率先实行了无性系优质茶苗补贴，并加大了茶农的实用技术培训。

六是整合茶叶品牌。针对茶叶企业规模偏小，品牌相对杂乱的现状，江西省已在浮梁、修水和婺源等地启动了区域性茶叶品牌整合。如浮梁县已将全县茶叶统一在“浮梁茶”的注册商标下，实行统一的商标和企业自有品牌并存的子母商标运作模式，取得了较好的品牌集聚效应。下一步计划启动将全省性绿茶整合为一个以统一品牌为目标的品牌整合行动，并将全省茶叶市场建设提到全省茶叶工作的重要议事日程。

茶叶生产

据农业部门统计，2002—2007年，全省茶叶面积从3.57万公顷发展到4.39万公顷，5年增加0.82万公顷，增长23%；总产量从1.3万吨增加到2.09万吨，5年增加0.79万吨，增长60.8%；总产值从2.1亿元增加到5.5亿元，5年增加3.4亿元，增长162%。茶叶面积、产量在全国排位分别为第十位、第八位。

目前，江西全省现已初步形成了四大优势茶区：即以婺源、浮梁为主要基地，以大鄣山、得雨活茶和浮瑶仙芝为主要品牌的赣东北茶区；以修水、庐山为主要基地，以宁红、双井绿和庐山云雾为主要品牌的赣西北茶区；以遂川、井冈山为主要基地，以狗牯脑和井冈碧玉为主要品牌的赣中茶区；以宁都县、上犹县为主要基地，以小布岩和梅岭毛尖为主要品牌的赣南茶区。

江西全省通过大力实施农产品质量安全行动计划，先后在主产茶区建立了一批无公害茶叶生产基地、绿色食品标准化茶叶示范区和以出口为主的高标准有机茶园。据统计，全省共建立省级无公害茶叶基地57个，其中婺源、修水两县被农业部列为国家级无公害茶叶示范基地县和出口基地县。同时，还积极组织推荐申报绿色食品、有机食品认证，现已通过绿色食品认证的茶叶企业和产品分别达到43家和139个，茶产业是全省农产品通过绿色食品认证企业和产品数最多的产业。

江西省茶叶主产地区

单位：吨、公顷

地区（地级市）	茶叶产量	茶园面积	茶树品种	主要品牌
上饶市	8 031	21 170	白毫早、乌牛早、福鼎大白	婺绿、大鄣山茶、上饶白眉等
九江市	2 557	8 460	白毫早、乌牛早、福鼎大白	庐山云雾、双井绿、宁红工夫等
景德镇市	2 544	5 680	白毫早、乌牛早、福鼎大白	德宇活茶、浮梁茶
赣州市	1 744	5 500	白毫早、乌牛早、福鼎大白	小布岩茶、梅岭毛尖
抚州市	1 496	2 000	白毫早、乌牛早、福鼎大白	资溪白茶

本表以 2007 年茶叶产量为序。

江西省茶叶主产县

单位：吨、公顷

县（县级市）	茶叶产量	茶园面积	茶树品种	主要品牌
婺源县	4 800	10 000	白毫早、乌牛早、福鼎大白	婺绿、大鄣山
浮梁县	2 220	5 000	白毫早、乌牛早、福鼎大白	浮梁茶
修水县	1 750	4 860	白毫早、乌牛早、福鼎大白	双井绿、宁红
遂川县	1 700	4 400	白毫早、乌牛早、福鼎大白	狗牯脑
上饶县	800	3 200	白毫早、乌牛早、福鼎大白	上饶白眉
铜鼓县	650	2 600	白毫早、乌牛早、福鼎大白	铜鼓春韵
上犹县	510	2 150	白毫早、乌牛早、福鼎大白	梅岭毛尖
靖安县	340	1 470	白毫早、乌牛早、福鼎大白	靖安白茶
宁都县	200	1 000	白毫早、乌牛早、福鼎大白	盘古神茶
武宁县	100	600	白毫早、乌牛早、福鼎大白	

本表以 2007 年茶叶产量为序。

茶叶加工

江西省主要茶叶加工企业

单位：万元、吨、吨/年

名　称	销售额	茶叶产量	加工能力	品　牌
江西德宇集团有限公司	33 000	2 400	3 200	德宇活茶
江西省宁红有限责任公司	19 824	1 000	1 400	宁红工夫茶
婺源县鄣公山茶叶实业有限公司	8 000	4 200	10 000	鄣公山茶
江西修水神茶实业有限公司	7 755	750	1 000	修水神茶
江西省婺源大鄣山绿色食品有限公司	7 650	3 000	6 000	大鄣山茶
浮瑶仙芝茶叶有限公司	6 105	1 300	3 000	浮瑶仙芝
南昌市春之茗实业有限公司	5 058	3 000	5 000	春之茗
婺源深宝华发茶叶有限公司	4 440	5 521	8 000	聚芳永
婺源县林生实业有限公司	3 850	1 000	2 000	林生茶
江西婺绿绿色食品有限责任公司	3 000	500	1 000	婺绿春

本表以 2007 年销售额为序。

茶叶市场

2007年，全省茶叶实现销售收入16.23亿元，出口创汇1 656万美元。其中省级以上龙头企业实现茶叶销售收入13.14亿元，上交税收7 386万元，带动的茶农共21.9万户。近年来，全省绿茶出口快速增长，成为传统出口商品中的一枝奇葩。仅婺源有机绿茶每年出口欧盟市场量，就占整个欧盟有机绿茶市场的70%，具有很强的国内外市场竞争力。据中国海关总署统计，2007年全省茶叶出口6 033吨，已有15家茶叶企业获得茶叶自营出口权。其中婺源县鄣公山茶叶实业有限公司出口创汇339万美元，深宝华发茶业有限公司出口创汇249万美元，大鄣山绿色食品有限公司出口创汇172万美元。优良的品质和悠久的历史使江西绿茶作为全省农产品对外出口的一张名片，受到国内外茶叶消费市场的追捧。

2007年，江西省投建南昌茶叶交易市场，建筑面积2万平方米，规划铺位200个。

江西省主要茶叶贸易企业

单位：万元、吨

名　称	年销售额	年交易量	年出口量
婺源县鄣公山茶叶有限公司	8 000	4 000	3 600
江西省婺源大鄣山绿色食品有限公司	7 650	2 300	2 000
浮瑶仙芝茶叶有限公司	6 105	2 000	600
南昌市春之茗实业有限公司	5 058	—	—

本表以2007年销售额为序。

茶文化

特殊的背景形成了特有的茶道文化，其中尤以婺源茶道闻名于世。婺源茶道注重“敬”、“和”、“俭”、“静”的道德精神。共分为三种茶式：一是农家茶，其重内质，富有淳朴、亲切的乡土气息；二是富室茶，它注重敬茶的有序重礼、相敬如宾、气度雍容；三是文士茶，追求汤清、气清、心清、境雅、器雅、人雅的境界。婺源茶道在国内外表演都受到了由衷的称赞。中日两国专家学者合著并出版的10卷本《中日文化交流史大系》，把婺源茶道作为中国茶道的代表首先进行介绍。与此同时，修水县、浮梁县也组织了茶艺团，开始发掘、整理和再现民间茶道。

江西省茶叶文化研究界人才济济，英才辈出。他们挖掘整理出了饱含“茶禅一味”意念的“禅茶”等茶道。20世纪末，婺源、修水、浮梁等县就组织了茶艺表演团，成为新的旅游项目。进入21世纪，江西著名学者陈文华和余悦共同起草了《茶艺师国家职业标准》，主编了《茶艺师》培训鉴定教材。江西是国内唯一开设茶文化专业高等学历教育的省份，而由陈文华主编的《农业考古——中国茶文化专号》至今已近20年。目前，江西茶文化研究实力雄厚，成为中华茶文化研究中心，并与美、日、韩、法等20多个国家建立了联系。2002年11月30日，中韩茶文化交流会开幕式在南昌举行。来自韩国和我国浙江、福建、云南等地的茶文化界人士，以及南昌茶艺学习爱好者300余人参加了开幕式。交流会除在南昌进行了学术研讨外，与会人员还到景德镇、婺源实地考察，江西作为东道主，无论是茶文化资源、人才，还是接待规模、氛围，都受到韩国客人以及国内茶文化权威人士的高度评价。

江西省知名茶馆

单位：平方米、个

名　称	营业面积	连锁店数量	茶馆区域分布
南昌协和昌茶馆	800	3	南昌市
南昌天福源茶座	500	1	南昌市
南昌博雅茶艺	300	1	南昌市

本表以营业面积为序。

科研教育

江西省内拥有省蚕桑茶叶研究所、景德镇茶叶科学研究所等专业的茶叶研究机构。近年来，省农业厅茶叶技术推广部门依托全省茶叶科研机构在全省大力推广了鄣科1号、龙井43、乌牛早、福鼎大白、福鼎大毫、福云6号、迎霜、平阳特早、浙农113等茶叶优良品种和茶叶机械化采摘、名优茶机械化加工、茶叶清洁化加工等重大茶叶生产加工技术。同时，通过加大中低茶园改造力度，不断推广使用无性系茶叶良种苗木，提高全省无性系茶园比重。据统计，全省无性系茶园比重已从2002年6.7%提高到2007年29.8%，平均每年提高4.6个百分点。目前，全省针形绿茶制作水平达到国内领先水平，绿茶生物保鲜技术处于国际领先水平。历年来，省农业大学茶学专业和婺源茶校一共为全省茶产业培养并输送了7 200多名茶叶专业人才，全省茶叶科技已形成教学、科研和生产相辅相成、相互促进的产业科技体系。

（江西省经济作物局　邱春娇　陈　勇）

九 江 市

九江地处湘、鄂、皖三省交界，山清水秀，森林覆盖率大，土壤有机质含量高，气候温和，雨量充沛，发展茶叶自然条件得天独厚，生态环境保护得好，全市宜茶面积大，发展茶产业潜力巨大。九江产茶有千余年历史，自古就是“三大茶市”之一。是驰名中外庐山云雾茶原产地，积淀了深厚的文化底蕴，积累了丰富的茶叶生产经验，初步建立了较为完善的茶叶种植、加工、营销、科研及人才培养体系。

江西省九江市茶业基本情况

项 目	数量	单位	项 目	数量	单位
茶园面积	8 460	公顷	行业销售额	—	亿元
茶叶产量	2 844	吨	年加工能力	—	万吨
茶农户数	—	万户	精制茶产量	—	万吨
企业数	93	个	城镇居民茶叶消费	—	千克 / 人

发展历史

九江位于东经 113° 57′～116° 53′，北纬 28° 47′～30° 06′。地处长江中下游的南岸，江西省最北部，是赣北地区政治、经济、交通、文化、科教中心，江西重要的交通枢纽城市。总面积 18 823 平方公里，人口 468 万，左邻鄱阳湖，右连洞庭水，京九铁路与长江黄金水道在这里构成了中国南北、东西交流的轴心，是历史悠久的旅游城市。古代中国著名的“四大米市”、“三大茶市”之一。现辖九江县、武宁县、修水县、永修县、德安县、星子县、都昌县、湖口县、彭泽县等 9 县，瑞昌市，浔阳、庐山 2 区，九江经济技术开发区，共青开发区和庐山风景名胜区管理局。

庐山云雾茶始于东汉，盛于晋唐，自宋入贡，千年不衰，是历史名茶。以“味醇、色秀、香馨、液清”而久负盛名，畅销国内外。仔细品尝，其色如沱茶，却比沱茶清淡，宛若碧玉盛于碗中。朱德同志有诗云：“庐山云雾茶，味浓性泼辣，若得长时饮，延年益寿法。”是九江人的对外名片。修水产茶始于唐、盛于清，有 1 200 多年历史。修水的宁红荣得“宁红不到庄，茶叶不开箱”、“茶盖中华，价甲天下”的美誉，为清代咸丰年间朝廷贡茶。双井绿茶更是被宋代文学家欧阳修誉为“草茶第一”。九江茶叶在江西省占有举足轻重的地位。茶叶为茶区农民增收、农村经济发展作出了很大的贡献。庐山云雾茶、宁红茶、神茶获国家原产地保护，已获有机茶认证的有机茶园 667 公顷。庐山云雾、宁红、双井绿等名茶多次获国际、国内和省级大奖。

九江茶市全盛于宋、元、明、清 4 个朝代，与福州、汉口同为我国“三大茶市”著称于世，而九江则为三大茶市之冠。据史料记载，唐代九江已成为江南初具规模的茶市雏形。从唐代开始到清朝前期，九江逐渐成为茶叶的集散地。从清同治末年至民国初年，前后 50 年间，是九江茶叶的鼎盛时期。明末清初，俄国和西方各国先后风行饮茶，大量从中国进口茶叶。出口茶的空前发展，促使九江集散、加工、转口或直接出口茶叶迅速发展。据《中国经济全书》记载，1900 年，江西、安徽两省经九江出口茶叶达 2 万～3 万吨。1914 年，九江出口茶叶量高达 1.675 万吨，创历史最高记录。到了 20 世纪 30 年代，九江茶叶生产、出口开始大幅度下降。到中华人民共和国成立前夕，盛极一时的九江茶市一片萧条。

产业政策

为了有效地保护庐山云雾茶地理标志产品，规范庐山云雾茶生产经营秩序，保证庐山云雾茶质量和特色，九江市人民政府下发了《庐山云雾茶地理标志产品保护管理办法》，修水县县财政每年列支 100 万元作为茶产业发展经费，并整合土地整理、退耕还林、水土保持等项目予以扶持，确保每新辟 667 平方米茶园，经过验收后补助资金 500 元。

茶叶生产

2007 年全市茶园面积达到 8 400 公顷，投产茶园 6 000 公顷，茶叶产量 2 500 吨，产值达 2.5 亿元。茶叶品质大幅提升，名优茶单价由最高不足 600 元 / 千克增至 2 400 元 / 千克，茶产品供不应求。主要分布在修水、武宁及环庐山产区。

九江市茶叶主产县

单位：吨、公顷

县（区）	茶叶产量	茶园面积	茶树品种	主要品牌
修水县	1 750	4 860	浙农 117、乌牛早、龙井 43、迎霜、槠叶齐、福云 6 号、宁州群体种、宁州 2 号	宁红、双井绿、梅山、霞森、凯球、五杰银雾等
庐山区	250	733（包括庐山管理局在内）	本地群体种	庐山云雾茶
武宁县	100	600	—	地元白鹤羽
星子县	50	333	福鼎大白	七尖云雾、金轮峰

本表以茶叶产量为序。

茶叶加工

2007 年茶叶加工形势：以生产绿、红茶为主，同时生产宁红保健茶、青钱神茶保健产品、珠茶和乌龙茶，产品呈现多样化，加工设备条件明显改善，品质大幅提高，产量逐年成倍增长。2007 年本地共有茶叶加工企业 93 个，获得 QS 认证的企业有 5 个，年加工量在 200 吨以上的加工企业达 6 家，其中外资 2 个、合资企业 1 个、地方自建企业 3 个。国家级龙头企业 1 个，省级龙头企业 2 个，市级龙头企业 1 个。宁红和梅山商标被授予省级著名商标。

实行生产许可证制度促使茶叶加工企业在加工设施和质量安全管理上加大了投入，企业技术装备水平、加工能力和质量水平大幅度提高。

九江市主要茶叶加工企业

单位：万元、吨、公顷、吨/年

名　称	销售额	茶叶产量	茶园面积	加工能力	品牌
武宁茶场	3 200	1 800	220	2 100	白鹤羽
江西省修水神茶实业有限公司	1 800	220	73	2 500	梅山、双井绿
江西省宁红有限责任公司	1 583	260	150	3 000	宁红、双井绿
九江市松柏茶业有限公司	700	180	53		庐山云雾茶
九江古圣庐茶业有限公司	600	170	40		庐山云雾茶
大椿茶厂	400	210	77	500	霞森、双井绿
庐山露语茶叶有限公司	382		200		庐山云雾茶
兄弟茶业贸易有限公司	314	350	33	1 000	宁红、双井绿、凯球
茶科所精制厂	300	320	20	2 000	宁红、双井绿
东谷潭有机茶场	230	70	119.6	2 000	宁红、双井绿

本表以2007年销售额为序。

茶叶市场

2007年产销两旺，平均价稳中有升，产品供不应求。销售网络主要分布在俄罗斯、日本、东南亚等国以及山东、江苏、广东、上海、北京、杭州、武汉等省市和省内各市县。

主要茶叶贸易企业有宁红有限责任公司、神茶实业有限公司、武宁茶场、九江市松柏茶业有限公司大椿茶厂、修水茶科所茶叶公司、兄弟茶业贸易有限公司等。

宁红有限责任公司、神茶实业有限公司、武宁茶场、九江市松柏茶业有限公司具备自营出口权。大椿茶厂、兄弟茶业贸易有限公司、修水茶科所茶叶公司通过其他途径进行转口贸易。

九江市在建的茶叶批发市场有赣西北茶叶交易市场，市场面积6.67万平方米。

九江市主要茶叶贸易企业

单位：万元、吨

名　称	年销售额	年交易量	年出口量
武宁茶场	3 200	1 700	1 000
神茶实业有限公司	1 800	220	200
宁红有限责任公司	1 583	260	200
松柏茶庄	700	—	—
大椿茶厂	400	56	9
兄弟茶业贸易有限公司	314	350	320
修水茶科所茶叶公司	300	320	300

本表以年销售额为序。

茶文化

2000年4月至5月2日，由上海国际茶文化组委会和江西省社会科学院及星子县政府在桃花源联合举办天下第一泉新世纪国际茶会，来自韩国、日本、美国、英国、泰国、新加坡、马来西亚等10余个国家，以及中国台湾、香港、澳门和内地共25个省份（地区）的专家、学者、茶人、茶商等在桃花源缅怀陆羽，品尝庐山云雾茶和天下第一泉，对庐山云雾茶给予了极高的评价。

2007、2008年连续两年，修水举办了“双井之春”茶文化节，品香茶、赛茶技、唱茶歌、诵茶诗、话茶史、赏茶艺等系列主题活动精彩纷呈，令人目不暇接、流连忘返，也吸引了农民日报、中华合作时报、江西日报等省内外多家媒体聚焦报道。修水茶叶生态科技园是中国科学院院士陈宗懋提名的集茶叶科研、生产加工、商贸、旅游休闲为一体的茶业综合示区，内有茶博馆、北宋书法家黄庭坚草圣堂、茶文化广场等以供参观休闲场所。茶博馆内陈列了大量与茶有关、特别是与修水茶业有关的史料及文物，是修水茶文化、茶历史的陈列馆。茶博馆既是江西省唯一的茶文化博物馆，也是继杭州中国茶叶博物馆、福建漳浦天福茶叶博物馆之后，全国第三座功能较齐全的茶叶博物馆。

九江市知名茶馆

单位：个、平方米

名　称	连锁店数	营业面积	茶馆区域分布
翡翠名珠	—	3 000	浔阳区
淑萍	2	3 000	浔阳区
百茶园茶楼	—	2 800	修水县城
秀玉	2	2 000	浔阳区
兰野	—	2 000	浔阳区

本表以营业面积为序。

（九江市农业局经作站　张玲芳）

上 饶 市

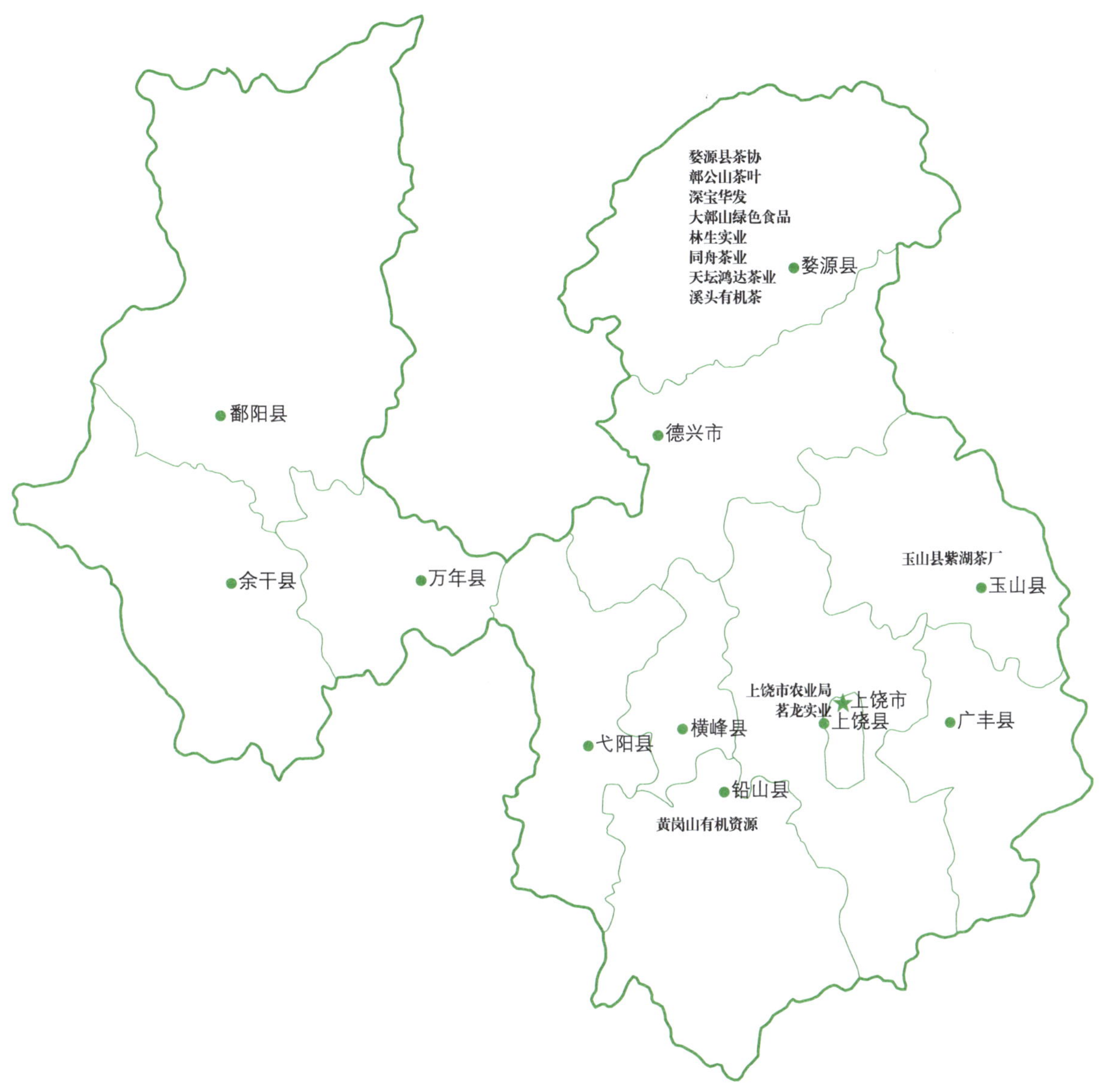

上饶市地处江西省东北部，位于北纬 27° 34′～29° 34′、东经116° 13′～118° 29′之间。东邻浙江衢州，南连福建南平，西濒鄱阳湖而接九江，北连景德镇和安徽徽州，居于闽、浙、皖、赣 4 省结合部而成为江西的“东大门”。

江西省上饶市茶业基本情况

项 目	数 量	单 位	项 目	数 量	单 位
茶园面积	1.47	万公顷	行业销售额	—	亿元
茶叶产量	0.65	万吨	年加工能力	—	万吨
茶农户数	—	万户	精制茶产量	—	万吨
企业数	—	个	城镇居民茶叶消费	—	千克 / 人

发展历史

上饶境内茶叶生产"始于唐、盛于宋、浸淫乎有明"。陆羽著《茶经》载："歙州茶生婺源山谷。"婺源茶叶"唐载茶经、宋称绝品、明清入贡、中外驰名"。在唐代天祐年间，茶圣陆羽就曾在上饶茶山寺居山植茶，至今已有1 100多年，陆羽根据当时的实际情况把全国划分为八大产区，上饶就是产区之一。明正德年间，婺源、德兴等县茶叶生产已处于"上供课税，下系民生"的重要地位。此时婺源出现四大名茶，即溪头梨园茶、砚山桂花树底茶、大畈灵山茶、济溪上源茶。清乾隆、嘉庆年间，上饶茶叶进入鼎盛时期，婺源县和铅山县河口镇已是全国著名的茶叶生产销售集散地。婺源曾有年产茶2 500吨，制成箱茶10万箱（25千克/箱）的辉煌记录，茶商云集广东、上海、汉口、徽州等地。据《铅山县志》载："乾隆时期，产茶工人二、三万之众，有茶行四十八家"，年外销10万箱以上。清同治壬申版《广信府志》载："信七邑皆产茶"。

上饶市婺源、上饶、德兴、铅山等县自古以来森林覆盖率高，云雾缭绕，生物资源丰富，土壤肥沃，加上工业污染少，特别是武夷山、怀玉山、鄣公山、五府山等山区及丘陵山地为发展优质茶叶提供了广阔空间。婺源绿茶素以"颜色碧而天然，口味香而浓郁，水叶清而润厚"的独特品质饮誉世界，被称为"世界上口味最美的绿茶"。

现有茶树群体品种(系)184个，1984年上梅洲(婺源)、大面白（上饶）正式列为全国茶树良种。上饶县尊桥良种示范场已累计试验示范良种10余个，选出数个适栽品种，并在特早生、早生、中生品种结构搭配方面有了成功实践。近几年来，由于茶叶生产经营体制的巨大变化，涌现了一大批茶叶生产加工龙头企业，个体私营民营经济已处于主导地位。新生市场主体的强势注入，促进了茶叶产销繁荣。

产业政策

为使全市经济快速发展，把茶业建成上饶市脱贫致富的大产业，建成在国际国内市场上有较强竞争力的特色产业，上饶市实施对茶叶机械购置补助政策，按购机额的30%进行补助，连片种植2公顷以上，政府实施茶苗补助。

茶叶生产

2007年茶叶生产形势：国际市场需求稳中有升，绿茶出口扩大，价格回升，出口增加。

生产数据：全市共有1.47万公顷茶园，茶叶总产量0.65万吨，产值达4亿元。主要产茶品种为：群体种、福鼎、福云、白茶、上梅洲、乌牛早、水灵、新品等，分布在上饶市的婺源、上饶县、玉山县、铅山县、德兴市等。

特种茶生产情况（如有机茶等）：绿色食品茶产值2亿元（含农业、加工、销售、有机茶产值），已通过绿色食品认证的企业14家，绿色食品、有机食品为同步认证，已通过有机食品认证的企业14家，已通过QS认证的企业5家。

上饶市茶叶主产县

单位：吨、公顷

县（县级市）	茶叶产量	茶园面积	茶树品种	主要品牌
婺源县	5 811	9 333	—	婺源绿茶
上饶县	316	2 173	福鼎、福云、上梅洲、乌牛早	上饶白眉
德兴市	224	1 227	群体种、福鼎、福云、白茶、上梅洲、乌牛早、水灵、新品等	梧风、水芗、佳香、晶品香、毛尖等
铅山县	213	1 200	群体种	武夷玉枝、高山有机茶
玉山县	160	733	婺源群体种	饶绿

本表以茶叶产量为序。

茶叶加工

（1）2007年茶叶加工形势。国际市场需求扩大，订单批次与数量不断增加，加工企业能满负荷生产，形势很好。总体形势出口稳步增长，出口额略有上升。

（2）加工数据。2007年本地共有茶叶加工企业82个，年加工量在200吨以上的加工企业达37家，其中外资1家、合资企业5家、地方自建企业68家。

（3）主要加工企业及其分布。加工企业：鄣公山茶叶实业有限公司、大鄣山绿色食品有限公司、林生实业有限公司、铅山县黄岗山有机资源开发有限公司，分布在上饶市的婺源、上饶县、玉山县、铅山县、德兴市等。

国际市场绿茶需求不断扩大，茶叶加工企业不断扩大生产规模，并积极与国际接轨。变化的主要原因：一是国际市场对绿茶质量安全要求不断提高，企业全力向低农药残留、有机茶出口转变，努力提高产品质量，适应市场需求。二是向小包装转变，重点出口企业小包装产值约占30%以上。

上饶市主要茶叶加工企业

单位：万元、吨、公顷、吨/年

名　称	销售额	茶叶产量	茶园面积	加工能力	品牌
上饶市茗龙实业集团有限公司	7 702	—	—	—	茗龙
婺源县鄣公山茶叶实业有限公司	5 714	5 200	253	10 000	鄣公山
婺源深宝华发茶叶有限公司	4 005	5 521	27	8 000	聚芳永
婺源大鄣山绿色食品有限公司	2 860	2 800	1 400	6 000	大鄣山
婺源县林生实业有限公司	2 840	—	307	—	林生茶
同舟茶业有限责任公司	2 103	—	20	—	同舟
天坛鸿达茶业有限公司	1 784	—	—	—	鸿达
玉山县紫湖茶厂	1 000	50	333	100	三清云雾茶
铅山县黄岗山有机资源开发有限公司	800	30	207	80	武夷玉枝
溪头有机茶有限公司	741	—	53	—	金路庄

本表以2007年销售额为序。

茶叶市场

2007年茶叶市场的形势：国际市场需求稳中有升，进口绿茶国家增加，出口额增加，价格有所回升。

主要茶叶市场及分布：低农药残留茶主要出口西亚、非洲和独联体市场。有机茶主要出口欧盟、美国、日本和韩国市场。

主要茶叶贸易企业：大鄣山绿色食品有限公司、鄣公山茶叶实业有限公司、深宝华发茶叶有限公司、溪头有机茶有限公司、五龙山有机食品公司、林生实业有限公司、同舟公司、鸿达公司、鸿华公司、秋口名优茶厂、玉山县紫湖茶厂、玉山三清山三山白茶公司。

主要茶叶出口企业：鄣公山茶叶实业有限公司、大鄣山绿色食品有限公司、溪头有机茶有限公司、深宝华发茶叶有限公司、五龙山有机食品公司。

绿茶保健功能越来越被消费者认可，绿茶饮用（消费）人群不断扩大。婺源绿茶的优异品质和品牌效应，加快了婺源绿茶拓展国际市场的速度。

上饶市主要茶叶贸易企业

单位：万元、吨

名　称	年销售额	年出口量
婺源县鄣公山茶叶实业有限公司	5 714	2 706
婺源深宝华发茶叶有限公司	4 005	1 631
婺源大鄣山绿色食品有限公司	2 860	1 100
婺源县林生实业有限公司	2 840	—
同舟茶业有限责任公司	2 103	—

本表以2007年销售额为序。

茶文化

千百年来，上饶文化鼎盛，茶歌、茶舞、茶艺、茶道融汇了上饶名茶的地方特色和文化内涵，成为宣传上饶、宣传"婺绿"，促销茶叶的重要手段。近几年，婺源、三清山旅游经济发展迅猛，带动了茶文化兴盛，茶艺馆、品茗屋、茶楼的大量涌现，既发展了茶文化，体现了茶文化的大众化，又为人们休闲和绿色消费提供了空间，成为展现上饶茶文化的窗口，促进了生态旅游业的发展。

江西省第一届婺源绿茶杯茶博会在上饶市婺源县成功举办。

上饶市知名茶馆

单位：个、平方米

名 称	连锁店数量	营业面积	茶馆区域分布
三清山茶庄	4	800	玉山县冰溪镇闹市区
红叶茶苑	1	600	德兴市红叶茶苑
怀玉茶庄	3	600	玉山县冰溪镇主城区
一品茶庄	—	300	德兴市一品茶庄
故园里茶馆	—	210	婺源县

本表以营业面积为序。

（上饶市粮油经作局 毛盛河 高华清）

山 东 省

山东简称鲁。地处东部沿海，黄河下游，位于北纬 34° 22.9′～38° 24.0′，东经 114° 47.5′～122° 42.3′之间。东部为半岛，突出于黄海、渤海之间。西部为内陆，与冀、豫、皖、苏 4 省接壤。土地总面积 15.67 万平方公里。

山东省属暖温带季风气候区，四季分明。全省年日照时数为 2 200～2 900 小时，日照百分率为 50%～65%，太阳年总辐射量在 481～540 千焦 / 平方厘米；全省年均气温 11.0～14.2℃，≥ 0℃的年均积温在 4 137～5 283℃，≥ 10℃的年均积温在 3 592～4 760℃，年均无霜期为 173～250 天；全省年降水量为 550～950 毫米，自东南向西北递减，夏季降水量占全年的 57%～71%。

山东省是中国农业文明的发源地之一，是重要农业省份。山东历史上有无茶树栽培说法不一，但当代茶树栽培的历史较短。1952 年有零星种植，1966 年开始有组织、有计划地开展茶树引种试种工作，目前已成为我国北方重点茶区。

山东省茶业基本情况

项 目	数量	单位	项 目	数量	单位
茶园面积	1.52	万公顷	毛茶平均价格	200	元 / 千克
茶叶产量	0.96	万吨	毛茶产值	19.25	亿元
茶农户数	—	万户	年加工能力	11 350	吨
企业数	425	个	城镇居民茶叶消费	0.33	千克 / 人

发展历史

山东省茶叶发展历史大体可分为以下几个阶段。

1. 零星引种阶段（1952—1961） 1952 年泰安县有人引茶植于徂徕山。1959 年，省商业、农林、供销等部门从安徽黄山引进茶籽，在东南沿海 7 个县种植 333 公顷左右，除青岛中山公园所剩无几外，其余全部死亡。1960 年从茶叶研究所运来茶籽，植于省园艺研究所（泰安），方法如种麦，越冬死亡。

2. 有计划试点阶段（1965—1970） 1964 年省委负责人（原省委书记谭启龙）在青岛考察工作，见到中山公园所剩茶树，又向农林、商业、供销部门交待了引种任务。1965 年首先在五莲县丰台及青岛、临沂等地试点，1966 年扩大到淄博、烟台、潍坊、泰安等地区有关县。在总结以前失败原因的基础上，提出种茶的地形选择必须是背风向阳半山坡，把好三个关，即播种质量关、出苗关、越冬关。1967 年在 26 个县播种近 133 公顷，成活率达 45%，1968 年播种成活率达 85%，1970 年种植 167 公顷，成活率达 95%。为此，总结出山东种茶必须抓好“四个结合”，即种茶与植树造林相结合（防护林）、种茶与深翻改土相结合、种茶与兴修水利相结合、种茶与畜牧养殖相结合。

3. 扩种和高产攻关阶段（1971—1980） 1972 年 9 月 16 日《人民日报》登载山东“南茶北引”成功的报道。1973 年 10 月在日照县召开了 6 省、自治区（山东、西藏、新疆、陕西、河北、辽宁）“南茶北引”西迁经验交流会，认为山东省“南茶北引”是成功的。到 1978 年底，全省茶园面积达到 7 333 公顷。随后又在日照、胶南、五莲、荣成等地安排了茶叶高产栽培攻关试点，促进了茶叶产量的提高。投产茶园平均产量 1.05 吨 / 公顷，一些茶园干茶 1.5 吨 / 公顷，小面积丰产园达 3 ～ 4.5 吨 / 公顷。

4. 总结提高阶段（1980—1990） 山东省茶叶生产的发展，由于受到行政提倡、下任务和物资供应优惠等因素的影响，一些地方不顾客观条件提出“千亩（66.67 公顷）茶园一条线，万亩（666.67 公顷）茶园连成片”的口号，进行了大干、快上。一些新建茶园立地条件差，基础未打好，加上几次大冻害，茶园面积又大幅度回落。尤其是 1980 年，全省茶园基本分到各家各户管理，其结果是不重视综合管理，导致茶树未老先衰，出现弃茶种粮现象，全省茶园面积仅有 4 747 公顷。1984 年茶叶购销体制改革，放开茶叶市场，由于茶农过去产茶只依赖于国家收购，对市场放开后束手无策，又一次挫伤了茶农的积极性。为此，农业厅于 1980 年和 1985 年两次组织专业技术干部对茶区进行考察，提出在没有选育出茶树抗寒品种及有效地解决越冬问题之前，不宜大面积发展新茶园，应巩固提高现有茶园。即使是在东南沿海茶区，发展新茶园也应严格选点，要集约栽培，提高单产，质量第一，讲究效益。

5. 面积扩大、质量提高、效益增长阶段（1991—2007） 山东省的“南茶北引”工作在经历了引种、发展、回落之后，又呈现出面积扩大、质量提高、效益增长的良好发展态势。据业务部门统计，全省茶园面积已达 1.67 万公顷，茶叶产值在 7.5 万～ 18 万元 / 公顷，高于相同立地条件下其他农作物收入，茶叶生产已成为产茶地区农村经济的支柱产业。

山东省茶叶生产主要分布在以下县市区：日照市：岚山区、东港区、莒县、五莲县。青岛市：胶南市、崂山区、城阳区、黄岛开发区；胶州、平度、莱西等地也有零星种植；临沂市：莒南县、临沭县、沂水县；沂南县、费县、平邑县、郯城县、苍山县、蒙阴县也有零星种植；泰安市：岱岳区、新泰市；潍坊市：诸城市、临朐县；威海市：乳山、文登、荣成。

产业政策

山东省茶树引种在计划经济初期，各级政府为鼓励发展茶叶生产，在化肥、柴油、茶种等物资方面给予了扶持，加快了茶叶生产发展步伐。茶叶市场放开以后，各地取消了扶持政策。

1995—2007 年间，由于茶叶生产经济效益显著，各级党委、政府又把茶叶生产纳入了议事日程，出台了许多政策给予扶持。

日照市岚山区做出了《关于推进茶叶标准化生产工作的意见》，对连片集中发展新茶园 3.33 公顷以上的，每 667 平方米（亩）补助 50 元；无公害农产品奖 0.5 万元、绿色食品和有机茶奖 1 万元；省级农业标准化示范区奖 1 万元、国家级农业标准化示范区奖 2 万元；中国名牌产品和中国驰名商标奖 5 万元、山东名牌产品和山东驰名商标奖 3 万元。该市的东港区制定了《关于进一步加快现代农业发展的意见》，连片集中发展新茶园 3.33 公顷以上的，每亩补助 50 元；未连片的，每亩补助 30 元。连片发展 133.33 公顷茶园，除享受上述奖励外，区里另外给予重点扶持。对被认定为市级农业龙头企业的奖励 1 万元，被认定为省级农业龙头企业的奖 2 万元。对获得中国名牌产品奖 10 万元，山东名牌产品奖 5 万元；获省级农业标准化生产基地奖 1 万元，获无公害、绿色食品、有机食品的分别奖 0.5 万元、0.5 万元、1 万元。

青岛市以无性系茶树良种繁育工作为重点，财政拨出专款在胶南海青、理务关、崂山北宅、即墨温泉 4 处建立茶树无性系良种苗木繁育基地，建新品种母本园 1 333 平方米，引进茶树无性系良种 22 个，2007 年自繁良种茶苗 390 万株。

临沂市把茶叶生产作为促进经济发展，增加农民收入的支柱产业来抓，通过抓管理增效益、抓加工创品牌、抓市场促发展，落实了市县乡三级茶叶生产责任制，建立起四级科技推广服务体系，真正把茶叶生产摆上了重要位置来抓。实施了市茶叶发展财政补助资金专项，按照《临沂市茶叶发展财政补助资金管理暂行办法》，2007 年共核定市级补助资金 121 万元，受益茶农 2 796 户，补助茶园 374 公顷，茶叶加工机械 412 台套。

威海的荣成市，财政对新发展茶园每亩给予 500 元的扶持政策。乳山市政府规定每发展 1 亩茶园，政府补贴 200 元，同时各镇还根据各自财力情况，在每亩 200 元的基础上再补贴 100 元左右。

茶叶生产

生产数据：全省共有 1.52 万公顷茶园，茶叶总产量 0.96 万吨，产值达 19.25 亿元。

主要品种和分布：主要品种为绿茶，分布在日照、青岛、临沂、泰安、潍坊、威海、枣庄等地。

特种茶生产情况（如有机茶等）：近年来，全省有 10 家茶叶生产企业通过有机茶认证，面积达 200 公顷，有机茶产量 0.2 万吨。主要产地在日照、青岛、临沂。

山东省茶叶主产地区

单位：吨、公顷

地区（地级市）	茶叶产量	茶园面积	茶类	主要品牌
日照市	6 185	6 295	绿茶	雪青
青岛市	1 850	5 750	绿茶	晓阳春、万里江
临沂市	1 249	2 279	绿茶	玉芽
潍坊市	110	531	绿茶	碧龙春
泰安市	61	183	绿茶	泰山女儿茶

本表以 2007 年茶叶产量为序。

山东省茶叶主产县

单位：吨、公顷

县（区、县级市）	茶叶产量	茶园面积	茶类	主要品牌
日照市岚山区	5 170	4 370	绿茶	雪青
青岛胶南市	1 294	4 312	绿茶	海青峰
临沂市莒南县	1 020	1 849	绿茶	玉芽
日照市东港区	645	1 320	绿茶	茗家春
青岛市崂山区	340	800	绿茶	崂山绿茶
青岛即墨市	214	535	绿茶	即墨绿茶
日照市五莲县	200	310	绿茶	莲山翠芽
日照市莒县	170	295	绿茶	浮来青
临沂市临沭县	125	315	绿茶	春山玉芽
临沂市沂水县	103	105	绿茶	蒙山龙雾

本表以 2007 年茶叶产量为序。

茶叶加工

1. 2007 年茶叶加工形势 各加工企业加工的产品都以名优茶为主，产品呈现出供不应求的局面，加工企业效益十分显著。

2. 加工数据 2007 年本地共有茶叶加工企业 425 个，年加工量在 200 吨以上的加工企业达 10 多家，地方自建企业 425 个。

3. 主要加工企业及其分布 茶叶加工企业分布在各产茶县，其中以日照为最多，达 213 家，青岛 180 家，临沂 15 家。

随着市场经济的发展，茶叶加工业逐步向规模化方向发展，过去许多小作坊加工厂逐步被淘汰，清洁化生产已引起各级政府和加工企业的重视，加工机械基本使用名优茶加工机械。其原因一是消费者需要卫生质量安全的茶叶产品；二是政府扶持大中型加工企业，采用各种措施关闭不符合要求的小型茶叶加工厂。

山东省主要茶叶加工企业

单位：万元

名　称	年销售额	品牌
山东雪青茶场	3 000	雪青
山东浮来青茶厂	1 500	浮来青
日照碧波茶业有限公司	1 500	碧波青峰
日照阳光茶业有限公司	1 000	北极春
日照市茶叶贸易有限公司	1 000	茗家春
崂山区万里江茶场有限公司	800	万里江
晓阳春茶叶有限公司	600	晓阳春
日照市共青茶业有限公司	500	共青绿
临沂市玉芽茶业有限公司	500	玉芽
日照市北垛春茶厂	500	北垛春

本表以 2007 年销售额为序。

茶叶市场

1. 2007 年茶叶市场的形势 济南市茶叶专业批发市场，经营面积达 7.6 万平方米，并建有 2 座集展览、交易、茶艺表演、茶文化研究、研讨、电子商务等多功能于一体的综合大楼。驻场经营户 680 多家，经营茶叶及相关产品上万种。年交易量 80 万吨，交易额 13 亿元。交易辐射东三省、陕甘宁、新疆、内蒙古、北京、天津、河南等省、自治区、直辖市，是全国最大的销区茶叶批发市场之一。

2. 产地市场 山东省茶叶主产地的销售市场有多种形式，有些生产厂家把加工好的茶叶直接批发给茶叶商贩（公司）；有的是把鲜叶卖给茶叶加工厂。有些茶厂在大中城市设立专卖店；还有一些茶厂在网上销售。山东省所产茶叶以内销为主，部分茶叶销往北京、天津、辽宁等大中城市。

3. 主要茶叶市场及分布 山东省茶叶专业批发市场主要分布在济南、青岛、临沂、德州、滕州等地。

济南市主要茶叶批发市场

单位：万吨、亿元、万平方米

公司名称	年交易量	年交易额	市场面积
济南市茶叶专业批发市场	80	13	7.6

（山东省果茶技术指导站　段家祥）

河南省信阳市

信阳产茶历史悠久，始于东周，名于唐，兴于宋，盛于清，是古代著名的淮南茶区，现今中国江北最大茶区。信阳毛尖是中国十大名茶之一，数次获世界金奖，证明商标于2002年获国家工商行政管理总局批准，2003年被国家质量监督检验检疫总局批准为地理标志产品。1992年5月18日，成功举办首届中国信阳茶文化节，至2007年共计15届。2007年茶园总面积5.35万公顷，茶叶总产值15亿元，综合产值20亿元，全市茶叶加工机械化率达80%以上；现有茶农95万人，从业人员超过100万。茶叶已成为信阳山区农民的重要收入来源，是富民强市的重要支柱产业之一。

河南省信阳市茶业基本情况

项 目	数量	单位	项 目	数量	单位
茶园面积	5.35	万公顷	行业销售额	15	亿元
茶叶产量	2	万吨	年加工能力	4	万吨
茶农户数	2	万户	精制茶产量	—	万吨
企业数（通过QS认证）	20	个	城镇居民茶叶消费	0.52	千克/人

发展历史

信阳种茶历史悠久，始于东周，名于唐，兴于宋，盛于清，茶文化源远流长，是古代著名的淮南茶区。唐代茶圣陆羽在《茶经·八之出》中评价："淮南（茶）以光州（今信阳）上"；宋代大文豪苏东坡曾惊叹"淮南茶信阳第一"。

信阳毛尖外形细圆紧直，色泽翠绿，白毫显露，内质汤色嫩绿明亮，滋味鲜爽回甘，香气馥郁持久，叶底匀整。1915年信阳毛尖获巴拿马万国博览会金奖；1959年被评为中国十大名茶；1990年获中国质量奖金质奖；1999年获昆明世界园艺博览会金奖；2007年11月份在日本举办的第三届世界茶叶节上，信阳选送的21个茶样，在世界219个茶样中100%获奖，夺得最高金奖6个，金奖10个，银奖5个，其中最高金奖和金奖总数占全部金奖总数的1/3。"信阳毛尖"证明商标2002年被国家工商行政管理总局批准，"信阳毛尖"原产地地理标志，2003年获国家质量监督检验检疫总局批准；一大批茶叶产品相继通过绿色食品认证、无公害食品认证、QS认证、ISO9001和ISO2000质量管理体系认证。

茶叶生产

2007年，全市8县2区中有133个乡镇、1 245个行政村产茶；茶园总面积5.35万公顷，开采面积4万公顷，2007年新发展1.24万公顷，全市茶叶基地面积已达6.6万公顷；茶叶加工机械化迈上新台阶，共有机械化加工生产线1 500余条，其中全自动不落地生产线10余条，年产干茶2万吨，全市茶叶加工机械化率达80%以上；茶叶总产值15亿元，茶叶综合产值20亿元；拥有省级农业产业化龙头企业3家，市级农业产业化龙头企业18家，中国茶行业百强企业3家，中国名牌农产品3个，河南省名牌农产品5个；注册商标200个，其中，省级著名商标9个，市级知名商标18个；全市有666.67公顷茶园的乡镇20个，集中连片66.67公顷以上茶园50余处，国有茶场和乡村集体茶场及个体茶场1 200多个；全市拥有茶叶加工企业306个，茶叶专业合作社16家，百万资产的茶农50余户，茶园面积超过20公顷的种茶大户500多户；茶叶集贸市场100多个；茶艺馆、茶楼80多家；现有茶农95万人，茶业从业人员超过100万人。2007年，茶农因种茶人均收入1 796元，占全市农村人均收入的50%，在一些茶叶生产专业村，种茶收入占农民收入的90%以上，茶叶已成为信阳山区农民的重要收入来源，是富民强市的重要支柱产业之一。

信阳市茶叶主产县

单位：吨、公顷

县（区）	茶叶产量	茶园面积	品　种	主要品牌
浉河区	8 000	16 500	信阳毛尖	龙潭牌、五云牌、文新牌、浉河牌
光山县	2 800	8 400	信阳毛尖、烘青、蒸青	净居寺牌、蓝天玉叶牌、辰龙牌
新　县	2 600	8 000	信阳毛尖、炒青、烘青	新林玉露
商城县	2 400	7 200	信阳毛尖、地方名茶	其鹏牌、黄柏山牌、金刚碧绿牌
罗山县	2 000	5 500	信阳毛尖、地方名茶、蒸青	申林玉露、仙灵牌
固始县	1 800	5 000	信阳毛尖、地方名茶	九华山牌、仰天雪绿、十八盘
平桥区	300	1 500	信阳毛尖	佛灵山牌、五岳神针牌
横川县	100	1 400	信阳毛尖、地方名茶	光州牌

本表以2007年茶园面积为序。

产业政策

1. 科学制定茶产业规划　2006年，中共信阳市委、信阳市人民政府以信发[2006]16号文件印发了《关于做大做强茶产业的意见》，制定了《信阳市茶产业"十一五"发展规划纲要》，规划到2010年全市茶园面积发展到10万公顷；实现产值5 000元/亩，茶叶总产值60亿元，茶农年均收入3 000元以上，茶产业综合产值达到70亿元。重点完成信阳茶博园、茶示范园、南湾盛典天下茶道旅游项目和茗阳天下茶博馆等项目建设工作。

2. 积极支持茶产业发展　一是建立茶产业发展管理机构，专职负责茶产业发展工作。二是设立茶产业发展专项资金。市财政每年安排200万元，各主要产茶县区财政每年安排100万元，分别设立市、县区茶产业发展专项资金，用于扶持茶产业发展。三是涉农资金和项目，在政策允许范围内集中向茶产业倾斜，优先支持茶产业发展。四是要求金融部门对效益高、信誉好的茶叶龙头企业，提供最大限度贷款支持。五是积极鼓励外商来信阳市从事茶叶生产经营活动。六是林业部门结合林业产权制度改革，认真及时做好茶园产权登记工作，保护茶农权益。

3. 努力调整茶产业结构 在抓好春茶生产的基础上，充分利用夏秋季茶树鲜叶资源，大力生产中低档信阳毛尖茶，努力推进炒青、烘青、蒸青茶生产，不断满足多层次广大消费者的需求。拉长茶产业链条，走精深加工之路，扩大高、中、低档茶出口，研制、加工茶饮料、茶食品、茶医药保健品和日用化工产品，使茶产业结构更趋合理。

茶叶加工

信阳市主要茶叶加工企业

单位：万元、吨、公顷、吨/年

名　称	销售额	茶叶产量	茶园面积	加工能力	品牌
河南信阳五云茶叶（集团）有限公司	8 000	200	1 333	500	龙潭牌、五云牌
河南蓝天生态茶业旅游股份有限公司	6 000	200	2 000	600	蓝天玉叶牌
河南九华山茶业有限公司	4 819	150	1 333	200	九华山牌
信阳市金河园茶业有限公司	4 000	80	533	200	河牌
信阳市文新茶叶有限责任公司	3 660	100	667	400	文新牌
河南新林茶业有限公司	3 211	100	1 333	200	新林玉露
广义茶叶责任有限公司	3 000	60	667	200	广义牌
河南省固始县仰天雪绿茶业有限公司	2 866	100	1 000	150	仰天雪绿牌

数据来源：信阳市茶产业办公室，以2007年销售额为序。

茶叶市场

为把资源优势转化成经济优势，信阳市积极发展茶叶商贸流通，大力发展茶经济。目前，有100万人从事茶产业，平均每8个人中就有1人从事茶产业，他们以异地开办茶庄、茶楼、茶叶连锁店，茶叶进超市、宾馆、酒店、公司等形式抢占国内市场，同时开拓国际市场。据统计，信阳茶叶在全国30多个省、自治区、直辖市近1 000个大中城市和地区畅销，出口日本、韩国、俄罗斯、美国、英国等30多个国家和地区。

信阳市主要茶叶贸易企业

单位：万元、吨

名　称	年销售额	年交易量	年出口量
河南省信阳卢氏茶叶有限公司	18 000	20 000	20 000
光山县辰龙茶叶有限公司	5 711	6 200	6 200

本表以2007年销售额为序。

信阳市主要茶叶批发市场（一）

单位：吨、亿元、公顷

名　称	年交易额	年交易量	市场面积
张李湾茶叶批发市场	3.0	3 000	6.67
信阳市茶文化一条街	1.5	1 000	1.33
光山大别山茶市	1.5	3 000	3.33
东双河茶叶批发市场	1.3	1 500	4.67

信阳市主要茶叶批发市场（二）

单位：吨、亿元、公顷

公司名称	年交易额	年交易量	市场面积
浉河港茶叶批发市场	1.0	1 000	4.00
董家河茶叶批发市场	1.0	1 000	4.00

本表以 2007 年年交易额为序。

茶文化

进入 20 世纪 90 年代，中共信阳地委提出了“以茶为媒，广交朋友，扩大开放，全面促进，发展经济，振兴信阳”的举办茶叶节的指导思想，确定了“茶叶搭台，经贸唱戏”的办节方针。1991 年 12 月 19 日，信阳地区首届茶叶节指挥部成立，随后所辖 10 县市都成立了相应机构，正式拉开了茶叶节筹备工作的序幕。1992 年 5 月 18 日，首届茶叶节隆重开幕，随后连年举办，从此，信阳茶乡儿女有了自己的神圣节日——中国信阳茶文化节。

2007 年中国茶都——信阳第十五届茶文化节于 4 月 28～30 日在信阳举行，由中华全国供销合作总社和河南省人民政府联合主办，中国茶叶流通协会，信阳市委、市政府和信阳万家灯火实业有限公司共同承办，河南蓝天生态茶业旅游股份有限公司、信阳弘昌房地产开发有限责任公司、信阳移动通信公司、信阳五岳神针生态茶业旅游有限公司、信阳五云茶叶（集团）有限公司等单位协办。茶文化节期间，组委会统一安排了 8 项活动，即：开幕式、CCTV-4 中华情·信阳万家灯火之夜大型文艺晚会、蓝天玉叶杯全国名优绿茶评比暨世界绿茶大会中国区选样会、名优茶博览交易会、世界茶产业发展论坛、经济技术合作项目洽谈会、茗阳阁落成揭牌和鄂豫皖革命纪念馆开馆仪式。市直有关单位和县区还组织了丰富多彩的文艺活动。党政国家领导和贵宾 130 多人参加了茶文化节有关活动；来自美国、日本、韩国、阿联酋、奥地利的外商和中国香港、澳门、台湾商人，以及北京、上海、广州、湖北、浙江、福建、江苏、四川等省市 500 多家企业和投资商参加了贸易洽谈、商品展销和考察投资活动。新华社、人民日报、中央电视台、中央人民广播电台、光明日报、经济日报、农民日报、新华网、搜狐网、农博网、河南日报、河南电视台、河南人民广播电台、大河报等 42 家新闻媒体 137 名记者前来信阳采访报道茶文化节盛况。茶文化节签约项目 79 个，总投资额为 65.02 亿元。项目内容涉及工业、农业、基础设施、科教文卫、旅游服务、商贸物流、房地产等领域。

信阳市知名茶馆

单位：平方米、个

名　称	营业面积	连锁店	茶馆区域分布
信阳市文新茶艺馆	2 000	4	信阳市、郑州市
河南蓝天茶艺馆	800	1	信阳市
信阳仰天雪绿茶艺馆	800	2	信阳市、固始县
信阳九华山茶艺馆	400	1	固始县
光山县净居寺茶楼	200	1	光山县净居寺

本表以 2007 年营业面积为序。

科技教育

近年来，以信阳农业高等专科学校、信阳师范学院、信阳市农业科学研究所以及信阳市茶叶试验站等多家企事业单位，在信阳茶叶的科研教育工作中，取得了显著成绩。

信阳农业高等专科学校茶叶专业创办于 1982 年。2001 年、2002 年被教育部批准为“部级高职高专教育专业教学改革试点”和“国家高职高专精品专业建设项目”，2005 年被确定为“河南省高职高专教育示范专业”。年招生 100 人左右，设有茶叶分析及综合利用、茶叶加工与机械、茶叶审评、茶文化（茶艺）、茶树栽培育种、茶树病虫害等专业。现有教授 2 人、副教授 3 人、高级实验师 1 人；河南省第四届高等学校教学名师 1 人，省教育厅学术技术带头人 3 人。茶学专业教学团队 2007 年被批准为“河南省高等学校教学团队首批立项建设项目”。2002 年开始与信阳师范学院联合办学，设置本科茶学专业。

信阳市农业科学研究所加大了对茶叶科研工作的投入和人才培养。“十五”以来，先后承担了“茶树新品种选育及产业化技术研究”、“茶树种质资源研究与创新”、“无性系茶园优质高效栽培技术集成研究与示范”、“信阳毛尖茶机械化、连续化生产工艺技术研究与示范”、“信阳茶园主要病虫害生态调控可持续治理技术研究”、“茶尺蠖核型多角体病毒 EoNPV 的制备与应用技术研究”等多项省市科技攻关项目，获得省部级科技成果二等奖 2 项，三等奖 2 项，市级科技成果奖 3 项。

2006 年以来，分别经信阳市和河南省科技主管部门批准，信阳市农业科学研究所建立了信阳市茶叶工程技术研究中心和河南省茶叶工程技术研究中心。现有茶叶及相关专业技术人员 16 名，其中，研究员 3 名，副研究员 4 名，助理研究员 5 名。根据科研工作需要，聘请客座研究员 4 名。中心实行开放式运行机制，围绕制约茶产业发展的热点、难点和关键技术问题开展茶叶及相关技术研究，其总体目标是将其建设成为河南省茶叶技术创新中心、茶叶信息交流中心和茶叶培训中心多项职能于一体的综合性服务平台。

大事记

2006 年 7 月 11 日　信阳市整合资源和机构，成立市政府直属正处级事业单位信阳市茶产业办公室，负责全市茶叶生产开发管理工作。

2006 年 9 月 13 日　信阳市召开全市茶产业发展动员大会，市四大家班子成员，各县区委书记、县区长和市直各单位主要负责人参加会议，会上出台并印发了《中共信阳市委、市政府关于做大做强茶产业的意见》和《信阳市人民政府关于印发信阳市“十一五”茶产业发展规划纲要的通知》等一系列文件。

2007 年 3 月 11 日　信阳市委书记王铁主持召开市委常委会议，听取第十五届茶文化节筹备工作情况汇报，研究解决有关问题。

2007 年 3 月 14 日　信阳市召开第十五届茶文化节动员电视电话会议。代市长郭瑞民出席会议并作重要讲话，要求各单位务必高度重视，突出茶文化节和经贸活动，努力将茶文化节办好，办出特色、办出成效。

2007 年 4 月 24 ～ 30 日　中国茶都·信阳第十五届茶文化节之“蓝天玉叶杯”全国名优绿茶评比暨世界绿茶大会中国区选样会、全国名优茶博览交易会、茶产业国际论坛、CCTV-4 中华情·魅力信阳万家灯火之夜大型文艺晚会等活动按预定计划有序推动。

2007 年 6 月 6 ～ 10 日　市政协领导带领市茶办、供销社、农科所、农业局等单位技术骨干对全市茶产业发展情况进行调研。

2007 年 7 月 15 日　信阳市茶产业办公室主任李世海到位就职。

2007 年 7 月 27 日　郭瑞民市长带领有关部门负责人到卢氏、文新、五云、德茗和浉河港就茶产业发展工作进行视察、调研。

2007 年 8 月 13 ～ 16 日　信阳市人大常委会主任、副主任带队深入各县区就茶产业发展进行视察和调研。

2007 年 8 月 22 日　信阳市委书记王铁在副市长张继敬及有关部门负责同志陪同下，深入到罗山县和市茶叶示范园视察茶产业工作。他强调指出要进一步解放思想，积极探索新茶园发展模式，走产学研相结合的路子，要加强良种茶苗的繁育。茶叶基地建设要早规划，早部署，早安排，早落实。

2007 年 8 月 24 日　信阳市政府组织召开全市夏秋茶生产管理现场会，大力推广机械化采摘加工作业，进一步提高茶叶鲜叶利用率，提高产量，提高效益。

2007 年 8 月 28 ～ 30 日　市人大常委会三届三次会议审议信阳市茶产业发展情况汇报。

2007 年 9 月 11 ～ 16 日　张继敬副市长率信阳代表团参加 2007 中国（郑州）国际茶叶博览会。

2007 年 9 月 26 日　市茶产业办公室副主任夏国宗到任。

2007 年 10 月 9 日　信阳市茶产业发展动员大会召开，各县、区委书记、县区长和在家四大家市领导出席会议。市委书记王铁、市长郭瑞民出席会议并作重要讲话。王铁强调要把茶产业作为信阳市农业跨越的第一支撑。

2007 年 10 月 16 ～ 18 日　河南省人大常委会原副主任、省茶文化研究会会长亢崇仁带领省人大常委会办公厅和省农业厅等有关人员和茶叶专家，在市长郭瑞民的陪同下，先后深入潢川、商城、平桥、浉河等县区进行调研。

2007 年 10 月 28 日～ 11 月 12 日　信阳市长郭瑞民率领各县区有关负责同志和茶办主任、茶企业负责人赴日本参加世界茶叶节，并考察日本茶产业。

2007 年 11 月 28 日　全市茶叶生产基地建设现场会在商城县和平桥区召开，市领导王铁、王道云、高曙霞、张继敬、万明云出席会议，王铁书记发表了共同唱响魅力信阳茶戏的重要讲话。

2007 年 12 月 3 ～ 4 日　河南省茶文化研究会在信阳专题召开信阳毛尖专题研讨会，河南省人大常委会原副主任、省茶文化研究会会长亢崇仁出席会议，市领导王铁、郭瑞民等出席会议。

2007 年 12 月 5 日　信阳市委书记王铁主持召开信阳茶博园规划论证会，市长郭瑞民、副市长张继敬及有关部门负责人出席会议，王铁就规划及启动工作发表重要讲话。

2007 年 12 月 19 ～ 23 日　市委、市政府派出两个督察组对全市茶叶生产基地建设任务落实情况进行督察。

（信阳市茶产业办公室　李世海　张久谦）

湖 北 省

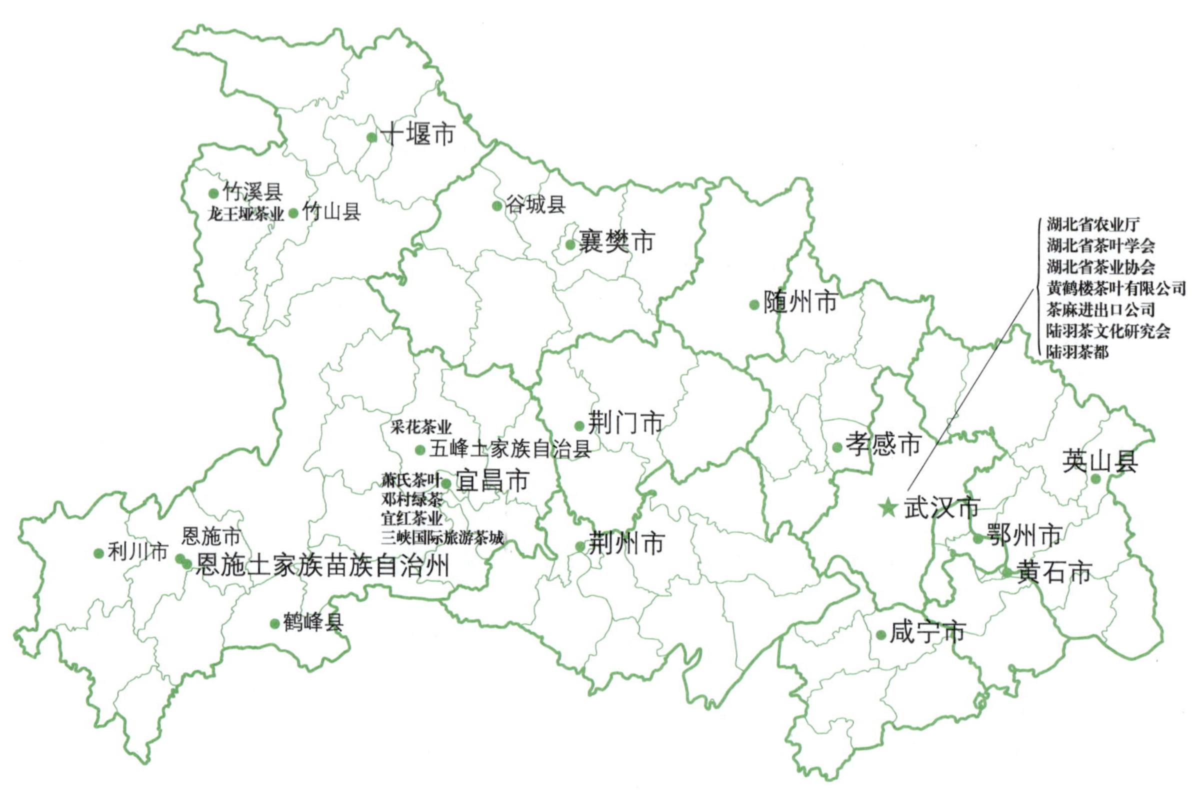

湖北是“茶圣”陆羽的故乡，产茶历史悠久，茶资源十分丰富。作为产茶大省，茶业是湖北农业的重要组成部分。改革开放以来，茶产业得到了快速发展，呈现出了良好的发展态势和前景，茶叶产业已成为湖北山区农村经济的重要支柱产业和农民脱贫致富的重要途径。

湖北省茶业基本情况

项 目	数量	单位	项 目	数 量	单 位
茶园面积	16.13	万公顷	毛茶平均价格	20.56	元/千克
茶叶产量	104 987	吨	毛茶产值	—	亿元
茶农户数	100	万户	年加工能力	—	吨
企业数	72	个	城镇居民茶叶消费	0.14	千克/人

发展历史

1. 产业优势 湖北是“茶圣”陆羽的故乡，产茶历史悠久，资源十分丰富。发展茶产业具有很大的优势和潜力。一是自然条件优越。湖北属亚热带季风气候，年均温度、年降水量适中，具备茶树生长适宜的光、热、水、气、土等自然条件，全省山区县市均可种植茶树。二是茶树品种资源丰富，宜昌大叶种等 3 个品种已被审（认）定为国家级茶树良种，鄂茶 1 号到鄂茶 12 等 12 个茶树品种被审定为湖北省级良种。三是茶类多、内质好。绿茶是湖北省的优势茶类，乌龙茶发展前景看好，宜红工夫茶是全国三大红茶之一，在国际市场享有盛誉，川牌砖茶畅销边疆少数民族地区。四是经济效益好，全省投产茶园平均每公顷产值达 16 500 元以上，高效茶园每公顷 75 000 元以上，经济效益明显优于其他农作物，而且收入稳定。

2. 历史发展水平 1979 年，全省茶园面积为 8.26 万公顷，总产 1.7 万吨，产值近 0.5 亿元。20 世纪 80 年代中期，国家对武陵山区、大别山区贫困县进行扶持，鄂西自治州、黄冈地区所辖各县，茶叶生产出现了持续增长的新局面。

1992 年全省茶园面积为 9.23 万公顷，总产 30 537 吨，占全国总产量的 5.5%，居第七位，产值 2.8 亿元。

2000 年全省茶园面积达到 12.1 万公顷，产量 6.37 万吨，产值 11 亿元，面积和产量在全国的位次由第七位上升到第四位，产值仅次于浙江、福建位居全国第三位。名优茶产量达到 1.9 万吨，产值 7.8 亿元，分别占茶叶总产量的 30% 和茶叶总产值的 77%，被农业部称之为全国名优茶生产的后起之秀，跨入了全国名优茶生产的大省行列。

2007 年全省茶园总面积 16.13 万公顷，其中采摘面积 12.21 万公顷，茶叶产量 104 987 吨，茶叶农业产值 215 926 万元。全省名优茶产量达到 4.52 万吨，占茶叶总产量的 43.05%，产值达 16.85 亿元，占总产值的 78.04%。面积和产量在全国的位次由第七位上升到第四位，产值仅次于浙江、福建位居全国第三位。

3. 经营模式变革 中华人民共和国成立初，开展试验示范。20 世纪 50 年代初，开始兴建了国有宜昌邓村、鹤峰走马、蒲圻示范（已于 1978 年与国有蒲圻羊楼洞茶场合并，成为该场的一个分场）、蕲春仙人台等茶场。到 1992 年，全省共建国有茶场 24 个，茶园面积 2 000 公顷，产茶 2 000 吨，分别占全省茶园面积的 2.16% 和茶叶总产量的 6.54%。这些茶场，在茶树种植方式、采茶、制茶、良种推广、老茶园改造上发挥了示范作用，并通过低产茶园改造试点，总结出改土增肥、修剪台刈、合理采摘以及“改土、改树、改园”的一整套增产措施。1983 年，湖北省参加全国农业技术推广总站组织的鄂、川、浙、皖、湘、赣、滇、渝 7 省 1 市低产茶园改造技术协作网，推动了低产茶园的改造工作。据统计，到 1992 年，在全省 3.5 万公顷低产茶园中，已有 1/3 得到了初步改造。

联产承包责任制的建立和完善。党的十一届三中全会精神在农村全面贯彻，许多茶场（厂）实行了联产承包责任制。如英山县大多数茶场的承包模式是：乡建乡所有、村建村所有，茶场的牌子不变，茶园分户管理，集体经营，实行“五定、五统”和场长负责制。20 世纪 90 年代末期该县又出现其他几种管理模式：第一种是竞价承包，“两权分离”，利益分成，集体不承担风险；第二种是出租他人经营，村坐收租金；第三种是联合办场，利益按股分成；第四种是拍卖，全省大多数乡、村茶场的管理模式，是茶园分户承包，集体收取租金，农户自采、自制、自售（或卖鲜叶），原茶叶加工厂由集体经营或租赁他人经营。五峰在 90 年代为了保证茶叶质量和防止税收流失，硬性规定茶农的鲜叶只能卖给附近茶厂，不得自制、自售。

随着农村产业结构的调整，全省乡（镇）茶场迅速崛起，总数达 3 000 多个。进入 20 世纪 90 年代末期和 21 世纪初，各地通过大力培植龙头企业和民营经济，一批公司 + 基地 + 农户，产、供、销一条龙的茶叶产业化经营模式已出现，并且取得了初步成效。

4. 流通体制变革 1984 年开始进行茶叶实行放开搞活，改供销系统独家经营为多渠道经营，给茶叶生产和市场增添了活力。

1984 年 9 月，商业部在武昌召开了全国茶叶流通体制改革会议，根据国务院国发（1984）75 号、国发（1984）96 号文件的精神，明确提出了在充分发挥主渠道的同时，要放手发展多渠道流通，要鼓励农民、茶叶生产单位、个体商贩等运销茶叶，可以进城，可以跨区、跨省，内外销成品和毛茶按市场供求双方协商定价。从此全国的茶叶生产和经营，结束了计划经济时代的许多限制，走上了合法的市场经济轨道。茶叶流通方式也发展到多种多样，有个体、集体、国有专业公司、民营专业公司等，各地的茶叶集贸市场也应运而生。

产业政策

随着茶叶市场放开，茶农的生产和经营有了很大自主权。但是为了茶叶健康发展，茶农增收、集体增利、国家增税，党和政府及有关业务部门，还有责任加以引导。为此从 1979 年起全省上下对茶叶生产不仅没有放松，相反还加强了有关茶叶发展规划、战略部署、具体措施等方面的研究和引导。

1. 实施“三个一批”的发展战略 1978 年国家因青砖茶在销区库存量大、产区原料积压，压缩了咸宁地区（现咸宁市）的老青茶收购计划，并扶持该地区改制细茶，以致全省的茶叶收购量大幅度下降（1981 年比 1977 年下降 25.93%），市场上曾出现过一段时间“卖茶难”的问题。这对茶农生产的积极性是一次很大的挫伤。全省很快实施了“发展一批新茶园，改造一批低产茶园，淘汰一批没有生产能力的劣质茶园”战略，促进了生产的健康发展。

2. **调整产业结构，大力发展名优茶** 一是实施名优茶综合开发项目。“八五”期间，实施“科技兴农”、“科技兴茶”战略。1991年，实施了农业部下达的全国名优茶开发项目，宜昌、蒲圻、咸定、五峰、随州和通城6县市7个名优茶生产厂家作为开发示范点。通城、咸宁、随州、宜昌、五峰、秭归、宣恩、保康、南漳等县（市）参加实施此项计划。二是开展名优茶评比及表彰。湖北省的茶叶评比活动，是从1977年在省畜牧特产研究所（现湖北省农业科学院果茶研究所）开始的，一直持续多年。每次评比都要在报刊上宣传，向消费者推出一批好茶，向生产厂家授予“鄂茶杯”奖励，向制茶人员授予“制茶能手”称号。在这个活动的推动下，全省从20世纪80年代起就把注意力，从抓茶叶产量转移到抓质量、抓效益上来。之后又提出了“每个茶场创制一个名优茶，质量上一个档次，效益每年增10%”的目标。三是制定优惠政策。全省有20多个县市制定一系列优惠政策：①名优茶税收，一定3年不变；②获得省农业厅特等奖的每个茶奖励5 000元，获得全国奖的每个茶品种奖励1万元；③对创制名优茶有突出贡献的农民技术员，优先办理“农转非”和招聘为国家干部。

3. **培植茶叶品牌** 1997年，根据省委、省政府实施精品名牌战略的总体要求，省农业厅在全省开展了湖北十大名优茶精品推荐评选活动。经评选审核，确定绿珠牌采花毛尖茶等15种茶为湖北名优茶精品。1999年，在全省首次评选出五峰县采花毛尖茶叶有限公司生产的绿珠牌采花毛尖等10种名茶为湖北十大名茶，英山县屏峰茶场等10个茶场为十大名茶场（厂）。从2005年开始，省农业厅把整合茶叶品牌作为全省农业的重点工作来抓，鼓励和支持五峰采花毛尖茶叶公司、竹溪龙王垭茶叶集团整合茶叶品牌，全力打造湖北名茶第一品牌。

4. **加快茶树无性系良种的发展步伐** 1992年全省在咸宁羊楼洞茶场，召开了无性系茶树推广现场会，并正式提出：没有无性系茶树良种茶苗，就不发展新茶园的要求。1995年在武汉召开了茶树良种繁育推广座谈会，交流“八五”期间的经验，制定“九五”期间规划和2010年的目标和措施。1996年制定了《茶树无性系良种苗木地方标准》。

5. **实施茶资源综合开发，推进茶叶产业全面升级** 全省于1997年3月、10月，1998年9月，2000年11月，连续召开了有关实施茶资源综合开发会议。会议认真研究和部署了湖北茶叶的发展问题，认为在若干年内必须要通过茶资源综合开发，才能实现基地建设规模化、茶树品种良种化、茶园管理和采摘与加工标准化和机械化、茶叶经营产业化。

茶叶生产

1. **2007年茶叶生产情况** 2007年全省茶园总面积161 329公顷，比2006年增加14 887公顷，增长10.17%，其中采摘面积122 063公顷，比2006年增加14 945公顷，增长13.95%。茶叶产量104 987吨，比2006年增加12 587吨，增长13.62%。茶叶农业产值215 926万元，比2006年177 881万元增加38 045万元，增长21.39%。全省名优茶产量达到4.52万吨，占茶叶总产量的43.05%，产值达16.85亿元，占总产值的78.04%。全省茶叶出口1 663.8吨，创汇687.9万美元。

2. **主要茶树品种及分布** 湖北省主要推广的茶树品种为福鼎大白茶、鄂茶1号、福云6号、宜昌大叶茶等。其中福鼎大白在全省各大产区均有分布，福云6号主要分布在恩施市及周边，鄂茶1号在咸宁市、孝感市、英山县等地栽培，宜昌大叶茶主要在宜昌市夷陵区种植，还有一些种植比较多的就是本地群体种。

3. **特种茶生产情况** 湖北省有机茶园面积达到2 667公顷。全省已有73个产品获得有机茶认证，其中获得杭州中农质量认证中心的有机茶认证69个，欧盟有机茶认证4个，认证数量仅次于浙江位居全国第二位。

湖北省茶叶主产地区

单位：吨、公顷

地区（地级市）	茶叶产量	茶园面积	茶树品种	主要品牌
恩施土家族苗族自治州	28 673	36 352	福云6号、福鼎大白、鄂茶10号	恩施玉露、鹤峰茶、宣恩贡茶
宜昌市	22 345	34 151	宜昌大叶种、宜红早、鄂茶9号	采花毛尖、萧氏茗茶、邓村绿茶
十堰市	2 626	22 705	福鼎大白、鄂茶1号	龙王垭茶、圣水茶
黄冈市	22 285	17 782	福鼎大白	英山云雾
襄樊市	5 863	14 244	福鼎大白	玉皇剑茶、筑阳翠峰
孝感市	1 873	10 523	福鼎大白、鄂茶1号	悟道茶、大悟寿眉
咸宁市	17 326	10 125	福鼎大白、鄂茶1号	松峰茶、汀泗川玉

本表以2007年茶园面积为序。

湖北省茶叶主产县

单位：吨、公顷

县（县级市）	茶叶产量	茶园面积	茶树品种	主要品牌
英山县	18 631	11 386	福鼎大白	英山云雾
恩施市	4 776	11 077	福云6号、福鼎大白、鄂茶10号	恩施玉露、伍家台
竹溪县	996	10 609	福鼎大白、鄂茶1号	龙峰茶、龙王垭
夷陵区	7 001	10 528	宜昌大叶种、宜红早	萧氏、邓村绿茶
五峰土家族自治县	6 433	9 105	福鼎大白、鄂茶7号	采花毛尖
鹤峰县	10 422	8 848	福鼎大白、鄂茶10号	翠泉茶
大悟县	810	7 521	福鼎大白、鄂茶1号	悟道茶、大悟寿眉
竹山县	1 050	7 334	福鼎大白、鄂茶1号	圣水茶
利川市	6 366	5 074	福鼎大白、鄂茶10号	飞强
谷城县	3 040	3 922	福鼎大白	玉皇剑茶、筑阳翠峰

本表以2007年茶园面积为序。

茶叶加工

2007年全省茶叶企业年产值和年销售额超亿元的有2家、超千万元的有15家，其中国家级农业产业化重点龙头企业有2家，省级龙头企业有10家。通过ISO9001：2000国际质量体系认证的企业有24家，一批龙头＋基地＋农户产业化经营模式正在形成。已有84家企业获得国内外有机茶认证，认证数量居全国第二位，通过QS认证的企业有178家，农业部茶叶质量抽检合格率近100%。湖北采花茶业有限公司、宜昌萧氏茶叶集团有限公司等11家企业被专家推荐认定为全省首批茶叶加工标准化示范茶厂，对全省茶叶加工厂的建设起到很好的示范带动作用。

2007年本地共有茶叶加工企业5 000多个，年加工量在200吨以上的加工企业达15家。

宜昌市主要有：宜昌萧氏茶叶集团有限公司、湖北采花茶业有限公司、湖北邓村绿茶集团有限公司、宜都市宜红茶业有限公司。黄冈市主要有：英山绿屏茶叶有限公司、英山志顺茶叶有限公司。恩施土家族苗族自治州有：恩施市润邦国际富硒茶业有限公司、恩施土家族苗族自治州伍家台贡茶公司、湖北鹤峰翠泉茶叶有限公司。十堰市有湖北龙王垭茶业有限公司、湖北圣水茶场有限责任公司、竹溪县梅子贡茶业有限公司。咸宁市主要有：湖北羊楼洞果茶股份有限公司、咸宁市川玉茶业有限公司。孝感市主要有：湖北悟道茶业有限公司、湖北省大悟寿眉茶叶有限公司。襄樊市主要有：湖北玉皇剑茶业有限公司、湖北保康荆山锦有机茶有限公司、湖北筑阳翠峰茶业有限公司、湖北汉家刘氏茶业有限公司。

虽然湖北省茶产业发展很快，但离发展现代农业的新形势、新要求还差很远。主要原因是：①龙头企业规模偏小。全省茶叶企业多，龙头企业少。有大小茶叶企业5 000多家，进入茶叶产业化经营的企业有500多家，但真正上一定规模的企业不到100家。总的看来，茶叶龙头企业规模偏小，机制不活，实力不强，特别是缺乏大龙头、大企业、大老板，这是湖北省茶产业发展的最大障碍。②加工厂急需改造提升。据调查，全省现有5 000多个初制茶叶加工厂，其中，20世纪90年代后建厂的约占1/3，大多数初制加工茶厂环境较差，普遍存在厂房老化抗灾能力弱、加工厂规模偏小、机具不配套等问题，亟待优化改造和提升。

湖北省主要茶叶加工企业（一）

单位：万元、吨、公顷、吨/年

名　称	销售额	茶叶产量	茶园面积	加工能力	品　牌
宜昌萧氏茶叶集团有限公司	29 600	5 000	5 333	8 000	萧氏
湖北采花茶业有限公司	18 279	1 044	5 333	1 500	采花毛尖
湖北邓村绿茶集团有限公司	12 350	2 800	5 333	4 000	邓村绿茶
宜都市宜红茶业有限公司	8 851	8 005	2 666	9 000	宜红
湖北龙王垭茶业有限公司	8 000	300	2 666	500	龙王垭、龙峰

湖北省主要茶叶加工企业（二）

单位：万元、吨、公顷、吨/年

名 称	销售额	茶叶产量	茶园面积	加工能力	品 牌
英山绿屏茶叶有限公司	4 600	750	—	1 000	雪屏
湖北圣水茶场有限公司	2 200	250	—	300	圣水茶
恩施市润邦国际富硒茶业有限公司	2 000	600	—	1 000	恩施玉露
鹤峰县翠泉茶叶有限公司	1 500	100	—	200	翠泉茶

本表以 2007 年销售额为序。

茶叶市场

2007 年茶叶市场情况：全省春茶产量达到 43 650 吨，产值达 18.7 亿元，均创春茶产销历史最高水平。其中名优茶产值 15.2 亿元。全省茶叶农业产值 21.6 亿元。鄂西南武陵山茶区的产品主要销往武汉、北京、安徽和欧洲、非洲等地，鄂东北大别山茶区的产品主要销往武汉、江苏、山东等地，鄂东南幕阜山茶区产品主要销往武汉、内蒙古等地，鄂西北秦巴山茶区产品主要销往西北市场和欧盟。

主要茶叶市场及分布：汉口是全国重要的茶叶集散地，它曾是繁荣近 200 多年的中欧茶叶通道的源头，被欧洲人称为“茶叶港”。

主要茶叶专业市场有：汉口茶市，占地 1.37 万平方米，入驻全国各地茶商 220 余户，荟萃数千茶叶品种，号称“中南第一茶市”。陆羽茶都，占地面积 4 万余平方米，能容纳 500 余户茶商，成为我国中部地区最大的茶叶专业市场。陆羽茶都经营布局设有名牌茶专营区、茶具专营区、茶疗保健餐饮专区和茶艺培训仓储专区。宜昌三峡国际旅游茶城、夷陵茶城等专业市场，是集商贸、旅游、文化为一体的现代化茶叶专业市场，三峡国际旅游茶城成为了宜昌三峡地区最大的茶叶批发交易市场。中国大别山茶叶广场，专营茶叶批发零售，全县及周边 70% 的名优茶依托该市场销售，已与北京、上海、武汉、济南、江苏溧阳等地茶叶交易市场形成了产销对接，成为全县茶叶交易平台和大别山茶叶交易中心。

主要茶叶贸易企业：武汉黄鹤楼茶叶有限公司、宜昌市三峡国际旅游茶城有限公司。

主要茶叶出口企业：湖北省茶麻进出口公司、宜都市宜红茶业有限公司、武汉易生生物科技有限公司、武汉嘉润茶叶有限公司等。

湖北省主要茶叶贸易企业有：宜昌市三峡国际旅游茶城有限公司、武汉黄鹤楼茶叶有限公司、湖北省茶麻进出口公司、武汉易生生物科技有限公司、宜都市宜红茶业有限公司、武汉嘉润茶叶有限公司。

湖北省主要茶叶批发市场

单位：吨、亿元、万平方米

名 称	年交易量	年交易额	市场面积
宜昌三峡国际旅游茶城	30 000	10	6.3
汉口茶市	5 000	5	1
陆羽茶都	4 000	2	5
中国大别山茶叶广场	—	—	3.5

本表以交易量为序。

茶文化

湖北是“茶圣”陆羽的故乡，茶叶生产历史悠久，茶文化底蕴深厚。陆羽出生于湖北天门，生活在唐代，他撰写的《茶经》，对有关茶树的产地、形态、生长环境以及采茶、制茶、饮茶的工具和方法等进行了全面的总结，是世界上第一部茶叶专著。《茶经》成书后，对我国茶文化的发展影响极大，陆羽也被后人尊称为“茶神”、“茶圣”。

近年来，湖北茶文化发展迅速，一是社团建设日益健全，目前全省主要茶文化社团有：湖北省陆羽茶文化研究会、湖北省茶叶学会、炎黄茶文化研究会、三峡茶文化研究会等相关社团。二是举行的茶事活动日趋丰富，主要有中国英山茶叶节、中国三峡茶文化艺术节、湖北圣水茶文化节、鹤峰茶文化节、鄂西北茶王茶艺擂台赛及乡村生态旅游节等。

湖北省知名茶馆主要有：荆州鸿渐茶艺馆（营业面积 7 000 平方米）、武汉巴山夜雨茶馆（营业面积 1 300 平方米）、汉口梦寮茶艺馆（营业面积 350 平方米）。

（湖北省农业厅经济作物站　曾维超）

黄冈市

黄冈市地处大别山南麓，长江中游北岸，全市下辖七县、两市、两区，下设 69 乡、100 镇、18 个街道办事处，共有 4 292 个行政村。全市总人口 740 万人。茶叶是黄冈市的特色产业，改革开放以来，特别是近十年来，大力实施“特色农业”发展战略，加快推进茶业发展步伐，茶叶产业得到了超常发展。到 2007 年全市茶园面积达到 1.78 万公顷，茶叶产量 1.95 万吨，产值 5.39 亿元，茶叶种植面积占全省 10% 以上，茶叶总产量和总产值均占全省份额的 20% 以上，茶叶产业已成为全市山区农村经济的重要支柱产业。

黄冈市茶业基本情况

项 目	数量	单位	项 目	数量	单位
茶园面积	1.78	万公顷	行业销售额	6.82	亿元
茶叶产量	1.95	万吨	年加工能力	2.3	万吨
茶农户数	8.7	万户	精制茶产量	0.6	万吨
企业数	312	个	城镇居民茶叶消费	1.3	千克／人

发展历史

1953年，全市茶叶种植面积只有1 053.3公顷，20世纪80年代中期开始大发展，到1985年全市茶园面积发展到11 660公顷，比1953年扩大10 606.7公顷，进入90年代中期以后，茶叶作为黄冈市传统特色产业步入了全面发展时期，到2007年全市茶园基地面积达到1.78万公顷，占全省茶园总面积的10.92%，名列全省第四位。1953年全市茶叶总产仅645.5吨，到1985年增加到2 754.5吨，比1953年增加2 109吨，增加327%，2007年达到1.95万吨。

产业政策

茶叶是黄冈市的传统特色产业，也是一个新兴的弱势产业，为了加快全市茶叶产业发展速度，各级领导坚持实行政策向茶叶产业倾斜。英山县政府为了发展茶叶产业，近十年来，坚持实行财政补贴、设立龙头企业发展奖励基金等系列优惠政策，由于系列优惠政策的扶持，有力地推动了全县茶叶产业的快速发展。

茶叶生产

茶园基地建设是茶叶产业发展的基础，全市茶区坚持不懈抓茶园基地建设，一是坚持不断扩大茶叶种植面积，实行规模发展，坚持每年新建茶园基地333.33公顷。二是坚持建设茶叶专业乡镇、专业村和专业大户，全市已有茶叶面积333.33公顷的乡镇6个，666.67公顷的乡镇8个，1 333.33公顷以上的乡镇2个，13.33公顷专业村347个，33.33公顷专业村124个，66.67公顷以上专业村14个，0.33公顷以上专业户3 718个。三是进行老茶园改造，全市每年完成老茶园改造333.33公顷。2007年全市茶叶总产值5.39亿元，按实有投产茶园1.32万公顷折算，每公顷平均产值4.08万元，每千克茶叶均价24.20元，英山县2007年全县茶叶产值4.42亿元，每公顷平均产值4.78万元，每千克茶叶均价25.40元。

黄冈市茶叶主产县

单位：吨、公顷

县（县级市）	茶叶产量	茶园面积	茶树品种	主要品牌
英山县	18 631.3	11 386	福鼎大白、乌牛早、白毫早、鄂茶1号	屏峰、志顺、野山香
红安县	1 331.3	1 777	福鼎大白、乌牛早、白毫早、鄂茶1号	老君眉
浠水县	954.6	1 178	福鼎大白、乌牛早、白毫早、鄂茶1号	董河
麻城市	816.5	1 749	福鼎大白、乌牛早、白毫早、鄂茶1号	三峰
罗田县	245.8	687	福鼎大白、乌牛早、白毫早、鄂茶1号	香露

本表以2007年茶叶产量为序。

茶叶加工

黄冈市从20世纪80年代开始进行茶叶品牌开发，经过20多年的市场打拼，不仅创建了一批特色茶叶品牌，而且还创建了全省名茶品牌，到目前为止，全市有屏峰、长冲、绿羽、挪园青峰、董河、驹龙园、十月、香露观等名优绿茶品牌37个，其中屏峰、长冲、英山云雾进入全省“十大名茶”品牌。还有驹龙园、董河、挪园、老君眉牌名优茶被列为“湖北二十佳”名优茶品牌。

实行生产责任制之前，茶园由各村和乡镇、专业茶场集体经营，20世纪80年代中期以后，茶园逐步实行承包经营，茶叶产销企业开始转型，90年代中期以后不断发展壮大，现在全市有茶叶加工企业300余家，资产总额达到2.3亿元，其中产值过100万元规模的有27家，500万元以上规模的有6家，4 000万元规模以上的有1家。不仅是数量增加，而且一些龙头企业正在进行改制和重组，扩大规模，增加项目，实行强强联合，增强企业竞争实力，企业的综合实力也不断增强。

黄冈市主要茶叶加工企业

单位：万元、公顷、吨、吨/年

名　称	销售额	茶叶产量	茶园面积	加工能力	品牌
英山绿屏茶叶有限公司	4 600	750	573.3	1 000	屏峰
英山志顺茶叶有限公司	2 100	470	328.7	600	志顺
蕲春驹龙园茶叶有限公司	970	187	213.3	270	驹龙园
浠水董河茶叶有限公司	730	139	175.3	230	董河
英山天堂野山香茶厂	630	98	113.3	150	野山香

本表以2007年销售额为序。

茶叶市场

20世纪80年代中期以后，全市从事茶叶销售的队伍越来越庞大，门店窗口越来越多，茶叶销售市场越来越活跃，形成了内销有门店，外销有市场，全市在全国各地设有茶叶门店800多家，年销售茶叶6 000余吨。英山已建有茶叶贸易大市场，已成为大别山茶区主要茶叶集散地，在茶叶销售旺季，每天向外地销售茶叶200余吨。

黄冈市主要茶叶批发市场

单位：吨、万元、公顷

公司名称	年交易量	年交易额	市场面积
大别山茶叶广场	10 000	35 000	8

本表数据以2007年为序。

（湖北省黄冈市农业局　王更生）

恩施土家族苗族自治州

巴东县
金果坪茶叶
建始县
恩施茶叶领导小组办公室
恩施茶业协会
玉露茶产业协会
硒露茶业
利川市
飞强茶业
硒源茶业
恩施市
★恩施土家族苗族自治州
宣恩县
伍家台富硒贡茶
鹤峰县
白果民族茶厂
翠泉茶业
咸丰县
新龙茶业
来凤县
龙山县

恩施土家族苗族自治州（以下简称恩施州）是我国最年轻的少数民族自治州，也是湖北省唯一享受国家西部大开发政策的地区。全州辖两市六县，2.4 万平方公里，380 万人口，其中以土家族、苗族为主的少数民族人口占 52.6%。恩施州位于长江之滨，西接重庆市，南邻湖南省。境内长江水道和东西走向的 318 国道公路，是贯通我国中西部的生命线，南北走向的 209 国道公路，是连接我国南北部的重要通道之一，建设中的沪蓉高速、宜万铁路即将开通。恩施州独特的地理气候环境，造就了恩施土家苗寨丰富的物产，全州森林覆盖率已达到 67%，素有“鄂西林海”、“华中药库”、“天然植物园”、“烟草王国”的美称。恩施州所产恩施玉露茶、恩施玉露、毛坝生漆、金丝桐油、利川鸡爪黄连、恩施板栗等土特产品蜚声海内外。恩施州魅力无限，是民族之林中一颗璀璨的明珠。

恩施土家族苗族自治州茶业基本情况

项 目	数 量	单 位	项 目	数 量	单 位
茶园面积	4.35	万公顷	行业销售额	10	亿元
茶叶产量	3.4	万吨	年加工能力	3	万吨
茶农户数	68	万户	精制茶产量	2	万吨
企业数	1 070	个	城镇居民茶叶消费	3	千克 / 人

发展历史

恩施州产茶历史源远流长，种茶、制茶、饮茶历史悠久，全州宜茶面积约 9.33 万公顷。早在唐代“茶圣”陆羽所撰《茶经》中就有“茶者，南方之佳木也，一尺，二尺，乃至数十尺，巴山峡川有两人合抱者”的记载，距今应在 1 700 年以上。有史可考的茶叶品牌也在距今 600 多年前就开始诞生了，如恩施玉露、皇恩宠赐、容美贡茶、官鼎茶、真香茗等一批品牌都诞生于明清时期，国内外小有名气。中华人民共和国成立初期，在毛泽东“以后在山坡上多多开辟茶园”的指示指引下，当地大力发展等高条植茶园，“五五”末期全州茶园总面积达到 1 万公顷；“六五”至“七五”期间，当地大力发展密植速成茶园，全地区茶叶基地总面积达到 2.3 余万公顷。“八五”以来，当地大力发展无性系良种茶园，全州无性系良种茶园面积达到 2 万公顷，茶园总面积达到 4.35 万公顷。

产业政策

“六五”期间，为恩施州经济快速发展，地区行署出台了《加快恩施地区五大特产基地建设意见》，推动了当地以茶叶为首的五大特产基地快速发展。

“八五”以来，恩施州委州政府出台了《加快恩施州六大特色产业发展意见》，推动了当地以茶叶为首的六大特色产业快速发展，茶叶无性系良种在全州得到普及推广，全州无性系良种茶园面积有很大提高。

2007 年，恩施州委州政府出台了《州政府关于支持“恩施玉露”茶叶品牌建设的意见》，推动了全州茶叶品牌整合，恩施玉露茶被湖北农业厅授予“湖北第一历史名茶”，提高了恩施茶叶的知名度和市场竞争力。

茶叶生产

近年来，在恩施州委、州政府的高度重视下，恩施州茶叶产业得到了长足发展。2007 年茶叶基地面积达到 4.35 万公顷，其中无性系良种茶园面积达到 2 万公顷左右。茶叶总产量 3.4 万吨，茶叶总产值 6.3 亿元。在产品结构上，基本形成绿茶、红茶、花茶多茶类生产的格局，已有 20 多个品牌获得绿色食品认证，8 个基地已获得有机食品认证，50 个厂家获得 QS 认证。目前茶叶产业已覆盖全州 8 县市 60 多个乡镇，全州农民人均茶叶收入 190.12 元，占人均纯收入的 8%，重点茶区茶叶产值占了农业总产值的一半以上，农民现金收入 80% 以上来源于茶叶，为恩施州农民脱贫致富作出了重大的贡献。

恩施土家族苗族自治州茶叶主产县

单位：吨、公顷、万元

县（县级市）	茶叶产量	茶园面积	产值	茶树品种	主要品牌
鹤峰县	11 219	10 801	14 008	恩苔早、福鼎大白、鄂茶 1 号、鄂茶 10 号	鹤峰茶、翠泉、白果、骑龙
利川市	8 235	7 511	1 773	恩苔早、福鼎大白、鄂茶 1 号、鄂茶 10 号	星斗山、雾洞
恩施市	6 462	11 745	10 319	恩苔早、福鼎大白、鄂茶 1 号、鄂茶 10 号	恩施玉露、恩施富硒茶、2846、芭蕉、怡茗
宣恩县	4 073	5 226	7 467	恩苔早、福鼎大白、鄂茶 1 号、鄂茶 10 号	皇恩宠赐、昌成、贡羽
咸丰县	2 901	3 608	1 275	恩苔早、福鼎大白、鄂茶 1 号、鄂茶 10 号	人头山、馨源

本表以 2007 年茶叶产量为序。

茶叶加工

恩施州茶叶加工营销企业 1 000 余家，年加工能力达到 3 万吨，其中年加工能力在 500 吨以上的厂家 8 家，250 吨以上的厂家 15 家，50 吨以上的厂家 209 家。州级龙头企业 15 家，省级龙头企业 4 家，在产品结构上，基本形成绿茶、红茶、乌龙茶和花茶多茶类生产的格局。有 40 多个品牌获得绿色食品认证，10 多个品牌获得有机食品认证，50 个厂家获得 QS 认证。实行生产许可证制度促使茶叶加工企业在加工设施和质量安全管理上加大投入，企业技术装备水平、加工能力和质量水平大幅度提高。

恩施土家族苗族自治州主要茶叶加工企业

单位：万元、吨、公顷、吨/年

名　称	销售额	茶叶产量	茶园面积	年加工能力	品牌
鹤峰县白果民族茶厂	6 800	4 000	2 000	3 000	白果
利川市飞强茶业有限公司	2 086	1 830	1 667	1 000	星斗山
恩施市润邦国际富硒茶业有限公司	2 047	2 035	2 000	1 000	芭蕉
恩施州伍家台富硒贡茶有限公司	1 602	335	1 667	1 000	皇恩宠赐
咸丰县新龙茶业有限公司	1 440	1 000	1 333	1 000	新龙
巴东县金果坪茶叶有限公司	1 345	55	1 333	1 000	金果
湖北省鹤峰县翠泉茶业有限公司	1 018	61	1 000	500	翠泉
利川市硒源茶业有限公司	969	750	1 000	1 000	富硒
恩施市硒露茶业有限公司	650	25	667	500	0846
恩施清江茶业有限公司	648	20	667	500	红庙

本表以 2007 年销售额为序。

（湖北恩施土家族苗族自治州农业局　吕宗浩）

湖 南 省

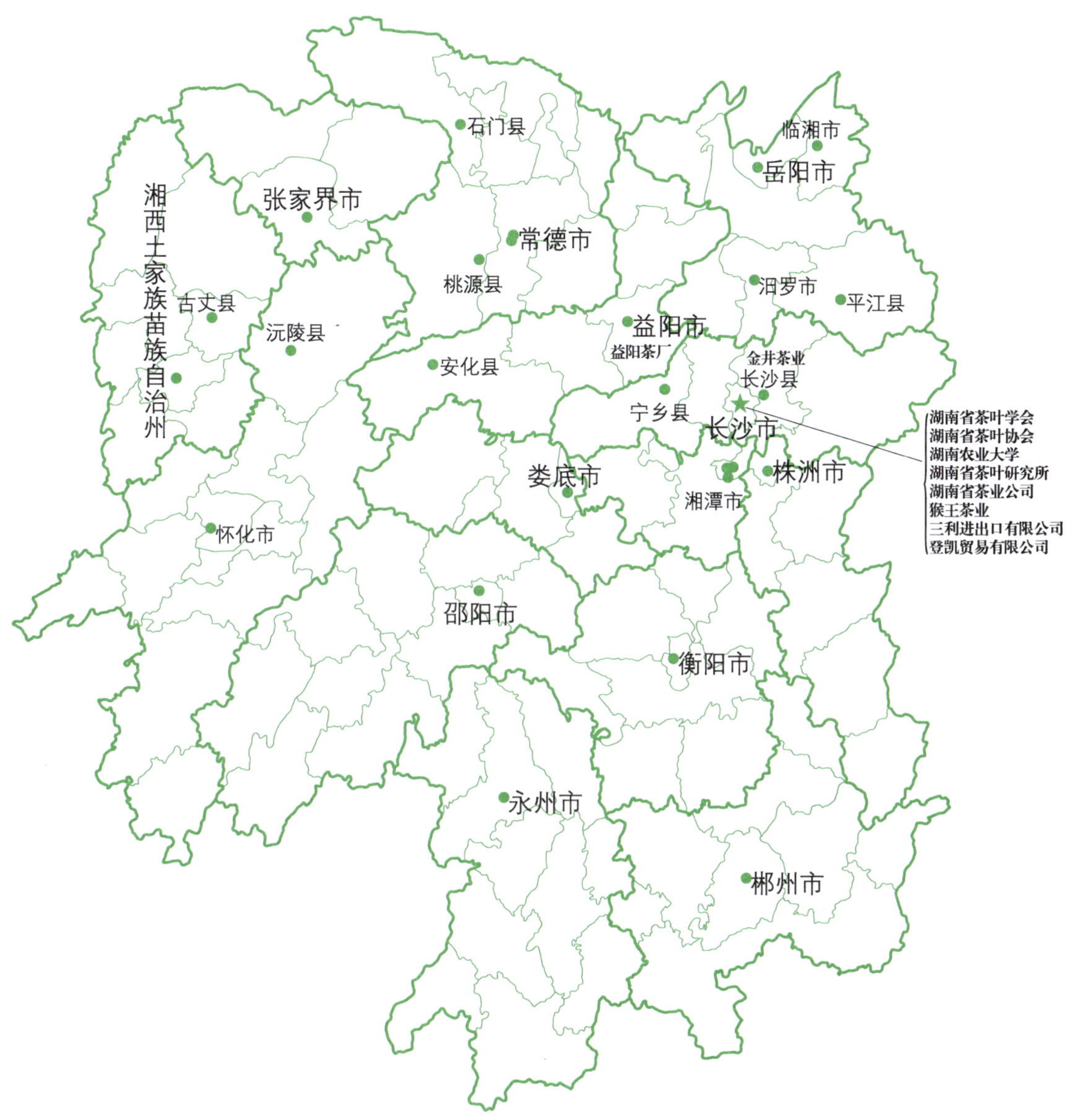

湖南省地处中国中南部，长江中游，自古以大湖（古湖云梦泽）之南著称。属亚热带气候，无霜期长，年平均气温16.7～17.9℃，南北温差极小，降雨量丰富，适宜茶树生长，是中国重点产茶省之一，素有“茶乡”之称。全省有90多个县（市）种植茶树，共有8.62万公顷茶园，茶叶总产量8.75万吨，产值达50亿元，主要产茶品种为 绿茶、红茶、茉莉花茶、黑茶、黄茶、特种茶。

湖南省茶叶基本情况

项 目	数 量	单 位	项 目	数 量	单 位
茶园面积	8.62	万公顷	毛茶产值	50	亿元
茶叶产量	8.75	万吨	年加工能力	—	万吨
茶农户数	—	万户	精制茶产量	—	万吨
企业数	289	个	城镇居民茶叶消费	0.20	千克／人

发展历史

“茶祖在湖南、茶源始三湘”，5 000 多年前，炎帝神农就在湖南发现和利用茶了。西汉开始成为贡品，唐代生产贸易发达，清代对外贸易最盛。中华人民共和国成立后，20 世纪 70 年代末 80 年代中期，湖南省茶业发展到顶峰，茶园面积达 14.67 万公顷，全国第一，产量 12 万吨，全国第二，出口额 5 000 万美元，全国第三，其中边销茶 2.5 万吨，占全国的 50%，全国第一；红碎茶 5 万吨，占全国的 40%，也为全国第一。进入商品经济后，湖南省茶叶向名优绿茶、花茶、黑茶和品牌茶转变，生产结构和产品结构不断调优。

产业政策

“十五”开始茶产业就被省政府列为湖南农业五大产业链，“十一五”又增为社会主义新农村建设支柱产业；2001 年省政府发布湘政发 [2001]30 号《关于加快发展茶叶产业的意见》，2006 年省政府办公厅发布湘政办发 [2006]34 号《关于进一步加快发展茶叶产业的意见》；益阳市、岳阳市以及石门、长沙、桃源、安化、保靖等县都有政府文件对茶产业的发展给予多方面的重视和具体政策、措施支持。

茶叶生产

全省共有 8.62 万公顷茶园，茶叶总产量 8.75 万吨，产值达 50 亿元。主要产茶品种为绿茶、红茶、茉莉花茶、黑茶、黄茶、特种茶。

主要品种和分布：绿茶分布长沙、岳阳、平江、湘阴、石门、桃源、沅陵、会同、慈利、安化、古丈、资兴、郴县、宁乡等；红茶分布在长沙、汨罗、屈原、湘乡、邵阳、新化、安化等；茉莉花茶分布在长沙、攸县；黑茶分布在安化、临湘、桃江、赫山；黄茶分布在岳阳君山区、云溪区、平江、宁乡；特种茶分布石门、古丈、沅陵、衡东、岳阳、宁乡、长沙、浏阳、芷江等地。

特种茶生产情况（如有机茶等）：有机茶分布在石门、古丈、浏阳、长沙、沅陵；手工茶分布在岳阳、长沙、安化等；藤茶分布在衡东、炎陵等；甜茶分布在芷江。

湖南省茶叶主产地区

单位：万吨、公顷

地区（地级市）	茶叶产量	茶园面积	茶类	主要品牌
长沙市	2.2	8 333	名优茶、绿茶、花茶、红茶	金井、湘丰、沩山、湘波绿、高桥银峰
岳阳市	1.8	9 333	银针、绿茶、名优茶	君山、洞庭山、兰岭
常德市	1.7	8 000	大叶茶、名优茶	紫艺、古洞春、藤琼
益阳市	1.6	12 000	黑茶、绿茶	湘益、白沙溪、安化松针
怀化市	1.2	7 333	名优茶、绿茶	碣滩、干发、古丈毛尖

本表以 2007 年茶叶产量为序。

湖南省茶叶主产县（一）

单位：万吨、公顷

县（县级市）	茶叶产量	茶园面积	茶树品种	主要品牌
桃源县	0.65	2 733.3	白毫早、桃源大叶、褚叶挤	桃花源、古洞春、藤琼
长沙县	0.60	5 333.3	褚叶挤、福云 6 号、福鼎大白、白毫早、桃源大叶	金井、湘丰、金鼎山、高桥
石门县	0.50	5 666.7	褚叶挤、福云 6 号、福鼎大白、群体	石门银峰、东山秀峰
安化县	0.50	2 133.3	云台大叶、褚叶挤、福鼎大白、群体	安化松针、千两茶、安化黑茶
平江县	0.32	3 666.7	褚叶挤、福云 6 号、福鼎大白、群体	福寿山
古丈县	0.30	3 333.3	褚叶挤、碧香早、槠叶齐、福鼎大毫	古丈毛尖

湖南省茶叶主产县（二）

单位：万吨、公顷

县（县级市）	茶叶产量	茶园面积	茶树品种	主要品牌
宁乡县	0.28	1 933.3	福云6号、白毫早、群体	青翠源、密印寺、沩山
临湘市	0.27	2 800.0	福云6号、群体	明伦、永巨
沅陵县	0.23	2 533.3	褚叶挤、福鼎大白、群体、福顶大白、白毫早	官庄、干发、碣滩
汨罗市	0.18	2 066.7	褚叶挤、福云6号、福鼎大白、群体	龙舟、屈原凤春

本表以2007年茶叶产量为序。

茶叶加工

2007年茶叶加工形势：名优茶数量明显上升；黑茶内销高档茶加工企业增加；出口眉茶、珠茶、普洱、乌龙茶、特种茶向高档、高价位转；工夫红茶加工和出口有所减少；红粹茶生产加工和出口迅速下降；品牌花茶维持稳定，普通花茶加工销售下降。

2007年本地共有茶叶加工企业 289个，年加工量在200吨以上的加工企业达29家之多，其中外资企业1个、合资企业2 个、地方自建企业26个。

主要加工企业及其分布：长沙地区：省茶业有限公司、猴王茶业有限公司、三利进出口有限公司、百里茶廊股份公司、登凯贸易有限公司、湖南金井茶业有限公司；益阳地区：三益茶业有限公司、益阳茶厂、白沙溪茶厂、星火茶厂；常德地区：桃花源茶叶集团、湘北茶业有限公司、桃源古洞春茶业公司；岳阳地区：临湘茶叶有限责任公司、临湘永巨茶厂、明伦茶业有限公司；湘潭地区：湘潭茶厂、大洋茶业有限公司；怀化地区：干发茶业有限公司、碣滩有机茶有限公司，等等。

名优茶增加较快、有机优质绿茶和品牌茶增长迅速、花茶平稳但小企业难以为继、高档内销黑茶增加、高档绿茶和特种茶出口加工增长迅速。主要是因劳动力成本增加，低价值茶叶利润空间减少；出口原材料和海运成本增加，世界其他茶叶生产国优质低成本茶的竞争加剧；国内生活水平的提升，优质高档茶市场明显扩大。

湖南省主要茶叶加工企业

单位：亿元、万吨、公顷、万吨/年

名　称	销售额	茶叶产量	茶园面积	加工能力	品牌
湖南省茶业有限公司	7.60	3.0	10 000	8.0	君山、古丈、碣滩
湖南猴王茶业有限公司	2.20	1.5	5 333	3.0	猴王、凤嘴
湖南省三利进出口有限公司	2.10	1.2	1 000	4.0	沙漠之舟、中茶、东峰
湖南省三益茶业有限公司	1.80	2.1	6 667	4.0	三益、竹峰
湖南百里茶廊股份有限公司	1.70	0.5	1 867	3.0	湘丰、金鼎、富甲
湖南登凯贸易有限公司	1.30	1.1	467	3.0	登凯
湖南桃花源茶叶集团	0.72	1.3	533	2.0	桃花源
湖南益阳茶厂	0.70	1.1	1 333	2.5	湘益、中茶
湖南金井茶业有限公司	0.57	0.5	533	1.8	金井
湘北茶业有限公司	0.52	0.9	200	2.0	湘北

本表以2007年销售额为序。

茶叶市场

2007年茶叶市场的形势：茶园面积增加、产量提高、茶价上升、茶叶空库、企业增效、茶农增收、财政增税、政府满意、全行业赢利。

主要茶叶市场及分布：国外市场：西欧、中东、北非、北美、日本、澳大利亚、独联体、东南亚等；国内市场：西北、东北、华北，北京、上海、广东、浙江、湖南。

主要茶叶贸易企业：湖南省茶业有限公司、湖南省三利进出口有限公司、湖南百里茶廊股份有限公司、湖南金井茶业有限公司、湖南登凯贸易有限公司、湖南猴王茶业有限公司、湖南省怡情源茶业有限公司、湖南省白沙溪茶厂有限责任公司、益阳茯茶茶业发展有限公司、湖南省三益茶业有限公司、湖南桃花源茶叶集团、桃源湘北茶业有限公司。

主要茶叶出口企业：湖南省茶业有限公司、湖南登凯贸易有限公司、湖南省三利进出口有限公司、湖南桃江浩茗茶叶食品有限公司、湘潭大洋茶业有限公司、湖南猴王茶业有限公司、湖南省怡情源茶业有限公司、湖南天牌茶业有限公司。

市场与消费的变化情况及变化的主要原因：国外市场红茶市场萎缩，绿茶、名优茶、特色茶市场增幅大，主要是由于国内成本增加，低价值的红茶等无经营利润，同时随着对绿茶的保健功能发现和品饮习惯的认同，对高档、高品质名优茶、特色茶的需求增长，湖南省出口量相对减少、出口额却稳步增加，出口结构优化。国内市场，随着人们生活水平的提高，高价格的名优茶、特种茶销路畅通，特别是具有明显保健功能的黑茶已成为2007年湖南茶叶增长的亮点和热点。

湖南省主要茶叶贸易企业

单位：亿元、万吨

名　称	年销售额	年交易量	年出口量
湖南省茶业有限公司	7.6	3.5	1.8
湖南猴王茶业有限公司	2.2	1.5	0.3
湖南省三利进出口有限公司	2.1	1.2	0.7
湖南省三益茶业有限公司	1.8	2.1	0.02
湖南登凯贸易有限公司	1.3	1.1	1.0

本表以2007年销售额为序。

湖南省主要茶叶批发市场

单位：吨、亿元、平方米

名　称	年交易量	年交易额	市场面积
益阳茶叶市场	5 000	12 000	30 000
湖南茶城	10 000	25 000	25 000
长沙茶市	3 000	15 000	19 000
衡阳雁城茶都	4 000	9 000	15 000
岳阳中南茶市	3 000	6 000	12 000

本表以2007年市场面积排序。

茶文化

（1）举办“中华茶祖神农文化论坛”。

（2）举办两年一届的“中国湖南（星沙）茶文化节”。

（3）湖南省协会《魅力湘茶》、湖南省学会《茶叶通讯》杂志。

（4）成立了全国最早的湖南省茶馆协会。

（5）出版了《魅力湘茶》、《湖南茶业大观》、《茶祖神农》、《湖南黑茶》、《安化黑茶》等书。

（6）千两茶、湘益茯茶制作工艺列入国务院第二批非物质文化遗产 。

（7）石门每年举办“茶禅文化节”。

（8）益阳市举办“中国黑茶节暨黑茶博览会”。

湖南省知名茶馆

单位：个、平方米

名称	连锁店数量	营业面积	茶馆区域分布
竹淇茶馆	3	2 600	长沙市芙蓉路、车站路、人民路
御茶园茶馆	2	2 200	长沙市河东解放路、河西麓山路
白沙源茶馆	2	1 900	长沙市白沙路、邵阳市水浒庙
君山银针茶馆	3	1 800	岳阳市岳阳楼、长沙市解放路等
和园茶府	1	1 750	长沙市白沙路

本表以 2007 年营业面积为序。

（湖南省茶叶协会　伍崇岳）

广 东 省

韶关市
华海糖业
西岩茶叶集团
万事达茶业
康达茶业
梅州市
大埔县
梅县
雁南飞茶业
潮州市
国宾集团
宏伟集团
清远市
河源市
揭阳市
汕头市
广州市
肇庆市
佛山市
凯民茶博城
东莞市
万江市场
惠州市
云浮市
龙岗区
汕尾市
江门市
中山市
华通市场
深圳市
珠海市
广东省农业厅种植业管理处
广东省茶叶学会
广东省茶业协会
广州市茶文化促进会
广东省茶叶进出口有限公司
广东农垦上茗轩茶叶有限公司
芳村南方市场
芳村茶业城
华南农业大学
广东省茶叶研究所
阳江市
茂名市
湛江市
茗皇茶业
华海糖业

广东茶叶生产历史悠久。早在1 200多年前，陆羽的《茶经》中就有关于岭南茶产于韶州（今广东韶关）的记载；到620—907年（唐代）间，韶州已是茶叶集散地。17世纪，由于茶叶贸易的发展，广州成为我国茶叶出口贸易中心，近年来，广东省茶叶面积稳中趋减，但生产能力不断提高。2007年广东全省茶园面积为3.72万公顷，产量4.89万吨。茶叶产品结构日益优化，产品质量与安全水平稳步提高，内销市场增长快，产销协调发展。

广东省茶业基本情况

项 目	数量	单 位	项 目	数量	单 位
茶园面积	3.72	万公顷	毛茶产值	11.25	亿元
茶叶产量	4.89	万吨	年加工能力	23	万吨
茶农户数	—	万户	精制茶产量	—	万吨
企业数	16	个	城镇居民茶叶消费	0.55	千克/人

发展历史

广东茶叶生产历史悠久。早在1 200多年前，陆羽的《茶经》中就有关于岭南茶产于韶州（今广东韶关）的记载；到620—907年（唐代）间，韶州已是茶叶集散地。据960—1280年（宋代）的史料记载，广东省的南雄、龙川等地当时均有产茶。《粤东笔记》称："珠江之南有茶树三十三村，谓之河南茶"。《罗浮志》称："罗浮茶石涧诸庵多有之，以春分前一日采，试景泰泉水，芳香勃发，绝胜白云，鼎湖所产"。《潮州府志》云："凤山名茶侍留茶，亦名贡茶"。《惠州府志》亦有"海丰、龙川、长乐各有土茶"的记载。可见，广东在宋代种茶已相当普遍，茶类丰富，品质甚佳。17世纪，由于茶叶贸易的发展，广州成为我国茶叶出口贸易中心，到19世纪30年代前后，广东省种茶面积已达2万多公顷，产量8 350吨。19世纪末至第一次世界大战（1914—1918）期间，茶叶外销受阻，广东茶叶出口锐减，茶叶生产逐渐萎缩。到1934年，广东省茶园已荒废一半，产量仅3 000余吨，两年后仅存茶山0.7万公顷，产量跌至1 689.4吨。抗日战争时期，广东茶区备受摧残，茶叶生产更加衰落，广东省年产茶只有500余吨。抗日战争胜利后，国民政府不重视茶叶生产，加上苛捐杂税重，茶叶生产一蹶不振。1949，广东省仅存零星半荒芜状态的茶山5 413.3公顷，产量1 150吨，各种名茶、优质茶基本上销声匿迹。

中华人民共和国成立后，广东省委和政府十分重视茶叶的生产和发展，采取一系列扶助措施和优惠政策，调动了茶农生产积极性，掀起了一次又一次的辟山种茶热潮，垦复荒芜茶园，辟建新式茶园，推广机器制茶，茶叶生产得到恢复和发展。但是受"大跃进"、"文化大革命"等的干扰和旧的经济体制的约束，茶园缺乏管理，广种薄收，茶叶生产水平低。20世纪70年代期间，广东全省年产茶6 000～9 000吨，1978年茶叶总产量只有0.95万吨。同时，为了出口创汇的需要，1957年广东茶叶进出口公司研制成功普洱茶人工后发酵工艺技术，大大缩短了普洱茶的后发酵时间，加快了普洱茶的规模化生产，到1983年，广东普洱茶的加工量达8 000吨左右，主要出口到中国港澳地区、日本及东南亚市场。

改革开放以来，茶园实行联产承包责任制，1984年开始，广东取消茶叶统购包销政策，放开了价格，这一"包"一"放"，激活了广东茶叶产业的进一步发展，茶园生产能力不断提高。1985年，广东全省茶园发展至4.60万公顷，茶叶产量达到2.26万吨。1990年后，茶叶生产逐步向优化提高的内涵式发展，逐步实现由强调产量向产量、质量、效益并重转变。2000年，全省茶园面积4.32万公顷，茶叶产量达到4.21万吨，其中名优茶产量达0.75万吨，比1990年增长2.7倍。近年来，广东省茶叶面积稳中趋减，但生产能力不断提高。2006年广东全省茶园面积为4.02万公顷，产量4.74万吨。茶叶产品结构日益优化，产品质量与安全水平稳步提高，内销市场增长快，产销协调发展。

茶叶生产

1. 茶叶产销概况 2007年，广东省茶叶生产贯彻"强化科技支撑，深化结构调整，挖掘发展内潜，创新发展机制，转变发展方式，提高质量和效益"的发展方针，茶叶生产稳步发展。全省茶园面积为3.72万公顷，比2006年减少2 900公顷，其中采摘面积2.98万公顷；茶叶产量4.89万吨，增长3.16%，其中名优茶产量1.7万吨，增21%；茶园单产按采摘面积计，提高12.08%。茶叶总产中，红茶产量1 638吨，占总产量3.35%；绿茶2.4万吨，占49.46%；乌龙茶17 127吨，占34.99%；其他茶5 971吨，占12.20%。红茶产量略有减少，绿茶、乌龙茶产量略有增加。内销茶叶市场平稳，供求基本平衡；茶叶出口量减值增收。全省茶叶出口9 181.29吨，比2006年减少18.7%，出口金额4 300万美元，增长23.96%。

2. 茶叶主要产区 2007年，广东省茶叶生产区域主要集中在梅州、潮州、揭阳、韶关、河源、清远、肇庆、云浮、茂名、湛江10个地级市，其茶园面积占全省茶园总面积95.22%，产量占96.20%。茶叶产量达到2 000吨以上的产茶县有7个，分别是饶平、罗定、揭西、大埔、廉江、潮安、兴宁；茶叶产量1 500～2 000吨的产茶县有5个，分别是英德、普宁、揭东、东源、丰顺。上述12个县茶叶产量合计占全省茶叶总产量的59.41%。

3. 主要茶树品种及分布 据2007年调查，广东省栽培的茶树品种有20多个，主要栽培的品种有云南大叶种、岭头（白叶）单丛、凤凰单丛、水仙、黄檀、乐昌（仁化）白毛及近年引进的台茶品种（金萱、翠玉）等，以岭头单丛栽培面积最大，约占全省茶园面积35%。其中云南大叶主要分布在粤北、粤中和粤西茶区；岭头单丛主要分布在粤东茶区，以潮州市、梅州、揭阳市为多，粤北、粤西茶区作为搭配品种种植面积不大；凤凰单丛主要分布在潮州市，梅州、清远、云浮等市有少量种植；乐昌（仁化）白毛主要分布在韶关的乐昌、仁化、曲江、乳源等地；其他乌龙茶品种水仙、黄檀、奇兰、毛蟹、梅占等以潮州、梅州、揭阳、汕尾等市种植为多；近年引进的台茶品种主要分布在湛江、河源、肇庆等市。

4. 发展茶叶生产的主要措施

（1）优化茶树品种结构。大力推广凤凰单丛、岭头单丛、黄檀、英红9号、仁化白毛及台茶的金萱、翠玉等无性系茶树品种，扩大无性系良种比例。2007年，广东省新植或改植换种无性系良种茶园800公顷，茶园素质进一步提高。无性系良种茶园面积达到2.02万公顷，占茶园总面积的54.3%，比2006年高2个百分点。

（2）加强适用技术普及推广。茶叶生产始终贯穿科技兴茶的主线，大力推广合理密植、茶园科学施肥、适时轻修剪、合理采摘、病虫综合防治等适用技术。全省示范推广“改春茶前轻修剪为春茶后轻修剪，改春茶留叶采摘为夏茶留叶采摘，提前施用冬季基肥和春茶追肥”技术1.33万公顷，使春茶产量占全年产量比例普遍提高6～10个百分点。大力推广机械化修剪、单丛茶夏剪、“一园多茶类”、乌龙茶机械化加工、名优茶制作等先进技术，茶叶科技含量进一步提高。

（3）推进茶叶产业化经营。一是大力扶持茶叶龙头企业发展。广东茶叶产业已有国家级农业龙头企业1家、省级重点农业龙头企业8家；二是引进外商、外资办茶场。广东的梅州、肇庆、河源等山区市积极引进台商承包山地，引入我国台湾的茶树品种与生产技术，建立高标准茶叶生产基地，发展名优茶生产。三是大型茶叶流通企业承包国有茶场。广东农垦上茗轩茶叶有限公司，承包经营粤北、粤西地区国有茶场的茶叶生产基地上千公顷，实施低成本扩张的发展战略，逐步实现从纯贸易经营到品牌经营转变。四是积极发展茶业经济合作组织。中国乌龙茶之乡潮州市潮安县凤凰镇茶业协会已成为广东省农业合作经济组织的试点示范单位。

（4）狠抓茶叶安全优质。大力推进无公害、绿色茶叶生产的发展。充分发挥现有农技推广体系的作用，加快了无公害茶叶生产综合技术的研究与实施。引导茶叶产区以产业化经营为纽带，创立无公害优质茶叶产品品牌，提高市场竞争力。加强对产地、产品、市场的检测和监督工作，强化对产地环境及农药、肥料等投入品的监管。截至2007年，广东全省已通过无公害认证的茶叶产地35个，认定面积约0.7万公顷；已有24个茶叶产品被评为广东省名牌产品。

（5）强化产后服务。加强茶叶市场建设。重点产区梅州、潮州都有茶叶专业市场；珠江三角洲地区建立了一批销售茶叶专业市场。著名的广州芳村南方茶叶市场已有2000多家茶商驻点经营，年交易额20亿元以上。培育流通队伍。茶叶生产专业大户从茶农向茶商转变，从山区走向城市，营销队伍不断壮大。广泛开展会展等茶事活动。2007年，中国茶叶流通协会和广东省茶业行业协会联合举办“2007中国（广州）国际茶业博览会”；广州市经济贸易委员会、广州市荔湾区政府和广东省茶业行业协会联合举办“首届广州茶叶购物节暨茶叶QS认证宣传咨询会；广东省茶业行业协会、云南省普洱茶协会联合举办“首届中国普洱茶经济发展（广州）高峰论坛”。重点产、销区也举办了各种大型的茶叶会展等茶事活动，为企业搭建展销与宣传平台。茶文化深入发展，茶叶的销售领域不断拓宽。

广东省茶叶主产地区

单位：吨、公顷

地区（地级市）	产量	茶园面积	品种	主要品牌
梅州市	10 680	9 960	单丛、黄旦等	西竺、阴那山、雁南飞、梅凤、凯达
揭阳市	7 723	3 620	单丛、梅占等	京明、大南山
潮州市	6 792	5 280	单丛等	南馥、宏伟、凤凰山、国牌

数据来自《广东农村统计年鉴》，本表以2007年茶叶产量为序。

广东省茶叶主产县

单位：吨、公顷

县（县级市）	产量	茶园面积	品 种	主要品牌
饶平县	4 421	3 620	岭头单丛等	国牌
罗定市	3 427	1 910	绿茶、乌龙茶	天子岭
揭西县	2 969	1 870	乌龙茶	京明
大埔县	2 923	3 050	单丛等	西竺、凯达、玉兔、晨露
潮安县	2 318	1 640	凤凰单丛等	南馥、宏伟、凤凰山
廉江市	2 238	1 200	绿茶、乌龙茶	茗皇、萱香、劳福茂
兴宁市	2 114	1 480	单丛、奇兰等	南华牌
英德市	1 900	1 090	英红9号、黄旦等	宝晶宫、鸿雁、上茗轩、英红

数据来自《广东农村统计年鉴》，本表以2007年茶叶产量为序。

（广东省农业厅种植业管理处　郑如钦）

茶叶加工

广东省主要茶叶加工企业

单位：万元、吨、公顷、吨/年

名称	销售额	茶叶产量	茶园面积	加工能力	品牌
广东茶叶进出口有限公司	47 951	—	—	20 000	金帆
广东国宾集团有限公司	16 213	675	200.00	2 732	国牌
广东省大埔县西岩茶叶集团有限公司	14 000	900	1 333.33	1 000	西竺
广东宏伟集团有限公司	8 192	200	333.33	500	宏伟、凤凰山
广东农垦上茗轩茶叶有限公司	6 000	1 050	700.00	2 000	上茗轩
广东省梅县雁南飞茶田有限公司	5 936	265	—	320	雁南飞
广东省大埔县万事达茶业有限公司	4 800	200	166.67	250	晨露
广东省大埔县康达茶业有限公司	3 600	150	213.33	300	凯达
广东茗皇茶业有限公司	3 600	120	533.33	200	茗皇
广东省华海糖业发展有限公司	2 300	1 100	480.60	2 200	雄鸥、勇士

本表以2007年销售额为序。

茶叶市场

2007年广东省茶叶出口量8 935.76吨，出口金额2 749.71万美元，出口量同比下降18.7%，金额同比增长23.97%，出口全国排名第五，出口的国家和地区达100多个，出口茶类以绿茶、红茶和特种茶为主，其中普洱茶出口金额幅度增加，不但保持了全国普洱茶出口第一的位置，而且拉大了与第二位云南省的差距。出口主要企业有广东茶叶进出口有限公司、顺德碧丽源茶业有限公司、深圳土畜产茶叶进出口有限公司、佛山茶叶进出口有限公司、广州市茗丰茶业有限公司、肇庆鼎山茶叶进出口有限公司等。其中，广东茶叶进出口有限公司2007年茶叶出口量4 686.6吨，出口金额1 663.6万美元，主要出口的国家和地区有东南亚、日本、北美、欧盟等传统市场，以及俄罗斯、东欧、中东、非洲等新兴市场和我国香港、澳门地区。

广东省主要茶叶贸易企业有：广东茶叶进出口有限公司、顺德碧丽源茶业有限公司、深圳土畜产茶叶进出口有限公司、佛山茶叶进出口有限公司、广州市茗丰茶业有限公司。

广东省主要茶叶批发市场

单位：亿元、万平方米、个

名称	年交易额	建筑面积	规划铺位	年交易量
广州市芳村南方茶叶市场	20	10	—	—
佛山南海凯民茶博城	8	13	1 000	1.1
东莞市万江茶叶交易市场	3	5	—	—
广东芳村茶业城	0.94	3.2	600	15
中山华通行茶叶批发市场	0.3	4.4	300	0.05

本表以2007年交易额为序。

茶叶消费

广东省是我国重要的茶叶产区和消费大省，也是茶叶出口的重要口岸，茶文化底蕴深厚。同时，广东背靠全国茶产区，面向我国港、澳地区，辐射世界茶叶主销国，有着得天独厚的区位优势，是中国茶走向世界的重要门户。广州拥有全国最大的茶叶批发市场，已成为全国最大茶叶集散地，在中国茶叶流通领域起到主导作用。广东茶叶市场，特别是广州市场已成为商家必争之地。

广东人具有爱喝茶、会喝茶的优良传统，人年均茶消费量 1 千克，其中广州市人均消费量达 2 千克，居全国之首。近年广东省茶叶年销售量已超过 8 万吨。

改革开放以来，广东 GDP 持续两位数的高速增长。随着广东城市规模的扩大、便捷高效的物流系统，以及广州作为全国最大的茶叶集散地，更是承担华南和我国港、澳、台地区和全国茶叶贸易的枢纽功能，广东茶叶市场极具发展潜力，发展前景十分广阔。

按茶叶消费区域划分，广东珠三角地区以普洱茶和乌龙茶为主，粤东以乌龙茶为主，粤西以绿茶为主，粤北地区红、绿、白茶均有。

茶叶市场主要分布在广州、深圳、东莞、佛山、中山等地，尤以广州市荔湾区最为集中，现已建成大小茶叶批发市场（茶城）11 家，入住茶商 5 000 多家，其中最早建成且规模最大的是广州芳村南方茶叶市场。该市场 2001 年被定为广州市四大重点专业批发市场之一；2002 年被农业部授予“定点市场”，是国家“菜篮子工程”信息报价茶叶类价格信息提供单位；2004 年被中国茶叶流通协会授予“全国重点茶市”，被中国市场指导委员会评为 2004 年度“竞争力百强市场”；2006 年被农业部和中国乡镇企业协会授予“全国新农村建设百强示范企业”；2007 年被中大华远认证中心认定为“农副产品绿色批发市场”。2007 年，该市场直接和间接交易总额超过 20 亿元人民币，为国家创税超过 1 500 多万元。广州南方茶叶市场通过多次升级改造，规模不断扩大，现已成为全国规模最大、品种最齐全、成交量最大、辐射面最广、商铺最集中的茶叶集散地，成为传播我国茶文化的一个重要窗口。

茶文化

岭南茶文化是中国四大茶文化系列之一。据《广东新语》说，岭南种茶自唐始，唐代曹松把茶种移植到南海西樵山，便拉开了岭南茶文化的序幕。随着社会经济的发展，茶文化的内涵不断丰富，进入明代以来，广州“茶市”与潮州“功夫茶”，这两朵岭南茶文化的奇葩破绽而开。至清代，岭南茶文化进入第一个兴盛期，在茶市、茶馆、茶具、用茶方式，以及人们对茶的品味的文化心态等方面，均达到空前水平。

岭南素来产茶，而且茶的生产发展颇快，近代广东已有茶叶出口，岭南人“嗜食茶”，成为茶叶生产发展的内在动力，而茶类品种的丰富，又为岭南茶文化的发展提供了可靠的条件。岭南茶文化，其产生与发展由特定的地理气候条件所决定，同时也是岭南经济与文化发展所使然。饮茶由生存的需要，到追求舒适和享乐，岭南茶文化的产生同其他地区的茶文化一样有着相同的原因。然而，由于岭南的东南沿海一带商业活动的频繁，茶文化显得更加发达而富于特色，明、清以后尤其如此。广州人的“饮早茶”与潮汕地区的“功夫茶”，便是岭南社会生活中重要的文化现象。

近年来，随着茶叶经济的繁荣，带动了广东茶叶贸易及茶叶消费的快速增长，各种茶事、茶文化活动异常活跃，为促进广东茶文化发展作出了重要贡献。2007 年，中国茶叶流通协会和广东省茶业行业协会共同主办了“2007 中国（广州）国际茶业博览会”，展会围绕“绿色、健康、品牌、和谐”这一主题，以倡导健康第一的消费理念，把全国茶叶优秀品牌的绿色、健康的中国茶产业形象、商品、成果展示在广大消费者面前，使消费者树立了茶叶品牌意识。茶博览会的成功举办，一方面进一步巩固了广东省作为全国最重要的茶产业流通市场的地位，巩固了广东茶文化普及的领先地位，同时还突显了广州茶业博览会在茶业市场中“风向标”和“温度计”的功能。此外，广东省茶业行业协会、广东省茶叶学会与广州市政府、荔湾区政府等有关政府部门分别举办了广东省第七届名优茶质量竞赛、广东省茶艺师职业技能大赛、首届广州茶叶购物节、“百年贡茶 回归普洱”广州恭迎瞻礼恭送仪式系列活动、“品茶论水”活动、首届中国普洱茶经济发展（广州）高峰论坛等系列茶事活动；广州茶文化促进会举办了“第五届广州茶文化节”，此外，深圳、东莞、佛山、中山等地分别举办了各种茶事活动。为提高茶叶质量、打造企业品牌、促进茶叶消费，以及普及茶知识、弘扬茶文化起到积极的推动作用。

广东省知名茶馆主要有：广州市流花茶艺城、茶艺乐园（中国）有限公司、水沐莲清岭南茶艺馆、瑞丰茶艺馆、雅韵轩。

大事记

2003 年　成立华南农业大学茶业科学研究所。

2004 年 11 月 20 日　成立广东省茶业行业协会。

2006 年 8 月 15 日　广东省茶业行业协会、广东省茶叶学会和广东省农业科学院在广州市洲头咀“哥德堡号”博览园举办广东名茶重返“哥德堡号”活动。

2006 年　广东省七家企业：广东茶叶进出口有限公司、广东省大埔县西岩茶叶集团有限公司、广州国宾集团有限公司、广东宏伟集团有限公司、广州市宝生园有限公司、广州市金润堂茶业有限公司、广东省华海糖业发展有限公司被评为 2006 年中国茶叶行业年度百强企业。

2007 年 1 月 19 日　广东省茶业行业协会在南方茶叶市场，主办首届广州茶叶购物节暨茶叶 QS 认证宣传咨询会·品牌兴茶铸辉煌系列活动。

2007 年 1 月 20 日　广东省茶业行业协会召开了全体会员代表大会。

2007 年 3 月 30 日　由云南省普洱市人民政府、广州市荔湾区人民政府、北京故宫博物院等联合主办的“百年贡茶 回归普洱”广州恭迎瞻礼恭送仪式系列活动在广州南方茶叶市场隆重举行。

2007年5月19日 《新快报》与广州芳村茶叶城共同主办，广东省茶业行业协会、广东省轻工业协会瓶装饮用水专业分会指导的第二届“品茶论水”活动在芳村南方茶叶城盛大举行。

2007年6月30日 首届香山茶文化节暨华通行茶叶批发中心举行开业庆典活动。

2007年7月22日 广东省茶业行业协会、云南省普洱茶协会及广州市荔湾区人民政府石围塘街道办事处联合主办“首届中国普洱茶经济发展（广州）高峰论坛”。

2007年8月24～25日 广东省茶业行业协会组织了部分会员自驾车考察“英德茶叶世界”。

2007年9月16日 广东省和广州市全民科学素质工作领导小组办公室在人民公园举办的“2007年万人科学传播大行动”大型宣传活动，广东省茶叶学会组织茶叶专家，参加了开展节能生产、保护生态环境和饮茶有益人体健康的宣传、咨询活动。

2007年11月17～20日 广东省茶叶学会与广东省茶叶行业协会共同举办了“广东省第七届全国名优茶质量竞赛”活动，并于11月22日举行了盛大的颁奖仪式。

2007年11月22～24日 广东省茶叶行业协会举办了“2007广东省茶艺师职业技能大赛”。

2007年11月22～26日 中国茶叶流通协会与广东省茶叶行业协会，在广州市琶洲中洲国际商务展示中心共同举办了“2007中国（广州）国际茶业博览会”。

2007年11月 “2007中国(广州)国际茶业博览会”组委会与广东电视台“今日关注”栏目联合举办了“爱在中洲—今日关注 获奖全国名优茶慈善拍卖会”，拍卖会全部拍品由在本届茶博会全国名优茶质量竞赛中获得特等金奖、金奖的企业捐出，筹得善款全数捐入广东省慈善总会名下“今日关注爱心基金”。

2007年12月9日 广东省茶业行业协会穆有为会长当选中国茶叶流通协会副会长，多位协会领导分别当选常务理事、理事和顾问。

广东茶叶进出口有限公司和广东宏伟集团有限公司被评为2007年中国茶叶行业年度百强企业。

广州市芳村南方茶叶市场有限公司董事长陈国昌被评为2007年中国茶叶行业年度经济人物。

广东省茶业行业协会穆有为会长、苏荣新副会长被评为“第二届全球普洱茶十大杰出人物”。

（广东省茶业行业协会秘书处、广东省茶叶学会办公室）

广西壮族自治区

奇山秀水出名茶，广西有着优越的自然环境条件与区位环境条件，是茶树的原产地之一，是我国重要的产茶区。广西的茶园发芽早，封园晚，生长时间长，原料的内含物质丰富，制作的茶叶产品风味独特，品质优良。历史上曾出现过多个闻名遐迩的贡品名茶品种。近年以来，经过多代茶叶工作者的研制，一些名茶得以发扬光大，一批独具地方特色的名茶品种涌现市场，早春名优绿茶、六堡茶、茉莉花茶等品种已经占据国内外市场的相当份额，“浪伏”凌云白毫茶、“将军峰”昭平银杉等名茶品牌逐年叫响，为广西的茶叶产业发展奠定了坚实的基础。

茶叶产业是广西的优势产业。进入 21 世纪以来，广西的茶叶生产进入了稳步增长的历史最好时期，茶园面积逐年扩大，产量逐年上升，质量不断提高，在国内外市场的竞争力逐步增强，茶叶产业整体效益明显改善。2007 年广西茶园面积达 4.7 万公顷，总产量 3.4 万吨，产值 9 亿元。茶叶产业已经成为广西边远山区、少数民族地区农村经济发展的支柱性产业，成为广西农业发展的新亮点，成为广西社会主义新农村建设的强劲动力。

广西壮族自治区茶业基本情况

项 目	数 量	单 位	项 目	数 量	单 位
茶园面积	4.7	万公顷	行业销售额	4.56	亿元
茶叶产量	3.4	万吨	年加工能力	5	万吨
茶农户数	36	万户	精制茶产量	2.57	万吨
企业数	18	个	城镇居民茶叶消费	8.79	千克 / 人

发展历史

广西是茶树生长的最适宜区域之一，有着悠久的茶叶种植历史，是我国茶叶生产重要产区之一。20 世纪 60 年代开始，广西各地大面积种植茶叶，茶产业快速发展。经历多次波动之后，21 世纪初，广西茶叶产业保持连续稳定上升的态势，2000—2006 年广西茶园面积增加了 58.37%，年平均增长 9.7%，茶叶产量增加了 49.53%，年平均增长 8.25%，增幅高于全国平均水平。2007 年广西茶园面积达 4.7 万公顷，总产量 3.4 万吨，产值 9 亿元。

产业政策

广西各级政府高度重视发展茶叶产业，相继出台一系列政策扶持产业发展。2006 年 12 月时任自治区人民政府主席陆兵同志批示："加快广西茶业发展，做大做强广西茶叶优势产业，是发挥广西资源优势，带动农民增收的一项重要工作。"自治区农业厅编制《2008—2015 年广西壮族自治区茶叶产业发展规划》；梧州市政府把六堡茶产业列入梧州市十大优势农业产业，加大力度扶持发展，并申请六堡茶原产地标志注册认证，通过招商引资引入龙头企业，扩大六堡茶产业规模，延伸产业链，六堡茶产业将是广西茶产业一个新亮点，进入快速发展轨道。

茶叶生产

2007 年广西茶叶生产继续保持稳步增长的态势。全年茶园面积达 4.7 万公顷，总产量 3.4 万吨，产值 9 亿元。由于早春茶市场优势，春茶生产在广西茶叶生产占重要地位，虽受"倒春寒"和春旱等气候影响，桂西凌云白毫茶区春茶产量下降，但由于全区茶园开采面积增加，全区春茶产量维持上年产量水平，达 0.74 万吨，产值 1.42 亿元，其中名优茶所占比例有较大上升，达 55%，名优茶产量 0.41 万吨，产值 0.92 亿元。

绿茶是广西茶叶的主要产品，全年产量 2.82 万吨，约占茶叶总产量的 83%；受国内普洱茶热潮带动，2006 年广西六堡茶有较快发展，全年六堡茶产量与出口量均创历史新高，分别为 2 361 吨、1 132 吨；其他茶类均有少量生产，占全年干茶产量的 4.2%。

主要产茶品种为：绿茶、茉莉花茶、六堡茶、红茶。

主要品种分布：

绿茶：桂东北名优绿茶区、桂东南早春名优茶区，包括昭平、灵山、三江、平南、金秀等县。桂西凌云白毫茶茶区，包括凌云、西林、乐业等县。

茉莉花茶：横县。

六堡茶：桂东茶区，包括梧州市苍梧、藤县、岑溪等。

红茶：桂西凌云白毫茶茶区；龙州、柳城等云南大叶种茶区。

特种茶生产情况：2007 年，广西有机茶园面积 1 333 公顷，占全自治区茶园面积的 2.5%，主要分布百色凌云、柳州三江等地，其中凌云浪伏牌有机白毫茶在国内有机茶市场占据一定份额，并且得到消费者的认可。虽然广西有机茶产品近年发展较快，但由于起步晚，基础薄弱，有机茶产品不到全国的 1%，广西有机茶生产具有较大的发展潜力。

广西壮族自治区茶叶主产地区

单位：吨、公顷

地区（地级市）	茶叶产量	茶园面积	茶类	主要品牌
钦州市	4 943	4 040	绿茶	安畅、桂灵
百色市	4 420	12 160	绿茶、红茶	浪伏、八桂凌云
柳州市	4 038	7 003	绿茶	多耶楼
桂林市	3 592	2 670	绿茶	—
贺州市	2 567	4 670	绿茶	将军峰、大脑山

本表以 2007 年茶叶产量为序。

广西壮族自治区茶叶主产县（一）

单位：万吨、公顷

县	茶叶产量	茶园面积	茶类	主要品牌
灵山县	5 400	3 800	绿茶	安畅、桂灵
昭平县	4 500	6 000	绿茶	将军峰、大脑山

广西壮族自治区茶叶主产县（二）

单位：万吨、公顷

县	茶叶产量	茶园面积	茶　类	主要品牌
三江县	4 200	6 300	绿茶	多耶楼
凌云县	3 200	7 300	绿茶、红茶	浪伏、八桂凌云
龙州县	1 820	900	绿茶、乌龙茶	鸿浉
横　县	1 520	1 800	茉莉花茶	—
西林县	1 050	3 300	绿茶	王子山

本表以 2007 年茶叶产量为序。

茶叶加工

广西茶叶加工主要以烘青类绿茶为主，2007 年广西绿茶产量达 2.82 万吨，占茶叶总产量的 83%；花茶加工继续保持全国主要地位，全年茉莉花茶加工产量 5 万吨，占全国茉莉花茶产量 50% 以上；受市场黑茶热影响，广西六堡茶生产继续保持快速增长态势，全年六堡茶产量 2 361 吨。

2007 年本地共有茶叶加工企业 1 000 多个，年加工量在 200 吨以上的加工企业达 500 多家。

茉莉花茶加工企业：主要集中在横县。全县共有花茶加工企业 160 家，目前年加工量为 5 万吨。

六堡茶加工企业：主要机制在梧州市。全市年产六堡茶 500 吨以上的企业有 4 家，其中梧州茶厂作为广西最大的六堡茶生产企业，2007 年产量达 1 200t，占广西六堡茶总产量的 50% 以上。

广西壮族自治区主要茶叶加工企业

单位：万元、吨、吨/年

名　称	销售额	茶叶产量	加工能力
广西梧州茂圣茶业有限公司	7 500	1 500	2 000
广西梧州茶厂	4 800	3 500	5 000
广西石乳茶业有限公司	3 000	1 800	2 000
广西金花茶业有限公司	1 500	750	4 000
广西农垦茶业集团有限公司	1 400	5 300	5 000
广西凌云浪伏茶业有限公司	1 208	250	320

本表以 2007 年销售额为序。

茶叶市场

广西茶叶以内销为主，茶叶消费多元化趋势明显。年内，广西茶叶销售量 2.5 万吨，销售额达到 9 亿元。早春茶是广西茶叶在市场占优势的产品，全年产量 0.74 万吨，销售额 1.4 亿元，其中名优绿茶产量 0.41 万吨，产值 0.92 亿元，主要销往华东、华北市场。

主要茶叶市场及分布：广西南宁茶叶批发市场：南宁；广西横县西南茶城：横县；广西梧州六堡茶城：梧州。

广西壮族自治区主要茶叶贸易企业

单位：万元、吨

名　称	年销售额	年交易量	年出口量
广西梧州茶厂	4 800	1 500	300
广西石乳茶业有限公司	3 000	1 800	500
广西绿野茶业有限公司	1 850	830	—
广西金花茶业有限公司	1 500	860	65
广西农垦茶叶集团有限公司	1 400	900	300

本表以 2007 年销售额为序。

广西壮族自治区主要茶叶批发市场

单位：万平方米、个、亿元、万吨

名　称	建筑面积	规划铺位	年交易额	年交易量	分布
广西凌云茶叶市场	8.5	19	0.85	0.3	凌云县
广西横县横州城北市场有限公司	2.064	202	7.61	2.875	横县
广西梧州六堡茶城	2	—	—	—	梧州
广西南宁茶叶批发市场	1.5	—	1.2	—	南宁市

本表以2007年建筑面积为序。

茶文化

随着国民生活水平提高，广西茶文化悄然兴起，并进入快速发展轨道。2007年广西茶事活动活跃，昭平、凌云、横县分别召开“昭平茶王”节、“凌云白毫茶”节和“横县茉莉花”节，开展各种学术论坛和各种茶事活动，营造浓厚的茶文化氛围。

广西壮族自治区知名茶馆

单位：平方米、个

名　称	营业面积	连锁店数量	茶馆区域分布
长裕川茶艺馆	7 000	2	南宁市
古鼎香茶艺馆	6 500	3	南宁市
绿野茶城茶艺馆	2 000	2	南宁市
阿里山茶馆	1 200	4	南宁市
古龙茶会所	800	1	南宁市

本表以2007年营业面积为序。

（广西壮族自治区茶叶协会　陶增胜）

重 庆 市

重庆是世界茶树原产地之一，有3 000多年的栽培历史。历经晚清、民国的起起落落，中华人民共和国成立后尤其是变为直辖市的十年，茶业获得较大发展。已形成三大优势区域——渝西南名优早茶优势发展区域1.33万公顷、渝东南名优茶优势发展区域2万公顷、三峡库区无公害有机茶优势发展区域2万公顷，培育出巴南银针、永川秀芽、滴翠剑名为代表的强势品牌。茶叶正逐渐成为山区农村具有比较优势的特色农产品和传统的出口创汇优势农产品。2007年，茶园面积2.75万公顷，产量1.88万吨，出口红茶0.73万吨，创汇518万美元。

重庆市茶业基本情况

项 目	数 量	单 位	项 目	数 量	单 位
茶园面积	2.75	万公顷	行业销售额	10	亿元
茶叶产量	1.88	万吨	年加工能力	10	万吨
茶农户数	100	万户	精制茶产量	5	万吨
企业数	414	个	城镇居民茶叶消费	0.21	千克／人

发展历史

重庆市现存野生大茶树5 000余株，最大的野生茶树王已有1 400余年树龄。1949年，茶园面积1 500公顷，茶叶产量916吨；1975年，茶园面积33 000余公顷，茶叶产量6 000余吨，

20世纪80年代，全市各地普遍组建集体茶场，开发出数十个名优茶新品种，获世界级金奖3个、银奖2个，全国农业博览会和部优金银奖十余个，省级名茶奖数十个。南川红碎茶被上海口岸定为出口免检产品。

直辖10年（1997—2007）：

（1）科研上。在引种、育种及茶叶加工技术研究等方面荣获国家及部、省级多项重大成果。

（2）技术上。具国内领先水平的名优茶生产线20余条。

（3）品种上。生产绿茶、红茶、花茶、黑茶、沱茶和特种茶六大类，100多个花色品种，具有生产开发无公害茶、有机茶和早茶得天独厚的基础和优势，形成三大优势区域——渝西南名优早茶优势发展区域1.33万公顷、渝东南名优茶优势发展区域2万公顷、三峡库区无公害有机茶优势发展区域2万公顷。南川、荣昌（目前全国最大的红碎茶出口市场）、永川区（县）被列入农业部全国优势区域规划(2005)。

强势品牌——巴南银针、永川秀芽、滴翠剑名为代表，其中巴南银针获“中国名牌农产品”荣誉称号。

（4）产业规模。2007年，茶园面积2.75万公顷，产量1.88万吨，出口红茶0.73万吨，创汇518万美元。

全市40个区（市）、县（自治县、市）中有37个区、县（自治县、市）生产茶叶，现有茶叶加工厂1 300多家。

重庆茶叶航母——重庆市茶业集团2005年5月正式挂牌成立。

重庆市茶叶专业批发市场——2006年11月正式挂牌成立，建筑面积28 000平方米，年销售额2亿元人民币。

产业政策

重庆市确定了以品种、品质、品牌为主线的重庆茶叶产业发展战略，以国家级茶树良种繁育基地为载体，大力推进无性系良种的繁育、推广，以巴渝特早、福鼎大白茶2～3个当家品种为主推品种，其他早、中、晚熟品种搭配，提高重庆市茶树无性系良种率；以建立和完善标准化技术示范推广体系为手段，提高茶叶品质和规模化程度；以打造和培育2～3个优势知名品牌为目标，以抓早茶、早名优绿茶为切入点，提高产品的附加值和市场竞争能力。部分区（市）、县政府近年对茶叶产业化区域布局，产业发展投入，品牌建设及龙头企业培育，茶叶质量安全管理等方面出台了相应政策措施：

一是鼓励业主（农户）进行衰老茶园改造，政府补助50%用于新植茶园实物补助优良无性茶苗；二是鼓励业主集中成片新植茶园13.33公顷以上，县政府以奖代补0.5万元；三是鼓励创品牌、创名牌，对企业获得一个中国世界名牌（国家质量监督检疫检验总局认定）、中国名牌产品、中国驰名商标的企业分别给予50万元一次性奖励；对获得省级名牌产品、著名商标等，分别给予一定数额的奖励；四是鼓励出口创汇，对获得国家级出口畅销品牌的企业，一次性奖励20万元 ；获得省级出口畅销品牌的企业，一次性奖励10万元。

茶叶生产

重庆茶区分布西起荣昌县盘龙镇东经105° 24′，东至巫山县两坪镇东经109° 58′，南起秀山县梅江镇北纬28° 9′，北至城口县坪坝镇北纬32° 1′，全市40个区（市）县（自治县、市）中有37个区、县（自治县、市）生产茶叶。从事茶业人员有150万人左右，有集体茶场618个，个体茶场4 286个，茶厂414个，2007年是重庆市茶叶生产恢复性发展时期。2006年入夏以来，全市遭遇百年一遇特大旱灾，37个产茶区（市）、县遭受严重干旱，茶园受灾覆盖面达100%，持续时间长，大部分茶区干旱总日数达90天以上，部分地区达100天以上，截至8月31日统计：全市茶园受灾面积2.2万公顷，死亡0.36万公顷，茶叶减产0.63万吨，造成直接经济损失1.1亿元。在重庆市委、市政府及市级有关部门的高度重视和支持下，积极开展抗灾自救，最大限度地降低旱灾造成的直接和间接经济损失，各级技术推广部门举办恢复茶叶生产的技术培训、现场指导，为来年的春茶生产奠定基础，以抓名优早茶、早早茶为突破口，取得了春茶生产产销两旺、名优茶产量、产值全面增长的良好开局。

全市无公害茶叶生产基地建设发展迅速，无公害茶园面积达1.67万公顷，已有涪陵、永川、梁平、万盛、新胜等地共333.33公顷、18个产品通过有机茶认证中心认证，并正式生产投放市场，产量约500吨。各区、县茶叶企业QS认证工作在完成了重点企业的认证后，正在大面积推进，目前已有50家企业通过QS认证。

重庆市茶树种质资源十分丰富，全市有地方品种、引进品种、育成品种、野生大茶树等品种资源储备1 000余份，其中，国家级无性系良种48个，省级良种和自育良种10个，茶树良种繁育推广体系基本形成。主要栽培品种：四川中小叶种约占总面积的65%，云南大叶种占总面积的20%，无性系良种（包括巴渝特早、福鼎大白茶、蜀永系列、黔湄系列、早白尖5号等）占总面积的15%。全市教学、科研、生产在引种、育种及茶叶加工技术研究等方面荣获国家及部、省级多项重大成果，茶树种质资源及品种抗性鉴定方法研究等方面有大量技术储备及研究积累。

重庆市茶叶主产县

单位：吨、公顷

县（区）	茶叶产量	茶园面积	茶树品种	主要品牌
荣昌县	5 051	3 233	黔湄系列、云南大叶种、福鼎大白茶、巴渝特早	天岗玉叶、明前玉尖
南川区	2 805	4 238	云南大叶种、巴渝特早等	金佛玉翠
巴南区	2 180	2 073	福鼎大白茶、巴渝特早、四川中小叶种	巴南银针、定心·巴渝银针
永川区	2 100	2 800	四川中小叶种、福鼎大白茶、蜀永系、巴渝特早、早白尖等	永川秀芽
武隆县	1 980	2 033	四川中小叶种、福鼎大白茶、巴渝特早	天尺雪芽
万盛区	630	800	四川中小叶种、福鼎大白茶、巴渝特早	滴翠剑名、黑山雪芽
万州区	490	1 200	四川中小叶种、福鼎大白茶、巴渝特早	太白银针
开　县	415	1 067	四川中小叶种、福鼎大白茶、巴渝特早	龙珠茶
奉节县	380	1 400	四川中小叶种、福鼎大白茶、巴渝特早	香山贡茶
城口县	345	1 067	四川中小叶种、福鼎大白茶、巴渝特早	鸡鸣贡茶

本表以 2007 年茶叶产量为序。

茶叶加工

重庆独特的山地气候资源优势和三峡库区优越的生态环境，十分有利于茶叶内含物质积累，具有生产开发无公害茶、有机茶和早茶得天独厚的基础和优势。重庆生产茶类有绿茶、红茶、花茶、黑茶、沱茶和特种茶六大类，100 多个花色品种。其中主要以绿茶为主，占茶叶总产量的 76%，绿茶内外兼销，以内销为主；红碎茶次之，占总产量的 17%，以外销为主，近年由于受国际市场影响，红茶出口量减少，产量下降；另有少量花茶、沱茶等再加工茶、青茶（乌龙茶）和特种茶类生产，占总产量的 10%，花茶和沱茶是重庆消费的主要茶类，特种茶类产量较少，但近年发展较快。

据不完全统计，全市茶叶年产值超过 100 万元的生产企业达 30 家，其中超过 500 万元的企业有 8 家，超过 1 000 万元的企业有 5 家。全市茶叶加工厂有 1 300 多家，但 50% 以上加工厂的加工设备落后、厂房陈旧，加工水平较低；加工设施、设备配套，加工条件较好、水平较高的仅有 200 余家。2007 年全市出口红茶 0.73 万吨，创汇 518 万美元，荣昌县是目前全国最大的红碎茶出口市场，常年出口近万吨，为国家换取外汇近千万美元。

重庆市主要茶叶加工企业

单位：万元、吨、公顷、吨/年

名　称	销售额	茶叶产量	茶园面积	加工能力	品　牌
重庆市茶业集团	5 000	1 000	370	2 000	定心、明望、巴南
开县龙珠茶业有限公司	2 700	100	301	300	龙珠
重庆玉琳茶业公司	1 400	600	267	1 500	玉琳、海波螺
重庆新胜实业公司	1 200	200	800	3 000	新胜、金凤
重庆翠信茶业有限公司	1 200	50	400	60	滴翠剑名
西南农业大学实验茶厂	1 200	300	—	400	西农花茶
重庆云岭茶业公司	1 000	40	40	200	云岭
南川区天绿园名优茶厂	920	460	533	1 200	金佛山毛峰
益川茶叶有限责任公司	880	550	667	2 000	重庆牌
重庆市天岗玉叶茶业有限公司	600	40	267	45	天岗玉叶

本表以 2007 年销售额为序。

茶叶市场

重庆市茶叶市场主要有重庆茶叶专业批发市场、重庆盘溪农产品综合批发市场，零售茶叶主要有大型商场、大型超市、连锁店、专业茶庄等，主城区年销售茶叶约为1.5亿元，其中20%为沱茶，30%为花茶，40%为名优绿茶，10%为乌龙茶等特种茶系列。全市现有专业茶叶公司约30余家，大部分为经营型企业，以代销茶叶为主，规模较小，年销售额在1 000万元以上的企业有4家。

重庆市主要茶叶贸易企业

单位：万元、吨

名　称	年销售额	年交易量	年出口量
重庆长城茶叶贸易有限公司	5 000	600	—
重庆市荣发茶叶进出口有限公司	2 200	3 200	3 000
重庆华霖茶业发展有限公司	2 000	300	—
重庆荣昌县宏发茶业有限公司	2 000	3 200	3 000
重庆荣昌县兴荣茶叶有限公司	1 700	3 100	2 700

本表以2007年销售额为序。

重庆市主要茶叶批发市场

单位：万吨、亿元、万平方米

公司名称	年交易量	年交易额	市场面积
重庆市茶叶专业批发市场	0.20	2	2.8

茶文化

在茶文化建设方面，重庆国际茶文化研究会和西南大学、重庆市茶叶科学研究所、重庆市经济作物技术推广站广泛联系国内外茶学界和茶文化界人士，发掘、传承和弘扬悠久的巴渝茶文化、巴山峡川历史，在对野生大茶树的分布、起源、演化、分类等基础上，开展了一系列野生大茶树资源保护、基因库建立、遗传学、生理学、生物化学、细胞学、分子生物学等方面的学术价值研究，单株选育和保护性开发等；通过组织茶叶品牌推介，现场茶艺、茶道表演，茶文化知识宣传等方式，展示重庆茶业生态、品种、技术、科研、教学等的资源优势和整体形象，架起政府与企业以及广大爱茶人的纽带与桥梁，集社会各界、知名人士、普通百姓之力，共同打造重庆“茶的故乡”这一绿色品牌，促进重庆茶产业、茶经济发展。

2007年4月，重庆国际茶文化研究会、重庆市佛教协会联合举办了“追根溯源　禅茶一味”为主题的“2007国际（重庆）首届禅茶文化节”，与中国国际茶文化研究会合作，在重庆永川、巴南、南川等地拍摄中国茶叶“百强县”专题片，扩大重庆茶业的国际、国内影响；2007年6月，组织参加了庆祝直辖十周年首届中国重庆文化艺术节第三届中国·重庆永川国际茶竹文化旅游节。

重庆市知名茶馆及营业面积：定心·茶公馆，1 300平方米；百年天香，1 000平方米；巴渝文化茶楼，1 000平方米；老街十八梯茶楼，500平方米；正清和茶楼，400平方米；香国茶园，300平方米。

大事记

2002年9月　由重庆市农业局组团、全市14个茶叶生产、商贸企业15人组成的重庆代表团，赴马来西亚吉隆坡参加了第七届国际茶文化节，有重庆名茶集萃、巴南银针、永川秀芽、滴翠剑茗等共23个品种参加了展出。

2003年　国家发展和改革委员会、农业部下达国家级茶树良种繁育基地建设项目，建设地点为重庆市巴南区二圣茶场，基地总规模63.33公顷，于2005年建成并投入生产。

2004年　重庆市政府命名西南农业大学刘勤晋教授为重庆市茶叶学科技术带头人，重庆市经济作物技术推广站王敏研究员为重庆市茶叶学科技术带头人后备人选。

2005年　南川、荣昌、永川列入农业部全国优势区域规划。

2005年4月　实施传统工艺设备的技术改造，在重庆市巴南区二圣茶场首次引进具世界领先水平的日本蒸青绿茶生产线。

2005年5月19日　重庆市政府批准成立重庆市茶业集团正式成立挂牌，首批成员为重庆市二圣茶场、西农实验茶厂、云岭茶叶公司、重庆市经济作物技术推广站组成。

2005 年 9 月 27 日　重庆茶业集团在其总部，举行了重庆茶业集团—巴南银针 2005 亚太城市市长峰会茶叶类唯一指定用品新闻发布会。

2005 年 10 月 25 日　重庆茶业集团将 2 套具有纪念意义的 2005 亚太城市市长峰会茶叶类唯一指定礼品“巴南银针”绝版珍藏礼品，编号为 1012 和 1013 号（即 2005 亚太城市市长峰会开幕日和闭幕日），公开拍卖，两罐（50 克 / 罐）礼品茶叶拍出了 21 万元的天价。

2005 年 12 月　由重庆市人民政府正式批准、我国第一个以地域名命名的重庆市茶叶专业批发市场成立。

2006 年 1 月　重庆国际茶文化研究会、中国国际茶文化研究会巴渝茶文化研究中心正式成立。

2006 年 2 月 22 ～ 23 日　重庆市农业局副局长张钟灵陪同中国工程院院士、著名茶学专家陈宗懋研究员和农业部基地处副处长王戈考察了重庆茶业集团二圣茶叶生产基地；中国工程院院士、著名茶学专家陈宗懋教授在重庆国际茶文化研究会总部作了“茶与人体健康”的学术报告，指导重庆茶业产业发展。

2006 年 5 月　由重庆市经济作物技术推广站主持、组织实施的“茶树名、优、新品种选育及配套栽培、制作技术示范”项目，荣获重庆市科技进步奖二等奖。

2006 年 5 月 16 日　重庆国际茶文化研究会举办了题为“传承巴渝茶文化，促进重庆茶产业”大型主题活动暨重庆国际茶文化研究会挂牌仪式。

2007 年 4 月 20 日　重庆国际茶文化研究会和重庆市佛教协会在重庆市茶叶专业批发市场联合举办了“追根溯源，禅茶一味 · 2007 国际（重庆）首届禅茶文化节”

2007 年 6 月　重庆华霖（苗品记）茶业发展有限公司和重庆中国三峡博物馆、重庆国际茶文化研究会共同推出了《重庆直辖十周年纪念饼茶》，全国限量发行 9 999 套，其中第 0001 号由重庆中国三峡博物馆永久收藏，第 1997 号、1999 号、2007 号、2008 号分别赠予中国香港行政特区、中国澳门行政特区、重庆市政府和中国奥委会作永久收藏。

2007 年 8 月　由重庆市经济作物技术推广站主持、组织实施的“茶树名、优、新品种选育及配套栽培、制作技术示范”项目，荣获农业部中华农业科技奖 3 等奖。

（重庆市经济作物技术推广站　王　敏
重庆市农业委员会　赵　仲）

四 川 省

四川是茶的故乡，人工种茶有2 000多年历史；贡茶有1 000多年历史。因此，四川是茶树原产地之一，也是人类饮茶、种茶、制茶的发源地，是我国主要产茶省份之一。四川茶叶历来以数量大、品种多、分布广、品质好、声誉高而著称，自古就有“蜀土茶称圣”的美誉。到2007年，全省茶园面积为16.86万公顷，茶叶产量13.03万吨，茶园面积和茶叶产量均居全国第二位，分别占全国的10.98%和11.40%，茶叶综合总产值为60.0亿元，农业产值为21.70亿元，茶叶总产值居全国第四位。近10年来，良种茶园面积和名优茶产量、发展速度和增幅均居全国各产茶省、市之首。

四川省茶业基本情况

项 目	数量	单位	项 目	数量	单位
茶园面积	16.86	万公顷	行业销售额	25	亿元
茶叶产量	13.03	万吨	年加工能力	—	吨
茶农户数	150	万户	精制茶产量	8	万吨
企业数	3 161	个	城镇居民茶叶消费	0.42	千克／人

发展历史

四川是茶的故乡，人工种茶最早，有 2 000 多年历史；贡茶历史最早，有 1 000 多年历史。因此，四川是茶树原产地之一，也是人类饮茶、种茶、制茶的发源地，是我国主要产茶省份之一。四川茶叶历来以数量大、品种多、分布广、品质好、声誉高而著称，自古就有“蜀土茶称圣”的美誉。据史料记载，早在唐代，川茶产量就位居全国之首。

唐和五代时期，是中国茶叶生产的大发展时期，四川的茶叶生产也得到迅猛的发展，一跃而成为全国八大产茶区之一，主要产地在川西成都平原四周的丘陵和山区，其次是川南、川东的长江流域一带。

北宋四川茶叶生产进一步增长。据课茶定额、茶税收入及有关资料记载，大约年产 1.5 万吨，超过东南地区茶叶产量之和，占全国总产量的 58%。吕陶在《净德集》卷 1 中有所记载：“蜀茶岁约三千万斤”，其中元丰七年（1074）茶叶产量为 14 573.5 吨，元丰八年（1075）茶叶产量为 14 774 吨。南宋时产量虽仍保持 1.5 万吨左右，但因国内东南茶区产量下降，川茶占全国的比例上升到 62%。并成为官府“以茶博马”和“以茶治边”的物质。元朝不缺战马，废除了茶马交易，四川茶叶生产有所下降。明代初年全国茶叶生产又有一定发展，后东南茶区茶叶运销海外，茶叶生产迅速发展，四川地处内陆，茶叶仍以内销为主，生产相对停滞。明代四川茶叶产量约 5 000 ～ 10 000 吨。明末清初四川战乱，茶叶生产破坏殆尽。但不久因边销发展，茶叶产量迅速回升，1796—1820 年全省产量恢复到 1 万吨以上，以后较长时期保持这个水平。茶叶产区仍分布在成都平原四周长江流域和北川山区，以成都府路产茶地区最为集中。宋代茶产量增加，茶区分布更加广泛，四川全省有 20 个州、郡产茶，其中以雅州蒙顶、蜀州味江、邛州火井、嘉州中峰、彭州堋口、汉州杨树、绵州兽目、利州罗材为著名的产茶地。

由此可见，唐宋时期四川茶区已经分布很广，以盆地西部边缘山区为最集中。

明清时期，四川产茶区遍及全省，据《成都通览》记载，川西有彭县、什邡、灌县、大邑、洪雅、峨眉、天全、雅安、名山、荥经、邛州、茂州；川东有开县、奉节、东乡、巴县、巴州、涪州；川南有永川、璧山、江津、铜梁、珙县、筠连、泸州、叙永；川北有广元、安县、石泉、通江、南江、彰明、剑州等共计 60 余州县产茶。

明末清初，四川各道均产茶，茶区东起巫山，西至汶川，北达广元，南到珙县，大小共计 70 余县。茶园的分布主要在盆地边缘山区。盆地内部丘陵区也有分布，但数量不多。

20 世纪 30 年代，茶区范围有所扩大，四川全省产茶县增至 80 余个，遍及全省大部分地区，但主要产区仍集中于盆地西部山区，并以岷江中下游的西岸，自汶川至宜宾这一地带的各县为中心产地。其中灌县、雅安、荥经、天全、邛崃、名山等县产茶数量多，质量好。

中华人民共和国成立以后，人民政府动员群众垦复荒芜茶园，并在宜宾山区种植茶树，发展新茶园，使茶区的分布进一步扩大。20 世纪 70 年代以后，宜宾地区大量开荒种茶，建设新式茶园，茶区由原来主要在盆地边缘山区向盆地中部腹心地带的半山区、丘陵区和川西南山地酸性红壤区以及西部甘孜藏族自治州的一些河谷地带扩展。四川全省产茶县扩展到 150 多个，几乎全省农区县绝大多数都产茶。重点产茶区也由原来的盆地西部发展为盆地西部、西南部、东南部并驾齐驱的格局。

中华人民共和国成立以后，特别是党的十一届三中全会以来，党和政府制定了有关政策，采取一系列经济扶持措施，调动了茶农的生产积极性，全省茶叶生产由迅速恢复期进入大发展的新时期。20 世纪 80 年代初全省茶叶产量达 3.0 万多吨，名列全国前茅，其外销、边销、内销各占 1/3，可谓产销两旺。到 1995 年茶叶面积共有 10 余万公顷，年产茶 6.1 万吨，茶园面积居全国第一，产量为全国第三，茶叶产值 5.3 亿元，占全国茶叶总产值的 11.05%，年创税 1.1 亿元，出口创汇 2 500 万美元。

1997 年重庆列为直辖后，新四川其茶园面积、茶叶产量、茶叶产值分别占原四川省的 76.64%、74.49% 和 87.74%。目前茶园面积、茶叶产量、茶叶产值在全国排名分别为第五、第五和第六位。到 2004 年，全省茶园面积达到 14.0 万公顷，茶叶年产量增加到 8.6 万吨，其中名优茶产量 2.9 万吨，名优茶比重占 33.72%，茶叶年产值达到 10.4 亿元，茶叶出口 6 000 吨，创汇 700 万美元。

截至 2007，全省共有 120 多个县产茶，占全省 181 个县的 66.30%，其茶园面积为 16.86 万公顷，其中采摘面积 11.67 万公顷，茶叶产量 13.03 万吨，茶园面积和茶叶产量分别居全国第三、四位，分别占全国的 10.98% 和 11.40%，茶叶综合总产值为 60.0 亿元，农业产值为 21.7 亿元，茶叶总产值居全国第五位。

发展优势

1. 茶区土壤 四川农业土壤以紫色土为主，分布在东部海拔 800 米以下的盆地丘陵，范围达 106 县，其中以紫色土为主的有 76 县，有部分分布的达 30 个县，其面积约 16 万平方公里，占全省的 28%，故四川盆地有“红色盆地”之称。由于成土母质为侏罗—白垩纪的紫色砂页岩，成土过程又以物理风化为主，所以紫色土具有矿物养分丰富，磷、钾含量高的特点。四川茶区土壤有黄壤、棕壤、灰棕壤、紫色土、红壤等，从总体看是适宜种茶的，特别是 pH 较低，多为 4 ～ 6，适应茶树喜酸性的特点。

2. 茶区辽阔，其资源十分丰富 四川茶园按分布区域的自然条件，并结合行政区可划分为四大茶区：盆东南茶区、盆西茶区、盆北边缘茶区、金沙江上游茶区。全省现有茶园面积 16.86 万公顷，涉及 94 个市、县（区），主要分布在生态环境较好的盆周山地和丘陵地区，这些地区气候条件独特，日照少（年日照 1 000 ～ 1 200 小时）、气温适宜（年平均气温 14 ～ 17℃）、云雾多、湿度大、漫射光丰富，是发展绿茶，特别是名优绿茶的最适宜区。

3. 茶树品种资源丰富 四川省是茶树原产地之一，独特的自然环境条件，孕育了丰富的品种资源，现在种植的省级以上的优良品种有 40 多个，其中本省地方良种有 20 多个，国审品种 10 余个。目前，全省茶叶重点推广的名山 131、特早 213、天府茶 11、28、蒙山 11、16、福鼎大白茶、乌牛早、福选 9 号等无性系良种，具有发芽早、整齐、产量高、品质优、适应性强等优点，并已从国外引进了近 20 个品种进行观察、试验、示范，以满足生产发展的需要。

4. 茶叶上市早，是我国最大的名优早茶优势生产区 由于冬暖夏凉的气候特点，春季气温回升早而快，四川茶区开园采摘，普遍比浙江、江苏等主产茶省提前 20 ～ 30 天。因此，每年 2 ～ 3 月大批省外客商云集四川省主产区收购早茶，其数量占全省同期产量的 70% 以上。特别是川南茶区 2 月上中旬即可开园采摘新茶。因此，四川的名优早茶全国第一，具有明显的优势和开发潜力。

5. 茶叶产品种类丰富 四川省茶叶产品应有尽有，不仅有绿茶、红茶、花茶、边茶、普洱茶、乌龙茶、保健茶等，而且还有条形、针形、卷曲形、珠形、片形茶及工艺茶，等等，它能充分满足消费者多样化、优质化、个性化的需求。

6. 产品有较高的知名度 蒙顶山产茶历史悠久，有 2000 多年历史，其茶叶产品历来为世人所赞誉，自唐代以来，众多文人雅士、社会名流写下了 300 多篇赞誉蒙顶茶的诗、词、歌、赋和散文佳句，为全世界所瞩目。故产品的知名度高，附加的文化价值大。此外，后来居上的竹叶青、龙都香茗、叙府龙芽等茶叶产品也有较高的知名度，已成为国内知名品牌。

7. 价格优势明显 四川人口多，劳动力丰富，故茶叶生产成本较低。茶叶属劳动密集型产业，劳动用工量大，四川是农业大省，工业经济不发达，其农业劳动人口比较丰富，而投入茶叶生产其比较效益较高（高于粮食作物 3 ～ 10 倍），故茶农生产积极性高，廉价的劳动力大量投入茶叶生产则大大降低了茶叶生产成本。其价格相对省外主产区低，而利润相对较大。因此，具有价格竞争优势。

8. 绿茶出口潜力较大 中国绿茶出口优势很强，出口量占世界绿茶贸易量的 85% 左右。印度尼西亚、印度和斯里兰卡有少量绿茶出口，但无法同中国竞争。中国绿茶主要出口到摩洛哥、俄罗斯、马里、塞内加尔、尼日利亚、阿联酋、毛里塔尼亚、法国、利比亚、多哥、尼日尔、突尼斯、比利时、冈比亚、英国、阿尔及利亚、加拿列群岛和贝宁。1993 年世界绿茶贸易量达 11.14 万吨，中国出口占 79.36%。目前，四川省茶叶出口量少，仅有 500 余吨，其出口量为全国倒数第二位，而四川是我国绿茶生产的最适宜区，其良好的生态、较大的产量规模、低廉的价格和优异的产品质量已被越来越多的国内外消费者所认同和肯定。因此，四川绿茶在国内外茶叶市场上具有较大的开发潜力，其出口潜力大。

发展特点

1. 经营体制发生重大变化 出现国有或集体企业逐渐向私营、民营及股份制企业转变，非国有企业和私营企业发展迅猛，如国有外贸、农垦、乡镇、劳改等系统茶叶企业近几年纷纷破产或转制为私营、民营企业。

2. 多行业、多领域的集团大公司大量渗透茶叶行业为四川茶叶发展注入新的活力和动力 如房地产公司（万高、嘉陵、大丰、三江等）、金融系统（华夏证券、海南第一投资公司及银行等）、酒行业（五粮液、剑南春集团等）、日用化工行业（爱丽碧丝、田七牙膏等）、路桥集团（瑞云等）、食品行业（嘉禾食品、新希望、天仁食品等公司）等纷纷介入茶叶领域进行茶叶产品生产和经营。

3. 更加重视企业的形象和品牌打造 全省相当部分茶叶企业的机械设备、外观面貌、企业整体形象、厂房及生产规模在全国属一流水平，并得到全国业界的高度评价和充分肯定。

4. 更加重视产品的安全无污染 农药乱用及滥用行为很少出现，农药残留超标事件很少发生，对产品安全无污染的重视程度是历史上少有的，对茶叶无公害、绿色食品、有机茶的认证越来越积极。目前全省有 60 多家企业的产品获得了无公害农产品证书，有 5.33 万公顷茶园通过了四川省无公害农产品基地认证，占全省面积的 45%，占投产茶园的 70%，全省有 20 多家企业的 30 多个产品获得了绿色食品证书，有 20 家企业 1 066.7 公顷茶园获得了有机茶认证。

5. 更加重视良种茶园的发展及良种化程度 近几年全省每年均以 0.67 万公顷以上的发展速度递增，目前全省茶园无性系比重占 25%。比 1995 年以前的 7.8% 提高了 2.21 倍。

6. 茶叶深加工和综合利用开始在四川省发展并出现喜人局面 目前，全省已建 4 家茶多酚厂，2 家茶食品生产厂，其产品涉及茶多酚、茶色素、茶饮料、茶糖、茶饼干等系列茶叶深加工产品。

茶叶生产

截至 2007 年，全省共有 94 个县产茶，其茶园面积为 16.86 万公顷，其中采摘面积 11.67 万公顷，茶叶产量 13.03 万吨，茶园面积和茶叶产量均居全国第三、四位，茶叶综合总产值为 60.0 亿元，其中农业产值为 21.7 亿元，茶叶总产值居全国第五位。

1. 着重抓好 28 个茶叶优势区域县的建设 四川省农业厅制定了《四川省茶业优势区域发展规划》，着重抓好 28 个茶叶优势区域县的建设，指导督促抓好良种茶园和高标准基地的建设，狠抓茶园改造培管，更新加工设备等，采用企业与农户联合经营的经营模式，以加快茶叶产业化经营步伐，收效显著。28 个优势区域县新发展茶园面积占到全省新发展面积的 80% 以上，新增产量占全省新增总产量的 90% 以上。6 667 公顷以上的产茶大县达到 10 个。名山县茶园面积达到 1.67 万公顷，总产量 3 万吨，总产值 6.19 亿元，全县人均茶业增收 348 元，其规模已居全国前列。扶持了名山县、夹江县、高县、纳溪区、旺仓县和宣汉县优质农产品示范县基地建设。

2. 狠抓“三品”生产，产品质量明显提高 一批茶叶龙头企业采取生产资料统一购买、病虫害采取统防统治、产品采取统一检验和销售的订单方式，建设企业核心生产基地，确保产品达到无公害生产标准、绿色食品和有机茶标准。与此同时，全省出口茶叶生产经营企业积极选择生态环境优越的茶区，建立了一批出口专用基地。目前，无公害茶园面积达到 6.67 公顷以上；绿色食品茶园面积 3.57 万公顷，产量 9 704.9 吨，产品达 100 个；有机茶生产企业 34 家，其中新认证 3 家，认证有机茶园面积 1 667 公顷以上；有 3 家企业获得了 GAP 一级认证。

3. 发展“一村一品”，促进新农村建设取得新进展 根据四川省农业厅对全省 21 个市州 3 750 个发展“一村一品”专业村的调查统计，全省 40.4% 的茶园集中在专业村。作为“一村一品”示范村的夹江县龙沱乡修文村，通过开展技术培训，建设标准化基地，抓重点大户，引进龙头企业发展订单生产，取得了生产发展，增收显著，新农村建设快速推进的良好效果。开展了对宜宾县黄江林村、纳溪区伏金村、名山县的双河乡骑龙村等专业村、镇进行调查，深入基层，了解情况，总结经验，现已形成了“一村一品”调研报告 18 篇。茶产业的持续健康发展，推动了“一村一品”快速发展，为茶区新农村建设构筑了坚强的产业支撑。

4. 加强信息交流，服务茶产业发展 充分利用现代科技，并通过快报、电话、网络等多种形式，将国际、国内茶叶产销形势、信息、动态或先进技术、典型经验等及时通报到产区和相关企业，使产区及时掌握和了解茶叶产销信息，取得了很好的效果，推动了农业信息体系的建设。

四川省茶叶主产地区

单位：吨、万公顷

地区（地级市）	茶叶产量	茶园面积	茶树品种	品 牌
雅安市	41 670	3.00	福鼎大白茶、福选 9 号、蒙山 9 号、蒙山 11、蒙山 16、蒙山 23、名山 131、名山特早 213 等	蒙顶山茶、兄弟友谊、吉祥
乐山市	27 670	3.20	福鼎大白茶、福选 9 号、名山 131、名山特早 213、乌牛早等	竹叶青、仙芝、一枝春
宜宾市	19 500	2.54	早白尖 5 号、福鼎大白茶、福选 9 号、乌牛早、早白尖等	叙府龙芽、川红、龙湖翠、林湖、屏山炒青
眉山市	12 072	1.32	福鼎大白茶、福选 9 号、名山 131、名山特早 213 等	
成都市	9 687	1.10	福鼎大白茶、天府茶 11、天府茶 28、花楸 1 号、崇庆枇杷茶、崇枇 71-1、名山 131、名山特早 213 等	绿昌茗、文君、蒲江雀舌、花楸、嘉竹
自贡市	7 656	0.40	福鼎大白茶、福选 9 号、名山 131、名山特早 213 等	龙都香茗
达州市	5 687	1.50	南江大叶、南江 1 号、南江 2 号、福鼎大白茶、福选 9 号、名山 131、名山特早 213 等	云顶
绵阳市	4 306	1.20	福鼎大白茶、福选 9 号、名山 131、名山特早 213、北川中叶种等	佛泉
泸州市	3 346	0.70	福鼎大白茶、福选 9 号、乌牛早，平阳特早，名山 131、名山特早 213 等	凤羽
广元市	2 401	1.20	福鼎大白茶、福选 9 号、名山 131、名山特早 213 等	米苍山

本表以 2007 年茶叶产量为序。

四川省茶叶主产县

单位：吨、万公顷

县（区、县级市）	茶叶产量	茶园面积	茶树品种	品　牌
名山县	30 490	1.7	福鼎大白茶、福选 9 号、蒙山 9 号、蒙山 11、蒙山 16、蒙山 23、名山 131、名山特早 213 等	蒙顶山茶
夹江县	13 600	0.71	福鼎大白茶、福选 9 号、名山 131、名山特早 213、乌牛早等	天福、甘溪金竹
洪雅县	8 954	0.9	福鼎大白茶、福选 9 号、名山 131、名山特早 213 等	道泉
雨城区	6 720	0.7	福鼎大白茶、福选 9 号、蒙山 9 号、蒙山 23、名山 131、名山特早 213 等	兄弟友谊、吉祥
峨眉市	6 238	0.82	福鼎大白茶、福选 9 号、名山 131、名山特早 213、乌牛早等	竹叶青、仙芝
屏山县	4 387	0.6	福鼎大白茶、福选 9 号、乌牛早、名山特早 213 等	屏山炒青
高　县	3 478	0.4	早白尖 5 号、福鼎大白茶、福选 9 号、乌牛早、早白尖等	林湖
蒲江县	3 368	0.7	福鼎大白茶、福选 9 号、名山 131、名山特早 213、蒙山 9 号、蒙山 11、乌牛早等	绿昌茗、蒲江雀舌、花楸
马边县	3 009	0.81	福鼎大白茶、福选 9 号、名山 131、名山特早 213、乌牛早等	马边绿茶、森林雪
万源市	2 550	0.73	福鼎大白茶、福选 9 号、名山 131、名山特早 213 等	巴山雀舌

本表以 2007 年茶叶产量为序。

产业政策

四川省委、省政府历来十分重视茶产业的发展，自 1999 年以来，省委、省政府把茶产业列为十大农业支柱产业之一，排名第五位；2001 年以来国家高度重视生态环境的恢复以及农业开发，出台了退耕还林、以工代赈、水土保持等多项富民政策。以工代赈办公室主任王光四提出了“南茶北草”富民工程，得到省委、省政府的高度重视，并会同省农业厅、省财政厅、省扶贫办、省国土局、省林业厅等厅局单位，将扶贫资金、以工代赈、退耕还林、水土保持等六大项目资金捆绑到“南茶北草”工程进行统筹安排，重点支持工程规划的项目建设。以乐山、峨眉、宜宾、雅安等宜茶区域发展 6.67 万公顷无性系良种茶园。2003 年省委、省政府委托四川发展和改革委员会制定了《关于加快发展四川农产品加工的意见》，其中把茶叶列为第二位。

茶叶加工

四川省茶区辽阔，茶叶品种齐全，优势产品突出。其茶叶种类有绿茶、黄茶、红茶、黑茶、白茶等五大茶类，此外，还有花茶、保健茶、茶多酚、茶色素等茶叶精深及综合加工产品，其中，绿茶占总产量的 84%。四川省茶叶加工企业至少在 1 万家以上，从业人员大约为 8.0 万人左右，加工产量达 15 万吨，加工产值达 30 余亿元。2006 年有 26 家茶叶企业的近 1 333 公顷茶园获得了有机茶认证。

近 10 多年来，四川省茶叶尤其是名优绿茶加工，通过大力推广名优茶机制技术，实现了从过去手工加工名茶到现代机器加工名茶的跨越，推动了名优茶的规模化生产，名优茶机制率达到 70% 以上，居全国前列。茶叶加工企业发展速度较快，其企业发展规模、产品质量、产品档次、企业形象等堪称全国一流。

近几年来，为营造茶叶集团优势和品牌优势，采取重点宣传、培育、扶持龙头企业及其茶叶品牌的措施，重点引导在全省茶叶产业中具有举足轻重的企业跨乡镇、跨县、跨市建立生产基地，采取收购、租赁、联营、重组等多种形式，实施规模化经营、专业化生产，突出特色，打造品牌。省级龙头企业四川省龙都香茗茶业集团公司就收购了位于沐川县的五马坪茶场，建立了自己的有机茶生产基地，并在洪雅县建立茶叶深加工厂。

2007 年新增省产业化经营龙头企业 2 家，达到 14 家。目前有国家级驰名商标企业 1 家，省级著名商标企业 8 家，又评选出了有代表性的“十大名茶”，竹叶青、仙芝竹尖荣获农业部“中国名牌农产品”称号。对这些名牌产品宣传、包装，使之长久的发展，不断地举办各种活动，使品牌日渐深入人心。为更好地做好品牌打造，四川省农业厅还开展了“四川名牌农产品”评比活动，其中参评的茶叶企业 18 家，产品 20 多个。龙头企业的发展壮大，品牌知名度的提升，为川茶产业快速发展，发挥了较大的带动作用。

茶叶企业不断发展壮大，优势龙头企业集群已渐显现，其企业的规模、形象、加工设备及技术水平堪称全国一流，四川已成为我国西南地区乃至全国的茶叶优势产区和茶叶生产标准化、清洁化、机械化、集约化的重点示范区。

四川省主要茶叶加工企业

单位：万元、吨

名　称	年销售额	年茶叶产量	年加工能力
四川峨眉山竹叶青茶业有限公司	29 800	2 600	2 700
四川叙府茶业有限公司	26 830	3 000	4 000
四川龙都茶业〈集团〉有限公司	16 600	2 000	3 000
四川巴山雀舌名茶实业有限公司	13 600	1 500	2 405
四川文君茶业有限公司	9 972	1 300	1 300
四川米仓山茶业集团有限公司	8 500	194	400
四川花秋茶业有限公司	8 000	700	1 000
四川峨眉山仙芝茶业有限公司	8 124	294	360
四川嘉竹茶业有限公司	6 000	2 000	2 000
四川绿昌茗茶业有限公司	5 642	2 700	4 000

本表以 2007 年销售额为序。

茶叶市场

四川省既是产茶大省又是茶叶消费大省，茶叶产品畅销省内外，主销美国、英国、俄罗斯、法国、摩洛哥及国内的浙江省、上海市、北京市、江苏省等大中城市。省内主销绿茶、花茶和乌龙茶等，其中，成都市为省内最大的花茶消费城市，省内其余地方均主销绿茶。全省大大小小的茶叶市场不计其数，中等以上规模大约有 20 家左右，其中较大的有：成都的大西南茶叶市场、峨眉双福的茶叶市场、名山的茶叶批发市场、蒲江成佳镇的鲜叶批发市场等，全省茶叶销售值大约在 20 亿元以上。

四川省市茶叶批发市场

单位：万平方米、个、亿元

名　称	建筑面积	规划铺位	年交易额
大西南茶叶市场	5.18	1 000	10
峨眉双福茶叶市场	—	380	—

茶文化

四川省十分重视企业茶文化活动，每年都要举办大大小小的各种茶文化活动，如茶道、茶艺表演，茶与经济、文化、艺术、宗教、礼仪及与人体健康等方面的研讨宣传活动、茶文化知识的宣传及茶艺培训活动等，比较大型的活动主要有：

（1）2000 年四川省政府和中国流通协会在成都举办了“中国（成都）首届国际茶叶博览会”。

（2）2001 年四川省政府和中国流通协会在成都举办了“中国（成都）第二届国际茶叶博览会”。

（3）2001 年四川省茶文化协会在成都举办了“四川省首届茶文化周活动”。

（4）2003 年四川省茶文化协会在成都举办了“四川省第二届茶文化周活动”。

（5）2004 年中国国际茶文化研究会和四川省人民政府在雅安举办了“第七届国际茶文化研讨会”。

以上活动包括：学术研讨、产品展示展销、产品拍卖、茶艺大赛、名茶馆评选、茶艺形象小姐大赛、书法作品展示、与茶有关的文艺晚会。

四川省知名茶馆

单位：平方米、个

名　称	营业面积	连锁店
成都顺兴老茶馆	11 000	2
成都鹤鸣茶社	5 000	1
成都坝调茶社	800	1

本表以 2007 年营业面积为序。

（四川省农业科学院茶叶研究所　王　云；
四川省园艺作物技术推广总站　段新友）

雅 安 市

四川雅安境内的蒙顶山是我国有文字记载人工植茶最早的地方，距今已有2 000多年历史。蒙顶山茶自唐入贡延续至清，历时1 169年。

蒙顶山是世界茶文化发源地和世界茶文明发祥地。2004年第八届国际茶文化研讨会上，国内外茶人共同发表的《蒙顶山世界茶文化宣言》，确立了蒙顶山茶文化圣山的历史地位。

雅安境内历史悠久的茶马古道，得天独厚的有机茶、绿色食品、无公害茶自然生态条件，为蒙顶山茶、雅安藏茶的优良品质奠定了坚实的基础。

四川省雅安市茶业基本情况

项 目	数 量	单 位	项 目	数 量	单 位
茶园面积	3	万公顷	行业销售额	28	亿元
茶叶产量	4.167	万吨	年加工能力	8.0	万吨
茶农户数	12	万户	精制茶产量	—	万吨
企业数	65	个	城镇居民茶叶消费	—	千克／人

发展历史

雅安市位于四川盆地西缘，成都平原向青藏高原过渡地带的盆周山区，古称“青衣羌国”，原西康省省会。地理位置东经101°～103°，北纬28°～30°；海拔515.97～5 793米；幅员面积152.56万平方公里。下辖雨城、名山、天全、芦山、宝兴、荥经、汉源、石棉七县一区。总人口154万。

受大陆季风气候和东南暖湿气流影响，市内以泥巴山为界，北部五县一区降水丰富，年降水量1 500毫米以上；日照少，年日照时数800～1 050小时；空气湿度大，年均相对湿度80%～83%。有“西蜀漏天”、“雨城”之称。境内多山，土壤含较多有机物的砂质壤土或沙砾质黏土，表土层深厚，组织松软，养分丰富，易于排水。雅安四季分明，夏无酷暑，冬无严寒，多雨、多云、多雾，得天独厚的地理气候条件，适宜茶树生长。是人类有文字记载人工植茶最早的地方，是世界茶文明发祥地，茶文化发源地。

2001年12月，蒙山茶原产地域产品保护获国家批准，成为我国第二个获茶叶原产地保护地。“蒙顶山茶”是最具深厚文化底蕴的历史名茶，产于横跨雅安市名山、雨城两县区的蒙山，历史悠久，是中国最古老的名茶，被尊为茶中故旧，名茶先驱。茶圣陆羽在评价名茶时说：“蒙顶第一，顾诸第二”（顾诸茶产于浙江长兴，是唐代名茶中的珍品）。传说扬子江心水味甘美，冲泡蒙顶仙茶，是人间最美的佳饮，有“扬子江中水，蒙山顶上茶”的名句。蒙顶山种植茶树早在西汉年间（公元前53），县人吴理真亲手将7株“灵茗之种，植于五峰之中，高不盈尺，不生不灭，迥异寻常”。这是我国人工种茶最早的文字记载。天宝元年（742）蒙顶山茶入贡皇室，从此名播神州。《元和郡县志》载：“蒙山在县西十里，今每岁贡茶，为蜀之最”。蒙顶茶因入贡京华而誉满天下后，达官贵人不惜重金争相购买，身价百倍，昂贵异常。“蜀茶得名蒙顶，元和以前，束帛不能易一斤先春蒙茶”。蒙顶茶自唐以来，1 000多年中岁岁进贡，年年送京都，直至民国除旧革新。

中华人民共和国成立后，蒙顶名茶得到恢复和发展，蒙山茶场运用现代制茶技艺，按照古传贡茶的特点，恢复石花、黄芽、甘露、万春银叶、玉叶长春等名茶生产。1959年，蒙顶甘露曾被评为“全国十大名茶”。20世纪80年代，又创制春露、春眉等名茶。蒙顶名茶多次被评为国家、省优、部优产品，前3种名茶已作为国家级礼茶。近10年来，蒙顶名茶得到前所未有的发展，产量增长，质量提高，不仅为国内人民所喜爱，而且跻身于国际市场，深受美国、日本、泰国、瑞士、斯里兰卡等国人民青睐。香港《文汇报》曾以“昔日皇帝茶，今入百姓家”为题，报道蒙顶茶“不愧为实至名归之茶中极品”。

雅安又是我国黑茶生产的重要发源地，距今1 300多年，是全国重要的边销茶生产基地。唐宋时期茶马互市、茶马古道的起点。“雅安藏茶”因其独特的风味品质、保健功效和丰厚的文化底蕴在全国享有盛名。“雅安藏茶”即南路边茶制作技艺经国务院批准成为中国非物质文化遗产（黑茶类全国仅雅安和湖南益阳、安化三地）；雅安被中国茶叶流通协会授予“中国藏茶之乡”。雅安藏茶有民生茶、团结茶、政治茶的地位和影响，6家全国边销茶定点生产企业，年产藏茶3万余吨，其中边销茶占全省80%，占全国40%左右。在传承、保护、弘扬、创新的基础上，实施“边茶内销”、“各族共饮”战略，藏茶新产品发展迅速，在国内热销北京、广州、上海等地，在国外热销韩国、日本、俄罗斯等国家。由于藏茶产品功能作用明显，加工、储存、营销方便，10年以上的储存期、便于机械采收和大量消化夏秋茶原料等显著特点，为四川省茶园发展、茶农增收、新农村建设提供了可靠保证，具有非常广阔的市场前景和竞争优势。

按照四川省委、省政府关于发展优势特色效益农产品的要求，市委、市政府把茶产业发展作为雅安现代农业的优势产业和农民增收的骨干项目，将从整合资源，创新机制，培育龙头，打造品牌，加大投入着手，加快推进茶叶大市向茶叶强市的跨越。近年来，雅安市委、政府充分利用蒙顶茶文化圣山的知名度和影响力，把“壮大茶产业”作为发展农业特色经济和品牌经济的战略重点，政府主导，企业主体，市场运作，整体推进，参与大市场、大流通，主办、联办、承办大型茶事活动，以“活动”推发展，集中打造蒙顶山茶、雅安藏茶两个区域品牌，实现茶产业持续、快速、协调发展。

2004年承办“第八届国际茶文化研讨会暨首届蒙顶山茶文化旅游节”（“一会一节”）；2005年承办“四川省第三届旅游发展大会”；2006年召开“雅安市茶产业推进会”；2007年承办“国际茶文化研究会学术委员会暨雅安藏茶高峰论坛”和“迎奥运·五环茶战略合作高层研讨会”。

蒙顶山茶区宜茶生态条件优越，茶文化底蕴深厚。“扬子江中水，蒙山顶上茶”、“蜀土茶称圣，蒙山味独珍”、“若教陆羽持公论，应是人间第一茶”、“琴里知闻唯渌水，茶中故旧是蒙山”等历代名家名句千古传颂、流传至今，数千年广告集于一身。“蒙顶山茶”是蒙顶山茶区所产各类名茶的总称。传统名茶有蒙顶黄芽、蒙顶石花、蒙顶甘露、蒙山毛峰、蒙山雀舌、万春迎叶、玉叶长春，等等。尤以蒙顶黄芽、蒙顶甘露为名优茶之珍品。蒙山茶是我国最早获得保护的地理标志产品。蒙山茶产品标准是最早颁行的茶叶国家标准之一。我国历史上曾享盛名的“南路边茶”，指成都出南门大邑、邛崃、蒲江、洪雅、名山、雅安、天全、荥经、芦山、宝兴等地所产茶叶。顺迎区域经济发展大趋势，蒙顶山茶区（含前述区域）加强联合合作，优势互补，共谋川茶崛起大势所趋。川西茶区应集中精力打造“蒙顶山茶”品牌，使其尽快成为四川省著名商标、中国驰名商标，从而推进四川茶产业快速发展的进程。

茶叶生产

雅安市是四川省产茶大市之一，2007 年茶园面积 3 万公顷，茶叶总产量 4.167 万吨。茶园面积、茶叶产量、分列全省第二位、第一位。

同时，茶叶科技进步取得显著成效，先后选育出了国家级良种名山白毫 131，省级良种名山早 311、特早芽 213、蒙山 9 号、蒙山 11、蒙山 16、蒙山 23，年繁育出圃无性系良种茶苗 6 亿株左右，是我国西南地区最大的良种茶苗繁育基地。目前，全市无性系良种茶园 2.33 万公顷，占总面积的 73%；占全省无性系良种茶园面积的 1/3，面积和比例均列全省第一位。

全市有 68 家茶叶加工企业通过 QS 认证，其中省级龙头企业 4 家、市级龙头企业 18 家。四川省著名商标 3 个，四川省名牌农产品 3 个。“蒙顶山茶”证明商标作为区域品牌已在名山县全面推行，“雅安藏茶”证明商标经政府授权、协会申报，已经国家商标局备案受理。

茶叶质量安全上台阶，全市茶叶已认证无公害产品 51 个、绿色食品 24 个、有机茶产品 8 个，3 家企业获得 ISO9000 认证，18 家企业获得自营进出口经营权。名山县雨城区成为全国茶叶标准化示范区、全国无公害茶叶生产示范基地和全国“三绿工程”示范县，茶叶质量安全建设取得显著成效。

2005 年 8 月，雅安市承办“第三届中国四川国际旅游节暨第二届蒙顶山国际茶文化旅游节”，为实施品牌战略，扩大对外宣传，打造雅安特色名茶，推动茶业经济快速发展，雅安市茶业协会主办、雅安市茶叶学会协办的“雅安十大名茶”评选活动，在雅安市公证处、雅安市茶业主管部门以及省、市知名茶叶专家的关心和支持下，经公证机关现场公证，茶叶专家组密码评审和综合指标考评，确认了“雅安十大名茶”及生产企业。

获得“雅安十大名茶”称号的茶叶是：蒙顶黄芽、蒙顶石花、蒙顶甘露、蒙山毛峰、蒙山飘雪、玉芽、翠竹、藏茶、康砖茶、金尖茶。

茶叶加工

雅安市主要茶叶加工企业

单位：万元、公顷、吨/年

名　称	销售额	茶园面积	茶叶产量	加工能力	注册商标
四川茗山茶业有限公司	6 870	1 333.3	1 000	3 000	蒙山
蒙顶皇茶茶业有限公司	4 680	1 647.5	600	1 000	蒙顶
名山县跃华茶厂	2 000	533.3	445	2 000	跃华
四川吉祥茶业有限公司	1 500	1 333.3	3 200	5 000	吉祥
雅泉茶业有限公司	1 450	212.7	160	300	雅泉
雅安市友谊茶叶有限公司	1 200	200.0	2 000	6 000	友谊
四川省雅安茶厂有限公司	1 200	1 333.3	5 000	6 500	藏
名山县西藏朗赛茶厂	1 100	200.0	2 100	5 000	金叶巴扎
雅安市凤鸣顶峰茶厂	700	1 133.3	250	500	雨城
名山县禹贡蒙山茶叶有限责任公司	520	153.3	40	1 000	宗玉

本表以 2007 年销售量为序。

茶文化

蒙山天下雅，88 岁的曹宏老先生论证：蒙山是盆地登高原第一梯，虽海拔只 1 456 米，但西望重峦叠嶂，东望一览众山低。云屏雾锁遥瞻拱，五峰环立如翠莲。四周茶园带雾环绕，山顶银杏古木参天。方竹丛生，野花蔽山。小巧玲珑，点饰祠庵。民间早建夏禹祠，宋孝宗又敕封甘露大师，建造天盖寺、永兴寺、净居庵，所以“秀雅”。

蒙山前后危崖，深沟清幽。有青衣神女出入的甘露井，有甘露道人种茶小憩石殿，有白虎镇守仙茶园，山麓有尔朱真人曾在此炼丹。登临上清峰可观云海日出，绕后山可见雾海云涯。《尚书》是我国现存最早官方档案文献之一。其中《禹贡》篇是我国最早的科学价值很高的地理学专著（见《辞海》历史地理分册）。《禹贡》中的“蔡蒙旅平”与雅州的古志书相印证，说明蔡蒙二山正是雅安的周公山和蒙山。也说明蒙山 1 375 级石梯大禹“旅祭”古道并非臆造而是有史可据。因而蒙山在历史学和地理学上的知名度历史悠久。

据雍正六年《天下大蒙山》碑铭："祖师吴姓，法名理真。乃西汉严道即今雅之人也。脱发五顶，开建蒙山。自岭表来，随携灵茗之种，植于五峰之中。……故《茶经》有云：'蒙山有茶，受阳之精，其茶芳香。'皆师之手泽百事不迁也。由是而遍产中华之国，利益蛮夷之区，商贾为之懋迁，闾阎为之衣食。上裕国赋，下裨民生，皆师之功德，万代如见也。"碑铭肯定了吴理真是我国第一个人工种茶人。

茶，本作荼。《说文解字》中只有"荼"字而无"茶"字。《尔雅释木》："槚（音假），苦荼。"注："今呼早采者为荼，晚取者为茗，一名荈（音喘），蜀人名之苦荼。"郝懿行义疏："今茶字古作荼，至唐陆羽著《茶经》，始减一画作茶。今则知茶不知荼矣。"茶作饮料，起源甚古。《诗经巴志》：西周时"桑、蚕、麻、鱼、盐、铜、铁、丹、漆、茶、蜜、灵龟……皆纳贡之。"此时，我国茶已作贡品，但为野生，并非人工种植。又《华阳国志·蜀志》：西汉时"南安（今乐山）、武阳（今彭山）皆出名茶。"此时，我国已开始人工种茶，但饮茶还未大众化，说明茶叶的原产地在四川。《神农本草》说"苦荼"……生益州山谷山陵道旁，凌冬不死。"顾炎武《日知录》："自秦人取蜀后，始有茗饮之事"。

四川境内开始种茶者当不只一人。但留名后世有文字可据的只蒙山吴理真一人。据《天下大蒙山》碑铭，吴理真"即今雅之人也"，又说"自岭表来"。"岭表"表里之表，指蒙山另一面，并非他乡，更非外国。1979 年蒙山茶场李家光等人在蒙山娄子岩发现野茶 4 株，说明吴理真是将蒙山野茶改造为家茶的第一人。至于"祖师吴姓，法名理真，脱发五顶"是宋孝宗为政治和经济需要，敕赐吴理真为甘露大师而建佛寺，接着宋宁宗时王象之著《舆地纪胜》"西汉有僧从岭表来，以茶实植蒙山"，吴理真由世俗人变为僧人。而民间则以吴理真坚持在蒙山辛劳种茶，感动青衣江神女自"甘露井"出，前来相助，结为伉俪，双双羽化，因而蒙茶为仙茶，蒙山为仙山。实际上，这是唐高祖李渊"三教谈论"之后，儒释道由相排斥而趋于合一的体现。表现了我国宗教文化发展的阶段性。

唐代饮茶之风大众化，蒙山茶更是脱颖而出。《元和郡县志》："严道县蒙山在县南十里，今每年贡茶为蜀之最。"李肇撰《唐国史补》："风俗贵茶，茶之名品益众，剑南有蒙顶石花，或小方或散芽号第一。"唐代有 17 个郡有贡茶，名目 40 余种，蒙顶茶独占鳌头，名列第一，从此蒙茶为历代诗人墨客所传颂。白居易《琴茶》："琴里知闻唯渌水，茶中故旧是蒙山。"黎阳王《蒙山白云岩茶》："闻道蒙山风味佳，洞天深处饱烟霞……若教陆羽持公论，应是人间第一茶。"宋代文同《谢人寄蒙顶新茶》："蜀土茶称圣，蒙山味独珍。"文彦博《蒙顶茶》："旧谱最称蒙顶味，露芽云叶胜醍醐。"范镇《东斋记事》："蜀之产茶凡八处……然蒙顶为最佳也。"铁御史吴中复："我闻蒙顶之巅多秀岭，恶草不生生淑茗。"清代黄云鹄《蒙顶留题》："解渴咽仙茶，涤烦沃甘露。"均歌颂蒙茶质量第一，历代不衰。刘禹锡《西山兰若试茶歌》："何况蒙山顾渚春，白泥赤印走风尘。"清代光绪时名山知县赵懿《恭拣贡茶诗》："昨读香山贡橘诗，今当蒙顶贡茶时。露芽三百题封遍，云路千里传骑驰。"反映了由唐代至清代蒙山贡茶递运紧急，历代不减的情况。清光绪名山举人闵钧《茶》诗，更是将贡茶由种、采、拣、焙、饼、窖、贡等系列过程，写成工艺诗。宋代温江知县孙渐《智矩寺留题》、明代翰林院侍讲叶桂章《蒙顶》诗、清代王闿运《蒙顶上清茶歌》、吴之英《蒙茶歌》、蜀中唯一状元骆成骧《登蒙山饮茶》诗、举人张锡衡《游蒙山记》等，或歌颂蒙山之秀丽，或赞赏蒙山之香茗。文采纷呈，难以列举。千余年来，众多诗文成为蒙山仙茶享誉神州、名噪海外的铁证，构成了蒙山寓茶文化、宗教文化、诗歌文化为一体的"文雅"。兼具秀雅、幽雅、典雅、文雅的"蒙山天下雅"当之无愧。

（四川省雅安市茶业协会　陈书谦）

贵 州 省

贵州是茶树原产地之一，是利用茶叶较早的古老茶区，是中国最适宜种茶的区域之一，是唯一低纬度、高海拔、寡日照同时具备的茶叶产区，是高品质绿茶的重要产地。历史上贵州形成了一批“贡茶”，如务川都濡月兔、普定朵贝茶、贵定云雾茶、湄潭眉尖茶、贞丰坡柳茶、都匀毛尖茶、大方海马宫茶、织金平桥茶、金沙清池茶等。据统计年报，2007 年年末全省实有茶园面积 7.18 万公顷，茶叶采摘面积 4.49 万公顷，全年生产茶叶 2.84 万吨，生产的茶类主要为绿茶，有少量花茶、紧压茶等其他茶类。2007 年茶叶产销两旺，至年末无茶叶库存。据农业部门统计，全年实现茶叶农业产值 9.94 亿元，比 2006 年增加 3.79 亿元，增长 61.63%，其中名优茶产值 5.06 亿元。

贵州省茶业基本情况

项 目	数量	单位	项 目	数量	单位
茶园面积	7.18	万公顷	行业销售额	9.94	亿元
茶叶产量	2.84	万吨	年加工能力	3.5	万吨
茶农户数	9	万户	精制茶产量	0.58	万吨
企业数	433	个	城镇居民茶叶消费	0.25	千克 / 人

发展历史

贵州是茶树的原产地之一。贵州茶的发展历程可大致分古代、近代和现代三个阶段：

古代茶文化底蕴深厚：西汉杨雄在《方言》称："蜀西南人，谓茶曰蔎"。唐陆羽《茶经》记载："茶之出黔中，生思州、播州、费州、夷州……，往往得之，其味极佳"。北宋《太平寰宇记》、明代《事物绀珠》、清代《贵州通志》等相关文献均有对黔茶的溢美之词。历史上贵州形成了一批"贡茶"，如务川都濡月兔、普定朵贝茶、贵定云雾茶、湄潭眉尖茶、贞丰坡柳茶、都匀毛尖茶、大方海马宫茶、织金平桥茶、金沙清池茶等。2006 年 5 月，贵州省茶叶研究所在沿河县发现了 3 株有 1 000 年历史的古茶树和 123 株集中连片的 500 年左右人工栽培历史的古茶树群，全国罕见。

近代茶叶生产向商品生产过渡：1915 年，开阳建立"茧茶公司"，为贵州历史上最早创立的茶叶公司，产品远销上海、汉口等地。同年，都匀鱼钩茶（今毛尖茶）在巴拿马博览会上获"金奖"，贵州茶开始走向世界。1939 年，当时的经济部中央农业实验所和中国茶叶公司为在大后方建立中国茶叶出口和科研基地，选定湄潭建成实验茶场，开始茶叶研究和出口茶试制。

1949 年 10 月至 2000 年前后茶产业三次发展：中华人民共和国成立至 20 世纪 70 年代末，为了解决内需，扩大出口，开始建立一批国有农（茶）场，如羊艾、平坝、湄潭茶场等。后来，又建立了不少社队茶场。贵州茶叶得到了第一次大发展。之后，"以粮为纲"，有的改种粮食，有的改为知青茶场，知青回城后，撂荒不少。

20 世纪 80 年代初，茶叶作为国家二类统购统销和出口创汇的重要物资，实行产、供、销分段管理，一大批国有茶场（厂）大量种茶。80 年代中期，利用日本"黑字还流" 350 万美元贷款，对 11 个国有茶场的茶园、厂房、设备进行了改、扩、建。全省茶产业成为仅次于烤烟、油菜的第三大经济作物，年茶叶出口创汇 300 万美元以上，远销欧洲、非洲和美洲等。贵州茶叶得到了第二次大发展。80 年代后期，国家放开茶叶市场，取消茶叶出口政策性补贴，一些国有茶场因改革滞后、管理不善等原因陷入困境，茶产业出现了近十年的持续低迷。2000 年后，随着人们生活水平的提高，名优茶市场扩大，茶叶市场复苏。各地利用扶贫、农业综合开发、水土保持和退耕还林等项目发展了一大批茶园，一些地方如湄潭、凤冈农民大规模种茶，一批工商资本和省外客商进入茶产业，形成新一轮茶叶发展高峰。

产业政策

2007 年，贵州省委、省政府下发了《关于加快茶产业发展的意见》（黔党发 [2007]6 号文件），提出了全省茶业发展建设的总体目标和措施，为全省加快茶产业发展提供了有力的政策保障。到 2010 年，全省茶园面积达到 10 万公顷，优势区域内投产茶园面积达到 5.33 万公顷，年生产茶叶 4 万吨。实现年产值 20 亿元以上。其中，新增无性系良种茶园面积 3.33 万公顷，全部实现茶园无害化生产，认证绿色食品茶园面积 1.33 万公顷，有机茶园 1 万公顷。到 2015 年，茶园面积达到 14.67 万公顷，年产值 50 亿元以上。把贵州省建成中国高品质绿色食品茶、有机茶的重要生产基地和加工中心，使茶产业成为贵州省重要的特色优势产业，部分地区成为支柱产业，成为促进农民增收、财政增长的新的增长点和推动经济发展的重要力量。另外，各茶业地区也积极出台相关政策措施促进茶业发展，如遵义市计划打造"100 万亩（6.67 万公顷）'西部茶海'"工程，已经在实施中。

茶叶生产

全省共有 7.18 万公顷茶园，茶叶总产量 2.84 万吨，产值达 9.94 亿元。除少数地方有生产花茶原料、特种茶、砖茶以外，多数地区主要产茶品种为绿茶。贵州有机茶生产始于 2003 年，现每年通过有机茶认证的茶园有 666.67 公顷。

2007 年，虽然贵州遭受百年不遇凝冻灾害，一些地方的茶苗、茶树均不同程度地遭受重大损失，但是由于发生在年末，并未影响茶叶采摘、加工。总体来看，2007 年贵州茶叶生产主要表现出以下三方面特点：一是茶叶产销两旺、效益提升。全年实现茶叶农业产值 9.94 亿元，比 2006 年增加 3.79 亿元，增长 61.63%，其中名优茶产值 5.06 亿元。二是贵州茶业发展受到政府高度重视。贵州省委、省政府出台了《关于加快茶产业发展的意见》，长期规划全省茶园总面积达到 33.33 万公顷，每年有专项经费 3 000 万元用于发展茶叶产业，为全省茶业发展提供了有力的政策保证。

优化茶叶区域布局。采取"政府扶持、企业运作、茶农所有、集中连片、科学种植、分户经营"的形式，以茶叶规模化、标准化生产为目标，重点支持黔北湄潭、凤冈、余庆、正安、道真，黔中平坝、西秀、开阳，黔南都匀、贵定，黔西南普安、晴隆，黔西北纳雍、水城，黔东石阡、松桃、印江，黔东南黎平、丹寨、雷山，建设一批规模化、标准化和专业化程度较高的茶叶基地，促进茶园连片集中，形成具有贵州省特色的富硒（锌）优质绿茶产业带、高档名优绿茶产业带，大叶种早生绿茶和花茶坯产业带、"高山"有机绿茶产业带，优质出口绿茶产业带。到 2010 年，使茶叶主产县茶园面积占全省茶园面积的比重达到 70% 以上。

加强良种繁育体系建设。按照统一建立良繁基地、统一生产标准、统一组织供应的原则，完善茶苗良繁体系，加大茶叶无性系良种繁育力度，确保无性系良种茶苗供应。省重点支持建立10个6.67公顷以上的苗圃基地，对苗圃基地建设进行补贴。对苗圃基地申报的土地整治、水系配套、机耕道建设等，有关部门要优先安排。各市(州、地)、茶叶主产县（市、区）也要根据发展需要建设一定数量的苗圃基地。农业部门要加强茶苗的管理工作，做好良种茶苗的产销衔接，确保供需平衡。有关部门要严厉打击生产、贩运、销售假冒伪劣种苗的行为，保证种苗质量。

贵州省茶叶主产地区

单位：吨、公顷

地区（地级市）	茶叶产量	茶园面积	茶树品种	主要品牌
遵义市	12 796	24 870	福鼎大白茶、黔湄601、名山白毫131等	湄潭翠芽、遵义毛峰
黔东南州	5 635	9 730	福鼎大白茶等	侗乡春雀舌、雷山银球茶
黔南州	2 637	11 210	福鼎大白茶等	都匀毛尖、贵定雪芽
铜仁地区	2 617	9 200	福鼎大白茶、大毫茶等	梵净翠峰、泉都碧龙茶
黔西南州	2 094	5 650	凤庆大叶种、黔湄系列茶品种等	贵隆、普天

本表数据为业务统计数，本表以2007年茶叶产量为序。黔东南州为贵州省黔东南苗族侗族自治州；黔南州为黔南布依族苗族自治州；黔西南州为黔西南布依族苗族自治州。

贵州省茶叶主产县

单位：吨、公顷

县（区）	茶叶产量	茶园面积	茶树品种	主要品牌
湄潭县	5 285	8 000	福鼎大白茶、黔湄601、湄潭苔茶	湄潭翠芽
黎平县	2 730	2 070	福鼎大白茶	侗乡春雀舌
凤冈县	2 400	5 470	福鼎大白茶	绿宝石、春江花月夜、仙人岭
遵义县	1 348	1 540	湄潭苔茶、福鼎大白茶	
余庆县	1 300	3 040	地方苦丁茶品种	山绿丹苦丁茶
西秀区	1 200	2 670	福鼎大白茶	瀑布毛峰
台江县	1 078	2 420	地方苦丁茶品种	
松桃县	1 010	880	福鼎大白茶	
普安县	900	1 440	黔湄601、福鼎大白茶、凤庆大叶种	普天
晴隆县	800	1 650	凤庆大叶种、黔湄系列茶品种	贵隆

本表以2007年茶叶产量为序。

茶叶加工

据统计，截至2006年7月，全省加工企业433家。其中，经工商登记的茶叶企业309家，资产总额7.42亿元，注册商标144个。在精深加工方面，遵义陆圣康源公司在湄潭投资3 980万元，新建300吨茶多酚生产线。水城县茶叶公司投资22万元从浙江省引进一条超微粉茶生产线。2007年茶叶产销两旺，至年末无茶叶库存。据农业部门统计，全年实现茶叶农业产值9.94亿元，比上年增加3.79亿元，增长61.63%，其中名优茶产值5.06亿元。

集中培育重点茶叶企业发展。贵州省集中扶持5～10家茶叶生产龙头企业，使其尽快做大做强，增强产业带动能力。到2010年，使年销售收入5 000万元以上的企业达到2家，3 000万～5 000万元的达到3家，1 000万～3 000万元的达到5家。同时，引导和支持有发展前景和市场潜力大的中小企业发展，形成大中小相结合的茶叶企业群体。对茶叶企业申请农业产业化、中小企业发展、乡镇企业发展等项目资金的，主管部门要优先考虑。对确定的重点龙头企业和规模较大、效益较好、品牌知名度较高的龙头企业，从资金、信贷、用地、税收等方面给予扶持。茶叶品牌建设有效推进。一批知名品牌逐渐脱颖而出，如兰馨、春秋等。

调整优化企业产品结构。引导企业以市场为导向，从注重春茶开发向注重春、夏、秋茶均衡开发转变，从注重独芽茶利用向注重独芽与一芽多叶综合利用转变，从注重发展高端产品茶向发展高中低端产品茶并重转变，改变目前贵州省茶叶下树率低的状况。利用贵州省丰富的茶叶资源和茶叶无污染、内质好等优势，开发超微茶粉、茶饮料、茶多酚、茶食品、医药、保健品、化工等多元化茶叶产品，延伸茶叶产业链，提高茶叶资源综合利用效益。

贵州省主要茶叶加工企业

单位：万元、公顷、吨/年

名　称	销售额	茶园面积	茶叶产量	加工能力	品　牌
贵州铜仁和泰茶业有限公司	5 000	3 333	4 000	5 000	和泰之春、天坛
贵州兰馨茶业有限公司	3 211	1 527	220	300	兰馨牌湄潭翠芽
贵州黔风生态实业有限公司	3 200	667（可辐射带动）	220	800	春江花月夜
贵州凤冈仙人岭茶业有限公司	2 700	330	250	310	仙人岭
贵州湄潭县栗香茶业有限公司	2 540	1 478	381	600	栗香湄潭翠芽
贵州湄潭县茗茶有限公司	1 704	212	155	350	夷州牌湄潭翠芽
贵州凤冈春秋实业有限公司	1 700	18 500	150	300	春秋牌
贵州正安桴焉茶业有限责任公司	1 650	200	500	550	天地玉叶、桴焉雪峰
贵州普安茶场	1 500	1 393	1 000	1 100	普天
贵州晴隆茶叶公司	1 200	1 647	710	800	贵隆

本表以2007年销售额为序。

茶叶市场

1. 强化市场营销　由政府主导、企业参与，统一策划制定“黔茶”品牌打造方案，进一步宣传贵州省深厚的茶文化、优良的茶叶品质和发展茶叶生产的产业优势，树立“黔茶”的良好形象。采取“政府搭台，企业唱戏”的形式，通过举办采茶节、茶艺表演、茶产品展销会、茶文化节、茶文化研讨会等茶事和学术交流活动，定期组织茶叶企业到茶叶主销区举办大型推介活动，提高贵州省茶叶的知名度。建立和完善以专业市场为主，超市专柜、专业店、定点送货上门等为辅的灵活多样的营销网络，努力扩大贵州省茶叶的市场占有份额。保护外来客商在贵州省从事茶青和茶叶初制品收购活动，构建自由公平的交易环境。

2. 整合黔茶品牌　引导茶叶企业组建茶叶产销联合体，统一品牌、统一包装、统一技术标准，共同开发统一品牌系列产品，拓展市场营销网络，引导一般茶叶品牌向名优品牌集中，提高品牌知名度。省政府对在国内外有影响的贵州省茶叶知名品牌进行倾斜扶持。加强品牌和原产地保护，对使用区域性品牌逐步实行市场准入，增强市场竞争能力。规范贵州省茶叶市场管理，打击不正当竞争，杜绝假冒伪劣产品，纯洁“黔茶”品牌形象。

3. 加强市场建设　重点支持湄潭西南茶城、都匀茶叶批发市场、贵州茶城、贵阳太升茶叶批发市场等茶叶市场扩大规模，完善管理，增强其辐射带动能力。在规模茶区建设一批茶青贸易市场，使茶青向加工能力较强的企业集聚。加快与省外主要消费市场的对接，鼓励龙头企业、农民经纪人到省外大中城市开办贵州茶叶专卖店、专卖柜和专销区等茶叶销售窗口。加强信息服务网络等无形市场建设，及时收集和发布茶叶相关信息。

贵州省主要茶叶贸易企业

单位：万元、吨

名称	年销售额	年交易量	年出口量
贵州铜仁和泰茶业有限公司	4 100	3 280	815

贵州省主要茶叶批发市场

单位：吨、亿元、万平方米

名　称	年交易量	年交易额	市场面积
都匀茶叶批发市场	4 500	0.75	0.2
贵州茶城	1 500	0.24	1.4
湄潭西南茶城	1 000	1.3	1.3
贵阳太升茶叶专业批发市场	850	1.0	0.7

本表以2007年交易量为序。

茶文化

贵州茶业历史发展源远流长，茶文化活动丰富。在晴隆县曾发现茶籽化石，经专家初步鉴定为新生代晚第三纪（约100万年）四球拟茶籽化石。2007年贵州各地茶文化活动丰富。3月底4月初，在遵义市凤冈县举办了“中国西部茶海·遵义市首届春茶开采节”；10月全省组团参加了在北京举办的第四届中国国际茶业博览会，并以好山、好水、好茶的良好形象成功吸引了各地茶商的眼球；11月7～11日，在贵阳市南明河畔组织开展了全省“万人品茗”活动，全省茶业产区的优秀茶业品牌悉数与广大市民面对面，并开展免费品饮茶叶、茶艺表演、茶文化宣传等活动；贵阳南明区在举办的茶文化节上，把“茶文化、茶健康进社区”作为打造南明文化，构建和谐社会的主要活动来抓，在各小学开展“茶文化进学校”的活动，请来茶文化专家、茶艺表演者深入学校，不仅传播茶文化知识，还培养了一批“热爱茶文化、茶道”的学生。通过这些活动的开展，促进了广大消费者对贵州省茶叶优良品质的认识，提升了贵州省茶叶品牌的影响力。

贵州省知名茶馆

单位：个、平方米

名称	连锁店数量	营业面积	茶馆区域分布
养心斋茶艺	3	3 800	贵阳市云岩区
西苑茶楼	2	3 800	贵阳市云岩区、南明区
翰林茶院	1	3 800	贵阳市云岩区
马鞍山茶艺馆	1	2 800	兴义市
忆品园食府茶苑	1	2 800	贵阳市南明区
上城会茶楼	1	2 600	遵义市
红雅苑茶楼	1	2 200	遵义市
文庙茶院	1	2 000	安顺市
红缘坊茶楼	2	1 500	平坝县高新区、贵阳市云岩区
鸿福茶楼	1	1 200	凯里市

本表以2007年营业面积为序。

大事记

2007年1月　“无公害茶叶生产技术”列入《贵州省2007年种植业主导品种和主推技术》由省农业厅向全省发布，为全省标准化生产无公害茶叶提供了技术参考和依据。

2007年3月初　都匀毛尖茶以其纯天然、无污染的绿色品质，以高于国内市场的价格抢滩德国，冲破欧盟设置的210项农药残留检测“绿色壁垒”，成功进军欧盟市场。

2007年3月31至4月1日　“中国西部茶海·遵义市首届春茶开采节”在遵义市凤冈县举行。4月3日《中共贵州省委　贵州省人民政府关于加快茶产业发展的意见》（贵州省委［2007］6号文件）出台。

2007 年 4 月 3 日　2007 年都匀毛尖茶标样制作和《都匀毛尖茶种植规范》评审会在都匀市召开，贵州省质量监督检验检疫局组织省内茶叶和标准化方面的专家审定通过了标样和规范。

2007 年 4 月 29 日　2007 年贵州省茶产业项目评审会在贵阳召开，审定通过全省各茶叶主产区申报的低产茶园改造、优质丰产高效茶园建设、高标准无性系茶园建设、茶叶无性系良繁基地建设、机械化修剪和采摘示范点建设、产地茶青交易市场建设等项目。

2007 年 10 月 10 日　贵州省委王富玉副书记主持召开了茶产业发展专家座谈会，禄智明副省长、王录生副主席和省农业厅、省农业办公室、省乡企局、省农业科学院、贵州大学的有关领导和专家参加会议。

2007 年 10 月 13 ～ 16 日　“全国第十一期有机茶·无公害茶培训班”在贵阳举行，来自全国 16 个省、自治区、直辖市的 213 名代表参加了培训。陈宗懋院士在培训会上做了“我国茶叶质量安全现状与展望”的专题报告。

2007 年 10 月 13 日　在第四届中国国际茶业博览会即将召开之际，贵州省委副书记王富玉做客中央电视台国际网络访谈频道，以“生态引领未来，黔茶伴随健康”为主题，与网民共品茶论旅游。

2007 年 10 月 16 ～ 18 日　省农业厅组织 51 家茶业企业参加了在北京举办的第四届中国国际茶业博览会，成为此次博览会以省级组团规模最大的省份。

2007 年 10 月 27 日　遵义市实施百万亩(6.67 万公顷)茶业工程推进大会在湄潭县召开，市直有关部门、8 县区委书记或县长、8 县区分管农业副县长及农业局和茶叶办(局)，全市 20 家重点茶叶企业负责人约 180 人参加了会议。

2007 年 11 月　贵州省委办公厅、省政府办公厅关于落实茶产业发展专题汇报会有关事项的通知（黔党办函[2007]44 号）明确要求：在 2007 年底前完成全省茶产业发展 33.33 万公顷的规划。

2007 年 11 月 7 ～ 10 日　省农业厅在贵阳市南明河畔组织开展了“贵州绿茶·秀甲天下”首届“万人品茗”活动，市委书记石宗源、省长林树森、省政协主席黄瑶、省委副书记王富玉、副省长禄智明等省领导率中共贵州省委十届二次全体（扩大）会议的代表参加了品茗活动。

2007 年 12 月 3 日　贵州省农业厅组织研究讨论新茶园发展规划土地背景值检测工作。经研究决定，贵州省农业厅将对全省 39 个茶叶重点县规划新建茶园开展土壤环境质量监测工作。

2007 年 12 月 26 日　贵州省茶树良种繁育场及繁育基地建设项目通过验收。该项目是农业部 2002 年批准（农计函 [2002]87 号文）立项的园艺作物良种苗木繁育基地项目。

（贵州省农业厅农业技术推广站　易　勇）

遵　义　市

遵义是贵州省重要产茶区和最大的茶叶生产基地，茶园面积、茶叶产量和茶叶产值均排列全省第一位，在贵州省茶产业的历史和发展中具有不可替代的地位和作用。遵义具有悠久的种茶和生产历史，至今还生长着原始型大茶树，流传着古老的饮用方式，文化底蕴丰富。遵义属低纬度、高海拔、寡日照典型的山地农业区，有着生产有机茶和无公害茶得天独厚的生态环境条件，主要以名优绿茶和绿茶生产为主，及其他茶类产品的生产加工和销售，是贵州最具绿茶生产和产品竞争的地区。

贵州省遵义市茶业基本情况

项 目	数量	单位	项 目	数量	单位
茶园面积	2.49	万公顷	投产茶园面积	1.67	万公顷
茶叶产量	1.28	万吨	行业销售额	3.96	亿元
茶农户数	7.14	万户	年加工能力	1.6	万吨
企业数（通过QS认证）	28	个	城镇居民茶叶消费	0.8	千克／人

发展历史

遵义地处贵州省北部、黔北云贵高原，地理位置东经105°36′～108°13′、北纬27°8′～29°12′。位于湖南、四川、重庆过度地带，与湖南、广西、云南隔地相望，与四川、重庆接壤，是昆筑北上和川渝南下咽喉，处于西部大开发的重点区域——长江上游经济带和南昆经济之间，是长江上游重要的生态屏障，西南出海大通道的重要通道。遵义于1997年撤地设市，辖2区10县2市，土地面积30 762平方公里，人口760万。遵义属典型山地农业区，有得天独厚的农业生产条件，农业生产水平较高，素有“黔北粮仓”的称号。粮食、油菜籽、烤烟、茶叶、辣椒、肉类等主要农产品占全省的1/3～1/4，其发展势头强劲。

遵义有着2 000多年的种茶及生产历史，唐代茶圣陆羽在《茶经》中记载：“黔中生思州、播州、费州、夷州……往往得之，其味极佳”，今遵义市大部分均为播州属地。宋、元、明、清几个朝代遵义市都有茶业生产的记载，明代《明史·食货志四》“洪武末，置成都，重庆、保宁、播州茶仓四所，令商人纳米中茶”，不许私茶出境。明代，贵州通志载：“黔省各属皆产茶、湄潭眉尖茶昔皆为贡品，其次如仁怀之珠兰，均属佳品。”民国期间，茶业时兴时衰，1932年，遵义县产茶5 000千克。抗日战争时期，国民政府迁都重庆，国民政府欲在西南山区创建茶叶科学研究和生产出口基地。由当时的经济部所属中央农业实验所和中国茶叶公司多次考察，最终在现在的遵义市湄潭县建立了中央实验茶场，同时，荟萃了当时国内知名的茶叶和其他农业专家，最后通过西南国际通道（史迪威公路）出口受到国际青睐的中国茶叶。中华人民共和国成立后，遵义市不断引进先进的生产、加工技术和管理理念，并凭借坚实的科研基础，大力发展茶产业。1978年遵义毛峰被评为贵州四大名茶，1982年获农业部金质奖。湄潭苔茶和黔湄419、黔湄502先后入选全国第一、二批认定的茶树良种。

贵州是全国产茶省之一，遵义是贵州省有机茶和无公害茶生产最适宜的重要产茶区，辖区内14个县（区、市）均产茶，全市茶园面积、茶叶产量、茶叶产值均位居全省第一。由于遵义具有适宜茶树生长所需的水、土、气、热和茶产业发展所需的能源、电力等条件，森林覆盖较好，气候温和，热资源和雨水量较丰富，四季分明，冬季较暖，夏无酷暑，无霜期长，为发展有机茶和无公害茶奠定了优越的自然优势条件，加之铁路、道路、航空等交通区位优势明显，为茶产业发展提供了基础保障。目前全市规划以打造湄潭、凤冈、正安、道真、务川、余庆、遵义7个茶产业主导县，实施完成6.67万公顷茶园基地建设，其中涉及道真、务川两个苗族仡佬族自治县。

截至目前，遵义辖区的湄潭县、余庆县分别获农业部颁发的无公害农产品（茶叶）示范基地县，湄潭县获农业部定点农副产品（茶叶）专业批发市场，余庆县获“全国小叶苦丁茶之乡”，凤冈县获“中国富锌、富硒有机茶之乡”、湄潭县获“中国名茶之乡”称号。余庆小叶苦丁茶于2005年获准使用国家地理标志产品专用标志，凤冈富锌、富硒茶于2006年获国家质检总局地理标志产品保护，湄潭翠芽于2007年12月获国家质量监督检验检疫总局地理标志产品保护。截至2007年，全市茶园面积达2.49万公顷，其中有30余万茶农从事茶园生产管理，涉及茶园面积1.7万公顷，占全市茶园面积的50%。现成功打造了13个茶叶专业村，涉茶农民人均茶叶年收入达2 500元，占全市2007年农民人均年收入的85%。茶叶现已成为遵义农业结构调整、新农村建设和农民增收不可忽略的一个重要产业。

产业政策

为全面提升贵州省茶产业发展水平，振兴茶叶经济，促进农业农村经济结构调整，增加农民收入，推进社会主义新农村建设，贵州省出台了《中共贵州省委 贵州省人民政府关于加快茶产业发展的意见》（黔党发[2007]6号）文件，每年省财政拿出3 000万元专项资金扶持茶产业。为加快实施百万亩（6.67万公顷）茶业工程建设，遵义市出台了《中共遵义市委 遵义市人民政府关于加快实施百万亩（6.67万公顷）茶业工程的意见》（遵发[2007]10号）文件，每年财政拿出1 000万元专项资金扶持茶产业；指导思想：以党的十七大、省第十次党代会精神为指导，深入贯彻落实黔党发[2007]6号文件精神，抢抓机遇，扎实推进；突出重点，加快发展。坚持以质量求发展，以市场为导向，以基地为基础，以龙头为牵引，着力调整结构，作好品牌，做大基地规模，做强加工企业，把全市茶产业培育成规模化建设、标准化生产、系列化加工、一体化经营、社会化服务的主导产业，为发展现代农业、促进农民增收，推进社会主义新农村建设和全面建设小康社会作出贡献。发展目标：到2010年，确保遵义市茶园面积达到6.67万公顷，其中湄潭县2万公顷、凤冈县1.33万公顷、正安县1.33万公顷、余庆县0.67万公顷、道真县0.67万公顷，务川县、遵义县各0.34万公顷。到2015年，茶叶年产值达40亿～50亿元。把全市建设成为名优绿茶生产、加工、原料生产重要基地及绿茶出口中心，建成全国绿色食品茶、有机茶、茶饮料重要生产基地。按照“抓基地、树品牌、创市场、拓旅游”四步走思路，大力提倡“林中有茶，茶中有树”的无公害生态茶园建设模式，引导和支持企业抓品牌，着力打造以湄潭翠芽、银针茶为主的名优茶产业带，以凤冈富锌、富硒茶为主的茶产业带，以正安、道真锌硒高山云雾茶为主的茶产业带，以余庆名优苦丁茶为主的茶产业带，即“四大茶产业带”。湄潭县、凤冈县、正安县、道真县、余庆县、务川县、遵义县也相继出台了相关茶产业扶持政策，整合各类资金扶持本地茶产业建设的发展。

茶叶生产

全市茶园面积从2001年以前的1.22万公顷发展到2007年2.49万公顷，净增茶园面积1.27万公顷；其中，投产茶园面积达1.67万公顷，无性系良种茶园面积占64.5%，有性系良种茶园面积占11.6%。茶叶总产量从0.6万余吨提高到1.28万吨。茶叶总产值从0.6亿元提高到3.96亿元，其中名优茶产量从0.029万吨提高到0.25万吨，名优茶产值从0.23亿元提高到2.5亿元。

茶树品种主要以福鼎大白茶、黔湄系列等无性系良种为主，引进发展了名山系列、龙井系列、乌龙茶系列等无性系茶树良种，大力发展以名优绿茶、高香型名优绿茶为主的其他茶叶系列产品。目前，全市获有机茶园认证面积达到486.7公顷，有机茶园转换面积0.15万公顷，无公害茶园生成示范推广面积达1.4万公顷，均居全省首位。

遵义市茶叶主产县

单位：公顷、吨

县（区、地级市）	茶园面积	茶叶产量	茶树品种	主要品牌
湄潭县	8 000	5 285	湄潭苔茶、黔湄系列、福鼎大白茶	湄潭翠芽、贵州针茶
凤冈县	5 470	2 400	福鼎大白茶、乌龙茶系列	春江花月夜、绿宝石、仙人岭、寸心草
正安县	3 581	610	福鼎大白茶、安吉白茶、地方群体品种	世荣、天池玉叶、朝阳翠芽、吐香、珍州、乐茗
余庆县	3 040	1 300	小叶苦丁、福鼎大白茶	春夏秋冬、茗园春、柏果山、构皮滩
道真县	2 533	428	茗山系列	仡佬银芽 仡佬玉翠
遵义县	1 540	1 348	福鼎大白茶、地方群体品种	—
务川县	369	50	福鼎大白茶、茗山系列	—

本表以茶园面积排序。道真县为道真仡佬族苗族自治县；务川县为务川仡佬族苗族自治县。

茶叶加工

20世纪90年代末，由于受茶园基地属性、茶叶体制和市场经济等因素影响，导致茶叶加工设备陈旧落后、不配套的现象十分严重，加工企业310余家，名优茶加工主要以手工为主，多处于原始落后的初加工阶段。随着茶产业的快速发展，到2007年全市茶叶加工企业达400个，茶叶加工企业均实现了改造升级，其中正在建设一批具有现代加工厂房和清洁化茶叶生产线的企业。截至2007年，全市共有省级龙头企业2家、市级龙头企业14家。茶叶加工能力也从过去不足0.8万吨提高到1.6万吨，尤其是名优茶生产从过去不足0.03万吨提高到0.44万吨的加工能力水平。在茶叶综合开发利用方面，已建成投产年产茶叶籽油1 500吨的加工企业，及正在建设年产茶多酚300吨加工企业各一家，使全市在茶产业链得以延伸和突破。

遵义市主要茶叶加工企业（一）

单位：万元、公顷、吨

名　称	年销售额	茶园面积	年茶叶产量	年加工能力	品　牌
湄潭栗香茶业公司	4 362	267	500	1 000	栗香
湄潭兰馨茶业有限公司	3 211	333	220	300	兰馨
湄潭南方嘉木公司	3 196	—	300（油）	1 500	南方嘉木

遵义市主要茶叶加工企业（二）

单位：万元、公顷、吨

名　称	年销售额	茶园面积	年茶叶产量	年加工能力	品　牌
贵州省凤冈县仙人岭有机茶业公司	1 250	67	200	500	仙人岭
湄潭茗茶有限公司	781	267	70	500	夷州
贵州省凤冈县浪竹茶业有限公司	600	13	90	300	浪竹
贵州余庆小叶苦丁茶有限责任	544	53	150	500	茗园春
湄潭盛兴茶业公司	544	200	90	300	贵州针、遵义红
贵州正安县桴焉茶业有限责任公司	480	233	35	500	世荣、天池玉叶、雪青
贵州省余庆县构皮滩供销社	260	13	70	315	柏果山

本表以 2007 年销售额为序。

茶叶市场

过去，遵义茶叶产品主要以初制绿茶和少量精制绿茶产品为主，主要提供国内其他地区的绿茶精制和花茶产品的原料供应。名优绿茶产品数量少，仅局限本地消费。

目前，茶叶生产主要以名优绿茶和绿茶系列产品为主，兼顾生产少量的红茶、花茶等其他茶叶产品，茶叶出口量极少。茶叶销售市场主要以西南、华南、东北和华北国内市场为主。市场营销体系建设主要以政府引导扶持和企业自行策划建立，主要销售模式有连锁、加盟、代理，在茶叶市场和超市设立销售专卖店、办事处，网上销售等多种形式。茶叶的产销组织形式以公司 + 基地 + 农户、公司 + 协会（合作社）+ 农户等多种模式进行紧密结合。在市场宣传推介方面，以“政府搭台，企业唱戏”为原则，政府制定鼓励政策，引导企业积极参与国内、国际性茶事活动，截至 2007 年，全市累计有 75 只茶获“中茶杯”、“中绿杯”及其他国际性茶事活动评比金银奖、一二等奖等殊荣，有力地宣传了遵义茶叶，提高了企业品牌知名度、企业的素质和文化。

遵义市主要茶叶贸易企业

单位：万元、吨

名　称	年销售额	年交易量	年出口量
凤冈县嘉禾茶业有限公司	150	250	250
贵州余庆小叶苦丁茶有限责任公司	20	0.45	0.45

本表以 2007 年销售额为序。

遵义市主要茶叶（茶青）批发市场

单位：平方米、吨、万元

公司名称	市场面积	年交易量	年交易额
凤冈县乡（镇）茶青交易市场（3 个）	95 000	3 168	4 435.7
湄潭县乡（镇）茶青交易市场（9 个）	20 000	15 555（茶青）	14 000
贵州湄潭西南茶城	13 000	1 000	12 000

本表以 2007 年市场面积为序。

茶文化

茶叶一直是遵义的传统产品，至今已有2 000多年的历史，在习水、赤水、桐梓等地还生长着原始型的大茶树。唐代茶圣陆羽在《茶经》中记载："黔中生思州、播州、费州、夷州……往往得之，其味极佳"。播州，又名播川郡，今遵义辖区的两城区、桐梓、遵义县一带；夷州，又名义泉郡，今遵义辖区的凤冈、绥阳一带。据有关史料，汉时，西南地区除汉武帝赞叹"甘美之"的枸酱酒外，今贵州等地有影响的产品不多，除丹砂外，有记载的只有马和茶叶。现在马已退化到无足轻重，茶叶却经久弥盛。至今在湄潭、道真等地还流传"油茶汤"、"油茶稀饭"、"油茶汤圆"等饮用方式，与古人"饮茗粥"、"擂茶"具有相同的饮茶习俗。至今还流传着"盖碗茶"、"老鹰茶"、"罐罐茶"、"缸缸茶"，尤其务川、道真的"三幺台"更具特点，其油茶又称"干劲汤"，其实，是茶的兴奋作用和腊猪油热量结合所产生良好效果的体现。品茶既是一种生理活动，又是一种心理活动。黔北地区喝茶的习惯自然天成，有晨茶、午茶、晚茶、夜宵茶，家家户户自煮自喝，专事卖茶的茶馆，把品茶和说书相结合，与唱戏相结合，以及以茶敬友，端茶送客，等等，均赋予茶文化深刻的内涵。古时聘礼多用茶，今把茶叶当作高级礼品馈赠亲朋好友，更是越演越盛，成了黔北礼尚往来中不可或缺的习俗。

为传承和创新茶文化，挖掘古夷州茶文化和土家、苗、仡佬等少数民族饮茶习俗，整理并推广民间茶文化、茶艺术，目前在茶文化书籍、论文、诗歌、词曲、影视作品日渐丰富多彩。2007年在湄潭、凤冈、余庆、正安、道真等县拍摄《茶旅天下·贵州行》8集遵义茶文化专题片，湄潭成立了"浙江大学西迁遵义陈列馆"，湄潭、凤冈、余庆三县每年轮回举办"西部茶海"文化节，编辑出版《中国西部茶海论坛文集》、《茶的途程》等书籍，创作了一批如《绿色畅想曲》等歌曲，举办了一系列如"中国西部茶海"、"茶海之心"文学等论坛，湄潭县建设打造并获得了"吉尼斯记录天下第一最大茶壶"证书，道真、务川以仡佬族饮食文化——油茶为主题，大力打造文化亮点，目前道真县"三幺台"已被列入省级非物质文化遗产。

以茶为主题，成立具有地方特色的茶艺表演队进行演出，培养并造就一批懂茶、识茶、鉴茶的文化队伍，开展各种茶事活动，积极打造茶文化。以遵义红色文化和生态旅游为依托，打造以茶文化旅游，集休闲、娱乐为一体的综合性人文旅游景区，以古老的茶道、茶艺、茶经、茶礼、茶俗、茶歌、茶舞等文化为基础，挖掘和发展现代茶文化，展示遵义茶产业，宣传推广茶文化。

遵义市知名茶馆

单位：平方米

名　称	营业面积	连锁店数量	茶馆区域分布
凤冈县万佛缘茶楼	1 200	1	凤冈县城
湄潭四品君茶业集团	800	2	遵义市区
湄潭县金海岸商务会所	250	1	湄潭县城
湄潭县绿之缘茶文化公司	150	1	湄潭县城
湄潭县八景源茶楼	100	1	湄潭县城

本表以2007年营业面积为序。

（遵义市茶叶工作站　辛育毅　林正洲）

云 南 省

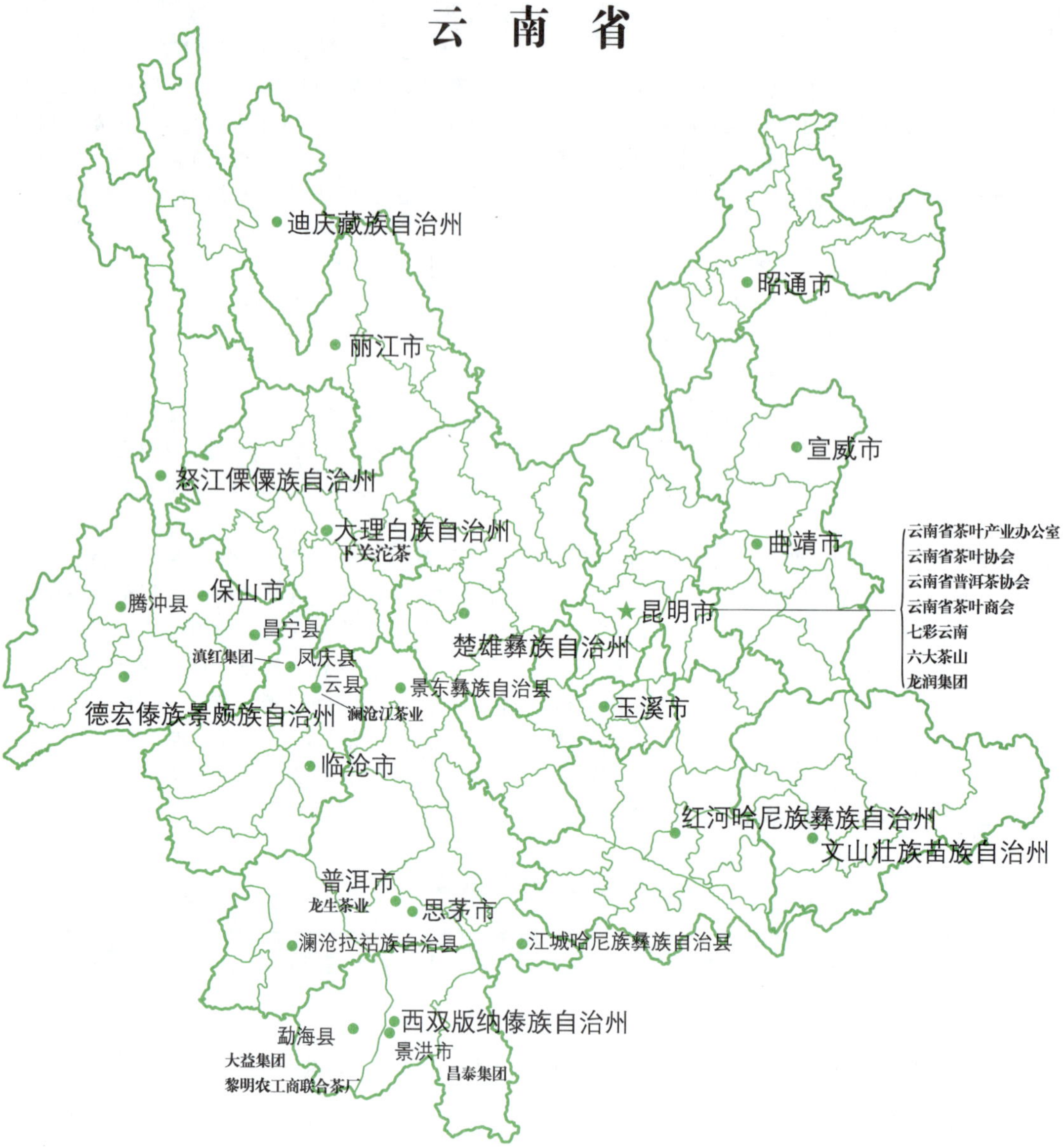

迪庆藏族自治州
昭通市
丽江市
宣威市
怒江傈僳族自治州
大理白族自治州
下关沱茶
曲靖市
云南省茶叶产业办公室
云南省茶叶协会
云南省普洱茶协会
云南省茶叶商会
七彩云南
六大茶山
龙润集团
腾冲县
保山市
昆明市
昌宁县
楚雄彝族自治州
滇红集团
凤庆县
云县
景东彝族自治县
玉溪市
德宏傣族景颇族自治州
澜沧江茶业
临沧市
红河哈尼族彝族自治州
文山壮族苗族自治州
普洱市
龙生茶业
思茅市
澜沧拉祜族自治县
江城哈尼族彝族自治县
勐海县
西双版纳傣族自治州
景洪市
大益集团
黎明农工商联合茶厂
昌泰集团

云南省是世界茶树的原产地中心，具有得天独厚的自然生态环境、丰富优质的茶树种质资源和深厚的茶文化底蕴等优势。云南天高云淡、水源清洁、空气清新，拥有优越的茶树生长环境，尤其在低纬度、高海拔地带，土壤肥、日照足、云雾浓、湿度大，特别适应云南特有大叶种茶树种植，茶叶具有芽叶肥壮、萌发较早、生长旺盛、采摘期长的特点，鲜叶中的水浸出物、多酚类、儿茶素、咖啡碱含量均高于国内其他优良品种，生产的红茶、普洱茶和绿茶在国内外市场上享有较高知名度。另外，云南有着悠久的生产历史和独具韵味、魅力无穷、底蕴深厚、博大精深的民族茶文化，成为“云茶”产业发展的宝贵财富和重要依托。经过多年的努力，茶叶产业已成为云南省的优势生物资源产业之一，成为农业、农村经济发展重要的支撑产业和茶区群众经济收入和地方财政的主要来源。

云南省茶业基本情况

项 目	数量	单位	项 目	数量	单位
茶园面积	30.29	万公顷	精制茶销售额	31.69	亿元
茶叶产量	16.99	万吨	精制茶产量	55 106	吨
茶农户数	134	万户	年加工能力	200 000	吨
精制茶企业数	58	个	城镇居民茶叶消费	0.57	千克／人

发展历史

据考证，云南的南部地区未受第四纪冰川洪积的影响，震旦—寒武纪地层比较发育，保留有较多的古生代植物种族。全省有多处散存着连片的野生型、过渡型、栽培型的古老茶树和古老茶山，云南被国内外有关专家公认为茶树的原产地。

云南省利用和生产茶叶的历史悠久，早在3 000多年前云南境内的富源（《华阳国志·南中志》："平夷县……山出茶、蜜……"商周时称今富源县为平夷县）等地山中出茶。三国时傅巽的"南中茶子"声名远播。

云南古代濮人——云南澜沧江流域最古老的土著民族先民，即今天的布朗、佤、德昂族等民族的祖先，是世界公认的最古老的茶农。

唐代樊绰《蛮书》（云南管内物产第七）载："茶出银生城界诸山，散收，无采造法，蒙舍蛮以椒、姜、桂和烹而饮之。"（据此，清代便有"西番之用普茶，已自唐时"等推断。）

宋代，茶叶生产和贸易繁荣，云南茶成为"易西番之马"之物，当时普洱已成为著名的"茶马市场"。

元代茶叶已成为云南各族人民进行市场交易的重要商品，元·李京在《云南志略·诸夷风俗》中载，"交易五日一集，以毡、布、茶、盐互相贸易"。

明代谢肇淛在《滇略》（3卷）中记述："士庶所用，皆普茶也，蒸而成团。"，表明云南最早生产的茶叶之一——"普茶"，在明代时已有一定的产量。

清代，云南茶叶生产的区域扩大，云南茶叶已驰名中外，沿"茶马古道"运销西藏、西北；并运销至缅甸、泰国、印度、老挝和越南等地，而且经由印度的加尔各答转销世界各地。

民国时期，云南茶叶的产销状况，据《续云南通志长编》、《云南经济统计资料》和张肖梅编撰的《云南经济》等著作记述，20世纪30～40年代，全省有30余县产茶。抗日战争之前，年产茶叶5 000吨，最高年（1937年）产茶9 750吨；抗日战争期间，年产茶叶4 000～4 500吨；到40年代末期，由于战争影响，销路受阻，茶价下跌，茶园面积、茶叶产量锐减，1949年全省茶园面积只有2万公顷，产茶仅2 500吨。

茶叶生产

1. 面积产量产值快速增长 2007年，全省茶叶种植面积30.29万公顷，同比增加5万多公顷，增长22.4%；茶叶总产量16.99万吨，同比增加3万多吨，增长21.7%；茶叶综合产值达201亿元，同比增长96亿元，增长91.4%，其中农业产值65.4亿元，同比增长41.4亿元，增长92.3%，工业产值94.6亿元，同比增长44.6亿元，增89.2%，第三产业产值41亿元，同比增长20亿元，增长95.2%

2. 结构调整继续优化 一是高产优质茶园面积稳步增加。无性系良种茶园面积8.77万公顷，同比增加2.58万公顷，增长41.7%；更新改造低产茶园2.53万公顷，新增1.06万公顷，增长72.3%；无公害茶园4.31万公顷，新增1.83万公顷，增长74%；有机茶园0.47万公顷，新增867公顷，增长21.7%。二是加工产品呈现全面增收，茶叶质量普遍提高。普洱茶产量大幅增加，达9.9万吨，同比增加1.9万吨，占总产量的57.5%。其中，沱茶产量0.65万吨，占普洱茶总产量的6.6%；绿茶产量6.6万吨，占总产量的38.4%，增长1.9万吨，同比增长42%；红茶产量0.69万吨，占总产量的4%。茶农收入大幅增加。茶叶产量增加的同时，茶叶价格普遍上涨，其中春茶价格为59.2元/千克。茶叶价格的上涨促进了茶农收入的增加。2007年600万茶农来自茶叶的经济收入达42.9亿元，比2006年增加18.9亿元，茶农人均纯收入达到716元，比2006年增长309元。

云南省茶叶主产市

单位：公顷、吨

地区（州、地级市）	茶叶产量	茶园面积	品　种	主要品牌
普洱市	49 302	72 070	云南大叶种群体种	龙生、牛洛河、柏联、永年、澜沧古茶
临沧市	41 875	72 190	云南大叶种群体种	滇红、澜沧江茶业、勐库戎氏
西双版纳州	23 311	39 640	云南大叶种群体种	大益、昌泰、庆沣祥
保山市	18 651	26 040	云南大叶种群体种	腾冲清凉山、高黎贡山、尼诺绿茶
德宏州	10 548	18 290	云南大叶种群体种	潞西生态茶叶、王子树

本表以2007年茶叶产量为序。西双版纳州为西双版纳傣族自治州，德宏州为德宏傣族景颇族自治州。

云南省主要茶叶生产县

单位：吨、公顷

县（区）	茶叶产量	茶园面积	品　种	主要品牌
凤庆县	11 580	18 530	云南大叶种	凤牌
勐海县	11 505	19 360	云南大叶种	大益、昌泰
澜沧县	9 800	13 610	云南大叶种	柏联、岩冷
景洪市	8 697	12 350	云南大叶种	大渡岗、龙圆号、易昌号
景东县	8 000	12 500	云南大叶种	银生、兴达
思茅区	7 648	6 870	云南大叶种	龙生、盛世、古普洱
昌宁县	7 343	10 240	云南大叶种	尼诺
江城县	7 000	6 490	—	牛洛河　明子山
腾冲县	6 506	6 940	云南大叶种	清凉山、高黎贡山
云　县	6 342	10 880	云南大叶种	—

本表以 2007 年茶叶产量为序。澜沧县为澜沧拉祜族自治县。

茶叶加工

2007 年，云南省茶叶企业加工产品质量实现新突破。大部分企业进行了技术改造，加快了 QS 生产质量体系认证速度，目前，已有 674 家企业通过了 QS 标准认证。

品牌影响显著增强。随着人们对普洱茶认识的不断加深，饮用、收藏普洱茶的消费者和生产加工、经销普洱茶的企业越来越多，云茶的社会知名度和市场影响力进一步提高。普洱茶产量、销量、价格逐渐攀升，生产企业效益提高，生产规模扩大，“大益”等几个普洱茶品牌获得中国名牌。普洱茶品牌呈现出系列化发展趋势，品牌影响力显著增强。

加工能力明显提升。近年来，由于普洱茶产销两旺，普洱茶成为加工的重点，茶叶企业通过技术改造、扩建、或新建使普洱茶加工能力显著提升。据不完全统计，2007 年普洱茶加工初制所达到 4 680 个左右，比 2006 年增加 180 多个，新增年加工能力 1 万多吨。目前普洱茶加工量在 200 吨以上的加工企业达 300 多家，加工总量达 10 万多吨。

云南省主要茶叶加工企业

单位：万元、吨、吨/年

名　称	销售额	茶叶产量	加工能力
大益茶业集团	71 029	5 000	7 500
云南下关沱茶（集团）股份有限公司	38 460	6 840	10 000
昆明七彩云南庆沣祥茶业股份有限公司	38 223	4 500	6 000
云南昌泰茶叶集团	36 000	5 200	10 000
云南黎明农工商联合茶厂	22 101	3 000	3 000
云南六大茶山茶业公司	17 500	3 100	8 000
云南龙生绿色产业有限公司	13 851	4 040	6 000
云南滇红集团股份有限公司	11 119	6 000	10 000
云南临沧澜沧江茶业有限公司	9 800	3 600	10 800
云南龙润茶业集团	6 165	2 280	4 200

本表以 2007 年销售额为序。

茶叶市场

中华人民共和国成立以来，云南省茶叶购销政策不断调整，茶叶销售途径、出口企业的数量也随着国家体制的改革不断变化。与20世纪90年代初相比，云南省的茶叶贸易和茶叶产销结构等都发生了较大的变化。茶叶产销主要由市场决定，计划的成分已很少；政企不分的现象已基本改变，原来承担茶叶流通主渠道的企业已有所弱化，取而代之的是来自其他行业和非国有经济成分企业的积极介入；以国有经济为主的传统茶业的所有制结构，已开始被私有经济及各种经济成分的混合联合体所替代。近年来，云南省茶叶贸易日益活跃，出口量基本保持稳定，出口额逐年增长。

云南省昆明市、普洱市、西双版纳傣族自治州、临沧市、保山市、德宏傣族景颇族自治州等茶叶主产州、市分布着大大小小几十个茶叶市场，但流通量比较大的茶叶市场主要分布在昆明市。主要有康乐茶城、云南茶叶批发市场、雄达茶城、西苑茶城、前卫茶叶市场、菊花村茶叶市场、大观茶城、大商汇茶叶市场等大型茶叶批发市场。

云南省主要茶叶批发市场

单位：万平方米、个、亿元、万吨

名 称	建筑面积	规划铺位	年交易额	年交易量
云南康乐茶文化城	3.76	360	8.60	2.95
云南省茶叶批发市场	4	760	2.68	2.70
云南普洱茶源广场	5	—	—	1.20

本表以2007年交易量排序。

茶文化

云南产茶业历经漫长岁月，随着社会经济的不断发展，在长期的生活、生产实践活动中，不断传承、创新和发展，形成了各民族特色丰富灿烂的茶文化，不同民族茶文化彼此渗透，相互促进，融会成底蕴深厚、博大精深的云南茶文化，独具的韵味和无穷的魅力成为云南茶产业发展的一个重要依托。中华人民共和国成立以来，茶叶生产的发展推动了茶文化活动的开展，各类涉茶研讨会、展示会、交易会以及其他各种茶文化活动的蓬勃开展，在宣传、推介云南茶叶产品的同时，也把云南悠久而绚丽多彩的民族文化展示在世人面前；通过不断挖掘提升茶文化的内涵，弘扬茶文化、有力地促进云南茶叶产业快速发展；同时，对云南省旅游业的发展起到了积极的作用。

科研教育

经过多年的发展，云南省已形成以云南农业大学普洱茶学院为主，各州市农业院校为辅的茶学专业人才培养体系。

为了加快云南茶叶经济的发展步伐，改变过去茶叶专业人才一直依靠外省院校培养的状况，云南农业大学于1972年建立了茶学专业，1973年招生。1996年茶学学科被批准为硕士研究生授权点，1997年招收茶学硕士研究生。1998年招收外国留学生。2000年以来，茶学面向全国招生，扩大了学生来源。2006年4月，龙润普洱茶学院成立，成为云南农业大学与国际化、知名企业“龙润集团”共同创建的服务云南优势产业的特色学院。

经过多年的培育，云南省农业科学院茶叶研究所、云南农业大学普洱茶学院、普洱茶树良种场等科研院所、院校已成为省茶学研究的生力军。在省委、省政府的正确领导下，各单位发挥各自优势，通过多途径的合作交流，不断攻克科研难题，取得了丰硕的成果。

大事记

2000—2003年　云南省茶业协会连续举行了四届“云茶杯”名优茶评比，共评出67个名茶和44个优质茶，并从中选出“云茶杯”金奖16个、银奖5个、铜奖5个。

2001年4月5～7日　由云南省人民政府主办的“中国云南首届春茶交易会”上，专门举办了“云南茶叶发展论坛”，来自印度和全国的18位茶叶专家、教授分别作了专题报告。

2001年　“龙生玉芽”茉莉花茶获全国优质茉莉花茶评比金奖第一名。

2002年10月19日　“昆明民族茶文化促进会”成立。

2002年11月17～18日　云南省茶叶协会和中国科学院西双版纳热带植物园举办了“云南省古茶园申报世界遗产座谈会”，全省47位茶叶专家、教授对云南省古茶园、古茶树遗产保护作了多方面的研讨。

2004年11月24～26日　经云南省人民政府批准，由省农业厅和省政府生物资源办公室主办的“云南省首届普洱茶国际研讨会”在昆明市举行，来自日本、韩国、马来西亚、法国、美国、加拿大等国和我国港、澳及内地主产茶省、自治区、直辖市的300多位代表参加。

2004年　国家取消边销茶定点企业进行行政审批，边销茶市场放开。

2005年3月28～30日　由云南省政协文史委员会、中国国际茶文化研究会和西双版纳自治州人民政府主办的“纪念孔明兴茶1780周年暨中国云南普洱茶古茶山国际学术研讨会”在西双版纳热带植物园举行，有6个国家和地区及全国10个省市的300多位代表参加。

2005年5月1日　由一支120匹骡马组成的云南大马帮从普洱县城出发，于10月18日抵达北京宣武区茶城，“马帮茶道·瑞贡京城”普洱茶文化北京行活动圆满成功。

2005年11月10日　又一支99匹骡马组成的云南大马帮从勐海县出发，沿滇藏茶马古道向西藏挺进，“滇普大益天下，马帮西藏行”拉开帷幕。

2006年9月22日　首届中国云南普洱茶国际博览交易会在昆明举办。

2007年3月　云南省茶叶产业办公室成立。

2007年10月　由云南省人民政府主办的第二届中国云南普洱茶国际博览交易会在昆明国际会展中心举办。

（云南省茶叶产业办公室　杨善禧　马　嘉　冯卫庆）

保 山 市

保山市，史称永昌，汉代设郡，位于云南省西部，距省会昆明498公里，与缅甸山水相连，国境线长167.78公里。有国土面积19 637平方公里，辖一区四县，人口242.5万。有世居少数民族13个。保山是古代著名的“南方丝绸之路”的要冲，中国通往南亚、东南亚陆路大通道的重要连接点和历代中缅贸易的集散地，冬无严寒，夏无酷暑，适合各种动植物生长，具有“世界动植物南北交汇走廊”、“物种基因库”的美名，拥有名扬海内外的“世界生物圈保护区”高黎贡山自然保护区、国家级地质公园腾冲火山热海、世界第二峡谷怒江大峡谷、国家级保护区北海湿地、被称为“东方直布罗陀”的松山抗战遗址和南方丝绸古道等众多名胜古迹。

云南省保山市茶业基本情况

项 目	数量	单位	项 目	数量	单位
茶园面积	2.60	万公顷	行业销售额	10.53	亿元
茶叶产量	1.87	万吨	年加工能力	3.60	万吨
茶农户数	1.79	万户	精制茶产量	—	万吨
企业数	37	个	城镇居民茶叶消费	1.50	千克/人

发展历史

保山市气候有明显高原山地西部型季风气候特点，地跨东经 98° 05′～100° 02′、北纬 24° 08′～25° 52′ 之间，属亚热带气候，立体气候明显，年平均气温在 14.8～17℃之间，极端最低温不低于 -3℃，大于或等于 10℃的年活动积温 4 596～5 893℃，雨量充沛，年降水量 1 000～2 000 毫米之间。空气相对湿度 75%～84%。土壤多为黄壤、红壤、黄红壤，pH4.5～6，土层深厚，有机质含量高，植被较好，森林覆盖率 46%。

保山市茶叶产业发展历史悠久，据《华阳国志》记载，古哀牢国时期，民间就以茶叶作为贡品每年献给了哀牢王。专家对现有的上千株野生大茶树的考证，保山人种茶、饮茶的历史可以追溯到 1 500 多年以前。到了明末、清初期就开始出现零星的小面积种植，大面积种植则始于 19 世纪后期，距今已有 100 多年，到 1949 年，全市共有茶园面积 1 333 多公顷，年产茶 250 吨，主要生产晒青绿茶、饼茶、炒青绿茶等，当时，茶叶主要集中产于昌宁县，有茶园 1 240 公顷。“六五”至“七五”中期，由于红茶出口势头迅猛，保山市大力发展茶叶生产，茶园面积最高发展到 2 667 公顷，位列全省第二位，仅次于临沧，是云南著名的“滇红”茶及普洱茶的重要产地和发源地。其间：1986 年昌宁县被国家计划经济委员会、农业部批准为全国优质茶基地县，1987 年腾冲、龙陵两县被国家两委三部（即国家计划经济委员会、国家经济贸易委员会、农业部、经贸部、商业部）列为出口茶生产基地县；“七五”末至“八五”初期，由于外贸体制改革、国家取消茶叶出口补贴，红茶自营出口受到限制，茶叶生产主要以绿茶为主，至“九五”末“十五”初期全市绿茶在整个茶类品种占的比例已达 85%，在生产加工上重点研制开发名优绿茶产品，拓宽国内市场，此段时期，保山市荣获省级名茶有 20 个，荣获省级优质茶 9 个，中国“农业博览会”农产品银奖 1 个，铜奖 3 个，茶园管理按照“三个一批”的要求稳步发展，“名优茶采制工艺”、“茶园机械化管理”等技术逐步注入茶叶产业，集约化经营模式辐射面不断扩大。全市 70% 的茶叶集中产于 25 个乡（镇），分布于广大山区、半山区和民族贫困地区。2007 年全市茶园面积 2.6 万公顷，茶叶产量 1.8 万吨，产值 10.5 亿元，涉茶人口 64.4 万人。茶叶产业的良性发展，直接关系到全市广大山区、半山区、少数民族贫困地区的经济发展、社会稳定、农民致富，是这些地方无以替代的生命产业，也是保山市“十一五”产业发展中重点培植提升的支柱产业之一。目前，全市已拥有普洱茶生产企业 50 多家，年产量 5 000 多吨，产值上亿元。形成了以腾冲清凉山茶厂、高黎贡山茶厂、龙陵镇安茶厂、施甸永年茶厂、昌宁福兴茶厂、昌宁勐鑫茶厂等为龙头的普洱茶加工龙头企业。2005 年，高黎贡山茶厂生产的高黎贡山牌普洱茶荣获普洱茶北京行贡献奖，为保山市夺得首个普洱茶国家级奖项。

产业政策

为充分利用保山茶叶生产的优越条件，使全市广大山区、半山区区域经济快速发展，把茶叶建成脱贫致富的大产业。2007 年保山市人民政府出台了《保山市人民政府关于加快茶叶产业发展的意见》（保政发 [2007]145 号），到“十一五”末，全市茶园面积优化发展至 3.33 万公顷，高优茶园达到 2 万公顷，产量 2.8 万吨，总产值 16 亿元。

发展思路：以“三个代表”重要思想为指导，认真贯彻落实科学发展观，以市场为导向，以提高综合生产能力和经济效益为中心。依靠科技、优化布局、主攻单产、提高质量，培植龙头，打造品牌，培育市场，坚持用工业化理念谋划茶叶产业的发展，以品牌化的服务抓市场开拓，致力于推进基地建设规模化、产品加工标准化、市场管理规范化、品牌打造国际化，不断强化营销网络、技术研发、市场监管、社会服务支撑体系建设，加快推进茶叶产业化经营，走优质、高产、高效的茶业产业发展之路。

茶叶生产

2007 年全市茶园面积达到 2.6 万公顷，其中无性系高优生态茶园 0.8 万公顷，有机茶园 360 公顷。毛茶产量 1.84 万吨，其中：晒青茶 1.24 万吨、烘青绿茶 0.27 万吨、炒青茶 0.22 万吨、红茶 0.054 万吨。毛茶平均 31.86 元 / 千克。普洱茶产量 0.68 万吨，平均 47.68 元 / 千克。茶叶农业产值 6.5 亿元，工业产值 4 亿元，工农业总产值 10.5 亿元。

保山市茶叶主产县（一）

单位：公顷、吨

县（区）	茶园面积	茶叶产量	品　种	主要品牌
昌宁县	7 747	6 877	云抗 10 号、佛香 3 号、清水 3 号、凤庆 9 号、香归银毫、云南大叶群体种	尼诺、宁红、雪兰、瑞虎、树根地
腾冲县	6 940	6 506	云抗 10 号、清水 3 号、长叶白毫、佛香 3 号、软枝乌龙、清水 3 号、云南大叶群体种	清凉山、高黎贡山、云丽江山
龙陵县	6 667	3 318	云抗 10 号、佛香 3 号、云南大叶群体种	顺国、龙眉

保山市茶叶主产县（二）

单位：公顷、吨

县（区）	茶园面积	茶叶产量	品种	主要品牌
隆阳区	2 420	1 200	云抗 10 号、佛香 3 号、云南大叶群体种	凤溪玉叶、保良
施甸县	2 267	750	云抗 10 号、清水 3 号、佛香 3 号、云南大叶群体种	万兴、点将台

本表以 2007 年茶园面积为序。

茶叶加工

全市建设茶叶专业村 38 个，发展茶叶初制加工企业 769 个，规模经营面积在 333.33 公顷以上的龙头企业 15 户，经营辐射带动面积上 666.67 公顷的龙头企业达 8 户。全市实行产业化经营的茶园面积达 1.73 万公顷，龙头企业生产销售的茶叶产品占全市的 60% 以上，有茶叶加工企业 60 个获得 QS 认证，茶叶加工企业技术装备水平、加工能力和质量安全水平有大幅度提高。年加工量 200 吨以上加工企业 34 家。全市顺应市场需求，按照巩固提升绿茶、稳步发展普洱茶、恢复发展红茶的思路，积极调整优化茶类结构，取得了良好效果。

保山市主要茶叶加工企业

单位：万元、吨、公顷、吨 / 年

名称	销售额	茶叶产量	茶园面积	加工能力	品牌
云南省腾冲清凉山茶厂有限公司	10 158	2 456	5 333	3 000	清凉山
腾冲县高黎贡山茶业有限公司	6 101	2 553	4 000	3 000	高黎贡山
昌宁县尼诺茶叶公司	2 080	800	2 000	1 500	尼诺
腾冲县云丽江山茶业有限公司	1 692	940	2 333	2 000	云丽江山
昌宁县雪兰茶厂	1 151	267	1 333	1 000	雪兰
龙陵县振兴茶厂	1 104	1 200	2 667	2 500	顺国
龙陵县小田坝茶厂	580	500	1 333	1 000	摩山
施甸县万兴茶叶有限公司	500	260	1 333	1 000	万兴

本表以 2007 年销售额为序。

茶叶市场

保山市茶叶生产以绿茶为主，红茶、普洱茶次之。茶叶销售以国内市场为主，出口为辅。国内主要市场为华南、东北、西北和华北茶叶市场，价格相对较高。茶叶出口以红茶为主，红茶主要出口到缅甸、泰国和俄罗斯，出口价格与国际市场接轨，相对较低。普洱茶主要进口国和地区为韩国、马来西亚、日本及我国台湾和香港，出口价格一般。

市场营销：市场营销体系由企业根据各自情况自行策划建立，主要销售模式有：连锁、加盟、代理和在目标市场设立销售公司、办事处，以及网上销售等多种形式。

茶文化

在长期的生产、生活实践中，保山各族人民创造了灿烂的多民族茶文化，通过不断传承、创新和发展，形成了多民族各具特色、丰富多彩的茶饮习俗。各民族之间，以茶待客、以茶联姻、以茶祭祀、以茶纳贡、以茶入市、以茶入药、以茶入诗、以茶入艺，等等，把种茶、采茶、饮茶、咏茶、祭茶、观茶以及闻香、品味等以不同的民族特色表现出来，通过彼此渗透，相互促进，融会成独具韵味、魅力无穷、底蕴深厚、博大精深的民族茶文化，地处怒江、澜沧江峡谷的土著民族，他们世代传承的口传文学和在山野茶树丛中的恋歌、欢歌，围着不灭的火塘，伴随着烤茶散发出的清香，处处显示出人与自然和谐相处的天籁之音，成为保山茶叶产业发展的宝贵精神财富。

保山自古就是著名的茶乡和最古老的“普洱茶”产区之一，明代永昌就加工生产出了名噪华夏的名茶“永昌太华茶”、“碧云仙茶”，在当时就“价格昂贵，与黄金等值，非富豪显贵享用不起”，以茶为载体的民间故事，诗词歌赋，暗香如峡谷幽兰，繁如众星灿烂，是保山历史文化名城不可缺少的文化底蕴 。1639年8月初，欲渡澜沧江前往鲁史“店主老人梅姓颇能慰客，特煎太华茶饮予”该茶回味悠长，汤色清绿透亮，味烈香浓，让人心旷神怡，飘然若仙。保山各地的风俗都是来人来客首先要“茶水相待”。汉族古曲中有《采茶曲》和《采茶歌》，祭祀时有《茶文》、《茶辞》；彝族有用唢呐吹奏的《采茶调》和《茶吉利》，等等。

在茶俗和应用饮用方面，保山各民族人民，都不同程度地保留着较原始的饮茶风俗。较普遍的有汉族、德昂族、彝族的罐罐茶，佤族的擂茶，怒江流域怒族、傈僳族的盐茶，傈僳族的龙虎斗茶，彝族的土罐烤茶、盐巴茶、土锅茶、青竹茶，傈僳族的油盐茶、糖油茶，苗族、白族的谢客茶，汉族待客的三杯（道）茶等。

通过不断挖掘创新，民族茶艺成为传播中华茶文化，倡导健康生活方式，扩大茶叶消费和促进经济文化交流的重要方式。在第二届中国云南普洱茶国际博览交易会开幕式上，腾冲县承办的“锦绣腾冲”大型茶文化及歌舞表演活动，所表演的“腾越风”得到了各界人士的高度赞赏，演出非常成功。隆阳区“瑞阳花市”、昌宁县“千年茶乡”各届大型歌舞表演和各企业茶文化把底蕴深厚的保山茶叶文化展示得淋漓尽致。见证保山茶业发展历史悠久的是高黎贡山万亩古茶树群落。

茶文化书籍、论文、诗歌、词曲、影视作品主要有距今550多年明代景泰年间修订的《云南图经志书》，记载了“孟通山（今勐统）所产细茶名湾甸茶、谷雨前采者为佳”，因当时勐统属湾甸州管辖，故名湾甸茶。《云南图经志》“永昌部分”，后收录入腾冲籍辛亥革命元老李根源先生主导编纂的《永昌府文征》，这是一部大型文献典籍，“勐统茶”作为史海一粟，得收录其中，弥足珍贵。其次有《诸葛亮和茶》、《种茶浅说》、《美丽保山 茶叶飘香》、《茶乡昌宁》、《碧云茶仙》、《品茶》、《五月的旋律》、《风姿神秀尼诺湖》、《昌宁茶韵》等。一批茶文化书刊和影视作品正在编撰、策划、创作中。

（保山市农业局 杨 旭 吴建丽 段宏伍）

普 洱 市

云南省普洱市是“世界茶源、中国茶城、普洱茶都”，是世界茶树原产地的中心地带，不仅作为茶树原产地、茶树驯化和规模化种植发祥地的“历史见证”和“活化石”，也是世界茶文化的“根”和“源”。普洱茶是闻名中外的世界名茶，是不能复制的地域性名茶。普洱市是驰名中外“普洱茶”的原产地和集散地。

云南省普洱市茶业基本情况

项 目	数 量	单 位	项 目	数 量	单 位
茶园面积	19.16	万公顷	行业销售额	32.6	亿元
茶叶产量	5.47	万吨	年加工能力	—	万吨
茶农户数	22.9	万户	精制茶产量	—	万吨
企业数	374	个	城镇居民茶叶消费	—	千克/人

发展历史

普洱市地处云南省西南部，陆地与越南、老挝、缅甸相连，澜沧江—湄公河黄金水道横贯境内，具有得天独厚的“一市连三国、一江通五邻”的地理区位。境内哀牢山、无量山群峰云集、云雾缭绕，苍茫无际层峦叠嶂间，森林葱郁，江河秀美，奔涌的绿海丰饶了北回归线上的高山峡谷，到处洋溢着绿色的勃勃生机，有北回归线上的“绿海明珠”之美誉。全市辖九县一区，面积45 385平方公里，是一个多民族的聚居地，分布有汉、哈尼、彝、拉祜、佤、傣等26个世居民族，人口256.56万。勤劳智慧的普洱世居民族，是他们在长期的生产和生活实践中首先发现、驯化和利用了茶树，开创了人类种茶、制茶的历史。在数千年的茶叶生产发展历史中，普洱各民族的先民们创造出了享誉中外的普洱茶品牌，创造出了辉煌灿烂的民族茶文化和普洱茶文化。普洱茶的历史源远而流长，普洱茶的传奇风流而蕴藉，普洱茶的滋味古朴而醇正，普洱茶的艺术丰富而深厚。

1. 普洱是“世界茶源、中国茶城、普洱茶都” 普洱是世界茶树原产地的中心地带，也是普洱茶的原产地。仅见于景谷的3 540万年前的宽叶木兰化石，木兰是被子植物的原始代表，古木兰是被子植物之源，是山茶目、山茶科茶属及茶种的始祖，普洱有茶树始祖化石，它展现了从景谷宽叶木兰、中华木兰到现今广布的茶树所经历的垂直系统演化的过程。从镇沅县千家寨2 700年茶树的存在和发展来看，景谷木兰植物群化石与千家寨野生茶树群落如此临近，证明了茶树起源在中国的云南，普洱是茶树重要的发源地和原产地，不仅作为茶树原产地、茶树驯化和规模化种植发祥地的“历史见证”和“活化石”，也是世界茶文化的“根”和“源”。具有重大的科学价值、景观价值、文化价值和产业提升价值。

2. 普洱市是驰名中外“普洱茶”的原产地和集散地 普洱茶是闻名中外的世界名茶，是不能复制的地域性名茶。“茶出银生界诸山……”早在唐南昭国时，今普洱市景东县就形成与婆罗门人、波斯人进行茶叶贸易的重镇。明清以来，普洱市成为滇南最大的茶叶加工地、集散地，作为商品的大叶茶均冠以“普洱茶”的名称，它凭着优良的品质远销国内外，名扬五湖四海。中华人民共和国成立后，党和政府从实际出发，制定了一系列茶产业发展的政策措施，现代茶园建设有了快速发展。1949年普洱市有现代茶园面积1 373.3公顷，茶叶总产量350吨；到了1962年发展到1 953.3公顷，茶叶总产量913吨；1983年发展到16 380公顷，茶叶总产量3 156吨；2000年发展到31 646.7公顷，茶叶总产量16 719吨；2007年发展到19.16万公顷，茶叶总产量达5.47万吨。

茶叶生产

2007年普洱市茶园面积已达19.16万公顷，其中现代茶园面积7.89万公顷，增长37.6%，茶树林2.2公顷，增长112.9%，古茶园1.21万公顷，野生古茶群落7.85万公顷；茶叶总产量5.47万吨，增长14%，其中：普洱茶2.5万吨，名优绿茶0.5万吨。主要产茶品种为：普洱茶、烘青茶、名优绿茶、红碎茶，产值达32.6亿元。主要品种和分布：云南大叶种、雪芽100、佛香茶、云抗10号、长叶白毫、云瑰，各个品种全市范围内都有分布。有机茶认证面积3 286公顷，绿色食品认证面积3 743公顷，无公害认证面积7 203公顷。涉茶农22.9万户、112.5万人，种茶农户年户均收入9 736.6元，人均收入1 981.9元，比2006年增长153.3%；上缴税收3 786.8万元，比2006年增长74.4%，茶产业已真正成为支撑农民增收的重要产业，全市茶农已经享受到茶产业发展带来的巨大实惠。

普洱市茶叶主产县

单位：吨、公顷

县（县级市）	茶叶产量	茶园面积	品　种	主要品牌
澜沧县	9 800	13 610	云南大叶种	岩冷
思茅区	7 648	6 870	云南大叶种	龙生
江城县	7 000	6 490	云南大叶种	牛洛河、塔林
景东县	8 000	12 500	云南大叶种	银生、兴达
景谷县	4 686	8 960	云南大叶种	白龙
宁洱县	4 429	7 244	云南大叶种	普秀、茶王茶、永年
墨江县	2 442	10 124	云南大叶种	迷帝 玉庄
镇沅县	1 640	4 161	云南大叶种	五一
孟连县	1 527	4 547	云南大叶种	—
西盟县	546	2 643	云南大叶种	—

本表以2007年产量为序。澜沧县为澜沧拉祜族自治县，墨江县为墨江哈尼族自治县。

茶叶加工

2007年茶叶加工形势：前期形势较好，茶叶加工企业生产积极性、生产能力、质量安全较高，后期由于出现市场波动，造成产品积压，企业流动资金困难。2007年本地共有茶叶加工企业374个，年加工量在200吨以上的加工企业达 110 多家。

普洱市主要茶叶加工企业

单位：万元、吨、公顷、吨

企业名称	年销售额	年茶叶产量	茶园面积	年加工能力	品牌
云南龙生茶业股份有限公司	13 851	4 040	2 680	6 000	龙生
云南普洱茶（集团）有限公司	6 000	1 200	804	3 000	普秀
江城牛洛河茶业有限公司	5 526	3 314	1 240	4 000	牛洛河
景谷白龙茶业有限公司	4 170	1 050	704	1 750	白龙
普洱市永年普洱茶业有限公司	3 688	2 160	201	2 000	永年
普洱茶王茶业股份有限公司	3 557	780	737	2 000	茶王茶
澜沧古茶公司	3 369	1 300	335	2 000	岩冷
普洱市盛世普洱茶业有限公司	1 500	250	134	800	盛毫
云南王霞普洱茶业有限公司	1 417	285.8	—	1 000	王霞
普洱市古普洱茶叶有限公司	1 048	1 000	—	1 500	古普洱

本表以2007年销售额为序。

茶叶市场

2007年普洱茶市场出现了快速发展的势头，但是因为市场不规范，价格出现较大波动，下半年价格大幅下滑，销量锐减。绿茶市场运行正常，销量增加。近年来，普洱茶知名度不断扩大，普洱茶的消费人群相应增加，随着普洱茶的功能性研究和新产品的开发，普洱茶市场将向高端消费、大众消费和功能型消费三方面扩展。

普洱市主要茶叶贸易企业

单位：万元

企业名称	年销售额	年交易量	年出口量
云南龙生茶业股份有限公司	13 851	5 000	300
普洱茶集团	6 125	817	30
普洱市玉龙茶叶有限公司	1 800	490	150
澜沧裕岭一古茶园开发有限公司	185	20	12
景谷馨茗茶业有限公司	94.9	18	2

本表以2007年销售额排序。

茶文化

普洱市委、市政府高度重视茶文化建设，在保护普洱茶文化遗产，弘扬普洱茶文化，提升创新茶产业，营造茶文化氛围，推动普洱茶文化复兴等方面做了大量工作。自1993年起，共举办了八届（每两年一届）集民族文化、经贸洽谈、旅游观光、经济协作为一体的“中国普洱茶叶节”，召开了三届“中国普洱茶国际学术研讨会”和一次“中国古茶树遗产保护研讨会”，使半个多世纪以来，国际学术界关于茶树原产地在中国还是在印度的争论画上了圆满的句号。同时，通过组织茶企业到北京、上海、广州、深圳、西安、澳门等国内主要大城市和地区开展普洱茶展销促销活动，进一步拓展了普洱茶市场。此外，《走进茶树王国》、《普洱茶文化大观》、《世界茶乡　普洱茶都》、《中国普洱茶文化新探》、《普洱茶源》、《普洱茶品鉴》等一大批普洱茶著作及《普洱》杂志的出版，也对普洱茶产业的蓬勃发展起到了有力的推动作用。

普洱市知名茶馆

单位：平方米

名称	营业面积	茶馆区域分布
宁洱民族茶艺馆	2 000	宁洱县凤凰路 1 号
全球通 VIP 普洱茶俱乐部	1 327	普洱市人民东路 22 号
石屏会馆	800	普洱市边城东路
千家寨茶道馆	600	普洱市茶城大道民族村内
古道贡茶馆	580	普洱市茶城大道名人园旁

本表以营业面积为序。

（普洱市茶叶办公室　赵昌能　周安凡）

临 沧 市

云南临沧市是世界茶树和茶文化起源中心之一，是最早发现和利用茶叶的地区，是世界著名的滇红之乡，是驰名中外滇红茶、普洱茶、蒸青绿茶的原产地，是云南省最大的茶叶生产基地，是中国佤文化荟萃之地。有历史悠久的茶马古道，精彩纷呈的民族茶礼、茶俗、茶艺，得天独厚的生产有机茶和无公害茶的生态环境条件，具有种类齐全、品类丰富的茶叶产品和加工技术，在世界茶产业的发展历史中具有不可替代的地位和作用。

云南省临沧市茶业基本情况

项 目	数量	单位	项 目	数量	单位
茶园面积	7.22	万公顷	行业销售额	28.75	亿元
茶叶产量	4.19	万吨	年加工能力	4.0	万吨
茶农户数	40.76	万户	精制茶产量	—	万吨
企业数（通过 QS 认证）	130	个	城镇居民茶叶消费	3.3	千克 / 人

发展历史

临沧位于云南西南部，地处澜沧江、怒江中下游，介于北纬 23° 05′～25° 02′、东经 98° 40′～100° 33′ 之间，东南与思茅相连，西北与保山、大理接壤，西南与缅甸交界，总面积 23 693 平方公里，人口 236 万，辖临翔、凤庆、云县、永德、镇康、沧源、耿马、双江等 8 县、区，有佤、傣、彝、布朗、德昂、拉祜、汉等 26 个民族。

临沧市西汉以前属益州郡哀牢地。东汉、蜀汉、晋时属永昌郡。唐（南诏）隶永昌节度。宁大理国时期属永昌府。元代分属顺宁土知府、镇康路和孟定路、谋粘路军民府。明代分属顺宁、永昌两府管辖。从明万历二十六年（1598）开始，顺宁、大候、勐缅、勐勐、镇康先后改土归流。清朝中叶，今他地区尚有属永昌府的孟定土府，镇康土州，属顺宁府的顺宁县、缅宁厅、云州、耿马宣抚司和由镇边直隶厅管辖的班洪土都司。民国时期，设立顺宁、云县、缅宁、镇康、双江等县和沧源、耿马设治局，先后属第一、第五、第九行政督察专员公署。中华人民共和国成立后，为了加强边疆民族地区的工作，1952 年将原大理专区的缅宁县（现临沧县），保山专区的双江、耿马县，普洱专区（现思茅地区）的沧源县 4 县划出，建立缅宁专区。1953—1956 年间又从保山、大理专区划入了镇康、顺宁（今凤庆）、云县 3 县，1954 年把专区名称改为临沧专区。1964 年元月，镇康县析置为镇康、永德两县。1970 年改称临沧地区，2004 年 11 月 11 日撤销临沧地区，成立临沧市。

临沧是世界茶树主要起源中心之一。茶树种质资源非常丰富，全市有茶组植物 4 个系 8 个种，其中大苞茶为临沧特有种。现存野生茶树群落 5.33 多万公顷，百年以上栽培古茶园 1.4 万公顷。双江勐库大雪山野生茶树群是目前国内外已发现的海拔最高、密度最大的大理茶群落；永德大雪山野生茶树群落，分布总面积 0.67 万公顷，茶树种为大理茶；凤庆香竹箐大茶树，海拔 2 245 米，基围 5.8 米，株高 10.6 米，树幅 10.0 米 ×9.3 米，是世界上现存最粗最古老的栽培古茶树；云县白莺山古茶园，面积 210 公顷，种间杂交非常突出，变异类型异常丰富，被誉为“茶自然历史博物馆”。双江冰岛古茶园，建于明成化 21 年 (1485)，是我国著名的国家级茶树良种勐库大叶茶的发源地；这些对进一步论证茶树原产于我国云南以及研究茶树的起源、演变、分类和品种创新都具有重要的价值。

临沧是最早发现和利用茶的主要地区。3 000 多年前居住在临沧等地的古濮人（今布朗族、佤族、德安族的祖先），是最早发现和利用茶的主要古代先民，为茶的发现利用和茶文化传播作出了重大贡献。武王 13 年春，濮参与伐纣，会于孟津，向武王献茶叶。凤庆香竹箐栽培古茶树、云县白莺山古茶园、双江勐库冰岛古茶园是古代先民驯化利用茶树的遗迹和史证。澜沧江上的青龙桥、神州渡、昔归渡，黑惠江犀牛渡，永德勐波萝河链子桥，连接着东进中原，北上青藏，南出东南亚的茶马古道。青龙桥被称为茶马古道第一桥，鲁史古镇被誉为茶马古道第一镇。茶马古道上这些雄关隘口，是昔日茶马古道和茶马经济繁荣的见证。茶已融入临沧各族人民日常生产生活，成为精神文化理念中不可缺少的部分。

1938 年一代宗师冯绍裘千里迢迢来到临沧茶区，创制滇红一举成名，获得具有“祁门红茶之香气，印锡红茶之色泽”的美誉，是世界红茶发展史上的里程碑，结束了临沧只能生产晒青茶和普洱茶的历史。1982 年制茶大师汤仁良创制大叶种蒸青绿茶，被世界著名茶叶专家陈椽教授誉为“原璧归华，形质并茂，更新换代，还我国饮”，茶坛从此又添一枝奇葩。

临沧作为世界茶树的起源中心之一，云南最大的普洱茶产地，世界著名滇红茶的诞生地，云南大叶茶勐库种的原产地，有历史悠久的茶马古道，精彩纷呈的民族茶礼、茶俗、茶艺，得天独厚的生产有机茶和无公害茶的生态环境条件，具有种类齐全、品类丰富的茶叶产品和加工技术。

临沧是云南大叶茶最大生产基地。临沧市现有栽培茶园 7.22 万公顷，其中现代无性系高优生态茶园 2.4 万公顷，百年以上栽培古茶园 1.4 万公顷，勐库大叶茶、凤庆长叶茶等优良群体种茶园 2.93 万公顷。已获有机认证茶园 3 733.33 公顷，通过无公害认证茶园 5 333.33 公顷。茶叶总产量 4.19 万吨。茶叶产量居全省首位。

产业政策

为使全市经济快速发展，把茶叶建成临沧脱贫致富的大产业，建成在国际、国内市场上有较强竞争力的特色产业，1999 年临沧市委出台《中共临沧地委 临沧地区行署关于临沧地区茶叶产业化经营的意见》（临发 [1999]13 号），积极扶持茶叶基地建设，在 2000—2007 年共建成无性系高优生态茶园 2.4 万公顷，有机茶园 3 733.33 公顷。

临沧市委、市政府出台的《中共临沧市委临沧市人民政府关于加快茶叶产业发展的意见》（临发 [2008]7 号），实施“科技提高品质，文化提升价值，品牌开拓市场”的产业发展战略，进一步更新理念，创新机制，转变发展方式，以普洱茶、滇红茶和蒸青绿茶国际、国内市场为导向，以提高生产效率和产业效益为核心，建基地，扶龙头，强科技，兴文化，树品牌，拓市场多措并举，力争实现 2010 年全市无性系高优生态园面积 2.67 万公顷，有机茶园面积 6 667 公顷，茶叶产量 5 万吨，茶业综合产值 30 亿元的奋斗目标，把茶产业建设成为具有强大经济文化竞争力，促进农民增收和带动临沧经济社会又好又快发展的特色支柱产业和强势绿色生态产业。

茶叶生产

2007 年全市茶园面积达到 7.22 万公顷，毛茶产量 4.19 万吨，其中：晒青茶 3.5 万吨、蒸青烘青绿茶 0.4 万吨、工夫红茶 0.3 万吨、CTC 茶 0.2 万吨。毛茶平均价 33.18 元 / 千克。精制茶产量 2.6 万吨，其中普洱茶 1.78 万吨，精制茶平均价 56.66 元 / 千克。茶叶农业产值 13.89 亿元，工业产值 14.86 亿元，工农业总产值 28.75 亿元。

临沧市茶叶主产县

单位：公顷、吨

县（区）	茶园面积	茶叶产量	品 种	主要品牌
凤庆县	18 530	11 580	清水3号、凤庆9号、凤庆3号、香归银毫、云抗10号、梅占、凤庆长叶茶	凤、王子冠、三宁、官亭、龙泉、六大茶山、香竹箐、木草人
临翔区	11 319	4 405	云抗10号、香归银毫、清水3号、雪芽100、勐库大叶茶、班东黑大叶茶	健身、莹毫、普粹、古树、银毫、佤叶、玉地、礼韵堂
云 县	10 880	6 342	云抗10号、香归银毫、清水3号、勐库大叶茶、凤庆长叶茶、大理茶	澜沧江、漫湾、龙润、刘家坡、嘉茗、国汉、家盟、早峰
永德县	10 576	4 729	云抗10号、香归银毫、勐库大叶茶、勐裴大叶茶	紫玉、银竹、兰庭春、勐底、古源、木叶醇
沧源县	7 451	2 624	云抗10号、清水3号、软枝乌龙、勐库大叶茶	佤山映象、石佛洞、碧丽源
双江县	6 460	5 089	云抗10号、香归银毫、清水3号、勐库大叶茶	勐库、勐康、仙姿、勐傣、友茗、东半山
耿马县	6 112	4 107	香归银毫、清水3号、云抗10号、勐库大叶茶	回味、洛凌、鹤益、鹰洛山、健善
镇康县	5 495	2 160	云抗10号、香归银毫、清水3号、勐库大叶茶	双燕、玉鲜、薄刀山

本表以2007年茶园面积排序。双江县为双江拉祜族布朗族傣族自治县，耿马县为耿马傣族佤族自治县。

茶叶加工

2007年茶叶加工形势：前期较好，后期由于受普洱茶市场波动影响造成一定积压。茶叶加工企业技术装备水平、加工能力和质量安全水平有大幅度提高。2007年临沧市共有茶叶加工企业130个获得生产许可证QS认证，年加工量200吨以上的加工企业58家，其中外资独资3个、合资企业6个、地方自建企业117个。

实行生产许可证制度促使茶叶加工企业在加工设施和质量安全管理上加大投入，企业技术装备水平、加工能力和质量水平大幅度提高。

临沧市主要茶叶加工企业

单位：万元、吨、公顷、吨/年

名 称	销售额	茶叶产量	茶园面积	年加工能力	品牌	主要产品
云南双江勐库茶叶有限公司	26 000	4 000	5 333	6 000	勐库	—
云南滇红集团股份有限公司	11 119	6 000	13 333	10 000	凤、王子冠	工夫红茶、CTC红茶、绿茶、普洱茶、速溶茶、花茶
临沧澜沧江茶业有限公司	9 800	3 600	3 333	10 000	澜沧江	普洱茶、工夫红茶、CTC红茶、茶饮料
临沧龙润茶业有限公司	6 165	2 280	200	4 000	龙润	普洱茶
云南耿马勐撒国营洛凌茶厂	2 961	1 441	374	2 000	洛凌	CTC红茶、工夫红茶、蒸青绿茶、普洱茶
凤庆县三宁茶业有限公司	1 720	1 320	267	2 000	三宁	工夫红茶、普洱茶
永德县紫玉茶厂	1 708	569	453	600	紫玉	普洱茶
临沧市健身茶叶有限公司	1 560	520	800	600	健身	普洱茶、烘青绿茶、蒸青绿茶、工夫红茶
镇康县外贸有限公司	1 458	404	133	1 000	双燕	普洱茶、工夫红茶、烘青绿茶
云南省沧源佤山茶厂	1 226	318	33	1 000	佤山映象	普洱茶、工夫红茶、绿茶

本表以2007年销售额为序。

茶叶市场

2007年茶叶生产以普洱茶为主，红茶、绿茶次之。茶叶销售以国内市场为主，出口为辅。国内主要市场为华南、东北、西北和华北茶叶市场，价格相对较高。茶叶出口以为红茶和普洱茶为主，红茶主要进口地区为缅甸、哈萨克斯坦、欧盟、美国和俄罗斯，出口价格与国际市场接轨，相对较低。普洱茶主要进口地区为韩国、马来西亚、日本，以及我国台湾和香港地区，出口价格一般。

市场营销：市场营销体系由企业根据各自情况自行策划建立，主要销售模式有：连锁、加盟、代理和在目标市场设立销售公司、办事处，以及网上销售等多种形式。计划由临沧市茶叶商会组织100户生物产业企业在全国主要目标市场建设10条“临沧绿色食品原产地一条街”，目前已在广东省东莞市万江区阳光海岸国际茶文化城建成“云南临沧·天下普洱第一仓”原产地一条街。云南双江勐库茶叶有限责任公司在马来西亚设有销售公司，云南滇红集团股份有限公司在俄罗斯海参崴设有销售公司。

临沧市主要茶叶贸易企业

单位：万元、吨

企业名称	年销售额	年交易量	年出口量	主产品
双江勐库茶叶有限公司	26 000	4 000	500	普洱茶、工夫红茶、CTC 红茶、绿茶
云南滇红集团股份有限公司	11 119	3 000	1 500	工夫红茶、CTC 红茶、绿茶、普洱茶、速溶茶、花茶
云南沧源碧丽源茶叶有限公司	10 800	5 000	4 800	—
澜沧江茶业有限公司	9 800	3 600	500	普洱茶、工夫红茶、CTC 红茶、茶饮料
云南耿马勐撒国营洛凌茶厂	6 165	2 280	200	CTC 红茶、工夫红茶、蒸青绿茶、普洱茶

本表以2007年销售额排序。

临沧市主要茶叶批发市场

单位：吨、万元、平方米

公司名称	年交易量	年交易额	市场面积
临沧茶叶市场	80 000	25 000	5 000
新新街茶叶市场	3 000	10 000	4 000
瓦窑坝茶叶市场	2 000	6 000	3 000

本表以2007年市场面积为序。

茶文化

在悠久的用茶、种茶、制茶历史岁月中，临沧各族人民创造了灿烂的民族茶文化，他是中华民族茶文化中的一朵奇葩，是维护中华民族大家庭团结和谐、繁荣昌盛的纽带。有历史悠久的茶马古道，精彩纷呈的民族茶礼、茶俗、茶艺、宗教、文学、艺术、音乐、舞蹈，有关于茶的选种、生产、加工、储藏、包装以及品饮的理论、方法、技艺，有关于茶的施政和法规等方方面面，浩若烟海，美不胜收。

佤族、德安族、傈僳族、彝族、拉祜族、傣族和临沧其他各族的传统祭茶神、祭茶祖、祭祖先礼仪，是原始崇拜与世俗生活，物质生产与精神追求最原生态的结合，是以茶为图腾的精神理念和谦诚内心世界的集中体现。各民族创作了大量反映茶的民间故事、传说、民歌、诗词、楹联、谚语。双江布朗族千百年来祖祖辈辈流传着这样一个故事，布朗族是世界上最早懂得用茶、种茶、制茶的民族，布朗族的茶祖叫艾楞，他一生都倡导自己的族人去用茶、种茶、制茶。艾楞临终前留下一句话：如果我留给你们金银财宝，你们总有一天会花完。如果我留给你们牛马牲畜，它们总有一天会死去。而今我留给你们满山满坝的茶树，生生世世取之不尽，用之不竭。艾楞是这样讲的，临沧茶文化也是这样代代传承的。

在茶俗和饮用方面，汉族、彝族、傈僳族有陶罐烤茶、百抖茶、竹筒雷响茶、凉拌酸茶芽。佤族有苦茶、煨茶、擂茶、铁板烧茶、石板烤茶、瓦片烤茶、纸烤茶、盐巴茶等。傣族有糯米香茶、竹筒茶。布朗族有青竹茶、酸茶、拉丝茶、茶胶、糊米茶、糖茶、米花茶、竹筒蜂蜜茶、丁香茶、茶叶饭。拉祜族火炭茶、定亲茶、结拜茶。回族、德昂族、苗族也有各自不同的茶饮茶俗。

通过不断挖掘创新，民族茶艺成为传播中华茶文化，倡导健康生活方式，推广扩大茶叶消费，促进经济文化交流的重要方式。20世纪90年代云县茶艺队曾两次参加西湖国际茶会，表演的民族茶艺深受国内外好评。沧源佤山艺术团的茶歌茶舞表演到了北京、巴黎、新加坡。临沧茶文化风情园茶艺队、双江县和沧源县民族茶艺队多次在国内大赛中获最高奖项。凤庆茶文化艺术团的“洞经古乐·滇红茶艺”表演，极具视觉、听觉冲击力。2003年、2006年、2007年临沧市举办了3届中华茶艺公开赛，2006年、2007年举办了2届中国临沧茶文化博览会。在首届中国临沧茶文化博览会开幕式上表演的大型广场歌舞《茶之歌》，震撼人心。第二届中国临沧茶文化博览会开幕式上表演的千人甩发舞载入上海大世界吉尼斯记录。

主要茶文化景点有临沧茶文化风情园、青龙山神农祠、双江神农祠观光园、双江勐库冰岛古茶园、双江勐库野生茶树群落、沧源帕迫古茶园、云县白莺山古茶园博物馆、世界上最粗最古老的栽培古茶树——凤庆县香箐古茶树、国家工业旅游示范点——澜沧江茶业有限责任公司、滇红茶史馆、滇红创始人冯绍裘铜象、茶马古道第一镇——鲁史古镇等。临沧茶文化风情园是云南省25个旅游精品工程之一，是以茶为主题，集旅游、休闲、娱乐为一体的综合性人文旅游景区，以滇茶文化及少数民族茶文化为主，兼顾中国及世界茶文化，展现了古老的茶道、茶艺、茶经、茶礼、茶俗、茶歌、茶舞等茶文化精华，把各民族茶文化浓缩于一炉，展示茶产业，宣传推广茶文化。鲁史古镇已受到严格保护，标志性建筑得到修缮、修复。

茶文化书籍、论文、诗歌、词曲、影视作品卷帖浩繁，丰富多彩。主要有《中国临沧茶文化》、《临沧茶叶事件》、《沧江茶魂》、《秘境临沧》、《普洱茶文化之旅·临沧篇》、《中国滇红》、《中国临沧原生茶》、《凤庆县茶叶志》、《凤庆茶厂志》、《双江茶叶志》、《解读临沧》等茶文化书籍，《茶缘临沧》、《茶之魂》、《探秘古茶林》、《白莺山茶事》、《白莺山茶人》、《古镇遗香》、《滇红飘香》等电视片。凤庆县创作的《滇红的故乡》歌曲由著名歌唱家蒋大为演唱，《蒸绿特级蜜情香》歌曲由歌唱家关牧村演唱，制作的金曲光碟传遍国内外。一批茶文化影视作品正在策划、创作中。

临沧各族人民正努力挖掘创新民族茶文化，期望把民族茶文化与中华茶文化和世界茶文化相融合，让茶给人类带来更多的身心健康和精神文化享受。

临沧市知名茶馆

单位：平方米

名　称	营业面积	茶馆区域分布
临沧市汀品茶楼文化有限公司	1 000	临翔区公园路
诚玥茶楼	400	临翔区
虞璟茶楼	300	临翔区
茶老爷茶楼	160	临翔区
清凉天地	80	临翔区

本表以2007年营业面积为序。

（云南临沧市茶叶办公室　江鸿键　刁有兰）

陕 西 省

陕西南部即秦岭以南的气候土壤条件适宜于茶树生长。陕西茶叶种植、生产主要在汉中、安康和商洛 3 个市。据史书记载，陕西茶叶始于西周时期，盛于唐宋时期，到了明清时期，西乡、紫阳茶更成为贡品。陕西茶有过辉煌的历史，曾盛极一时并影响深远。改革开放后，陕西茶叶生产进入了一个新的黄金期。陕西茶产业在整个国民经济中所占的比例不大，但在陕南三市和部分县已成为主导产业，特别是在西乡、紫阳、平利、商南等县，茶叶及相关产业所产生的 GDP 已达到 20% 左右，是当地农村经济的重要组成部分，是农民收入的重要来源。

陕西省茶业基本情况

项 目	数量	单位	项 目	数量	单位
茶园面积	6.73	万公顷	行业销售额	7.78	亿元
茶叶产量	1.44	万吨	年加工能力	2.5	万吨
茶农户数	26	万户	绿毛茶茶叶产量	1 112	万吨
企业数	1 000	个	城镇居民茶叶消费	0.22	千克 / 人

发展历史

几千年的茶史证明，陕西绵延数千年之久的茶产业在历时千年之久的茶马交易中为历代王朝所倚重。古长安，一直是西部茶文化的传播中心，曾经写下了光辉的一笔。著名的丝绸之路，以京都长安为起点，输出的主要物品中就有茶叶。1987年，陕西扶风县法门寺出土的大唐王朝一套宫廷茶具，是迄今为止海内外发现时代最早、等级最高的茶具，印证了古长安在我国茶文化传播中的历史地位。陆羽《茶经》记载当时全国茶叶生产情况时写道："金州生城西、安康二县山谷。梁州生褒城、金牛二县山谷。"就是指今陕南的安康、紫阳、宁强、汉中一带。

茶马贸易（又称茶马互市）始于唐代，在唐时，中原王朝就开始了用茶和北方游牧民族易马的商贸活动。这样可以起到外安抚边民，内充实军力、驿力，活跃边贸的多重效果。宋代由于对辽金不时用兵，需战马甚迫，于太平兴国八年（983）设买马司，禁以铜钱买马，改用以茶易马，并在今晋、陕、甘、川广辟马市。陕西是茶马贸易的重要场所，唐长安宫廷茶文化辐射全国，并确立了茶的国饮地位。

北宋散文家苏辙（1039—1112）在《栾城集》中写道："洋州（今陕西洋县、西乡等地）、金州（今陕西安康地区）人户以种茶为生。"《汉中府志·艺文》有蔡交《洋州》诗一首，其中写道："采茶惊雉鷇，户桔趁狨狙。"充分说明当时陕南茶区已具有相当规模。

陕南历史上生产晒青茶（即所谓陕青茶）和烘青茶，最早的晒青茶是由鲜叶直接晒干制成，后来，为了提高品质，揉捻成条，增加了杀青揉捻工序。20世纪50年代，开始生产手工炒青。80年代后掀起的名优茶开发热潮，使得陕青茶逐渐淡出人们的视线。

近30年来，陕南茶区已由大巴山区扩展到丘陵浅山区。密植、速生、丰产栽培技术的推广，使得茶园种植规模相对集中连片，最大限度地利用了茶园土地，提高了单位面积产量。茶园道路、排水、防护林建设趋于合理，极大地改善了茶园生态环境。无性系良种引进、栽培、繁育技术及无公害、绿色、有机茶栽培技术的推广应用，显著提高了茶叶品质。现代茶园管理技术以及低产茶园改造技术的逐渐推广和普及，使茶园管理水平逐年提高。机械化修剪、机械化采茶技术也逐步得到应用，极大地解放了生产力，降低了生产成本。名优茶加工技术和加工机械的推广，显著提高了机械化制茶水平，大大提高了茶产品质量，促进了名优茶的发展。茶叶冷藏保鲜技术的引进和包装技术水平的提高，全面提高了茶产品的质量档次。

产业政策

2002年，陕西省农业厅明确提出陕南可把茶树作为退耕还林20%经济林构成部分予以支持，享受退耕还林相关政策。中共陕西省委明确提出把茶叶作为陕南特色产业加快发展，并安排了一定数量的专项资金扶持茶产业发展。2004年6月，省政府批转了省农业厅、省林业厅、省供销社《关于加快陕南茶叶产业发展的意见》，并成立由省政府主管领导任组长，省级有关部门为成员的茶叶产业发展领导协调小组，研究解决茶叶产业发展中的重大问题。同时组建陕南茶叶产业发展专家顾问组，为陕南茶叶产业发展提供决策咨询服务，省级财政设立100万元的茶叶产业发展专项资金。

1998年，汉中市将茶叶列入重点扶持发展的产业规划，2001年市委、市政府提出了"发展绿色产业，建设绿色汉中"的发展战略，茶产业是建设绿色汉中的支柱产业之一。2004年汉中市政府作出了"做大做强汉中茶产业"的决定，市财政每年给予一定的产业发展专项资金扶持。2005年，汉中市成立了茶产业发展协调指导委员会和茶产业办公室，为茶产业发展提供组织保障。2007年，汉中市制定了《汉中市60万亩（4万公顷）高产密植生态茶园现代农业产业化发展规划》。

安康市、县茶叶技术推广和服务机构积极组织科技人员指导茶农生产，许多茶叶技术人员还直接参与茶叶产业开发，创办民有茶叶研究所、茶叶开发公司、茶叶协会，建立丰产茶园示范点，传授茶叶生产、加工技术，有力推动了茶叶产业的发展。紫阳县成立了茶叶产业化建设领导小组，加大政策及资金扶持力度，并加强科技队伍建设。县茶业局成立茶叶科技服务中心，乡（镇）设立茶叶工作站。

茶叶生产

陕西南部的气候土壤条件一直适宜于茶树生长，又有丰厚的茶文化积淀。从其记载看，巴族在西周初年成了宗周的封国，其出产的茶叶等物作为贡品敬献朝廷。汉中从夏禹时代到南宋末年3 300多年中，川汉之间竟有3 080年的州郡合治史。这说明，至晚在西周时期，陕南的巴人就已开始在园中人工栽培茶树。巴国进贡的有野生茶（茶）和园栽茶（香茗），说明当时茶叶的主要来源是野生茶，但也有园栽茶树。

茶叶是陕南区域经济特色产业，农民收入的重要来源。陕西茶叶主产地在该省南部的汉中、安康、商洛三市，以汉中、安康市为主。陕南三市共28个县，其中产茶县22个。截至2007年底，陕西省茶园总面积为6.73万公顷，其中采摘面积3.72万公顷，茶叶总产量1.44万吨，产值7.78亿元，约占全省农业总产值3%左右。茶农人均年收入1 353元。2007年 茶叶综合产出12.84亿元，占陕南三市GDP 2.08%。

陕西省茶叶主产地区

单位：吨、公顷

地区（地级市）	茶叶产量	茶园面积	茶树品种	主要品牌
汉中市	8 367	36 687	紫阳种、西乡大河坝群体、南郑碑坝群体、福鼎大白茶、宁强广坪群体	汉中仙毫、午子仙毫、定军茗眉、宁强雀舌、秦巴雾毫、汉水银梭
安康市	5 302	25 333	紫阳种、福鼎大白茶	紫阳富硒茶、女娲银峰
商洛市	711	7 653	紫阳种	商南泉茗、商南仙茗

本表以 2007 年茶叶产量为序。

陕西省茶叶主产县

单位：吨、公顷

地区	产量	茶园面积	茶树品种	主要品牌
西乡县	4 004	15 273	紫阳群体、西乡大河坝群体	汉中仙毫、午子仙毫
平利县	1 940	7 533	紫阳群体	女娲银峰
紫阳县	1 913	10 067	紫阳群体	春独早
南郑县	1 745	4 187	南郑碑坝群体	汉中仙毫、汉水银梭
汉滨区	1 300	2 667	紫阳群体	—
镇巴县	854	2 627	紫阳群体	汉中仙毫、秦巴雾毫
勉　县	750	5 067	福鼎大白茶	汉中仙毫、定军茗眉
商南县	610	5 200	紫阳群体	商南泉茗
城固县	554	2 507	福鼎大白茶	汉中仙毫
宁强县	410	6 800	宁强广坪群体	汉中仙毫、宁强雀舌

本表以 2007 年茶叶产量为序。

茶叶加工

陕南茶区是我国最古老的茶区之一，位于我国茶区的最北缘，高纬度、高海拔、高云雾几率，以及良好的生态环境，使得陕南茶区茶叶品质十分优异。生产的茶类有绿茶、青茶（乌龙茶），生产过红茶、黑茶，还曾生产过唐代宫廷茶道专用饼茶，有古老的晒青（陕青）茶生产历史。现产茶类主要以绿茶为主，约占总产量的 95% 以上。据不完全统计，全省有茶叶初制加工厂近 1 000 个，其中，汉中占 60% 左右。全省茶叶企业年加工能力 2.5 万吨以上。

陕西省主要茶叶加工企业（一）

单位：万元、吨、公顷、吨

名　称	年销售额	年茶叶产量	茶园面积	年加工能力	品牌
陕西省午子绿茶有限公司	8 629	300	400	400	午子
陕西东裕茶业有限公司	3 613	100	200	150	东牌
陕西省紫阳富硒茶业有限公司	3 200	500	—	500	—
陕西鹏翔茶业有限公司	2 800	400	—	500	鹏翔
汉中西乡县茶叶有限公司	2 565	108	—	150	—
陕西定军山绿茶有限公司	2 557	165	—	100	武侯
安康平利县女娲银峰茶叶有限公司	1 500	75	370	150	—

陕西省主要茶叶加工企业（二）

单位：万元、吨、公顷、吨

名　称	年销售额	年茶叶产量	茶园面积	年加工能力	品牌
汉中宁强县千山茶叶土产开发有限公司	1 400	50	—	80	青木川
商洛商南县茶叶联营公司	1 200	200	—	400	—
汉中宁强羌州茶业有限公司	1 100	50	—	80	羌州

本表以2007年销售额为序。

茶叶市场

在西安、宝鸡、汉中等大中城市，茶叶专卖店、连锁店、茶楼、茶座等星罗棋布，天福等品牌在西安也有连锁店，全省约有茶叶专业销售企业1 000多家。西安的茶叶专业市场主要有京闽茶城、义乌茶城等，陕南三市的部分县和重点产茶乡（镇）也有茶叶专业批发市场。茶叶零售主要以茶叶专营店、连锁店、茶庄、超市等为主。汉中市正在筹建一个占地2.67公顷的集茶商品贸易、茶精品展示、茶文化传播、购物、观光、休闲、娱乐、旅游等为一体的茶叶专业市场——汉中茶城。

茶叶消费

陕西是我国的产茶小省，却是茶叶消费大省。全省约有茶叶销售企业1 000多家，年销售茶叶约3万吨，直接销售收入约6亿多元。还有从事茶叶饮料经营、茶叶加工、运输、包装、茶馆、茶楼、茶秀、宾馆饭店的消费等加起来，陕西茶产业可产生约20多亿元。陕西从事茶产业生产加工、销售、运输及相关产业的服务人员约500万人，也是劳动就业率较高的产业。

前些年，陕西的花茶消费量很大，与乌龙茶、碧螺春、龙井茶等一起，占据市场主导地位，而陕西省所产茶叶并不占优势。近年来，陕西的茶叶消费潮流发生了明显的变化，绿茶，尤其是陕南所产绿茶在本省的市场份额越来越大。以西安市场为例，10年前，花茶与南方茶约占75%以上的市场份额，如今，陕南绿茶后来居上，占据了西安大部分市场份额。

茶文化

陕西的很多地名也都与茶有关，如西乡的茶镇、勉县的茶店、略阳县的煎茶岭、宁强县的盐茶关等。

陕西大部分产茶县和茶叶企业都组建有茶艺表演队，宁强县的天汉、羌州茶艺多次亮相北京茶博会，2004年赴日本表演，受到广泛好评。2005年，陕西秦巴赛茶大会在西乡县举行，汉中市已连续4年举行赛茶大会。紫阳、平利、南郑等也都举办茶叶节活动。另西乡县茶叶中等专业学校的“秦巴茶艺”已成为有一定影响力的劳务输出品牌，走俏部分大中城市。

陕南民歌丰富多彩，与茶有关的民歌有宁强的《上茶山》、《采茶歌》，镇巴的《采茶调》、《手巾调》等，紫阳县还出版发行了紫阳茶文化丛书和《紫阳茶歌》VCD光碟。如今，在陕西，品香茗、游茶园、听茶歌、赏茶艺、吟茶诗、唱茶歌正在成为一种新时尚。

陕西省知名茶馆

单位：平方米、个

名称	营业面积	连锁店数量
福宝阁茶楼	3 000	1
大上茶坊	400	2

本表以营业面积为序。

大事记

2001年6月26日　中华（陕西）茶人联谊会成立，会长韩星海。

2001年11月　汉中市委、市政府作出“发展绿色产业，建设绿色汉中”的决定。

2002年9月6日　西乡县茶叶中等专业学校正式挂牌成立，开始茶艺和茶技两个专业。

2003年9月9日　陕西省质量监督检验检疫局发布《天然富硒茶标准综合体》（DB61/T 307）。

2004年1月13日　陕西省政府召开全省茶叶产业工作会议，省财政每年拿出100万元专项资金扶持茶产业。

2004年2月13日　汉中市人民政府作出关于做大做强茶叶产业的决定。

2004 年 3 月 26 日　陕西省茶业协会成立，省供销合作总社主任蔡少林担任会长。

2004 年 4 月 10 日　胡锦涛总书记视察南郑县茶园，向茶农了解中央“一号文件”的落实情况，给广大干群以巨大鼓舞。

2004 年 4 月 24 ～ 26 日　法门寺茶文化国际学术讨论会在法门寺和杨凌同时举行，8 个国家 100 多名代表发表论文。

2004 年 10 月 12 日　西北农林科技大学茶叶研究所成立，挂靠园艺学院，余有本博士任所长。

2004 年 10 月 29 日　国家质量监督检验检疫总局发布 164 号公告，正式批准对紫阳富硒茶实施地理标志产品保护。

2004 年 11 月　汉中市组成以副市长郑宗林为团长的代表团，赴日本参加在静冈县举办的国际茶叶学术研讨和茶博会，蔡如桂作《汉中市茶产业发展之前瞻》学术报告。

2005 年 4 月 20 ～ 25 日　陕西首届秦巴赛茶会在西乡县成功举办。

2005 年 4 月 18 日　汉中市茶产业发展协调指导委员会成立，主任由汉中市政府副市长郑宗林担任，下设办公室。同时成立了汉中市茶业协会，会长由汉中市农业局局长秦明贤担任。

2005 年　台商投资乌龙茶成套设备在西乡柳树镇建起祥和茶厂，5 月底投产。

2005 年 11 月 14 日　西乡县荣获“中国茶叶发展政府贡献奖”，全国共有 14 个县获此奖项，西乡县名列第 5 位。

2005 年 12 月　为了改变茶叶品牌多、杂、乱、缺乏竞争力的局面，汉中市茶叶品牌整合工作正式启动。

2006 年 2 月 23 日　陕西省质量监督检验检疫局发布《汉中绿茶标准综合体》(DB61/T 377)。

2006 年 4 月 19 ～ 22 日　汉中首届赛茶大会在西乡县成功举办。

2007 年 6 月 3 ～ 7 日　陕西茶产业发展学术研讨会在西乡县召开。会议主要围绕陕西茶产业发展战略、茶叶生产、科研、贸易等主题进行了学术研讨。我国唯一的茶学院士——中国工程院院士陈宗懋研究员，中国农业科学院茶叶研究所所长、中国茶叶学会理事长杨亚军研究员，中国茶叶学会副理事长、安徽农业大学校长宛晓春教授，中国茶叶学会副会长施兆鹏教授，以及湖南农业大学、浙江大学、云南农业大学、四川农业大学、南京农业大学、福建农林大学、山东农业大学、西北农林科技大学等高校在茶学和茶产业发展研究方面具有一定造诣的专家、教授和来自陕西茶叶生产一线的技术与管理专家 160 余人出席了研讨会。

2007 年 10 月　汉中市政府制定《汉中市 60 万亩（4 万公顷）高产密植生态茶园现代农业产业化发展规划》，2008 年正式开始实施。

2007 年 10 月 14 ～ 17 日　汉中市首次组团参加北京第四届中国国际茶业博览会，汉中仙毫茶共获金奖 3 个、银奖 2 个、优质奖 1 个，宁强县羌州茶艺表演队获得优秀奖。

2007 年 12 月 10 日　国家质量监督检验检疫总局发布 178 号公告，正式批准对汉中仙毫茶实施地理标志产品保护。

（陕西省汉中市农业局茶叶办公室　吕　锋）

2001—2007年茶业要闻

2001 年

1. 党和国家领导人考察茶业，鼓舞了全国茶叶工作者 1月29日，全国政协主席李瑞环视察中国茶叶博物馆，观看茶艺表演。5月4日，李鹏委员长视察福建武夷山市永生岩茶厂。5月29日，江泽民总书记在江西婺源视察时，考察了金山茶园。

2. 12 月 3~6 日在珠海举行的首届中国茶叶经济科技论坛。

3. 我国茶叶出口质量每况愈下，恶性竞争加剧 致使出口茶叶价格持续下跌，出口大宗茶价格跌入历史低谷。9月中国土畜食品进出口商会茶叶分会组织绿茶出口协调会议在湖南举行。中国茶叶流通协会与浙江省茶叶产业协会联合组织珠茶产销调研，引起巨大反响。

4. 农业部于 9 月 3 日颁布了农业行业《无公害茶叶标准》于 10 月 1 日开始实施 同时相继在山东日照、福建武夷、湖南长沙举办了全国无公害茶叶丰收计划培训。浙江省还于 10 月 15 ～ 16 日公布了制订的无公害茶叶五年发展规划。

5. 我国轻工行业《茶饮料标准》于 10 月 1 日开始实施。

6. 全国茶博览等茶事活动继续升温 北京、上海、昆明、济南、成都、杭州、广州、广西横县、安徽芜湖、黄山、青岛、天津、南京、浙江安吉、绍兴、湖北英山等全国各地纷纷举办茶博会或茶叶节。同时，国内有关茶叶团体，企业，科研教学部门，积极参加在德国、日本和中国台湾、澳门等国家和地区的茶事活动。

7. 日本成为我国最大的茶叶进口国 2001 年我国对日本的茶叶出口增加，超过了摩洛哥。1 ～ 9 月，我国对日本的茶叶出口达到 3.2 万吨，比 2006 年同期增加了 23%，其中绿茶出口 9.9 万吨，比 2006 年增长 63%。

8. 历史名茶实施国家原产地域产品保护 10 月 26 日，国家质量监督检验检疫总局宣布对龙井茶实施原产地域产品保护，划分为西湖、钱塘、越州三大产区。此后，安徽祁门红茶、四川蒙山茶、福建武夷岩茶也相继获得了原产地域产品保护。

9. 茶文化成果显著 中国茶叶股份有限公司、中华茶人联谊会、中国教育电视台联合摄制的《中华茶苑》52 集电视专题片从 1 月 21 日起正式在中国教育电视台开播，播期历时 1 年。《中国茶叶大辞典》出版，获国家图书奖。《茶博览》复刊。

10. 云南剑川县“茶马古道”列入世界建筑遗产名录 10 月 26 日，世界纪念性建筑基金会在昆明宣布，云南剑川县“茶马古道”集市沙溪镇寺登街列入 2002 年世界纪念性建筑遗产名录。寺登街是目前“茶马古道”上唯一幸存的集市。

2002 年

1. 全国茶叶产量增加、内销量增加、出口量持平。

2. 加入世界贸易组织初年，我国茶叶出口遭遇绿色壁垒 日本是我国重要的茶叶市场，日本政府为阻止我国茶叶大量进口，采取标注原产地及出台食品卫生法修正案等措施，使我国对日本出口茶叶大幅下降，1 ～ 10 月，出口日本 2.78 万吨，0.63 亿美元，同比分别下降 19.32%和 21.33%；特别是浙江省蒸青茶库存积压严重，已引起我国有关部门和茶叶行业外的高度关注。

欧盟实施新的茶叶农药残留检验标准后，我国对欧盟出口继续大幅下降。1 ～ 10 月，茶叶出口欧盟 1.14 万吨和 0.2 亿美元，同比下降 35.3%和 30.1%。

3. 中华茶产业国际合作高峰会在安溪举办 12 月 8 ～ 9 日，由联合国技术信息促进系统中间国家分部、中国茶叶流通协会、泉州市政府主办的中华茶产业国际合作高峰会在安溪县举办。来自联合国粮农组织、国际茶叶委员会、欧洲茶叶委员会等国际机构的茶叶官员分别就国际茶叶产销、欧盟农药残留标准等问题向国内代表作了演讲交流。此次会议，安溪洽谈项目 40 个，协议总额 8.45 亿人民币，其中茶叶项目 65 个，合同金额 3 亿元人民币。

4. 中国普洱茶国际学术研讨会召开，普洱茶成茶叶市场热点 6 月 4 日，中国普洱茶国际学术会议在云南景洪市举行，来自海内外 180 多名代表参会，随着海内外品饮、研究、收藏普洱茶热的兴起，普洱茶走俏，成了市场新热点。宋聘古普洱茶 300 克拍卖价高达百万元，此外，云南思茅 5 月建成“普洱茶文化交流中心”，中国台湾大友普洱茶博物馆 10 月开馆，收藏 1 000 多种普洱茶，其中一块七子饼茶已有 102 年历史。

5. 童启庆教授在德国举办“中国绿茶”讲座 8 月 17 日至 9 月 26 日。浙江大学茶学系童启庆教授应德国方面邀请，在德国 17 个城市举办了 34 场有关我国绿茶及茶艺知识讲座，促进了我国绿茶在德国的推广。1 ～ 10 月，德国进口我国绿茶比上年同期增长 22.5%，增长幅度较大。

6. 劳动和社会保障部颁布《国家职业标准　茶艺师》 全国各地茶艺师培训开始火热，上海启动“高级茶艺师培训工程”，把茶艺师培训纳入政府经费补助范围。

7. 我国首次对举世瞩目的茶马古道进行综合科学考察 6月1日，来自中国科学院、中国社会科学院、四川大学、云南大学、中山大学、西南民族大学、中国藏学研究中心等科研院所的专家学者。分别从云南迪庆藏族自治州和四川雅安出发，分两路对举世瞩目的茶马古道进行考察，据悉，这是我国首次对茶马古道进行综合科学考察。

8. 茶题材影视文艺节目纷纷推出 《绿茶》（张元导演，姜文、赵薇主演）、《月香》，《茶色飘香》电视剧已投拍，《茶马古道》（田壮壮导演）正在筹拍，中央电视台《国饮嘉茶》6集电视片9月30日至10月7日播出，谭盾创作的《茶经异闻》歌剧在日本公演。

9. 天福茶博物院建成开放 1月7日，由台商李瑞河投资3 000万元人民币在福建漳浦兴建的天福茶博物院建成开放，茶博院占地5.33公顷，主建筑3 000平方米，有世界最大的茶文化大观园之称，目前天福集团在国内拥有近300家茶叶连锁店。

10. 联合利华“京华茶叶”经营维艰，引起媒体和业界广泛关注 联合利华收购“京华茶叶”不到3年时间，经营状况每况愈下，先是北京加工厂关闭，后又有市场销售陷入危机。

2003年

1. 茶叶中所含“茶氨酸”可使人体抵御病毒感染能力提高 在我国“非典”肆虐之时，新华社4月23日报道了美国科学家研究发现茶叶中所含“茶氨酸”可使人体抵御病毒感染的能力提高5倍，引起人们的普遍关注，掀起了社会各界向抗“非典”一线人员赠茶的热潮，也带动了绿茶销售的上升。

2. 我国南方茶区遭遇罕见夏季干旱 茶园受害严重，影响夏秋茶和翌年春茶生产。

3. 8月，“立顿绿茶”和“立顿茉莉花茶”进入中国市场 业内人士认为，占据中国红茶茶包市场最大份额的立顿品牌的进入，可能会影响中国的绿茶市场。

4. 8月13～15日，第一届全国茶树品牌鉴定委员会成立 中国农业科学院茶叶研究所所长杨亚军研究员当选为理事长。

5. 10月16日，中国台湾茶业改良场举行百年庆典。

6. 太空育种 11月3日15时20分，杭州西湖龙井茶和淳安鸠坑茶的种子随我国第18颗返回式科学与技术实验卫星上天，进行太空育种。

7. 我国茶出口量再创历史新高 11月15～16日，中国茶叶流通协会在海南年会上透露，我国茶叶产量预计76.2万吨，比上年增长2.3%，产值115亿元。国内销售50万吨，增7.5%，出口量将再创历史新高。

8. 11月，浙江新昌县茶叶总站孙利育站长被农业部、人事部授予全国农村优秀人才。

9. 12月14口，国家副主席曾庆红到四川峨眉山市竹叶青茶业公司考察。

10. 国内茶多酚产业随美国、日本、欧洲市场的扩大，引起新一轮投资热潮。

2004年

1. 党和国家领导人关注茶农增收和茶业发展 4月10日，中共中央总书记、国家主席胡锦涛在陕西汉中市调研期间，来到陕西南郑县红庙镇罗帐岭茶场，了解茶农的增收情况。6月14日，中共中央政治局常委、全国政协主席贾庆林视察峨眉山竹叶青茶业有限公司；10月19日，贾庆林在福州闽侯县会见在当地投资茶业的台商林圣光、陈秀卿夫妇。

2. 1月5日，中国工程院公布，中国农业科学院茶叶研究所陈宗懋研究员当选2003年中国工程院院士。

3. 中央电视台主持人水均益专访日本茶道大师千玄室。

4. 中国茶文化周在法国巴黎举行 6月23日至7月5日，由文化部、中外文化交流中心、法国国际茶文化促进会、法国嘉华有限公司主办的“中法文化年交流项目——中国茶文化周”在法国巴黎举行，中共中央政治局常委李长春7月2日赴法国参加茶文化周活动。中国茶叶博物馆编制了《东方稚韵——中华茶文化》展览，来自浙江嵊州的茶农陈国仁在现场表演龙井茶炒制，江西南昌女子职业学校茶艺队在10天里表演50多场茶艺，此外还有专题、文化讲座，茶文化周在法国掀起了中国茶的热潮。

5. 6～7月，中央电视台对某些“问题茶”存在的质量问题进行了曝光，引起了社会广泛关注。

6. 杭州打造“茶为国饮，杭为茶都”品牌 根据全国政协文史委员会副主任、中国国际茶文化研究会会长刘枫和杭州市委书记王国平的提议，8月8日，杭州市委、市政府与在杭的全国茶叶科研和文化团体机构签订战略合作框架协议，重点是发展茶产业，弘扬茶文化，促进茶旅游，确立杭州为中国茶叶领域的龙头地位，合力打造“茶为国饮，杭为茶都”品牌。

7. 天福集团认养“古茶王”引发名誉权官司 8月，知名茶叶企业天福集团总裁李瑞河与云南茶叶协会会长同有关媒体围绕云南镇沅县2 700年“古茶王”养护问题引起名誉权官司，同时引发了社会对如何保护古茶树的进一步关注。

8. 9月18～22日，第八届国际茶文化研讨会暨首届蒙顶山国际茶文化旅游节在四川雅安举行 由四川省人民政府、中国国际茶文化研究会、中国茶叶流通协会主办。出席节会的有28个国家和地区的代表2 000多人。节会活动有国际茶文化研讨、吴理真祭祀大典、发表《世界茶文化蒙山宣言》、国际茶道表演等。

9. 中国茶叶学会成立40周年 10月17～19日，中国茶叶学会成立40周年庆祝大会在杭州举行。来自全国

19个产茶省市和中国香港、中国台湾及日本、韩国等共300多名代表出席大会。中国工程院院士、中国农业科学院茶叶研究所陈宗懋研究员在大会上作《创新——我国茶业可持续发展的基石》的学术报告。大会还举行了茶产业经济发展论坛学术研讨会。

10. 海南注册"兰贵人"茶叶商标起波澜 由海南省茶叶协会牵头，联合中国茶叶学会、中国茶叶流通协会和广东、广西、福建、云南、浙江等省、自治区的茶叶社团，向国家商标评审委员会提出申请，要求对"兰贵人"茶叶商标撤销注册，纷争的焦点是"兰贵人"是否为茶叶通用名称，是否恶意抢注，"兰贵人"商标注册将由国家商标局最终裁定。

2005年

1. 胡锦涛总书记考察江西德宇集团 8月20日，胡锦涛总书记到江西景德镇考察期间到江西德宇集团考察，深入到得雨活茶股份有限公司了解生产情况。

2. 茶叶食品卫生标准公布 1月25日，卫生部和国家标准化管理委员会联合发布《食品中污染物限量》(GB2762—2005) 和《食品中农药最大限量》(GB2763—2005) 国家标准，两标准规定茶叶中铅的限量标准指标为5毫克／千克，并规定9种农药最大残留限量，标准于10月1日起实施。

3. 浙江省春茶受强冷空气影响，受损严重 3月11～13日，浙江省春茶受强冷空气影响，因冰雪冻害，受损严重，全省有5.13万公顷茶园受损，直接经济损失6.1亿元。

4. 杭州获"中国茶都"称号 4月2～22日，2005中国（杭州）西湖国际茶文化博览会在杭州举行，在4月15日的开幕式上，原中央政治局委员、全国政协副主席杨汝岱为杭州授牌"中国茶都"。

5. 连战到北京老舍茶馆感受民族传统文化 中国国民党主席连战访问大陆，4月28日到北京老舍茶馆品茶听戏，感受民族传统文化，并题词"振兴茶文化　祥和两岸情"。

6. 全国市场追查铅、铬、绿染色茶 4月初，贵州质量监督检验检疫局在当地查封了浙江茶商用铅、铬、绿生产染色茶的加工窝点：各地质量监督部门开始在全国市场追查铅、铬、绿染色茶。

7. 国际市场壁垒严重影响我国茶叶出口 5月，欧盟通过了硫丹在茶叶中的农药残留限量新标准0.01毫克／千克，并将于2007年2月开始实施，6月21日，日本发布了《食品中农业化学品肯定列表制度》，对251种有关茶园农药作了规定，将对我国茶叶出口欧盟、日本产生严重影响。

8. 北京破获茶叶传销大案 7月19日，北京警方与北京市工商局执法人员一举端掉一个非法传销品品德茶叶的网络组织，当场查获了大量传销资料，扣押茶叶1.9万余盒及涉案赃款。蔡某等人利用互联网大量吸纳会员，而传销的所谓名茶均是该团伙从福建、云南等地买进的劣质茶叶。涉案金额达1 200余万元。

9. 11月12日，"2005茶叶科技创新与产业可持续发展国际研讨会"在杭州召开 研讨会由中国农业科学院茶叶研究所、中国茶叶学会和联合利华（中国）有限公司共同主办（17日结束）。来自联合国粮农组织、孟加拉国、德国、印度、印度尼西亚、日本、肯尼亚、韩国、尼日利亚、斯里兰卡、南非、英国、美国、越南、中国及中国台湾、香港地区等17个国家和地区及国际组织的200余名专家学者参会。

10. 云南马帮驮茶进京活动为普洱茶市场热升温 云南马帮普洱茶文化北京行活动4月28日从思茅市首发，历时半年。途经云南、四川、陕西、山西、河北至北京，沿途开展普洱茶文化交流和为希望工程筹资拍卖活动，进一步掀起了普洱茶市场热。

2006年

1. 党和国家领导人关注茶产业 5月13日，中共中央总书记胡锦涛视察云南龙生集团营盘山万亩茶园，深入了解茶农收入和生产生活情况。4月20日，全国政协主席贾庆林在江西景德镇视察德宇集团茶叶生产。11月17日上午，中共中央政治局委员、国务院副总理回良玉到福建漳州视察天福茶学院。

2."桑美"台风重创福建宁德市茶业 全市茶产业直接经济损失2.8亿元，其中550多家茶厂受损，6 000多吨成品、半成品茶被浸受潮，1 200多台套机械设备被淹，茶园受灾面积2万公顷，茶园塌方1 000多处，茶树嫩梢被台风刮损，造成夏秋茶减产3 000吨。特别是福鼎市茶叶遭受惨重损失，直接经济损失达1.77亿元。

3. 勐海茶厂义拍"红色大益长征英雄纪念茶"筹集爱心基金 为配合中央电视台《我的长征》大型电视行动，云南勐海茶厂和北京大益国际茶文化交流中心共同发起成立了"我的长征·红色大益"爱心专项基金。基金一直用于红军当年长征沿途贫困地区援建希望小学及助学、扶贫，慰问当年的老红军，修缮红军烈士墓等项目。勐海茶厂为《我的长征》行动专门精心制作的纪念茶饼——"红色大益长征英雄纪念茶"限量发行1 000套义拍义卖，"红色大益长征英雄纪念茶"由著名节目主持人崔永元主持在遵义、北京、广州成功举办了3次大型的义拍义卖活动，截至2006年11月1日筹集善款1 022.58万元。

4. 福建安溪县实施"茶业万人培训工程" 自3月份启动以来，全县已举办210多场次，20 464人次的茶叶生产经营者、管理者和有关涉茶人员接受茶叶技能知识培训。

5. 浙江苍南县五凤香茗扶贫经验入选国家百例整村推进扶贫开发典型 浙江苍南县五凤乡八亩后村以"五位茶农，五十元钱，五把锄头，五件蓑衣"起家，发展茶叶产业走上了富民兴村之路。

6. 全国茶艺职业技能大赛总决赛在杭州举行 11月6～9日，由劳动和社会保障部中国就业培训技术指导中心、中国茶叶学会等单位联合主办的2006全国茶艺职业技能大赛总决赛在杭州举行。来自全国19个省、自治区、直辖市的200多名选手参加，3名金奖获得者被授予“全国技术能手“称号。

7. 普洱茶持续成市场热点 普洱茶热炒全国，有关普洱茶的文化活动持续不断。“云南普洱茶文化中国名山行”2月20日在云南省昆明市启动。“马帮贡茶文化万里行”启动仪式4月2日在勐腊县易武乡举行。9月22日，首届中国云南普洱茶国际博览交易会开幕，签订合同金额11亿元。9月28日，首届中国国际普洱茶学术研讨会在北京召开。“2006茶马古道国际文化之旅”10月12日从云南易武古镇出发。10月30日．中国普洱茶古六大茶山茶文化博物馆在云南易武乡开馆。

8. 全国茶叶产量将超100万吨，稳居世界第一。

9. 中国农业科学院茶叶研究所农产品质量安全检测室在欧盟组织的世界10个国家27家实验室的茶叶农药残留检测技术考核中，获得第一名。

10. 安溪铁观音、天福、竹叶青茶叶商标成为中国驰名商标。

2007年

1. 胡锦涛主席和普京总统共品中国名茶 3月27日，胡锦涛主席和俄罗斯总统普京共同参观在莫斯科举行的“2007莫斯科中国国家展”。在中国茶叶股份有限公司展厅内，两国元首饶有兴致地观看了由茶艺师表演的铁观音茶艺，普京总统还细细品尝了铁观音。中方向普京总统赠送了由中国茶叶股份有限公司精心定制的装有来自安徽黄山地区的黄山毛峰、太平猴魁、六安瓜片、绿牡丹4种名茶的礼品茶。

2. 云南普洱市政府回应：参与普洱茶炒作说法不实 10月15日下午，十七大代表、中共云南普洱市委书记高旭升在云南代表团“开放日”活动现场回答新华社记者的提问时直言：“普洱茶价不是虚高，而是随经济发展水平的提高应运而生的。有人说是政府炒作，事实并非如此！”

3. 天福茶学院创校开学 9月28日，天福茶学院在福建漳浦县举行了新生的开学典礼。全国政协副主席张克辉、中国国民党副主席林丰正应邀出席。

由台资企业天福集团投资2亿元人民币创办的天福茶学院，是大陆第一所茶专业的高等院校。按照教育部的招生计划，2007年首次招收510名学生，学制3年，下设茶叶5个专业。

4. 中印两国最大的茶叶合资项目在浙江签约 5月8日，由浙江省茶叶进出口有限公司和印度塔塔茶叶公司共同投资的“浙江塔塔茶业科技有限公司”合同签字仪式在浙江安吉举行。这是世界上两个最大的产茶国之间，规模最大、生产技术最先进的高科技茶叶合作项目。

合资双方在国际茶叶界都具有较大影响。塔塔集团是印度最大的公司和世界500强企业之一，塔塔茶叶是塔塔集团旗下的控股企业和印度的上市公司，也是全球第二大品牌茶叶经销商和最大的茶叶商之一。浙江省茶叶进出口有限公司是中国最大的茶叶经销商和全球最大的绿茶供应商。

5. “京华”茶叶品牌回归 6月13日，北京茶叶总公司正式对外宣布，公司已顺利从联合利华手中回购出售8年之久的“京华”茶叶品牌，并将重树“京城第一茶”的名号。这8年的一走一回一卖一购，8年轮回蕴涵了国有经济改革和外资茶叶企业的本土经营等方面丰富的信息。

6. 云南大益普洱茶5 000万元中标中央电视台广告 11月18日，云南大益茶业集团斥资5 000余万元首度中标中央电视台2008年黄金资源广告。这是国内茶叶生产企业第一次在中央电视台黄金时段做广告，昭示国内茶叶企业经过市场经济洗礼进入品牌营销时代的实力和潜力。

7. 首届中国海峡两岸茶博会在福建泉州举行 11月17日，由福建省人民政府、国务院台湾事务办公室、农业部、国家工商总局、国家质量监督检验检疫总局、中华全国供销合作总社、中国台湾农会、台湾茶协会等共同举办的首届中国海峡两岸茶业博览会在泉州隆重开幕。来自大陆各茶叶主产区和中国台湾的茶叶生产企业参展。

在海峡两岸茶业投资项目，洽谈签约仪式上，共有400家企业214个项目签约，总金额高达41.19亿元人民币，利用外资30 351万美元。近年来，福建和中国台湾茶叶合作日益广泛深入，在福建的中国台湾茶叶企业已达130多家，经营茶园面积0.4万多公顷。

8. 全国珠茶出口协调工作会议在绍兴召开 8月2日，全国珠茶出口协调工作会议在浙江绍兴召开。商务部外贸司、国家质量监督检验检疫总局和相关出入境检验检疫局及35家主要茶叶出口企业代表共57人参加了会议。

会议强调，珠茶是我国重要的传统出口茶，要提高珠茶安全质量的警觉性和行业自律的重要性。会议就制定全国珠茶出口贸易标准、制作参考样等具体事宜进行了讨论并达成共识。

9. 江苏宜兴发现大量唐代茶文化遗产 南京大学文化与自然遗产研究所专家在宜兴开展阳羡茶文化遗产调查研究活动。经过3个月的田野考察，发现宜兴保存有大量的唐代茶文化遗产，其中仅仅有关茶的遗迹一项就有30多处，尤其是首次在宜兴发现一条“阳羡贡茶——顾渚贡茶”的贡茶古道。

10. 12月22日，商务部公布《茶馆业企业经营规范》征求意见稿 将使茶馆这一休闲产业纳入行业标准轨道。该规范（征求意见稿）将茶馆划分为一级、二级、三级和三级以下，并分别作出规范要求。

（中国茶叶学会）

农业产业化国家重点龙头茶业企业

批次	公布时间	企业名单
第一批	2000年	福建省安溪茶厂* 江西德宇集团
第二批	2002年	浙江华发出口茶厂 江西省宁红集团公司 四川峨眉山竹叶青茶业有限公司
第三批	2004年	浙江省茶叶进出口有限公司 湖南省茶叶总公司 四川省叙府茶业有限公司 云南下关茶厂沱茶（集团）股份有限公司

*后更名为福建省安溪茶厂有限公司。

获得中国驰名商标的茶业企业

年份	商　标	注册人/所有人	类别及使用商品/服务
2006	安溪铁观音及图	安溪县茶业总公司	第 30 类：茶叶
	天福 TIANFU	漳州天福茶业有限公司	第 30 类：茶叶
	竹叶青	四川峨眉山竹叶青茶业有限公司	第 30 类：茶叶
2007	张一元	北京张一元茶叶有限责任公司	第 30 类；茶叶

评选机构：中华人民共和国国家工商行政管理总局商标局。

获得中国名牌农产品的茶业企业

申请人名称	注册商标	产品名称
苏州市洞庭山碧螺春茶业有限公司	玉品	碧螺春茶
安吉县白茶协会	安吉白茶	安吉白茶
安徽省六安瓜片茶业股份有限公司	徽六	六安瓜片
福建省安溪八马茶业有限公司	八马	铁观音
福建品品香茶业有限公司	品品香	福鼎白茶
婺源县茶叶协会	婺源茶叶	婺源绿茶
湖南猴王茶业有限公司	猴王	茉莉花茶
广东省大埔县西岩茶叶集团有限公司	图案	单丛茶
广西农垦茶业集团有限公司	大明山	绿茶
海南省国营白沙农场	白沙牌	绿茶
重庆市二圣茶业有限公司	巴南	银针
峨眉山仙芝茶业有限公司	仙芝竹尖	绿茶
云南下关沱茶（集团）股份有限公司	图案	下关沱茶（青茶）

该名单为 2008 年 2 月 4 日发布的《中华人民共和国农业部公告（第 983 号）》中评定的 100 个 2007 年中国名牌农产品中的 13 个茶类产品。

全国主要茶业企业

2007 年全国主要绿茶加工企业

单位：万元、吨、吨/年

名　称	销售额	茶叶产量	加工能力	品 牌
浙江华发茶业有限公司	36 223	26 300	30 000	皇帝
江西德宇集团	33 000	2 400	3 200	得雨活
四川峨眉山竹叶青茶业有限公司	29 800	2 600	2 700	竹叶青
宜昌萧氏茶叶集团有限公司	29 600	3 800	6 000	萧氏
四川叙府茶业有限公司	26 830	3 000	4 000	叙府龙芽
宁波瑞龙茶业有限公司	23 000	18 000	23 000	舒亦
湖北采花茶业有限公司	18 600	4 000	6 000	采花毛尖
安徽天方茶业集团有限公司	18 438	3 850	5 500	雾里青
四川龙都茶业（集团）有限公司	16 600	2 000	3 000	龙都
安徽六安瓜片茶业股份有限公司	15 320	660	482	徽六

数据来源：各省农（林）业厅、茶叶产业办公室、茶叶协会和主要生产企业。

2007 年全国主要红茶加工企业

单位：万元、吨、吨/年

名　称	销售额	茶叶产量	加工能力	品 牌
云南滇红集团股份有限公司	11 119	6 000	10 000	滇红
江西宁红有限公司	—	1 000	1 400	宁红
宜都市宜红茶业有限公司	8 851	8 005	9 000	宜牌
安徽国润茶业有限公司	7 623	—	2 500	润思
广东英德市上茗轩茶叶有限公司	6 000	500	800	上茗轩
广东茶叶进出口有限公司	983	600	20 000	金帆
广东省英德市英红镇红旗茶厂	500	200	300	英红

数据来源：各省农（林）业厅、茶叶产业办公室、茶叶协会和主要生产企业。

2007 年全国主要普洱茶加工企业（一）

单位：万元、吨、吨/年

名　称	销售额	茶叶产量	加工能力	品 牌
大益茶业集团	71 029	5 000	7 500	—
云南下关沱茶（集团）股份有限公司	38 460	6 840	10 000	—
昆明七彩云南庆沣祥茶业股份有限公司	38 223	4 500	6 000	—
云南昌泰茶业集团	36 000	5 200	10 000	—

2007 年全国主要普洱茶加工企业（二）

单位：万元、吨、吨/年

名　称	销售额	茶叶产量	加工能力	品　牌
云南黎明农工商联合公司茶厂	22 101	3 000	3 000	
云南六大茶山茶业公司	17 500	3 100	8 000	
云南龙生绿色产业有限公司	13 851	4 040	6 000	
云南安宁海湾茶叶有限公司	10 890	1 840	3 000	
云南临沧澜沧江茶业有限公司	9 800	3 600	10 800	
云南龙润茶叶有限公司	6 165	2 280	4 200	

数据来源：云南省农业厅茶叶产业办公室和主要生产企业。

2007 年全国主要乌龙茶加工企业

单位：万元、吨、吨/年

名　称	销售额	茶叶产量	加工能力	品　牌
福建省安溪八马茶业有限公司	35 540	5 500	6 000	八马
福建省安溪铁观音集团有限公司	32 525	3 500	5 000	凤山
福建日春股份公司	26 000	950	2 500	日春
星愿（中国）茶业有限公司	18 840	1 700	2 500	武夷岩茶
福建省泉州日泰茶业有限公司	18 000	3 500	3 800	日泰
厦门华祥苑实业有限公司	17 863	—	4 000	华祥苑
广东国宾集团有限公司	16 213	675	2 732	国牌
广东省大埔西岩茶业集团有限公司	14 000	900	1 000	西竺
福建凯捷集团	10 050	5 800	7 500	凯捷
广东宏伟集团有限公司	8 192	200	500	宏伟

数据来源：福建省茶叶学会、广东省茶叶学会和主要生产企业。

2007 年全国茶业主要贸易企业

名　称	地　区	名　称	地　区
中国茶叶股份有限公司	北　京	上海杉杉进出口有限公司	上　海
浙江新迪国际食品有限公司	浙　江	湖南省茶业有限公司	湖　南
浙江华发茶业有限公司	浙　江	杭州乐盟进出口有限公司	浙　江
浙江省茶叶集团有限公司	浙　江	宁波宇超进出口有限公司	浙　江
安徽茶叶进出口有限公司	安　徽	嵊州市大鹏茶业有限公司	浙　江

数据来源：中国海关总署，按出口数量排序。

部分茶业企业介绍

云南昌泰茶业集团

——弘扬中华茶文化 做强做大普洱茶

2007年8月，云南昌泰茶业集团易昌号牌普洱茶获“中国人文奥运最佳品质金奖”，昌泰号7548普洱茶荣获“中国人文奥运最佳健康金奖”；9月，云南昌泰茶业集团获“2007年度中国食品安全示范单位”称号；10月，在第二届中国云南普洱茶国际博览交易会“云茶杯”优质普洱茶评比中，云南昌泰茶业集团获3个大奖。秉承“诚信、恭谦、创新、敬业”精神的云南昌泰茶业，一直在不断超越，不停地自我突破，为云南普洱茶名优产品走向世界而努力。

1. 立志高远，打造产业航母 1998年西双版纳昌泰茶行成立，主要生产易昌号牌产品，2000年成立西双版纳双岗茶叶有限公司，主要生产昌泰号绿茶和普洱茶，2001年成立思茅恒丰源茶叶有限公司，主要生产恒丰源系列产品。2003年公司改名为云南昌泰茶行有限责任公司。2004年成立云南昌泰茶业集团，同时成立昆明茶品天下有限公司，主要负责产品销售。2005年云南昌泰茶业集团版纳分公司成立，主要负责恒丰源熟茶的生产。同年思茅市思普源茶叶有限公司在江城县成立，主要生产思普源牌系列产品。

集团公司注册资金1 200万元，资产总值1.2亿元。公司现有各类茶叶专业人员、管理人员160多人，员工1 380多人，拥有800多公顷优质有机生态茶园，带动2万多户农户从事茶叶生产。公司现已成为云南省龙头企业。

在全国20多个省、自治区、直辖市建有省级销售网点，“昌泰普洱全国连锁机构”加盟形象店300多个。易昌号、昌泰号、恒丰源、思普源等七大品牌的500多个品种畅销全国各地及中国港、澳、台地区，并远销日本、韩国、马来西亚等10多个国家。

2. 创意营销，茶品天下 21世纪，消费者追求生态的、自然的饮料产品，普洱茶喻人于茶的广博茶道，极准确地诠释了现代人们追求健康、追求自然、追求生态、追求完美价值取向，普洱茶之兴盛正应世事选择。

易昌号以易武正山的乔木大树茶为原料，是计划经济过渡到市场经济的一款很具有代表性的茶品——即茶园茶转向乔木大树茶的推广。易昌号选用的原料条索肥大，香稳幽长，质厚且回甘绵长。工艺上，延续了传统的石磨压制方法。与早年“号字级”和“大红印”普洱茶的用料以及加工工艺等方面如出一辙。“号字级”和“大红印”是普洱茶产品中的标杆，以此标准要求自己，几年后，志向高远的易昌号果然不负众望，成了新一代普洱茶产品的旗帜，在普洱茶界中留下了一滴浓香。随着时间流逝，易昌号表现越发卓越：陈化后口感丰富，茶味悠扬。独特魅力捕获众多茶友，更是广大消费者特别钟爱的茶品。易昌号被业界冠以“99易昌”的昵称，是公认的普洱茶难得极品。时下的易昌号根据用料不同有：珍品、精品、正品三个等级，形状又分饼、砖、沱。

而易昌号则以源于自然，体现生态，且选料精细，拼制完美的文化、品质两重优势在普洱茶界中声名远播，已经为众多茗客首选。在继承中，易昌号业已完成超越，在易武开创的茶道中，镌刻了现代人的印记。

2006年，第三届泛珠三角区域合作与发展论坛暨经贸合作洽谈会在云南举行，这是一次意义深远、举世瞩目的盛会，来自全国及我国港、澳地区共11位领导人齐聚云南，就泛珠三角区域的发展进行研讨。在这届盛会上，云南省政府打出了云南普洱茶这张名牌，11位领导人在珠江源头品尝了用甘甜的珠江水泡制的普洱茶。云南昌泰茶业集团不仅提供了这次盛会所需的全部茶叶。同时，为纪念这次盛会，云南昌泰茶业集团特别邀请全球22位著名茶叶专家拼配指导，并冠名监制，推出盛世同源“9+2经典名人饼”。“9+2经典名人饼”系列由西双版纳州政府监制，分生饼系列和熟饼系列，分别按照11位名人的配方和要求制作。每位名人代表着9+2泛珠三角区域合作与发展论坛的一个区域，寓意深远。

3. 以质量求生存，以品牌求发展 云南昌泰茶业集团坚持“质量求生存，品牌求发展”的经营管理战略。作为普洱茶加工示范企业，云南昌泰茶业集团严格执行云南省普洱茶标准，严把普洱茶原料、产、销、质量关。在普洱茶原产地生产、收购优质原材料，坚持以“生态、有机、无污染”的云南大叶种晒青毛茶为原料，绝不掺杂弄假，从源头上打好质量基础；普洱茶的加工过程符合QS质量要求，绝不以次充好；严把普洱茶销售质量关，决不让不合格产品流入市场，自觉接受消费者和社会监督，让消费者买得放心，喝得安心。

昌泰集团 以“弘扬中华茶文化，做强做大普洱茶”为己任，秉承“诚信、恭谦、创新、敬业”的企业精神，内强管理，外树形象，实现集团“规范经营、科学管理、实现双赢”的目标。云南昌泰茶业集团“愿以茶为媒，广交天下有识之士”，共谋发展。

（云南昌泰茶业集团 陈世怀）

湖北宜昌萧氏茶叶集团

萧氏茶叶集团是湖北宜昌首家融茶叶生产、加工、销售、科研为一体，跨农特、地产、商贸、物流、品牌策划、包装印务等行业的多元化集团公司，集团公司注册资本6 100万元，拥有固定资产1.8亿元。公司茶叶基地辐射宜昌地区三县两区近20万茶农，提供农民工就业岗位500余个。是湖北省农业产业化、林业产业化双重点龙头企业以及湖北省十佳名优茶加工企业，2004年9月成为湖北首家通过ISO9001：2000国际质量体系认证的茶叶生产企业，2006年5月在宜昌茶叶行业中率先通过QS食品质量安全认证和计量免检C标志认证，2008年企业在湖北省同行业中率先通过HACCP国际食品安全控制体系认证，排名中国茶叶行业百强第18名，连续三届居湖北省同行业第一。

萧氏牌系列茶叶产品以“绿色、健康、安全”为主题。产品先后荣获中国国际博览会金奖、湖北消费者满意商品、消费者喜爱十大名茶等荣誉百余项，以及湖北名牌产品、中国质量过硬服务放心信誉品牌、湖北省十大名茶和湖北省著名商标，2006年获得“湖北茶叶市场绿色健康第一放心品牌”，2007年萧氏牌“金香品雪”荣获世界绿茶大会金奖。

1. 产业地位 萧氏茶叶集团连续三年被评为“全国茶叶行业百强企业”。2008年投产的全自动化生产线是国内外一流的茶叶加工生产线，也是国际茶叶生产加工领域最先进的生产线之一。

2. 产业集群 萧氏集团是“邓村绿茶”商标合法使用单位之一，企业网络了区域所有优势茶叶加工厂，形成了一个强大的产业群体，为萧氏集团的产业集群化发展打下了坚实的基础。集团公司现有分公司10家（全部为茶叶关联企业）、农村专业合作社1家、茶叶加工厂65家、科技园1家（分布在夷陵、秭归等地），促进了茶叶产业集群经济的全面发展。

3. 科技创新 科学技术是第一生产力。企业在2002年就提出了“科技革命”理念，加大科技创新力度，取得了一定的成绩。一是兴建茶叶高效示范园，引进茶园六要素气象观测、灌溉等设施。二是组建了企业“技术中心”，并被确定为“省级技术中心”，获得专利11项。三是健全了产品检验检测等部门。四是成功突破“茶叶鲜叶清洗技术（专利）”瓶颈，打破了国内外几千年茶叶加工不清洗的传统，开创了国际茶叶清洁化加工的先河。五是实现了全程洁净化、自动化加工技术的突破，建立了标准化生产加工工艺体系。六是加速了产业精、深加工的开发与利用，实现了茶食品、茶饮料、茶化工、茶粉等的深度研发，实现了茶叶资源的高效利用。

4. 茶叶加工 萧氏集团茶叶加工厂建设除了符合“景点化”的标准外，还实现了“五化”建设，即车间亮化、环境优化、工艺流程化、操作标准化、参数规范化。

萧氏集团新建成“邓村茶产业科技园”，引进日本全自动化蒸青、炒青和精制绿茶生产线3条，自主成功研发茶叶自动化生产线2条，以及茶叶鲜叶清洗生产线2条（打破了几千年来茶叶鲜叶不清洗的历史，促进了茶叶清洁化加工的快速、健康发展）。

5. 基地发展 2006年，萧氏集团与樟村坪镇签订合作协议，共同进行樟村坪镇茶叶基地建设，从而形成了“高山有机茶板块基地”；在秭归兴建的“早市茶基地”，形成了早市茶基地板块；在邓村兴建的“高效示范茶园”，形成了高效有机茶板块基地。按照“茶农员工”的理念和市场+公司+基地+农户的模式，覆盖萧氏茶叶品牌基地6 667公顷。

6. 品牌建设 萧氏牌茶叶是“湖北名牌产品”、“湖北省著名商标”，并获得“世界绿茶金奖”。按照“一站式”营销理念，建立和完善产品质量可追溯体系。在省内同行业中率先通过了ISO9001：2000质量管理体系认证和HACCP食品安全体系认证。目前正在申报的“中国驰名商标”等荣誉，也取得了显著的进展。

7. 市场拓展 按照“超市、专卖店、代理商、大宗客户”的“四线营销”战略，在武汉、重庆、北京、上海等地成立了品牌拓展部28个，专业从事产品市场开发工作。企业现有茶叶专卖店78家，销售网点近1 500个，市场覆盖全国14个省市，以“洁净化”为主题的萧氏产品，得到了国内外消费者的普遍认可和好评。

近期，萧氏茶叶集团在湖北夷陵经济开发区投资兴建湖北萧氏中国茶产业高新科技工业园，作为中国首个茶产业综合性工业园区，该项目将构建茶饮料、茶食品、茶保健品、茶化工、茶化纤、茶多酚提取等多位一体的综合性深加工产业链条。萧氏集团力争通过5年努力，加速茶叶资源的合理有效利用，调整产业经济结构，努力提高茶农收入和企业利润，预计年产值可达到50亿元，实现利税6亿元，安置劳动就业2 000人，带动三峡区域茶农增收两倍以上，茶企业增加收入30%以上。此项目总共分三期建设，占地20公顷，总投资15亿元。一期开发茶食品、茶饮料、茶粉、茶叶机械等相关产品。二期兴建茶保健品厂、开发茶叶降血压、降血糖、抗癌、抗菌等保健品；三期兴建茶化工、深加工项目，主要是引进茶叶深加工设备，儿茶素、茶多酚提取，茶树花粉应用，以及茶化妆品、洗涤用品、茶袜子、茶T恤等生产线。

福建大闽食品（漳州）有限公司

大闽食品（漳州）有限公司始创于1995年4月，为美国独资企业，专业生产速溶茶粉、茶浓缩液、各种植物提取物及天然香料和天然甜甙。

经过10多年的发展与壮大，公司现已成为全球技术领先、生产规模最大的速溶茶生产和供应基地，是可口可乐公司、百事可乐公司、雀巢公司、联合利华公司、卡夫公司等世界著名跨国公司的全球供应商，统一企业、顶新集团等企业的主要供应商，同时成为日本众多食品饮料企业和制药企业的重要供应商，极大地推动了中国乃至全球的茶饮料和植物饮料的发展。

大闽的目标是成为茶品方案解决专家、全球最主要的植物提取物生产和研发中心之一、全球主要的天然健康配料的供货商之一。

“在自然中创造梦想”是大闽的宗旨，大闽的梦想是利用现代茶叶深加工技术将中国的茶文化及产品推向全世界，向全世界的消费者提供即健康又快乐的产品，让全世界的消费者健康幸福的生活。中国的茶叶及各种植物提取物将通过大闽而不断地走向国际，大闽也将不断地把世界各地的茶叶引入到中国，大闽愿意为推动中国乃至世界的茶饮料、植物饮料的发展作出自己的贡献。

1. 茶叶及天然的植物种植基地的建设　2002年 开始大规模的茶叶基地建设。目前，已有茶园667公顷，其中自有茶园33公顷，合作茶园133公顷，协议茶园533公顷，这些茶园主要分布在浙江、闽东、安徽、南京等地。

来自全国各地的13家茶厂的总经理和高级管理人员的14位代表，来到大闽食品（漳州）有限公司，和大闽集团的高级管理人员一起讨论建立“大闽国际茶园联合会”事宜，大会一致通过成立“大闽国际茶园”。

2005年 开始罗汉果种植基地建设，现已建设自有基地53公顷。

2007年相继开始甜叶菊、茉莉花、菊花等种植基地建设，并将不断扩大种植基地的规模和增加天然植物的种类，为大闽的茶叶生产提供强有力的保证。

2. 现代化的技术研发中心及质量体系　2002年大闽食品（漳州）有限公司成立了新的研发中心，专业从事高新技术产品研究与开发，大闽研发中心在2006年设立博士后科研工作站，之后被福建省认定为省级企业技术中心。

大闽公司全套引进美国和日本先进的生产技术和生产及研究开发设备，以高起点进行茶叶的深加工，为公司向高新技术领域进军提供了更大动力，公司和国内的相关研究单位——中国农业科学院茶叶研究所、无锡轻工业大学生物工程学院、安徽农业大学农业部茶叶生物技术重点实验室进行合作研究开发，显著地提高了生产效率和产品质量。

目前，大闽公司已通过“国家高新技术企业”的认定。

先后通过了ISO9001质量管理体系、ISO14001环境管理体系、HACCP食品安全管理体系，欧盟有机茶加工认证及KOSHER、HALLAL认证。

3. 完善自身发展，热心公益事业　多年来大闽食品（漳州）有限公司稳步发展，一年一个台阶，先后获得福建省高新技术企业，农业产业化省级龙头企业，饮料工业协会茶粉、浓缩液优秀供应商等荣誉称号，赢得社会各界的广泛赞誉。2006年以来，连续三年被评为漳州市“纳税大户”。

大闽国际一直关注着社会公益事业，近年来向教育事业积极投资，资金共计210万元；2008年5月，大闽国际向四川地震灾区捐献了物资及资金总计120万元。同年11月，大闽参加了由中国预防性病艾滋病基金会、可口可乐（中国）饮料有限公司、南非普莱尔基金会联合主办的高尔夫球锦标赛，大闽食品（漳州）有限公司作为三家协办企业之一，募集善款帮助受艾滋病影响的儿童，为中国预防性病艾滋病基金会募集善款400余万元。

4. 企业曾获得的荣誉　1997—1998年被漳州市政府授予“重合同守信用单位”；2003年成立漳州市企业技术创新中心；2003—2004年度分别获中国农业银行福建省分行认定“AA级信用企业、AAA级信用企业”；2003年、2005年、2007年荣获中国饮料业茶粉、茶浓缩液“优秀供应商”称号；2003年获漳州市农业产业化市级龙头企业；2004年获“十五”国家重大科技专项食品安全关键技术应用“综合示范基地”；2004年以来连续获得福建省农业产业化“省级重点龙头企业”；2005年以来被认定为福建省省级高新技术企业；2005—2006年度漳州市“安全生产管理先进单位”；2006年度被认定为漳州市“信贷诚信企业”；2006年被认定为“两个密集型企业”；2006年5月在大闽食品（漳州）有限公司研发中心设立了“博士后科研工作站”；2005年度被认定为龙文区“纳税大户”；2007年被认定为漳州市“纳税大户”并荣获“中国茶叶行业百强”称号。

〔大闽食品（漳州）有限公司　岳鹏翔〕

云南省黎明农工商联合公司茶厂

云南省黎明农工商联合公司茶厂（以下简称黎明茶厂）坐落于美丽神奇的云南省西双版纳州勐海县境内的勐遮镇，隶属云南省农垦总局，至今已走过45年的历程，经黎明人近半个世纪的辛勤耕耘、不懈努力，逐步发展成为今天的大茶厂。回顾逝去的岁月，可以分为以下几个发展时期。

1. 萌芽加工阶段　1964年春，当时的黎明特林队于1962年定植的茶叶开始投产，为此诞生了第一个茶叶加工组，搭建了两间草房作加工房，加工组由7人组成，无机械设备，只有一口青砖砌成的口径为70厘米的铁锅灶，5块竹编晒席，2个竹编烤笼，加工工艺十分简单，为传统的手工加工方式，所以加工效率低下，日加工干毛茶50千克左右，加工出的干茶是“烘青”和“晒青”的初制毛茶，这就是黎明茶叶加工历史的第一步。

2. 粗放型加工阶段　从1969年开始茶叶推广种植，茶叶种植面积逐年扩大，由于各种茶叶生产单位之间相距较远，运输工具缺乏，茶叶加工大部分是由各生产单位自己组织加工，茶叶初制加工点由最初的1个发展到7个，购置了一些小型的杀青机、揉捻机、烘干机等加工机械设备并建造了简易的加工厂房。黎明茶叶加工小而散的局面初步形成，但产品尚未形成真正的商品。

1982年，根据当时经济发展的需要，建成了一个小型精制茶叶加工厂，用黎明自产的毛茶为原料进行深加工，生产出不同规格、品种各异的精制成品茶。到1985年，初制加工点发展为10个，全部配置了相应的加工机械和各种辅助设备，变手工“炒菜式”的杀青为机械杀青。揉捻机代替了“揉面机”的手工揉捻操作，自动烘干机代替了竹编烤笼。加工方面开始建设规范的精制加工厂，通过多年的实践和发展，培育和磨炼出了一批掌握茶叶种植和加工技术的职工队伍，成品茶也开始作为商品销往云南省内各地，初步完成了由原料生产型向商品生产型转变，为后来黎明茶产业的发展奠定了基础，这应该是走出了黎明茶叶加工历史的第二步。

3. 精加工发展时期　党的十一届三中全会以后，生产形势发生了历史性的转折。茶叶种植面积发展到了2 267公顷，1987年一座颇具规模的初精制合一的茶叶加工生产基地——黎明茶厂形成。并正式命名为云南省黎明农工商联合公司茶厂。从这一刻起产品类型开始定型，主要生产滇绿和滇红两种成品茶，经济效益有了明显的提高，精制茶产量从1985年的10吨左右，增加到了1990年的55吨，利润从1985年的5.4万元增加到了1990年48.7万元。上缴税金从1985年的4万元增加到了1990年的72万余元，职工收入5年增长了2.4倍。茶厂还建起了文化室，标准的灯光球场以及各种文化用品，每年都要组织1～2次大型文体活动。

整个20世纪90年代黎明茶厂均以滇红功夫茶产品为主，在经营机制上实行承包责任制，承包人有劳动用工权、人事任免权和工资奖金分配权。在此期间茶厂的产品产量、质量、职均利税、职工收入及整个茶厂的经营规模都有了明显的提高，特别是1997年首次实现了生产成品茶1 000吨，销售收入突破1 000万元，实现利润100万元大关，是茶厂建厂以来生产经营成果最好的一年。

企业的发展从来都不会一帆风顺，从1998年下半年起，整个茶叶市场开始出现疲软，产品滞销、价格走低，使茶厂的生产经营越来越困难，这一时期适逢东南亚金融风暴，2000年，出现了1993年以来的第一次亏损，这一时期应该说是黎明茶厂生产经营、职工生活最困难的时期。

2000年下半年开始，茶厂领导班子带领全厂职工，深入调查研究寻找适销对路的茶叶产品，开始对茶厂的产品进行重大的战略调整，经过认真的市场分析，具有海拔地域特色的云南传统名茶普洱茶产品市场前景十分广阔，有较大的发展潜力，决定开发生产普洱茶产品，由于刚刚经过了三年的困难时期，开发新的产品一无资金、二无技术。困难无法阻挡黎明茶人前进的步伐，经过艰苦卓绝的不懈努力，2000年底成功开发了普洱茶产品，并于2001年正式投入生产。从这时到2004年“黎明”开始以滇红、普洱茶为主要产品的经营局面开始走出困境。

2004年以后的几年是黎明茶厂快速发展壮大的时期，充分利用云南勐海——普洱茶圣地这一区位优势，确立了“以质量求生存、以科技创新、观念创新为支撑、以品牌建设为重点”的战略思想，为企业的健康持续发展注入新的活力。首先按照食品安全的要求进行了大规模的技术改造。厂容、厂貌及加工设施焕然一新，现已具备了年产3 000吨以上的加工能力。不断加大科技投入，提高产品的科技含量，培育企业的核心竞争力，注重品牌建设，提高企业的知名度，扩大企业产品的市场占有率。经过坚持不懈的努力，黎明茶厂现已发展成为资产规模过亿元，销售收入从2004年的1 000万元增长到年销售过2亿元的普洱茶专业生产企业，八角亭品牌已为广大消费者所熟知。八角亭牌茶产品已深受广大消费者所喜爱，在行业内黎明茶厂已具有较高的知名度。是勐海茶区唯一的一家国有茶叶加工企业。

4. 企业曾获得的荣誉　2006年“八角亭”商标被认定为云南省著名商标。2006年2月八角亭牌普洱茶被广州评为十大畅销品牌。产品宫廷普洱王、早春银毫在广州被评为特等金奖和金奖，2006年被消费者协会授予维权先锋，在2007年普洱茶战略联盟论坛峰会上八角亭被评为中国普洱茶十大知名品牌，两个产品被评为茶祖孔明金像奖。2007年成都茶博会上被评为金奖。2007年在第七届中国（广州）国际茶博会上黎明之光、沱王被评为特等金奖和金奖。2008年5月在北京茶博会上八角亭被评为十大知名品牌，两个产品分别获得特等金奖和金奖。2008年八角亭品牌荣获“金芽奖”，中国普洱茶十大杰出品牌。黎明茶厂上榜中国优秀品牌企业。

（陈胜军）

云南滇红集团股份有限公司

——中国最大的红茶生产加工企业集团

茶叶是中国的国饮，是原子时代的首选饮品。当1938年滇红问世之后，“其以独特的香高味浓而著称于世；又以其独具的形美色艳而驰名中外”，这段话是滇红创始人冯绍裘在《“滇红”史略》一文中开篇的精彩论述。当然人世多代谢，往来成古今。随着世界饮料革命的到来，自然、健康、生态的呼声越来越高，茶叶作为一种古老的饮料，已经被全人类所认可。临沧是世界著名滇红茶的故乡，在这片神奇的西部热土上，有中国目前最大的红茶企业集团——云南滇红集团股份有限公司。

滇红集团是一个集茶叶产供销一条龙，贸工农一体化的生产企业。目前公司净资产1.3亿元，注册资本3 093万元，拥有10多个系列、130多种货号的茶叶产品，有茶园2 000多公顷，有茶叶初制厂100多个，年销售茶叶4 500吨左右，年创利税1 000多万元。公司在全国各地有近30个经销点和经营部，在俄罗斯开办了海参崴公司，产品远销美国、欧洲、非洲和亚洲大部分地区，是中国500家最大饮料制造企业之一。随着中国加入世界贸易组织，滇红集团获准欧盟和国家环保总局国际国内有机茶叶生产加工销售认证，有机食品的生产已成为滇红集团经营发展的主攻方向。通过深化企业内部改革，强化管理，实施以人为本的管理理念，公司作为茶叶行业的龙头作用愈加凸现出来，公司正朝着遵循市场规律、挖掘内部潜力、发挥龙头作用的方向迈进。

回顾过去，滇红集团骄人的历史谱写了动人的乐章，1938年秋，我国茶界著名专家冯绍裘先生千里迢迢从中原来到顺宁（今凤庆），并在凤庆研制出了闻名遐迩的滇红名茶，1939年冯绍裘在廖云台、吴觉农等人的关心支持下创建顺宁实验茶厂，滇红名茶才得以成批量行销国外，为中国抗日战争换取了大量的外汇，又保证了东西欧市场对中国红茶需求的份额。1954年顺宁茶厂更名为凤庆茶厂，在党和政府的领导下凤庆茶厂由弱变强，由小变大，为国家出口创汇作出了巨大贡献，年平均出口创汇500万美元。滇红名茶自问世以来，以其形美色艳，香高味浓，质量上乘而饮誉中外，与印度、斯里兰卡、肯尼亚茶相抗衡，曾三次在伦敦市场夺得国际最高价位，特别是“金芽茶”问世以后以每磅500便士轰动了国际市场，并成为国务院的专用外事礼茶。20世纪90年代以后又先后研制出了早春绿、太华茶、香竹银针、香竹玉茗、经典58、中国红等国家、省级名茶。

滇红集团20世纪80年代开始充分运用自身优势，在茶农和当地政府的支持下承包或购买茶园初制所，建立了原料的第一生产车间，既开辟了原料基地，又使各乡镇走向低谷的茶园初制所起死回生，从而为茶农找到了一条脱贫致富奔小康的路子，带动了全县38万茶农种茶的积极性。与此同时，企业以科研为先导，率先在全国成立了第一个自办的茶叶科研所，对茶树的栽培、茶叶加工、生产进行研究，以凤庆大叶群体种为主攻方向，培育出了凤庆9号、凤庆3号、清水3号等优良品种在全国范围内推广种植，使茶叶四季飘香，月月有高档优质茶供应销售。

滇红人审时度势，与时俱进地唱响了迈向市场经济的强劲之歌。从1996—2008年实施三次企业改革以来，特别是2006年10月实施茶糖强强联合以来，彻底打破了过去国有企业的管理模式，建立了归属清晰、权责明确、保护严格、流转顺畅的现代产权制度，法人治理结构按照《公司法》的要求规范运作，组建了股东大会选举产生董事会、监事会，聘任了经营班子，职工的国有身份得到彻底转换，劳动关系、人事关系和工资分配严格按有关政策实施，企业真正成为自主经营、自担风险、自负盈亏的法人实体。2003年以来公司积极争取国际食品安全体系HACCP认证和凤庆滇红茶（凤）牌原产地标记注册认证，实施C1策划，开展4R培训。创立王子冠品牌与凤牌交相辉映、共同占领市场。公司拥有各类专业技术人才300多人，有15条精制生产线，生产规模可达10 000吨以上。

市场经济为茶叶产业注入了新的生机和活力。在过去计划经济的运营中，滇红的出口创汇实行统购统销，企业没有自主权和经营权，体现出的出口创汇仅仅是形式上的反映。改革开放以来，滇红集团始终遵循发展才是硬道理的思想，积极争取出口权，建立自己的国际国内营销网络。从1997年获得自营出口权开始，滇红集团实现了零的突破，建立了外销专门机构，以自己优质的产品质量和诚信原则冲破了外销上的绿色壁垒，自营出口从十几万美元发展到上百万美元。外销产品在巩固代理出口、网上交易、订货洽谈的基础上，建立了“俄罗斯海参崴分公司”，真正实现了把公司开到国外去的梦想。国内销售上，滇红集团的营销网点遍布全国，重点以昆明、重庆、广东、江苏常州、新疆、东北等地为主。由于调整经营思路，调整产品结构，强化产品质量意识，公司产品一直供不应求，成为世界知名品牌娃哈哈、统一、立顿、大闽等商家的直接供货商。

2006年公司实现销售茶叶4 834吨，2007年4 232吨。2006年实现销售收入7 636万元，2007年9 501万元。

滇红集团在分析国内、国际茶叶市场变化因素的前提下，对公司内部产品结构实施调整，大胆引进了国际上比较先进的三条CTC生产线投入生产，改变了传统的工夫红茶一枝独秀的局面。CTC产品迅速占领了国际市场，成为国际市场的抢手货，CTC产品从过去的500多吨发展到现在的年可供货2 000吨。同时开发了绿茶、普洱茶、花茶、紧压茶等市场上需求的新产品，实现了客户订货与标准产品质量有机结合的运转灵活的供货方式，赢得了客户，赢得了市场，扩大了市场占有份额，滇红真正成为全国消费者信得过的品牌。从20世纪90年代至今公司的“凤牌”产品一直被全国工商总局和省、市、县各级层层推荐评定为“消费者信得过产品称号”。

文化是企业发展的源泉。滇红集团大胆探索滇红文化建设，配合凤庆县开展实施的茶文化大县建设，重点对滇红茶文化作了认真的研究，结合滇红茶叶文化内涵和中国茶文化的渊源历史，成功地推出了《滇红茶道》、《太华茶茶艺表演》，将民族特色、地域风貌与茶文化的“和敬廉美”有机地结合起来，注入了企业发展的生机，为茶文化和茶经济发展找到结合点。在市茶办的支持下，滇红集团曾先后在临沧、昆明举办了“王子冠杯”茶艺茶道大赛和滇红茶艺表演，以文化的形式树立了滇红茶叶产业龙头的形象。与此同时，公司还针对凤庆的茶树资源状况对全县的古茶树作了普查调研，对凤庆的茶文化历史作了研究，为滇红的发展找到了历史的源泉。

历经四次改革的云南滇红集团股份有限公司正朝着健康有序的方向发展，它以现代企业制度的要求规范管理，从全新的经营理念上求发展，一如既往地担当起农民脱贫致富、地方财政增收、企业提质增效的重任，以做强中国茶叶品牌为目标，不断为消费者提供安全饮品和优质服务，使“滇红”真正成为承载历史重任的茶业龙头。

安徽国润茶业有限公司

——国饮茶香传千里 润民天机养寸心

国饮茶香传千里，润民天机养寸心。

安徽国润茶业是一家从事集茶叶种植、加工、销售为一体的茶叶老字号企业。企业前身为原安徽省贵池茶厂，始建于1951年，2003年改制为安徽国润茶业有限公司。历经50余年的历史积淀和改制后的开拓创新，国润茶业现成为祁门红茶国家标准化示范基地、安徽省农业产业化龙头企业、中国最大祁门红茶生产商。公司创立的“润思”商标被评为安徽省著名商标，润思牌系列茶产品被评为安徽名牌产品，并多年荣获“安徽省质量奖”。公司始终坚持走“以祁红为主体、红绿茶兼营、内外销并举”的发展之路。其外销出口涉及英、德、美、俄、日等30多个国家和地区，内销市场覆盖东北、江浙沪等多个省市。

忆往昔，峥嵘岁月，饱经沧桑结硕果；恰今朝，风华正茂，励精图治谱新篇。国润人铭记历史、立足现实、展望未来。立企之本、治企之策、兴企良方、统企之基从全方位、多角度、深层次总结了国润茶业50余年发展的宝贵经验。

立企之本——重茶叶源头，着力夯实标准化生态茶园基地。标准化生态茶园基地建设一头连于万千茶农，一头接于千万客户，关系到国润立企之本。多年来，国润致力于基地建设，现有出口备案基地10个，备案基地面积达1 333公顷。近年，引入GAP（良好农业操作规范）体系，建成良好农业操作标准化生态茶园3个，占地面积达400公顷。立企当固其本，国润茶业致力于基地建设，为治企奠定了坚实的基础。

治企之策——重加工车间，着力铸造国润放心茶。“食品产业是道德产业”，茶叶做为国饮，其质量安全保证重于泰山。国润茶业在注重加工工艺创新的同时，更注重加工的关键危害点控制。多年前，公司就导入了HACCP（关键危害点控制）系统，从科学的角度控制了茶产品的质量安全。当前，在出口产品安全要求近乎苛刻的情况下，我公司出口产品无一超标，合格率达100%，这一重大成绩获得了国家、省检验部门和客户的一致盛赞。

兴企良方——重文化推进，着力实施品牌战略营销。公司坚持以“祁红为主体、红绿茶兼营、内外销并举”的经营战略，积极弘扬中华茶文化，着力振兴国粹祁红产业。近年，公司大力投入对润思品牌的宣传，在省市多家媒体、知名杂志上广泛宣传润思茶系列产品，其美誉度、知名度显著增强。在文化推进的基础上，我公司还根据客户的不同需求设计出多种时尚风味的果、花味红茶，深受消费者的喜爱，也进一步拓宽了国内外市场。

统企之基——重人才队伍建设，着力打造统企优秀团队。市场的激烈竞争，核心是人才的竞争。公司未雨绸缪、立志高远，先后从各大高校聘进多名茶叶专业人才、外贸专业人才、营销专业人才、文化建设人才，采取“专才专用、多才并举”的用人方针，并与安徽农业大学建立了长期的“产学研”战略合作关系，建立健全了多项用人机制，进一步推进了公司的学习型、创新型、开拓型、团结型茶业人才队伍建设。

“雄关漫道真如铁，而今迈步从头越”。国润人将继续秉承优秀茶文化历史传统，牢抓企业立企之本、科学应用治企之策、积极推进兴企良方、始终坚守统企之基。茶道漫漫其修远，国润上下而求索。相信在国润团队的精诚合作和不懈努力下，国润的明天一定会更加灿烂辉煌。

湖南泉笙道茶业有限公司

——黑茶发展历程

湖南是中国重点产茶省之一，茶文化积淀深厚。据史册《汉志》记载以及长沙马王堆汉墓出土的文物表明，湖南的产茶史可追溯到两千多年前的西汉初期，是我国人工栽培茶树最早的省份之一，唐代湖南每年的贡茶就有125吨。到19世纪，湖南的茶树栽培面积已有6.67万公顷，现有茶园面积近10万公顷，产茶量居全国第二，素有“茶乡”之称。泉笙道茶业就是位于茶乡的省会城市长沙，专营特色茶湖南黑茶，他的发展主要经历了以下三个时期。

1. 创业积累期：执着一事专做黑茶 成立于2000年的泉笙道茶业，从黑茶专营起步，当时，大多数人对黑茶了解甚少，知晓黑茶历史的也仅仅把黑茶当做边销茶，认为黑茶品质低劣，口感不佳，以致泉笙道茶业在创业期就遭到了市场的冷遇。2005年，普洱茶在茶叶市场逐渐升温，甚至被高调炒作为“能喝的古董”，泉笙道茶业当时虽然也加入了普洱茶的炒作大战中，但前期的经验与教训让泉笙道茶业在众多混乱的投资者中保持了清醒的头脑，2007年即退出普洱茶市场，却没有放弃黑茶这片领域，而是将目光投向了黑茶的另一类茶品，即茯茶。

茯茶是一种极具特色的茶品，与普洱茶有着很明显的区别：从文献记载来说，茯茶至少有500多年的历史，普洱茶（熟茶）从20世纪70年代才开始面世；从发酵来说，茯茶原料黑毛茶有渥堆发酵环节，而成品加工上采用高温汽蒸堆积发酵，是真正意义上的全发酵茶，普洱茶则是晒青毛茶通过喷水堆积发酵，属后发酵茶；从生产工艺来说，茯茶需要经过选料、筛制、渥堆、高温汽蒸、紧压、发花、干燥等20多道工序，历时20多天，普洱茶经过一般渥堆后就成为熟茶，中间不经过高温杀菌。

茯茶更干净卫生。而且茯茶还有一道形成独特品质风味的关键工序，那就是发花。所谓发花就是通过控制一定的温湿度环境条件，在茶砖中促使一种叫做“冠突散囊菌”的有益真菌生长繁殖，因真菌呈显金黄色，俗称“金花”。泡饮这种带有“金花”特殊菌类的茯茶时，菌花香融入茶汤，使得茶的滋味更加醇厚温和，菌香浓郁，回味余久。

传统茯茶有三大难关一直没有解决，一是原料粗老（原料粗老便于“发花”）。二是新茶口感苦涩，须存储一段时间方可饮用。三是砖形不易解开，茯茶一般要煮，不易饮用。黑茶是典型的传统产品，在几千年的传统思维和习惯面前，要前进一步都极为艰难。

在时代大背景和大环境的刺激和推动下，公司领导运用解放思想和技术创新两大法宝，在2007年退出普洱茶市场投入高档茯茶研究。通过派遣技术团队深入安化向黑茶制茶师傅认真学习传统的黑茶制作工艺，加上以茶学博士导师刘仲华、周跃斌等为首的技术顾问丰富的理论指导，经过反复试制和引荐外来资源，经过一年多时间，成功解决了黑茶传统的三大难题，研制出高档金花茯茶，得到专家的一致认可，并注册了禅洱、和藏两个商标。

现在，泉笙道茶业出品的茯茶无须存放，只须轻轻撕开便利包外纸，投入泉笙道茶业首创的黑茶机内，即可快乐饮用，口感醇和，菌香四溢。在2008年举办的中国（国际）茶业博览会上，泉笙道茶业展出了禅洱和和藏茯茶。其中禅洱茯茶获得黑茶金奖，登上了中国黑茶领域高品质荣誉巅峰，成为了博览会最受关注的亮点，被媒体誉为顶级“金花”品质茯茶。经我国香港、澳门、台湾、华南地区、京津地区茶叶经销商审评鉴定，其填补了黑茶高档茶的缺口，意义重大，市场前景极好。

2. 快速扩张期：企业迅速扩大黑茶经营规模 普洱茶潮落湖南黑茶潮起，泉笙道茶业抓住了机会，大力发展全国经销商，以湖南为大本营，在北京、天津、上海、广东等地区建立了经销网络。泉笙道的产品组合形成了较强创新优势，对建设分销体系发挥了强大的市场作用。泉笙道茶业旗下的“禅洱”、“和藏”等品牌形象日益深入人心，形成不可阻挡之势。

创业难，守业更难。为了拥有属于自己的消费群体，建设多元化销售渠道，增强市场生命力，泉笙道茶业与众多合作伙伴倾力协作。在产品包装方面，引入金汇通、旌格堂公司的设计，让产品在拥有最优质的品质同时具备彰显企业形象的外包装，成为业内经典款式，提升品牌形象；在营销方面，产品研发、市场拓展、广告宣传等选择古湘广告倾力策划，打造禅洱、和藏品牌，提升企业形象；在宣传媒体方面，选择当地最有知名度的报纸、广播电台、著名茶叶网站等为媒介载体开展强劲宣传攻势；在渠道方面，与北美电器携手，开始中国茶与智能家电的成功嫁接，揭开中国茶智能化的序幕，与快乐购物、BTV等电视购物合作，成为同行业的销售排头兵；在外贸方面，借助中国（国际）茶业博览会平台，拓展俄罗斯、埃塞俄比亚、韩国、日本等国外市场，企业规模在这种多元化经营，众多合作伙伴的鼎力支持下迅速扩大。

3. 调整发展期：开创企业全面发展的新格局 研究与开发投入是衡量企业未来发展的一个重要依据。加大研究与开发费用的投入，不断研发和推出新产品，为泉笙道的市场推广注入了一股新的力量。在坚持专做黑茶、深做黑茶方向的同时，以多元化市场经营的思路，全方位拓展企业的发展空间，横向扩张与纵向渗透并驾齐驱，使泉笙道茶业迎来了更加广阔的发展空间。

陕西省午子绿茶有限责任公司

陕西省午子绿茶有限公司是一家集绿茶科技、文化、贸易及种植、生产、加工、营销于一体的绿茶品牌专业企业。自1998年创立以来，在省市县各级党委、政府领导的关怀和社会各界的大力支持下，午子绿茶品牌被省政府认定为“陕西省名牌产品”、午子商标被省工商局认定为“陕西省著名商标”。并在各种展会上获得“中国国际茶博会金奖”、“中国公认名牌产品”等30多项大奖，被誉为陕西绿色产业的新名片。午子绿茶公司先后获得“汉中市农业产业化重点龙头企业”，“陕西省农业产业化重点龙头企业”、“中国茶业百强企业”、“中国进出口企业”、“全国经济林产业化龙头企业”、“陕西省纳税信用A级纳税人”、“银行资信AAA级企业”等多项殊荣，成为陕西有绿茶产业的引跑者。

1. 品牌建设 积极实施品牌战略，全面提升品牌形象和知名度，确立了“创造绿色、保护环境、珍爱生命”的经营理念和“弘扬中华绿茶文化，树立清廉时代风尚”的企业文化。加大广告宣传力度，导入具有产品文化传播基调的“喝午子绿茶、品盛唐文化”的广告语，全方位、多渠道向消费者展示绿色生态茶园，富含天然锌、硒，清香味醇高雅，解渴提神益寿的产品特点。聘请一批专家、学者担任文化顾问和茶道顾问，根据民间传说，创作了“午子仙毫的故事”，挖掘整理出“午子茶道”和独特的《午子仙毫、午子绿茶冲泡技法》，开展各种以茶为主题的征文活动。成立了“茶艺表演队”，以绿茶文化、绿茶健康为契机，以茶艺为切入点，进行企业文化、产品文化、产品品牌的宣传，逐步培育起消费者对午子品牌的认知度和忠诚度。陕西省委、省政府已将“午子绿茶”作为重点扶持的陕西名牌产品，提倡在全省公务和外事接待中优先使用，并作为高规格贵宾接待用品，先后多次用于接待中央领导、外国元首和贵宾。

2. 质量管理 在绿茶种植、采摘、生产、销售等各个环节，推行全面质量管理，将国际上新技术、新标准和质量理念融入生产的全过程。按照工业化生产模式，对绿茶生产加工各环节做到了精细化管理，建立了“规范、精细、严格”的生产流程和管理流程。截至目前，公司全面通过了ISO9001国际质量体系、ISO14001环境管理体系、HACCP体系、有机茶、有机食品、绿色食品、QS食品安全等八大质量认证，产品质量稳步提高，午子品牌绿茶的整体质量在全省乃至全国茶叶产品中占有很强的竞争优势，午子仙毫等精品茶在市场数度供不应求。公司已发展成为我国北方茶叶产区产销规模最大、机制先进、管理科学、产品科技含量和品牌知名度最高的现代化绿茶专业企业之一。

3. 科技研发 充分发挥专家学者的作用，成立了以午子绿茶公司科技人员为主体的陕西省绿茶研究所，坚持把现代生物有机绿茶科技同民间传统加工工艺有机结合，运用先进的工艺技术，进行科技研发和工艺、技术攻关，将先进的工艺、技术、标准和质量理念融入茶园管理、生产加工、包装及储存的全过程。先后组织实施了绿茶色泽形成与耐储性试验研究、栗香型绿茶加工技术试验研究、午子仙毫和午子绿茶精制加工工艺改进试验研究、“三绿一高”绿茶形成机理及加工技术试验研究等多项科研项目的试验研究和攻关，提高了公司产品的质量和技术含量，为公司生产效率的提高、市场的拓展、规模的扩大和进一步发展奠定了坚实的基础。自行开发研制的午子绿茶五项包装专利，获得了国家发明奖，使产品具有较高的科技含量和经济附价值，成为品牌知名度高的中国绿茶新“品牌”。并委派技术人员到各乡镇茶场指导生产、宣传贯彻公司全新的质量标准和生产技术，提升了西乡茶叶整体质量和水平。

4. 市场营销 公司注册商标“午子”品牌绿茶系列，包括“午子仙毫”茶、“午子名眉”茶、“午子绿茶”三大类近50多个品种，分别以条盒装、铁听装、铝箔袋装、礼品组合装等不同产品包装形式进入市场。目前公司已在省内外建立了160多个营销和特许经营网点，辐射到北京、上海、深圳、甘肃、辽宁等全国主要大中城市，并与新西兰、美国、德国等进口商达成午子绿茶出口营销合同，被列为陕西省首批重点扶持和推荐的出口品牌企业。公司实现销售收入以年平均67%的速度递增，截至2007年年底公司完成工业总产值9 706万元，实现销售收入8 629万元，实现利润2 608万元。呈现出生产经营稳步发展、经济效益和社会效益同步提高的良好发展态势。

5. 产业带动 公司在各级党委、政府的大力支持下，坚持走“创新带动名牌，名牌带动品牌，品牌带动龙头，龙头带动产业，产业带动农户”的“五带动”发展模式，有效地发挥了对陕南茶产业发展的龙头示范带动作用。公司与陕南的120个茶场2 000户茶农建立了合作关系，直接和间接地带动了陕南绿茶基地3 333公顷以上，以“五带动”产业扶贫模式，实现“基地茶园+科技培训+龙头企业+市场开拓”链条的有机结合，既保护了农民的既得利益，又增加了茶农货币收入。公司自成立以来，通过每年向茶农收购毛茶，使每户茶农新增收入2 000～5 000元，直接为茶农每户平均提供货币收入500余元，帮助近万户茶农和5万人脱贫致富，解决了2 000余名下岗职工和大学生就业；有效地带动了交通运输、包装广告及旅游餐饮、商贸流通等第三产业的协调发展。

广西梧州茂圣茶业有限公司

——商海长宜放眼量

市场经济就是理念、商机、人才、质量、服务、诚信等诸多市场要素的竞争。谁抢占先机，谁就赢得市场，谁就获得效益。正是公司主要领导智运商机，从认识市场到涉足市场、分析市场从而到抢占市场、拥有市场的过程。

1. 导领观念——是驶向事业成功彼岸的方向盘 梧州茂圣茶业有限公司成立于2004年12月，公司董事长是一位女强人，有着16年个体经营的经验。漫长的市场滚打，认识到一个人要成就一番事业，必须有一个能领导全盘方向的观念，于是，她从人们生活水平日益提高，对精神享受日益膨胀的现实需要出发，并结合自己对茶情有独钟的喜好，把目光投向了茶业经营的企业上。

2. 分析市场——是破解企业运营之门的金钥匙 2003年，把决心放在创办茶业公司的苏淑梅，开始了对茶业市场的调查分析。六堡茶属黑茶类，因原产于广西梧州苍梧县六堡乡（镇）而得名，已有1 500多年的历史，早在清嘉庆年间就列为全国名茶。但是，19世纪后整个茶业市场处于低微期，销售量不大，名企业不多，总体上还停留在铁观音、碧螺春等几个常规的品种。但她坚定自己的信念，也从改革开放后新生事物勃如春笋的潮势中窥视出茶市潜在的生机。经过一年多的市场分析和准备，2004年12月，梧州茂圣茶业有限公司——梧州第一家专营六堡茶的民营企业应世而生了。

3. 予取社会——是促使企业兴腾发展的双刃剑 公司成立之初，可谓步履维艰。那个阶段，苏淑梅把“欲取之则必先予之”作为经营理念，她让利于客户、让利于社会，低价给消费者供货，甚至对于一些大客户，采取买一送一或者免费品饮的手段，来扩大自己产品的影响力。同时主动与一些大机构取得联系，以赞助礼品的方式去推“销”自己的产品，终于创造出了属于自己的天时机遇——随着普洱茶的兴盛，同属于黑茶类的六堡茶也开始被世人认可。特别是在2006年茂圣5623六堡茶在中国（广州）国际茶业博览会上获得首个黑茶类金奖后，六堡茶的价格上去了，自己的品牌也打响了，当地政府把六堡茶产业列为十大优势农业产业，梧州茂圣茶业有限公司也因此成为六堡茶行业的领航企业。

4. 重视质量——是维系企业长久发展的生命泉 独特的制作技术，是六堡茶具有上乘品质和独特的经典品味之基础，公司产品荣获2006年中国（广州）国际茶业博览会金奖、2007年第四届上海国际茶业博览会金奖、2007年中国（南京）茶业博览会金奖，以及被指定为2007年以来全国政协委员活动日“政协之家”茶友会长期用茶。为了确保六堡茶“红、浓、陈、醇”的独特品质，公司视质量为生命，建立了完善的质量管理系统，层层把好质量关，聘用有40多年的六堡茶制作技术经验的制茶总工程师为技术顾问，配备了多名制茶专业的大学生，还培养了6名高级评（品）茶员，组成了一支过硬的精干队伍，使每做一批茶都要经过反复品尝、研究，力求制出高品质的六堡茶，不断提升制茶工艺和品质。

5. 规范管理——是确保企业循序运转的方圆矩 “无规矩不成方圆” 任何一个集体都少不了一套规范管理的制度。梧州茂圣茶业有限公司实行原料生产、加工研制、销售和服务四大系统管理。每个系统都有相应的管理制度，每个岗位也有明确的职责，环节严密，赏罚分明。如《梧州茂圣六堡茶产品质量管理制度》、《梧州茂圣茶业有限公司人才管理制度》、《梧州茂圣茶业有限公司财务管理制度》、《梧州茂圣茶业有限公司产品营销人员守则》等。如《“公司＋基地＋农户”经营模式管理制度》，就有与农户签订经济合同、确定各种规格茶叶的价格、明确公司与农户的权利和义务等方面的细则。

6. 礼遇人才——是综合实力竞争取胜的核心源 梧州茂圣茶业有限公司重视人才的建设，从“以人为本”的理念出发，在管理中大力推行“事业留人、待遇留人、感情留人”。比如，选送技术人员培训，提高技能；按照人才的特长合理使用，等等。

7. 文化企业——是提升企业威信品位的好望角 茶本身就是一种文化，用茶文化的内涵来装饰、去包装茶业企业，并以此建立具有自身特色的企业文化，是提高企业地位、影响和威信的最好形式。而今，公司以“纯雅礼和，用茶道精神缔造事业；红浓陈醇，以茶经品质练达人生”作为公司格言，在公司办公场所悬挂有古今诗人咏茶、品茶、论茶的诗词牌扁，还邀请全国著名诗人举办六堡茶文化宴会，专门为茂圣六堡茶写下了一批难得的诗词作品，以提升企业的品位。

8. 厚德诚信——是赚取企业双重效益的软科学“君子以厚德载物” 公司从一开始就努力打造“君子茶”，让公司成为取信于客户、取信于民、取信于社会的诚信单位，从中提高企业的地位和影响，进而实现经济效益和社会效益的双重目的。一是以“多予”来换回“多取”。二是在“让利”中获得“赢利”。三是以“守信”来树立“信誉”。四是在“济世助人”中完善“企业形象”。

9. 研发科技——是把握企业未来前途的远方略 随着现代生活质量的提高，“绿色食品”和“环保型食品”成为了时代的宠儿，梧州茂圣茶业有限公司志存高远，致力于六堡茶的科技研发，并把它作为企业长远发展的方略。目前，《六堡茶的药用价值与健康生活》、《六堡茶的传统制作工艺与发展方向》、《绿色环保型六堡茶研制初探》等重大课题正在研究之中。

梧州茂圣茶业有限公司的发展，总的一条经验就是“商海长宜放眼量”，善于把握市场的各种要素，并渗透运用于生产经营之中。

重庆茶业（集团）有限公司

——重庆茶业的领军者

重庆茶业集团是集茶树良种繁育、茶园生产基地建设、茶叶加工制作、科技示范、优势品牌培育、茶文化推广于一体的国有资本和民营资本混合所有制经济的茶业综合型企业集团。前身及控股企业——重庆市二圣茶业有限公司成立于1976年，至今已有31年的发展历史。近几年来，重庆茶业集团引领着重庆茶叶产业的发展，在茶叶产业化领域实现了从生产、制作到产品销售的良种化、规模化、标准化、无害化的历史性跨越。

1. 以良种为基础、以基地为依托，努力实现茶叶品质的优质化　重庆茶业集团拥有国家级茶树良种繁育场1个，有茶树无性系良种母本园、品种园、苗圃、生产示范园65公顷，有引进良种和储备品种48个；拥有高标准茶树无性系良种茶园370公顷，基地位于海拔600～1 000米的高山，终年云雾缭绕，土层肥沃，具有生产有机茶、绿色食品得天独厚的有利条件；通过近几年实施公司+基地+茶叶专业协会+农户的产业化经营模式，辐射带动南川、綦江、万盛、城口等地茶园面积800公顷，为集团实现茶叶生产专业化、规模化、优质化、标准化奠定了坚实的基础。

2. 实施茶叶加工设备的升级换代，提升产业化能力　新建名优茶标准化生产厂房3 000平方米，配套设施4 500平方米，引进日本蒸青绿茶自动化生产线一条、名优茶连续化生产线等各种机器设备20余台套，实现了连续化、标准化、清洁化生产；依托西南大学、重庆市经济作物技术推广站、重庆市农业科学院茶业研究所等，建立了集团的技术支持体系，大大提升了茶叶加工的科技含量和自身的产业化能力。

3. 树立品牌形象，实现专业营销，提升经济效益　集团在保证茶叶品质的前提下，坚持生产巴南牌名优茶为基础，多个品牌并行发展，实现了高端产品的升级目标。2007年，先后推出了定心、明望、巴渝故里等多个品牌系列产品，中高端名优绿茶、花茶、沱茶等达100余个花色品种。巴南银针和定心·巴渝银针两大核心产品，分别荣获中国（北京）国际农业博览会金奖、第六届、第七届“中茶杯”一等奖、“重庆市首届十大名茶”、中国（重庆）茶博会金奖、历届重庆市“三峡杯”名茶奖等众多荣誉。巴南银针还作为第五届亚太城市市长峰会唯一指定用茶和馈赠各国市长重要礼品，重庆直辖十周年庆典接待用茶和唯一指定礼品茶，并获得“中国名牌农产品”荣誉称号。

近年来，重庆茶业集团以市场为导向，建立了专业营销队伍与专业茶叶零售点相结合的营销网络体系，营销网络覆盖了重庆市主城区及西安、成都等城市，产品知名度、市场占有率和企业的经济效益日益增长，2007年产销量达到1 000吨，产值5 000万元。

4. 热心公益，回报社会　重茶集团在发展过程中不忘积极践行农业产业化龙头企业的社会责任，近年来，公司累计向社会捐款捐物500余万元，用于向茶农无偿赠送良种茶苗，帮助农户修建茶园333公顷，受惠农户达1 800户，涉及农户年收入与种粮相比增加460万元。每年解决农村剩余劳动力500人左右，解决城镇下岗人员100人。

时代赋予了茶叶“绿色、营养、健康”的新内涵，为此重茶集团将继续践行“誓做中国绿色生态茶产业领军者”的承诺，以更加饱满的热情和高度的社会责任，将茶叶品牌做大、做强，将中国茶业事业传承、发扬光大！

5. 企业曾获得荣誉　2005 年获重庆市示范农业龙头企业；2001—2007年度连续获重庆市农业综合开发重点龙头企业；2003—2007年度连续重庆市农业产业化市级龙头企业；2007—2008年度AA级检免审企业；2007年中国农业部\神农中华农业科技奖奖励委员会中华农业科技奖三等奖；2002—2008连续获得巴南区守合同重信用企业。

〔重庆茶业（集团）有限公司董事长　张节明〕

重庆长城茶叶贸易有限公司

——新重庆　新长城

重庆长城茶叶贸易有限公司是改革开放后，重庆市最早成立的民营茶叶企业，通过公司创始人唐德平带领全体员工近20年坚持不懈的打拼努力，公司现已发展成为集生产、销售、研发于一体的专业性茶叶公司。现有员工300余人，其中，中高级技术人员30余人，销售渠道遍布全市各大商场和20余区县，年销售额5 000万元，是重庆市场最大的综合型茶叶企业。

1. 品控战略　为保证茶叶质量达到国家标准，公司从成立起内部专设了质量监督部门，严把质量关。2004年，公司通过了ISO9001国际质量体系认证，2006年率先通过QS认证。企业质量管理体系的有效运行，使“长城茶叶”产品在国家质量检验部门的历次抽查中全部合格。并被授予“全国食品安全示范单位”的称号，同时多次被授予“消费者满意商品”的称号。

2. 产品战略　诚信的经营理念、过硬的技术力量、先进的技术设备，培育了“长城茶叶”绿茶、花茶两大产品体系100余种产品，可以满足不同消费者的需求，“长城茶叶”产品以质优、价廉、信誉度高深受消费者的喜爱。其中，渝云贡芽、红岩香雪为该公司两大系列的核心产品，先后获得“国际名茶金奖”称号和“重庆市首届十大名茶”榜首，渝云花茶系列还被评为“重庆名牌产品”。

3. 合作战略　为迎接市场挑战，壮大和发展重庆地方名茶品牌，重庆长城茶叶贸易有限公司与重庆百货、新世纪百货等大型商场强强联合，实现了产品、渠道的资源整合，长城茶叶在消费者心中建立了很高的知名度和信誉，市场占有率、市场竞争力处于同行业领先水平。

4. 渠道战略　在“茶叶连锁新价值典范”的理念下，重庆长城茶叶贸易有限公司将现代企业管理模式及营销理念有机融入了传统行业，以专业的导购顾问、温馨的品茗服务，创建出“长城茶叶”连锁店经营模式，自创了一套茶叶连锁店全新的管理方式。开创了公司营销之路的新局面。

5. 科技战略　公司按照以科技创新求发展的思路，加强与西南大学、中国茶叶研究所、重庆茶叶研究所、四川茶叶研究所等高校和科研单位的紧密合作，实行产、学、研强强联合，加大硬件、软件的大力投入，使长城茶叶在产品质量、生产工艺、包装设计、检测手段、管理水平、产品研发等方面都体现了较强的科技含量和技术优势，实现了茶叶生产、加工、物流的全程清洁化、现代化管理，在重庆同类产品中处于领先地位，达到全国先进水平。

6. 蓝海战略　为了品牌有效延伸，长城茶叶向茶叶的精深加工进军。2007年，重庆长城茶叶贸易有限公司参股四川尚林生物资源开发有限公司，迈出了进军茶叶精深加工行业的第一步。其一，进一步整合了茶叶原料资源，珍选优质茶叶；其二，意味着重庆长城茶叶贸易有限公司迈进了高速发展的新时代。

新起点·新希望。重庆长城茶叶贸易有限公司将继续以品牌发展之路为核心，进一步整合各方资源，实现质量、效益、品牌效应的有机统一，以自身的综合优势在重庆打造出全国知名茶叶品牌。

（重庆长城茶叶贸易有限公司　唐德平）

陕西东裕茶业有限公司

——复兴汉茶历史文化　铸就陕茶领导品牌

茶是一种植物，我们在深山里开辟了宜于植茶的园子。植茶、采茶、炒茶、饮茶。茶是课题，他们以文化和学术的双重命义开始我们关于茶的一切研读。由此，他们感过去，察现在，窥知未来。

茶饮国风，茶作为一种文化饮品，在我国有着两千多年的历史和文化。提起茶，人们首先会想到云贵、江浙等地，很少有人知道陕西产茶，"汉茶"更是鲜为人知。然而，当今茶学界、史学界对茶的发源地却有着这样的共识——古汉水流域古代巴国的巴人是世界上最早种茶、用茶的民族。唐代陆羽在其《茶经》中也认定"巴山峡川"是茶叶的发源地。汉中西乡有茶镇，勉县有茶店，据说都和汉高祖刘邦有关。茶镇是当年刘邦饮茶议事之处，西乡是当年东西部茶马交易的重镇。陕西茶业历史悠久，并在中国茶业发展史上写下过辉煌的一页。西北五省唯陕西产茶，陕西茶的主产地又在陕南的汉中和安康两地区。陕南茶经历过唐前巴蜀茶、唐宋山南茶、明代汉中茶和清后紫阳茶、汉中茶几个历史阶段，而汉中所产茶叶在西周已经作为贡品向周天子纳贡。秦汉两代实现了全国的大统一后，汉中茶叶开始向外传播。2003 年，东裕公司的创始人张为国怀着造福桑梓的心情，本着复兴汉茶历史文化，重塑陕西绿茶品牌的目的和责任，背负着"绿色、品牌、责任"的理念，创建了陕西东裕茶业有限公司。

陕西东裕茶业有限公司是集茶叶种植、生产加工、精制精选、科研开发、市场营销为一体的全国茶业行业百强企业。公司先后在大巴山深处的西乡县五里坝镇构建了 200 公顷的生态茶园。这里是我国的第二大富锌、硒地带，正所谓"高山云雾出好茶"，东裕生态茶园海拔高、湿度大、土壤有机质含量高、昼夜温差大，且阳光漫射、云雾缭绕，自然生态极好，是生产纯天然绿色茶叶饮料的理想地域。同时，公司根据绿色环保的要求，构建了厂房，配置了以蒸汽杀青机为主的当今国内最为先进的标准化制茶设备。这些独特的禀赋资源和先进的生产设备为"东裕绿茶"的国际化品牌道路奠定了基础。

面对当今企业经营的社会伦理道德失信，食品安全备受关注的市场形势，东裕企业始终秉承"诚、信"的企业经营理念，将"产品质量和工艺创新"作为企业经营的命脉，坚持茶叶有机化种植和茶园的有机化、生态化管理；严格按照欧盟质量标准，实施清洁化、标准化生产，杜绝使用农药、化肥、食品添加剂等，配合先进的生产设备，将传统生产工艺和现代化生产技术相结合。为进一步确保产品的绿色、有机，公司实施了"五证"一体的质量控制保证措施，率先在同行业中取得中农质量认证中心有机茶原料、加工生产认证，中国质量认证中心的 ISO14001 环境管理体系认证和 ISO9001 质量管理体系认证等，确保了公司产品质量的稳定性。

东裕茶业秉承"天人合一，相聚有缘"的经营理念，在铸就产品卓越品质的同时，力求带给消费者成功与自信、品味与时尚、自然与和谐的生活体验和感受。通过丰富产品的品种和规格，提高产品包装设计的品味和内涵，以实现产品形象的提升，借助深入挖掘陕茶历史文化和丰富产品的功能性，以达到产品内在品质的升华，从而赋予了陕西绿茶独有和非凡的生命精力。

东裕绿茶以其色绿、香郁、味醇、形美、耐冲泡、富含天然锌、硒的独特品质和营养、保健的特点，深受广大消费者的青睐。2007 年 4 月，在汉中第二届赛茶大会上，東牌汉中仙毫以 12.4 万元／千克的价格竞得"茶王"，并荣获"汉中茶王"称号；2007 年 7 月，在全国第七届"中茶杯"名优绿茶评比中，東牌汉中仙毫被评为名优绿茶一等奖。2007 年、2008 年 10 月，先后在北京第四、五届中国国际茶叶博览会上東牌汉中仙毫两度荣获金奖，并多次得到中国茶文化研究会副会长陈宗懋、施兆鹏教授等国内茶叶专家的高度赞赏。全国人大副委员长李建国率团赴俄罗斯从事经贸项目交流，将东裕茗茶作为重要礼品送给了俄罗斯总统普京和卡路加州州长等重要领导人。2007 年 7 月，在俄罗斯中国年活动中，陕西省常务副省长赵正永和俄罗斯卡路加州州长阿尔达莫诺夫共同品饮了东裕绿茶，赵省长再次将东裕绿茶作为国礼赠送给了卡路加州州长、州议会主席等政要。

对于产品的精益求精和对消费者的责任，使得东裕"绿色、高贵、典雅、健康、向上"的产品形象逐步被消费者认同，并确立了其陕西绿茶的品牌领导地位。通过 5 年的发展，东裕茶业已经成长为省级重点龙头企业，2006 年始跻身中国茶业行业百强企业行列。截至 2008 年，东裕茶业已拥有大型百货商场、超市销售专柜 86 个，特许专卖店 16 个，销售网络覆盖北京、天津、陕西、山西，实现了第一步的战略目标。未来 3 年，东裕茶业的经营目标放在了全国市场的开拓上。为进一步提升东裕品牌在国内的知名度和影响力，东裕茶业正组织实施西乡县枣园湖千亩（66.67 公顷）观光茶园项目。该项目是集汉茶历史文化展示、茶叶种植加工的科技示范、生态旅游观光、客户体验参与为一体，致力于弘扬汉茶历史文化、提高汉茶品牌知名度、带动区域经济快速增长的综合开发项目。项目建成后作为陕西茶区的"名片"，将成为陕西茶区的一大亮点，对于提升陕西绿茶的整体形象具有十分深远的意义。

在中华大地 30 年不平凡改革发展里程中，在陕西这块蕴涵中国千年历史文化的热土上，东裕茶业以其平凡的身影在寻求企业经济发展的同时，不忘继承文化传统，于企业经营范畴之上，探索着以"品牌"复兴陕西绿茶、传承汉茶文化的"东裕之路"。在这里让我们以社会和历史的双重身份，期待这条"东裕之路"走得更宽、更远！

陕西平利县女娲银峰茶叶有限公司

陕西省平利县女娲银峰茶叶有限公司成立于2004年（前身是平利县良种茶叶研究所），下辖平利县良种茶叶研究所、平利县高峰村茶叶技术协会、安康市名优茶研发中心、安康市茶叶生产力促进中心和西安市女娲银峰茶叶销售部各1个。现拥有总资产767万元，其中固定资产550万元。有员工58名，其中中高级技术员工18人。茶叶生产基地700公顷，其中有机茶生产基地72公顷。2007年生产茶叶96吨，实现产值1 350万元，成为全县茶饮产业龙头企业。

公司成立以来，在省、市、县、镇四级党委、政府以及相关业务部门的大力支持下，通过拼博努力，取得了显著业绩。

（1）从1999年开始，投资45万元，历时8年研制的地方名茶女娲银峰，获得了安康市科技成果一等奖、陕西省科学技术三等奖。通过研制一种名茶、兴起了一个产业，使一方百姓走上了致富路。

（2）从全国各地引进早、中、晚熟品种15个，建成了6.67公顷无性系良种繁育基地，通过精心培育实现剪穗、采叶两用园，每年可生产良种插穗5 000万株、生产加工茶叶2 500千克，使大面积茶园平均亩产值超过万元，成为国家农业生态旅游观光示范园区。

（3）研制女娲银峰有机茶标准综合体，通过规范化种植、标准化管理，实现了机械化采茶，使同嫩度的采茶成本由每千克2.52元降至0.54元，茶叶生产成本下降了近400元／亩，为解决秦巴山区采茶劳动力缺乏和降低生产成本找到了出路。

（4）在公司本部先后投资120万元，建起西北首个具有浓厚茶文化底蕴的女娲茶庄，成为弘扬茶文化、发展茶经济的典范。

（5）投资180万元建起了清洁化茶叶生产线，2007年10月，陕西省茶叶机械化技术示范现场会在平利县女娲银峰茶叶有限公司隆重召开，向全省推广了平利县走现代茶业发展之路、突破发展茶产业的成功经验。公司生产的女娲银峰名茶2002年荣获十四届中国西部交易会名茶评比金奖，2003年、2007年参加全国“中茶杯”名茶评比，均获一等奖。

（6）经安康市科技局批准，2007年在女娲银峰公司设立了安康市第一个名优茶研发中心，聚集了全省茶产业知名专家，为安康市茶叶发展提供了技术研发平台。

（7）女娲银峰公司通过多年探索走出的公司＋协会＋茶农的发展之路，先后联营了全县42个专业大户，通过“风险共担、利益共沾”的有效机制，为公司进一步发展提供了广阔的发展空间。

（8）女娲银峰公司投资50万元在公司本部建成了茶叶保鲜库，实现了产品保鲜销售、质量常年稳定，产品供不应求。

（9）女娲银峰公司直接流转茶园23公顷，间接流转茶园57公顷，走专业化、集约化经营之路发展现代茶业，被省农业厅总结为“高峰”模式在全省示范推广。

（10）女娲银峰公司瞄准市场终端加快销售网络建设。在北京市和陕西西安市、渭南市和咸阳等大中城市设立了产品直销点，公司产品2007年随陕西省代表团出访俄罗斯，把女娲银峰名茶销往国外。并利用互联网技术开设了公司网站，实现了网上宣传和网上销售。

女娲银峰公司十年创业每年一大步，走出了女娲银峰公司蓬勃发展之路。女娲银峰公司茶叶基地2007年被中国科协、财政部授予“科技惠农产业化示范基地”、公司董事长洪善存同志被授予“全国劳动模范”光荣称号。

平利县女娲银峰茶叶有限公司这个新发展的民营企业之所以能取得上述业绩，主要是在茶产业的生产、加工和销售上，实现了五化运营。即：创新化、集约化、有机化、网络化和产业化。一是科技兴茶创新化。女娲银峰茶叶公司处于山高谷深云如海的秦巴山区，由于交通、经济相对滞后，国内外的先进技术能够落户该企业源于该公司不惜重金持续开展茶叶新技术的试验、引进和开发，使该公司拥有了国内茶叶栽培、加工和销售具有21世纪先进水平，在实用技术上为全省茶产业发展起到了示范带头作用。二是茶饮产业经营集约化。从1999年开始，公司主动协商农户流转土地发展茶叶，实现集约化经营，走上了茶产业的现代化经营之路。三是茶叶产销有机化。公司投资建成具有国内先进水平的清洁化茶叶加工生产线，从茶园到茶杯实现了茶叶产销全程监控，公司通过了ISO9001—2000、ISO22000—2005和有机食品认证。四是产品销售网络化。公司根据现有能力在北京、西安、渭南、咸阳等地设立直销点，开通了网上销售渠道。实现了生产者与消费者的零距离销售，初步实现了产品销售网络化。五是茶叶生产产业化。通过研发一只女娲银峰名茶，兴起了一个率先突破的茶叶产业，使一方茶农走上了务茶致富的农业发展之路，实现了女娲银峰茶的产业化经营。

陕西省省委、省政府“关于加快茶叶产业发展”通知指出未来三年，全省新增茶园3.33万公顷，茶叶综合产值达到40亿元，平利县委、县政府正举全县之力、集万民之慧突破发展茶饮产业。女娲银峰公司将乘此东风，再鼓干劲，拼博努力，力争在2012年把茶园基地扩大到1 333公顷，实现产茶150吨，年出圃良种茶苗2 000万株，茶叶综合产值达到3 000万元以上，成为平利县规模最大、技术含量最高，引领全县10万茶农务茶致富经济效益最好的民营科技企业。

全国重点产茶地区（地级市）

单位：吨、公顷

地 区	地级市	茶叶产量	茶园面积	地 区	地级市	茶叶产量	茶园面积
福 建	宁德市	59 331	53 530	福 建	三明市	21 959	15 400
浙 江	绍兴市	48 027	33 049	湖 南	长沙市	21 752	8 332
云 南	普洱市	45 942	191 600	安 徽	黄山市	21 318	46 670
云 南	临沧市	44 334	78 700	安 徽	宣城市	20 779	18 294
四 川	雅安市	41 670	30 000	河 南	信阳市	20 000	53 500
福 建	南平市	39 548	32 260	四 川	宜宾市	19 500	25 400
福 建	泉州市	39 543	27 320	云 南	保山市	19 177	26 040
福 建	漳州市	38 757	22 070	湖 南	益阳市	18 014	12 000
湖 北	恩施市	28 673	36 352	浙 江	金华市	17 898	20 769
浙 江	杭州市	28 207	31 200	浙 江	丽水市	17 491	23 229
四 川	乐山市	27 670	32 000	湖 南	岳阳市	14 641	9 335
云 南	西双版纳州	25 336	39 640	安 徽	六安市	13 639	20 525
浙 江	宁波市	22 728	12 796	福 建	福州市	13 143	8 320
湖 北	宜昌市	22 345	34 151	贵 州	遵义市	12 796	24 870
湖 北	黄冈市	22 285	17 782	四 川	眉山市	12 072	13 200

数据来源：国家统计局，各省统计局、茶叶生产办公室、茶叶协会。

全国重点产茶县（县级市）（一）

单位：吨、公顷

地 区	地级市	县（县级市）	产量	面积	地 区	地级市	县（县级市）	产量	面积
福 建	泉州市	安溪县	31 443		福 建	南平市	建瓯市	7 685	—
四 川	雅安市	名山县	30 490	17 000	云 南	普洱市	江城县	7 600	—
湖 北	黄冈市	英山县	18 631	11 386	福 建	漳州市	平和县	7 525	—
浙 江	绍兴市	嵊州市	17 406	11 749	安 徽	黄山市	歙 县	7 334	16 553
福 建	宁德市	福安市	17 075	—	浙 江	宁波市	鄞州区	7 098	2 542
云 南	临沧市	凤庆县	15 180	—	福 建	三明市	尤溪县	7 025	—
湖 南	长沙市	长沙县	15 000	5 330	湖 北	宜昌市	夷陵区	7 001	10 528
四 川	乐山市	夹江县	13 600	7 100	云 南	保山市	昌宁县	6 877	—
福 建	漳州市	华安县	12 364	—	福 建	泉州市	永春县	6 817	—

全国重点产茶县（县级市）（二）

单位：吨、公顷

地 区	地级市	县（县级市）	产量	面积	地 区	地级市	县（县级市）	产量	面积
云 南	西双版纳州	勐海县	12 161	—	浙 江	金华市	武义县	6 580	7 043
福 建	宁德市	福鼎市	12 085	—	云 南	保山市	腾冲县	6 506	—
浙 江	绍兴市	诸暨市	11 777	6 566	云 南	普洱市	景东县	6 438	—
福 建	宁德市	寿宁县	11 002	—	湖 北	宜昌市	五峰县	6 433	9 105
湖 南	益阳市	安化县	10 533	2 130	浙 江	丽水市	松阳县	6 388	6 703
湖 北	恩施土家族苗族自治州	鹤峰县	10 422	8 848	湖 北	恩施土家族苗族自治州	利川市	6 366	5 074
云 南	西双版纳州	景洪市	10 061	—	江 苏	无锡市	宜兴市	6 352	4 993
福 建	漳州市	南靖县	10 007	—	浙 江	宁波市	余姚市	6 259	3 841
浙 江	绍兴市	绍兴县	9 244	5 461	四 川	乐山市	峨眉市	6 238	8 200
四 川	眉山市	洪雅县	8 954	9 000	浙 江	杭州市	淳安县	6 122	11 603
浙 江	杭州市	余杭区	8 884	3 511	云 南	临沧市	云 县	6 039	—
福 建	南平市	政和县	8 517	—	浙 江	绍兴市	新昌县	5 898	6 353
云 南	普洱市	澜沧县	8 456	—	云 南	德宏州	潞西市	5 787	—
福 建	南平市	武夷山市	8 436	—	安 徽	黄山市	休宁县	5 577	11 569
云 南	普洱市	思茅区	8 178	—	安 徽	六安市	金寨县	5 481	6 667
河 南	信阳市	浉河区	8 000	16 500	江 西	上饶市	婺源县	4 800	10 000

数据来源：各省统计局、茶叶生产办公室、茶叶协会。

中国名茶之乡

县（区、县级市）	县（区、县级市）
安徽省黄山市黄山区	江苏省宜兴市
安徽省黄山市徽州区	陕西省紫阳县
福建省福鼎市	浙江省淳安县
广西壮族自治区凌云县	浙江省松阳县
贵州省遵义市湄潭县	浙江省武义县
湖北省五峰土家族自治县	广东省潮安县凤凰镇
湖南省石门县	湖北省宜昌市夷陵区邓村乡

本名单为 2008 年 10 月 15 日中茶学字（2008）第 30 号文件《关于命名首届中国名茶之乡的决定》的附件。

全国茶叶地理标志

国家工商行政管理总局地理标志已注册名录——茶类（一）

省份	商标名称	注册人	注册号	商品	专用权期限
福建	安溪	安溪县茶叶总公司	1388991	茶叶	2000-04-21 至 2010-04-20
福建	安溪	安溪县茶叶总公司	1388992	茶叶	2000-04-21 至 2010-04-21
浙江	安吉白茶	安吉县农业局茶叶站	1511897	茶	2001-01-21 至 2011-01-20
湖南	古丈毛尖	古丈茶叶发展研究中心	1607997	茶叶	2001-07-21 至 2011-07-20
福建	武夷山大红袍	武夷山茶叶科学研究所	1687896	茶	2001-12-21 至 2011-12-20
浙江	临海蟠毫	临海市特产技术推广总站	1739891	茶	2002-03-28 至 2012-03-27
浙江	江山绿牡丹茶	江山市经济特产技术推广站	1739896	茶	2002-03-28 至 2012-03-28
浙江	余姚瀑布仙茗	余姚市余姚瀑布仙茗协会	1794582	茶	2002-06-21 至 2012-06-20
安徽	六安瓜片	六安市裕安区茶叶产业协会	2016443	茶叶	2002-11-28 至 2012-11-27
安徽	六安瓜片	六安市裕安区茶叶产业协会	3288308	茶	2003-08-07 至 2013-08-06
浙江	径山	杭州市余杭区径山茶业管理协会	2016451	茶	2003-02-14 至 2013-02-13
安徽	霍山黄芽	霍山县茶叶产业协会	2016488	茶	2002-12-14 至 2012-12-13
山东	日照绿茶	日照市东港区茶叶技术协会	2016491	茶	2002-08-21 至 2012-08-20
云南	普洱茶	云南普洱茶叶协会	2016494	茶	2003-07-28 至 2013-07-27
河南	信阳毛尖	信阳市茶叶学会	3047772	茶	2003-03-14 至 2013-03-13
陕西	紫阳富硒茶	紫阳县茶业协会	2016456	茶	2005-10-21 至 2015-10-20
贵州	都匀毛尖	贵州都匀毛尖茶集团有限公司	3214853	茶	2005-02-07 至 2015-02-06
广西	横县茉莉花茶	广西横县茉莉花产业管理局	4100770	茉莉、花茶	2006-04-21 至 2016-04-20
四川	蒙顶山茶	名山县茶叶协会	3283044	茶、茶叶	2003-08-07 至 2013-08-06
福建	福鼎大白茶	福鼎市茶业协会	4350700	茶	2006-04-21 至 2016-04-20
福建	福鼎白毫银针	福鼎市茶业协会	4350696	茶	2006-04-21 至 2016-04-20
陕西	宁强雀舌	宁强县茶叶产业开发中心	4036404	茶	2006-06-21 至 2016-06-21
江西	浮梁茶	浮梁县茶叶协会	4839222	茶	2006-12-14 至 2016-12-13
安徽	太平猴魁	黄山区茶业协会	4908398	茶	2006-12-14 至 2016-12-13
湖北	大悟绿茶	大悟县茶叶产业协会	4237408	茶叶	2007-01-07 至 2017-01-06
江西	婺源绿茶	婺源县茶叶协会	4864293	茶	2007-01-14 至 2017-01-13
四川	筠连苦丁茶	筠连县苦丁茶开发办公室	3339332	苦丁茶	2007-01-07 至 2017-01-06
湖南	安化茶	安化县茶叶协会	4378207	绿茶	2007-03-07 至 2017-03-06
湖北	恩施富硒茶	恩施市茶业协会	4150055	茶	2007-05-21 至 2017-05-20

国家工商行政管理总局地理标志已注册名录——茶类（二）

省份	商标名称	注册人	注册号	商品	专用权期限
福建	福鼎白琳工夫	福鼎市茶业协会	4350701	茶	2006-04-21 至 2016-04-20
湖北	宜都天然富锌茶	宜都市潘家湾土家族乡无公害天然富锌茶叶协会	4686327	茶	2007-09-14 至 2017-09-13
湖南	石门银峰	石门县茶叶产业协会	4717767	茶	2007-10-28 至 2017-10-27
浙江	磐安云峰	浙江省磐安县茶业协会	5592502	茶	2007-11-07 至 2017-11-06
贵州	湄潭翠芽	贵州省湄潭县茶业协会	4928703	茶	2007-12-28 至 2017-12-27
江苏	金坛雀舌	金坛市茶叶协会	5508967	茶叶	2007-12-14 至 2017-12-13
山东	崂山	青岛崂山茶协会	5143935	茶	2007-02-21 至 2017-02-20
浙江	遂昌菊米	遂昌县菊米产业协会	4428161	菊米（茶叶代用品）	2006-06-21 至 2016-06-20
浙江	桐乡杭白菊	杭白菊原产地域产品保护办公室	3729657	菊花茶（茶叶代用品）	2007-02-21 至 2017-02-20
四川	南江金银花	南江县特产协会	3197889	金银花（茶叶代用品）	2007-06-28至2017-06-27
浙江	大佛茶	新昌县名茶协会	3293273	茶	2003-08-07至2013-08-06

本表为截至 2007 年 7 月 27 日经国家工商行政管理总局批准注册的茶类地理标志名录（资料来源于国家工商行政管理总局网站）。

国家质量监督检验检疫总局地理标志产品保护公告——茶类

公告号	地理标志产品	发布日期
2006 年第 10 号	关于批准对凤冈富锌富硒茶实施地埋标志产品保护的公告	2006 年 03 月 23 日
2006 年第 43 号	关于批准对日照绿茶实施地理标志产品保护的公告	2006 年 03 月 23 日
2006 年第 53 号	关于批准对霍山黄芽实施地理标志产品保护的公告	2006 年 04 月 16 日
2006 年第 121 号	2006 年关于批准对邓村绿茶实施地理标志产品保护的公告	2006 年 09 月 04 日
2006 年第 161 号	关于批准对崂山绿茶实施地理标志产品保护的公告	2006 年 10 月 26 日
2006 年第 176 号	关于批准对龙峰茶实施地理标志产品保护的公告	2006 年 11 月 30 日
2006 年第 197 号	关于批准对龙神茶实施地理标志产品保护的公告	2006 年 12 月 22 日
2006 年第 203 号	关于批准对永春佛手实施地理标志产品保护的公告	2006 年 12 月 28 日
2006 年第 225 号	关于批准对英德红茶实施地理标志产品保护的公告	2006 年 12 月 31 日
2007 年第 30 号	关于批准对坦洋工夫实施地理标志产品保护的公告	2007 年 02 月 14 日
2007 年第 33 号	关于批准对福建乌龙茶实施地理标志产品保护的公告	2007 年 02 月 14 日
2007 年第 48 号	关于批准对恩施玉露实施地理标志产品保护的公告	2007 年 03 月 05 日
2007 年第 55 号	关于批准对政和白茶实施地理标志产品保护的公告	2007 年 03 月 20 日
2007 年第 57 号	关于批准对开化杜仲茶实施地理标志产品保护的公告	2007 年 03 月 20 日
2007 年第 178 号	关于批准对汉中仙毫实施地理标志产品保护的公告	2007 年 12 月 10 日
2007 年第 207 号	关于批准对古丈毛尖实施地理标志产品保护的公告	2007 年 12 月 26 日
2007 年第 222 号	关于批准对六安瓜片实施地理标志产品保护的公告	2007 年 12 月 28 日

本表为截至 2007 年 12 月 28 日经国家质量监督检验检疫总局公告的茶类地理标志产品名单（资料来源于国家质量监督检验检疫总局网站）。

部分茶叶之乡介绍

中国名茶之乡——江苏宜兴

现有茶园面积5 000公顷，其中开采茶园3 000多公顷，是江苏省最大的产茶县，全国首批20个无公害茶叶生产基地示范县之一，年产各类干茶6 300多吨，年产值近3亿元，出口创汇500多万美元。阳羡茶区主要分布在南部丘陵山区，这里山清水秀，溶洞幽藏，气候湿润，独特的自然条件形成了“雨洗青山四季春”的宜茶环境，优越的生态环境造就了阳羡茶的优异品质。创制的阳羡雪芽、荆溪云片茶在20世纪80年代获得全国名茶称号。在历届全国“中茶杯”、江苏省“陆羽杯”名特茶评比中，阳羡茶屡获殊荣，享有盛誉。名特茶的年产值占全市茶叶总产值的近70%。茶叶也成为宜兴市致富山区农民的主导产业，平均每公顷产值达7.5万元，最高的达18万元。

宜兴市农业局

局　长　谢成松
电　话　0510-87951090
传　真　0510-87951004
地　址　宜兴市宜城东山西路62号
邮　编　214206

宜兴市茶业基本情况

项目	数量	单位	项目	数量	单位
茶园面积	5 000	公顷	行业销售额	3	亿元
茶叶产量	0.63	万吨	年加工能力	10 000	吨
茶农户数	—	万户	出口产量	3 000	吨
企业数	381	个	出口产值	3 750	万元

历史渊源

宜兴古称阳羡，所产的阳羡茶历史可上溯至汉代。阳羡茶盛于唐代，有陆羽“芳香冠世，推为上品”为证，“茶仙”卢仝也写下了“天子未尝阳羡茶，百草不敢先开花”的咏茶名句，阳羡茶从此香飘神州，成为贡品。早期阳羡茶是以团、饼为主的紧压茶，成片状，即谓片茶，其制法即《茶经》所叙，“其日有雨不采，晴有云不采，晴采之，蒸之，拍之，焙之，穿之，封之，茶之干矣”。阳羡茶成熟于宋、明、清，衰于民国，复兴于今。至中华人民共和国成立前，宜兴仅存茶园733公顷，其中成片茶园仅200公顷，且茶树衰老，质量下降，年产量仅190吨。

中华人民共和国成立后，宜兴茶叶生产得到了快速发展。茶园面积迅速扩大。1974年，宜兴成为了全国产茶重点县，年产各类干茶2 500多吨。到1988年，宜兴茶园总面积已达3 733公顷，年产茶叶5 230吨，总产值达4 500万元。

发展现状

20世纪80～90年代先后创制了紧直锋妙，翠绿显毫、香气清雅、滋味鲜醇、汤色清澈、叶底细嫩的阳羡雪芽；宽扁挺直、色泽翠绿、白毫显露、香气清高、滋味鲜醇、汤色清明、叶底肥嫩的荆溪云片；扁平形似新月、色泽翠绿显毫、香气清高优雅、滋味鲜爽甘醇、汤色嫩绿明亮、叶底嫩匀完整的善卷春月；条索紧细锋妙、色泽乌润、金毫显毫、香气馥郁、滋味浓厚甘醇、汤色红艳明亮、叶底红艳细匀的竹海金茗。加强清洁化生产机械推广，先后引进了汽热杀青、微波杀青、防霜扇、名特茶连续加工、产品包装等茶叶生产加工机械，提高了茶叶生产的机械化水平。严格按照食品加工的要求，扎实推进茶叶生产企业的内部改造，厂区环境优美，功能布局合理，厂房规模标准，车间整洁明亮，安全规程保障。到2007年底，宜兴市有全程机械化生产流水线30条，81家茶叶生产企业通过了QS认证。

政策支持

市政府高度重视茶产业发展，加大扶持培育力度，致力推进丘陵山区开发，着力打造优势主导产业，积极推进良种茶叶改造。自2005年起，市政府出台了667平方米（1亩）补贴500元、每年改造667公顷的扶持政策，有效激发了茶农良种茶改造的积极性。引进了适合宜兴市栽培的浙农系列、龙井系列等无性系优良品种，建设了种苗基地，不断加快良种扩繁。加强技术指导，提高种植水平，注重肥、水运筹，强化扶育管理，促进健康生产。至今，宜兴市已对2 667公顷衰老茶园进行了改造，良种茶面积达3 000公顷，良种覆盖率达到60%，处省内领先、全国先进水平。优良的品种为宜兴茶产业实现高产、优质、高效化发展奠定了良好的基础。

品牌建设

宜兴市主要茶叶品牌

茶类	主要品牌	生产厂家	获奖情况
阳羡	阳羡雪芽	300	3次获江苏省名牌
	竹海金茗	300	多次获“陆羽杯”、“中茶杯”
	碧螺春	300	多次获“陆羽杯”、“中茶杯”

发展经验

着力打响阳羡茶品牌，形成“同产阳羡茶、共打阳羡牌”的良好氛围，使宜兴茶叶品牌叫得更响，销得更畅，阳羡茶已成为宜兴市对外宣传的“名片”。

目前，全市已有11家规模茶叶企业加盟了阳羡茶生产行列，年产阳羡茶800吨，产值达6 000万元。在品牌效应的带动下，进一步促进了茶叶生产的内部分工，提高了茶叶生产的产业化水平和效益，阳羡茶产区的平均亩产出达6 000多元，带动茶农增收2 000多万元企业。在政府的引导下，茶叶企业注重资本投入、园区建设、工艺改良、科技进步和种植技能不断提高，商品意识不断增强，促进了经营思路的翻新、茶叶品质的改善和生产规模的扩大，推动了阳羡茶产业的发展。

（宜兴市农林局　谢成松）

越剧故乡唐诗路 千年名品故乡茶——浙江嵊州

嵊州地处亚热带季风气候区，是生产优质茶叶的良好地区，靠近东南沿海，四季分明，雨量充沛，气候温和湿润，土壤肥沃，山区多云雾，市境有会稽山、四明山、天台山三大山脉环抱，得天独厚的盆地小气候环境十分适宜茶叶生产。嵊州市茶类品种主要由内销的越乡龙井、前冈辉白和外销的珠茶组成，所产茶叶香气馨郁、滋味醇和、经久耐泡、品质优良。1996 年嵊州被农业部命名为“中国茶叶之乡”、2005 年被农业部认定为全国无公害茶叶出口示范基地县、国家龙井茶原产地域保护区之一，2007 年为浙江省农业特色优势产业（茶叶）强县，茶园总面积、茶叶总产量及名茶总产量均居全省之首。

嵊州市林业局

局　　长 王正军
主管副局长 詹国英
嵊州市林业局茶叶科
科　　长 钱晓东
电　　话 0575-83101279
传　　真 0575-83182033
网　　址 www.szly.cn
地　　址 绍兴市嵊州市越秀北路
邮　　编 312400

嵊州市茶业基本情况

项 目	数 量	单 位	项 目	数 量	单 位
茶园面积	1.19	万公顷	年加工能力	10 000	吨
茶叶产量	2.18	万吨	精制茶产量	6 000	吨
茶农户数	8	万户	出口产量	6 000	吨
企业数	110	个	出口产值	70 000	万元
行业销售额	10	亿元			

历史渊源

嵊州市茶叶生产历史悠久，早在汉代就有种植、采制、饮用的习俗。晋代，捣制茶饼，常年煎饮已甚流行。在南朝宋人著的《异苑》一书中即有“剡茶”记载。到了唐代（约 780 年前后），剡县已是浙东著名的产茶大县。《茶经》作者陆羽曾以“月色寒潮入剡溪”，来嵊考察“剡溪茶”；陆羽好友皎然的一首“越人遗我剡溪茗，采得金牙爨金鼎。素瓷雪色缥沫香，何似诸仙琼蕊浆。”的诗歌，把嵊州茶叶歌成了“清我神、涤昏寐、便得道”之精品；为后世留下了“剡茶声，唐已著”的记载。在元、明、清各个朝代，“剡溪茶”作为名茶，历来都是朝廷贡品，“泉岗辉白”茶在清末还被列为全国十大名茶之一。到抗战前，茶叶产量创造了年产 5 000 吨的历史记录。

发展现状

嵊州市地理环境优越，土壤肥沃，气候温和湿润，雨量充沛，山区多云雾，十分适宜茶树生长，是生产优质茶叶的良好地区；所产茶叶具香气馨郁、滋味醇和，经久耐泡优良品质的优势。成为一大特色产业、致富产业和支柱产业，茶叶产业得到了快速发展，1996 年被农业部命名为“中国茶叶之乡”、2005 年被农业部认定为全国无公害茶叶出口示范基地县、国家龙井茶原产地域保护区之一，2007 年为浙江省农业特色优势产业（茶叶）强县。目前，嵊州市有茶园面积 1.19 万公顷，2007 年全市茶叶产量 2.18 万吨，茶叶产值 4.86 亿元，其中名茶生产量 5 190 吨，产值 3.74 亿元，茶园面积、产量、产值、绿茶出口量、出口总值等均居全国前茅。

政策支持

嵊州市一直以来对茶叶生产十分重视，近年来，各级财政对茶叶生产投入每年均在 400 万元以上，主要投入于茶树良种的改造、茶叶加工区的建造的改造、QS 认证、品牌建设、销区市场建设、茶叶企业税收补助等项目。

1999 年起，一是每年进行一次龙井茶炒制大赛促使越乡龙井茶的炒制质量逐年提高。二是每年赴内销茶区进行 2～3 次展示、展销活动，巩固和扩大越乡龙井茶在销区的市场。三是到销区召开越乡龙井茶品牌新闻发布会，向产地市场进行宣传推介。

品牌建设

嵊州市主要茶叶品牌

茶类	主要品牌	生产厂家	获奖情况
绿茶	越乡龙井	—	浙江省名牌产品 浙江省著名商标 中国杭州2000年西湖博览会之国际茶博览交易会金奖 浙江省省级名茶 浙江省精品名茶金奖

发展经验

1. 巩固茶园基地，抓好良种茶培管 经过几年的良种茶园发展和改种换植，全市良种茶园面积已达4 867公顷，并以每年333公顷的速度递增，几年来嵊州市对良种茶园进行重点培育管理，使这些茶园成为茶叶生产的骨干力量。这批茶园大多春茶一季达75 000～105 000元/公顷。

2. 加速炒制机械推广，提高名茶产品质量 嵊州市着重对名茶炒制机械进行大规模推广。目前，全市已推广各类名茶机械33 000台，90%以上的名茶都经过茶机的炒制，在同等炒制技术的情况下，名茶机械炒制火温均匀，加压方便，成品茶色泽一致，炒制质量可提高一个等级，且加工速度高出手工3倍。

3. 加快名茶加工集聚区建设，提高茶叶卫生质量 为了提高名茶加工卫生程度，加速茶叶品牌QS认证，从2006年起，嵊州市开始实施名茶加工集聚区战略：首先把分散在家中的名茶集中到集聚区进行集中加工，或由大户进行收青加工，其次把单一机械加工转向多台机械组合加工，提高名茶炒制质量，增加炒制附加值，从而达到全市名茶生产快速健康发展，增加茶农的经济收入。名茶加工集聚区的建设，得到浙江省茅临生副省长的充分肯定，作出了“值得各市、县在发展农业主导产业中借鉴”的批示，浙江省农业厅朱志泉副厅长作了“嵊州市发展名茶加工集聚区的做法值得各地借鉴，既有利于提高茶叶加工水平，也有利于解决茶叶龙头企业发展中的一些瓶颈问题”。

4. 抓好品牌建设，扩大嵊州龙井著名度 针对嵊州市茶叶品牌由各企业自主，而无统一品牌向外宣传、推介的现状，从2007年开始，嵊州市对茶叶品牌进行了重新规划整合，重点转向越乡龙井茶的宣传工作；越乡龙井茶采用统一包装设计与管理，在浙江、山东、北京、上海、辽宁等地累计开设专卖店，并已进入北京、天津、上海等地的超市，嵊州已成为全国著名的龙井茶集散地，为名茶大规模进入销地市场奠定了基础。越乡龙井茶品牌，在各类茶活动中多次获得金、银奖，已获得浙江省名牌和浙江省著名商标。

5. 抓好龙井茶炒制大赛，提高茶叶炒制技能 名茶炒制大赛不再规定用单一的手工炒制，而是由选手自定炒制方式，通过炒制比赛，使茶农充分认识名茶机械的优越性，为推广名茶机械化炒制提供科学依据。通过大赛，也为广大茶农表演了机械化炒制技术，提高茶农炒制技能。

6. 充分利用现代信息，搞好为农服务工作 在茶叶产业中，通过农民信箱和“嵊州农业在线”及时发布每季各阶段的农事工作：每天发布名茶市场价格信息；及时解答茶叶生产中遇到的农技知识；发布灾害性天气预报，使农民信箱和农技110真正成为为农服务的网络工具。

（嵊州市林业局茶叶科）

依托生态　培育品牌——浙江开化

开化地理气候条件独特，属于北纬28°～32°之间的优质茶叶产区带。境内山高林茂，地貌四周高、中间低，北部系白际山脉，中东部系千里岗山脉，西南系怀玉山山脉，境内46座千米以上高山点缀其中，属中亚热带常绿阔叶林带北部亚地带，年均降水量1 799.3毫米，平均空气相对湿度80%左右；年平均温度16.3℃，昼夜气温日较差平均为10.5℃；年平均雾日达88天，部分地区达120天以上，年日照率为40%。茶园主要分布在400～800米高山，土质以花岗岩、板页岩成土母质为主，山地黄棕壤有机质含量可高达4.66%，是国内为数不多、最适宜茶树生长种植的地区之一。

开化县人民政府

县委书记　毛建民
县　　长　金　明
主管副县长　汪宇祥

开化县特产（茶叶）局
局　　长　郑求星
电　　话　0570-6019569
网　　址　www.kaihua.gov.cn
E-mail　khzqx@sina.com

开化县开化龙顶名茶协会

电　　话　0570-6019569
传　　真　0570-6022265
E-mail　longdingtea@tom.com
地　　址　开化县城关镇钟山路61号
邮　　编　324300

开化县茶业基本情况

项　目	数 量	单 位	项　目	数 量	单 位
茶园面积	6 800	公顷	年加工能力	20 000	吨
茶叶产量	1.034	万吨	精制茶产量	10 000	吨
茶农户数	2.53	万户	出口产量	10 000	吨
企业数	400	个	出口产值	9 000	万元
行业销售额	4.15	亿元			

历史渊源

开化产茶、制茶历史久远，早在明崇祯四年（1631），开化的芽茶已列为贡品。崇祯《开化县志》就有“上贡芽茶四斤”和“茶出金村者，品不在天池下”的记载。清光绪三年(1877)“茶叶开始出口。”清光绪二十四年(1898)《开化县志》记载，芽茶进贡时“黄绢袋袱旗号篓”限时进贡。道光至光绪年间（1821—1911）为国内眉茶主要产区。中华人民共和国成立后一直是国家茶叶出口基地县，由于品质优异，被当作“味精”拼配在其他茶叶中，来提高出口茶叶的等级和质量。而今，茶农精心孕育出的“开化龙顶”茶，更是钱江源头“一绝”。

开化龙顶因齐溪镇大龙山而得名。1959年4月，茶叶科技人员登上海拔1 193米高的大龙山顶，此山顶部有口水潭，称龙潭，常年流水不断，久旱不竭。在其间的茶园里采制了干茶650克，命名为龙顶。当年，日本青年茶叶代表团抵达杭州时，开化龙顶茶参与会评，结果其香气滋味均超过日本蒸青玉露。1979年，该茶被正式定名为开化龙顶茶。

发展现状

“高山云雾出好茶”，茶的生长环境对茶的品质起着极其重要的作用。开化是国家级生态示范区和“华东地区重要的生态屏障”，生态优势突出。据国家环境质量监测资料显示，开化在全国2 348个县（市）生态环境排序中，生态环境总体质量名列第16位，大气质量、水体质量、生物丰度指数、植被覆盖指数均列前10位，是17个具有全球意义的山地保护地区和全国9个生态良好地区之一。国家农业部给予了理想级茶叶生产环境质量的评价。与此同时，开化结合实际，积极引导茶农在茶园周边和茶园内合理配置与茶树具有共生关系的乔木和草本植物，进行乔—灌—草立体复合栽培，使光能和土壤养分得到多层利用，从而有效地改善了茶园的自然小环境。正应了作家、茶人王旭峰老师所说的:“开化茶好，因了陆羽‘阳崖阴林’之境。”目前，全县有近1 333公顷茶园实行了套种技术，有效地减少了病虫害对茶树生长的影响，始终保持了“开化龙顶”的优良品质。

独特的自然禀赋，良好的生态特质，悠久的种植历史，为“开化龙顶”茶产业的发展奠定了良好的基础，也蕴藏着巨大的发展潜力。2007 年，全县骨干茶园总面积达到 6 667 公顷，“开化龙顶”茶总产量 10 137.6 吨，总产值 4.02 亿元。其中名优茶 1 288 吨和 2.32 亿元，分别比 10 年前翻了三番、四番。茶叶总产值占全县农业生产总值近 1/5。同时，在县委、县政府的主导推进下，开化对原有的茶科研机构、人力、物力资源进行了有效整合，组建了名茶协会和茶产业办，建立了一支“开化龙顶”专业的研发、生产、加工队伍和遍布全国各地的销售队伍，并成立了全省首支茶文艺表演队，进一步强化了“开化龙顶”茶产业发展的组织保障和基础优势。

政策支持

自 1997 年，开化县委、县政府在实施名茶生产“四个一”工程，即：培育一百个名茶村、聘请一百位名茶师傅、年产 500 吨名茶、实现 1 亿元产值的基础上，正式启动“开化龙顶”名牌战略以来，始终坚持把茶产业作为县域农业一大特色产业和促进农民持续增收的希望产业来抓，以市场为导向，实施品牌战略，培育龙头企业，壮大基地规模，建设专业市场，推行标准化生产，促进了“开化龙顶”名茶俏销全国、走向海外，茶产业在一个时期内得到了迅速发展。

品牌建设

开化县主要茶叶品牌

茶类	主要品牌	生产厂家	获奖情况
绿茶	开化龙顶	全县公共品牌	86次
绿茶	凯　　林	开化县名茶开发公司	36次
绿茶	元　　峰	开化宝纳制茶有限公司	12次

发展经验

一路走来，“开化龙顶”茶产业发展过程中值得总结和肯定的经验很多。归纳起来，主要有以下五个方面：

（1）优越的自然环境和一如既往的生态保护和建设，孕育了“开化龙顶”茶优异的自然品质。

（2）标准化的生产和不断完善的质量体系，确保了“开化龙顶”茶的生产加工品质。制订、实施全国首个省级名茶地方标准——《开化龙顶茶》省级地方标准，把产前、产中、产后环节纳入全程标准化管理，全县 6 667 公顷茶园资源全部实现无公害管理，并荣获全国无公害茶示范基地先进县荣誉称号。2006 年 8 月和 11 月，在农业部组织的两次全国无公害茶叶农药残留抽样检测中，“开化龙顶”的 43 个茶叶样品均未检出农药残留。

（3）持之以恒的品牌战略，铸就了“开化龙顶”茶产业不菲的成效。

（4）政府的主导推进，保障了“开化龙顶”茶产业的持续快速发展。自从实施名茶名牌战略以来，开化县出台了一系列奖励扶持政策，引导鼓励发展茶产业，并开展了大量有效的宣传促销工作，取得了明显成效。

（5）茶文化与茶经济的有机融合，推动了“开化龙顶”外延的不断拓展。开化县委、县政府历来高度重视茶文化的建设，在中国国际茶文化研究会的关心指导下，始终坚持一手抓茶经济建设，一手抓茶文化建设，不断创新文化载体，培育专业人才，着力挖掘、丰富、提升“开化龙顶”的文化内涵，推动茶文化向茶经济领域的渗透与延伸，不断增强文化的支撑力，繁荣“开化龙顶”茶文化。

展望未来，“开化龙顶”发展机遇与挑战并存。今后我们将以中国国际茶文化研究会推出中国“绿茶金三角”核心区概念和此次高峰论坛为契机，坚定不移地实施名牌战略，坚持在巩固中提高、在规范中提升，着力在品牌管理、龙头培育、产品研发和丰厚文化上下工夫，积极开展推介，加强交流合作，推动“开化龙顶”茶产业的持续健康发展。概括起来，就是要着力做到“一扩二优三提升”：

“一扩”即扩大规模，就是要全面扩大“开化龙顶”总的生产规模。

“二优”即优化质量、优化结构。优化质量就是要在现有的质量水平的基础上，通过对加工工艺的优化提升，实现茶叶品质的进一步提升。优化结构就是在今后名优茶发展方面，要向产品的系列开发方向发展，逐步形成包括“单芽”、“一芽一叶”和“开化龙顶”新香茶等在内的结构多元的产品系列。

“三提升”即提升品牌知名度、提升综合竞争力和提升整体效益。提升品牌知名度，就是要通过加大宣传、争创名牌等措施，进一步提高“开化龙顶”的品牌知名度和美誉度。提升综合竞争力，就是要从流通、加工、生产各环节入手，大力培育龙头企业，发展农民专业合作社，提高产业发展的组织化程度，不断增强龙顶茶抵御市场风险、参与市场竞争的能力。提升整体效益，就是要在茶产业的发展壮大过程中，努力追求效益最大化，逐步实现龙顶茶经济效益和社会效益的整体提升。

（开化县政府办公室　毛建民　金　明
肖渭根　徐建华　汪宇祥　郑求星）

翠眉之乡　红军故里——安徽金寨

金寨县位于安徽省西部，大别山腹地，鄂、豫、皖三省结合部，辖23个乡（镇）、277个村，总面积3 814平方公里，总人口66万，是安徽省国土面积最大和山区库区人口最多的县。全县平均海拔500米，山场面积29.07万公顷。境内群山起伏，河流纵横，千米以上的山峰101座，主峰天堂寨海拔高度1 729.1米，为大别山第二高峰，森林覆盖率70.35%。全国著名的治淮骨干工程梅山、响洪甸两大水库坐落境内，总蓄水量50亿立方米，年发电量3亿千瓦时，库区人口30万，“八山半水半分田、一分道路和庄园”是金寨的基本地貌特征。金寨县是著名的革命老区，战争年代10万儿女参军参战，走出59位开国将军，是全国红军第一县、第二大将军县。金寨县临近312国道、宁西铁路、沪汉蓉快速铁路、合武高速公路和209、210省道穿县而过，交通便利、区位优越。

金寨县农业委员会

副主任　解正定
电　话　0564-7356689
传　真　0564-7356660
E-mail　xie640318@yahoo.cn
地　址　金寨县新城区政府大楼三楼
邮　编　237300

金寨县茶叶发展办公室
主　任　王贯海
电　话　0564-7163171
E-mail　jzcybwgh@sina.com
地　址　金寨县梅山镇金江大道570号
邮　编　237300

金寨县茶业基本情况

项目	数量	单位	项目	数量	单位
茶园面积	9 467	公顷	年加工能力	5 000	吨
茶叶产量	0.43	万吨	精制茶产量	2 000	吨
茶农户数	7	万户	出口产量	2 000	吨
企业数	213	个	出口产值	6 000	万元
行业销售额	2.4	亿元			

历史渊源

金寨县境内土壤肥沃，宜于垦殖，适茶生长，产茶历史悠久。宋太祖乾德三年（965）建置茶市13个，县境就有两个（即麻埠和开顺口）。明代起，县内齐山茶叶开始入贡宫廷，齐山云雾片被列入贡茶。全国十大历史名茶——六安瓜片，原产地位于县内齐头山蝙蝠洞，历史上就是生产名茶的好地方。金寨县地处北纬31°，属北亚热带季风气候，气候温和，雨量充沛，光热资源丰富，年雾天达200多天，宜茶环境得天独厚。独特的气候条件和广泛的生物多样性特点，构成了茶叶优良品质形成的理想环境。

发展现状

金寨是全国无公害茶叶生产示范基地县，现有茶园面积9 466.67公顷，通过有机认证800公顷、绿色认证2 000公顷、无公害认证6 666.67公顷，2009年产干茶5000吨，产值2亿元。茶产业振兴，喜结硕果。

产业实现了增产、增效　2007年全县茶叶产量达5 000吨，产值2亿元，分别比5年前增加了43.3%和76.9%。其中名优茶产量1 500吨，产值1.15亿元，分别占总产量和总产值的34.9%和78.3%。全县茶叶产业经济实力大增，为农村经济繁荣作出重要贡献。全县茶农人均茶叶收入达630元，比5年前增长近1倍。

企业实现了发展壮大　目前，全县茶叶产业有市级龙头企业5家，县级龙头企业10家，茶叶合作社20多家，通过QS认证的茶叶企业12家，通过ISO9001—2000国际质量体系认证企业3家，全县拥有翠眉、金龙玉珠和安态3个省级著名商标。

技术实现了提高创新　全县引进茶树良种26个，建茶树良种繁育基地66.67公顷，年繁育良种茶苗2 000万株。引进茶树良种嫁接、无性繁殖、机械化加工等新技术30余项，推广名茶机械、茶园耕作机械等新设备40

余项、3 000 多台。特别是六安瓜片，通过创新改革，变采茶扳片为留叶分批采片叶，提高了劳动效率和六安瓜片产量；改进传统工艺优化六安瓜片制作技术；制定和严格执行《六安瓜片茶》行业标准，使六安瓜片质量连年提高；创新六安瓜片包装设计，使六安瓜片价格连年上扬，钻石级标准六安瓜片茶叶销售价每千克达 2 500 元以上，可与国内其他名优茶相媲美。

销售实现了畅内扬外　全县 10 个重点乡（镇）建立了茶叶市场，其中油坊店朱堂茶叶市场年交易量 3 000 吨，交易额 8 000 万元，成为皖西最大的毛茶交易市场。全县共有茶叶营销大户为骨干的茶叶经济人 1 万名，先后在省内大中城市和上海、浙江、北京等地建立 100 多个以茶为主的绿色商品直销窗口，茶叶进入城市超市。形成了以龙头企业为纽带，大中城市为中心，大型超市和绿色销售窗口为平台，网上销售为补充的多方位销售网络。

政策支持

历届县委、县政府高度重视发展茶叶产业，把振兴茶产业作为发展现代农业和建设新农村的重要手段，从政策、资金、宣传和服务等方面大力支持茶产业。县成立了茶叶生产办公室，有一批有经验、能战斗的技术队伍。全县经过几十年的艰苦努力，十个重点产茶乡镇建有 6.67 公顷以上的茶园基地 200 多处，66.67 公顷以上茶园基地 10 多处，666.67 公顷以上茶园基地两处。培育了金寨翠眉、六安瓜片、金龙玉珠等多个知名品牌。2000 年六安瓜片传统名茶恢复开发一举成功，县产六安瓜片在 2001 年中国（芜湖）国际茶叶博览会上夺得“茶王”称号；金寨翠眉连续获得 1993 年、1995 年、1997 年、1999 年四届中国国际茶叶博览会金奖和中国名牌产品称号；金龙玉珠连续 17 年作为国务院办公用茶，金寨县成为国务院办公用茶生产基地。

品牌建设

金寨县主要茶叶品牌

茶类	主要品牌	生产厂家	获奖情况
绿茶	六安瓜片	安徽齐山六安瓜片有限公司	2001 年中国（芜湖）国际茶叶博览会上夺得“茶王”称号
绿茶	金寨翠眉	金寨县名优茶开发有限公司	连续获 1993 年、1995 年、1997 年、1999 年四届中国国际茶叶博览会金奖和中国名牌产品称号
绿茶	金龙玉珠	金龙玉珠茶业有限公司	连续 17 年作为国务院办公用茶
绿茶	安　态	金寨县安态特色农产品有限公司	安态牌金寨雨毫在 2007 年中国茶叶学会举办的第七届“中茶杯”名优茶评比中获特等奖
绿茶	九华山	金寨县九华山茶业有限公司	九华山牌信阳毛尖获得 2007（日本）世界绿茶大会最高金奖

（金寨县农业委员会　解正定　王贯海）

中国白茶之乡——福建福鼎

福鼎位于福建省东北部，福鼎茶叶创业远古，闻于唐宗，兴于明清，盛于当今。早在尧帝时期就有太姥娘娘用白毫银针治病救人的故事传说，200多年前福鼎茶叶特别是白茶就远渡重洋，出口到30多个国家和地区，18世纪“白琳工夫”享誉全球，白毫银针是英国女王酷爱的珍品。2007年茶园面积1.12万公顷，产茶1.21万吨，其中白茶产量约3 750吨，白茶产品主要出口欧、美、日、韩等37个国家和地区，是我国最主要的白茶原产地和出口基地县（市）。2005年福鼎市被农业部列入全国无公害茶叶示范基地县（市），2006年福鼎市被中宣部、商务部等11个部委评为全国三绿工程茶业示范县（市），2006年被授予“中国白茶之乡”称号。

福鼎市人民政府

市委副书记 陈兴华

福鼎市茶业局

局　　长 陈诗雄

茶叶技术推广站

站　　长 吴鸿飞

电　　话 0593-7995976

传　　真 0593-7995976

E-mail fdscls@sina.com

地　　址 福鼎市中山南路122号

邮　　编 355200

福鼎市茶业办公室

主　　任 陈诗雄

副 主 任 蔡良绥

电　　话 0593-7895616

传　　真 0593-7895616

网　　址 www.fabaicha.com

E-mail fdbcd@163.com13

地　　址 福鼎市鼎城楼603室

邮　　编 355200

福鼎市茶业基本情况

项 目	数 量	单 位	项 目	数 量	单 位
茶园面积	1.12	万公顷	年加工能力	2.1	万吨
茶叶产量	1.55	万吨	精制茶产量	1.25	万吨
茶农户数	9.20	万户	出口产量	8 000	吨
行业销售额	12.50	亿元	出口产值	5.4	亿元

历史渊源

福鼎位于福建省东北部，面临东海，与浙江温州毗连，地处闽浙交界的东海之滨，山川秀美，属亚热带海洋性季风气候，四季分明，夏无酷暑，冬无严寒，日照长，热量丰富，年平均气温15.3～18.5℃，平均相对湿度为80%，年均降水量1 800～2 200毫米，雨量充沛，分布较均匀，全年无霜期达224～266天，气候宜人。特殊的地理条件和优越的自然生态环境，孕育了福鼎独特而丰富的茶业资源。福鼎产茶历史悠久，是全国优良茶树品种华茶1号、华茶2号发源地，主要生产白茶、绿茶、茉莉花茶、白琳工夫红茶和花香型乌龙茶等，是福建的茶叶主产县（市），也是我国十大产茶大县（市）之一。其中，作为世界六大茶类之一、中国特有茶类——白茶的原产地，福鼎白茶具有地域唯一、工艺天然、功效独特等三大特征，并以其降火消炎、康体养颜等显著保健作用而久负盛名，素有“世界白茶在中国，中国白茶在福鼎”之美誉，是最原始、最自然、最健康的茶类珍品。

白茶属轻微发酵的茶类。因其品质外形针状、白毫密披、色白如银而得名。白茶起于太姥山，相传尧帝时有一女子居住在此，以种兰为生，为人乐善好施，用白茶救活周边一带不少身患麻疹绝症的病儿。尧感其德，敕封“太母”。后又广种白茶，造福人间，因而被后人尊为太姥娘娘。“茶圣”陆羽《茶经》记载有：“永嘉东（南）三百里有白茶山”。南三百里是福建的福鼎（唐为长溪县辖区），系白茶原产地。明《广舆记》记载:“福宁州太姥山出名茶，名绿雪芽”。北宋年间白茶成为贡品。至明末清初，白茶的声名更盛。

自2003年以来，福鼎市先后被农业部列为“全国无公害茶叶生产示范县（市）”；被中宣部、商务部等11个部委评定为“全国三绿工程茶业示范县（市）”；福鼎白茶被列入“北京奥运”五环茶底色茶，福鼎市被国家林业局授予“中国白茶之乡”称号；被中国茶叶学会授予“中国名茶之乡”和“茶叶科技示范基地”称号，被农业部授予“全国茶叶质量安全可追溯制度试点县（市）”、“全国农产品加工创业基地”、“全国农产品加工业（福鼎白茶）示范基地”称号。

政策支持

茶业是福鼎市涉及面最广的农村传统支柱产业。近年来，在省委、省政府和宁德市委、市政府的正确领导和大力支持下，成立了福鼎市茶业发展领导小组，制定并实施《关于进一步推动茶产业发展的若干意见》、《关于扶持农业产业化龙头企业发展的意见》等相关政策措施，坚持每年召开全市茶业工作会议，专门研究部署推动茶产业发展的目标任务和具体办法，不断加大扶持和推进力度，促进茶产业持续健康发展。

茶叶生产

2007 年全市茶园面积 1.12 万公顷，其中白茶产量保持在 3 750 吨，产值达 4.8 亿元。全市茶农实现增收 6 000 万元，增幅达 6.2%。2007 年，全市共有绿色食品茶园 200 公顷；认证有机茶园基地 12 个，面积 667 公顷；无公害茶园认证基地 5 个，面积 2 600 公顷。

福鼎的茶树良种有福鼎大白茶、福鼎大毫茶、早逢春、歌乐茶、翠岗早等。1984 年全国茶树良种审定委员会认定福鼎大白茶、福鼎大毫茶为第一批国家茶树良种，编号分别为华茶 1 号、华茶 2 号。

福鼎大白茶又名白毛茶，简称福大，属小乔木型，中叶类，早生种，在当地已栽培 100 多年的历史，2007 年在福鼎 17 个乡（镇）栽培面积达 2 333.33 公顷，是福鼎市三大茶树主栽品种之一。福鼎大毫茶属小乔木型，大叶类，早芽种，适制茶类广，抗逆能力强，适应性广，2007 年在福鼎栽培面积达 9 133 公顷，是福鼎市栽培最多的茶树品种。哥乐茶属小乔木型，大叶类，早生种，在当地已栽培 100 多年的历史，目前在福鼎栽培面积达 333 公顷，是福鼎市较有潜力的栽培茶树品种之一。

茶叶加工

全市省级龙头企业 3 家，市级以上龙头企业 11 家，有 32 家茶企业获得 QS 认证；品品香、天湖、广福、绿叶、誉达、莲峰等 6 家企业获得“2007 年中国茶叶行业百强企业”。2007 年全市茶叶总产量达 1.55 万吨，实现毛茶产值 5.0 亿元；涉茶产业年总产值达 12.0 亿元以上。

品牌建设

福鼎市主要茶叶品牌

茶类	主要品牌	生产厂家	获奖情况
白茶	品品香	福建品品香茶业有限公司	“太姥杯”白茶王大奖赛金奖、中国名牌农产品
	广林福	福建省广福茶业有限公司	“太姥杯”白茶王大奖第一名
	绿叶	福建绿叶茶业发展有限公司	福建省名茶、福建省名牌产品
	裕荣香	福建省裕荣香茶业有限公司	国际名茶金奖
	绿雪芽	福建省天湖茶业有限公司	福建省名茶
	白毫银针	福鼎市茶业协会	证明商标
	福鼎白茶	福鼎市人民政府	国家地理标志保护产品、福建省著名商标
绿茶	绿雪芽	福建省天湖茶业有限公司	“国际名茶金奖”、福建省名牌产品
红茶	白琳工夫	福鼎市茶业协会	证明商标

茶叶文化

我国茶文化与奥林匹克有着一种机缘巧合，奥运五环旗上红、黄、蓝、绿、黑的五环颜色加上旗帜的白色底色正好与我国传统的六大茶类颜色互相吻合；奥林匹克精神追求的团结、友好，与中国茶道精神所倡导的“和”字异曲同工；奥运会的“动”与中国茶饮的“静”相得益彰。2006 年 4 月，由北京市文联、北京市宣武区政府、中国茶叶流通协会联合主办的第三届老舍茶馆茶文化节暨“五环茶·迎奥运”活动中，组委会精心挑选，评选出云南滇红、君山银针、冻顶乌龙、大佛龙井、云南普洱、福鼎白茶分别作为红、黄、蓝、绿、黑、白六大茶类的代表，入选奥运五环茶。2007 年福鼎又有五家企业被列为奥运五环茶合作厂商，同年 11 月福鼎市政府制作的世界最大的奥运主题白茶砖，被评为茶周刊国内茶业行业十大新闻之一。

（福鼎市茶业局　蔡良绥）

中国红茶之乡——江西浮梁

浮梁县位于江西省东北部，居“六山二湖”即：黄山、九华山、庐山、武夷山、龙虎山、三清山；鄱阳湖、千岛湖中心位置，是长江三角洲、长江中游经济区、“9＋2”泛珠三角区和京九铁路经济带结合部的中心地区。1997年被农业部命名为“中国红茶之乡”，2005年被农业部授予“全国无公害茶生产示范基地县”称号，2007年被农业部列为“国家级茶叶标准化示范县”建设单位。浮梁茶2007荣获“江西省名牌农产品”称号；2008年获中国绿色食品博览会金奖、“中国地理标志产品年度金奖”。

浮梁县人民政府

主管副县长 汪春艳
电　　话 0798-2626912
传　　真 0798-2626428

浮梁县茶业局
局　　长 李　勇
电　　话 0798-2620901
传　　真 0798-2629965

浮梁县茶叶技术推广站
站　　长 鲍润元
电　　话 13979869117
传　　真 0798-2629965
E-mail jxflnf@sina.com
地　　址 浮梁县城高岭路37号
邮　　编 333400

浮梁县茶业基本情况

项 目	数量	单位	项 目	数量	单位
茶园面积	6 670	公顷	行业销售额	1.32	亿元
茶叶产量	0.22	万吨	年加工能力	2 200	吨
茶农户数	1.20	万户	精制茶产量	1 100	吨
企业数	46	个			

历史渊源

浮梁产茶历史悠久，汉代即有僧人种植和采集茶叶。至唐代，茶叶加工和贸易开始兴盛，唐王敷《敦煌变文集》中记述：“浮梁歙州，万国来求。”中唐元和年间（806—820），浮梁已是赣北、皖南茶叶的主要集散地。《元和郡县志》记载：唐元和八年（813），浮梁“每岁出茶七百万驮，税十五余万贯。”唐代著名诗人白居易在其名著《琵琶行》中就有“商人重利轻别离，前月浮梁买茶去”的描写，说明当时浮梁茶叶市场已颇有名气。至唐以降，浮梁的仙芝、嫩蕊、福合、禄合等茶，以其“色艳、香郁、味醇、形美”四绝，历宋、元、明、清数代而不衰，成为经世品牌，诏为贡品。明汤显祖在其《浮梁县新作讲堂赋》一文中，曾对浮梁茶有过生动描述：“今夫浮梁之茗，冠于天下，帷清帷馨，系其薄者……”

中唐以前，浮梁无茶叶加工技术，唯有生羹汤饮。中唐至宋代中期，以生产片茶为主。宋后期，散茶出现，并逐步取代片茶。

元代绿茶生产工艺已趋定型。清道光年间，红茶制作工艺传入浮梁，给浮梁茶叶生产带来了技术性的革命。浮梁工夫红茶以其“外形美观、汤色红艳、滋味醇厚、回味隽永”闻名，远销欧美市场。

1915年，江村乡严台村江资甫“天祥”茶号经营的“浮红”茶，在美国旧金山举办的“美国旧金山巴拿马万国和平博览会”上荣获金奖。

发展现状

1. 茶园结构　全县现有茶园总面积6 670公顷，占全县农业经营面积的15%。其中可采茶园5 667公顷。按建园时间和地形分布及生产茶类的不同可分为四类茶园：

（1）高山茶园2 333公顷，主要分布在西湖、瑶里、江村及鹅湖的金竹山等山区，海拔多在400米以上。茶树品种多为地方群体种，零星种植或单行条植，因山高林密，长年云遮雾绕，具有独特的地域品质特征，是制作名优茶的上佳原料产地。

（2）高产连片茶园 3 000 公顷，建园于 20 世纪 50 ～ 80 年代，主要分布在九龙、蛟潭、经公桥、浮梁镇（原新平乡）、王港等乡（镇），茶园特点是：地势较平缓、集中连片、条形种植、产量高、规模较好，是现阶段大宗红、绿茶原料生产的主要茶园。

（3）吉湖项目新建的茶园 224 公顷，现约保存 133 公顷，是浮梁第一批良种茶园，茶园产地条件好，双行、双株高密度种植，产量高，一年可采 5 ～ 6 批，是浮梁目前最具特色的优质、高产、高效茶园，主要分布在：蛟潭的广明茶场 38.67 公顷（保留面积）、庄湾新佳 44.67 公顷。

（4）其他类茶园 1 200 公顷，主要包括 20 世纪 90 年代后农户自开茶园和近年来国家农业综合开发项目及 2007 年整合资金项目，扶持农户新发展的良种茶园。

2. 茶树品种 浮梁县 20 世纪 80 年代前建园的茶园均为种子播种的群体品种（混合种），保存面积约占现有茶园面积的 80%。20 世纪 90 年代后建园的茶园均为良种茶园，引进的品种主要有：湖南的槠叶齐、白毫早，福建的福鼎、福安大白、福云 6 号和福鼎大毫，浙江引进的龙井 43、迎霜、平阳特早和乌油早以及安徽引进的安农 1 号、安农 2 号、仙御早等。

3. 茶园管理

（1）高山茶园。由于采茶时间短（春、夏两季），且以手工采摘为主，全年仅进行一次秋季抚育和整形修剪，肥料以农家肥和树枝、树叶、茅草等自然基肥为主，高山茶区茶园一般不须进行病虫害防治。

（2）缓坡和平地茶园。每年采最后一批茶之后要结合施基肥进行一次深耕、春茶和夏茶采摘后（机采茶园第一批和第三批采后）进行一次浅锄（浅耕），春、夏、秋茶采摘前 7 ～ 10 天结合产量进行一次追肥。防治灭虫视茶园病虫发生情况进行，一般每年需进行 2 ～ 3 次人工或药物灭虫。

（3）茶园管理机械化。全县可实行机采茶园 1 333 公顷左右，全县现有各类采茶机 129 台，大型中耕机 4 台，修剪、修边机 56 台。

4. 茶园认证 无公害茶园 6 670 公顷，已颁证有机茶园 533 公顷，绿色食品认证 587 公顷。

5. 茶叶加工

（1）初制加工。加工企业（基地）46 家，其中已注册 32 家，2008 年新增注册 7 家；名优茶机械加工设备 65 台套及清洁化流水线一条，2008 年新引进 45 台套；大宗红绿茶加工能力 2 200 吨，2008 年新增加工能力 560 吨；名优茶（手工除外）400 吨，其中 2008 年新增 225 吨。

（2）精制加工。现运行企业 3 家，加工能力 1 500 吨，2008 年实际加工量 1 100 吨。

（3）龙头企业。全县现有省级龙头企业 2 家，市级龙头企业 6 家。年销售额千万元以上的 2 家，500 万元以上的 5 家，百万元以上的 3 家。

6. 产量、产值 2008 年实现茶叶总产 2 248 吨，其中：名优茶 648 吨，大宗茶 1 600 吨（红茶 920 吨，其他 680 吨）；产值 1.32 亿元，其中名优茶产值 1.06 亿元，大宗茶 0.26 亿元，茶叶产量、产值分别比上年增长 5.5% 和 10%；茶叶产值占农业产值的 12%，茶农人均茶叶收入 2 809 元，占人均总收入（全县农业人口人平均收入 5 350 元）的 52.5%。

7. 茶农及专业技术人员 全县现有茶农 1.2 万户 4.7 万人，茶业系统在职技术人员 144 人，其中高级农艺师 1 人，中级职称 3 人，初级职称 9 人。在乡村茶农中有名优茶加工能手 3 000 余人，营销人员 700 人，省、市级创业能人各 1 人。

组织机构

成立了以县委书记为组长，以县长、农工部长、人大副主任、分管县长为副组长，财政、茶业、农业、林业、科技一把手为成员的浮梁县茶产业发展领导小组。2005 年开始成立了浮梁县茶业局，2003 年开始成立了浮梁县茶叶协会，乡（镇）级茶叶协会成立了两家。

品牌建设

按照“产地商标统一，证明商标凸显，产品商标各异、公共资源共享”的原则，经过宣传和推介浮梁茶，浮梁的茶产业品牌统一之路迈出了坚实而又可喜的第一步，形成了以浮梁茶证明商标为主品牌，以企业产品商标为特色，实行“×× 牌浮梁茶”的双牌运行发展模式。形成了浮瑶仙芝、瑶里崖玉、西湖珍芝、瑶河及昌南雨针牌浮梁茶等系列产品，在市场开拓上为浮梁茶产业的发展提高了声誉，扩大了知名度，充分显示了合力，据统计，2008 年企业销售量、销售额较上年同期分别增长 21% 和 26%。

（浮梁县茶业局）

中国绿茶之乡——江西婺源

婺源地处江西省东北部，设县始于唐开元28年，森林覆盖率82.5%，是个“八分半山一分田、半分水路和庄园”的典型江南山区县，素有“书乡”、“茶乡”之称，是我国著名的文化与生态旅游县，被誉为“中国最美的乡村”。婺源是中国绿茶金三角的核心产区，“绿丛遍山野，户户飘茶香”。境内山清水秀，气候温润，雨量充沛，土壤肥沃，光照适度，得天独厚的地理条件和良好的生态环境，孕育了婺源绿茶“颜色碧而天然，口味香而浓郁，水叶清而润厚”的独特品质，在国内外享有很高的声誉。1785年美国威廉·乌克斯所著《茶叶全书》中盛赞“婺源茶不独为路庄绿茶之上品，且为中国绿茶中品质之最优者”。现代有机茶专家则称“婺源绿茶是世界上口感最美妙的绿茶”。

婺源县人民政府

主管副县长 汪汉新

电　　话 0793-7357909

传　　真 0793-7351631

E-mail wygov123@yahoo.com.cn

地　　址 婺源县紫阳镇书乡路

邮　　编 333200

婺源县茶业局

局　　长 潘显峰

电　　话 0793-7343468

传　　真 0793-7343468

E-mail jxwycyj@163.com

地　　址 婺源县紫阳镇书乡路18号

邮　　编 333200

婺源县茶业基本情况

项 目	数量	单 位	项 目	数量	单 位
茶园面积	1	万公顷	年加工能力	25 000	吨
茶叶产量	0.62	万吨	精制茶产量	18 000	吨
茶农户数	5	万户	出口产量	16 000	吨
企业数	35	个	出口产值	20 800	万元
行业销售额	3.9	亿元			

历史渊源

婺源产茶始于汉盛于唐。“婺源绿茶，唐载《茶经》，宋称绝品，明清入贡，中外驰名”，是对婺源茶叶历史和优异品质的高度概括。婺源自古以来，一直是以生产加工炒青绿茶为主，明末、清初鼎盛时期，婺源绿茶就有年产5万担（2 500吨）、制成箱茶10万箱的辉煌记录。唐代陆羽所著《茶经》中，就有“歙州（茶）生婺源山谷”的记载（当时婺源隶属歙州）。《宋史·食货志》“顾诸之紫笋，毗陵之阳羡，绍兴之日铸，婺源之谢源，隆兴之黄龙、双井，皆绝品也”，婺源的“谢源茶”被列为当时全国六大绝品茶之一。明清年间，婺源的溪头梨园茶、砚山桂花树底茶、大畈灵山茶、济溪上坦源茶被誉为四大名家茶，列为贡品。婺源茶叶自17世纪初进入国际市场，就以其独特的品质被消费者认可，扬名四海。清乾隆年间，婺源茶叶被列为中国出口的主要物资之一，远销欧、美诸国，外销盛极一时。清光绪年间，婺源茶叶曾获南洋劝业会金奖和美国赛会奖。1915年，婺源益芳绿茶、鼎盛隆绿茶、协和昌珠兰精茶均获巴拿马万国博览会一等奖。

发展现状

2007年全县大、中、小型茶叶初制厂和名优茶加工厂500余座，茶叶精制厂20座，茶农人均茶叶收入760元。全县年产值50万元以上的茶叶企业35家（其中5 000万元以上1家、2 000万元以上4家），省级农业产业化茶叶龙头企业4家、市级2家，江西省著名商标（茶叶）4个，通过QS认证的茶叶企业16家，全县茶叶门市部（店）300余家，茶叶行业合作组织（协会、合作社）7个，茶叶生态观光园2个，拥有茶叶进出口自营权的企业6家（直接自营出口创汇800万美元、占全县自营出口额80%）。

婺源自1993年开发建设有机茶基地以来，已从当年的133公顷发展到2007年的有机茶园3 467公顷、绿色食品（茶叶）标准化生产基地7 333公顷，已有11家企业的20个茶叶产品获得AA级绿色食品标志和有机茶认证。婺源有机茶主销欧盟、美国、加拿大、日本等国际市场，占欧盟有机绿茶70%以上的市场份额。2003年元月，婺源荣获首批“全国无公害农产品（茶叶）生产示范基地县”达标证书。2004年12月，被命名为“中国茶叶之乡”。

2005年8月1日，正式启用“婺源绿茶”证明商标；同年10月，被授予“全国无公害农产品（茶叶）出口示范基地县”。2006年7月1日，《婺源绿茶——江西省地方标准》正式发布实施。2007年3月，荣获首批“全国绿色食品原料（茶叶）标准化生产基地”称号。茶叶是婺源传统的特色产业，近年来，采取“企业+协会+基地+农户”的生产模式，形成了可持续发展的产业链。茶业现已成为建设绿色婺源的支柱产业、振兴县域经济的主导产业、农民增收的富民产业、出口创业的优势产业、企业增效的朝阳产业、新农村建设的首选产业。

政策支持

婺源县委、县政府立足县情和产业资源优势，始终把茶产业作为强县富民的主导产业着力培育发展，先后出台了《关于加快茶产业经济发展意见》、《关于进一步加快茶产业发展的实施意见》、《婺源县发展万亩良种茶园实施方案》等一系列文件，编制了《婺源县茶产业发展规划》，印发了《致全县茶叶生产、加工、经营者的一封信》，制定了扶持措施和奖励办法。一是茶叶企业获得绿色食品标志（或有机茶认证），财政奖励2万元。二是茶叶企业自营出口创汇比上年每增加1美元，财政奖励0.1元人民币。三是茶农购买茶机，享受30%的购机补贴。四是由茶叶企业提出申请，县茶业协会审批，无偿使用“婺源绿茶”证明商标。五是茶叶企业或种茶大户，集中连片新种3.33公顷以上标准化良种茶园，县政府无偿提供良种茶苗4 000株/亩、补助标准化管理费300元/亩。六是捆绑、整合财政、农业开发、扶贫等支农资金，优先扶持茶业项目建设。

品牌建设

婺源县主要茶叶品牌

茶类	主要品牌	生产厂家	获奖情况
绿茶	婺源绿茶	婺源县茶业协会	2006年江西省名牌农产品 2007年中国名牌农产品
绿茶	大鄣山牌大鄣山茶	婺源大鄣山绿色食品有限公司	1998年全国消费者信得过绿色产品 1999年昆明世界博览会金奖、全国食品行业名牌产品 2003年江西省著名商标、江西省名牌产品 2006年江西省名牌农产品
绿茶	林生牌林生茶	婺源林生实业有限公司	2000年江西省优质名茶 2005年“中绿杯”名优绿茶评比金奖 2006年江西省著名商标、江西省名牌农产品、中国名茶评比金奖 2007年江西省首届茶业博览会金奖
绿茶	鄣公山牌婺源绿茶	婺源鄣公山茶叶实业有限公司	2005年江西省著名商标 2007年江西省首届茶业博览会金奖
绿茶	聚芳永牌婺源绿茶	婺源县聚芳永茶业有限公司	2007年江西省首届茶业博览会银奖
绿茶	清明丫玉	婺源茶博府茶业有限公司	2004年江西省著名商标 2007年江西省首届茶业博览会银奖
绿茶	婺茗牌灵岩剑峰	婺源生态茶业有限公司	2005年第五届国际名茶评比银奖 2006年江西省名优茶评比银奖 2007年江西省首届茶业博览会金奖
	婺茗牌婺源茗眉		2006年中国名优品牌、中国名茶评比金奖
绿茶	婺绿春	婺源婺绿春绿色食品有限公司	2005年中、日、韩星级茶王电视公开赛三星级国际茶王、中国名茶评比金奖 2006年江西省名优茶评比金奖 2007年江西省首届茶业博览会金奖
绿茶	五龙山牌婺源茗眉	婺源县五龙山有机食品有限公司	2006年中国名茶评比银奖

（婺源县茶业局）

东国胜地　胶南绿茶——山东胶南

胶南绿茶产自素有“东国胜地、岸海名山”之称的胶南市境内。处北纬36°、东经120°，在胶州湾西海岸与青岛隔海相望。境内1 846平方千米地貌复杂多样，平原低山丘陵相间排列，境内有大珠、小珠、铁橛、藏马诸山环抱，风河、巨洋、胶河、白马等诸河缭绕其间。由于受特定的海洋性季风气候和地貌影响，造就了四季分明、气候温和，雨量适中、常有云雾缭绕、昼夜温差大的独特自然环境，非常有利于茶叶含氮物质的积累，绿茶品质表现为“叶片厚、滋味浓、香气高、耐冲泡”。

胶南市茶叶技术指导站

站　　长　张续周
电　　话　0532-88189525
传　　真　0532-88189525
E-mail　jiaonantea@126.com
地　　址　胶南市文化路36号
邮　　编　266400

山东胶南市茶叶协会

秘 书 长　张续周
电　　话　0532-88189525
传　　真　0532-88189525
E-mail　jiaonantea@126.com
地　　址　胶南市文化路36号
邮　　编　266400

胶南市茶业基本情况

项 目	数量	单位	项 目	数量	单位
茶园面积	4 470	公顷	企业数	142	个
茶叶产量	0.27	万吨	行业销售额	2.6	亿元
茶农户数	3.10	万户	年加工能力	2 700	吨

历史渊源

胶南绿茶始种于1966年，最早在胶南市铁山公社张仓村、海崖公社高峪村试种成功。1968年在胶南市海青镇建成山东省“南茶北引”第一座茶厂——胶南市海青河西茶厂。20世纪70～80年代，胶南绿茶产品以香高味浓、鲜醇爽口的品质特点多次受到中国农业科学院茶叶研究所专家的肯定。引种成功之后，胶南绿茶历经40余年的生产实践，目前已成为全市现代农业的重要产业和特色产业。

发展现状

胶南绿茶作为青岛绿茶的主导产品，生产发展较快。截至2007年底，全市茶园面积4 470公顷，年产2 700吨，产值2.6亿元。茶园面积、产量和产值分别占青岛市的72%、73%、62%；茶园主要集中在海青、六汪、铁山、大村、张家楼、理务关等优势生产区域；涌现出诸多茶叶精品和名品，比如海青锋、碧雪春、增祥绿、泰峰藏兰、石锅绿云、春早、爽芽、怡博兰花、海博春等。

胶南绿茶实行“南茶北移”已近半个世纪的历史。作为江北绿茶的优秀代表在历届茶叶评比中，屡获大奖，共获国家、省、青岛市、部优产品近200只。例如：1988年胶南毛峰荣获山东省优质茶产品；1995第二届中国国际农业博览会，胶南绿茶（海青锋）获金奖称号；从2001年第四届至第七届“中茶杯”全国名优茶评比，胶南绿茶送样74只，共获奖54只，获奖率73%，其中获得特等奖8只（次），一等奖30只，优质奖16只。5只特等奖分别是：陆旺香兰、悬泉香茗、悬泉春早、海北春、青岛莲芯、悬泉碧兰（3次）。胶南绿茶（碧兰）荣获第七届“中茶杯”全国名优茶评比金奖。

政策支持

优化品种结构，建设一流胶南绿茶基地。坚持因地制宜，合理确定茶树主栽品种，着力繁育推广无性系良种。提高现有茶园管理水平，鼓励龙头企业发挥自身优势，建设相当规模的良种茶保护地栽培生产基地，建立无性系茶树良种繁育体系。以青岛市级“茶树良种苗木繁育基地”为核心，重点发展、培育以海青绿洲茶叶精品园、碧雪春茶叶精品园、宏椿现代农业园、理务关泽惠茶树良种繁育园、张家楼增祥复合生态茶园为主体的茶叶园区，扩大无性系良种茶园种植面积，扩大有机茶生产基地面积。

加大扶持力度，营造一流胶南绿茶发展环境。理顺绿茶产业管理体制，完善绿茶产业组织体系，组建胶南绿茶商会，着力培植以农户为基础的茶叶专业合作社。加强与国内茶叶科研机构、农业院校的交流合作，引进、培养茶叶科技人员队伍和农民技术员队伍，提高从业人员整体素质。依托现有绿茶基地和优越的生态资源，建立市级绿茶产业招商项目库，积极开展“以茶招商”，吸引民间资本、工商资本和外资投入茶叶产业，兴办一批各具特色的生态旅游园区。健全绿茶产业发展激励机制，出台涵盖茶叶种植加工、市场开发和品牌培育的系列扶持政策，鼓励、引导企业开发名优产品，对拥有基地的科技型、规模型、带动型、外向型茶叶生产经营企业，建议给予优先扶持。支持茶叶企业实施兼并重组，组建股份企业，培育名企名牌，打造绿茶“航母”。

品牌建设

胶南市主要茶叶品牌

茶类	主要品牌	生产厂家	获奖情况
绿茶	海青锋	胶南市茶叶研究所	1995 第二届中国国际农业博览会金奖
	增祥绿	胶南市牛栖山茶厂	2008 青岛名优绿茶特等奖
	石锅绿云	青岛龙马经济服务中心	2005 年第六届“中茶杯”优质奖
	悬泉春早	胶南市悬泉茶厂	2001 年第四届至 2005 年第六届“中茶杯”特等奖
	海北春	胶南市海青海北春茶厂	2001 年第四届至 2005 年第六届“中茶杯”特等奖
	明泉洗秋	青岛华欧集团香茗苑有限公司	2001 年第四届至 2005 年第六届“中茶杯”特等奖
	悬泉碧兰	胶南市悬泉茶厂	2001 年第四届至 2005 年第六届“中茶杯”特等奖
	润丰孟春	青岛海青润丰茶叶有限公司	2005 年第六届“中茶杯”优质奖
	怡博兰花	胶南市怡博茶厂	2005 年第六届“中茶杯”优质奖
	陆旺香兰	胶南市旺源春茶厂	2001 年第四届至 2005 年第六届“中茶杯”特等奖

发展经验

改进加工工艺，打造一流胶南绿茶品质。实施《食品生产许可证制度》，确保茶叶质量卫生安全。

强化营销推介，塑造一流胶南绿茶品牌。启动“胶南绿茶”公用品牌塑造工程，通过成立全市性茶叶协会，申请“胶南绿茶”农产品地理标志，充分发挥好中国最北方茶叶的地缘优势，建立公共品牌授权使用规则和原产地产品保护管理制度，着力打造公共品牌，提高外在知名度和影响力。积极参加济南茶博会等国内外重大茶事活动，筛选、确定部分大型特约经销商，争取增设超市销售专柜，到大中城市设专卖店，不断提高公共品牌的知名度和市场占有率。坚持品牌塑造和茶文化培育相结合，借鉴先进地区经验，按照高品位、园林式、多功能的思路，科学规划建设集茶叶生产购销、博览会展、旅游观光、休闲娱乐、楼宇商务于一体的江北茶博园，集中推广公共品牌，争取使胶南绿茶成为重要的特色旅游产品、主要的礼仪文化商品。与大珠山杜鹃花会和琅琊旅游文化周相呼应，举办好“中国胶南绿茶节”等宣传活动。依托国家级农业旅游示范区，结合胶南历史人文资源，建立风格多样的生态绿茶旅游区，开辟茶乡体验游、生态休闲游专线，让国内外游客领略胶南丰富多彩的茶文化，进一步延伸茶产业链。

（胶南市农业局　张续周　管传鹏　王　英）

茶山竹海旅游之乡——重庆永川

永川区（古昌州、原四川省永川县、永川市、重庆市直辖后设为永川区）位于重庆西部，拥有茶园面积2 800公顷，是重庆市最大的茶区之一，亚洲最大的667公顷山地连片茶园位于该区北部云雾缭绕的阴山山脉。永川秀芽是本地茶叶著名品牌，其优秀的内在品质深得消费者喜爱。永川还是中国国际茶文化博览会（旅游节）主办城市之一，号称“中国西部茶都”。这里有远近闻名的中国永川茶山竹海国家森林公园、重庆野生动物园、昌州八景、朱德品茶楼等旅游景点，每到春天采茶季节，就会吸引络绎不绝的游客前来踏青品茶。

永川区人民政府

副 区 长 张德宽

永川区农业委员会

主　　任 曾自然

永川区经济作物站

站　　长 李　均

副站长 陈如寨

电　　话 023-49818588

传　　真 023-49818556

网　　址 www.ycny.gov.cn

E-mail cqycjz@163.com

地　　址 重庆市永川区官井路4号

邮　　编 402160

永川区茶叶行业协会

理事长 陈如寨

秘书长 王廷华

电　　话 023-49818588

传　　真 023-49818556

E-mail cqycjz@163.com

地　　址 重庆市永川区官井路4号

邮　　编 402160

永川县茶业基本情况

项 目	数 量	单 位	项 目	数 量	单 位
茶园面积	2 800	公顷	行业销售额	2	亿元
茶叶产量	2 100	吨	年加工能力	5 000	吨
茶农户数	0.6	万户	精制茶产量	2 100	吨
企业数	12	个			

历史渊源

1401年明惠帝建文游览永川茶店，在那里品尝了当地的茶叶之后留诗赞曰：“昌州海棠独香，永川茶叶更茗”。说明那个时候永川已经具有较高的茶叶栽培和制作水平了。

民国时期，据县志记载：巴岳山、箕山等地在民国初年产茶，中华人民共和国成立前年产茶叶34吨。茶农自产少量白茶和苦丁茶，作为自饮和少量出售。生产工艺则古老而简单，每年春季将嫩叶采摘后，置笼内蒸之，使其柔软，装入竹篓而紧压之，取出晒干为素毛茶。家茶、苦丁茶大都采作自用，白茶质味俱佳，供应市场销售，但价格低廉，产销无人掌管，后来土匪横行，以山为巢，逼茶农下山，茶园荒芜，形成零星野茶，至今尚存有野生茶树，有100年以上野生茶树10余株。

1963年，朱德委员长视察永川茶山，掀起了种茶的热潮，经过选用良种，采用先进科学技术，在栽培管理、采摘，制作方面实行良种、良法、良制配套，茶叶生产得到迅速发展，到20世纪80年代茶园面积发展到1 200公顷。

进入21世纪，永川茶叶生产得到了政府的高度重视。把永川定为“中国西部茶城”。并于2003年、2005年、2007年先后举办了3次茶博会（茶旅游节），提高了永川茶叶知名度，扩大了茶叶消费，促进了永川茶产业发展。

发展现状

永川有2 800公顷茶园，2007年茶叶总产量2 100吨，产值0.53亿元；其中名优茶产量1 300吨，产值3 150万元，名茶产量150吨。主要生产名优绿茶，花茶。主要种植品种有福鼎大白茶、福云6号、福选9号、平阳特早、名选131、巴渝特早、早白尖、川茶种、蜀永系、苦丁茶等。茶叶生产基地分布在箕山山脉、云雾山脉、阴山山脉、巴岳山山脉。近年新开发出了A级绿色食品渝州碧螺春、

AA级有机茶叶、玉兰花茶、苦丁茶等特种茶。

2007年永川遭遇了冬春季干旱的不利影响，但总生产销售形势较好，新的良种茶园投产，采摘面积扩大增加了茶叶总产量，名优茶叶价格上涨提升了产值和利润空间。但不利因素也比较多：茶季采摘工难找，肥料、燃煤价格成倍上涨等。

2007年永川共有茶叶加工企业12家，整体加工能力达5 000吨，私营茶叶企业10家，国有茶叶企事业单位2家，有5家企业年产值达500万元以上。永川从20世纪80年代及90年代初曾主产红茶，1994年随着红茶出口受阻，1995年起就减少红茶生产绿茶，当时的红茶加工机械至今严重锈蚀损毁，多数报废，仅有少数一两家企业红茶加工机械保养完好。目前企业生产绿茶大都是采用新购置的名优茶加工机械和配套机具。主要名优茶产品有：永川秀芽、乌金吐翠、竹海萌芽、竹海竹针、云岭毛峰、金凤银针等十多个，茶叶品牌有云岭、金凤、云升、永荣之茶、得川、又一春、哥山、益心等。

产业政策

茶叶是永川区“三大”（茶叶、水果、蚕桑）经济作物之一，2005年永川区政府出台了《永川区“十一五”茶叶产业发展规划》，政策规定：①区政府每年按基地发展进度安排茶产业发展资金，每亩补助500元；②建立茶叶产业发展专项考核制度；③用地优惠政策。

品牌建设

永川区主要茶叶品牌

茶类	主要品牌	生产厂家	获奖情况
绿茶	云岭	重庆市云岭茶叶科技有限公司	2000年中国（成都）国际茶博览会金奖 2005年（华茗杯）中国·重庆永川全国名优茶评比金奖 2006年“三峡杯”名优茶优质绿茶奖
	金凤	重庆新胜茶场	2006年“三峡杯”优质名茶奖
	新胜	重庆新胜茶场	2007年第七届“中茶杯”优质茶奖
	云升	重庆市玉琳茶业有限公司	2002年第四届韩国国际名茶评审委员会金奖 2005年（华茗杯）中国·重庆永川全国名优茶评比金奖
	又一春	重庆又一春茶业有限公司	2004年“蒙顶山杯”国际名茶金奖 2005年第五届美国·纽约国际名茶评比银奖
	竹海竹针	重庆又一春茶业有限公司	2002年中国杭州国际名茶评比金奖
	得川	重庆得川茗茶有限公司	2005年中国日照国际茶博览会国际名茶评比银奖 2006年第六届世界茶联合会香港国际名茶评比金奖
	永荣之茶	永川区永荣茶厂	—
	哥山	永川哥山茶厂	—

发展经验

1. 重点扶持永川秀芽优势品牌做大做强 2005年永川区政府决定向国家工商总局商标局申请注册“永川秀芽”产地证明商标，区经济作物站负责申报的具体工作。

2. 举办茶旅节，以旅游带动茶业发展 政府搭台，经济唱戏。2003年、2005年和2007年连续举办了3届中国国际茶文化旅游节（茶博览会），提高了永川茶竹旅游的知名度，吸引了许多茶叶客商来永川投资。

3. 加强无公害茶叶基地认证工作，使永川茶叶品质更加稳定 至2007年底，永川区茶叶基地整体通过无公害认证，其中533公顷建设建成为绿色食品茶叶基地，133公顷建成有机茶叶基地。优质茶叶占全年产量的75%，茶叶产品质量抽检合格率都在100%。获得重庆市颁发无公害认证企业达3家，获得国家绿色食品认证标准产品8个，获得有机食品认证标准的产品8个。稳定而优秀的品质加上永川秀芽的名气，使消费者购买永川茶叶非常放心和满意。

4. 成立茶叶行业协会和茶叶专业合作社规范茶业的发展 分别成立了永川区茶叶行业协会、永川区春雾茶叶专业合作社和永川区永荣镇茶叶专业合作社。专业组织的成立，为企业和农户搭建一个交流的平台，有效消除了茶叶行业的无序竞争。

（永川区经济作物站　陈如寨）

大树茶故里——重庆南川

南川早在唐代就产饼茶，被列为贡茶，为涪州名茶之首。五代十国毛文锡所著《茶谱》中有“涪州出三般茶，宾化最上，制于早春……”的记载。其境内生长有大量野生大茶树，最大的一株据西南大学食品学院测定有 1 400 多年的树龄。20 世纪 80 年代被定为国家红碎茶生产基地县，是农业部 2005 年规划建设的全国 100 个茶叶优势区域县（区）。

南川区人民政府

主管副区长 钱建超

南川区农业局

局　　长 唐亚鸿

南川区经济作物站

站　　长 李　伟

电　　话 023-71420704

传　　真 023-71417656

E-mail ncslw@163.com

地　　址 重庆市南川区南大街 33 号

邮　　编 408400

南川区茶业办公室

站　　长 李　伟

电　　话 023-71420704

传　　真 023-71417656

E-mail ncslw@163.com

地　　址 重庆市南川区南川区南大街 33 号

邮　　编 408400

南川区茶业基本情况

项 目	数 量	单 位	项 目	数 量	单 位
茶园面积	4 238.7	公顷	年加工能力	6 000	吨
茶叶产量	0.28	万吨	精制茶产量	2 800	吨
茶农户数	1.5	万户	出口产量	30	吨
企业数	16	个	出口产值	600	万元
行业销售额	0.48	亿元			

历史渊源

南川早在唐代就产饼茶，其制作技术精细，饮用方法讲究，被列为贡茶，为涪州名茶之首。五代十国时期，毛文锡所著《茶谱》中亦有“涪州出三般茶，宾化最上，制于早春……”之说；民国十五年，《南川县志》中有“涪州出三般茶，宾化最盛，制于早春，先辈携茶至京师馈人者，尤得宾化早春之名”的记载。

至中华人民共和国成立初期，南川茶叶面积约 133.3 公顷，产茶 67.15 吨。经过 50 多年持续发展，截至 2007 年底，全区茶园面积 4 238.7 公顷，茶叶产量 0.28 万吨，产值 4 827.3 万元。

20 世纪 60 年代末开始大量引种云南大叶种，一度发展到占 80% 的栽培比例。70 年代批量生产红碎茶一举成功，畅销国内外，生产的峨眉牌红碎茶 1986 年在 25 届日内瓦国际食品博览会上获得金奖，在布鲁塞尔世界食品博览会上获“世界精品食品奖”金奖，其品质可同印度阿萨姆种媲美，具有“浓、强、鲜、爽”的品质特征，被上海口岸定为出口免检产品而名扬天下。20 世纪 80 年代被定为国家红碎茶生产基地县，是农业部 2005 年规划建设的全国 100 个茶叶优势区域县（区）。

茶叶生产

南川茶园面积 4 238.7 公顷，是重庆市最大的茶区，茶园布局为“三大产业带”，即：北部生态农业大观园主产茶区 、中部名优绿茶区、南部有机茶核心区。主要品种和分布：南川云南大叶种占 80% 的栽培比例，其他为四川和福建中小叶群体种。

金佛山还生长有大量野生大树茶，据茶叶专家测定，

最古老的一株已有 1 400 多年的树龄，被誉为“茶树王”，金佛山野生大树茶按发芽时期分早、中、晚三大类 18 个品系，是茶树资源的宝贵原始材料。试生产金佛山野生大树茶 0.1 吨（有机茶申报审批中），银杏叶茶和老鹰茶共计 65 吨。

2007 年春季气温回暖早，茶园开园较早，全区名优茶的采摘和加工时间早、进度快、总量增、效益好；加之普洱茶热对南川茶叶的拉动，晒青茶价高，全国茶商涌向南川抢购大叶种晒青茶，以交定金的方式向区内各茶叶企业订单加工普洱茶原料，从而使南川大叶茶热销，提高了春茶的产量。夏、秋茶生产期间虽受 1 个月持续干旱的影响，但茶叶产业仍实现增产增收，全年茶叶产量达到 2 805 吨，产值达到 4 827.3 万元，其中名优茶产量 410 吨，产值 2 268.8 万元，名茶产量 43 吨。主要产茶品种为炒青茶、晒青茶（普洱茶原料）、红茶等。南川红碎茶，外形颗粒紧结重实，色泽乌润，内质香高持久，滋味浓、强、鲜、爽，汤色红而明亮，叶底红亮嫩匀。

南川炒青茶，20 世纪 70 年代被四川省定为收购标准样。近 20 年来创制的绿茶新品牌金佛玉翠，在重庆市 1～4 届“三峡杯”名优茶评审中获优质名茶奖，2005 年获首届“华茗杯”国际名优茶评比金奖，同年在中、美、日、韩等国组织的第五届“联合会杯”国际名优茶评比中获银奖。

金佛玉翠选用福鼎大白茶、巴渝特早等茶树品种一芽一叶初展为原料精加工而成的机制名茶，外形紧细匀直，色泽翠绿，峰毫显露，滋味鲜醇回甘，汤色黄绿明亮，叶底黄绿嫩匀。

茶叶加工

坚持红、绿茶并重，多茶类共同发展，以峨眉牌红碎茶和金佛玉翠为主打品牌，并生产重庆牌沱茶，山城牌花茶，乾丰牌九台银毫、龙峰雪芽、翠绿茶，大观牌金佛山毛峰、大观翠芽、金沸春等。2007 年南川共有茶叶加工企业 16 个，年加工量在 200 吨以上的加工企业达 5 家，依托重庆市益川茶叶有限公司、重庆市乾丰茶业有限公司、南川区天绿园名优茶厂、重庆市艾伦茶业有限公司等茶叶龙头企业。采用公司＋基地＋种植大户的产业发展模式，通过龙头企业承包或自建无性系良种茶园，以点带面促进全区茶叶产业化建设。

政策支持

茶叶是南川“五大”农业骨干产业之一，2007 年区政府出台了《关于加快农业骨干产业发展的意见》和《关于加快茶叶产业化建设的实施意见》等产业化建设政策文件，确保南川茶叶产业的可持续发展，对全区茶叶产业化区域布局、产业发展投入、品牌建设及龙头企业的培育，茶叶质量安全管理等方面出台了相应的政策措施。

品牌建设

南川区主要茶叶品牌

茶类	主要品牌	生产厂家	获奖情况
绿茶	金佛玉翠	重庆市南川区天绿园名优茶厂 重庆市乾丰茶业有限公司	“三峡杯”获优质名茶奖 “华茗杯”国际名优茶金奖 “联合会杯”国际名优茶银奖
绿茶	香炉盈春	重庆市艾伦茶业有限公司	“三峡杯”绿名茶金奖
绿茶	香炉雾茗	重庆市艾伦茶业有限公司	“三峡杯”优质绿茶金奖
红茶	重庆牌沱茶	重庆市益川茶叶有限公司	1983 年获罗马第 22 届世界食品博览会金奖
红茶	峨眉牌	重庆市南川区天绿园名优茶厂	—

（重庆市南川区农业局　李　伟）

贵州高原茶业第一县——贵州湄潭

湄潭位于贵州省东北部，距历史文化名城遵义 70 余公里，全县国土面积 1 864 平方公里，辖 9 镇 6 乡 132 村（居）48 万余人。326 国道和 204 省道纵贯其境，即将建设的杭瑞高速公路横穿湄潭茶叶主产区。湄潭是典型的农业县，其地表资源丰富，地下资源匮乏，平均海拔 912 米，年均温 15℃，年均降水量 1 100 毫米以上，无霜期 284 天，森林覆盖率 56.5%，是贵州产茶历史悠久和最大的茶区。

湄潭县人民政府

县委书记 田　刚
主管县长 肖发君
副 县 长 陈佐明
办公室主任 周天华
电　　话 0852-4221105
传　　真 0852-4221304
网　　址 www.meitan.gov.cn
地　　址 遵义市湄潭县天文大道行政中心
邮　　编 564100

湄潭县茶桑事业局

局　　长 田维祥
副 局 长 钱顺余、何义龙
办公室主任 廖家洪
电　　话 0852-4221862
传　　真 0852-4221862
网　　址 www.gzsmtxcyxh.com
E-mail mt.csj@163.com
地　　址 遵义市湄潭县西南茶城三楼
邮　　编 402160

湄潭县茶业基本情况

项 目	数 量	单 位	项 目	数 量	单 位
茶园面积	1.47	万公顷	行业销售额	7.10	亿元
茶叶产量	0.77	万吨	年加工能力	10 000	吨
茶农户数	5	万户	精制茶产量	7 660	吨
企业数	300	个			

历史渊源

唐代陆羽《茶经》中记载“黔中生思州、播州、费州、夷州……往往得之，其味极佳”，夷州即今湄潭一带。《贵州通志》记载：“湄潭眉尖茶，皆为贡品”。1939 年，当今茶届泰斗张天福先生受国民政府中央农业部委派，踏遍西南四省选址，在这里建立实验茶场（即今位于湄潭的贵州省茶叶研究所和湄潭茶场前身），从事茶叶生产与研究，当代著名茶人刘淦芝先生、李联标先生为第一、二任场长。1940 年，国立浙江大学西迁湄潭办学 7 年，开设茶叶班，培养茶叶科技人员。苏步青等知名学者成立了《湄江吟社》，品茗赋诗，激发爱国热情，李政道博士在此学习期间也结下了一段与茶馆的佳话，丰富了湄潭县茶产业、茶文化的内涵。中华人民共和国成立后，特别是改革开放和进入 21 世纪以来，湄潭县茶产业得到了蓬勃发展，茶产业成为湄潭县农村经济中最重要的支柱产业。

发展现状

湄潭土壤多呈酸性，富含硒、锌、锶等对人体健康有益的微量元素，气候及地理环境特别适宜优质茶叶的生长，是全国农村改革试验区、国家级生态示范区、全国无公害茶叶生产示范基地县、中国三绿工程茶业示范县、中国名茶之乡，全县茶园总面积 1.47 万公顷，其中无性系良种茶园占 94% 以上，规划到 2010 年达到 2 万公顷以上。

现有茶叶加工企业（大户）300 余家，其中国家级龙头企业 1 家，省级龙头企业 1 家，市级龙头企业 5 家，县级龙头企业 11 家，从业人员 3 000 余人，固定资产 2 亿元，厂房面积 6 万平方米，加工机具 1 800 台（套），年加工能力 1 万吨以上，主要生产优质绿茶类的扁形湄潭翠芽、针形的贵州针茶、大宗炒（烘）青绿茶及优质红茶，同时年产300吨茶多酚及其饮品、年产5 000吨湄茶生产线、年加工2 500吨砖茶生产线、年加工2万吨茶叶籽生产线已投产。

位于县城的西南茶城交易市场是农业部定点市场，主要销售贵州针茶和中上档的湄潭翠芽等散装茶，市场营业面积1.3万平方米，年交易量2 600吨，交易额1.47亿元。县政府正规划建设占地16.7公顷的新茶城，以适应产业发展需要。分布在茶区的茶青市场现有9个，交易面积2万平方米，年交易茶青1.8万吨，交易额1.62亿元。

政策支持

（1）《中共贵州省委、贵州省人民政府关于加快茶产业发展的意见》（黔党发［2007］6号）文件及全省茶产业大会提出，湄潭要引领贵州茶产业的发展，中央财政、省财政支持1 500万元以上；

（2）遵义市人民政府《关于推进百万亩茶叶工程建设的实施意见》（遵府办发［2006］96号）文件提出以湄潭为中心打造百万亩茶海工程，市财政支持500万元以上；

（3）《中共湄潭县委、湄潭县人民政府关于加快茶叶产业发展的决定》（湄党发［2007］5号）文件提出把湄潭从茶叶资源大县建设成茶叶产业强县，并从龙头企业扶持、品牌打造、基地建设、茶文化建设等方面予以政策和资金的扶持，全县每年用于茶产业发展及配套建设的资金在2 000万元以上。

品牌建设

湄潭县品牌

产品	主要品牌	生产厂家	获奖情况
绿茶	湄潭翠芽	兰馨公司、栗香公司茗茶公司等	“中茶杯”特等奖、一等奖，“中绿杯”金奖，国际茶博览会金奖共28次
	贵州针茶	盛兴公司等	未参加评奖
	遵义曲毫	盛兴公司等	“中绿杯”金奖
红茶	遵义红	盛兴公司、兰馨公司茗茶公司等	广州茶博览会金奖
茶多酚	陆圣康源	陆圣康源公司	未参加评奖
茶叶籽油	南方嘉木	南方嘉木公司	中国（陕西）农博览会“后稷”特别奖

茶文化

耸立于县城火焰山上高73.8米的“天下第一大茶壶”获吉尼斯证书，为湄潭茶文化、茶旅游标志性建筑，镶嵌于茶区的黔北民居建筑，林茶相间的生态环境都为湄潭以茶为主题的乡村休闲旅游打下了牢实的基础，凸显湄潭“好山好水，自然好茶”的山水田园风光和天生丽质的茶叶品质。

发展经验

（1）理念引领，明晰思路。形成了湄潭优势在茶、特色在茶、希望在茶、出路在茶、成败在茶的观念。

（2）科学规划，做大基地。2010年全县茶园总面积将达到2万公顷，农业人口人均1亩（667平方米）茶园。

（3）持强企业，做响品牌。创国家级龙头企业1家、省级龙头企业2家、市级龙头企业5家以上，倾力打造湄潭翠芽、贵州针茶、遵义红等品牌。

（4）健全网络，开拓市场。完善农业部定点市场——湄潭西南茶城配套及迁（扩）建，扩大茶青交易市场覆盖面，开设“湄潭翠芽”专卖店、旗舰店，加大宣传推介力度。

（5）发展旅游，助推产业。加快三百里（150公里）生态茶叶长廊、万亩茶海、天下第一壶以及茶区新农村建设步伐，大力开发以茶为主的茶乡休闲旅游业。

（6）提升文化，丰富内涵。进一步挖掘茶文化、浙大西迁文化及地方文化，丰富茶产业内涵。

（7）强化培训，提高素质。重点对涉及生产、加工、营销、文化等方面的人才进行培训。

（8）质量安全，警钟长鸣。实施产品“五项检测”，实行品牌“五统一”。

（湄潭县茶桑事业局　田维祥）

绿茶珍品 午子仙毫——陕西西乡

西乡县，位于陕西省南部。北依秦岭，南屏巴山，处汉水源头和南北气候过渡带。7 000年前人类已在此繁衍生息。境内层峦叠峰，沟壑纵横，气候温和，雨量充沛，具有“雨洗青山四季春，阴晴云雾漫山川”的宜茶环境。产茶历史悠久，始于秦汉，盛于唐宋，曾有“男废耕，女废织，其民昼夜制茶不休，而莫之能办也”之盛象。现有茶园1.49万公顷，年产茶4 500吨，产值2.3亿元。1997年被国家授予“中国著名茶乡”。国优名茶——午子仙毫，形美、色绿、香高、味浓，富含锌、硒，先后荣获国内外十余项大奖，被誉为“茶中皇后”，绿茶珍品，成为彰显美丽茶乡无穷魅力的一张名片。

西乡县人民政府

县　　长 刘　颙
主管副县长 李晓媛
电　　话 0916-6215321
地　　址 陕西省西乡县
邮　　编 723500

西乡县茶叶局

局　长 池彬仓
副局长 李大算　张军安
电　话 0916-6222310
传　真 0916-6222310
地　址 陕西省西乡县茶叶局
邮　编 723500

西乡县茶业基本情况

项 目	数 量	单 位	项 目	数 量	单 位
茶园面积	1.49	万公顷	年加工能力	6 000	吨
茶叶产量	0.45	万吨	精制茶产量	2 500	吨
茶农户数	5	万户	出口产量	10	吨
企业数	238	个	出口产值	60	万元
行业销售额	3.3	亿元			

历史渊源

西乡比邻四川，属古老的巴蜀茶区。夏商时作为褒国的附庸国，承担着向周王朝纳茶入贡之义务。秦始皇统一六国后，西乡先民就在汉江及牧马河两岸开垦土地，种植茶、麻。公元前206年，汉王刘邦曾带领众部将扬帆茶溪湾，唇拂午子茶，计定入关，“茶镇”一名用至今。唐时西乡属山南道茶区，生产“形似月芽，紧压成团”的“西乡月团”，随荔枝道入长安皇宫，甚受文武百官喜爱。其时境内茶镇、高川、五里坝、大河等地，广植茶园，史称“其民昼夜制茶不休，男废耕、女废织，而莫之能办也。”宋开茶马法，兴元府（汉中）开茶马司，年产茶10 510吨，仅博马茶就达227.5吨，大部分产自西乡，茶叶生产达到鼎盛。明承宋制，“榷茶”、“引税”并用，西乡“新开茶园日新月异，漫无稽考”，“采茶路曲穿林女”、“且喜晚饮来子午”，是当时茶区生活的真实写照。到弘治十八年（1505），陕西茶课“十取其一”，高达255 130吨。至清末，茶税苛重，战争不断，灾害频发，人口流失严重，茶园大片搁荒，“本县之茶则绝迹市场焉”，仅存20.5公顷，年产8吨。

中华人民共和国成立后，西乡茶叶生产经历了恢复、停滞和发展三个阶段。1977年茶园面积3 389.9公顷，被列为全国100个茶叶基地县之一。改革开放后，特别是“十五”以来，西乡县把茶叶作为农村经济的主导产业来抓，抢抓机遇，捆绑资金，举全县之力发展无公害茶园1万公顷，总面积达1.5万公顷。1997年被授予“中国著名茶乡”、“中国著名经济林（茶叶）之乡”。2005年11月15日在杭州荣获“中国茶叶发展政府贡献奖”。

1986年8月，由陈椽教授指导研制、并提笔命名的“午子仙毫”被商业部评为部优名茶。1990年的全国名茶评比会上，午子仙毫名列全国第八、北方茶区第一名，成为陕西省第一枝国家级名茶。同年，午子翠柏亦获全国名茶称号，极大地提升了西乡茶叶的品牌知名度和市场竞争力。

以茶为媒的文化活动日趋活跃，已连续举办了 8 届茶叶节。咏茶诗词、颂茶歌舞、翰茶书画、传茶音像，精彩纷呈，百花竞放。“秦巴茶艺”成为陕西省五大劳务品牌之一，享誉陕甘川，茶文化氛围浓厚。

西乡茶叶以其“含锌富硒无污染，香高味浓耐冲泡”的独特品质特征，吸引着更多的人走进这块“国内罕见的高香茶区”品茗赏茶，享受生活。

发展现状

基地发展。全县 23 个乡(镇)中有 22 个乡(镇)产茶，其中 667 公顷乡镇 10 个，333 公顷以上 8 个，种茶农户 5 万户，产茶乡镇和农户分别占全县的 96% 和 75%。茶园面积 1.49 万公顷，其中投产茶园 0.78 万公顷。

产量效益。2007 年产茶叶 4 500 吨,其中名茶 91.6 吨。产值 2.3 亿元，占农业总产值的 32%，对全县 GDP 的贡献率达 12%，拉动二、三产业增收近亿元。茶农户均增收 2 875 元，人均增收 600 元以上。解决农村剩余劳动力就业 2.6 万人，直接增加劳务收入 1.18 亿元。

龙头企业。全县共有初、精制加工厂 238 个，规模化重点企业 18 个。省级重点产业化龙头企业 4 家，市级 8 家。有 2 873 公顷茶园通过了无公害、绿色食品、有机茶认证，20 家企业通过了 ISO9001、9004、2004 国际质量体系认证，大部分获得了 QS 准入证。

政策支持

（1）“十五”期间，将扶贫、世界银行、代赈、退耕还林、土地复垦、财政资金等捆绑使用，实行“五统一”，即统一选址、统一规划、统一调种、统一种植、统一验收，免费向茶农提供种苗。

（2）“十一五”期间西乡县出台了《关于促进茶叶产业突破发展的决定》，每年财政切块 200 万元，专项用于新建（包括改、扩建）茶叶加工厂、茶机购置、茶事活动、对外开店、科技创新等方面的扶持奖励。

（3）将茶产业发展列入乡镇和相关部门年度目标考核责任书，奖优罚劣。

品牌建设

午子仙毫 1986 年 8 月 6 日在福州召开的全国名茶评比会上，被商业部评为部优名茶；1987 年获陕西省名优产品称号；1988 年获全国优质保健食品“金鹤杯”和首届食品博览会银奖；1990 年 4 月全国优质食品评比会上得分全国第八、北方茶区第一，列入全国名茶；同年 9 月在河南信阳全国名茶评比会上得分 99.8 分，再次被确认为全国名茶；1991 年 4 月获国际文化名茶奖，其后多次获得国际茶博会金奖、杨凌农业高新科技成果博览会特别后稷奖十几多项。

目前，午子仙毫年产茶量近百吨，品牌实行协会管理，全县共享。

发展经验

（1）领导重视。全县各级组织把茶产业发展列入农村主导产业，出实招，求实效，严格考核，明确奖罚。

（2）政策支持。以《关于促进茶叶产业突破发展的决定》为指导，涉茶部门一路绿灯，全方位支持茶产业发展。

（3）科技支撑。有专业技术人员 36 名，县、市、省级茶叶研究所 4 个，西北农林科技大学建有茶叶试验示范基地 1 处，有茶叶中专 1 所，与国内知名茶叶大专院校、专家学者保持密切联系。

（4）体系完备。建有茶叶专业村 26 个，示范基地 16 处，有专门的“秦巴茶市”，有独立的主管部门（县茶叶局）和技术推广单位（县茶叶技术推广站），形成了教科研、种加销的较为完备的产业体系。

（5）文化搭台。每年 4 月举办茶叶节，开展茶叶质量评比、茶艺大赛、文化活动，积极参加国内外茶事活动，市场影响力和知名度越来越大。

（陕西省西乡县茶叶局　李大算）

Ⅰ.全国茶业基本情况

1-1 中国茶业在世界茶业中的地位

（2000—2007）

单位：兆吨、%

国家	2000	2005	2006	2007	2007年占全球比重
全球	296.36	355.02	366.78	387.13	100.00
中国	70.37	95.37	104.93	118.65	30.65
印度	82.60	83.08	89.27	94.92	24.52
肯尼亚	23.63	32.85	31.06	31.50	8.14
斯里兰卡	30.58	31.72	31.08	30.46	7.87
印度尼西亚	16.26	17.77	18.50	19.20	4.96
土耳其	13.88	21.75	20.46	19.16	4.95
越南	6.99	13.25	14.23	15.30	3.95
日本	8.50	10.00	9.18	9.50	2.45

数据来源：FAO。

1-2 中国茶业基本情况

（2000—2007）

项目	单位	2000	2005	2006	2007
茶园					
茶园面积	万公顷	108.90	135.19	143.13	161.33
其中：采摘面积	万公顷	87.95	104.15	110.03	120.09
茶叶产量					
茶叶产量	万吨	68.33	93.49	102.81	116.55
其中：红毛茶	万吨	4.73	4.79	4.83	5.32
绿毛茶	万吨	49.81	69.10	76.39	87.41
乌龙毛茶	万吨	6.76	10.38	11.62	12.97
紧压茶原料	万吨	2.26	2.77	2.88	3.55
其他茶原料	万吨	4.78	6.44	7.09	7.31
精制茶加工					
加工企业数	个	315	544	637	805
从业人员	万人	4.30	4.35	5.35	7.51
销售额	亿元	43.96	110.48	155.97	246.84
利润总额	亿元	0.12	5.12	11.38	24.76
利税总额	亿元	1.97	9.94	17.48	34.01
城镇居民茶叶消费					
人均年茶叶消费量	千克	0.23	0.23	0.24	0.28
人均年茶叶消费支出	元	12.64	19.19	22.15	27.38
茶业贸易					
茶叶出口	万吨	22.77	28.66	28.66	28.94
其中：绿茶出口	万吨	15.53	20.62	21.87	22.37
红茶出口	万吨	2.94	3.58	3.15	3.03
乌龙茶出口	万吨	2.12	1.88	2.10	2.17
花茶出口	万吨	1.74	1.94	0.81	0.77
普洱茶出口	万吨	0.43	0.63	0.72	0.61
茶叶进口	万吨	0.24	0.28	0.32	0.53

资料来源：国家统计局、中国海关总署。

Ⅱ.茶叶产量与茶园面积

2-1 全国茶园面积

（1978—2007）

单位：千公顷

年 度	面 积	其中：采摘面积	年 度	面 积	其中：采摘面积
1978	1 048.00		1993	1 171.00	
1979	1 050.60		1994	1 135.00	884.04
1980	1 041.00		1995	1 115.00	868.32
1981	1 040.80		1996	1 103.00	871.48
1982	1 060.80		1997	1 076.00	868.95
1983	1 096.90		1998	1 057.00	859.69
1984	1 104.70		1999	1 130.00	909.44
1985	1 077.40		2000	1 088.95	879.50
1986	1 024.00		2001	1 140.67	887.76
1987	1 044.00		2002	1 134.24	894.80
1988	1 056.00		2003	1 207.25	925.20
1989	1 065.00		2004	1 262.31	971.80
1990	1 061.00		2005	1 351.94	1 041.50
1991	1 060.00	828.90	2006	1 431.27	1 100.30
1992	1 084.00	840.30	2007	1 613.31	1 200.90

数据来源：国家统计局、农业部。

2-2 全国各地区茶园面积

（1995—2007）

单位：千公顷

地 区	1995	2000	2005	2006	2007
全 国	1 115.3	1 089.1	1 352.1	1 431.2	1 613.3
云 南	166.2	167.4	218.5	247.5	302.9
福 建	132.0	129.2	155.2	159.8	169.8
浙 江	139.3	128.9	154.7	158.7	168.9
四 川	100.4	82.8	152.0	159.1	168.6
湖 北	113.4	121.0	138.4	146.4	161.3
安 徽	121.9	108.4	117.6	119.6	135.7
湖 南	90.6	74.1	80.1	79.9	86.2
贵 州	47.4	44.8	59.7	63.6	71.8
河 南	17.9	20.7	33.1	35.0	70.1
陕 西	31.0	35.3	59.5	62.9	67.3
广 西	25.0	26.1	36.9	41.3	47.0
江 西	55.2	50.1	38.2	39.3	43.9
广 东	45.8	43.2	36.0	40.2	37.2
江 苏	19.3	19.9	23.9	26.8	28.6
重 庆		23.8	25.8	26.9	27.5
山 东	3.3	8.8	14.5	15.7	15.2
甘 肃	0.8	1.3	6.3	7.0	10.0
海 南	5.8	3.3	1.5	1.4	1.2
西 藏			0.2	0.1	0.1

数据来源：国家统计局。

2-3 全国各地区茶叶采摘面积

（1995—2007）

单位：千公顷

地 区	1995	2000	2005	2006	2007
全 国	868.3	879.5	1 041.5	1 100.3	1 200.9
云 南	132.1	141.4	164.5	178.2	197.1
福 建	107.1	110.2	132.6	139.9	150.7
浙 江	124.1	111.8	133.6	136.8	147.0
湖 北	74.2	90.3	101.6	107.1	122.1
四 川	81.6	64.1	98.0	105.1	116.7
安 徽	102.0	93.4	105.4	106.8	114.9
湖 南	71.1	62.1	67.0	65.4	69.9
贵 州	31.4	32.8	40.1	42.9	44.9
广 西	18.2	20.7	31.2	35.0	37.5
陕 西	21.0	19.7	29.2	34.2	37.2
河 南	12.6	17.2	28.2	30.3	36.9
江 西	42.6	40.7	31.1	32.1	36.3
广 东	32.5	34.7	28.8	32.1	29.8
江 苏	10.4	15.5	19.5	21.3	24.4
重 庆		18.2	19.0	20.7	21.3
山 东	1.7	3.6	9.7	10.3	11.0
甘 肃	0.3	0.6	1.9	2.0	3.1
西 藏			0.1	0.1	0.1
海 南	5.4	2.5			

数据来源：国家统计局。

2-4 全国茶叶产量

（1978—2007）

单位：万吨

年 度	产 量	年 度	产 量
1978	26.8	1993	60.0
1979	27.7	1994	58.8
1980	30.4	1995	58.9
1981	34.3	1996	59.3
1982	39.7	1997	61.3
1983	40.1	1998	66.5
1984	41.4	1999	67.6
1985	43.2	2000	68.3
1986	46.0	2001	70.2
1987	50.8	2002	74.5
1988	54.5	2003	76.8
1989	53.5	2004	83.5
1990	54.0	2005	93.5
1991	54.2	2006	102.8
1992	56.0	2007	116.5

数据来源：国家统计局。

2-5　全国各地区茶叶产量

（1995—2007）

单位：吨

地　区	1995	2000	2005	2006	2007
全　国	588 553	683 324	934 857	1 028 064	1 165 500
福　建	94 532	125 969	184 826	200 059	223 933
云　南	64 066	79 396	115 880	138 176	169 866
浙　江	102 074	116 352	144 370	152 361	160 229
四　川	60 995	54 513	97 941	112 895	130 297
湖　北	39 049	63 703	84 976	92 400	104 987
湖　南	61 438	57 294	71 978	76 286	87 503
安　徽	45 881	45 376	59 619	63 853	70 756
广　东	39 601	42 124	44 465	47 432	48 949
广　西	19 392	17 923	26 181	28 533	34 345
贵　州	15 597	18 376	22 915	24 939	28 381
河　南	4 521	9 163	16 902	20 697	26 068
江　西	20 341	15 703	16 691	17 557	20 908
重　庆		14 526	16 545	17 087	18 853
江　苏	10 647	12 029	12 068	13 279	14 801
陕　西	5 252	6 126	11 382	12 827	14 400
山　东	1 089	2 254	6 645	7 958	9 629
海　南	3 769	2 239	950	1 150	975
甘　肃	179	257	520	573	619
西　藏	130	1	3	2	1

数据来源：国家统计局。

2-6　全国红毛茶产量

（1989—2007）

单位：吨

年　度	产　量	年　度	产　量
1989	131 255	1999	48 899
1990	109 680	2000	47 294
1991	83 360	2001	42 949
1992	75 501	2002	43 547
1993	74 614	2003	39 948
1994	75 850	2004	43 689
1995	52 003	2005	47 941
1996	49 319	2006	48 340
1997	49 515	2007	53 165
1998	56 827		

数据来源：国家统计局。

2-7 全国各地区红毛茶产量

（1995—2007）

单位：吨

地 区	1995	2000	2005	2006	2007
全 国	52 003	47 294	47 941	48 340	53 165
湖 南	15 591	12 006	15 399	17 264	19 506
云 南	14 496	13 736	11 422	10 498	8 827
湖 北	1 171	2 208	6 546	5 187	7 877
安 徽	2 265	2 587	2 484	2 661	3 495
江 西	2 669	2 317	2 687	2 628	2 662
重 庆		2 906	3 211	2 444	2 612
福 建	2 323	1 615	1 652	2 042	2 479
江 苏	1 342	1 771	1 335	1 675	1 971
广 东	2 932	1 987	1 562	1 859	1 638
四 川	2 602	634	996	970	986
广 西	1 371	271	440	781	770
浙 江	3 800	4 328	145	153	161
海 南	902	761	1	1	111
贵 州	539	167	61	177	70

数据来源：国家统计局。

2-8 全国绿毛茶产量

（1989—2007）

单位：吨

年 度	产 量	年 度	产 量
1989	314 333	1999	496 986
1990	332 502	2000	498 057
1991	357 373	2001	513 154
1992	383 302	2002	546 124
1993	420 880	2003	569 907
1994	402 877	2004	613 709
1995	413 773	2005	691 020
1996	422 252	2006	763 856
1997	443 164	2007	874 055
1998	480 211		

数据来源：国家统计局。

2-9 全国各地区绿毛茶产量

（1995—2007）

单位：吨

地区	1995	2000	2005	2006	2007
全国	413 773	498 057	691 020	763 856	874 055
云南	48 163	63 517	102 661	124 999	159 849
浙江	93 346	106 405	142 926	150 812	158 600
福建	52 419	72 431	88 923	93 388	101 978
四川	39 842	39 932	73 817	85 809	101 092
湖北	30 509	51 451	67 221	73 777	85 308
安徽	42 965	40 904	54 890	55 699	61 169
湖南	24 925	26 889	35 912	39 112	42 174
广西	15 593	15 559	20 695	22 991	28 215
河南	4 521	9 163	16 902	20 697	26 068
广东	17 958	20 409	20 686	22 172	24 213
贵州	8 440	11 384	14 123	15 647	17 680
江西	16 602	12 306	12 503	13 162	16 012
陕西	5 252	6 126	11 382	12 827	14 400
重庆		8 570	10 215	11 946	13 455
江苏	9 119	9 058	10 105	11 214	12 794
山东	1 089	2 254	6 645	7 958	9 629
海南	2 862	1 442	894	1 071	799
甘肃	168	257	520	573	619
西藏				2	1

数据来源：国家统计局。

2-10 全国乌龙毛茶产量

（1989—2007）

单位：吨

年度	产量	年度	产量
1989	30 512	1999	63 303
1990	33 411	2000	67 608
1991	37 647	2001	70 062
1992	39 510	2002	76 660
1993	41 038	2003	81 271
1994	43 411	2004	90 168
1995	55 372	2005	103 820
1996	54 073	2006	116 214
1997	56 290	2007	129 663
1998	60 598		

数据来源：国家统计局。

2-11 全国各地区乌龙毛茶产量

(1995—2007)

单位：吨

地 区	1995	2000	2005	2006	2007
全 国	55 372	67 608	103 820	116 214	129 663
福 建	38 590	50 685	85 924	97 084	111 138
广 东	15 707	15 785	15 493	16 304	17 127
湖 南	340	514	625	653	682
广 西				104	215
四 川	4	6	134	143	159
浙 江	385	440	130	137	144
贵 州			1		123
安 徽					46
云 南	74	24	12	22	29
江 西	272	154	1 501	1 767	

数据来源：国家统计局。

2-12 全国紧压茶原料产量

(1989—2007)

单位：吨

年 度	产 量	年 度	产 量
1989	22 981	1999	18 903
1990	25 026	2000	22 558
1991	20 569	2001	25 124
1992	15 163	2002	25 073
1993	17 370	2003	25 496
1994	16 642	2004	28 195
1995	17 476	2005	27 653
1996	18 764	2006	28 794
1997	18 620	2007	35 513
1998	21 099		

数据来源：国家统计局。

2-13 全国各地区紧压茶原料产量

(1995—2007)

单位：吨

地 区	1995	2000	2005	2006	2007
全 国	17 476	22 558	27 653	28 794	35 513
湖 南	9 314	9 045	9 497	9 108	13 833
四 川	1 741	4 990	8 199	9 449	11 153
湖 北	4 788	7 991	9 432	9 612	9 869
浙 江	89	102	307	324	341
贵 州	1 118	71	95	140	264
云 南	339	228	107	143	36
福 建	3	36	10	8	8
广 东	73	46	6	8	8
重 庆				2	1
江 西	11	49			

数据来源：国家统计局。

2-14　全国其他茶原料产量

（1989—2007）

单位：吨

年　度	产　量	年　度	产　量
1989	35 795	1999	47 780
1990	39 451	2000	47 807
1991	42 632	2001	50 410
1992	46 351	2002	53 970
1993	46 046	2003	51 518
1994	49 688	2004	59 469
1995	49 929	2005	64 423
1996	48 979	2006	70 860
1997	45 777	2007	73 104
1998	46 298		

数据来源：国家统计局。

2-15　全国各地区其他茶产量

（1995—2007）

单位：吨

地　区	1995	2000	2005	2006	2007
全　国	**49 929**	**47 807**	**64 423**	**70 860**	**73 104**
四　川	16 806	8 951	14 795	16 524	16 907
湖　南	11 268	8 840	10 545	10 149	11 308
贵　州	5 500	6 754	8 635	8 975	10 244
福　建	1 197	1 202	8 317	7 537	8 330
安　徽	651	1 885	2 245	5 493	6 046
广　东	2 931	3 897	6 718	7 089	5 963
广　西	2 428	2 093	5 046	4 657	5 145
重　庆		3 050	3 119	2 695	2 785
江　西	787	877			2 234
湖　北	2 581	2 053	1 777	3 824	1 933
云　南	994	1 891	1 678	2 514	1 125
浙　江	4 454	5 077	862	935	983
海　南	5	36	55	78	65
江　苏	186	1 200	628	390	36
西　藏	130	1	3		
甘　肃	11				

数据来源：国家统计局。

Ⅲ.茶业生产水平指标

3-1 全国产茶地区茶叶总产量及位次

（2000—2007）

单位：万吨

地区	2000		2005		2006		2007	
	产量	位次	产量	位次	产量	位次	产量	位次
全国	68.33		93.49		102.81		116.55	
江苏	1.20	13	1.21	14	1.33	14	1.48	14
浙江	11.64	2	14.44	2	15.24	2	16.02	3
安徽	4.54	7	5.96	7	6.39	7	7.08	7
福建	12.60	1	18.48	1	20.01	1	22.39	1
江西	1.57	11	1.67	12	1.76	12	2.09	12
山东	0.23	16	0.66	16	0.80	16	0.96	16
河南	0.92	14	1.69	11	2.07	11	2.61	11
湖北	6.37	4	8.50	5	9.24	5	10.50	5
湖南	5.73	5	7.20	6	7.63	6	8.75	6
广东	4.21	8	4.45	8	4.74	8	4.89	8
广西	1.79	10	2.62	9	2.85	9	3.43	9
海南	0.22	17	0.10	17	0.12	17	0.10	17
重庆	1.45	12	1.65	13	1.71	13	1.89	13
四川	5.45	6	9.79	4	11.29	4	13.03	4
贵州	1.84	9	2.29	10	2.49	10	2.84	10
云南	7.94	3	11.59	3	13.82	3	16.99	2
西藏	0.00	19	0.00	19	0.00	19	0.00	19
陕西	0.61	15	1.14	15	1.28	15	1.44	15
甘肃	0.03	18	0.05	18	0.06	18	0.06	18

资料来源：国家统计局。

3-2 全国产茶地区绿毛茶产量及位次

（2000—2007）

单位：万吨

地区	2000		2005		2006		2007	
	产量	位次	产量	位次	产量	位次	产量	位次
全国	49.81		69.10		76.39		87.41	
江苏	0.91	13	1.01	15	1.12	15	1.28	15
浙江	10.64	1	14.29	1	15.08	1	15.86	2
安徽	4.09	5	5.49	6	5.57	6	6.12	6
福建	7.24	2	8.89	3	9.34	3	10.20	3
江西	1.23	10	1.25	12	1.32	12	1.60	12
山东	0.23	16	0.66	16	0.80	16	0.96	16
河南	0.92	12	1.69	10	2.07	10	2.61	9
湖北	5.15	4	6.72	5	7.38	5	8.53	5
湖南	2.69	7	3.59	7	3.91	7	4.22	7
广东	2.04	8	2.07	9	2.22	9	2.42	10
广西	1.56	9	2.07	8	2.30	8	2.82	8
海南	0.14	17	0.09	17	0.11	17	0.08	17
重庆	0.86	14	1.02	14	1.19	14	1.35	14
四川	3.99	6	7.38	4	8.58	4	10.11	4
贵州	1.14	11	1.41	11	1.56	11	1.77	11
云南	6.35	3	10.27	2	12.50	2	15.98	1
西藏					0.00	19	0.00	19
陕西	0.61	15	1.14	13	1.28	13	1.44	13
甘肃	0.03	18	0.05	18	0.06	18	0.06	18

资料来源：国家统计局。

3-3 全国产茶地区红毛茶产量及位次

（2000—2007）

单位：万吨

地 区	2000		2005		2006		2007	
	产 量	位 次	产 量	位 次	产 量	位 次	产量	位 次
全 国	4.73		4.79		4.83		5.32	
江 苏	0.18	9	0.13	9	0.17	9	0.20	8
浙 江	0.43	3	0.01	12	0.02	13	0.02	12
安 徽	0.26	5	0.25	6	0.27	4	0.35	4
福 建	0.16	10	0.17	7	0.20	7	0.25	7
江 西	0.23	6	0.27	5	0.26	5	0.27	5
湖 北	0.22	7	0.65	3	0.52	3	0.79	3
湖 南	1.20	2	1.54	1	1.73	1	1.95	1
广 东	0.20	8	0.16	8	0.19	8	0.16	9
广 西	0.03	13	0.04	11	0.08	11	0.08	11
海 南	0.08	11	0.00	14	0.00	14	0.01	13
重 庆	0.29	4	0.32	4	0.24	6	0.26	6
四 川	0.06	12	0.10	10	0.10	10	0.10	10
贵 州	0.02	14	0.01	13	0.02	12	0.01	14
云 南	1.37	1	1.14	2	1.05	2	0.88	2

资料来源：国家统计局。

3-4 全国产茶地区乌龙毛茶产量及位次

（2000—2007）

单位：万吨

地 区	2000		2005		2006		2007	
	产 量	位 次	产 量	位 次	产 量	位 次	产 量	位 次
全 国	6.76		10.38		11.62		12.97	
浙 江	0.04	4	0.01	6	0.01	6	0.01	6
安 徽							0.00	8
福 建	5.07	1	8.59	1	9.71	1	11.11	1
江 西	0.02	5	0.15	3	0.18	3		
湖 南	0.05	3	0.06	4	0.07	4	0.07	3
广 东	1.58	2	1.55	2	1.63	2	1.71	2
广 西					0.01	7	0.02	4
四 川	0.00	7	0.01	5	0.01	5	0.02	5
贵 州			0.00	8			0.01	7
云 南	0.00	6	0.00	7	0.00	8	0.00	9

资料来源：国家统计局。

3-5 全国产茶地区紧压茶原料产量及位次

（2000—2007）

单位：万吨

地 区	2000		2005		2006		2007	
	产 量	位 次	产 量	位 次	产 量	位 次	产 量	位 次
全 国	2.26		2.77		2.88		3.55	
浙 江	0.01	5	0.03	4	0.03	4	0.03	4
福 建	0.00	9	0.00	7	0.00	7	0.00	7
江 西	0.00	7						
湖 北	0.80	2	0.94	2	0.96	1	0.99	3
湖 南	0.90	1	0.95	1	0.91	3	1.38	1
广 东	0.00	8	0.00	8	0.00	8	0.00	8
重 庆					0.00	9	0.00	9
四 川	0.50	3	0.82	3	0.94	2	1.12	2
贵 州	0.01	6	0.01	6	0.01	6	0.03	5
云 南	0.02	4	0.01	5	0.01	5	0.00	6

资料来源：国家统计局。

3-6 全国产茶地区其他茶原料产量及位次

（2000—2007）

单位：万吨

地区	2000		2005		2006		2007	
	产量	位次	产量	位次	产量	位次	产量	位次
全国	4.78		6.44		7.09		7.31	
江苏	0.12	12	0.06	12	0.04	12	0.00	14
浙江	0.51	4	0.09	11	0.09	11	0.10	12
安徽	0.19	10	0.22	8	0.55	6	0.60	5
福建	0.12	11	0.83	4	0.75	4	0.83	4
江西	0.09	13					0.22	9
湖北	0.21	8	0.18	9	0.38	8	0.19	10
湖南	0.88	2	1.05	2	1.01	2	1.13	2
广东	0.39	5	0.67	5	0.71	5	0.60	6
广西	0.21	7	0.50	6	0.47	7	0.51	7
海南	0.00	14	0.01	13	0.01	13	0.01	13
重庆	0.31	6	0.31	7	0.27	9	0.28	8
四川	0.90	1	1.48	1	1.65	1	1.69	1
贵州	0.68	3	0.86	3	0.90	3	1.02	3
云南	0.19	9	0.17	10	0.25	10	0.11	11
西藏	0.00	15	0.00	14				

资料来源：国家统计局。

3-7 全国产茶地区茶叶单产及位次

（2000—2007）

单位：千克/亩

地区	2000		2005		2006		2007	
	产量	位次	产量	位次	产量	位次	产量	位次
全国	41.83		46.09		47.89		48.16	
江苏	40.30	9	33.66	13	33.03	14	34.50	13
浙江	60.18	3	62.22	3	64.00	3	63.24	4
安徽	27.91	13	33.80	12	35.59	12	34.76	12
福建	65.00	2	79.39	2	83.46	1	87.92	1
江西	20.90	15	29.13	15	29.78	15	31.75	14
山东	17.08	16	30.55	14	33.79	13	42.23	10
河南	29.51	12	34.04	11	39.42	10	24.79	16
湖北	35.10	10	40.93	9	42.08	9	43.39	9
湖南	51.55	4	59.91	4	63.65	4	67.67	3
广东	65.01	1	82.34	1	78.66	2	87.72	2
广西	45.78	5	47.30	5	46.06	7	48.72	7
海南	45.23	6	42.22	8	54.76	5	54.17	5
重庆	40.69	8	42.75	7	42.35	8	45.70	8
四川	43.89	7	42.96	6	47.31	6	51.52	6
贵州	27.35	14	25.59	16	26.14	16	26.35	15
云南	31.62	11	35.36	10	37.22	11	37.39	11
西藏			1.00	19	1.33	19	0.67	19
陕西	11.57	18	12.75	17	13.60	17	14.26	17
甘肃	13.18	17	5.50	18	5.46	18	4.13	18

资料来源：国家统计局。

Ⅳ.茶叶成本收益

4-1 全国茶叶产品成本收益情况

(2007)

项 目	单 位	红毛茶	绿毛茶	乌龙茶	紧压茶
每亩					
主产品产量	千克	58.70	58.50	98.90	175.00
产值合计	元	891.83	2 125.66	1 987.43	282.92
主产品产值	元	891.83	2 125.63	1 987.43	281.97
副产品产值	元		0.03		0.95
总成本	元	847.26	1 428.04	1 211.17	411.00
生产成本	元	787.45	1 332.75	1 095.14	370.38
物质与服务费用	元	183.66	536.38	511.46	159.47
人工成本	元	603.79	796.37	583.68	210.91
家庭用工折价	元	575.40	94.81	87.89	144.93
雇工费用	元	28.39	701.56	495.79	65.98
土地成本	元	59.81	95.29	116.03	40.62
流转地租金	元	2.65	10.85	40.28	29.41
自营地折租	元	57.16	84.44	75.75	11.21
净利润	元	44.57	697.62	776.26	-128.08
现金成本	元	214.70	1 248.79	1 047.53	254.86
现金收益	元	677.13	876.87	939.90	28.06
成本利润率	%	5.26	48.85	64.09	-31.15
每 50 千克主产品					
平均出售价格	元	759.65	1 816.78	1 004.77	80.56
总成本	元	721.69	1 220.53	612.32	117.03
生产成本	元	670.74	1 139.09	553.66	105.46
净利润	元	37.96	596.25	392.45	-36.47
现金成本	元	182.88	1 067.33	529.59	72.57
现金收益	元	576.77	749.45	475.18	7.99
附:					
每亩用工数量	日	31.54	28.14	17.96	10.21
每亩主产品出售数量	千克	58.70	55.20	97.80	175.00
每亩主产品出售产值	元	891.83	1 990.56	1 961.46	281.97
商品率	%	100.00	97.40	99.10	100.00
每亩补贴收入	元		6.75		1.36
每亩成本外支出	元	3.20	0.30		

数据来源：国家发改委价格司。

4-2 全国红毛茶成本收益情况

（2005—2007）

项　目	单　位	2005	2006	2007
每亩				
主产品产量	千克	61.60	56.40	58.70
产值合计	元	1 128.87	855.95	891.83
主产品产值	元	1 128.87	855.95	891.83
副产品产值	元			
总成本	元	967.60	879.75	847.26
生产成本	元	899.09	803.87	787.45
物质与服务费用	元	252.05	205.46	183.66
人工成本	元	647.04	598.41	603.79
家庭用工折价	元	599.61	546.38	575.40
雇工费用	元	47.43	52.03	28.39
土地成本	元	68.51	75.88	59.81
流转地租金	元	3.85	5.75	2.65
自营地折租	元	64.66	70.13	57.16
净利润	元	161.27	-23.80	44.57
现金成本	元	303.33	263.24	214.70
现金收益	元	825.54	592.71	677.13
成本利润率	%	16.67	-2.70	5.26
每 50 千克主产品				
平均出售价格	元	916.29	758.82	759.65
总成本	元	785.39	779.92	721.69
生产成本	元	729.78	712.65	670.74
净利润	元	130.90	-21.10	37.96
现金成本	元	246.21	233.37	182.88
现金收益	元	670.08	525.45	576.77
附：				
每亩用工数量	日	41.49	33.84	31.54
每亩主产品出售数量	千克	61.40	56.20	58.70
每亩主产品出售产值	元	1 124.41	855.33	891.83
商品率	%	99.80	99.90	100.00
每亩补贴收入	元			
每亩成本外支出	元	8.10	5.23	3.20

数据来源：国家发改委价格司。

4-3 全国绿毛茶成本收益情况

（2005—2007）

项 目	单 位	2005	2006	2007
每亩				
主产品产量	千克	51.40	50.30	58.50
产值合计	元	1 544.27	1 719.63	2 125.66
主产品产值	元	1 537.79	1 708.48	2 125.63
副产品产值	元	6.48	11.15	0.03
总成本	元	1 258.89	1 227.65	1 428.04
生产成本	元	1 161.98	1 128.42	1 332.75
物质与服务费用	元	555.11	560.04	536.38
人工成本	元	606.87	568.38	796.37
家庭用工折价	元	184.82	118.81	94.81
雇工费用	元	422.05	449.57	701.56
土地成本	元	96.91	99.23	95.29
流转地租金	元	10.52	10.50	10.85
自营地折租	元	86.39	88.73	84.44
净利润	元	285.38	491.98	697.62
现金成本	元	987.68	1 020.11	1 248.79
现金收益	元	556.59	699.52	876.87
成本利润率	%	22.67	40.07	48.85
每 50 千克主产品				
平均出售价格	元	1 495.90	1 698.29	1 816.78
总成本	元	1 219.46	1 212.42	1 220.53
生产成本	元	1 125.58	1 114.42	1 139.09
净利润	元	276.44	485.87	596.25
现金成本	元	956.74	1 007.45	1 067.33
现金收益	元	539.16	690.84	749.45
附：				
每亩用工数量	日	30.43	22.28	28.14
每亩主产品出售数量	千克	49.30	48.00	55.20
每亩主产品出售产值	元	1 458.69	1 586.73	1 990.56
商品率	%	97.30	96.50	97.40
每亩补贴收入	元	0.02	0.09	6.75
每亩成本外支出	元	0.32	2.96	0.30

数据来源：国家发改委价格司。

4-4 全国乌龙毛茶成本收益情况

（2005—2007）

项 目	单 位	2005	2006	2007
每亩				
主产品产量	千克	65.50	84.60	98.90
产值合计	元	1 978.67	1 439.46	1 987.43
主产品产值	元	1 978.67	1 439.46	1 987.43
副产品产值	元			
总成本	元	1 405.05	1 092.76	1 211.17
生产成本	元	1 292.51	1 004.86	1 095.14
物质与服务费用	元	717.81	465.63	511.46
人工成本	元	574.70	539.23	583.68
家庭用工折价	元	121.64	70.64	87.89
雇工费用	元	453.06	468.59	495.79
土地成本	元	112.54	87.90	116.03
流转地租金	元	40.26	13.51	40.28
自营地折租	元	72.28	74.39	75.75
净利润	元	573.62	346.70	776.26
现金成本	元	1 211.13	947.73	1 047.53
现金收益	元	767.54	491.73	939.90
成本利润率	%	40.83	31.73	64.09
每 50 千克主产品				
平均出售价格	元	1 510.44	850.74	1 004.77
总成本	元	1 072.56	645.84	612.32
生产成本	元	986.65	593.89	553.66
净利润	元	437.88	204.90	392.45
现金成本	元	924.53	560.12	529.59
现金收益	元	585.91	290.62	475.18
附：				
每亩用工数量	日	28.14	19.07	17.96
每亩主产品出售数量	千克	62.60	83.70	97.80
每亩主产品出售产值	元	1 868.48	1 420.65	1 961.46
商品率	%	98.40	98.70	99.10
每亩补贴收入	元			
每亩成本外支出	元			

数据来源：国家发改委价格司。

4-5 全国紧压茶原料成本收益情况

（2005—2007）

项 目	单 位	2005	2006	2007
每亩				
主产品产量	千克	150.50	157.20	175.00
产值合计	元	271.07	241.70	282.92
主产品产值	元	270.11	240.76	281.97
副产品产值	元	0.96	0.94	0.95
总成本	元	328.11	369.23	411.00
生产成本	元	282.76	331.45	370.38
物质与服务费用	元	143.94	133.11	159.47
人工成本	元	138.82	198.34	210.91
家庭用工折价	元	87.52	145.34	144.93
雇工费用	元	51.30	53.00	65.98
土地成本	元	45.35	37.78	40.62
流转地租金	元	1.69	30.03	29.41
自营地折租	元	43.66	7.75	11.21
净利润	元	-57.04	-127.53	-128.08
现金成本	元	196.93	216.14	254.86
现金收益	元	74.14	25.56	28.06
成本利润率	%	-17.37	-34.53	-31.15
每 50 千克主产品				
平均出售价格	元	89.74	76.58	80.56
总成本	元	108.62	116.99	117.03
生产成本	元	93.61	105.02	105.46
净利润	元	-18.88	-40.41	-36.47
现金成本	元	65.20	68.48	72.57
现金收益	元	24.54	8.10	7.99
附：				
每亩用工数量	日	7.14	10.72	10.21
每亩主产品出售数量	千克	144.20	157.20	175.00
每亩主产品出售产值	元	258.68	240.76	281.97
商品率	%	95.80	100.00	100.00
每亩补贴收入	元		1.07	1.36
每亩成本外支出	元			

数据来源：国家发改委价格司。

V.精制茶加工业经济指标

5-1 全国精制茶加工业基本情况

（2000—2007）

单位：万吨、亿元

	精制茶产量	销售收入
2000	30.90	43.96
2001	27.97	44.69
2002	33.43	54.44
2003	35.53	61.90
2004	42.57	82.82
2005	52.40	110.48
2006	64.26	155.97
2007	87.33	246.84

数据来源：国家统计局，统计口径是全部国有及销售收入500万元以上的非国有企业。

5-2 全国精制茶加工企业基本情况

（2000—2007）

	单 位	2000	2005	2006	2007
企业数	个	315	544	637	805
其中：亏损企业数	个	104	67	63	46
从业人数	万人	4.30	4.35	5.35	7.51
总产值（当年价格）	亿元	46.93	116.96	161.72	266.16
销售总额	亿元	43.96	110.48	155.97	246.84
利税总额	亿元	1.97	9.94	17.48	34.01
其中：利润额	亿元	0.12	5.12	11.38	24.76
资产总额	亿元	56.53	97.52	130.77	197.34
负债总额	亿元	41.00	55.16	71.51	105.72

数据来源：国家统计局，统计口径是全部国有及销售收入500万元以上的非国有企业。

5-3 全国各地区精制茶产量

（2000—2007）

单位：万吨

地 区	2000	2001	2002	2003	2004	2005	2006	2007
全 国	30.90	27.97	33.43	35.53	42.57	52.40	64.26	87.33
浙 江			15.48	18.65	20.81	21.65	25.80	34.22
湖 南			3.11	3.17	5.08	8.89	9.99	13.90
安 徽			2.08	3.12	3.51	5.70	7.23	9.52
福 建			2.72	2.93	3.33	3.95	4.67	5.82
云 南			1.17	1.38	1.54	2.06	3.26	5.51
四 川			0.99	0.94	2.70	2.68	3.25	4.79
湖 北			1.77	1.59	2.23	2.08	2.79	3.83
广 西			3.83	0.40	0.48	0.50	0.98	2.57
河 南			0.42	0.67	1.30	1.56	2.15	2.41
江 西			0.24	0.34	0.37	0.98	1.51	1.75
重 庆			0.25	0.21	0.16	1.24	1.20	1.62
广 东			0.73	0.68	0.59	0.74	0.77	0.62
贵 州			0.02	0.02	0.08	0.07	0.23	0.39
山 东			0.00	0.03	0.03	0.10	0.23	0.21
陕 西				0.07	0.07	0.06	0.07	0.11
江 苏			0.09	0.08	0.04	0.01	0.01	0.02
海 南			0.16	0.10	0.11	0.08	0.10	0.02
北 京			0.36	1.14		0.03		0.01
黑龙江			0.01	0.01	0.02	0.01	0.01	0.01
上 海					0.12	0.01	0.01	

数据来源：国家统计局，统计口径是全部国有及销售收入500万元以上的非国有企业。

5-4 全国不同规模精制茶加工企业基本情况

（2000—2007）

	单 位	2000	2005	2006	2007
全行业					
企业数量	个	315	544	637	805
亏损企业单位数	个	104	67	63	46
全部从业人员年平均人数	万人	4.30	4.35	5.35	7.51
销售收入	亿元	43.96	110.48	155.97	246.84
资产总计	亿元	56.53	97.52	130.77	197.34
利税总额	亿元	1.97	9.94	17.48	34.01
大型					
企业数量	个	2			
亏损企业单位数	个	2			
全部从业人员年平均人数	万人	0.42			
销售收入	亿元	3.15			
资产总计	亿元	5.79			
利税总额	亿元	-0.10			
中型					
企业数量	个	20	15	15	25
亏损企业单位数	个	8	2	0	0
全部从业人员年平均人数	万人	0.77	0.69	0.92	1.45
销售收入	亿元	6.67	15.13	25.53	48.73
资产总计	亿元	14.39	19.21	31.40	59.07
利税总额	亿元	0.24	1.79	5.63	14.12
小型					
企业数量	个	293	529	622	780
亏损企业单位数	个	94	65	63	46
全部从业人员年平均人数	万人	3.11	3.66	4.43	6.06
销售收入	亿元	34.15	95.35	130.44	198.12
资产总计	亿元	36.35	78.31	99.37	138.27
利税总额	亿元	1.83	8.15	11.85	19.89

数据来源：国家统计局，统计口径是全部国有及销售收入 500 万元以上的非国有企业。

说明：

大、中、小型企业划分主要从企业从业人数、销售额、资产总额划分：

1. 大型企业指从业人员≥ 2 000 人，销售额≥ 3 亿元，资产总额≥ 4 亿元；
2. 中型企业指 300 人≤从业人员 <2 000 人，3 000 万元≤销售额 <3 亿元，4 000 万元≤资产总额 <4 亿元；
3. 小型企业指从业人员 <300 人，销售额 <3 000 万元，资产总额 <4 000 万元。

5-5 全国不同经济类型精制茶加工企业基本情况（一）

（2000—2007）

	单 位	2000	2005	2006	2007
全行业					
企业数量	个	315	544	637	805
亏损企业单位数	个	104	67	63	46
全部从业人员年平均人数	万人	4.30	4.35	5.35	7.51
销售收入	亿元	43.96	110.48	155.97	246.84
资产总计	亿元	56.53	97.52	130.77	197.34
利税总额	亿元	1.97	9.94	17.48	34.01
国有企业					
企业数量	个	127	59	53	31
亏损企业单位数	个	69	27	18	4
全部从业人员年平均人数	万人	1.73	0.52	0.44	0.55
销售收入	亿元	7.59	3.54	3.92	6.48
资产总计	亿元	15.27	6.11	5.00	4.16
利税总额	亿元	-0.15	0.12	0.39	0.56
集体企业					
企业数量	个	83	35	36	38
亏损企业单位数	个	14	2	2	1
全部从业人员年平均人数	万人	0.99	0.30	0.35	0.41
销售收入	亿元	14.68	6.32	7.93	11.03
资产总计	亿元	10.68	3.34	4.37	5.05
利税总额	亿元	1.00	0.54	0.62	1.23
股份合作企业					
企业数量	个	6	12	13	15
亏损企业单位数	个	0	1	1	0
全部从业人员年平均人数	万人	0.04	0.11	0.10	0.15
销售收入	亿元	0.40	2.32	2.18	4.99
资产总计	亿元	0.55	1.37	1.43	1.98
利税总额	亿元	0.04	0.21	0.19	0.68

数据来源：国家统计局，统计口径是全部国有及销售收入 500 万元以上的非国有企业。

5-5　全国不同经济类型精制茶加工企业基本情况（二）

（2000—2007）

	单　位	2000	2005	2006	2007
股份制企业					
企业数量	个	12	10	16	19
亏损企业单位数	个	5	0	0	1
全部从业人员年平均人数	万人	0.33	0.21	0.24	0.27
销售收入	亿元	1.93	6.47	8.21	8.97
资产总计	亿元	6.11	4.97	6.27	14.90
利税总额	亿元	0.09	0.88	0.87	2.77
私营企业					
企业数量	个	44	314	392	531
亏损企业单位数	个	1	24	25	25
全部从业人员年平均人数	万人	0.32	2.18	3.04	4.18
销售收入	亿元	7.40	64.24	92.75	145.91
资产总计	亿元	5.30	50.17	69.51	99.91
利税总额	亿元	0.59	5.33	8.97	14.89
外商和港澳台投资企业					
企业数量	个	19	34	39	49
亏损企业单位数	个	7	5	8	7
全部从业人员年平均人数	万人	0.56	0.28	0.32	0.51
销售收入	亿元	6.70	7.44	9.05	12.73
资产总计	亿元	12.68	8.63	10.43	14.70
利税总额	亿元	0.09	0.59	0.82	2.08
其他企业					
企业数量	个	24	80	88	122
亏损企业单位数	个	8	8	9	8
全部从业人员年平均人数	万人	0.33	0.75	0.88	1.43
销售收入	亿元	5.26	20.14	31.93	56.74
资产总计	亿元	5.94	22.94	33.77	56.63
利税总额	亿元	0.30	2.28	5.62	11.80

数据来源：国家统计局，统计口径是全部国有及销售收入500万元以上的非国有企业。

5-6 全国各地区茶叶加工企业数

（2000—2007）

单位：个

地区	2000		2005		2006		2007	
	总数	亏损企业数	总数	亏损企业数	总数	亏损企业数	总数	亏损企业数
全国	315	104	544	67	637	63	805	46
北京	2	0	3	1	3	1	4	0
天津	2	2						
吉林					1	0		
黑龙江	2	1	1	0	1	0	1	0
上海	2	1	3	1	3	1	2	0
江苏	14	3	16	3	17	0	15	1
浙江	60	14	123	13	129	17	138	14
安徽	12	5	29	3	41	3	57	2
福建	48	11	115	10	134	9	178	8
江西	19	9	23	3	25	5	26	1
山东	1	0	12	0	15	0	25	0
河南	4	0	11	0	14	0	20	0
湖北	28	5	44	3	57	2	72	1
湖南	32	10	48	6	63	8	78	3
广东	18	8	16	6	19	2	16	1
广西	8	5	12	5	15	4	18	1
海南	3	2	5	3	5	2	1	0
重庆	4	1	8	2	8	1	10	1
四川	20	8	38	2	41	4	69	5
贵州	8	5	9	3	10	1	10	2
云南	25	13	26	3	31	3	58	5
陕西	2	1	2	0	5	0	7	1
甘肃	1	0						

数据来源：国家统计局，统计口径是全部国有及销售收入500万元以上的非国有企业。

5-7　全国各地区茶叶加工企业产值

（2000—2007）

单位：亿元

地　区	2000	2005	2006	2007
全　国	46.93	116.96	161.72	266.16
北　京	0.22	0.95	1.32	1.90
天　津	1.75			
吉　林			0.81	
黑龙江	1.09	0.05	0.12	0.23
上　海	0.22	0.37	0.40	0.17
江　苏	1.71	1.41	1.80	1.43
浙　江	14.82	35.28	39.77	48.42
安　徽	0.87	6.93	9.78	16.07
福　建	5.47	18.49	25.22	44.72
江　西	1.30	2.40	3.19	9.13
山　东	0.09	3.40	3.57	5.83
河　南	0.62	2.93	6.06	9.74
湖　北	3.91	5.24	12.13	16.93
湖　南	4.14	15.43	20.41	31.82
广　东	3.20	4.94	5.39	5.19
广　西	0.73	0.98	2.31	5.69
海　南	0.56	0.20	0.24	0.14
重　庆	0.49	1.07	1.26	1.93
四　川	2.24	8.70	12.81	24.76
贵　州	0.51	0.67	1.07	1.66
云　南	2.50	6.92	13.06	38.65
陕　西	0.42	0.58	1.00	1.74
甘　肃	0.05			

数据来源：国家统计局，统计口径是全部国有及销售收入 500 万元以上的非国有企业。

5-8 全国各地区茶叶加工企业负债总计

(2000—2007)

单位: 亿元

地 区	2000	2005	2006	2007
全 国	41.00	55.16	71.51	105.72
北 京	0.03	0.52	0.55	0.60
天 津	2.91			
吉 林			0.17	
黑龙江	0.94	0.10	0.21	0.19
上 海	0.38	0.70	0.37	0.16
江 苏	0.41	0.65	0.67	0.54
浙 江	8.25	14.04	19.00	23.16
安 徽	1.93	3.28	4.26	5.61
福 建	3.11	5.32	7.10	9.59
江 西	3.29	1.05	1.49	4.33
山 东	0.01	1.23	1.27	2.01
河 南	0.31	0.98	1.40	1.90
湖 北	3.97	3.55	6.11	7.20
湖 南	4.23	5.78	4.72	7.55
广 东	1.43	3.00	3.06	3.22
广 西	0.90	0.96	1.66	1.28
海 南	0.23	0.42	0.44	
重 庆	0.83	0.52	0.52	0.65
四 川	2.56	5.54	6.79	8.51
贵 州	0.50	0.37	0.80	1.06
云 南	4.41	6.86	10.34	26.72
陕 西	0.35	0.28	0.59	1.45
甘 肃				

数据来源：国家统计局，统计口径是全部国有及销售收入500万元以上的非国有企业。

5-9 全国各地区茶叶加工企业资产额

（2000—2007）

单位：亿元

地 区	2000	2005	2006	2007
全 国	56.53	97.52	130.77	197.34
北 京	0.11	0.58	0.85	1.32
天 津	3.06			
吉 林			0.20	
黑龙江	1.40	0.31	0.42	0.42
上 海	0.47	0.49	0.40	0.39
江 苏	0.76	1.01	1.21	1.00
浙 江	11.72	23.47	30.06	35.89
安 徽	2.16	4.34	5.88	8.88
福 建	5.97	12.66	15.79	23.75
江 西	3.28	1.79	2.71	8.71
山 东	0.02	2.08	3.41	4.10
河 南	0.62	3.00	4.17	5.69
湖 北	4.67	7.33	11.47	14.28
湖 南	5.41	10.09	9.83	15.16
广 东	2.41	5.15	5.52	6.06
广 西	1.22	1.53	2.54	3.83
海 南	0.76	0.55	0.58	0.06
重 庆	1.20	0.86	0.92	1.25
四 川	3.80	11.49	15.09	19.25
贵 州	0.58	0.68	1.24	1.65
云 南	5.88	9.72	17.09	43.40
陕 西	1.02	0.38	1.39	2.23
甘 肃	0.01			

数据来源：国家统计局，统计口径是全部国有及销售收入 500 万元以上的非国有企业。

5-10 全国各地区茶叶加工企业产品销售收入

（2000—2007）

单位：亿元

地区	2000	2005	2006	2007
全国	43.96	110.48	155.97	246.84
北京	0.22	0.95	1.31	1.90
天津	2.54			
吉林			0.67	
黑龙江	0.18	0.05	0.11	0.18
上海	0.40	0.36	0.37	0.17
江苏	1.24	1.34	1.72	1.48
浙江	14.17	33.87	38.69	46.25
安徽	0.86	6.44	9.27	15.38
福建	5.30	17.60	24.35	44.07
江西	0.77	2.31	3.11	8.62
山东	0.07	2.64	3.21	5.25
河南	0.47	3.01	6.12	10.18
湖北	3.61	4.98	11.70	16.62
湖南	3.97	15.43	20.22	31.18
广东	3.32	4.70	5.46	5.29
广西	0.59	1.13	2.44	4.56
海南	0.41	0.22	0.29	0.17
重庆	0.51	1.04	1.47	1.95
四川	2.07	7.23	10.99	18.76
贵州	0.08	0.44	0.90	1.44
云南	2.70	6.20	12.62	31.69
陕西	0.44	0.56	0.96	1.71
甘肃	0.04			

数据来源：国家统计局，统计口径是全部国有及销售收入500万元以上的非国有企业。

5-11 全国各地区茶叶加工企业利润额

（2000—2007）

单位：亿元

地 区	2000	2005	2006	2007
全 国	0.12	5.12	11.38	24.76
北 京	0.04	-0.12	0.07	0.49
天 津	-0.02			
吉 林			0.42	
黑龙江	-0.05	0.02	0.01	0.02
上 海	0.04	0.02	0.26	0.01
江 苏	0.04	0.11	0.11	0.07
浙 江	0.30	1.08	1.27	1.85
安 徽	-0.05	0.15	0.22	0.51
福 建	0.00	1.12	1.67	5.05
江 西	-0.15	0.09	0.14	0.40
山 东	0.00	0.23	0.28	0.47
河 南	0.02	0.22	0.41	1.04
湖 北	-0.18	0.21	1.02	1.23
湖 南	0.10	0.55	0.77	1.38
广 东	0.10	0.12	0.13	0.20
广 西	-0.02	0.00	0.09	0.51
海 南	0.01	-0.01	0.00	0.03
重 庆	0.00	0.04	0.06	0.13
四 川	0.00	0.49	0.76	2.21
贵 州	-0.02	0.00	0.09	0.13
云 南	-0.01	0.77	3.50	8.94
陕 西	-0.03	0.03	0.09	0.11
甘 肃	0.00			

数据来源：国家统计局，统计口径是全部国有及销售收入500万元以上的非国有企业。

5-12 全国各地区茶叶加工企业从业人员

（2000—2007）

单位：人

地　区	2000	2005	2006	2007
全　国	43 040	43 480	53 486	75 111
北　京	115	380	336	508
天　津	496			
吉　林			15	
黑龙江	289	74	123	123
上　海	714	318	173	204
江　苏	2 169	1 452	1 461	1 187
浙　江	4 407	5 999	6 134	6 845
安　徽	1 957	1 642	2 097	2 965
福　建	4 683	7 879	10 017	16 979
江　西	2 569	1 610	2 131	2 939
山　东	50	831	991	1 754
河　南	313	1 082	2 067	2 802
湖　北	7 843	4 375	6 390	6 982
湖　南	5 578	6 365	6 272	9 109
广　东	2 586	1 865	1 995	4 008
广　西	815	767	1 395	1 745
海　南	498	339	313	76
重　庆	626	499	695	929
四　川	2 161	2 833	3 962	4 725
贵　州	585	506	493	484
云　南	4 147	4 304	5 989	10 096
陕　西	410	360	437	651
甘　肃	29			

数据来源：国家统计局，统计口径是全部国有及销售收入 500 万元以上的非国有企业。

Ⅵ.茶叶消费

6-1 全国城镇居民家庭人均年茶叶消费数量和金额

（2000—2007）

单位：千克/人、元/人

年份	消费数量	消费金额
2000	0.23	12.64
2001		
2002		
2003		
2004		
2005	0.23	19.19
2006	0.24	22.15
2007	0.28	27.38

数据来源：国家统计局。

本表中城镇居民茶叶消费量统计范围为城镇居民通过家庭购买的茶叶消费量，在其他场所消费和别人赠送的茶叶不包括在内，下同。

6-2 全国及各地区城镇居民家庭人均年茶叶消费数量（按收入等级分）

（2007）

单位：千克/人

地区	合计	最低收入户	困难户	低收入户	中等偏下户	中等收入户	中等偏上户	高收入户	最高收入户
全国	0.28	0.17	0.16	0.21	0.24	0.28	0.33	0.36	0.38
北京	0.52	0.41	0.39	0.47	0.49	0.51	0.56	0.49	0.75
天津	0.25	0.14	0.13	0.19	0.24	0.28	0.25	0.33	0.33
河北	0.26	0.16	0.15	0.21	0.21	0.23	0.29	0.46	0.32
山西	0.19	0.12	0.09	0.14	0.18	0.17	0.25	0.25	0.23
内蒙古	0.20	0.17	0.12	0.10	0.18	0.19	0.22	0.28	0.39
辽宁	0.24	0.16	0.14	0.16	0.23	0.23	0.26	0.35	0.32
吉林	0.13	0.06	0.06	0.09	0.14	0.12	0.15	0.17	0.18
黑龙江	0.10	0.03	0.04	0.04	0.07	0.12	0.13	0.09	0.24
上海	0.26	0.14	0.14	0.20	0.26	0.22	0.39	0.27	0.28
江苏	0.18	0.06	0.04	0.10	0.16	0.20	0.25	0.20	0.23
浙江	0.17	0.09	0.06	0.15	0.16	0.19	0.15	0.22	0.21
安徽	0.61	0.44	0.45	0.56	0.56	0.85	0.60	0.66	0.65
福建	0.39	0.40	0.27	0.37	0.37	0.36	0.39	0.34	0.52
江西	0.06	0.06	0.05	0.05	0.06	0.07	0.05	0.06	0.06
山东	0.33	0.18	0.17	0.21	0.27	0.33	0.43	0.50	0.43
河南	0.15	0.09	0.06	0.13	0.14	0.15	0.15	0.16	0.22
湖北	0.14	0.06	0.05	0.12	0.10	0.14	0.17	0.22	0.20
湖南	0.20	0.07	0.06	0.12	0.18	0.18	0.25	0.37	0.31
广东	0.55	0.34	0.38	0.43	0.60	0.70	0.59	0.61	0.38
广西	0.10	0.04	0.06	0.05	0.08	0.13	0.12	0.10	0.16
海南	0.08	0.02	0.01	0.03	0.04	0.10	0.12	0.07	0.28
重庆	0.21	0.09	0.08	0.21	0.22	0.24	0.22	0.23	0.29
四川	0.42	0.31	0.29	0.34	0.34	0.45	0.50	0.49	0.59
贵州	0.25	0.14	0.12	0.18	0.21	0.21	0.31	0.40	0.41
云南	0.57	0.35	0.34	0.33	0.48	0.56	0.61	0.93	0.96
西藏	0.66	0.57	0.49	0.70	0.62	0.62	0.62	0.75	1.00
陕西	0.22	0.14	0.12	0.16	0.19	0.22	0.24	0.30	0.27
甘肃	0.38	0.24	0.23	0.25	0.43	0.38	0.33	0.57	0.50
青海	0.23	0.18	0.09	0.25	0.21	0.21	0.23	0.25	0.35
宁夏	0.23	0.11	0.13	0.16	0.22	0.28	0.27	0.29	0.31
新疆	0.37	0.50	0.61	0.36	0.29	0.33	0.43	0.39	0.32

数据来源：国家统计局。

6-3 全国及各地区城镇居民家庭人均年茶叶消费金额（按收入等级分）

（2007）

单位：元/人

地 区	合 计	最低收入户	困难户	低收入户	中等偏下户	中等收入户	中等偏上户	高收入户	最高收入户
全 国	27.38	10.30	8.86	14.94	20.17	26.39	33.80	42.87	55.21
北 京	95.01	60.61	61.23	86.93	88.20	96.98	113.12	90.47	118.93
天 津	30.47	16.95	14.65	20.55	27.03	31.29	31.99	45.16	46.64
河 北	36.24	12.77	10.49	23.86	25.78	30.97	41.73	80.86	58.54
山 西	21.16	11.37	9.30	14.44	17.70	21.64	25.74	29.21	32.06
内蒙古	19.73	6.94	5.04	5.58	8.69	16.62	22.58	50.29	81.32
辽 宁	27.74	10.62	10.19	12.93	20.92	27.16	30.96	44.97	53.77
吉 林	19.15	8.11	6.86	11.89	18.25	18.63	22.91	27.18	41.51
黑龙江	12.65	2.13	2.50	3.07	6.35	12.38	16.34	14.27	48.94
上 海	24.58	13.92	13.46	23.29	19.78	21.95	26.42	38.95	35.26
江 苏	19.83	3.60	2.49	7.80	13.80	20.58	28.99	26.85	37.26
浙 江	22.98	7.06	3.28	11.97	14.98	23.68	23.21	37.99	49.68
安 徽	48.31	25.72	30.87	33.37	41.47	62.87	61.95	64.25	61.87
福 建	59.97	30.79	18.28	40.49	38.96	54.32	56.81	64.97	165.06
江 西	5.44	4.60	4.11	4.11	6.20	5.90	4.76	7.35	5.29
山 东	31.61	12.30	11.24	15.41	24.22	32.41	43.93	46.80	58.92
河 南	16.19	10.52	6.78	14.18	15.36	16.58	16.88	18.57	26.06
湖 北	13.01	5.39	5.17	9.79	8.66	12.61	16.31	22.89	20.78
湖 南	9.05	2.37	1.94	3.48	5.80	8.99	12.66	20.34	19.93
广 东	52.01	23.39	24.53	33.62	48.02	53.93	64.79	78.76	55.81
广 西	8.79	3.76	3.94	5.15	7.01	9.14	10.86	10.02	16.09
海 南	7.30	1.73	1.52	2.27	3.18	7.21	11.29	5.51	30.61
重 庆	16.00	5.43	4.73	8.74	14.37	18.84	17.31	18.44	30.03
四 川	27.73	18.00	16.29	20.92	22.58	25.76	36.07	36.29	42.95
贵 州	17.37	5.54	5.81	8.37	12.85	14.11	24.42	37.69	31.35
云 南	31.39	13.03	9.49	14.28	26.99	30.36	34.54	50.35	65.84
西 藏	38.34	10.29	9.41	12.23	24.82	42.72	54.88	53.74	83.36
陕 西	16.55	10.53	9.40	10.47	13.59	15.82	18.22	22.93	24.76
甘 肃	24.39	12.14	11.37	15.78	26.30	27.18	20.71	38.39	32.76
青 海	11.31	5.36	4.48	8.61	10.15	11.71	13.03	14.47	19.34
宁 夏	17.79	7.56	7.64	10.12	14.36	20.68	22.12	24.34	27.40
新 疆	11.97	9.99	11.33	8.83	9.11	13.00	14.64	15.63	14.04

数据来源：国家统计局。

6-4 全国及各地区城镇居民家庭人均年茶叶消费数量（按不同文化程度分）

（2007）

单位：千克/人

地 区	小 学	初 中	高 中	大 专	本 科	研究生
全 国	0.26	0.25	0.27	0.29	0.27	0.26
北 京	0.42	0.51	0.52	0.48	0.55	0.36
天 津	0.20	0.25	0.24	0.26	0.24	0.17
河 北	0.23	0.25	0.24	0.27	0.21	0.37
山 西	0.17	0.20	0.17	0.18	0.19	0.45
内蒙古	0.17	0.19	0.19	0.19	0.19	0.18
辽 宁	0.24	0.20	0.23	0.23	0.27	0.22
吉 林	0.12	0.13	0.12	0.13	0.13	0.16
黑龙江	0.08	0.09	0.09	0.12	0.08	0.14
上 海	0.19	0.24	0.26	0.34	0.22	0.35
江 苏	0.16	0.16	0.17	0.19	0.17	0.16
浙 江	0.17	0.17	0.15	0.15	0.12	0.27
安 徽	0.74	0.55	0.57	0.76	0.47	0.40
福 建	0.34	0.43	0.34	0.36	0.30	0.15
江 西	0.05	0.06	0.06	0.06	0.06	0.00
山 东	0.26	0.31	0.31	0.35	0.31	0.25
河 南	0.15	0.15	0.13	0.15	0.14	0.14
湖 北	0.10	0.13	0.14	0.13	0.14	0.13
湖 南	0.14	0.16	0.22	0.23	0.18	0.51
广 东	0.47	0.42	0.56	0.55	0.52	0.21
广 西	0.08	0.09	0.10	0.10	0.10	0.07
海 南	0.07	0.07	0.07	0.13	0.09	0.14
重 庆	0.17	0.22	0.20	0.21	0.19	0.21
四 川	0.34	0.38	0.43	0.41	0.37	0.33
贵 州	0.17	0.24	0.22	0.22	0.31	0.11
云 南	0.50	0.54	0.61	0.53	0.57	0.25
西 藏	0.69	0.64	0.64	0.54	0.53	0.53
陕 西	0.19	0.21	0.21	0.20	0.21	0.29
甘 肃	0.39	0.36	0.37	0.31	0.32	0.00
青 海	0.24	0.19	0.25	0.27	0.24	0.01
宁 夏	0.21	0.22	0.23	0.24	0.22	0.41
新 疆	0.47	0.33	0.42	0.34	0.39	0.26

数据来源：国家统计局。

6-5 全国及各地区城镇居民家庭人均年茶叶消费金额（按不同文化程度分）

（2007）

单位：元／人

地 区	小 学	初 中	高 中	大 专	本 科	研究生
全 国	22.32	23.36	26.05	30.42	32.15	34.56
北 京	74.67	90.44	94.59	91.89	97.56	71.97
天 津	26.08	28.78	27.57	33.41	31.42	19.65
河 北	30.00	31.03	34.54	44.36	30.70	84.29
山 西	18.49	19.55	19.56	18.84	26.94	58.42
内蒙古	14.59	17.85	17.50	18.31	27.48	13.56
辽 宁	25.19	21.05	26.05	31.14	38.46	28.47
吉 林	16.65	18.46	18.69	20.58	23.45	30.16
黑龙江	8.97	10.78	10.60	18.65	16.46	31.80
上 海	23.37	23.68	24.69	26.19	28.30	40.98
江 苏	16.30	15.83	18.11	26.63	22.39	20.02
浙 江	18.40	21.42	18.84	28.92	26.05	66.69
安 徽	45.89	41.36	45.87	57.98	46.29	51.35
福 建	44.72	56.78	56.95	64.24	51.43	16.48
江 西	4.70	5.05	5.07	5.25	5.72	2.40
山 东	24.02	28.34	29.75	35.67	35.67	23.12
河 南	16.86	16.84	14.19	17.58	16.24	16.39
湖 北	9.08	11.62	12.69	13.05	13.82	12.93
湖 南	6.94	6.51	9.29	11.10	8.65	22.20
广 东	42.45	40.32	50.11	52.10	57.04	29.71
广 西	6.40	7.41	7.87	9.79	11.36	7.03
海 南	5.35	4.97	5.77	13.83	7.99	15.55
重 庆	14.02	13.35	15.85	17.54	16.42	19.16
四 川	22.49	24.19	26.80	29.27	30.30	23.44
贵 州	11.24	14.31	14.92	19.85	25.59	3.16
云 南	25.44	23.33	30.14	32.30	46.15	26.30
西 藏	26.60	35.51	45.89	42.83	65.41	126.35
陕 西	13.38	15.43	15.70	16.04	20.02	24.61
甘 肃	22.52	22.69	23.77	20.86	25.96	0.00
青 海	10.09	9.14	11.06	14.32	12.05	2.27
宁 夏	14.44	15.13	18.02	19.11	21.21	29.77
新 疆	12.71	9.61	12.26	12.14	13.64	3.55

数据来源：国家统计局。

6-6　全国 36 个大中城市城镇居民家庭人均年茶叶消费数量和金额

（2000—2007）

单位：千克 / 人、元 / 人

年　份	消费数量	消费金额
2000	0.09	5.97
2001		
2002		
2003		
2004		
2005	0.29	27.44
2006	0.29	30.21
2007	0.36	42.84

数据来源：国家统计局。

6-7　全国 36 个大中城市城镇居民家庭人均年茶叶消费数量（按收入等级分）

（2007）

单位：千克 / 人

城　市	合　计	最低收入户	困难户	低收入户	中等偏下户	中等收入户	中等偏上户	高收入户	最高收入户
城市平均	0.36	0.20	0.19	0.29	0.32	0.41	0.37	0.45	0.42
北　京	0.52	0.41	0.39	0.47	0.49	0.51	0.56	0.49	0.75
天　津	0.25	0.14	0.13	0.19	0.24	0.28	0.25	0.33	0.33
石家庄	0.39	0.28	0.28	0.30	0.42	0.40	0.40	0.67	0.32
太　原	0.14	0.09	0.08	0.10	0.15	0.13	0.18	0.15	0.20
呼和浩特	0.26	0.20	0.27	0.25	0.24	0.29	0.27	0.24	0.31
沈　阳	0.34	0.10	0.07	0.37	0.41	0.26	0.40	0.45	0.38
大　连	0.24	0.12	0.07	0.28	0.26	0.27	0.21	0.33	0.27
长　春	0.26	0.12	0.16	0.13	0.20	0.28	0.31	0.40	0.42
哈尔滨	0.24	0.07	0.09	0.12	0.29	0.32	0.19	0.29	0.35
上　海	0.26	0.14	0.14	0.20	0.26	0.22	0.39	0.27	0.28
南　京	0.26	0.20	0.14	0.20	0.25	0.33	0.24	0.29	0.25
杭　州	0.32	0.24	0.15	0.32	0.39	0.33	0.28	0.31	0.31
宁　波	0.09	0.04	0.01	0.04	0.10	0.10	0.10	0.15	0.09
合　肥	0.69	0.51	0.54	0.72	0.75	0.66	0.65	0.88	0.73
福　州	0.18	0.04	0.04	0.19	0.18	0.25	0.22	0.14	0.18
厦　门	0.69	0.57	0.33	0.41	0.77	0.69	0.57	0.89	0.97
南　昌	0.05	0.02	0.01	0.03	0.06	0.09	0.04	0.05	0.04
济　南	0.75	0.48	0.46	0.55	0.75	1.18	0.70	0.52	0.59
青　岛	0.66	0.45	0.48	0.51	0.70	0.70	0.68	0.72	0.83
郑　州	0.26	0.16	0.03	0.19	0.22	0.24	0.28	0.25	0.54
武　汉	0.20	0.11	0.08	0.11	0.18	0.21	0.25	0.25	0.24
长　沙	0.52	0.32	0.35	0.87	0.42	0.44	0.63	0.41	0.65
广　州	0.65	0.24	0.10	0.30	1.48	0.51	0.49	0.44	0.58
珠　海	0.27	0.09	0.16	0.36	0.20	0.25	0.30	0.47	0.34
南　宁	0.12	0.02	0.02	0.08	0.06	0.14	0.22	0.12	0.17
海　口	0.12	0.02	0.00	0.03	0.07	0.17	0.16	0.11	0.42
重　庆	0.24	0.16	0.14	0.24	0.25	0.25	0.23	0.24	0.27
成　都	0.63	0.39	0.36	0.50	0.73	0.63	0.64	0.78	0.69
贵　阳	0.39	0.23	0.23	0.41	0.35	0.34	0.39	0.48	0.70
昆　明	0.57	0.44	0.27	0.36	0.50	0.47	0.67	0.69	1.11
拉　萨	0.40	0.09	0.04	0.24	0.33	0.47	0.57	0.55	0.52
西　安	0.22	0.12	0.09	0.14	0.24	0.19	0.29	0.23	0.32
兰　州	0.46	0.29	0.27	0.37	0.45	0.54	0.47	0.57	0.47
西　宁	0.17	0.05	0.05	0.19	0.16	0.16	0.18	0.23	0.29
银　川	0.31	0.12	0.12	0.20	0.24	0.46	0.34	0.37	0.41
乌鲁木齐	0.22	0.12	0.10	0.20	0.16	0.24	0.25	0.28	0.29

数据来源：国家统计局。

6-8 全国36个大中城市城镇居民家庭人均年茶叶消费金额（按收入等级分）

（2007）

单位：元/人

城　市	合　计	最低收入户	困难户	低收入户	中等偏下户	中等收入户	中等偏上户	高收入户	最高收入户
城市平均	42.84	15.58	13.86	25.55	30.96	38.38	47.39	60.83	66.78
北　京	95.01	60.61	61.23	86.93	88.20	96.98	113.12	90.47	118.93
天　津	30.47	16.95	14.65	20.55	27.03	31.29	31.99	45.16	46.64
石家庄	55.75	24.94	20.52	45.60	53.54	52.82	64.34	115.46	49.31
太　原	27.65	14.16	12.44	20.42	26.55	25.41	36.73	31.67	36.86
呼和浩特	21.87	10.72	12.59	17.66	13.21	27.95	25.48	29.23	30.83
沈　阳	38.64	8.52	6.89	35.95	32.39	35.12	45.94	56.15	69.66
大　连	38.65	12.60	7.73	30.92	43.66	35.04	38.05	71.18	48.35
长　春	46.78	24.19	26.38	23.76	36.47	46.49	49.58	73.64	102.93
哈尔滨	38.47	7.11	7.64	9.90	34.92	42.32	34.59	61.86	103.32
上　海	24.58	13.92	13.46	23.29	19.78	21.95	26.42	38.95	35.26
南　京	27.80	11.08	6.84	15.96	20.96	30.81	30.22	62.95	32.98
杭　州	52.06	18.33	11.44	26.85	44.17	43.69	70.00	79.27	90.30
宁　波	13.44	5.55	3.53	7.99	11.96	13.18	14.32	15.93	27.22
合　肥	89.14	64.43	64.56	88.33	95.14	82.52	86.75	116.23	98.78
福　州	16.56	3.29	4.37	10.98	12.56	14.81	27.80	17.18	29.11
厦　门	129.78	59.65	26.30	32.77	113.77	99.92	148.22	249.63	261.42
南　昌	7.53	4.58	3.80	4.59	7.83	8.92	7.17	13.33	6.57
济　南	45.50	26.00	23.94	30.52	51.26	41.62	57.65	38.95	63.56
青　岛	79.98	45.66	45.51	55.63	79.29	83.10	90.37	91.81	113.21
郑　州	24.52	9.11	3.80	15.65	18.79	17.95	30.58	23.99	71.12
武　汉	19.29	11.30	9.45	12.76	16.04	19.60	26.18	21.84	27.81
长　沙	22.90	7.80	8.53	20.91	14.06	22.69	34.91	26.95	35.03
广　州	50.39	19.65	10.20	32.36	44.60	41.00	62.82	82.10	78.29
珠　海	46.84	22.91	42.94	48.60	30.49	36.71	78.93	76.36	31.94
南　宁	15.09	5.55	5.99	11.16	9.48	16.11	27.82	14.56	16.67
海　口	9.92	1.05	0.05	1.12	3.96	10.18	13.36	9.37	47.45
重　庆	18.98	8.97	9.29	10.62	17.71	23.41	18.37	21.14	30.64
成　都	35.83	23.59	25.43	28.01	28.78	37.45	42.22	50.84	44.65
贵　阳	29.12	10.69	10.85	23.33	19.03	22.68	31.74	64.47	57.06
昆　明	38.68	21.82	12.35	19.90	32.66	30.10	45.11	47.40	102.56
拉　萨	84.17	10.65	5.59	33.70	68.52	98.83	97.80	169.69	149.31
西　安	19.90	12.59	12.33	13.41	18.95	18.32	23.32	19.83	36.31
兰　州	29.33	18.28	17.71	21.21	26.44	37.08	30.80	34.69	37.47
西　宁	10.49	3.89	3.50	9.65	9.44	9.37	11.71	15.53	19.30
银　川	25.08	11.61	12.91	20.47	15.89	35.67	26.88	31.57	40.85
乌鲁木齐	13.06	7.08	6.33	8.02	9.40	17.54	16.70	15.20	14.36

数据来源：国家统计局。

6-9 全国36个大中城市城镇居民家庭人均年茶叶消费数量（按不同文化程度分）

（2007）

单位：千克/人

城 市	小 学	初 中	高 中	大 专	本 科	研究生
城市平均	0.30	0.32	0.35	0.36	0.33	0.28
北 京	0.42	0.51	0.52	0.48	0.55	0.36
天 津	0.20	0.25	0.24	0.26	0.24	0.17
石家庄	0.41	0.36	0.37	0.47	0.31	0.15
太 原	0.11	0.12	0.16	0.16	0.15	0.12
呼和浩特	0.20	0.30	0.27	0.22	0.18	0.26
沈 阳	0.47	0.24	0.35	0.32	0.34	0.29
大 连	0.26	0.27	0.22	0.22	0.23	0.13
长 春	0.21	0.26	0.24	0.26	0.28	0.20
哈尔滨	0.22	0.25	0.19	0.25	0.15	0.15
上 海	0.19	0.24	0.26	0.34	0.22	0.35
南 京	0.21	0.28	0.23	0.32	0.17	0.14
杭 州	0.36	0.34	0.26	0.23	0.28	0.57
宁 波	0.07	0.11	0.08	0.08	0.07	0.03
合 肥	0.64	0.69	0.71	0.62	0.64	0.48
福 州	0.16	0.19	0.16	0.14	0.17	0.22
厦 门	0.49	0.68	0.67	0.80	0.51	0.33
南 昌	0.05	0.04	0.06	0.06	0.06	0.01
济 南	0.64	0.74	0.77	0.59	0.73	0.41
青 岛	0.57	0.67	0.64	0.65	0.55	0.47
郑 州	0.26	0.25	0.22	0.28	0.27	0.22
武 汉	0.17	0.18	0.21	0.19	0.18	0.14
长 沙	0.39	0.41	0.60	0.50	0.38	0.74
广 州	0.34	0.38	0.85	0.74	0.42	0.16
珠 海	0.21	0.14	0.31	0.28	0.13	0.19
南 宁	0.07	0.12	0.09	0.16	0.12	0.07
海 口	0.11	0.10	0.10	0.22	0.12	0.24
重 庆	0.21	0.25	0.22	0.24	0.20	0.21
成 都	0.46	0.57	0.66	0.61	0.52	0.44
贵 阳	0.32	0.39	0.34	0.42	0.50	0.43
昆 明	0.46	0.46	0.57	0.56	0.72	0.25
拉 萨	0.29	0.39	0.47	0.40	0.44	0.54
西 安	0.17	0.24	0.20	0.22	0.21	0.18
兰 州	0.48	0.45	0.39	0.42	0.42	
西 宁	0.18	0.15	0.15	0.18	0.19	0.03
银 川	0.31	0.28	0.29	0.30	0.28	0.39
乌鲁木齐	0.15	0.21	0.22	0.23	0.24	0.02

数据来源：国家统计局。

6-10 全国36个大中城市城镇居民家庭人均年茶叶消费金额（按不同文化程度分）

（2007）

单位：元/人

城市	小学	初中	高中	大专	本科	研究生
城市平均	**31.36**	**34.90**	**37.48**	**43.02**	**43.19**	**39.46**
北京	74.67	90.44	94.59	91.89	97.56	71.97
天津	26.08	28.78	27.57	33.41	31.42	19.65
石家庄	56.39	46.38	50.90	70.87	42.47	25.57
太原	22.13	21.75	28.30	26.12	41.15	26.75
呼和浩特	16.77	21.32	20.96	20.66	22.58	21.28
沈阳	43.76	27.35	36.76	44.00	43.15	27.98
大连	43.61	33.36	36.57	36.91	50.33	25.41
长春	34.73	46.65	43.33	48.18	48.08	37.91
哈尔滨	32.59	37.85	27.54	48.57	37.07	46.85
上海	23.37	23.68	24.69	26.19	28.30	40.98
南京	19.15	24.17	25.68	44.15	21.03	21.68
杭州	41.23	46.36	35.45	57.10	80.26	165.24
宁波	10.30	13.20	12.93	14.15	11.97	3.61
合肥	79.68	90.05	90.86	81.34	80.32	61.13
福州	9.12	13.43	16.98	16.58	21.96	45.58
厦门	89.69	111.07	129.01	164.69	104.68	19.97
南昌	7.66	6.24	6.85	7.90	9.18	5.27
济南	41.43	46.43	44.57	43.36	47.84	24.62
青岛	64.06	79.41	74.58	79.38	74.94	58.58
郑州	25.73	22.42	18.80	31.63	29.64	24.13
武汉	16.80	17.96	19.90	17.21	18.43	14.54
长沙	16.59	17.19	22.23	25.98	19.57	39.63
广州	42.02	42.66	50.56	51.37	49.62	18.65
珠海	38.08	21.85	64.29	37.12	23.87	31.11
南宁	10.47	17.12	11.55	18.42	15.64	7.47
海口	7.08	6.43	7.25	21.81	9.75	26.52
重庆	19.38	15.65	18.81	20.56	17.95	19.16
成都	27.39	33.06	34.22	38.13	36.67	24.19
贵阳	20.74	25.04	20.79	45.69	40.91	11.90
昆明	26.79	27.48	38.16	43.13	65.62	26.30
拉萨	59.97	75.82	100.38	92.42	95.87	133.00
西安	14.33	20.35	18.29	19.23	22.30	16.64
兰州	29.93	28.04	24.82	25.88	29.80	.
西宁	9.95	9.08	9.10	12.16	12.87	6.67
银川	23.36	20.65	24.30	23.93	29.12	31.00
乌鲁木齐	8.62	11.56	12.49	15.88	13.06	1.91

数据来源：国家统计局。

Ⅶ.茶叶贸易

7-1 全国茶叶出口

（1995—2007）

单位：万吨、亿美元

年份	数量	金额	年份	数量	金额
1995	16.66	2.75	2002	25.23	3.32
1996	16.97	2.83	2003	25.99	3.67
1997	20.25	3.32	2004	28.02	4.37
1998	21.74	3.70	2005	28.66	4.84
1999	19.96	3.38	2006	28.66	5.47
2000	22.77	3.47	2007	28.94	6.07
2001	24.97	3.42			

数据来源：中国海关总署。

7-2 全国茶叶出口货源地

（2005—2007）

单位：吨、亿美元

地区	2005		2006		2007	
	数量	金额	数量	金额	数量	金额
全国	286 562.90	48 430.55	286 594.16	54 691.47	289 436.24	60 713.58
浙江	173 559.35	27 331.06	179 076.49	30 557.34	179 518.85	33 472.65
安徽	20 356.42	2 823.45	17 862.13	2 833.11	24 699.35	4 120.88
福建	21 726.40	5 881.07	22 198.01	6 252.27	22 041.96	6 427.06
湖南	20 423.60	2 943.97	18 137.64	3 198.06	19 406.98	3 809.54
广东	11 018.70	2 232.09	10 453.09	2 386.01	8 935.76	2 749.71
上海	5 654.50	1 225.69	7 737.60	2 337.97	8 192.12	2 569.73
重庆	10 809.39	679.58	9 209.50	598.61	8 034.43	579.61
江西	4 629.22	918.95	5 751.36	1 361.64	6 032.96	1 624.16
云南	7 203.36	2 241.68	6 567.80	3 006.43	5 404.00	3 470.24
江苏	2 325.03	487.79	3 327.99	712.31	2 036.84	488.94
湖北	2 843.03	777.07	2 267.37	703.21	1 671.42	703.98
广西	2 229.45	360.58	1 544.79	300.73	1 241.52	268.37
海南	320.15	36.58	439.99	61.31	762.59	119.95
北京	2 408.56	278.57	242.19	41.38	529.40	46.90
贵州			27.72	9.34	311.90	55.10
河南	175.00	7.90	531.39	67.39	298.86	61.91
山东	55.45	8.83	109.47	45.79	129.28	31.62
四川	302.72	100.09	328.48	83.31	79.37	19.70
内蒙古			88.90	5.51	39.68	0.92
新疆	14.00	0.98	32.70	2.73	34.02	2.97
河北			4.84	1.77	16.69	47.19
青海	44.06	5.57	0.01	0.00	10.00	1.59
天津			0.72	0.41	5.26	19.23
陕西					1.50	0.73
山西			2.35	2.13	1.00	0.35
黑龙江			5.00	0.17	0.36	20.40
辽宁	464.40	89.01	646.56	122.51	0.10	0.15
其他	0.12	0.04	0.08	0.01	0.04	0.00

数据来源：中国海关总署。

7-3 全国茶叶出口目的地国家和地区（一）

（2005—2007）

单位：吨、万美元

国家和地区	2005		2006		2007	
	数 量	金 额	数 量	金 额	数 量	金 额
国家和地区总计	286 562.90	48 430.55	286 594.16	54 691.47	289 436.24	60 713.58
摩洛哥	52 644.24	9 847.86	56 788.46	10 985.36	57 563.95	11 654.91
日本	34 586.34	7 978.14	27 668.35	6 569.53	25 361.39	6 491.06
乌兹别克斯坦	19 286.92	1 014.19	19 026.01	1 029.97	20 385.60	1 701.94
美国	18 216.99	2 933.62	18 721.87	3 518.02	19 876.57	3 910.92
俄罗斯	14 896.78	2 054.13	16 590.06	2 704.67	17 925.56	3 380.19
中国香港	13 867.41	3 465.73	15 254.45	4 368.04	13 679.82	5 364.82
加纳	13 113.04	2 503.69	12 272.98	2 612.63	12 490.13	2 982.23
阿尔及利亚	11 364.19	2 106.50	10 938.91	2 299.92	10 748.00	2 390.81
毛里塔尼亚	8 614.91	1 815.19	8 888.25	2 164.37	10 567.26	2 800.57
塞内加尔	8 981.28	1 666.47	7 075.07	1 694.92	9 300.73	2 329.59
贝宁	2 852.99	275.02	4 399.18	393.70	8 609.50	1 068.71
德国	4 702.10	1 112.81	6 574.21	1 577.31	8 480.92	1 962.55
阿富汗	5 742.29	468.70	5 590.60	484.59	5 872.81	607.21
巴基斯坦	8 369.50	585.21	4 880.11	535.38	5 222.94	400.57
马里	1 868.92	380.55	3 526.86	919.16	5 186.01	1 502.86
突尼斯	3 291.32	310.60	3 225.31	414.60	3 748.39	553.55
多哥	1 428.39	269.18	2 279.11	513.21	3 593.36	811.03
斯里兰卡	3 572.05	578.33	3 652.09	664.41	3 586.45	711.29
法国	2 140.95	531.49	2 365.65	793.16	3 216.68	1 203.26
冈比亚	2 957.58	506.90	3 773.26	734.92	3 178.40	597.32
喀麦隆	2 674.79	103.46	4 821.65	164.01	3 155.80	148.14
英国	2 594.56	609.80	2 672.21	1 057.76	2 832.12	1 010.52
土库曼斯坦	5 209.51	298.90	2 392.17	141.78	2 753.30	183.66
荷兰	2 351.59	352.56	2 143.33	339.61	2 074.50	420.93
新加坡	2 654.16	618.59	1 409.30	514.20	1 970.05	718.12
乌克兰	2 041.23	367.56	1 864.80	384.40	1 934.28	459.97
尼日尔	1 998.54	430.91	2 053.70	614.66	1 874.28	401.44
波兰	2 943.60	444.49	2 090.98	329.44	1 818.14	269.10
马来西亚	1 586.59	394.50	1 513.62	596.62	1 734.39	812.83
伊朗	1 756.90	148.14	1 709.84	227.35	1 722.58	167.56
蒙古	451.87	19.11	739.76	31.98	1 392.48	66.53
科特迪瓦	1 062.04	182.24	587.75	114.08	1 271.55	236.03
尼日利亚	2 136.88	69.49	2 074.87	72.56	1 224.53	67.41
几内亚	956.90	164.67	694.23	121.79	1 218.36	208.55

数据来源：中国海关总署。

7-3 全国茶叶出口目的地国家和地区（二）

（2005—2007）

单位：吨、万美元

国家和地区	2005		2006		2007	
	数量	金额	数量	金额	数量	金额
沙特阿拉伯	1 108.91	271.50	806.33	213.35	1 093.13	280.47
印度尼西亚	1 018.87	50.93	1 028.36	54.14	940.08	127.91
缅甸	1 607.02	233.67	751.71	87.11	939.65	111.14
塔吉克斯坦	1 289.56	81.93	1 262.22	79.32	903.01	55.60
西班牙	699.25	123.92	936.99	171.55	768.35	149.84
加拿大	904.65	256.75	763.98	317.01	766.92	306.98
印度	1 224.83	115.35	2 368.05	178.37	699.38	127.69
泰国	138.72	32.83	590.55	141.52	652.20	165.51
哈萨克斯坦	700.53	91.66	588.72	76.31	560.18	60.91
韩国	2 128.40	503.72	2 022.85	753.11	550.08	278.90
利比亚	5 915.80	810.23	9 189.35	1 683.34	538.06	119.03
阿联酋	596.80	118.56	825.64	156.84	475.89	102.95
吉尔吉斯斯坦	399.22	30.14	416.49	31.60	453.24	39.98
布基纳法索	141.76	22.97	396.38	70.26	406.40	67.00
埃及	794.03	113.59	105.88	17.61	399.18	62.38
澳大利亚	199.71	82.49	355.14	142.75	363.76	182.50
中国澳门	321.42	96.09	334.61	106.04	345.56	125.65
肯尼亚	1 280.52	68.09	552.36	32.62	245.61	13.74
智利	68.21	33.76	198.75	64.30	217.76	71.16
丹麦	101.41	23.51	153.23	34.11	177.98	50.87
比利时	198.99	57.95	241.32	67.65	165.04	51.76
利比里亚	163.71	21.00	71.00	10.04	162.19	18.28
阿根廷	99.35	12.88	86.87	10.77	146.61	17.73
也门	103.30	14.17	168.00	15.91	142.40	18.52
意大利	110.53	28.81	85.91	23.58	142.10	43.74
塞拉利昂	136.80	13.91	164.40	28.52	136.80	14.20
巴西	44.88	9.85	110.60	19.92	131.17	23.09
以色列	191.91	29.06	81.94	10.95	116.16	27.67
芬兰	119.64	29.62	138.25	47.21	111.59	39.31
叙利亚	148.26	20.79	84.61	13.35	93.65	16.55
乍得	43.75	1.40	48.00	1.49	85.94	5.21
瑞士	83.51	22.75	76.11	24.02	84.25	36.86
墨西哥	10.34	2.70	51.79	11.24	79.87	26.56
中国台湾	272.72	97.90	94.14	25.70	73.88	38.31
立陶宛	26.55	3.77	39.07	6.54	67.04	18.00

数据来源：中国海关总署。

7-3 全国茶叶出口目的地国家和地区（三）

（2005—2007）

单位：吨、万美元

国家和地区	2005		2006		2007	
	数量	金额	数量	金额	数量	金额
南非	42.00	14.62	95.52	40.15	61.65	35.09
菲律宾	92.67	37.86	49.82	16.32	57.85	24.83
巴拿马	36.25	12.15	30.86	8.10	52.17	10.86
罗马尼亚	32.40	2.43	25.01	2.00	49.62	3.75
瑞典	17.21	4.34	40.21	9.46	49.02	15.28
希腊	10.44	3.28	29.41	7.00	36.06	12.19
匈牙利	13.61	3.81	30.52	8.80	35.11	12.38
哥伦比亚	4.75	1.75	18.11	7.29	27.15	10.90
土耳其	82.91	9.35	33.74	4.89	25.04	2.37
苏丹	17.97	3.79	22.10	3.54	23.60	3.13
爱尔兰	18.47	4.20	18.95	4.92	23.17	18.28
赤道几内亚					23.00	3.68
加蓬	65.64	12.25	32.95	6.92	22.70	5.36
新西兰	26.24	6.20	29.78	12.17	22.54	7.71
秘鲁	7.30	4.41	7.69	4.72	22.20	9.41
刚果	106.70	9.42	22.00	7.26	22.00	6.59
安哥拉	7.20	7.92	48.00	7.68	19.06	9.23
白俄罗斯	45.67	6.38	28.32	8.88	9.46	4.31
黎巴嫩	9.50	1.07	11.80	2.22	6.00	0.85
毛里求斯	4.73	2.24	4.23	2.43	5.91	2.88
塞卜泰（休达）					5.11	3.18
约旦	4.83	2.50	7.00	1.61	5.04	0.65
拉脱维亚	64.93	27.52	48.11	10.57	4.46	3.56
奥地利	0.50	0.81	0.40	0.63	4.29	1.06
哥斯达黎加	1.94	1.32	4.42	2.68	3.91	2.74
捷克	13.01	5.11	6.11	4.04	3.15	2.45
乌拉圭					2.43	2.05
直布罗陀	8.78	1.70	14.05	4.76	2.04	1.33
卡塔尔	2.60	0.84			2.00	0.67
挪威	0.26	0.86	1.01	1.17	1.65	1.39
留尼汪	2.75	1.92	0.07	0.06	1.22	0.69
塞浦路斯					1.12	0.48
越南	386.00	65.47	353.33	49.10	0.19	0.25
阿曼	0.22	0.88	0.10	0.37	0.13	0.52
其他	124.30	37.15	132.00	35.50	0.34	1.32

数据来源：中国海关总署。

7-4 全国绿茶出口

（1995—2007）

单位：吨、万美元

年 度	数 量	金 额	年 度	数 量	金 额
1995	66 882.05	11 052.02	2002	170 355.99	20 292.50
1996	55 866.11	8 962.28	2003	181 728.58	24 112.26
1997	78 773.93	12 441.73	2004	196 205.73	29 438.73
1998	111 684.75	18 065.17	2005	206 170.37	33 078.68
1999	121 631.95	18 942.95	2006	218 737.34	39 020.24
2000	155 325.26	21 786.77	2007	223 665.05	43 139.90
2001	163 163.00	19 952.55			

数据来源：中国海关总署。

7-5 全国绿茶出口货源地

（2005—2007）

单位：吨、万美元

地 区	2005		2006		2007	
	数 量	金 额	数 量	金 额	数 量	金 额
全 国	206 170.37	33 078.68	218 737.34	39 020.24	223 665.05	43 139.90
浙 江	155 361.17	24 427.93	171 492.37	29 169.76	172 970.01	31 899.07
安 徽	17 083.11	2 293.74	13 973.40	2 130.55	18 594.86	3 164.59
湖 南	12 946.59	2 031.37	11 382.49	2 175.12	12 080.27	2 524.02
上 海	3 848.53	752.41	5 382.64	1 514.45	5 802.37	1 739.58
江 西	3 561.48	687.24	4 914.09	1 140.26	5 132.18	1 348.46
广 东	2 221.81	476.24	1 765.17	442.09	1 659.05	432.68
福 建	2 090.61	704.80	1 711.19	686.55	1 574.83	639.50
江 苏	1 539.89	281.33	2 847.92	577.08	1 553.40	343.35
湖 北	2 278.35	561.97	1 776.56	537.44	1 221.89	508.64
云 南	1 417.86	330.65	1 031.27	217.70	1 030.29	238.09
海 南	320.15	36.58	421.39	57.59	698.08	101.06
北 京	2 147.61	233.37	237.49	29.97	514.72	38.71
贵 州			25.01	8.44	311.90	55.10
河 南	175.00	7.90	531.12	66.97	297.92	61.12
广 西	296.12	57.93	240.15	59.50	78.15	23.84
四 川	247.43	95.08	292.77	70.98	66.92	15.97
重 庆	110.00	3.54			40.89	1.08
新 疆	14.00	0.98	32.70	2.73	33.00	2.64
河 北			0.36	0.70	2.14	0.92
陕 西					1.50	0.36
山 东	2.11	1.00	24.90	7.53	0.54	0.89
辽 宁	464.40	89.01	646.56	122.51	0.10	0.15
西 藏					0.04	0.00
天 津					0.01	0.08
其 他	44.18	5.61	7.79	2.31		

数据来源：中国海关总署。

7-6 全国绿茶出口目的地国家和地区（一）

（2005—2007）

单位：吨、万美元

国家和地区	2005		2006		2007	
	数量	金额	数量	金额	数量	金额
国家和地区总计	206 170.37	33 078.68	218 737.34	39 020.24	223 665.05	43 139.90
摩洛哥	52 486.81	9 813.43	56 512.06	10 903.62	57 460.54	11 630.30
乌兹别克斯坦	18 668.05	982.22	18 866.21	1 021.73	19 974.07	1 663.99
加纳	13 108.28	2 499.75	12 270.40	2 610.68	12 490.13	2 982.23
阿尔及利亚	11 344.92	2 102.94	10 896.58	2 293.03	10 744.73	2 388.27
毛里塔尼亚	8 614.91	1 815.19	8 888.25	2 164.37	10 567.26	2 800.57
俄罗斯	5 777.96	1 005.07	7 694.30	1 470.54	9 922.42	2 048.78
美国	7 544.50	1 159.80	10 061.99	1 770.40	9 581.86	1 758.11
塞内加尔	8 981.28	1 666.47	7 075.07	1 694.92	9 279.28	2 324.71
贝宁	2 852.99	275.02	4 399.18	393.70	8 609.50	1 068.71
日本	11 201.82	2 849.41	10 004.06	2 235.34	7 792.93	1 907.13
德国	3 324.48	712.36	4 827.22	1 127.85	6 971.11	1 469.45
阿富汗	5 742.29	468.70	5 590.60	484.59	5 872.81	607.21
马里	1 868.92	380.55	3 526.86	919.16	5 186.01	1 502.86
多哥	1 428.14	269.02	2 279.11	513.21	3 593.36	811.03
冈比亚	2 957.58	506.90	3 773.26	734.92	3 178.40	597.32
喀麦隆	2 674.79	103.46	4 821.65	164.01	3 125.32	144.07
斯里兰卡	2 563.42	386.90	3 119.58	539.93	3 071.91	577.76
突尼斯	2 585.80	242.18	2 875.81	375.98	3 038.80	439.19
法国	1 785.53	425.86	2 010.13	609.62	2 757.39	940.05
土库曼斯坦	5 167.51	295.78	2 374.71	139.51	2 751.10	182.96
巴基斯坦	5 141.43	395.35	3 575.54	450.15	2 730.24	243.05
尼日尔	1 998.54	430.91	2 053.70	614.66	1 874.28	401.44
伊朗	1 756.90	148.14	1 709.19	225.87	1 722.53	167.53
乌克兰	1 259.30	212.14	1 349.41	283.87	1 560.46	363.24
英国	1 081.98	140.15	1 525.84	703.51	1 442.59	697.11
荷兰	816.47	147.30	1 338.02	235.09	1 421.68	290.82
科特迪瓦	1 062.04	182.24	587.75	114.08	1 271.55	236.03
尼日利亚	2 113.36	67.04	2 074.87	72.56	1 224.53	67.41
几内亚	956.90	164.67	694.23	121.79	1 218.36	208.55
沙特阿拉伯	1 083.65	255.71	804.70	212.15	1 055.78	268.67
新加坡	793.43	222.62	435.73	107.14	954.33	217.92
中国香港	1 878.22	497.50	1 157.42	426.91	953.44	354.95
波兰	576.60	80.80	573.32	61.82	898.81	98.59

数据来源：中国海关总署。

7-6 全国绿茶出口目的地国家和地区（二）

（2005—2007）

单位：吨、万美元

国家和地区	2005		2006		2007	
	数量	金额	数量	金额	数量	金额
塔吉克斯坦	1 242.86	78.06	1 262.22	79.32	893.01	54.88
印度尼西亚	994.34	36.68	1 001.03	38.16	856.82	30.01
西班牙	616.43	104.71	840.05	150.96	720.79	141.11
加拿大	503.15	133.63	463.43	157.44	511.69	154.96
缅甸	355.63	43.36	295.54	10.04	489.34	13.73
哈萨克斯坦	381.36	44.90	314.25	35.01	481.79	49.44
利比亚	5 915.80	810.23	9 188.54	1 681.89	460.06	104.99
吉尔吉斯斯坦	398.22	29.99	393.78	30.32	450.25	38.84
泰国	23.06	7.65	407.13	83.50	441.14	119.93
布基纳法索	141.76	22.97	391.30	65.12	406.40	67.00
埃及	785.76	112.76	105.81	17.32	398.28	61.93
印度	257.35	27.51	219.53	28.62	358.62	76.97
阿联酋	439.18	83.70	421.52	76.07	274.26	67.51
韩国	751.13	131.39	1 270.02	216.99	263.07	67.87
澳大利亚	90.44	30.85	137.36	43.92	172.20	75.10
利比里亚	163.71	21.00	71.00	10.04	162.19	18.28
比利时	198.89	57.81	238.05	65.83	160.21	49.85
智利	45.16	21.29	156.88	43.87	150.93	40.99
阿根廷	90.00	10.53	81.11	9.39	141.70	16.25
塞拉利昂	136.80	13.91	164.40	28.52	136.80	14.20
意大利	107.73	24.62	81.62	21.39	135.23	39.89
巴西	21.55	4.62	102.65	14.66	120.17	18.44
芬兰	81.10	22.07	22.52	8.18	109.79	38.48
以色列	127.03	22.10	71.31	8.63	107.03	20.31
马来西亚	121.03	51.03	79.94	33.64	104.48	51.00
叙利亚	146.01	20.15	84.61	13.35	92.52	16.10
墨西哥	2.40	1.55	48.98	7.98	69.57	22.47
立陶宛	25.88	3.10	38.59	5.86	67.04	18.00
瑞士	65.07	11.47	63.88	14.85	62.90	17.00
丹麦	21.37	5.61	57.03	12.20	51.05	20.87
也门	3.30	0.94	18.00	5.30	46.40	11.05
罗马尼亚	13.50	1.21	24.48	1.79	43.60	3.08
乍得	43.75	1.40	48.00	1.49	41.84	2.56
希腊	8.80	2.61	21.79	5.57	36.01	12.17
哥伦比亚	4.15	1.50	12.69	5.39	27.15	10.90

数据来源：中国海关总署。

7-6 全国绿茶出口目的地国家和地区（三）

（2005—2007）

单位：吨、万美元

国家和地区	2005		2006		2007	
	数量	金额	数量	金额	数量	金额
土耳其	82.91	9.35	33.74	4.89	25.04	2.37
中国澳门	11.47	8.80	29.45	20.14	25.00	26.21
苏丹	17.97	3.79	22.10	3.54	23.60	3.13
赤道几内亚					23.00	3.68
加蓬	65.64	12.25	32.95	6.92	22.70	5.36
刚果	28.70	6.34	22.00	7.26	22.00	6.59
菲律宾	47.83	29.20	24.40	12.28	20.96	13.13
爱尔兰			18.90	4.88	19.64	5.51
中国台湾	1.69	0.50	1.10	1.41	17.48	2.67
匈牙利	10.67	2.95	21.37	6.40	15.73	6.92
瑞典	9.34	1.92	21.01	5.38	15.19	6.01
南非	10.77	3.07	36.79	9.30	13.46	2.86
秘鲁	2.07	1.35	5.91	3.52	12.40	4.22
肯尼亚	23.00	3.91			11.01	1.09
安哥拉			48.00	7.68	8.51	1.16
新西兰	5.23	1.96	10.40	6.75	7.67	3.75
巴拿马	9.92	7.05	8.38	4.18	7.45	4.59
黎巴嫩	9.50	1.07	11.80	2.22	6.00	0.85
白俄罗斯	8.98	1.60	1.33	2.14	5.67	2.97
约旦	2.97	1.46	7.00	1.61	5.00	0.50
哥斯达黎加	1.72	1.18	1.79	1.25	3.55	2.49
毛里求斯	3.29	1.63	1.63	1.12	2.52	1.47
捷克	1.68	1.91	2.59	1.90	2.20	1.52
卡塔尔	2.60	0.84			2.00	0.67
奥地利	0.50	0.81	0.32	0.59	1.81	0.53
挪威	0.16	0.67	0.88	0.66	1.55	1.36
乌拉圭					1.42	1.18
塞浦路斯					0.44	0.19
克罗地亚					0.09	0.39
留尼汪	0.40	0.13	0.07	0.06	0.07	0.06
阿曼	0.02	0.11	0.01	0.08	0.04	0.24
尼泊尔					0.04	0.00
巴布亚新几内亚					0.01	0.02
赞比亚					0.01	0.08
其他	288.85	72.33	427.70	74.82		

数据来源：中国海关总署。

7-7 全国红茶出口

(1995—2007)

单位：吨、万美元

年 份	数 量	金 额	年 份	数 量	金 额
1995	68 004.23	8 933.42	2002	40 828.44	3 880.74
1996	80 978.26	11 257.44	2003	37 771.54	3 631.24
1997	87 144.71	12 314.89	2004	39 370.56	4 117.98
1998	69 591.37	10 263.33	2005	35 847.17	3 994.41
1999	33 594.01	4 657.81	2006	31 538.45	4 245.08
2000	29 449.01	3 608.62	2007	30 266.55	4 319.54
2001	40 926.85	4 127.53			

数据来源：中国海关总署。

7-8 全国红茶出口货源地

(2005—2007)

单位：吨、万美元

地 区	2005		2006		2007	
	数 量	金 额	数 量	金 额	数 量	金 额
全 国	**35 847.17**	**3 994.41**	**31 538.45**	**4 245.08**	**30 266.55**	**4 319.54**
重 庆	10 681.64	666.98	9 192.76	590.71	7 975.80	568.42
安 徽	2 953.24	461.15	3 698.66	613.98	5 796.88	826.65
湖 南	5 809.34	577.51	4 944.60	641.62	5 233.70	729.16
浙 江	6 453.19	584.08	4 397.04	473.66	3 400.30	423.60
广 东	4 125.68	482.34	4 127.75	557.05	2 979.02	491.29
上 海	1 376.11	329.84	1 710.04	539.87	2 013.50	512.32
云 南	2 625.11	501.44	1 636.26	379.10	1 071.80	298.60
广 西	824.62	125.88	736.86	122.06	847.93	159.72
湖 北	382.16	107.04	359.43	83.84	325.62	98.31
福 建	361.79	108.37	467.85	165.37	273.36	133.06
山 东			44.29	32.17	116.68	28.78
江 苏	179.89	35.08	111.81	25.64	78.85	16.18
江 西	16.92	8.20	66.99	8.96	58.09	17.36
海 南			16.69	3.51	45.24	13.30
内蒙古			2.00	0.04	39.68	0.92
其 他	57.47	6.51	25.42	7.51	10.13	1.85

数据来源：中国海关总署。

7-9 全国红茶出口目的地国家和地区（一）

（2005—2007）

单位：吨、万美元

国家和地区	2005		2006		2007	
	数量	金额	数量	金额	数量	金额
国家和地区总计	35 847.17	3 994.41	31 538.45	4 245.08	30 266.55	4 319.54
美国	8 426.90	838.83	7 460.98	966.23	9 070.63	1 125.09
俄罗斯	7 145.17	605.17	7 313.58	751.17	6 072.11	761.52
中国香港	3 381.77	458.38	4 755.80	676.10	3 372.87	590.26
巴基斯坦	3 213.58	185.82	1 242.98	73.48	2 358.42	136.32
蒙古	392.22	17.32	621.26	27.96	1 387.37	66.04
英国	1 338.31	406.95	1 012.97	283.85	1 170.32	206.66
德国	960.43	197.17	1 510.13	332.83	1 167.58	297.98
波兰	1 825.39	249.03	1 019.07	158.42	747.28	116.92
突尼斯	705.52	68.42	346.91	37.41	662.88	82.47
荷兰	1 080.41	89.51	658.69	71.03	495.79	69.49
缅甸	1 246.39	189.82	455.30	76.72	450.31	97.41
马来西亚	164.46	26.04	190.15	50.05	419.41	120.60
乌兹别克斯坦	618.87	31.98	159.11	8.02	350.70	24.96
法国	220.22	41.02	279.72	144.80	346.60	197.63
日本	390.25	121.11	404.99	110.61	267.33	78.01
肯尼亚	1 254.52	63.94	552.36	32.62	234.60	12.66
新加坡	1 218.18	134.98	292.57	42.39	215.81	34.89
乌克兰	284.01	33.49	285.78	44.06	158.88	37.87
丹麦	79.44	17.49	96.05	21.22	126.83	29.51
中国澳门	58.16	12.34	65.76	13.16	117.87	24.02
阿联酋	49.42	3.78	125.64	9.95	114.25	8.76
泰国	0.03	0.00	12.84	4.71	105.77	10.03
也门	100.00	13.23	150.00	10.61	96.00	7.47
加拿大	190.14	26.12	65.87	42.75	95.78	40.88
摩洛哥	75.19	11.82	76.37	17.99	84.74	13.71
利比亚					78.00	14.04
哈萨克斯坦	285.27	40.16	264.38	39.12	66.10	9.27
韩国	10.83	4.84	71.86	36.17	55.29	13.34
印度	689.96	43.75	1 788.88	92.25	53.49	4.07

数据来源：中国海关总署。

7-9 全国红茶出口目的地国家和地区（二）

（2005—2007）

单位：吨、万美元

国家和地区	2005		2006		2007	
	数量	金额	数量	金额	数量	金额
巴拿马	21.95	2.88	21.30	3.29	44.15	5.83
乍得					44.10	2.65
瑞典	5.87	1.54	19.20	4.08	33.83	9.27
喀麦隆					30.48	4.07
智利	7.95	2.63	14.34	6.09	28.94	10.62
沙特阿拉伯	1.92	1.17	1.44	0.88	24.89	6.48
澳大利亚	2.83	2.04	58.82	21.66	21.09	13.69
菲律宾	29.02	5.03	12.39	2.00	14.22	2.81
塞内加尔					12.54	3.21
安哥拉	7.20	7.92			10.31	7.88
新西兰	10.26	1.20	10.07	1.48	10.28	1.80
塔吉克斯坦	46.70	3.87			10.00	0.72
墨西哥					6.61	2.26
巴西			0.08	0.07	5.86	1.57
秘鲁	1.29	0.68	0.12	0.09	5.25	2.75
瑞士	11.40	3.40	9.69	3.69	5.21	3.23
罗马尼亚	18.90	1.22	0.13	0.05	4.02	0.35
阿尔及利亚	18.16	2.79	40.88	5.73	2.62	1.86
奥地利					2.46	0.52
斯里兰卡	67.01	4.57	2.53	1.60	2.08	1.85
芬兰	23.16	3.92	4.39	3.29	1.80	0.83
匈牙利					0.83	1.20
捷克	9.11	2.40	3.45	1.95	0.59	0.52
阿根廷			0.06	0.01	0.29	0.06
南非	0.05	0.04	0.05	0.06	0.23	0.62
越南					0.19	0.25
中国台湾	0.50	0.41			0.15	0.32
印度尼西亚	0.18	0.11	0.11	0.07	0.14	0.08
哥斯达黎加	0.08	0.05	2.31	1.21	0.11	0.08
意大利			1.14	0.56	0.10	0.20
其他	158.64	14.03	55.99	11.57	0.18	0.07

数据来源：中国海关总署。

7-10 全国乌龙茶出口

（1995—2007）

单位：吨、万美元

年 份	数 量	金 额	年 份	数 量	金 额
1995	18 724.18	4 740.14	2002	21 200.43	4 843.31
1996	17 919.24	4 781.89	2003	18 971.83	4 338.42
1997	18 156.31	4 707.60	2004	19 459.20	4 499.26
1998	17 134.24	4 277.45	2005	18 814.03	4 516.37
1999	20 130.40	4 744.13	2006	21 026.94	5 188.01
2000	21 157.64	4 855.91	2007	21 683.66	5 609.84
2001	21 671.10	5 041.12			

数据来源：中国海关总署。

7-11 全国乌龙茶出口货源地

（2005—2007）

单位：吨、万美元

地 区	2005		2006		2007	
	数 量	金 额	数 量	金 额	数 量	金 额
全 国	**18 814.03**	**4 516.37**	**21 026.94**	**5 188.01**	**21 683.66**	**5 609.84**
福 建	16 363.35	3 929.53	16 521.16	4 098.85	17 232.48	4 445.20
浙 江	111.93	16.70	1 502.95	332.17	1 964.87	465.71
广 东	1 352.15	366.42	1 801.18	479.34	1 502.04	435.25
江 苏	454.87	111.24	332.08	95.84	340.90	90.90
湖 南	80.52	11.50	258.24	30.82	250.03	40.95
江 西	32.82	6.07	69.70	20.97	150.00	33.19
安 徽	112.90	15.19	88.18	38.64	99.64	34.99
湖 北	27.70	3.98	36.66	18.68	56.76	24.94
上 海	217.01	42.81	355.93	60.72	53.70	20.11
山 东	52.85	7.32	39.33	5.18	11.98	1.65
广 西	0.38	0.37	19.27	4.18	9.11	7.36
北 京	0.43	0.56			8.89	5.62
云 南	4.75	4.46	1.19	2.04	2.12	3.38
山 西					1.00	0.35
其 他	2.37	0.21	1.07	0.57	0.13	0.25

数据来源：中国海关总署。

7-12 全国乌龙茶出口目的地国家和地区

（2005—2007）

单位：吨、万美元

国家和地区	2005		2006		2007	
	数量	金额	数量	金额	数量	金额
国家和地区总计	18 814.03	4 516.37	21 026.94	5 188.01	21 683.66	5 609.84
日本	13 644.40	3 235.16	15 031.19	3 534.96	15 535.04	3 846.69
中国香港	3 818.08	834.29	3 901.35	803.44	4 149.68	884.86
马来西亚	460.30	143.29	452.98	239.41	444.98	225.30
美国	195.81	63.29	302.77	148.62	438.88	237.27
新加坡	148.70	42.05	222.54	86.54	301.33	140.21
印度	189.75	24.74	334.90	46.92	261.14	39.76
俄罗斯	57.75	56.47	205.14	128.86	180.42	87.27
泰国	45.46	15.56	113.96	32.50	66.16	19.87
中国澳门	62.52	20.59	40.89	13.92	62.38	22.56
德国	17.43	8.06	42.38	16.06	38.37	13.49
加拿大	45.54	18.74	44.69	23.82	33.41	17.63
韩国	13.72	3.57	176.08	19.37	31.81	9.21
乌克兰	7.84	8.21	10.95	4.23	25.10	10.11
澳大利亚	13.76	7.40	22.21	14.34	23.93	14.72
乌兹别克斯坦					20.58	4.60
印度尼西亚	16.36	10.35	18.37	12.14	16.89	11.51
荷兰	10.32	1.78	6.97	2.82	10.45	2.79
菲律宾	8.67	1.57	7.78	0.94	9.56	2.89
英国	1.43	0.94	0.64	0.49	7.69	4.18
蒙古					5.11	0.49
法国	2.46	1.17	4.96	2.40	4.67	4.52
斯里兰卡	1.35	0.24	13.03	2.73	4.55	1.86
匈牙利					3.77	1.03
摩洛哥			10.17	16.04	1.82	1.38
毛里求斯	0.68	0.22	1.23	0.79	1.41	0.33
新西兰	2.97	0.78	3.33	1.87	1.10	0.57
智利	0.86	0.50	1.11	0.59	0.95	0.42
意大利	1.07	0.34	1.20	0.49	0.68	0.35
其他	46.80	17.07	56.13	33.73	1.81	3.98

数据来源：中国海关总署。

7-13 全国花茶出口

（1995—2007）

单位：吨、万美元

年份	数量	金额	年份	数量	金额
1995	12 961.97	2 749.22	2002	14 697.27	3 182.41
1996	14 905.99	3 248.43	2003	16 279.29	3 549.66
1997	15 285.45	3 197.08	2004	19 850.29	4 488.91
1998	15 645.35	3 712.00	2005	19 383.68	4 775.31
1999	18 664.67	4 098.25	2006	8 133.35	2 946.80
2000	17 414.20	3 587.88	2007	7 690.15	3 335.72
2001	18 338.76	3 978.66			

数据来源：中国海关总署。

7-14 全国花茶出口货源地

（2005—2007）

单位：吨、万美元

地区	2005		2006		2007	
	数量	金额	数量	金额	数量	金额
全国	19 383.68	4 775.31	8 133.35	2 946.80	7 690.15	3 335.72
福建	2 732.09	1 094.93	2 952.07	1 127.73	2 820.52	1 145.25
湖南	1 204.81	258.97	1 070.14	252.27	1 565.52	427.02
浙江	11 630.99	2 299.49	1 471.22	533.90	1 023.37	637.89
广东	1 326.79	400.76	964.52	308.08	731.06	245.96
江西	950.97	205.32	632.91	178.43	692.23	224.78
上海	212.85	100.62	288.99	222.86	318.91	287.50
安徽	206.29	52.81	100.94	48.46	139.05	71.99
广西	467.21	79.74	221.44	55.88	136.14	40.32
云南	151.98	80.95	195.60	118.40	98.49	60.44
江苏	150.38	60.15	36.19	13.75	63.14	35.51
湖北	152.57	101.56	79.01	55.41	52.70	59.07
重庆	17.75	9.06	16.74	7.90	17.74	10.11
河北			0.10	0.09	12.26	45.15
四川	1.58	1.37	12.99	7.84	9.04	3.15
其他	177.42	29.59	90.50	15.79	9.99	41.59

数据来源：中国海关总署。

7-15 全国花茶出口目的地国家和地区（一）

（2005—2007）

单位：吨、万美元

国家和地区	2005		2006		2007	
	数量	金额	数量	金额	数量	金额
国家和地区总计	19 383.68	4 775.31	8 133.35	2 946.80	7 690.15	3 335.72
俄罗斯	1 899.40	382.74	1 336.52	339.32	1 672.46	467.65
日本	8 451.47	1 572.10	1 507.48	518.71	1 278.99	496.30
中国香港	1 581.46	552.78	1 376.91	494.48	1 276.68	454.37
美国	2 014.39	856.22	841.69	603.38	745.78	766.27
斯里兰卡	939.46	186.53	514.05	117.90	502.78	127.52
新加坡	341.26	94.76	245.17	76.48	287.40	92.65
德国	360.17	185.60	130.93	90.33	216.31	165.39
英国	172.49	61.40	132.56	69.70	210.90	102.07
乌克兰	435.12	103.87	196.31	48.12	182.16	47.72
澳大利亚	87.96	40.82	125.28	58.14	141.25	77.86
巴基斯坦	14.50	4.03	54.10	9.90	134.28	21.20

数据来源：中国海关总署。

7-15 全国花茶出口目的地国家和地区（二）

（2005—2007）

单位：吨、万美元

国家和地区	2005		2006		2007	
	数量	金额	数量	金额	数量	金额
马来西亚	175.32	55.42	148.00	53.24	125.78	44.93
加拿大	153.53	74.92	163.48	83.49	117.19	89.69
法国	129.55	60.34	70.85	36.34	105.06	57.84
阿联酋	107.35	29.41	278.48	70.82	87.38	26.67
荷兰	422.89	109.48	109.68	24.24	83.89	43.57
韩国	1 102.67	173.22	163.20	47.15	59.44	31.53
中国澳门	50.63	16.09	45.62	13.03	48.39	15.44
南非	27.76	10.64	54.38	28.96	47.96	31.61
突尼斯			2.59	1.21	46.71	31.90
乌兹别克斯坦			0.67	0.21	40.13	8.32
泰国	70.07	9.60	55.64	19.93	38.60	15.06
印度	85.73	19.03	24.75	10.58	26.13	6.88
印度尼西亚	7.84	3.70	5.44	1.74	23.50	7.23
智利	13.15	8.76	19.23	10.08	17.03	9.14
摩洛哥	82.23	22.61	94.12	29.05	16.86	9.52
瑞士	5.74	6.48	2.53	5.42	15.78	13.77
匈牙利	2.94	0.86	7.39	2.04	14.78	3.23
菲律宾	5.86	1.89	3.74	0.97	13.08	5.97
哈萨克斯坦	33.91	6.60	10.09	2.18	12.20	2.12
中国台湾	0.22	1.08	6.54	2.02	11.67	15.03
波兰	37.81	6.56	25.27	7.15	11.66	4.31
以色列	64.88	6.96	9.97	2.17	9.13	7.36
塞内加尔					8.91	1.67
意大利	1.73	3.85	1.94	1.12	6.08	3.31
塞卜泰（休达）					5.11	3.18
比利时	0.10	0.14	3.08	1.35	4.83	1.92
巴西	22.55	5.01	6.12	4.24	4.57	2.83
拉脱维亚	36.79	12.89	0.11	0.20	4.46	3.56
秘鲁	3.36	2.06	1.41	0.92	4.42	2.36
白俄罗斯	24.18	4.06	23.81	5.61	3.79	1.34
吉尔吉斯斯坦	1.00	0.15	1.05	0.33	2.99	1.14
新西兰	5.04	1.58	5.47	1.84	2.88	1.13
土库曼斯坦			15.35	1.80	2.20	0.70
直布罗陀	0.95	0.63	2.85	1.90	2.04	1.33
罗马尼亚			0.40	0.16	1.99	0.32
毛里求斯	0.76	0.39	1.37	0.52	1.98	1.09
沙特阿拉伯	23.22	14.33	0.06	0.14	1.87	2.32
墨西哥	0.80	0.42	1.02	1.67	1.69	1.32
阿根廷	4.30	1.51	1.62	0.53	1.56	0.49
西班牙	16.22	7.00	4.28	2.59	1.41	0.68
叙利亚	2.25	0.64			1.13	0.45
乌拉圭					1.01	0.87
留尼汪	2.35	1.80			1.00	0.49
埃及	2.03	0.26	0.07	0.29	0.90	0.45
塞浦路斯					0.68	0.29
巴拿马	2.77	1.41	1.18	0.63	0.26	0.20
哥斯达黎加	0.14	0.10	0.32	0.22	0.24	0.17
捷克	2.03	0.70	0.08	0.19	0.21	0.20
其他	353.37	51.86	299.10	42.09	0.59	1.78

数据来源：中国海关总署。

7-16 全国普洱出口

（1995—2007）

单位：吨、万美元

年份	数量	金额	年份	数量	金额
1995			2002	5 190.31	990.40
1996			2003	5 166.05	1 102.16
1997	3 102.99	586.32	2004	5 307.07	1 139.59
1998	3 381.15	709.63	2005	6 347.65	2 065.79
1999	5 586.87	1 390.66	2006	7 158.09	3 291.33
2000	4 315.50	874.96	2007	6 130.83	4 308.58
2001	5 554.78	1 103.87			

数据来源：中国海关总署。

7-17 全国普洱茶出口货源地

（2005—2007）

单位：吨、万美元

地区	2005		2006		2007	
	数量	金额	数量	金额	数量	金额
全国	**6 347.65**	**2 065.79**	**7 158.09**	**3 291.33**	**6 130.83**	**4 308.58**
云南	3 003.66	1 324.18	3 703.48	2 289.19	3 201.29	2 869.73
广东	1 992.27	506.33	1 794.46	599.46	2 064.60	1 144.53
湖南	382.34	64.62	482.17	98.23	277.47	88.39
广西	641.13	96.66	327.07	59.10	170.20	37.13
浙江	2.07	2.85	212.90	47.85	160.30	46.38
福建	178.57	43.45	545.75	173.76	140.77	64.04
安徽	0.88	0.56	0.94	1.48	68.93	22.66
海南			1.84	0.18	19.24	5.58
湖北	2.24	2.52	15.71	7.84	14.46	13.02
上海			0.01	0.07	3.64	10.22
四川	0.63	0.06	1.87	0.19	3.40	0.59
北京	76.83	12.42			2.07	1.39
河北			4.08	0.84	2.04	0.62
新疆					1.02	0.33
江苏	67.03	12.13	67.81	13.15	1.42	3.97

数据来源：中国海关总署。

7-18 全国普洱茶出口目的地国家和地区

（2005—2007）

单位：吨、万美元

国家和地区	2005		2006		2007	
	数量	金额	数量	金额	数量	金额
国家和地区总计	6 347.65	2 065.79	7 158.09	3 291.33	6 130.83	4 308.58
中国香港	3 207.89	1 122.78	4 062.97	1 967.11	3 927.15	3 080.37
马来西亚	665.48	118.72	642.55	220.28	639.73	370.99
日本	898.41	200.36	720.64	169.91	487.09	162.93
新加坡	152.60	124.18	213.29	201.66	211.18	232.46
波兰	499.25	107.26	473.32	102.06	160.39	49.28
韩国	250.06	190.69	341.68	433.44	140.46	156.95
中国澳门	138.64	38.27	152.90	45.80	91.91	37.42
德国	39.60	9.63	63.55	10.25	87.55	16.24
俄罗斯	16.51	4.68	40.53	14.79	78.15	14.96
荷兰	21.50	4.49	29.97	6.43	62.68	14.26
西班牙	66.29	11.98	92.37	17.62	46.08	7.98
中国台湾	262.84	93.52	78.64	20.59	44.58	20.29
印度尼西亚	0.15	0.09	3.42	2.03	42.74	79.07
美国	35.39	15.48	54.43	29.39	39.42	24.17
智利	1.09	0.58	7.19	3.67	19.91	9.99
沙特阿拉伯					10.59	3.00
加拿大	12.29	3.32	26.51	9.51	8.85	3.81
乌克兰	54.96	9.85	22.35	4.12	7.68	1.04
澳大利亚	4.72	1.38	11.47	4.69	5.30	1.13
斯里兰卡	0.80	0.10	2.90	2.25	5.13	2.31
爱尔兰					3.53	12.77
阿根廷	5.05	0.84	4.08	0.84	3.06	0.94
法国	3.18	3.10			2.96	3.23
墨西哥			0.55	0.09	2.00	0.51
阿尔及利亚					0.65	0.68
英国	0.35	0.36	0.20	0.21	0.62	0.51
新西兰	2.74	0.68	0.52	0.23	0.60	0.45
泰国	0.09	0.01	0.98	0.88	0.52	0.61
其他	7.77	3.43	111.10	23.49	0.31	0.24

数据来源：中国海关总署。

7-19 全国茶叶进口

（1995—2007）

单位：吨、万美元

年份	数量	金额	年份	数量	金额
1995	2 295.14	180.86	2002	1 700.57	270.14
1996	1 615.22	137.15	2003	2 885.65	448.46
1997	910.96	110.20	2004	2 337.41	604.04
1998	1 185.22	245.54	2005	2 786.22	742.66
1999	1 871.60	348.73	2006	3 242.49	808.17
2000	2 449.25	416.21	2007	5 273.81	1 262.09
2001	1 688.24	293.65			

数据来源：中国海关总署。

7-20 全国茶叶进口来源地

（2005—2007）

单位：吨、万美元

国家和地区	2005		2006		2007	
	数量	金额	数量	金额	数量	金额
国家和地区总计	2 786.22	742.66	3 242.49	808.17	5 273.81	1 262.09
斯里兰卡	677.57	200.89	808.31	241.44	1 270.77	362.86
肯尼亚	412.88	72.12	442.27	95.30	1 146.35	201.18
越南	320.98	30.18	392.98	38.89	946.14	97.73
缅甸	371.96	18.77	420.38	29.15	368.29	35.52
印度尼西亚	115.09	13.99	316.32	35.89	342.71	41.87
中国台湾	312.14	100.26	382.01	137.26	289.21	133.09
马拉维	66.44	9.86			275.44	51.25
印度	239.14	118.45	125.58	54.02	193.30	99.90
泰国			1.10	0.35	120.12	13.75
日本	29.63	17.41	153.11	68.65	70.02	44.01
美国	77.67	83.15	37.18	25.78	46.79	48.02
德国	33.44	18.73	41.11	22.31	43.89	25.11
南非	8.44	2.88	6.25	2.16	41.64	9.04
中国（内地）*	30.39	10.05	19.22	8.06	38.31	13.13
英国	24.53	28.80	53.53	35.34	36.77	34.00
尼泊尔			0.00	0.01	8.50	0.54
土耳其			0.03	0.02	4.20	1.79
韩国	18.32	6.85	1.42	0.86	3.58	1.30
加拿大	0.09	0.08	0.46	0.70	3.56	1.94
克罗地亚	0.07	0.03	0.55	0.35	2.60	1.63
法国	0.05	0.13	3.20	2.87	2.52	13.72
老挝			3.55	0.67	2.50	1.33
伊朗			25.53	0.76	2.12	1.63
保加利亚	0.05	0.02	0.37	0.27	2.05	1.23
阿联酋			0.01	0.01	1.87	16.67
澳大利亚	0.52	2.17	1.21	1.45	1.80	3.53
中国香港	1.72	1.77	1.45	1.46	1.72	1.64
马来西亚			2.82	2.25	1.11	0.26
巴拉圭					1.00	0.90
比利时					0.93	0.21
荷兰			0.00	0.01	0.80	0.32
新加坡	1.20	0.15	0.00	0.01	0.73	0.37
瑞典					0.71	0.89
埃及			0.03	0.03	0.51	0.34
波兰	0.55	1.37	0.46	0.94	0.44	0.79
意大利			0.36	0.30	0.30	0.18
卢旺达					0.20	0.23
阿根廷	23.22	1.16			0.15	0.05
以色列					0.12	0.03
希腊					0.02	0.01
瑞士			0.00	0.00	0.02	0.08
巴基斯坦					0.01	0.03
奥地利					0.00	0.02
乌干达	6.85	1.31	1.57	0.39		
智利			0.05	0.04		
尼日利亚			0.03	0.02		
其他	13.29	2.07	0.07	0.17		

* 该统计资料数据范围仅限于中国内地 31个省、自治区、直辖市。在商品进口国别中出现“中国”，这种情况通常称为“国货复进口”，具体是指“在中国生产制造，并已运出关境（包括进入保税区、出口加工区等）的货物，因某些原因需要转运回国。”

数据来源：中国海关总署。

7-21 全国茶叶进口收货地

（2005—2007）

单位：吨、万美元

地区	2005		2006		2007	
	数量	金额	数量	金额	数量	金额
全国	2 786.22	742.66	3 242.49	808.17	5 273.81	1 262.09
福建	321.72	64.09	446.44	106.19	1 170.74	235.06
广东	582.49	190.53	562.55	193.88	955.11	311.98
云南	503.29	27.95	427.58	30.07	782.69	69.85
浙江	278.86	47.03	546.97	92.12	749.01	130.67
安徽	174.17	43.27	117.99	40.42	592.48	135.61
上海	659.39	235.38	770.81	253.54	587.04	226.56
广西	82.34	8.03	230.79	22.07	266.14	38.65
北京	17.68	14.58	11.50	14.07	52.35	36.31
山东	61.59	68.47	12.66	5.68	35.84	20.85
江苏	74.29	25.62	31.00	25.46	33.71	31.52
新疆			61.40	11.60	21.07	6.18
天津	17.51	8.69	20.15	11.10	16.39	9.64
陕西	0.17	0.19	1.82	1.62	2.82	3.52
辽宁	10.65	8.10	0.24	0.15	2.55	2.19
湖南					2.51	0.30
海南	2.04	0.44	0.60	0.22	1.44	0.42
吉林					1.25	2.02
江西	0.01	0.07			0.55	0.26
内蒙古					0.12	0.46
四川					0.02	0.04
河南	0.05	0.21				

数据来源：中国海关总署。

茶业社会团体、商会和基金会

全国性茶业社会团体

中国茶叶学会

中国茶叶学会
China Tea Science Society

名誉理事长	陈宗懋院士	**电　　话**	0571-86653176 /86653170
理　事　长	杨亚军	**传　　真**	0571-86650477
副理事长	宛晓春　冯廷佺　封槐松　毛祖法　朱福堂　黄汉庆　刘仲华　王　云	**网　　址**	www.chinatss.cn
秘　书　长	江用文	**E-mail**	chinatss@mail.tricaas.com
常务副秘书长	周智修	**地　　址**	杭州梅灵南路9号中国农业科学院茶叶研究所内
		邮　　编	310008
		会　　刊	《茶叶科学》

中国茶叶学会是中国科协领导的、民政部依法登记成立的国家一级学会，是全国广大茶叶科学技术工作者自愿结成的学术性法人社会团体，是党和政府联系茶叶科技工作者的桥梁和纽带，是政府发展茶叶科技事业的重要社会力量。学会成立于1964年8月，现为第八届理事会，拥有个人会员9 000多名，团体会员400多个。学会下设学术、科普、组织、青年4个工作委员会，新近又成立茶叶提取物分会、茶叶经济研究工作委员会、有机茶专业委员会、茶叶感官审评与检验专业委员会。学会刊物《茶叶科学》是全国茶叶科技界的学术性一级期刊。全国20个省、自治区、直辖市建有茶（业）叶学（协）会，与中国茶叶学会保持着紧密的联系，并经常进行各项业务活动。

学会团结和动员茶叶科技工作者，以经济建设为中心，积极开展学术交流活动。改革开放以来，先后多次召开国际国内茶叶学术研讨会，共举办大型学术活动50多次，参加人数达8 000余人，收到学术论文2 000余篇。自2000年以来，每两年组织一次海峡两岸茶叶学术研讨会；学会还积极开展国际国内培训活动，1990年以来，组织茶叶实用技术和茶文化讲座20余期，2002年开始举办茶艺师、评茶师、茶叶加工工培训班，培养茶艺师、评茶员、茶叶加工工8 000余人，大大提高了茶业从业人员的职业技能；1994年始开展“中茶杯”名优茶评比，大大促进了我国名优茶的发展；学会还在全国建立茶叶科技示范基地，开展少儿茶艺夏令营活动。为密切茶叶产区与销区关系，每年召开团体会员会议，组织产销交流，并提供技术服务。还根据我国茶叶产业化过程中存在的问题组织科技咨询活动，为业务领导部门提供决策参考，对促进茶叶科学技术的繁荣和学科发展，促进茶叶科技的普及与推广，为加速我国茶业产业化、现代化作出了应有的贡献。

（中国茶叶学会）

中国国际茶文化研究会

中国国际茶文化研究会
China International Tea Cultural Institute

会　　长	刘　枫	**电　　话**	0571-87962932
常务副会长	宋少祥	**传　　真**	0571-87967554
副　会　长	程启坤　邬梦兆　王裕晏　王双锡　栗铁申　林思翔　李师程　梁朝清　沈才土　王　庆　黄汉庆	**网　　址**	www.teagov.com
秘　书　长	沈才土	**E-mail**	citci@126.com
		地　　址	杭州市龙井路88号中国茶叶博物馆内
		邮　　编	310013
		会　　刊	《茶博览》

中国国际茶文化研究会1993年11月成立。主管单位：农业部，挂靠于浙江省政协。下属机构：学术委员会、书画院、茶馆专业委员会、15个专业研究中心。

成立以来的主要业绩：研究会坚持“倡导‘茶为国饮’，弘扬茶文化，促进茶经济，造福种茶人和饮茶人”这一宗旨，团结海内外广大茶人，发挥优势，开拓进取，做了大量而有益的工作，创造了较好的业绩。

1. 倡导茶为国饮 1994年12月，在浙江上虞市举办了“倡导茶为国饮座谈会”，第一届会长王家扬在座谈会上发表了“倡导茶为国饮公家做起”的讲话。2004年3月，第二届会长刘枫在全国政协十届二次会议上发表了“关于确定茶为国饮的建议”的提案，正式提出了在全国范围内倡导“茶为国饮”。这项提案很快就得到了农业部、中华全国供销合作总社以及全国很多涉茶社团和茶人的广泛支持。2004年在四川雅安召开的“第八届国际茶文化研讨会”上，发表了“雅安宣言”，在宣言中再一次强调倡导“茶为国饮”。2005年在杭州召开了“倡导茶为国饮，打造杭为茶都”高级论坛会。此后整理了论文集和“茶为国饮”文库专辑。

近年来，通过一系列的宣传普及活动，“茶为国饮”在全国范围内已深入人心、成为共识。不仅如此，海外很多茶人和团体把中国“茶为国饮”的思想精神传播到了很多国家和地区，茶已成为更广泛的世界性饮料。

2. 加强茶文化学术研究，组织两年一届的国际茶文化研讨会 自研究会成立以来，配合两年一届的国际茶文化研讨会，广大会员开展了一系列茶文化学术研究。为了引导和加强茶文化学术研究，2004年研究会聘请了全国一些资深的茶文化专家，专门成立了“中国国际茶文化研究会学术委员会”。每年设立一些重点研究项目，给予研究项目承担者必要经费补助，从而促进了茶文化的学术研究工作。

由研究会主持召开的两年一届的“国际茶文化研讨会”，分别在中国杭州、常德、昆明、广州、雅安、青岛以及韩国首尔、马来西亚吉隆坡举行。

“国际茶文化研讨会”被称为茶界的奥林匹克，规模和影响之大称得上是世界茶人的盛会。通过召开“国际茶文化研讨会”，达到了引导茶文化深入研究、广泛交流、增进友谊、促进世界和谐的目的。每届茶文化研讨会举办地也因此促进了地方经济和茶产业的发展。

同时，研究会还举办一些专题学术研讨会，如对唐代茶文化、茶的起源、普洱茶、茶马古道、安吉白茶等专题举办研讨会。这样有助于提高某一领域的学术水平，促进产业发展。

3. 开展国际合作与交流 15年来研究会派出各类代表团和学者访问了日本、韩国、新加坡、马来西亚、肯尼亚、印度、土耳其、美国、英国等国家及我国香港、澳门地区。与此同时，很多国家和地区的茶文化社团组织、茶文化工作者以及饮茶爱好者，纷纷来中国参加研究会组织的各种茶文化活动。在此期间，还与有关国家、地区共同举办了多次茶文化专题学术研讨会。

4. 广泛开展各种茶文化活动 研究会自成立以来，每年都要主办或与地方联办一些茶文化活动，内容丰富，形式多样。有茶博览会、茶文化节、茶旅游节、开茶节、茶艺大赛、品茶诗茶、品茶笔会、名茶评比拍卖会、炒茶比赛、茶文化书画展览、新春茶话会、联谊会等。这些活动起到了弘扬茶文化、普及茶知识、促进茶产业、茶旅游以及地方经济发展的作用。诸如云南普洱茶、福建乌龙茶、浙江安吉白茶等的发展，杭州、广州、雅安、永川、宁波、湖州等的茶产业、茶旅游的发展，都与研究会组织开展的活动与工作密切相关。

5. 重视茶文化的培训教育工作 为适应全国茶馆业蓬勃兴起的需要，从2002年开始成立了“浙江华韵职业技术学校”，面向全国，以不定期举办短期培训班的形式，专门培训各等级茶艺师，截至2007年底，已培养初、中、高级茶艺师1 639名。与此同时，为满足国外茶人的要求，研究会成立了对外培训部，已对日本、韩国等培养中国茶茶艺师、评茶员数百名。另外，为了系统培养茶文化的专业人才，研究会与浙江林学院合办了“茶文化学院”，从2007年开始，面向全国招收茶文化本科生，同时面向海外招收留学生。

6. 建立茶文化专项研究中心 为了深入开展茶文化各领域的研究工作，发挥全国各地茶文化工作者的积极性，研究会有目的、有选择性地在一些有条件的地区，依靠当地的力量，先后组织成立了一批冠以中国国际茶文化研究会的专项研究中心：设在重庆的巴渝茶文化研究中心、设在青岛的崂山茶研究中心、设在湖州的陆羽茶文化研究中心，设在昆明的普洱茶研究中心、设在宁波的浙东茶文化研究中心、设在舟山普陀的普陀佛茶研究中心、设在杭州的禅茶研究中心、设在郑州的中原茶文化研究中心、设在浙江安吉的安吉白茶研究中心、设在贵阳的民族民间茶文化研究中心、设在大连的辽南茶文化研究中心、设在上海的少儿茶艺研究中心、设在浙江金华的婺州举岩研究中心、设在浙江开化的开化龙顶研究中心、设在福建福鼎的白茶研究中心。

7. 重视茶文化的宣传普及工作 研究会主办的《茶博览》杂志，弘扬茶文化、普及茶文化知识、研讨茶行业的热点问题，国内外公开发行，深受业内人士和广大饮茶爱好者的欢迎。

近十几年来，为了倡导“茶为国饮”，宣传、普及茶文化知识，研究会组织广大茶文化工作者、专家编写出版了多种茶文化著作与普及读物。同时，研究会还不定期编辑出版《中国国际茶文化研究会文库》。

为了扩大宣传范围，组织过“万人品茶会”、广场“茶文化图片展”、广场“春茶诗会”、广场“饮茶有利于健康”咨询活动等。

8. 组织茶文化与茶产业考察，发展茶文化产业，引导茶馆业的健康发展 为了深入了解各地的茶文化资源、茶产业发展状况，与各地共同探讨如何进一步弘扬茶文化、促进茶产业发展，研究会曾组织过多次国内茶文化、茶产业考察。

多年来，研究会积极支持各地发展茶文化产业，特别是支持有条件的地区，充分利用当地的茶文化资源和旅游资源，发展新兴的茶旅游事业。同时，也积极配合某些地区建立发展多元化茶产品的茶叶市场。研究会本身为了探索发展茶文化产业的路子，也开办茶文化发展企业。

为了促进茶馆业的健康发展，研究会专门成立了“茶馆专业委员会”。每年召开两次全国重点茶馆馆主会议，交流经验，研究解决一些实际问题，促进了茶馆业的健康发展。

9. 争取各级领导的支持与关怀，团结全国涉茶社团，共同为茶产业发展作贡献 研究会自成立以来，各级领导十分重视研究会的发展，给予研究会多方面的支持。还有文化界、茶界的著名专家和企业家，也非常关心和支持研究会的工作。

研究会应浙江省很多爱茶老干部的要求，于2001年成立了“茶人俱乐部”，组织省里老干部中的爱茶人，定期举办“交流友谊茶会”。为这些爱茶的老干部提供一个轻松优雅的品茶相聚的场所，每当举办茶会日，他们一边品茶一边交流和讨论，共同为倡导“茶为国饮”献计献策。

全国涉茶社团有多家，为了更好地有计划组织开展一些全国性的大型茶事活动，研究会主动、广泛联络各茶业社团，通过联谊会的形式，在充分协商一致的基础上，联合举办大型茶文化活动，有效促进茶产业发展。

10. 创办中国国际茶文化书画院 由原中国美术学院院长、著名油画家肖峰教授发起，组织了一大批全国知名的书画家，成立了“中国国际茶文化书画院”。不定期举办茶文化书画笔会，开展研究创作活动。这些茶文化书画精品，大大丰富了中国茶文化的内容。同时，书画院还组织摄影爱好者，开展茶文化摄影创作活动，并多次举办茶文化摄影展，效果很好。另外，书画院还邀请茶界、艺术界的一些知名人士书写“茶”字，个个“茶”字都各有其艺术风格，内涵丰富。

（中国国际茶文化研究会）

中国茶叶流通协会

中国茶叶流通协会
China Tea Marketing Association

会　　长	刘环祥	**网　址**	www.ctma.com.cn
常务副会长	王　庆	**地　址**	北京复兴门内大街45号
秘 书 长	吴锡端	**邮　编**	100801
电　　话	010-66094158	**会　刊**	《茶世界》
传　　真	010-66018165		

中华茶人联谊会

中华茶人联谊会
Chinese Teaman Friendship Association

理 事 长	刘永福	**电　话**	010-85625903
常务副理事长	朱福堂	**传　真**	010-85625757
副 理 事 长	孙月华 王　庆 宋少祥 刘浩元 梅　峰	**网　址**	www.teachina.com
	黄继仁 段葆兰 杨亚军 李念华 沈　璇	**地　址**	北京朝阳门南大街8号（中粮福临门大厦）
	黄汉庆 穆有为 周重旺 施兆鹏	**邮　编**	100020
秘 书 长	孙　蔚	**会　刊**	《中华茶人》

中国茶禅学会

中国茶禅学会

理 事 长	吴立民	**电　话**	010-66077759
副理事长	张　琳	**地　址**	北京西城区北长街84号
秘 书 长	张　琳	**邮　编**	100031

全国性茶业商会

中国食品土畜进出口商会茶叶分会*

中国食品土畜进出口商会茶叶分会
Tea Sub-Chamber,CFNA

理事长 徐尚风
监事长 黄汉庆
秘书长 蔡 军
副秘书长 孙 宇
电　话 010-87109862/63
传　真 010-87109864
网　址 www.agriffchina.com
E-mail chinatea@cccfna.org.cn
地　址 北京崇文区广渠门内大街 80 号通正国际大厦 4 层
邮　编 100062
会　刊 《国际茶讯》

中国食品土畜进出口商会茶叶分会于 1998 年 4 月成立，茶叶分会是由百余家遍布在中国各个茶叶产区从事茶叶生产、加工和进出口贸易的企业组成的行业组织，会员企业茶叶出口量占中国出口总量的 95% 以上，代表了中国茶叶生产、出口行业的整体水平和实力。

茶叶分会于 1999 年 9 月创办了《国际茶讯》月刊，至 2007 年底已出 100 期。

分会组织机构：分会设立理事会、监事会和秘书处

理事长单位：中国茶叶股份有限公司

监事长单位：上海天坛国际贸易有限公司

茶叶分会主要职能：

（1）对会员企业茶叶生产、进出口贸易经营活动进行协调指导，维护经营秩序，维护茶叶生产、进出口贸易行业和分会会员利益。

（2）向政府反映会员企业的意见和要求，并就政府制定有关茶叶生产、出口的方针、政策、管理措施提出行业意见，争取政府对行业的支持。

（3）组织会员企业参加国内外促进茶叶生产和进出口贸易的活动和国际交流。

（4）组织国内外的专业交易会、展览会、研讨会和技术交流活动，协助会员企业进行产品宣传和推销。

（5）代表茶叶企业参加国际行业组织，与各国茶叶行业组织建立合作关系，促进世界茶叶贸易。

（6）代表茶叶行业针对国外反倾销、技术贸易壁垒等贸易保护主义进行交涉，维护行业利益和企业利益。

（7）为会员提供信息、咨询、培训和法律等服务。

（8）组织制定茶叶生产和出口行业质量标准，推动茶叶生产的质量保障体系、卫生安全体系的建设，提高茶叶质量。

分会成立以来的主要活动：在维护国家和行业的整体利益、稳定市场经营秩序、推动行业自律互律、促进我国茶叶出口和国际交流、向世界展示中国茶产业优势等方面做了大量卓有成效的工作，取得了较好成绩。

（1）分会两次牵头组织召开了 2005 年、2007 年国际茶业大会暨展览会，国际茶业大会是唯一经国务院批准的在中国举办的国际茶叶行业会议，其产生的国际广泛影响已远远大于贸易成交本身的意义，已为国内外同行所共知。牵头组织国际大会不仅提升了茶叶分会在国内外茶业界的知名度和影响力，也促进了中国茶经济和茶叶出口的进一步的发展。

（2）加强与联合国粮农组织茶叶小组、国际茶叶委员会、欧洲茶叶委员会、俄罗斯、美国、加拿大、德国、英国、日本、法国、巴基斯坦、韩国、印度、斯里兰卡、肯尼亚、摩洛哥、乌兹别克斯坦、阿尔及利亚、马来西亚、越南和我国台湾等行业组织、国外茶商的密切联系和沟通，开展了信息交换合作，向国际茶叶界发出了中国行业的呼声，增强了国际话语权。

（3）按国家商务部、外交部的要求，2006 年 6 月，茶叶分会代表中国茶叶行业向普京总统、叶利钦等政要赠送了 7 个品牌的优质精品绿茶。通过一系列赠茶活动，既体现了中国人民对俄罗斯人民的友好情谊，为高访活动营造了良好氛围，同时又增进了俄方对中国茶叶产品和传统文化的了解，为我国企业拓展俄茶叶市场奠定了基础。

（4）2007 年 4 月组织乌龙茶团组赴日，与日方签订中日散装乌龙茶经销协议，就中日茶界共同推荐中国乌

* 中国食品土畜进出口商会成立于 1988 年 9 月。主管单位为商务部。商会的宗旨是：协调、服务、促进、维权。商会设有 43 个商品专业分会，茶叶分会是其中之一，每个分会均是全国性的行业组织。

龙茶优良企业的管理办法和标准达成了共识，增强日商经营信心。

2007 年 9 月组团赴美国，出席了“第四届国际茶叶与人类健康研讨会”等多项活动，与美国茶叶协会就今后行业间战略合作及共同在美国市场宣传推广中国茶产品、推荐中国优良茶叶企业、为 2009 年国际茶业大会等进行了探讨和商洽，达成合作共识。

2007 年 10 月组团赴俄罗斯、哈萨克斯坦，与俄罗斯茶叶协会主席商洽如何在俄罗斯推广中国茶、扩大中国茶叶市场份额。

茶叶分会还先后在国内接待了联合国粮农组织政府间茶叶小组、国际茶叶委员会及美国、俄罗斯、乌兹别克斯坦、德国、英国、日本、印度、利比亚等十几个国家的茶叶行业组织代表和客商，向他们宣传了中国茶产业整体优势，解答了他们的疑问，增强了他们与中国茶界合作和经营中国茶的信心。

（5）为强化珠茶出口品质，维护茶叶出口质量声誉，稳固和发展传统市场，在商务部和国家质量监督检验检疫总局主管部门的支持下，在主营企业和茶叶专家的帮助下，制作了全国珠茶出口贸易实物参考样。该参考样将在全国珠茶出口企业中推广使用。

（6）2006 年 7 月份，茶叶分会与德国相关机构在湖南、安徽、浙江、福建、云南、四川等省和北京市举办了 12 场“输欧茶叶质量安全培训”讲座，发放培训资料 4 500 套，参与活动人员近 2 000 名。通过与德国专家的讲解和互动，使培训人员基本了解了欧盟茶叶市场及安全质量标准的相关知识，帮助企业避免风险，促进了对欧茶叶出口。活动得到了各级政府主管部门和国内外茶界人士的认可、赞誉，商务部在《要闻快讯》和《要闻专报》中分别进行了报道。

（7）2006 年茶叶分会编纂了由商务部主办的《中国茶叶出口指南》参考文本。该文本对我国茶叶生产、出口情况进行了全面阐述，详细介绍了世界 7 大茶叶生产国与 20 大茶叶进口国的贸易状况、政策法规，对我国企业出口茶叶具有指导作用和现实意义。

（中国食品土畜进出口商会茶叶分会）

全国性茶业基金会

华侨茶业发展研究基金会

华侨茶业发展研究基金会
The Overseas Chinese Tea Research & Development Foundation

理 事 长 关博文
秘 书 长 关维康
副秘书长 姚 庆
办公室主任 刘崇礼
电 话 010-65240614
传 真 010-65136824
网 址 www.teafoundation.org
E-mail bjtea2006@yahoo.com.cn
地 址 北京东城区王府井大街菜厂胡同 58 号 403 室
邮 编 100006
会 刊 《世界茶之窗》

华侨茶业发展研究基金会是我国茶叶界唯一的一个全国性基金会，也是我国成立最早的基金会之一。1981 年以前我国没有基金会，1981 年成立了两个基金会，一个是由国务院 17 个部委联合发起，报经中共中央书记处批准，于 1981 年 7 月 28 日成立的中国儿童少年基金会，陈慕华为会长；一个是由中国香港爱国人士关奋发先生及其长孙关博文先生倡议并捐款，在国务院侨务办公室和原对外贸易部大力支持下，经国务院姚依林副总理过问、指导和批准，经原国务院农村政策研究室主任、现任国务院副总理王岐山同志积极参与、组织筹备，并陪同前往全国各产茶省市，如云南西双版纳、福建武夷山等重点茶区，进行调查研究、制定实施方案，于 1981 年 9 月 8 日在北京人民大会堂福建厅成立的华侨茶业发展研究基金会，姚依林、王岐山等领导出席了成立大会。

基金会第一届理事长是国务院侨办副主任林修德；第二届理事长是全国政协第八届常委、福建省副省长、湖南省副省长、全国侨联副主席陈彬藩；第三届理事长是我国外交部首席英文翻译、中国日报原常务副总编、毛泽东主席的翻译陈辉；第四届理事长即现任理事长是美籍华人、爱国侨胞、茶叶世家、六代茶人、香港兴发置业按揭有限公司董事长关博文先生，是由温家宝总理签发的国务院于 2004 年 3 月 8 日颁布的《基金会管理条例》中，由民政部负责管理的四种基金会中的第二种，即由非内地居民担任法人代表和理事长的基金会。

27 年来，基金会理事会虽换届四次，但其为中国茶产业发展研究的宗旨始终如一。它为资助茶文化活动，举办八次“茶话新说　季度论坛”，历时两年有余，为茶人聚会、讨论、研究茶事提供了理想的平台；与中国台湾茶人范增平等先生举办了“茶人雅集”四届，为茶人提供了品茗、踏青、联谊等活动的良好机会；联合全国侨联经济文化基金会，成立了“绿色希望再就业茶嫂培训班”，为爱茶下岗女职工传授第二技能进行培训，提供再就业机会，为茶馆、茶艺馆和茶叶店储备了合格的从业人员；资助《中国茶文化经典》、《中国茶文化今古大观》、《王泽农选集》、《中华当代茶界茶人辞典》等茶书刊出版；对浙江、安徽、福建、华南、湖南等五个农业大学茶学系的优秀学生进行奖励资助；援助福建、湖北茶区小学希望工程，将直接拨款资助学生的“输血”功能，改变成拨款购买制茶机具进行生产，将所得成果再奖励学生的“造血”功能，取得显著成效；对出口茶叶工作做出显著成绩的上海口岸工作人员进行奖励；建设武夷茶城；对岩茶之王——大红袍进行科研攻关的工作人员，连续奖励了六年，直至获得无性繁殖成功。组建茶艺表演队，在北京钓鱼台国宾馆和天津泰达国际俱乐部以及全国妇联等单位，先后为泰国政府首脑和世界各国外宾等各界人士，表演了东方奉茶礼，共计 15 次；编辑简报，弘扬茶文化，传播茶知识，至今已达到 143 期，均受到了好评，现拟重新装订成册，以便于保存；培育茶树优良品种；创建茶人之家，为德高望重的茶业界老寿星林海云、郭献瑞庆祝九秩华诞；在京城举办历届国际、国内大型茶业研讨会、座谈会、茶话会、联欢会、论坛会、品茗会、春节团拜会等项公益茶事活动作出卓越贡献，得到了好评。

与中华合作时报在茶周刊第一版面开辟了“外交使节谈茶”栏目，全世界 100 多个国家中有 30 多个产茶国家的驻华使节，以及我国常驻各主要销售茶叶国家的外交使节，都对茶叶很有切身体验，都发表了不少很好的文章，使阅读者受到了不少启发。

与中国食品杂志联合开辟了每半个月一期的“品茗栏目”，基金会推荐的对象都是在茶叶事业上已有相当大的成绩，但还需要加以推进，才能有更好的发展，中国食品杂志发行量很大，记者采访的思路敏捷、笔头功夫很硬，各有所长，所以效果很大，作用不小。

与吴觉农茶学思想研究会联合在中华合作时报茶周刊第二版开辟了“觉农勋章获得者”栏目，全国共有 54 个觉农勋章获得者，都是茶业界的佼佼者，不但是从事茶叶工作 30 年以上，而且还要有所建树，开辟这个栏目后，就有了展示他们事迹的场地了，能够做到很好的传播、推广、继承的功能。目前已刊出高麟溢、张大为、刘泽英、刘崇礼等多位老茶人。

还和中华合作时报在茶周刊上开辟了“名人话茶”栏目，请名人来谈对茶叶的看法和见解，受到了好评。

2006 年 10 月 14 日由本研究会主办，在江苏省溧阳市召开了“天目富硒茶业发展研讨会”，出席会议的有国际专家、学者 26 人，国内专家、学者 100 余人。其中有国际茶业科学文化研究会名誉会长、美国商务部前任首席助理部长黄建南先生，国际茶业科学文化研究会常务副会长王志远教授、常务副会长徐震春博士等 26 人；国内专家有中国保健科技协会秘书长朱康年先生，南京农业大学食品科技学院教授胡秋辉博士等，会上发表了“现代分子簇水的理论和对李时珍‘水部’科学内涵的探讨”等科研论文 20 余篇，对天目富硒茶的生产和发展起了很大的推动作用。

2006 年 11 月上旬，研究会与中华茶人联谊会在福建省安溪县主办了“中华茶文化安溪铁观音和谐健康”高峰论坛会议，出席会议的有国际国内茶叶界、医疗保健、文学艺术界、新闻界等专家、学者 200 余人，提交学术论文 50 余篇。安溪铁观音的健康功能，国内外科学家都已获得许多科学验证，这次会上许多专家、学者又提供了不少有力证据，对进一步扩大铁观音的生产、提高质量，产生很大的促进作用。

此外，基金会与云南省普洱市普洱茶收藏协会联合组成了中国普洱茶民间斗茶公开赛委员会，举办了 2007 首届中国普洱茶民间斗茶公开赛会议，并取得了圆满成功。

基金会资助吴觉农茶学思想研究会上海吴觉农纪念馆出版林晓丹茶画等书刊，以便进一步宣传研究吴觉农的茶学思想。

与国际茶业科学文化研究会联合编印出版的简报，将改编为《世界茶之窗》，弘扬茶文化，传播茶知识、茶叶信息，将对推动茶产业的积极发展起到一定作用。

基金会与中华茶人联谊会、中国茶叶流通协会、吴觉农茶学思想研究会，在北京王府井大街吴裕泰茶楼，联合召开了庆祝三八国际妇女节的活动，已经连续举办数次。首都茶界的女强人——张一元茶叶公司总经理王秀兰、吴裕泰茶叶公司总经理孙丹威、更香茶叶公司总经理朱丽俐、老舍茶馆总经理尹智君等女豪杰出席了会议，并作了热情洋溢的发言。

《茶经新篇》是全国政协第八届常委、全国侨联副主席、茶叶专家陈彬藩教授编写的茶叶著作，最近在香港出版的第四版版本茶叶丛书，基金会协助在京推广 500 本，很受读者欢迎。

（华侨茶业发展研究基金会）

地方性茶业社会团体

北京市

北京市茶业协会

会　　长　段葆兰
秘 书 长　刘　珏
电　　话　010-68337903

天津国际茶文化研究会

会　　长　李锦坤
秘 书 长　田　兰
电　　话　022-83710332

山西省

山西茶叶展评组委会

主　　任　杨　力
秘 书 长　张晓鸿
电　　话　0351-3335370

上海市茶叶行业协会

会　　长　赵金富
秘 书 长　陈子法
电　　话　021-58202085

江苏省茶业协会

会　　长　徐德良
秘 书 长　唐锁海
电　　话　0510-85528660

浙江省茶叶产业协会

会　　长　施建强
秘 书 长　胡迪均
电　　话　0571-85813017

天津市

天津市茶业协会

会　　长　贾　凯
秘 书 长　谭肇荣
电　　话　022-27116319

河北省

河北省茶文化学会

会　　长　杨思远
秘 书 长　舒　曼
电　　话　0311-85894588

上海市

上海市茶叶学会

会　　长　黄汉庆
秘 书 长　周星娣
电　　话　021-65166505

江苏省

江苏省茶叶学会

理 事 长　蔡　恒
常务副理事长　张　定
秘 书 长　唐锁海
电　　话　025-86263602

浙江省

浙江省茶叶学会

会　　长　毛祖法
秘 书 长　王岳飞
电　　话　0571-86971256

安徽省

安徽省茶业学会

理 事 长　宛晓春
秘 书 长　江昌俊
电　　话　0551-5786422

安徽省茶业行业协会

理事长 李念华
秘书长 陈文友
电　话 0551-2652408

福建省

海峡茶业交流协会

会　长 张家坤
秘书长 陈光普
电　话 0591-87666263

江西省

江西茶业联合会

会　长 胡向东
秘书长 程　锦
电　话 0791-6208243

江西省茶叶协会

常务副会长 罗旭东
常务副秘书长 熊柏林
电　话 0791-6208057

山东省

山东省茶文化协会

会　长 王裕晏
秘书长 侯国云
电　话 0531-82952075

河南省

河南省茶文化研究会

会　长 亢崇仁
秘书长 李　伟
电　话 0371-65918829

河南省茶叶商会

会　长 姬霞敏
秘书长 李　伟
电　话 0371-66822966

河南省茶叶协会

会　长 李光寅
秘书长 王运梅
电　话 13603985660

湖北省

湖北省茶叶学会

理事长 李传友
秘书长 宗庆波
电　话 027-87668785

湖北省茶业协会

会　长 熊双林
秘书长 乐清典
电　话 027-82833305

湖北省陆羽茶文化研究会

会　长 周年丰
秘书长 石爱发
电　话 027-88866622

湖南省

湖南省茶叶学会

理事长 刘仲华
秘书长 尚本清
电　话 0731-4618080

湖南省茶叶协会

会　　长　曹文成
秘 书 长　伍崇岳
电　　话　0731-4422939

广东省茶业行业协会

会　　长　穆有为
秘 书 长　张黎明
电　　话　020-34160624

广西壮族自治区茶业协会

会　　长　郭　异
秘 书 长　刘汉群
电　　话　0771-4861710

重庆茶叶商会

会　　长　司辉清
秘 书 长　王　敏
电　　话　023-68250239

四川省茶叶学会

会　　长　周　文
秘 书 长　刘以煌
电　　话　028-86615941

贵州省茶业协会

理 事 长　张达伟
秘 书 长　王亚兰
电　　话　0851-6570898

广东省

广东省茶叶学会

理 事 长　穆有为
秘 书 长　张黎明
电　　话　020-34160624

广西壮族自治区

广西壮族自治区茶叶学会

理 事 长　麦楚均
秘 书 长　孟众民
电　　话　0771-2182572

重庆市

重庆国际茶文化研究会

会　　长　陈　澍
秘 书 长　王　敏
电　　话　023-89117120

四川省

四川省茶文化协会

会　　长　王　云（执行会长）
秘 书 长　刘贵民
电　　话　028-84504175

贵州省

贵州省茶叶学会

理 事 长　龙明树（代理）
秘 书 长　王家伦（代理）
电　　话　0852-4224080

贵州省茶文化促进会

会　　长　庹文升
副 会 长　张英峰
电　　话　13885091169

云南省

云南省茶业协会

会　　长　黄炳生
秘 书 长　施天俊
电　　话　0871-7187675

云南省普洱茶协会

会　　长　张宝三
秘 书 长　杨善禧
电　　话　0871-4329311

云南省茶叶商会

会　　长　马顺友
秘 书 长　胡跃奇
电　　话　0871-8886398

陕西省

陕西省茶业协会

会　　长　李三原
秘 书 长　赵晓光
电　　话　029-87927183

中华（陕西）茶人联谊会

会　　长　韩星海　秘 书 长　韩星海　电　　话　029-87315608

广州茶文化促进会

广州茶文化促进会
Guangzhou Society for Promotion of Tea Culture

会　长　邬梦兆
副会长　陈月明　吴操文　张可群　王智军　王登良　张黎明　苏荣新　赵超艺
秘书长　黄　波
电　话　022-81544360
传　　真　022-81544358
网　　址　www.sxs.org.cn
地　　址　广州荔湾区芳村洞企石路南方茶叶市场中心馆三楼
邮　　编　510360
会　　刊　《茶文化》双月刊

广州茶文化促进会是1999年7月由广州市民政局批准在广州成立的社会团体，主管单位是广州市旅游局。

广州茶文化促进会宗旨是“普及茶知识，弘扬茶文化，研究茶科学，发展茶经济”；广泛联络广州地区机关团体、企业单位、学术机构的茶文化研究者、生产者、经营者、爱好者，研究宣传普及和应用茶文化知识，开展茶文化的理论探讨和经验交流；承办广州市人民政府主办的一年一届的广州国际茶文化博览会和两年一次的广州国际茶文化节；出版《茶文化》刊物、茶文化书籍，创建“赏心网”茶文化网站，举办茶艺师、评茶员技能人才的培训。

主要业绩：

（1）广州国际茶文化节每两年举办一届，自2000年9月首次举办以来已连续举办了五届；广州国际茶文化博览会每年举办一次，她或与茶文化节同时同地举行，或独立举办，已连续举办了八届。2007年12月在上海举办的“第三届（2007）中国节庆产业年度评选活动”中，广州国际茶文化节荣膺“中国节庆产业十大品牌节庆”奖项和“中国节庆产业十大物品类节庆”奖项。

（2）“泛珠三角（9+2）茶文化茶产业高峰论坛”于2007年11月8～9日在广州白天鹅宾馆举行，论坛以“茶文化，茶经济与和谐社会”为主题，共收到领导题词20篇，献词3篇，学术论文、研究报告60篇。“论坛”论文集装成册出版，名为《茶和谐之路》——泛珠三角（9+2）茶文化茶产业高峰论坛论文集。

（3）《茶文化》（双月刊），自1999年10月创刊以来共出版了53期。其宗旨是：倡导国饮，普及茶知识，弘扬茶文化，研究茶科技，发展茶经济，为两个文明建设服务，为广大茶人和社会服务。

（4）出版茶文化书籍：《茶经营之路》2000年9月

出版、《茶发展之路》2003年11月出版、《茶开拓之路》2005年11月出版、《茶和谐之路》2007年8月出版、《中国茶养生大全》2007年3月出版、《茶科普知识长廊》2005年11月出版、邬梦兆《茶人雅韵系列丛书》（九册）2006年8月首次发行、唐道一《雅韵和风》——邬梦兆茶诗扇画集2007年11月出版、赵大伟《雅韵墨章》——邬梦兆茶诗人物画集2007年11月出版。

（广州茶文化促进会）

吴觉农茶学思想研究会

吴觉农茶学思想研究会
Research Association of Wu Juenong's Theory on Tea

会　长	梅　峰	**电　话**	010-65272279
常务副会长	陈泉标　刘启贵　吴甲选　施云清	**传　真**	010-65272279
副会长	徐光华　余云才　毛祖法　刘祖生　徐光仁	**网　址**	www.Juenong.com
	于观亭　王　庆　王广智　王润生　凯　亚	**E-mail**	juenong_wu@sina.com
	孙月华　黄继仁　沈才士　封槐松	**地　址**	北京东交民巷丙23号
秘书长	龚开洋	**邮　编**	100006
联系人	朱大名		

吴觉农茶学思想研究会始建于2001年5月22日，2007年5月29日举行了第二次换届大会。注册登记地为浙江省上虞市。吴觉农茶学思想研究会是由全国茶学界和茶文化界人士及相关企业单位发起的学术性民间团体。宗旨是团结茶界专家学者及广大茶人和爱茶人共同探讨与弘扬吴觉农茶学思想，繁荣中国茶叶经济和文化，为社会主义物质文明和精神文明建设服务。业务范围包括：围绕吴觉农茶学思想，对当前茶叶产销情况与问题，举行专题学术研究或向有关部门反映意见，提出建议；与有关组织联合举办茶事活动，包括学术交流与讨论，以及各种形式的茶文化活动；通报会务信息及海内外研究成果和信息等。

吴觉农先生（1897—1989）是著名的农学家，茶叶专家和社会活动家，是中国现代茶叶事业的复兴和发展的奠基人。为振兴茶叶经济，维护中国茶在国际市场上的声誉，改善茶农的生活状况，他作了多方面的努力，如首创茶叶口岸和产地检验制度，在各产茶省成立茶叶试验场和改良场。抗日战争期间，他开拓了茶叶对苏联易货贸易，支持了抗战经济，他重视茶叶专业人才培养，在重庆复旦大学建立了第一个高等学校茶学系；他系统研究茶叶产销情况，在武夷山创立了第一所国家级研究机构。中华人民共和国成立后，他在农业部的领导岗位上，会同贸易部门制定和部署了全国茶叶产销体系，并成立了中华人民共和国第一个对外贸易公司——中国茶业公司。他生前著译甚丰，晚年主编的《茶经述评》，对中国茶叶历史和现状作了全面正确的评述。由于他对中国茶叶事业所作的贡献，被称誉为“当代茶圣”。在他为振兴茶业的实践和理论探索基础上，形成了中国特有的茶学思想，对当前茶经济、茶文化的发展具有现实指导意义，值得后人发掘、研究和弘扬。

吴觉农茶学思想研究会于2001年9月12日在北京成立了北京联络处，2002年4月12日在上海成立了上海联络处，2004年12月18日在杭州成立了杭州联络处，2005年4月27日在江苏溧阳成立了江苏联络处。

吴觉农茶学思想研究会主要业绩：

（1）吴觉农茶学思想研究会，2001年5月在上虞举行第一次学术研讨会。2004年12月11日，杭州联络处召开了首届“吴觉农茶学思想”讲座，2004年12月18日，北京联络处与中华合作时报·茶周刊、北大一农协会联合召开了“京都茶坛”。2006年9月22日，在云南昆明举办了“吴觉农茶学思想临沧研讨会”。2006年秋，杭州联络处组织“吴觉农茶学思想讲师团”先后到浙江树人大学，浙江理工大学和浙江大学宣讲吴觉农茶学思想。2006年11月8日，与中国国际友谊促进会、中国前外交官联谊会在北京友谊宾馆举行了“茶与友谊”的论坛。

（2）吴觉农茶学思想研究会，2002年11月与中国茶叶博物馆举办了《吴觉农先生生平业绩展》，2004年4月，在上海举行了纪念吴觉农先生诞辰107周年座谈会和《茶圣——吴觉农传》首发式。2005年上海市筹办建立了“吴觉农纪念馆”。2005年4月，首都茶界举行了纪念当代茶圣吴觉农先生诞辰108周年大会，2005年6月11日，杭州联络处举办了“茶为国饮，杭为茶都”为主题的端午茶会，2005年9月16日，与中华茶人联谊会、华侨茶业发展研究基金会举办了纪念抗战胜利60周年中秋座谈会；2006年10月31日，在北京风雅颂名人俱乐部举办了“弘扬茶人精神，构建和谐社会”为主题的纪念吴觉农先生诞辰110周年的重阳茶话会等。2007年研究会与北京、上海、杭州等联络处，举行了纪念吴觉农先生诞辰110周年活动。

（3）2005年3月，吴觉农茶学思想研究会与中国农业出版社组织了吴觉农先生主编的《茶经述评》再版发行工作，2006年4月与中国国际茶文化研究会，中国茶叶学会，中国茶叶流通协会，中华茶人联谊会，中国茶叶博物馆等14家单位联合发出弘扬吴觉农茶学思想倡议书，并确定出版《吴觉农茶学全集》，约500万字。

2002年5月在济南举办了首届吴觉农茶学中青年优秀论文竞赛及首届"觉农杯"名优茶评比活动。2007年5月开展了"觉农勋章"奖的评选活动，给54位茶人授予"觉农勋章"，给126位老茶人颁发了"老茶人贡献"奖。

吴觉农茶学思想研究会通过上述活动，扩大了吴觉农茶学思想在茶行业中的影响，促进了行业的健康发展。

（吴觉农茶学思想研究会）

专家学者

王　云

研究员，教授级咨询师，男，1963年4月出生于四川省达州市，1985年毕业于西南农业大学食品学院茶学专业。现为中国茶叶学会副理事长、中国国际茶文化研究会副秘书长、国家茶叶产业技术创新体系岗位科学家、四川省茶叶产业技术体系创新团队首席科学家、全国及四川省茶树良种审定委员会委员、全国茶叶标准化技术委员会边销茶工作组副组长、四川省茶树育种攻关组组长兼首席专家、四川省茶文化协会执行会长、四川省茶叶学会常务副理事长、四川省茶叶行业协会副会长、四川省茶树育种攻关组组长兼首席专家、四川省名优茶专家评审组组长、四川省政府科技顾问团顾问、四川省学术和技术带头人、西南农业大学食品科学院客座教授、四川农业大学硕士生导师、四川省农业科学院茶叶研究所所长、研究员、教授级咨询师。

20多年来，先后主持和主研了20余项省部级以上重大科研项目，其中，主持国家科技成果转化基金项目和国家科技支撑计划项目3项。已取得重要获奖科技成果10余项，其中，省部级科技进步一等奖1项、二等奖3项、三等奖6项、市厅级一等奖2项。独创国家级金奖名茶5个，国际金、银奖名茶10个、全国名茶1个、省级获奖优质名茶20余个。新选育省级茶树良种4个，其中重点推广品种1个。制定全国及四川省茶叶技术标准4部，省、市、县各级政府及行业发展规划30余个。

王云勤于思考，勇于探索，学术思想活跃。20多年来，他已在全国十多种重要学术刊物或学术会议上公开发表论文180余篇，其中国家一级学报论文5篇、核心学术刊物论文70余篇，在大型国际学术会议上发表论文6篇，并有50余篇先后被评为全国及省、市级优秀学术论文或被《CA》、《CABI》、《俄罗斯化学文摘》、《中国科学文库》等国内外权威性文摘刊物或书籍摘录和收录。主编和参编专著及培训教材10余部。

王云因科研、开发成绩突出和学术贡献显著，1996年他获得了政府特殊津贴，1998年先后荣获第五届中国农学青年科技奖、四川省第五届青年科技奖和“四川省青年岗位能手”称号，2002年被中共四川省委、省政府授予“四川省第三届学术和技术带头人”称号，2004年获得了“全国优秀茶叶科技工作者”、“四川省育种攻关先进个人”、“四川省十大杰出青年科技创新带头人”等称号、连续三次获得了“四川省农业科学院优秀共产党员”等称号，并连续三次获得了四川省农业科学院优秀人才奖。

王　敏

推广研究员，女，1956年9月出生于上海，1982年1月毕业于四川农业大学园艺系茶学专业，现任重庆市经济作物技术推广站副站长。

主要工作经历:1982年2月至1989年12月在重庆市万盛区农业局茶技站工作，任茶技站站长。主要从事茶叶新品种、新技术引进、示范、推广和管理工作，获重庆市“三八”红旗手称号，万盛区十大杰出青年等荣誉，是万盛区政协委员。

王敏同志任西南大学客座教授，硕士生导师。主要从事重庆市茶树新品种引进和选育，茶叶生产与加工、市场贸易、品牌培育、产业化建设、茶文化研究等前沿科学技术和适用技术的示范、推广和管理工作。

王敏同志是第三届全国农作物品种审定委员会茶树专业委员会品审专家，重庆市首批学术技术带头人后备人选，重庆市科技特派员，中国国际茶文化研究会常务理事、副秘书长，中国茶叶学会理事，重庆市茶叶学会副理事长，重庆国际茶文化研究会秘书长，重庆市茶叶商会秘书长。是国家科委、中国茶叶学会、中国流通协会、重庆市专家储备库专家。

在茶业领域作出的主要贡献：长期从事茶树新品种、新技术的引进、示范、推广和管理工作，直接将国际、国内最前沿的科技成果引进、消化、吸收，并将其转化为生产力，26年来，作为首席专家先后组织实施部、省级科技攻关、种子工程、技术开发等国家、省重大项目20余项，获部、市科技进步奖6项，获国家科技转化基金资助1项，其中，获二等奖1项、三等奖3项。在重庆市茶叶生产、科技推广领域具有很高的学术造诣和专业学术水平，具有很强的技术创新和研发推广能力，创

*本专栏茶人按姓氏笔画排序。

造直接和间接经济效益 20 亿元，培训各级专业技术人员 5 万人次，培养硕士研究生 1 名。

开展科技创新，促进产业发展，一是建设高标准茶树良种繁育基地，推进重庆市无性系茶树良种化作出了极大的贡献。二是引进茶叶现代化加工技术和设备，推进茶叶加工制作的机械化、无害化进程，实现产品安全化生产。三是开展技术创新，选育优新品种，夯实产业发展基础。历经几代茶人的艰苦努力，主持选育了具自主知识产权茶树新品种“巴渝特早”，并通过重庆市农作物品种审定委员会审定。

以科技为支撑，加强基地、品牌和龙头企业建设，一是推进无公害茶园、绿色食品、有机茶园标准化体系建设。拟、审定国家、行业、地方、企业标准 20 余个，推进良好农业规范、QS 质量体系认证，实施标准化繁育、栽培、制作技术集成和配套技术示范基地的辐射和带动。二是推进品牌培育和龙头企业建设，作为倡导者和组织者，完成了重庆茶叶航母——重庆茶业集团和重庆市茶叶专业批发市场的组建和建设。三是开展重庆野生大茶树种质资源保护，为世界茶树原产地保护作贡献，通过对南川等重庆 6 个野生大茶树种质区域资源调查、分析、评价和研究，建立了重庆野生大茶树种质资源基因库，提出了重庆野生大茶树保护性开发实施方案，并已申报农业部野生资源保护基金。

王登良

教授，男，1954 年 12 月出生于江苏，毕业于华南农业大学园艺学院茶学系。现任华南农业大学茶业科学系主任、华南农业大学茶业研究所所长。

主要工作经历：1973 年 12 月至 1976 年 1 月在海南黎族苗族自治州乐东县抱由农场上山下乡；1976 年 1 月至 1978 年 3 月在海南黎族苗族自治州民政局工作；1978 年 3 月至 1982 年 1 月在华南农学院茶叶专业读书；1982 年 1 月至 1987 年 7 月在华南农学院茶叶教研室任助教；1987 年 7 月至 1993 年 10 月在华南农学院茶叶教研室任讲师、副主任；1993 年 10 月至 1998 年 12 月在 华南农学院茶学专业任副教授、副主任、主任；1998 年 12 月至现在在华南农业大学茶学系任教授、系主任。

在茶业领域作出的主要贡献：主要研究方向是茶叶加工生化、茶叶贸易及茶叶深加工等。主持《福云 6 号三高茶园综合技术研究》通过农业部组织的成果鉴定，达到国内领先水平。研制的“将军峰银杉”获中茶杯评比二等奖。该项成果被科技部列为 2000 年国家级重点推广项目，在广东、广西等省、自治区推广应用中获得茶农广泛好评，带来了很大的经济效益。主持的《无公害茶叶生产技术》2003 年通过农业部组织的成果鉴定，同年获农业部丰收计划三等奖。《无公害茶叶生产技术推广》获广东省农业技术推广二等奖。在广东、广西等省、自治区推广应用获得较好的经济效益。

在研项目主要有国家自然科学基金《不同光质对单枞茶挥发性成分影响的机理研究》（30872058，主持）；公益性行业科研专项子项目《茶饮料专用原料加工技术研究》（nyhyzx07-021-16 主持）；国家科技支撑计划课题子课题《普洱茶安全性研究》（2007BAD58B05-4 主持），另外还主持横向项目、校级教改项目及参加省部级项目、横项项目多项。

指导研究生 20 余人，在《园艺学报》、《食品科学》、《茶叶科学》等国家一级、二级刊物上发表研究论文 30 余篇。参加全国统编教材《茶叶市场学》、《茶叶加工学》的编写工作；主编《名茶栽培与加工》，参编《中国茶养生大全》（副主编），《茶经营之路》、《中国茶叶大辞典》、《中国茶谱》等论著和科普读物。

主要学术兼职有：《茶叶科学》编委，《中国茶叶》编委，中国国际茶文化研究会常务理事，中国茶叶学会理事，中国茶叶流通协会顾问及专家委员会专家，吴觉农茶学思想研究会常务理事，中华茶人联谊会理事，广东省茶业行业协会副会长，广州茶文化促进会副会长，广东省茶叶学会理事，广东省农作物品种审定委员会茶叶专家，《中文核心期刊要目总览》评审专家，《外文核心期刊要目总览》评审专家等。

在本校工作岗位上尽职尽责，先后获得华南农业大学教书育人奖；华南农业大学实践教学奖一等奖；华南农业大学科技先进工作者；华南农业大学优秀党支部书记等荣誉称号。

王裕晏

男，1933 年 1 月出生于山东省临沂，现任中国国际茶文化研究会副会长、山东省茶文化协会会长。

主要工作经历：1991—1992 年任山东省省长助理兼计委主任、经贸委主任；1992—1993 年任山东省人民政府副省长；1993—1998 年任山东省政协任副主席。曾任五届中共山东省委委员，第七、八、九届山东省人大代表，山东大学名誉教授等。现任中国国际茶文化研究会副会长、中国茶叶流通协会和中国茶人联谊会特邀顾问、山东省茶文化协会会长、中国老年教育书画研究院院长、山东省老年书画研究会名誉会长等职。

在茶业领域的主要贡献：王裕晏同志担任领导职务期间喜茶、爱茶、好茶，为推动山东省茶经济和茶文化的发展作出了积极的贡献。做了大量具体工作，主要开展的工作包括：一是组织成立了山东省茶文化协会，广泛开展茶界各项活动，为山东省茶经济与茶文化的发展作出了贡献。二是促进了茶叶生产、经营和科技进步。

推动山东省茶叶生产、科研教学、技术推广的全面发展。三是积极引导茶叶流通和消费，提倡“科学饮茶，健康饮茶、文明饮茶”，组织茶馆业开展自律活动，全心全意为饮茶人服务。四是推进了茶文化的发展与繁荣，积极致力于鲁茶历史文化研究。经常到各地进行茶叶基本文化知识的宣传，举办或协办各类大型茶事活动，普及茶知识，繁荣茶文化。五是扩大对外茶事交流。协会先后主办或协办了济南、日照、泰安等多届茶博会，特别是，第九届国际茶文化研讨会在青岛举办，并取得圆满成功。

王镇恒

教授，男，1930年9月生于浙江温州，毕业于复旦大学，曾任安徽农业大学校党委书记、教授。

主要工作经历：1952—1956年任安徽省六安实验茶场技术员；1956—1959年任安徽农业大学茶业系教员、教学茶场场长、茶树栽培教研室副主任；1960—1974年任安徽农业大学茶业系讲师、茶业系副主任；1960—1962年兼任安徽省农业科学院茶叶研究所副所长；1974—1981年任安徽农业大学茶业系主任、副教授，安徽省茶业学会副理事长兼秘书长，中国茶叶学会副秘书长，国务院学位委员会学科组成员，农业部全国高等农业院校教学指导委员会学科组成员兼茶学组长，农业部全国高等农业院校教材编写委员会茶学专业组长等；1981—1983年任安徽农业大学副校长、研究生导师，安徽省农学会副会长，安徽省茶业学会理事长，中国茶叶学会副理事长等；1983—1991年 安徽农业大学党委书记、教授；1991—1997年任安徽农业大学教授，安徽省茶业学会名誉理事长，中国茶叶流通协会高级顾问，中国国际茶文化研究会顾问，中华茶人联谊会顾问，日本中国茶协会顾问等；退休后，仍担任多家国内外茶群众团体组织相关职务。

在茶业领域的主要贡献：在茶业教学、科研、产销单位工作先后达45年，为高等茶学教育培养大量茶学人才，为茶学教育事业做出贡献。在茶树解剖、茶树生态研究方面成果显著，丰富了茶树高产优质栽培理论。在科技扶贫，指导创制名优茶，提高品质，增加茶农收入，取得明显成绩。主编《中国名茶志》、《中国茶文化大辞典》、《茶树生态学》、《农业大词典·茶业卷》，副主编《中国农业百科全书·茶业卷》等，及发表学术论文80余篇。曾获全国优秀科技图书一等奖、自然科学图书二等奖，省、部级科技进步奖及优秀论文奖等20多项。享受国务院政府特殊津贴。退而未休，晚年在茶科技、茶文化方面取得一些建树。

冯绍隆

研究员，男，汉族，1937年11月9日出生于四川省德阳市。无党派人士。

主要工作经历：1962年7月毕业于贵州大学农学院农学专业，分配到贵州省茶叶研究所工作至1997年7月退休。历任省茶叶研究所栽培研究室主任、所学术委员会主任等职；1992年晋升为研究员；荣获国家有突出贡献专家荣誉及贵州省第一批获政府特殊津贴奖励。1993年被西南农业大学聘为教授。曾任贵州省自然科学技术职称评审委员会委员。贵州省科学委员会农学组成员、《贵州农业科学》第三届编委、《贵州茶叶》杂志历届编委、《中国实用科技成果大辞典》编辑，中国茶叶学会第三、四、五、六届理事、贵州植物生理学会副理事长、荣誉理事。1994年聘任为贵州省人民政府参事。

在茶业领域的主要贡献：从事茶叶研究30多年来，主持获得11项科研成果，其中8项为省以上成果奖。代表性成果有：主持的《茶树密植免耕快速高产技术研究》，1978年获贵州省科学大会重大科技成果奖，1984年又被国家科委列为全国重点成果推广项目；《茶叶组合密植研究》1993年获联合国科技信息促进系统中国国家分部（TIPS）“发明创新科技之星”奖和贵州省科学技术进步三等奖；《贵州天然富硒茶研究》1994年获贵州省科学技术进步四等奖和国家科委、陕西省人民政府联合颁发的“后稷金像奖”，此项研究证实了贵州是一个少见的硒资源宝库，为贵州富硒保健农牧产品开发提供了坚实的科学依据，为茶业经济发展找到了一个新的增长点。

冯绍隆专著有：《茶叶密植免耕法》（1980贵州人民出版社出版），1982年获全国优秀图书一等奖；《贵州茶树栽培》（1992年贵州科学技术出版社出版），1989年编著了贵州农业广播学校茶叶专著教材及茶叶技术手册等。全国性刊物发表科技、科普论文70余篇。其中：《茶树密植免耕的实践与学术探讨》获中国农学会优秀论文奖，贵州省首届科技论文一等奖；《茶叶生产现代化，贵州从何化起》获中国茶叶学会优秀论文奖，贵州省首届科技论文二等奖；《气象因子对茶树生育与生化物质代谢的影响》1992年获中国动植物生理学会、高原生理研讨会优秀论文奖；《贵州的硒资源与富硒茶》获中国云南国际普洱茶研讨会优秀论文奖；《中国茶业的发展成果》一文获联合国粮农组织奖。

历年来，冯绍隆同志多次获贵州省茶叶研究所、贵州省农业厅先进工作者称号及贵州省先进科技工作者荣誉。并获“中国发明家”、“中国科技精英”、“世界名人”、“国际文化名人”、“中央人事部优秀专家”称号。

刘仲华

教授，博士，男，1965 年 3 月出生于湖南省，湖南农业大学毕业的茶学本科和茶叶加工学硕士，清华大学化学系生命分析化学方向博士，现工作单位湖南农业大学。

主要工作经历：刘仲华 1999 年晋升教授，2000 年被聘为茶学博士生导师。他曾是中国茶叶科学领域最年轻的副教授、教授和博士生导师。现任湖南农业大学教育部茶学重点实验室主任、湖南农业大学茶叶研究所所长、国家农产品加工技术研究中心湖南茶叶分中心主任、湖南省天然产物工程技术研究中心主任等职，是湖南农业大学茶学系学科带头人和茶学博士点领衔导师；兼任国务院学位委员会园艺学科组成员、中国茶叶学会副理事长、全国茶叶标准化技术委员会委员、湖南省茶叶学会理事长、湖南省营养保健食品协会副理事长等职。1993—2004 年间，还先后担任了长沙金农天然植物制品实业有限公司、湖南金农生物资源股份有限公司总经理等职，现为多家上市公司独立董事。

在茶业领域的主要贡献：刘仲华教授长期从事茶叶加工理论与技术、茶叶深加工与综合利用、茶叶功能成分化学、茶叶品质化学与检验等领域的教学、科研与开发。20 多年来，先后主持了国家“973”计划、国家自然科学基金、国家科技支撑／攻关计划、科技部国际科技合作计划、国家发展改革委员会高技术产业化重大项目、教育部新世纪人才计划、科技部科技创新基金、湖南省重大科技专项等 40 多个科研项目，围绕茶叶资源的高效加工与利用、茶与人类健康开展了卓有成效的研究与开发，先后获得国家科技进步二等奖 1 项（排名第一）、湖南省科技进步一等奖 1 项（排名第一）、湖南省科技进步二等奖 1 项（排名第一）、省部级科技进步三等奖 4 项(排名第一、三、三、四)、国家级教学成果二等奖 2 项（排名第四、六）、湖南省教学成果一等奖 1 项（排名第四）、美国发明与新产品金质奖 3 项（排名第二）、中国新技术专利产品金质奖 3 项（排名第二）；申请、公开、授权国家发明专利 12 项。

刘仲华教授是《茶叶科学》、《湖南农业大学学报》、《Natural Products and Human Health》刊物的副主编，《中华医学杂志》常务编委、《中国茶叶》编委，先后在国际国内核心学术刊物、学术讨论会上发表论文 200 多篇，其中英文发表 16 篇，被 SCI 收录 12 篇；先后主编或参编了《茶叶加工学》等 15 部专著和高等院校教材。

刘仲华教授 1993 年被评为“湖南省优秀青年骨干教师”，1995 年被授予“湖南省优秀中青年专家”称号，1996 年入选“湖南省跨世纪人才”，1997 年入选“湖南省跨世纪学术带头人”，1999 年获“湖南省青年科技奖”，2001 年获“湖南省杰出青年创业奖”，2004 年入选湖南省新世纪 121 人才工程、获“湖南省青年科技创新杰出奖”、享受政府特殊津贴，2005 年获“长沙市十佳科技创新人才”、入选“教育部新世纪优秀人才”，2006 年入选“国家新世纪百千万人才”，2007 年选拔为“湖南省科技领军人才”，2008 年入选农业部茶叶技术创新体系茶叶深加工岗位科学家。

刘　枫

中国国际茶文化研究会会长，男，1937 年 2 月出生于杭州，毕业于中国人民大学。

主要工作经历：1983 年 2 月至 1985 年 7 月任中共青海省委副书记、西宁市委书记、西宁市政府市长；1985 年 7 月至 1989 年 10 月任中共青海省委副书记、青海省政协主席；1989 年 10 月至 1993 年 1 月任中共浙江省委副书记；1993 年 1 月至 2003 年 1 月：中共浙江省委副书记、浙江省政协主席；2003 年 1 月至 2008 年任全国政协文史和学习委员会副主任。

在茶业领域的主要贡献：刘枫同志自 2000 年 9 月担任中国国际茶文化研究会会长以来，以“弘扬茶文化，发展茶经济，造福种茶人和饮茶人 ”为己任，认真组织开展研究会的各项工作，为中国茶文化事业的发展作出了积极贡献。一是认真组织开展茶文化研究。围绕茶与历史、茶与经济、茶与社会、茶与旅游、茶与民生、茶与健康、茶与文明、茶与和谐、茶与世界、茶与未来等课题，通过举办各项形式的茶文化研讨会和成立专项研究中心，深入开展茶文化研究，不断丰富茶文化内涵。二是高度重视茶文化的宣传。研究会创办了《茶博览》杂志，融知识性、趣味性、实用性、文学性为一体，受到广大读者好评；成立了茶文化书画院，创作了一大批宣传茶文化的艺术精品；编著出版了《中国茶文化》、《中国茶文化遗迹》、《鉴赏名优茶》、《茶之初》、《品茶说茶》、《中国茶韵》、《民族茶艺》、《世界茶文化大观》等一大批精品图书，刘枫会长还亲自主编出版了《刘枫书陆羽茶经》、《茶为国饮》、《古茶诗选注》等多部著作，推动了茶文化传播，丰富了茶文化宝库。三是竭力倡导“茶为国饮”的理念，得到了国家有关部门和社会各界的充分肯定和广泛支持。重视培育茶文化的专业人才。2004 年，研究会成立了浙江华韵职业技术学校，面向全国招生，专门培训各等级的茶艺师，至今已培养了 1 600 多名初、中、高级茶艺师，成为新时期弘扬茶文化、发展茶经济的骨干力量。研究会还与浙江林学院联合创办了全国第一所茶文化学院，从 2007 年开始面向全国招收茶文化专业本科大学生，同时面向海外招收留学生，使茶文化人才培养纳入了国民教育序列，走上了正规化、系统化的轨道。

悉心指导茶艺馆的健康发展。研究会专门成立了茶艺馆专业委员会，加强对全国茶艺馆的联络和指导，每年召开两次全国重点茶艺馆负责人会议，总结交流经验，研究探讨问题，有力促进了全国茶艺馆的健康发展。着力开展茶文化的交流与合作。刘枫会长先后组织和带领茶文化代表团访问日本、韩国、新加坡、马来西亚、肯尼亚、越南、印度、意大利、摩洛哥、土耳其等国家及中国香港、澳门等地区，加强与世界各国和地区的茶文化组织、茶产业组织和茶界人士的交流与合作。研究会还成立了对外培训部，先后为日本、韩国培训茶艺师、评茶员数百名，以满足国外茶文化人才的需求，进一步促进了世界茶文化事业的发展。

刘崇礼

茶叶基金会副理事长，男，1927年12月出生于山西省忻州市，毕业于南开大学财经学院。

刘崇礼大学毕业后，分配到北京对外贸易部物价局，在局长办公室做秘书工作，就与茶叶价格有了接触。后来调商情物价局、进口局、中国茶叶出口公司、对外贸易部生产基地局、中国土畜产进出口总公司工作，深入全国各个产茶省市，调查研究，了解情况，反映问题，检查督促政策落实情况。后在国际茶业科学文化研究会和华侨茶业发展研究基金会任职期内做了不少有益于我国茶叶生产发展、出口增加等工作。首先是培养茶叶专业人才，在安徽、浙江、福建、湖南、华南农业大学茶叶系设立奖学金，对优秀学生进行奖励；为福建武夷山井水小学修建教学楼。在北京举办历届国际国内大型研讨会、座谈会、茶话会、联欢会、团拜会、品茗会等项公益事业活动，作出了卓越贡献。为此，由全国高科技术产业化标准计量委员会、全国行业领先企业品牌推选委员会、中华全国商业信息中心商贸网、中国品牌与防伪杂志社、中国行业发展调查评价中心等五单位根据网上公示、公众投票、行业权威信息比对，对入围企业的“质量服务、信誉、社会形象、知名度（美誉度和忠诚度）”，对企业经济效益的拉动，对行业的影响，对百姓生活的影响，对我国经济的影响及其他影响力等进行评估、综合评定华侨茶业发展研究基金会荣获“全国最具公信力品牌基金会”和“中国最具影响力品牌基金会”两个称号和荣誉证书；上述五单位组委会专家组认为由于刘崇礼同志在改革开放30年以来对茶文化事业的广泛影响有效地推动了行业的繁荣与发展，尤其在企业品牌建设等方面作出了重大贡献，经组委会专家组一致通过，刘崇礼同志当选为2008年度“改革开放30年中国社会最具责任感终身成就奖”的获得者。

刘勤晋

教授，博士生导师，重庆市学术技术带头人，男，1939年7月出生于成都。1958年就以优异成绩被保送到西南农学院园艺系茶叶专业学习。毕业后即留校任教。20世纪70年代末，赴合肥中国科技大学近代化学系进修和日本静冈大学留学，留学中因表现突出，回国后评为优秀留学回国人员，受到农业部表彰。

刘教授担任茶学教学科研工作40多年以来，潜心我国西南地区茶业科学和历史文化之研究。先后为博、硕和本科生开出《制茶学》、《制茶技术理论》、《现代茶学研究进展》、《软饮料学》、《茶文化学》等课程和讲座，被评为农业部先进教师，首批享受国务院政府特殊津贴。

在科学研究中，他一直关注我国传统茶叶加工技术的现代化，早在20世纪80年代初，他从福建乌龙茶做青技术中受到启发，以四川中、小叶种创制“高香红碎茶新工艺”获得成功，使当时重庆出口美国红碎茶市场成交价提高30%，该项成果获国家外贸部科技进步三等奖。为了有效提高四川茉莉花茶和沱茶的加工品质、降低制茶中原材料和能源消耗，他又根据热泵原理进行“热泵去湿技术在花、沱茶干燥中的应用”研究，率先在国内将热泵这一清洁能源应用于茶叶加工中，取得了很好的经济和社会效益。为了帮助山区中、小茶叶加工企业实现生产现代化和产业化，他先后帮助四川竹叶青，龙都香茗，叙府龙芽，巴山雀舌等开发新产品，创新品牌，实现产业化，目前这些企业均跻身国家和省农业产业化龙头企业之列，成为川茶振兴的榜样。由于贡献突出，他也被评为全国星火先进科技工作者，受到国家科委（科技部）表彰与奖励。

主要研究课题及成果：通过鉴定、验收并获重大成果奖励的主要有：

（1）高香红碎茶初制新工艺及成香机理研究，外经贸部重大成果三等奖，主研人。

（2）中、小型红碎茶厂初制工艺改革研究，四川省科技进步三等奖，主持人。

（3）茶叶生理活性成分分离及新型茶加工技术研究，农业部科技进步二等奖，副主持人。

（4）清香型特种绿茶标准化、机械化加工技术研究，四川省科技进步三等奖，主持人。

（5）黑茶生理活性物质分离与提取技术研究（应用基础），四川省科委组织验收，主持人。

（6）因主持开发龙都香茗（花茶）、竹叶青II型（绿茶）、重庆缙云毛峰特种绿茶等产品曾多次荣获四川省星火科技成果奖，并评为全国星火科技先进科技工作者。

（7）因主持三峡库区茶文化国际学术考察和川藏茶马古道茶俗文化考察曾有多篇论文发表，并主办首届茶马古道国际学术研讨会，获得好评。

（8）近20年主持黑茶、红茶、花茶、普洱茶品质化学及保健作用研究，在国内外多次重要学术会议及刊物发表文章共62篇，培养博士研究生7人，硕士研究生34人，担任博、硕、本科课程多门。

邬梦兆

广州茶文化促进会会长，男，1934年1月出生于广东省。毕业于华南师范大学。

主要工作经历：1949年8月在大埔百侯游击区加入中共中央华南分局文化工作团，参加过农村土地改革、农业生产合作化运动，曾任大乡党委书记、区委书记、县委书记、地委办公室主任、中共广东省委副秘书长、中共广州市委副书记、广州市政协主席、全国政协委员、全国政协港澳台侨委员会委员。兼任中共广州市委党校校长、广州市行政学院院长、广州市社会主义精神文明建设委员会主任。现任中国诗书画研究院名誉院长、中国国际茶文化研究会副会长、广州诗社名誉社长、广州书画专修学院院长、广州茶文化促进会会长。是中国作家协会广东省分会会员。

在茶业领域的主要贡献：

（1）创建广州茶文化促进会，任中国国际茶文化研究会副会长，继后筹建广州茶文化促进会并于1999年7月23日正式宣布成立，任创始会长。

（2）成功策划第六届国际茶文化研讨会在广州召开，2000年9月第六届国际茶文化研讨会在广州召开。会上，邬梦兆作了《以人为本，以茶为体，实践茶道精神，弘扬中华茶文化》为题的主题报告。

（3）连续举办广州国际茶文化节（博览会），自2000年9月首届举办以来，为广州经济社会发展起到了积极的推动作用。2007年12月在上海举办的"第三届（2007）中国节庆产业年度评选活动"中，广州国际茶文化节荣膺"中国节庆产业十大品牌节庆"奖项和"中国节庆产业十大物品类节庆"奖项。

（4）策划和主持"泛珠三角（9+2）茶文化茶产业高峰论坛"召开，"论坛"于2007年11月在广州举行，共收到领导题词20篇，献词3篇，学术论文、研究报告60篇，集装成《茶和谐之路》论文集出版。

（5）创刊《茶文化》出版茶书籍，1999年10月创刊《茶文化》（双月刊）至今共出版了53期，曾被评为广州市先进刊物。主编出版了《茶经营之路》、《茶发展之路》、《茶开拓之路》、《茶和谐之路》、《中国茶养生大全》、《茶科普知识长廊》等茶书籍。

（6）爱茶雅韵开花结果，多年来在茶路上辛勤耕耘，编著了茶文化学术论文近20篇；创作茶诗三百首，并与国画、陶艺、书法、篆刻、剪纸、摄影、传统歌曲艺术相结合，形成《茶人雅韵系列丛书》（全九册），在首发式上，中共广东省委常委、广州市委书记朱小丹给邬梦兆发来贺信中说，近年来，您潜心茶文化和诗文化的综合研究，又将多年心得集大成奉献给广大读者，是谓文化界的又一大盛事，期待书香茶香满羊城。

张　定

研究员，女，1953年5月出生于江苏省无锡市，毕业于浙江农业大学。现任江苏省农业厅园艺处处长。

主要工作经历：1982年1月至1983年4月在无锡茶叶研究所从事茶树品种适制性研究；1983年4月至1992年3月在江苏省农林厅园艺处任茶叶行政管理和技术推广副科长；1992年3月至1993年3月在德国不伦瑞克工业大学食品化学研究所茶叶品质与生化成分关系的研究访问学者；1993年3月至今在江苏省农林厅园艺处任园艺、茶叶行政管理和技术推广科长、副处长、处长；2003年7月在南京农业大学园艺学院茶学专业兼职硕士生导师；任中国茶叶学会第六、第七届副理事长、第八届常务理事，中国茶叶流通协会副会长，江苏省茶叶学会第六、第七、第八届副理事长。

在茶业领域的主要贡献：长期从事茶叶科技推广和科学研究，涉及茶叶加工、生化分析、茶树育种等方面，专业知识全面，基础理论扎实，有丰富的实践经验和较强的组织能力。主要承担、完成的项目：1991年省科技攻关项目《名特茶保鲜包装贮藏研究》，获江苏省科技进步三等奖；1992年省科技攻关项目《速溶茶加工的研究》，获江苏省科技进步四等奖、江苏省农业科技进步二等奖；1997年《茶树新品种锡茶5号、锡茶11号选育》，获江苏省科技进步二等奖；2000年《江苏省名特茶加工机械化技术推广》，获农业部丰收奖二等奖；2003年《名特茶机械加工和配套技术推广》，获江苏省农业科技推广奖二等奖；1991—1992年在德国访问学者期间完成《儿茶素、茶黄素与红茶品质关系的研究》，论文"Influence of catechins and theaflavins on the astringent taste of black tea"发表于德国《食品研究及检验》杂志；主持江苏省农业三项工程项目《茶树新品种引进》、农业部"948"项目《超微粉茶加工设备及配套加工技术》、江苏省科技攻关项目《 优质茶树新品种选育》，已通过验收。作为副主编、茶叶章主编编写《江苏省志·园艺志》（江苏古籍出版社出版）；作为副主编、江苏卷主编编写《中国名茶志》（中国农业出版社出版）；作为副主编、审（认）定篇主编，编写《中国茶树品种志》（上海科学技术出版社出版）。近10年来参加首届中国科协学术年会、海峡两岸茶叶科技学术研讨会等学术交流、在国内外专业刊物上发表文章多篇。参与制定了江苏省茶叶发展“七五”、“八五”规划，主持制定了全省茶叶发展“九五”、“十五”规划和《江苏省茶叶优势产业规划》。先后参加起草了江苏省地方标准《精制绿茶》、《花茶》等多部标准。2004年主持制定了农业部行业标准《碧螺春茶》，并主持制作了碧螺春实物标准样。

张天福

我国当代著名的茶学家、制茶家、审评家和教育家。1910年8月18日出生于上海，1929年在福建协和大学修完一年的基础课程后，转入南京金陵大学农学院。长期从事茶叶教育、生产和科研工作，特别在培养茶叶专业人才、创制制茶机械，提高乌龙茶品质等方面都取得了很大成绩，对福建省茶叶的恢复和发展作出重要贡献。晚年致力于审评技术的传授，倡导中国茶礼:“俭、清、和、静”，是中国茶文化传播者和力行者。

1934年6月，张天福获福建协和大学的资助，东渡日本，并转道台湾实地考察茶业。1935年，他再次赴台湾考察茶叶生产情况。同年8月，张天福到福安县创办福建省第一所茶校——福建省立福安农业职业学校，和福安茶叶改良场（现福建省农业科学院茶叶研究所前身），任校长兼场长。1940—1942年，张天福在崇安创办福建示范茶厂，任厂长兼苏皖技艺专科学校副教授。1941年，他研制成功我国第一台“九一八”手推揉茶机。1942—1946年，他回到协和大学农学院任副教授、教授，兼该校附属高级农业职业学校校长。1946—1949年，张天福任南京国民政府中央农业实验所技正兼崇安茶叶试验场场长。

中华人民共和国成立后，张天福在崇安县任福建省人民政府实业厅崇安茶厂厂长，后调中国茶叶公司任技术科长。1952年调福建省农业厅茶叶改进处、特产处任茶叶科长、副处长，享受教授级待遇。

1982年，受聘于福建省农业科学院茶叶研究所任技术顾问，1989年主持《乌龙茶做青工艺与设备研究》中试成功，获福建省科技进步二等奖。1999年创办并主持“福建茶人之家”。2003年12月，首届张天福茶学思想研讨会在漳州举行。2004年5月，福建省科协和福建省社团办同意福建省茶叶学会增设张天福茶学研究分会。2005年张天福获得中国茶叶协会颁发的“茶叶工作奉献奖”。2006年，张天福任中华茶人联谊会名誉理事长兼中华茶人联谊会福建茶人之家会长。2007年12月28日，福建省民政厅批准“福建茶人之家”登记注册。2008年9月17日，由张天福倡议，经福建省民政厅批准，成立福建张天福茶叶发展基金会。11月25日向省委领导建言建立高标准有机生态茶园示范基地，寻找生态良好无污染源未经开垦的宜茶荒山。如今，百岁茶人张老仍然与时俱进，饱含“生命不息，探索不止。”奋斗精神，为福建茶产业的发展与繁荣呕心沥血，不遗余力。

张天福一生事茶，心系“三农”。他热爱祖国的坚定信念，开拓进取的创新精神，崇尚科学的工作态度，平易近人的优秀品德，关爱青年的良好风范，生命不息、探索不止的人生观，是茶人学习的榜样。

张晓鸿

高级茶艺师，女，1965年12月出生于山西大同。毕业于中央党校，在山西省质量技术监督局、山西茶叶展评组委会，任副主任兼秘书长。

主要工作经历：1995年，张晓鸿进入山西省质量技术监督局系统工作，现任中国茶叶流通协会理事、中国茶叶流通协会茶馆专业委员会副秘书长、山西茶叶展评组委会副主任兼秘书长，国家茶叶高级审评师、高级茶艺师。

在茶业领域的主要贡献：张晓鸿爱茶、习茶，自1995年开始，结合从事的质量监督检验工作练出了对各类茶叶的感官审评特有的嗅觉与味觉和评茶硬工夫。特别通晓茶叶企业标准的制定和包装标识法规及其相关知识，先后帮助、参与省内外20多个茶企业（例如山西省茶叶公司、山西日盛增茶业公司等）制定或修定了30余个茶叶企业标准。

她收藏了数以千计的茶叶实物标准样及其相关茶文化资料和茶叶标准文本（包括国标、行标、地标、企标）。

她先后和茶界同仁合编了《茶博览》、《走近茶道》等书，并担任《茶世界》杂志特约通讯员，数年来坚持为《茶世界》等刊物撰稿报道山西茶事活动。

从1996年开始，张晓鸿不断收集、整理近年来山西茶业动态相关资料，建档保存，与省内外茶人、茶协交流、研讨，得到各界茶人的赞誉。2007年12月，她被中国茶叶流通协会授予“中国茶叶流通协会先进工作者”称号。

李中林

研究员，男，1965年3月出生于四川仪陇。现任重庆市农业科学院副院级领导。

主要工作经历：1986年7月至1998年8月在四川省农业科学院茶叶研究所茶树栽培研究室从事科研工作，历任研究室副主任、主任；1998年8月至2006年4月在重庆市茶叶研究所、重庆云岭茶业科技有限责任公司主持行政、科研、开发工作，历任研究所常务副所长、所长，所党委副书记、书记，云岭公司董事长；2006 年 6 月在重庆市委党校行政管理专业研究生毕业。2006 年 4 月至今任重庆市农业科学院副院级领导、党委委员，重庆云岭茶业科技有限责任公司董事长，国家茶叶现代产业技术体系重庆综合试验站站长。

在茶业领域的主要贡献：主要从事茶叶科技创新研究、成果转化与产品品牌经营，涉足茶产业技术经济、茶文化旅游研究，善于策划并组织实施科研课题，具有很强的宏观战略思维和组织协调能力。先后主持和参加课题研究 29 项，获成果奖励 16 项，其中部（省）级二等奖 3 项、三等奖 6 项，厅（局）级二、三等奖 7 项，公开发表论文 39 篇，获专利成果 3 项，创制名优茶 11 只。自 2000 年以来，先后主持项目课题 10 项：科技部重点科技攻关项目 2001BA604A04 专题“三峡库区茶业生态经济系统重建关键技术研究与示范”，重庆市科委攻关项目“颗粒红、绿茶新工艺技术及产品开发研究”、“名优绿茶良种的扦插繁育及示范”、“山地茶园水土流失控制综合技术研究”、“茶树种质材料收集利用及基因库建设”，重庆市自然基金项目“绿茶色泽与制茶工艺的关系”、“酶技术在茶叶储藏保鲜中的应用”，重庆市农业局先导型项目“茶树良种科技示范园建设”、“针形名茶加工技术示范与推广”，重庆市发改委项目“针形名茶工业化生产关键技术研究”。主研（排名第二）项目 6 项：重庆市自然基金项目“绿名茶冻干与品质关系研究”，重庆市科委攻关项目“超微绿茶粉加工工艺研究”、“有机茶基地建设及产品研究”、“茶园生态系统的建立及调控技术研究”、“风味茶加工关键技术研究”、“蒸青针形名茶造型与焙香关键技术研究”。获成果奖励 11 项，其中重庆市科技进步二等奖 1 项，部（省）三等奖 5 项，厅（局）级一、二等奖 5 项。发表论文 26 篇，申请专利 2 项（已进入实质审查）。开发名优茶 3 只，以永川秀芽为代表的针形名茶已成为重庆市地方名茶的主导产品。

李世海

高级工程师，男，1955 年 7 月出生，河南省汝南县人，汉族。毕业于河南省汝南园林学校。一直从事林业科学研究和技术推广工作，曾获省部级科技成果奖 10 余项，出版专著 2 部。信阳市于 2006 年成立了茶产业办公室 。2007 年 7 月，信阳市委特任命李世海同志担任信阳市茶产业办公室主任职务，为信阳茶产业发展作出了突出贡献。

（1）圆满完成 2007 年度 1 万公顷茶叶基地建设任务，先后组织 5 次大型专项督查活动，有力地推进了茶叶基地建设。另外在政府出台的一系列优惠政策的基础上，市茶产业办公室协调整合农业综合开发、扶贫、农业结构调整、水利、林业、以工代赈等涉农资金和项目资金 2 亿以上，支持茶产业发展，超额完成 1 万公顷新茶园发展任务 。

（2）开创了全市夏秋茶生产管理工作新局面，为了提高种茶效益，信阳市茶产业办公室召开了全市夏秋茶机械采摘、炒制现场会，推广机械化加工和茶园管理等技术。有力推动了夏秋茶生产和管理工作，提高了茶资源利用率。全市夏秋茶平均每公顷增加 150 千克，每公顷增产值 6 000 元。

（3）制定了《信阳市 2007—2008 年度茶叶生产基地建设意见》和《信阳市“十一五”期间茶树无性系优良品种引进与繁育工作指导意见》。李世海任茶产业办公室主任后，充分考虑不同土壤立地条件和农民种植技术、种茶历史传统习惯等实际情况，按照宜茶则茶、宜林则林、宜粮则粮的原则，制定了上述两个《意见》，调整了各县区茶叶生产基地建设任务，适当扩大主产区、山区和丘陵县区的种植面积，取消了不适宜区的种茶任务，使茶产业基地建设发展规划布局更趋合理完善。并通过引种、建立繁育基地等，加快无性系良种茶园的发展，2007 冬至 2008 年春完成了 0.33 万公顷无性系良种茶园的建设任务。

（4）对信阳茶的宣传推介工作取得重大进展。2007 年 9 月，信阳市茶产业办公室组团参加了“2007 中国郑州国际茶业博览会”，30 多家茶企业集中展示了信阳毛尖茶。2007 年 11 月，又组团赴日本参加第三届世界茶叶节首届绿茶评比大会，信阳选送的 21 个参评茶样全部获奖，共获最高金奖 6 个，金奖 10 个，银奖 5 个。并在日本第三届世界茶叶节展馆举行了中国信阳毛尖茶鉴赏推介活动。

（5）组织召开“信阳毛尖”专题研讨会，主编出版《信阳论茶》，2007 年 12 月，由河南省茶文化研究会主办，信阳市茶产业办公室承办的“信阳毛尖”专题研讨会在信阳市召开。郑州、信阳、南阳、驻马店等地从事茶叶生产、经营、科研、教育等部门的 70 余人参加会议，共收到论文 50 余篇。以此为基础，主编出版了专著《信阳论茶》。

李传友

推广研究员，男，1953 年 10 月出生于湖北枣阳县，毕业于安徽农业大学，现任湖北省农业厅果品办公室主任。

主要工作经历：1976 年毕业分配湖北省农业厅经济作物处工作；1984 年任湖北省农业厅经作处副科长；1988 年任湖北省农业厅经作处副处长；1993 年任高级农艺师；1998 年任湖北省农业厅经作处调研员；2005 年任湖北省农业厅果品办（经作站）主任；2006 年任农业技术推广研究员、湖北省茶叶学会理事长。

在茶业领域的主要贡献：1976年以来，一直从事全省茶叶生产管理和技术推广工作。

（1）开展机制名优茶的研究与示范推广，组织实施机制名优茶工程。1997年主持制定了《全省机制名优茶的研究与示范推广协作方案》，1999年又主持制订《湖北省机制名优茶工程实施方案》，通过机制名优茶工程的实施，改变了湖北省名优茶加工主要靠手工加工的格局，实现了名优茶加工的大突破，推动和促进了湖北省名优茶生产上规模，上批量、上档次和上效益。该项目获得2005年湖北省人民政府科技进步二等奖（第二名）

（2）主持实施农业部丰收计划项目。1999年主持实施农业部《茶树无性系栽培及机械化采茶技术》丰收计划项目，该项目获得2002年农业部丰收计划三等奖（第一名）。

（3）主持和承担国家重点农业技术推广项目。1991—1995年主持和承担农业部全国《名优茶开发》国家重点农业技术推广项目湖北项目的实施，结合湖北实际，制订了项目实施方案，在五峰、英山等举办示范样板开展技术培训和技术指导，研究总结名优茶生产综合配套技术，该项目获得1997年农业部科技进步三等奖（第六名）。

（4）主编和编著出版了《名优绿茶采制技术》、《湖北名茶》、《鄂茶之路》、《湖北茶产业发展纵论》和《果茶桑药实用技术》5本书，并在《中国茶叶》等杂志上发表论文文章30余篇。

（5）组织实施名优战略，大力发展名优茶生产。每年举办不同层次的技术培训班，大力开展名优茶生产技术培训，推广名优茶生产综合配套技术；组织了3次全省制茶能手竞赛活动，提高制茶技术水平；开展名优茶质量鉴评活动，每三年举办一次，对于提高全省茶叶品质和推动全省名优茶生产健康发展起到积极作用。

（6）主持和组织制定茶叶技术标准，推行标准化生产。主持制定农业部行业标准《富硒茶》，农业部于2002年11月发布实施；主持和组织制定湖北省地方标准8项，省质量技术监督局已发布实施，基本形成湖北省特种茶和主要名茶标准化生产体系。

李师程

教授，男，中共党员，1945年3月出生于云南勐腊。1969年毕业于云南大学物理系，先后在工厂、机关、地州工作过，曾任中共昆明市委秘书长、副书记、中共思茅地委书记、中共云南省委党校、云南行政学院党委书记、常务副校（院）长，云南省政协常委、文史委员会主任。主要致力于民族茶文化、知识经济、战略思维等方面的研究。著有《边疆民族工作随谈》、《岁月备忘录》、《古茶山览胜》，主编过《云南文史集粹》、《战略思维学习纲要》、《大道行》、《大通道经济与贸易区经济》等，现主编《云茶》、《云南普洱茶》杂志。

在茶叶领域的主要贡献：李师程同志任思茅地委书记期间，他成功地组织实施了省委建设茶叶基地的部署，著有《边疆民族工作随谈》一书，较系统地总结了茶叶生产产业化的经验。1992年，中共云南省委肯定了思茅地区基地建设的经验，以省委“1号文件”提出了“三结合一体化”发展的路子，为加快云南茶业产业化发展打下了重要的基础。他注重以茶文化促进茶产业的发展，提出“以茶会友、广交天下”，先后于1993年、1995年倡导、组织举办了第一、第二届中国普洱茶叶节，普洱茶国际学术研讨会和古茶树遗产保护学术研讨会，成为中国普洱茶文化节的创始人，为弘扬普洱茶文化、振兴普洱茶产业作出了积极的贡献，在中国茶界产生了深远影响。在首次学术研讨会上，181位国内外专家进行了多学科研究，做出了世界茶树原生地在中国，中心在云南的论证，把普洱茶的研究和宣传推向世界。

李师程同志积极参与组织茶文化的研究和推广，在中国国际茶文化研究会的支持帮助下，组建成立了云南民族茶文化研究会，中国国际茶文化研究会普洱茶研究中心，为振兴普洱茶，促进云南省茶产业的发展做了许多有益工作。2004年他倡导并组织了“纪念孔明兴茶1780周年暨中国云南普洱茶古茶山国际学术研讨会”，组织国内外专家对清代普洱茶贡茶基地六大茶山进行了考察，发出了以弘茶文化、保护古茶山为中心内容的《勐嵛倡议》。李师程同志在省政协会上提交的把易武列入省历史文化名镇的提案得到省政府的批准，为振兴古六大茶山作了积极的贡献。

担任云南民族茶文化研究会会长以来，李师程同志提出并策划的“云南茶文化大观园”被列入云南省文化产业项目，对云南文化产业、旅游业和茶产业发展将产生积极的作用。

杨　力

高级工程师，男，1942年出生于山西省祁县，毕业于太原理工大学，现任山西茶叶展评组委会主任。

主要工作经历：先后在工业企业及其主管部门任质检科长、厂长、局长。1989年担任太原市北城质量技术监督局局长，并开始习茶。现为高级工程师，国家级茶叶审评师，茶艺教师，中国国际茶文化研究会理事、副秘书长，山西茶叶展评组委会主任。

在茶业领域的主要贡献：为了推动山西茶业发展，自1996年开始，每年牵头在省城召开1～2次茶叶展评或茶文化研讨交流会。期间，他还协助山西忻州茶文化协会的李亚民先生在1997年8月成功举办了“首届五台山国际茶会”，并于1999年6月协助省外事办接待了日本琦玉县千里家茶道协会，成功举办了“山西省和日本琦玉县茶道花道交流会”。

通过在国家供销总社杭州茶叶研究院的脱产学习，结合茶叶质量监督检验及其相关的标准、计量工作、打假经验，1997年，杨力编著了《茶博览》一书，并获得山西省科技出版奖。期间，他以该书为教材，先后数年奔走在茶商、茶人中，积极宣传茶知识，传播茶文化。

2002年3月，杨力主编了《走进茶道》，2006年11月，杨力先生又主编了《中国名茶评点》（六字经）。

杨力先生先后给省内外茶刊、茶报（《中华茶文化专号》、《茶世界》、《吃茶去》等）投稿、撰文，宣传科学饮茶及茶文化相关知识。从中国国际茶文化研究会主办的“第八届国际茶会”开始，杨力先生每届均在其会议会刊上发表1～2篇茶文化学术论文。

杨力先生的茶事茶德曾在《山西市场导报》、山西电视台、太原电视台等新闻媒体报道，并入选中国知名茶人钱时霖先生编著的《中华茶人诗描》一书。

杨亚军

1961年9月生。1982年2月毕业于华南农业大学茶学专业，研究员、博士生导师，现任中国农业科学院茶叶研究所所长；兼任中国茶叶学会理事长、全国茶树品种鉴定委员会主任、国家茶叶产业技术研究中心首席科学家等职；农业部有突出贡献的中青年专家、中国农业科学院二级岗位杰出人才、浙江省“151”人才。

杨亚军一直从事茶树遗传育种、种质资源研究和成果推广工作。1997年被评为中国农业科学院首批跨世纪学科带头人和浙江省跨世纪“151”人才工程学科带头人，1999年被授予农业部有突出贡献中青年专家，2006年被授予浙江省农业科技先进工作者和中国农业科学院二级岗位杰出人才。近5年来先后主持完成国家基金、国家科技支撑计划、科技部基础条件平台、农业部“948”重点、浙江省重大专项、“公益性行业（农业）科研专项——茶叶”等国家、省部重点科研项目20多项，主编专著2部、副主编1部、合作出书4本，发表论文40多篇，培养硕士4名，正培养博士4名。 现为茶叶产业技术体系首席科学家。

在育种方面，主持育成中茶102国家级良种和中茶108、中茶302新品系（正参加全国区试）、合作主持育成龙井长叶、寒绿等2个国家级良种，苔香紫、苹云、碧峰等3个省级良种，参与育成了龙井43、碧云、菊花春等3个国家良种。这些良种分别在全国主要茶区推广应用，对促进各地茶叶生产的发展起到了积极作用。

建立了第一个国家茶树种质资源数据库，通过多学科综合评价，筛选了一批优异种质，提供给育种和生产利用。共取得7项科研成果和育成（或参与育成）6个国家级良种，3个省级良种。作为主持人完成的“茶树育种早期品质化学鉴定技术”获中国农业科学院科技进步二等奖（第一名）；合作主持完成的“名优绿茶专用品种选育与配套技术体系研究”、“龙井长叶、碧云的育成与应用及龙井43的推广”和“名优茶综合技术研究与推广”分别获浙江省科技进步二等奖（第二名）、农业部科技进步三等奖（第三名）和浙江省农业丰收二等奖（第三名）。作为茶数据库的主要完成人参加完成的“国家农作物种质资源数据库系统”获农业部科技进步二等奖（主要完成人）。主持完成的国家攻关专题“果、菜、茶、桑、橡胶等优良种质评与利用研究”，鉴定筛选出的48份优异种质作为“主要农作物241份优异种质的鉴定、筛选、创新及利用”成果的主要内容之一，被评为“九五”国家重点科技攻关计划重大科技成果（主要完成人）。

多年来，坚持科研为生产服务，重视科研成果的推广应用。主持完成的“茶树新品种龙井43的推广与效应”项目，通过开展生产示范、采取“科研单位加农户”的方式建立繁育基地、改进繁殖方法、进行配套服务等一系列措施，推广龙井43达到2 000多公顷，新增纯收益超过3亿元，取得了很好的社会、经济效益。被专家誉为“科研成果转化为生产力和科技兴茶的成功范例”、“处于国际先进水平”。主持“十一五”国家科技支撑计划项目“茶资源高效加工与多功能利用技术及应用”。

陈宗懋

茶学家、茶树植保专家，中国茶叶中农药残留研究的开拓者和奠基人。1933年10月1日出生于浙江省海盐县，1954年毕业于沈阳农学院植保系。现任联合国食品法典农药残留委员会主席、中国工程院院士、国家农产品质量安全风险评估专家委员会副主席、中国茶叶学会名誉理事长、国际茶叶协会副主席、研究员、博士生导师。

曾任中国农业科学院茶叶研究所所长，中国茶叶学会理事长，五、六届全国人大代表。1991享受国务院政府特殊津贴，1992年被授予全国农业环保先进个人称号，1997年被中国科协授予全国优秀科技工作者称号，1998年获中华农业科教贡献奖，1977年和2001年两次被浙江省政府授予省农业科技先进工作者称号，2007年获中华农业英才奖。

他学术造诣深，创建了2个新兴茶学领域：茶叶农药残留和茶园化学生态学。20世纪60年代开创茶叶农残研究领域，提出各类农药在茶树上的降解规律和预测模型，提出18项国标、5项部标。他首次探明空气漂移是茶叶中六六六、DDT农残徘徊不降的原因，主持的研究居国际前沿水平。他的实验室被欧盟确认为中国茶叶出口唯一的认可检验机构。近年在欧盟绿色壁垒压力下，为降低我国茶叶农残水平作出突出贡献，这项成绩得到国际公认。90年代开拓害虫化学生态研究新领域，从茶树—害虫—天敌的化学通讯机制着手，明确了害虫定位茶树和天敌寻觅害虫的化学生态机制，具创新性。据测算，茶树病虫害防治水平的提高对茶叶增产的贡献率达到25%以上。获国家级科技成果奖6项[国家科技进步二等奖1项（第4名，1990，茶叶部分负责人），三等奖3项（2次第1名，1997、1998；1次第2名，1985）；国家辞书一等奖1项（第1名，2001），国家图书奖提名奖1项（第1名，2001）]；省部级科技二等以上奖2项[农业部科技进步二等奖1项（第1名，1982），浙江省科技成果奖1项（第1名，1977）]，专利1项（1990年）。20余次受邀参加国际学术会议作报告，5次作为我国首席代表参加联合国政府间茶叶会议。2007年主持了国际食品法典农药残留委员会（CCPR）第39届会议。拓展茶疗新领域，探讨饮茶促进健康的机制，受到国际关注。1987年、1991年和1995年作为大会组委会主席主持召开"茶—品质—人体健康"国际学术讨论会，对提高我国茶叶科技在国际上的地位和促进世界茶叶消费起了重要作用。

在国内外出版专著7部，其中《中国茶经》重印21次，获国家科技进步三等奖；《中国茶叶大辞典》，获国家辞书一等奖和国家图书奖提名奖；副主编《Tea: Bioactivity & Therapeutic Potential》专著。论文在"J.Chem. Ecol."、"J.Agri. Fd. Chem."等重要国际刊物上发表。在国外学术刊物和国际会议论文集上发表论文近40篇，国内学术刊物上100余篇，国内中级刊物上150余篇，译文100万字以上。其中SCI源刊物论文8篇，培养了多名博士、硕士生人才。精通英语，熟悉俄、日、德、捷语。

宗庆波

研究员，男，1964年11月16日出生于湖北省大悟县，毕业于安徽农业大学、华中农业大学，现任湖北省农业厅经济作物站副站长。

主要工作经历：1986年7月至2001年6月，任湖北省农业厅经济作物处科员、副科长、科长。2000年9月至2003年12月，为华中农业大学农业推广专业在职研究生；2001年7月至今，湖北省果品办（省农业厅经作站）任副主任、副站长。

现为湖北省农业厅农业推广研究员、中农质量认证中心有机产品高级检查员、湖北省政府特殊津贴专家、中国茶叶学会理事、湖北省茶叶学会副理事长兼秘书长。被五峰、恩施等茶叶主产县市政府聘请为茶产业发展技术顾问。

主持或组织实施部省级科技项目8项，先后荣获湖北省科技进步二等奖2项，三等奖1项，省科技成果推广三等奖1项，农业部农牧渔业丰收奖二等、三等奖3项。其中，《茶叶无性系栽培及机械化采茶技术》、《恩施州茶叶优良品种、丰产栽培及加工技术推广》获农业部全国农牧渔业丰收奖三等奖，《湖北省主要类型名茶机械化加工技术研究与大面积示范推广》、《有机茶成套技术研究与示范》获湖北省人民政府科技进步奖二等奖，《湖北省有机茶系列标准》获湖北省人民政府科技进步奖三等奖，《茶树良种无性系引繁利用技术研究与推广》获湖北省人民政府科技成果推广奖三等奖。参加主持实施农业部创建全国无公害农产品（茶叶）生产示范基地县项目，经部组织验收，鹤峰、五峰、英山三县分别获农业部先进县、合格县和达标县。主持制定《茶树无性系良种苗木》、《采花毛尖》、《有机茶》等省地方标准10项，与农业部、中国茶叶学会联办或举办全省性茶叶技术培训及学术研讨会9次。发表论文、编制全省性规划、撰写调研报告等40余篇，合作出版专著5部。

宛晓春

教授，博士生导师，男，1960年2月出生于安徽省明光市。1982年毕业于安徽农业大学茶业系；1985年毕业于安徽农业大学获硕士学位；1992年毕业于江南大学获博士学位；1994—1996年在英国Reading大学食品系从事博士后研究。2005年5～9月在美国加州大学做高级访问学者。1985年至今在安徽农业大学工作，历任生物技术中心副主任、轻工业学院院长、副校长，现任安徽农业大学党委副书记、校长、教授、博导，茶叶生物化学与生物技术重点实验室（教育部、农业部、安徽省重点实验室，国家重点实验室培育基地）主任，兼任中国茶叶学会副理事长、教育部高等农业院校教学指导委员会园艺学科组副组长、安徽省茶业学会理事长、国家食品与营养咨询委员会委员、全国茶叶标准化技术委员会（SAC/TC339）副主任委员、《茶业通报》主编等职务。

在茶业领域的主要贡献：主持国家"973"前期专项，国家攀登计划、"十一五"国家科技支撑计划，国家自然基金、农业部"948"项目、星火计划、科技部成果转化基金项目和国际合作项目等近20多项重大课题；发表学术论文百余篇，其中18篇被SCI收录，并获2项国家发明专利，4项实用新型专利；出版专著《中国茶谱》，主编面向21世纪全国高校统编教材《茶叶生物化学》（第三版）获全国高等农业院校优秀教材奖，主持《茶叶生物化学》国家精品课程建设。主持多项国家自然基金项目，揭示了儿茶素氧化形成茶色素的机理；主持农业部"948"项目，研建了我国首条炒青绿茶清洁化加工生产线；主持国家攀登计划项目，探明了茶叶由糖苷类香气前体水解形成花、果香气的机理。作为安徽省首批跨世纪学术和技术带头人，获安徽省科学技术二等奖2项，三等奖2项，被人事部记一等功，享受国务院和省政府特殊津贴，获安徽省青年科技奖，中国农学会青年科技奖等多项奖励。

带领安徽农业大学茶学科大力推进学科建设和改革，加强实验室建设，多层次争取一批重大科研项目，形成了一支朝气蓬勃、学术造诣精深、团结协作的学术团队。为此，安徽农业大学茶学科被评为国家重点（培育）学科、农业部和安徽省重点学科、茶学专业成为国家首批特色专业，并被批准设立皖江学者特聘教授岗位，安徽农业大学第一个博士点和博士后流动站。茶叶生物化学与生物技术实验室成为农业部、安徽省和教育部重点实验室、国家农产品加工茶叶专业分中心，并被科技部批准为国家重点实验室培育基地。

开设《天然产物化学》等5门主干课程，共指导了20多名博士、硕士研究生。同时，十分重视与国内外同行的学术交流与合作，与美国俄亥俄医科大学等高校联合培养研究生。并十分注重科技成果转化，组织专家将科技成果投入到大别山区进行科技扶贫，取得了较好的社会和经济效益，为地方经济发展作出了积极贡献。

姚国坤

研究员，中国国际茶文化研究会副秘书长，男，1937年10月出生于浙江省余姚，毕业于浙江农业大学。现任浙江林学院茶文化学院教授、副院长。

主要工作经历：1958年9月至1962年8月毕业于浙江农业大学（现浙江大学）；1962年9月至1997年10月任中国农业科学院茶叶研究所研究员、科技开发处长；1997年11月至今任中国国际茶文化研究会副祕书长兼学术部主任；2003年8月至今任浙江树人大学教授，茶文化学科负责人。

在茶业领域的主要贡献：1972年赴马里共和国担任农村发展部任茶叶技术顾问，1983年赴巴基斯坦共和国考察和建立国家茶叶实验中心。2002年任全国大专院校第一个茶文化专业的负责人；2006年担任茶文化学院副院长；同年，又被浙江省劳动和社会保障厅聘任为浙江省茶艺师专家考评委员会主任委员；多次赴日本、韩国、巴基斯坦、马来西亚、马里，以及中国香港、澳门等国家和地区的教育、科研单位和团体讲授茶及茶文化学。

46年来，一直从事茶及茶文化科研与教育工作，组织和参与了6届国际茶文化研讨会和30余次大型国际茶事专题活动。先后4次获得国家级、省级、部级科技进步奖励。公开出版的著作（包括独著和合著）有：《茶文化概论》、《中国茶文化》、《中国古代茶具》、《中国茶文化遗迹》、《图说中国茶》、《图说中国茶文化》等39部，主编大专院校应用茶文化学专业教材6部。在省级以上学术刊物公开发表《优化型茶树的形成特点和定向调控》、《试论饮茶的起源与演变》、《唐代陆羽煮茶法复原研究》、《中国茶文化的发展及其对社会与产业发展的促进作用》等论文120余篇。另外，发表《陈茶好，还是新茶好》、《科学饮茶，有利健康》等科普文章（包括册子）130余篇（册），被中国科普作家协会、中国农学会、中国林学会等五个国家级社团组织授予“有重大贡献的科普作家”称号。因在茶学技术和茶文化事业方面作出的贡献，受到国务院奖励，并颁发证书，享受国务院政府特殊津贴。

徐德良

男，1963年出生，1987年毕业于南京农业大学植物保护专业，现任无锡市茶叶品种研究所有限公司董事长、所长，同时担任江苏省茶叶协会会长、江苏省茶叶学会副理事长，十一届江苏省党代表。

徐德良长期在茶叶、茶树植保专业岗位一线，从事茶叶科研及技术推广工作，主持参加13个科研项目的试验研究，先后获农业部丰收奖一、二等奖各1项，省农业丰收奖一等奖1项，市科技进步三等奖3项，四等奖4项，对绿盲蝽和茶橙瘿螨测报方法及防治技术的研究处于全国先进水平。《江苏省茶树害虫测报及防治系统》项目的实施，在江苏茶叶行业中开创了用现代信息技术指导全省茶树植保工作的新局面。引进适合江苏种植的茶树新品种16个，育成优质茶树新品种苏茶120、苏茶113，并在江苏大面积推广，为江苏实现茶树良种化和无公害茶叶产业化作出了重要贡献。经过多年的研究和应用，已探索出一整套系统而又切合江苏实际的茶树病虫害测报办法，每年定期发布病虫情报6～7期，预报病虫发生情况，推广低毒、高效、低残留农药新品种，每年为江苏茶叶挽回经济损失500多万元。建立了江苏省茶树品种数据库。在省级以上刊物上发表专业论文30多篇，其中获省茶叶学会青年优秀论文一等奖三3篇，二等奖2篇；获市自然科学优秀论文二等奖3篇，三等奖2篇。编著了《优质高效茶叶生产新技术》一书。并经常为全省茶农进行技术培训，每年培训人数达500多人，为提高全省名优茶制作技术，合理防治茶树病虫害，为江苏茶业健康、持续发展发挥了积极作用。

徐德良同志先后获“无锡市有突出贡献的中青年专家”、“江苏省农村科技兴农产业带头人”、“江苏省农业先进科技工作者”、“江苏省333工程培养对象”、“江苏省优秀科技工作者”、“全国优秀学会工作者”、“全国农村青年创业致富带头人”、“全国农村科普先进工作者”等荣誉或称号。

郭吉春

研究员，男，1945 年 4 月出生于福建省福安县，1964 年 7 月于福建福安农校毕业。历任福建农业科学院茶叶研究所研究员、硕士生导师、原副所长。先后兼任全国与福建省茶树品种审（鉴）定专家和科技项目与成果评审专家、福建省科技特派员、福建农林大学园艺学院兼职教授、福建省茶叶学会常务理事等。

从事茶树品种资源和遗传育种研究 40 余年。“七五”以来主持省、部科技重大专项、重大与重点项目和国家“863”、科技攻关计划内容及成果转化项目 17 项。育成杂交种金观音（茗科 1 号）等 10 个良种在福建及 10 个省市大面积推广。研究提出乌龙茶品种资源若干生物学性状的基本特征、茶树杂交一代若干性状的遗传变异趋势及选择指标。主持茶树育种取得重大突破，乌龙茶品种资源研究居国内领先水平。

取得排名第一的主要成果：①国家审定良种 4 个——金观音、黄观音、悦茗香、黄奇；②省级审定良种 6 个——金牡丹、黄玫瑰、紫玫瑰、紫牡丹、早春毫、朝阳；③国家发明专利 2 项——白茶“福建雪芽”生产方法、花茶“茉莉雪芽”生产方法；④部优农产品 1 个——福建雪芽；⑤省级鉴定成果 1 项——茗奇乌龙茶品种选育及配套做青工艺与生化变化的研究；⑥全国与省级区试品种 20 个——早玫瑰、金鸡茶等。

发表“乌龙茶品种资源的种性特征及遗传变异”、“茶树杂交一代展叶期的遗传变异”、“乌龙茶做青过程生化成分的变化”等第一作者论文 40 多篇，参与编著《中国茶树品种志》、《中国茶产品加工》（均为分篇主编）等著作 3 本。

获奖情况：排名第一的有：省科学技术奖二等奖 2 项——“乌龙茶新品种黄观音、黄奇选育与推广”和“茶树新品种茗科 1 号、悦茗香的选育与应用”；国家攻关项目一级优异种质 2 个——金牡丹、黄玫瑰；全国与省级论文奖 7 篇。还有国际、全国与省级名茶奖 10 项等。

被授予全国优秀农业科技工作者、全国优秀茶叶科技工作者、福建省先进工作者、福建省十佳农业科技推广工作者、十大“福建三农人物”、宁德市重大贡献奖杰出人才及十佳人才、优秀人才等荣誉称号，享受国务院政府特殊津贴。

程启坤

研究员，中国国际茶文化研究会副会长，男，1937 年 3 月出生于江西省婺源，毕业于浙江农业大学。

主要工作经历：1960—2001 年在中国农业科学院茶叶研究所从事茶叶科学研究工作，曾任研究所副所长、党委书记、所长等职。曾兼任中国茶叶学会理事长、中国国际茶文化研究会副会长。2002 年至今在中国国际茶文化研究会协助工作，任副会长、学术委员会主任、《茶博览》杂志编辑委员会主任，主管学术研究工作，参与组织全国性大型茶文化活动。兼任香港世界茶联合会副理事长。

在茶业领域的主要贡献：1960 年参加工作至今，曾任中国农业科学院茶叶研究所所长、中国茶叶学会理事长，现任中国国际茶文化研究会副会长兼学术委员会主任等职。一直从事茶叶生化、茶叶品质鉴定、茶叶加工和茶文化的研究工作。对茶叶品质化学、茶叶加工和深加工利用、茶文化等具有专长。1980 年以来获国家、部、院科技成果奖 10 项。

1961 年以来发表著作 30 余部，有《赏鉴名优茶》、《茶叶优质原理与技术》、《饮茶的科学》、《中国茶文化》、《中国绿茶》、《饮茶与健康》、《茶的营养与保健》、《世界茶业 100 年》、《中国茶经》、《茶之初》、《陆羽茶经解读与点校》，以及《中华茶文化》多媒体光盘等。发表论文 140 多篇，其中近一半是茶文化论文，包括：中华茶文化上下五千年、充分发挥茶文化的社会功能与作用、对《大观茶论》点茶法的理解、20 世纪的中国茶文化、《大观茶论》与安吉白茶 、陆羽《茶经》的历史价值及其现实意义、茶叶内含成分与人体健康、唐代饼茶的复原研究、论茶为国饮的历史依据及现实意义、中国茶文化发展及其对社会与茶产业的影响、茶是友谊的桥梁社会和谐的纽带、中国茶文化的历史与未来、浙江茶文化发展思考等，很多论文是在全国与国际茶文化研讨会上发表。

近年来，从事茶文化的研究工作，参与组织大型国际茶文化研讨会。主编国际茶文化研讨会论文集多次。1992 年开始享受国务院颁发的政府特殊津贴。

覃秀菊

推广研究员，女，1956 年出生于广西武宣，毕业于广西农学院，现在广西桂林茶叶科学研究所工作。

主要工作经历：参加工作 30 年来，主持及参加国家级、省部级、市级项目共 26 项。主持和参加选育国家级茶树良种 3 个，主持选育新品系 17 个、特异株系 100 多个。任桂林市“三农”专家服务团成员，深入边远山区，建立科技示范点 20 多个，举办农民培训班 39 期，受培人员上万人次，印发科普宣传资料 5 万多份，技术服务面积 6 667.67 公顷，推广良种扦插繁育 8 亿多株，折合种植面积 1.33 万公顷。主编茶叶著作一部，参加编写著作 3 部，发表独著和第一作者论文 51 篇，其中国家级论文 16 篇，省部级论文 35 篇，撰写本单位 1978—2002 年《农业志》和本单位 1990—2005 年《科技志》，参加国家茶叶标准的制定与修改共 5 项，参加编写广西地方标准 1 项。

在茶业领域的主要贡献：荣获国家级茶树良种证书 3 项；国家科技进步特等奖 1 项、二等奖 2 项（二级证书）；林业部科技进步特等奖 1 项（二级证书）；国家科委成果司推广特等奖 4 项（次）、一等奖 2 项；国家林业局推广一等奖 3 项、二等奖 2 项；广西科技进步三等奖 2 项；广西科技成果证书 2 项；广西厅（市）级一等奖 2 项（次）、二等奖 2 项、三等奖 1 项、四等奖 1 项；主持研制的名优茶荣获“中茶杯”国家名优茶评比一等奖 1 个，荣获“桂茶杯”广西名优茶评比金奖 3 个、银奖 3 个、特等奖 12 个、一等奖 1 个。

2000—2001 年荣获广西经济作物生产技术推广先进个人；荣获 2005—2007 年度桂林市“十月科普大行动”先进个人；2006 年获桂林市“五一巾帼标兵”、广西“五一巾帼标兵”。

蔡如桂

高级农艺师，男，1940 年 8 月出生于安徽省，毕业于安徽农业大学茶业系。现任汉中茶叶研究所所长。

主要工作经历：46 年如一日一直从事茶叶科研、技术推广和茶文化弘扬工作，且取得一定成绩，兼职县人大代表、政协委员 33 年；任县政协常委三届，县政协副主席三届（13 年）；任汉中市政协委员两届（10 年），荣获“汉中市优秀政协委员”称号。

在茶叶领域的主要贡献：

（1）在茶叶供不应求的年代，在汉中地区第一个引进良种和茶树的密植速成栽培技术并大面积推广，快速增加茶叶产量。

（2）在汉中茶区第一个用半机械化和机械化代替原始落后的脚蹬手揉太阳晒的制茶方法，茶叶干净卫生，色香味形全面提高。

（3）研制开发了陕西省第一品现代名茶——秦巴雾毫，继而秦巴毛尖、秦巴绿茶、秦巴红茶、秦巴茶酚片、速溶消脂茶、天汉消渴茶等茶族创新产品相继荣获汉中市政府科技成果一等奖 2 个，二等奖 1 个，陕西省政府科技进步三等奖 1 个，县政府奖励一级工资，成为享受国家科委扶贫奖励基金和政府特殊津贴的茶学专家。

（4）创建汉中市第一个事业单位的茶叶经济实体秦巴雾毫开发公司；建造陕西省第一幢茶文化建筑——雾毫亭——品茗阁；创建西北五省（区）第一座茶特素萃取实验室，为茶产品的深度开发奠基。

（5）编写《陕西茶产业》、主编《汉中茶文化》和茶学专刊《汉中茶谭》，出版专著一部《茗饮之道》，撰写发表茶学论文 120 余篇；主持鉴定名茶 13 品，在日本作茶叶学术报告一次，为陕西理工大学、汉中市委党校等作学术报告若干次；在昆明、杭州、上海、黄山、五台山、法门寺等国际茶学术研讨会上，交流论文或发言。

企业家

王天权

云南滇红集团董事长，男，1962 年 9 月 9 日生于广西，是整个制糖产业的知名人士，广西大学生糖学院的客座教授，云南省优秀中国特色社会主义事业建设者。

1993 年创办广西南宁南方糖业开发总公司任法人及总经理。1997 年创办云南阳光糖业有限公司。后经过多次并购，先后成立了云南省凤庆糖业集团有限责任公司、云南云县甘化有限公司、云南云县幸福糖业有限公司，并任法人代表、董事长。2003 年与云南元特生物有限公司共同成立云南光合生物开发有限公司，任法人代表、董事长，引入利用生物技术提升传统产业，在糖业污染物治理、循环经济生产方面开辟了新的道路。

王天权先生从事糖业多年，是技术、管理、产业产权制度改革的带头人，是国内第一个利用内资收购控股国有糖厂的投资者，现在还兼任中国糖业协会常务理事、广西系统工程学会副理事长兼制糖学术委员主任，同时兼任云南临沧市工商联合会副会长、云南云县政协常委、凤庆县政协委员。

2006 年 10 月 15 日，凤庆糖业集团与云南滇红集团股份有限公司成功联姻实现强强联合，重组云南滇红集团股份有限责任公司，并任滇红集团企业法人、董事长。

王天权有企业家独树一帜的风格，蕴含着企业家“力学”定律：道生一，一生二，二生三，三生万物。但这里的“一”指企业家“核心力”，“二”指“智商力”与“情商力”，“三”指“洞察力”、“决策力”、“吸引力”，“万物”则指“万有引力”，即企业家对外部世界的广泛影响力和凝聚力。

驻地云南凤庆的滇红集团有许多“海归”和大型国企、

外企的高级人才加盟，一个重要的原因就是被作为企业的核心——王天权人格魅力所吸引。他们体验事业的伟大，感受“滇红”的温暖，以及奋斗的价值。

他在企业品牌工程上提出了“诚信保卫战”，为了诚信，企业每一个人都做出了超越自我极限的贡献，用生命和智慧保住了企业的信用等级，保住了企业的生命。

他最早在行业里提出了“活着就是硬道理”的过冬理念，职业经理们在困难面前作出了表率：一是管理层减薪，普通员工不减薪，企业不主动裁员。二是减少行政开支，推行车改计划，减少权力消费。三是继续发扬新时期企业艰苦奋斗精神，既保持团队基层员工的稳定，又体现了核心成员与企业同甘共苦的团队精神。

作为一名管理者，低调做人做事，虚怀若谷，成就一番事业；要勇于承担责任，海纳百川，形成合力。

成绩虽然骄人，但创业者的步伐不会停歇。他每时每刻都在思考如何使企业做强、做久、做大，因为他知道，此乃百万茶农、蔗农和广大员工安身立命的希望所在。

2007 年 7 月，王天权被临沧地区科技局评为“科技创新个人奖”二等奖。

2007 年 8 月 20 日被中残联授予“爱心大使”的称号，成为被授予此称号的全国第一个企业家。

王爱敏

王爱敏女士自幼与茶结缘。自 20 世纪 70 年代起至今，她已从事茶叶经营管理 30 多年，是邯郸茶界德高望重的元老。她精于茶叶审评，是国家茶艺师职业技能鉴定高级考评员。

王爱敏女士是邯郸市茶叶公司主要创始人之一，并曾长期担任该公司负责人。20 世纪 80 年代初期，在她的努力下，邯郸市茶叶公司突破计划流通体制，与浙江省金华茶厂、七一茶厂等单位开展“厂商联营”。这一经营模式不但创河北茶业界之先河，在行业内产生了广泛影响，也使邯郸市茶叶公司赢得了长达 10 年的快速发展期，其业务遍及北京、天津、河北、山东、山西、内蒙古、辽宁、吉林、宁夏、甘肃、陕西等省、自治区、直辖市，一跃成为北方市场颇具影响力的专业经销公司。

王爱敏女士于 1998 年离开领导岗位后，创办了邯郸市金杭茶业有限公司和邯郸市金杭茶楼，主营名、优、特茶叶销售和品饮服务，秉持专业经营、强调专业服务，突出文化特色。在她的潜心经营下，金杭茶楼作为邯郸地区首家、也是迄今为止唯一一家专业茶楼，自 2000 年起连续获得“河北省无假冒商品经营单位”称号；2004—2008 年度连续三届被评为“河北省十佳茶馆”。2006 年被邯郸市文化局命名为“邯郸茶文化名店”。2007 年荣获“全国百佳茶馆”称号。作为古城邯郸的文化亮点单位，多次承担部委、省、市级领导的接待任务。在内部管理上，她逐步建立了以“成长理念”为核心的企业管理文化，在经营规模不断扩大的同时，先后培养了初级茶艺师十名，中级茶艺师六名，高级茶艺师四名，国家茶艺师职业技能鉴定考评员一名。

多年来，王爱敏女士作为河北省茶文化学会副会长以及常务理事单位的负责人，在弘扬中国茶文化和繁荣河北茶文化方面同样作出了突出贡献。2008 年 9 月，邯郸市金杭茶业有限公司独家承办了以“和谐邯郸，情系茶缘”为主题的河北省第九届金秋茶会，并举行了首届“京、津、冀茶馆业经济区域合作研讨会”，在行业内外产生了广泛影响。2008 年，邯郸市金杭茶楼被授予“河北省茶文化事业特殊贡献奖”。

何玉开

厂长，男，1948 年 5 月出生于广西昭平。现在昭平县将军峰茶业公司工作。

主要工作经历：1965—1974 年在仙回乡古盘村开始茶叶种植生产。1976—1978 年，辗转到福建和浙江等地学习茶园生产管理与茶叶加工技术，于 1978 年底完成学习回到仙回茶厂工作。1979—1985 年在仙回茶厂工作，直接从事茶叶生产。1986 年受桂林茶叶研究所聘请，在仙回茶厂工作至 1992 年，期间任厂长职务。1993 年在藤县金鸡茶厂任技术顾问职务。1994—1996 年，在昭平县国有大脑山林场生产科从事茶叶生产技术指导工作。1997—1999 年，在大脑山茶场从事茶园生产管理与茶叶加工工作，期间任副厂长职务。2000 年到大脑山林场黄连分场创办茶叶加工厂，并从事茶园生产管理与茶叶加工工作。2001—2005 年，在大脑山茶场从事茶园生产管理与茶叶加工作。期间任副场长职务，分管生产技术。2001 年至今，曾任内外多家茶业公司和茶厂技术顾问职务。服务的企业有昭平县亿健茶业有限公司，昭平县合水茶厂，昭平县富罗茶厂，贺州八步区黄垌茶场、昭平镇马圣茶厂、阳朔县七仙峰茶业发展有限公司等。2007 年至今，协助昭平县将军峰茶业公司管理西坪茶叶种植加工基地。

在茶业领域的主要贡献：

（1）开展茶树品种引进和茶苗繁育。20 世纪 70 年代从云南引进云南大叶种，80 年代引进福云 6 号，90 年代引进福鼎大豪、福安大白、福云 595 等，近几年引进白毫早、湘波绿、碧香早、龙井 43、迎霜等；掌握无性系茶苗扦插繁育技术，指导昭平县茶农繁育茶苗，为昭平茶叶产业发展奠定基础。

（2）钻研茶叶种植技术。全面掌握茶叶病虫害防治技术，常年对全县茶园进行病虫害监测，指导的茶园采用平衡施肥、重基肥轻氮肥的茶园肥培管理技术，根据茶叶市场的变化提出"重春茶、轻夏茶、保秋茶"的茶园管护模式。使昭平县茶叶种植水平在广西领先。

（3）创制出多个名优茶。十几年来，在他工作的茶叶企业和由他提供技术服务的茶叶企业连年在国内的各种质量评比中名列前茅。近年来，由他指导创制出的名优茶有："将军峰"银杉茶、亿健松针、亿健翠针等。

（4）2000年广西第三届"桂茶杯"茶叶评比，有他亲手制作或是经他指点制作的送评样品获得特等奖（最高等级）16个，占全部特等奖项的45.7%，这一成绩在广西目前还无人可比，是广西茶叶界名副其实的"茶王"。对全广西的绿茶品质提升起到十分重要的作用。

（5）近20年来，何玉开应邀在桂东北的昭平、八步、藤县、阳朔、金秀、蒙山、平南等县的15家茶场（厂）担任技术顾问，所到企业茶园茂盛，产品成型，茶价上升，效益显现。

张为国

董事长，中级评茶师，1959年4月10日出生于陕西省，毕业于西北大学，现任陕西东裕茶业有限公司董事长。

主要工作经历：大学毕业后在汉中市供电局任职。1990年出任伟志集团公司副总裁，长期从事公司营销策划及销售网络的规划、管理工作，先后分管过生产、商贸、营销策划、网络发展等重要工作，成功策划过伟志集团"不满意便退钱"、"十万年薪聘副总"、"二次创业"、"伟志营销网络再造——面子里子一起换"等重要工作，使伟志由一个小作坊发展成为中国服装行业的佼佼者，和成为现代股份制企业集团的主要策动者。2003年，离开伟志集团创业，创建陕西东裕茶业有限公司，担任董事长、总经理。对现代企业治理有比较深入的研究，具有很强的组织和领导能力。

在茶业领域的主要贡献：2003年，到全国贫困县陕西西乡县山区创办陕西东裕茶业有限公司。凭借着对社会的高度责任感，带领企业打造自主品牌，锐意进取，不断创新，使企业迅速步入全国茶叶行业百强企业，荣获"陕西省最具活力民营企业"称号；2007年4月，在汉中市秦巴赛茶大会上，東牌汉中仙毫荣获中华历史文化名城汉中市"汉中茶王"称号；2007年6月，東牌汉中仙毫荣获"2006年度中国民众满意品牌"称号；2007年8月，東牌汉中仙毫荣获全国第七届"中茶杯"名优绿茶评比一等奖；2007年9月，東牌汉中仙毫荣获陕西省第一届茶博会名优绿茶金奖；2007年10月，在北京第四届中国国际茶业博览会上，東牌汉中仙毫荣获金奖；2008年10月，在北京第五届中国国际茶业博览会上，東牌汉中仙毫再次荣获金奖；2009年5月，在2009第三届中国（西安）茶业文化博览会上，東牌汉中仙毫荣获金奖。

张为国董事长带领的东裕公司有力地带动了地方茶叶产业的发展和贫困山区农民的脱贫致富，为新时期社会主义新农村建设作出了突出贡献。张为国董事长先后被评为2005年度陕西经济百杰人物，"时代先锋 2007"陕西年度经济人物，2007陕西食品行业功勋人物。

张节明

高级农艺师，男，1950年5月出生于四川重庆市，毕业于中国广播电视大学，现任重庆茶业（集团）有限公司董事长。

主要工作经历：1976年8月至1984年12月任重庆市二圣茶场场长，2002年任重庆市二圣茶业有限公司总经理、党支部书记，2005年5月出任重庆茶业（集团）有限公司董事长。是重庆市巴南区第十六届人大代表、常委，重庆市巴南区工商联常委，重庆市茶叶学会常务理事、重庆市茶叶商会常务理事、巴南区茶叶协会会长。曾荣获2004年度巴南区首届"优秀中国特色社会主义建设者"，2004年度巴南区"争光贡献奖"，2005年度巴南区"优秀企业家管理人才"，2005年度重庆市劳动模范，2006年度重庆市优秀共产党员，2006年度巴南区"自强不息、开拓开放"突出人物，2007年度获农业部中华农业科技进步三等奖，2008度巴南区科技进步奖一等奖。

在茶业领域的主要贡献：张节明董事长以全面建设小康和谐社会为己任，全身心投入于企业的发展。于1984年重庆市二圣茶厂转制成为民营企业——重庆市二圣茶业公司（重庆茶业集团前身），收购了相邻的几个茶厂，2005年正式组建了重庆茶业集团，张节明董事长励志将其发展成为重庆茶业领军者。

张节明董事长敏锐地意识到茶叶生产基地建设是茶叶产业发展的基础。大胆运用公司＋基地＋农户＋协会＋品牌推广的模式，通过提供技术服务、赠送茶苗、资金直补等方式鼓励、扶持周边农民建园种茶，茶园面积快速增长，有效地促进了农村经济大发展，到2008年，重庆茶业集团无公害茶园面积已达到370公顷，辐射带动茶园面积800公顷。

张节明董事长坚持实施品牌发展战略，以名、特、优、新产品开拓占领市场。以定心·巴渝银针、巴南银针为代表的高级名茶系列和以巴南珍眉为代表的优质绿茶系列已具有很高的市场美誉度和知名度。2001年，优质绿茶巴南珍眉成为重庆市第一个获得绿色食品认证的茶叶，现巴南银针、巴南碧螺春、巴南明前玉绿、巴南早春绿等多个茶叶品牌取得"绿色食品"商标使用权。张节明董事长坚持实施名牌发展战略，早在1995年就注册了“巴南”商标，现已成为重庆市著名商标；公司在巴南银针的基础上精心提炼，打造出定心·巴渝银针、明望·巴渝银针两款顶级产品，为公司茶叶品牌走向全国奠定了坚实的基础。巴南银针、定心·巴渝银针茶先后获“中国名牌农产品”，历届重庆市“三峡杯”名优茶金奖，第六、七届“中茶杯”名优茶评比一等奖，重庆十大名茶等众多荣誉称号。

张明春

高级评茶员，男，1970年2月出生于云南昆明。西南师范大学研究生毕业，现任昆明葳盛茶业有限公司总经理。

主要工作经历:2002年9月至2004年10月在云南耀兴集团茶叶发展有限公司工作，任总经理职务。2004年11月至今创办昆明葳盛茶业有限公司任总经理、国家级高级评茶员。2006年10月参加云南民族茶文化研究会，任副秘书长、学术委员会委员。2006年12月参加云南省茶业协会，任茶艺师讲师。2007年3月参加云南普洱茶协会,任理事、技术质量委员会委员。

在茶业领域做出的主要贡献：在昆明官渡区政府工作期间，参与农村茶业生产经济规划、开发工作。

1996年昆明世博会筹备工作，参与世博园茶园的规划及茶树移栽培植，并参与世博茶园20余个品种的种植及科研工作。对完成世博园茶园基地示范和保护起到一定作用。

2000年创办昆明葳盛茶艺馆，并从民族茶文化着手来弘扬云南茶文化及普洱茶文化，提出打造中国民族茶文化第一品牌。

2004年创办昆明葳盛茶业公司，以弘扬和打造民族茶文化品牌为宗旨，并在云南南部建立了两个茶园示范基地，在挖掘继承民族茶文化传统、开发精品普洱茶推动、研究、继承优良普洱茶产品方面作出了杰出贡献。

2006年研制开发的“哈尼公主”普洱茶获中国（广州）国际茶业博览会全国名优茶评比金奖。

2006年任云南普洱茶协会理事，技术质量委员以来为全省多家茶企业的技术生产和加工方面作出了帮助指导。

2007年研究开发的“茶人书壶馆”普洱茶获首届广州茶叶购物节茶叶质量评比大赛金奖。并获2007年第二届中国云南普洱茶国际博览交易会“云茶杯”优质普洱茶评比优秀奖。2007年5月研究开发的“德昂圆茶”获首届成都国际茶文化博览会茶叶评比金奖。

2008年8月与云南音乐家协会联合创作14首普洱茶歌曲《相约吃茶去》和CD集，多形式弘扬普洱文化。

在科研方面，2006—2007年与蒋文中一道编辑出版了《中国普洱茶文化百科》、《爱随茶香》两部著作。2002年主持并参与编撰了云南《普洱茶深度大调查》特刊一书。2008年个人完成了《葳盛茗缘》的研究、撰写和出版。在教学方面，受聘于云南茶行业协会茶文化高级讲师，培养了大批优秀茶艺师，在科研、教学及茶文化传播方面作了茶人应有的贡献。为了回报社会，带领所属公司全体员工举办茶文化跨省区的展示宣传交流活动十余次。在5.12汶川大地震中先后两次为灾区捐款173 450元。在云南贫困山区开展捐资助学活动，个人共资助了6名云南贫困山区青少年的读书费用。为推动中国和云南民族茶文化贡献自己的一份光和热，并赢得了社会各界的尊重，成为云南茶行业的知名茶人和专家。

苏淑梅

高级评茶员，女，1955年1月出生于广西容县，现任广西梧州茂圣茶业有限公司董事长。

主要工作经历：1973—1977年在容县公路局工作；1978—2003年从事个体经营；2004年至今在广西梧州茂圣茶业有限公司任董事长兼总经理。2007年至今任梧州市蝶山区政府工商联副会长；市政协委员及市蝶山区政协委员。

在茶业领域的主要贡献：在2003年前人们并未认识六堡茶的价值，并且六堡茶市场处于低迷时期。苏淑梅凭着长期以来的品茶经验，及对具有1 500多年悠久历史，清代嘉庆年间被誉为名茶的梧州六堡茶这一地方文化特色，进行集思广益，刻苦钻研，虚心求教，扎实地掌握了六堡茶生产的技术、工艺流程。于2003年开始筹建工厂，全身心地投入到六堡茶的发展事业中，经过几年的努力，于2006年首次出击中国（广州）国际茶业博览会，参赛的茂圣品牌“5623”号六堡茶一举登顶，获得首个黑茶类金奖，实现了六堡茶在国际茶博会金牌榜“零”的突破，从而唤醒了沉睡多年的六堡茶市场，带动了六堡茶产业的发展。引起当地政府的高度重视，梧州市政府把六堡茶产业列为十大优势农业产业，加大力度扶持发展。苏淑梅同志带领下的广西梧州茂圣茶业有限公司也从此成为梧州市六堡茶行业的领航企业。

陈世怀

高级经济师，男，汉族，生于1954年3月18日，云南曲靖市宣威人，经济管理专业本科毕业，现任云南昌泰茶业集团董事长，中国共产党党员。

陈世怀同志21岁步入社会，就职于宣威市建筑公司，曾担任过施工技术员。1986年调入大渡岗茶厂基建队任负责人，主抓施工管理等工作，在职期间，强抓质量管理，忠于职守，严谨踏实的工作作风获得领导和基层的一致好评。陈世怀也连续5年被评为茶场的先进工作者。1995年被调入昭通担任经营部主任，创造了年销售500万元的销售额，也创造了茶场各经营部最高历史记录。1997年调回茶场供销科担任副科长，1998年担任科长，当年供销科共计完成了近2 000万元的销售额。

1998年组建易武昌泰茶行，并担任法人代表。1999年在易武开始生产易昌号普洱茶。并在普洱茶界第一次开始用篆体版的包装生产普洱茶。在陈世怀的领导下，公司普洱茶迅猛发展，相继成立西双版纳双岗茶叶有限公司，思茅市恒丰源茶叶有限公司、昆明茶品天有商贸有限公司，重组云南昌泰茶行。2004年组建云南昌泰茶业集团。并担任集团董事长兼法人。

2005年担任中国国际茶叶研究会副会长。2006年董事长陈世怀荣获中华人民共和国"有突出贡献专家"称号。2008年董事长陈世怀担任云南省西双版纳州政协委员。

云南昌泰茶业集团愿"以茶为谋，广交天下有识之士，共同发展"。

陈国昌

广州市芳村南方茶叶市场有限公司董事长，男，1947年8月出生于广州，毕业于广州干部经济管理学院。2003年至今，兼任南方茶叶市场有限公司董事长。

主要工作经历：1962—1969年在广州市葵蓬五队务农；1969—1975年在广州市葵蓬大队工副企业工作；1975—1980年任广州市葵蓬大队企业供销员；1981—1989年任广州市山村企业出纳员兼供销员；1990—1991年任广州市芳村区石围塘街山村村委会副主任，主管工业；1992—2001年任广州市芳村区石围塘街山村村委会主任；2001年至今任广州市荔湾区石围塘街山村经济联社党支部书记、社长；兼任南方茶叶商会会长。

在茶业领域的主要贡献：陈国昌同志是广州市荔湾区石围塘街山村（股份）经济联合社董事长兼广州市芳村南方茶叶市场有限公司董事长，在带头发展农村经济和企业管理的工作岗位上，不断开拓进取，改革创新，富企兴农，带动本村农民脱贫致富，有效地推进了企业社会效益和经济效益的提高，获得上级领导赞扬和农民兄弟的一致好评，先后被选为中国茶叶流通协会常务理事，中国茶叶流通协会茶叶专业委员会副会长、广东省茶业行业协会副会长、广东省乡镇企业协会副会长、广州市专业市场商会副会长、广州市南方茶叶商会会长。

在陈国昌同志的带领下，南方茶叶市场自20世纪90年代形成后，通过多次升级改造，规模不断扩大，现占地面积16万平方米，总建筑面积12万平方米，商铺面积8万平方米，场内有经营茶商2 000家。市场内的茶商逐渐做大做强，至2006年底，整个市场直接、间接交易额超过20亿元，在市场内直接交易为国家带来1 400万元的税收收入和300万美元的外汇收入。2001年，市场网站进行升级，增强了竞争力；市场检测中心升级，确保了茶叶质量安全；被定为广州市四大重点专业批发市场之一；2002年被农业部审定为"定点市场"；2003年被中国市场指导委员会授予"全国最具竞争力市场百强企业"称号；2004年被中国茶叶流通协会授予"全国重点茶市"称号；2005年初，被广州市认定为"广州市农业龙头企业"。

陈国昌不断开拓进取，改革创新的精神面貌，正成为全国茶叶行业同仁眼中创造财富的榜样；他厚积薄发的精神面貌，彰显着茶叶经济发展的体制优势、结构特色和文化底蕴，为茶叶行业的改革与发展注入了新的生机和活力，为带动茶农致富，推动社会主义新农村建设和创建和谐社会作出了重要贡献。

肖　勇

宜昌萧氏集团党委书记、董事长，男，汉族，1971年出生于夷陵邓村普通农民家庭。1999年组建宜昌萧氏茶叶有限公司；2003年加入中国共产党，同年成为宜昌市青年联合会委员；2004年获评湖北省第七届先进扶贫奖；同年参与策划兴建"宜昌三峡国际旅游茶城"；2005年组建荣获"湖北省十大优秀茶叶企业家"称号、入选湖北省青年联合会委员；2006年被评为宜昌市十大杰出青年企业家，湖北茶叶行业风云人物，团中央、农业部授予"全国农村青年创业致富带头人"，荣获"中国青年创业奖"提名奖，并当选夷陵区青联副主席，宜昌市人大代表。

他建立了茶农服务部、有机茶合作社、农村信息中心等农村服务机构，每年在基地管理、鲜叶采摘、茶叶加工、运输、基建等领域提供农民工就业岗位1 000多个。下属70余个茶叶加工厂辐射宜昌五个县区，辐射区域茶农收入以每年26.7%的比例增长。他成立了"扶贫基金"和"奖励基金"，开展"百家行"帮扶活动，对偏远农户、子女上学困难户等直接进行扶持；对推广新技术、新产品的给予奖励；对新农村建设中的道路交通等基础设施给予支持，每年仅帮扶资金投入达数百万元。

为了保障食品安全，他提出了"绿色、健康、安全"的产品主题；为了保障茶农利益，他提出了"茶农员工"理念并在辐射区域内广泛实施；为了服务市场，他开创了专卖店、商超、品牌拓展、大宗客户为一体的“四线营销”模式；为了振兴农业产业，他以人为本，以科技为支柱，以创品牌为发展方向，使企业竞争力日渐提升。

他只是一个农民的儿子，他也没有骄人的学历，但他一直都是青年创业的典范。在他的生命中，茶叶是不可或缺的重要部分。不论是参与兴建茶城，打造茶叶交易平台，还是利用多元经济辅助主导产业发展，他所有的汗水与努力都围绕着茶产业的兴旺而付出。在没有过多外力的支持和扶持下，他凭借自己过硬的专业知识和敏锐的市场洞察力，凭借着执著的精神和不屈的品质，开拓出了一条自主创业兴业的农业产业化发展之路。

周重旺

高级经济师，男，1962年9月出生于湖南新化县，毕业于湖南农业大学。现任湖南省茶业有限公司董事长兼总经理。

主要工作经历：1986年7月至1988年3月任湖南省茶叶土产贸易公司干部；1988年4月至1994年1月在湖南省茶叶总公司任部门经理；1994年2月至2002年1月在湖南省茶叶总公司任党委副书记、副总经理；2002年2月至2004年12月在湖南省茶叶总公司任党委副书记、总经理；2004年12月至今在湖南省茶业有限公司任党委书记、董事长、总经理。

在茶业领域的主要贡献：首先领导湖南省茶业有限公司（前身为湖南省茶叶总公司）在业内创造了六个第一的佳绩：经营茶叶总量居全国第一；年茶叶出口创汇居全省第一；出口欧盟市场茶叶量连续5年排名全国第一；出口红茶量全国第一；年经营边销茶2万吨，占全国总量的一半，排全国第一；出口有机茶居全国第一位。其次带领湖南省茶业有限公司通过公司＋基地（协会、农民专业合作组织）＋农户的产业化经营模式，到2008年底，公司已在全省建立了61个优质茶基地，总面积达48万亩，其中28个有机茶基地已获得瑞士IMO“欧盟EEC2092/91标准”、“美国NOP标准”和日本JONA“JAS标准”有机茶国际认证，认证面积8万余亩，为全省茶基地茶农和全省99个茶叶专业合作社提供产前、产中、产后的系列化服务，并对茶农进行培训，组织基地茶农进行标准化生产，公司生产加工销售的茶叶95%是来自基地的产品，2008年直接带动了15.2万户茶农户均增收4 000元，辐射带动湖南省百万茶农的生产和发展。第三，领导了我国最大的三家边销茶厂的改制和稳定工作，稳定了我国边销茶供应的半壁江山，为维护边疆少数民族地区安定团结的局面作出了贡献。第四，从1998年开始主持《出口优质高效低农药残留茶与有机茶产业化关键技术的研究与示范》的研究，该技术成果达到国内领先水平，其产业化示范和推广工作，使全省100多万茶农受益。该项技术解决了多年来困扰湖南茶叶农残不符合欧盟、美国、日本进口标准的难题，带动湖南茶叶出口跃居全国第二位。

易蔚明

高级经济师，男，1964年5月出生于湖南省，毕业于湖南农业大学，现任湖南泉笙道茶业有限公司董事长。

主要工作经历：1985年8月至1998年12月在中国茶叶进出口公司系统内工作，其中：1985年8月至1986年9月在中国茶叶进出口公司红茶部、综合部工作，负责红茶标准样、货源组织、公司综合业务工作；1986年10月至1988年12月在海南茶叶进出口公司任副总经理。主管海南红茶的货源，出口，运输等；1990年5月至1996年8月在中国茶叶进出口公司红茶部、贸易四部工作，历任部门副经理、部门经理。主管前苏联地区大贸合同，突尼斯利比亚大贸合同，俄罗斯独联体地区茶叶贸易等；1996年9月至1998年8月在中土畜南方进出口公司任总经理，法人代表。期间，该公司非洲红木内销工作和对俄罗斯出口货源工作卓有成效； 1998年8月至1998年12月在中国茶叶进出口公司企业管理部/上市办任经理。对推动中茶系统内优质资源整合，树立目标，争取上市，做了基础性工作。2007年元月至今在湖南泉笙道茶业有限公司任董事长，启动黑茶文化旅程。

在茶业领域的主要贡献：①首创精神。茯茶因为”金花”，真正的发酵，使茯茶成为功能性健康饮料。为解决它传统上的原料低档、不易饮用、携带不便这三大难题，湖南泉笙道公司进行了一系列的努力和尝试，开发了黑茶煮茶壶，已经实现了茯茶饮用的功能化、便利化、时尚化。为普及茯茶的健康饮用，提高广大群众生活质量和水平，作出了非常有益的贡献。②在规划和业务上。深刻认识到独联体地区是中国茶叶最有优势，最为关键的地区，身体力行地做好布局和业务。在苏联解体前后，克服时局动荡危机，迅速大规模地组织我国茶叶对该地区出口，安全收汇，颇有建树。1994年勇挑重担，领导中国茶叶进出口公司新成立的贸易四部，在两年的时间内就实现了对独联体市场出口茶叶1 000万美元以上。③在思想观念上。1998年，认清形势，竭尽所能，为中茶公司整合资源，开拓内销市场，走品牌化道路，做出了实质性的工作。

胡智学

河北省茶文化学会副会长，国家茶艺师职业技能鉴定高级考评员，河北省防伪行业协会副会长，河北省茶文化专业委员会副主任，《河北茶文化》（现名《吃茶去》）杂志总编辑，唐山市茶文化学会会长。曾用名：胡志学，笔名：茶道真人。

胡智学作为金古月企业的总裁，1998年筹备茶文化学会，2002年9月成立了河北省第一个茶文化学术团体，唐山市茶文化学会，出版河北省第一份省内刊号的茶报《茶文化大观》，创办了全国第一个茶专业超市，茶超市经营的多种茶均来自浙江、福建的金古月茶基地，这些茶均严格按科学生产、检测、包装，茶超市出售的茶均为"金胡茶"，金胡茶是经国家工商行政管理部门批准的品牌，并且是首家通过河北省茶行业QS认证的企业，每一款商品均有QS标识，成为国家品牌茶。从2007年起金古月茶超市，在全国第一个停止出售散装茶，全部是经无菌加工的包装茶。

2004年承办了第五届河北省金秋茶会，来自省内外茶文化专家200余人到会。2007年10月又策划参与了迎奥运茶火炬进京活动。

胡智学主编了《茶与书画艺术》《茶禅一味》等书，在《茶周刊》等刊物发表了《茶与健康》《茶与诗词》等十几篇文章，胡智学还被选为河北省茶文化学会副会长，《河北茶文化》总编，被北京奥组委经济研究会聘为茶产业专家委员会副秘书长，他与河北省茶文化学会的专家访问了台湾，与台湾茶文化界进行了交流。2004年被市社科联评为社科贡献突出奖。2008年被河北省茶文化学会评为特殊贡献奖，多次被评为市科联先进工作者。

胡智学是一位把茶文化，健康茶奉献给国人；是一位有社会责任感的民营企业家；是一位在国内外有影响的茶文化专家；是一位为"弘扬茶文化，做大茶产业"做出贡献的人！

殷天霁

高级经济师，男，1965年10月出生于安徽岳西县，毕业于安徽农业大学，现任安徽国润茶业有限公司董事长、总经理。

主要工作经历：1986年7月至1988年6月在安徽贵池茶厂从事茶叶生产管理、新车间技术改造及产品开发工作。1988年8月至1992年9月在安徽贵池地区供销茶叶科行业经济管理科任科员。1992年10月至1993年9月在安徽贵池地区茶叶公司经营营销科任科长。1993年10月至2003年3月在安徽贵池茶厂任党总支书记、厂长。2003年至今在安徽国润茶业有限公司任党总支书记、董事长、总经理。

在茶业领域的主要贡献：殷天霁同志现任安徽省茶叶行业协会副理事长，并被授予省优秀创业者称号。作为安徽省农业产业化龙头企业的国润公司负责人，始终以发挥龙头企业作用为己任，在发展地方经济、带动农民增产增收方面作出了较大的贡献。殷天霁同志坚持走以祁红茶为主，多茶类经营的特色之路。坚持发挥市场导向优势，以自营出口、外贸供货和以品牌为主导的内销同时面对国内外两个市场。国润公司是池州市茶叶收购量最大的企业，池州市茶农总数约百余万，其中约有70%的茶农与国润公司有着直接或间接的联系。

殷天霁同志具有科学的、先进的发展理念。他始终坚持：一要：以建初制厂为纽带，按公司+合作社（基地）+农户的形式，三年来先后在石台、东至、黄山等地建立了十多个茶叶示范合作社（基地）。在基地建设过程中，结合出口基地备案工作，推行有害生物综合防治等工作，并逐步推广GAP认证。不仅在红茶中，绿茶也在部分合作社中试行批量定单生产，带动茶农增产增收。连续几年来，基地茶农每年人均增收都达到约300元。并且有越来越多的茶农当年红茶收入超过了绿茶收入。二要：以订单为抓手，普及科学生产技术，着力解决茶叶农药残留问题。公司坚持在原料收购中采取订单收购，将农药残留约束纳入订单合同，同时在各基地大力推行IPM项目和有机化生产，并通过返利奖的方式，调动合作社茶农及经纪人科学生产经营的积极性。还直接出资支持地方农业技术部门研究解决农药残留问题，体现了企业对池州茶叶产业化良性发展的高度责任心。三要：着眼发展，进行技术改造。按照出口产品的实际需要和出口产品新要求，引进了英国先进的色选机，完全替代了人工拣梗，这在全省茶叶行业中为首家。还添置仙针茶机等一批茶叶初精制设备，新建了茶叶保鲜库，改造了小包装车间等，调整了茶叶加工工艺。四要：狠抓产品质量，确保食品安全。原料进厂农药残留批批检验，产品质量稳定，出口产品农药残留合格率达100%。国润公司是目前安徽省出口到欧盟、日本的茶叶企业中唯一没有遭遇到因农药残留等质量问题被退货或投诉的企业，深得客户信赖。在多年的食品安全专项整治中，也深得质量监管部门的好评。五要：实施品牌战略，彰显销售龙头优势。殷天霁十分重视品牌战略，提出了要以技术、质量和信誉赢得了众多有实力的国内外客户。近年来公司的产销率都达100%，保持了全省同行中领先的优势。大力发展有机茶、低农药残留、绿茶、特种茶，开发系列化多门类产品，提高产品附加值。通过直销、合营、贸易等形式，推进以外销市场为主的多茶类经营，投入资金用于品牌推广和宣传，使产品、品牌成为市场通行无阻、行业领先的国内外知名品牌。在2008年5月举行的第四届中国国际徽商大会上，润思牌祁门红茶作为中国著名茶叶品牌再次得到与会客商和省市领导的好评。

殷天霁同志具有超强的超前意识。在他的积极倡导下，国润公司在省内同行业率先通过了IMO有机认证、HACCP认证、ISO9001认证和GAP认证。最近，国家标准化管理委员会批准国润公司4 000公顷（6万亩）茶园基地为国家标准化委员会祁门红茶安全生产标准示范区。

几年来，国润公司在殷天霁同志的带领下，以基地建设为基础，红绿茶并举，内外销并重，通过技改扩规，增强了企业的实力和产业化的带动力。国润公司也受到省政府“重信用守合同企业”的表彰，并荣获了安徽省质量奖、安徽省农行AA+信用等级、模范纳税户等称号，主产品“润思”祁红茶获得安徽名牌、省名牌农产品、安徽十大品牌名茶称号。“润思”商标被认定为安徽省著名商标。

黄汉庆

上海茶叶进出口公司总经理，男，1945年11月出生于江苏省江阴，毕业于北京化工大学。现任上海茶叶进出口公司总经理、党委书记。

主要工作经历：1968年12月至1974年12月任吉林化学工业总公司103厂技术员；1974年12月至1982年6月任中国纺织总公司太仓纺织仪器厂科长；1982年6月至1985年9月任上海机械进出口公司部门经理；1985年9月至1987年11月在上海国际商学院高级经理培训班学习；1987年11月至1992年5月任上海机械进出口公司副总经理;1994年7月被评为上海市优秀企业家，同年11月获国务院颁发的政府特殊津贴。

自1997年担任上海市茶叶学会第四届理事会理事长以来，连任三届至今。学会工作在他的主持下不断进步、发展，学会也因此连续荣获上海市科协系统星级学会称号，并荣获中国科协全国省级学会之星十连冠及全国20强省级学会之星称号。

（1）组织、参与上海国际茶文化节。自1994年上海国际茶文化节举办以来，上海市茶叶学会一直是倡导者、参与者，从1998年第五届上海国际茶文化节始，以组织领导者身份参与其中。先后组织、主持了“茶——新世纪绿色饮料”、“茶与都市文化”、“茶与人体健康”十余场大中型学术交流、论坛，极大丰富了“茶节”的文化内涵，博得了国内外学术界、茶学界的一致好评，为拓展“茶节”的影响力，走进茶乡，联络产茶大省融入茶节，实现“长三角”经贸、文化互动作出了贡献。上海国际茶文化节成功举办了十五届，其影响和规模日趋扩大，以“茶·品味健康生活”为主题的上海国际茶文化节已成为集经济、文化、旅游为一体的上海城市名片。

（2）倡导诚信服务，致力规范市场。为加强对茶叶市场的管理，树立茶叶品牌保证茶叶质量，使消费者放心。在协同食监部门制定茶叶地方标准的基础上，不断开展各项检查、评比和争创放心店活动，全力推行“只有诚信，才能成功”的经营理念，取得很大成效。全市66家茶店（柜）被行业认定为消费者放心店。在全国百佳茶馆评比活动中，上海有17家榜上有名。上海天山茶城、大统路茶叶批发市场的经营者和上海天坛国际贸易有限公司分别被中国茶叶流通协会评为茶界风云人物和全国百强企业。

（3）开展职业培训，提升从业人员基本素质。为提高茶叶行业人员的整体业务素质，学会在原有培训工作基础上，专门注册设立培训机构——上海市茶业职业培训中心，黄汉庆同志担任主任（校长）。目前经上海市茶业职业培训中心培训获得“茶艺师”、“茶叶审评师”各级资格证书的从业人员已超过3 000人。既为提高茶叶行业服务质量，又为提供就业机会做出了成绩。

（4）培育、扶持少儿茶艺活动健康开展。上海少儿茶艺活动始于1992年，活动开展16年来，学会始终把少儿茶艺活动作为少儿素质教育、道德教育和爱国主义教育的载体，作为弘扬民族传统文化，“学知识、学技艺、学做人”，“树魂立根”、培育“四有新人”具有战略意义的大事来抓，在人力、财力上给予全力支持、扶持。经过不懈努力，少儿茶艺活动已从课外活动正式列入中小学课程，成为茶叶界和教育界合作的一个创造。目前，全市已有300余所学校，近4万名中小学生参加茶艺活动，已有10所学校评为少儿茶艺特色学校。

（5）推动茶科普、文化进社区，为构建和谐社会作努力。为提高社区居民生活质量和加强社会主义精神文明建设，学会组织志愿者队伍深入街道、社区，开展以“饮茶讲科学，品茶讲艺术”为主题科普系列讲座，几年来，通过每年50场次的要求开展活动，受众人数超过10万，影响广泛。现已有徐汇、杨浦、闸北等下属的社区相继成立了茶艺培训班和茶学社。

（6）崇尚觉农思想，弘扬茶人精神。学会带头出资创建和全国茶界主要组织共同在上海建立了“吴觉农纪念馆”，供全国茶人敬仰、参观学习。为弘扬“爱国、奉献、团结、创新”的茶人精神作出了贡献。

蒋艾青

董事长，男，1960年出生于福建省漳州，现任大闽食品（漳州）有限公司。

主要工作经历：早年在福建省漳州市政府部门任职，后到深圳、香港地区创业，主要从事化工产品的进出口贸易。1994年创建深圳大闽实业有限公司，同年创建美国大闽国际集团。出于对家乡的眷恋和对茶的热爱，1995年蒋艾青先生在漳州投资建厂，成立大闽食品（漳州）有限公司，主要进行速溶茶及天然植物提取物生产加工。目前已经成为福建省农业产业化重点龙头企业，并被授予高新技术企业、两个密集型企业，建立了企业博士后科研工作站。

在茶业领域做出的主要贡献：公司成立以来，带领公司研发团队一直开展农产品深加工的基础和应用研究，特别是速溶茶、茶饮料加工技术、天然植物提取物研究，目前在固体饮料及固体茶饮料加工技术、茶叶深加工技术、茶饮料国家标准制定、行业标准制定等方面都取得了丰硕成果。带领公司研发团队承担多项国家和省市科研项目，并取得了很好的成果，每年消耗茶叶原料3.5万吨，为国家创造了客观的外汇，历年来一直是地方纳税大户。同时，创立的公司为亚洲最大的速溶茶原料供应商，生产技术达到世界先进水平。公司为茶叶增值开辟了广大市场，为中国茶饮料扩大国际影响力作出了积极的贡献，并被中国饮料工业协会授予“改革开放30年中国饮料业突出贡献奖”。

穆有为

高级经济师，男，1951年12月出生于浙江，毕业于广东外国语学院。现任广东茶叶进出口有限公司董事长、总经理、党委书记。

主要工作经历：1975年8月至1977年10月在新西兰维多利亚大学留学；1977年10月至1982年7月在中国驻新西兰大使馆商务处工作；1982年7月至1982年10月在中国土产畜产进出口总公司工作；1982年10月至2005年6月在中国土产畜产广东茶叶进出口公司任总经理、党委书记。

在茶业领域的主要贡献：他多次被评为先进工作者，优秀共产党员；2004年被中国茶叶学会评为全国优秀茶叶企业家会员；2005年被中国茶叶流通协会评为中国茶叶行业年度经济人物，2007年荣获第二届全球普洱茶十大杰出人物称号。

（1）锐意改革，不断进取，带领企业持续发展。穆有为同志自1988年担任广东茶叶进出口公司总经理以来，锐意改革，不断进取。20世纪90年代初期在取消红茶高亏商品补贴的情况下，及时调整出口商品结构和市场结构，努力扭亏为盈。1996年亲自制定并率领公司全体员工实施“堵漏、盘活、重组、调整”八字方针，积极组织扩大出口规模，努力提高经济效益，至今连续12年赢利。2005年在广东省级外贸专业公司系统中率先实行整体改制，企业管理更加规范，先后通过了ISO9001.2000国际质量管理体系认证、QS食品生产许可证、有机茶国际认证。对茶叶加工厂进行了升级、改造、技术设备更新，成功通过了QS（A级）认证，使茶厂成为拥有现代化机器、设备一流，符合生产标准出口茶叶的加工企业。公司茶叶出口量占全省出口总量的60%～70%左右，1952年至今累计为国家出口创汇近30亿美元。公司多次受到经贸部、财政部、中共广东省委、省政府、省外经贸厅等的嘉奖，并被评为国家二级企业，省级先进企业，省文明单位，广州海关A类企业，连续14年被评为“守合同、重信用”企业，被广州市国税、地税局评为纳税A类企业，被省外汇管理局评为出口创汇荣誉企业。他领导的广东茶叶进出口有限公司从2005—2007年连续三年被评为“中国茶叶行业百强企业”，名列前10名。

1965年公司创立金帆牌茶叶品牌，并在中国内地、中国香港、中国澳门、美国、加拿大、欧共体（27国）、澳大利亚、泰国、菲律宾、非洲合作组织（16国）共51个国家和地区注册。金帆牌茶叶产品远销美国、加拿大、欧盟、日本、俄罗斯、东欧、中东、非洲、东南亚及我国港澳等100多个国家和地区，且在国内主要销售地区广东省、华南、华北、华东各省建立了庞大的销售网络。金帆牌系列产品已成为广东地区日益深入人心的知名放心茶品牌，金帆连锁专卖店茶叶销售额逐年扩大。金帆牌商标2007年获广东省外经贸厅重点培育和发展的出口名牌，被省、市工商行政管理局认定为广东省及广州市著名商标、广东省名牌产品。

（2）积极支持中国茶叶的发展事业，穆有为同志致力于促进中国茶叶事业特别是广东茶叶事业的发展。现任中国茶叶流通协会副会长、中华茶人联谊会副会长、广东省茶叶学会理事长、广东省茶业行业协会会长等职务，长期热心茶叶事业。

国际统计资料

世界茶叶产量8强国家生产情况

（1995—2007）

单位：万吨

	1995	2000	2005	2006	2007
中国	60.94	70.37	95.37	104.93	118.65
印度	75.39	82.60	83.08	89.27	94.92
肯尼亚	24.45	23.63	32.85	31.06	31.50
斯里兰卡	24.60	30.58	31.72	31.08	30.46
印度尼西亚	15.40	16.26	17.77	18.50	19.20
土耳其	10.27	13.88	21.75	20.46	19.16
越南	4.02	6.99	13.25	14.23	15.30
日本	8.48	8.50	10.00	9.18	9.50

数据来源：FAO（联合国粮农组织）。

世界茶叶种植8强国家种植情况

（1995—2007）

单位：万公顷

	1995	2000	2005	2006	2007
中国	88.81	89.80	105.86	111.67	116.70
印度	42.80	49.00	49.00	52.50	55.80
斯里兰卡	18.90	18.90	21.27	21.27	21.27
肯尼亚	11.26	12.04	14.13	14.71	15.00
印度尼西亚	11.34	12.12	11.80	12.30	12.80
越南	7.08	7.03	12.25	12.27	12.75
土耳其	7.66	7.68	7.66	7.60	7.60
缅甸	5.95	6.69	7.20	7.25	7.25

数据来源：FAO。

世界茶叶产量

（1995—2007）

单位：万吨

	1995	2000	2005	2006	2007
全球	262.11	296.36	355.02	366.78	387.13
非洲	37.06	41.11	52.72	48.62	49.68
美洲（包括南美洲）	6.88	9.17	9.49	9.79	9.73
亚洲	216.98	244.97	291.78	307.34	326.74
欧洲	0.73	0.16	0.14	0.13	0.08
大洋洲	0.47	0.95	0.90	0.90	0.90

数据来源：FAO。

世界主要国家茶叶产量

（1995—2007）

单位：万吨

	1995	2000	2005	2006	2007
中国	60.94	70.37	95.37	104.93	118.65
印度	75.39	82.60	83.08	89.27	94.92
肯尼亚	24.45	23.63	32.85	31.06	31.50
斯里兰卡	24.60	30.58	31.72	31.08	30.46
印度尼西亚	15.40	16.26	17.77	18.50	19.20
土耳其	10.27	13.88	21.75	20.46	19.16
越南	4.02	6.99	13.25	14.23	15.30
日本	8.48	8.50	10.00	9.18	9.50
阿根廷	5.15	7.43	6.79	7.21	7.20
伊朗	5.44	4.99	5.92	5.92	6.00
孟加拉国	5.20	4.60	5.76	5.80	5.85
马拉维	3.42	4.24	3.80	3.84	3.90
乌干达	1.27	2.92	3.77	3.43	3.50
坦桑尼亚	2.43	2.36	3.07	3.03	3.10
缅甸	1.59	1.90	2.50	2.65	2.70
格鲁吉亚	3.85	2.40	2.28	2.80	2.38
津巴布韦	1.50	2.20	2.22	2.20	2.23
卢旺达	0.54	1.45	1.65	1.60	1.90
巴西	0.86	0.84	1.92	1.74	1.75
尼泊尔	0.25	0.51	1.25	1.39	1.50
莫桑比克	0.10	1.05	1.05	1.05	1.05

数据来源：FAO。

世界茶叶采摘面积

（1995—2007）

单位：万公顷

	1995	2000	2005	2006	2007
全球	229.83	238.40	265.75	275.75	285.62
非洲	20.80	22.35	25.20	25.11	25.78
美洲（包括南美洲）	4.59	4.70	4.31	4.51	4.49
亚洲	203.82	210.46	235.39	245.28	254.54
欧洲	0.17	0.15	0.14	0.14	0.10
大洋洲	0.45	0.74	0.70	0.70	0.70

数据来源：FAO。

世界主要国家茶叶采摘面积

（1995—2007）

单位：万公顷

	1995	2000	2005	2006	2007
中国	88.81	89.80	105.86	111.67	116.70
印度	42.80	49.00	49.00	52.50	55.80
斯里兰卡	18.90	18.90	21.27	21.27	21.27
肯尼亚	11.26	12.04	14.13	14.71	15.00
印度尼西亚	11.34	12.12	11.80	12.30	12.80
越南	7.08	7.03	12.25	12.27	12.75
土耳其	7.66	7.68	7.66	7.60	7.60
缅甸	5.95	6.69	7.20	7.25	7.25
孟加拉国	4.78	4.86	5.32	5.26	5.32
日本	5.37	5.04	4.87	4.85	4.90
阿根廷	3.74	3.86	3.63	3.80	3.80
伊朗	3.44	3.21	3.41	3.41	3.40
格鲁吉亚	4.58	2.40	2.28	2.50	2.34
泰国	1.70	1.85	2.00	2.00	2.00
乌干达	1.60	1.57	2.01	1.91	2.00
坦桑尼亚	1.85	1.90	1.90	1.90	1.90
马拉维	1.88	1.82	1.80	1.80	1.85
尼泊尔	0.09	0.87	1.60	1.65	1.65
卢旺达	0.90	1.23	1.33	1.27	1.53
布隆迪	0.72	0.85	0.89	0.89	0.90

数据来源：FAO。

世界主要国家茶叶单位面积产量

（1995—2007）

单位：千克/公顷

	1995	2000	2005	2006	2007
中国	686.10	783.50	900.80	939.60	1 016.70
印度	1 761.40	1 685.70	1 695.40	1 700.40	1 701.10
肯尼亚	2 172.50	1 962.60	2 324.80	2 111.60	2 100.00
斯里兰卡	1 301.50	1 618.40	1 491.10	1 461.00	1 431.90
印度尼西亚	1 357.80	1 341.40	1 505.90	1 504.00	1 500.00
土耳其	1 340.70	1 808.00	2 838.70	2 692.10	2 521.10
越南	567.70	994.30	1 081.80	1 159.70	1 200.00
日本	1 579.10	1 686.50	2 053.30	1 892.70	1 938.70
阿根廷	1 377.80	1 922.70	1 867.90	1 898.10	1 894.70
伊朗	1 580.70	1 553.30	1 736.50	1 736.50	1 764.70
孟加拉国	1 088.30	946.50	1 081.50	1 102.40	1 099.60
马拉维	1 818.10	2 334.50	2 111.10	2 132.60	2 108.10
乌干达	793.20	1 862.00	1 877.30	1 797.50	1 750.00
坦桑尼亚	1 313.50	1 242.10	1 615.70	1 594.70	1 631.50
缅甸	267.20	283.90	347.20	365.50	372.40
格鲁吉亚	840.60	1 000.00	998.00	1 120.00	1 017.00
津巴布韦	3 191.40	3 384.60	3 313.40	3 666.60	3 655.70
卢旺达	601.50	1 177.30	1 239.30	1 259.80	1 241.80
巴西	1 899.10	2 147.70	7 634.90	6 958.00	6 730.70
尼泊尔	2 730.00	584.40	781.20	840.40	909.00
莫桑比克	488.00	1 858.60	1 858.40	1 842.10	1 842.10

数据来源：FAO。

世界茶叶出口十大国家

(1995—2007)

单位：万吨

	1995	2000	2005	2006	2007
肯尼亚	23.75	21.70	34.83	31.22	34.37
斯里兰卡	23.50	28.01	29.88	31.49	29.43
中国（内地）	16.66	22.77	28.66	28.66	28.94
印度	16.71	20.44	19.52	21.57	15.38
越南	1.73	5.57	8.79	10.51	11.09
印度尼西亚	7.92	10.56	10.23	9.53	8.37
阿根廷	4.11	4.98	6.64	7.07	7.42
马拉维	3.26	3.84	4.30	4.20	4.66
乌干达	1.07	2.64	3.31	3.27	4.36
坦桑尼亚	2.05	2.25	2.25	2.41	2.91

数据来源：ITC（国际茶叶委员会）。

世界茶叶进口十大国家

(1995—2007)

单位：万吨

	1995	2000	2005	2006	2007
俄罗斯	14.75	15.83	17.96	17.29	18.13
英国	16.99	15.59	15.34	16.13	15.65
美国	8.33	8.83	10.01	10.76	10.94
巴基斯坦	11.57	11.14	13.93	11.68	10.64
阿联酋	2.09	6.02	7.80	8.02	8.54
埃及	8.00	6.34	7.35	7.85	6.90
摩洛哥	3.76	4.23	5.01	5.06	5.25
伊朗	3.06	4.72	4.30	4.86	5.07
德国	3.11	3.50	4.17	4.66	4.84
日本	4.53	5.78	5.15	4.81	4.73

数据来源：ITC。

世界主要国家和地区茶叶进口量（一）

(1995—2007)

单位：吨

	1995	2000	2005	2006	2007
俄罗斯	147 491	158 290	179 577	172 926	181 272
英国	169 918	155 907	153 394	161 310	156 504
美国	83 321	88 290	100 060	107 572	109 396
巴基斯坦	115 719	111 426	139 261	116 780	106 366
阿联酋	20 899	60 155	78 000	80 200	85 400
埃及	79 964	63 355	73 500	78 500	69 000
摩洛哥	37 628	42 268	50 083	50 607	52 500
伊朗	30 600	47 200	43 000	48 600	50 700
德国	31 110	35 021	41 699	46 601	48 419
日本	45 297	57 773	51 451	48 092	47 303
波兰	30 300	30 470	31 057	27 144	28 077
叙利亚	16 598	19 746	29 232	30 000	27 500
伊拉克	3 200	52 600	56 000	66 000	27 000
哈萨克斯坦	6 400	17 012	21 413	26 984	26 481
荷兰	26 321	24 155	29 438	29 396	26 182
中国台湾	8 065	12 236	20 775	24 319	25 055
苏丹	15 566	15 590	20 000	17 500	23 000

世界主要国家和地区茶叶进口量（二）

（1995—2007）

单位：吨

	1995	2000	2005	2006	2007
智利	—	11 295	17 870	19 098	19 611
加拿大	13 299	18 397	18 877	17 694	19 342
乌克兰	7 800	15 197	16 988	15 348	18 046
法国	14 208	17 242	16 825	16 273	17 967
马来西亚	—	9 695	14 946	14 739	15 700
沙特阿拉伯	13 100	13 800	14 900	12 000	13 700
乌兹别克斯坦	2 000	8 850	11 000	13 400	13 500
突尼斯	7 325	10 416	9 350	11 050	9 550
利比亚	15 700	13 500	17 500	14 500	9 500
爱尔兰	11 100	11 034	10 310	9 133	9 326
阿塞拜疆	1 250	2 701	6 713	6 823	8 137
意大利	4 983	5 316	6 715	7 844	7 283
科威特	5 050	4 771	5 020	5 020	5 030
吉尔吉斯斯坦	581	2 490	2 905	4 052	3 889
捷克	—	2 142	2 419	2 658	3 052
奥地利	2 344	2 687	2 543	2 263	2 574
瑞士	3 542	3 250	4 670	3 903	2 445
丹麦	2 084	2 023	1 505	1 575	1 614
芬兰	1 147	1 128	1 518	1 297	1 265
挪威	866	1 089	1 126	1 005	1 123

资料来源：ITC。

世界主要国家茶叶进口额

（1995—2007）

单位：万美元

	1995	2000	2005	2006	2007
英国	29 745.4	31 374.9	27 323.3	33 167.8	30 662.5
奥地利	1 061.7	735.6	1 223.6	1 186.0	1 833.0
丹麦	1 135.0	1 139.3	1 326.1	1 362.3	1 323.0
芬兰	942.4	1 045.5	1 395.8	1 357.8	1 597.3
法国	6 211.2	7 121.8	10 886.7	11 616.7	12 993.5
德国	13 428.7	9 665.4	12 016.0	14 298.5	15 350.7
爱尔兰	2 203.6	2 397.6	2 598.5	2 896.1	3 582.5
意大利	2 975.3	3 191.9	4 531.8	5 092.7	5 453.1
荷兰	4 994.4	4 629.8	5 437.6	5 647.0	—
挪威	1 139.8	1 143.7	1 423.3	1 330.5	1 450.4
瑞士	1 276.1	1 445.9	1 972.8	1 964.8	1 882.7
加拿大	5 825.9	7 363.6	11 143.9	12 369.3	13 748.0
美国	12 174.1	14 899.5	22 372.3	28 182.9	28 841.2
阿联酋	4 598.4	14 506.2	—	—	—
日本	18 292.6	20 783.5	18 155.8	17 975.3	18 010.1
巴基斯坦	17 822.5	22 180.1	22 980.4	22 261.0	19 120.8
埃及	11 856.7	10 000.0	—	—	—
摩洛哥	8 133.6	7 012.6	8 468.1	8 900.9	—

资料来源：ITC。

世界主要国家和地区茶叶出口量

（1995—2007）

单位：吨

	1995	2000	2005	2006	2007
全球	1 091 617	1 321 936	1 565 990	1 577 545	1 549 435
斯里兰卡	235 036	280 133	298 769	314 915	294 254
中国（内地）	166 573	227 661	286 563	286 594	289 431
印度	167 143	204 353	195 228	215 672	153 797
越南	17 300	55 660	87 918	105 116	110 929
印度尼西亚	79 227	105 581	102 294	95 339	83 659
孟加拉国	25 428	18 100	9 007	4 794	10 555
尼泊尔		82	3 600	4 000	7 000
伊朗	1 600	3 500	6 500	6 000	5 000
土耳其	2 301	6 381	7 000	5 500	3 000
中国台湾	3 172	3 035	2 175	1 962	2 008
日本	492	704	1 096	1 681	1 769
马来西亚	293	450	300	320	300
韩国		27	270	280	230
亚洲合计	698 565	905 667	1 000 720	1 042 173	961 932
肯尼亚	237 498	216 990	348 276	312 156	343 703
马拉维	32 648	38 437	42 978	41 962	46 585
乌干达	10 682	26 389	33 071	32 699	43 638
坦桑尼亚	20 511	22 462	22 498	24 132	29 125
卢旺达	3 500	10 185	11 652	12 859	13 000
津巴布韦	9 156	16 917	8 451	11 384	7 601
布隆迪	7 079	6 400	7 607	5 903	6 000
喀麦隆	4 173	4 302	4 600	4 000	4 300
刚果（金）	2 000	2 000	2 250	2 400	2 400
埃塞俄比亚		900	1 300	1 500	1 600
莫桑比克	400	650	900	1 000	1 100
南非		6 000	2 290	1 300	575
毛里求斯	2 894	41	51	36	34
非洲合计	330 541	351 673	485 924	451 331	499 661
阿根廷	41 113	49 794	66 389	70 723	74 234
巴西	7 252	3 702	3 407	3 238	3 298
厄瓜多尔	1 074	1 200	1 050	1 080	1 100
秘鲁	72	100	100	100	110
南美洲合计	49 511	54 796	70 946	75 141	78 742
格鲁吉亚	5 500	1 000	600	700	700
巴布亚新几内亚	5 800	6 800	5 500	5 700	5 800
其他国家	1 700	2 000	2 300	2 500	2 600

数据来源：ITC。

世界主要国家茶叶出口额（一）

（1995—2007）

单位：万美元

	1995	2000	2005	2006	2007
印度	36 722.7	40 653.1	39 240.6	42 022.1	34 742.7
孟加拉国	3 207.1	2 311.4	1 154.6	681.3	1 305.3
斯里兰卡	46 259.3	66 226.2	76 943.3	83 088.0	96 025.4
印度尼西亚	8 771.9	11 210.6	12 149.6	13 451.5	12 661.5
中国（内地）	—	34 711.4	59 102.7	53 790.7	60 713.3
日本	776.6	1 117.3	2 010.3	2 751.0	2 914.0
中国台湾	1 870.2	1 714.8	1 550.0	1 450.0	1 490.0
土耳其	350.6	578.2	800.0	630.0	360.0

世界主要国家茶叶出口额（二）

（1995—2007）

单位：万美元

	1995	2000	2005	2006	2007
越南	—	6 960.5	9 693.4	11 158.5	13 083.3
布隆迪	1 025.3	1 203.5	883.1	991.3	—
肯尼亚	36 570.7	46 071.3	55 545.6	64 499.7	68 562.5
马拉维	2 712.7	3 254.2	4 741.7	4 912.1	5 144.6
毛里求斯	292.6	17.9	38.6	30.4	25.2
卢旺达	—	1 804.1	1 847.7	2 558.9	—
南非	—	1 718.0	—	—	—
坦桑尼亚	2 008.2	3 258.2	2 592.1	3 297.0	3 718.8
乌干达	869.8	3 641.7	3 307.1	3 600.0	5 891.0
津巴布韦	1 099.2	1 843.0	—	—	—
阿根廷	3 158.2	3 796.3	4 362.4	4 890.5	5 374.2
巴西	—	648.6	581.0	577.6	638.5
巴布亚新几内亚	—	770.0	640.0	650.0	660.0

数据来源：ITC。

世界茶叶出口5强——肯尼亚出口目的地国家和地区

（2003—2007）

单位：万吨

	2003	2004	2005	2006	2007
合计	**26.78**	**33.25**	**34.83**	**31.22**	**34.37**
英国	5.18	5.33	5.32	4.64	5.85
比利时	0.49	0.52	0.67	0.67	0.48
德国	0.37	0.41	0.55	0.41	0.40
爱尔兰	0.14	0.13	0.16	0.05	0.10
意大利	0.06	0.05	0.07	0.07	0.07
独联体	0.72	1.37	1.75	1.65	2.14
欧洲其他国家和地区	0.06	0.04	0.01	0.01	0.01
巴基斯坦	7.20	8.43	9.83	8.45	7.98
阿富汗	3.50	2.89	2.13	1.88	2.90
阿联酋	0.66	0.90	1.06	1.14	1.38
也门	0.88	1.08	0.91	0.46	1.31
印度	0.18	0.39	0.37	0.28	0.31
斯里兰卡	0.11	0.19	0.18	0.23	0.30
日本	0.08	0.11	0.08	0.13	0.15
伊朗	0.05	0.08	0.16	0.18	0.12
沙特阿拉伯	0.07	0.08	0.09	0.10	0.10
土耳其	0.04	0.04	0.05	0.06	0.08
阿曼	0.03	0.03	0.03	0.03	0.06
亚洲其他国家和地区	0.19	0.25	0.27	0.21	0.34
埃及	4.78	8.41	7.79	7.88	6.74
苏丹	1.10	1.74	2.12	1.76	2.49
尼日利亚	0.30	0.12	0.35	0.29	0.36
索马里	0.17	0.25	0.18	0.17	0.20
吉布提	0.02	0.01	0.01	0.03	0.08
南非	0.00	0.03	0.05	0.01	0.07
非洲其他国家和地区	0.09	0.05	0.10	0.01	0.03
加拿大	0.11	0.12	0.14	0.13	0.11
美国	0.19	0.20	0.34	0.25	0.22
其他国家和地区	0.04	0.01	0.04	0.04	0.00

数据来源：ITC。

世界茶叶出口5强——斯里兰卡出口目的地国家和地区

（2003—2007）

单位：万吨

	2003	2004	2005	2006	2007
合计	29.06	29.06	29.88	31.49	29.43
俄罗斯	5.53	5.57	5.28	5.93	4.87
乌克兰	0.83	0.80	0.76	0.78	0.68
芬兰	0.60	0.60	0.64	0.30	0.64
德国	0.58	0.59	0.52	0.60	0.55
波兰	0.22	0.28	0.24	0.27	0.32
英国	0.70	0.53	0.38	0.47	0.31
希腊	0.26	0.24	0.29	0.22	0.25
荷兰	0.41	0.36	0.36	0.45	0.24
意大利	0.19	0.20	0.14	0.14	0.20
爱尔兰	0.02	0.05	0.10	0.11	0.13
法国	0.11	0.11	0.10	0.10	0.09
瑞典	0.03	0.04	0.04	0.03	0.04
独联体其他国家	0.49	0.44	0.35	0.32	0.42
波罗的海诸国	0.08	0.07	0.05	0.06	0.06
欧洲其他国家和地区	0.25	0.20	0.18	0.28	0.18
智利	0.56	0.62	0.68	0.72	0.64
美国	0.34	0.35	0.31	0.37	0.30
加拿大	0.14	0.14	0.13	0.15	0.11
美洲其他国家和地区	0.02	0.03	0.02	0.02	0.03
阿联酋	2.74	2.94	3.73	4.37	4.36
伊朗	1.38	2.04	2.49	2.78	3.17
叙利亚	2.85	2.88	2.76	3.06	2.73
土耳其	1.91	2.51	1.68	1.33	1.45
日本	0.79	0.90	0.85	1.09	1.03
伊拉克	0.60	0.66	1.08	1.21	0.90
沙特阿拉伯	1.03	0.92	0.98	0.73	0.84
约旦	1.14	1.43	1.20	0.95	0.59
中国香港	0.37	0.41	0.45	0.47	0.46
科威特	0.26	0.21	0.27	0.25	0.25
黎巴嫩	0.24	0.21	0.16	0.16	0.18
以色列	0.23	0.21	0.20	0.24	0.18
中国台湾	0.13	0.15	0.14	0.15	0.13
印度	0.04	0.07	0.04	0.06	0.09
中国（内地）	0.02	0.05	0.05	0.05	0.08
巴基斯坦	0.32	0.30	0.29	0.35	0.07
马来西亚	0.04	0.04	0.05	0.06	0.07
新加坡	0.05	0.05	0.05	0.06	0.05
亚洲其他国家和地区	0.22	0.24	0.25	0.23	0.17
利比亚	1.95	0.16	1.08	0.54	0.92
突尼斯	0.48	0.62	0.59	0.80	0.56
埃及	0.10	0.09	0.12	0.33	0.15
南非	0.08	0.11	0.10	0.14	0.08
非洲其他国家和地区	0.18	0.13	0.17	0.18	0.26
澳大利亚	0.32	0.28	0.29	0.27	0.30
新西兰	0.11	0.10	0.09	0.10	0.08
大洋洲其他国家和地区	0.05	0.05	0.05	0.05	0.04
其他国家和地区	0.06	0.09	0.13	0.17	0.18

数据来源：ITC。

世界茶叶出口5强——中国出口目的地国家和地区

（2003—2007）

单位：万吨

	2003	2004	2005	2006	2007
合计	26.00	28.02	28.66	28.66	28.94
乌兹别克斯坦	1.64	1.68	1.87	1.89	2.00
俄罗斯	1.34	1.31	1.29	1.50	1.60
德国	0.45	0.55	0.47	0.66	0.85
法国	0.24	0.22	0.21	0.24	0.32
英国	0.49	0.51	0.26	0.27	0.28
荷兰	0.16	0.19	0.24	0.21	0.21
波兰	0.59	0.40	0.24	0.16	0.16
西班牙	0.07	0.08	0.06	0.08	0.07
独联体其他国家	0.94	0.88	1.23	0.83	0.88
欧洲其他国家和地区	0.13	0.07	0.07	0.08	0.09
日本	2.75	3.74	3.46	2.77	2.54
中国香港	1.34	1.28	1.39	1.53	1.37
阿富汗	0.37	0.56	0.57	0.56	0.59
巴基斯坦	0.74	0.69	0.84	0.49	0.52
斯里兰卡	0.01	0.21	0.26	0.31	0.31
新加坡	0.10	0.13	0.27	0.14	0.20
伊朗	0.21	0.19	0.18	0.17	0.17
马来西亚	0.10	0.12	0.15	0.14	0.16
蒙古	0.03	0.04	0.04	0.07	0.14
沙特阿拉伯	0.10	0.08	0.11	0.08	0.11
缅甸	0.08	0.13	0.12	0.05	0.05
阿联酋	0.04	0.05	0.05	0.05	0.04
中国澳门	0.03	0.03	0.03	0.03	0.03
亚洲其他国家和地区	0.45	0.53	0.40	0.58	0.31
摩洛哥	4.73	4.95	5.26	5.66	5.75
加纳	0.73	0.90	1.31	1.23	1.25
阿尔及利亚	0.87	0.82	1.14	1.09	1.07
毛里塔尼亚	0.73	0.89	0.86	0.89	1.06
塞内加尔	0.69	0.74	0.90	0.71	0.93
贝宁		0.36	0.29	0.44	0.86
马里	0.98	0.74	0.19	0.35	0.52
突尼斯	0.45	0.32	0.33	0.32	0.37
多哥	0.24	0.19	0.14	0.23	0.36
冈比亚	0.40	0.37	0.30	0.38	0.32
喀麦隆	0.14	0.24	0.27	0.48	0.31
尼日尔	0.24	0.20	0.20	0.21	0.19
科特迪瓦	0.20	0.12	0.11	0.06	0.13
尼日利亚	0.59	0.43	0.21	0.21	0.12
几内亚		0.09	0.10	0.07	0.12
非洲其他国家和地区	0.50	0.75	0.87	1.07	0.20
美国	1.66	1.73	1.82	1.87	1.99
加拿大	0.07	0.06	0.09	0.08	0.08
澳大利亚	0.01	0.01	0.01	0.02	0.02
新西兰			0.00	0.00	0.00
其他国家和地区	0.38	0.42	0.48	0.40	0.31

数据来源：ITC。

世界茶叶出口5强——印度出口目的地国家和地区

（2003—2007）

单位：万吨

	2003	2004	2005	2006	2007
合计	17.03	19.39	19.50	21.57	15.38
英国	1.98	1.96	2.12	2.31	1.38
德国	0.49	0.52	0.48	0.43	0.53
波兰	0.58	0.52	0.41	0.37	0.38
荷兰	0.30	0.31	0.29	0.29	0.23
爱尔兰	0.19	0.23	0.17	0.19	0.16
法国	0.02	0.02	0.02	0.02	
独联体	5.87	5.34	4.81	4.91	4.40
欧洲其他国家和地区	0.07	0.05	0.06	0.03	
美国	0.72	0.63	0.73	0.69	0.61
加拿大	0.15	0.12	0.16	0.11	0.07
美洲其他国家和地区	0.00	0.00	0.00	0.00	
阿联酋	2.37	2.56	2.65	2.19	2.41
伊朗	0.15	0.53	0.66	0.87	1.13
阿富汗	0.36	0.21	0.31	0.74	0.82
巴基斯坦	0.58	0.35	1.10	1.47	0.52
斯里兰卡	0.18	0.34	0.20	0.31	0.29
伊拉克	1.34	2.58	3.58	4.13	0.25
日本	0.28	0.29	0.27	0.25	0.17
沙特阿拉伯	0.11	0.08	0.12	0.11	0.13
新加坡	0.08	0.10	0.05	0.04	0.03
土耳其	0.02	0.13	0.01	0.02	0.01
巴林	0.01	0.01	0.02	0.02	
科威特	0.04	0.03	0.03	0.04	
阿曼	0.03	0.04	0.04	0.02	
卡塔尔	0.02	0.02	0.02	0.03	
中国香港	0.03	0.02	0.04	0.04	
印度尼西亚	0.01	0.03	0.04	0.09	
约旦	0.02	0.22		0.00	
尼泊尔	0.03	0.02	0.03	0.00	
叙利亚	0.01	0.25	0.00	0.01	
也门	0.00	0.06	0.05	0.05	
亚洲其他国家和地区	0.09	0.10	0.13	0.13	
埃及	0.01	0.01	0.04	0.28	0.49
肯尼亚	0.35	1.01	0.15	0.87	0.30
利比亚		0.10	0.22	0.01	
苏丹	0.02	0.01			
突尼斯	0.08	0.08		0.03	
非洲其他国家和地区	0.02	0.02	0.02	0.03	
澳大利亚	0.42	0.49	0.49	0.45	0.47
新西兰	0.00	0.00	0.00	0.00	
其他国家和地区					0.62

数据来源：ITC。

世界茶叶出口5强——越南出口目的地国家和地区

（2003—2007）

单位：万吨

	2003	2004	2005	2006	2007
合计	6.03	9.94	8.79	10.51	11.09
英国	0.09	0.23	0.22	0.21	0.16
德国	0.31	0.32	0.35	0.33	0.24
荷兰	0.08	0.17	0.19	0.21	0.17
波兰	0.35	0.31	0.32	0.28	0.34
俄罗斯	0.38	0.75	0.98	1.00	1.10
乌克兰	0.02	0.04	0.09	0.07	0.10
美国	0.13	0.25	0.13	0.20	0.37
阿富汗	0.12	0.06	0.07	0.27	0.36
中国（内地）	0.12	0.33	0.58	0.84	1.49
印度	0.13	1.81	0.28	1.13	0.12
印度尼西亚	0.06	0.15	0.10	0.25	0.58
伊朗	0.04	0.04	0.02	0.04	0.14
伊拉克	0.99	1.30	1.40	0.87	0.83
马来西亚	0.15	0.11	0.20	0.24	0.26
巴基斯坦	1.46	1.51	1.55	2.29	2.15
中国台湾	1.49	1.59	1.53	1.89	1.86
土耳其	0.06	0.08	0.13	0.13	0.18
阿联酋	0.01	0.06	0.17	0.11	0.26
亚洲其他国家和地区	0.03	0.07	0.13	0.12	0.38
不明国家和地区		0.77	0.35		

数据来源：ITC。

世界茶叶五大进口国——俄罗斯进口货源国

（2003—2007）

单位：万吨

	2003	2004	2005	2006	2007
合计	16.86	17.20	17.96	17.29	18.13
斯里兰卡	6.95	7.15	7.07	7.23	7.14
印度	4.89	4.30	3.62	3.82	4.45
中国（内地）	1.57	1.32	1.49	1.38	1.59
越南	0.42	0.76	1.02	1.04	1.26
印度尼西亚	1.37	1.69	2.04	1.51	1.09
孟加拉国	0.00	0.00	0.01		
亚洲其他国家和地区	0.01	0.11	0.37	0.31	0.21
德国	0.07	0.09	0.14	0.14	0.19
波兰	0.06	0.15	0.11	0.13	0.08
英国	0.06	0.06	0.06	0.05	0.03
荷兰	0.00	0.00	0.09		
欧洲其他国家和地区	0.06	0.08	0.07	0.05	0.05
肯尼亚	0.80	0.96	1.33	1.18	1.51
巴布亚新几内亚	0.09	0.14	0.17	0.21	0.25
独联体	0.04	0.03	0.04	0.12	0.19
其他国家和地区	0.46	0.36	0.34	0.12	0.10

数据来源：ITC。

世界茶叶五大进口国——英国进口货源国

（2003—2007）

单位：万吨

	2003	2004	2005	2006	2007
合计	15.66	15.62	15.34	16.13	15.65
印度	2.24	2.21	2.18	2.76	2.03
印度尼西亚	1.33	1.39	1.24	1.40	1.02
中国（内地）	0.55	0.66	0.67	0.80	0.75
斯里兰卡	0.67	0.59	0.40	0.38	0.26
越南	0.04	0.10	0.06	0.10	0.09
新加坡	0.00	0.01	0.01	0.11	0.07
亚洲其他国家和地区	0.07	0.10	0.17	0.30	0.26
肯尼亚	6.79	7.19	7.39	7.35	8.45
马拉维	0.89	1.03	0.82	0.60	0.47
南非	0.67	0.31	0.14	0.29	0.36
坦桑尼亚	0.21	0.19	0.81	0.44	0.34
津巴布韦	0.52	0.35	0.29	0.28	0.11
卢旺达	0.04	0.06	0.06	0.04	0.09
非洲其他国家和地区	0.07	0.13	0.04	0.06	0.07
阿根廷	0.38	0.45	0.28	0.54	0.43
巴西	0.13	0.09	0.07	0.06	0.05
美洲其他国家	0.19	0.13	0.09	0.05	0.12
德国	0.36	0.30	0.30	0.32	0.42
荷兰	0.02	0.02	0.02	0.06	0.10
欧洲其他国家和地区	0.36	0.17	0.16	0.14	0.11
其他国家和地区	0.11	0.15	0.11	0.05	0.04

数据来源：ITC。

世界茶叶五大进口国——美国进口货源国

（2003—2007）

单位：万吨

	2003	2004	2005	2006	2007
合计	9.42	9.95	10.01	10.76	10.94
中国（内地）	1.84	1.81	1.97	2.15	2.14
印度	0.75	0.71	0.79	0.88	0.91
印度尼西亚	0.55	0.63	0.61	0.65	0.72
斯里兰卡	0.37	0.38	0.36	0.42	0.36
越南	0.16	0.26	0.15	0.19	0.36
日本	0.10	0.10	0.06	0.08	0.12
亚洲其他国家和地区	0.20	0.17	0.24	0.12	0.14
马拉维	0.41	0.34	0.33	0.19	0.31
肯尼亚	0.30	0.24	0.30	0.23	0.24
非洲其他国家和地区	0.06	0.04	0.03	0.04	0.03
阿根廷	3.40	3.85	3.75	4.12	4.01
巴西	0.12	0.12	0.13	0.14	0.15
厄瓜多尔	0.05	0.05	0.06	0.06	0.05
南美洲其他国家和地区	0.00	0.01	0.00	0.00	0.00
德国	0.47	0.54	0.56	0.67	0.66
英国	0.16	0.12	0.14	0.19	0.17
加拿大	0.12	0.16	0.14	0.10	0.16
其他国家和地区	0.37	0.42	0.40	0.51	0.42

数据来源：ITC。

世界茶叶五大进口国——巴基斯坦进口货源国

(2003—2007)

单位：万吨

	2003	2004	2005	2006	2007
合计	11.83	12.00	13.93	11.68	10.64
孟加拉国	0.87	0.95	0.69	0.39	0.66
印度	0.59	0.41	0.85	1.33	0.57
印度尼西亚	0.73	0.96	0.93	0.91	0.54
越南	0.48	0.31	0.16	0.42	0.27
中国（内地）	0.18	0.08	0.41	0.15	0.21
斯里兰卡	0.31	0.28	0.33	0.35	0.07
亚洲其他国家和地区	0.23	0.12	0.16	0.20	0.03
肯尼亚	7.50	7.59	9.15	6.55	6.68
卢旺达	0.07	0.27	0.35	0.41	0.47
坦桑尼亚	0.25	0.31	0.19	0.20	0.29
马拉维	0.09	0.10	0.11	0.15	0.26
布隆迪	0.01	0.22	0.17	0.25	0.24
乌干达	0.00	0.08	0.21	0.20	0.21
非洲其他国家和地区	0.16	0.14	0.18	0.16	0.14
其他国家	0.35	0.20	0.03	0.03	0.01

数据来源：ITC。

世界茶叶五大进口国——阿联酋进口货源国

(2003—2007)

单位：万吨

	2003	2004	2005	2006	2007
合计	6.75	6.72	7.80	8.02	8.54
印度	2.14	2.12	2.40	2.00	2.20
斯里兰卡	3.00	2.89	3.40	4.03	4.05
印度尼西亚	0.24	0.20	0.30	0.27	0.25
中国（内地）	0.03	0.02	0.05	0.08	0.05
越南	0.01	0.04	0.04	0.05	0.21
亚洲其他国家	0.02	0.01	0.01	0.01	0.00
肯尼亚	0.14	0.26	0.97	1.05	1.26
英国	0.01	0.02	0.01	0.00	0.02
杰拜勒·阿里自由区	1.13	1.12	0.60	0.52	0.50
其他国家	0.03	0.03	0.03	0.01	0.01

数据来源：ITC。

主要产茶国茶叶年度平均拍卖价

(1995—2007)

	单位	1995	2000	2005	2006	2007
印度加尔各答	印度卢比/千克	55.52	81.09	69.77	79.61	81.23
印度古瓦哈蒂	印度卢比/千克	49.61	68.82	59.21	68.24	71.03
印度斯里古里	印度卢比/千克	47.72	60.75	64.13	64.89	66.03
印度科钦	印度卢比/千克	42.22	51.93	50.58	53.84	56.35
印度科印拜陀	印度卢比/千克	42.07	43.33	46.50	49.38	47.49
印度科纳尔	印度卢比/千克	40.33	38.95	43.29	47.77	44.19
孟加拉国吉大港	塔卡/千克	—	58.12	76.02	95.10	81.80
斯里兰卡科伦坡	斯里兰卡卢比/千克	72.22	135.06	184.42	197.29	277.70
印尼雅加达	美元/千克	106.35	119.53	103.73	134.04	132.92
肯尼亚蒙巴萨	美元/千克	129.00	202.00	147.00	193.00	166.00
喀麦隆林贝	美元/千克	76.68	102.01	91.68	122.93	105.13

数据来源：ITC。

世界茶叶消费总量5强国家

（2004—2007）

单位：万吨

	2004	2006	2007
中国	55.8	74.5	82.8
印度	69.8	77.1	78.6
俄罗斯	17.0	16.7	17.4
日本	15.5	14.6	14.5
土耳其	15.8	13.3	14.5

数据来源：ITC。

世界茶叶人均消费5强国家

（2000—2007）

单位：千克

	2000—2002	2001—2003	2002—2004	2003—2005	2004—2006	2005—2007
利比亚	2.66	2.88	2.15	2.54	2.28	2.37
卡塔尔	2.27	2.55	2.13	2.06	1.97	2.32
英国	2.26	2.24	2.21	2.12	2.17	2.17
爱尔兰	2.75	2.96	2.96	2.79	2.35	2.16
科威特	2.18	2.29	2.32	2.11	2.05	2.04

数据来源：ITC。

世界主要国家和地区茶叶消费总量（一）

（2000—2007）

单位：万吨

	2000—2002	2001—2003	2002—2004	2003—2005	2004—2006	2005—2007
英国	13.55	13.28	13.02	12.74	13.08	13.16
奥地利	0.18	0.16	0.16	0.15	0.16	0.16
比利时	0.20	0.21	0.21	0.21	0.22	0.22
捷克	0.23	0.25	0.23	0.24	0.25	0.27
丹麦	0.17	0.17	0.16	0.15	0.14	0.14
芬兰	0.09	0.09	0.09	0.11	0.11	0.12
法国	1.35	1.38	1.36	1.37	1.35	1.40
德国	2.03	2.33	2.37	2.28	2.09	2.18
爱尔兰	1.06	1.16	1.18	1.13	0.97	0.92
意大利	0.49	0.52	0.57	0.59	0.62	0.63
荷兰	0.73	0.71	0.72	0.74	0.77	0.77
挪威	0.10	0.11	0.11	0.11	0.10	0.11
波兰	3.15	3.16	3.13	3.13	3.01	2.88
瑞典	0.28	0.27	0.28	0.28	0.25	0.27
瑞士	0.19	0.21	0.24	0.24	0.25	0.22
独联体	21.22	21.72	22.18	22.72	23.20	23.88
加拿大	1.84	1.92	1.91	1.89	1.78	1.76
美国	9.28	9.48	9.57	9.79	10.29	10.57
智利	1.39	1.54	1.72	1.80	1.91	1.89
阿富汗	3.05	3.80	4.13	4.10	3.63	3.63
孟加拉国	3.86	4.03	4.04	4.13	4.39	4.35
巴林	0.09	0.09	0.09	0.09	0.09	0.09
中国（内地）	46.89	48.63	52.10	57.33	65.11	76.18
中国香港	0.90	0.93	0.93	0.95	1.00	1.02

世界主要国家和地区茶叶消费总量（二）

（2000—2007）

单位：万吨

	2000—2002	2001—2003	2002—2004	2003—2005	2004—2006	2005—2007
印度	67.30	69.30	71.40	73.53	75.43	77.13
印度尼西亚	6.20	6.70	6.67	6.87	5.93	6.03
伊朗	8.82	8.61	7.77	7.17	6.42	5.89
伊拉克	6.58	6.08	5.69	4.83	5.77	4.97
日本	14.37	13.94	14.14	14.62	15.04	14.72
科威特	0.49	0.52	0.53	0.50	0.50	0.50
马来西亚	1.55	1.59	1.60	1.67	1.71	1.75
巴基斯坦	10.54	10.77	11.21	12.59	12.54	12.08
卡塔尔	0.15	0.17	0.15	0.16	0.16	0.19
沙特阿拉伯	1.41	1.40	1.37	1.42	1.36	1.35
斯里兰卡	2.56	2.63	2.72	2.70	2.72	2.73
叙利亚	2.50	2.78	3.01	2.96	2.99	2.89
中国台湾	3.24	3.47	3.63	3.70	3.88	3.99
土耳其	13.82	13.82	15.32	15.03	14.35	14.31
阿尔及利亚	0.65	0.73	0.78	0.85	0.89	0.15
埃及	6.62	6.17	6.69	6.51	7.48	7.37
肯尼亚	1.29	1.37	1.30	1.34	1.41	1.61
利比亚	1.41	1.58	1.21	1.45	1.31	1.38
摩洛哥	4.13	4.21	4.48	4.69	4.88	5.11
南非	2.09	2.09	2.08	2.08	1.80	1.85
苏丹	1.49	1.42	1.47	1.68	1.82	2.02
坦桑尼亚	0.26	0.29	0.32	0.36	0.38	0.43
突尼斯	1.11	1.11	1.05	1.01	1.03	0.99
澳大利亚	1.44	1.39	1.38	1.36	1.38	1.36
新西兰	0.38	0.37	0.38	0.39	0.40	0.42

数据来源：ITC。

世界主要国家和地区茶叶人均消费量（一）

（2000—2007）

单位：千克

	2000—2002	2001—2003	2002—2004	2003—2005	2004—2006	2005—2007
英国	2.26	2.24	2.21	2.12	2.17	2.17
奥地利	0.22	0.20	0.20	0.18	0.19	0.19
比利时	0.19	0.19	0.20	0.19	0.20	0.20
捷克	0.23	0.24	0.22	0.23	0.24	0.26
丹麦	0.31	0.31	0.29	0.27	0.26	0.25
芬兰	0.17	0.17	0.18	0.21	0.22	0.22
法国	0.23	0.23	0.23	0.23	0.22	0.23
德国	0.25	0.28	0.29	0.28	0.25	0.26
爱尔兰	2.75	2.96	2.96	2.79	2.35	2.16
意大利	0.08	0.09	0.10	0.10	0.11	0.11
荷兰	0.46	0.44	0.44	0.45	0.47	0.47
挪威	0.22	0.24	0.24	0.25	0.22	0.23
波兰	0.82	0.82	0.82	0.82	0.79	0.75
瑞典	0.32	0.30	0.31	0.31	0.28	0.30

世界主要国家和地区茶叶人均消费量（二）

（2000—2007）

单位：千克

	2000—2002	2001—2003	2002—2004	2003—2005	2004—2006	2005—2007
瑞士	0.26	0.29	0.33	0.32	0.34	0.29
独联体	0.76	0.78	0.80	0.81	0.85	0.87
加拿大	0.59	0.61	0.60	0.59	0.55	0.54
美国	0.33	0.33	0.33	0.33	0.35	0.35
智利	0.90	0.99	1.09	1.12	1.17	1.15
阿富汗	1.36	1.87	2.07	1.75	1.56	1.61
孟加拉国	0.29	0.30	0.30	0.30	0.32	0.31
巴林	1.31	1.32	1.31	1.25	1.26	1.24
中国（内地）	0.37	0.38	0.40	0.44	0.50	0.58
中国香港	1.35	1.36	1.36	1.38	1.39	1.46
印度	0.65	0.66	0.67	0.68	0.69	0.69
印度尼西亚	0.30	0.32	0.31	0.32	0.27	0.27
伊朗	1.37	1.33	1.17	1.06	0.94	0.84
伊拉克	2.65	2.42	2.26	2.03	2.40	1.72
日本	1.13	1.09	1.11	1.15	1.18	1.15
科威特	2.18	2.29	2.32	2.11	2.05	2.04
马来西亚	0.65	0.65	0.64	0.66	0.65	0.66
巴基斯坦	0.75	0.74	0.76	0.84	0.82	0.78
卡塔尔	2.27	2.55	2.13	2.06	1.97	2.32
沙特阿拉伯	0.67	0.64	0.71	0.63	0.60	0.57
斯里兰卡	1.37	1.38	1.42	1.40	1.40	1.39
叙利亚	1.49	1.62	1.74	1.65	1.63	1.59
中国台湾	1.36	1.42	1.45	1.47	1.49	1.53
土耳其	2.01	1.98	2.17	2.11	2.01	1.96
阿尔及利亚	0.21	0.23	0.25	0.26	0.27	0.29
埃及	0.98	0.90	0.96	0.94	1.01	1.00
肯尼亚	0.41	0.43	0.40	0.40	0.40	0.44
利比亚	2.66	2.88	2.15	2.54	2.28	2.37
摩洛哥	1.41	1.42	1.49	1.54	1.58	1.67
南非	0.47	0.46	0.45	0.45	0.38	0.39
苏丹	0.47	0.44	0.44	0.49	0.51	0.56
坦桑尼亚	0.07	0.08	0.09	0.10	0.10	0.11
突尼斯	1.16	1.13	1.07	1.01	1.02	0.98
澳大利亚	0.74	0.71	0.69	0.68	0.68	0.66
新西兰	0.98	0.95	0.96	0.97	0.98	0.98

数据来源：ITC。

中国与世界主要指标比较

	单位	中国	世界	中国占（是）世界%
产量	万吨	118.65	387.13	30.65
采摘面积	万公顷	116.70	285.62	40.86
单位面积产量	千克/公顷	1 016.70	1 355.4	
出口	万吨	28.94	154.94	18.68
消费	万吨	82.8	366.8	22.57

数据来源：FAO、ITC。

各地茶业机构和企业名录*

北京市

北京市茶业协会

会　长　段葆兰
秘书长　刘　珏
电　话　010-68337903
传　真　010-68337903
E-mail　cx_bis@yahoo.com.cn
地　址　北京西城区北礼士路甲98号（阜城大厦B座324室）
邮　编　100037
刊　物　《北京茶周刊》（劳动午报周三版）

北京吴裕泰茶业股份有限公司

董事长　刘海燕
总经理　孙丹威
电　话　010-84049766
传　真　010-84049766-899
网　址　www.wuyutai.com
地　址　北京东城区交道口东大街4-17号
邮　编　100007

北京元长厚茶叶有限公司

董事长　张小林
总经理　卢　勇
电　话　010-66152922
传　真　010-66152922
E-mail　yuanchanghou1912@126.com
地　址　北京西城区西四南大街14号
邮　编　100034

北京张一元茶叶有限责任公司

董事长　王秀兰
总经理　王秀兰
电　话　010-83512713
传　真　010-83512713
E-mail　bgs1@zyy365.com
地　址　北京宣武区西砖胡同二号院7号楼
邮　编　100052

北京更香茶叶有限责任公司

董事长　俞学文
总经理　朱丽俐
电　话　010-63344643
传　真　010-63425447
网　址　www.gx-tea.com
E-mail　gxtea@163.com
地　址　北京宣武区马连道甲10号
邮　编　100055

北京茶叶总公司

总经理　彭广义
电　话　010-63409535
传　真　010-63409535
网　址　www.bjteac.com.cn
E-mail　chayezongongsi@sohu.com
地　址　北京宣武区马连道甲14号
邮　编　100055

北京憩园仙山茶叶有限公司

董事长　周绍迁
总经理　周绍斌
电　话　010-63538165
传　真　010-63537997
网　址　www.qiyuanchaye.com
E-mail　qiyuancha@vip.sina.com
地　址　北京宣武区永乐里10号
邮　编　100054

*本名录按行政区划排序，各地按行政机构、协会（学会）、企业、市场顺序编排。

北京江南村茶叶有限公司

董事长 胡伟平
总经理 孙贤英
电　话 010-63344831
地　址 北京宣武区格调小区 1-3-101
邮　编 100055

北京正兴德茶叶有限公司

总经理 张维杰
电　话 010-63524813
传　真 010-63570003
网　址 www.zxd.tea.com
地　址 北京宣武区红莲南里甲 8 号
邮　编 100055

中国茶叶股份有限公司

董事长 徐尚风
总经理 贾　鹏
电　话 010-85627622
网　址 www.teachina.com
E-mail chinatea@tuhsu.com.cn
地　址 北京朝阳区朝阳门南大街 8 号中粮福临门大厦
邮　编 100020

北京马连道茶城

总经理 张　喜
电　话 010-63261813
传　真 010-63409594
地　址 北京宣武区马连道 11 号
邮　编 100055

北京市广外京闽茶叶市场

董事长 万金朝
总经理 王　涤
电　话 010-63487365
传　真 010-52690759
地　址 北京宣武区马连道 21 号
邮　编 100055

北京茶缘茶叶批发市场

董事长 马　武
电　话 010-63395008　010-63395116
传　真 010-63431395
网　址 www.tea8866.com
E-mail chayuan2004@126.com
地　址 北京宣武区马连道南口
邮　编 100055

北京京马城茶叶批发市场

总经理 高尚人
电　话 010-63495064
地　址 北京宣武区马连道 12 号
邮　编 100055

天津市

天津市茶业协会

会　　长 贾　凯
秘 书 长 谭肇荣
电　　话 022-27116319
传　　真 022-27116319
E-mail zhaorong_tan@sina.com
地　　址 天津和平区长春道 1 号
邮　　编 300041

天津国际茶文化研究会

会　　长 李锦坤
秘 书 长 田　兰
电　　话 022-83710332
传　　真 022-83710766
地　　址 天津华苑产业园区桂苑路科馨别墅 17 号
邮　　编 300384

天津市茶业公司

经　　理 南书强
电　　话 022-27118559
传　　真 022-27118670
地　　址 天津和平区长春道 1 号
邮　　编 300041

天津市正兴德茶叶有限公司

董 事 长 贾　凯
总 经 理 贾　凯
电　　话 022-27112699　27112701
传　　真 022-27112700
网　　址 www.zxd-tea.com
E-mail tjzxdcy@163.com
地　　址 天津和平区和平路 265 号
邮　　编 300040

天津市御品轩茶超市

经　　理 张津生
电　　话 022-24152926
传　　真 022-24152916
地　　址 天津河东区津塘路 23 号
一商茶叶交易中心二楼
邮　　编 300171

峰芽大佛龙井茶天津直销部

经　　理 梁文英
电　　话 022-24150887　24317652
地　　址 天津河东区津塘路 23 号
一商茶叶交易中心 120 号
邮　　编 300171

天津市芳心园商贸有限公司

经　　理 柯金火
电　　话 022-88234016
传　　真 022-88233848
地　　址 天津河西区解放南路 475 号
珠江茶城 57-58 号
邮　　编 300221

天津市神古园茶庄

经　　理 柯清福
电　　话 022-88233919
传　　真 022-88243698
地　　址 天津河西区解放南路 475 号
珠江茶城 1 号
邮　　编 300171

天津市清真正兴德茶叶批发公司

董事长 王恩华
经　理 纪根起
电　话 022-27372650
传　真 022-27372650
地　址 天津南开区南开二纬路 139 号
邮　编 300100

天津市海雅实业有限公司

总经理 韩国庆
电　话 022-83690070
传　真 022-83690070
网　址 www.hiyar.cn
E-mail hyhgq888@126.com
地　址 天津南开区保山道 72 号
邮　编 300190

天津正鑫商贸公司正兴德茶庄

董事长 王月琴
经　理 李志强
电　话 022-27353968
传　真 022-27594710
地　址 天津红桥区大胡同 6 号
邮　编 300091

天津市九州茶叶有限公司

经　理 郑祥榕
电　话 022-27325856
传　真 022-27332576
地　址 天津红桥区西青道茶城内
邮　编 300122

天津一商茶叶交易中心

经　理 运悦然
电　话 022-24319995
传　真 022-24381333
地　址 天津河东区津塘路 23 号
邮　编 300171

天津海峡茶叶城

经　理 王　彤
电　话 022-24145111
传　真 022-24145222
地　址 天津河东区十一经路 58 号
邮　编 300171

天津珠江道茶城

总经理 庞长春
电　话 022-88240669
传　真 022-88240669
地　址 天津河西区珠江道 64 号
邮　编 300221

天津闽龙茶叶城

经　理 林跃文
电　话 022-88112088
传　真 022-88112088
地　址 天津河西区珠江道 47 号
邮　编 300221

天津珠江道茶叶批发市场

经　理 王显朋
电　话 022-28041128
传　真 022-28041128
地　址 天津河西区珠江道 58 号
邮　编 300221

天津康茗园茶叶市场

经　理 张　红
电　话 022-88263800
传　真 022-88263800
地　址 天津河西区太湖路 12 号
邮　编 300130

天津珠江茶城

经　理　龙力军
电　话　022-88243430
传　真　022-88232059
地　址　天津河西区解放南路 475 号
邮　编　300221

天津西青道茶城

经　理　孙志华
电　话　022-27738877
传　真　022-27738877
地　址　天津红桥区西青道 94 号
邮　编　300122

河北省

河北省茶文化学会

会　长　杨思远
秘书长　舒　曼
联系人　王子东
电　话　0311-85894588
传　真　0311-85894588
网　址　www.chancha.com.cn
E-mail　hebeichawenhua@163.com
地　址　石家庄市富强大街 49 号石门公园三字禅茶院 209 室
邮　编　050021
刊　物　《吃茶去》

唐山市茶文化学会

会　长　胡智学
秘书长　张亚钧
联系人　戴国云
电　话　0315-5261788
传　真　0315-2225909
网　址　www.jinguyue.com
E-mail　guyuejinhu@163.com
地　址　唐山市高薪技术开发区银隆花苑 6-101
邮　编　063000
刊　物　《吃茶去》《茶文化大观》

邢台市茶文化学会

会　长　项春霞
秘书长　刘　洋
联系人　尹纪周
电　话　0319-2213333
传　真　0319-2221593
网　址　www.chancha.com.cn
E-mail　cnyjz@sina.com
地　址　邢台市桥西区元街三剑茶艺馆内
邮　编　054000
刊　物　《茶文化大观》

河北省茶叶公司

总经理　霍玉平
电　话　0311-85379603
传　真　0311-85379628
网　址　www.hbscy.com
E-mail　hbscygs@163.com
地　址　石家庄市桥东区华新路 15 号
邮　编　050041

石家庄佳农茶叶批发市场

总经理　徐印合
联系人　刘淑敏
电　话　0311-87237828
传　真　0311-86107887
网　址　www.zxcoop.cn
E-mail　jncy2001@163.com
地　址　石家庄市桥东区金利街 16 号
邮　编　050021
刊　物　《佳农茶业》

石家庄怀特茶城

总经理 孔爱建
电　话 0311-85803689　85810076
网　址 www.huaite.cn
E-mail htchacheng@163.com
地　址 石家庄市体育南大街 286 号
邮　编 050021

正定北方茶城

董事长 任　冲
总经理 刘淑霞
电　话 0311-88251683　88251858
传　真 0311-88251888
网　址 www.cnbfcc.com
E-mail beifangchacheng@yahoo.cn
地　址 石家庄市正定县华安西路 37 号
邮　编 050800

山西省

山西省供销合作总社

主　任 王俊辰
电　话 0351-4042660
网　址 www.sxco-op.cn
地　址 太原市迎泽大街 229 号
邮　编 030001

山西茶叶展评组委会

主　任 杨　力
秘书长 张晓鸿
电　话 0351-3335370
E-mail zxh8898030@163.com
地　址 太原市金刚里杏花岭外国语小学转组委会
邮　编 030009

太原市果品茶叶副食总公司一品香茶庄、乾和祥茶庄

总经理 张俐丽
电　话 0351-4045647
地　址 太原市解放路 438 号
邮　编 030009

太原市尖草坪茶叶批发市场南方茶城

董事长 董志明
电　话 0351-3137905
地　址 太原市解放北路 55 号
邮　编 030003

太原市尖草坪茶叶批发市场北方茶城

董事长 刘新兵
电　话 13327410917
地　址 太原市解放北路 59 号
邮　编 030003

太原市尖草坪茶叶批发市场五洲茶城

董事长 范金旗
经　理 吴厚彦
电　话 13753101501
地　址 太原市解放北路涧河西街 1 号
邮　编 030003

上海市

上海市茶叶行业协会

会　长　赵金富
秘书长　陈子法
电　话　021-58202085
传　真　021-58356105
E-mail　teashanghai5@sina.com
地　址　上海浦东新区张扬路 579 号 635 室
邮　编　200120
刊　物　《上海茶业信息》

上海市茶叶学会

会　长　黄汉庆
秘书长　周星娣
电　话　021-65166505
传　真　021-65160431
E-mail　shteai@126.com
地　址　上海虹口区曲阳路 789 号茶恬园大楼 802 室
邮　编　200437
刊　物　《上海茶业》

上海群峰茶业有限公司

董事长　汪智利
总经理　汪智利
电　话　021-63777642　63780730
传　真　021-63770800
网　址　www.warmtea.cn
地　址　上海黄浦区中华路 989 号 408 室
邮　编　200010

上海黄山茶叶有限公司

董事长　钟家英
总经理　郑　鸣
电　话　021-63010309
传　真　021-63017735
网　址　www.xuyou.chaye.com
地　址　上海卢湾区南塘浜路 122 号
邮　编　200010

上海大不同天山茶城有限公司

董事长　苏锦平
总经理　苏锦平
电　话　021-62599999
网　址　www.dabutong.com
E-mail　teacity@dabutong.com
地　址　上海中山西路 520 号
邮　编　200051

上海茶叶有限公司

总经理　朱晓翔
电　话　021-64287770
传　真　021-65591287
传　真　www.loving-tea.com
地　址　上海虹口区大连路 759 号 206 室
邮　编　200082

上海茶恬园茶业有限公司

董事长　瞿泳棠
总经理　顾莲生
电　话　021-63242677
传　真　021-63932953
E-mail　shctyt@188.com
地　址　上海虹口区大名路 147 号
邮　编　200080

上海天坛国际贸易有限公司

董事长　邬建斌
总经理　黄　政
电　话　021-65708828
传　真　021-65709960
网　址　www.tiantan.com.cn
E-mail　tt@tiantanint.com.cn
地　址　上海杨浦区黄兴路 1 号中通大厦 6 楼
邮　编　200090

上海古峰茶业有限公司

总经理 赵定宝
电　话 021-59918080
传　真 021-59918080
E-mail gufengchaye@126.com
地　址 上海嘉定区人民街 296 号
邮　编 201800

上海大宁国际茶城

董事长 叶石生
总经理 叶应春
电　话 021-66521055
地　址 上海闸北区共和新路 1536 号
邮　编 200070

上海满堂春茶城

董事长 徐连凤
总经理 黄文玮
电　话 021-51000188
传　真 021-51000558
网　址 www.mantangchun.com
E-mail mantangchun@yahoo.cn
地　址 上海闸北区普善路 247—300 号
邮　编 200070

上海帝芙特国际茶叶市场经营管理有限公司

董事长 庞言良
总经理 庞言良
电　话 021-56987666
传　真 021-66051531
网　址 www.dftai.com
E-mail esenin2@dftai.com
地　址 上海闸北区共和新路 1165 号
邮　编 200070

江苏省

江苏省农林厅园艺处

处　长 巫建华
电　话 025-86263437
传　真 025-86222164
地　址 南京市龙江小区月光广场 8 号
邮　编 210036

南京市农林局

电　话 025-83224776
传　真 025-83362766
地　址 南京市北京东路 43-2
邮　编 210008

南京市江宁区林副业局

电　话 025-5228300
地　址 南京市江宁区东山新 1 路 62 号
邮　编 211100

溧水县农林局

电　话 025-57203720
地　址 溧水县永阳镇大东门街 68 号
邮　编 211200

高淳县农林局

电　话 025-57339786
地　址 高淳县淳溪镇宝塔路 262 号
邮　编 211300

仪征市农林局

电　话 0514-83441582
地　址 仪征市真州西路 29 号
邮　编 211400

镇江市农林局

电　话　0511-84493066
传　真　0511-84415857
地　址　镇江市正东路 39 号
邮　编　212001

丹阳市农林局

电　话　0511-86919233
传　真　0511-86525310
地　址　丹阳市复兴路 3 号
邮　编　212300

句容市林业局

电　话　0511-87302610
地　址　句容市华阳北路
邮　编　212400

常州市农林局

电　话　0519-85682218
传　真　0519-85682221
地　址　常州市龙城大道 1280 号
邮　编　213022

金坛市农林局

电　话　0519-82822361
地　址　金坛市县府路 63 号
邮　编　213200

溧阳市农林局

电　话　0519-87269336
传　真　0519-87269341
地　址　溧阳市溧城南环路 18 号
邮　编　213300

无锡市农林局

电　话　0510-85056628
传　真　0510-85026714
地　址　无锡市曹张新村 169 号
邮　编　214023

宜兴市农林局

电　话　0510-87951001
传　真　0510-87951004
地　址　宜兴市宜城东山西路 62 号
邮　编　214206

江苏省茶叶学会

理 事 长　蔡　恒
常务副理事长　张　定
秘 书 长　唐锁海
电　　话　025-86263602
传　　真　025-86263601
E-mail　zd504@163.com
地　　址　南京市龙江小区月光广场 8 号
邮　　编　210036
刊　　物　《江苏茶叶科技》

江苏省茶业协会

会　长　徐德良
秘书长　唐锁海
电　话　0510-85528660
传　真　0510-85518671
地　址　无锡市梅园
邮　编　214023

南京溧峰集团

总经理 芮铭清
电　话 025-57250118
传　真 025-57250118
地　址 溧水县白马镇
邮　编 211225
主产品 南京雨花茶、溧峰翠眉、碧螺春、绿茶

南京雪松茶业有限公司

董事长 舒稳山
电　话 025-57433801
传　真 025-57433801
地　址 溧水县洪蓝镇傅家边
邮　编 211221
主产品 南京雨花茶、绿茶

徐州老同昌茶叶有限责任公司

董事长 杨家忠
总经理 吴　彤
联系人 潘晓辉
电　话 0516-83736257
传　真 0516-83736588
E-mail laotongchangchaye@163.com
地　址 徐州市彭城路 55 号
邮　编 221003

仪征市绿阳春茶叶有限公司

总经理 包文权
电　话 0514-83810127
传　真 0514-83810127
地　址 仪征市捺山
邮　编 211413
主产品 绿杨春、绿茶

丹阳市迈春茶场

董事长 王金和
总经理 王金和
电　话 0511-86520468
传　真 0511-86911801
网　址 www.ycby.cn
E-mail ycby@ycby.cn
地　址 丹阳市丹金路 88 号
邮　编 212345
主产品 吟春碧芽

江苏鑫品茶业有限公司

董事长 尹福生
总经理 尹福生
电　话 0519-82433298
传　真 0519-82433298
网　址 www.xinpincy.com
E-mail master@xyfencha.com
地　址 金坛市薛埠镇东下杖
邮　编 213254
主产品 金坛雀舌、超微粉茶、低咖啡因茶、绿茶

茅山青锋茶业有限公司

董事长 王柳松
总经理 王柳松
电　话 0519-82432667
传　真 0519-82432667
地　址 金坛市薛埠镇
邮　编 213254
主产品 茅山青锋、毛峰 、绿茶

江苏省前峰茶厂

总经理 张桂银
电　话 0519-87591058
传　真 0519-87593249
网　址 www.qianfengtea.com
地　址 溧阳市社渚农场
邮　编 213346
主产品 前峰雪莲、绿茶

宜兴市盛道茶业有限公司

董事长 王道坤
总经理 王道坤
电　话 0510-87373499
传　真 0510-87373499
地　址 宜兴市西渚镇
邮　编 214200
主产品 盛道寿眉、阳羡雪芽、盛道白茶、红茶

宜兴市乾元茶场

总经理 宗才芝
电　话 0510-87381659
传　真 0510-87381659
地　址 宜兴市太华镇
邮　编 214235
主产品 阳羡雪芽、竹海毛尖、绿茶、红茶

苏州洞庭山碧螺春茶叶有限公司

董事长 汤　泉
总经理 汤　泉
电　话 0512-65629031
地　址 苏州市东吴南路 100 号
邮　编 215128
主产品 碧螺春

浙江省

浙江省农业厅经济作物管理局

副局长 毛祖法
科　长 罗列万
电　话 0571-86757988
传　真 0571-86757988
网　址 www.zjagri.gov.cn
地　址 杭州市江干区凤起东路 29 号
邮　编 310020

绍兴市经济特产站

负责人 周煦朝
电　话 0575-85152659
传　真 0575-85152659
地　址 绍兴市环城西路 40 号
邮　编 312000

诸暨市农业局经济特产站

负责人 李建华
电　话 0575-87015393
传　真 0575-87020937
地　址 诸暨市暨阳街道人民南路 116 号
邮　编 311800

上虞市农林渔牧局农林技术推广中心

主　任 戚建乔
电　话 0575-82213841
传　真 0575-82133120
地　址 上虞市市民大道 987 号行政中心 4 号楼
邮　编 312300

嵊州市林业局茶叶科

负责人 钱晓东
电　话 0575-83101279
传　真 0575-83101279
地　址 嵊州市越秀北路 47 号
邮　编 312400

绍兴县林业局林特站

负责人 金银永
电　话 0575-84138329
传　真 0575-84126042
地　址 绍兴县柯桥街道群贤路 1661 号
邮　编 312030

新昌县农业局茶叶总站

负责人 孙利育
电　话 0575-86022934
传　真 0575-86022234
地　址 新昌县古山中路 66 号
邮　编 312500

浙江省茶叶学会

会　长 毛祖法
秘书长 王岳飞
联系人 王岳飞
电　话 0571-86971256
传　真 0571-86971704
网　址 chay.chinajournal.net.cn
地　址 杭州市凯旋路 268 号浙江大学华家池校区
邮　编 310029

浙江省茶叶产业协会

会　长 施建强
秘书长 胡迪均
联系人 胡迪均
电　话 0571-85813017
网　址 zjcxw.zjnw.gov.cn
地　址 杭州市武林路 437 号
邮　编 310006

绍兴市茶叶学会

负责人 陈金富
电　话 0575-85176283
传　真 0575-85152659
地　址 绍兴环城西路 40 号
邮　编 312000

绍兴市茶叶产业协会

负责人 蔡德麟
电　话 0575-85152659
传　真 0575-85152659
网　址 tea.sxny.net
地　址 绍兴环城西路 40 号
邮　编 312000

浙江省茶叶集团有限公司

董事长 施建强
总经理 黄国松
电　话 0571-85170801
传　真 0571-85053638
网　址 www.zhejiangtea.com
E-mail admin@zjtea.com
地　址 浙江省杭州市体育场路 218 号杭州日报大楼内
邮　编 310041

浙江新迪国际食品有限公司

电　话 0571-87558017
传　真 0571-87558010
网　址 www.newlandint.com
E-mail info@newlandint.com
地　址 浙江省杭州市经济技术开发区 4 号大街 30 号
邮　编 310018

杭州浙大天赐生态科技有限公司

董事长 宋盛康
总经理 宋林荣
电　话 0571-64118208
地　址 0571-64176198
网　址 www.tiancitea.com
E-mail tiancihz@163.com
地　址 建德市乾潭镇子胥路 84-4 号
邮　编 311602

湖州方路茶业有限公司

总经理 王国新
电　话 0572-2351188
传　真 0572-2350914
网　址 www.fanglutea.com/indexc.htm
地　址 湖州市经济技术开发区杨家埠
邮　编 313005

宁波瑞龙茶业有限公司

董事长 朱银铨
电　话 0574-62779674
传　真 0574-62779045
E-mail jealeaf@mail.nbptt.zj.cn
地　址 余姚市城南潭家岭
邮　编 315400

象山义超茶叶有限公司

董事长 陈定义
联系人 谢顺杰
电　话 0574-65643088
传　真 0574-65642698
E-mail chinagreentea@cn001.net
地　址 宁波市象山贤庠象山港口工业小区
邮　编 315701

浙江省诸暨绿剑茶业有限公司

董事长 马亚平
总经理 马亚平
电　话 0575-87013718 87013668
传　真 0575-87012084
网　址 www.lujian.com
E-mail myp67@yahoo.com.cn
地　址 诸暨市暨阳街道艮塔东路 99 号
邮　编 311800

诸暨市越都茶业有限公司

总经理 杨　斌
电　话 0575-87461913
传　真 0575-87461081
网　址 www.yuedu0305.com
E-mail georgeybin@mail.sxttp.zj.cn
地　址 诸暨市枫桥赵家镇宣店
邮　编 311819

浙江华发茶业有限公司

董事长 尹晓民
总经理 尹晓民
电　话 0575-3359888
传　真 0575-3368999
网　址 www.wafatea.com
E-mail 3505aaa@vip.163.com
地　址 嵊州市经济开发区华发南路 88 号
邮　编 312400

绍兴嵊州市大鹏茶业有限公司

总经理 袁澎涛
电　话 0575-83349888
地　址 0575-83340089
网　址 www.dapengtea.cn
E-mail dpa@dapengtea.com
地　址 嵊州市兴盛街 1578 号
邮　编 312400

浙江春力茶业有限公司

总经理 黄春军
电　话 0575-83262716
传　真 0575-83261898
网　址 www.chunlitea.com
E-mail cltea@chunlitea.com
地　址 嵊州市经济开发区（浦口）区
邮　编 312400

浙江鸿华茶厂

总经理 汪斯鸿
电　话 0575-85768889
传　真 0575-85768889
E-mail wangsih458@sohu.com
地　址 绍兴县平水镇鸿华路 18 号
邮　编 312050

绍兴县两溪茶厂

总经理 于太利
电　话 0575-85788258
传　真 0575-85782288
网　址 www.sxlxcc.com
E-mail lhr@sxlxcc.com
地　址 绍兴县王坛镇王坛
邮　编 312055

中日合资绍兴御茶村茶业有限公司

董事长 大石刚司
总经理 吴建立
电　话 0575-88089784　88089222
传　真 0575-88089977
网　址 www.organtea.cn
E-mail yucha.cun@mail.sxttp.zj.cn
地　址 绍兴县富盛镇宋六陵
邮　编 312037

绍兴县和兴茶厂

总经理 沈汉江
电　话 0575-85771188
传　真 0575-85771999
网　址 www.hexingtea.net
E-mail 800351@163.com
地　址 绍兴县稽东镇车头村
邮　编 312061

新昌县诚茂实业有限公司

总经理 俞晓刚
电　话 0575-86237899
传　真 0575-86238082
网　址 www.xccmsy.com
E-mail yixin_9646@163.com
地　址 新昌县城关镇七星一路 58 号
邮　编 312500

浙江开化宝纳制茶有限公司

董事长 严元渡
总经理 严元渡
电　话 0573-84185788
传　真 0573-54185788
E-mail yanfeng12@msn.com
地　址 开化县生态工业园区
邮　编 324300

浙江华茗园茶业有限公司

总经理 程彩珠
电　话 0571-85271758
传　真 0571-85271776
网　址 www.huastea.com
地　址 金华市永康花街茶厂
邮　编 321300

杭州西湖茶叶市场

董事长　陈春仁
总经理　陈春仁
电　话　0571-87096999
传　真　0571-56182388
网　站　www.xhcysc.com
E-mail　welcome@xhcysc.com
地　址　杭州市西湖区转塘镇转塘新村 126 号
邮　编　310024

杭州千岛湖茶叶市场

董事长　汪爱祥
经　理　吴有木
电　话　0571-64814673 24815581
传　真　0571-24815580
网　址　www.qdhcysc.com
E-mail　cysc002@hzcnc.com
地　址　杭州市淳安县千岛湖镇新安东路 558 号
邮　编　311700

金华磐安浙中生态茶叶市场

董事长　陈贡生
电　话　0579-84792828
传　真　0579-84792207
E-mail　zjywjp163@163.com
地　址　金华市磐安县尖山镇镇政府大门旁
邮　编　322302

丽水松阳浙南茶叶市场

电　话　0578-8062165
传　真　0578-8071616
网　址　www.zncysc.com
地　址　丽水市松阳县城长虹东路 155 号
邮　编　323400

安徽省

安徽省农委特产处

处　长　赵熙玲
电　话　0551-2666832
传　真　0551-2666832
E-mail　ahnwtcc@163.com
地　址　合肥市徽州路 193 号
邮　编　230001

安庆市人民政府

主管副市长　陶方启

安庆市农业委员会

主　任　戴德民

安庆市种植业局

副局长　查道辛
电　话　0556-5516596
传　真　0556-5521752
E-mail　aqsnw@vip.163.com
地　址　安庆市菱湖南路 168 号
邮　编　246001

岳西县人民政府

主管副县长　李昌群

岳西县农业委员会

主　任　储昭柱

岳西县茶业局

局　长　钱子华
电　话　0556-2172533
E-mail　ahyxlihui@126.com
地　址　岳西县茶业局
邮　编　246600

黄山市人民政府

主管副市长　舒志民

黄山市农业委员会

主　任　汪义生

黄山市茶叶站

站　长　黄利义
电　话　0559-2515672
传　真　0559-2515672
E-mail　hsnw1106@163.com
地　址　黄山市屯溪戴震路 38 号
邮　编　245000

黄山区人民政府

主管副区长 熊言松

黄山区茶业局

局　长 周美生

电　话 0559-8500129

传　真 0559-8500193

徽州区人民政府

主管副区长 宣四平

徽州区农业委员会

主　任 汪明平

电　话 0559-3580099

传　真 0559-3580088

地　址 徽州区城北过境线政务新区

邮　编 245900

歙县人民政府

主管副县长 吴 俏

歙县农业委员会

主　任 毕灶明

电　话 0559-6512223

传　真 0559-6512183

地　址 歙县徽城镇新南路 44-4

邮　编 245200

休宁县人民政府

主管副县长 朱红娟

休宁县茶业局

局　长 施丰声

电　话 0559-7517881

传　真 0559-7510781

地　址 休宁县齐云山东大道 101 号

邮　编 245400

黟县人民政府

主管副县长 吴镇进

黟县农业委员会

主　任 詹忠平

电　话 0559-5526388

传　真 0559-5524733

E-mail yxnywbgs@126.com

祁门县人民政府

主管副县长 陈 洁

祁门县农业委员会

主　任 李胜杰

电　话 0559-4512282

传　真 0559-4512282

E-mail qmnwb@163.com

地　址 祁门县文峰南路 10 号

邮　编 245600

六安市人民政府

主管副市长 杨光祥

六安市农业委员会

主　任 蒋 刚

六安市农牧局

副局长 谢申海

电　话 0564-3379327

传　真 0564-3379325

E-mail yxl33360@126.com

地　址 六安市行政中心 6 号楼

邮　编 237002

金安区人民政府

主管副区长 张 闽

金安区农业委员会

主　任 司家祥

联系人 朱俊国

电　话 0564-3261322

E-mail jafsl@sohu.com

地　址 六安市金安区政务中心

邮　编 237001

裕安区人民政府

主管副区长 秦远松

裕安区茶叶生产办公室

主　任 郭厚文

联系人 李世芳

电　话 0564-5330112

传　真 0564-3283254

网　址 tea.hsq.gov.cn

地　址 六安市大别山路32号

邮　编 327008

舒城县人民政府

主管副县长 段贤柱

舒城县农业委员会

主　任 李贤葆

舒城县茶叶生产办公室

负责人 戴　勇

电　话 0564-8669468

传　真 0564-8621215

E-mail bgs@scxnw.gov.cn

地　址 舒城县城关镇桃溪路

邮　编 231300

金寨县人民政府

主管副县长 赵 权

金寨县农业委员会

主　任 熊 杰

金寨县茶业办

主　任 王贯海

电　话 0564-7163171

传　真 0564-7163717

E-mail jzcybwgh@sina.com

地　址 金寨县梅山镇金江大道570号

邮　编 237300

霍山县人民政府

主管副县长 袁孝友

霍山县茶叶办公室

主　任 王少武

联系人 王云翔

电　话 0564-5103136

传　真 0564-5103135

E-mail hstea@mail.hf.ah.cm

地　址 霍山县衡山镇大别山绿色商城内

邮　编 237200

池州市人民政府

主管副市长 章霞升

池州市农业委员会

主　任 姚五建

池州市茶叶站

站　长 吴满霞

电　话 0566-2023276

传　真 0566-2020783

E-mail wuxikang@21cn.com

地　址 池州市长江中路120号

邮　编 247000

东至县人民政府

主管副县长 马胜利

东至县农业委员会

主　任 周运开

电　话 0566-7011331

传　真 0566-7011331

E-mail ahdznw@126.com

地　址 东至县绕城路77号

邮　编 247200

石台县人民政府

主管副县长 刘会秋

石台县农业委员会

主　任 方润平

石台县茶业局

局　长 韩仁甲

电　话 0566-6022944

传　真 0566-6027551

E-mail stnywyh@ah163.com

地　址 石台县仙寓路 3 号

邮　编 245100

宁国市人民政府

主管副市长 汪 军

宁国县农业委员会

主　任 张师范

宁国市茶叶站

站　长 罗新民

电　话 0563-4022572

地　址 宁国市宁城中路 19 号

邮　编 242300

安徽省茶业学会

理事长 宛晓春

秘书长 江昌俊

电　话 0551-5786422

E-mail cytb@ahan.edu.cn

网　址 www.cteaci.com

地　址 合肥市安徽农业大学内

邮　编 230036

刊　物 《茶业通报》

安徽省茶业行业协会

理事长 李念华

秘书长 陈文友

电　话 0551-2652408

传　真 0551-2654664

E-mail aticoc@ahtea.com

网　址 www.aticoc.cn

地　址 合肥市金寨路 384 号金融大厦

邮　编 230061

刊　物 《安徽茶业》（内部）

黄山市茶叶行业协会

负责人 顾家雯

电　话 0559-2113668

传　真 0559-2575072

网　址 tea.huangshan.gov.cn

E-mail hsscyz@163.com

地　址 屯溪区戴震路 38 号

邮　编 245011

黄山区茶业协会

负责人 熊言松

联系人 周美生

电　话 0559-8500193

传　真 0559-8500193

网　址 tea.hsq.gov.cn

E-mail hsqcyj@163.com

地　址 黄山区茶业协会

邮　编 245011

安徽省茶叶进出口有限公司

董事长 李念华

总经理 李念华

电　话 0551-2635128

传　真 0551-2654664

网　址 www.aticoc.com

E-mail aticoc@ahtea.com

地　址 合肥市金寨路 384 号金融大厦

邮　编 230061

齐山六安瓜片有限公司

董事长 杜　陈

电　话 0551-5622738

传　真 0551-5523011

地　址 合肥市砀山路 543 号丽都名邸

邮　编 230036

黄山一品有机茶业有限公司

董事长　程福寿
总经理　程福寿
电　话　0559-2518318
传　真　0559-2531527
网　址　www.tunlu.com
E-mail　zhangrj_22@hotmail.com
地　址　黄山市屯溪区茶城徽商街 8-12 号
邮　编　245000

黄山茶业集团有限公司

董事长　郑仁义
总经理　郑绍东
电　话　0559-5202815
传　真　0559-5202815
网　址　www.hsteagroup.com
地　址　屯溪区新安花园 72 幢
邮　编　245000

黄山六百里猴魁茶业有限公司

董事长　郑中明
总经理　郑中明
电　话　0559-8539668
传　真　0559-8580160
网　址　www.liubaili.com
地　址　黄山区北海南路 46 号
邮　编　245700

黄山市猴坑茶业有限公司

董事长　方继凡
总经理　方继凡
电　话　0559-8533829
传　真　0559-8536388
网　址　www.houkenghoukui.com
地　址　黄山区清溪路 39 号
邮　编　245011

黄山谢裕大茶业股份有限公司

董事长　谢一平
总经理　谢一平
电　话　0559-3584998
传　真　0559-3584199
网　址　www.xieyudatea.com
地　址　黄山市徽州区文峰西路 1 号
邮　编　245061

黄山市歙县薇薇茶业（集团）有限公司

董事长　郑仁贵
总经理　郑仁贵
电　话　0559-6510107
传　真　0559-6518020
网　址　www.weiweitea.com
E-mail　weiweitea@163.com
地　址　黄山市歙县经济技术开发区
邮　编　245200

黄山汪满田茶业有限公司

董事长　汪智利
总经理　汪智利
电　话　0559-6630018
传　真　0559-6521321
网　址　www.warmtea.cn
地　址　歙县经济技术开发区
邮　编　245200

黄山市松萝有机茶叶开发有限公司

董事长　王光熙
总经理　王光熙
电　话　0559-7533565
传　真　0559-7533318
网　址　www.slstea.com
E-mail　slstea@263.net
地　址　黄山市休宁县齐云大道经济开发区
邮　编　245400

休宁县荣山茶厂

董事长 郭德军
总经理 郭德军
电　话 0559-7763388 7763098
传　真 0559-7763098
网　址 www.rs-tea.com
E-mail xnrstea@yahoo.com.cn
地　址 黄山市休宁县商山乡东洲
邮　编 245421

黄山市新安源有机茶开发有限公司

董事长 方国强
总经理 方国强
电　话 0559-2660788
传　真 0559-2660758
网　址 www.xinanyuan.com
E-mail xayzhb@126.com
地　址 休宁县城万宁工业园区
邮　编 245400

安徽省六安瓜片茶业股份有限公司

董事长 曾胜春
总经理 曾胜春
电　话 0564-3391188
传　真 0564-3300505
网　址 www.ahlagp.com
E-mail lagpgs@sina.com
地　址 六安市龙河西路口
邮　编 237000

六安市金六茶厂

法人代表 周益红
电　话 0564-2979118
传　真 0564-3239318
网　址 www.lajl.net
E-mail zyh@lajl.net
地　址 六安国际光彩茶叶大市场
邮　编 237100

安徽一笑堂茶业有限公司

董事长 陈苏亮
电　话 0564-3289668
网　址 www.ahyxt.com
E-mail yxt@ahyxt.com
地　址 六安市解放中路豪门花园 1 号楼
邮　编 237001

六安市东石笋野茶开发有限公司

法人代表 奚得发
电　话 0564-2641199
地　址 六安市金安区东河口镇
邮　编 237000

安徽舒绿茶叶有限公司（东方茶叶有限公司）

法人代表 陈绍存
电　话 0564-8679268
传　真 0564-8679158
E-mail ahshulutea@sohu.com
地　址 舒城城关镇三里河路
邮　编 231300

舒城兰花茶业有限公司

法人代表 戴凤明
电　话 0564-8621055
传　真 0564-8661636
E-mail scxlh@163.com
地　址 舒城县城关镇合安路
邮　编 231300

金寨县九华山茶业有限公司

法人代表 舒学昌
电　话 0564-7435777
传　真 0564-7435777
地　址 金寨县油坊店乡朱堂茶叶市场
邮　编 237300

金寨县金龙玉珠茶业有限公司

法人代表 陈明松
电　话 0564-7383288
传　真 0564-7165039
E-mail root@zgjlyz.com
地　址 金寨县梅山镇金江大道中
邮　编 237300

霍山县圣茗茶叶有限公司

法人代表 张学明
电　话 0564-5232297
传　真 0564-5232297
E-mail smcy.700728@163.com
地　址 霍山县拂子岭镇梁家滩
邮　编 237271

安徽国润茶业有限公司

董事长 殷天霁
总经理 殷天霁
电　话 0566-2123231
传　真 0566-2121717
网　址 www.runsitea.com
E-mail info@runsitea.com
地　址 池州市池口路 33 号
邮　编 247000

安徽天方茶业（集团）有限公司

董事长 郑孝和
总经理 郑孝和
电　话 0566-6024888
传　真 0566-6028201
网　址 www.teatf.com
E-mail zxh@teatf.com
地　址 石台县秋浦东路 22 号
邮　编 245100

霍山大别山绿色商城

董事长 王云翔
总经理 王云翔
电　话 0564-5103135
传　真 0564-5103136
网　址 www.hstea.com.cn
E-mail hstea@mail.hf.ah.cn
地　址 霍山县衡山镇
邮　编 237200

安徽江南第一茶市

总经理 徐小明
电　话 0553-3915508
网　址 www.eqiaotea.com
地　址 芜湖市三山区峨桥镇
邮　编 241082

福建省

福建省农业厅种植业技术推广总站

站　长　高　峰
科　长　何孝延
电　话　0591-87817804
传　真　0591-87829440
E-mail　fjchaye@sina.com
地　址　福州市华林路 123 号
邮　编　350003

福州市农业局

局　长　吴建成

福州市经济作物站
站　长　许长同
电　话　0591-83811817
地　址　福州市西洋路 8 号
邮　编　350005

南平市农业局

局　长　叶宗辉
副局长　黄智源

南平市经济作物站
站　长　徐锦斌
电　话　0599-8868120
传　真　0599-8848352
E-mail　npjzz@163.com
地　址　南平市文体路 175 号
邮　编　353000

邵武市人民政府

主管副市长　范小萍

邵武市农业局
负责人　熊春华
站　长　厉黎明
电　话　0599-6325600
传　真　0599-6330016
地　址　邵武市五一九路 332 号
邮　编　354000

武夷山市人民政府

主管副市长　江书华

武夷山市茶业局
局　长　陈泽才
股　长　叶元高
电　话　0599-5316989
传　真　0599-5316989
E-mail　wuyishanyeyuangao@163.com
地　址　武夷山市平安大厦四楼
邮　编　354300

建瓯市人民政府

主管副市长　郑有生

建瓯市农业局
副局长　叶海鹰
站　长　周理飞
电　话　0599-3827509
传　真　0599-3827509
E-mail　jocyz@sina.com
地　址　建瓯市城关磨房前 72 号
邮　编　353100

建阳市人民政府

主管副市长　林贻彬

建阳市农业局
副局长　吴光文
联系人　周远兴
电　话　0599-5823720
传　真　0599-8258717
地　址　建阳市新建路 4 号
邮　编　354200

松溪县人民政府

主管副县长　黄钟义

松溪县茶叶站
站　长　叶加良
主　任　吴跃达
电　话　0599-2321162
传　真　0599-2321162
E-mail　songxitea@166.com
地　址　松溪县大街 263 号
邮　编　353500

政和县人民政府

主管副县长 林良行

政和县推广站

站　长 周师清
副站长 许大全
电　话 0599-3321388
传　真 0599-3321028
E-mail 2008xudaquan@163.com
地　址 政和县城关解放街87号
邮　编 353600

三明市农业局

局　长 黄友杰

三明市茶叶技术推广站

站　长 杜起洪
电　话 0598-8234012
地　址 三明市梅列区红岩新村37幢
邮　编 365000

泉州市农业局

局　长 王春金
电　话 0595-22383728
传　真 0595-22370270
地　址 泉州市鲤城区新华路金山社区
邮　编 362000

泉州市经济作物技术推广站

会　长 戴金电
副站长 郑　洪
电　话 0595-22398931
地　址 泉州鲤城区新华南路金山社区
邮　编 362000

南安市人民政府

主管副市长 吴顺情

南安市农业局

局　长 林建国

南安市经济作物站

站　长 姚汀江
电　话 0595-86382703
地　址 南安市农业与海洋局
邮　编 362300

安溪县人民政府

主管副县长 刘锦川

安溪县农业局

局　长 蔡建明

安溪县茶叶站

站　长 杨文俪
电　话 0595-23232037
传　真 0595-23266075
地　址 安溪县农业与茶果局
邮　编 362400

永春县人民政府

主管副县长 余金南

永春县农业局

局　长 刘国胜

永春县农业技术推广站

站　长 肖文生
电　话 0595-23861702
传　真 0595-23865830
地　址 永春县农业局
邮　编 362600

德化县人民政府

主管副县长 温文英

德化县农业局

局　长 张昌联

德化县经济作物站

站　长 曾福汝
电　话 0595-23522525
地　址 泉州市德化县
邮　编 362500

漳州市农业局

局　长　杨彬文

漳州市经济作物站

站　长　黄鸿年
电　话　0596-2663031
地　址　漳州市芗城区大同新巷 6 号
邮　编　363000

南靖县农业局

局　长　杨志忠

南靖县经济作物站

站　长　王炳炉
电　话　0596-7855238
传　真　0596-7829758
地　址　南靖县山城镇荆江路 59 号
邮　编　363600

平和县农业局

局　长　杨飞云

平和县茶叶技术推广站

站　长　朱秀眉
电　话　0596-5237913
地　址　平和县小溪镇东大路 168 号
邮　编　363700

华安县农业局

局　长　黄国材
电　话　0596-7358339
地　址　华安县华丰镇大同西路 2 号
邮　编　363800

宁德市茶业管理局

局　长　陈道兴

宁德市茶叶技术推广站

站　长　张居德
电　话　0593-2931739
传　真　0593-2931739
地　址　宁德市蕉城东侨开发区金玉良城 1 号楼 A-501
邮　编　352100

福安市茶业管理局

局　长　陈玉成

福安市茶叶技术推广站

站　长　林　鸿
电　话　0593-6382649
E-mail　facsj@163.com
地　址　福安市解放路 11 号
邮　编　355000

福鼎市茶业管理局

局　长　陈诗雄
电　话　0593-7839688
E-mail　fdbcd@163.com
地　址　福鼎市海口路 69 号
邮　编　355200

寿宁县茶业管理局

局　长　金向祥

寿宁县经济作物站

电　话　0593-5522613
地　址　寿宁县城关解放路 228 号
邮　编　355500

霞浦县茶业管理局

局　长　王雪森
电　话　0593-8638799
传　真　0593-8831639
地　址　霞浦县松城街道六一七路 22 号
邮　编　355200

柘荣县茶业管理局

局　长　郑春生
电　话　0593-8359180
传　真　0593-8356671
地　址　拓荣县双城镇六一五西路
邮　编　355300

屏南县茶业管理局

局　长　沈久聪
电　话　0593-3322623
传　真　0593-3322623
地　址　屏南县古峰镇文化路
邮　编　352300

古田县茶业管理局

局　长　黄昭密
电　话　0593-3883443
传　真　0593-3883443
地　址　古田县新城镇解放路
邮　编　352200

周宁县茶业管理局

局　长　兰挺雄
电　话　0593-5622923
传　真　0593-5631195
地　址　周宁县狮城镇
邮　编　355400

海峡茶业交流协会

会　长　张家坤
副会长　陈光普　赵觉荣
秘书长　陈光普
电　话　0591-87666263
传　真　0591-87666163
E-mail　3201807@163.com
地　址　福州市五四路国贤广场 32 层
邮　编　350001

南平市茶叶学会

会　长　吴道芳
秘书长　吕佳敏
联系人　马群芳
电　话　0599-8868307
传　真　0599-8848352
地　址　南平市文体路 175 号
邮　编　353000

南平市茶业协会

会　长　陈杭生
秘书长　黄智源
电　话　0599-8845670
传　真　0599-8848352
E-mail　hzy8189@163.com
地　址　南平市文体路 175 号
邮　编　353000

泉州市茶文化研究会

会　长　何融融
秘书长　陈德利
联系人　姜小莲
电　话　0595-22152757
传　真　0595-22152757
地　址　泉州九一路工人文化宫培训大楼 1 楼东侧茶文化研究会
邮　编　362000

泉州市茶叶学会

会　长　张经贤
秘书长　高俊杰
电　话　0595-22398931
传　真　0595-22398931
地　址　泉州鲤城区新华南路金山社区市农业局内
邮　编　362000

宁德市茶业经济与文化发展促进会

会　长　郑铅仔
秘书长　田宏武
电　话　0591-2938056
传　真　0591-2938056
地　址　宁德市东侨开发区金玉良城 1 号楼 A501 室
邮　编　352100

福建茶叶进出口有限责任公司

董事长 贾　鹏
总经理 危赛明
电　话 0591-87853405
传　真 0591-87853402
网　址 www.fteast.com
E-mail fj@fjeast.com
地　址 福州市鼓楼区湖东路 168 号宏利大厦 12 层
邮　编 350003

福建省凯捷集团有限公司

董事长 陈杭生
总经理 陈杭生
联系人 陈国新
电　话 0591-83616704
传　真 0591-83632413
E-mail lwk2010@yahoo.com.cn
地　址 福州市鼓楼区湖东路 89 号凯捷大厦
邮　编 350009

福州市城门敖峰闽榕茶厂

董事长 王德星
总经理 王德星
联系人 严锦华
电　话 0591-28050177
传　真 0591-83493668
E-mail fzmingrongco@163.com
地　址 福州市仓山区福峡路胪雷浦道工业区 272 号
邮　编 350018

福州春伦茶业有限公司

董事长 傅天龙
总经理 傅天甫
联系人 张思伟
电　话 0591-83495218
传　真 0591-83495066
网　址 www.chunlun.com
E-mail ftlchunlun@126.com
地　址 福州市仓山区城门城山路 84 号
邮　编 350018

福州满堂香生态农业有限公司

董事长 高晨生
总经理 林　伟
电　话 0591-83659616
传　真 0591-83659616
网　址 www.mantangxiang.cn
E-mail mantangxiang2006@126.com
地　址 福州晋安区连江中路 80 号海峡茶都三楼
邮　编 350011

星愿（中国）茶业有限公司

董事长 何一心
总经理 李　方
联系人 刘喜钰
电　话 0599-5201999
传　真 0599-5201988
网　址 www.wuyistar-tea.com
E-mail wuyistar-tea@wuyistar-tea.com
地　址 武夷山市旗山科技工业园区
邮　编 354301
刊　物 《武夷星刊》

福建省日春股份公司

董事长 王启灿
总经理 王启联
联系人 谢国岑
电　话 0595-28111111
传　真 0595-28124567
网　址 www.rixiangtea.com
E-mail china@rixiangtea.com
地　址 泉州市鲤城区南环路 566-582 号
邮　编 362000

福建省泉州市日泰茶业有限公司

董事长 傅仰恩
总经理 张婉霞
联系人 张武安
电　话 0595-86353638
传　真 0595-86357222
网　址 www.ritaitea.com
E-mail ritaitea@tom.com
地　址 泉州市南安柳城帽山工业区
邮　编 362300

福建省茗山茶业有限公司

董事长 陈文山
电　话 0595—22288598
地　址 泉州鲤城区后城旅游文化街 7 幢 129 号
邮　编 362000

福建省安溪八马茶业有限公司

董事长 王文彬
总经理 王文礼
联系人 林荣溪
电　话 0595-23012345
传　真 0595-23012777
网　址 bamatea.com
E-mail axbama@bamatea.com
地　址 安溪县经济开发区龙桥园
邮　编 362442

福建省安溪铁观音集团有限公司

董事长 林文侨
总经理 王大庆
联系人 王连忠
电　话 0595-23322322
传　真 0595-23322317
网　址 www.anxitiekuanyingroup.com
E-mail anxifengshan@163.com
地　址 安溪县官桥镇五里铺
邮　编 362441
刊　物 《凤山茶缘》

福建省安溪县龙馨茶业有限公司

董事长 杨松伟
总经理 黄伟平
副总经理 林　平
电　话 0595-26002333
传　真 0595-26002000
网　址 www.lxtea.com
E-mail 927996@126.com
地　址 安溪县新安路 156-158 号
邮　编 362400

福建省安溪岐山魏荫名茶有限公司

董事长 魏月德
电　话 0595-23225789
地　址 安溪县中国茶都
邮　编 362400

福建省安溪县兴溪茶厂

董事长 王吾河
副总经理 王荣耀
电　话 0595-23233803
传　真 0595 23257373
E-mail gengyun@xxcc.cn
地　址 安溪县凤城同美工业区
邮　编 362400

安溪县郁泉茶业有限公司

董事长 黄文聪
电　话 0595-234333888
地　址 安溪县芦田镇
邮　编 362400

福建安溪普瑞历山茶业有限公司

董事长 姚加怀
电　话 13905057319
地　址 安溪县湖上乡
邮　编 362400

厦门华祥苑实业有限公司

董事长 肖文华
联系人 何丽君
电　话 0592-5050588
传　真 0592-5031860
网　址 www.hxytea.com
E-mail hxy@hxytea.com
地　址 厦门市同安集中工业区同明路 26 号
邮　编 361100

大闽食品（漳州）有限公司

董事长 蒋艾青
总经理 陈光部
联系人 林志群
电　话 0596-2100018
传　真 0596-2100019
网　址 www.daminfood.com
E-mail sales@daminfood.com
地　址 漳州市龙文区蓝田开发区
邮　编 363005

漳州天福茶业有限公司

董事长 李世伟
总经理 李国麟
联系人 沈富靖
电　话 0596-3184100
传　真 0596-3822363
网　址 www.tenfu.com
E-mail tcbgs@mail.tenfu.com
地　址 漳州市漳浦县盘陀镇
邮　编 363202

福建仙洋洋食品科技有限公司

董事长 周绍迁
电　话 0593-2805888
传　真 0593-2805777
E-mail root@xianyy.com
地　址 宁德建新路建新弄 32 号 502 室
邮　编 352100

福安市城湖茶叶有限公司

董事长 黄旭明
联系人 黄 雄
电 话 0593-6391917 6578915
传 真 0593-6391918
网 址 www.8tea.com
E-mail chenghu@nd-china.com
地 址 福安市湖塘坂29号
邮 编 355000

福安市天香茶叶有限公司

联系人 龚经理
电 话 0593-6510628
传 真 0593-6383001
网 址 www.fatxtea.com
E-mail txtea88@163.com
地 址 福安新华南路118号
邮 编 355000

福建品品香茶业有限公司

董事长 林振传
总经理 林 健
联系人 寇秋丽
电 话 0593-7872879
传 真 0593-7808263
网 址 www.pinpinxiang.cn
E-mail fdppx@263.net
地 址 福鼎市桐城资国村下山
邮 编 355200

福建天湖茶业有限公司

董事长 林有希
副总经理 施丽君
联系人 高春惠
电 话 0593-7973166
传 真 0593-7973693
网 址 www.luxueya.com
E-mail luxueya@luxueya.com
地 址 福鼎市星火工业园区
邮 编 355200

福建绿叶茶业发展有限公司

电 话 0593-7911699
传 真 0593-7911911
E-mail fdlytea@163.com
地 址 福鼎三门口工业小区
邮 编 355200

福建银龙茶叶科技有限公司

电 话 0593-7835588
传 真 0593-7861258
E-mail tmstea@163.com
地 址 福鼎市前岐大岳工业区1号
邮 编 355200

安溪茶叶批发市场开发有限公司

董事长 林解放
电 话 0595-23292801
地 址 安溪县城厢镇
邮 编 362400

中国海峡大茶都

电 话 0593-6898933 6898966
传 真 0593-6896896
地 址 福安甘棠镇中国海峡大茶都
邮 编 355009

江西省

江西省农业厅经济作物局

副局长 邱春娇
电　话 0791-6230124
传　真 0791-6210542
网　址 www.jxagri.gov.cn
E-mail jxcc1212@yahoo.com.cn
地　址 南昌市省府大院农业厅内经作局
邮　编 330046

九江市农业局经济作物站

站　长 张玲芳
联系人 吕凤琴
电　话 0792-8588028
传　真 0792-8588028
E-mail jjzz8028@163.com
地　址 九江市南湖支路 22 号农业局经作站
邮　编 332000

庐山区经济作物站

站　长 徐珍美
电　话 0792-2171189
传　真 0792-8277270
地　址 庐山大林路 93 号
邮　编 332000

武宁县农业局

负责人 洪水华
电　话 0792-2779078
传　真 0792-2779075
E-mail fengqingchaban@126.com
地　址 武宁县农业局
邮　编 332300

修水县茶叶办公室

主　任 吴东生
电　话 0792-7260031
E-mail xs2265798@163.com
地　址 修水县城南刘家埠
邮　编 332400

星子县经济作物站

负责人 况育生
电　话 0792-2666124
传　真 0792-2676268
地　址 星子县农业局
邮　编 332800

景德镇市农业局经济作物站

站　长 曾芳龙
传　真 0798-8521275
E-mail jslyjzk@163.com
地　址 景德镇市农业局经作站
邮　编 33300

浮梁县茶业局

局　长 李　勇
电　话 0798-2620901
传　真 0798-2620901
E-mail magicfufu@163.com
地　址 浮梁县城高岭路 37 号
邮　编 333400

赣州市农业局经济作物站

站　长 刘有明
电　话 0797-8122883
传　真 0797-8122883
E-mail chinagzfa@163.com
地　址 赣州市农业局经作站
邮　编 34100

上饶市农业局

负责人 程进华
联系人 毛盛河
上饶市农业局经济作物站
站　长 高华清
传　真 0793-8300440
网　址 www.jxsragri.gov.cn
E-mail jxcc0793@yahoo.com.cn
地　址 上饶市凤凰大道 26 号
邮　编 334000

德兴市人民政府

主管副市长 张著权
德兴市农业局
副局长 金世梅
站　长 章明德
电　话 0793-7528821
电　话 0793-7528821
E-mail dxs8821@sina.com.cn

上饶县人民政府

主管副县长 邱晓明
上饶县农业局
副局长 黄美珍
上饶县茶叶技术推广站
站　长 李月英
电　话 0793-8442802
传　真 0793-8442802
E-mail qwsuhk2009@yahoo.cn
地　址 上饶县县城 76 路
邮　编 334100

玉山县人民政府

主管副县长 潘龙华
玉山县经济作物局
局　长 陈晓留
主　任 占焕禄
电　话 0793-2552826
传　真 0793-2552826
E-mail jxysjzj@126.com

铅山县人民政府

主管副县长 余洪雷
铅山县茶叶技术推广培训中心
主　任 孙志德
副主任 朱莉英
电　话 0793-5332275
传　真 0793-5332275
E-mail zhuliying_ys@126.com

婺源县人民政府

主管副县长 汪汉新
婺源县茶业局
局　长 潘显峰
婺源县茶叶技术推广培训中心
主　任 程根民
电　话 0793-7343713
传　真 0793-7343468
E-mail cgm122@163.com
地　址 婺源县紫阳镇书乡路 18 号
邮　编 333200

靖安县农业局

局　长 项正龙
电　话 0795-4662623
传　真 0795-4657730
E-mail 4662623@163.com
地　址 靖安县双溪镇清华大道
邮　编 330600

铜鼓县农业局

局　长 金　霄
电　话 0795-8722344
传　真 0795-8712649
E-mail tgtea.china@yahoo.com.cn
地　址 铜鼓县农业局
邮　编 336200

遂川县农业局

局　长 彭　双
电　话 0796-6321229
传　真 0796-6320118
E-mail ov8682@yahoo.com.cn
地　址 遂川县工农兵大道 35 号
邮　编 343900

江西茶业联合会

会　长 胡向东
电　话 0791-6208243
网　址 jxcy.jxagri.gov.cn
E-mail 382771926@qq.com
地　址 南昌市省府大院农业厅内经作局
邮　编 330046

江西省茶叶协会

常务副会长 罗旭东
联系人 陈金玉
电　话 0791-6208057
传　真 0791-6208057
E-mail www.jxcxh.com.cn
地　址 南昌市政府大院南 1 路 5 号
邮　编 330046

九江市庐山云雾茶行业协会

会　长 孔令清
电　话 0792-8890619
传　真 0792-8890619
地　址 九江市庐山区通远
邮　编 332000

九江市庐山区茶叶协会

会　长 邢庆来
秘书长 熊光文
电　话 0792-8282766
传　真 0792-8282766
地　址 九江庐山大林路 93 号
邮　编 332000

南昌市春之茗实业有限公司

董事长 袁利人
电　话 0791-3670929
传　真 0791-3670919
网　址 www.chinaspringtea.com
E-mail frank@chinaspringtea.com
地　址 南昌市新建长堎外商工业园（二期）兴业大道 81 号
邮　编 330001

江西省宁红有限责任公司

电　话 0792-7221017
传　真 0792-7221973
网　址 www.ninghong.com.cn
E-mail ninghonghua@163.com
地　址 修水县西摆街 153 号
邮　编 332400

江西省修水神茶实业有限公司

电　话 0792-7221750
传　真 0792-7221159
地　址 修水县义宁镇东门路 50 号
邮　编 332400

江西德宇集团有限公司

董事长 刘浩元
总经理 刘浩元
电　话 0798-8382168
传　真 0798-8381075
网　址 www.jxdeyu.com
E-mail wlhlxb@yahoo.com.cn
地　址 景德镇市瓷都大道 11 号
邮　编 333000

浮瑶仙芝茶叶有限公司

董事长 吴水前
总经理 吴水前
电　话 0798-2626312
传　真 0798-2627313
网　址 www.fultea.com.cn
E-mail futea@china.com
地　址 景德镇市浮梁县仙芝街8号
邮　编 333400

上饶市茗龙实业集团有限公司

董事长 屠永林
总经理 余　斌
电　话 0793-8207022
地　址 信州区滨江西路67号4楼
邮　编 334000

玉山县紫湖茶厂

董事长 吴德发
电　话 0793-2400018
传　真 0793-2400018
地　址 玉山县紫湖镇
邮　编 334700

铅山县黄岗山有机资源开发有限公司

董事长 姜维平
电　话 0793-5466118
网　址 www.hgsgs.cn
地　址 铅山县武夷山镇西坑村
邮　编 334515

婺源县鄣公山茶叶有限公司

董事长 黄　彤
总经理 黄　彤
电　话 0793-7242016
传　真 0793-7242126
网　址 www.wyzgs.com
E-mail 13803592867ht@163.com
地　址 婺源县清华镇
邮　编 333202

江西省婺源大鄣山绿色食品有限公司

董事长 洪　鹏
总经理 詹学炎
电　话 0793-7351801
传　真 0793-7351618
网　址 www.dazhangshan.com
E-mail dongqingjun@dazhangshan.com
地　址 婺源县天佑路
邮　编 333200

婺源深宝华发茶叶有限公司

董事长 严泽松
总经理 程树林
电　话 0793-7360451
传　真 0793-7352450
网　址 www.sbwftea.com
E-mail service@sbwftea.com
地　址 婺源县紫阳镇大鄣山路6号
邮　编 333200

林生实业有限公司

董事长 金林生
总经理 金林生
电　话 0793-7392018
传　真 0793-7393529
E-mail jxwylsc@163.com
地　址 婺源县赋春镇新田
邮　编 333204

同舟茶业有限责任公司

董事长 俞炳南
电　话 0793-7359718
地　址 婺源县秋口镇李坑村
邮　编 333212

天坛鸿达茶业有限公司

董事长 程洪林
电　话 0793-7268248
传　真 0793-7268183
地　址 婺源县秋口镇渔潭村
邮　编 333212

山东省

山东省农业厅果茶站

副站长 段家祥
电　话 0531-67866232
传　真 0531-82359502
E-mail Duanjiaxiang@163.com
地　址 济南市历下区十亩园东街 7 号
邮　编 250013

青岛市果茶花卉工作站

站　长 李晓东
副站长 张云伟
电　话 0532-85775503
传　真 0532-85734081
E-mail qdwangyitea@163.com
地　址 青岛市燕儿岛路 20 号旭泰花园 3 号楼 4 单元 302 室
邮　编 266001

日照市农业局果茶站

站　长 辛崇恒
副站长 王修学
电　话 0633-8816820
传　真 0633-8816806
E-mail rztea@163.com
地　址 日照市北京路 188 号日照大厦 915 房间
邮　编 276826

临沂市果茶技术推广服务中心

主　任 陈修会
电　话 0539-2700059
传　真 0539-8108163
E-mail linyichenxiuhui@163.com
地　址 临沂市金雀山路 43 号
邮　编 276001

山东省茶文化协会

会　长 王裕晏
秘书长 侯国云
联系人 蔡　飞
电　话 0531-82952075
传　真 0531-82952075
E-mail efei214@yahoo.com.cn
地　址 济南市千佛山西路 34 号
邮　编 250014

泰安市泰山茶叶协会

会　长 冯殿齐
秘书长 刘　静
电　话 0538-6215136
传　真 0538-6215136
E-mail liujingtslky@163.com
地　址 泰安市罗汉崖路 1 号
邮　编 271000

崂山区万里江茶场有限公司

董事长 江崇焕
电　话 0532-88801789
地　址 青岛市崂山区沙子口社区
邮　编 266105

青岛晓阳工贸有限公司

董事长 匡　新
电　话 0532-87849177
地　址 青岛市崂山区王哥庄街道晓望社区
邮　编 266105

山东雪青茶场

董事长 王维胜
电　话 13806339888
地　址 日照市岚山区
邮　编 276826

山东日照碧波茶业有限公司

董事长 李　明
电　话 0633-8288899
地　址 日照市岚山区巨峰镇
邮　编 276826

临沂市玉芽茶业有限公司

董事长 刘玉刚
电　话 0539-7623138
地　址 莒南县洙边镇
邮　编 276627

河南省

信阳市茶产业办公室

负责人 李世海
电　话 0376-6366276
传　真 0376-6366273
E-mail xycb2010@163.com
地　址 临翔区凤翔镇南屏西路 16 号
邮　编 677000

狮河区人民政府

主管副区长 王万斌
浉河区茶叶办公室
负责人 黄守延
联系人 朱道伦
电　话 0376-6653503
传　真 0376-6366503
E-mail chaban2008@163.com
地　址 信阳市浉河区政府茶产业办公室
邮　编 464000

光山县人民政府

主管副县长 杨光平
光山县茶叶办公室
负责人 涂浩
联系人 张国善
电　话 0376-8858772
传　真 0376-8858772
E-mail hnxygscb2006@163.com
地　址 光山县政府茶办
邮　编 465450

固始县人民政府

主管副县长 张建成
固始县茶叶办公室
负责人 杨绪田
联系人 方守宇
电　话 0376-4942068
传　真 0376-4942068
E-mail gscb2006@163.com
地　址 固始县城关署前街 40 号特产局
邮　编 465200

商城县人民政府

主管副县长 周天明
商城县茶叶办公室
负责人 李先学
联系人 彭怀海
电　话 0376-7920593
传　真 0376-7920593
E-mail sccb2007@163.com
地　址 商城县茶产业开发办公室
邮　编 465350

罗山县人民政府

主管副县长 汪保俊

罗山县茶叶办公室

负 责 人 缑光永
联 系 人 李书胜
电　　话 0376-2178079
传　　真 0376-2178079
E-mail lscb888@163.com
地　　址 罗山县政府茶办
邮　　编 464200

新县人民政府

主管副县长 李明海

新县茶叶办公室

负 责 人 郭新生
联 系 人 黄灵霞
电　　话 0376-2950893
传　　真 0376-2950893
E-mail xxcb2009@163.com
地　　址 新县茶产业办公室
邮　　编 465550

信阳市文新茶叶有限责任公司

董 事 长 刘文新
总 经 理 刘文新
电　　话 0376-6235866
传　　真 0376-6208337
网　　站 www.xywenxin.com
E-mail xywxcy@126.com
地　　址 信阳市中山北路 205 号
邮　　编 464000
主 产 品 信阳毛尖

广义茶叶责任有限公司

董 事 长 李广义
总 经 理 李广义
电　　话 0376-6203380
传　　真 0376-6203380
网　　址 www.gyxymj.cn
E-mail wlzq95710@163.com
地　　址 信阳市东方红大道中段
邮　　编 464000
主 产 品 信阳毛尖

河南省信阳卢氏茶叶有限公司

董 事 长 卢文全
总 经 理 卢文全
电　　话 0376-6236066　6375000
传　　真 0376-6236069
网　　站 www.chtea.com
E-mail tea@chtea.com
地　　址 信阳羊山新区羊山大道与北环路交叉口
邮　　编 464000
主 产 品 绿茶

光山县辰龙茶叶有限公司

董 事 长 卢丛润
总 经 理 卢丛润
电　　话 0397-8865368
传　　真 0397-8865818
E-mail hnclxy@163.com
地　　址 光山县城南 3 公里
邮　　编 465450
主 产 品 绿茶

河南省固始县仰天雪绿茶业有限公司

董 事 长 王章春
总 经 理 王章春
电　　话 0397-4177288　4992736
传　　真 0397-4948988
E-mail ytxlwzc@163.com
地　　址 固始县迎宾路南路
邮　　编 435200
主 产 品 仰天雪绿

河南新林茶业有限公司

董 事 长 连启武
总 经 理 连启武
电　　话 0397-2644233
传　　真 0397-2644223
网　　站 www.xinlinyulutea.com
E-mail xinlinyulu@hotmail.com
地　　址 新县八里畈街
邮　　编 465512
主 产 品 新林玉露、信阳毛尖

湖北省

湖北省农业厅经作站

站　　长　李传友
副站长　宗庆波
联系人　曾维超
电　　话　027-87668785
传　　真　027-87874839
E-mail　zengweichao@126.com
地　　址　武汉市武珞路 519 号
邮　　编　430070

十堰市农业局经作科

科　　长　潘　亮
电　　话　0719-8111811
E-mail　jzk@hbsyny.gov.cn
地　　址　十堰市柳林路 49 号
邮　　编　442000

竹溪县茶叶办公室

主　　任　汤维斌
电　　话　0719-2720768
传　　真　0719-2720768
地　　址　竹溪县城关镇沿河路 45 号
邮　　编　432300

襄樊市特产局经作科

科　　长　田应涛
电　　话　0710-3018319
E-mail　xn88520520@163.com
地　　址　襄樊市运动场路
邮　　编　441021

孝感市农业局经作科

科　　长　王君三
电　　话　0712-2680166
E-mail　xgxxz1968101@sina.com
地　　址　孝感市北京路 103 号
邮　　编　432100

黄冈市农业局经作科

科　　长　王更生
电　　话　0713-8585528
传　　真　0713-8691615
E-mail　ycnyjzk@163.com
地　　址　黄冈市黄州区沿江路 193 号
邮　　编　438000

英山县茶叶生产管理局

局　　长　刘会元
电　　话　0713-7012712
传　　真　0713-7012712
E-mail　chayeju7015907@sina.com
地　　址　湖北临翔区凤翔镇南屏西路 16 号
邮　　编　677000

宜昌市农业局经作科

局　　长　王友海
联系人　曾令相
电　　话　0717-6911425
传　　真　0717-6911416
E-mail　ycnyjzk@163.com
地　　址　宜昌市云集路 37 号
邮　　编　443000

宜昌市夷陵区农业局

局　长　刘德亮
副局长　彭伏林
电　话　0717-7822446
E-mail　ycsylqnyj@163.com
地　址　宜昌市夷陵区
邮　编　443100

五峰县茶叶局

局　长　徐坤寿
副局长　郭运辉
电　话　0717-5821324
传　真　0717-5821324
地　址　五峰县
邮　编　443400

恩施土家族苗族自治州农业局经作科

科　长　吕宗浩
电　话　0718-8231163
传　真　0718-8231163
E-mail　lvzonghao@yahoo.cn
地　址　恩施市舞阳大街一巷21号
邮　编　445000

恩施市人民政府

主管副市长　何　慧

恩施市农业局

局　长　张自树
副局长　苏学章

恩施市茶叶办公室

联系人　黄　姚
电　话　0718-8224565
传　真　0718-8224565
E-mail　esscyb@163.com
地　址　恩施市航空大道162号
邮　编　445000

利川市人民政府

主管副县长　郭益超

茶叶办公室

主　任　汪元亮
联系人　余建国
电　话　0718-7283964
传　真　0718-7283964
E-mail　nongye_2003@163.com
地　址　利川市清江大道286号
邮　编　445400

宣恩县人民政府

主管副县长　朱鹏程

茶叶办公室

主　任　田远超
联系人　马春林
电　话　0718-5832554
传　真　0718-5832554
E-mail　aey163_com@163.com
地　址　珠山镇解放街11号
邮　编　445500

咸丰县人民政府

主管副县长　曾庆国

茶叶办公室

主　任　黎祖勇
联系人　李建国
电　话　0718-6822040
传　真　0718-6822040
E-mail　xfxnyjljg@163.com
地　址　高乐山镇楚蜀大道88号
邮　编　445600

鹤峰县茶叶局

局　长　马忠胜
副局长　张新华
电　话　0718-5294992
E-mail　rhqchyj@163.com
地　址　湖北容美镇九峰大道161号
邮　编　445800

湖北省茶叶学会

理事长 李传友
秘书长 宗庆波
电　话 027-87668785
传　真 027-87874839
网　址 www.91tea.net
E-mail zengweichao@126.com
地　址 武汉市武珞路 519 号
邮　编 430070
刊　物 《湖北经作信息》

湖北省茶业协会

会　长 熊双林
秘书长 乐清典
电　话 027-82833305
传　真 027-82832422
网　址 www.hbtea.com
E-mail cyxh@hbtea.com
地　址 武汉市汉口南京路 5 号
邮　编 430014

湖北省陆羽茶文化研究会

会　长 周年丰
秘书长 石爱发
电　话 027-88866622
传　真 027-50702615
地　址 武汉市民主二路 33 号
邮　编 430033

恩施自治州茶业协会

会　长 伍学益
秘书长 吕宗浩
电　话 0718-8231163
传　真 0718-8231163
网　址 恩施州农业信息网
E-mail lvzonghao@yahoo.cn
地　址 恩施市舞阳大街一巷 21 号
邮　编 445000

恩施玉露茶产业协会

会　长 李明东
秘书长 苏学章
电　话 0718-8224565
传　真 0718-8224565
网　址 恩施茶叶网
E-mail esscyb@163.com
地　址 恩施市航空大道 162 号
邮　编 445000

武汉黄鹤楼茶叶有限公司

董事长 张岳峰
总经理 张岳峰
电　话 027-88068900
传　真 027-83735391
网　址 www.huangheloutea.cn
E-mail wuhantea@wuhantea.com
地　址 武汉硚口区崇仁路 148 号
邮　编 430030

武汉易生生物科技有限公司

总经理 王戈达
电　话 027-87677771
传　真 027-87677737
网　址 www.ysbio.cn
E-mail wli@ysbio.cn
地　址 武汉洪山区珞狮南路 517 号明泽大厦 18 楼
邮　编 430070

湖北省茶麻进出口公司

总 经 理 周武汉
电　　话 027-82819631
传　　真 027-82112422
地　　址 武汉汉口南京路 5 号
邮　　编 430014

湖北龙王垭茶业有限公司

董 事 长 郭承君
电　　话 0719-2830017
传　　真 0719-2830018
网　　址 www.hblwy.com
E-mail lwyzzb@yahoo.com.cn
地　　址 十堰市竹溪县龙王垭
邮　　编 442300

英山绿屏茶叶有限公司

董 事 长 叶雪平
总 经 理 郑　刚
电　　话 0713-7050820
传　　真 0713-7050820
网　　址 www.zhgpf.com
E-mail wep@zhgpf.com
地　　址 英山县红山镇三叉路号
邮　　编 438700

英山志顺茶叶有限公司

总 经 理 陈海军
电　　话 0713-7026666
传　　真 0713-7026668
网　　址 www.zhishuntea.cn
地　　址 英山县大别山茶叶广场 E 栋 1-5 号
邮　　编 438704

英山天堂野山香茶厂

总 经 理 程照林
电　　话 0713-7026808
传　　真 0713-7026808
地　　址 英山县大别山茶叶广场 F 栋 1/2 号
邮　　编 438704

浠水董河茶叶有限公司

总 经 理 景来仕
电　　话 0713-4629196

蕲春驹龙园茶叶有限公司

总 经 理 田飞龙
电　　话 0713-7337291
传　　真 0713-7337291
网　　址 www.julongyuan.cn
E-mail julongyuan@163.com
地　　址 蕲春县大同镇开发区
邮　　编 435334

宜昌萧氏茶叶集团有限公司

董 事 长 肖　勇
总 经 理 刘汉武
电　　话 0717-7858666
传　　真 0717-7858618
网　　址 www.yctea.com
E-mail wwwyctea@163.com
地　　址 宜昌市夷陵区港虹路三峡国际旅游茶城 A3-16 号
邮　　编 443100

湖北邓村绿茶集团有限公司

董事长 汪浩波
总经理 邓祥英
电　话 0717-7822222
传　真 0717-7822222
网　址 www.dengcunlvcha.com
E-mail dengcunlvcha@163.com
地　址 宜昌市夷陵区港虹路2号(三峡国际旅游茶城B区)
邮　编 443100

宜昌市三峡茶城有限责任公司

董事长 朱帮盛
总经理 黄宗虎
电　话 0717-7858101
传　真 0717-7852966
E-mail sanxiatea@126.com
地　址 宜昌夷陵区港虹路 2 号
邮　编 443100

宜都市宜红茶业有限公司

总经理 罗　华
电　话 0717-4900270
传　真 0717-4900270
网　址 www.yihongtea.com
E-mail luohua1018678@sina.com
地　址 宜都市陆城滨江大道 47 号
邮　编 443300

湖北采花茶业有限公司

董事长 韩志凌
总经理 沈厚锦
电　话 0717-5761031
传　真 0717-5761031
网　址 www.caihuacha.com
E-mail chmj001@163.com
地　址 五峰土家族自治县采花乡正街
邮　编 443408

恩施市硒露茶业有限责任公司

总经理 朱群英
联系人 田玉琴
电　话 0718-8245291
传　真 0718-8245291
E-mail xiluchaye@yahoo.cn
地　址 恩施市芭蕉镇
邮　编 445000
主产品 恩施玉露、恩施富硒茶

利川市飞强茶业有限责任公司

总经理 卓万凯
联系人 谭宗权
电　话 0718-7780689
传　真 0718-7780689
E-mail wqm715@vip.sina.com
地　址 利川市毛坝镇
邮　编 445400
主产品 红茶、绿茶、珠茶

利川市硒源茶业有限公司

总经理 谢　武
联系人 谢　文
电　话 0718-7780998
传　真 0718-7780998
E-mail lcxycy@163.com
地　址 利川市毛坝乡车谷路 1 号
邮　编 445400
主产品 红茶、绿茶、珠茶

巴东县金果坪茶叶有限公司

总经理 苏方俊
联系人 陈永龙
电　话 0718-4336161
传　真 0718-4336161
E-mail jinguochaye163.com
地　址 巴东县信陵镇
邮　编 445700
主产品 绿茶、红茶

恩施州伍家台富硒贡茶有限责任公司

总经理 廖光伦
联系人 谭代雄
电　话 0718-5833258
传　真 0718-5833258
地　址 宣恩县工业园莲花坝区
邮　编 445400
主产品 绿茶、红茶等

咸丰县新龙茶业有限责任公司

总经理 刘国清
联系人 秦声超
电　话 0718-6792386
传　真 0718-6792386
地　址 咸丰县黄金洞镇
邮　编 445400
主产品 绿茶、红茶、珠茶

鹤峰县白果民族茶厂

总经理 符家琪
联系人 周　平
电　话 0718-5631289
传　真 0718-5631289
E-mail zhouping@live.cn
地　址 鹤峰县走马镇白果坪
邮　编 445600
主产品 红茶、绿茶、珠茶、花茶

湖北省鹤峰县翠泉茶业有限公司

总经理 唐祖新
联系人 金　燕
电　话 0718-5461188
传　真 0718-5461188
E-mail cqcn@cuiquan.com
地　址 鹤峰县中营乡北佳集镇
邮　编 445600
主产品 绿茶

汉口茶市

董事长 张岳峰
电　话 027-83735391
地　址 武汉汉口区崇仁路
邮　编 430030

大别山茶叶广场

总经理 汪洛非
电　话 0713-7026781
地　址 英山县大别山茶叶广场
邮　编 436700

宜昌三峡国际旅游茶城

总经理 黄宗虎
电　话 0717-7852777
传　真 0717-7852966
网　址 www.sanxiatea.com
E-mail sanxiatea@126.com
地　址 宜昌市夷陵区港虹路 2 号
邮　编 443100

湖南省

湖南省农业技术推广总站

电　话 0731-4430254
传　真 0731-4430254
网　址 www.hnnjtg.com
E-mail hnnjtgvhk@163.com
地　址 长沙市教育街 13 号
邮　编 410005

湖南省茶叶学会

理事长　刘仲华
秘书长　尚本清
电　话　0731-4618080
传　真　0731-4618080
E-mail　xiangchahui@163.com
地　址　长沙市湖南农业大学内
邮　编　410128
刊　物　《茶叶通讯》

湖南省茶叶协会

会　长　曹文成
秘书长　伍崇岳
电　话　0731-4422939
传　真　0731-4422939
网　址　hncha.cn/default.aspx
地　址　长沙市浏正街 48 号
邮　编　410001
刊　物　《魅力湘茶》

湖南省茶业有限公司

董事长　周重旺
总经理　周重旺
电　话　0731-2222271
传　真　0731-4442949
网　址　www.xiangtea.com.cn
E-mail　xiangteaoffice@163.com
地　址　长沙市解放西路 378 号湘茶大厦
邮　编　410002

湖南猴王茶业有限公司

董事长　贾　鹏
总经理　王文武
电　话　0731-4485995
传　真　0731-4485690
网　址　www.hwtea.com
E-mail　qihuabu@hwtea.com
地　址　长沙市开福区新河路 156 号
邮　编　410008

湖南省三利进出口有限公司

董事长　熊　嘉
总经理　熊　嘉
电　话　0731-5162457
传　真　0731-5112299
网　址　www.hnsanny.com
E-mail　limingliang@hnsanny.com
地　址　长沙市芙蓉中路 2 段 122 号
邮　编　4100165

湖南登凯贸易有限公司

电　话　0731-4812611　4812422
传　真　0731-4476499
网　址　www.csseo.net.cn
E-mail　zhouxin@hndktea.com
地　址　长沙市天心区芙蓉南路 368 号 CTA 财富中心
邮　编　410008

湖南金井茶业有限公司

总经理　周　宇
电　话　0731-4012979
传　真　0731-6204888
网　址　www.green-tea.net.cn
地　址　长沙县金井镇
邮　编　410144

湖南省益阳茶厂

电　话　0737-4223649
传　真　0737-4217427
网　址　www.xiangyi-tea.com
E-mail　hnyycc@Gmail.com
地　址　益阳市大桃北路 699 号
邮　编　413000

广东省

广东省农业厅种植业管理处（广东省发展南亚热带作物办公室）

主　任　郑惠典
副主任　郑如钦
电　话　020-37288274
传　真　020-37288273
E-mail　zhengruqin@sohu.com
地　址　广州市先烈东路 135 号
邮　编　510500

广东省梅州市农业局

局　长　曾佛应
科　长　徐秋明
电　话　0753-2262698
传　真　0753-2259500
网　址　agri.meizhou.gov.cn
E-mail　gdmzxqm0611@126.com
地　址　梅州市江南新中路 78 号
邮　编　514021

广东省茶叶学会

理事长　穆有为
秘书长　张黎明
电　话　020-34160624
传　真　020-34270553
网　址　www.sta.gd.cn（学会组织）
E-mail　gd-tea@163.com
地　址　广州市东晓路 31 号 1 号楼 702 室
邮　编　510230
刊　物　《广东茶业》

广东省茶业行业协会

会　长　穆有为
秘书长　张黎明
电　话　020-34160624
传　真　020-34270553
网　址　www.gdtea.com.cn
E-mail　gdtpa@163.com
地　址　广州市东晓路 31 号 1 号楼 702 室
邮　编　510230

广州茶文化促进会

会　长　邬梦兆
电　话　020-81544360
传　真　020-81544358
网　址　赏心网
地　址　广州市荔湾区芳村洞企石路南方茶叶市场中心馆三楼
邮　编　510360
刊　物　《茶文化》（双月刊）

广州市芳村南方茶叶市场有限公司

董事长　陈国昌
联系人　赵丽玲
电　话　020-81544828
传　真　020-81544828
E-mail　aaaaa2LL@163.com
地　址　广州市荔湾区南方茶叶市场中心馆二楼 A221 号
邮　编　510360

广东茶叶进出口有限公司

董事长　穆有为
总经理　穆有为
联系人　吴　璜
电　话　020-38801465
传　真　020-38802270
网　址　www.tea-guangdong.com
E-mail　gdteawu@yahoo.com.cn
地　址　广州市天河路 351 号 28 楼
邮　编　510620

广东农垦上茗轩茶叶有限公司

董事长 余雄辉
总经理 余雄辉
联系人 刘翠梅
电　话 020-37204332
传　真 020-37204962
网　址 www.gd-smx.cn
E-mail gdnk.smx@tom.com
地　址 天河区燕岭路120号金燕大厦11楼
邮　编 510507

广东省英德市上茗轩茶叶有限责任公司

董事长 余雄辉
总经理 郑永强
联系人 吴维新
电　话 0763-2766085
传　真 0763-2511127
E-mail zhyq.88@163.com
地　址 英德市英红镇云岭上茗轩茶场
邮　编 513044

广东省英德市英红镇红旗茶厂

董事长 李洪祥
总经理 李洪祥
联系人 潘安程
电　话 0763-2500455
传　真 0763-2500455
E-mail hongqichachang@163.com
地　址 英德市英红镇红旗茶厂
邮　编 524132

梅县雁南飞茶田有限公司

董事长 叶祖根
总经理 叶祖根
联系人 谢伟志
电　话 0753-2825688
传　真 0753-2826898
网　址 www.yearning.cn
E-mail xwe132@126.com
地　址 梅县雁阳镇长教村
邮　编 514759

广东省大埔县西岩茶叶集团有限公司

董事长 魏顶国
总经理 黄秋霖
联系人 傅绿霞
电　话 0753-5535922
传　真 0753-5533223
网　址 www.kingtea.com.cn
E-mail kingtea@kingtea.com.cn
地　址 大埔县人民路3巷6号
邮　编 514200

大埔县万事达茶业有限公司

董事长 张新秋
总经理 张新秋
联系人 张省堂
电　话 0753-5532888
传　真 0753-5534888
地　址 大埔县文明路117号
邮　编 514200

大埔县康达茶业有限公司

董事长 赖法卫
总经理 赖法卫
联系人 罗礼平
电　话 0753-5533629
传　真 0753-5538388
地　址 大埔县虎山路139-141号
邮　编 514200

广东国宾集团有限公司

董事长 张木霖
总经理 张木霖
联系人 郑臣明
电　话 0768-7600213
传　真 0768-7600958
网　址 www.gdgbcyc.com
E-mail gb7600213@126.com
地　址 潮州市饶平县黄冈镇城东开发区国宾大厦
邮　编 515700

广东宏伟集团有限公司

董事长 陈伟忠
总经理 陈秀辉
联系人 张学伟
电　话 0768-6730888
传　真 0768-6735999
网　址 www.gdhwjt.com
E-mail gdhwjt@126.com
地　址 潮州市铁铺镇池樟路
邮　编 515632

佛山市南海凯民茶博城有限公司

董事长 梁启河
总经理 梁启河
联系人 何向华
电　话 0757-85916633
传　真 0757-85913668
网　址 www.kaimintea.com
E-mail webmaster@kaimintea.com
地　址 佛山市南海区广佛路大转弯 238 号
邮　编 528248
刊　物 《凯民茶讯》

广东茗皇茶业有限公司

董事长 李裕南
联系人 李　瑜
电　话 0759-6683902
传　真 0759-6800777
网　址 www.mhtea.com
E-mail mhtea@126.com
地　址 湛江市廉江中环二路 35 号
邮　编 524400

广东省华海糖业发展有限公司

董事长 赖　森
总经理 赖　森
联系人 陈孔华
电　话 0759-4300281
传　真 0759-4300281
E-mail gdhhgsscb@126.com
地　址 湛江市徐闻县曲界镇
邮　编 524132

广东芳村茶业城

董事长 许景新
总经理 张　昉
电　话 020-81593200
传　真 020-81805577
网　址 www.fccyc.com
E-mail gzjg118@163.net
地　址 广州市荔湾区芳村大道中 508 号
邮　编 510360

东莞市万江茶叶交易市场

董事长 简　赞
总经理 黄　富
联系人 高　飞
电　话 13798811808
E-mail dgtpa@163.com
地　址 东莞市万江区东福商业街茶叶交易市场办公室
邮　编 523000
刊　物 《华南茶讯》《茶公社》

中山市华通行茶叶批发市场

董事长 李凤祥
总经理 杨文忠
联系人 杨　欢
电　话 0760-86110888 88918889
传　真 0760-86110885
网　址 www.zsteamarket.com
E-mail joven@hotoho.com
地　址 中山市南区长环 105 国道旁（城南客运站往珠海方向 800 米）
邮　编 528455
刊　物 《茶市商情》

广西壮族自治区

广西壮族自治区农业厅经济作物处

处　长　谭　明
副处长　孟众民
电　话　0771-2182572
传　真　0771-2182611
E-mail　mengzhongmin@gxny.gov.cn
地　址　南宁市七星路135号农业厅大院
邮　编　530022

柳州市农业局

局　长　兰　登
科　长　黄荣华
联系人　覃　麟
电　话　0772-2864164
传　真　0772-2853438
网　址　www.lzny.gov.cn
E-mail　jzk@lzny.gov.cn
地　址　柳州市农业局经作科
邮　编　545001

三江侗族自治县农业局

局　长　杨平仲
副局长　杨林录
联系人　罗汉林
电　话　0772-8618550
传　真　0772-8616226
E-mail　sjnyj@lzny.gov.cn
地　址　柳州市三江县古宜镇江峰街39号
邮　编　545500

融水苗族自治县农业技术推广中心茶业生产管理办公室

办公室主任　陈治平
技术员　杨雪梅
电　话　0772-6675261
传　真　0772-5135218
网　址　融水农业信息网
E-mail　rstea@163.com
地　址　融水苗族自治县融水镇玉华中路40号
邮　编　545300
刊　物　《融水农业信息》

灵山县农业局

局　长　罗远宁
副股长　车　亮
电　话　0777-6425080
传　真　0777-6423919
网　址　www.gxlsny.gov.cn
E-mail　7776423919@163.com
地　址　灵山县灵城镇江南路271号
邮　编　545400

百色市茶叶开发中心

主　任　汪衡辉
技术员　曾庆群
电　话　0776-2824551
传　真　0776-2661598
E-mail　wwcy951@163.com
地　址　百色市城北一路14号
邮　编　533000

凌云县茶叶管理中心

主　任　凌泽峰
办公室主任　罗志达
电　话　0776-7612274
传　真　0776-7612274
E-mail　lybigtea@163.com
地　址　凌云县泗城镇前进社区纳新小区004号
邮　编　533100

金秀瑶族自治县水果茶叶技术指导站

站　长　梁胜仁
副站长　李奇英
电　话　0772-6212098
传　真　0772-6215618
E-mail　3161bsjx@gxny.gov.cn
地　址　金秀瑶族自治县金秀镇解放路167号
邮　编　545700

广西壮族自治区茶叶学会

理事长 麦楚均
秘书长 孟众民
电　话 0771-2182572
传　真 0771-2182572
E-mail mengzhongmin@gxny.gov.cn
地　址 南宁青秀区七星路 135 号农业厅大院
邮　编 530022
刊　物 《广西茶业》

广西茶业协会

会　长 郭　异
秘书长 刘汉群
联系人 韦克英
电　话 0771-4861710
传　真 0771-4861559
网　址 www.guangxitea.com
E-mail rlb@tea.com
地　址 南宁江南区南宁市五一西路 25 号
邮　编 530031

南宁市茶业商会

会　长 蔡家雄
秘书长 潘政利
联系人 周　政
电　话 0771-2836510
传　真 0771-2836510
网　址 www.nn-tea.cn
E-mail cha2836510@163.com
地　址 南宁江南区南宁市洪亭路 5 栋 2 楼
邮　编 530031

广西农垦茶业集团有限公司

董事长 彭飞荣
总经理 唐永宁
电　话 0771-2635258
传　真 0771-2620298
网　址 www.gxnktea.com
E-mail gxnktea666@163.com
地　址 南宁市七星路 135 号区农垦局大院 10 栋 6 层
邮　编 530022

广西南宁绿野茶业有限公司

总经理 蔡家雄
电　话 0771-2419981
传　真 0771-2419981
E-mail gxly@gxgft.com
地　址 南宁市华东路 198-17-20 号
邮　编 530011

广西石乳茶业有限公司

董事长 郭　异
总经理 陈汉平
部门经理 韦克英
电　话 0771-4861355
传　真 0771-4861559
网　址 www.gxtea.com
E-mail tea@gxtea.com
地　址 广西南宁市五一西路 25 号
邮　编 530031

广西金花茶业有限公司

董事长 覃记昌
总经理 覃记昌
电　话 0771-7222814
传　真 0771-7223550
网　址 www.gxjhcy.com
E-mail jhc@163.com
地　址 横县横州镇环城东路 002 号
邮　编 530300

广西梧州茂圣茶业有限公司

董 事 长　苏淑梅
总 经 理　苏淑梅
电　　话　0774-3111318
传　　真　0774-5820525
网　　址　www.mostea.com
E-mail　s5825118@163.com
地　　址　梧州市沿江路1号
邮　　编　543002

广西梧州茶厂

总 经 理　刘泽森
电　　话　0774-3824879
传　　真　0774-3826452
网　　址　www.wz-tea.com
E-mail　gxwztf@163.com
地　　址　梧州市角嘴后路2号
邮　　编　543002

广西凌云浪伏茶业有限公司

董 事 长　黄大雄
总 经 理　黄大雄
电　　话　0776-7617799
传　　真　0776-7617707
网　　址　www.lfiso.com
E-mail　gxlylfcy@sina.com
地　　址　百色凌云县前进社区旅游购物广场
邮　　编　533100

广西南宁茶叶批发市场

董 事 长　文　强
总 经 理　甘超亮
电　　话　0771-4822636
传　　真　0774-5820525
网　　址　www.shijiay.com
E-mail　lajsydd@163.com
地　　址　南宁市洪亭路5栋二楼
邮　　编　530031

广西横县横州城北市场有限公司

董 事 长　李庆光
总 经 理　韦　政
电　　话　0771-7202312
传　　真　0771-7206050
地　　址　横县横州城北市场有限公司
邮　　编　530300

广西凌云茶叶市场

总 经 理　凌泽峰
电　　话　0776-7612274
传　　真　0776-7612274
地　　址　凌云县茶叶管理中心
邮　　编　533100

重庆市

重庆市特色经济发展处

处　　长　洪国伟
电　　话　023-89133253
传　　真　023-89133263
地　　址　www.cqagri.gov.cn
E-mail　jzc@ cqagri.gov.cn
地　　址　重庆北部新区黄山大道东段186号
邮　　编　401121

重庆市经济作物技术推广站

站　　长　张才建
副 站 长　王　敏
电　　话　023-89117166
传　　真　023-89117108
地　　址　www.cqagri.gov.cn
E-mail　wm1332@163.com
地　　址　重庆渝北区黄泥磅黄龙路78号
邮　　编　401147
刊　　物　《经作信息》

万盛区人民政府

主管副区长 徐月芬

万盛区农业局

局　长 陶长银

万盛经济作物推广站

站　长 曾　辉

电　话 023-48266758

传　真 023-48266777

E-mail Zenghui8625@163.com

地　址 万盛区新田路 35 号

邮　编 400800

巴南区人民政府

主管副区长 胡能兵

巴南区农业局

局　长 潘富宏

巴南区经济作物推广站

站　长 薛　红

电　话 023-66237575

E-mail bnqjzz@sina.com.cn

万州区人民政府

主管副区长 魏大学

万州区农业局

局　长 冉茂超

万州区经济作物推广站

站　长 王远全

电　话 023-58569581

传　真 023-58569581

E-mail wzqdjz@tom.com

地　址 万州区上海大道 268 号

邮　编 404020

永川区人民政府

主管副区长 张德宽

永川区农业局

局　长 黄正远

永川区经济作物推广站

站　长 李　均

电　话 023-49818588

传　真 023-49818556

网　址 www.ycny.gov.cn

E-mail cqycjz@163.com

地　址 永川区官井路 4 号

邮　编 402160

南川区人民政府

主管副区长 钱建超

南川区农业局

局　长 唐亚鸿

南川区经济作物推广站

站　长 李　伟

电　话 023-71420704

传　真 023-71417656

E-mail ncslw@163.com

地　址 南川区南城南大街 33 号

邮　编 408400

荣昌县人民政府

主管副县长 周　勇

荣昌县农业局

局　长 刘定朝

荣昌县经济作物推广站

站　长 杨谊昌

电　话 023-61482886

传　真 023-4673304

网　址 www.rcxagri.gov.cn

E-mail yyc_83414@163.com

地　址 荣昌县昌元广场路 31 号

邮　编 402460

武隆县人民政府

主管副县长　陈　辉

武隆县农业委员会

主　任　龚　文

武隆县经济作物推广站

站　长　李　红
电　话　023-77722237
传　真　023-77724729
E-mail　wlnylH_0099@163.com
地　址　武隆县巷口镇芙蓉中路 76 号
邮　编　402160

城口县人民政府

主管副县长　魏光平

城口县农业局

局　长　谭会山

城口县经济作物推广站

站　长　李长明
电　话　023-59221568
传　真　023-59222997
E-mail　cknyj@cqagri.gov.cn
地　址　城口县葛城镇商业街 46 号
邮　编　405900

开县人民政府

主管副县长　夏郑峰

开县农业局

局　长　熊良体

开县经济作物推广站

站　长　邹哨兵
电　话　023-52280510
传　真　023-52280500
E-mail　zsb63@tom.com
地　址　开县汉丰街道办开州大道中段
邮　编　405400

奉节县人民政府

主管副县长　吴康轩

奉节县农业局

局　长　魏仲民

奉节经济作物推广站

站　长　王建国
电　话　023-56554507
传　真　023-56559340
E-mail　wxzwxz66@126.com
地　址　奉节县永安镇夔州路 388 号
邮　编　404600

重庆茶叶商会

会　长　司辉清
秘书长　王　敏
电　话　023-68250239
传　真　023-68250611
网　址　cqtea.com.cn
E-mail　nongwjt@163.com
地　址　重庆北碚天生路 216 号西南农大实验茶厂
邮　编　400716

重庆国际茶文化研究会

会　长　陈　澍
秘书长　王　敏
联系人　贺　鼎
电　话　023-89117120
传　真　023-89117108
地　址　重庆渝北区黄泥磅黄龙路 78 号
邮　编　401147

重庆长城茶叶贸易有限公司

董事长　唐德平
总经理　唐德平
联系人　汪　毅
电　话　023-67635238
传　真　023-67635238
网　址　www.023tea.cn
E-mail　tangdeping66@163.com
地　址　重庆江北区洋河三村 5 号中信银行大厦 18-4
邮　编　400020

重庆华霖茶业发展有限公司

董事长　苗　伟
总经理　苗　伟
电　话　023-67635508
传　真　023-67635510
网　址　www.mpj-tea.com
E-mail　Mpj_tea@yahoo.com.cn
地　址　重庆江北区洋河三村 9 号 B 栋 1-1
邮　编　400020
刊　物　《茶友汇》

西南农业大学实验茶厂

厂　长 吴常红
电　话 023-68257129
传　真 023-68250611
E-mail office@xinong.com
地　址 重庆北碚区天生路 216 号
邮　编 400716

重庆翠信茶业有限公司

董事长 罗应金
总经理 罗　炎
电　话 023-48352668
传　真 023-48352668
网　站 www.cuixin.cn
E-mail Cqcx888@163.com
地　址 重庆万盛区青年镇
邮　编 400805

重庆市茶业（集团）有限公司

董事长 张节明
总经理 张节明
联系人 杨春宏
电　话 023-66237629
传　真 023-66237629
网　址 www.cqtea.com
E-mail 1111@cqtea.com
地　址 重庆巴南区巴县大道 23 号
邮　编 401320

重庆玉琳茶业有限责任公司

董事长 谭庭海
总经理 谭庭海
电　话 023-49855238
传　真 023-49855238
网　址 www.cqyunsheng.cn
地　址 永川区内环路 445 号
邮　编 402160

重庆新胜实业有限责任公司

董事长 黄　翰
总经理 黄　翰
电　话 023-49890506
传　真 023-49890506
E-mail cqxssy@126.com
地　址 重庆永川区游家湾永川监狱
邮　编 402160

重庆云岭茶业科技有限责任公司

董事长 李中林
总经理 吴　全
电　话 023-85382949
传　真 023-85382949
网　址 www.yongchuanxiuya.com
E-mail ylgstea@163.com
地　址 重庆永川区桂山路 2 号
邮　编 402160

重庆南川区天绿园名优茶厂

董事长 唐继泽
电　话 13308254928
地　址 重庆南川区大观镇观溪村
邮　编 408415

重庆益川茶叶有限责任公司

董事长 邓兴明
总经理 阙成清
电　话 023-71470064
地　址 重庆南川区大观镇观桥街
邮　编 408415

重庆市荣发茶叶进出口有限公司

董事长 程富友
总经理 黄家德
电　话 023-46788999
传　真 023-46782999
网　址 www.rongfatea.com
E-mail rongfatea@vip.163.com
地　址 荣昌县昌元镇昌州中段 47 号
邮　编 402460

重庆市荣昌县宏发茶业有限公司

董事长 张昌龙
总经理 张昌龙
电　话 023-46559508
传　真 023-46784596
网　站 www.chongqingtea.com
E-mail office@chongqingtea.com
地　址 荣昌县荣隆镇半边街
邮　编 402460

重庆天岗玉叶茶业有限公司

董事长 陈孝勇
总经理 陈孝勇
电　话 13908351169
传　真 023-46730943
地　址 荣昌县清升镇楠木沟茶叶社区
邮　编 402460

重庆市荣昌县兴荣茶叶有限公司

董事长 曾朝光
总经理 曾朝光
电　话 023-46791426
传　真 023-46791476
E-mail xingrongtea@vip.sina.com
地　址 荣昌县昌元镇谭家坡住宅小区
邮　编 402460

开县龙珠茶业有限公司

董事长 张元秋
总经理 庹　林
电　话 023-52258558
传　真 023-85879789
网　址 www.cqlz.ccoo.cn
E-mail jxlygs168@126.com
地　址 重庆开县新城开州大道中段
邮　编 405400

重庆市茶叶专业批发市场

董事长 张林东
总经理 陈卫东
电　话 023-86070666
传　真 023-86070999
网　站 www.teacq.com
E-mail zhangli1367627@sina.com
地　址 重庆江北区南桥寺明瑜恒康佳苑 76 号
邮　编 400010

四川省

四川省农业厅园艺作物技术推广总站

站　长 段新友
电　话 028-85505526
传　真 028-85505523
E-mail duanxinyou@sina.com
地　址 成都武侯祠大街 4 号
邮　编 610041

成都市农委种植业处

处　长 姚光贵
电　话 028-61883535
传　真 028-61883600
网　址 www.cdnmj.gov.cn
E-mail cdagri@chengdu. gov.cn
地　址 成都成华区农委
邮　编 610015

蒲江县人民政府

主管副县长 白灵贵

蒲江县农业局

局　长 陈维新

蒲江县经济作物站

站　长 廖长力
电　话 028-88535612
传　真 028-88530110
E-mail nongfa-pj@163.com
地　址 蒲江县经济作物站
邮　编 611630

广元市农业局

局　长 赵洪强

广元市经济作物站

站　长 谷永红
电　话 0839-3263634
传　真 0839-3260073
网　址 www.gyagri.com.cn
E-mail webmaster@ gyagri.com.cn
地　址 广元市经济作物站
邮　编 628017

绵阳市农业局经济作物站

站　长 邓国昌
电　话 0816-2266195
传　真 0816-2261263
网　址 www.myagri.gov.cn
地　址 绵阳市经济作物站
邮　编 621000

乐山市农业局

局　长 蒋朝富

乐山市经济作物站

站　长 张登奎
电　话 0833-2413722
传　真 0833-2413708
E-mail lssnyj@sina.com
地　址 乐山市经济作物站
邮　编 614000

峨眉山市人民政府

主管副市长 辜庭齐

峨眉市农业局

局　长 熊宗良

产业办

主　任 周维全
电　话 0833-5523002
传　真 0833-5522800
E-mail hw2004@msn.com
地　址 峨眉市农业局
邮　编 614200

夹江县农业局

局　长 李俊康

夹江县产业办公室

主　任 孙道伦
电　话 0833-5664496
传　真 0833-5662547
E-mail shesh888@sina.com
地　址 夹江县产业办公室
邮　编 614100

自贡市农业局

局　长 倪跃松

自贡市经济作物站

站　长 胡光元
电　话 0813-8102472
传　真 0813-8200907
网　址 www.zg.-ny.com
E-mail zgnyb8204131@163.com
地　址 自贡市经济作物站
邮　编 643000

泸州市农业局

局　长 谭光军

泸州市经济作物站

站　长 陈　伟
电　话 0830-3190478
传　真 0830-3191208
E-mail lznyj@peoplemail.com.cn
地　址 泸州市经济作物站
邮　编 646000

宜宾市农业局

局　　长　雷智灵

宜宾市经济作物站

站　　长　郛发田

电　　话　0831-8246072

传　　真　0831-8226677

E-mail　ybnylxx@163.com

地　　址　宜宾市经济作物站

邮　　编　644000

高县农业局

局　　长　朱德顺

高县经济作物站

站　　长　李　刚

电　　话　0831-5429073

传　　真　0831-5424330

地　　址　高县农业局

邮　　编　645150

屏山县农业局

局　　长　刘章富

屏山县经济作物站

站　　长　郭久武

电　　话　0831-5721847

传　　真　0831-5725777

E-mail　psxnyj@yahoo.com.cn

地　　址　屏山县经济作物站

邮　　编　645350

达州市农业局

局　　长　彭　飚

达州市经济作物站

站　　长　王智德

电　　话　0818-2133346

传　　真　0818-2122321

地　　址　达州市经济作物站

邮　　编　635000

万源市农业局

局　　长　肖明军

万源市茶叶局

局　　长　向淑道

联 系 人　熊才伟

电　　话　0818-8622661

传　　真　0818-8622661

E-mail　scwyscyj@163.com

地　　址　万源市太平镇建设路 11 号（政协院内）

邮　　编　636350

眉山市农业局

局　　长　王志敏

眉山市经济作物站

站　　长　李维强

电　　话　0833-8195586

传　　真　0833-8195609

地　　址　眉山市经济作物站

邮　　编　620030

洪雅县农业局

局　　长　侯天泉

洪雅县经济作物站

站　　长　李云刚

电　　话　0833-7406733

传　　真　0833-7403887

E-mail　schynyj@163.com

地　　址　洪雅县经济作物站

邮　　编　620360

雅安市人民政府

主管副市长　毛　凯

雅安市农业局

局　　长　黄永富

雅安市经济作物站

站　　长　周开员

电　　话　0835-2222201

传　　真　0835-2223667

地　　址　雅安市经济作物站

邮　　编　625000

名山县茶业局

局　　长　黄文林

传　　真　0835-3227856

地　　址　名山县

邮　　编　625100

名山县茶叶股

站　　长　吴祥平

电　　话　0835-3227856

四川省茶文化协会

执行会长　王　云

秘 书 长　刘贵民

联 系 人　王　云

电　　话　028-84504175

传　　真　028-84542400

E-mail　sctea2004@yahoo.com.cn

地　　址　成都锦江区静居寺 20 号省农科院茶叶研究所

邮　　编　610066

四川省茶叶学会

会　　长　周　文

秘 书 长　刘以煌

电　　话　028-86615941

地　　址　成都青羊区太升南路 200 号

邮　　编　610017

雅安市藏茶协调小组办公室

主　　任　杨天禄

联 系 人　陈书谦

电　　话　0835-2229494

传　　真　0835-2245773

网　　址　蒙山茶网

E-mail　csq6322@163.com

地　　址　雅安雨城区朝阳街 64 号

邮　　编　625000

雅安市茶业协会

会　　长　孙　前

秘 书 长　陈书谦

电　　话　0835-2229494

传　　真　0835-2245773

网　　址　蒙山茶网

E-mail　csq6322@163.com

地　　址　雅安雨城区朝阳街 64 号

邮　　编　625000

雅安藏茶协会

会　　长　杨天禄

秘 书 长　陈书谦

电　　话　0835-2229494

传　　真　0835-2245773

网　　址　蒙山茶网

E-mail　csq6322@163.com

地　　址　雅安雨城区朝阳街 64 号

邮　　编　625000

雅安市茶叶学会

理 事 长　刘伯林

秘 书 长　邓　健

电　　话　0835-2222201

传　　真　0835-2222201

E-mail　yadj01@163.com

地　　址　雅安雨城区雨城区县前街 178 号

邮　　编　625000

四川文君茶业有限公司

董事长 岑志杰
总经理 岑志杰
电　话 028-88760589
传　真 028-88760589
E-mail wenjun@wenjuntea.com
地　址 邛崃市临邛镇天庆街113
邮　编 611530

四川省花秋茶业有限公司

董事长 喻长根
总经理 喻长根
联系人 常　青
电　话 028-65653637
传　真 028-85162156
网　址 www.huaqiutea.com
E-mail cdxz@huaqiutea.com
地　址 邛崃市夹关工业区
邮　编 610000

四川嘉竹茶业有限公司

董事长 吴建明
总经理 马　隽
联系人 李　艳
电　话 028-88651888
传　真 028-88651888
网　址 www.jiazhutea.com
E-mail jiazhutea@yahoo.com.cn
地　址 蒲江县成佳镇兴成大道
邮　编 611636

四川绿昌茗茶业有限公司

董事长 周　文
总经理 何　兵
联系人 郑环军
电　话 028-88651098
传　真 028-88651666
网　址 www.charming-green.com
E-mail lcmtea@163.com
地　址 蒲江县成佳镇
邮　编 611636

四川米仓山茶业集团有限公司

董事长 刘子业
总经理 罗旭东
联系人 陈　航
电　话 0839-3246968
传　真 0839-3246968
网　址 www.micangshan.com
E-mail hr@micangshan.com
地　址 广元市利州区人民路南段5号
邮　编 628017

四川省峨眉山竹叶青茶业有限公司

董事长 唐先洪
总经理 唐先洪
联系人 罗主任
电　话 0833-5523267
传　真 0833-5563536
地　址 www.zhuyeqing-tea.com
E-mail marketing@zhuyeqing-tea.com
地　址 峨眉山市雁北南路27号
邮　编 614200

峨眉山仙芝茶业有限公司

董事长 杨泽勇
总经理 杨泽勇
电　话 0833-5545102
传　真 0833-5545102
网　址 www.xzzj.cn
E-mail xzzjtea@126.com
地　址 峨眉山市白龙南路 24 号
邮　编 614200

四川龙都茶业（集团）有限公司

董事长 谢进平
总经理 谢进平
联系人 刘晓英
电　话 0813-6260383
传　真 0813-6260666
网　址 www.ldtea.com
E-mail ld@ldtea.com
地　址 荣县荣州大道三段 69 号
邮　编 643100

四川省叙府茶业有限公司

董事长 颜泽文
总经理 颜泽文
联系人 席阳红
电　话 0831-3558666
传　真 0831-3550046
网　址 www.xftea.com
E-mail xflongya@163.com
地　址 宜宾市旧州开发区红丰东路 19 号
邮　编 644000

四川巴山雀舌名茶实业有限公司

董事长 罗烈云
总经理 裴　春
电　话 0818-8638888
传　真 0818-8636666
网　址 www.bsqstea.cn
地　址 达州市荷叶街关帝庙巷 80 号
邮　编 635000

雅安雅泉茶业有限公司

联系人 刘文义
电　话 0835-3465059
传　真 0835-3465059
地　址 雅安雨城区合江镇双合村一组
邮　编 625008

名山县跃华茶厂

联系人 张跃华
电　话 0835-2622869
传　真 0835-2228746
网　址 www.yuehuacha.cn
地　址 雅安市雨城区临江路 15-16 号
邮　编 625000

四川吉祥茶业有限公司

联系人 梅　媛
电　话 0835-2361684
传　真 0835-2245569
网　址 www.jixiangtea.cn
地　址 雅安市假日广场 2-26 号
邮　编 625000

雅安市友谊茶叶有限公司

联系人 甘玉祥
电　话 0835-2610303
传　真 0835-2610918
网　址 www.yayycc.com
E-mail mail@yayycc.com
地　址 雅安雨城区多营镇上坝村五组
邮　编 625004

雅安茶厂有限公司

联系人 余栋钢
电　话 0835-2243056
传　真 0835-2228889
网　址 www.jjzc168.com
E-mail Pa@jjzc168.com
地　址 雅安农业高科技生态园区 1 号
邮　编 625000

雅安市凤鸣顶峰茶厂

联系人 陈光军
电　话 0835-2315888
传　真 0835-2315111
网　址 www.yaantea.net
地　址 雅安雨城区凤鸣乡
邮　编 625000

四川茗山茶业有限公司

联系人 杨喜萍
电　话 0835-3235376
传　真 0835-3235376
网　址 www.ohtea.com.cn
E-mail sanjiangcom@yeah.net
地　址 名山县名车路 199 号（总部）
邮　编 610000

蒙顶皇茶茶业有限责任公司

联系人 龚开钦
电　话 0835-3236286
传　真 0835-3236286
E-mail mdhuangcha@126.com
地　址 雅安蒙顶山国家 AAAA 级旅游区
邮　编 625100

名山县西藏朗赛茶厂

联系人 加央罗点
电　话 0835-3225688
传　真 0835-3225888
网　址 www.langsai.net
地　址 名山县城东乡五里村
邮　编 625000

名山县禹贡蒙山茶叶有限责任公司

总经理 施友权
电　话 0835-3220669
传　真 0835-3220669
网　址 www.mengshantea.net.cn
地　址 名山县蒙山镇虎啸桥路 99 号
邮　编 625100

贵州省

贵州省农业技术推广站

站　长 易　勇
联系人 刘　锡
电　话 0851-5283001
传　真 0851-5283001
网　址 www.qagri.gov.cn
E-mail liuxigy@126.com
地　址 贵阳延安中路 62 号省农技推广总站
邮　编 550001

遵义市人民政府

主管副市长 陈梓泽
遵义市农业局
副局长 蒋裕霞
遵义市茶叶站
站　长 幸育毅
副站长 申友琴
电　话 0852-8210968
传　真 0852-8257733
网　址 红色遵义　绿色茶海
E-mail shichayezhan@163.com
地　址 遵义市农业局茶叶工作站
邮　编 563000

遵义县人民政府

主管副县长 骆　伟
政府调研员 舒德春

遵义县农业局
分管副局长 熊光林

遵义县经作站
站　长 宋兴扬
电　话 0852-7220515
E-mail zyxjzz2007@sina.com
地　址 遵义县农业局经作站
邮　编 563100

正安县人民政府

县委副书记 蔡万权
副 县 长 李　勰

正安县绿色产业发展办公室
主　任 任金泉
电　话 0852-6401161
传　真 0852-6401161
E-mail zwl8130917@163.com
地　址 正安县绿色产业发展办公室
邮　编 563500

凤冈县人民政府

主管县长 廖海泉
主管副县长 向承强

凤冈县农业办公室
主　任 邱　峰
电　话 0852-5223349
传　真 0852-5223349
E-mail fgchayeban@126.com
地　址 凤冈县农业办公室
邮　编 564200

湄潭县人民政府

县委书记 田　刚
主管县长 肖发君

湄潭县茶桑事业局
局　长 田维祥
联 系 人 廖家洪
电　话 0852-4221862
传　真 0852-4221862
E-mail mt.csj@163.com
地　址 湄潭县茶叶市场三楼
邮　编 564100

余庆县人民政府

主管副县长 王仲勇
政协副主席 赵　瑜

余庆县农业局
局　长 欧阳志宏

余庆县茶叶局
局　长 李　立
电　话 0852-4704101
E-mail yuqingchaye@163.com
地　址 余庆县茶叶局
邮　编 564400

道真仡佬族苗族自治县人民政府

县　长 江朝伦
副县长 熊祖模

道真县茶叶办公室
主　任 戴庆林
副 主 任 税开伦
电　话 0852-5822113
传　真 0852-5822113
E-mail shuikailun@126.com
地　址 道真县农业局茶叶办
邮　编 563500

务川仡佬族苗族自治县人民政府

县纪委书记　郑启彦

副县长　杨　怡

务川县农业局

局　长　王治齐

电　话　0852-5622796

传　真　0852-5622796

E-mail　xcg8118@163.com

地　址　务川县农业局

邮　编　564300

贵州省西秀区人民政府

副区长　胡礼祺

西秀区茶叶办公室

主　任　李亚林

电　话　13985711824

E-mail　assxxqcyb2008@163.om

地　址　安顺市西秀区农业局内（体育路）

邮　编　561000

贵州省铜仁地区人民政府

主管副专员　陈达新

铜仁地区茶叶办公室

主　任　安正直

联系人　黄朝军

电　话　0856-5201860

传　真　0856-5201115

E-mail　xdg0509@163.com

地　址　铜仁市花果山路32号

邮　编　554300

松桃县人民政府

副县长　唐敢心

松桃县农业局

局　长　龙健清

松桃县茶叶办公室

主　任　李春和

电　话　0856-2838628

传　真　0856-2830229

地　址　松桃县农业局

邮　编　554100

贵州省黔东南苗族侗族自治州人民政府

主管副州长　梁承祥

黔东南苗族侗族自治州农业经济作物站

副站长　左　松

主　任　王安峰

电　话　0855-8509343

传　真　0855-8509343

E-mail　tjxwaf75@126.com

地　址　凯里市黔东南州农业局

邮　编　556000

台江县人民政府

副县长　文橦龙

台江县农业局

副局长　毛光福

台江县茶叶办公室

副主任　欧勇强

电　话　15185780536

传　真　0855-5322013

地　址　台江县农业局茶叶办

邮　编　556300

黎平县人民政府

副县长 肖金城

黎平县茶业局

常务副局长 杨久跃
综合股 吴远志
电　话 0855-6232006
传　真 0855-6233006
E-mail lpcyj@126.com
地　址 黎平县
邮　编 557300

贵州省黔南布依族苗族自治州人民政府

主管副州长 夏庆丰

贵州省黔南布依族苗族自治州茶叶办公室

主　任 李应祥
联系人 陈跃华
电　话 0854-8222304
传　真 0854-8222767
网　址 www.qncy.net
E-mail cctv0854@126.com
地　址 都匀市剑江中路 223 号
邮　编 558000

贵州省黔西南布依族苗族自治州人民政府

主管副州长 陈文发

黔西南布依族苗族自治州农业局

局　长 莫武安
主　任 徐之龙
联系人 徐俊昌
电　话 0859-3121043
传　真 0859-3121043
E-mail xjc3206@yahoo.com.cn
地　址 兴义市金城路 5 号黔西南州农业局
邮　编 562400

普安县人民政府

副县长 龙明富

普安县茶产业发展中心

主　任 保虎
电　话 13308591811
传　真 0859—7236323
E-mail bh1811@126.com
地　址 普安县茶产业发展中心
邮　编 561500

晴隆县人民政府

主管副县长 刘舟

晴隆县农业局

局　长 李宠
主　任 保虎
电　话 13985962700
传　真 0859-7610176
E-mail qlchyglj@126.com
地　址 晴隆县政府
邮　编 561400

贵州省茶业协会

理事长 张达伟
秘书长 王亚兰
电　话 0851-6570898
传　真 0851-6570898
网　址 www.gzcx.com.cn
E-mail gzcxwyn@163.com
地　址 贵阳云岩区延安中路 105-2 号
邮　编 550001

贵州省茶文化促进会

理事长 庹文升
副会长 张英峰
秘书长 梁正
电　话 13885091169
传　真 0851-6892089
E-mail guizhouchayun@163.com
地　址 贵阳云岩区政府大院九号楼 4 层
邮　编 550004
刊　物 《茶韵》

遵义市茶叶学会
（遵义市茶叶工作站）

理事长　周英伦
秘书长　幸育毅
遵义市茶叶站
站　长　幸育毅
电　话　0852-8225340
传　真　0852-8210968
E-mail　xyyi2008@126.com
地　址　遵义红花岗区官井路 58 号
邮　编　563000

贵州省茶叶学会

理事长　龙明树（代理）
秘书长　陈书谦
电　话　0852-4224080
传　真　0852-4221750
网　址　www.gztea.cn
E-mail　cysgzcy@126.com
地　址　湄潭县城省茶科所
邮　编　564100
刊　物　《贵州茶叶》季刊

贵州凤冈春秋实业有限公司

董事长　牟小秋
总经理　彭　康
副总经理　罗　萍
电　话　0851-5862140
传　真　0851-5862140
E-mail　muxiaoqiu@126.com
地　址　贵阳南明区都司路中天商务港 15 楼 F
邮　编　550001

贵州黔风生态实业有限公司

董事长　明　涛
总经理　田　坤
电　话　0851-5284719
传　真　0851-5282692
网　址　www.westtea.cn
E-mail　zdyy123111@163.com
地　址　贵阳市公园北路 151 号凯迪大厦 10 楼
邮　编　550001

正安桴焉茶业有限责任公司

董事长　郭世文
总经理　郭世文
副总经理　叶贞群
电　话　0852-6038278
传　真　0852-6038077
地　址　正安县桴焉乡坪生村岩坪组
邮　编　563414
主产品　世荣、天池玉叶、雪青牌生态绿茶

贵州省凤冈县仙人岭有机茶业公司

董事长　孙德礼
总经理　孙　美
电　话　13885280271
传　真　0852-5226688
地　址　凤冈县龙泉镇政通路
邮　编　564200
主产品　“仙人岭”牌系列永安翠芽、毛尖、毛峰、春绿等绿茶产品

贵州省凤冈县浪竹有机茶业公司

董事长　陈世友
总经理　陈　波
电　话　0852-5332222
传　真　0852-5332222
地　址　凤冈县永安镇田坝新村
邮　编　564204
主产品　“浪竹”牌系列春芽、翠芽、毛尖、毛峰等名优绿茶产品

凤冈县嘉禾茶业有限公司

董事长　李　昂
联系人　王厂长、江经理
电　话　13985231722 、13708527325
地　址　凤冈县新建乡嘉禾茶业有限公司
邮　编　564203
主产品　“嘉禾”牌名优绿茶、珠茶

贵州省湄潭县栗香茶业有限公司

董事长 谭书德
总经理 谭书德
联系人 刘又绮
电　话 0852-4221577　4228059
传　真 0852-4222558
网　址 www.sblstea.com
E-mail lixiang5957@126.com
地　址 湄潭县湄江镇绿色食品工业园区
邮　编 564100

贵州省湄潭县茗茶有限公司

董事长 吴贤才
总经理 吴　旭
联系人 吴贤才
电　话 0852-4231488
传　真 0852-4231488
E-mail gzmtmc@126.com
地　址 湄潭县湄江镇天主堂前
邮　编 564100

贵州兰馨茶业公司

董事长 金　循
联系人 陈　琴
电　话 0852-4253399
传　真 0852-4388080
E-mail lanxichaye@sina.com
地　址 湄潭县湄江镇鸡场河村
邮　编 564100

湄潭南方嘉木公司

董事长 金德国
联系人 王思伦
电　话 0852-4256966
传　真 0852-4256966
网　址 www.chaziyou.com
E-mail ahenw969@sina.com　gznfjm@sina.com
地　址 湄潭县绿色食品工业园区
邮　编 564100
主产品 南方嘉木牌纯茶籽油、米茶籽油等

湄潭盛兴茶业公司

董事长 叶文盛
联系人 廖良嵘
电　话 0852-4385615
传　真 0852-4385615
网　址 www.zxtea.com
E-mail 504725928@qq.com
地　址 湄潭县湄江镇金花村
邮　编 564100
主产品 遵义曲毫、遵义红、雅翠湄潭翠芽等系列名优绿茶、红茶

贵州余庆小叶苦丁茶有限责任公司

董事长 代小波
总经理 代小波
电　话 0852-4621833
传　真 0852-4621833
网　址 yqkdclw@sina.com
地　址 余庆县白泥镇中华中路 33 号
邮　编 564400
主产品 春夏秋冬牌苦丁茶系列、茗园春牌有机名优绿茶系列

贵州余庆构皮滩供销社

董事长 冯 平
联系人 冯 平
电 话 0852-4721023
传 真 0852-4721042
E-mail caifuqing4721023@163.com
地 址 余庆县构皮滩镇构南路
邮 编 564408

贵州铜仁和泰茶业有限公司

董事长 黄 平
总经理 沈文永
联系人 尹主任
电 话 0856-5743889
传 真 0856-5743889
网 址 hetai-tea.com
E-mail hetai@hetai-tea.com
地 址 铜仁市东门桥
邮 编 554300

贵州普安茶场

董事长 张合忠
总经理 张合忠
联系人 赵 刚
电 话 0859-7326198
传 真 0859-7326198
E-mail zgang6705ao@126.com
地 址 普安县江西坡镇大田
邮 编 561505

贵州晴隆茶叶公司

董事长 罗琳杰
总经理 罗琳杰
副总经理 岑忠福
电 话 0859-7931030
传 真 0859-7931021
网 址 www.gzqlcy.ehigchina.com
E-mail gzqlcy@163.com
地 址 晴隆县沙子镇
邮 编 561400

湄潭县西南茶城

联系单位 湄潭县茶叶产业局
负责人 田维祥
联系人 何义龙
电 话 0852-3230588
传 真 0852-4221862
网 址 www.gzsmtxcyxh.com
E-mail mt.csj@163.com
地 址 湄潭县西南茶城三楼
邮 编 564100

凤冈县乡（镇）茶青交易市场

联系单位 凤冈县茶叶事业办公室
负责人 康 生
联系人 张绍伦
电 话 0852-5220608
传 真 0852-5220608
E-mail fgchayeban@126.com
地 址 凤冈县环南路 123 号
邮 编 564200

云南省

云南省茶叶产业办公室

主　任　杨善禧
联系人　马　嘉
电　话　0871-5749600
传　真　0871-5749600
地　址　昆明市万华路 169 号
邮　编　650224

保山市人民政府

市委副书记　杨　毅
副秘书长　谷雨道
保山市农业局
局　长　张开位
联系人　李正尧
电　话　0875-2122406
地　址　隆阳区同仁路 16 号
邮　编　678000

保山市经济作物技术推广工作站

站　长　李宏峨
副站长　杨　旭
电　话　0875-2213196
传　真　0875-2213196
地　址　隆阳区太保北路 50 号
邮　编　678000

保山市茶叶办公室

主　任　李其邦
联系人　谢金胜
电　话　0875-2122405
传　真　0875-2122405
E-mail　bstea405@sohu.com
地　址　隆阳区同仁路 16 号
邮　编　678000

保山市农业产业结构调整和产业化领导小组

主管副市长　刘　刚
副秘书长　孙兴胜
电　话　0875-2148579
传　真　0875-2122893
网　址　bssf@baoshan.gov.cn
地　址　隆阳区同仁路 26 号
邮　编　678000

隆阳区茶叶产业领导小组

主管副区长　何树林
隆阳区茶叶办公室
主　任　杨学工
联系人　陈迎新
电　话　0875-2216857
传　真　0875-2216242
E-mail　bslyccyz@163.com
地　址　隆阳区太保北路
邮　编　678000

施甸县茶叶产业领导小组

主管副县长　杨玉荣
施甸县茶叶办公室
主　任　杨佩奇
联系人　查金仁
电　话　0875-8121898
传　真　0875-8121898
E-mail　sdxchyb@126.com
地　址　施甸县茶叶办公室
邮　编　678200

腾冲县人民政府

主管副县长　段生荣
腾冲县农业局
局　长　尹正辉
腾冲县茶桑站
站　长　周新孝
电　话　0875-3028198
传　真　0875-3028198
E-mail　tccsz0001@126.com
地　址　腾冲县腾越镇山源社区散家坡小区 231 号
邮　编　679100

龙陵县茶叶产业领导小组

主管副县长 李永辉

龙陵县茶叶办公室

主　任 毕红安

联系人 张翠香

电　话 0875-6121648

传　真 0875-6121648

E-mail llycyb@126.com

地　址 龙陵县茶叶办公室

邮　编 678300

昌宁县人民政府

主管副县长 张仲林

昌宁县农业局

局　长 马子兴

昌宁县茶叶技术推广站

站　长 洪　志

电　话 0875-7130665

传　真 0875-7130665

地　址 昌宁县茶叶技术推广站

邮　编 678100

普洱市人民政府

市　长 沈培平

副市长 杨亚林

普洱市茶产业发展办公室

主　任 赵昌能

副主任 刘　标

联系人 王庆鸿

电　话 0879-2125049

传　真 0879-2125049

网　址 www.pecxb.cn

E-mail smcxbcb@126.com

地　址 普洱市振兴路 61 号

邮　编 665000

普洱思茅区人民政府

主管副区长 罗连生

思茅区茶叶生产办公室

负责人 胡有祥

联系人 周继红

电　话 0879-2143277

传　真 0879-2143277

E-mail smcb2008@yahoo.cn

地　址 思茅区边城西路 18 号

邮　编 665000

宁洱哈尼族彝族自治县人民政府

主管副县长 李世武

宁洱县茶叶生产办公室

负责人 夏华敏

联系人 陈志林

电　话 0879-3238148

传　真 0879-3238148

E-mail guchafang@sina.com

地　址 宁洱县老干局一楼

邮　编 665100

墨江哈尼族自治县人民政府

主管副县长 钱　勤

墨江县茶产业发展办公室

负责人 连俊锋

联系人 连俊锋

电　话 13578193628

传　真 0879-4236229

E-mail mjcb2712@sina.com

地　址 墨江县大坟头

邮　编 654800

景东彝族自治县人民政府

主管副县长 段华生

景东县茶叶办公室

主　　任 沈维荣

景东县茶试站

站　　长 代成富
电　　话 0879-6221388
传　　真 0879-6221388
E-mail jdxcyb@126.com
地　　址 景东县玉屏路 37 号
邮　　编 676200

景谷傣族彝族自治县人民政府

主管副县长 罗成林

景谷县茶叶生产办公室

负 责 人 王　强
联 系 人 王　强
电　　话 0879-5225044
传　　真 0879-5225044
E-mail simao11@163.com
地　　址 景谷县人民政府创新办
邮　　编 666400

镇沅彝族哈尼族拉祜族自治县人民政府

主管副县长 张学勇

镇沅县茶叶生产办公室

负 责 人 张世宏
联 系 人 杨元峻
电　　话 0879-5817028
传　　真 0879-5817028
E-mail zycb080@163.com
地　　址 镇沅县绿海路农业局办公室二楼
邮　　编 666500

江城哈尼族彝族自治县人民政府

主管副县长 李志学

江城县茶叶办公室

主　　任 王云高

江城县茶叶技术推广站

站　　长 原和东
电　　话 0879-3727218
传　　真 0879-3727218
E-mail simao11@163.com
地　　址 江城县勐烈大街青少年宫四楼
邮　　编 665900

孟连傣族拉祜族佤族自治县人民政府

主管副县长 张鸿新

孟连县茶叶生产办公室

负 责 人 王　华
联 系 人 王　华
电　　话 0879-8871644
传　　真 0879-8871644
E-mail mlxnyj@yahoo.com.cn
地　　址 孟连县农业局茶办
邮　　编 665800

澜沧拉祜族自治县人民政府

主管副县长 陶小平

澜沧拉祜族自治县茶叶办公室

主　　任 陈永春

澜沧拉祜族自治县茶果站

站　　长 王明章
电　　话 0879-7227709
传　　真 0879-7227709
E-mail lcybgs@126.com
地　　址 澜沧县建设路
邮　　编 665600

西盟佤族自治县人民政府

主管副县长　赵振华

西盟县茶叶生产办公室

负 责 人　杨德生
联 系 人　李　明
电　　话　0879-8342299
传　　真　0879-8342299
E-mail　xmcxblm@sina.com
地　　址　西盟县勐卡路330号
邮　　编　665700

临沧市人民政府

市　　长　杜俊军

临沧市茶叶办公室

主　　任　李文雄
副 主 任　江鸿键
电　　话　0883-2122326
传　　真　0883-2128218
网　　址　神农大叶茶网
E-mail　ynlccb@163.com
地　　址　临翔区凤翔镇南屏西路16号
邮　　编　677000

临沧市人民政府生物资源开发创新办公室

负 责 人　李文雄
联 系 人　江鸿键
电　　话　0883-2122326
传　　真　0883-2128218
网　　址　神农大叶茶网
E-mail　ynlccb@163.com
地　　址　临翔区凤翔镇南屏西路16号
邮　　编　677000

临翔区人民政府

主管副区长　李永邦

临翔区茶叶生产办公室

主　　任　杨永寿
联 系 人　袁春芳
电　　话　0883-2166480
传　　真　0883-2166481
E-mail　lxqcbcxb@126.com
地　　址　临翔区白塔路101号
邮　　编　677000

凤庆县人民政府

主管副县长　张世兰

凤庆县茶叶办公室

主　　任　李绍中
联 系 人　杨新斌
电　　话　0883-4212232
传　　真　0883-4212232
E-mail　fengqingchaban@126.com
地　　址　凤庆县武庙街43号
邮　　编　675900

云县人民政府

主管副县长　罗　云

云县茶叶办公室

主　　任　左成琳

云县茶叶技术推广站

站　　长　周建云
电　　话　0883-3214856
传　　真　0883-3214856
地　　址　临沧市云县爱华镇
邮　　编　675800

永德县人民政府

主管副县长　李玉学

永德县茶叶办公室

主　　任　李尤学
联 系 人　吴朝良
电　　话　0883-5216667
传　　真　0883-5216667
E-mail　ydchb2007@163.com
地　　址　永德县德党镇德和路2号
邮　　编　677600

镇康县人民政府

主管副县长　朵盛文

镇康县茶叶生产办公室

主　　任　施国昌
联 系 人　字凤英
电　　话　0883-6630135
传　　真　0883-6630135
E-mail　zkcbcxb@163.com
地　　址　镇康县人民政府茶叶生产办公室
邮　　编　677700

耿马傣族佤族自治县人民政府

主管副县长 洪　伟

耿马县茶叶办公室

主　　任 杨桂森
联 系 人 黄明志
电　　话 0883-6121332
传　　真 0883-6121332
E-mail gmxcybgs@yahoo.com.cn
地　　址 耿马县人民政府
邮　　编 677500

沧源佤族自治县人民政府

主管副县长 赵进全

沧源县茶叶产业领导小组办公室

主　　任 罗文昌
联 系 人 王泽海
电　　话 0883-7125416
传　　真 0883-7125416
E-mail cyxcb2008@126.com
地　　址 沧源县人民政府茶叶产业领导小组办公室
邮　　编 677400

西双版纳傣族自治州人民政府

主管副州长 罗红江

西双版纳傣族自治州茶叶办公室

主　　任 彭　哲
副 主 任 陈宏彬
电　　话 0691-2131183
地　　址 景洪市勐腊路 33 号
邮　　编 666100

景洪市人民政府

主管副市长 查　央

景洪市农业局

局　　长 刘俊杰

景洪市经济作物站

站　　长 郭顺云
电　　话 0691-2142277
传　　真 0691-2146373
地　　址 西双版纳州景洪市景德路 12 号
邮　　编 666100

勐海县人民政府

主管副县长 岩　公

勐海县农业局

局　　长 陈 刚

勐海县经济作物站

站　　长 陈祖明
电　　话 0691-5122339
传　　真 0691-5122339
地　　址 西双版纳州勐海县科技路 11 号
邮　　编 666200

云南省茶业协会

会　　长 黄炳生
秘 书 长 施天俊
电　　话 0871-7187675
传　　真 0871-7187675
E-mail fk@yunnantea.org
地　　址 昆明市官南大道康乐茶文化城晨力大厦 20 层
邮　　编 650200
刊　　物 《云南茶叶》

云南省茶叶商会

会　　长 马顺友
秘 书 长 胡跃奇
联 系 人 胡跃奇
电　　话 0871-8886398
传　　真 0871-5726706
网　　址 www.yntri.com.cn
E-mail 492589074@qq.com
地　　址 昆明市金实小区南门云茶大酒店 308 室
邮　　编 650224

云南省普洱茶协会

会　长 张宝三
秘书长 杨善禧
联系人 杨　杰
电　话 0871-4329311
传　真 0871-4316308
网　址 www.ynpuer.org.cn
E-mail xuliling790707@tom.com
地　址 昆明市官南大道188号康乐茶文化城35栋420室
邮　编 650200

保山市茶业协会

会　长 李其邦
秘书长 谢金胜
电　话 0875-2122405
传　真 0875-2122405
E-mail bstea405@sohu.com
地　址 隆阳区同仁路16号
邮　编 678000

普洱市茶业协会

会　长 赵昌能
秘书长 朱志安
电　话 0879-2125528
传　真 0879-2125528
网　址 www.pechaxie.cn
E-mail smcx@sina.com
地　址 普洱市振兴路61号
邮　编 665000

临沧市茶业协会

会　长 李文雄
秘书长 李太仑
电　话 0883-2123224
传　真 0883-2128218
网　址 www.lctea.gov.cn
E-mail ynlccb@163.com
地　址 临翔区凤翔镇南屏西路16号
邮　编 677000

临沧市茶叶商会

会　长 刘光汉
秘书长 李文雄
电　话 0883-2123224
传　真 0883-2128218
网　址 www.lctea.gov.cn
E-mail ynlccb@163.com
地　址 临翔区凤翔镇南屏西路16号
邮　编 677000

昆明七彩云南庆沣祥茶业股份有限公司

董事长 任剑峥
总　裁 田　军
联系人 齐艳丽
电　话 0871-4648612
传　真 0871-4648611
网　址 www.qfxcha.com
E-mail qfxcha@126.com
地　址 国家级昆明经济技术开发区
邮　编 650501

云南六大茶山茶业公司

董事长 阮殿蓉
总经理 阮殿蓉
联系人 杨　君
电　话 0871-5718800
传　真 0871-5737217
网　址 www.liudachashan.com
E-mail liudachashan@163.com
地　址 昆明市金星小区伟龙广场A幢四楼
邮　编 650224

云南龙润茶业集团

董事长 焦家良
总经理 谢金文
联系人 汪 滨
电 话 0871-6086730
传 真 0871-8353653
网 址 www.longrunpuer.com
E-mail longrunper@163.com
地 址 昆明市兴苑路中段云南龙润普洱茶大厦
邮 编 650118

安宁海湾茶业有限责任公司

董事长 邹炳良
总经理 王海强
电 话 0871-8720511
传 真 0871-8722140
网 址 www.haiwantea.com
E-mail wh98722515@sina.com
地 址 云南省安宁市禄脿镇海湾办事处
邮 编 650311

云南省隆阳区凤溪茶叶有限公司

法人代表 刘春贵
电 话 13577599099
地 址 保山市隆阳区瓦窑镇
邮 编 678000
主产品 普洱茶、绿茶

云南省施甸县生物工程有限责任公司

法人代表 查金彪
电 话 0875-8124726
地 址 施甸县交通路
邮 编 678200
主产品 普洱茶、绿茶

云南省施甸县万兴茶叶有限责任公司

法人代表 段贵显
电 话 13320596333
地 址 施甸县万兴乡打水缸坪子
邮 编 678200
主产品 绿茶

云南省腾冲清凉山茶厂有限责任公司

法人代表 徐家龙
电 话 0875-5862189
网 址 www.qingliangshan.cn
地 址 腾冲县蒲川乡平山村
邮 编 679114
主产品 普洱茶、绿茶

云南省腾冲县高黎贡山生态茶业有限责任公司

法人代表 陈亚忠
电 话 0875-5160918
网 址 高黎贡山
地 址 腾冲县腾越镇热海社区八中小区
邮 编 679100
主产品 普洱茶、绿茶、红茶

云南省腾冲县云丽江山茶业有限公司

法人代表 钟俐俐
电 话 0875-5183737
地 址 腾冲县热海路 89 号
邮 编 679100
主产品 普洱茶、红茶

云南省龙陵县振兴茶厂

法人代表 李恩全
电　话 13708753167
地　址 龙陵县镇安镇
邮　编 678300
主产品 普洱茶、绿茶、红茶

云南省昌宁雪兰茶有限责任公司

法人代表 禹文超
电　话 0875-7874588
地　址 昌宁县翁堵乡街子
邮　编 678100
主产品 绿茶、红茶

云南省昌宁县尼诺茶叶有限责任公司

法人代表 李　岳
电　话 0875-7891688
地　址 昌宁县温泉乡
邮　编 678100
主产品 绿茶

普洱市盛世普洱茶业有限公司

董事长 毛加红
总经理 毛　军
电　话 0879-2308509
传　真 0879-2308509
网　址 www.tesete.cn
地　址 普洱市茶源广场 3 区 19-20
邮　编 600065
主产品 普洱茶

云南王霞普洱茶业有限公司

董事长 王　霞
总经理 王　霞
电　话 0879-2205859
传　真 0879-2205859
网　址 www.pewx.com
E-mail smwxpt@yahoo.com.cn
地　址 普洱市北郊
邮　编 665000
主产品 普洱茶

普洱市古普洱茶叶有限公司

董事长 柳天雄
总经理 李会娟
电　话 0879-2146092
传　真 0879-2146092
网　址 www.gupuer.com
E-mail gupuer@163.com
地　址 普洱市环城南路五中
邮　编 665000

普洱市玉龙茶叶有限公司

董事长 赵　友
总经理 赵　友
电　话 0879-2707789
传　真 0879-2707789
网　址 www.pulongtea.com
E-mail smyltea@tom.com
地　址 普洱市振兴大道 134 号
邮　编 665000

云南龙生绿色产业有限公司

董事长 朱启忠
总经理 朱启忠
联系人 绍小姐
电　话 0879-2160908
传　真 0879-2160818
网　址 www.landsuntea.com
E-mail lstea686@vip.163.com
地　址 思茅市环城南路 38 号
邮　编 665000

云南普洱茶（集团）有限公司

董事长 郑炳基
总经理 隋　克
电　话 0879-3209888
传　真 0879-3234845
网　址 www.puercha.com.cn
E-mail puercha@vip.km169.net
地　址 宁洱县西门龙潭路
邮　编 665100
主产品 普洱茶、绿茶

普洱市永年普洱茶业有限公司

董事长 太俊林
总经理 赵华琼
电　话 0879-3209966
传　真 0879-3200228
网　址 www.pecha.com.cn
地　址 普洱市宁洱县东洱河水库旁
邮　编 665100
主产品 普洱茶

普洱茶王茶业股份有限公司

董事长 纪　翔
总经理 刘　阳
电　话 0879-3200900
传　真 0879-3200999
网　址 www.pueteaking.com
E-mail 693520954@qq.com
地　址 宁洱县卫国林业局内
邮　编 665100
主产品 普洱茶、绿茶

景谷白龙茶业有限公司

董事长 张正勇
电　话 0879-5116003
传　真 0879-5116003
地　址 景谷县威远路 34 号
邮　编 666400
主产品 普洱茶、绿茶

景谷馨茗茶业有限公司

董事长 陈　华
总经理 李鑫鑫
电　话 0879-5381228
传　真 0879-5381228
地　址 景谷县景谷乡笼抗山
邮　编 666400

江城牛洛河茶业有限公司

董事长 袁明德
总经理 袁明德
电　话 0879-3723278
传　真 0879-3721666
E-mail niuluohe2007@163.com
地　址 江城县勐烈镇牛洛河村
邮　编 665900
主产品 月圆牌

澜沧裕岭一古茶园开发有限公司

董事长 蔡林青
总经理 蔡林青
电　话 0879-7522615
传　真 0879-7522636
网　址 www.101tea.cn
E-mail 101chyei@163.com
地　址 普洱市澜沧县惠民乡景迈山
邮　编 665600

澜沧古茶有限公司

董事长 杜春峄
总经理 杜春峄
联系人 李忠兰
电　话 0879-7222548
传　真 0879-7222621
网　址 www.lcgc.cn
E-mail dcyucha@tom.com
地　址 澜沧县城西郊
邮　编 665600

临沧市健身茶叶有限责任公司

董事长　马　骁
联系人　李竹林
电　话　0883-2143689
传　真　0883-2130013
网　址　www.lcjst.cn
E-mail　ynlcjst@.yeah.net
地　址　临翔区南屏南路16号
邮　编　677000

云南滇红集团股份有限公司

董事长　王天权
总经理　苏向宇
联系人　唐　聪
电　话　0883-4212999
传　真　0883-4212125
网　址　www.dianhong.com
E-mail　webmaster@dianhong.com
地　址　凤庆县城小北门27号
邮　编　675900

凤庆县三宁茶业有限责任公司

董事长　周志荣
总经理　周志荣
电　话　0883-4219848
传　真　0883-4219866
网　址　www.wyhc111.com.cn
E-mail　sngs4219848.@163.com
地　址　凤庆县凤山镇凤小路
邮　编　675900

云南临沧澜沧江茶业有限公司

董事长　刘光汉
总经理　沈修华
联系人　罗宪容
电　话　0833-3223499
传　真　0833-3223488
网　址　www.chynlcc.com
E-mail　tea@lcr.cn
地　址　云县爱华镇老鹳窝
邮　编　675803

永德县紫玉茶厂

董事长　朱永昌
厂　长　杨卫华
电　话　0883-5213488
传　真　0883-5213488
网　址　www.ynzycc.com
E-mail　lwm666@yahoo.com.cn
地　址　永德县德党镇忙见田村
邮　编　677600

镇康县外贸公司

董事长　刘海云
联系人　罗绍虎
电　话　0883-6624447
传　真　0883-6624448
地　址　永德县德党镇忙见田村
邮　编　677700

云南双江勐库茶叶有限责任公司

董事长　戎加升
总经理　戎玉廷
电　话　0883-7643288
传　真　0883-7643025
E-mail　ryt-530@163.com
地　址　双江县尹傣办事处214国道上侧
邮　编　677300

云南耿马勐撒国营洛凌茶厂

董事长　张修来
厂　长　郭仁杰
电　话　0883-6419010
传　真　0883-6419048
地　址　耿马县勐撒镇
邮　编　677507

云南沧源佤山茶厂

董事长 曹子林
联系人 郭靖丽
电　话 0883-7122604
传　真 0883-7122604
网　址 www.yntea.cn
E-mail caozl@21cn.net
地　址 沧源县勐董镇
邮　编 677400

云南沧源碧丽源茶业有限公司

董事长 郇晓薇
总经理 向桂英
电　话 0883-7126398
传　真 0883-7122396
E-mail ynblyxgy@sina.com
地　址 沧源县司岗里大道市政 1 号
邮　编 677400

云南下关沱茶（集团）股份有限公司

法人代表 罗乃炘
总经理 陈国新
联系人 任代林
电　话 0872-2120001
传　真 0872-2170761
网　址 www.xgtea.com
E-mail xgtea@xgtea.com
地　址 大理市下关建设西路 141 号
邮　编 671000

云南昌泰茶业集团

董事长 陈世怀
总经理 张国圣
联系人 余庆友
电　话 0691-2441299
传　真 0875-2122499
网　址 www.chentea.com
E-mail yucangtai@126.com
地　址 西双版纳州景洪市大渡岗
邮　编 666104

大益茶业集团

董事长 邓增永
总　裁 吴远之
电　话 0691-5122125
传　真 0691-5122172
网　址 www.dayitea.com
E-mail dayi66@dayitea.com
地　址 西双版纳勐海县新茶路 1 号
邮　编 666200

云南省黎明农工商联合茶厂

法人代表 扈坚毅
总经理 陈胜军
联系人 丁聪芬
电　话 0691-5422386
传　真 0691-5422386
E-mail limingchachang@163.com
地　址 勐海县勐遮镇
邮　编 666205

临沧茶叶市场

董事长 黎儒新
总经理 段海燕
电　话 0883-2134000
E-mail 67378141@qq.com
地　址 临沧市临翔区圈掌街延长线万龙小区 A 区 4213 室
邮　编 677000

新新街茶叶市场

董事长 严文彪
电　话 13988333366
传　真 0883-3225808
地　址 云县晨光产业开发有限责任公司
邮　编 675800

瓦窑坝茶叶市场

董事长 石屏锋
电　话 13908838508
地　址 云县新云洲实业有限公司
邮　编 675800

陕西省

陕西省园艺蚕桑技术工作站

站　长 张明发
地　址 西安市习武园 27 号
邮　编 710003
刊　物 《陕西农业》

汉中市茶产业办公室

电　话 0916-2626480
传　真 0916-2626489
E-mail hzchaye@163.com
地　址 汉中市民主街 43 号市政府 1 号楼
邮　编 72300

南郑县人民政府

主管副县长 李建和

南郑县农业局
局　长 聂世强

南郑县蚕茶果站
站　长 雷　勇
电　话 0916-5512582
地　址 南郑县城关镇
邮　编 723100

城固县人民政府

主管副县长 杨正忠

城固县农业局
局　长 周社成

城固县茶技站
站　长 陈建福
电　话 0916-7230452
传　真 0916-7230452
地　址 汉中市城固县
邮　编 723200

西乡县人民政府

主管副县长 李晓媛

西乡县茶叶局
局　长 池彬仓

西乡县茶技站
站　长 肖长顺
电　话 0916-6222145
传　真 0916-6222310
地　址 西乡县城关镇
邮　编 723500

勉县人民政府

主管副县长 王社平

勉县农业局
局　长 张明轩

勉县茶技站
站　长 高俊清
电　话 0916-3212378
传　真 0916-3212378
地　址 汉中市勉县
邮　编 724200

宁强县人民政府

主管副县长 张炳华

宁强县农业局

局　长 白怀森

宁强县茶叶中心

站　长 庞德国

电　话 0916-4395575

地　址 汉中市宁强县

邮　编 724400

镇巴县人民政府

主管副县长 田代禹

镇巴县农业局

局　长 赵开平

镇巴县茶技站

站　长 陈孝钧

电　话 0916-6715060

地　址 汉中市镇巴县

邮　编 723600

安康市林业局茶蚕园艺科

电　话 0915-3213074

地　址 安康市巴山西路 161 号

邮　编 725000

汉滨区人民政府

主管副区长 李森文

汉滨区林业局

局　长 荆　钟

汉滨区蚕茶果站

站　长 陈　恒

电　话 0915-3226990

传　真 0915-3226990

地　址 安康市汉滨口

邮　编 725000

紫阳县人民政府

主管副县长 郑红丹

紫阳县茶业局

局　长 田元成

副局长 吴世明

电　话 0915-4423593　4422936

地　址 紫阳县人民政府院内

邮　编 725300

平利县人民政府

主管副县长 鲁延柱

平利县茶叶局

局　长 何德渔

电　话 0915-8425770

传　真 0915-8425770

地　址 平利县新正街

邮　编 725500

商南县人民政府

主管副县长 李桂芳

商南县茶叶产业发展局

局　长 彭春明

商南县茶叶站

站　长 张淑珍

电　话 0914-6322218

地　址 商洛市商南县

邮　编 726300

陕西省茶业协会

会　长　李三原
秘书长　赵晓光
联系人　郝新强
电　话　029-87927183
传　真　029-87927183
地　址　西安市西七路85号
邮　编　710004

中华（陕西）茶人联谊会

会　长　韩星海
秘书长　韩星海
联系人　韩星海
电　话　029-87315608
地　址　西安市习武园39号省军转干部培训大楼
邮　编　710003

陕西省午子绿茶科技有限公司

董事长　闫战利
联系人　郭瑜婕
电　话　029-62669111
传　真　029-62669376
网　址　www.greenteachina.com
E-mail　wzlc@516tea.com
地　址　西安市高新区沣惠南路（唐延路）20号华晶广场B座19层
邮　编　710075

陕西东裕茶业有限公司

董事长　张为国
总经理　关少敏
电　话　029-87816586
传　真　029-87809659
网　址　www.chinadongyu.com
E-mail　dongyu@chinadongyu.com
地　址　西安市文艺北路190号中联颐华苑B-1304
邮　编　710054

陕西鹏翔茶业有限公司

董事长　段成鹏
总经理　段成鹏
电　话　0916-6225627
传　真　0916-6225627
网　址　www.pengxiangtea.com
E-mail　pengxiangcha@163.com
地　址　汉中市西乡县汉白路西
邮　编　723500
邮　编　《鹏翔绿茶》

汉中西乡县茶叶有限责任公司

董事长　魏登明
总经理　魏登明
电　话　0916-6222070
地　址　汉中市西乡县城关镇金牛路48号
邮　编　723500

陕西定军山绿茶有限公司

总经理　姜国元
电　话　0916-3233378
传　真　0916-3233378
网　址　www.djmm.com.cn
地　址　汉中市勉县火花小区5号楼
邮　编　724200

汉中宁强县千山茶叶土产开发有限责任公司

董事长　王友泉
总经理　王友泉
电　话　0916-4221694
网　址　www.hzqscy.com
E-mail　nqqs@hzqscy.com
地　址　宁强县羌州路中段
邮　编　724400

汉中宁强羌州茶业有限责任公司

总经理 闫 超
电　话 0916-4222855
地　址 宁强县汉源镇羌州路中段
邮　编 724400

陕西省紫阳富硒茶业有限公司

董事长 李龙安
联系人 吴世明
电　话 0915-4429187
传　真 0915-4429187
网　址 www.zyfxc.com
地　址 安康市紫阳县城
邮　编 725300

安康平利县女娲银峰茶叶有限公司

董事长 洪善存
总经理 洪善存
联系人 卢 玲
电　话 0915-8351446
传　真 0915-8351908
网　址 www.djmm.com.cn
E-mail nwyftea@163.com
地　址 安康市平利县长安镇
邮　编 725500

商洛市商南县茶叶联营公司

董事长 张淑珍
总经理 张淑珍
电　话 0914-6322218
传　真 0914-6322218
网　址 www.sncha.cn
E-mail 498842510@qq.com
地　址 商南县茶艺街 18 号
邮　编 726300

全国各地主要茶馆

北京市

老舍茶馆

地　址　北京市前门西大街三号楼三层
电　话　010-63036830
特　色　集品茶、饮食、赏戏、表演等经营内容为一身

五福茶艺馆

地　址　北京市海淀区中关村南大街12号中国农科院内
电　话　010-62136733
特　色　五福茶香　宁静致远

碧水丹山茶艺馆

地　址　北京市西城区月坛南街月坛派出所西侧
电　话　010-68050066
特　色　闽乡风情　品茗怀古　舞风弄墨

怡青泉茶艺馆

地　址　北京市德外大街2号
电　话　010-82076012
特　色　书香墨迹养生泉

碧露轩茶艺馆

地　址　北京市朝阳区亚运村汇园公寓R座一层
电　话　010-84977951
特　色　碧水长天　月明露莹

品茗阁茶座

地　址　北京市玉渊潭公园内
电　话　010-68577769
特　色　赏明月　听鸣虫　品茗茶

听壶轩茶艺馆

地　址　北京市复兴门北大街5号（黑龙江宾馆2楼）
电　话　010-68056734
特　色　以茶会友

天桥乐茶园

地　址　北京市宣武区天桥市场113号
电　话　010-63040617
特　色　酒旗戏鼓天桥市　多少游人不忆家

天津市

名流茶馆

地　址　天津市和平区哈尔滨道与新华路交口的和平文化宫楼
电　话　022-27116382
特　色　人乐茶亦乐

中华曲苑

地　址　天津市和平区和平路72号
电　话　022-27355338
特　色　茶曲同工

河北省

扶桑茶庭

地　址　石家庄市富强大街49号（槐中路石门公园南门东侧）
电　话　0311-85812444
特　色　繁华都市的一朵幽兰

天水雅聚茶厅

地　址　石家庄市红旗大街
电　话　0311-83834256
特　色　聚雅士，品佳茗

山西省

龙福茶艺馆

地　址　太原市双塔西街 359 号
电　话　0351-4193318
特　色　难得的精致和温柔

新山西茶点楼

地　址　太原市桃园北路 33 号
电　话　0351-4069187
特　色　乐和的老西儿

紫金茶馆

地　址　太原市劲松路
电　话　0351-4163704
特　色　老百姓的茶道

辽宁省

和静园茶楼

地　址　沈阳市和平区十纬路 7 号
电　话　024-22716045
特　色　一茶一水都要极品，一砖一瓦都要讲究

遛鸟茶艺馆

地　址　沈阳市皇姑区华山路 31 号
电　话　024-84608666
特　色　鸟语花香无俗韵，风和玉露有清香

七杯茶茶楼

地　址　沈阳市奉天街 153 号
电　话　024-22934777
特　色　身在北国，如坐江南

润心莲茶坊

地　址　沈阳市沈阳河区奉天路 139 号
电　话　024-22950588
特　色　都市里的一抹莲香

红茶房

地　址　大连市中山区中山路 134 号
电　话　0411-83642665
特　色　梦里不知身是客

吉林省

博艺茶苑

地　址　长春市人民大街明德路 4 号电力宾馆南侧
电　话　0431-5620499
特　色　奇葩出天然，博艺蕴馨香

七家茶茶馆

地　址　长春市建设街 2226 号
电　话　0431-8548777
特　色　亲切而雅致的温馨情味

上海市

湖心亭茶楼

地　址　上海市豫园路 257 号
电　话　021-63736950
特　色　古典纯正的中国味

唐韵茶坊

地　址　上海市衡山路 199 号
电　话　021-34060126
特　色　茶韵知己，续茶留香

老上海茶馆

地　址　上海市方浜中路 385 号
电　话　021-53821202
特　色　凝聚旧上海滩的时光碎片

青藤阁茶居

地　址　上海市肇嘉滨路 41 号
电　话　021-64371972
特　色　赴一个闲散的约会

江苏省

魁光阁茶馆

地　址　南京市秦淮区贡院街 121 号
电　话　025-86626626
特　色　秦淮河旁的福地

水天堂茶馆

地　址　苏州市沧浪区十全街戴成桥路
电　话　0512-65133337
特　色　水潋滟香自闲

浙江省

魁光阁茶馆

地　址　杭州市圣塘景区 1 号
电　话　0571-87020701
特　色　品天下好茶，赏西湖美景

太极茶道苑

地　址　杭州市河坊街 184 号
电　话　0571-87081791
特　色　老日子的味道

和茶馆

地　址　杭州市惠民路 77 号
电　话　0571-87829211
特　色　“和”入千年氤氲的茶香

紫艺阁茶楼

地　址　杭州市曙光路 172 号
电　话　0571-87971931
特　色　一串灯笼红紫阁，二个茶壶绿青杯

好月亮茶馆

地　址　杭州市天目山路 162 号
电　话　0571-88211631
特　色　独坐幽篁里，明月来相照

门耳茶坊

地　址　杭州市中山北路 263 号
电　话　0571-87763131
特　色　叩门耳，可饮文章

你我茶燕

地　址　杭州市玉古路 163 号
电　话　0571-87990118
特　色　云淡风清一杯茶

茶人居茶楼

地　址　杭州市南山路 150 号
电　话　0571-87087932
特　色　有关淡泊和茶居

青藤茶馆

地　址　杭州市南山路 278 号
电　话　0571-87022777
特　色　一湖西湖怡水情，半盏青藤清茶香

西湖国际茶人村

地　址　杭州市西湖区南山路 87-1 号
电　话　0571-87023560
特　色　天下茶人是一家

心源茶楼

地　址　杭州市庆春路 78 号
电　话　0571-87659265
特　色　温馨的休闲姿态

陶陶居茶楼

地　址　杭州市凤起西路 619 号
电　话　0571-56735599
特　色　来此品茗乐也陶陶

黄龙茶艺馆

地　址　杭州市曙光路 57 号
电　话　0571-85118878
特　色　风景独优茶艺独优

西湖老龙井御茶园

地　址　杭州市龙井师峰 148 号
电　话　0571-87975681
特　色　到御茶园喝御茶

润古轩茶艺馆

地　址　临安市黄金水岸 88 号
电　话　0571-63927676
特　色　大气深遂且质朴自然

忆江南茶楼

地　址　杭州市萧山区市中心路 789 号
电　话　0571-86161378
特　色　江南忆，最忆是杭州

清源茶馆

地　址　宁波市镇明路 536 号
电　话　0574-87722738
特　色　结不尽的茶缘

雁雨茶艺馆

地　址　绍兴市龙山后街 66 号
电　话　0575-8930008
特　色　官士府中的雁雨情结

雅博茶坊

地　址　温州市谢池巷冬首池上楼
电　话　0577-88807799
特　色　人间的琼楼玉宇

东方茶苑

地　址　舟山市普陀区沈家门滨江路 50 号
电　话　0580-3067888
特　色　海景、海鲜、佛茶，普陀山下的茶香

道人峰茶艺馆

地　址　义乌市稠州北路 489 街 1 号
电　话　0579-87811799
特　色　寻找一片都市田园

安徽省

陆和村茶馆

地　址　芜湖市九华山路九华广场 1 号楼
电　话　0553-3837777
特　色　徽派的雕塑者

福建省

茶状元茶艺居

地　址　福州市福新路 246 号
电　话　0591-87539770
特　色　天南地北的滋味

别有天茶艺居

地　址　福州市鼓楼区五四路 210 号国际大厦 3 楼
电　话　0591-87812499
特　色　梦入壶中别有天

易安居茶道会所

地 址 福州市温泉宾馆1号楼
电 话 0591-87600049
特 色 一茶一会易安居

古厝茶馆

地 址 泉州市涂门街后城44号
电 话 0595-9830976
特 色 魂为三春茶蕊，神似清风舞尘

江西省

白鹭原茶馆

地 址 南昌市三经路298号
电 话 0791-6893241
特 色 竹雨松风白鹭原，茶烟琴韵读书缘

山东省

名人茶馆

地 址 济南市千佛山路9号
电 话 0531-82960376
特 色 茶中的儒家文化

趵突泉茶艺馆

地 址 济南市历下区千佛山路9号
电 话 0531-82960376
特 色 天上一月，地上一泉，杯中一水，湖中一曲

斯宇茶艺苑

地 址 济南市马鞍山路48-2号
电 话 0531-2025496
特 色 斯大雅致

怡和茶艺馆

地 址 济南市马鞍山路52号
电 话 0531-2022701
特 色 凝神和情 书香怡人

红泥壶茶艺馆

地 址 青岛市闽江二路15号
电 话 0532-85766019
特 色 壶里乾坤 红泥见长

香其居茶艺馆

地 址 青岛市闽江二路46号
电 话 0532-85758196
特 色 逍遥岁月茶一壶，闲散生活棋几局

河南省

水云涧茶楼

地 址 郑州市七街13号附1号
电 话 0371-65714998
特 色 中源觅茶魂

湖北省

巴山夜雨茶馆

地 址 武汉市武昌区新民主路737号
电 话 027-87832173
特 色 至幽之境，享受人生那份孤独

蛇山楚剧茶馆

地 址 武汉市蛇山脚下
特 色 在茶馆里品新城旧史

湖南省

白沙源茶馆

地 址 长沙市白沙路古井公园内
电 话 0731-5118866
特 色 茶文化之醇

怡清源茶艺馆

地 址 长沙市解放西路 127 号
电 话 0731-4445098
特 色 茶道潇湘第一家

天润福茶艺馆

地 址 长沙市芙蓉中路 80 号顺天国际财富中心一楼
电 话 0731-4894698
特 色 天骄之尊

广东省

雅韵轩茶艺馆

地 址 广州市二沙岛烟雨路市政协大厦国际俱乐部三楼
电 话 020-37595001
特 色 静谧的奢华

听雨轩茶馆

地 址 广州市白云大道南 1068 号鸣泉居度假村
电 话 020-86195888
特 色 诗意地栖居

清心茶庄·茶人俱乐部

地 址 广东省中山市东区恒信花园 A 区 9 幢 76-77 卡
电 话 0760-23320553
特 色 自然真性 平静清心

高茗茶艺轩

地 址 佛山市高明区中山路中山花园首层
电 话 0757-88230213
特 色 茶真真，情切切

广西壮族自治区

长顺园茶艺馆

地 址 南宁市望园路 8 号
电 话 0771-5705707
特 色 让往事随茶色尽情浮沉

长裕川茶艺馆

地 址 南宁市隆安县国泰街 75 号
电 话 0771-6530069
特 色 百年老字号茶庄

重庆市

法之晤茶楼

地 址 重庆市江北区红旗河沟洋河三村
电 话 023-63637108
特 色 法律与茶道的约会

巴渝文化茶楼

地 址 重庆市渝中区两路口 6 号
电 话 023-67736203
特 色 民俗收藏的天地

四川省

顺兴老茶馆

地 址 成都沙湾路摩尔白盛三楼
电 话 028-87693202
特 色 老成都，老顺兴

景阳冈茶馆

地　址　成都市宽巷子 27 号附 5 号
特　色　巷子，诗人

大慈寺茶馆

地　址　成都市东风路一段大慈寺内
电　话　028-66619245
特　色　茶与禅的对话

鹤鸣茶馆

地　址　成都市祠堂街人民公园内
特　色　老照片里走出来的茶馆

静竹轩茶馆

地　址　成都市双林路 87 号新华公园内
电　话　028-84313432
特　色　香炉汤沸火初红，竹院浮香起雅思

三国茶园

地　址　成都市武侯祠大街锦里风俗街内
电　话　028-85570833
特　色　说古谈今好天地

贵州省

盖碗茶苑

地　址　贵阳市南明区甲秀楼翠微园内
特　色　半边山楼，半边江楼

甲秀茶艺馆

地　址　贵阳市南明区甲秀楼一层
电　话　0851-5513940
特　色　空中楼台

红缘坊茶楼

地　址　贵阳市平坝县红缘坊茶楼
特　色　高原上的闲情茗馆

红雅苑茶馆

地　址　遵义市红花岗区子尹路（纪念广场）
电　话　0852-8266321
特　色　倾听长征的故事

云南省

今雨轩茶道馆

地　址　昆明市金星小区苑东巷 6 号
电　话　0871-5718754
特　色　红尘绎站

吉人茶宴楼

地　址　昆明市翠湖北路 68 号
电　话　0871-5337886
特　色　翠湖畔的慵懒时光

一壶春茶楼

地　址　昆明市翠湖南路 25-27 号
电　话　0871-5140383
特　色　浸润在一壶春的茶香里

庆茗园茶楼

地　址　昆明市富春街 139 号
电　话　0871-3611419
特　色　被茶滋养的生活

近水楼台茶馆

地　址　大理市丽江老城
电　话　0598-8282776
特　色　在丽江的柔软时光

西藏自治区

老革命甜茶馆

地　址　拉萨江苏路人民体育场东行 200 米处
特　色　见证雪域文化

光明茶馆

地　址　拉萨藏医院路大昭寺广场西侧
特　色　西域大光明

陕西省

福宝阁茶楼

地　址　西安市中心德福巷 66 号
电　话　029-87235068
特　色　大唐风韵

六如轩茶艺馆

地　址　西安市雁塔区大雁塔西面
电　话　029-82083555
特　色　大雁塔下舞清茶

钱塘茶人

地　址　西安市南二环西段 17 号
电　话　029-88489222
特　色　长安的吴越梦

宁夏回族自治区

攀溪雨茶吧

地　址　银川市前进街 26 号
电　话　0951-6033480
特　色　埙声伴随着醇香的茶，像是沉浸于下午茶时光

新疆维吾尔自治区

沙哈瓦茶吧

地　址　乌鲁木齐市新疆医学院美食一条街安居尔快餐店旁
电　话　0991-4325038
特　色　芬芳与甘美

香港特别行政区

乐茶轩

地　址　香港公园茶具文物馆罗桂祥茶艺馆地下
电　话　852-28017177
特　色　文物馆中的茶馆

澳门特别行政区

春雨坊民俗茶艺馆

地　址　澳门仔杭州街 42 号
电　话　853-839093
特　色　茶中自有春常在

台湾省

栊翠坊

地　址　台北市长安东路一段 52 巷 14 号 2 楼
电　话　886-2-25629542
特　色　前世的茗情幻化今生的茶心

图书在版编目（CIP）数据

中国茶业年鉴. 2008/《中国茶业年鉴》编辑委员会编. —北京：中国农业出版社，2009.11
ISBN 978-7-109-13672-4

Ⅰ. 中… Ⅱ. 中… Ⅲ. 茶业—中国—2008—年鉴 Ⅳ. F326.12-54

中国版本图书馆 CIP 数据核字（2009）第 198786 号

中国农业出版社出版
（北京市朝阳区农展馆北路 2 号）
（邮政编码 100125）
责任编辑：徐晖　豆明　段丽君　殷华

中国农业出版社印刷厂印刷　　新华书店北京发行所发行
2009 年 12 月第 1 版　　2009 年 12 月北京第 1 次印刷

开本：889mm×1194mm 1/16　　印张：33　　插页：30
字数：1 200 千字　　定价：300.00 元

China Tea

The World Largest Tea Producing Country